Roßmann
Taktik im familiengerichtlichen Verfahren

Roßmann

# Taktik im familiengerichtlichen Verfahren

von

**Dr. Franz-Thomas Roßmann**
Rechtsanwalt, Fachanwalt für Familienrecht, Volkach

6. Auflage

Luchterhand Verlag 2023

Bibliografische Information der Deutschen Nationalbibliothek
Die Deutsche Nationalbibliothek verzeichnet diese Publikation in der Deutschen Nationalbibliografie; detaillierte bibliografische Daten sind im Internet über http://dnb.d-nb. de abrufbar.

ISBN 978-3-472-09760-0

**Zitiervorschlag:** *Roßmann*, Taktik im familiengerichtlichen Verfahren, Rn. xxx

Hinweis zur Online-Nutzung:

Die Formulare des Werkes können zur weiteren Bearbeitung mit Ihrem Textprogramm heruntergeladen werden.
Rufen Sie dazu die Website
shop.wolterskluwer-online.de/code
auf und nutzen Sie nach Eingabe Ihrer Zugangsdaten den folgenden Zugangscode:

WZ415C3GM

Eine genaue Anleitung finden Sie unter der oben genannten Website.

**www.wolterskluwer.de**

Verlag und Autor übernehmen keine Haftung für inhaltliche oder drucktechnische Fehler.

Umschlagkonzeption: Martina Busch, Homburg Kirrberg
Satz: Datagroup-Int SRL, Timişoara, România
Druck und Weiterverarbeitung: Wydawnictwo Diecezjalne i Drukarnia w Sandomierzu, Sandomierz, Polen

Gedruckt auf säurefreiem, alterungsbeständigem und chlorfreiem Papier.

# Vorwort

> »Drei berichtigende Worte des Gesetzgebers und
> ganze Bibliotheken werden Makulatur.«

> (Julius von Kirchmann)

»Taktik im familiengerichtlichen Verfahren« ist erstmalig im Jahre 2009 erschienen und bearbeitet bzw. bewertet seither Gesetzesänderungen, Rechtsprechung und Literatur zum FamFG im Hinblick auf deren praktische Bedeutung.

Das Werk erhebt seit der 1. Auflage den Anspruch, dem Praktiker eine wichtige Arbeitshilfe zur Bewältigung seiner familienrechtlichen Verfahren zu sein.

Die anwaltliche Verfahrensführung im Familienrecht ist aus mindestens zwei Gründen besonders anspruchsvoll: Zum einen haben es die Mandanten immer eilig (Unterhalt, Umgang mit Kindern, Klärung der Wohnverhältnisse, Gewaltschutz usw.), zum anderen sind drei Verfahrensarten auseinander zu halten (Amtsermittlung der Familiengerichte – z.B. bei Umgangsverfahren; Beibringungsgrundsatz, Beweislast – z.B. Unterhaltsstreitigkeiten; Scheidung = eingeschränkte Amtsermittlung der Familiengerichte).

Gerade unter dem Aspekt der Eile sowie auch der Taktik haben (zu Recht) die einstweiligen Anordnungen des FamFG (aber auch der Arrest) einen hohen Stellenwert in der Praxis erlangt; sie werden entsprechend ausführlich in diesem Buch dargestellt.

Der Aspekt der Taktik steht auch im Vordergrund, wenn die Überlegung ansteht, ob ein Scheidungsverbund sinnvoll ist. Oftmals ist die isolierte Verfahrensführung dem schwerfälligen Verbund deutlich überlegen, insbesondere auch wirtschaftlicher (Zinsen beim Zugewinnausgleichsanspruch). Andererseits kann gerade diese »Schwerfälligkeit« dem eigenen Verfahrensziel sehr dienlich sein.

Dies sind nur wenige Beispiele, die aber bereits deutlich machen, dass die familienrechtliche Verfahrensführung besonderen Anforderungen ausgesetzt ist, zumal das emotionale Moment wohl in keinem anderen Teilbereich des Rechts einen vergleichbar intensiven Einfluss ausübt.

Verfahrenskostenhilfe ist in familienrechtlichen Verfahren häufig von Bedeutung, da die wirtschaftliche Not immer wieder Ursache einer Trennung ist. Das Buch geht darauf ein und behandelt ebenfalls die Möglichkeit eines Verfahrenskostenvorschusses.

Schließlich werden Kindschaftssachen, insbesondere Umgangsverfahren, hervorgehoben dargestellt. Anwaltlich darf nicht vernachlässigt werden, dass die Mandanten gerade in diesem Teilbereich (es geht um die eigenen Kinder!) besonders gut vertreten sein wollen. Diese Verfahren sind daher für die Beteiligten von ausschlaggebender Bedeutung und damit häufig auch Schlüssel zur Lösung anderer vermögensbezogener »Baustellen«.

Das Konglomerat von Verfahrenstechnik, (emotionalen) Interessen und wirtschaftlichen Möglichkeiten zu durchdringen ist das besondere Anliegen dieses Buches und hebt es gleichzeitig von anderen Werken ab.

Die 6. Aufl. aktualisiert das Werk im Hinblick auf Gesetzesänderungen (insbesondere zum Kindschaftsrecht), zahlreiche Rechtsprechungsänderungen (z.B. zum Unterhalt) und berücksichtigt insbesondere auch das beA.

Jedes Kapitel wird mit »Das Wichtigste in Kürze« eingeleitet, so dass vorab schon ein Überblick besteht.

Zahlreiche Formulierungsbeispiele, taktische Tipps und Musterschriftsätze geben eine weitere wertvolle Orientierung und stellen einen zusätzlichen Nutzen dar.

Volkach, im Juli 2022

Dr. Franz-Thomas Roßmann

# Inhaltsverzeichnis

# Inhaltsverzeichnis

# Inhaltsverzeichnis

# Verzeichnis der Muster, Formulierungsvorschläge und Checklisten

# Abkürzungsverzeichnis

| | |
|---|---|
| a.A. | andere Ansicht |
| a.E. | am Ende |
| a.F. | alte Fassung |
| Abs. | Absatz |
| abzgl. | abzüglich |
| AdVermiG | Adoptionsvermittlungsgesetz |
| AdWirkG | Gesetz über Wirkungen der Annahme als Kind nach ausländischem Recht |
| AG | Amtsgericht |
| AK | Arbeitskreis |
| AktG | Aktiengesetz |
| Alt. | Alternative |
| Anh. | Anhang |
| Anm. | Anmerkung |
| AO | Abgabenordnung |
| Art. | Artikel |
| Az. | Aktenzeichen |
| | |
| BAföG | Bundesausbildungsförderungsgesetz |
| BayObLG | Bayerisches Oberstes Landesgericht |
| BB | Betriebsberater (Zs.) |
| BEEG | Bundeselterngeld- und Elternzeitgesetz |
| BetrAVG | Gesetz zur Verbesserung der betrieblichen Altersversorgung |
| BFH | Bundesfinanzhof |
| BGH | Bundesgerichtshof |
| BGHZ | Entscheidungen des Bundesgerichtshofs in Zivilsachen |
| BKGG | Bundeskindergeldgesetz |
| BSG | Bundessozialgericht |
| bspw. | beispielsweise |
| BT-Drucks. | Bundestagsdrucksache |
| BVerfG | Bundesverfassungsgericht |
| BVerwG | Bundesverwaltungsgericht |
| bzgl. | bezüglich |
| bzw. | beziehungsweise |
| | |
| d.h. | das heißt |
| | |
| eA | einstweilige Anordnung |
| EStG | Einkommensteuergesetz |
| etc. | et cetera |
| EuGH | Europäischer Gerichtshof |
| EuGHMR | Europäischer Gerichtshof für Menschenrechte |
| evtl. | eventuell |
| | |
| f. | folgende |
| FamFG | Gesetz über das Verfahren in Familiensachen und in den Angelegenheiten der freiwilligen Gerichtsbarkeit |

| | |
|---|---|
| FamFR | Familienrecht und Familienverfahrensrecht (Zs.) |
| FamG | Familiengericht |
| FamGKG | Familiengerichtskostengesetz |
| FamR-Komm | Familienrecht Kommentar (siehe Literaturverzeichnis, Weinreich/Klein) |
| FamRB | Familienrechtsberater (Zs.) |
| FamRZ | Zeitschrift für das gesamte Familienrecht (Zs.) |
| ff. | fortfolgende |
| FF | forum Familienrecht (Zs.) |
| FGG | Gesetz über die Angelegenheiten der freiwilligen Gerichtsbarkeit |
| FGPrax | Praxis der freiwilligen Gerichtsbarkeit (Zs.) |
| FPR | Familie Partnerschaft und Recht (Zs.) |
| FuR | Familie und Recht (Zs.) |
| | |
| geb. | geboren |
| gem. | gemäß |
| GewSchG | Gewaltschutzgesetz |
| GG | Grundgesetz |
| ggf. | gegebenenfalls |
| GKG | Gerichtskostengesetz |
| grds. | grundsätzlich |
| GVG | Gerichtsverfassungsgesetz |
| | |
| h.M. | herrschende Meinung |
| Halbs. | Halbsatz |
| HK-FamFG | Handkommentar Familienverfahrensrecht (siehe Literaturverzeichnis) |
| HKÜ | Haager Übereinkommen über die zivilrechtlichen Aspekte internationaler Kindesentführungen |
| | |
| i.A. | im Auftrag |
| i.d.R. | in der Regel |
| i.H.d. | in Höhe der/des |
| i.H.v. | in Höhe von |
| i.R.d. | im Rahmen der/des |
| i.S.d. | im Sinne der/des |
| i.S.v. | im Sinne von |
| i.Ü. | im Übrigen |
| i.V.m. | in Verbindung mit |
| insb. | insbesondere |
| | |
| JA | Juristische Arbeitsblätter (Zs.) |
| JGG | Jugendgerichtsgesetz |
| JR | Juristische Rundschau (Zs.) |
| JuS | Juristische Schulung (Zs.) |
| JZ | Juristen Zeitung (Zs.) |

| | |
|---|---|
| KG | Kammergericht |
| KSVG | Künstlersozialversicherungsgesetz |
| | |
| LG | Landgericht |
| LPartG | Lebenspartnerschaftsgesetz |
| | |
| m. Anm. | mit Anmerkung |
| m.w.N. | mit weiteren Nachweisen |
| max. | maximal |
| MDR | Monatsschrift für Deutsches Recht (Zs.) |
| MSÜ | Haager Minderjährigenschutzübereinkommen |
| mtl. | monatlich |
| | |
| n.F. | neue Fassung |
| NJW | Neue Juristische Wochenschrift (Zs.) |
| NJW-RR | NJW-Rechtsprechungsreport (Zs.) |
| NJWE-FER | NJW-Entscheidungsdienst Familien- und Erbrecht (Zs.) |
| Nr. | Nummer |
| NZFam | Neue Zeitschrift für Familienrecht (Zs.) |
| | |
| o.a. | oben angegeben |
| o.g. | oben genannte/r/s |
| OLG | Oberlandesgericht |
| OLGR | OLG-Report |
| PKH | Prozesskostenhilfe |
| | |
| Pkw | Personenkraftwagen |
| PWW | Prütting/Wegen/Weinreich (siehe Literaturverzeichnis) |
| | |
| RA | Rechtsanwalt/Rechtsanwälte |
| Rdn. | Randnummer (intern) |
| Rn. | Randnummer (extern) |
| Rpfleger | Der Deutsche Rechtspfleger (Zs.) |
| RPflG | Rechtspflegergesetz |
| Rspr. | Rechtsprechung |
| RVG | Gesetz über die Vergütung der Rechtsanwältinnen und Rechtsanwälte |
| | |
| S. | Seite |
| s. | siehe |
| s.o. | siehe oben |
| s.u. | siehe unten |
| SaRegG | Samenspenderregistergesetz |
| SGB | Sozialgesetzbuch |
| sog. | sogenannte/r/s |
| Std. | Stunde |
| st. Rspr. | ständige Rechtsprechung |
| str. | strittig |

| | |
|---|---|
| TPG | Transplantationsgesetz |
| | |
| u.a. | unter anderem |
| u.Ä. | und Ähnliches |
| u.U. | unter Umständen |
| UhVorschG | Unterhaltsvorschussgesetz |
| UÄndG | Unterhaltsrechtsänderungsgesetz |
| USt | Umsatzsteuer |
| usw. | und so weiter |
| | |
| v. | vom |
| v.a. | vor allem |
| VersAusglG | Versorgungsausgleichsgesetz |
| vgl. | vergleiche |
| VKH | Verfahrenskostenhilfe |
| Vorbem. | Vorbemerkung |
| | |
| z.B. | zum Beispiel |
| z.T. | zum Teil |
| z.Zt. | zur Zeit |
| ZAP | Zeitschrift für die Anwaltspraxis (Zs.) |
| ZFE | Zeitschrift für Familien- und Erbrecht (Zs.) |
| ZPO | Zivilprozessordnung |
| ZRP | Zeitschrift für Rechtspolitik (Zs.) |
| Zs. | Zeitschrift |
| zzgl. | zuzüglich |
| zzt. | zurzeit |

# Literaturverzeichnis

| | |
|---|---|
| Bahrenfuss | FamFG, 3. Auflage 2017, zitiert: Bahrenfuss/Bearbeiter, FamFG, § Rn.; |
| Bork/Jacoby/Schwab | FamFG, 3. Auflage 2018, zitiert: Bork/Jacoby/Schwab/Bearbeiter, FamFG, § Rn.; |
| Dethloff | Familienrecht, 33. Aufl. 2022, zitiert: Dethloff, § Rn.; |
| Eder/Horndasch/Kubik/ Kuckenburg/Perleberg-Kölbel/Roßmann/Viefhues | Familienrechtliches Mandat – Unterhaltsrecht, 3. Aufl. 2020, zitiert: Bearbeiter in Familienrechtliches Mandat: Unterhaltsrecht, § Rn.; |
| Eschenbruch/Schürmann/ Menne | Der Unterhaltsprozess, 7. Aufl. 2021, zitiert: Unterhaltsprozess/Bearbeiter, Kap. Rn.; |
| Gerhardt/v. Heintschel-Heinegg/Klein | Handbuch Familienrecht, 12. Aufl. 2021, zitiert: Hdb. FamR/Bearbeiter, Kap. Rn.; |
| Grüneberg | Bürgerliches Gesetzbuch, 81. Aufl. 2022, zitiert: Grüneberg/Bearbeiter, BGB, § Rn.; |
| Haußleiter | FamFG, 2. Aufl. 2017, zitiert: Haußleiter/Bearbeiter, FamFG, § Rn.; |
| Horndasch | Verbundverfahren Scheidung, 2008, zitiert: Horndasch, Rn.; |
| Horndasch/Viefhues | FamFG, 3. Aufl. 2013, zitiert: Horndasch/Viefhues/Bearbeiter, FamFG, § Rn.; |
| Johannsen/Henrich/ Althammer | Familienrecht, 7. Aufl. 2020, zitiert: Johannsen/Henrich/Althammer/Bearbeiter, § Rn.; |
| Jüdt/Kleffmann/Weinreich | Formularbuch des Fachanwalts Familienrecht, 6. Aufl. 2021, zitiert: Jüdt/Kleffmann/Weinreich/Bearbeiter, Kap. Rn.; |
| Keidel | FamFG, 20. Aufl. 2020, zitiert: Keidel/Bearbeiter, FamFG, § Rn.; |
| Kemper/Schreiber | Handkommentar Familienverfahrensrecht, 3. Aufl. 2015, zitiert: HK-FamFG/Bearbeiter, § Rn.; |
| Kleffmann/Soyka | Praxishandbuch Unterhaltsrecht, 4. Aufl. 2020, zitiert: Bearbeiter, in: Kleffmann/Soyka, Kap. Rn.; |
| Koch | Handbuch des Unterhaltsrechts, 13. Aufl. 2017, zitiert: Koch/Bearbeiter, Rn.; |
| Kogel | Strategien beim Zugewinnausgleich, 7. Aufl. 2022, zitiert: Kogel, Strategien beim Zugewinnausgleich, Rn.; |
| Münch | Ehebezogene Rechtsgeschäfte, 5. Aufl. 2020, zitiert: Münch, Ehebezogene Rechtsgeschäfte, Rn.; |
| Münchener Kommentar zum Bürgerlichen Gesetzbuch | Band 9, Familienrecht I, 8. Aufl. 2019, zitiert: MünchKomm-BGB/Bearbeiter, § Rn.; |
| Münchener Kommentar zur Zivilprozessordnung | 6. Aufl. 2020, zitiert: MünchKomm-ZPO/Bearbeiter, § Rn.; |
| Musielak/Borth | FamFG, 6. Aufl. 2018, zitiert: Musielak/Borth, FamFG, § Rn.; |

# Literaturverzeichnis

| | |
|---|---|
| Musielak/Voit | Zivilprozessordnung (ZPO), 19. Aufl. 2022, zitiert: Musielak/Voit/Bearbeiter, ZPO, § Rn.; |
| Prütting/Helms | FamFG, 5. Aufl. 2020, zitiert: Prütting/Helms/Bearbeiter, FamFG, § Rn.; |
| Prütting/Wegen/Weinreich | BGB, 17. Aufl. 2022, zitiert: PWW/Bearbeiter, BGB, § Rn.; |
| Roßmann/Viefhues | Taktik im Unterhaltsrecht, 4. Aufl. 2020, zitiert: Roßmann/Viefhues, Kap. Rn.; |
| Schlünder/Nickel | Das familiengerichtliche Verfahren: Ein Leitfaden für die Praxis, 2. Aufl. 2018, zitiert: Schlünder/Nickel, Rn.; |
| Schulte-Bunert/Weinreich | Kommentar zum FamFG, 6. Aufl. 2020, zitiert: Schulte-Bunert/Weinreich/Bearbeiter, FamFG, § Rn.; |
| Schulz/Hauß | Vermögensauseinandersetzung bei Trennung und Scheidung, 7. Aufl. 2022, zitiert: Schulz/Hauß, Rn.; |
| Strohal | Unterhaltsrechtlich relevantes Einkommen bei Selbständigen, 5. Aufl. 2017, zitiert: Strohal, S.; |
| Thomas/Putzo | Zivilprozessordnung, 43. Aufl. 2022, zitiert: Thomas/Putzo/Bearbeiter, ZPO, § Rn.; |
| Viefhues | Fehlerquellen im familienrechtlichen Mandat, 3. Aufl. 2011, zitiert: Viefhues, Rn.; |
| Viefhues | Von der Trennung bis zur Scheidung, 1. Aufl. 2018, zitiert: Viefhues, Von der Trennung bis zur Scheidung, Rn.; |
| Weinreich/Klein | Familienrecht Kommentar, 7. Aufl. 2022, zitiert: FamR-Komm/Bearbeiter, § Rn.; |
| Wendl/Dose | Das Unterhaltsrecht in der familienrechtlichen Praxis, 10. Aufl. 2019, zitiert: Wendl/Dose, § Rn.; |
| Zöller | Zivilprozessordnung, 34. Aufl. 2022, zitiert: Zöller/Bearbeiter, ZPO, § Rn.; |

# A. Einführung

Gegenstand des vorliegenden Buchs ist die **Taktik im familiengerichtlichen Verfah-** 1
**ren**. Die richtige Verfahrensführung setzt die Kenntnis der dafür maßgeblichen Vorschriften voraus. Wichtig ist aber auch die Verzahnung mit dem materiellen Recht,
sodass dieses Buch auf (aktuelle) Unterhaltsfragen, Probleme im Güterrecht und
Ähnliches eingeht.

Das Gesetz über das Verfahren in Familiensachen und in den Angelegenheiten der 2
freiwilligen Gerichtsbarkeit (FamFG) ist am 01.09.2009 in Kraft getreten. Zeitgleich
wurden das FGG und das 6 Buch der ZPO aufgehoben.

Das FamFG wird seit dem Inkrafttreten von Literatur und Rechtsprechung »aufgear- 3
beitet und entwickelt«. Das vorliegende Buch beschäftigt sich mit den »Brandherden«
des FamFG und stellt darüber hinaus sowohl die Systematik des FamFG als auch die
anwaltliche Strategie im familiengerichtlichen Verfahren dar. Auch »Stolperfallen«
finden Erwähnung.

Das FamFG erweiterte die sachliche Zuständigkeit der Familiengerichte. Das sog. 4
»**Große Familiengericht**« hat die Aufgabe, alle durch den sozialen Verband von Ehe
und Familie sachlich verbundenen Rechtsstreitigkeiten in einer Zuständigkeit zu entscheiden. Diese sog. sonstigen Familiensachen (vgl. § 266 FamFG) sind bestimmte
allgemeine Zivilverfahren, die sich durch eine besondere Sachnähe zu Regelungsgegenständen des Familienrechts auszeichnen (z.B. Verfahren wegen Auseinandersetzung einer Miteigentumsgemeinschaft oder die Auflösung einer Innengesellschaft der
Ehegatten, der Gesamtschuldnerausgleich, die Rückgewähr von Zuwendungen oder
die Aufteilung von Steuerguthaben).

Damit ist auch das **sog. Nebengüterrecht** eine Familiensache. Diese Veränderung 5
wurde vielfach noch nicht ausreichend wahrgenommen, weshalb dieses Buch der
Thematik einen Schwerpunkt einräumt.

Der **Aufbau des FamFG** soll zunächst »vor die Klammer gesetzt« werden. Das gericht- 6
liche Verfahren in allen Familiensachen befindet sich in einer einzigen Verfahrensordnung, nämlich dem FamFG.

Maßgeblich für Anwälte, die familienrechtliche Mandate bearbeiten, sind die **ersten** 7
**zwei Bücher** des FamFG.

Das **erste Buch** behandelt in den §§ 1 bis 110 FamFG, unterteilt in neun Abschnitte, 8
den »Allgemeinen Teil«, also Vorschriften, die, vorbehaltlich etwaiger Abweichungen
im zweiten Buch, für alle (familienrechtlichen) Verfahren gelten:
- – Abschnitt 1: Allgemeine Vorschriften (§§ 1 bis 22 FamFG),
- – Abschnitt 2: Verfahren im ersten Rechtszug (§§ 23 bis 37 FamFG),
- – Abschnitt 3: Beschluss (§§ 38 bis 48 FamFG),
- – Abschnitt 4: Einstweilige Anordnung (§§ 49 bis 57 FamFG),
- – Abschnitt 5: Rechtsmittel (§§ 58 bis 75 FamFG),
- – Abschnitt 6: VKH (§§ 76 bis 79 FamFG),

- Abschnitt 7: Kosten (§§ 80 bis 85 FamFG),
- Abschnitt 8: Vollstreckung (§§ 86 bis 96 FamFG),
- Abschnitt 9: Verfahren mit Auslandsbezug (§§ 97 bis 110 FamFG).

9 Das familiengerichtliche Verfahren wird im **zweiten Buch** des FamFG nach Verfahrensgegenständen gegliedert und in zwölf Abschnitte (§§ 111 bis 270 FamFG) unterteilt. Bemerkenswert ist, dass der Gesetzgeber das Familienrecht nunmehr auch verfahrenstechnisch derart ernst nimmt, dass für die meisten Regelungsbereiche eigene Verfahrensvorschriften geschaffen wurden (so u.a. für Unterhaltssachen in §§ 231 bis 260 FamFG sowie für Güterrechtssachen in §§ 261 bis 265 FamFG).
- Abschnitt 1: Allgemeine Vorschriften (§§ 111 bis 120 FamFG),
- Abschnitt 2: Verfahren in Ehesachen; Verfahren in Scheidungssachen und Folgesachen (§§ 121 bis 150 FamFG),
- Abschnitt 3: Verfahren in Kindschaftssachen (§§ 151 bis 168a FamFG),
- Abschnitt 4: Verfahren in Abstammungssachen (§§ 169 bis 185 FamFG),
- Abschnitt 5: Verfahren in Adoptionssachen (§§ 186 bis 199 FamFG),
- Abschnitt 6: Verfahren in Ehewohnungssachen und Haushaltssachen (§§ 200 bis 209 FamFG)
- Abschnitt 7: Verfahren in Gewaltschutzsachen (§§ 210 bis 216a FamFG),
- Abschnitt 8: Verfahren in Versorgungsausgleichssachen (§§ 217 bis 230 FamFG),
- Abschnitt 9: Verfahren in Unterhaltssachen (§§ 231 bis 260 FamFG),
- Abschnitt 10: Verfahren in Güterrechtssachen (§§ 261 bis 265 FamFG),
- Abschnitt 11: Verfahren in sonstigen Familiensachen (§§ 266 bis 268 FamFG),
- Abschnitt 12: Verfahren in Lebenspartnerschaftssachen (§§ 269, 270 FamFG).

# B. Allgemeine Verfahrensvorschriften

## I. Familienrechtliche Verfahren

Das AG – FamG – ist sachlich nach § 23a Abs. 1 Satz 1 Nr. 1 GVG i.V.m. § 111 **10**
FamFG zuständig für Verfahren in **Familiensachen**, wobei es sich um eine ausschließliche Zuständigkeit handelt, vgl. § 23a Abs. 1 Satz 2 GVG. Die Vorschrift des § 111
FamFG enthält eine **abschließende Aufzählung** der einzelnen Arten von Familiensachen. **Familienstreitsachen** nach § 112 FamFG sind Familiensachen, für die – ebenso
wie für Ehesachen (§ 121 FamFG) – besondere Verfahrensregelungen, d.h. insb. auch
die Verfahrensregelungen der ZPO, gelten (vgl. § 113 FamFG).

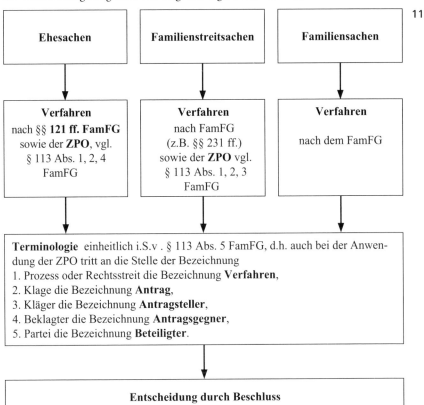

**11**

Familienrechtliche Verfahren

## 1. Familiensachen

▶ **Das Wichtigste in Kürze**

12 Eine Familiensache liegt vor, wenn
- eine materielle Anknüpfung (familienrechtliche Anspruchsgrundlage ist streitrelevant) → Rdn. 13 ff.

oder
- ein Zusammenhang mit Trennung, Scheidung oder Aufhebung der Ehe besteht. → Rdn. 17 ff.

### a) Materielle Anspruchsgrundlage

13 Ein Verfahren ist eine Familiensache, wenn zur Begründung des erhobenen Anspruchs eine familienrechtliche Anspruchsgrundlage herangezogen werden muss (z.B. §§ 1601 ff., 1378 BGB). Ausschlaggebend für die Beurteilung, ob ein Verfahren eine Familiensache darstellt, ist damit die sog. materielle Anknüpfung.

14 Wird ein einheitlicher prozessualer Anspruch auf verschiedene materiell-rechtliche Anspruchsgrundlagen gestützt, von denen – für sich betrachtet – nur eine das Verfahren zur Familiensache machen würde, so kommt nach dem Zweck der familienrechtlichen Spezialzuweisung dem FamG der Vorrang zu.[1]

15 Unerheblich ist hingegen, ob bei der gerichtlichen Entscheidung aufgrund des Verteidigungsvorbringens familienrechtliche Fragen eine Rolle spielen.[2]

16 So hat die zur Aufrechnung gestellte Gegenforderung trotz der Rechtskraftwirkung gem. § 322 Abs. 2 ZPO keinen Einfluss auf die Einordnung des geltend gemachten Anspruchs als Familiensache.

### b) Anknüpfung an Ehe, Familie und Kinder

17 Der Anknüpfung der Rechtssache an eine Ehe oder allgemein an die Familie kommt (infolge des FamFG) gesteigerte Bedeutung zu.

18 Das FamFG führte das »**Große Familiengericht**« ein, d.h. es erweiterte die sachliche Zuständigkeit der FamG. Damit wird es den FamG ermöglicht, alle durch den sozialen Verband von Ehe und Familie sachlich verbundenen Rechtsstreitigkeiten in einer Zuständigkeit zu entscheiden.

19 Dies wird insb. deutlich an den »sonstigen Familiensachen« nach § 266 FamFG.

20 So sind Familiensachen nach § 266 Nr. 3 FamFG Ansprüche zwischen miteinander verheirateten oder ehemals verheirateten Personen oder zwischen einer solchen und einem Elternteil. Erforderlich ist lediglich, dass ein **Zusammenhang mit Trennung, Scheidung oder Aufhebung der Ehe** besteht. Auf diese Weise soll insb. die vermö-

---

1 BGH, NJW 1983, 1913.
2 BGH, NJW 1980, 2476.

gensrechtliche Auseinandersetzung zwischen den Ehegatten außerhalb des Güterrechts (sog. Nebengüterrecht) den FamG zugewiesen werden. Hierzu gehört die Auseinandersetzung zwischen einem Ehegatten und dessen Eltern oder den Eltern des anderen Ehegatten aus Anlass der Trennung, Scheidung oder Aufhebung der Ehe.

Zu nennen ist insbesondere die Rückabwicklung von Zuwendungen der Schwiegereltern.[3]  21

Derartige Zuwendungen sind als Schenkung zu verstehen, d.h. erfüllen nach neuer Rechtsprechung die tatbestandlichen Voraussetzungen des § 516 Abs. 1 BGB, auch wenn sie um der Ehe des eigenen Kindes Willen erfolgen. Da auch Schenkungen den Grundsätzen über den Wegfall der Geschäftsgrundlage unterliegen, kann sich nach einem Scheitern der Ehe ein Rückforderungsanspruch der Schwiegereltern aus § 313 BGB ergeben.[4]  22

I.Ü. sind beispielhaft die Verfahren wegen Auseinandersetzung einer Miteigentumsgemeinschaft, die Auflösung einer Innengesellschaft der Ehegatten sowie die Verfahren über Streitigkeiten aufgrund des Gesamtschuldnerausgleichs wegen der Rückgewähr von Zuwendungen oder wegen der Aufteilung von Steuerguthaben zu nennen.  23

**Kindschaftssachen** sind Verfahren, bei denen das Kind im Zentrum des Verfahrens steht, vgl. Rdn. 30. Damit hat der Gesetzgeber sich auch in diesem Zusammenhang für einen thematischen Anknüpfungspunkt entschieden.  24

Neben der materiellen Anknüpfung ist danach dem Zusammenhang mit Trennung, Scheidung oder der Familie bei der Beurteilung der Frage, ob ein Verfahren eine Familiensache ist, gesteigerte Bedeutung einzuräumen.  25

So ist die Rückzahlung von zu viel gezahltem Unterhalt eine Familiensache, obwohl der Anspruch auf § 812 BGB gestützt wird.  26

## c) Einzelne Familiensachen

Im Folgenden werden die in § 111 FamFG aufgeführten Familiensachen vorgestellt.  27

### *aa) Ehesachen (§ 111 Nr. 1 FamFG)*

Ehesachen sind nach der Legaldefinition des § 121 FamFG alle Verfahren, die auf Scheidung und Aufhebung einer Ehe sowie auf Feststellung des Bestehens oder Nichtbestehens einer Ehe zwischen den Beteiligten gerichtet sind. Für Ehesachen gelten insb. die §§ 121 bis 150 FamFG.  28

### *bb) Kindschaftssachen (§ 111 Nr. 2 FamFG)*

Kindschaftssachen sind nach § 151 FamFG die elterliche Sorge, das Umgangsrecht, die Kindesherausgabe, die Vormundschaft, die Pflegschaft oder die gerichtliche Bestel-  29

---

3 Ausführlich dazu unter Rdn. 3783.
4 BGH, FamRZ 2019, 1595; FamRZ 2010, 958.

lung eines sonstigen Vertreters für einen Minderjährigen oder für eine Leibesfrucht, die Genehmigung der freiheitsentziehenden Unterbringung eines Minderjährigen (§§ 1631b, 1800 und 1915 BGB), die Anordnung der freiheitsentziehenden Unterbringung eines Minderjährigen nach den Landesgesetzen über die Unterbringung psychisch Kranker oder die Aufgaben nach dem JGG.

30   Kindschaftssachen betreffen damit im Wesentlichen die Verantwortung für die Person oder das Vermögen eines Minderjährigen oder dessen Vertretung. Durch den Begriff Kindschaftssachen soll der für die überwiegende Zahl der davon umfassten Einzelverfahren gemeinsame Gesichtspunkt, dass das Kind im Zentrum des Verfahrens steht, hervorgehoben werden.

### cc) Abstammungssachen (§ 111 Nr. 3 FamFG)

31   Abstammungssachen sind nach § 169 FamFG auf Feststellung des Bestehens oder Nichtbestehens eines Eltern-Kind-Verhältnisses gerichtete Verfahren, insb. im Hinblick auf die Wirksamkeit oder Unwirksamkeit einer Anerkennung der Vaterschaft oder die Anfechtung der Vaterschaft.

### dd) Adoptionssachen (§ 111 Nr. 4 FamFG)

32   Adoptionssachen (§ 186 FamFG) sind Verfahren, die die Annahme als Kind, die Ersetzung der Einwilligung zur Annahme als Kind, die Aufhebung des Annahmeverhältnisses oder die Befreiung vom Eheverbot des § 1308 Abs. 1 BGB betreffen.

### ee) Ehewohnungs- und Haushaltssachen (§ 111 Nr. 5 FamFG)

33   **Ehewohnungssachen** sind nach § 200 Abs. 1 FamFG Verfahren
  – nach § 1361b BGB und
  – nach § 1568a BGB.

34   **Haushaltssachen** sind nach § 200 Abs. 2 FamFG Verfahren
  – nach § 1361a BGB und
  – nach § 1568b BGB.

### ff) Gewaltschutzsachen (§ 111 Nr. 6 FamFG)

35   Gewaltschutzsachen sind Verfahren nach den §§ 1, 2 GewSchG.

### gg) Versorgungsausgleichssachen (§ 111 Nr. 7 FamFG)

36   Versorgungsausgleichssachen sind Rechtsstreitigkeiten, die den Versorgungsausgleich betreffen.

### hh) Unterhaltssachen (§ 111 Nr. 8 FamFG)

37   Unterhaltssachen sind zum einen nach § 231 Abs. 1 FamFG die Verfahren, die die durch Verwandtschaft begründete gesetzliche Unterhaltspflicht (§§ 1601 ff. BGB),

die durch Ehe begründete gesetzliche Unterhaltspflicht (insb. Trennungsunterhalt nach § 1361 BGB und nacheheliche Unterhalt nach §§ 1569 ff. BGB) sowie die Ansprüche nicht verheirateter Eltern nach § 1615l oder § 1615m BGB betreffen. Diese Unterhaltssachen sind Familienstreitsachen (s. Rdn. 45 ff.).

Weiterhin sind Unterhaltssachen nach § 231 Abs. 2 FamFG auch Verfahren nach § 3   38
Abs. 2 Satz 3 des BKGG und § 64 Abs. 2 Satz 3 EStG.

*ii) Güterrechtssachen (§ 111 Nr. 9 FamFG)*

Güterrechtssachen sind nach § 261 FamFG solche Verfahren, die Ansprüche aus dem   39
ehelichen Güterrecht betreffen, auch wenn Dritte an dem Verfahren beteiligt sind. Diese Güterrechtssachen sind Familienstreitsachen (s. Rdn. 45 ff.).

Güterrechtssachen sind nach § 261 Abs. 2 FamFG auch Verfahren nach §§ 1365   40
Abs. 2, 1369 Abs. 2 und den §§ 1382, 1383, 1426, 1430 und 1452 BGB.

*jj) Sonstige Familiensachen (§ 111 Nr. 10 FamFG)*

Die sog. sonstigen Familiensachen werden von § 266 FamFG aufgezählt. Es handelt   41
sich um Verfahren, die
– Ansprüche zwischen miteinander verlobten oder ehemals verlobten Personen im Zusammenhang mit der Beendigung des Verlöbnisses sowie in den Fällen der §§ 1298 und 1299 BGB zwischen einer solchen und einer dritten Person,
– aus der Ehe herrührende Ansprüche,
– Ansprüche zwischen miteinander verheirateten oder ehemals miteinander verheirateten Personen oder zwischen einer solchen und einem Elternteil im Zusammenhang mit Trennung oder Scheidung oder Aufhebung der Ehe,
– aus dem Eltern-Kind-Verhältnis herrührende Ansprüche oder
– aus dem Umgangsrecht herrührende Ansprüche
betreffen, sofern nicht die Zuständigkeit der ArbG gegeben ist oder das Verfahren eines der in § 348 Abs. 1 Satz 2 Nr. 2 Buchst. a) bis k) ZPO genannten Sachgebiete, das Wohnungseigentumsrecht oder das Erbrecht betrifft und sofern es sich nicht bereits nach anderen Vorschriften um eine Familiensache handelt.

Die von § 266 Abs. 1 FamFG genannten sonstigen Familiensachen sind Famili-   42
enstreitsachen (s. Rdn. 45 ff.).

Sonstige Familiensachen sind nach § 266 Abs. 2 FamFG auch Verfahren über einen   43
Antrag nach § 1357 Abs. 2 Satz 1 BGB.

*kk) Lebenspartnerschaftssachen (§ 111 Nr. 11 FamFG)*

Lebenspartnerschaftssachen sind die von § 269 FamFG aufgezählten Verfahren. Sie   44
entsprechen den bereits erwähnten Familiensachen, nur mit dem einen Unterschied, dass die Beteiligung von Lebenspartnern erforderlich ist.

## 2. Familienstreitsachen

45 **Familienstreitsachen** sind nach § 112 FamFG folgende Angelegenheiten:
   – **Unterhaltssachen**, die eine Familienstreitsache begründen, sind zum einen nach § 231 Abs. 1 FamFG die Verfahren, die die durch Verwandtschaft begründete gesetzliche Unterhaltspflicht (§§ 1601 ff. BGB), die durch Ehe begründete gesetzliche Unterhaltspflicht (insb. Trennungsunterhalt nach § 1361 BGB und nacheheilicher Unterhalt nach §§ 1569 ff. BGB) sowie die Ansprüche nach § 1615l oder § 1615m BGB betreffen. Ebenso zu behandeln sind die entsprechenden **Lebenspartnerschaftssachen** nach § 269 Abs. 1 Nr. 8 und 9 FamFG. Auch Verfahren, die mit Unterhalt zu tun haben, aber auf eine allgemeine zivilrechtliche Anspruchsgrundlage gestützt werden, sind Unterhaltssachen i.S.v. § 231 Abs. 1 FamFG; so ist die Rückzahlung von zu viel gezahltem Unterhalt eine Familienstreitsache, auch wenn der Anspruch auf § 812 BGB oder § 826 BGB gestützt wird.
   – **Güterrechtssachen**, die eine Familienstreitsache begründen, sind nach § 261 Abs. 1 FamFG solche Verfahren, die Ansprüche aus dem ehelichen Güterrecht betreffen, auch wenn Dritte an dem Verfahren beteiligt sind. Wichtigstes Verfahren ist der Zugewinnausgleich nach §§ 1373 ff. BGB.
   – **Sonstige Familiensachen**, die von § 266 Abs. 1 FamFG aufgezählt werden und in der Vergangenheit nicht immer vor dem FamG abgewickelt wurden, führen zu einer **Erweiterung der familiengerichtlichen Zuständigkeit.** Es handelt sich dabei insb. um Ansprüche zwischen miteinander verheirateten oder ehemals miteinander verheirateten Personen oder zwischen einer solchen und einem Elternteil im Zusammenhang mit Trennung oder Scheidung oder Aufhebung der Ehe. Damit werden als Familienstreitsache gem. § 112 Nr. 3 FamFG insb. vermögensrechtliche Ansprüche zwischen den Ehegatten außerhalb des Güterrechts (sog. Nebengüterrecht) auseinandergesetzt. Davon erfasst wird die Auseinandersetzung zwischen einem Ehegatten und dessen Eltern oder den Eltern des anderen Ehegatten aus Anlass der Trennung, Scheidung oder Aufhebung der Ehe. Zu nennen ist weiterhin die Rückabwicklung von Zuwendungen der Schwiegereltern, die nach denselben Grundsätzen wie ehebedingte Zuwendungen unter Ehegatten zu behandeln sein können. I.Ü. sind beispielhaft Verfahren wegen Auseinandersetzung einer Miteigentumsgemeinschaft oder Auflösung einer Innengesellschaft der Ehegatten über Streitigkeiten wegen des Gesamtschuldnerausgleichs oder der Rückgewähr von Zuwendungen oder über die Aufteilung von Steuerguthaben zu nennen.

46 Familienstreitsachen werden weitestgehend nach den Vorschriften der ZPO abgewickelt, vgl. § 113 Abs. 1 FamFG. Somit gilt in diesen Verfahren insb. der Beibringungsgrundsatz; auch kann bei Untätigkeit ein Versäumnisbeschluss erlassen werden usw. Die Einzelheiten dazu werden bei den einzelnen Verfahren dargestellt.

47 Ehesachen sind keine Familienstreitsachen, sondern unterliegen eigenen Verfahrensregeln, die in Abschnitt 2 (§§ 121 bis 150 FamFG) des 2. Buches des FamFG enthalten sind.

### 3. Zuständigkeit in Familiensachen

Die Zuständigkeit in Familiensachen ergibt sich sachlich aus §§ 23a Abs. 1 Satz 1   **48**
Nr. 1 GVG i.V.m. § 111 FamFG. Die sachliche Zuständigkeit ist eine ausschließliche, vgl. 23a Abs. 1 Satz 2 GVG. Die örtliche Zuständigkeit wird bestimmt von einer Vorschrift, die im streitgegenständlichen jeweiligen Abschnitt an »zweiter« Stelle steht (vgl. etwa §§ 122, 232 oder 262 FamFG).

Ist bereits eine Ehesache anhängig, so wird für Streitgegenstände, die grds. verbund-   **49**
fähig sind, zumindest aber einen deutlichen Bezug zur Ehescheidung haben, die (ausschließliche) örtliche Zuständigkeit des mit der Ehesache befassten FamG angeordnet. Dies dient der Konzentration der Verfahren, d.h. der Verfahrensökonomie und ist Grundlage des Scheidungsverbunds (vgl. § 137 FamFG).

▶ Praxishinweis:

Häufig wird in nebengüterrechtlichen Verfahren (z.B. beim Gesamtschuldner-   **50**
ausgleich, Ansprüchen aus Gesellschaften der Eheleute usw.) darüber gestritten, ob die **funktionelle Zuständigkeit des FamG** gegeben ist. Die Vorschrift des § 281 ZPO gilt für diese Fälle nicht; das Verhältnis zwischen Zivilgericht, Familiengericht und freiwilliger Gerichtsbarkeit wird (ebenso wie die Rechtswegproblematik)[5] von § 17a GVG geregelt, vgl. § 17a Abs. 6 GVG. Wird in 1. Instanz gerügt, dass eine funktionelle Unzuständigkeit vorliegt, so hat das entscheidende Gericht darüber vorab nach § 17a Abs. 6, Abs. 3 Satz 2 GVG zu entscheiden. Gegen diese Entscheidung besteht die Möglichkeit der sofortigen Beschwerde, § 17a Abs. 4 Satz 2 GVG. Andere Gerichte sind an die rechtskräftige Entscheidung gebunden, § 17a Abs. 1 GVG. Das OLG (bzw. KG) ist in Beschwerdeverfahren gem. § 17a Abs. 6 i.V.m. § 17a Abs. 5 GVG an die vom AG vorgenommene Qualifikation als Zivil-, Familien- oder sonstiges FamFG-Verfahren ebenfalls gebunden, sodass etwa bei einer Entscheidung des FamG der Familiensenat seine Zuständigkeit nicht mehr mit der Begründung infrage stellen kann, dass eine Familiensache tatsächlich nicht gegeben sei. Das Beschwerdegericht bzw. der Familiensenat hat in einem solchen Fall damit auch eine Nichtfamiliensache zu entscheiden.

Nach § 65 Abs. 4 FamFG kann die Beschwerde konsequenterweise nicht darauf gestützt werden, dass das Gericht des 1. Rechtszugs seine Zuständigkeit zu Unrecht angenommen hat. Eine Ausnahme wird nur dann gemacht, wenn diese Frage in der 1. Instanz ausdrücklich streitig war, aber das Verfahren der Vorabentscheidung nach § 17a Abs. 3 GVG vom Gericht nicht eingehalten wurde. Soweit das Beschwerdegericht in einem solchen Fall die Zuständigkeit des angerufenen Gerichts verneint, muss es die entsprechende Vorabentscheidung selbst nachholen.[6]

---

5 Vgl. dazu BGH, FamRZ 2022, 103; FamRZ 2021, 1884 (zu Corona-Maßnahmen an Schulen).
6 BGH, FamRZ 2022, 189.

51    Die Zuständigkeitsvorschriften werden im Zusammenhang mit der jeweiligen Familiensache behandelt; die folgende Übersicht soll aber schon jetzt eine schnelle Bestimmung des zuständigen Gerichts im Streitfall ermöglichen.

## a) Zuständigkeit bei isolierter Verfahrensführung

52

| Eine Ehesache ist unter den Beteiligten bislang nicht anhängig. | | | |
|---|---|---|---|
| | **sachlich** | **örtlich** | **funktionell** |
| **Familiensache** | § 23a Abs. 1 Satz 2 Nr. 1 GVG i.V.m. | | |
| **Ehesachen, §§ 121 ff. FamFG** | § 111 Nr. 1 FamFG | § 122 FamFG | § 23b Abs. 1 GVG |
| **Kindschaftssachen, §§ 151 ff. FamFG** | § 111 Nr. 2 FamFG | § 152 FamFG | § 23b Abs. 1 GVG |
| **Abstammungssachen, §§ 169 ff. FamFG** | § 111 Nr. 3 FamFG | § 170 FamFG | § 23b Abs. 1 GVG |
| **Adoptionssachen, §§ 186 FamFG** | § 111 Nr. 4 FamFG | § 187 FamFG | § 23b Abs. 1 GVG |
| **Ehewohnungs- und Haushaltssachen, §§ 200 ff. FamFG** | § 111 Nr. 5 FamFG | § 201 FamFG | § 23b Abs. 1 GVG |
| **Gewaltschutzsachen, §§ 210 ff. FamFG** | § 111 Nr. 6 FamFG | § 211 FamFG | § 23b Abs. 1 GVG |
| **Versorgungsausgleichssachen, §§ 217 ff. FamFG** | § 111 Nr. 7 FamFG | § 218 FamFG | § 23b Abs. 1 GVG |
| **Unterhaltssachen, §§ 231 ff. FamFG** | § 111 Nr. 8 FamFG | § 232 FamFG | § 23b Abs. 1 GVG |
| **Güterrechtssachen, 261 ff. FamFG** | § 111 Nr. 9 FamFG | § 262 FamFG | § 23b Abs. 1 GVG |
| **Sonstige Familiensachen, §§ 266 ff. FamFG** | § 111 Nr. 10 FamFG | § 267 FamFG | § 23b Abs. 1 GVG |
| **Lebenspartnerschaftssachen, §§ 269, 270 FamFG** | § 111 Nr. 11 FamFG | entsprechend oben (abhängig von der konkreten Sache) | § 23b Abs. 1 GVG |

Zuständigkeit bei isolierter Verfahrensführung

## b) Zuständigkeit bei Anhängigkeit einer Ehesache

| Ehesache ist unter den Beteiligten anhängig |
|---|

| Familiensache | Sachlich § 23a Abs. 1 Nr. 1 GVG i.V.m. | örtlich | funktionell |
|---|---|---|---|
| Kindschaftssachen §§ 151 ff. FamFG | § 111 Nr. 2 FamFG | § 152 Abs. 1 FamFG | § 23b Abs. 1 GVG |
| Ehewohungs- und Haushaltssachen §§ 200 ff. FamFG | § 111 Nr. 5 FamFG | § 201 Nr. 1 FamFG | § 23b Abs. 1 GVG |
| Versorgungs- ausgleichssachen §§ 217 ff. FamFG | § 111 Nr. 7 FamFG | § 218 Nr. 1 FamFG | § 23b Abs. 1 GVG |
| Unterhaltssachen §§ 231 ff. FamFG | § 111 Nr. 8 FamFG | § 232 Abs. 1 Nr. 1 FamFG | § 23b Abs. 1 GVG |
| Güterrechts- sachen §§ 261 ff. FamFG | § 111 Nr. 9 FamFG | § 262 Abs. 1 FamFG | § 23b Abs. 1 GVG |
| Sonstige Familiensachen §§ 266 ff. FamFG | § 111 Nr. 10 FamFG | § 267 Abs. 1 FamFG | § 23b Abs. 1 GVG |

| Gericht der Ehesache |
|---|

Zuständigkeit bei Anhängigkeit einer Ehesache

## c) Abgabe an das Gericht der Ehesache

**54**

| Ehesache ist unter den Beteiligten rechtshängig. |
| --- |

| Familiensache | Abgabe an das Gericht der Ehesache |
| --- | --- |
| Kindschaftssachen §§ 151 ff. FamFG | § 153 FamFG |
| Ehewohungs- und Haushaltssachen §§ 200 ff. FamFG | § 202 FamFG |
| Unterhaltssachen §§ 231 ff. FamFG | § 233 FamFG |
| Güterrechtssachen §§ 261 ff. FamFG | § 261 FamFG |
| Sonstige Familensachen §§ 266 ff. FamFG | § 268 FamFG |

| Gericht der Ehesache |
| --- |

Abgabe an das Gericht der Ehesache

### 4. Anwaltliche Verfahrenshinweise

**55** Das Zusammentreffen von Familiensachen mit allgemeinen Zivilsachen ist nicht auszuschließen. Dazu gelten folgende Grundsätze:

– Es ist unzulässig, im Rahmen des auf familienrechtliche Ansprüche gestützten Verfahrens eine **Widerklage** aufgrund eines nicht familienrechtlichen Anspruchs zu erheben.

– Auch eine **Verfahrens- bzw. Klagehäufung nach § 260 ZPO** ist nicht möglich, wenn ein familienrechtlicher zusammen mit einem nichtfamilienrechtlichen Anspruch verfolgt werden soll.

– Werden solche **Ansprüche im Haupt- und Hilfsverhältnis** geltend gemacht, so hat das für den Hauptanspruch zuständige Gericht zunächst zu entscheiden. Wird der Hauptantrag zurückgewiesen, so ist an das für den Hilfsantrag zuständige Gericht zu verweisen bzw. abzugeben.[7]

---

7 BGH, NJW 1980, 1283.

– Das FamG kann über die **Aufrechnung** mit einer Gegenforderung, die vor dem allgemeinen Zivilgericht einzuklagen wäre, entscheiden. Auch umgekehrt ist die in einem Rechtsstreit vor dem allgemeinen Zivilgericht erklärte Aufrechnung nicht deshalb unwirksam, weil für die Entscheidung über die zur Aufrechnung gestellte Gegenforderung, würde sie prozessual geltend gemacht, das FamG zuständig wäre.

## II. Entscheidung durch Beschluss

▶ **Das Wichtigste in Kürze**

– Endentscheidungen ergehen in allen Familiensachen durch Beschluss.   56
  → Rdn. 66 f.
– Der Beschluss muss eine Rechtsbehelfsbelehrung enthalten. → Rdn. 85 f.

Das FamFG bestimmt in §§ 38, 116 sowie 142 FamFG für alle Verfahren, d.h. auch   57
für die familiengerichtlichen, die Entscheidungsform des Beschlusses. Eine Ehescheidung erfolgt daher durch Beschluss.

Beschlüsse in Familienstreitsachen und Ehesachen sind nach wohl allgemeiner Mei   58
nung nach § 113 Abs. 1 Satz 2 FamFG i.V.m. §§ 311 Abs. 2 Satz 1, 329 Abs. 1 Satz 1
ZPO zu verkünden, weil nach § 113 Abs. 1 Satz 1 FamFG in Familienstreitsachen die
Regelung des § 41 Abs. 1 Satz 2 FamFG, wonach die Bekanntgabe eines Beschlusses
mit der Zustellung bewirkt wird, keine Anwendung findet.[8]

▶ **Praxishinweis:**

Die Verkündung einer Entscheidung gehört zu den wesentlichen Förmlichkeiten   59
des Verfahrens. Die Verkündung ist deshalb in das Verhandlungsprotokoll aufzunehmen (§§ 113 Abs. 1 FamFG, 160 Abs. 2, 3 Nr. 7 ZPO), und die Beachtung
der Förmlichkeit, also der Umstand, dass eine Verkündung stattgefunden hat,
kann nur durch das Protokoll bewiesen werden (§§ 113 Abs. 1 FamFG, 165
ZPO).[9]

Umstritten ist hingegen die Frage, ob Beschlüsse in Ehesachen sowie Familienstreit   60
sachen »Im Namen des Volkes« ergehen. Von der Berufung auf den Souverän ist wiederum abhängig, ob sich die Beteiligten und ihre Anwälte bei der Bekanntgabe eines
Scheidungsbeschlusses erheben.

Teilweise wird die Auffassung vertreten, dass Entscheidungen in Ehesachen und Fami   61
lienstreitsachen nicht »Im Namen des Volkes« ergehen.[10]

Entscheidungen in Ehesachen und Familienstreitsachen erfolgen durch Beschluss.   62
Dafür gelten die §§ 38, 39 FamFG. Die genannten Vorschriften sehen aber die Formulierung »Im Namen des Volkes« nicht vor. I.Ü. verweist § 113 Abs. 1 Satz 2 FamFG

---

8  BGH, FamRZ 2012, 106.
9  OLG Brandenburg, FamRZ 2020, 624.
10  So *Vogel* FamRZ 2010, 704 sowie *Metzger* FamRZ 2010, 703.

auf § 329 ZPO. § 329 Abs. 1 Satz 2 ZPO wiederum verweist zwar auf § 311 Abs. 4 ZPO, nicht aber auf § 311 Abs. 1 ZPO, der diese Formulierung für Urteile anordnet.

63 Nach anderer Auffassung verweist § 113 Abs. 1 Satz 2 FamFG nicht auf § 329 ZPO, sondern auf die §§ 310, 311 ZPO, insb. weil die Beschlüsse in Ehesachen und Familienstreitsachen früher als Urteile ergingen. Auch werde § 329 ZPO durch die speziellere Regelung des § 38 FamFG ausgeschlossen.[11]

64 Die Streitfrage wird uns erhalten bleiben, es sei denn der Gesetzgeber beseitigt die nach Auffassung von Borth[12] »wenig weiterführende Diskussion«.

▶ **Anwaltlicher Hinweis:**

65 Scheidungsbeschlüsse sollten wie Urteile »Im Namen des Volkes« ergehen (vgl. § 311 Abs. 1 ZPO). Aufgrund der rechtlichen Unklarheiten ist in der mündlichen Verhandlung der anwaltliche Vertreter meist gespannt, ob der Richter die Beteiligten aufzustehen bittet oder nicht.

**Rechtspolitisch** sollte berücksichtigt werden, dass Eheleute ähnliche Förmlichkeiten bei einer Scheidung erwarten wie bei einer Eheschließung. Das Aufstehen vor einer vom Richter verkündeten Scheidung sowie die Berufung auf den Souverän werden von den meisten Beteiligten als angemessen empfunden. Dies zu klären ist Aufgabe des Gesetzgebers.

## 1. Endentscheidungen

66 Endentscheidungen sind entsprechend der gesetzlichen Definition in § 38 Abs. 1 Satz 1 FamFG solche, mittels derer der Verfahrensgegenstand ganz oder teilweise erledigt wird. Die Entscheidung muss die Instanz abschließen. Dies wird regelmäßig die Entscheidung in der Hauptsache sein, kann aber, wenn die Hauptsache weggefallen ist, auch eine Kostenentscheidung sein.

67 Die Entscheidung durch Beschluss ist nunmehr für alle **Endentscheidungen** verbindlich.

68 **Zwischen- und Nebenentscheidungen** werden von § 38 Abs. 1 Satz 1 FamFG nicht erfasst. Soweit sie durch Beschluss zu entscheiden sind, ist dies im Gesetz ausdrücklich bestimmt. Hierzu zählen etwa der Beschluss über die Hinzuziehung von Beteiligten (§ 7 Abs. 3 FamFG) und der Beschluss über die Verhängung eines Ordnungsgeldes (§§ 33 Abs. 3, 89 Abs. 1 FamFG). Für die Entscheidungen im Verfahrenskostenhilfeverfahren und im Verfahren über ein Ablehnungsgesuch ergibt sich die Beschlussform aus der Verweisung auf die ZPO. Für sonstige Zwischen- und Nebenentscheidung, etwa verfahrensleitende Anordnungen oder andere verfahrensbegleitende Verfügungen oder Eintragungsverfügungen, ist die Beschlussform nicht zwingend vorgeschrieben.

---

11 *Kranz* FamRZ 2010, 85 sowie *ders.* FamRZ 2010, 705; *Borth* FamRZ 2010, 705.
12 *Borth* FamRZ 2010, 705.

## 2. Inhalt des Beschlusses

### a) Mindestinhalt (§ 38 Abs. 2 FamFG)

§ 38 Abs. 2 FamFG bestimmt den formellen Mindestinhalt des Beschlusses und führt  69
den Begriff der Beschlussformel als Entsprechung zum Urteilstenor ein. Danach muss
der Beschluss enthalten:
1. die Bezeichnung der Beteiligten, ihrer gesetzlichen Vertreter und der Bevollmächtigten,
2. die Bezeichnung des Gerichts und die Namen der Gerichtspersonen, die bei der
   Entscheidung mitgewirkt haben,
3. die Beschlussformel.

### b) Begründungspflicht (§ 38 Abs. 3 FamFG)

Nach § 38 Abs. 3 Satz 1 FamFG ist der Beschluss in FamFG-Sachen zu begründen.   70
Inhaltliche Anforderungen an die Begründung bestehen jedoch nicht. Die strikten
Erfordernisse an den Inhalt des Urteils nach den §§ 313 ff. ZPO sind nicht übertragbar.

▶ Praxishinweis:

> Beschlüsse der OLG, die der Rechtsbeschwerde unterliegen, müssen den maß   71
> geblichen Sachverhalt, über den entschieden wird, wiedergeben sowie den Streit
> gegenstand und die Anträge in beiden Instanzen erkennen lassen. Anderenfalls
> sind sie nicht mit den nach dem Gesetz erforderlichen Gründen versehen und
> bereits deshalb wegen eines von Amts wegen zu berücksichtigenden Verfahrens
> mangels aufzuheben.[13]

§ 38 Abs. 3 Satz 2 FamFG bestimmt, dass der Beschluss unterschrieben werden muss.   72
Die **Unterschrift** ermöglicht eine Abgrenzung des Beschlusses von einem bloßen
Entwurf. Der Beschluss ist von dem Richter oder Rechtspfleger zu unterschreiben,
der die Entscheidung getroffen hat. Eine Kollegialentscheidung haben alle Richter
zu unterschreiben, die daran mitgewirkt haben.

Nach § 38 Abs. 3 Satz 3 FamFG ist das **Datum des Erlasses** auf dem Beschluss zu   73
vermerken. Ein solcher Vermerk ist im Hinblick auf den Beginn der Beschwerdefrist
nach § 63 Abs. 3 FamFG von besonderer Bedeutung.

§ 38 Abs. 3 Satz 3 FamFG beinhaltet i.Ü. eine **Legaldefinition des Erlasses.** Erfolgt   74
die Bekanntgabe des Beschlusses durch Verlesen der Entscheidungsformel nach § 41
Abs. 2 FamFG, ist die Entscheidung damit erlassen. Soll der Beschluss den Beteiligten
nur schriftlich nach § 41 Abs. 1 FamFG bekannt gegeben werden, ist die Übergabe
des fertig abgefassten und unterschriebenen Beschlusses an die Geschäftsstelle zur
Veranlassung der Bekanntgabe der für den Erlass maßgebliche Zeitpunkt.

---

13 BGH, FamRZ 2021, 622.

### c) Ausnahmen von der Begründungspflicht (§ 38 Abs. 4 FamFG)

75  Ausnahmen von der Begründungspflicht werden in § 38 Abs. 4 FamFG genannt.

76  Einer Begründung bedarf es danach nicht, soweit
1. die Entscheidung aufgrund eines Anerkenntnisses oder Verzichts oder als Versäumnisentscheidung ergeht und entsprechend bezeichnet ist,
2. gleichgerichteten Anträgen der Beteiligten stattgegeben wird oder der Beschluss nicht dem erklärten Willen eines Beteiligten widerspricht oder
3. der Beschluss in Gegenwart aller Beteiligten mündlich bekannt gegeben wurde und alle Beteiligten auf Rechtsmittel verzichtet haben.

77  Eine Begründung soll im Grundsatz immer dann entbehrlich sein, wenn eine Beschwer eines Beteiligten erkennbar nicht vorliegt.

78  Die Ausnahme nach § 38 Abs. 4 Nr. 1 FamFG, die inhaltlich § 313b ZPO entspricht, betrifft Entscheidungen aufgrund von Versäumnis, Anerkenntnis oder Verzicht. Derartige Entscheidungen können in Ehe- und Familienstreitsachen ergehen (vgl. § 113 Abs. 1 FamFG).

79  Nach § 38 Abs. 4 Nr. 2 FamFG kann von einer Begründung abgesehen werden, wenn gleichgerichteten Anträgen der Beteiligten stattgegeben wird oder der Beschluss nicht dem erklärten Willen eines Beteiligten widerspricht. Es handelt sich also um Verfahren, die in der Sache zwischen den Beteiligten nicht streitig sind oder in denen nur der Antragsteller Beteiligter ist.

80  § 38 Abs. 4 Nr. 3 FamFG geht auf den Regelungsinhalt des § 313a Abs. 2 ZPO zurück. Eine Begründung ist entbehrlich, wenn der Beschluss den Beteiligten etwa unmittelbar an die Erörterung im Termin bekannt gegeben wird und eine Anfechtung des Beschlusses aufgrund des **Rechtsmittelverzichts** ausgeschlossen ist.

### d) Rückausnahmen (§ 38 Abs. 5 FamFG)

81  Eine Begründung ist trotz Vorliegens der Voraussetzungen des § 38 Abs. 4 FamFG jedoch unabdingbar
1. in Ehesachen, mit Ausnahme der eine Scheidung aussprechenden Entscheidung,
2. in Abstammungssachen,
3. in Betreuungssachen,
4. wenn zu erwarten ist, dass der Beschluss im Ausland geltend gemacht werden wird.

82  Scheidungsbeschlüsse, die dem Scheidungsantrag stattgeben, und bei denen die Beteiligten einen Rechtsmittelverzicht erklärt haben, müssen natürlich nicht begründet werden, d.h. in diesen Fällen gilt § 38 Abs. 4 Nr. 2 und Nr. 3 FamFG.

83  § 38 Abs. 5 Nr. 3 FamFG sieht außerdem in Betreuungssachen eine Begründungspflicht vor. Aus Gründen der Rechtsfürsorge sollen dem Betroffenen hier die Gründe für eine Anordnung der Betreuung, deren Ablehnung oder für die sonstige Endentscheidung des Gerichts mitgeteilt werden.

### e) Ergänzungspflicht (§ 38 Abs. 6 FamFG)

§ 38 Abs. 6 FamFG ordnet die Ergänzung eines zunächst nicht mit Gründen ver- 84
sehenen Beschlusses an, wenn sich nachträglich herausstellt, dass der Beschluss im
Ausland geltend gemacht werden soll.

### f) Rechtsbehelfsbelehrung (§ 39 FamFG)

Jeder Beschluss hat nach § 39 FamFG eine Rechtsbehelfsbelehrung zu enthalten. Diese 85
muss neben der Bezeichnung des statthaften Rechtsmittels oder Rechtsbehelfs das
für die Entgegennahme zuständige Gericht und dessen vollständige Anschrift sowie
die bei der Einlegung einzuhaltende Form und Frist angeben. Dazu gehört auch die
Information über einen bestehenden Anwaltszwang.

Die Rechtsbehelfsbelehrung muss mit diesem zwingenden Inhalt aus sich heraus 86
verständlich sein. Ein nicht anwaltlich vertretener Beteiligter muss also in den Stand
gesetzt werden, allein anhand der Rechtsbehelfsbelehrung ohne Mandatierung eines
Rechtsanwalts eine formrichtige Beschwerde einzulegen.

▶ Praxishinweis:

> Achtung: Früher war die fehlerhafte Rechtsmittelbelehrung bei anwaltlicher Ver- 87
> tretung folgenlos. § 17 Abs. 2 FamFG (Wiedereinsetzung) galt nicht für anwalt-
> lich vertretene Beteiligte.[14]
>
> Nach aktueller Rechtsprechung darf aber auch ein Rechtsanwalt auf eine gericht-
> liche Rechtsbehelfsbelehrung vertrauen, sofern sie nicht **offensichtlich falsch** ist
> und nicht den Anschein der Richtigkeit erwecken kann.
>
> Ein offensichtlicher Mangel einer Rechtsbehelfsbelehrung liegt nicht vor, wenn
> das Gericht fehlerhaft eine im Regelfall einschlägige Rechtsbehelfsfrist benennt.
> Ein Rechtsanwalt ist nicht verpflichtet, die gerichtliche Rechtsbehelfsbelehrung
> anhand der einschlägigen Kommentarliteratur zu überprüfen.
>
> Grundkenntnisse des Anwalts sollen z.B. sein:
> – Rechtsmittelfrist bei eA nach § 57 Satz 2 (2 Wochen: § 63 Abs. 2 Nr. 1
>   FamFG)[15]
> – Zulassungsfreie Rechtsbeschwerde, wenn Beschwerde für unzulässig erklärt
>   wird[16]
>
> Das BVerfG[17] stellt dazu klar: Der Rechtsanwalt muss zwar, unabhängig von einer
> etwaigen Spezialisierung, grundsätzlich umfassende Gesetzeskenntnis und auch

---

14  BGH, FamRZ 2018, 699; FamRZ 2014, 643; FamRZ 2010, 1425; a.A. OLG Rostock,
    FamRZ 2011, 986.
15  OLG Bremen, FamRZ 2021, 1140.
16  BGH, FamRZ 2021, 444.
17  BVerfG, FamRZ 2021, 40.

Kenntnis der jeweiligen Verfahrensordnung haben, wenn er ein entsprechendes Mandat übernimmt. Er muss jedoch nicht klüger sein als das zuständige Fachgericht.

Diese Rechtsprechung begründet nach wie vor ein hohes Haftungsrisiko für Anwälte (wann ist eine Rechtsmittelbelehrung offensichtlich falsch?), die sich auf die Rechtsmittelbelehrung (ungeprüft) verlassen!

### 3. Rechtskraft des Beschlusses

88    Die Beschlüsse in Familiensachen sind nach § 45 FamFG der formellen Rechtskraft fähig; für Beschlüsse in Ehesachen und Familienstreitsachen gilt entsprechend aufgrund § 113 Abs. 1 FamFG die Vorschrift des § 705 ZPO.

### a) Formelle Rechtskraft

89    Formelle Rechtskraft tritt ein, wenn ein Rechtsmittel nicht mehr statthaft ist, insb. die Rechtsmittelfristen verstrichen sind. Die Unanfechtbarkeit der Entscheidung sichert den Bestand des richterlichen Spruchs; die Entscheidung erlangt dadurch formelle (äußere) Rechtskraft. Durch die Unanfechtbarkeit der Entscheidung kann jedoch nicht verhindert werden, dass derselbe Rechtsstreit zum zweiten Mal aufgenommen und durch eine erneute Anrufung des Gerichts versucht wird, einen von der formell rechtskräftigen Entscheidung abweichenden günstigeren Beschluss zu erlangen. Dies im Einzelfall zu verhindern, ist Gegenstand der materiellen Rechtskraft.

### b) Materielle Rechtskraft

90    Entscheidungen in **Familienstreitsachen** sind auch der materiellen Rechtskraft fähig. Die formelle Rechtskraft ist Grundlage der materiellen Rechtskraft, d.h. Letztere setzt voraus, dass Rechtsmittel in der Sache nicht mehr zulässig sind.

91    Die materielle Rechtskraft »verbietet« es dem Gericht, in einem neuen Verfahren über eine bereits rechtskräftig festgestellte Rechtsfolge zu verhandeln und zu entscheiden.[18]

92    Allerdings erwächst nur die Beschlussformel in Rechtskraft; die Gründe, auf denen die Formel beruht, nehmen daran grds. nicht teil.

93    Es versteht sich von selbst, dass das Gericht in seinem Beschluss nur solche Tatsachen berücksichtigen kann, die sich bis zum Zeitpunkt seiner Entscheidung ereignet haben. Hieraus ergibt sich eine **zeitliche Grenze** für die richterliche Erkenntnis und damit für die materielle Rechtskraft des Beschlusses. Bei Geltung des Verhandlungsgrundsatzes muss auf den Zeitpunkt abgestellt werden, bis zu dem die Beteiligten spätestens Tatsachen vortragen können, über die das Gericht zu befinden hat und auf die es seinen Beschluss stützt; dies ist der Schluss der mündlichen Verhandlung, auf die der Beschluss

---

18  Thomas/Putzo/*Reichold*, ZPO, Vor § 322 Rn. 1.

ergeht, im schriftlichen Verfahren der vom Gericht bestimmte Zeitpunkt, bis zu dem noch Schriftsätze eingereicht werden dürfen.[19] Endet das Verfahren in der Rechtsbeschwerdeinstanz, bildet regelmäßig der Verhandlungsschluss in der Beschwerdeinstanz den maßgebenden Zeitpunkt, weil in der Rechtsbeschwerdeinstanz grds. keine neuen Tatsachen vorgebracht werden können. Diese zeitliche Grenze der materiellen Rechtskraft wird durch die in § 767 Abs. 2 ZPO für die Vollstreckungsgegenklage getroffene Regelung bestätigt. Positiv gefasst, bedeutet diese Regel: Die Rechtskraft einer gerichtlichen Entscheidung hindert die durch sie betroffenen Personen nicht daran, in einem späteren Verfahren solche Tatsachen vorzutragen, die erst nach Schluss der letzten mündlichen Tatsachenverhandlung des Vorverfahrens eingetreten sind.

## 4. Wirksamkeit von Beschlüssen (§ 40 FamFG)

### a) Bekanntgabe

Die Wirksamkeit des Beschlusses ist Grundlage der Vollstreckung (vgl. § 86 Abs. 2 FamFG). Der Eintritt der Wirksamkeit bleibt nach § 40 Abs. 1 FamFG regelmäßig an die **Bekanntmachung** der Entscheidung geknüpft, nicht an den Eintritt ihrer formellen Rechtskraft. Dadurch wird ein schnelles Wirksamwerden der FamFG-Entscheidungen sichergestellt, das v. a. im rechtsfürsorgerischen Bereich – etwa im Rahmen der Ernennung eines Vormunds oder Betreuers – von großer Bedeutung ist. Erforderlich zur Bekanntmachung ist in Familiensachen die Zustellung des Beschlusses an denjenigen, dessen erklärtem Willen der Beschluss nicht entspricht, vgl. § 41 Abs. 1 Satz 2 FamFG.

**94**

Beschlüsse in Familienstreitsachen und Ehesachen sind nach § 113 Abs. 1 Satz 2 FamFG i.V.m. §§ 311 Abs. 2 Satz 1, 329 Abs. 1 Satz 1 ZPO zu verkünden, weil nach § 113 Abs. 1 Satz 1 FamFG in Familienstreitsachen die Regelung des § 41 Abs. 1 Satz 2 FamFG, wonach die Bekanntgabe eines Beschlusses mit der Zustellung bewirkt wird, keine Anwendung findet.[20] Diese Beschlüsse werden nach § 120 Abs. 1 FamFG entsprechend den Vorschriften über die Zwangsvollstreckung vollstreckt.

**95**

### b) Ehesachen

Allerdings bestehen Ausnahmen. So bestimmt § 116 Abs. 2 FamFG, dass Endentscheidungen in Ehesachen erst mit Rechtskraft wirksam werden. Gemeint ist damit die **formelle Rechtskraft**; es ist umstritten, wird aber von der überwiegenden Meinung bejaht, dass Entscheidungen mit rechtsgestaltendem Charakter der materiellen Rechtskraft fähig sind.[21] Während »normale« Beschlüsse eine bestehende Rechtslage feststellen, wird durch einen Gestaltungsbeschluss eine Rechtslage nämlich erst herbeigeführt. Die Feststellung der formellen Rechtskraft bereitet mitunter Schwierig-

**96**

---

19 BGH, NJW 2004, 1252, 1253.
20 BGH, FamRZ 2012, 106; vgl. auch OLG Brandenburg, FamRZ 2020, 624.
21 Thomas/Putzo/*Reichold*, ZPO, § 322 ZPO Rn. 3.

keiten, wenn ein Scheidungsverbund gegeben ist, der nur teilweise durch Beschwerde angefochten wurde (vgl. dazu § 145 FamFG).

### c) Familienstreitsachen

97 § 116 Abs. 3 Satz 1 FamFG bestimmt, dass Endentscheidungen in Familienstreitsachen erst mit Rechtskraft wirksam werden. Endentscheidungen in Familienstreitsachen sind sowohl der formellen als auch der materiellen Rechtskraft fähig.

98 Im Gegensatz zu Ehesachen kann das Gericht nach Satz 2 die sofortige Wirksamkeit anordnen, mit der Folge einer sofortigen Vollstreckbarkeit nach § 120 Abs. 2 FamFG. Nach Satz 3 soll das Gericht die sofortige Wirksamkeit anordnen, soweit die Entscheidung eine Verpflichtung zur Leistung von Unterhalt enthält. Die Ausgestaltung als Soll-Vorschrift bringt die Bedeutung des Unterhalts zur Sicherung des Lebensbedarfs zum Ausdruck.

99 Auf eine Anordnung der sofortigen Wirksamkeit ist teilweise oder vollständig zu verzichten, wenn z.B. das Jugendamt nach § 33 Abs. 2 Satz 4 SGB II, § 94 Abs. 4 Satz 2 SGB XII oder § 7 Abs. 4 Satz 1 UhVorschG übergegangene Ansprüche geltend macht oder wenn neben dem laufenden Unterhalt länger zurückliegende Unterhaltsrückstände verlangt werden.

100 Die Möglichkeit der Anordnung der sofortigen Wirksamkeit hat das Rechtsinstitut der vorläufigen Vollstreckbarkeit in Familienstreitsachen entbehrlich gemacht.

### III. Eilverfahren

101 Eilverfahren sind die Verfahren der einstweiligen Anordnung und des Arrestes.[22] Die einstweilige Verfügung ist für Familiensachen gegenstandslos, da das FamFG an keiner Stelle auf die Vorschriften der §§ 935 bis 942 ZPO verweist. Auch der Streit, ob zumindest in Unterhaltssachen eine einstweilige Verfügung ausnahmsweise möglich ist, ist damit im verneinenden Sinn entschieden.[23]

---

22 Ausführliche Darstellung der einstweiligen Anordnung nach dem FamFG bei *Götschel/Viefhues* ZFE 2009, 124 ff.

23 Die einstweilige Unterhaltsanordnung wird aufgrund ihrer großen Bedeutung gesondert unter Rdn. 3359 ff. dargestellt.

| Eilverfahren in Familiensachen, § 119 FamFG | 102 |

| **Einstweilige Anordnung §§ 49 ff. FamFG** | **Arrest, §§ 916 ff. ZPO** |
|---|---|
| – anwendbar in allen Familiensachen | – anwendbar nur in Familienstreitsachen, vgl. § 119 Abs. 2 FamFG |
| – Ziel: vorläufige Regelung eines Rechtsverhältnisses | – Ziel: Sicherung der Zwangsvollstreckung |
| – Schadensersatz in Familienstreitsachen: § 945 ZPO (Ausnahme Unterhaltsanordnung, vgl. § 119 Abs. 1 Satz 2 FamFG) | – Schadensersatz: § 945 ZPO |

| **Einstweilige Verfügung, §§ 935 ff. ZPO** |
| ☞ nicht anwendbar |

Eilverfahren in Familiensachen

## 1. Einstweilige Anordnung

## a) Grundlagen

▶ **Das Wichtigste in Kürze**

- Die einstweilige Anordnung ist unabhängig von der Einleitung einer entsprechenden Hauptsache. → Rdn. 106    103
- Grds. kein Rechtsmittel (vgl. § 57 FamFG); dafür ist die Einleitung des Hauptverfahrens möglich. → Rdn. 144 ff.

Die einstweilige Anordnung ist bedeutsam, wenn schneller Rechtsschutz erforderlich ist.    104

Gerade Familienstreitsachen, also insb. Unterhaltssachen und Güterrechtssachen, sind    105
oftmals auf eine schnelle summarische Entscheidung angewiesen.

Die einstweilige Anordnung ist hauptsacheunabhängig. Dies bedeutet, dass auch in    106
Familienstreitsachen zur Erlangung einer einstweiligen Anordnung weder die Anhängigkeit einer Ehesache oder einer isolierten Familienstreitsache noch die Einreichung eines entsprechenden Antrags auf Bewilligung von VKH erforderlich ist.

### b) Regelungsbereich

107 Das FamFG regelt die einstweilige Anordnung grundlegend in den §§ 49 bis 57 FamFG.[24] Diese Vorschriften gelten für alle Familiensachen.

108 § 119 Abs. 1 FamFG stellt klar, dass die einstweilige Anordnung nach diesem Gesetz auch in **Familienstreitsachen** statthaft ist. Insofern ist der vorläufige Rechtsschutz für alle Verfahrensgegenstände des Familienrechts einheitlich ausgestaltet.

109 Spezielle Regelungen bestehen insb. für
- Kindschaftssachen, §§ 156 Abs. 3 Satz 1, 157 Abs. 3 FamFG,
- Gewaltschutzsachen, § 214 FamFG,
- Unterhaltsverfahren,
  - Unterhalt und Kostenvorschuss für ein gerichtliches Verfahren, § 246 FamFG,
  - Unterhalt vor Geburt eines nichtehelichen Kindes, § 247 FamFG, und
  - Vaterschaftsfeststellungsverfahren, § 248 FamFG.

110 Soweit spezielle Regelungen von den §§ 49 ff. FamFG abweichen, sind sie **lex speciales**.[25]

### c) Zulässigkeit der einstweiligen Anordnung

*aa) Antrag (§ 51 Abs. 1 FamFG)*

111 Der Erlass einer einstweiligen Anordnung setzt einen bestimmten vollstreckungsfähigen Antrag voraus. Der Antragsteller soll die Anordnungsvoraussetzungen begründen und glaubhaft machen.

112 I.Ü. ist zwischen Amts- und Antragsverfahren zu unterscheiden.

113 In den **Amtsverfahren** der freiwilligen Gerichtsbarkeit (insb. die Kindschaftssachen des § 151 FamFG) ist kein Antrag notwendig. Ein solcher kann aber gestellt werden; er ist in diesem Fall als Anregung zu verstehen.

114 In den sog. **Antragsverfahren** wird das Gericht nur auf Antrag tätig.[26] Wichtige Antragsverfahren sind:
- Unterhalt und Verfahrenskostenvorschuss, §§ 231 ff., 246 bis 248 FamFG,
- Güterrecht, §§ 261 ff. FamFG,
- die sog. sonstigen Familiensachen, §§ 266 ff. FamFG,
- Wohnungszuweisungs- und Haushaltssachen,
- Gewaltschutzsachen, §§ 210 ff.; 214 FamFG und
- Versorgungsausgleichssachen, §§ 217 ff. FamFG.

115 Nach § 51 Abs. 1 FamFG hat der Antragsteller in Antragsverfahren den Antrag zu begründen und die Voraussetzungen für die Anordnung glaubhaft zu machen.

---

24 Ausführlich zur einstweiligen Anordnung *Götsche/Viefhues* ZFE 2009, 124 ff.
25 *Schürmann* FamRB 2008, 375, 376.
26 Prütting/Helms/*Dürbeck*, FamFG, § 51 Rn. 2.

Die **Begründung** muss die wesentlichen verfahrensrechtlichen und tatsächlichen Voraussetzungen enthalten; auch ist das dringende Regelungsbedürfnis zu benennen. **116**

Die Voraussetzungen für die Anordnung sind nach § 51 Abs. 1 Satz 2 FamFG **glaubhaft** zu machen. Die Glaubhaftmachung bestimmt sich in Unterhaltssachen nach § 113 Abs. 1 FamFG i.V.m. § 294 ZPO.[27] Probate Möglichkeit der Glaubhaftmachung ist danach insb. die Versicherung an Eides statt sowie die Vorlage von Urkunden über die Einkommens- und Vermögensverhältnisse der Beteiligten. **117**

### bb) Zuständiges Gericht

Die Zuständigkeit ist der Vorschrift des § 50 FamFG zu entnehmen. **118**

Danach ist wie folgt zu unterscheiden:[28] **119**
- **§ 50 Abs. 1 Satz 1 FamFG**: Ist eine **Hauptsache** nicht anhängig, ist das FamG zuständig, das für die Hauptsache im ersten Rechtszug zuständig wäre. Die Zuständigkeit ist daher im Fall einer Unterhaltsanordnung z.B. § 232 FamFG zu entnehmen.
- **§ 50 Abs. 1 Satz 2 FamFG**: Ist hingegen eine »**Hauptsache**« erstinstanzlich anhängig, ist das Gericht des ersten Rechtszugs zuständig. Möglich ist auch, dass die »**Hauptsache**« bereits zweitinstanzlich beim Beschwerdegericht anhängig ist. Dies begründet dann die Zuständigkeit des Beschwerdegerichts. Soweit die »**Hauptsache**« schon beim Rechtsbeschwerdegericht anhängig ist, ergibt sich erneut die Zuständigkeit des FamG des ersten Rechtszugs.
- »**Hauptsache**« **wird nachträglich anhängig**: Die örtliche Zuständigkeit einer später eingeleiteten »**Hauptsache**« ist nach allg. Kriterien zu bestimmen, richtet sich also nicht nach einem bereits anhängigen einstweiligen Anordnungsverfahren. Ändern sich die für die Zuständigkeit maßgeblichen Kriterien (z.B. Umzug der Beteiligten), kann dies zu unterschiedlichen Zuständigkeiten führen.[29] Möglich ist in solchen Fällen freilich eine Abgabe des einstweiligen Anordnungsverfahrens gem. § 4 FamFG an das Hauptsachegericht.[30]
- **§ 50 Abs. 2 FamFG**: Die Vorschrift des § 50 Abs. 2 FamFG regelt Eilfälle; damit ist sie insb. für die wichtige einstweilige Unterhaltsanordnung nur von untergeordneter Bedeutung. Nach § 246 Abs. 2 FamFG ist nämlich regelmäßig sogar eine mündliche Verhandlung erforderlich. Liegt aber ein besonders dringender Fall vor, ist auch das FamG örtlich zuständig, in dessen Bezirk das Bedürfnis für ein gerichtliches Tätigwerden bekannt wird oder sich die Person oder die Sache befindet, auf die sich die einstweilige Anordnung bezieht. Das aufgrund von § 50 Abs. 2 FamFG angerufene Gericht hat das Verfahren unverzüglich von Amts wegen an das nach § 50 Abs. 1 FamFG zuständige Gericht abzugeben.

---

27 Horndasch/Viefhues/*Viefhues*, FamFG, § 51 Rn. 10.
28 Vgl. dazu *Götsche/Viefhues* ZFE 2009, 125.
29 *Schürmann* FamRB 2008, 375, 376.
30 *Schürmann* FamRB 2008, 375, 376.

### d) Begründetheit der einstweiligen Anordnung

*aa) Anordnungsanspruch*

120    Die einstweilige Anordnung muss gem. § 49 Abs. 1 FamFG nach den für das Rechtsverhältnis maßgebenden Vorschriften gerechtfertigt sein. Diese Voraussetzung entspricht
strukturell dem Erfordernis eines Verfügungsanspruchs im Recht der einstweiligen
Verfügung nach der ZPO.[31] Die Formulierung macht deutlich, dass das Gericht sich
auch im summarischen Verfahren möglichst an den einschlägigen – materiell-rechtlichen – Vorschriften zu orientieren hat. Dennoch besteht – weil es sich letztlich doch
um ein summarisches Verfahren handelt – selbstverständlich mehr Spielraum als im
Hauptsacheverfahren. Auch bestehen geringere Beweisanforderungen (Glaubhaftmachung), insb. ist die Beweiserhebung gem. § 113 Abs. 1 FamFG i.V.m. § 294 Abs. 2
ZPO auf präsente Beweismittel beschränkt.[32]

▶ Taktischer Hinweis:

121    Es genügt im AO-Verfahren also nicht, einfach nur Zeugen zu benennen. Die
Beweisaufnahme ist auf präsente Beweismittel beschränkt, vgl. § 31 Abs. 2 FamFG.
Das Gericht ist auch zu einer Ladung nicht verpflichtet. Zumindest ist daher
deren eidesstattliche Aussage vorzulegen; besser ist mitunter sogar, die Zeugen
zum Termin mitzubringen.

122    Nach allgemeiner Auffassung genügt eine **überwiegende Wahrscheinlichkeit** für den
Erlass der Anordnung (ohne dass dadurch bereits alle anderen Möglichkeiten praktisch ausgeschlossen sein müssen).[33]

▶ Anwaltlicher Hinweis:

123    Eine wichtige Besonderheit des Anordnungsverfahrens, die anwaltlich unbedingt
beachtet werden sollte, ist die (vorbeugende) Entkräftung von Einwendungen
(z.B. in Unterhaltssachen die mangelnde Leistungsfähigkeit), für die im ordentlichen Verfahren der Antragsgegner darlegungs- und beweisverpflichtet wäre. Dies
gilt jedenfalls dann, wenn eine einstweilige Anordnung ohne vorherige Anhörung
des Antragsgegners erstrebt wird. Im Einzelfall kann eine eidesstattliche Versicherung ausreichen.

*bb) Anordnungsgrund*

124    Schließlich ist ein **dringendes Bedürfnis für ein sofortiges Tätigwerden** erforderlich,
§ 49 Abs. 1 FamFG. Diese Voraussetzung entspricht in ihrer Funktion etwa dem
Verfügungsgrund für den Erlass einer einstweiligen Verfügung.[34] Ob ein dringendes
Bedürfnis anzunehmen ist, ist eine Frage des Einzelfalls. Es wird regelmäßig zu beja-

---

31  Vgl. Thomas/Putzo/*Seiler*, ZPO, § 935 Rn. 5.
32  *Giers* NZFam 2016, 283.
33  Vgl. BGH, NJW 1998, 1870.
34  Vgl. Thomas/Putzo/*Seiler*, ZPO, § 935 Rn. 6.

hen sein, wenn ein Zuwarten bis zur Entscheidung in einer etwaigen Hauptsache nicht ohne Eintritt erheblicher Nachteile möglich wäre.[35]

Auch dazu sind jedoch Besonderheiten zu berücksichtigen. 125

So gilt in **Kindschaftssachen**, die den Aufenthalt des Kindes, das Umgangsrecht oder 126 die Herausgabe des Kindes betreffen, die Vorschrift des § 156 Abs. 3 FamFG. Wird die Teilnahme an einer Beratung oder eine schriftliche Begutachtung angeordnet, soll das Gericht in Umgangssachen den Umgang durch einstweilige Anordnung regeln oder ausschließen, § 156 Abs. 3 Satz 2 FamFG.

In **Unterhaltssachen** weicht § 246 FamFG von § 49 FamFG ab, d.h. das FamG kann 127 durch einstweilige Anordnung auf Antrag die Verpflichtung zur Zahlung von Unterhalt oder eines Kostenvorschusses für ein gerichtliches Verfahren regeln. Ein dringendes Regelungsbedürfnis ist grds. nicht erforderlich, weil Unterhalt lebensnotwendig ist und sich damit die Eilbedürftigkeit von selbst versteht.

Damit genügt als Anordnungsgrund ein »einfaches« Regelungsbedürfnis;[36] selbst daran 128 fehlt es in folgenden Fällen:
— Ein Unterhaltstitel liegt bereits vor.
— Eine vorherige Zahlungsaufforderung fehlt.
— Der Antragsgegner kann nicht bezahlen und es besteht auch keine Vollstreckungs-möglichkeit.
— Der Antragsteller verlangt Unterhalt für die Vergangenheit. Dieser kann grds. nicht durch einstweilige Anordnung geregelt werden (nur für die Zeit ab Antragsein-gang).[37]
— Der Unterhaltsschuldner zahlt freiwillig den Unterhalt und es kann angenommen werden, dass er dies auch weiterhin tun wird.[38]
— Der Unterhaltsberechtigte hat bereits Einkünfte, die den Ehegattenmindestselbst-behalt (1.280 €) überschreiten.[39]

### e) Entscheidung über den Antrag auf einstweilige Anordnung

§ 49 Abs. 1 FamFG macht bereits deutlich, dass für eine einstweilige Anordnung nur 129 vorläufige Maßnahmen in Betracht kommen.[40] Es gilt daher, wie im Recht der einst-weiligen Verfügung, der **Grundsatz des Verbots der Vorwegnahme der Hauptsache.**

---

35 OLG Köln, FamRZ 2007, 658.
36 Vgl. Thomas/Putzo/*Hüßtege*, ZPO, § 246 FamFG Rn. 4.
37 *Viefhues* FuR 2015, 558, 559; *Klein* FuR 2009, 241, 244.
38 Vgl. *Schürmann* FamRB 2008, 375, 377.
39 AG Gemünden am Main, FuR 2017, 523.
40 *Löhnig/Heiß* FamRZ 2009, 1101.

*aa) Inhalt der Entscheidung*

130  § 49 Abs. 2 FamFG umschreibt die für eine einstweilige Anordnung in Betracht kommenden Maßnahmen. Dies sind die Sicherungsanordnung und die Regelungsanordnung, d.h. die beiden Grundformen, die aus dem Recht der einstweiligen Verfügung bekannt sind. Mit der ggü. §§ 935 und § 940 ZPO knapperen Formulierung ist keine Begrenzung bei der Auswahl der in Betracht kommenden Maßnahmen verbunden.

131  § 49 Abs. 2 Satz 2 FamFG erwähnt (angelehnt an § 938 Abs. 2 ZPO) einige praktisch bedeutsame Fälle vorläufiger Maßnahmen, wie etwa **Gebote oder Verbote** und hierbei insb. das Verfügungsverbot.

132  Nach § 49 Abs. 2 Satz 3 FamFG sind von der Anordnungskompetenz des Gerichts auch Maßnahmen umfasst, die den Verfahrensgegenstand des einstweiligen Anordnungsverfahrens nur insoweit betreffen, als sie die Vollstreckung oder sonstige Durchführung der Anordnung regeln, ermöglichen oder erleichtern.

133  Ein Antrag gerichtet auf eine solche Anordnung ist nicht erforderlich, und zwar auch dann nicht, wenn das Gericht im einstweiligen Anordnungsverfahren dem Grunde nach einer Bindung an die gestellten Anträge unterliegt.

134  Besonderheiten gelten für die einstweilige Anordnung in **Unterhaltssachen.** Auf der Rechtsfolgenseite besteht die in § 49 FamFG vorgesehene Begrenzung auf vorläufige Maßnahmen nicht, vgl. § 246 Abs. 1 FamFG. Durch eine einstweilige Anordnung kann der volle laufende Unterhalt ohne zeitliche Begrenzung zuerkannt werden, soweit die Voraussetzungen dafür glaubhaft gemacht worden sind.[41]

135  Vereinzelt wird sogar vertreten, dass der Unterhalt antragsgemäß zuzusprechen und ansonsten abgewiesen werden muss.[42] Dies lässt sich § 246 FamFG allerdings nicht entnehmen.

136  Die Regelung soll zwar möglichst umfassend sein, um zusätzliche Auseinandersetzungen in einem gerichtlichen Verfahren tunlichst zu vermeiden. Das Gericht kann aber auch anderweitig verfahren und zwar insb. dann, wenn im Verfahren nur überwiegende Wahrscheinlichkeit für die Richtigkeit des Titels zu erzielen war. Dann kommt sowohl eine Begrenzung des Unterhaltsantrages der Höhe nach als auch hinsichtlich des Zeitraums infrage.[43]

*bb) Entscheidung durch Beschluss*

137  Das Gericht entscheidet über den Anordnungsantrag durch **Beschluss,** §§ 51 Abs. 2 Satz 1, 38 Abs. 1 Satz 1 FamFG. Eine Versäumnisentscheidung ist in allen Verfahren ausgeschlossen, § 51 Abs. 2 Satz 3 FamFG.

---

41  Vgl. Schulte-Bunert/Weinreich/*Schwonberg*, FamFG, § 246 Rn. 3.
42  *Borth* FamRZ 2009, 157, 161.
43  *Götsche/Viefhues* ZFE 2009, 126.

Der Antragsgegner kann allerdings nicht durch Nichterscheinen in einem gerichtlich 138
anberaumten Termin die Entscheidung verhindern. Das Gericht entscheidet dann
auf der Grundlage der vorliegenden Unterlagen in der Sache.

Der Beschluss über den Anordnungsantrag stellt wegen des eigenständigen Verfahrens- 139
charakters nunmehr eine Endentscheidung dar, die eine Kostenentscheidung enthält,
§§ 51 Abs. 4, 82 FamFG.

### cc) Vollstreckung der einstweiligen Anordnung

Die einstweilige Anordnung stellt einen Vollstreckungstitel dar, aus dem ohne Weiteres 140
vollstreckt werden kann, vgl. §§ 86 Abs. 1 Nr. 1 bzw. 120 Abs. 1 FamFG.

Eine Vollstreckungsklausel ist grds. nicht erforderlich, vgl. § 53 Abs. 1 FamFG. 141

Insb. in Gewaltschutzverfahren wird vielfach eine **sofortige Vollziehung** gem. § 53 142
Abs. 2 Satz 1 FamFG angeordnet werden müssen, d.h. die Vollstreckung ist vor Zustellung an den Verpflichteten zulässig. In diesem Fall wird die einstweilige Anordnung
mit Erlass wirksam, § 53 Abs. 2 FamFG.

▶ **Anwaltlicher Hinweis:**

Die Vollstreckung einstweiliger Anordnungen in Familienstreitsachen, d.h. insb. 143
der einstweiligen Unterhaltsanordnung (Beschluss) richtet sich aufgrund der Verweisungsvorschrift des § 120 Abs. 1 FamFG nach §§ 704 ff. ZPO entsprechend,
wobei nach § 53 Abs. 1 FamFG die Vollstreckungsklausel grds. entbehrlich ist.

Ansonsten erfolgt die Vollstreckung einstweiliger Anordnungen in »einfachen«
Familiensachen (z.B. Kindschaftssachen) nach §§ 86 bis 96a FamFG.

### f) Änderung und Aufhebung der einstweiligen Anordnung

Die Entscheidung über die einstweilige Anordnung ist materieller **Rechtskraft** nicht 144
fähig. Eine (auch rückwirkende) Aufhebung/Änderung ist daher ohne Weiteres möglich.

Folgende Möglichkeiten der Änderung bzw. Aufhebung der einstweiligen Anord- 145
nung bestehen:
– Antrag auf Einleitung des Verfahrens zur Hauptsache, § 52 FamFG,
– Antrag auf Abänderung, § 54 Abs. 1 FamFG,
– Antrag auf mündliche Verhandlung, § 54 Abs. 2 FamFG,
– in bestimmten (wenigen) Fällen die Beschwerde, §§ 57 Satz 2, 58 FamFG.

### aa) Einstweilige Anordnung ohne mündliche Verhandlung

Hat keine mündliche Verhandlung vor dem Erlass der einstweiligen Anordnung statt- 146
gefunden, stehen folgende Änderungsmöglichkeiten zur Verfügung:
– Antrag auf mündliche Verhandlung, § 54 Abs. 2 FamFG oder
– Antrag auf Einleitung des Verfahrens zur Hauptsache, § 52 FamFG.

147 **Unzulässig** ist
   – der Antrag auf Abänderung, § 54 Abs. 1 FamFG sowie
   – die Beschwerde, §§ 57 Satz 2, 58 FamFG.

148 **Grund:**

Der Antrag auf mündliche Verhandlung nach § 54 Abs. 2 FamFG ist ggü. dem Antrag auf Abänderung nach § 54 Abs. 1 FamFG vorrangig, d.h. für Letzteren fehlt das Rechtsschutzbedürfnis.[44]

149 Die Beschwerde gegen den Erlass der einstweiligen Anordnung nach §§ 57 Satz 2, 58 FamFG setzt nach dem Gesetzeswortlaut eine mündliche Verhandlung voraus. Ansonsten ist eine Beschwerde unzulässig, da § 54 Abs. 2 FamFG zur Verfügung steht.

*bb) Einstweilige Anordnung nach mündlicher Verhandlung*

150 Hat hingegen eine mündliche Verhandlung vor dem Erlass der einstweiligen Anordnung stattgefunden, stehen folgende Änderungsmöglichkeiten zur Verfügung:
   – Antrag auf Einleitung des Verfahrens zur Hauptsache, § 52 FamFG,
   – Antrag auf Abänderung, § 54 Abs. 1 FamFG sowie
   – in bestimmten (wenigen) Fällen die Beschwerde, §§ 57 Satz 2, 58 FamFG.

*aaa) Aufhebungs- oder Abänderungsantrag nach § 54 Abs. 1 FamFG*

151 Die Änderung einer einstweiligen Anordnung erfolgt in Antragsverfahren nur auf Antrag, § 54 Abs. 1 Satz 2 FamFG. Die Befugnis zur Antragstellung haben alle Beteiligten, die durch die einstweilige Anordnung beschwert, d.h. durch den Beschluss in ihren Rechten beeinträchtigt sind.[45] Der Antrag nach § 54 Abs. 1 FamFG kann auch auf eine rückwirkende Änderung oder Aufhebung gerichtet werden.

152 Der Antragsteller kann **neben** dem Änderungsantrag nach § 54 Abs. 1 FamFG **oder stattdessen** auch das Verfahren zur Hauptsache einleiten, § 52 FamFG.

▶ **Anwaltlicher Hinweis:**

153 Die Änderung der einstweiligen Unterhaltsanordnung erfolgt nur aufgrund **neuer Tatsachen**, die der Antragsteller vortragen muss. Der Änderungsantrag ist also unzulässig, wenn der Antragsteller allein die Änderung der getroffenen Entscheidung fordert, ohne neue Tatsachen vorzubringen; es fehlt in diesem Fall das **Rechtsschutzbedürfnis**.[46]

---

44 *Schürmann* FamRB 2008, 375, 379; a.A. Keidel/*Giers,* FamFG, § 54 Rn. 14; Schulte-Bunert/Weinreich/*Schwonberg*, FamFG, § 54 Rn. 20 (Wahlrecht).
45 Vgl. dazu *Viefhues* FuR 2015, 632.
46 Schulte-Bunert/Weinreich/*Schwonberg*, FamFG, § 246 Rn. 20; *Schürmann* FamRB 2008, 375, 380.

*bbb) Einleitung der Hauptsache nach § 52 FamFG*

Das Gericht hat auf Antrag nach § 52 FamFG anzuordnen, dass der Beteiligte, der  **154**
die einstweilige Anordnung erwirkt hat, binnen einer zu bestimmenden Frist die
Einleitung des Hauptsacheverfahrens oder die Bewilligung von VKH für das Hauptsacheverfahren beantragt, vgl. § 52 Abs. 2 Satz 1 FamFG.

▶ **Anwaltlicher Hinweis:**

§ 52 Abs. 1 FamFG regelt den Antrag auf Einleitung des Hauptsacheverfahrens  **155**
in den **Amtsverfahren**, § 52 Abs. 2 FamFG hingegen in den **Antragsverfahren**.
Damit ist § 52 Abs. 2 FamFG insb. im Fall der Unterhaltsanordnung maßgeblich.

**Antragsbefugt** sind alle Beteiligten, die durch die einstweilige Anordnung beschwert  **156**
sind. Der Antragsteller, der die einstweilige Anordnung erwirkt hat, hat kein gegen
sich selbst wirkendes Antragsrecht; er kann einfach das Hauptsacheverfahren einleiten.

Die für die Einleitung des Hauptsacheverfahrens gesetzte Frist darf in Antragsver-  **157**
fahren nach § 52 Abs. 2 Satz 2 FamFG 3 Monate nicht überschreiten. Wird dieser
Anordnung nicht Folge geleistet, ist die einstweilige Anordnung aufzuheben, § 52
Abs. 2 Satz 3 FamFG.

Sehr umstritten ist, ob die Ablehnung eines Antrags auf Fristsetzung gemäß § 52  **158**
Abs. 2 FamFG zur Einleitung eines Hauptverfahrens nach Erlass einer einstweiligen
Anordnung beschwerdefähig ist.[47] Überwiegend[48] wird dies abgelehnt, da es sich bei
der Ablehnung des Antrags auf Bestimmung einer Frist zur Einleitung eines Haupt-
cheverfahrens nicht um eine Endentscheidung i.S.d. § 38 FamFG handelt. Durch die
beantragte Entscheidung nach § 52 Abs. 2 FamFG werde der Verfahrensgegenstand
gerade nicht »ganz oder teilweise erledigt« (§ 38 Abs. 1 Satz 1 FamFG).

▶ **Praxishinweis:**

Der überwiegend vertretenen Meinung ist zuzugeben, dass der Gesetzgeber den  **159**
Rechtsschutz im Bereich einstweiliger Anordnungen eingeschränkt ausgestaltet
hat, vgl. § 57 FamFG. Andererseits ist der Wortlaut des § 52 Abs. 2 Satz 1 FamFG
eindeutig, d.h. das Gericht ist (ohne Ermessen) verpflichtet auf Antrag die Frist
zur Einleitung des Hauptsacheverfahrens zu setzen. Rechtspolitisch ist der Gesetzgeber gefordert in dieser Sache ein Rechtsmittel zuzulassen. Solange dies nicht
der Fall ist, ist der überwiegend vertretenen Auffassung zu folgen.

---

47 Bejahend OLG Stuttgart, FamRZ 2015, 2078.
48 OLG Frankfurt, FamRZ 2018, 519; OLG Dresden, FamRZ 2016, 2141 f.; OLG Brandenburg, FamRZ 2017, 1248.

*ccc)  Beschwerde (§ 57 FamFG)*

160   Die Beschwerde gegen die einstweilige Anordnung ist in § 57 FamFG geregelt.

161   Danach ist die einstweilige Anordnung nicht anfechtbar, § 57 Abs. 1 Satz 1 FamFG. Ausnahmsweise findet die Beschwerde statt bei einer einstweiligen Anordnung in Verfahren
– über die elterliche Sorge für ein Kind,
– über die Herausgabe des Kindes an den anderen Elternteil,
– über einen Antrag auf Verbleiben eines Kindes bei einer Pflege oder Bezugsperson,
– über einen Antrag nach den §§ 1 und 2 GewSchG oder
– in einer Wohnungszuweisungssache hinsichtlich eines Antrags auf Zuweisung der Wohnung,

falls das Gericht **aufgrund mündlicher Erörterung entschieden** hat.

162   Unerheblich ist dabei, ob das Gericht eine einstweilige Anordnung erlassen hat oder ob ein Antrag auf Erlass einer einstweiligen Anordnung zurückgewiesen wurde.

163   Die Zulässigkeitsvoraussetzungen richten sich im Wesentlichen nach den §§ 58 ff. FamFG. Die Vorschriften sind in vollem Umfang anwendbar, da es sich bei der einstweiligen Anordnung um eine Endentscheidung i.S.v. § 58 Abs. 1 FamFG handelt.[49]

▶ Anwaltlicher Hinweis:

164   Unbedingt zu beachten ist in diesen Fällen die kurze Beschwerdefrist nach § 63 Abs. 2 FamFG: Die Beschwerde ist binnen einer Frist von 2 Wochen (und nicht von einem Monat!) einzulegen.

### g) Außerkrafttreten der einstweiligen Anordnung

165   Das Außerkrafttreten der einstweiligen Anordnung ist in § 56 FamFG geregelt.

166   Erforderlich ist die **Rechtskraft** einer anderweitigen Regelung, falls es sich um eine Familienstreitsache handelt. Dies hat der Gesetzgeber nunmehr in § 56 Abs. 1 Satz 2 FamFG eindeutig angeordnet, um einen regelungslosen Zustand insb. für einen schutzbedürftigen Unterhaltsgläubiger zu vermeiden. Die einstweilige Unterhaltsanordnung tritt nach § 56 Abs. 2 FamFG auch dann außer Kraft, wenn
– der Antrag in der Hauptsache zurückgenommen wird,
– der Antrag in der Hauptsache rechtskräftig abgewiesen ist,
– die Hauptsache übereinstimmend für erledigt erklärt wird oder
– die Erledigung der Hauptsache anderweitig eingetreten ist.

---

49  Vgl. dazu *Götsche/Viefhues* ZFE 2009, 131 ff.

Das Außerkrafttreten der **einstweiligen Unterhaltsanordnung** tritt im Fall des Ehe-   167
gattenunterhalts aber nicht durch Scheidung ein, weil der Grundsatz der Nichtidentität[50] für den Titel der einstweiligen Anordnung ohne Bedeutung ist.[51]

## h) Schadensersatz bei Aufhebung

§ 119 Abs. 1 Satz 2 FamFG ordnet in Übereinstimmung mit der derzeit gelten-   168
den Rechtslage in Familienstreitsachen nach § 112 Nr. 2 (Güterrechtsachen und
Lebenspartnerschaftssachen nach § 269 Abs. 1 Nr. 9 FamFG) und Nr. 3 FamFG
(sonstige Familiensachen und Lebenspartnerschaftssachen nach § 269 Abs. 2 FamFG)
mit Ausnahme der Unterhaltssachen die **entsprechende Geltung des § 945 ZPO** an.

Wird die Eilmaßnahme aufgehoben, ist der Antragsteller, der die Vollziehung erwirkt   169
hat, verpflichtet, dem Gegner den Schaden zu ersetzen, der diesem aus der Vollziehung
der angeordneten Maßregel oder dadurch entsteht, dass er Sicherheit leistet, um die
Vollziehung abzuwenden oder die Aufhebung der Maßregel zu erwirken (§ 945 ZPO).

Die Schadensersatzpflicht nach § 945 ZPO ist **verschuldensunabhängig**.   170

In Unterhaltssachen ist ein entsprechender Schadensersatzanspruch nicht möglich, da   171
§ 119 Abs. 1 Satz 2 FamFG die Unterhaltssachen von der entsprechenden Anwendung des § 945 ZPO ausspart. Dies ist bedauerlich, da gerade die neue »Nähe« zur
einstweiligen Verfügung ein weiteres Argument für die Anwendung der Schadensersatzpflicht nach § 945 ZPO in Unterhaltssachen ist. Die einstweilige Anordnung
ergeht in einem summarischen Verfahren mit geringer Richtigkeitsgewähr. Der durch
die einstweilige Anordnung begünstigte Unterhaltsgläubiger sollte daher verpflichtet
sein, Schadensersatz zu zahlen, wenn sich nachträglich die Unrichtigkeit des Unterhaltstitels herausstellt. Auch wenn der BGH[52] die analoge Anwendung von § 945
ZPO früher abgelehnt hat, hätte hier Handlungsbedarf bestanden.

---

50  Der Grundsatz der Nichtidentität besagt, dass Trennungs- (§ 1361 BGB) und Schei-
    dungsunterhalt (§§ 1569 ff. BGB) streng zu unterscheiden sind, denn es handelt sich
    um verschiedene Streitgegenstände. Beiden Regelungskomplexen liegen unterschiedliche
    Rechtsgedanken zugrunde: Während beim Trennungsunterhalt wegen Nochbestehens
    der Ehe das Prinzip der ehelichen Solidargemeinschaft fast uneingeschränkt gilt, steht bei
    den §§ 1569 ff. BGB das Prinzip der Eigenverantwortlichkeit im Vordergrund; nach der
    gesetzlichen Konzeption soll hier die Unterhaltspflicht der Ausnahmefall sein, der nur in
    genau beschriebenen Fällen eingreift. Diesem Grundsatz legt die Rechtsprechung nicht nur
    materiell-rechtliche Bedeutung bei, sondern auch prozessuale: Nicht nur der Anspruch als
    solcher ist nun ein anderer; auch eine Vollstreckung des Scheidungsunterhalts aus einem
    Beschluss auf Trennungsunterhalt ist nicht zulässig.
51  Str., so wie hier Musielak/Borth, FamFG, § 54 Rn. 13; a.A. Thomas/Putzo/*Seiler*, ZPO,
    § 246 Rn. 3 (auf Antrag nach § 54 aufzuheben).
52  BGH, NJW 2000, 742, 743.

▶ Muster zur einstweiligen Anordnung

172   Ehewohnung (s. Rdn. 2343)

Haushalt (s. Rdn. 2346)

Kinderherausgabe (s. Rdn. 2007)

Gewaltschutz (s. Rdn. 2402)

Umgang (s. Rdn. 1996)

Unterhalt (s. Rdn. 3457 f.)

## 2. Arrest

173   § 119 Abs. 2 Satz 1 FamFG sieht vor, dass in **Familienstreitsachen** neben der einstweiligen Anordnung auch der persönliche oder der dingliche Arrest des Schuldners
möglich ist. Satz 2 ordnet die Geltung der diesbezüglichen Vorschriften der ZPO
ausdrücklich an. Ob über den Arrest mündlich verhandelt wird, steht im pflichtgemäßen Ermessen des Gerichts, vgl. § 922 Abs. 1 ZPO.

174   Der Arrest dient gem. § 916 Abs. 1 ZPO der **Sicherung der Zwangsvollstreckung** in
das bewegliche oder unbewegliche Vermögen wegen einer Geldforderung.

175   Erforderlich ist neben dem **Arrestanspruch** ein **Arrestgrund** nach § 917 ZPO, d. h.
es muss die Besorgnis bestehen, dass ohne Arrest die Vollstreckung des Urteils oder
des Beschlusses vereitelt oder wesentlich erschwert werden würde.

176   Der Arrest kommt für **Zugewinnausgleichsansprüche**[53] in Betracht, grds. aber auch
für Unterhalt. I.d.R. ist der Arrest im Fall des Unterhalts jedoch unpraktisch, weil
er nur der Sicherung des Anspruchs dient, nicht aber zur regelmäßig notwendigen
Befriedigung führt. Ein Beispiel für eine Anordnung des dinglichen Arrestes in Unterhaltsfragen ist etwa der Fall, dass der Unterhaltsschuldner sich mit seinem Vermögen
ins Ausland »abzusetzen« beabsichtigt. Dies kann die zukünftigen Unterhaltsansprüche des Unterhaltsgläubigers gefährden.

### a) Streitgegenstand/Arrestanspruch

177   Streitgegenstand des Arrestverfahrens ist nicht die zu sichernde Geldforderung (Zugewinnausgleich, Unterhalt) selbst, sondern der Anspruch des Gläubigers auf zwangsweise Sicherung gegen den Schuldner.

▶ Praxishinweis:

178   Der Verfahrenswert eines Arrestverfahrens in Familienstreitsachen bestimmt sich
nach § 42 Abs. 1 FamGKG.[54] Eine analoge Anwendung von § 41 FamGKG
kommt nicht in Betracht. Überwiegend wird angenommen, dass der Verfahrens-

---

53  Dazu ausführlich *Jüdt* FuR 2022, 195 ff. sowie 251 ff.
54  OLG Frankfurt, NZFam 2018, 333.

wert 1/3 der zu sichernden Hauptforderung beträgt. Bei besonderem Sicherungs-interesse kann ein höherer Wert anzusetzen sein (hälftiger Wert der Hauptsache).[55]

Die zu sichernde Forderung muss aus dem Arrestantrag hervorgehen. In der Begrün- **179** dung des Antrags muss somit z.B. der (künftige) Zugewinnausgleichsanspruch, dessen der Antragsteller sich berühmt, im Einzelnen durch Darstellung des Anfangs- und Endvermögens berechnet und glaubhaft gemacht werden. Allerdings dürfen an die Darlegung und Glaubhaftmachung keine zu hohen Anforderungen gestellt werden, insbesondere wenn der Antragsteller keinen genauen Einblick in die Vermögenswerte des anderen Ehegatten hat.

Der Vortrag ist i.d.R. durch eidesstattliche Versicherung (§ 294 ZPO) glaubhaft zu **180** machen.

Letztlich ist maßgeblich, dass das FamG davon überzeugt wird, dass für den behaup- **181** teten Anspruch eine überwiegende Wahrscheinlichkeit spricht.

## b) Arrestarten/Arrestgrund

Zu unterscheiden ist nach der Art des Arrestgrunds der dingliche Arrest und der per- **182** sönliche Arrest. Der **dingliche Arrest** (§ 917 ZPO) ist ggü. dem persönlichen Arrest die primäre Maßnahme. Sie findet statt, wenn zu besorgen ist, dass ohne Arrestverhängung die (künftige) Vollstreckung eines Beschlusses vereitelt oder wesentlich erschwert wer-den würde. Eine solche Erschwerung ist nach dem Gesetz ohne Weiteres anzunehmen, wenn der Beschluss im Ausland vollstreckt werden müsste (§ 917 Abs. 2 ZPO). Ein Arrestgrund wird weiterhin bejaht, wenn der Schuldner sich z.B. verschwenderisch verhält oder wesentliche Vermögensstücke verschiebt oder verschleudert.

Ob ein **Arrestgrund** (§ 917 ZPO) vorliegt, richtet sich nach dem objektiven Stand- **183** punkt eines verständigen, gewissenhaft prüfenden Menschen. Die subjektive Sicht des Gläubigers ist unerheblich.[56]

Die Wiederholung eines abgewiesenen Arrestgesuchs ist nur dann zulässig, wenn **184** die Abweisung des ersten Gesuchs auf dem Fehlen eines Arrestgrundes beruhte, der Antragsteller insoweit mit dem zweiten Antrag neue Tatsachen oder Mittel der Glaub-haftmachung vorbringt und das Gesuch nur auf solche neuen Tatsachen und Mittel der Glaubhaftmachung gestützt wird, die der Antragsteller im ersten Verfahren noch nicht vorbringen konnte.[57]

Der **persönliche Arrest** (§ 918 ZPO) ist ein hilfsweiser Rechtsbehelf. Er ist nur dann **185** zulässig, wenn der Schuldner überhaupt noch pfändbares Vermögen hat. Sein Zweck besteht darin, eine Verschiebung derjenigen Vermögensstücke zu verhindern, deren Pfändung im Wege des dinglichen Arrestes ermöglicht werden soll.

---

55 *Schneider* NZFam 2018, 333.
56 OLG Brandenburg, Beschl. vom 17.07.2020, 13 WF 124/20, FamRZ 2020, 1665.
57 OLG Koblenz, Beschl. vom 22.06.2020, 9 WF 389/20.

### c) Unterhaltssicherung

186   Durch Arrest gesichert werden können zukünftige Unterhaltsansprüche. Das sind Ansprüche auf Kindesunterhalt sowie Getrenntlebensunterhalt und – nach Rechtshängigkeit des Scheidungsantrags – auch auf künftigen Geschiedenenunterhalt.

187   Der Unterhaltsanspruch ist nur für die voraussichtliche Dauer der Inanspruchnahme des Unterhaltspflichtigen sicherbar, also bei Kindesunterhalt bis zur Volljährigkeit, bei Getrenntlebensunterhalt bis zur Rechtskraft der Scheidung und bei nachehelichem Unterhalt z.B. bis zum Ende der Betreuungsbedürftigkeit der Kinder. Da die Prognosen schwer zu treffen sind, ist der Sicherungszeitraum aus Gründen des Schuldnerschutzes grds. auf höchstens 5 Jahre zu begrenzen.[58]

188   Das Arrestbedürfnis entfällt nicht deshalb, weil bereits ein Titel – ggf. (nur) eine einstweilige Anordnung – vorliegt, da aus den Titeln nur wegen fälligen Unterhalts vollstreckt werden kann, während der Arrest die Zukunft betrifft.

### d) Güterrechtssicherung

189   Wenn die Eheleute sich auseinander leben, sich trennen und scheiden lassen wollen, ist die Versuchung nahe, dass der vermögende Ehegatte Manipulationen unternimmt, um sein ausgleichspflichtiges Vermögen zu schmälern. Für den ausgleichsberechtigten Ehegatten stellt sich dann die Frage, wie er seinen Zugewinnausgleichsanspruch (§ 1378 BGB) sichern kann. Dies ist insb. im Arrestweg möglich.[59]

190   In Güterrechtssachen liegt ein Sicherungsbedürfnis als **Arrestgrund** vor, wenn die Vollstreckung des Anspruchs durch konkret drohende Vermögensverschiebungen oder -verschwendungen gefährdet ist. In den Fällen des § 1385 Nr. 2 bis 4 BGB folgt ein solcher Arrestgrund regelmäßig bereits aus dem Arrestanspruch. Außerhalb der vorgenannten Norm erfordert die Besorgnis einer Vollstreckungsvereitelung ein unlauteres Verhalten des Schuldners. Maßgeblich sind stets die Gesamtumstände des Einzelfalles, und hierbei kann die Veräußerung eines Vermögensstücks als bloße Vermögensumschichtung für sich allein nicht als Arrestgrund gelten. Ein solcher ist erst zu bejahen, wenn zu besorgen ist, dass der Vermögensgegenstand dem Zugriff der Gesamtheit der Gläubiger entzogen wird.

191   Die offene Ansprache der Veräußerungsthematik zu einem Grundstück entspricht einer in Vergleichsverhandlungen vielfach wünschenswerten Transparenz und steht jedenfalls einer Vereitelungsabsicht, die typischerweise einhergeht mit Heimlichkeit gegenüber dem Gläubiger und Erfüllungsverweigerung des Schuldners, diametral entgegen.[60]

---

58   OLG Düsseldorf, NJW-RR 1994, 452 ff.
59   Die Einzelheiten dazu werden bei den Güterrechtssachen dargestellt, vgl. Rdn. 3741 ff.
60   OLG Brandenburg, Beschl. vom 17.07.2020, 13 WF 124/20, FamRZ 2020, 1665.

### e) Vollzug des Arrestes

Mit dem Arrestbefehl erlangt der Antragsteller einen Vollstreckungstitel, der im Wege 192
der Vollziehung durchzusetzen ist (§ 928 ZPO). Dazu ist die Vollziehungsfrist (§ 929
Abs. 2 ZPO) zwingend einzuhalten.[61]

Eine Angabe im Arrestbefehl, dass der Arrest in bestimmte Gegenstände zu vollziehen 193
sei, ist wirkungslos, da jeder Arrest in das **ganze Vermögen** des Schuldners vollzogen
werden kann. Denn die Individualisierung eines konkreten Arrestgegenstands ist keine
Frage des Verfahrens der Anordnung eines dinglichen Arrests, sondern vielmehr eine
solche seiner Vollziehung (vgl. § 930 Abs. 1 Satz 1 ZPO). Die Angabe eines konkreten Arrestgegenstands im Arrestgesuch vermag deshalb auch nicht den Gegenstand
des Arrestverfahrens mitzubestimmen.[62]

▶ Praxishinweis:

Die Sicherung von künftigen Forderungen mittels eines Arrestes umfasst zwin- 194
gend das gesamte Vermögen. Deshalb wird in der Literatur auch die einstweilige
Anordnung als Sicherungsmittel ins Gespräch gebracht, insbesondere wenn nur
ein eingeschränktes Sicherungsbedürfnis besteht.[63] In solchen Fällen könne statt
eines dinglichen Arrestes mittels einstweiliger Sicherungsanordnung z.B. auf ein
gut bestücktes Sparbuch oder ein werthaltiges Girokonto Zugriff genommen
werden. Diese Meinung ist jedoch abzulehnen, weil bei Zulassung solcher einstweiliger Sicherungsanordnungen für den Arrest kein praktischer Anwendungsbereich verbliebe und auch die Sicherungsfolgen, wie etwa die einmonatige
Vollziehungsfrist nach § 929 Abs. 2 ZPO umgangen werden könnten. Insoweit
ist von einem Vorrang des Arrestes gegenüber der einstweiligen Anordnung auszugehen.[64]

Der Arrest umfasst – wie bereits erwähnt – zwingend das gesamte Vermögen, so
dass in der Hektik der Entscheidungsphase, ob und mit welchem Inhalt ein
Arrestantrag gestellt werden soll, keine Festlegung der Zugriffsobjekte erforderlich
ist: Die Auswahl der Zugriffsobjekte wird erst bei der Arrestvollziehung und nicht
schon bei der Antragstellung getroffen, was die beauftragte Anwältin oder den
mandatierten Anwalt auch bei Vorliegen einer Haftpflichtversicherung nicht daran hindern sollte, wegen der »brandgefährlichen« Vollziehungsfrist des § 929
Abs. 2 ZPO rechtzeitig zu überlegen, welche Vollstreckungsmaßnahmen nach
Erlass des Arrestes tatsächlich ergriffen werden sollen.[65]

---

61 Einzelheiten bei Thomas/Putzo/*Seiler*, ZPO, § 929 Rn. 2 ff.
62 OLG Koblenz, Beschl. vom 22.06.2020, 9 WF 389/20.
63 *Jüdt* FuR 2022, 199.
64 Schulte-Bunert/Weinreich/*Schwonberg*, FamFG, § 119 Rn. 2 a.E.
65 *Jüdt* FuR 2022, 251.

195 Die Vollstreckung dient nur der **Sicherung** und darf nicht zur Befriedigung des Gläubigers führen.[66] Eine Verwertung gepfändeter Sachen oder Forderungen ist erst möglich, wenn die gesicherte Forderung fällig ist und in der Hauptsache ein entsprechender vollstreckbarer Titel vorliegt. Das Arrestpfand wandelt sich in ein Pfändungspfandrecht. Der Gläubiger kann mit dem Titel (nach Klauselerteilung und Zustellung) in der Hauptsache nunmehr einen Überweisungsbeschluss beantragen und die durch den Arrest erlangten Pfänder verwerten lassen.

▶ Praxishinweis:

196 Eine **Sicherheitsleistung** kann vom FamG angeordnet werden (§ 921 Satz 2 ZPO).[67] Dies steht selbst dann im Ermessen des Gerichts, wenn Arrestanspruch und Arrestgrund schlüssig dargetan und glaubhaft gemacht wurden. Dies muss der Mandantschaft dargelegt werden. Kann eine Sicherheitsleistung nicht erbracht werden, sollte dazu bereits im Arrestantrag vorgetragen werden. Auch aus Zeitgründen sollte gegen die Anordnung, Sicherheit zu erbringen, nicht erst mit der Beschwerde vorgegangen werden.[68]

197 Der Arrestschuldner kann nach § 927 ZPO die Abänderung wegen veränderter Verhältnisse beantragen.

## f) Rechtsmittel

198 Wird ohne mündliche Verhandlung ein Antrag auf Arrest zurückgewiesen ist die sofortige Beschwerde nach §§ 567 ff., 922 Abs. 1 Satz 1 ZPO mit einer Frist von 2 Wochen (§ 569 Abs. 1 Satz 1 ZPO) zu erheben.[69]

199 Wird danach (oder auch ohne vorherige sofortige Beschwerde) dem Arrestantrag ohne mündliche Verhandlung durch Beschluss vom Gericht stattgegeben, ist nach § 924 Abs. 1 ZPO der Widerspruch statthaft.

200 Sobald eine Arrestanordnung nach mündlicher Verhandlung erfolgt, kann dagegen die befristete Beschwerde nach §§ 58 ff. FamFG erhoben werden.[70]

201 Die Rechtsbeschwerde ist in Arrestverfahren gem. § 70 Abs. 4 FamFG ausgeschlossen.

---

66 Vgl. BGHZ 121, 98.
67 Vgl. dazu OLG Saarbrücken, FamRZ 2022, 554 (LS).
68 *Jüdt* FuR 2022, 256.
69 Str.; wie hier OLG Bremen, FamRZ 2016, 129; Schulte-Bunert/Weinreich/*Schwonberg*, FamFG, § 119 Rn. 21; a.A Keidel/*Weber*, FamFG, § 119 Rn. 15.
70 OLG Nürnberg, NZFam 2018, 580; Schulte-Bunert/Weinreich/*Schwonberg*, FamFG, § 119 Rn. 22.

▶ Antrag auf dinglichen Arrest und Arrestpfändung

… beantrage ich, ohne mündliche Verhandlung den folgenden Arrestbefehl zu   202
erlassen:

1.  Zur Sicherung der Zwangsvollstreckung wegen des nachehelichen Unterhalts
    der Antragstellerin von monatlich 500 € ab dem … wird der dingliche Arrest
    in das Vermögen des Antragsgegners angeordnet.
2.  Der Antragsgegner hat die Kosten des Arrestverfahrens zu tragen.
3.  Die Vollziehung des Arrests wird durch Hinterlegung eines Betrages von….. €
    durch den Antragsgegner gehemmt.[71]

---

71  Vgl. § 923 ZPO.

## IV. Rechtsmittel in Familiensachen

## 1. Beschwerde

203

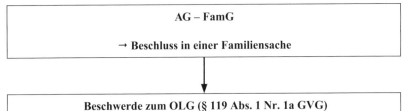

```
                    AG – FamG

            → Beschluss in einer Familiensache
```

**Beschwerde zum OLG (§ 119 Abs. 1 Nr. 1a GVG)**

→ zweite Tatsacheninstanz, § 65 Abs. 3 FamFG

1. **Statthaft**
   a. **Beschwerdewert** über 600,00 €
   b. **Zulassung** nach § 61 Abs. 2, 3 FamFG
2. **Frist**: ein Monat, § 63 Abs. 1 FamFG (Ausnahme: § 63 Abs. 2 FamFG)
3. **Einlegung**: beim **iudex a quo**, vgl. § 64 Abs. 1 FamFG
4. **Begründungsfrist** in Familienstreitsachen: zwei Monate, vgl. § 117 FamFG
5. **Beschwerdeentscheidung**: Beschluss, vgl. § 69 FamFG

**Rechtsbeschwerde zum BGH (§ 133 GVG)**

→ Rechtskontrolle, vgl. § 72 Abs. 1 FamFG

1. **Statthaft**
   a. **Zulassung** erforderlich
   b. **Sprungrechtsbeschwerde**, vgl. § 75 FamFG
2. **Frist**: ein Monat, vgl. § 71 Abs. 1 FamFG
3. **Einlegung**: beim **iudex ad quem**, vgl. § 71 Abs. 2 FamFG
4. **Begründungsfrist**: ein Monat, vgl. § 71 Abs. 2 FamFG
5. **Entscheidung**: §§ 74, 74a FamFG

Beschwerde

▶ Das Wichtigste in Kürze

204
- Die Beschwerde ist einheitliches Rechtsmittel in allen Familiensachen. → Rdn. 205 ff.
- Die Beschwerde ist eine volle zweite Tatsacheninstanz. → Rdn. 264
- Einlegung der Beschwerde beim Ausgangsgericht. → Rdn. 245 f.

Die Beschwerde ist **einheitliches Rechtsmittel** gegen alle Entscheidungen in Familiensachen.[72]   205

Zuständig für das Beschwerdeverfahren sind die OLG, vgl. § 119 Abs. 1 Nr. 1a GVG.   206

Das Beschwerdeverfahren in Familienstreitsachen wird als Streitverfahren unter Geltung des **Beibringungsgrundsatzes** geführt.   207

## a) Statthaftigkeit der Beschwerde

### aa) Endentscheidungen

Die Beschwerde ist nach § 58 Abs. 1 FamFG gegen **Endentscheidungen** statthaft. Dies sind gemäß der Legaldefinition in § 38 FamFG die Entscheidungen, die über den Verfahrensgegenstand in der Instanz ganz oder teilweise abschließend entscheiden. Die Beschwerde ist damit das Hauptsacherechtsmittel des FamFG.   208

Ein Beschluss, mit dem die Nichtbeendigung des Verfahrens (auf Übertragung von Teilen der elterlichen Sorge) festgestellt wird, ist nicht isoliert anfechtbar. Eine Beschwerde gemäß § 58 FamFG setzt eine Endentscheidung voraus, d.h. eine Entscheidung, die das erstinstanzliche Hauptsacheverfahren ganz oder teilweise erledigt. Die Entscheidung, dass das Verfahren nicht beendet ist, erledigt das Verfahren gerade nicht und schließt es nicht ab, sondern will es gerade fortsetzen.[73]   209

Wird den Beteiligten versehentlich ein **bloßer Entscheidungsentwurf** statt einer Entscheidung zugestellt, handelt es sich dabei zwar nur um eine Scheinentscheidung, die die Instanz nicht beendet. Diese Scheinentscheidung kann gleichwohl in zulässiger Weise mit dem Rechtsmittel angefochten werden, das gegen eine tatsächliche Entscheidung des betreffenden Inhalts zulässig wäre. Auf dieses Rechtsmittel hat das Rechtsmittelgericht die Nichtexistenz einer vorinstanzlichen Entscheidung durch Aufhebung der den Beteiligten zugegangenen »Entscheidung« klarzustellen und die Sache an das Gericht der Vorinstanz zwecks Beendigung des dort noch nicht abgeschlossenen Verfahrens zurückzuverweisen.[74]   210

**Zwischen- und Nebenentscheidungen** sind dagegen grds. nicht selbstständig anfechtbar. Sie sind entweder überhaupt nicht oder aber nur zusammen mit der Hauptsachentscheidung anfechtbar. Soweit das Gesetz abweichend davon die selbstständige Anfechtbarkeit von Zwischen- und Nebenentscheidungen zulässt, orientiert es sich an den Verhältnissen im Zivilprozess. Das FamFG sieht demgemäß z.B. in § 76 Abs. 2 FamFG die sofortige Beschwerde in entsprechender Anwendung der §§ 567 bis 572 ZPO in Verfahren der VKH vor.[75]   211

---

72 Ausführlich zum Beschwerdeverfahren *Reinken* ZFE 2009, 370.
73 OLG Hamm, FamRZ 2018, 940.
74 OLG Hamburg, FamRZ 2018, 520.
75 Zur isolierten Kostenentscheidung s. Rdn. 219.

212   Teilweise wird die (umstrittene) Ansicht vertreten, dass eine Beschwerdemöglichkeit gegen an sich gemäß § 58 Abs. 1 FamFG isoliert nicht anfechtbare Zwischenentscheidungen dann eröffnet sein soll, wenn diese Zwischenentscheidung bereits zu einem solchen **Eingriff in die Grundrechte** eines Beteiligten führt, der später nicht oder jedenfalls nicht vollständig behoben werden kann.[76] Jedenfalls fordert das Bundesverfassungsgericht im Hinblick auf die Ausschöpfung des Rechtswegs (Subsidiaritätsgrundsatz, § 90 Abs. 2 Satz 1 BVerfGG), dass in derartigen Fällen (im konkreten Fall Beweisbeschlüsse in einem Umgangsverfahren nach § 1686a BGB) vor der Einlegung einer Verfassungsbeschwerde vom Beschwerderecht Gebrauch gemacht wird, da dies nicht offensichtlich unzulässig sei.[77]

213   Grds. können auch die Entscheidungen, die einer Endentscheidung vorausgegangen sind, im Beschwerderechtszug überprüft werden. Die Vorschrift schreibt die bereits auf der Grundlage des früheren Rechts vertretene Auffassung, die Fehlerhaftigkeit von Zwischenentscheidungen könne noch mit der Endentscheidung gerügt werden, ausdrücklich gesetzlich fest.

214   Ausgenommen von der Überprüfung mit der Endentscheidung sind aber solche Entscheidungen, die nicht anfechtbar oder mit der sofortigen Beschwerde anfechtbar sind (z.B. die Ablehnung einer Gerichtsperson oder die Zuständigkeit des angegangenen Gerichts). Der Endentscheidung vorausgegangen und mit ihr anfechtbar sind dagegen etwa Beweis-, Verbindungs- und Trennungsbeschlüsse.

215   Sehr umstritten ist, ob die Ablehnung eines **Antrags auf Fristsetzung gemäß § 52 Abs. 2 FamFG** zur Einleitung eines Hauptverfahrens nach Erlass einer einstweiligen Anordnung beschwerdefähig ist.[78] Überwiegend[79] wird dies abgelehnt, da es sich bei der Ablehnung des Antrags auf Bestimmung einer Frist zur Einleitung eines Hauptsacheverfahrens nicht um eine Endentscheidung i.S.d. § 38 FamFG handelt. Durch die beantragte Entscheidung nach § 52 Abs. 2 FamFG werde der Verfahrensgegenstand gerade nicht »ganz oder teilweise erledigt« (§ 38 Abs. 1 Satz 1 FamFG).

▶ Praxishinweis:

216   Der überwiegend vertretenen Meinung ist zuzugeben, dass der Gesetzgeber den Rechtsschutz im Bereich einstweiliger Anordnungen eingeschränkt ausgestaltet hat, vgl. § 57 FamFG. Andererseits ist der Wortlaut des § 52 Abs. 2 Satz 1 FamFG eindeutig, d.h. das Gericht ist (ohne Ermessen) verpflichtet auf Antrag, die Frist zur Einleitung des Hauptsacheverfahrens zu setzen. Rechtspolitisch ist der Gesetzgeber gefordert, in dieser Sache ein Rechtsmittel zuzulassen. Solange dies nicht der Fall ist, ist der überwiegend vertretenen Auffassung zu folgen.

---

76   Vgl. etwa OLG Düsseldorf, FGPrax 2013, 89; OLG Nürnberg, FamRZ 2014, 677; OLG Frankfurt, FamRZ 2016, 1799, 1800.
77   BVerfG, FamRZ 2019, 548.
78   Bejahend OLG Stuttgart, FamRZ 2015, 2078.
79   OLG Frankfurt, FamRZ 2018, 519; OLG Dresden, FamRZ 2016, 2141 f.; OLG Brandenburg, FamRZ 2017, 1248.

Der Schutzgedanke der **Meistbegünstigung** gebietet es nicht, dass das Rechtsmittel auf 217
dem vom vorinstanzlichen Gericht eingeschlagenen falschen Weg weitergehen müsste
(Familienstreitsache wurde vom sachlich unzuständigen LG entschieden); vielmehr
hat das Rechtsmittelgericht das Verfahren so weiter zu betreiben, wie dies im Falle
einer formell richtigen Entscheidung durch die Vorinstanz und dem danach gegebenen Rechtsmittel geschehen wäre.[80] Daher kann die Meistbegünstigung auch nicht
zu einer dem korrekten Verfahren widersprechenden Erweiterung des Instanzenzuges
führen. Aus dem Meistbegünstigungsgrundsatz lässt sich insoweit nicht herleiten, dass
gegen eine inkorrekte Entscheidung auch noch dann ein ihrer äußeren Form entsprechendes Rechtsmittel – z.B. die Nichtzulassungsbeschwerde nach § 522 Abs. 3 i.V.m.
§ 544 ZPO – zum BGH statthaft ist, wenn gegen eine korrekte Entscheidung die
Anrufung des BGH aus besonderen Gründen des jeweiligen Verfahrens – z.B. wegen
des Fehlens einer positiven Zulassungsentscheidung nach § 70 Abs. 1 FamFG – nicht
statthaft wäre.[81] Im familiengerichtlichen Verfahren verbleibt es bei der Bindung des
Rechtsbeschwerdegerichts an die Nichtzulassung der Rechtsbeschwerde selbst dann,
wenn das Beschwerdegericht von einer Entscheidung über die Zulassung deshalb
abgesehen hat, weil es aufgrund eines Rechtsirrtums davon ausgegangen ist, dass ein
Rechtsmittel gegen seine Entscheidung schon kraft Gesetzes statthaft ist.

Ähnlich liegt es, wenn das OLG im Fall einer eA-Entscheidung des FamG die 218
Beschwerde durchführt, obwohl ein Rechtsmittel dagegen nach 57 Satz 1 FamFG
nicht gegeben ist, also die Beschwerde zu verwerfen war, vgl. auch § 70 Abs. 4 FamFG.[82]

### bb) Kostenentscheidung

### aaa) Isolierte Anfechtung der Kostenentscheidung im Hauptsachebeschluss

Das FamFG lässt die isolierte Beschwerde nach §§ 58 ff. FamFG gegen eine mit der 219
Hauptsacheentscheidung ergangene Kostenentscheidung zu.[83]

Dies gilt allerdings nicht für Ehe- und Familienstreitsachen, weil § 113 Abs. 1 Satz 2 220
FamFG auf die weiterhin unverändert anwendbaren Vorschriften der ZPO verweist,
sodass nach § 99 ZPO die isolierte Anfechtung nur der Kostenentscheidung unzulässig ist.[84]

Soweit eine Kostengrundentscheidungen in Verfahren der freiwilligen Gerichtsbarkeit 221
isoliert, d.h. ohne gleichzeitiges Rechtsmittel in der Hauptsache, mit der Beschwerde gem. den §§ 58 ff. FamFG angegriffen werden kann, muss allerdings der Beschwerdewert des § 61 Abs. 1 FamFG (über 600 €) erreicht sein. Die Wertgrenze des § 61

---

80 BGH, FamRZ 2018, 839; FamRZ 2018, 1343.
81 BGH, FamRZ 2015, 2043.
82 BGH, FamRZ 2018, 1343.
83 OLG Stuttgart, FamRZ 2010, 664; OLG Nürnberg, NJW 2010, 1468.
84 BGH, FamRZ 2019, 552; Keidel/*Meyer-Holz*, FamFG, § 58 Rn. 95.

Abs. 1 FamFG gilt dabei auch für die (isolierte) Anfechtung von Kostenentscheidungen, die in der Hauptsache eine nicht vermögensrechtliche Angelegenheit betreffen.[85]

### bbb) Isolierte Kostenentscheidungen

**222** Eine isolierte Kostenentscheidung kann in familiengerichtlichen Verfahren ergehen, wenn ein Antrag zurückgenommen oder für erledigt erklärt wird. In Verfahren der freiwilligen Gerichtsbarkeit ist in solchen Fällen die befristete Beschwerde nach §§ 58 ff. FamFG erneut zulässig.[86] Umstritten war bislang der Rechtsschutz in solchen Fällen in Ehe- und Familienstreitsachen.

**223** Nach einer Auffassung[87] handelt es sich bei isolierten Kostenentscheidungen in Ehe- und Familienstreitsachen um Endentscheidungen i.S.d. §§ 38 Abs. 1, 58 Abs. 1 FamFG, für die die Beschwerde nach den §§ 58 ff. FamFG statthaft ist: Dies hat zur Folge, dass die Anfechtungsfrist einen Monat beträgt (§ 63 FamFG), ein Beschwerdewert von 600 € zu beachten (§ 61 FamFG) und grds. das Beschwerdegericht in seiner Gesamtheit zur Entscheidung berufen ist (§ 68 Abs. 4 FamFG).

**224** Nach anderer Auffassung ist gegen die in einer Ehe- oder Familienstreitsache getroffene Kostenentscheidung die sofortige Beschwerde nach §§ 113 Abs. 1 FamFG i.V.m. §§ 567 ff. ZPO zulässig.[88] Diese Meinung argumentiert insb. mit der Anlage 1 zum FamGKG Nr. 1910:

> »Die dort geregelte Gebühr für… Beschwerden in den Fällen des § 71 Abs. 2, § 91a Abs. 2, § 99 Abs. 2 und § 269 Abs. 5 ZPO wäre überflüssig, wenn das Rechtsmittelrecht der ZPO hier überhaupt nicht anwendbar wäre (…).«[89]

**225** Der BGH hat sich der letztgenannten Auffassung angeschlossen. Seiner Auffassung nach ergibt auch eine teleologische Auslegung, dass der Gesetzgeber mit Einführung des FamFG die Familienstreitsachen weiter gehend den Verfahrensmaximen der ZPO unterstellen wollte als die übrigen Familiensachen. Dies sei ausweislich der Gesetzesmaterialien auch der Wille des Gesetzgebers gewesen.

▶ Praxishinweis:

**226** Die sofortige Beschwerde ist nach § 569 ZPO binnen 2 Wochen nach Zustellung der Entscheidung (spätestens 5 Monate nach der Verkündung) einzulegen, und zwar wahlweise beim Ausgangsgericht (iudex a quo) oder beim Beschwerdegericht (iudex ad quem). Gegen Entscheidungen über Kosten ist die sofortige Beschwer-

---

85 OLG Zweibrücken, FuR 2011, 706, OLG Koblenz, FamRZ 2010, 2013; OLG Oldenburg, FamRZ 2010, 1466; OLG München, FamRZ 2010, 1465; OLG Brandenburg, FamRZ 2010, 1464; OLG Hamburg, FamRZ 2010, 665; Horndasch/Viefhues/*Götsche*, FamFG, § 82 Rn. 26 bis 28.

86 Keidel/*Meyer-Holz*, FamFG, § 58 Rn. 97.

87 OLG Stuttgart, FamRZ 2012, 50; OLG Brandenburg, FamRZ 2010, 1464; OLG Oldenburg, FamRZ 2010, 1831.

88 OLG Saarbrücken, FamRZ 2012, 472; OLG Zweibrücken, FamRZ 2012, 392.

89 OLG Zweibrücken, FamRZ 2012, 392.

de nur zulässig, soweit der Wert des Beschwerdegegenstandes 200 € übersteigt (§ 567 Abs. 2 ZPO). Der sofortigen Beschwerde kann das erstinstanzliche Gericht abhelfen (§ 572 Abs. 1 ZPO). Deshalb ist zu empfehlen, die sofortige Beschwerde grds. beim Ausgangsgericht einzulegen.

### cc) Beschwerdewert

Die Beschwerde gegen Entscheidungen in FamFG-Sachen mit vermögensrechtlichen Verfahrensgegenständen ist nach § 61 Abs. 1 FamFG nur zulässig, wenn der Beschwerdegegenstand 600 € übersteigt. Das Gesetz beschränkt dadurch bei Streitigkeiten mit geringer wirtschaftlicher Bedeutung den Rechtsweg auf eine Instanz.[90]   **227**

▶ Praxishinweis:

In familienrechtlichen Streitigkeiten ist der Beschwerdewert von 600,01 € schnell erreicht. Der Beschwerdewert bemisst sich z.B. in Unterhaltssachen nach § 113 Abs. 1 Satz 2 FamFG i.V.m. § 9 Satz 1 ZPO. Dies bedeutet, dass der 3,5-fache Wert des einjährigen Bezugs maßgeblich ist. Wurde etwa eine Unterhaltsrente von 250 € beantragt und hat der Antragsteller nur 230 € zugesprochen bekommen, beträgt der Beschwerdewert 840 € (20 € x 12 = 240 € x 3,5 = 840 €).   **228**

Sobald eine Unterhaltsdifferenz von **15 €** (genau 14,29 €) mit der Beschwerde angegriffen wird, ist der Beschwerdewert von 600 € schon erreicht.

Unterhaltsrückstände, die nicht zugesprochen wurden, können den Beschwerdewert zusätzlich noch erhöhen.

Der Beschwerdewert ist nicht identisch mit dem Gebührenstreitwert des § 51 FamGKG, der lediglich auf den einjährigen Bezug der Differenzrente abstellt.

### dd) Zulassungsbeschwerde

Allerdings kann die Beschwerde in vermögensrechtlichen FamFG-Sachen zugelassen werden (Zulassungsbeschwerde, vgl. §§ 61 Abs. 2, Abs. 3 FamFG).   **229**

Das erstinstanzliche Gericht hat die Beschwerde zuzulassen, wenn die Rechtssache grundsätzliche Bedeutung hat oder die Fortbildung des Rechts oder die Sicherung einer einheitlichen Rechtsprechung eine Entscheidung des Beschwerdegerichts erfordert. Die Anfechtbarkeit einer Entscheidung ist hiernach zulässig, wenn dem Rechtsstreit eine über den Einzelfall hinausgehende Bedeutung zukommt oder wenn das Gericht des ersten Rechtszugs in einer Rechtsfrage von einer obergerichtlichen Entscheidung abweicht bzw. eine obergerichtliche Entscheidung der Rechtsfrage noch nicht erfolgt   **230**

---

90 Vgl. zur Bemessung des Wertes für eine Beschwerde gegen die Verpflichtung zur Auskunftserteilung BGH, FamRZ 2021, 770.

ist und Anlass besteht, diese Rechtsfrage einer Klärung zugänglich zu machen. Eine Zulassung kommt nur in Betracht, wenn eine Wertbeschwerde nicht statthaft ist.

231   Die Zulassung ist gem. § 61 Abs. 3 Satz 2 FamFG für das Beschwerdegericht **bindend**. Die Beschwerde kann daher nicht mit der Begründung als unzulässig verworfen werden, das erstinstanzliche Gericht habe die Voraussetzungen für die Zulassung der Beschwerde zu Unrecht angenommen. Die Nichtzulassung der Beschwerde ist nicht anfechtbar. Entscheidet der Rechtspfleger über die Nichtzulassung, ist gegen diese Entscheidung nach § 11 RPflG die Erinnerung gegeben.[91]

### ee) Statthaftigkeit trotz Erledigung der Hauptsache (§ 62 FamFG)

232   Die Vorschrift des § 62 FamFG regelt, unter welchen Voraussetzungen einem Beschwerdeführer grds. die Möglichkeit eröffnet ist, eine Entscheidung mit der Beschwerde überprüfen zu lassen, wenn sich die Hauptsache zwischenzeitlich nach Erlass der erstinstanzlichen Entscheidung erledigt hat. Erforderlich hierfür ist, dass der Beteiligte ein **berechtigtes Interesse** i.S.v. § 62 Abs. 2 FamFG (schwerwiegender Grundrechtseingriff, Wiederholungsgefahr) an dieser **Feststellung** hat und einen entsprechenden Antrag stellt. Im Regelfall ist ein Rechtsschutzinteresse des Beteiligten nach Erledigung des Verfahrensgegenstands nicht mehr gegeben. Es besteht regelmäßig dann nicht mehr, weil der Beteiligte nach Erledigung durch die Entscheidung lediglich noch Auskunft über die Rechtslage erhalten kann, ohne dass damit noch eine wirksame Regelung getroffen werden kann.

233   Die Bedeutung der Vorschrift für Familiensachen ist natürlich gering.[92]

## b) Beschwerdeberechtigung (§§ 59, 60 FamFG)

234   Der Personenkreis, der beschwerdeberechtigt ist, ergibt sich aus §§ 59, 60 FamFG.

235   Nach § 59 Abs. 1 FamFG kommt es für die Beschwerdeberechtigung auf die **Beeinträchtigung eigener Rechte** an. Die Beteiligtenstellung in erster Instanz ist demgegenüber unerheblich.

236   Umgekehrt ist ein Beteiligter im erstinstanzlichen Verfahren nicht beschwerdeberechtigt, wenn er vom Ergebnis der Entscheidung in seiner materiellen Rechtsstellung nicht betroffen ist.

237   Ein Rechtsschutzbedürfnis für eine Beschwerde besteht nicht, wenn die Beschwerdeführerin lediglich erreichen möchte, dass die Ehe aus einem »schonenderen« Scheidungsgrund geschieden wird. Im konkreten Fall wollte die Beschwerdeführerin nicht nach § 1565 Abs. 1 BGB, sondern auf der Grundlage der Vermutung des Scheiterns der Ehe nach § 1566 Abs. 1 i.V.m. § 1565 Abs. 1 BGB geschieden werden. Dies gilt schon deshalb, weil in der Beschlussformel des Scheidungsausspruchs stets nur auf

---

91  *Reinken* ZFE 2009, 373.
92  Ausführlich dazu *Maurer* FamRZ 2009, 474.

Scheidung der Ehe erkannt werden kann, ohne dass insoweit ergänzend der konkrete Scheidungstatbestand aufgeführt werden darf.[93]

§ 59 Abs. 2 FamFG beschränkt die Beschwerdeberechtigung gegen einen zurückgewiesenen Antrag in Verfahren, die nur auf Antrag eingeleitet werden können, auf den Antragsteller.                                                                    238

Die Beschwerdeberechtigung von Behörden ist in § 59 Abs. 3 FamFG geregelt. Ihnen    239
wird unabhängig von einer Beeinträchtigung in eigenen Rechten spezialgesetzlich in diesem oder einem anderen Gesetz eine besondere Beschwerdebefugnis zugewiesen, wenn sie zur Wahrnehmung öffentlicher Interessen anzuhören sind und sich an dem Verfahren beteiligen können.

Die Beteiligtenstellung in erster Instanz ist aber keine notwendige Voraussetzung für    240
das Beschwerderecht. Dadurch wird vermieden, dass sich Behörden nur zur Wahrung ihrer Beschwerdeberechtigung stets am Verfahren erster Instanz beteiligen. Die effektive Ausübung des Beschwerderechts wird dadurch gewährleistet, dass den Behörden die Endentscheidungen unabhängig von ihrer Beteiligtenstellung mitzuteilen sind. Die **Beschwerdeberechtigung des Jugendamts** in Kindschafts-, Abstammungs-, Adoptions- und Ehewohnungssachen ergibt sich aus §§ 162 Abs. 3, 176 Abs. 2, 194 Abs. 2, 205 Abs. 2 FamFG.

§ 60 FamFG regelt das selbstständige **Beschwerderecht des Kindes** oder des Mündels    241
unabhängig vom Willen der ihn ansonsten vertretenden Person (gesetzlicher Vertreter, Sorgerechtsinhaber, Vormund oder Pfleger).

Ein Kind, für das die elterliche Sorge besteht, oder ein unter Vormundschaft stehender    242
Mündel kann in allen seine Person betreffenden Angelegenheiten ohne Mitwirkung seines gesetzlichen Vertreters gem. § 60 Satz 1 FamFG das Beschwerderecht ausüben. Das Gleiche gilt in sonstigen Angelegenheiten, in denen das Kind oder der Mündel vor einer Entscheidung des Gerichts gehört werden soll.

Die Beschwerdeberechtigung dieser Personen ist jedoch davon abhängig, dass sie    243
nicht geschäftsunfähig sind und bei Erlass der Entscheidung das **14. Lebensjahr** vollendet haben.

## c) Einlegung der Beschwerde

Die Beschwerde ist frist- und formgerecht gem. §§ 63, 64 FamFG zu erheben.    244

### aa) Einlegung der Beschwerde beim Ausgangsgericht

Die Beschwerde kann wirksam nur bei dem Gericht eingelegt werden, dessen Ent-    245
scheidung angefochten wird, vgl. § 64 Abs. 1 FamFG. Es ist nicht möglich, bei dem Beschwerdegericht selbst Beschwerde einzulegen. Dies soll der Beschleunigung des Beschwerdeverfahrens dienen. Die Rechtsmittelbelehrung gem. § 39 FamFG hat

---

93 KG, FamRZ 2014, 664.

den Hinweis zu enthalten, bei welchem Gericht der Beschwerdeführer sich gegen die erstinstanzliche Entscheidung wenden kann.

▶ Hinweis:

246     Eine Einlegung der Beschwerde beim Rechtsmittelgericht ist nicht zulässig, wahrt insb. nicht die Rechtsmittelfrist.[94] Allerdings ist das Beschwerdegericht gehalten, die Beschwerde im ordentlichen Geschäftsgang an das Ausgangsgericht weiterzuleiten. Besondere Anstrengungen (z.B. telefonische Verständigung des Verfahrensbevollmächtigten, Telefax an das zuständige Gericht) können vom unzuständigen Gericht allerdings nicht verlangt werden.[95]

*bb) Inhalt der Beschwerdeschrift*

247     Der notwendige Inhalt der Einlegungsschrift ergibt sich aus § 64 Abs. 2 Satz 3 FamFG.
  – Der angefochtene Beschluss ist zu bezeichnen.
  – Die Beschwerdeführerin/der Beschwerdeführer muss unbedingt erklären, dass Beschwerde eingelegt wird.
  – Beschwerdeführer und Beschwerdegegner sind in der Einlegungsschrift anzugeben.[96]

248     Letztere Angabe, d.h. die konkrete Benennung von Beschwerdeführer und Beschwerdegegner, ist zwar in § 64 Abs. 2 FamFG nicht unmittelbar kodifiziert, wird aber allgemein in Rechtsmittelverfahren gefordert.[97]

*cc) Anwaltszwang*

249     Die Beschwerdeschrift muss schriftlich mit Unterschrift eines Rechtsanwalts eingelegt werden, soweit die Vertretung durch einen Rechtsanwalt erforderlich ist, vgl. § 114 FamFG. Dies ist in Ehesachen und Folgesachen sowie selbstständigen Familienstreitsachen der Fall, vgl. § 64 Abs. 2 Satz 2 FamFG; dies gilt auch dann, wenn die Folgesache keine Familienstreitsache darstellt. Das betrifft die im Scheidungsverbund zu treffenden Entscheidungen in den FG- Familiensachen (Verfahren zum Versorgungsausgleich, zur elterlichen Sorge, zum Umgang und in Ehewohnungs- und Haushaltssachen). In diesen Verfahren besteht außerhalb des Scheidungsverbunds kein Anwaltszwang. Sind sie dagegen eine Folgesache, müssen sich die Ehegatten gemäß § 114 Abs. 1 Satz 1 FamFG zwingend anwaltlich vertreten lassen (Erweiterung von § 64 Abs. 2 Satz 2 FamFG).[98]

250     Die Einlegung der Beschwerde ist ein bestimmender und nicht nur vorbereitender Schriftsatz, vgl. §§ 129 Abs. 1, 130 Nr. 6 ZPO.[99]

---

94  *Schürmann* FuR 2009, 130, 137.
95  BGH, FamRZ 2009, 320, 321.
96  BGH, NJW-RR 2006, 284.
97  Thomas/Putzo/*Reichold*, ZPO, § 519 Rn. 15.
98  BGH, FamRZ 2017, 1151.
99  BGH, FamRZ 2017, 462.

Derartige Schriftsätze müssen von einem Anwalt **unterschrieben** werden, ansonsten   251
ist die Beschwerde unzulässig, vgl. § 64 Abs. 2 Satz 4 FamFG.

Mit Wirkung zum 01.01.2022 trat für Rechtsanwälte, Notare, Behörden und sons-   252
tige Körperschaften des öffentlichen Rechts die (aktive) Verpflichtung in Kraft, ihre
an die Gerichte adressierten »Eingaben« in Form eines elektronischen Dokuments
zu übermitteln, vgl. §§ 14b Abs. 1, 113 Abs. 1 Satz 2 FamFG, 130d ZPO. Dies hat
auch Bedeutung für die nach § 64 Abs. 2 Satz 4 FamFG notwendige Unterschrift.

Die Beschwerde wird durch Einreichung einer Beschwerdeschrift eingelegt. Die   253
Beschwerdeschrift ist ein bestimmender Schriftsatz. Das elektronische Dokument
muss in **Ehe- und Familienstreitsachen** nach § 130a Abs. 3 ZPO entweder mit einer
qualifizierten elektronischen Signatur der verantwortenden Person versehen sein oder
von der verantwortenden Person (einfach) signiert und auf einem sicheren Übermittlungsweg eingereicht werden.

Die (einfache) Signatur meint die einfache Wiedergabe des Namens am Ende des   254
Textes. Mit der Signatur des Dokuments wird dieses nach der Vorstellung des Gesetzgebers abgeschlossen. Ein sicherer Übermittlungsweg ist derjenige insbesondere über
das besondere elektronische Anwaltspostfach (§ 130a Abs. 4 Nr. 2 ZPO).

Wird zwar die Berufsbezeichnung »Rechtsanwalt«, nicht aber der Name des Rechts-   255
anwalts unter dem Schriftsatz wiedergegeben, ist die Form nicht gewahrt.[100] Dass der
Prozessbevollmächtigte des Gläubigers über dem Text als Rechtsanwalt genannt ist
und der Schriftsatz mit dem Wort »Rechtsanwalt« endet, steht einer abschließenden
Wiedergabe des Namens bzw. der Unterschrift dieses Rechtsanwalts nicht gleich.

### dd) Beschwerdefrist

Die Beschwerdeeinlegungsfrist beträgt nach § 63 Abs. 1 FamFG einen Monat und   256
beginnt mit der – von Amts wegen erfolgenden – Zustellung des in vollständiger
schriftlicher Form abgefassten Beschlusses (§ 63 Abs. 3 FamFG).

Die Rechtsmittelfrist beginnt spätestens, wenn eine schriftliche Bekanntgabe nicht   257
erfolgt, mit Ablauf von 5 Monaten nach **Erlass des Beschlusses**.

▶ Anwaltlicher Hinweis:

§ 38 Abs. 3 Satz 3 FamFG enthält eine **Legaldefinition des Erlasses**. Erfolgt die   258
Bekanntgabe des Beschlusses durch Verlesen der Entscheidungsformel nach § 41
Abs. 2 FamFG, ist die Entscheidung damit erlassen. Soll der Beschluss den Betei-
ligten nur schriftlich nach § 41 Abs. 1 FamFG bekannt gegeben werden, ist die
Übergabe des fertig abgefassten und unterschriebenen Beschlusses an die Geschäfts-
stelle zur Veranlassung der Bekanntgabe der für den Erlass maßgebliche Zeitpunkt.

---

100  OLG Bamberg, NZFam 2022, 278; OLG Karlsruhe, NJW 2021, 3733.

259 § 63 Abs. 2 FamFG sieht ausnahmsweise auch für Beschwerden gegen Endentscheidungen eine auf 2 Wochen verkürzte Beschwerdefrist vor. Sowohl bei den in § 63 Abs. 2 Nr. 1 FamFG genannten einstweiligen Anordnungen als auch bei den in § 63 Abs. 2 Nr. 2 FamFG genannten Beschlüssen, die die Genehmigung eines Rechtsgeschäfts zum Gegenstand haben, besteht ein besonderes Bedürfnis für eine verkürzte Rechtsmittelfrist.

### d) Beschwerdebegründung

*aa) Begründungspflicht*

260 Nach § 65 Abs. 1 FamFG **soll** die Beschwerde begründet werden.

261 Die Begründung des FamFG geht hingegen von einer Begründungspflicht aus, die der Verfahrensförderung dienen soll. Die Ausgestaltung als Soll-Vorschrift stellt jedoch sicher, dass eine Nichterfüllung der Begründungspflicht nicht zur Verwerfung der Beschwerde als unzulässig führen kann.[101]

*bb) Fristsetzung für die Begründung*

262 Das Gesetz, d.h. § 65 FamFG ordnet keine Begründungsfrist an.

263 § 65 Abs. 2 FamFG bestimmt jedoch, dass das Gericht dem Beschwerdeführer, der nicht zeitnah zur Einlegung der Beschwerde eine Begründung vorträgt, eine Frist zur Begründung der Beschwerde setzen kann. Davon machen die OLG zur Verfahrensförderung regelmäßig Gebrauch.

*cc) Novenrecht (§ 65 Abs. 3 FamFG)*

264 Die Beschwerde kann auf neue Beweismittel und Tatsachen gestützt werden. Die Möglichkeit der Zurückweisung neuen Vorbringens sieht das Gesetz nur für Ehe- und Familienstreitverfahren in § 115 FamFG vor. Damit eröffnet die Beschwerde – und dies gilt auch für Ehesachen und Familienstreitsachen – eine **volle zweite Tatsacheninstanz**.

*dd) Beschränkung der Beschwerdegründe (§ 65 Abs. 4 FamFG)*

265 Nach § 65 Abs. 4 FamFG kann die Beschwerde nicht darauf gestützt werden, dass das Gericht des ersten Rechtszugs seine Zuständigkeit zu Unrecht angenommen hat.

266 Diese Beschränkung der Beschwerdegründe vermeidet Rechtsmittel, die ausschließlich die fehlende Zuständigkeit des erstinstanzlichen Gerichts rügen. Hierdurch sollen die Rechtsmittelgerichte von rein prozessualen Streitigkeiten entlastet werden.

---

101 Dies gilt natürlich nicht für Ehe- und Familienstreitsachen, vgl. § 117 Abs. 1 Satz 1 FamFG. Ausführlich dazu Rdn. 304.

### e) Anschlussbeschwerde (§ 66 FamFG)

Nach § 66 FamFG kann jeder Beschwerdeberechtigte sich der Beschwerde eines 267
anderen Beteiligten anschließen. Dies gilt auch dann, wenn er auf die Beschwerde
verzichtet hat oder die Beschwerdefrist verstrichen ist.

Der »Nachteil« dieser unselbstständigen Anschlussbeschwerde ist die **Akzessorietät:** 268
Wird die »Hauptbeschwerde« zurückgenommen oder als unzulässig verworfen, so
verliert die Anschlussbeschwerde ihre Wirkung (§ 66 Satz 2 FamFG).

▶ Hinweis:

Mitunter bestehen Zweifel, ob ein Beteiligter eine selbstständige Beschwerde oder 269
eine unselbstständige Anschlussbeschwerde nach § 66 FamFG eingelegt hat.

Wird z.B. gegen eine Unterhaltsentscheidung Beschwerde eingelegt, ist zu unterscheiden:

– **Selbstständiges Rechtsmittel**

Legt der Rechtsmittelgegner ebenfalls ein Rechtsmittel gegen den Unterhaltsbeschluss ein, handelt es sich um eine »Anschlussbeschwerde«. Diese hat selbstständigen Charakter, wenn die Voraussetzungen, insb. die maßgeblichen Fristen der
§§ 58 ff., 117 FamFG eingehalten wurden; selbst wenn der ursprüngliche Rechtsmittelführer seine Beschwerde zurücknimmt, ist eine Entscheidung des Beschwerdegerichts erforderlich.

– **Unselbstständige Anschlussbeschwerde**

Legt der Rechtsmittelgegner ebenfalls Beschwerde gegen den Unterhaltsbeschluss
ein und sind lediglich die Anforderungen des § 66 FamFG bzw. auch der §§ 117
Abs. 2 FamFG i.V.m. 524 Abs. 2 Satz 2 und 3 ZPO gegeben, nicht aber diejenigen der selbstständigen Beschwerde nach §§ 58 ff., 117 FamFG, liegt eine
unselbstständige Anschlussbeschwerde vor, die aufgrund ihrer Akzessorietät ihre
Wirkung verliert, wenn die Hauptbeschwerde zurückgenommen oder als unzulässig verworfen wird.

– **Auslegung**

Erklärt der Beschwerdegegner sich nicht eindeutig, ist durch Auslegung zu ermitteln,
ob eine selbstständige oder eine unselbstständige Anschlussbeschwerde vorliegt.
Sind die maßgeblichen Voraussetzungen einer selbstständigen Anschlussbeschwerde vorhanden, wurden insb. die erforderlichen Fristen eingehalten, ist im Zweifel
von einer selbstständigen Anschlussbeschwerde auszugehen.

### f) Beschwerdeverzicht

270 Die Vorschrift des § 67 FamFG bestimmt die Voraussetzungen und Folgen eines wirksamen Rechtsmittelverzichts. Dabei unterscheidet die Vorschrift danach, ob der Verzicht ggü. dem Gericht oder dem anderen Beteiligten erklärt wurde.

271 Nach § 67 Abs. 1 FamFG ist ein **ggü. dem Gericht erklärter** Rechtsmittelverzicht nach Bekanntgabe des Beschlusses wirksam. Ein Verzicht auf ein Rechtsmittel bereits vor Bekanntgabe des Beschlusses bleibt hingegen ohne Wirkung.[102]

272 Der **Verzicht für ein Anschlussrechtsmittel** ist wirksam möglich, nachdem das Hauptrechtsmittel eingelegt wurde, vgl. § 67 Abs. 2 FamFG.

273 § 67 Abs. 3 FamFG regelt die Wirkungen des Verzichts, der nicht ggü. dem Gericht, sondern ggü. **einem anderen Beteiligten** erklärt wird. Auch ein solcher Verzicht ist rechtlich bedeutsam. Er ist jedoch als **Einrede** ausgestaltet und entfaltet daher erst dann prozessuale Wirksamkeit, wenn der Beteiligte sich auf den Verzicht beruft.

### g) Rücknahme der Beschwerde (§ 67 Abs. 4 FamFG)

274 Die Rücknahme der Beschwerde ist bis zum Erlass der Beschwerdeentscheidung möglich, vgl. § 67 Abs. 4 FamFG.

▶ Anwaltlicher Hinweis:

275 Die VKH-Bewilligung für die Anschlussbeschwerde muss dem Anwalt des Hauptbeschwerdeführers dringenden Anlass zur Prüfung der Rücknahme der Hauptbeschwerde geben, um zu verhindern, dass der angefochtene Beschluss in zweiter Instanz zum Nachteil des Hauptbeschwerdeführers abgeändert wird, ansonsten droht Regress.

276 Der Beschwerdeführer kann seine Beschwerde bis zum Erlass der Beschwerdeentscheidung zurücknehmen, **ohne dass er hierzu der Einwilligung des anderen Beteiligten bedarf.**

### h) Beschwerdeverfahren

277 § 68 FamFG beschreibt den Ablauf des Beschwerdeverfahrens.

#### aa) Abhilferecht

278 Die Beschwerde wird nach 64 Abs. 1 FamFG beim Ausgangsgericht eingelegt. Dies ist deshalb sinnvoll, weil § 68 Abs. 1 Satz 1 Halbs. 1 FamFG dem Ausgangsgericht das Recht einräumt, einer Beschwerde abzuhelfen. Hierdurch wird dem Gericht der ersten Instanz die Gelegenheit geboten, seine Entscheidung nochmals zu überprüfen und sie ggf. zeitnah zurückzunehmen oder zu korrigieren. § 68 Abs. 1 Satz 1 Halbs. 2

---

102 Vgl. dazu Schulte-Bunert/Weinreich/*Roßmann*, FamFG, § 67 Rn. 4.

FamFG enthält die Verpflichtung des Ausgangsgerichts zur **unverzüglichen Vorlage** an das Beschwerdegericht, wenn eine Abhilfe nicht vorgenommen wird.

Allerdings ist die Vorschrift für Familiensachen nicht bedeutsam, weil § 68 Abs. 1   279 Satz 2 FamFG diese von der Abhilfe ausnimmt. Dies hat zur Folge, dass Familiensachen immer unverzüglich an das Beschwerdegericht weiterzuleiten sind.

### bb) Feststellung der Zulässigkeit

§ 68 Abs. 2 Satz 1 FamFG stellt klar, dass das Beschwerdegericht zunächst stets   280 die Zulässigkeit der Beschwerde zu prüfen hat. Dies ist Folge des Amtsermittlungs- grundsatzes.

Das Beschwerdegericht hat die Beschwerde als unzulässig zu verwerfen, wenn diese nicht   281 statthaft und bzw. oder nicht in der gesetzlichen Form und Frist eingelegt worden ist.

Beschlussformel: **Die Beschwerde wird (als unzulässig) verworfen.**   282

### cc) Beschwerdeverfahren

Nach § 68 Abs. 3 Satz 1 FamFG bestimmt sich das weitere Verfahren nach den Vor-   283 schriften über das Verfahren im ersten Rechtszug. Damit sind die Vorschriften maß- geblich, die sich im 1. Buch, Abschnitt 2 des FamFG befinden, d.h. die §§ 23 bis 37 FamFG. Auch Abschnitt 1 findet unmittelbare Anwendung für das Beschwerdever- fahren; Abschnitt 3 (Beschluss) wird in § 69 Abs. 3 FamFG für anwendbar erklärt.

In **Ehe- und Familienstreitsachen** verweist § 68 Abs. 3 Satz 1 FamFG über § 113   284 Abs. 1 FamFG auf die Vorschriften der ZPO über das (erstinstanzliche) Verfahren vor den LG.

Nach § 68 Abs. 3 Satz 2 FamFG[103] kann das Beschwerdegericht von der Wiederho-   285 lung solcher Verfahrenshandlungen absehen, die das Gericht der ersten Instanz bereits umfassend und vollständig durchgeführt hat. Des Weiteren bestimmt die Vorschrift ausdrücklich, dass nach **pflichtgemäßem Ermessen** auch von der erneuten Durch- führung eines Termins oder einer mündlichen Verhandlung im Beschwerdeverfahren abgesehen werden kann. Dies ist grds. aber dann ausgeschlossen, wenn der Beschwer- deführer von seinem Recht Gebrauch gemacht hat, neue Tatsachen oder Beweismittel in das Beschwerdeverfahren einzubringen, vgl. § 65 Abs. 3 FamFG.

Das Beschwerdegericht kann die Beschwerde nach § 68 Abs. 4 FamFG durch Beschluss   286 einem seiner Mitglieder zur **Entscheidung als Einzelrichter** übertragen. Insoweit gilt § 526 ZPO mit der Maßgabe entsprechend, dass eine Übertragung auf einen Richter auf Probe ausgeschlossen ist. Die Übertragungsmöglichkeit beschränkt sich damit auf Richter, die auf Lebenszeit ernannt sind.

§ 68 Abs. 5 FamFG wurde im Juli 2021 im Rahmen des Gesetzes zur Bekämpfung   287 sexualisierter Gewalt gegen Kinder eingeführt. Die in Abs. 3 Satz 2 (Absehen von der

---

103 Vgl. dazu ausführlich *Splitt* NZFam 2022, 392.

Durchführung eines Termins, einer mündlichen Verhandlung oder einzelner Verfahrenshandlungen) und Abs. 4 Satz 1 (Übertragung auf den Einzelrichter) vorgesehenen Vereinfachungen des Beschwerdeverfahrens sind bei den in Abs. 5 bezeichneten besonders »grundrechtssensiblen« Verfahrensgegenständen, bei welchen in besonderem Maße Eingriffe in das Elternrecht drohen, ausgeschlossen.

▶ Praxishinweis:

288     Die Vorschrift des §§ 68 Abs. 5 FamFG erfasst aber nur Hauptsacheverfahren. Bei einstweiligen Anordnungsverfahren, die Kindschaftsverfahren nach § 68 Abs. 5 Nr. 1–3 FamFG betreffen, bleibt § 68 Abs. 3 Satz 2 FamFG anwendbar.[104]

### i) Beschwerdeentscheidung

289     Nach § 69 Abs. 1 Satz 1 FamFG hat das Beschwerdegericht in der Sache selbst zu entscheiden. Nur ausnahmsweise, nämlich bei Vorliegen der Voraussetzungen des § 69 Abs. 1 Satz 2 und 3 FamFG ist eine Zurückverweisung an das Ausgangsgericht möglich. Die Zurückverweisungsgründe sind im Interesse der Verfahrensbeschleunigung auf die Fälle beschränkt, in denen den Beteiligten bei Unterbleiben einer Zurückverweisung faktisch eine Instanz genommen würde.

*aa) Zurückverweisung nach § 69 Abs. 1 Satz 2 FamFG*

290     Das Beschwerdegericht darf die Sache nach § 69 Abs. 1 Satz 2 FamFG unter Aufhebung des angefochtenen Beschlusses und des Verfahrens nur dann an das Gericht des ersten Rechtszugs zurückverweisen, wenn dieses in der Sache noch nicht entschieden hat.

291     Dies ist dann der Fall, wenn das erstinstanzliche Gericht sich ausschließlich mit Zulässigkeitsfragen beschäftigt hat und eine Befassung in der Sache aus diesem Grund unterblieben ist.

*bb) Zurückverweisung nach § 69 Abs. 1 Satz 3 FamFG*

292     Weiterhin ist nach § 69 Abs. 1 Satz 3 FamFG eine Zurückverweisung möglich, soweit das Verfahren an einem wesentlichen Mangel leidet und zur Entscheidung eine umfangreiche oder aufwendige Beweiserhebung notwendig wäre und ein Beteiligter die Zurückverweisung beantragt. Unter einer aufwendigen Beweisaufnahme ist die Vernehmung einer Vielzahl von Zeugen oder die Beweisaufnahme an einem weit entfernt liegenden Ort zu verstehen. Die bloße Vernehmung eines Zeugen oder eines Sachverständigen ist dagegen regelmäßig kein Zurückverweisungsgrund.

293     Die Zurückverweisung erfolgt in diesem Fall nur auf Antrag eines Beteiligten. Sind die Beteiligten trotz Vorliegens eines Zurückverweisungsgrundes mit einer Entscheidung des Beschwerdegerichts in der Sache einverstanden, so ist das Beschwerdegericht aus Gründen der Verfahrensbeschleunigung hieran gebunden.

---

104 *Splitt* NZFam 2022, 393.

### cc) Bindung nach Zurückverweisung

Das Gericht des ersten Rechtszugs hat nach § 69 Abs. 1 Satz 4 FamFG die rechtliche 294
Beurteilung, die das Beschwerdegericht der Aufhebung zugrunde gelegt hat, auch
seiner Entscheidung zugrunde zu legen.

Damit ist das Gericht des ersten Rechtszugs an die der Aufhebung des Beschwerde- 295
gerichts zugrunde liegende Beurteilung der Sach- und Rechtslage gebunden.

### dd) Begründung des Beschwerdebeschlusses

Jeder Beschluss des Beschwerdegerichts ist nach § 69 Abs. 2 Satz 1 FamFG zu begründen. 296

### ee) Beschlussformel

Es kommen drei unterschiedliche Entscheidungen des Beschwerdegerichts in Betracht. 297

Ist die Beschwerde bereits unzulässig, lautet die Entscheidung: 298

**Die Beschwerde wird (als unzulässig) verworfen.**

Ist die Beschwerde unbegründet, ergibt sich folgender Tenor: 299

**Die Beschwerde wird zurückgewiesen.**

Ist die Beschwerde ganz oder zumindest teilweise begründet, ist die erstinstanzliche 300
Entscheidung abzuändern:

**Auf die Beschwerde des Antragstellers wird der Beschluss des AG – FamG..... vom.....
abgeändert:**

**Der Antragsgegner ist verpflichtet Unterhalt..... zu bezahlen.**

Ausnahmsweise kommt nach § 69 Abs. 1 FamFG auch eine Zurückverweisung in 301
Betracht. Die Beschlussformel lautet dann wie folgt:

**Der Beschluss des AG – FamG..... vom..... wird aufgehoben und das Verfahren an
das AG – FamG… zurückverwiesen.**

## 2. Besonderheiten der Beschwerde in Ehe- und Familienstreitsachen

Die Beschwerde ist einheitliches Rechtsmittel auch gegen erstinstanzliche Endent- 302
scheidungen **in Ehesachen und in Familienstreitsachen**. Allerdings gelten für diese
Verfahren Besonderheiten im Beschwerdeverfahren, wie sich aus § 117 FamFG ergibt.

Das Beschwerdeverfahren ist grundlegend geregelt in den §§ 58 bis 68 FamFG. Bereits 303
daraus ergibt sich, dass die Einlegung der Beschwerde innerhalb eines Monats nach
Bekanntgabe des Beschlusses erfolgen muss (§ 63 Abs. 1 und 3 FamFG). Die Beschwerde
ist nach § 64 Abs. 1 FamFG bei dem Gericht einzulegen, dessen Beschluss angefochten
wird. In vermögensrechtlichen Angelegenheiten ist die Beschwerde nach § 61 Abs. 1
FamFG grds. nur zulässig, wenn der Gegenstandswert von 600,00 € überschritten

wird. Gem. § 68 Abs. 3 FamFG finden auf das Verfahren in der Beschwerdeinstanz die Vorschriften über das Verfahren in erster Instanz Anwendung. Im Wesentlichen wird daher auf die vorausgegangene Darstellung der §§ 58 ff. FamFG (vgl. Rdn. 203 ff.) hingewiesen; nur soweit § 117 FamFG von den allgemeinen Vorschriften für Ehesachen und Familienstreitsachen abweicht, wird dies im Folgenden dargestellt.

### a) Begründung der Beschwerde

304   § 117 Abs. 1 Satz 1 FamFG statuiert abweichend von § 65 FamFG eine allgemeine **Begründungspflicht** für Beschwerden in Familienstreitsachen. Diese Verpflichtung beruht auf der auch in zweiter Instanz grds. geltenden Parteimaxime. § 68 Abs. 3 FamFG verweist für den Gang des weiteren Beschwerdeverfahrens auf die erstinstanzlichen Verfahrensvorschriften in Ehe- und in Familienstreitsachen, also grds. auf die Vorschriften der ZPO. Eine Überprüfung der Entscheidung von Amts wegen findet nicht statt; der Beschwerdeführer muss vielmehr durch den obligatorischen Sachantrag bezeichnen, in welchem Umfang er die erstinstanzliche Entscheidung angreift und welche Gründe er hierfür ins Feld führt.

305   § 117 Abs. 1 Satz 2 FamFG legt ergänzend fest, dass die Begründung der Beschwerde in Ehe- und Familienstreitsachen – anders als ihre Einlegung, vgl. § 64 Abs. 1 – **zwingend bei dem Beschwerdegericht** zu erfolgen hat, denn eine Rechtsmittelbegründung gegenüber dem Ausgangsgericht wäre in diesen Verfahren wegen der hier fehlenden Abhilfebefugnis der ersten Instanz wenig sinnvoll. Eine dennoch beim Ausgangsgericht eingereichte Begründung wahrt nicht die Frist des § 117 Abs. 1 Satz 3 FamFG. Für ihre Weiterleitung an das Beschwerdegericht gelten die gleichen Grundsätze wie für die Beschwerdeeinlegung bei einem unzuständigen Gericht.[105]

306   Es besteht also keine Pflicht des unzuständigen Amtsgerichts, die Beschwerdebegründung beschleunigt an das Beschwerdegericht weiterzuleiten. Ausreichend ist die Weiterleitung im ordentlichen Geschäftsgang. Es besteht keine Prüfungspflicht, ob die Weiterleitung besonders eilbedürftig ist. Auch ist kein telefonischer Hinweis wegen der Einlegung beim falschen Gericht geboten.[106]

307   Der Beschwerdeführer trägt also das Risiko, dass die Beschwerdebegründung verspätet beim Beschwerdegericht eingeht. Ein einheitlicher Schriftsatz sollte daher – ungeachtet der Möglichkeit einer Wiedereinsetzung[107] – in der Regel nicht verfasst werden.[108]

308   Die Beschwerdebegründung muss ebenso wie die Einlegung der Beschwerde in Form eines elektronischen Dokuments erfolgen.[109]

---

105  BGH, FamRZ 2011, 1389; 2012, 1205, 1206.
106  BGH, FamRZ 2017, 821.
107  Vgl. dazu BGH, NJW 2012, 2814.
108  *Elzer/Gutowski* NZFam 2015, 1045.
109  Vgl. dazu Rdn. 251.

Mit Wirkung zum 01.01.2022 trat für Rechtsanwälte, Notare, Behörden und sonstige Körperschaften des öffentlichen Rechts die (aktive) Verpflichtung in Kraft, ihre an die Gerichte adressierten »Eingaben« in Form eines elektronischen Dokuments zu übermitteln, vgl. § 113 Abs. 1 Satz 2 FamFG, 130d ZPO. Die Missachtung dieser Verpflichtung führt zur Formunwirksamkeit der beabsichtigten Verfahrenshandlung und damit zu fehlender Fristwahrung. Nur wenn dies aus technischen Gründen vorübergehend nicht möglich ist, bleibt die Übermittlung nach den allgemeinen Vorschriften zulässig. Die vorübergehende Unmöglichkeit ist mit der Ersatzeinreichung oder unverzüglich danach glaubhaft zu machen; auf Anforderung ist ein elektronisches Dokument nachzureichen.

**309**

Die für **Ehe- und Familienstreitsachen** maßgebliche Formulierung des § 130d ZPO ist weitreichend und schließt mit den Worten »Vorbereitende Schriftsätze« bestimmende Schriftsätze (Antrags- bzw. Klageschrift, Rechtsmittelbegründung etc.) mit ein (vgl. auch § 253 Abs. 4 ZPO).

**310**

Eine solche Einlegungspflicht besteht gemäß § 64 Abs. 2 Satz 1 FamFG für die Beschwerdeschrift, nach § 117 Abs. 1 Satz 2 FamFG für die Beschwerdebegründung in Ehe- und Familienstreitsachen und auch nach § 71 Abs. 1 und 3 FamFG für die Einlegung der Rechtsbeschwerde bzw. deren Begründung.

**311**

Die Pflicht zur elektronischen Einreichung umfasst auch ihre Anlagen. Als sicherer Übermittlungsweg i.S.d. § 130a Abs. 4 Satz 1 Nr. 2 ZPO kommt der Transfer von Schriftstücken zwischen dem besonderen elektronischen Anwaltspostfach nach § 31a BRAO oder einem entsprechenden, auf gesetzlicher Grundlage errichteten elektronischen Postfach und der elektronischen Poststelle des Gerichts in Betracht. Ein elektronisches Dokument ist eingegangen, sobald es auf der für den Empfang bestimmten Einrichtung des Gerichts gespeichert ist. Dem Absender ist eine automatisierte Bestätigung über den Zeitpunkt des Eingangs zu erteilen.[110] Hat der Rechtsanwalt eine solche Eingangsbestätigung erhalten, besteht Sicherheit darüber, dass der Sendevorgang erfolgreich war. Bleibt sie dagegen aus, muss dies den Rechtsanwalt zur Überprüfung und ggf. erneuten Übermittlung veranlassen.[111]

**312**

*aa) Beschwerdeantrag*

Die Pflicht zur Begründung der Beschwerde in Ehe- und Familienstreitsachen nach § 117 Abs. 1 Satz 1 FamFG umfasst zunächst die Verpflichtung des Beschwerdeführers, einen **bestimmten Sachantrag** zu stellen. Ein förmlicher Antrag ist aber trotz § 117 Abs. 1 Satz 1 FamFG nicht notwendig, soweit aus der Beschwerdebegründung zumindest erkennbar ist, in welchem Umfang und mit welchem Ziel die angefochtene Entscheidung angegriffen wird und welche Abänderung der Ausgangsentscheidung angestrebt wird.[112]

**313**

---

110  Ausführlich dazu *Fritzsche* NZFam 2022, 1 ff.
111  BGH, FamRZ 2021, 1300.
112  BGH, FamRZ 2017, 886; vgl. auch BGH, FuR 2015, 526.

**314**   Der Zweck des § 117 Abs. 1 Satz 1 FamFG ist es, den Beschwerdeführer im Interesse der Beschleunigung des Beschwerdeverfahrens dazu anzuhalten, sich eindeutig über Umfang und Ziel seines Rechtsmittels zu erklären und das Beschwerdegericht sowie den Verfahrensgegner über Umfang und Inhalt seiner Angriffe möglichst schnell und zuverlässig ins Bild zu setzen.[113] Wenn Beschwerde gegen den Scheidungsausspruch eingelegt wird, ist dies nur mit der Begründung möglich, dass der Beschwerdeführer nicht geschieden werden will, oder dass er mit der Beschwerde beanstandet, dass das FamG den Scheidungsverbund zu Unrecht gelöst hat und auf diese Weise eine Wiederherstellung des Verbundes bezweckt wird. Keinesfalls darf die Beschwerde damit begründet werden, dass der Beschwerdeführer nicht geschieden werden will, solange in zweiter Instanz nicht über die Folgesachen entschieden wurde, gegen die ebenfalls Rechtsmittel eingelegt worden ist. Dies beruht darauf, dass der Verbund mit der ersten Instanz endet. Nur die mit der Beschwerde angegriffenen Folgesachen bilden den Verbund weiter.

**315**   Die Beschwerdeanträge können nachträglich auf einen zumindest quantitativ abgrenzbaren Teil des Streitgegenstandes beschränkt werden.

**316**   Beschwerdeanträge in Ehe- und Familienstreitsachen können umgekehrt auch bis zur Ausschöpfung der vollen Beschwer des Beschwerdeführers grds. noch bis zum Schluss der mündlichen Verhandlung und, falls eine solche nach § 68 Abs. 3 Satz 2 FamFG nicht stattfindet, auch noch darüber hinaus bis zur abschließenden Entscheidung des Beschwerdegerichts erweitert werden. Durch eine derartige Erweiterung kann auch eine Beschwerde, die ursprünglich oder nach einer Teilrücknahme die notwendige Beschwerdesumme (§ 61 Abs. 1 FamFG) noch nicht erreicht hatte, nachträglich zulässig werden. Der Rechtsmittelführer muss sich eine solche Ausweitung seines Beschwerdebegehrens nicht ausdrücklich vorbehalten. Selbst eine zwischenzeitliche Zurückverweisung durch das Rechtsbeschwerdegericht hindert eine nachträgliche Erweiterung der Beschwerdeanträge nicht.

**317**   Der Beschwerdeantrag in einer Unterhaltssache kann nach §§ 117 Abs. 2 FamFG, 528 ZPO wie folgt lauten:

▶ Beschwerdeantrag in einer Unterhaltssache

   1. Beschwerdeantrag der Antragstellerin
      Der Unterhaltsbeschluss des Amtsgerichts..... – FamG – vom....., Az.:......, wird wie folgt geändert:
      Der Antragsgegner wird verpflichtet, an die Antragstellerin über den im angefochtenen Beschluss zugesprochenen Unterhalt i.H.v. monatlich..... € hinaus, einen weiteren zum Ersten eines jeden Monats im Voraus zu leistenden Unterhalt i.H.v...... € zu zahlen.
      oder

---

113 Ausführlich dazu Schulte-Bunert/Weinreich/*Roßmann*, FamFG, § 117 Rn. 11.

2. Beschwerdeantrag des Antragsgegners
Der Unterhaltsbeschluss des Amtsgerichts..... – FamG – vom....., Az.:....., wird
wie folgt geändert:
Der Unterhaltsantrag wird abgewiesen.

Der Beschwerdeantrag kann aber auch nach §§ 117 Abs. 2 FamFG, 538 Abs. 2 ZPO **318**
auf **Aufhebung der Ausgangsentscheidung und Zurückverweisung** gerichtet werden. Dies ist jedoch nur ausnahmsweise möglich, etwa wenn die Entscheidung des
Ausgangsgerichts an einem wesentlichen Mangel leidet und aufgrund dieses Mangels eine umfangreiche oder aufwändige Beweisaufnahme notwendig (§ 538 Abs. 2
Nr. 1 ZPO) oder aber der angefochtene Beschluss eine unzulässige Teilentscheidung
ist (§ 538 Abs. 2 Nr. 7 ZPO).

▶ Praxishinweis:

> Eine Überraschungsentscheidung durch Verletzung der richterlichen Hinweis- **319**
> pflicht nach § 139 Abs. 2 ZPO begründet einen wesentlichen Verfahrensmangel
> nach § 538 Abs. 2 Nr. 1 ZPO. Auf mangelnde Substantiierung darf sich z.B. ein
> Gericht nie stützen, bevor auf die Ergänzungsbedürftigkeit des Sachvortrages
> hingewiesen worden ist. Insoweit ist nach § 139 Abs. 2 ZPO eine Erörterung
> unerlässlich, wenn Tatsachenvortrag, Beweisangebote oder Anträge unvollständig,
> unklar oder neben der Sache sind, es sei denn, die Partei war bereits durch ein-
> gehenden und von ihr erfassten Vortrag des Verfahrensgegners zutreffend über
> die Sach- und Rechtslage unterrichtet.[114]

Im **Scheidungsverbundverfahren** kommt eine Zurückverweisung entsprechend § 538 **320**
Abs. 2 ZPO vor allem dann in Betracht, wenn das FamG eine Folgesache nach § 140
FamFG abgetrennt hat, ohne dass die dafür erforderlichen Voraussetzungen gegeben
waren. Denn wird von dem FamG einem Scheidungsantrag zu Unrecht vor der Entscheidung über eine Folgesache stattgegeben, schafft dies eine selbstständige Beschwer,
die mit der Beschwerde gegen den Scheidungsbeschluss gerügt werden kann.[115]

▶ Praxishinweis:

> Erforderlich ist jedoch, dass bei einer solchen Konstellation der Scheidungsaus- **321**
> spruch auch von einem Beteiligten angefochten wird. Wird nur ein Rechtsmittel
> gegen eine Folgesache eingelegt, bleibt trotz der unzulässigen Teilentscheidung
> der Scheidungsausspruch bestehen.[116]

*bb) Die Begründung des Antrags*

Weiterer Bestandteil des § 117 Abs. 1 Satz 1 ist die Verpflichtung des Beschwerde- **322**
führers, den gestellten Beschwerdeantrag inhaltlich zu begründen. Auf eine nähere

---

114 OLG Hamm, FamRZ 2021, 44; OLG Brandenburg, FamRZ 2020, 941.
115 BGH, FamRZ 2013, 1879.
116 OLG Bamberg, FamRZ 2022, 653.

Ausgestaltung dieser Begründungspflicht (wie in § 520 Abs. 3 Satz 2 Nr. 2 bis 4 ZPO) hat der Gesetzgeber allerdings verzichtet. Eine Aufgliederung der Beschwerdegründe macht auch schon wegen der davon abweichenden Ausgestaltung des FamFG-Beschwerdeverfahrens als weitgehend vollwertige zweite Tatsacheninstanz keinen Sinn.

*aaa) Sinn und Zweck der Begründung*

323 Nach dem Sinn des § 117 Abs. 1 Satz 1, durch den ungeachtet der Einbeziehung in das einheitliche Rechtsmittelrecht des FamFG bei Ehe- und Familienstreitsachen in gleicher Weise wie bisher der Parteimaxime Geltung verschafft werden soll, ist damit aber eine Absenkung der Anforderungen an die Qualität und den Inhalt der Rechtsmittelbegründung in Ehe- und Familienstreitsachen im Verhältnis zur ZPO-Berufung grds. nicht verbunden. Wie dort soll die Rechtsmittelbegründung möglichst eine Konzentration auf den in der Beschwerdeinstanz noch streitigen Verfahrensstoff und so möglichst eine Beschleunigung des Verfahrens ermöglichen. Sie soll aus sich heraus verständlich sein und erkennen lassen, aus welchen rechtlichen oder tatsächlichen Gründen der Beschwerdeführer die Entscheidung der ersten Instanz für unrichtig hält.

324 Die für die ZPO-Berufung anerkannten Anforderungen an den **Umfang, den Inhalt und die Qualität** einer Rechtsmittelbegründung gelten daher entsprechend auch für die Begründung der Beschwerde in einer Ehe- oder Familienstreitsache,[117] allerdings mit den beiden Unterschieden, dass eine Ergänzung und Erweiterung der Beschwerdebegründung – ebenso wie eine Erweiterung der Beschwerdeanträge – grds. noch bis zum Schluss der mündlichen Verhandlung oder – falls eine solche gem. § 68 Abs. 3 Satz 2 FamFG nicht stattfindet, sogar noch darüber hinaus – zulässig ist, ohne dabei einer dem § 530 ZPO vergleichbaren Verspätungsschranke zu unterliegen und dass wegen der Ausgestaltung der Beschwerdeinstanz als vollwertige zweite Tatsacheninstanz auch neue Angriffs- und Verteidigungsmittel, die in der Beschwerdeinstanz erstmals geltend gemacht werden, abweichend von §§ 520 Abs. 2 Nr. 4, 531 ZPO grds. ohne besondere Zusatzbegründung in das Verfahren eingeführt werden können.

*bbb) Anwendung des § 520 Abs. 3 Satz 2 ZPO*

325 Die entsprechende Anwendung der für die Berufungsbegründung maßgeblichen Vorschrift des § 520 Abs. 3 Satz 2 ZPO ergibt sich daraus, dass § 117 FamFG keine speziellen Regelungen zum Inhalt der Beschwerdebegründung enthält. Es beurteilt sich daher nach allgemeinen Grundsätzen, ob ein Beschwerdeantrag hinreichend bestimmt und ausreichend begründet ist. Deshalb muss auf § 520 Abs. 3 Satz 2 ZPO zurückgegriffen werden können, auch wenn § 117 Abs. 1 Satz 4 FamFG nicht auf diese Vorschrift verweist.[118]

326 Nach § 520 Abs. 3 Satz 2 Nr. 2 ZPO muss die Beschwerdebegründung die Umstände bezeichnen, aus denen sich nach Ansicht des Beschwerdeführers die **Rechtsverletzung**

---

117 BGH, FamRZ 2015, 1791; FamRZ 2012, 1205, 1206.
118 Dazu Schulte-Bunert/Weinreich/*Roßmann*, FamFG, § 117 Rn. 20.

**und deren Erheblichkeit** für die angefochtene Entscheidung ergeben.[119] Dazu gehört eine aus sich heraus verständliche Angabe, welche bestimmten Punkte des angefochtenen Beschlusses der Beschwerdeführer bekämpft und welche tatsächlichen oder rechtlichen Gründe ihnen im Einzelnen entgegensetzt.

Der BGH[120] verlangt, dass die Rechtsmittelbegründung geeignet ist, die gesamte   327
angefochtene Entscheidung in Frage zu stellen. Bei mehreren Streitgegenständen oder einem teilbaren Streitgegenstand muss sie sich grundsätzlich auf alle Teile der angefochtenen Entscheidung erstrecken, hinsichtlich derer eine Abänderung beantragt ist; andernfalls ist das Rechtsmittel für den nicht begründeten Teil unzulässig.

Eine Heilung von Begründungsmängeln ist nach Ablauf der Beschwerdebegründungs-   328
frist nicht mehr möglich.[121]

▶ Anwaltlicher Hinweis:

Hat das Erstgericht die Abweisung eines Antrags auf mehrere, voneinander unab-   329
hängige und selbständig tragende rechtliche Erwägungen gestützt, muss der Beschwerdeführer mit seiner Beschwerdebegründung jede tragende Erwägung angreifen.

Hat das FamG etwa einen Unterhaltsantrag wegen fehlender Bedürftigkeit, fehlender Leistungsfähigkeit und Verwirkung abgelehnt, so muss mit der Beschwerde vorgetragen werden, dass Bedürftigkeit besteht, Leistungsfähigkeit vorhanden ist und der Anspruch auch nicht verwirkt wurde.

Einfacher ist es, wenn das FamG einen Unterhaltsantrag bejahte und der Unterhaltsschuldner dagegen vorgehen will. In einem solchen Fall reicht es, wenn er entweder vorträgt, es bestehe keine Bedürftigkeit oder alternativ, er sei nicht leistungsfähig, bzw. das Gericht habe eine etwaige Verwirkung übersehen.

*ccc) Formale Anforderungen*

Besondere formale Anforderungen bestehen hingegen nicht; für die Zulässigkeit der   330
Beschwerde sind insbesondere ohne Bedeutung, ob die Ausführungen in sich schlüssig oder rechtlich haltbar sind. Jedoch muss die Beschwerdebegründung auf den konkreten Streitfall zugeschnitten sein. Es reicht nicht aus, die Auffassung des Erstgerichts mit formularmäßigen Sätzen oder allgemeinen Redewendungen zu rügen oder lediglich auf das Vorbringen erster Instanz zu verweisen.[122] Notwendig ist dafür ein Schriftsatz, der zur Begründung bestimmt ist, auch wenn er nicht als solcher bezeichnet wurde. Vielmehr kann nach der Rechtsprechung auch eine Eingabe, mit der der Beschwerdeführer um die Einstellung der Zwangsvollstreckung aus dem erstinstanz-

---

119 BGH, FamRZ 2021, 1399; FamRZ 2017, 885.
120 BGH, FamRZ 2018, 283.
121 BGH, FamRZ 2022, 201.
122 BGH, NJW 2013, 174; *Elzer/Gutowski* NZFam 2015, 1045.

lichen Beschluss oder um Bewilligung von Verfahrenskostenhilfe nachsucht, gleichzeitig die Beschwerdebegründung darstellen. Dies muss der Beschwerdeführer nicht ausdrücklich hervorheben, sondern es genügt, dass sich eine entsprechende Bestimmung aus dem Zusammenhang mit den Begleitumständen gibt.[123]

### cc) Neuer Vortrag in 2. Instanz, § 115 FamFG

**331**  Eine **Zurückweisung von Angriffs- und Verteidigungsmitteln, die nicht rechtzeitig vorgebracht wurden,** ist lediglich nach Maßgabe von § 115 FamFG möglich.[124] Die Vorschrift des § 115 Satz 1 FamFG ist sowohl in erster als auch in zweiter Instanz anwendbar.

**332**  § 115 FamFG erfasst Angriffs- und Verteidigungsmittel (Behauptungen, Beweismittel, usw.), die noch vor Schluss der mündlichen Verhandlung, jedoch unter Verletzung der allgemeinen Verfahrensförderungspflicht nicht rechtzeitig vorgebracht und mitgeteilt wurden. Sie »können« zurückgewiesen werden, wenn ihre Zulassung die Erledigung des Rechtsstreits verzögern würde und die Verspätung auf grober Nachlässigkeit beruht. Die Zurückweisung steht im pflichtgemäßen Ermessen des Gerichts.[125]

▶ Praxishinweis:

**333**  Regelmäßig wird in Beschwerdeverfahren auf neuen Vortrag von der Gegenseite in der Weise reagiert, dass dies als verspätet gewertet werden soll. Maßgeblich dafür ist jedoch die Vorschrift des § 115 FamFG, die nur in Ausnahmefällen eine Zurückweisung erlaubt. § 115 ist insofern lex specialis gegenüber §§ 113 Abs. 1 Satz 2 FamFG i.V.m. 296 Abs. 2 ZPO.

Familienstreitsachen – und dies gilt in besonderer Weise für Unterhaltsstreitigkeiten – sind dadurch zu charakterisieren, dass die zu beurteilenden Sachverhalte im Verfahren erster Instanz in den wirtschaftlichen und persönlichen Bezügen einem ständigen Wandel unterworfen sind, und sie deshalb von den Beteiligten im Verfahren mitunter nicht vor Abschluss der mündlichen Verhandlung erster Instanz oder zweiter Instanz vorgebracht werden können. Auch haben die Verfahren für die Beteiligten oft eine hohe wirtschaftliche Bedeutung. Dies rechtfertigt für den Gesetzgeber die Abweichung von den allgemeinen Regelungen.

Handelt es sich um Angriffs- und Verteidigungsmittel, für deren Vortrag vom Gericht eine Frist gesetzt wurde, gilt ebenfalls ausschließlich § 115 FamFG. Die Vorschrift ist abschließend (vgl. § 115 Satz 2 FamFG), d.h. andere – von der allgemeinen Verweisung in § 113 Abs. 1 Satz 2 FamFG erfasste – schärfere Verspätungsvorschriften (vor allem § 296 ZPO) werden verdrängt.[126]

---

123  BGH, FamRZ 2015, 1791, 1792.
124  Ausführlich dazu unter Rdn. 961.
125  OLG Koblenz, FamRZ 2021, 1372.
126  Schulte-Bunert/Weinreich/*Breuers*, FamFG, § 115 Rn. 1.

Wurde jedoch eine Frist vom Gericht für den Vortrag von Angriffs- und Verteidigungsmittel gesetzt, so wird bei einer Verzögerung des Verfahrens eine grobe Nachlässigkeit naheliegen.

Das Beschwerdeverfahren nach dem FamFG ist als vollwertige zweite Tatsacheninstanz 334 konzipiert, d.h. gem. § 65 Abs. 3 FamFG kann die Beschwerde auf neue Tatsachen und Beweismittel gestützt werden.

§ 115 Satz 1 FamFG ist in jeder Instanz gesondert zu prüfen. Die Präklusionsvor- 335 schriften der §§ 530, 531 ZPO werden von § 115 FamFG verdrängt, sind daher in zweiter Instanz nicht anwendbar, zumal auch § 117 Abs. 2 FamFG eine Verweisung auf die Präklusionsvorschriften der ZPO nicht enthält.

Angriffs- und Verteidigungsmittel können danach erneut in der Beschwerdeinstanz 336 vorgebracht werden, auch wenn das Amtsgericht sie mit Recht zurückgewiesen hat.[127] Eine Zurückweisung nach § 115 Satz 1 FamFG setzt danach voraus, dass in zweiter Instanz verspätet vorgetragen wurde. Ein verspäteter Vortrag in erster Instanz oder möglicher, aber unterlassener Vortrag in erster Instanz rechtfertigt damit keine Zurückverweisung nach § 115 Satz 1 FamFG im Beschwerdeverfahren.

Verspätung wird etwa angenommen bei Fällen, in denen erstmals im Termin vor dem 337 Beschwerdegericht Beweisanträge – etwa zum Verkehrswert eines Grundstücks oder zu Schenkungen[128] – gestellt worden sind.

Ausnahmsweise kann auch neues Vorbringen zurückzuweisen sein, welches erstmals 338 im Verlauf des Beschwerdeverfahrens, aber noch vor dem Termin erfolgt, so z.B. bei einem langjährigen Verfahren, wenn erst vor dem Beschwerdetermin erstmalig Verzichtsurkunden vorgelegt werden.[129]

Andererseits kann ein erstinstanzlich abgegebenes Anerkenntnis zum Unterhalt trotz 339 § 115 FamFG im Beschwerdeverfahren wegen veränderter Verhältnisse widerrufen werden, selbst wenn der Widerruf bereits vor dem FamG hätte erfolgen können.[130]

Neue Angriffe dürfen insbesondere nicht wegen Verspätung zurückgewiesen werden, 340 weil sie neue Streitgegenstände schaffen. Deshalb kann im Beschwerdeverfahren auch ein Widerantrag gestellt werden oder eine Aufrechnung erfolgen (es gilt also dafür nicht die Vorschrift des § 533 ZPO, zumal § 117 FamFG keinen Verweis auf diese Vorschrift enthält).

Selbst wenn die Voraussetzungen des § 115 FamFG im Einzelfall vorliegen sollten, 341 ist die Zurückweisung nicht zwingend, sondern steht im Ermessen des Beschwerdegerichts, das dabei insbesondere auch die Folgen für die Beteiligten abzuwägen hat.[131]

---

127 Vgl. auch Prütting/Helms/*Feskorn,* FamFG, § 117 Rn. 45.
128 OLG Celle, FamRZ 2011, 1671.
129 OLG Köln, NJW-RR 2011, 1447.
130 OLG Hamm, NJW 2014, 2966.
131 OLG Koblenz, FamRZ 2021, 1372.

Eine Zurückweisung setzt voraus, dass den betreffenden Beteiligten zuvor zu den Voraussetzungen und den Folgen der Zurückweisung rechtliches Gehör gewährt wird.

342    Die Kostenentscheidung hat in derartigen Fällen (Beschwerde ist aufgrund des neuen Vortrags erfolgreich) aber die Vorschrift des § 97 Abs. 2 ZPO zu berücksichtigen, wonach die Kosten des Rechtsmittelverfahrens dem obsiegenden Beteiligten ganz oder teilweise aufzuerlegen sein können, wenn er auf Grund eines neuen Vorbringens obsiegt, das er in einem früheren Rechtszug geltend zu machen imstande war.

343    Ob **Beweisanträge** aus der ersten Instanz in der Rechtsmittelbegründung ausdrücklich wiederholt werden müssen, ist streitig. Angesichts der Ausgestaltung der Beschwerde als uneingeschränkte zweite Tatsacheninstanz dürfte eine derartige Wiederholung von Beweisantritten aus der Vorinstanz bei Ehe- und Familienstreitsachen nicht zu verlangen sein. Jedenfalls dann, wenn der Beschwerdeführer sein Rechtsmittel nicht ausdrücklich auf bestimmte Streitpunkte beschränkt hat, wirken die Beweisantritte der ersten Instanz im Prinzip auch ohne ausdrückliche Bezugnahme in der Beschwerdeinstanz fort. Dabei ist das Beschwerdegericht allerdings nicht verpflichtet, den Vortrag der ersten Instanz allein schon aufgrund einer globalen Bezugnahme auf das erstinstanzliche Vorbringen umfassend auch auf versteckte Beweisantritte zu durchforschen, sodass sich im Zweifel eine ausdrückliche Wiederholung der für relevant gehaltenen Beweisantritte in der Beschwerdebegründung dennoch empfehlen dürfte. Wendet sich der Beschwerdeführer gegen eine nachteilige **Beweiswürdigung** des erstinstanzlichen Gerichts, so genügt er den Anforderungen an die Zulässigkeit einer Beschwerde, wenn er deutlich macht, dass und aus welchen Gründen er die Beweiswürdigung für unrichtig hält. Eine noch weitergehende Auseinandersetzung mit der Beweiswürdigung durch das Erstgericht ist grundsätzlich nicht erforderlich.[132]

## b) Begründungsfrist

### aa) 2-Monats-Frist

344    Nach § 117 Abs. 1 Satz 3 FamFG beträgt die Frist zur Begründung der Beschwerde 2 Monate.[133] Dies unterscheidet sich von § 65 FamFG, der eine gesetzliche Begründungsfrist nicht vorsieht. Die Regelung ist angelehnt an § 520 Abs. 2 ZPO, dessen entsprechende Geltung i.Ü. in § 117 Abs. 1 Satz 4 FamFG angeordnet wird. Die Beschwerdebegründungsfrist beginnt mit der – von Amts wegen zu erfolgenden – Zustellung des in vollständiger schriftlicher Form abgefassten Beschlusses, spätestens aber, wenn eine schriftliche Bekanntgabe nicht erfolgt, mit Ablauf von 5 Monaten nach **Erlass des Beschlusses.**

---

132   BGH, NJW 2012, 3581.
133   Vgl. dazu OLG Nürnberg, FamRZ 2017, 387.

### bb) Prüfungspflicht des Beschwerdegerichts

Nach § 117 Abs. 1 Satz 4 FamFG sind auch § 522 Abs. 1 Satz 1, 2 und 4 ZPO ent- 345
sprechend anzuwenden. Dies bedeutet, dass das Beschwerdegericht **von Amts wegen**
zu prüfen hat, ob die Beschwerdebegründung form- und fristgerecht ist. Ansonsten
ist die Beschwerde als unzulässig zu verwerfen. Der betreffende Beschluss kann mit
der Rechtsbeschwerde angegriffen werden.

### cc) Fristverlängerung (§§ 117 Abs. 1 Satz 4 FamFG; 520 Abs. 2 Satz 2 ZPO)

Die Beschwerdebegründungsfrist kann verlängert werden, sofern der entsprechende 346
Antrag noch innerhalb der Frist bei Gericht eingeht. Allerdings ist eine Verlängerung
aufgrund eines verspätet eingegangenen Antrags wegen der mit Fristablauf eintretenden Rechtskraft nicht möglich.[134] Die Verlängerung muss auch nicht so rechtzeitig
beantragt werden, dass der Vorsitzende hierüber nach dem gewöhnlichen Geschäftsgang noch vor Ablauf der Frist entscheiden kann.[135] Der Einwurf in den Nachtbrief-
kasten genügt daher.

Ein Anwalt darf regelmäßig mit einer erstmaligen Fristverlängerung rechnen, wenn 347
er sich dazu auf einen erheblichen Grund, wie z.B. Arbeitsüberlastung, beruft.[136]

▶ Praxishinweis:

Allerdings ist eine Begründung des Fristverlängerungsantrags auch **zwingend**. 348
Fehlt eine Begründung, darf das Gericht nämlich ohne weiteres eine Verzöge-
rungsabsicht unterstellen.[137] Die Rechtsprechung stellt an die Begründung zur
Notwendigkeit einer Fristverlängerung bzw. an die Annahme eines erheblichen
Grunds i.S.v. § 117 Abs. 1 Satz 4 FamFG i.V.m. § 520 Abs. 2 Satz 2 ZPO keine
hohen Anforderungen (»niedrige Schwelle«). Regelmäßig genügt es auf Arbeitsüberlastung o. ä. hinzuweisen.

### dd) BeA

Die Beschwerdebegründung muss – wie bereits erwähnt – seit dem 01.01.2022 in 349
Form eines elektronischen Dokuments erfolgen.

Die Missachtung dieser Verpflichtung führt zur Formunwirksamkeit der beabsich- 350
tigten Verfahrenshandlung und damit zu fehlender Fristwahrung. Nur wenn dies aus
technischen Gründen vorübergehend nicht möglich ist, bleibt die Übermittlung nach
den allgemeinen Vorschriften zulässig. Die vorübergehende Unmöglichkeit ist mit
der Ersatzeinreichung oder unverzüglich danach glaubhaft zu machen; auf Anforderung ist ein elektronisches Dokument nachzureichen. Die Versendung fristwahrender

---

134 Vgl. BGH, BGHZ 116, 377; Thomas/Putzo/*Reichold*, ZPO, § 520 Rn. 15.
135 BGH, BGHZ 83, 217.
136 BVerfG, FamRZ 2008, 131.
137 Vgl. dazu BGH, FamRZ 2021, 1636.

Schriftsätze über das beA an das Gericht ist zu kontrollieren. Versendet ein Rechtsanwalt derartige Schriftsätze mit beA, hat er in seiner Kanzlei das zuständige Personal dahingehend anzuweisen, dass stets der Erhalt der automatisierten Eingangsbestätigung nach § 130a Abs. 5 Satz 2 ZPO zu kontrollieren ist.[138]

▶ Praxishinweis:

351    Die Anforderungen an die Beschwerdebegründung sind sehr hoch. Dies ergibt sich aus der bereits dargestellten entsprechenden Anwendung des § 520 Abs. 3 Satz 2 ZPO. Deshalb werden die Fristen für die Beschwerdebegründung in der Praxis regelmäßig ausgeschöpft. Allerdings ist Anwälten zu empfehlen, eine **ausreichende Zeitreserve** für die Übermittlung der Beschwerdebegründung einzuplanen, da eine Überschreitung der Frist die Rechtskraft der Ausgangsentscheidung auslöst und die Gerichte einen Wiedereinsetzungsantrag sehr restriktiv beurteilen. Scheitert eine rechtzeitige Übermittlung der Beschwerdebegründungsschrift per beA, weil der Prozessbevollmächtigte um 23:46 Uhr versucht, diese gemeinsam mit einer Verfahrensvollmacht in das System hochzuladen, das sodann um 23:50 Uhr eine Fehlermeldung wegen eines unzulässigen Dateinamens der Verfahrensvollmacht auswirft, ist der Prozessbevollmächtigte seinen Sorgfaltspflichten nicht hinreichend nachgekommen.[139]

### ee) Wiedereinsetzung

352    Wiedereinsetzung kann den Beteiligten grds. gewährt werden.[140]

353    § 117 Abs. 5 FamFG erklärt die §§ 233 und 234 Abs. 1 Satz 2 ZPO für entsprechend anwendbar. Damit wird klargestellt, dass eine Wiedereinsetzung bei Versäumung der **Frist zur Begründung der Beschwerde** möglich ist und die Wiedereinsetzungsfrist einen Monat beträgt. Wird die **Frist zur Einlegung der Beschwerde** schuldlos versäumt, gilt hingegen nach § 113 Abs. 1 Satz 2 FamFG i.V.m. §§ 233, 234 Abs. 1 Satz 1 ZPO eine Wiedereinsetzungsfrist von nur 2 Wochen.

354    Wiedereinsetzung ist z.B. möglich:
  – wenn das Rechtsmittel so rechtzeitig bei Gericht eingegangen ist, dass die rechtzeitige Weiterleitung an das (richtige) Rechtsmittelgericht im ordentlichen Geschäftsgang ohne Weiteres erwartet werden konnte oder
  – wenn eine rechtzeitig erfolgte gerichtliche Verfügung zur Weiterleitung nicht ordnungsgemäß ausgeführt wird und die Rechtsmittelschrift nur deshalb verspätet zum Rechtsmittelgericht gelangt.

355    Wiedereinsetzung ist **nicht** möglich:
  – wenn ein Fristverlängerungsantrag nicht begründet wurde,[141]

---

138  BGH, FamRZ 2021, 1300.
139  OLG Frankfurt, NJW 2022, 250.
140  Vgl. dazu OLG Nürnberg, FamRZ 2017, 387.
141  BGH, FamRZ 2021, 1636.

– wenn keine Vorkehrungen gegen unvorhergesehene Erkrankung getroffen wurden, d.h. an einer schuldhaften Fristversäumung fehlt es nur dann, wenn infolge der Erkrankung weder kurzfristig ein Vertreter eingeschaltet noch ein Fristverlegungsantrag gestellt werden konnte,[142]

– wenn keine organisatorischen Vorkehrungen zwecks Einhaltung von fristgebundenen Schriftsätzen getroffen wurden, wozu insbesondere auch die Eintragung einer Vorfrist gehört.[143]

### c) VKH für Beschwerde

Wie bei der Antragserhebung besteht ein Bedürfnis, auch die Einlegung der Beschwerde    **356** von der Bewilligung von **Verfahrenskostenhilfe** abhängig zu machen. Die Besonderheiten der VKH für ein Beschwerdeverfahren werden dargestellt unter Rdn. 680 ff.

### d) Entsprechende Anwendung von ZPO-Vorschriften (§ 117 Abs. 2 FamFG)

#### aa) Bindung an Anträge

§ 117 Abs. 2 Satz 1 FamFG erklärt § 528 ZPO für entsprechend anwendbar. Damit    **357** wird klargestellt, dass das Beschwerdegericht in Ehe- und Familienstreitsachen an die Anträge der Beteiligten gebunden ist. Damit gilt auch das aus § 528 ZPO abzuleitende Verbot der Schlechterstellung, d.h. die Entscheidung des ersten Rechtszuges darf – zugunsten wie auch zulasten des Beschwerdeführers – nur abgeändert werden, soweit eine Abänderung beantragt ist. Die Zurückverweisung des Verfahrens an das erstinstanzliche FamG richtet sich in Beschwerden gegen Ehe- und Familiensachen entgegen § 69 Abs. 1 FamFG nach § 538 Abs. 2 ZPO. Insbesondere kommt eine Zurückverweisung entsprechend § 538 Abs. 2 ZPO in Betracht, wenn das FamG eine Folgesache nach § 140 FamFG abgetrennt hat, ohne dass die dafür erforderlichen Voraussetzungen gegeben waren.[144]

Die Bindungswirkung des § 528 ZPO gilt auch nach einer Aufhebung und Zurück-    **358** verweisung weiter, mit der Folge, dass auch das Gericht der ersten Instanz, an das zurückverwiesen wird, bei seiner neuen Entscheidung keinen weitergehenden Spielraum hat als ihn zuvor i.R.d. Rechtsmittelverfahrens das Beschwerdegericht hatte.

#### bb) Beschwerdeerwiderung

Durch die Verweisung des § 117 Abs. 2 Satz 1 FamFG auf **§ 521 Abs. 2 ZPO** soll dem    **359** Beschwerdegericht für Ehe- und Familienstreitsachen nach dem Willen des Gesetzgebers die »Möglichkeit eröffnet werden, dem Beschwerdegegner eine Erwiderungsfrist zu setzen«.[145] Da diese Möglichkeit allerdings auch außerhalb der Ehe- und Famili-

---

142 BGH, FamRZ 2021, 1988.
143 BGH, FamRZ 2021, 1638.
144 Vgl. OLG Koblenz, FamRZ 2008, 166.
145 BT-Drucks. 16/12717 S. 71.

enstreitsachen ohnehin besteht, erschöpft sich der Regelungsgehalt der Verweisung im Ergebnis auf die darin über § 521 Abs. 2 Satz 2 ZPO mittelbar ebenfalls enthaltene Bezugnahme auf § 277 ZPO. Entspr. § 277 Abs. 1 Satz 1 ZPO trifft den Beschwerdegegner daher die Pflicht zur sorgfältigen und zügigen Prozessführung, entspr. § 277 Abs. 2 ZPO ist er über den sich aus § 114 FamFG ergebenden Anwaltszwang und über die Folgen einer möglichen Fristversäumung – vor allem gem. § 115 Satz 1 FamFG – zu belehren, entspr. § 277 Abs. 3 ZPO wird man von einer Mindestdauer der Beschwerdeerwiderungsfrist von 2 Wochen auszugehen haben und entspr. § 277 Abs. 4 ZPO gelten die Vorschriften über die Beschwerdeerwiderungsfrist auch für eine mögliche Frist zur Replik. Eine Äußerung zur Übertragung auf den Einzelrichter (§ 277 Abs. 1 Satz 2 ZPO) braucht die Beschwerdeerwiderung allerdings nicht enthalten, denn diese wird selbst vom Beschwerdeführer nicht verlangt.

### cc) Versäumnisverfahren

360    Die Vorschrift des § 514 ZPO über die Statthaftigkeit der Berufung gegen erstinstanzliche Versäumnisurteile ist ebenfalls entsprechend anwendbar. Dies ist erforderlich, da ein Versäumnisverfahren auch in erstinstanzlichen Ehesachen (vgl. § 130 FamFG) und Familienstreitsachen stattfindet. Weiterhin wird auch im Beschwerdeverfahren ein Versäumnisverfahren entsprechend § 539 ZPO zugelassen.

361    In Ehe- und Familienstreitsachen findet daher auch im Beschwerderechtszug ein Versäumnisverfahren statt. Sieht das Beschwerdegericht in einer Familienstreitsache von der Durchführung einer mündlichen Verhandlung nach § 68 Abs. 3 Satz 2 FamFG ab und entscheidet im schriftlichen Verfahren, so ist der Erlass eines Versäumnisbeschlusses nicht zulässig. Eine Versäumnisentscheidung kann im Beschwerdeverfahren also nur ergehen, wenn eine mündliche Verhandlung durchgeführt wird.

### dd) Güteverhandlung

362    § 117 Abs. 2 Satz 2 FamFG stellt klar, dass es einer Güteverhandlung in Ehesachen und Familienstreitsachen in der Beschwerdeinstanz nicht bedarf. Die Regelung entspricht §§ 525 Satz 2, 555 Abs. 1 Satz 2 ZPO und ergänzt die allgemeinen Vorschriften der §§ 68 Abs. 3, 74 Abs. 4 FamFG für den Bereich der Familienstreitsachen.

### ee) Hinweispflichten, § 117 Abs. 3 FamFG

363    § 117 Abs. 3 FamFG bestimmt, dass das Gericht die Beteiligten darauf hinzuweisen hat, sofern es beabsichtigt, von der Durchführung einzelner Verfahrensschritte nach § 68 Abs. 3 Satz 2 FamFG abzusehen.[146] Diese Hinweispflicht ist an die Möglichkeit der Zurückweisung von Berufungen im Beschlussverfahren gemäß § 522 Abs. 2 und Abs. 3 ZPO und die in diesem Rahmen bestehende Hinweispflicht des Gerichts nach § 522 Abs. 2 Satz 2 ZPO angelehnt. Dem Beschwerdeführer wird mit dem Hinweis die Möglichkeit eröffnet, dem Beschwerdegericht weitere Gesichtspunkte zu unter-

---

146 Vgl. dazu *Splitt* NZFam 2022, 392.

breiten, die eine erneute Durchführung der mündlichen Verhandlung oder der nicht für erforderlich erachteten Verfahrenshandlungen rechtfertigen.

### 3. Die Anschlussbeschwerde nach § 66 FamFG

### a) Allgemeines

§ 66 FamFG regelt einheitlich für den gesamten Anwendungsbereich des FamFG, **364** die Möglichkeit, sich der Beschwerde eines anderen Beteiligten auch ohne Einlegung einer eigenen Beschwerde anzuschließen.[147] Nach § 66 FamFG kann jeder Beschwerdeberechtigte sich der Beschwerde eines anderen Beteiligten anschließen (sog. unselbständige Anschlussbeschwerde[148]). Dies gilt auch dann, wenn er auf die Beschwerde verzichtet hat oder die Beschwerdefrist verstrichen ist.

Der Beschwerdegegner hat praktisch ein Wahlrecht: Legt er innerhalb der gesetzli- **365** chen Frist nach § 63 Abs. 1 FamFG und unter Beachtung der erforderlichen Form **selbständig** eine Beschwerde ein, so ist über diese auch zu entscheiden, wenn der Beschwerdeführer im Verfahren von seiner Beschwerde Abstand nimmt. Ansonsten ist es ihm möglich, auch nach Ablauf der Beschwerdefrist des § 63 FamFG eine (**unselbständige**) Anschlussbeschwerde zu erheben, welche aber von der Hauptbeschwerde abhängig ist, d.h. bei deren Rücknahme oder Unzulässigkeit gegenstandslos wird.

Die Anschließung setzt voraus, dass ein anderer Beteiligter bereits wirksam ein Rechts- **366** mittel eingelegt hat. Da es sich bei der Anschließung genau betrachtet nicht um ein Rechtsmittel im engeren Sinn, sondern nur um einen unselbstständigen Gegenangriff innerhalb eines fremden Rechtsmittels handelt,[149] werden durch dieses »Hauptrechtsmittel« mittelbar auch der mögliche **Verfahrensgegenstand** und der mögliche **Rechtsmittelführer** für eine Anschlussbeschwerde festgelegt.

Die Anschlussbeschwerde muss sich gegen dieselbe Entscheidung wie das Haupt- **367** rechtsmittel richten. Über deren Verfahrensgegenstand darf sie nicht hinausgehen. Deshalb kann ein Verfahrensgegenstand, der zwar bereits rechtshängig, aber noch nicht Gegenstand der erstinstanzlichen Entscheidung war, ebenso wenig durch eine Anschlussbeschwerde in die zweite Instanz gebracht werden wie ein Verfahrensgegenstand, über den in der ersten Instanz (z.B. durch eine vorangegangene Teilentscheidung) bereits rechtskräftig entschieden wurde.[150]

Regelmäßig erfolgt die Anschlussbeschwerde als Gegenangriff (»Ausschaltung« der **368** reformatio in peius) innerhalb eines fremden Rechtsmittels. Die Anschlussbeschwerde ist insoweit kein Rechtsmittel, sondern nur ein angriffsweise wirkender Antrag innerhalb der fremden Beschwerde.

---

147 Die Rechtsbeschwerde verhält sich vergleichbar, vgl. § 70 FamFG.
148 *Reinken* ZFE 2009, 376.
149 BGH, NJW 1984, 1240, 1242.
150 Keidel/*Sternal,* FamFG, § 66 Rn. 8.

369 Ein Anschlussrechtsmittel bedarf auch dann keiner gesonderten Zulassung, wenn eine solche für ein selbstständig eingelegtes Rechtsmittel erforderlich wäre. Sie folgt vielmehr in Bezug auf ihre Statthaftigkeit dem Hauptrechtsmittel. Auch soweit für die Hauptbeschwerde eine Beschwerdesumme vorgesehen ist, gilt diese für eine Anschlussbeschwerde nicht.

370 Der Anschlussbeschwerdeführer kann sich der Beschwerde auch **hilfsweise** nur für den Fall anschließen, dass sein vorrangiger Antrag auf Zurückweisung der Beschwerde erfolglos bleibt oder eine sonstige innerprozessuale Bedingung erfüllt ist.

### b) Rechtsschutzbedürfnis

371 Die Anschlussbeschwerde ist nur dann zulässig, wenn der Anschlussbeschwerdeführer und der Beschwerdeführer des Hauptrechtsmittels einander im konkreten Fall **als Gegner gegenüberstehen**, denn wenn der Anschlussbeschwerdeführer u der Beschwerdeführer mit ihren jeweiligen Rechtsmitteln das gleiche Ziel anstreben, dann besteht für ein Anschlussrechtsmittel, wenn man dieses nicht bereits aus begrifflichen Gründen für überhaupt ausgeschlossen hält, zumindest **kein Rechtsschutzbedürfnis**, weil die Überprüfung der angefochtenen Entscheidung in der durch den Anschlussbeschwerdeführer gewünschten Richtung ohnehin erfolgt und dieser an einem Vortrag evtl. den Standpunkt des Beschwerdeführers zusätzlich stützender Gründe auch ohne Einlegung einer Anschlussbeschwerde nicht gehindert ist. Der Sinn der Anschlussbeschwerde, dem Beschwerdegericht – auch unter dem Gesichtspunkt einer Waffengleichheit zwischen den Beteiligten – einen zusätzlichen Spielraum für eine Abänderung der angefochtenen Entscheidung zugunsten des Anschlussbeschwerdeführers zu verschaffen, wird in einem solchen Fall verfehlt.

372 Eine Anschlussbeschwerde ist daher z.b. dann unzulässig, wenn ein Ehegatte in einem Verfahren zum VA das gleiche Ziel wie ein beschwerdeführender Versorgungsträger verfolgt oder in einer sonstigen Folgesache i.R.d. Scheidungsverbundes das gleiche Ziel wie z.B. das Jugendamt, das Kind oder der Vermieter mit einer von ihnen eingelegten Beschwerde. In derartigen Fällen ist ihm zwar die Einlegung einer eigenen Beschwerde zur Unterstützung des anderen Rechtsmittelführers unbenommen. Eine Anschließung an das fremde Rechtsmittel liegt darin jedoch nicht.

373 Das Rechtsschutzbedürfnis für eine Anschlussbeschwerde kann ferner im Einzelfall fehlen, soweit das **Verbot der reformatio in peius** nicht eingreift, sodass das Beschwerdegericht die Entscheidung auch schon ohne die Einlegung einer Anschlussbeschwerde zugunsten des betroffenen Beteiligten abändern kann. Das ist z.B. in den Kindschaftssachen des § 151 Nr. 1–3 FamFG der Fall, in denen ein Anschlussrechtsmittel daher nur die Bedeutung einer Anregung hat.

### c) Beschwerdeberechtigung

374 Obwohl es sich bei der Anschlussbeschwerde nicht um ein Rechtsmittel im engeren Sinn handelt, setzt diese eine **Beschwerdeberechtigung** i.S.d. § 59 FamFG voraus.

Eine **formelle Beschwer** ist für die Anschlussbeschwerde ebenso wie für die Anschluss- 375
rechtsbeschwerde allerdings nach dem ausdrücklichen Willen des Gesetzgebers nicht
mehr erforderlich.[151] Das Begehren des Anschlussrechtsmittelführers darf also – wie
typischerweise in den schon genannten Fällen des nachträglich erhöhten Unterhaltsbedarfs – auch auf ein Ziel gerichtet sein, das über den in der angefochtenen Entscheidung bereits erreichten Erfolg hinausgeht. Schon aus dem weiteren Erfordernis
des Rechtsschutzbedürfnisses ergibt sich jedoch, dass mit der Anschlussbeschwerde
nach wie vor mehr als nur die reine Zurückweisung des Hauptrechtsmittels erstrebt
werden muss. Eine Anschließung mit einem Antrag, der nur dem bereits in erster
Instanz zuerkannten Verfahrensantrag entspricht oder dahinter sogar zurückbleibt ist
im FamFG-Verfahren nicht zulässig.

### d) Frist und Form der Anschließung

Die Anschließung hat, wie durch § 66 Satz 1 Halbs. 2 FamFG auch noch einmal 376
ausdrücklich bestätigt wird, in der Form des § 64 Abs. 2 FamFG zu erfolgen, d.h.
durch Einreichung einer Anschlussbeschwerdeschrift unter Bezeichnung des angefochtenen Beschlusses bei dem Beschwerdegericht u der Erklärung, dass dagegen
Anschlussbeschwerde eingelegt wird sowie unter Wahrung des Unterschriftserforder-
nisses gem. § 64 Abs. 2 Satz 3 FamFG. Außer in Ehe- und Familienstreitsachen (§ 64
Abs. 2 Satz 2 FamFG) dürfte außerdem analog § 64 Abs. 2 Satz 1 FamFG wahlweise
auch eine Einlegung der Anschlussbeschwerde zur Niederschrift der Geschäftsstelle
zulässig sein. Für die **Begründung** der Anschlussbeschwerde gilt § 65 FamFG. Eine
Begründung der Anschlussbeschwerde ist auch in **Ehe- und Familienstreitsachen** nicht
zwingend, denn § 117 Abs. 2 Satz 1 verweist nicht auf § 524 Abs. 3 ZPO. Anwaltszwang herrscht im gleichen Umfang wie für die Einlegung des Hauptrechtsmittels.

Gem. § 117 Abs. 2 Satz 1 FamFG i.V.m. **§ 524 Abs. 2 Satz 2 ZPO** sind Anschluss- 377
beschwerden in Ehe- und Familienstreitsachen grds. nur bis zum Ablauf einer – allerdings nicht zwingend vorgeschriebenen – **Frist zur Beschwerdeerwiderung** zulässig.
Gem. § 117 Abs. 2 Satz 1 FamFG i.V.m. § 524 Abs. 2 Satz 3 ZPO gilt dies jedoch
nicht, wenn die Anschließung eine Verpflichtung zu wiederkehrenden Leistungen
zum Gegenstand hat, insb. also nicht für Unterhaltsverfahren. Eine **teleologische
Reduktion** von § 117 Abs. 2 Satz 1 FamFG i.V.m. § 524 Abs. 2 Satz 3 ZPO dahin,
dass eine derart »späte« Anschlussbeschwerde nur zulässig sein soll, wenn die Voraussetzungen einer Abänderung nach § 238 Abs. 1 FamFG (wesentliche Änderung
rechtlicher oder tatsächlicher Verhältnisse) vorliegt, ist aufgrund des eindeutigen Wortlauts der Vorschrift abzulehnen.

Will der Beschwerdegegner eine eigene **selbstständige Beschwerde** einlegen, hält 378
aber die Monatsfrist nach § 63 Abs. 1 FamFG nicht ein, so ist dieser Vorgang in eine
unselbständige Anschlussbeschwerde i.S.d. §§ 66 FamFG umzudeuten.[152] Über diese
ist aber nur dann zu entscheiden, soweit über die Hauptbeschwerde entschieden wird.

---

151 Musielak/Borth, FamFG, § 66 Rn. 3.
152 Vgl. *Fischer* FuR 2015, 31.

Nimmt der Beschwerdeführer seine Hauptbeschwerde zurück, wird die unselbstständige Anschlussbeschwerde nämlich aufgrund ihres akzessorischen Charakters gegenstandslos. Die Kosten des Anschlussrechtsmittels hat in diesem Fall nach § 516 Abs. 3 ZPO der Beschwerdeführer zu tragen (streitig). In Unterhaltsbeschwerdeverfahren kommt auch eine Anwendung von § 243 FamFG in Betracht.

### e) Akzessorietät

379    Der »Nachteil« der Anschlussbeschwerde ist die Akzessorietät: Wird die »Hauptbeschwerde« zurückgenommen oder als unzulässig verworfen, so verliert die Anschlussbeschwerde ihre Wirkung (§ 66 Satz 2 FamFG).

380    Auch eine überhaupt erst nach Beendigung des Beschwerdeverfahrens eingehende Anschlussbeschwerde ist unzulässig.

381    Gleichzustellen sind außerdem die in § 66 Satz 2 FamFG nicht ausdrücklich genannten Fälle des Verzichts auf die Hauptbeschwerde und des Vergleichs soweit dieser auch die Kostenfragen abschließend regelt oder zur Anwendung von § 83 Abs. 1 FamFG führt, da in diesen Fällen ebenfalls eine sachliche Entscheidung bezüglich des Hauptrechtsmittels nicht mehr stattfindet. Etwas anderes gilt jedoch für den Fall der übereinstimmenden Erledigungserklärung in Bezug auf das Hauptrechtsmittel. Denn nach dem Grundgedanken von § 66 Satz 2 FamFG soll die Anschlussbeschwerde nur dann ihre Wirkung verlieren, wenn eine Abänderung des angefochtenen Beschlusses zum Nachteil des Anschlussbeschwerdeführers nicht mehr möglich ist. Das ist im Fall einer übereinstimmenden Erledigungserklärung wegen der fortbestehenden Möglichkeit einer nachteiligen Abänderung zumindest der erstinstanzlichen Kostenentscheidung zulasten des Anschlussbeschwerdeführers jedoch gerade nicht der Fall. Auch im Fall einer Zurückweisung der Beschwerde als unbegründet durch eine Teilentscheidung wird eine bereits zuvor in zulässiger Weise eingelegte Anschlussbeschwerde nicht im Nachhinein unwirksam, weil auch in diesem Fall eine Entscheidung über das Hauptrechtsmittel nicht entfallen, sondern lediglich zeitlich vorgezogen worden ist.

382    Die Abhängigkeit der Anschlussbeschwerde von dem Hauptrechtsmittel besteht auch dann, wenn die Anschlussbeschwerde als eigene Beschwerde hätte erhoben werden können. Soll sie vermieden werden, muss daher ein eigenes, selbstständiges Rechtsmittel eingelegt werden. Auch eine innerhalb der noch laufenden Beschwerdefrist eingelegte Anschlussbeschwerde, die der Beschwerdeführer ausdrücklich als solche bezeichnet hat, kann somit nicht mehr in eine (selbstständige) Beschwerde umgedeutet werden. Nicht zur Wirkungslosigkeit der Anschlussbeschwerde führt eine Zurückweisung der Beschwerde durch Beschluss ohne mündliche Verh. in einer **Ehe- oder Familienstreitsache**, denn § 117 Abs. 2 Satz 1 FamFG verweist nicht auch auf § 524 Abs. 4, 3. Alt ZPO und eine entspr. Regelung in § 66 Satz 2 FamFG ist nicht vorgesehen.[153] Die **Kostenentscheidung** über Beschwerde und Anschlussbeschwerde ergeht einheitlich. Sie richtet sich auch bei einer **Zurücknahme** des Rechtsmittels nach der Soll-Vorschrift

---

153   *Maurer* FamRZ 2009, 465, 468; Johannsen/Henrich/Althammer/*Althammer,* § 66 Rn. 7.

des § 84. In Ehe- und Familienstreitsachen, auf die die §§ 80 ff. FamFG nach § 113 Abs. 1 FamFG nicht anwendbar sind, gelten die Regeln über die Kostenentscheidung bei der Zurücknahme der ZPO-Anschlussberufung entsprechend.

### f) Anschlussbeschwerdeantrag

Der Antrag im Rahmen einer Anschlussbeschwerde kann wie folgt formuliert werden: 383

▶ Formulierungsvorschlag: Anschlussbeschwerdeantrag

Ich stelle folgende Anträge: 384
1. Die Beschwerde des Antragstellers gegen den Unterhaltsbeschluss des Amtsgerichts..... – FamG – vom....., Az.:....., wird zurückgewiesen.
2. Der Unterhaltsbeschluss des Amtsgerichts..... – FamG – vom....., Az.:....., wird wie folgt geändert:

Der Antragsteller wird verpflichtet, an die Antragsgegnerin über den im angefochtenen Beschluss zugesprochenen Unterhalt i.H.v. monatlich..... € hinaus, einen weiteren zum Ersten eines jeden Monats im Voraus zu leistenden Unterhalt i.H.v...... € zu zahlen.

▶ Praxishinweis zur Unterhaltsbeschwerde:

Wird gegen eine Unterhaltsentscheidung Beschwerde eingelegt, so ist zu unterscheiden: 385

Legt der Rechtsmittelgegner ebenfalls ein Rechtsmittel gegen den Unterhaltsbeschluss ein, so handelt es sich um eine »Anschlussbeschwerde«.

Diese hat selbstständigen Charakter, wenn die Voraussetzungen, insb. die maßgeblichen Fristen der §§ 58 ff., 117 FamFG eingehalten wurden; selbst wenn der ursprüngliche Rechtsmittelführer seine Beschwerde zurücknimmt, ist eine Entscheidung des Beschwerdegerichts erforderlich. 386

Legt der Rechtsmittelgegner ebenfalls Beschwerde gegen den Unterhaltsbeschluss ein und sind lediglich die Anforderungen des § 66 FamFG bzw. auch § 117 Abs. 2 FamFG i.V.m. § 524 Abs. 2 Satz 2 und 3 ZPO gegeben, nicht aber diejenigen der selbstständigen Beschwerde nach §§ 58 ff., 117 FamFG, liegt eine unselbstständige Anschlussbeschwerde vor, die aufgrund ihrer Akzessorietät ihre Wirkung verliert, wenn die Hauptbeschwerde zurückgenommen oder als unzulässig verworfen wird. 387

Erklärt der Beschwerdegegner sich nicht eindeutig, so ist durch Auslegung zu ermitteln, ob eine selbstständige oder unselbstständige Anschlussbeschwerde vorliegt. Sind die maßgeblichen Voraussetzungen einer selbstständigen Anschlussbeschwerde vorhanden, wurden insb. die erforderlichen Fristen eingehalten, so ist im Zweifel von einer selbstständigen Anschlussbeschwerde auszugehen. 388

Im Unterhaltsbeschwerdeverfahren empfiehlt es sich für den Beschwerdegegner nicht selten, Anschlussbeschwerde (§ 66 FamFG Einlegung und Begründung: §§ 117 Abs. 2 389

FamFG i.V.m. 524 Abs. 2 Satz 2, 3 ZPO) einzulegen. Die Anschlussbeschwerde ist in Unterhaltssachen nicht fristgebunden, vgl. §§ 117 Abs. 2 FamFG i.V.m. 524 Abs. 2 Satz 3 ZPO.

390 Mit der Anschlussbeschwerde kann (und sollte) z.b. allen nach Schluss der erstinstanzlichen mündlichen Verhandlung eingetretenen Änderungen Rechnung getragen werden. Die Anschlussbeschwerde kann auch ohne Beschwer durch den erstinstanzlichen Beschluss und ohne Erreichen der Beschwerdesumme eingelegt werden. Mit ihr kann der Unterhaltsantrag erweitert werden. Zuweilen wird sich auch in der Beschwerdeinstanz erstmals – je nach Beteiligtenstellung – eine Antragserweiterung oder ein Widerantrag auf Auskunft empfehlen, soweit der Beschwerdegegner die Beweislast trägt und der Beschwerdeführer nicht zur vollständigen Auskunft bereit ist. Zur Vermeidung der Präklusion ist bei inzwischen eingetretenen Veränderungen eine Anschlussbeschwerde sogar regelmäßig geboten. Legt der Beschwerdegegner keine Anschlussbeschwerde ein, so droht ihm, in einem späteren Verfahren nach §§ 238 Abs. 2 FamFG, 767 Abs. 2 ZPO mit dem diesbezüglichen Tatsachenvorbringen ausgeschlossen zu werden. Wechselt z.B. das unterhaltsberechtigte Kind während des Beschwerdeverfahrens in eine höhere Altersgruppe der Düsseldorfer Tabelle und wird dies nicht mit der Anschlussbeschwerde geltend gemacht, so kann das Kind in einem späteren Abänderungsverfahren mit dieser Tatsache nach § 238 Abs. 2 FamFG ausgeschlossen sein.

391 Unzulässig ist dagegen eine Anschlussbeschwerde hinsichtlich des Ehegattenunterhalts, wenn in der Beschwerdeinstanz nur der Kindesunterhalt noch rechtshängig ist.

392 § 117 Abs. 2 Satz 1 FamFG erklärt § 528 ZPO für entsprechend anwendbar. Damit wird klargestellt, dass das Beschwerdegericht in Unterhaltssachen an die Anträge der Beteiligten gebunden ist. Damit gilt auch das aus § 528 ZPO abzuleitende Verbot der Schlechterstellung.

393 Das Beschwerdegericht kann die erstinstanzliche Entscheidung also nur entsprechend der gestellten Anträge abändern.

394 Wurde der Antragsgegner zur Zahlung von 500 € Unterhalt verpflichtet und legt er dagegen Beschwerde ein, kann er seine Position – solange wie die Gegenseite keine Beschwerde bzw. Anschlussbeschwerde erhebt – im Beschwerdeverfahren nur verbessern; er läuft jedenfalls nicht Gefahr, zu mehr als 500 € Unterhalt im Beschwerdeverfahren verpflichtet zu werden.

395 Dies ändert sich, sobald der Antragsteller ebenfalls Beschwerde bzw. Anschlussbeschwerde erhebt und einen Antrag stellt, der eine Verpflichtung zu höherem Unterhalt als 500 € vorsieht; nun ist die Verfahrensführung mit einem entsprechenden Risiko der Verschlechterung verbunden.

### 4. Beschwerdeverfahren und Entscheidungen

### a) Ablauf des Beschwerdeverfahrens

§ 68 FamFG beschreibt den Ablauf des Beschwerdeverfahrens. Nach § 68 Abs. 3  396
Satz 1 FamFG bestimmt sich das Verfahren nach den Vorschriften über das Verfahren im ersten Rechtszug. In Unterhaltssachen verweist beispielsweise § 68 Abs. 3
Satz 1 FamFG damit über § 113 Abs. 1 FamFG auf die Vorschriften der ZPO über
das (erstinstanzliche) Verfahren vor den LG.

#### aa) Weiterleitung der Beschwerde

Die Beschwerde wird nach 64 Abs. 1 FamFG beim Ausgangsgericht eingelegt.  397

Da in Familiensachen eine Abhilfe nicht vorgenommen wird (vgl. § 68 Abs. 1 Satz 2  398
FamFG), enthält § 68 Abs. 1 Satz 1 Halbs. 2 FamFG die Verpflichtung des Ausgangsgerichts zur unverzüglichen Vorlage der Beschwerde an das Beschwerdegericht.

#### bb) Feststellung der Zulässigkeit

§ 68 Abs. 2 Satz 1 FamFG stellt klar, dass das Beschwerdegericht zunächst stets die  399
Zulässigkeit der Beschwerde zu prüfen hat. Das Beschwerdegericht hat die Beschwerde
als unzulässig zu verwerfen, wenn diese nicht statthaft und bzw. oder nicht in der
gesetzlichen Form und Frist eingelegt worden ist.

Beschlussformel: **Die Beschwerde wird (als unzulässig) verworfen.**  400

#### cc) Versäumnisverfahren

Die Vorschrift des § 514 ZPO über die Statthaftigkeit der Berufung gegen erstinstanz-  401
liche Versäumnisbeschlüsse ist ebenfalls entsprechend anwendbar. Dies ist erforderlich, da ein Versäumnisverfahren in Unterhaltssachen stattfindet. Ist also der Antragsteller oder der Antragsgegner nach Einspruch gegen einen Versäumnisbeschluss im
Einspruchstermin erneut säumig, kommt es zur zweiten Versäumnisentscheidung.
Dagegen kann der betroffene Beteiligte nur noch mit Beschwerde vorgehen. Nach
§§ 58 ff., 117 Abs. 2 FamFG i.V.m. § 514 ZPO kann die Beschwerde nur noch darauf gestützt werden, dass der Fall der schuldhaften Versäumung nicht vorgelegen hat.

### b) Rücknahme der Beschwerde

Gem. § 117 Abs. 2 Satz 1 FamFG i.V.m. **§ 516 Abs. 3 Satz 1 ZPO** hat die Zurück-  402
nahme der Beschwerde in Ehe- und Familienstreitsachen den Verlust des Rechtsmittels
und die Verpflichtung zur Folge, dass der Beschwerdeführer die durch das Rechtsmittel
entstandenen Kosten zu tragen hat. Gem. § 117 Abs. 2 Satz 1 FamFG i.V.m. **§ 516
Abs. 3 Satz 2 ZPO** sind diese Folgen durch Beschluss von Amts wegen auszusprechen.
Analog zur ZPO trägt der Beschwerdeführer damit auch die Kosten einer (zulässigen)
Anschlussbeschwerde, sofern diese durch die Rücknahme der Beschwerde gem. § 66

Satz 2 FamFG ihre Wirkung verloren hat[154] und nicht ausnahmsweise trotz ihrer Wirkungslosigkeit weiter verfolgt wird.[155] In Unterhaltsbeschwerdesachen kommt auch eine Anwendung von § 243 FamFG in Betracht. Bei Rücknahme der Beschwerde aufgrund eines außergerichtlichen Vergleichs und Fehlen einer anderweitigen Kostenregelung der Beteiligten richten sich die Kosten in Ehe- und Familienstreitsachen nach § 113 Abs. 1 Satz 2 FamFG i.V.m. § 98 ZPO. Bei Rücknahme der Beschwerde aufgrund eines außergerichtlichen Vergleichs und Fehlen einer anderweitigen Kostenregelung der Beteiligten richten sich die Kosten in Ehe- und Familienstreitsachen nach § 113 Abs. 1 Satz 2 FamFG i.V.m. § 98 ZPO.

**403**   Die Zurücknahme eines Rechtsmittels muss zwar nicht ausdrücklich, aber doch eindeutig erklärt werden. Inhaltlich muss der Rechtsmittelführer klar und unzweideutig zum Ausdruck bringen, dass er das Verfahren nicht mehr fortsetzen und ohne Entscheidung des Rechtsmittelgerichts beenden will. Bei Zweifeln ist der Erklärung die Bedeutung beizumessen, welche die geringeren verfahrensrechtlichen Folgen nach sich zieht.[156]

▶ Praxishinweis:

**404**   Bei der Rücknahme einer vorwiegend zur Fristwahrung eingelegten Beschwerde ist die ermäßigte Verfahrensgebühr nach Nr. 3201 RVG-VV zu erstatten, wenn der Beschwerdegegner seinen Verfahrensbevollmächtigten bereits vor der Rücknahme des Rechtsmittels für das Beschwerdeverfahren beauftragt hat, dieser eine gebührenauslösende Tätigkeit wahrgenommen hat (z.B. Verteidigungsanzeige) und wenn ein verständiger und wirtschaftlich denkender Beteiligter die die Kosten auslösende Maßnahme als sachdienlich ansehen durfte.

Eine für die Entstehung der Verfahrensgebühr ausreichende Tätigkeit ist im Rechtsmittelverfahren bereits dann gegeben, wenn die anwaltliche Vertretung über die bloße Entgegennahme des Auftrags hinaus Informationen für den Rechtsmittelzug entgegennimmt, den erstinstanzlichen Beschluss und die Akten durcharbeitet oder mit dem Mandanten erörtert, ob auf das Rechtsmittel bereits vor dessen Begründung reagiert werden soll.[157]

**405**   Die Anschlussbeschwerde verliert mit der Rücknahme oder der Verwerfung der Hauptbeschwerde als unzulässig ihre Wirkung (§ 66 Satz 2 FamFG).

▶ Beispielfall:

**406**   Auf den Unterhaltsantrag über 700 € verpflichtet das FamG den Antragsgegner zu monatlichen Unterhaltszahlungen von 500 €. Dagegen legt der Antragsteller Beschwerde ein. Nach Ablauf der Beschwerdefrist stellt sich heraus, dass der Antragsgegner aufgrund eines nach der mündlichen Verhandlung vor dem Amts-

---

154 BGH, NJW-RR 2007, 786 m.w.N.
155 BGH, NJW 2000, 3215, 3216.
156 BGH, FamRZ 2019, 465.
157 OLG Karlsruhe, FamRZ 2018, 378.

gericht gesunkenen Einkommens nur zu monatlichem Unterhalt von 300 € verpflichtet ist. Was ist dem Antragsgegner zu raten?

▶ Der Antragsgegner muss Anschlussbeschwerde einlegen mit dem Antrag, den 407 familiengerichtlichen Beschluss teilweise abzuändern und den Unterhaltsantrag abzuweisen, soweit der Antrag sich ab… (Zeitpunkt der Einkommensverringerung) auf eine Unterhaltsrente von mehr als 300 € richtet. Die Anschlussbeschwerde ist auch nach Ablauf der Beschwerdefrist zulässig (§ 63 Abs. 1 FamFG). Der Antragsgegner hat dagegen nicht die Möglichkeit, wegen der Einkommensverringerung einen erstinstanzlichen Abänderungsantrag (§ 238 FamFG) zu erheben. Denn der Abänderungsantrag ist nur zulässig gegen Beschlüsse, die im Vorverfahren nicht mehr korrigiert werden konnten. Der Zeitpunkt, bis zu dem im Fall eines Beschwerdeverfahrens Tatsachen nach § 238 Abs. 2 FamFG präkludiert sind, ist demzufolge der Schluss der mündlichen Verhandlung in der Beschwerdeinstanz.

Für den Antragsteller bietet es sich unter Umständen an, die Beschwerde zurückzunehmen. Folgen: Die Anschlussbeschwerde verliert ihre Wirkung, § 66 Satz 2 FamFG. Inzwischen kann allerdings einige Zeit verstrichen sein. Da es unbillig wäre, wenn der Antragsgegner jetzt Abänderungsantrag erst mit Wirkung ab deren Rechtshängigkeit (§ 238 Abs. 3 FamFG) erheben könnte, ist nach dem BGH der Wirkungszeitpunkt des Abänderungsantrags nach § 238 Abs. 3 FamFG auf den Zeitpunkt der Einlegung der Anschlussbeschwerde zurückzuverlegen (»Vorwirkung«). Voraussetzung ist allerdings, dass der Abänderungsantrag alsbald erhoben wird. Verbleibender Vorteil für den Antragsteller: Die Abänderung kann erst ab Einlegung der Anschlussbeschwerde verlangt werden, während sie bei Durchführung des Beschwerdeverfahrens schon ab der Änderung der Einkommensverhältnisse begründet gewesen wäre.

## c) Begründung der Beschwerdeentscheidung

§ 117 Abs. 4 FamFG bestimmt, dass die gemäß § 69 Abs. 2 FamFG erforderlichen 408 Darlegungen der Beschwerdeentscheidung auch in das Protokoll der mündlichen Verhandlung aufgenommen werden können, wenn der Beschluss in dem Termin, in dem die mündliche Verhandlung geschlossen wird, verkündet wird. Die Vorschrift setzt die Anwendbarkeit der Vorschriften über die Durchführung der mündlichen Verhandlung (§ 128 ZPO) sowie der Vorschriften über die Abfassung des Protokolls (§§ 160 ff. ZPO) voraus und ist aus diesem Grunde auf Ehe- und Familienstreitsachen beschränkt.

Erfüllt die Beschwerdebegründung in einer Ehe- oder Familienstreitsache nicht die 409 Anforderungen des § 117 Abs. 1 FamFG, dann ist sie nicht in der gesetzlich vorgeschriebenen Form oder Frist eingelegt und daher gem. § 117 Abs. 1 Satz 4 FamFG i.V.m. § 522 Abs. 1 Satz 1 und 2 ZPO als unzulässig zu verwerfen. Gegen den Verwerfungsbeschluss findet gem. § 117 Abs. 1 Satz 4 FamFG i.V.m. § 522 Abs. 1 Satz 4 ZPO die (zulassungsfreie) Rechtsbeschwerde statt.

410 Gem. § 117 Abs. 2 Satz 1 FamFG werden schließlich die allgemeinen Vorschriften in § 69 Abs. 1 Satz 2 und 3 FamFG über die Aufhebung und Zurückverweisung in Ehe- und Familienstreitsachen durch die weiter ausdifferenzierte Vorschrift des **§ 538 Abs. 2 ZPO** verdrängt. Insbes. die Fälle des § 538 Abs. 2 Nr. 2, 5 und 6 ZPO betreffen prozessuale Situationen, die nur in solchen Verfahren überhaupt auftreten können. Eine Abweichung zu § 69 Abs. 1 Satz 2 und 3 FamFG ergibt sich daraus insb. für den Fall der unzulässigen Teilentscheidung (§ 538 Abs. 2 Nr. 7 ZPO), wo eine Aufhebung und Zurückverweisung entsprechend § 538 Abs. 2 Satz 3 ZPO ausnahmsweise auch weiterhin ohne Antrag eines Beteiligten möglich bleibt. Im **Verbundverfahren** kommt eine Zurückverweisung entsprechend § 538 Abs. 2 ZPO vor allem auch dann in Betracht, wenn das FamG eine Folgesache nach § 140 FamFG abgetrennt hat, ohne dass die dafür erforderlichen Voraussetzungen gegeben waren.

### d) Entscheidung ohne mündliche Verhandlung

411 **§ 117 Abs. 3 FamFG** bestimmt, dass das Beschwerdegericht die Beteiligten darauf **hinzuweisen** hat, wenn es beabsichtigt, nach § 68 Abs. 3 Satz 2 von der Durchführung einer mündlichen Verhandlung (oder auch nur von einzelnen Verfahrensschritten) abzusehen, weil aufgrund der Feststellungen der ersten Instanz eine erneute Durchführung der mündlichen Verhandlung nicht geboten erscheint.[158] Diese Vorschrift ist an die Möglichkeit der Zurückweisung von Berufungen im **Beschlussverfahren gem. § 522 Abs. 2 und 3 ZPO** und die bei dieser Verfahrensweise bestehende Hinweispflicht des Gerichts nach § 522 Abs. 2 Satz 2 ZPO angelehnt. Anders als dort muss der Hinweis nach § 117 Abs. 3 FamFG aber in jedem Fall durch das »Gericht«, also durch den gesamten zuständigen Spruchkörper, erteilt werden; ein Hinweis allein durch den Vorsitzenden reicht nicht aus.

412 Die OLG machen von der Möglichkeit der §§ 117 Abs. 3 i.V.m. 68 Abs. 3 Satz 2 FamFG insbes. in Familienstreitsachen großzügig Gebrauch, d.h. es ergeht in diesen Fällen regelmäßig ein Hinweisbeschluss, der häufig der endgültigen Entscheidung sehr nahe kommt und geben dazu den Beteiligten die Möglichkeit der Stellungnahme. Danach wird der Endbeschluss zugestellt.

413 Ein Vorgehen analog § 522 Abs. 2 und 3 ZPO (Zurückweisung der Berufung durch einstimmigen Beschluss des Gerichts insbesondere bei fehlender Erfolgsaussicht) kommt neben dem jetzt vorgesehenen Verfahren nach §§ 117 Abs. 3 i.V.m. 68 Abs. 3 Satz 2 FamFG nicht mehr in Betracht, weil es insoweit schon an der für eine solche Analogie erforderlichen Regelungslücke fehlt.[159]

▶ Praxishinweis:

414 Weil in Ehe- und Familienstreitsachen im Beschwerdeverfahren wegen § 68 Abs. 3 Satz 2 FamFG keine mündliche Verhandlung vorgeschrieben ist, entsteht bei

---

158 Vgl. dazu *Splitt* NZFam 2022, 392.
159 *Splitt* NZFam 2022, 392; BGH, FuR 2015, 232.

einer Entscheidung im schriftlichen Verfahren keine anwaltliche Terminsgebühr nach Nummer 3104 Nr. 1 RVG – VV (OLG Celle, FF 2013, 168).[160]

### e) Beschwerdeentscheidung

Für die Entscheidung des Beschwerdegerichts in der Hauptsache bestehen in Ehe- und Familienstreitsachen keine Besonderheiten. Aufgrund der bis zum Schluss der mündlichen Verhandlung in der Beschwerdeinstanz eingetretenen Veränderungen kommt es allerdings in Unterhaltsverfahren relativ häufig zur Abänderung der erstinstanzlichen Entscheidungen, auch wenn diese nach dem damaligen Erkenntnisstand zutreffen. Bei Obsiegen aufgrund neuen Vorbringens, das in erster Instanz hätte vorgebracht werden können, sind nach §§ 113 Abs. 1 FamFG, 97 Abs. 2 ZPO dem Beschwerdeführer die Kosten des Beschwerdeverfahrens aufzuerlegen. **415**

Nach § 69 Abs. 1 Satz 1 FamFG hat das Beschwerdegericht in der Sache selbst zu entscheiden. Nur ausnahmsweise ist eine Zurückverweisung an das Ausgangsgericht möglich. **416**

Die Zurückweisung des Verfahrens an das erstinstanzliche FamFG richtet sich in Beschwerden gegen Unterhaltssachen entgegen § 69 Abs. 1 FamFG nach § 117 Abs. 2 FamFG i.V.m. § 538 Abs. 2 ZPO. **417**

Eine Zurückverweisung ist danach insb. möglich, soweit das Verfahren an einem wesentlichen Mangel leidet und zur Entscheidung eine umfangreiche oder aufwendige Beweiserhebung notwendig wäre, vgl. § 538 Abs. 2 Nr. 1 ZPO.[161] Unter einer aufwendigen Beweisaufnahme ist die Vernehmung einer Vielzahl von Zeugen oder die Beweisaufnahme an einem weit entfernt liegenden Ort zu verstehen. Die bloße Vernehmung eines Zeugen oder eines Sachverständigen ist dagegen regelmäßig kein Zurückverweisungsgrund. Dadurch und durch den abschließenden Katalog der Aufhebungs- und Zurückverweisungsgründe in § 538 Abs. 2 Nr. 1–7 ZPO wird der schon nach der bisherigen Rechtslage bestehende Ausnahmecharakter der Aufhebung und Zurückverweisung noch deutlicher herausgestellt. **418**

Eine Aufhebung und Zurückverweisung nach § 538 ZPO ist grds. von einem Antrag eines Beteiligten abhängig (§ 538 Abs. 2 Satz 1 a. E. ZPO). Eine Ausnahme gilt beim unzulässigen Teilbeschluss (§ 538 Abs. 2 Satz 3, 1 Nr. 7 ZPO). **419**

Jeder Beschluss des Beschwerdegerichts ist nach § 69 Abs. 2 Satz 1 FamFG zu begründen. **420**

§ 117 Abs. 4 FamFG bestimmt, dass die erforderlichen Darlegungen der Beschwerdeentscheidung auch in das Protokoll der mündlichen Verhandlung aufgenommen werden können, wenn der Beschluss in dem Termin, in dem die mündliche Verhandlung geschlossen wird, verkündet wird. Die Vorschrift setzt die Anwendbarkeit der Vorschriften über die Durchführung der mündlichen Verhandlung (§ 128 ZPO) sowie **421**

---

160 A.A. OLG Stuttgart, FamRZ 2017, 1960.
161 Vgl. dazu OLG Hamm, FamRZ 2016, 1289.

der Vorschriften über die Abfassung des Protokolls (§§ 160 ff. ZPO) voraus; dies ist in Unterhaltssachen gewährleistet.

### f) Beschlussformel

422   Es kommen drei unterschiedliche Entscheidungen des Beschwerdegerichts in Betracht. Ist die Beschwerde bereits unzulässig, lautet die Entscheidung:

**Die Beschwerde wird (als unzulässig) verworfen.**

423   Ist die Beschwerde unbegründet, ergibt sich folgende Beschlussformel:

**Die Beschwerde wird zurückgewiesen.**

424   Ist die Beschwerde ganz oder zumindest teilweise begründet, ist die erstinstanzliche Entscheidung abzuändern:

**Auf die Beschwerde des Antragstellers wird der Beschluss des Amtsgerichts – Familiengerichts..... vom..... abgeändert:**

**Der Antragsgegner ist verpflichtet, Unterhalt..... zu bezahlen.**

425   Ausnahmsweise kommt auch eine Zurückverweisung in Betracht (s.o.). Die Beschlussformel lautet dann wie folgt:

**Der Beschluss des Amtsgerichts – Familiengerichts..... vom..... wird aufgehoben und das Verfahren an das Amtsgericht – Familiengericht..... zurückverwiesen.**

426   Die Rücknahme der Beschwerde ist bis zum Erlass der Beschwerdeentscheidung möglich, vgl. § 67 Abs. 4 FamFG.

### 5. Taktik

427   Die Verfahrenskostenhilfebewilligung für die Anschlussbeschwerde muss dem Anwalt des Hauptbeschwerdeführers dringenden Anlass zur Prüfung der Rücknahme der Hauptbeschwerde geben, um zu verhindern, dass der angefochtene Beschluss in zweiter Instanz zum Nachteil des Hauptbeschwerdeführers abgeändert wird, ansonsten droht Regress. Der Beschwerdeführer kann seine Beschwerde bis zum Erlass der Beschwerdeentscheidung zurücknehmen, ohne dass er hierzu der Einwilligung des anderen Beteiligten bedarf (vgl. § 67 Abs. 4 FamFG).

428   Allerdings hat nach § 117 Abs. 2 Satz 1 FamFG i.V.m. § 516 Abs. 3 ZPO die Rücknahme der Beschwerde in Unterhaltssachen den Verlust des Rechtsmittels und die Verpflichtung zur Tragung der durch das Rechtsmittel entstandenen Kosten zufolge.

429   Die Rechtsbeschwerde nach §§ 70 ff. FamFG setzt die Zulassung durch das Beschwerdegericht voraus; es gibt keine Nichtzulassungsbeschwerde. Folglich werden Unterhaltsbeschlüsse des OLG häufig sogleich rechtskräftig und können damit nach §§ 120 FamFG, 704 ff. ZPO vollstreckt werden.

Sollte das Beschwerdegericht die Rechtsbeschwerde zulassen, wird regelmäßig die 430
sofortige Wirksamkeit angeordnet, vgl. § 116 Abs. 3 FamFG; auch dann ist vorbehaltlich einem Vollstreckungsschutzantrag die Vollstreckung möglich.

## 6. Rechtsbeschwerde

▶ **Das Wichtigste in Kürze**

- – Möglichkeit einer Sprungrechtsbeschwerde, vgl. § 75 FamFG. → Rdn. 500 ff. 431
- – Rechtsbeschwerde setzt die Zulassung des Beschwerdegerichts voraus.
  → Rdn. 503 ff.
- – Die Rechtsbeschwerde kann nur auf eine Rechtsverletzung gestützt werden,
  vgl. § 72 FamFG. → Rdn. 465 ff.
- – Die Rechtsbeschwerde muss von einem beim BGH zugelassenen Anwalt eingelegt werden, § 10 Abs. 4 Satz 1 FamFG.

Die Rechtsbeschwerde ist **dritte Instanz** für die FamFG-Sachen; zuständig ist der **BGH,** 432
**vgl. § 133 GVG.** Sie ist in den §§ 70 bis 75 FamFG geregelt. Die Rechtsbeschwerde
kann nach § 72 FamFG nur darauf gestützt werden, dass die angefochtene Entscheidung auf einer Verletzung des Rechts beruht. Das Rechtsbeschwerdegericht befasst
sich ausschließlich mit Verfahren, denen aufgrund ihrer grundsätzlichen Bedeutung
eine über den Einzelfall hinaus reichende Wirkung zukommt. Die Möglichkeit einer
**Sprungrechtsbeschwerde** ist in § 75 FamFG geregelt.

### a) Statthaftigkeit der Rechtsbeschwerde

Die Rechtsbeschwerde gegen Beschlüsse ist nach § 70 FamFG nur statthaft, wenn 433
sie vom Beschwerdegericht oder, wenn der Beschluss vom OLG im ersten Rechtszug
erlassen ist, vom OLG in dem Beschluss zugelassen wurde.

Das Beschwerdegericht hat über die Zulassung der Rechtsbeschwerde **von Amts wegen** 434
zu entscheiden; eines entsprechenden Antrags der Beteiligten bedarf es dafür nicht.

Die Rechtsbeschwerde ist vom Beschwerdegericht nach § 70 Abs. 2 FamFG zuzulassen, wenn 435

- – die Rechtssache grundsätzliche Bedeutung hat oder
- – die Fortbildung des Rechts oder die Sicherung einer einheitlichen Rechtsprechung
  eine Entscheidung des Rechtsbeschwerdegerichts erfordert.

**Grundsätzliche Bedeutung** einer Rechtssache gem. Nr. 1 ist regelmäßig dann gege- 436
ben, wenn eine klärungsbedürftige Rechtsfrage zu entscheiden ist, deren Auftreten
in einer unbestimmten Vielzahl von Fällen denkbar ist. Grundsätzliche Bedeutung
i.S.v. § 70 Abs. 2 Satz 1 Nr. 1 FamFG kommt einer Rechtsfrage hingegen nicht zu,
wenn sie zwar vom BGH bislang noch nicht entschieden worden ist, in der Recht-

sprechung der OLG aber einhellig beantwortet wird und die hierzu in der Literatur vertretenen abweichenden Meinungen vereinzelt geblieben sind.[162]

437    Die Zulassung ist i.Ü. nach Nr. 2 dann erforderlich, wenn die **Fortbildung des Rechts oder die Sicherung einer einheitlichen Rechtsprechung** dies erfordern. Zur Fortbildung des Rechts ist die Zulassung erforderlich, wenn der Einzelfall Veranlassung gibt, Leitsätze für die Auslegung von Gesetzesbestimmungen des materiellen oder des Verfahrensrechts aufzustellen oder Gesetzeslücken auszufüllen. Zur Sicherung einer einheitlichen Rechtsprechung ist die Rechtsbeschwerde zuzulassen, wenn vermieden werden soll, dass schwer erträgliche Unterschiede in der Rechtsprechung entstehen oder fortbestehen, wobei darauf abzustellen ist, welche Bedeutung die angefochtene Entscheidung für die Rechtsprechung als Ganzes hat.

438    Das Rechtsbeschwerdegericht ist an die Zulassung durch das Beschwerdegericht **gebunden** (§ 70 Abs. 2 Satz 2 FamFG).[163]

439    Wird die Rechtsbeschwerde vom Beschwerdegericht zugelassen, obgleich die genannten Voraussetzungen für die Zulassung nicht gegeben sind, weil die Sache entweder keine grds. Bedeutung hat oder nicht der Rechtsvereinheitlichung dient, kann das Rechtsbeschwerdegericht die Rechtsbeschwerde durch Beschluss nach § 74a **Abs. 1 FamFG** zurückweisen. Dieser Zurückweisungsbeschluss setzt aber zusätzlich noch voraus, dass für die Rechtsbeschwerde auch keine Erfolgsaussichten bestehen.

440    Die Nichtzulassung der Rechtsbeschwerde ist nicht angreifbar, d.h. es gibt **keine Nichtzulassungsbeschwerde (entsprechend § 544 ZPO)**.[164] Diese wurde im FamFG nicht geregelt; auch ist keine Verweisung auf § 544 ZPO vorhanden.

▶ **Anwaltlicher Hinweis:**

441    Rechtspolitisch wird allerdings aktuell die Einführung der Nichtzulassungsbeschwerde in Familiensachen wieder gefordert, da man sich hiervon insbesondere eine Vereinheitlichung der Rechtsprechung im Familienrecht verspricht. Auch wird auf die große Bedeutung der Familienstreitsachen für die Beteiligten hingewiesen.[165]

442    Eine zulassungsfreie Rechtsbeschwerde ist wegen der besonders hohen Eingriffsintensität in Betreuungs-, Unterbringungs- und Freiheitsentziehungssachen nach § 70 Abs. 3 FamFG zulässig.

443    Daneben gilt in Ehe- und Familienstreitsachen nach § 117 Abs. 1 Satz 4 FamFG die Vorschrift des § 522 Abs. 1 Satz 4 ZPO entsprechend.[166] Damit ist auch in Ehe- und

---

162  BGH, FamRZ 2019, 1045 (betraf die vorzeitige Aufhebung der Zugewinngemeinschaft nach dreijähriger Trennungszeit).
163  *Maurer* FamRZ 2009, 483.
164  Horndasch/Viefhues/*Reinken*, FamFG, § 70 Rn. 13.
165  Vgl. dazu FF 2015, 266.
166  BGH, FamRZ 2016, 452.

Familienstreitsachen die zulassungsfreie Rechtsbeschwerde gegen einen die zweitinstanzliche Beschwerde als unzulässig verwerfenden Beschluss statthaft.[167]

▶ Praxishinweis:

Die zulassungsfreie Statthaftigkeit einer Rechtsbeschwerde gegen Entscheidungen, durch die die Beschwerde als unzulässig verworfen worden ist (§ 522 Abs. 1 Satz 4 ZPO), gehört nach Auffassung des BGH[168] zum anwaltlichen Grundwissen, d. h. selbst bei einer diesbezüglich falschen Rechtsbehelfsbelehrung kommt eine Wiedereinsetzung nicht in Betracht.   444

Nach § 233 Satz 2 ZPO wird ein Fehlen des Verschuldens zwar vermutet, wenn eine Rechtsbehelfsbelehrung unterblieben oder fehlerhaft ist. Dabei darf auch ein Rechtsanwalt grundsätzlich auf die Richtigkeit einer durch das Gericht erteilten Rechtsbehelfsbelehrung vertrauen. Gleichwohl muss von ihm erwartet werden, dass er die Grundzüge des Verfahrensrechts und das Rechtsmittelsystem in der jeweiligen Verfahrensart kennt. Dass für Familienstreitsachen ihrer Rechtsnatur entsprechend weitgehend auf die Vorschriften des Zivilprozessrechts verwiesen wird, muss dem Rechtsanwalt ebenso bekannt sein wie die dort geltende zulassungsfreie Statthaftigkeit einer Rechtsbeschwerde gegen Entscheidungen, durch die die Berufung als unzulässig verworfen worden ist (§ 522 Abs. 1 Satz 4 ZPO). Dementsprechend muss es zu seinem Grundwissen gehören, dass Entsprechendes nach § 117 Abs. 1 Satz 4 FamFG auch für Familienstreitsachen gilt, wenn die Beschwerde (als unzulässig) verworfen worden ist.

§ 70 Abs. 4 FamFG stellt klar, dass gegen einen Beschluss im Verfahren über die Anordnung, Abänderung oder Aufhebung einer einstweiligen Anordnung oder eines Arrestes die Rechtsbeschwerde nicht stattfindet.   445

### b) Einlegung der Rechtsbeschwerde (§ 71 FamFG)

*aa) Einlegung beim iudex ad quem*

Die Rechtsbeschwerde ist binnen einer Frist von einem Monat nach der schriftlichen Bekanntgabe des Beschlusses durch Einreichen einer Beschwerdeschrift bei dem **Rechtsbeschwerdegericht** einzulegen. Insoweit ergibt sich ein Unterschied zu § 64 Abs. 1 FamFG, der für das Beschwerdeverfahren die Einlegung beim Ausgangsgericht anordnet. Die Einlegung bei dem Rechtsbeschwerdegericht ist deshalb vom Gesetzgeber angeordnet worden, weil allein dieses Gericht mit der Sachentscheidung befasst ist und eine Abhilfebefugnis des Beschwerdegerichts nicht besteht.   446

▶ Praxishinweis:

Rechtsbeschwerden zum BGH können von einem Beteiligten formgerecht nur durch einen bei dem Bundesgerichtshof zugelassenen Rechtsanwalt eingelegt   447

---

167  BGH, FamRZ 2021, 1729.
168  BGH, FamRZ 2021, 444.

werden (§ 10 Abs. 4 Satz 1 FamFG). Entspricht eine als Rechtsmittel bezeichnete oder als solche auszulegende Eingabe, die bei dem BGH eingereicht wird, dieser formellen Anforderung nicht, ist sie **als unzulässig zu verwerfen**.[169] Eine Wiedereinsetzung in den vorigen Stand kommt nicht in Betracht. Ausnahmen bestehen nur für Behörden und juristische Personen des öffentlichen Rechts, vgl. § 10 Abs. 4 FamFG.

### bb) Frist

448    Die Einlegung ist fristgebunden, d.h. sie hat binnen einer Frist **von einem Monat** nach der schriftlichen Bekanntgabe des Beschlusses durch Einreichen einer Beschwerdeschrift bei dem Rechtsbeschwerdegericht zu erfolgen.

### cc) Inhalt der Rechtsbeschwerdeschrift

449    Die Rechtsbeschwerdeschrift muss inhaltlich notwendig enthalten:
- die Bezeichnung des Beschlusses, gegen den die Rechtsbeschwerde gerichtet wird, und
- die Erklärung, dass gegen diesen Beschluss Rechtsbeschwerde eingelegt wird.

450    Damit muss aus der Rechtsbeschwerdeschrift ersichtlich sein, welche Entscheidung angegriffen wird sowie dass gegen diese das Rechtsmittel der Rechtsbeschwerde eingelegt wird.

451    Die Rechtsbeschwerde ist zu unterschreiben, § 71 Abs. 1 Satz 3 FamFG.

452    Die Einlegung der Rechtsbeschwerde muss ebenso wie die Begründung derselben in Form eines elektronischen Dokuments erfolgen.[170]

453    Mit Wirkung zum 01.01.2022 trat für Rechtsanwälte, Notare, Behörden und sonstigen Körperschaften des öffentlichen Rechts die (aktive) Verpflichtung in Kraft, ihre an die Gerichte adressierten »Eingaben« in Form eines elektronischen Dokuments zu übermitteln, vgl. § 113 Abs. 1 Satz 2 FamFG, 130d ZPO. Die Missachtung dieser Verpflichtung führt zur Formunwirksamkeit der beabsichtigten Verfahrenshandlung und damit zu fehlender Fristwahrung.

454    Die Pflicht zur elektronischen Einreichung umfasst auch ihre Anlagen.

455    Nach § 71 Abs. 1 Satz 4 FamFG **soll** mit der Beschwerdeschrift eine Ausfertigung oder beglaubigte Abschrift der angefochtenen Entscheidung beigefügt werden. § 71 Abs. 1 Satz 4 FamFG ist jedoch eine reine Ordnungsvorschrift, deren Nichteinhaltung keine prozessualen Nachteile nach sich zieht.

---

169   BGH, FamFR 2010, 392; FamRZ 2010, 1544.
170   Vgl. dazu Rdn. 251.

### c) Begründung der Rechtsbeschwerde

Die Rechtsbeschwerde unterliegt nach § 71 Abs. 2 FamFG einer **Begründungspflicht.** 456
Die zulässigen Gründe für eine Rechtsbeschwerde sind § 72 FamFG zu entnehmen.

#### aa) Begründungsfrist

Die Frist zur Begründung der Rechtsbeschwerde beträgt **einen Monat.** Die Frist 457
beginnt mit der schriftlichen Bekanntgabe der angefochtenen Entscheidung.

Die Frist kann allerdings, wie sich aus der Verweisung auf § 551 Abs. 2 Satz 5 und 458
6 ZPO ergibt, um bis zu 2 Monate verlängert werden; erfolgt die Übersendung der
Verfahrensakten durch das Beschwerdegericht nicht zügig, kann eine Verlängerung
um bis zu 2 Monate nach Übersendung der Akte erfolgen (§ 551 Abs. 2 Satz 6 ZPO).
Weitere Verlängerungen sind mit Einwilligung des Gegners möglich (§ 551 Abs. 2
Satz 5 ZPO).

#### bb) Inhalt der Begründung

Der Inhalt der Rechtsbeschwerdebegründung muss § 71 Abs. 3 FamFG gerecht werden. 459

Danach muss die Begründung enthalten: 460
– Die Erklärung, inwieweit der Beschluss angefochten und dessen Aufhebung beantragt wird (**Rechtsbeschwerdeanträge**),
– die Angabe der **Rechtsbeschwerdegründe**, und zwar
– die bestimmte Bezeichnung der Umstände, aus denen sich die Rechtsverletzung
  ergibt;
– soweit die Rechtsbeschwerde darauf gestützt wird, dass das Gesetz in Bezug auf das
  Verfahren verletzt sei, die Bezeichnung der Tatsachen, die den Mangel ergeben.

Unerlässlich ist gem. § 71 Abs. 3 Nr. 1 FamFG ein konkreter **Rechtsbeschwerdeantrag.** 461
Der Rechtsbeschwerdeführer hat genau zu bezeichnen, inwieweit die Beschwerdeentscheidung angefochten und ihre Aufhebung (vgl. § 74 Abs. 5 FamFG) beantragt
wird. Das Fehlen eines förmlichen Antrags ist indessen unschädlich, wenn die Rechtsbeschwerdebegründung eindeutig ergibt, in welchem Umfang und mit welchem Ziel
der Beschluss des Beschwerdegerichts angefochten werden soll.[171]

Er muss des Weiteren im Einzelnen bezeichnen, aus welchen Umständen sich eine 462
Rechtsverletzung ergibt und, soweit die Rechtsbeschwerde auf einen Verfahrensfehler
gestützt wird, die Tatsachen vortragen, aus denen sich der Verfahrensmangel ergibt.
Die Gründe, die mit der Rechtsbeschwerde geltend gemacht werden können, werden
von § 72 FamFG genannt.

Die Anforderungen die § 71 Abs. 3 Nr. 2 FamFG an die Begründung der Rechtsbe- 463
schwerde stellt, entsprechen § 520 Abs. 3 Nr. 1 und 2 ZPO, d.h. den Anforderungen,
die an die Begründung der Berufung gestellt werden, bzw. § 551 Abs. 3 Nr. 1 und

---

171  BGH, FamRZ 2019, 112.

2 ZPO, der ebenfalls diese Anforderungen an eine zulässige Revision stellt. Erforderlich ist daher eine konkrete und auf den Einzelfall zugeschnittene Darlegung der Gründe der Anfechtung.[172] Es reicht jedenfalls nicht aus, die rechtliche Würdigung des Beschwerdegerichts mit formelhaften Wendungen zu rügen und lediglich auf das Vorbringen in der Beschwerdeinstanz zu verweisen.[173]

**464** Die Ausführungen des BGH[174] zu § 520 Abs. 3 Satz 2 Nr. 2 ZPO können also entsprechend für die Erfordernisse der Rechtsbeschwerde nach § 71 Abs. 3 Nr. 2 FamFG übernommen werden:

> »Gemäß § 520 Abs. 3 Satz 2 Nr. 2 ZPO hat die Berufungsbegründung die Bezeichnung der Umstände zu enthalten, aus denen sich nach Ansicht des Rechtsmittelführers die Rechtsverletzung und deren Erheblichkeit für die angefochtene Entscheidung ergibt. Da die Berufungsbegründung erkennen lassen soll, aus welchen tatsächlichen und rechtlichen Gründen der Berufungskl. das angefochtene Urteil für unrichtig hält, hat dieser diejenigen Punkte rechtlicher Art darzulegen, die er als unzutreffend ansieht und dazu die Gründe anzugeben, aus denen er die Fehlerhaftigkeit jener Punkte und deren Erheblichkeit für die angefochtene Entscheidung herleitet. Zur Darlegung der Fehlerhaftigkeit ist somit lediglich die Mitteilung der Umstände erforderlich, die das Urteil aus der Sicht des Berufungskl. infrage stellen. Besondere formale Anforderungen werden insoweit nicht gestellt. Die Berufungsbegründung erfordert insbesondere weder die ausdrückliche Benennung einer bestimmten Norm noch die Schlüssigkeit oder jedenfalls Vertretbarkeit der erhobenen Rügen.«

### cc) Rechtsbeschwerdegründe

**465** Die Rechtsbeschwerde kann nach § 72 Abs. 1 Satz 1 FamFG nur darauf gestützt werden, dass die angefochtene Entscheidung auf einer Verletzung des Rechts beruht. Das Recht ist nach § 72 Abs. 1 Satz 2 FamFG verletzt, wenn eine Rechtsnorm nicht oder nicht richtig angewendet worden ist.

**466** Die Rechtsbeschwerdeinstanz wurde damit als **reine Rechtskontrollinstanz** ausgestaltet, sodass ausschließlich geltend gemacht werden kann, dass die angefochtene Entscheidung auf der Verletzung formellen oder materiellen Rechts beruht. Das Vorbringen neuer Tatsachen und Beweise ist dagegen regelmäßig ausgeschlossen.

**467** Neben der Verletzung von Bundesrecht ist aber auch die Verletzung von Landesrecht überprüfbar.

**468** Ebenso wie nach der für das Beschwerderecht entsprechenden Vorschrift des § 65 Abs. 4 FamFG kann die Rechtsbeschwerde gem. § 72 Abs. 2 FamFG nicht darauf gestützt werden, dass das Gericht der ersten Instanz seine Zuständigkeit zu Unrecht angenommen hat.

**469** § 72 Abs. 3 FamFG verweist auf die §§ 547, 556 und 560 ZPO und erklärt sie für entsprechend anwendbar. **§ 547 ZPO** enthält Verfahrensverstöße, bei denen die

---

172 BGH, NJW 2004, 2531 und 2532; Thomas/Putzo/*Reichold*, ZPO, § 520 Rn. 20 ff.
173 BGH, FamRZ 2005, 1536.
174 BGH, FamRZ 2021, 1399.

Kausalität der Gesetzesverletzung für den Beschluss unwiderlegbar vermutet wird.[175] Dies ist der Fall, wenn
- das erkennende Gericht nicht vorschriftsmäßig besetzt war;
- bei der Entscheidung ein Richter mitgewirkt hat, der von der Ausübung des Richteramts kraft Gesetzes ausgeschlossen war, sofern dieses Hindernis nicht mittels eines Ablehnungsgesuchs ohne Erfolg geltend gemacht ist;
- bei der Entscheidung ein Richter mitgewirkt hat, obgleich er wegen Besorgnis der Befangenheit abgelehnt und das Ablehnungsgesuch für begründet erklärt worden war;
- eine Partei in dem Verfahren nicht nach Vorschrift der Gesetze vertreten war, sofern sie nicht die Prozessführung ausdrücklich oder stillschweigend genehmigt hat;
- die Entscheidung aufgrund einer mündlichen Verhandlung ergangen ist, bei der die Vorschriften über die Öffentlichkeit des Verfahrens verletzt sind;
- die Entscheidung entgegen den Bestimmungen dieses Gesetzes nicht mit Gründen versehen ist.

Die Verweisung auf § 556 ZPO hat zur Folge, dass eine Verfahrensverletzung dann nicht mehr geltend gemacht werden kann, wenn der Rechtsbeschwerdeführer sein Rügerecht bereits zuvor nach § 295 ZPO verloren hat. Die entsprechende Anwendung des § 560 ZPO bewirkt, dass das Rechtsbeschwerdegericht an die tatsächlichen Feststellungen des Beschwerdegerichts über das Bestehen und den Inhalt lokalen und ausländischen Rechts gebunden ist.   **470**

### dd) Bekanntgabe der Begründung

Nach § 71 Abs. 4 FamFG sind sowohl die Rechtsbeschwerde- als auch die Begründungsschrift den anderen Beteiligten bekannt zu geben. Hierdurch wird der Lauf der Anschließungsfrist gem. § 73 FamFG ausgelöst.   **471**

### d) Anschlussrechtsbeschwerde (§ 73 FamFG)

Die Vorschrift des § 73 FamFG regelt die Anschließung an die Rechtsbeschwerde eines anderen Beteiligten.   **472**

Nach § 73 FamFG kann jeder Rechtsbeschwerdeberechtigte sich der Rechtsbeschwerde eines anderen Beteiligten anschließen. Dies gilt auch dann, wenn er auf die Rechtsbeschwerde verzichtet hat, die Rechtsbeschwerdefrist verstrichen ist oder die Rechtsbeschwerde nicht zugelassen worden ist.   **473**

Die Anschlussrechtsbeschwerde ist in der Anschlussschrift zu begründen und zu unterschreiben.   **474**

Der »Nachteil« der Anschlussrechtsbeschwerde ist die **Akzessorietät**: Wird die »Hauptrechtsbeschwerde« zurückgenommen oder als unzulässig verworfen, so verliert die Anschlussrechtsbeschwerde ihre Wirkung (§ 73 Satz 3 FamFG).   **475**

---

175 Vgl. dazu Thomas/Putzo/*Reichold*, ZPO, § 547 Rn. 1.

### e) Rechtsbeschwerdeentscheidung

476  Die Vorschrift des § 74 FamFG regelt den Prüfungsumfang sowie Inhalt und Form der Entscheidung über die Rechtsbeschwerde.

#### aa) Prüfung der Zulässigkeit von Amts wegen

477  Das Rechtsbeschwerdegericht hat nach § 74 Abs. 1 FamFG zu prüfen, ob die Rechtsbeschwerde an sich statthaft ist und ob sie in der gesetzlichen Form und Frist eingelegt und begründet ist.

478  Dies ist Folge des Amtsermittlungsgrundsatzes. Der BGH hat die Rechtsbeschwerde als unzulässig zu verwerfen, wenn die Rechtsbeschwerde nicht statthaft oder nicht in der gesetzlichen Form und Frist eingelegt worden ist.

479  Beschlussformel:

**Die Rechtsbeschwerde wird (als unzulässig) verworfen.**

#### bb) Unerheblichkeit der Rechtsverletzung (§ 74 Abs. 2 FamFG)

480  Die Vorschrift des § 74 Abs. 2 FamFG entspricht inhaltsgleich der Vorschrift des § 561 ZPO. Ergibt danach die Begründung des angefochtenen Beschlusses zwar eine Rechtsverletzung, stellt sich die Entscheidung aber aus anderen Gründen als richtig dar, ist die Rechtsbeschwerde trotz der Rechtsverletzung zurückzuweisen. Die Rechtsverletzung hat sich nämlich in diesem Fall nicht ausgewirkt, d.h. wurde nicht kausal für eine unrichtige Entscheidung.

481  Beschlussformel:

**Die Rechtsbeschwerde wird zurückgewiesen.**

#### cc) Prüfungsumfang des Rechtsbeschwerdegerichts (§ 74 Abs. 3 FamFG)

482  Der Prüfung des Rechtsbeschwerdegerichts unterliegen nach § 74 Abs. 3 FamFG nur die von den Beteiligten gestellten Anträge.

483  Die Beschwerdeentscheidung steht also nur im Rahmen der Rechtsbeschwerde- und Anschließungsanträge zur Entscheidung des Rechtsbeschwerdegerichts. Dies macht es den Beteiligten möglich, den Verfahrensgegenstand auf einen abtrennbaren Teil der Beschwerdeentscheidung zu begrenzen.

484  Die Begrenzung der Prüfung auf die Anträge begründet ein **Verbot der Schlechterstellung**, d.h. die Rechtsbeschwerde darf die Beschwerdeentscheidung nicht zum Nachteil des Rechtsbeschwerdeführers ändern, es sei denn, es liegt insoweit eine Anschlussrechtsbeschwerde vor.

485  Das Rechtsbeschwerdegericht ist allerdings nach § 74 Abs. 3 Satz 2 FamFG an die geltend gemachten Rechtsbeschwerdegründe nicht gebunden. Dies bedeutet, dass

das Rechtsbeschwerdegericht die Entscheidung des Beschwerdegerichts aus anderen als den geltend gemachten Gründen aufheben kann.

Auf **Verfahrensmängel**, die nicht von Amts wegen zu berücksichtigen sind, darf die 486 nach § 74 Abs. 3 Satz 3 FamFG angefochtene Entscheidung nur geprüft werden, wenn die Mängel nach § 71 Abs. 3 FamFG und § 73 Satz 2 FamFG gerügt worden sind.

Dadurch wird die Überprüfung bei Verfahrensmängeln, die nicht von Amts wegen 487 zu berücksichtigen sind, beschränkt. Diese unterliegen nur dann einer Nachprüfung, wenn sie in der Rechtsbeschwerdebegründungsschrift oder in der Anschlussschrift (§§ 71 Abs. 3, 73 Satz 2 FamFG) vorgebracht worden sind.

Nach § 74 Abs. 3 Satz 4 FamFG gelten die **§§ 559, 564 ZPO entsprechend.** 488

Die Verweisung auf § 559 ZPO hat insb. zur Folge, dass der Beurteilung des Rechts- 489 beschwerdegerichts nur dasjenige Beteiligtenvorbringen unterliegt, das aus der Beschwerdeentscheidung oder dem Sitzungsprotokoll ersichtlich ist.

I.Ü. ermöglicht § 74 Abs. 3 Satz 4 FamFG über § 38 Abs. 4 FamFG hinaus unter den 490 Voraussetzungen des § 564 ZPO ein Absehen von der Begründung der Entscheidung.

### dd) Rechtsbeschwerdeverfahren

Nach § 74 Abs. 4 FamFG richtet sich das weitere Verfahren nach den Vorschriften 491 über das Verfahren im ersten Rechtszug. Damit sind die Vorschriften maßgeblich, die sich im 1. Buch, Abschnitt 2 des FamFG befinden, d.h. die §§ 23 bis 37 FamFG. Auch Abschnitt 1 findet unmittelbare Anwendung für das Rechtsbeschwerdeverfahren.

In **Ehe- und Familienstreitsachen** verweist § 74 Abs. 4 FamFG über § 113 Abs. 1 492 FamFG auf die Vorschriften der ZPO über das (erstinstanzliche) Verfahren vor den LG.

### ee) Aufhebung des angefochtenen Beschlusses

§ 74 Abs. 5 FamFG bestimmt ausdrücklich, dass die angefochtene Entscheidung 493 aufzuheben ist, soweit die Rechtsbeschwerde begründet ist.

Begründet ist die Rechtsbeschwerde, wenn die angefochtene Entscheidung auf einer 494 Verletzung von Bundesrecht oder Landesrecht beruht, d.h. insb., weil eine Rechts- norm nicht oder nicht richtig angewendet worden ist.

### ff) Zurückverweisung der Sache (§ 74 Abs. 6 FamFG)

Das Rechtsbeschwerdegericht **entscheidet** nach § 74 Abs. 6 Satz 1 FamFG **regelmä-** 495 **ßig in der Sache selbst**, soweit die Sache entscheidungsreif ist. Andernfalls, d.h. bei fehlender Entscheidungsreife, verweist es die Sache nach § 74 Abs. 6 Satz 2 FamFG unter Aufhebung des angefochtenen Beschlusses und des Verfahrens zur anderweitigen

Behandlung und Entscheidung an das Beschwerdegericht oder, wenn dies aus besonderen Gründen geboten erscheint, an das Gericht des ersten Rechtszugs zurück.[176]

496  Das Rechtsbeschwerdegericht kann die Sache also insb. dann zurückverweisen, wenn noch Ermittlungen erforderlich sind. Neben der Verletzung materiellen Rechts kann eine Zurückverweisung auch aufgrund der Verletzung von Verfahrensrecht erfolgen. § 74 Abs. 6 Satz 2 FamFG ordnet des Weiteren an, dass die Zurückverweisung regelmäßig an das Beschwerdegericht zu erfolgen hat.

497  Darüber hinaus wird dem Rechtsbeschwerdegericht, soweit dies aus besonderen Gründen geboten erscheint, die Zurückverweisung auch an das Gericht des ersten Rechtszugs ermöglicht. Dies ist dann »geboten«, wenn das Beschwerdegericht bei richtiger Rechtsanwendung die Sache seinerseits an das erstinstanzliche Gericht hätte zurückverweisen müssen, vgl. dazu § 69 Abs. 1 FamFG.

498  Nach § 74 Abs. 6 Satz 3 FamFG kann die Zurückverweisung an einen anderen Spruchkörper des Beschwerdegerichts erfolgen, das die angefochtene Entscheidung erlassen hat. Von dieser Möglichkeit ist Gebrauch zu machen, wenn sich aus der Entscheidung der Eindruck ergibt, das Beschwerdegericht sei in der Beurteilung des Verfahrens bereits so festgelegt, dass die **Gefahr einer Voreingenommenheit** besteht. § 74 Abs. 6 Satz 4 FamFG bestimmt (in Übereinstimmung mit der für das Beschwerdeverfahren entsprechenden Regelung des § 69 Abs. 1 Satz 2 FamFG) die Bindung der Vorinstanz an die rechtliche Beurteilung des Rechtsbeschwerdegerichts.

499  Beschlussformel:

**Der Beschluss des OLG… vom… wird aufgehoben und das Verfahren an das OLG… zurückverwiesen.**

### f) Sprungrechtsbeschwerde

500  Gegen die im ersten Rechtszug erlassenen Beschlüsse, die ohne Zulassung der Beschwerde unterliegen, findet nach § 75 FamFG auf Antrag unter Übergehung der Beschwerdeinstanz unmittelbar die Rechtsbeschwerde (Sprungrechtsbeschwerde) statt, wenn
– die Beteiligten in die Übergehung der Beschwerdeinstanz einwilligen und
– das Rechtsbeschwerdegericht die Sprungrechtsbeschwerde zulässt.

501  Damit haben die Beteiligten die Möglichkeit, ein Verfahren unter Verzicht auf das Beschwerdeverfahren direkt der Rechtsbeschwerdeinstanz vorzulegen. Auf diesem Weg können die Beteiligten zeitnah eine höchstrichterliche Entscheidung, insb. in den Fällen herbeiführen, in denen ausschließlich die Klärung von Rechtsfragen beabsichtigt ist.

502  Die Sprungrechtsbeschwerde setzt im ersten Rechtszug erlassene Beschlüsse voraus, die ohne Zulassung der Beschwerde unterliegen. Dies sind nach § 61 Abs. 1

---

176  BGH, FamRZ 2021, 622 (LS).

FamFG Beschlüsse in vermögensrechtlichen Angelegenheiten mit einem Beschwerdewert von mehr als 600 €.

Neben der Einwilligung der Beteiligten in die Übergehung der Beschwerdeinstanz ist   503
zusätzlich die Zulassung des **Rechtsbeschwerdegerichts** (d.h. nicht des erstinstanzlichen Ausgangsgerichts) erforderlich.

§ 75 Abs. 1 Satz 2 FamFG stellt klar, dass die Beteiligten im Fall der Beantragung der   504
Zulassung der Sprungrechtsbeschwerde eine **abschließende Entscheidung** über das
zur Verfügung stehende Rechtsmittel treffen. Wird die Zulassung der Sprungrechtsbeschwerde durch das Rechtsbeschwerdegericht abgelehnt, ist somit den Beteiligten
das Rechtsmittel der Beschwerde nicht mehr eröffnet.

Das Verfahren ist der Sprungrechtsbeschwerde nach § 566 ZPO nachgebildet, d.h.   505
konsequenterweise gelten die § 566 Abs. 2 bis 8 ZPO insoweit entsprechend.

Dies bedeutet insb.,                                                                         506
– dass **entsprechend § 566 Abs. 2 ZPO** die Zulassung durch Einreichung eines
  Schriftsatzes (Zulassungsschrift) bei dem Rechtsbeschwerdegericht zu beantragen
  ist. In dem Antrag müssen die Voraussetzungen für die Zulassung der Sprungrechtsbeschwerde dargelegt werden. Die schriftliche Erklärung der Einwilligung des
  Antragsgegners ist dem Zulassungsantrag beizufügen; sie kann auch von dem Prozessbevollmächtigten des ersten Rechtszugs oder, wenn der Rechtsstreit im ersten
  Rechtszug nicht als Anwaltsprozess zu führen gewesen ist, zu Protokoll der Geschäftsstelle abgegeben werden.
– dass **entsprechend § 566 Abs. 3 ZPO** der Antrag auf Zulassung der Sprungrechtsbeschwerde die Rechtskraft des Beschlusses hemmt. Die Geschäftsstelle des Rechtsbeschwerdegerichts hat, nachdem der Antrag eingereicht ist, unverzüglich von der
  Geschäftsstelle des Gerichts des ersten Rechtszugs die Prozessakten einzufordern.
– dass **entsprechend § 566 Abs. 4 ZPO** die Sprungrechtsbeschwerde nur zuzulassen
  ist, wenn
  – die Rechtssache grundsätzliche Bedeutung hat oder
  – die Fortbildung des Rechts oder die Sicherung einer einheitlichen Rechtsprechung eine Entscheidung des Rechtsbeschwerdegerichts erfordert.

Die Sprungrechtsbeschwerde kann nicht auf einen Mangel des Verfahrens gestützt   507
werden,
– dass **entsprechend § 566 Abs. 5 ZPO** der BGH über den Zulassungsantrag durch
  Beschluss entscheidet, der den Beteiligten zugestellt werden muss.
– dass **entsprechend § 566 Abs. 6 ZPO** der Beschluss rechtskräftig wird, wenn der
  Antrag auf Zulassung der Rechtsbeschwerde abgelehnt wird.
– dass **entsprechend § 566 Abs. 7 ZPO** bei Zulassung der Sprungrechtsbeschwerde
  das Verfahren als Rechtsbeschwerdeverfahren fortgesetzt wird. In diesem Fall gilt
  der form- und fristgerechte Antrag auf Zulassung als Einlegung der Rechtsbeschwerde. Mit der Zustellung der Entscheidung beginnt die Rechtsbeschwerdebegründungsfrist.

– dass **entsprechend § 566 Abs. 8 ZPO** sich das Verfahren nach den für die Rechtsbeschwerde geltenden Bestimmungen bestimmt.

▶ Praxishinweis:

508 In der Praxis werden so gut wie keine Sprungrechtsbeschwerden erhoben. Die Konzeption des Gesetzgebers macht diese rechtliche Möglichkeit, gegen erstinstanzliche Entscheidungen vorzugehen, untauglich. Der Beteiligte, der sich für eine Sprungrechtsbeschwerde entscheidet, muss sich nämlich darüber klar sein, dass dies den Verzicht auf das Rechtsmittel der Beschwerde bedeutet (§ 75 Abs. 1 Satz 2 FamFG) und bei Nichtzulassung der Rechtsbeschwerde die erstinstanzliche Entscheidung nicht mehr angreifbar, d.h. rechtskräftig ist. Dies kann dauerhafte Nachteile, z.B. bei Unterhaltsverfahren, zur Folge haben.

## V. Verfahrenskostenhilfe

▶ Das Wichtigste in Kürze

509 – Übersendung der Unterlagen für die VKH-Bewilligung an den Antragsgegner. → Rdn. 639
– Beiordnung eines Rechtsanwalts nur bei Schwierigkeit der Sach- und Rechtslage, vgl. § 78 Abs. 2 FamFG. → Rdn. 662
– Vorrang eines Anspruchs auf einen Verfahrenskostenvorschuss (VKV). → Rdn. 735 ff.

510 Das FamFG regelt in den §§ 76 bis 78 FamFG die Voraussetzungen für die Bewilligung von VKH.

511 Für **Familienstreitsachen und Ehesachen** gelten allerdings die Vorschriften der ZPO über die **PKH** kraft der Generalverweisung in § 113 Abs. 1 FamFG uneingeschränkt, sodass die §§ 76 ff. FamFG unanwendbar sind.

512 VKH ist im Familienrecht, insbesondere aber in Unterhaltssachen von großer Bedeutung.[177] Gerade der bedürftige Unterhaltsgläubiger wird die Kosten, die zur Durchsetzung der Unterhaltsansprüche erforderlich sind, meistens nicht aufbringen können.

513 Es gehört zu den anwaltlichen Pflichten, den Mandanten in geeigneten Fällen auf die Möglichkeit der VKH hinzuweisen.[178]

514 VKH ist eine Sozialleistung des Staates; sie bezweckt die weitgehende Gleichstellung von Bemittelten und Unbemittelten beim Zugang zu den Gerichten. Niemand soll aus wirtschaftlichen Gründen daran gehindert sein, sein Recht vor Gericht zu erkämpfen.

---

177 Vgl. dazu ausführlich *Viefhues* FuR 2018, 399 ff., 450 ff. und 526 ff.
178 BVerfG, NJW 2000, 2494.

## 1. Voraussetzungen der Verfahrenskostenhilfe

Die Vorschrift des § 76 FamFG regelt die Voraussetzungen für die Gewährung von 515
VKH durch eine pauschale Verweisung auf die §§ 114 ff. ZPO (in Ehesachen und
Familienstreitsachen gelten entsprechend die §§ 113 Abs. 2 FamFG i.V.m. §§ 114 ff.
ZPO). VKH wird nach Antragstellung bewilligt, wenn der Antragsteller die Kosten
der Verfahrensführung nach seinen persönlichen und wirtschaftlichen Verhältnissen
jedenfalls nicht vollständig aufbringen kann, die Rechtsverfolgung oder -verteidi-
gung Aussicht auf Erfolg verspricht und nicht mutwillig erscheint, vgl. § 114 Abs. 1
Satz 1 ZPO.

### a) Antrag

Die Bewilligung von VKH setzt zunächst einmal voraus, dass der entsprechende 516
Beteiligte den dafür erforderlichen Antrag stellt, vgl. § 76 Abs. 1 bzw. § 113 Abs. 1
Satz 2 FamFG i.V.m. §§ 114 Abs. 1, 117 ZPO. VKH kann sowohl in Antrags- als
auch in Amtsverfahren gewährt werden. Sie wird allerdings auch in Amtsverfahren
nur auf Antrag gewährt.[179]

Die Bewilligung der VKH erfolgt für jeden Rechtszug und jedes Verfahren gesondert. 517
Auch das Verfahren der einstweiligen Anordnung ist ein selbstständiges Verfahren und
bedarf eines eigenen Antrags (vgl. § 51 Abs. 3 Satz 1 FamFG).

Kein neues Verfahren ist die **Abhilfe bei Verletzung des Anspruchs auf rechtliches** 518
**Gehör** nach § 44 FamFG; sie hat vielmehr die Fortführung des alten Verfahrens zum
Gegenstand. Die Bewilligung von VKH wirkt in diesem Verfahren weiter.

#### *aa) Die Antragstellung*

Der VKH-Antrag (vgl. § 117 Abs. 1 Satz 1 ZPO) ist bei dem Verfahrensgericht zu 519
stellen. Dies ist in erstinstanzlichen Familiensachen das AG – FamG.

Der VKH-Antrag betreffend eine beabsichtigte Beschwerde ist ebenfalls nach § 64 520
Abs. 1 Satz 2 FamFG beim AG – FamG zu stellen.

Der Antrag ist zwar **nicht fristgebunden**, muss aber spätestens bis zum Abschluss der 521
Instanz bei Gericht gestellt werden, da die VKH nach § 114 Satz 1 ZPO für eine
»beabsichtigte« Rechtsverfolgung gewährt wird.

Wird der Antrag rechtzeitig gestellt, müssen aber noch die zur Klärung der persönli- 522
chen und wirtschaftlichen Verhältnisse erforderlichen Unterlagen nachgereicht werden, kann eine »nachträgliche« Bewilligung erfolgen, wenn das Gericht sich trotz
Verfahrensabschlusses damit einverstanden erklärt hat.[180]

Ein (verspäteter) Antrag nach Abschluss der Instanz wird nicht bearbeitet. 523

---

179 Vgl. dazu *Viefhues* FuR 2018, 400.
180 OLG Hamburg, FamRZ 2021, 1395; OLG Karlsruhe, FamRZ 1999, 305.

**524**  Wiedereinsetzungsanträge sind nicht zulässig, da keine Notfrist versäumt wurde, vgl. § 233 ZPO.[181]

**525**  VKH wird für eine »Prozessführung« gewährt, vgl. § 114 Satz 1 ZPO. Erforderlich ist also ein gerichtliches Verfahren.

**526**  Damit kommt z.B. in Unterhaltssachen VKH in Betracht für:
- die Durchführung des vereinfachten Verfahrens nach §§ 249 ff. FamFG,
- den Antrag auf Erlass einer einstweiligen Unterhaltsanordnung, vgl. §§ 49 ff., 246 bis 248 FamFG,
- einen Antrag auf Arrest,
- einen isolierten Auskunftsantrag zwecks Klärung von Unterhaltsansprüchen,
- Stufenanträge und
- Unterhaltshauptsacheverfahren.

▶ **Anwaltlicher Hinweis:**

**527**  VKH für Unterhalts- oder Zugewinnausgleichsstufenanträge ist nicht Stufe für Stufe, sondern von Anfang an für alle Stufen zu bewilligen.[182] Uneinigkeit besteht jedoch darüber, wie verfahrenskostenhilfemäßig zu verfahren ist, wenn (später) die Leistungsstufe beziffert wird. Die Frage, die sich stellt, ist nämlich, ob jeder auch noch so hohe Zahlungsantrag durch die ursprüngliche VKH-Bewilligung gedeckt ist. Nach wohl richtiger Auffassung ist die ursprüngliche VKH-Bewilligung für den Stufenantrag bzgl. der unbezifferten Zahlungsstufe nur vorläufiger Art, sodass das FamG die Möglichkeit hat, die Erfolgsaussicht der Leistungsstufe nach deren Bezifferung erneut zu prüfen, und die VKH einschränken kann, soweit der Zahlungsantrag nicht hinreichend Erfolg versprechend ist.[183] Die Bewilligung der Verfahrenskostenhilfe steht daher unter dem Vorbehalt einer Konkretisierung und Erfolgsprüfung, wenn der Antragsteller den Zahlungsantrag in der letzten Stufe stellt.[184]

*bb) Der »bedingte« Antrag*

**528**  Mit der Einreichung eines Antrags in Familiensachen entstehen Anwaltsgebühren.[185]

**529**  Das gilt auch, wenn die Antragsschrift zugleich ein VKH-Gesuch enthält, weil dadurch neben dem VKH-Verfahren auch der Rechtsstreit als solcher anhängig wird.

---

181  OLG Bamberg, FamRZ 1997, 179.
182  OLG Brandenburg, Beschl. vom 05.07.2021, 13 WF 114/21; OLG Saarbrücken, NJOZ 2017, 123; OLG Düsseldorf, FamRZ 2010, 747 (im Hinblick auf Mindestunterhalt).
183  OLG Hamm, FamRZ 1994, 312.
184  OLG Brandenburg, Beschl. vom 05.07.2021, 13 WF 114/21; OLG Hamm, Beschl. vom 10.12.2018, 9 WF 218/18.
185  OLG Koblenz, FamRZ 1998, 312.

Dies gilt natürlich dann nicht, wenn zum Ausdruck gebracht wird, dass der Antrag 530 nur für den Fall der VKH-Bewilligung als erhoben gelten soll, z.B. durch folgende Formulierungen:
- es sei »**beabsichtigt**« (nach VKH-Bewilligung) den Antrag zu erheben;[186]
- es werde gebeten, »**vorab**« über das VKH-Gesuch zu entscheiden oder
- der Antrag werde »**unter Vorbehalt**« (der Bewilligung von VKH) erhoben.

▶ Praxishinweis:

In diesen Fällen wird der Antrag nicht förmlich der Gegenseite zugestellt. Die 531 förmliche Zustellung erfolgt erst nach VKH-Bewilligung. In familienrechtlichen Verfahren kann die verzögerte Zustellung bzw. die dadurch bedingte erst später eintretende Rechtshängigkeit z.B. bei Abänderungsverfahren (vgl. § 238 Abs. 3 FamFG) nachteilig sein, sodass in solchen Fällen die sofortige Zustellung nach § 15 Nr. 3 FamGKG zu bewirken ist.

Nicht ausreichend ist hingegen: 532
- den Schriftsatz als »Antrag und Verfahrenskostenhilfegesuch« zu überschreiben und
- dem Antrag hinzuzusetzen: »Wir fügen ferner anbei, die Erklärung über VKH und beantragen VKH«.

Im letztgenannten Fall entstehen anwaltliche Gebühren. 533

Die Einreichung eines reinen VKH-Antrags für eine Folgesache begründet bereits 534 den Scheidungsverbund, auch wenn dadurch die betreffende Folgesache noch nicht rechtshängig ist.[187]

## b) Persönliche Voraussetzungen

Die **persönlichen Voraussetzungen** für die Gewährung von VKH in FamFG-Verfahren 535 bestimmen sich nach wie vor abschließend nach den in der ZPO geregelten Grundsätzen, sodass die Bewilligung von der **Bedürftigkeit des Antragstellers** abhängig ist.[188] Besonderheiten sind in FamFG-Verfahren insoweit nicht gegeben. Der Einsatz von Einkommen und Vermögen ist wie im Zivilprozess nach § 115 ZPO zu ermitteln.

### aa) Einzusetzende Einkünfte

Der Antragsteller hat für die Verfahrensführung sein Einkommen einzusetzen. Die 536 Summe aller Einkünfte in Geld oder Geldeswert stellt das Einkommen dar, vgl. § 115 Abs. 1 Satz 2 ZPO.

---

186 OLG Koblenz, NJW 2008, 2929.
187 Str., OLG Koblenz, NJW 2008, 2929, OLG Bamberg, FamRZ 2011, 1416; a.A. AG Mülheim, FuR 2016, 56; vgl. dazu auch Thomas/Putzo/*Hüßtege*, ZPO, § 137 FamFG Rn. 20d.
188 Dazu *Viefhues* FuR 2018, 450 ff.

537    Maßgeblich ist nur das Einkommen des Antragstellers, nicht das Familieneinkommen oder auch Einkommen einer nichtehelichen Lebensgemeinschaft.[189]

▶ Praxistipp:

538    Das Einkommen des Ehegatten ist aber auch nicht bedeutungslos für VKH; zum einen kann der Unterhaltsfreibetrag nach § 115 Abs. 1 Satz 3 Nr. 2a) i.V.m. § 115 Abs. 1 Satz 7 ZPO entfallen, zum anderen kann ein Verfahrenskostenvorschussanspruch bestehen, der ggü. der VKH vorrangig ist.

539    Einkünfte in Geld sind insb. alle Einnahmen aus nicht selbstständiger oder selbstständiger Arbeit (auch Nebentätigkeiten). 1/12 des Urlaubs- bzw. Weihnachtsgeldes ist den Monatseinkünften hinzuzurechnen.[190] Steuererstattungen sind auf das Jahr umzulegen, in dem sie ausgezahlt wurden.

540    Nach der Rechtsprechung des BGH[191] ist Kindergeld, das der um Verfahrenskostenhilfe nachsuchende Beteiligte tatsächlich bezieht, als sein Einkommen i.S.d. § 115 Abs. 1 Satz 2 ZPO zu berücksichtigen, soweit es nicht zur Bestreitung des notwendigen Lebensunterhalts eines minderjährigen Kindes zu verwenden ist.[192] Grundlage dafür ist die Regelung in § 82 Abs. 1 Satz 2 SGB XII, nach der bei Minderjährigen das Kindergeld dem jeweiligen Kind als Einkommen zuzurechnen ist, soweit es bei diesem zur Deckung des notwendigen Lebensunterhaltes benötigt wird. Das Existenzminimum ist jedenfalls für Kinder bis zum vollendeten 14. Lebensjahr durch die Freibeträge nach § 115 Abs. 1 Nr. 2 ZPO gesichert. Die auf das Kind entfallenden anteiligen Wohnkosten werden bereits durch die Anerkennung beim Antragsteller abgedeckt. Demzufolge ist dann i.d.R. das gesamte Kindergeld als Einkommen zu berücksichtigen.

541    Das Kindergeld wird meistens hälftig zwischen den Eheleuten aufgeteilt; voll angerechnet wird es daher nur, wenn ein Kindergeldausgleich über den Kindesunterhalt nicht stattfindet.

542    Erhält das volljährige Kind das Kindergeld, ist es nicht Einkommen eines Elternteils.

543    Einkünfte i.S.v. § 115 Abs. 1 Satz 2 ZPO sind auch Renten, Einkünfte aus Vermietung und Verpachtung sowie Kapitalvermögen.

*bb) Absetzungen*

544    Die Einkünfte sind um die »Absetzungen« nach § 115 Abs. 1 Satz 3 ZPO zu bereinigen. § 115 Abs. 1 Satz 3 ZPO verweist insofern unter Nr. 1a auf § 82 Abs. 2 SGB XII.

545    § 82 Abs. 2 Nr. 1 SGB XII erlaubt den Abzug von Steuern auf das Einkommen, d.h. abzugsfähig sind Einkommen-, Lohn-, und Kirchensteuer sowie der Solidaritätszuschlag.

---

189   Vgl. dazu OLG Karlsruhe, FuR 2017, 218.
190   OLG Karlsruhe, FamRZ 2004, 1651.
191   BGH, FamRZ 2005, 605.
192   So auch OLG Karlsruhe, FamRZ 2016, 728 mit Anm. von *Christl* FamRZ 2016, 728.

Weiterhin sind Pflichtbeiträge nach § 82 Abs. 2 Nr. 2 SGB XII abzugsfähig. Die   **546**
Arbeitnehmerbeiträge zur Renten-, Kranken-, Arbeitslosen- und Pflegeversicherung
sind danach vom Einkommen abzuziehen.

Auch angemessene Versicherungsbeiträge sind grds. nach § 82 Abs. 2 Nr. 3 SGB XII   **547**
abzugsfähig.

Abzugsfähig sind danach angemessene Beiträge für eine   **548**
- Gebäude- und Hausratsversicherung,
- Rechtsschutzversicherung,
- freiwillige Krankenversicherung,
- freiwillige Rentenversicherung,
- Unfallversicherung,
- Lebensversicherung,
- Haftpflichtversicherung,[193]
- Kfz-Versicherung, wenn der Besitz des Autos für den Antragsteller konkret erforderlich ist,
- Beiträge für die sog. »Riester-Rente«.

Schließlich müssen die Einkünfte noch um die mit der Erzielung des Einkommens   **549**
verbundenen **Werbungskosten** (§ 82 Abs. 2 Nr. 4 SGB XII) bereinigt werden.

Die Werbungskosten sind grds. konkret zu belegen. Zulässig ist aber auch der pau-   **550**
schale Abzug von 5 % des Nettoeinkommens.[194]

Mitunter sind die Werbungskosten aufgrund von Fahrtkosten relativ hoch. Entspre-   **551**
chend § 5 Abs. 2 Nr. 2 JVEG kann von 0,30 € je km ausgegangen werden, falls die
Benutzung öffentlicher Verkehrsmittel unzumutbar oder unmöglich ist.[195]

Die Berechnung erfolgt wie folgt: 0,30 € × km × 2 × 220 : 12.   **552**

*cc) Abzusetzende Beträge (§ 115 Abs. 1 Satz 3 Nr. 1b ZPO)*

Erzielt der Antragsteller ein Einkommen aus Erwerbstätigkeit, ist gem. § 115 Abs. 1   **553**
Satz 3 Nr. 1b ZPO ein weiterer Betrag i.H.v. derzeit 225 € vom Einkommen abzuziehen (Freibetrag Bund Stand: 2022).

Dabei ist unerheblich, wie hoch das Erwerbseinkommen des Antragstellers ist. Ist das   **554**
Einkommen geringer als 225 €, bleibt das Einkommen insgesamt unberücksichtigt.

Der Abzug des Betrags von 225 € gleicht den Mehraufwand aus, der mit einer   **555**
Erwerbstätigkeit verbunden ist und durch den Werbungskostenabzug nicht ausreichend berücksichtigt wird.[196]

---

193 OLG Stuttgart, FamRZ 2006, 1282.
194 OLG Bamberg, FamRZ 1987, 1282.
195 OLG Nürnberg, FamRZ 2008, 1962.
196 BVerfG, NJW 1992, 3153.

*dd) Unterhaltsfreibeträge (§ 115 Abs. 1 Satz 3 Nr. 2 ZPO)*

556 Nach § 115 Abs. 1 Satz 3 Nr. 2a ZPO ist für die Partei und ihren Ehegatten oder Lebenspartner ein Freibetrag anzusetzen, welcher jährlich aktualisiert wird. Dieser Freibetrag beträgt ab dem 01.01.2022 494 € (Freibetrag Bund).

557 Nach § 115 Abs. 1 Satz 3 Nr. 2b ZPO ist für jede weitere Person, der die Partei aufgrund gesetzlicher Unterhaltspflicht Unterhalt leistet, zusätzlich ein Freibetrag anzusetzen. Dieser Freibetrag (Freibetrag Bund) beträgt gestaffelt nach dem jeweiligen Lebensalter ab dem 01.01.2022

für Kinder bis zur Vollendung des 6. Lebensjahres 314 €,

danach bis zur Vollendung des 14. Lebensjahres 342 €,

danach bis zur Vollendung des 18. Lebensjahres 414 €

und ab Volljährigkeit 396 €.

558 Einkommen, das der Unterhaltsberechtigte erzielt, vermindert allerdings den Freibetrag, vgl. § 115 Abs. 1 Satz 7 ZPO. Verdient also die Ehefrau des Antragstellers oder der weitere Unterhaltsberechtigte im Monat mehr als den jeweils geltenden Freibetrag, kann der Antragsteller keinen Unterhaltsfreibetrag für die betreffende Person mehr geltend machen.

559 Bedeutsam ist § 115 Abs. 1 Satz 8 ZPO. Zahlt danach der Antragsteller, statt Naturalunterhalt zu gewähren, einen Barunterhalt (also eine Geldrente), ist statt des Freibetrags der zu zahlende Unterhalt (in den Grenzen der Angemessenheit) von seinem Einkommen abzuziehen. Ist der Antragsteller zur Zahlung von Unterhalt gerichtlich verpflichtet worden, ist dieser Betrag immer als angemessen anzusehen.[197]

*ee) Wohnkosten (§ 115 Abs. 1 Satz 3 Nr. 3 ZPO)*

560 Absetzbar sind auch angemessene Kosten der Unterkunft und Heizung, vgl. § 115 Abs. 1 Satz 3 Nr. 3 ZPO. Die Heizungskosten sind nur wegen ihrer besonderen Bedeutung aufgeführt; gemeint sind die gesamten Neben- bzw. Betriebskosten.[198]

561 Dazu gehören selbstverständlich nicht die Kosten für Wasser, Strom[199] und Gas, da sie bereits über den Unterhaltsfreibetrag berücksichtigt werden.

562 Doppelverdiener erbringen die Mietzahlungen gemeinsam, entweder nach dem Verhältnis der Einkommen oder nach Kopfteilen.

563 Wohnt der Antragsteller in einer Eigentumswohnung, sind Kosten der Unterkunft Belastungen, die durch Fremdmittel für Erwerb oder Errichtung von eigengenutztem

---

197 OLG Stuttgart, FamRZ 2007, 486.
198 OLG Brandenburg, FamRZ 2009, 897.
199 BGH, FamRZ 2008, 781 f.

Wohnraum und dessen Instandhaltung bedingt sind. Abzugsfähig sind Zinsleistungen ebenso wie Tilgungsleistungen. Daneben ist auch die Grundsteuer zu berücksichtigen.

Die Unterkunftskosten dürfen nicht in einem auffälligen Missverhältnis zu den Lebens-  **564**
verhältnissen des Antragstellers stehen. Im Rahmen der dafür erforderlichen Beurteilung ist die Abzugsfähigkeit nur dann nicht gegeben bzw. einzuschränken, wenn
sich die Unterkunftskosten weder aus der Situation des Wohnungsmarktes noch aus
den Besonderheiten des Einzelfalles begründen lassen und sich somit als offensicht-
licher Luxus darstellen.

Ein auffälliges Missverhältnis kann vorliegen, wenn eine Person allein eine Wohnung  **565**
mit 100 m² bewohnt.[200]

Übersteigen die Kosten der Unterkunft 50 % des Einkommens, ist grds. auch von  **566**
einem auffälligen Missverhältnis auszugehen.[201]

*ff) Besondere Belastungen (§ 115 Abs. 1 Satz 3 Nr. 4 ZPO)*

Schließlich sind im Einzelfall noch sog. »besondere Belastungen« abzusetzen. § 115  **567**
Abs. 1 Satz 3 Nr. 4 ZPO stellt eine Härteklausel dar, deren Anwendung im pflichtgemäßen Ermessen des Richters steht.

»Besondere Belastungen« können nur noch solche sein, die nicht schon in § 115  **568**
Abs. 1 Satz 3 Nr. 1 bis 3 ZPO aufgeführt sind.

Besondere Belastungen sind danach die Mehrbedarfsbeträge, die gem. § 30 SGB XII  **569**
für bestimmte Personen gelten, z.B. altersbedingter Mehrbedarf, Mehrbedarf wegen
Erwerbsunfähigkeit, für werdende Mütter, für Alleinerziehende, für Behinderte.[202]

Auch Kosten für besondere Familienereignisse wie Geburt, Kommunion oder Kon-  **570**
firmation, Heirat oder Tod sind besondere Belastungen.

Darlehenstilgungen können besondere Belastungen sein, wenn der Kredit vor Ver-  **571**
fahrensbeginn aufgenommen wurde.

Nach Verfahrensbeginn muss sich der Antragsteller auf das Verfahren einrichten und  **572**
darf nicht mehr ohne Not Verbindlichkeiten eingehen.[203] Es kommt daher nunmehr
auf den Anlass der Kreditaufnahme an. Akzeptabel ist etwa der Kredit, wenn er der
Anschaffung einer dringend benötigten Waschmaschine dient.[204]

Finanzierungskosten für einen Pkw sind abzugsfähig, wenn der Antragsteller auf das  **573**
Auto angewiesen ist. Ist dies hingegen nicht der Fall, stehen die Kosten der Anschaf-

---

200  So Musielak/Voit/*Fischer*, ZPO, § 115 Rn. 26.
201  OLG Brandenburg, FamRZ 2001, 1085.
202  Vgl. auch Musielak/Voit/*Fischer*, ZPO, § 115 Rn. 27.
203  Vgl. auch BGH, FamRZ 2007, 1722.
204  OLG Zweibrücken, FamRZ 2004, 1501.

fung zudem in einem Missverhältnis zum Einkommen, ist der Kredit nicht berücksichtigungsfähig.[205]

### gg) Vermögenseinsatz (§ 115 Abs. 3 ZPO)

574   Das Vermögen des Antragstellers ist einzusetzen, soweit dies zumutbar ist, vgl. § 115 Abs. 3 ZPO. Die Frage der Zumutbarkeit wird durch den Verweis auf § 90 SGB XII konkretisiert, d.h. diese Vorschrift legt fest, welche Vermögensteile nicht verwertet werden müssen.

575   Vermögen sind gespartes Geld, verwertbare geldwerte Sachen, Rechte sowie Forderungen. Nicht dazugehört das Einkommen nach § 115 Abs. 1 ZPO.

576   Verwertbar ist das Vermögen dann, wenn es tatsächlich veräußert werden kann. Dies muss zu angemessenen Bedingungen möglich sein.

▶ Anwaltlicher Hinweis:

577   VKH kann allerdings auch in der Weise bewilligt werden, dass die Verfahrenskosten so lange gestundet werden, bis die Vermögenswerte verwertet werden können.

578   Als Beispiele zu nennen sind:
- Geldguthaben (§ 90 Abs. 2 Nr. 9 SGB XII):
  Ein Geldguthaben ist bis auf den Freibetrag i.H.v. 5.000 € zzgl. 5.000 € für den Ehegatten bzw. Lebenspartner und 500 € für jede weitere Person, die überwiegend unterhalten wird, in vollem Umfang einzusetzen.
- Unterhaltsabfindungsbetrag (§ 90 Abs. 2 Nr. 9 SGB XII):
  Der Einsatz eines Unterhaltsabfindungsbetrags, der aufgrund eines Vergleichs bezahlt wird, ist unzumutbar, wenn er für den notwendigen Unterhalt erforderlich ist (40.000 €).[206]
- Kleines Hausgrundstück (§ 90 Abs. 2 Nr. 8 SGB XII):
- Auch der Einsatz eines angemessenen Hausgrundstücks kann nach § 90 Abs. 2 Nr. 8 SGB XII nicht verlangt werden. § 90 Abs. 2 Nr. 8 SGB XII ist auch auf Eigentumswohnungen, Miteigentumsanteile sowie Grundstücke, deren Bebauung geplant ist, anzuwenden.
- Der Schutz des kleinen Hausgrundstücks erstreckt sich nur auf selbst genutzte Objekte.[207]
- Der Verkehrswert sowie die Wohnungsgröße sind für die Frage der Angemessenheit von erheblicher Bedeutung.
- Ein Haus mit 140 m² Wohnfläche, welches auf einem ca. 590 m² großen Grundstück gebaut wurde, ist kein kleines Hausgrundstück mehr.[208]

---

205 Vgl. OLG Hamm, FamRZ 2007, 155.
206 OLG Nürnberg, FamRZ 2008, 1261.
207 BGH, FuR 2001, 138.
208 Vgl. dazu die Übersicht bei *Viefhues* FuR 2018, 528; OLG Celle, FamRZ 2009, 532.

– Angespartes Geldvermögen, mit welchem der Erwerb eines Hausgrundstücks oder einer Eigentumswohnung finanziert werden soll, zählt nicht zum Schonvermögen.[209]

Das OLG Hamm[210] hat sich zu Immobilieneigentum wie folgt geäußert: 579

»Ein (Mit-)Eigentumsanteil an einem Hausgrundstück (im konkreten Fall war es Alleineigentum an einem Dreifamilienhaus) zählt grundsätzlich zum Vermögen des Beteiligten, soweit es sich nicht um ein angemessenes, von dem Beteiligten selbst bewohntes Hausgrundstück i.S.d. § 115 Abs. 3 Satz 2 ZPO, 90 Abs. 2 Ziff. 8 SGB XII handelt. Voraussetzung für den Vermögenseinsatz ist jedoch stets, dass die Verwertung des Vermögens zeitnah überhaupt möglich und zumutbar ist.

Die Veräußerung eines Hausgrundstücks nimmt erfahrungsgemäß eine gewisse Zeit in Anspruch und kann daher regelmäßig nicht zeitnah genug erfolgen, um noch mit dem Ziel der Verfahrenskostenhilfe vereinbar zu sein, dem bedürftigen Beteiligten im Wesentlichen denselben Rechtsschutz zu gewährleisten wie dem bemittelten Beteiligten.

Eine Beleihung des Objekts zum Zwecke einer Darlehensaufnahme scheidet aus, sofern der Antragsteller ausweislich seiner aktuellen Einkommensverhältnisse offensichtlich nicht in der Lage, ein (weiteres) Darlehen aufzunehmen und die Darlehensraten zu zahlen.«

Inwieweit Lebensversicherungen zur Verfahrensführung einzusetzen sind, ist umstritten.[211] 580

Grds. gilt, dass Lebensversicherungen einsetzbares Vermögen sind, sofern sie nicht der Sicherung einer angemessenen Altersversorgung dienen (§ 90 Abs. 3 Satz 2 SGB XII). 581

Es ist unzumutbar, Lebensversicherungen zur Finanzierung der Verfahrenskosten einzusetzen, wenn die Geltendmachung des Rückkaufswerts ersichtlich unwirtschaftlich ist. Die Verwertung von Lebensversicherungen ist auch dann unzumutbar, wenn diese der Alterssicherung dienen sollen und dazu voraussichtlich auch benötigt werden.[212] 582

Dient die Lebensversicherung der Altersversorgung, unterhält der Antragsteller aber mehrere Lebensversicherungen, ist zumindest eine einzusetzen.[213] Ähnlich liegt es bei einer sehr hohen Lebensversicherung. Mitunter können Kapitallebensversicherungen auch durch so genannte Policen-Darlehen beliehen werden.[214] Dies ist regelmäßig zumutbar.[215] Dass die Versicherungsgesellschaft diese Möglichkeit nicht anbietet und die Police auch nicht bei einem Drittanbieter beliehen werden kann, muss der Antragsteller substantiiert darlegen und gegebenenfalls glaubhaft machen. Nach weiter gehender Auffassung bleibt eine Lebensversicherung, weil sie wirtschaftlich 583

---

209 BGH, NJW-RR 2008, 144.
210 OLG Hamm, FamRZ 2016, 928.
211 Vgl. BGH, FamRZ 2008, 1164.
212 OLG Hamm, FamRZ 2016, 393; OLG Celle, FamRZ 2016, 730.
213 OLG Bremen, FamRZ 2009, 366 f.
214 OLG Saarbrücken, NZFam 2019, 504; vgl. auch *Viefhues* FuR 2018, 532.
215 OLG Karlsruhe, FamRZ 2017, 313.

zweckgebundenes Vermögen ist und eine Auflösung mit vielfältigen Nachteilen verbunden ist, außer Betracht.

584    Ein PKW ist einzusetzendes Vermögen i.S.d. § 115 Abs. 3 ZPO, soweit nicht Anhaltspunkte für dessen Unverwertbarkeit nach § 90 Abs. 2, 3 SGB XII vorliegen oder eine Verwertung aus anderen Gründen unzumutbar ist. Unzumutbar kann die Veräußerung eines Pkws dann sein, wenn der Antragsteller aufgrund von Erkrankungen spezielle Mobilitätsbedürfnisse hat, d.h. nicht generell auf die Benutzung des öffentlichen Personennahverkehrs verwiesen werden kann.[216]

585    Die Härteklausel des § 90 Abs. 3 SGB XII lässt Ausnahmen von der grundsätzlichen Verwertungspflicht des Vermögens zu. Die normale Unannehmlichkeit, die grds. mit der Verwertung von Vermögen verbunden ist, begründet allerdings noch keine Härte i.S.d. § 90 Abs. 3 Satz 1 SGB XII. Insb. die mit einer vorzeitigen Auflösung einer Lebens- oder Rentenversicherung verbundenen Einbußen können besondere Härten darstellen.[217]

*hh) Übergegangene Unterhaltsansprüche*

586    Streitig war im Fall der rückübertragenen Unterhaltsansprüche, ob der Hilfeempfänger nach § 115 ZPO bedürftig ist und deshalb VKH beanspruchen kann, weil ihm vom Sozialhilfeträger gem. § 94 Abs. 5 Satz 2 SGB XII die anfallenden Kosten zu erstatten sind.

587    Der BGH[218] hat diese Streitfrage nunmehr negativ entschieden. Der Leistungsberechtigte ist im Hinblick auf § 94 Abs. 5 Satz 2 SGB XII für die gerichtliche Geltendmachung der von einem Sozialhilfeträger rückübertragenen Unterhaltsansprüche grds. nicht bedürftig i.S.d. § 115 ZPO, da ihm ein Anspruch auf Verfahrenskostenvorschuss gegen den Sozialhilfeträger zusteht. Der Anspruch auf Kostenübernahme gewährleistet, dass dem Leistungsberechtigten durch die Rückübertragung und die damit verbundene treuhänderische Wahrnehmung von Verwaltungsaufgaben keine Nachteile entstehen.

588    Auch das sich aus der Verfahrensökonomie ergebende Interesse des Sozialhilfeberechtigten an einer einheitlichen Geltendmachung bei ihm verbliebener und vom Sozialhilfeträger rückübertragener Unterhaltsansprüche rechtfertigt keine VKH.

589    Eine Ausnahme kommt nur dann in Betracht, wenn der Leistungsberechtigte durch den Verweis auf den Verfahrenskostenvorschussanspruch eigene Nachteile hinzunehmen hätte oder wenn sich die Geltendmachung rückübertragener Ansprüche neben den beim Unterhaltsberechtigten verbliebenen Unterhaltsansprüchen kostenrechtlich nicht auswirkt.

---

216   OLG Hamm, FuR 2014, 672.
217   A.A. OLG Karlsruhe, FamRZ 2005, 1917.
218   BGH, FamRZ 2008, 1159.

## c) Sachliche Voraussetzungen

Nach § 76 Abs. 1 FamFG i.V.m. § 114 ZPO erhält ein Beteiligter VKH, wenn die 590
von ihm beabsichtigte Rechtsverfolgung oder Rechtsverteidigung hinreichende **Aussicht auf Erfolg** bietet. Außerdem darf die Rechtsverfolgung oder Rechtsverteidigung **nicht mutwillig** erscheinen. Es muss also feststehen, dass ein verständiger Antragsteller auch ohne Gewährung von VKH sein Recht in gleicher Weise verfolgen würde.

### aa) Erfolgsaussichten

Die Bewilligung von VKH ist damit vor allen Dingen davon abhängig, ob die Rechts- 591
verfolgung oder -verteidigung hinreichende Aussicht auf Erfolg hat. Dies ist dann
zu bejahen, wenn das Gericht das Vorbringen des Antragstellers in tatsächlicher und
rechtlicher Hinsicht für zumindest vertretbar hält und die Möglichkeit einer Beweisführung gegeben ist. Es genügt grds. – da lediglich Erfolgsaussicht, nicht Erfolgs-
gewissheit erforderlich ist – die Zulässigkeit des beabsichtigten Verfahrens und die
schlüssige Darlegung des Anspruchs mit Beweisantritt.[219]

Maßgeblich ist die rechtliche und tatsächliche Würdigung des zur Entscheidung 592
berufenen Gerichts.

Das Kriterium der Erfolgsaussicht ist natürlich in Familiensachen in besonderer Weise 593
zu bestimmen.[220]

Die nach §§ 76 Abs. 1 FamFG, 114 Abs. 1 ZPO für die Bewilligung von Verfahrens- 594
kostenhilfe erforderliche hinreichende Erfolgsaussicht für ein beabsichtigtes Sorge-
rechts- oder Umgangsverfahren ist bereits dann zu bejahen, wenn das FamG aufgrund
des eingeleiteten Verfahrens den Sachverhalt zu ermitteln hat und sich nicht darauf
beschränken kann, den Antrag ohne Weiteres, also ohne jede Ermittlung und ohne
jede Anhörung der Beteiligten zurückzuweisen.[221]

In dem vom Amtsermittlungsgrundsatz beherrschten Vaterschaftsfeststellungsverfah- 595
ren hat die Rechtsverteidigung des als Vater in Anspruch genommenen Antragsgegners nur dann Aussicht auf Erfolg, wenn er ernsthafte Zweifel an seiner Vaterschaft
darlegen kann.[222]

Soweit das erkennende Gericht nicht mit einer höchstrichterlichen Rechtsprechung 596
übereinstimmt, ist VKH zu bewilligen.

Klärt sich im Laufe des Verfahrens eine zunächst zweifelhafte Rechtsfrage durch eine 597
zwischenzeitliche höchstrichterliche Entscheidung zum Nachteil des Antragstellers,
kann VKH nicht mehr bewilligt werden.

---

219 Thomas/Putzo/*Seiler*, ZPO, § 114 Rn. 3 ff.
220 Vgl. dazu Thomas/Putzo/*Seiler*, ZPO, § 114 Rn. 6.
221 OLG Düsseldorf, FamRZ 2021, 1391.
222 OLG Naumburg, NJW-RR 2006, 945.

**598** Die Erfolgsprognose bezieht sich nicht nur auf die Schlüssigkeit des Vorbringens, sondern auch auf seine Beweisbarkeit; in Grenzen ist daher eine vorweggenommene Beweiswürdigung zulässig. VKH kann daher verweigert werden, wenn die Beweisaufnahme mit hoher Wahrscheinlichkeit negativ ausgehen wird.

**599** An die hinreichende Erfolgsaussicht sind keine strengen Anforderungen zu stellen. Es genügt, wenn der behauptete Anspruch nach summarischer Prüfung vertretbar und der zu Grunde liegende Sachverhalt aufklärbar scheint. Schwierige Sach- und Rechtsfragen sind nicht im Verfahren zur Bewilligung von VKH zu klären, sondern sie bleiben dem Hauptsacheverfahren vorbehalten.[223]

**600** BVerfG, FamRZ 2016, 1341:

»Das Recht auf effektiven und gleichen Rechtsschutz, das für die öffentlich-rechtliche Gerichtsbarkeit aus Art. 19 Abs. 4 GG abgeleitet wird, gebietet eine weitgehende Angleichung der Situation von Bemittelten und Unbemittelten bei der Verwirklichung des Rechtsschutzes (...). Es ist dabei verfassungsrechtlich grundsätzlich unbedenklich, die Gewährung von Prozesskostenhilfe davon abhängig zu machen, dass die beabsichtigte Rechtsverfolgung oder Rechtsverteidigung hinreichende Aussicht auf Erfolg hat und nicht mutwillig erscheint. Jedoch überschreiten die Fachgerichte ihren Entscheidungsspielraum, wenn sie die Anforderungen an das Vorliegen einer Erfolgsaussicht überspannen und dadurch den Zweck der Prozesskostenhilfe, dem Unbemittelten den weitgehend gleichen Zugang zu Gericht zu ermöglichen, deutlich verfehlen (...). Die Prüfung der Erfolgsaussicht soll nicht dazu dienen, die Rechtsverfolgung oder Rechtsverteidigung selbst in das Nebenverfahren der Prozesskostenhilfe vorzuverlagern und dieses an die Stelle des Hauptsacheverfahrens treten zu lassen (...). Schwierige, bislang ungeklärte Rechts- und Tatfragen dürfen nicht im Prozesskostenhilfeverfahren entschieden werden, sondern müssen auch von Unbemittelten einer prozessualen Klärung in einem Verfahren, in dem sie anwaltlich vertreten sind, zugeführt werden können (...).«

**601** Die VKH soll den Rechtsschutz nicht selbst bieten, sondern den Zugang dazu ermöglichen.[224]

**602** Die Prüfung der Erfolgsaussicht hat das Gericht grundsätzlich aufgrund des Sach- und Streitstandes zum Zeitpunkt der Entscheidungsreife des VKH-Gesuchs vorzunehmen. Dies gilt auch für den Fall, dass sich im Verlauf des Verfahrens infolge einer verzögerten Entscheidung über das VKH-Gesuch die Erfolgsaussichten der Rechtsverfolgung, etwa aufgrund des Ergebnisses einer zwischenzeitig durchgeführten Beweisaufnahme, verschlechtert haben.[225]

▶ **Anwaltlicher Hinweis:**

**603** Ein »früher« Scheidungsantrag, der vor Ablauf des Trennungsjahres gestellt wird, ist grundsätzlich nicht VKH-fähig. Es wird immer wieder (nach entsprechender Beschwerde) von OLG-Gerichten darauf hingewiesen, dass für ein Scheidungs-

---

223 BVerfG, FamRZ 2016, 1341.
224 OLG Naumburg, FamRZ 2016, 842.
225 OLG Stuttgart, FamRZ 2016, 395.

verfahren, in dem Härtegründe nicht geltend gemacht werden, vor Ablauf des Trennungsjahres eine Bewilligung von VKH nicht in Betracht kommt.[226]

### bb) Mutwilligkeit

Die Rechtsverfolgung oder Rechtsverteidigung darf nach § 114 Satz 1 ZPO nicht **604** mutwillig erscheinen. Der maßgebliche Beurteilungszeitpunkt für die Mutwilligkeit ist derjenige der Entscheidungsreife.[227]

### aaa) Begriff

Der Gesetzgeber definiert in § 114 Abs. 2 ZPO den Begriff der mutwilligen Prozess- **605** führung wie folgt:»Mutwillig ist die Rechtsverfolgung oder Rechtsverteidigung, wenn eine Partei, die keine Prozesskostenhilfe beansprucht, bei verständiger Würdigung aller Umstände von der Rechtsverfolgung oder Rechtsverteidigung absehen würde, obwohl eine hinreichende Aussicht auf Erfolg besteht.«

Nach wohl allgemeiner Meinung ist die vom Verfahrenskostenhilfebedürftigen beab- **606** sichtigte Rechtsverfolgung dann i.S.d. § 114 Abs. 2 ZPO mutwillig, wenn er den mit ihr angestrebten Erfolg in gleichem Umfang auch auf andere, kostengünstigere Weise erreichen kann oder hätte erreichen können.[228]

Das BVerfG stellt dazu klar, dass das Gebot der Rechtsschutzgleichheit keine völlige **607** Gleichbehandlung von VKH-Antragsteller und normalem Antragsteller erforderlich macht, d.h. der VKH-Antragsteller muss lediglich einem solchen Antragsteller gleichgestellt werden, der die Verfahrensaussichten vernünftig abwägt und auch das Kostenrisiko berücksichtigt.[229]

Die Verteidigung gegen einen mutwilligen Antrag ist hingegen nicht mutwillig.[230] **608**

### bbb) VKH und Scheidungsverbund

Mitunter sind die Beteiligten an einer schnellen Scheidung interessiert und möchten **609** deshalb den nachehelichen Unterhalt isoliert einfordern.

In der Rechtsprechung wird jedoch bei der isolierten Geltendmachung einer Fol- **610** gesache VKH teilweise mit der Begründung versagt, wegen der höheren Kostenlast (Zusammenrechnen der Werte aus Scheidungssache und Folgesachen nur im Verbund) sei die Rechtsverfolgung insoweit mutwillig.

Dem steht jedoch entgegen, dass es durchaus Gründe für eine isolierte Geltend- **611** machung einer Folgesache geben kann. Bspw. im Zugewinnausgleichsverfahren bei

---

226  OLG Celle, FuR 2014, 486.
227  OLG Köln, NJW-RR 2004, 64.
228  Thomas/Putzo/*Seiler*, ZPO, § 114 Rn. 7.
229  BVerfG, FamRZ 2009, 191 f.
230  OLG Köln, NJW-RR 2001, 869.

hohen Ausgleichsbeträgen nach § 1378 Abs. 1 BGB, weil der Anspruch auf Verfahrens- sowie Verzugszinsen erst mit Beendigung des gesetzlichen Güterstands entsteht und deshalb bei einer Geltendmachung im Verbund eine erhebliche Verzögerung der Rechtskraft des Scheidungsausspruchs entstehen kann, die zu einem Zinsverlust führt. Entsprechendes gilt im nachehelichen Unterhalt, wenn wegen der Unklarheit über die Höhe anrechenbarer Einkünfte des Berechtigten (aus Vermögen aufgrund der güter- oder vermögensrechtlichen Auseinandersetzung) nach § 1577 Abs. 1 BGB eine Festsetzung des Anspruchs noch nicht erfolgen kann.

612    Ferner ist zu berücksichtigen, dass im Verbund die Kosten regelmäßig nach § 150 Abs. 1 FamFG gegeneinander aufgehoben werden, während in selbstständigen Verfahren der unterliegende Beteiligte die Kosten trägt, sodass der obsiegende Beteiligte einen Kostenerstattungsanspruch erlangt.

613    Insoweit ist es kostenmäßig günstiger, bei Erfolg versprechender Rechtsverfolgung die Ansprüche außerhalb des Verbunds geltend zu machen. VKH kann daher nicht mit dem Argument abgelehnt werden, die Rechtsverfolgung hätte im Verbund stattfinden müssen.[231]

614    Damit kann VKH nicht mit dem Argument verweigert werden, die Wahrnehmung des Anspruchs im isolierten Verfahren wäre mutwillig.

▶ Praxishinweis:

615    Nicht zulässig ist die Einleitung eines solchen isolierten Zugewinnausgleichs- oder nachehelichen Unterhaltsverfahrens aber dann, wenn das Scheidungsverfahren noch nicht abgeschlossen ist.[232] Die isolierte Geltendmachung setzt nämlich voraus, dass das Scheidungsverfahren rechtskräftig abgeschlossen ist. Vor Rechtskraft der Scheidung ist der Zugewinnausgleichsanspruch bzw. der nacheheliche Unterhaltsanspruch noch nicht entstanden.[233] Nur im Verbund kann der Antrag als Folgesache während des noch laufenden Scheidungsverfahrens ausnahmsweise für den Fall der Scheidung gestellt werden (insbesondere wegen der Bestimmung des § 148 FamFG).

### *ccc) Unterhaltsteilleistungen*

616    Der Unterhaltsschuldner, der nicht den vollen Unterhalt leistet, gibt Anlass zur Antragserhebung i.H.d. gesamten geschuldeten Unterhalts, ohne dass er zunächst zur außergerichtlichen Titulierung des freiwillig geleisteten Unterhalts aufgefordert werden muss. In solchen Fällen kommt ein sofortiges Anerkenntnis i.S.d. § 243 Nr. 4 FamFG i.V.m. § 93 ZPO nicht in Betracht. Der Unterhaltsgläubiger kann für dieses Verfahren VKH erhalten; die Einleitung des Unterhaltsverfahrens ist keinesfalls mutwillig.

---

231 BGH, FamRZ 2005, 786.
232 OLG München, FuR 2017, 402 = NZFam 2017, 424.
233 Vgl. Grüneberg/*Siede*, BGB, § 1378 Rn. 3.

Auch wenn der Unterhaltsschuldner den vollen Unterhalt bezahlt, hat der Unter-   617
haltsberechtigte einen Titulierungsanspruch. Wird der Unterhaltsschuldner jedoch
vor Antragserhebung nicht ordnungsgemäß zur Titulierung aufgefordert, kann er im
Unterhaltsverfahren wirksam sofort anerkennen, mit der Kostenfolge der § 243
Nr. 4 FamFG i.V.m. § 93 ZPO.[234]

Auch VKH ist dem Unterhaltsgläubiger für ein solches Verfahren auf Gesamtunterhalt   618
wegen Mutwilligkeit zu verweigern, wenn dem Schuldner nicht zuvor Gelegenheit
gegeben wurde, i.h.d. freiwilligen Leistung eine vollstreckbare Verpflichtungserklärung abzugeben.[235]

### ddd) VKH für Unterhaltsanordnung und Hauptsacheverfahren

Mutwilligkeit könnte vorliegen, wenn der Antragsteller sein rechtliches Ziel in einer   619
Unterhaltssache mit einer (preiswerten) einstweiligen Anordnung bereits erreicht hat,
dennoch aber ein weitgehend deckungsgleiches Hauptsacheverfahren anstrengt oder
wenn der Antragsteller gleichzeitig einen einstweiligen Unterhaltsanordnungsantrag
sowie gleichzeitig einen Hauptsacheantrag in seiner Unterhaltssache beim FamG stellt.

Nach § 246 FamFG ist das FamG in Unterhaltssachen nämlich nicht auf eine vorläu-   620
fige Regelung beschränkt, sondern kann den Unterhalt in voller Höhe titulieren.[236]

Dennoch ist eine derartige Verfahrensführung nicht mutwillig.                       621

Die einstweilige Unterhaltsanordnung ist nur das Ergebnis einer summarischen Prüfung,   622
sodass die Beteiligten ein Rechtsschutzbedürfnis für eine der Rechtskraft zugängliche
endgültige Hauptsacheentscheidung haben. Da die eA nicht der Rechtskraft fähig ist,
kann ansonsten die Rückzahlung des zugesprochenen Unterhalts wegen ungerechtfertigter Bereicherung verlangt werden, wenn oder soweit materiell-rechtlich kein
Unterhaltsanspruch bestanden hat. Der Vorteil der rechtskräftigen Unterhaltshaupt-
sacheentscheidung ist insb., dass diese nur unter den strengen Voraussetzungen des
§ 238 FamFG abgeändert werden kann.

Umgekehrt liegt der Fall natürlich anders, d.h. ist bereits im Rahmen eines Haupt-   623
sacheverfahrens Unterhalt tituliert worden, besteht kein Regelungsbedürfnis für eine
einstweilige Unterhaltsanordnung.

▶ Praxishinweis:

  Das Verhältnis von eA zum Hauptsacheverfahren in Unterhaltssachen wird ähn-   624
  lich vom OLG Celle in einer Entscheidung zur Wertfestsetzung im Hauptsacheverfahren nach vorheriger eA herausgearbeitet.[237] Die Wertfestsetzung im
  Hauptsacheverfahren umfasst danach den gesamten mit dem Hauptsacheantrag
  geltend gemachten Verfahrensgegenstand auch dann, wenn zuvor bereits eine

---

234  BGH, NJW 2010, 238, 239.
235  OLG München, FamRZ 1994, 1126.
236  Vgl. Horndasch/Viefhues/*Roßmann*, FamFG, § 246 Rn. 17 f.
237  OLG Celle, FuR 2014, 601.

teilweise Regelung dieses Gegenstandes durch eine einstweilige Anordnung (hier: zum Unterhalt) erfolgt ist.

Das OLG Celle begründet dies wie folgt: Einstweiliges Anordnungsverfahren und Hauptsacheverfahren zum Unterhalt haben einen unterschiedlichen Regelungsgegenstand. Insbesondere wird im einstweiligen Anordnungsverfahren Unterhalt regelmäßig nur für die Zukunft zugesprochen, allerdings nur auf Basis einer summarischen Prüfung.

625   Eine einstweilige Anordnung tritt mit einer Hauptsacheregelung außer Kraft (§ 56 FamFG). Sie erwächst nicht in Rechtskraft, sodass die Rückzahlung des zugesprochenen Unterhalts wegen ungerechtfertigter Bereicherung verlangt werden kann, wenn oder soweit materiell-rechtlich kein Unterhaltsanspruch bestanden hat. Eine Abänderung der einstweiligen Anordnung im Verfahren nach § 238 FamFG ist nicht zulässig, weil diese Vorschrift nur für Hauptsacheentscheidungen gilt.

626   All dies belegt ein berechtigtes Interesse des Unterhaltsberechtigten an einer Entscheidung über den vollen Unterhaltsbetrag in der Hauptsache; ihm steht ein Wahlrecht zu, ob er seinen Anspruch neben einem einstweiligen Anordnungsverfahren auch im Hauptsacheverfahren verfolgen will. Demgemäß ist der Gegenstandswert der Hauptsache auch auf dieser Basis festzusetzen.

*eee) Umgangssachen*

627   Bei der Prüfung, ob die Rechtsverfolgung (oder Rechtsverteidigung) mutwillig i.S.d. § 114 Abs. 2 ZPO ist, ist unter Berücksichtigung sämtlicher Umstände des Einzelfalls darauf abzustellen, ob zur Durchsetzung der Rechte des Antragstellers/der Antragstellerin das Beschreiten des Rechtswegs unverzichtbar erscheint und sich eine bemittelte Person in derselben Weise verhalten würde. Unabhängig von der vorherigen Inanspruchnahme staatlicher und sonstiger geeigneter Beratungsstellen erweist sich ein Antrag auf gerichtliche Umgangsregelung als mutwillig, wenn der/die Beteiligte diesen unvermittelt stellt, ohne zuvor Kontakt zum anderen Elternteil mit dem Ziel einer außergerichtlichen Regelung des Umgangs zu suchen. Lediglich in den Fällen, in denen sich die vorherige Kontaktaufnahme zum anderen Elternteil aufgrund besonderer Umstände als von vornherein erfolglos oder unzumutbar erweist, kann hiervon abgesehen werden.[238]

628   Eine einstweilige Anordnung zum Umgang neben einem Hauptsacheverfahren anzustrengen, ist hingegen problematisch. Die Verfahren sind nämlich nach § 155 Abs. 2 FamFG jeweils beschleunigt abzuwickeln. Deshalb ist ein Vorteil der einstweiligen Anordnung nicht erkennbar; dies bedeutet, dass eine verständige Partei, welche die Kosten des Verfahrens selbst tragen müsste, nur ein Hauptsacheverfahren führen würde, um doppelte Verfahrensgebühren zu vermeiden.

---

238   OLG Düsseldorf, FamRZ 2021, 1391; vgl. auch OLG Brandenburg, NZFam 2022, 516.

Das OLG Stuttgart[239] führt die Problematik wie folgt aus: **629**

> »Das Familiengericht hat zu Recht darauf hingewiesen, dass ein Anordnungsgrund für den Erlass einer einstweiligen Anordnung nicht gegeben war. Es bestand zu keinem Zeitpunkt das in § 49 Abs. 1 FamFG geforderte dringende Bedürfnis für ein sofortiges Tätigwerden.
>
> In Umgangs- und Sorgerechtsverfahren wird wegen der seit 01.09.2009 geltenden Rechtslage nur noch in Ausnahmefällen ein Anordnungsgrund vorliegen. Wegen des Vorrang- und Beschleunigungsgebotes des § 155 FamFG findet auch in der Hauptsache ein früher Termin statt. Zudem ist der Erlass einer einstweiligen Anordnung zu erörtern, wenn in diesem Termin kein Einvernehmen erzielt wird, § 156 Abs. 3 Satz 1 FamFG.«

### fff) Mutwilligkeit wegen Nichtäußerung zum VKH-Antrag der Gegenseite

Die unterbliebene Erklärung des anwaltlich vertretenen Antragsgegners zur Sache im Verfahrenskostenhilfeverfahren des Antragstellers begründet nach Auffassung des OLG Oldenburg keine Mutwilligkeit des Vorgehens.[240] **630**

Mutwilligkeit liegt vor, wenn ein verständiger, begüterter Beteiligter seine Rechte nicht in gleicher Weise wie der bedürftige Beteiligte verfolgen würde.[241] **631**

Teilweise wird vertreten, dass eine verständige, ihre finanziellen Interessen wahrende Partei nach § 118 Abs. 1 Satz 1 ZPO die Gelegenheit zur Stellungnahme zum VKH-Gesuch des Antragstellers wahrnehmen würde, um eine Verfahrenseinleitung zu verhindern. Dies auch deshalb, weil bei einem obsiegenden Urteil oder Beschluss etwaige Kostenerstattungsansprüche gegenüber dem bedürftigen Antragsteller kaum zu realisieren sein dürften. Insoweit könnten unnötige Kosten verhindert werden.[242] **632**

Das OLG Oldenburg ist hingegen der Auffassung, dass der Antragsgegner zwar nach § 118 Abs. 1 Satz 1 ZPO ein Recht zur Äußerung hat, daraus aber keine Obliegenheit abzuleiten sei. Das Nichtgebrauchmachen von einem Recht dürfe sich nicht nachteilig auf den eigenen VKH-Antrag für die Rechtsverteidigung auswirken. Der Antragsgegner kann daher Verfahrenskostenhilfe beantragen, unabhängig davon, ob er sich im VKH-Prüfungsverfahren des Antragstellers geäußert hat.[243] **633**

▶ Praxishinweis:

Nach wie vor ist sehr umstritten, welche Konsequenzen das Schweigen des Antragsgegners im Verfahren der Verfahrenskostenhilfe hat. So hat das OLG Hamm[244] entschieden, dass es sich zu Lasten des Antragsgegners bei der Kostenentscheidung gemäß § 91a Abs. 1 ZPO im Rahmen des billigen Ermessens auswirkt, wenn dieser eine Einlassung zu einem Antrag des Antragstellers auf Verfahrenskostenhilfe für einen Stufenantrag verweigert hatte. Die Entscheidung, die noch zum **634**

---

239 OLG Stuttgart, Beschl. vom 30.09.2010, 16 WF 189/10, ZFE 2011, 114.
240 OLG Oldenburg, FamRZ 2013, 59.
241 BGH, NJW-RR 127.
242 OLG Brandenburg, FamRZ 2008, 70.
243 So nunmehr auch OLG Hamm, FamRZ 2014, 1475.
244 OLG Hamm, FuR 2013, 340 mit Praxishinweis von *Viefhues*.

alten Recht erging, ist auch für das FamFG von Bedeutung, da nunmehr bei jeder Kostenentscheidung in Unterhaltssachen nach § 243 FamFG eine Ermessensentscheidung zu treffen ist.

## 2. Bewilligung von Verfahrenskostenhilfe

### a) Stellungnahme anderer Beteiligter

**635**  Nach § 77 Abs. 1 Satz 1 FamFG **kann** das Gericht vor der Bewilligung der VKH den übrigen Beteiligten Gelegenheit zur Stellungnahme geben. Das Gericht hat somit freies Ermessen, ob es anderen Beteiligten Gelegenheit zur Stellungnahme gibt.

**636**  In Antragsverfahren **ist** hingegen dem Antragsgegner nach § 77 Abs. 1 Satz 2 FamFG bzw. § 118 Abs. 1 ZPO vor der Bewilligung Gelegenheit zur Stellungnahme zu geben, wenn dies nicht aus besonderen Gründen unzweckmäßig erscheint.

**637**  In sonstigen Antragsverfahren und in Verfahren, die von Amts wegen eingeleitet werden, bedarf es einer Anhörung anderer Beteiligter nur dann, wenn ihre verfahrensrechtliche Stellung durch die Gewährung von VKH berührt werden würde, sodass sich die Situation insoweit wie in einem kontradiktorischen Verfahren darstellt. Das wird i.d.R. nur dann der Fall sein, wenn der andere Beteiligte das Verfahren mit einem den Absichten des Antragstellers der VKH entgegengesetzten Ziel führt.

**638**  Wird anderen Beteiligten Gelegenheit zur Stellungnahme gegeben, richtet sich das weitere Verfahren in entsprechender Anwendung nach den Vorschriften des § 118 Abs. 1 Satz 2 bis 4 ZPO. Das Gericht kann die Beteiligten danach zu einem Termin laden, wenn eine Einigung zu erwarten ist; die Anwendung von Zwangsmitteln ist jedoch ausgeschlossen. Eine Erstattung von Kosten, die den anderen Beteiligten entstanden sind, findet nicht statt.

### b) Übersendung aller Antragsunterlagen an den Antragsgegner

**639**  Das Gericht kann nach § 117 Abs. 2 Satz 2 bis 4 ZPO ohne Zustimmung des Antragstellers sämtliche Antragsunterlagen für die VKH der Gegenseite zugänglich machen. Die Vorschrift des § 117 Abs. 2 Satz 2 bis 4 ZPO betrifft die Unterlagen zu den wirtschaftlichen Voraussetzungen der Bewilligung. Erforderlich dafür ist jedoch, dass der Antragsgegner einen Anspruch auf Auskunft über die Einkünfte und das Vermögen hat. Damit hat die Norm insb. für Familiensachen Relevanz.

▶ **Anwaltlicher Hinweis:**

**640**  Mitunter ist dem eigenen Mandanten sehr daran gelegen, Einsicht zu nehmen in die VKH-Unterlagen der Gegenseite. Dies kann beantragt werden, allerdings ist gegen einen ablehnenden Beschluss kein Rechtsmittel gegeben. § 117 Abs. 2

Satz 2 ZPO gibt nach Auffassung des BGH[245] dem Gegner der VKH-Partei kein subjektives Recht auf Akteneinsicht.

### c) Erörterungstermin

Das Gericht ordnet im Einzelfall einen VKH-Prüfungstermin an. Ein solcher »Prü-  641
fungstermin« soll nur bestimmt werden, wenn eine Einigung zu erwarten ist, vgl.
§ 118 Abs. 1 Satz 3 ZPO.

Wird im Rahmen der Erörterung VKH bewilligt, ist das VKH-Prüfungsverfahren  642
abgeschlossen; werden danach Anträge zur Hauptsache gestellt, fallen die vollen
Anwaltsgebühren an.

Die dem Antragsgegner für den Erörterungstermin angefallenen Kosten werden nicht  643
erstattet, vgl. § 118 Abs. 1 Satz 4 ZPO.

Nimmt also der Antragsteller seinen Verfahrenskostenhilfeantrag zurück, so werden  644
dem Verfahrensgegner keine Kosten erstattet, auch wenn er sich am Verfahren beteiligt
hat.[246] Einigen sich die Beteiligten im Erörterungstermin, ist dieser Vergleich nach
§ 794 Abs. 1 Nr. 1 ZPO ein Vollstreckungstitel. Der im VKH-Verfahren abgeschlossene
Vergleich unterliegt nicht dem Anwaltszwang, vgl. auch § 114 Abs. 4 Nr. 5 FamFG.

Wird der Vergleich hingegen erst nach Bewilligung der VKH geschlossen, ist in Unter-  645
haltssachen Anwaltszwang nach § 114 Abs. 1 FamFG in allen Instanzen gegeben.

▶ Praxishinweis:

Anwaltlich sollte bei einem Prüfungstermin darauf hingewirkt werden, dass zunächst  646
die VKH bewilligt wird, dann die Antragstellung erfolgt, bevor ggf. auch eine
Einigung erzielt wird.[247]

Kommt es unmittelbar zu einer Einigung, wird nur dafür noch VKH zugestanden – für Anwälte kein gutes Geschäft!

### d) VKH-Entscheidung

Die VKH-Entscheidung ist den Beteiligten zuzustellen.  647

Ist der VKH-Beschluss anfechtbar, bedarf er auch einer Begründung.  648

Dies gilt im Hinblick auf das Beschwerderecht der Staatskasse auch im Fall der  649
Bewilligung der ratenfreien VKH, vgl. § 127 Abs. 3 ZPO. Regelmäßig verzichten
die Gerichte in diesen Fällen auf die Begründung, da die Entscheidung der Staatskasse nicht von Amts wegen mitgeteilt werden muss (vgl. § 127 Abs. 3 Satz 6 ZPO)

---

245 BGH, NJW 2015, 1827.
246 OLG Karlsruhe, FuR 2017, 99.
247 Vgl. dazu Musielak/Voit/*Fischer*, ZPO, § 118 Rn. 4.

und i.Ü. die Begründung nach sofortiger Beschwerde der Staatskasse auch noch im Nichtabhilfebeschluss nachgeholt werden kann.

### e) Festsetzungen von Zahlungen (§ 120 ZPO)

**650** Nach § 120 ZPO setzt das Gericht in dem Bewilligungsbeschluss – falls keine ratenfreie Bewilligung in Betracht kommt – die zu zahlenden Monatsraten und/oder die Vermögensbeträge fest.

**651** Maßgeblich für die Bestimmung der Raten ist die Leistungsfähigkeit des Antragstellers im Hinblick auf die zu erwartenden Verfahrenskosten. Im Rahmen der Berechnung sind zunächst die zu erwartenden Verfahrenskosten aufgrund einer Kostenprognose zu bestimmen. Diese Kostenprognose hat die Gerichts- und Rechtsanwaltskosten zu erfassen. Anzusetzen sind in der ersten Instanz: 3/1 Verfahrensgebühr nach FamGKG 1210 und dazu 2,5 Rechtsanwaltsgebühren nach RVG nebst Auslagenpauschale und USt. Die Kosten des Antragsgegners, die im Fall des Unterliegens von dem VKH-Antragsteller erstattet werden müssen, bleiben außer Betracht, da der Antragsgegner diese bei Obsiegen selbst zu tragen hat und ein Unterliegen mit Kostenerstattungspflicht ggü. dem Antragsgegner (§ 123 ZPO) wegen Bejahung der Erfolgsaussichten ignoriert wird.

**652** Diesen zu erwartenden Kosten sind die Einkünfte und ggf. das Vermögen gegenüberzustellen.

**653** Der Gesetzgeber hat die bisherige Ratenberechnung komplett geändert; die frühere Tabelle zu § 115 II ZPO existiert nicht mehr. Nach wie vor können höchstens 48 Monatsraten angeordnet werden.

**654** Die geänderte Berechnungsweise der VKH-Raten geht nunmehr dahin, dass der VKH-Empfänger Raten in Höhe der Hälfte des einzusetzenden Einkommens zu zahlen hat und ab einem einzusetzenden Einkommen von mehr als 600 € eine Monatsrate in Höhe von 300 € zuzüglich des Teils des einzusetzenden Einkommens, der 600 € übersteigt.

**655** Letztlich hat diese Berechnungsweise zur Folge, dass jedenfalls ab einem einzusetzenden Einkommen von mehr als 30 € höhere VKH-Raten zu zahlen sind als bisher.[248]

**656** Auch wenn die Voraussetzungen nach § 114 ZPO vorliegen, muss VKH versagt werden, falls die Kosten des Verfahrens vier Monatsraten nicht übersteigen. § 115 Abs. 4 ZPO errichtet in diesem Sinn eine Zugangsbarriere, die VKH dann ausschließt, wenn dem Antragsteller zuzumuten ist, dass die Verfahrenskosten mit eigenen Mitteln bestritten werden. Momentane Finanzierungsengpässe sind ggf. mit einer Darlehensaufnahme zu überbrücken.

**657** Die Bewilligung der VKH hat auf die Verpflichtung, die dem Gegner entstandenen Kosten zu erstatten, keinen Einfluss, vgl. § 123 ZPO.

---

248 Berechnungsbeispiele bei *Viefhues* FuR 2018, 453; vgl. auch *Giers* FamRZ 2013, 1343.

▶ Praxishinweis:

Die anwaltliche Vertretung sollte in VKH Angelegenheiten unbedingt das eigene Kostenrisiko des Antragstellers erwähnen. In der Praxis herrscht nicht selten das Missverständnis, VKH bedeute, dass das gesamte Verfahren »gratis« und ohne jegliches Kostenrisiko geführt werde. **658**

Der Beteiligte, der VKH gegen Raten bewilligt bekommt, erhält ohnehin lediglich einen »Staatskredit« auf die anfallenden Kosten, die er in aller Regel vollständig zahlen muss – lediglich in Raten statt in einer Summe.

Auch bei absolut siegessicheren Mandanten, die selbst ratenfreie Verfahrenskostenhilfe beanspruchen können, sollte der Hinweis nicht fehlen, dass die Bewilligung der VKH auf die Verpflichtung, die dem Gegner entstandenen Kosten zu erstatten, keinen Einfluss hat (§ 123 ZPO).

Geht das Verfahren – ganz oder teilweise – verloren, wird der Mandant also einem Kostenerstattungsanspruch des Verfahrensgegners ausgesetzt sein.

### 3. Beiordnung eines Anwalts (§ 121 ZPO)

Die Beiordnung eines Rechtsanwalts nach § 121 ZPO setzt zunächst die Bewilligung von VKH voraus. Ein Antrag auf Beiordnung ist grds. notwendig. Stellt aber – wie in der Praxis üblich – ein Anwalt den VKH-Antrag, liegt darin ein konkludenter Antrag auf Beiordnung. Möglich ist auch die Beiordnung einer Rechtsanwaltssozietät.[249] Die Anwaltsbeiordnung gilt immer nur für die jeweilige Instanz. **659**

Nach § 121 Abs. 1 ZPO wird in Verfahren mit Anwaltszwang dem bedürftigen Beteiligten ein zur Vertretung bereiter Anwalt beigeordnet. Unterhaltssachen unterliegen nunmehr in allen Instanzen dem Anwaltszwang, sodass einer bedürftigen Partei ein Anwalt nach § 121 Abs. 1 ZPO beigeordnet werden **muss**. **660**

Dies gilt aufgrund des Grundsatzes der Waffengleichheit auch in Verfahren ohne Anwaltspflicht, wenn die Gegenseite anwaltlich bereits vertreten ist, vgl. § 121 Abs. 2 ZPO. Das Verfahren der einstweiligen Unterhaltsanordnung unterliegt (unverständlicherweise) nicht dem Anwaltszwang. Ist aber ein Beteiligter bereits anwaltlich vertreten, ist die Beiordnung nach § 121 Abs. 2 ZPO anzuordnen, soweit dem anwaltlich noch nicht vertretenen Beteiligten VKH zusteht. **661**

▶ Anwaltlicher Hinweis:

Der Grundsatz der prozessualen »Waffengleichheit« in § 121 Abs. 2 ZPO beruht auf den Besonderheiten des Zivilprozesses. Dort beherrschen allein die Beteiligten das Verfahren. Aus diesem Grund entspricht es im Zivilprozess dem Grund- **662**

---

249  BGH, FamRZ 2009, 37.

satz der prozessualen »Waffengleichheit«, einer Partei auf Antrag allein schon deshalb einen RA beizuordnen, weil die Gegenseite fachkundig vertreten ist.

Dies gilt natürlich nicht in Familiensachen mit Amtsermittlungsgrundsatz (z.b. Umgangsstreitigkeiten, vgl. § 78 FamFG). In derartigen Verfahren setzt die Beiordnung eines Rechtsanwalts die Schwierigkeit der Sach- und Rechtslage voraus, vgl. § 78 Abs. 2 FamFG.

§ 78 Abs. 2 FamFG ist aber in Ehesachen und Familienstreitsachen aufgrund der Regelung des § 113 Abs. 1 FamFG nicht anwendbar!

**663**     Der Anwalt kann von dem bedürftigen Beteiligten frei gewählt werden.

**664**     Der ausgewählte Anwalt muss aber zur Übernahme des Mandats auch bereit sein. Dies kann z.b. an den geringeren VKH-Gebühren im Einzelfall scheitern (vgl. auch § 122 Abs. 1 Nr. 3 ZPO). Dann ist die Beiordnung nach § 121 Abs. 5 ZPO gerichtlich anzuordnen.

▶ Praxishinweis:

**665**     Ein zur Vertretung bereiter Rechtsanwalt ist nach Auffassung des OLG Brandenburg[250] auch dann beizuordnen, wenn er seine Bevollmächtigung für das Verfahrenskostenhilfeüberprüfungsverfahren nach rechtskräftigem Abschluss des Hauptsacheverfahrens ausschließt. Dies ist allerdings sehr umstritten. Nach wohl h.M. steht einer solchen Beschränkung der Vollmacht § 48 Abs. 2 BRAO entgegen.[251]

**666**     Mitunter wird ein Anwalt tätig, der nicht im Bezirk des Verfahrensgerichts niedergelassen ist. Die Beiordnung erfolgt in solchen Fällen »zu den Bedingungen eines ortsansässigen Rechtsanwalts«. Basiert das Mandat etwa auf einem Umzug, so ist zu prüfen, ob nicht ein Verkehrsanwalt nach § 121 Abs. 4 ZPO eingeschaltet werden kann. Dies ist regelmäßig zu bejahen, wenn der auswärts wohnenden Partei ein persönliches Beratungsgespräch wegen der Entfernung zur Kanzlei eines am Ort des Verfahrensgerichts ansässigen Anwalts nicht zumutbar ist und auch eine vermögende Partei die Mehrkosten eines Verkehrsanwalts aufbringen würde.[252]

▶ Anwaltlicher Hinweis:

**667**     Alternativ ist es auch möglich den Antrag zu stellen, dass anstelle der zusätzlichen Beiordnung eines Verkehrsanwalts ein auswärtiger Anwalt mit der Maßgabe beigeordnet wird, dass die Mehrkosten, die dadurch entstehen, dass der beigeordnete Anwalt die Kanzlei nicht im Bezirk des Verfahrensgerichts hat, bis zur Höhe der Vergütung eines Verkehrsanwalts am Wohnort des Verfahrenskostenhilfe

---

250 OLG Brandenburg, NZFam 2021, 1025.
251 LAG Köln, AGS 2020, 194 und 197; OLG Karlsruhe, FamRZ 2017, 1702; Prütting/ Helms/*Dürbeck*, FamFG, § 78 Rn. 3.
252 OLG Bamberg, FamRZ 2012, 651.

begehrenden Antragstellers erstattungsfähig sind.[253] Dies gilt selbst in einer einfach gelagerten Scheidungssache, also in jedem Fall auch in (regelmäßig komplizierten) Unterhaltsstreitigkeiten.

Die Beiordnung ersetzt nicht das Vollmachts- und Auftragsverhältnis. Der beigeordnete Anwalt muss sich daher eine Verfahrensvollmacht nach §§ 81 ff. ZPO geben lassen und mit dem VKH-Mandanten einen Vertrag nach § 675 BGB schließen. **668**

## 4. Aufhebung der VKH

Die (rückwirkende) Aufhebung der VKH-Bewilligung regelt die Vorschrift des § 124 ZPO; der Gesetzgeber hat diese Vorschrift erheblich geändert (verschärft), sodass die Beteiligten unbedingt korrekte Angaben im VKH-Antrag machen sollten und auch ihre Mitwirkungspflichten nicht verletzen dürfen.[254] **669**

Nach § 124 Abs. 1 Nr. 2 ZPO soll das Gericht die Bewilligung der Prozesskostenhilfe aufheben, wenn die Partei absichtlich oder aus grober Nachlässigkeit unrichtige Angaben über die persönlichen oder wirtschaftlichen Verhältnisse gemacht oder eine Erklärung nach § 120a Abs. 1 Satz 3 ZPO nicht oder ungenügend abgegeben hat oder nach Nr. 4, wenn die Partei entgegen § 120a Abs. 2 Satz 1 bis 3 ZPO dem Gericht wesentliche Verbesserungen ihrer Einkommens- und Vermögensverhältnisse oder Änderungen ihrer Anschrift absichtlich oder aus grober Nachlässigkeit unrichtig oder nicht unverzüglich mitgeteilt hat. **670**

Unbedingt zu beachten ist, dass der BGH[255] entschieden hat, dass die Aufhebung der VKH-Bewilligung wegen falscher Angaben, die absichtlich oder aus grober Nachlässigkeit gemacht worden sind, nach § 124 Abs. 1 Nr. 2 Alt. 1 ZPO nicht voraussetzt, dass die falschen Angaben des Antragstellers zu einer objektiv unrichtigen Bewilligung geführt haben, diese mithin auf den Falschangaben beruht. § 124 Abs. 1 Nr. 2 ZPO ist nämlich als **Verwirkungstatbestand** anzusehen, bei dem es auf eine Kausalität der falschen Angaben für die Bewilligung nicht ankommt. **671**

Die Voraussetzungen eines Aufhebungsgrundes nach § 124 Abs. 1 ZPO müssen positiv feststehen; Zweifel hieran dürfen nicht zulasten des Hilfsbedürftigen gehen. Tatsachen, die zur Aufhebung der VKH-Bewilligung führen, sind von Amts wegen aufzuklären. Abweichend von der früheren Rechtslage hat das Gericht keinen Ermessensspielraum mehr; es muss die VKH-Bewilligung aufheben, wenn eine der in § 124 Abs. 1 ZPO genannten Voraussetzungen gegeben ist.[256] **672**

Die Voraussetzungen des § 124 Abs. 1 Nr. 1 ZPO liegen vor, sofern der Antragsteller im Unterhaltsverfahren eine Verbesserung seiner Erwerbseinkünfte aufgrund **673**

---

253 So OLG Bamberg, FamRZ 2012, 651.
254 Ausführlich dazu *Viefhues* FuR 2017, 135.
255 BGH, FamRZ 2013, 124 = FuR 2013, 102.
256 OLG Hamm, FamRZ 2016, 931.

der Ausdehnung seiner Erwerbstätigkeit vor der Entscheidung über den Antrag auf Bewilligung von Verfahrenskostenhilfe nicht mitteilt.

674    Das Verschweigen höherer Erwerbseinkünfte kann zudem die Aufhebung der bewilligten Verfahrenskostenhilfe nach § 124 Abs. 1 Nr. 2 ZPO rechtfertigen.

675    Das OLG Hamm führt dazu aus:

>»Eine unrichtige Darstellung des Streitverhältnisses i.S.v. § 124 Abs. 1 Nr. 1 ZPO liegt vor, wenn der Beteiligte vorsätzlich falsche Tatsachen behauptet oder wahre Tatsachen verschwiegen hat und das Gericht infolgedessen die Erfolgsaussicht der Rechtsverfolgung oder -verteidigung bejaht oder deren Mutwilligkeit nicht erkannt hat. Gleiches gilt, sofern der Beteiligte seinen Vortrag nicht berichtigt, obwohl dies geboten war. Ein bedingter Vorsatz genügt; diesen hat der Beteiligte, der damit rechnet, dass er bei wahrheitsgemäßem Vortrag keine oder nur in geringerem Umfang Verfahrenskostenhilfe erhält (…). Es genügt auch, dass der Beteiligte seinen Vortrag nicht berichtigt, obwohl dies geboten war (…). Liegen die vorgenannten Voraussetzungen vor, ist die Aufhebung der Verfahrenskostenhilfe auch möglich, wenn die fehlerhaften Angaben nicht ursächlich für die VKH-Bewilligung gewesen sind (…).«

676    Das OLG Zweibrücken[257] hat allerdings bei einem Verstoß gegen § 120 Abs. 2 Satz 1 ZPO die VKH aufrechterhalten (der Bedürftige hatte die Änderung seiner Anschrift nicht mitgeteilt). Dies dürfte allerdings als eine Einzelfallentscheidung zu verstehen sein.

677    »Zwar hat der Ast. hier seine neue Adresse nicht unverzüglich dem Gericht mitgeteilt; bereits der Zeitraum von mehr als einem Jahr zwischen dem Umzug und der Kenntnis des Gerichts von der neuen Adresse lässt darauf schließen, dass ein schuldhaftes Zögern des Ast. vorgelegen hat. Die seitens des Ag. vorgetragenen Umstände hätten bei Beachtung der gebotenen Sorgfalt einer Mitteilung der Adressänderung innerhalb weniger Tage nicht entgegengestanden. Allerdings erfolgte die Nichtmitteilung nicht absichtlich oder aus grober Nachlässigkeit.

678    Das grobe Fehlverhalten ist der Partei nachzuweisen. Die Umstände, aus denen Vorsatz oder grobe Nachlässigkeit abgeleitet werden können, sind vom Gericht festzustellen. Zweifel stehen der Aufhebung entgegen und gehen nicht zu Lasten der Partei (…). Dass im Fall eines Umzugs die eine oder andere Stelle bei der Mitteilung der Anschriftenänderung übersehen wird, ist ein weit verbreitetes Phänomen. Nur wer sich dem Überprüfungsverfahren absichtlich entziehen will oder seine Sorgfaltspflichten in besonders grobem Maße verletzt, verdient die vorgesehene scharfe Sanktion (…).«

679    Entscheidet ein Gericht über einen Antrag auf Bewilligung von VKH nicht zum Zeitpunkt der Bewilligungsreife, sondern erst nach Durchführung einer Beweisaufnahme, kann die bewusste Unwahrheit des Sachvortrags des Verfahrenskostenhilfeantragstellers i.S.v. § 124 Abs. 1 Nr. 1 ZPO bereits im Verfahrenskostenhilfebewilligungsverfahren berücksichtigt werden und zur Ablehnung des Verfahrenskostenhilfeantrags führen, obwohl zum Zeitpunkt der Bewilligungsreife noch Erfolgsaussicht für den Antrag bestanden hatte.[258]

---

257   OLG Zweibrücken, NJW 2016, 3106.
258   OLG Stuttgart, FamRZ 2016, 395.

## 5. VKH für die Rechtsmitteleinlegung

Nach § 119 Abs. 1 ZPO ist für ein Beschwerde- oder auch Rechtsbeschwerdeverfahren VKH gesondert zu beantragen.[259]  680

Grds. gelten für die VKH-Bewilligung auch im weiteren Instanzenzug die oben angegebenen Kriterien, d.h. der betreffende Antragsteller muss bedürftig sein, es müssen Erfolgsaussichten gegeben sein und das Verfahren darf nicht mutwillig sein.  681

Eine Besonderheit ist allerdings § 119 Abs. 1 Satz 2 ZPO zu entnehmen: In einem höheren Rechtszug ist nicht zu prüfen, ob die Rechtsverfolgung oder Rechtsverteidigung hinreichende Aussicht auf Erfolg bietet oder mutwillig erscheint, wenn der Gegner das Rechtsmittel eingelegt hat. Dies erscheint folgerichtig, da die Rechtsansichten und damit auch Erfolgsaussichten des Rechtsmittelgegners von der Vorinstanz bereits bestätigt wurden.  682

Dem Rechtsmittelgegner kann VKH dennoch erst bewilligt werden, wenn das Rechtsmittel begründet wurde, denn erst dann steht fest, ob eine Verteidigung notwendig ist.[260]  683

§ 119 Abs. 1 Satz 2 ZPO entbindet das Rechtsmittelgericht jedoch nicht von der Prüfung der subjektiven Voraussetzungen (Bedürftigkeit) der VKH, es können durchaus abweichend von der ersten Instanz andere Raten festgesetzt werden. Maßgeblich für die VKH-Bewilligung sind die persönlichen und wirtschaftlichen Verhältnisse zum Zeitpunkt der Entscheidung des Rechtsmittelgerichts.  684

Wenn ein Rechtsmittel nur aufgrund eines neuen, in der ersten Instanz unterlassenen Vortrags Erfolgsaussicht hat, ist die VKH wegen Mutwilligkeit zu verweigern, da das Rechtsmittel vermieden werden konnte.[261]  685

### a) Bedingte Beschwerde

Die Beschwerde darf keinesfalls »bedingt« durch VKH-Bewilligung eingelegt werden. Dies ist unzulässig.[262] Eine Auslegung dahin, dass ein Schriftsatz nicht unbedingt als Rechtsmittel oder Rechtsmittelbegründung bestimmt ist, kommt aber nur in Betracht, wenn sich dies aus den Begleitumständen mit einer jeden vernünftigen Zweifel ausschließenden Deutlichkeit ergibt. Der Rechtsmittelführer wird nämlich eher das Kostenrisiko auf sich nehmen wollen, als von vornherein zu riskieren, dass sein Rechtsmittel als unzulässig verworfen wird.  686

▶ **Praxishinweis:**

Eine unzulässige Beschwerde in diesem Sinne liegt vor, wenn zeitgleich mit der Beschwerde ein Schriftsatz beim FamG eingeht mit der Erklärung, Beschwerde  687

---

259 Zur VKH für eine Beschwerde in Unterhaltssachen vgl. *Roßmann* FuR 2018, 348.
260 OLG Hamm, FamRZ 2006, 348.
261 Musielak/Voit/*Fischer*, ZPO, § 119 Rn. 16.
262 Vgl. BGH, FamRZ 2011, 366.

werde nur für den Fall der Gewährung von Verfahrenskostenhilfe eingelegt.[263] Macht der Antragsteller die »Durchführung« der Beschwerde von der Gewährung von VKH abhängig, so ist dies wirksam.[264]

### b) Antrag auf Bewilligung von VKH für eine beabsichtigte Beschwerde

688   VKH hat große Bedeutung, insbesondere wenn eine Beschwerde gegen einen **Beschluss in einer Familienstreitsache** erfolgen soll (Beschluss in Sachen Unterhalt, Güterrecht oder Nebengüterrecht). Von einer solchen Angelegenheit wird nachfolgend ausgegangen.

689   Die Beschwerde gegen einen erstinstanzlichen Beschluss ist beim AG-FamG innerhalb eines Monats einzulegen (§ 113 Abs. 1, § 63 Abs. 1, § 64 Abs. 1 FamFG) und beim Beschwerdegericht binnen zwei Monaten zu begründen (§ 117 Abs. 1 Satz 3 FamFG).

690   Ist der Beschwerdeführer mittellos, ist innerhalb der Beschwerdefrist (vgl. § 63 Abs. 1 FamFG) ein vollständiges VKH-Gesuch für das beabsichtigte Rechtsmittel nebst den dazu erforderlichen Belegen beim FamG einzureichen, vgl. § 64 Abs. 1 Satz 2 FamFG.[265]

### c) Wiedereinsetzung in den vorigen Stand

691   Wird Verfahrenskostenhilfe für die Beschwerde bewilligt und ist inzwischen – wie regelmäßig – die Beschwerdefrist abgelaufen, so muss nach §§ 233 ff. ZPO innerhalb der vorgesehenen Frist (zwei Wochen, § 234 Abs. 1 Satz 1 ZPO) **beim Beschwerdegericht Wiedereinsetzung in den vorigen Stand** beantragt und gleichzeitig die versäumte Verfahrenshandlung nachgeholt werden (§ 236 Abs. 2 Satz 2 ZPO), d.h. es muss die Beschwerde beim Ausgangsgericht einlegt werden.

692   Die erwähnte Zweiwochenfrist für den Wiedereinsetzungsantrag beginnt mit Zugang der VKH-Entscheidung zu laufen; der Antrag richtet sich an das Beschwerdegericht, da dieses nach § 237 ZPO zur Entscheidung über die nachgeholte Prozesshandlung berufen ist.[266]

693   Auch die versäumte Verfahrenshandlung (Einlegung der Beschwerde beim Ausgangsgericht) muss innerhalb der Wiedereinsetzungsfrist nachgeholt werden.

694   Wiedereinsetzung in den vorigen Stand setzt nach § 233 Abs. 1 Satz 1 ZPO voraus, dass der Beschwerdeführer ohne sein Verschulden verhindert war, die Beschwerdefrist einzuhalten. Die Mittellosigkeit muss kausal für die Fristversäumnis sein. Dies ist dann der Fall, wenn der Beschwerdeführer innerhalb der Beschwerdefrist VKH beantragt hat und auf deren Bewilligung vertrauen durfte.[267]

---

263  BGH, FamRZ 2005, 1537.
264  *Büte* FuR 2012, 119.
265  OLG Schleswig, FamRZ 2017, 1320.
266  *Nickel* FamRB 2013, 129.
267  BGH, FamRZ 2015, 1103.

▶ Praxishinweis:

Das FamFG kennt keine Notfristen. Es entspricht aber allgemeiner Meinung, **695** dass Wiedereinsetzung in den vorigen Stand gewährt werden muss, wenn der Beschwerdeführer die Beschwerdefrist unverschuldet versäumt.[268]

### aa) Die Bedürftigkeit des Antragstellers

Der bedürftige Beteiligte ist stets ohne sein Verschulden verhindert, die Beschwerde- **696** frist einzuhalten.[269] Die Wiedereinsetzung ist auch ohne förmlichen Antrag zu gewähren (vgl. § 236 Abs. 2 Satz 2 [2. Halbs.] ZPO),[270] allerdings muss der Rechtsanwalt selbst auf die Einhaltung der Wiedereinsetzungs- und Beschwerdefrist achten, wenn ihm der Verfahrenskostenhilfe bewilligende Beschluss zugeht. Er kann sich selbst bei bestehender allgemeiner Anweisung nicht darauf verlassen, dass von seinen Büroangestellten die Frist notiert wird.[271]

Die Wiedereinsetzung in den vorigen Stand setzt voraus, dass dem Antrag auf VKH **697** zur Durchführung des Rechtsmittelverfahrens innerhalb der Rechtsmittelfrist neben der ausgefüllten Erklärung über die persönlichen und wirtschaftlichen Verhältnisse auch die insoweit notwendigen Belege vollständig beigefügt wurden. Werden Belege nur unvollständig vorgelegt, kann der Beschwerdeführer nicht darauf vertrauen, dass VKH bewilligt wird. In solchen Fällen kommt Wiedereinsetzung nicht in Betracht.[272] Ein diesbezügliches Verschulden der anwaltlichen Vertretung muss der Beschwerdeführer sich nach § 85 Abs. 2 ZPO zurechnen lassen.[273]

---

268 Schulte-Bunert/Weinreich/*Roßmann*, FamFG, § 63 Rn. 3 f.; Keidel/*Sternal*, FamFG, § 63 Rn. 48.

269 BGH, FamRZ 1993, 1427.

270 BGH, FamRZ 1993, 1427.

271 BGH, FamRZ 1999, 1498.

272 OLG Schleswig, FamRZ 2017, 1320.

273 OLG Schleswig, FamRZ 2017, 1320 führt dazu aus: Die Voraussetzungen für eine Wiedereinsetzung in den vorigen Stand sind dann nicht gegeben, wenn die Beteiligte oder ihr anwaltlicher Vertreter (§ 113 Abs. 1 Satz 2 FamFG i.V.m. § 85 Abs. 2 ZPO) erkennen kann, dass die persönlichen und wirtschaftlichen Voraussetzungen für die Gewährung von Verfahrenskostenhilfe nicht gegeben sind (BGH, NJW 2001, 2720 ff.). Vom Rechtsanwalt verlangt die Rechtsprechung dabei größte Sorgfalt bei der Beurteilung der Rechtslage. Insbesondere wird von einem Rechtsanwalt verlangt, sich anhand von Entscheidungssammlungen sowie gängiger Literatur über den Stand der neueren Rechtsprechung zu unterrichten. Ist die Rechtslage zweifelhaft, muss der Rechtsanwalt vorsorglich so handeln, wie es bei einer für seine Partei ungünstigen Entscheidung zur Wahrung ihrer Belange notwendig ist (…).

▶ **Praxishinweis:**

**698**  Der BGH[274] stellt dies wie folgt dar:

»Eine arme Partei, die ein Rechtsmittel einlegen will, hat grundsätzlich Anspruch auf Wiedereinsetzung in den vorigen Stand, wenn sie ihr Prozesskostenhilfegesuch bis zum Ablauf der Rechtsmittelfrist eingereicht hatte (st. Rspr. seit BGHZ 16, 1 [3] = NJW 1955, 345). Das setzt allerdings voraus, dass dem Antrag auf Prozesskostenhilfe zur Durchführung des Rechtsmittelverfahrens innerhalb der Rechtsmittelfrist neben der ausgefüllten Erklärung über die persönlichen und wirtschaftlichen Verhältnisse auch die insoweit notwendigen Belege beigefügt waren (*Senat*, NJW-RR 2006, 140 = FamRZ 2005, 1901 [1902]) (...). Der Antragsteller kann deswegen grundsätzlich nur dann davon ausgehen, die wirtschaftlichen Voraussetzungen für die Gewährung von Prozesskostenhilfe dargetan zu haben, wenn er rechtzeitig vor Ablauf der Rechtsmittelfrist einen ordnungsgemäß ausgefüllten Vordruck nebst den erforderlichen Anlagen zu den Akten reicht (...).«

### bb) Entwurf einer Beschwerdebegründungsschrift

**699**  Die Mittellosigkeit ist dann nicht kausal für die Fristversäumung, wenn die anwaltliche Vertretung auch ohne VKH bereit ist, die Beschwerde einzulegen und zu begründen.

**700**  Dies wird mitunter daraus abgeleitet, dass der Anwalt eine vollständig unterzeichnete (Beschwerde-)Begründung vor Ablauf der Beschwerdebegründungsfrist und vor der Entscheidung über den VKH-Antrag fertigt und bei Gericht einreicht, die mit der späteren Beschwerdebegründung inhaltlich vollkommen übereinstimmt.

**701**  Der BGH[275] ist allerdings dazu anderer Meinung:

»(...) kommt allerdings nach einer Entscheidung über die beantragte Prozesskostenhilfe eine Wiedereinsetzung in den vorigen Stand nur in Betracht, wenn die Mittellosigkeit für die Fristversäumung kausal geworden ist. ... Wenn der Antragsteller sein Rechtsmittel – wie hier – bewusst noch nicht eingelegt, sondern von der Bewilligung der beantragten Prozesskostenhilfe abhängig gemacht hat, ist die Mittellosigkeit schon für die Versäumung der Rechtsmittelfrist kausal geworden. Die Prozesspartei war dann auf Grund ihrer Mittellosigkeit bereits an der Einlegung des Rechtsmittels gehindert. Mit der bloßen Stellung und Begründung des Prozesskostenhilfeantrags erbringt der Prozessbevollmächtigte eines Berufungsklägers die im zweiten Rechtszug anfallenden, vergütungspflichtigen Leistungen noch nicht und bringt gerade nicht seine Bereitschaft zum Ausdruck, das Rechtsmittel auch ohne Bewilligung von Prozesskostenhilfe einlegen und begründen zu wollen (...).«

▶ **Praxishinweis:**

**702**  Es empfiehlt sich für den anwaltlichen Vertreter, dem VKH-Antrag nur den Entwurf eines nicht unterschriebenen Beschwerdebegründungsschriftsatzes beizufü-

---

274  BGH, NJW-RR 2008, 942.
275  BGH, FamRZ 2018, 118.

gen. Die unterschriebene Beschwerde und anschließend unterschriebene Beschwerdebegründungsschrift sollten erst nach Bewilligung der VKH herausgegeben werden. Ansonsten sind immer wieder Missverständnisse möglich.

### cc) Beschwerdebegründungsfrist, § 117 Abs. 1 Satz 3 FamFG

Neben der Beschwerdefrist nach § 63 Abs. 1 FamFG kann während der Überprüfung 703 des VKH-Antrags zudem noch die Frist zur Begründung der Beschwerde nach § 117 Abs. 1 Satz 3 FamFG verstreichen.

Zu beachten ist, dass die **Frist zur Begründung der Beschwerde** unabhängig von 704 der Wiedereinsetzungsentscheidung schon mit der Zustellung des erstinstanzlichen Beschlusses zu laufen beginnt. Der Beschwerdeführer darf also nicht die Wiedereinsetzungsentscheidung abwarten.

Vor VKH-Bewilligung ist der Beschwerdeführer allerdings auch an der rechtzeiti- 705 gen Beschwerdebegründung gehindert. Die Beschwerdebegründungsfrist ist nicht schuldhaft versäumt, wenn der Beschwerdeführer, der zwar keine Verlängerung der Begründungsfrist, innerhalb der Begründungsfrist aber Verfahrenskostenhilfe beantragt hatte, die Beschwerdebegründung nach der Entscheidung über den Verfahrenskostenhilfeantrag innerhalb der Wiedereinsetzungsfrist nachgeholt hat.[276]

Er ist also gehalten, die Beschwerde – unabhängig von der Entscheidung über die 706 Wiedereinsetzung – innerhalb der nach **§ 234 Abs. 1 Satz 2 ZPO** verlängerten Wiedereinsetzungsfrist von **einem Monat** zu begründen.

Ist die Beschwerdebegründungsfrist bei VKH-Bewilligung bereits abgelaufen, kann 707 und muss auch wegen Versäumung der Beschwerdebegründungsfrist Wiedereinsetzung in den vorigen Stand beantragt werden, ggf. verbunden mit einem Fristverlängerungsantrag.

Die Frist für den Wiedereinsetzungsantrag beträgt – wie bereits erwähnt – in diesem 708 Fall nicht 2 Wochen, sondern einen Monat, §§ 113 Abs. 1 Satz 2 FamFG, 234 Abs. 1 Satz 2 ZPO. Der Lauf dieser Frist beginnt mit Zustellung des Beschlusses, durch den die Wiedereinsetzung in den vorigen Stand gegen die Versäumung der Beschwerdefrist gewährt worden ist. Der betreffende Wiedereinsetzungsantrag sowie die Beschwerdebegründung sind beim Beschwerdegericht einzureichen.[277]

### dd) Checkliste zur VKH-Beschwerde

Der VKH-Antrag ist beim Ausgangsgericht zu stellen, § 64 Abs. 1 Satz 2 FamFG. 709

Nach Bewilligung der VKH gilt folgendes:

---

276 BGH, Beschl. vom 22.06.2005, XII ZB 34/04, NJW-RR 2005, 1586.
277 *Nickel* FamRB 2013, 129.

Wiedereinsetzungsantrag wegen Versäumung der Beschwerdefrist nach § 63 Abs. 1 FamFG ist beim Beschwerdegericht zu stellen.

Gleichzeitig: Nachholung der versäumten Prozesshandlung = Einlegung der Beschwerde beim Ausgangsgericht.

Ggf. zusätzlich Wiedereinsetzungsantrag betreffend die Versäumung der Beschwerdebegründungsfrist beim Beschwerdegericht stellen.

### d) Verweigerung der VKH

**710**    Sollte wider Erwarten die VKH für das beabsichtigte Rechtsmittel nach dem Ablauf der Rechtsmittelfrist nicht bewilligt werden, beginnt die 2-wöchige Frist des § 234 Abs. 1 ZPO für den Wiedereinsetzungsantrag und die damit zu verbindende Einlegung des Rechtsmittels erst nach Ablauf eine Überlegungsfrist von etwa 3–4 Tagen zur Beantwortung der Frage, ob der Antragsteller das Rechtsmittel auf eigene Kosten durchführen will. Dies gilt auch dann, wenn nicht die Mittellosigkeit des Beschwerdeführers, sondern die Erfolgsaussicht der beabsichtigten Rechtsverfolgung verneint wurde.[278]

### e) VKH zur Durchführung der bereits erhobenen Beschwerde

**711**    Mitunter wird die Beschwerde fristgerecht beim FamG eingelegt, §§ 63 Abs. 1, 64 Abs. 1 FamFG. Allerdings wird dann VKH zur Durchführung der bereits erhobenen Beschwerde beantragt. Dies hat zur Folge, dass die Beschwerdebegründungsfrist, die unabhängig von der Beschwerdefrist läuft und 2 Monate beginnend mit der schriftlichen Bekanntgabe des Beschlusses beträgt (vgl. § 117 Abs. 1 Satz 3 FamFG), regelmäßig verstreicht.

**712**    Ein (nicht unterschriebener) Entwurf der Rechtsmittelbegründungsschrift kann dem VKH-Antrag beigefügt werden. Der BGH hat die frühere gegenteilige Rechtsprechung[279] dazu aufgegeben.[280]

> »Versäumt eine mittellose Partei die Frist zur Begründung der Berufung, so kommt eine Wiedereinsetzung in den vorigen Stand nach der Entscheidung über die Prozesskostenhilfe nur in Betracht, wenn die Mittellosigkeit für die Fristversäumung kausal geworden ist. Ist die Partei bei einer unbeschränkten Einlegung der Berufung bereits anwaltlich vertreten und reicht ihr Rechtsanwalt zur Begründung des Prozesskostenhilfegesuchs noch vor Ablauf der Berufungsbegründungsfrist eine vollständige, allerdings als »Entwurf« bezeichnete und nicht unterzeichnete Berufungsbegründungsschrift ein, kann die mittellose Partei dessen ungeachtet glaubhaft machen, dass der Anwalt nicht bereit war, die Berufung ohne Bewilligung von Prozesskostenhilfe ordnungsgemäß und insbesondere fristgerecht zu begründen (Abgrenzung zu BGH, NJW 2008, 2855).«

---

278   OLG Zweibrücken, FamRZ 2012, 1238.
279   BGH, NJW 2008, 2855.
280   Vgl. BGH, NJW 2012, 2041.

Der BGH-Rechtsprechung zur Wiedereinsetzung ist zuzustimmen. Nach § 114 FamFG **713** benötigen die Beteiligten in Ehesachen und Familienstreitsachen einen Rechtsanwalt, um ihre ordnungsgemäße Vertretung zu gewährleisten. Zu seinen Aufgaben zählt nicht allein die Anfertigung von Schriftsätzen, er muss auch die Verantwortung für deren Inhalt durch seine Unterschrift übernehmen und die so dokumentierten Erklärungen dem Gericht gegenüber wirksam abgeben.[281] Im Übrigen hat er daneben die gesamte Verfahrensführung für seine Mandantschaft zu übernehmen. Von einer Wahrnehmung all dieser Aufgaben kann keine Rede sein, wenn der Rechtsanwalt sich mit Blick auf die VKH ausdrücklich darauf beschränkt, dem Gericht einen nicht unterzeichneten Schriftsatzentwurf zur Erläuterung des allein ordnungsgemäß gestellten Antrags auf Verfahrenskostenhilfe zur Verfügung zu stellen. Damit zeigt der Rechtsanwalt, dass er bis zur Entscheidung über die VKH nicht mehr bereit ist, anderweitige Verfahrenshandlungen zur Förderung des Beschwerdeverfahrens vorzunehmen.

▶ Praxishinweis:

Die anwaltliche Vertretung muss die VKH-Bewilligung abwarten, bevor die Wie- **714** dereinsetzung in die Beschwerdebegründungsfrist beantragt wird; im Grunde genommen ist der Wiedereinsetzungsantrag auch entbehrlich bzw. konkludent gestellt, wenn innerhalb der Wiedereinsetzungsfrist nach VKH-Bewilligung die Beschwerdebegründung beim Beschwerdegericht eingeht.

▶ Taktischer Hinweis:

Ist für eine Beschwerde VKH erforderlich, ist die anwaltliche Vertretung zu beson- **715** derer Sorgfalt genötigt. Das Risiko, eine der bereits erwähnten Fristen zu versäumen, ist groß, sodass es sich empfiehlt, die Beschwerde unabhängig von einer VKH-Bewilligung zu erheben. Selbst erfahrene Anwälte verpassen immer wieder eine in diesem Zusammenhang einzuhaltende Frist, was unweigerlich die Rechtskraft des fehlerhaften Beschlusses zur Folge hat.

Im Zusammenhang mit der Beschwerdebegründung sollte dann der VKH-Antrag gestellt werden.

*Büte*[282] hat zur Risikominimierung vorgeschlagen, die Beschwerde »unbedingt« einzulegen und dann in Höhe eines Betrages der Mindestbeschwer (vgl. § 61 FamFG) zu begründen; dies sollte verbunden werden mit einem Verfahrenskostenhilfegesuch und einem Antrag auf Verfahrenskostenhilfe für einen weitergehenden Antrag.

Die Antragstellung zu o.a. Beispiel würde dann lauten:

Namens und in Vollmacht der Antragstellerin wird beantragt,

---

281 Vgl. auch BGH, FamRZ 2018, 118.
282 *Büte*, Haftungsfalle: VKH für ein Beschwerdeverfahren, FuR 2012, 122.

den angefochtenen Beschluss dahin zu ändern, dass der Antragsgegner verpflichtet wird, an die Antragstellerin über den bereits titulierten Unterhalt von 400,- € hinaus, weiteren Unterhalt von 20,- € zu zahlen,[283]

der Antragstellerin Verfahrenskostenhilfe zur Durchführung des Beschwerdeverfahrens sowie für eine beabsichtigte Beschwerdeerweiterung zu bewilligen und ihr den Unterzeichnenden beizuordnen.

Nach Bewilligung von VKH wird beantragt werden, den angefochtenen Beschluss dahin zu ändern, dass der Antragsgegner verpflichtet wird, an die Antragstellerin einen monatlichen Unterhalt von insgesamt 600 € zu zahlen.

### 6. Sofortige Beschwerde gegen VKH-Beschlüsse

716 VKH-Beschlüsse können nach §§ 127 Abs. 2, Abs. 3 i.V.m. 567 ff. ZPO mit der sofortigen Beschwerde angefochten werden.

717 Die sofortige Beschwerde muss innerhalb einer Notfrist von einem Monat eingelegt werden (vgl. § 127 Abs. 2 Satz 3 ZPO). Eine anwaltliche Vertretung ist nicht erforderlich.

718 Die Frist beginnt, wenn dem Antragsteller der Beschluss bekannt geworden ist.

719 Nach § 569 Abs. 1 ZPO kann die sofortige Beschwerde sowohl beim Ausgangsgericht als auch beim Beschwerdegericht eingelegt werden.

720 Die Beschwerdeschrift muss die Bezeichnung des angefochtenen Beschlusses sowie die Erklärung enthalten, dass Beschwerde gegen die genannte Entscheidung eingelegt werden soll, vgl. § 569 Abs. 2 Satz 2 ZPO.

721 Die Beschwerde ist eigenhändig zu unterschreiben, muss aber weder einen Antrag noch eine Begründung enthalten, vgl. § 571 Abs. 1 ZPO.

722 Die Bewilligung von VKH kann von der Staatskasse angefochten werden, wenn keine Monatsraten bzw. auch kein Vermögenseinsatz angeordnet wurde (§ 127 Abs. 3 Satz 1 ZPO). Ansonsten ist die Staatskasse nicht beschwerdeberechtigt.

723 Der Antragsteller kann grds. alle ihm nachteiligen VKH-Entscheidungen anfechten; er ist durch eine solche nachteilige Entscheidung nämlich beschwert. Dies gilt nach § 127 Abs. 2 Satz 2 ZPO nicht, wenn der Streitwert der Hauptsache den in

---

283 Der Beschwerdewert (vgl. dazu Roßmann/Viefhues, Kap. 5 Rn. 952) ist bei der Forderung weiterer 20 € erreicht; er bemisst sich in Unterhaltssachen nach § 113 Abs. 1 Satz 2 FamFG i.V.m. § 9 Satz 1 ZPO. Dies bedeutet, dass der 3,5-fache Wert des 1-jährigen Bezuges maßgeblich ist. Wurde etwa eine Unterhaltsrente von 250 € beantragt und hat der Antragsteller nur 230 € zugesprochen bekommen, so beträgt der Beschwerdewert 840 € (20 € × 12 = 240 € × 3,5 = 840 €). Sobald eine Unterhaltsdifferenz von 15 € (genau 14,29 €) mit der Beschwerde angegriffen wird, ist der Beschwerdewert von 600,01 € schon erreicht.

§ 61 Abs. 1 FamFG genannten Betrag von 600 € nicht übersteigt, es sei denn, das Gericht hat ausschließlich die persönlichen oder wirtschaftlichen Voraussetzungen für die VKH verneint.

Anfechtbar sind für den Antragsteller mit der sofortigen Beschwerde daher insb. die **724**
- Aufhebung der VKH-Bewilligung,
- Festsetzung von Monatsraten oder Vermögensbeträgen,
- vorläufige Begrenzung der Zahl der Monatsraten,
- Ablehnung der Beiordnung eines RA,
- Beiordnung eines von der VKH-Partei nicht beauftragten RA,
- Ablehnung der Aufhebung der Ratenzahlung,
- Verweigerung einer Bescheidung des VKH-Antrags.

Der beigeordnete Anwalt kann aus eigenem Recht mit der sofortigen Beschwerde **725** vorgehen
- gegen die Ablehnung der Aufhebung seiner Beiordnung,[284]
- gegen die Aufhebung seiner Beiordnung,[285]
- gegen eine Einstellung der Ratenzahlung nach § 120 Abs. 3 ZPO.[286]

Ansonsten ist der beigeordnete Anwalt nicht selbst beschwerdeberechtigt; dies gilt **726** i.Ü. auch für den Gegner des Antragstellers.[287]

Das Ausgangsgericht kann der sofortigen Beschwerde abhelfen, vgl. § 572 Abs. 1 **727** ZPO. Ansonsten ist die Beschwerde unverzüglich dem Beschwerdegericht vorzulegen. Beschwerdegericht ist nach § 119 Abs. 1 Nr. 1a GVG das OLG; dort entscheidet nach § 568 ZPO der Einzelrichter.

▶ Praxishinweis:

Eine sofortige Beschwerde gegen eine ablehnende Entscheidung über die Bewilligung von Verfahrenskostenhilfe ist in den Fällen des § 57 Satz 1 FamFG, also wenn eine Entscheidung in einer eA-Sache nicht rechtsmittelfähig ist, unzulässig, wenn der Antrag wegen fehlender Erfolgsaussicht abgelehnt wurde. Insoweit reicht der Rechtsweg im Verfahrenskostenhilfebewilligungsverfahren nicht weiter als der Rechtsweg in der Hauptsache.[288]

## 7. Neuer VKH-Antrag

Ein VKH-Beschluss, welcher eine ablehnende Entscheidung enthält, ist der materiel- **728** len Rechtskraft nicht fähig.[289] Somit kann bis zum Abschluss des Rechtszuges erneut um VKH nachgesucht werden.

---

284 OLG Brandenburg, FamRZ 2009, 898.
285 OLG Brandenburg, FamRZ 2004, 213.
286 Thomas/Putzo/*Seiler*, ZPO, § 127 Rn. 6 a.E.
287 Musielak/Voit/*Fischer*, ZPO, § 127 Rn. 16.
288 OLG Hamburg, FamRZ 2021, 1218.
289 BGH, NJW 2009, 857.

729 Dies kann dann Sinn machen, wenn sich wirtschaftliche oder rechtliche Veränderungen (z.b. eine Rechtsprechungsänderung) zugetragen haben.[290]

730 Wird hingegen nur derselbe Antrag wiederholt, fehlt das Rechtsschutzinteresse.

731 Der neue Antrag entfaltet aber keine Rückwirkung.

### 8. Muster

### a) Antrag auf VKH-Bewilligung (»bedingte« Antragstellung)

▶ Muster

732 An das

AG.....

– FamG –

.....

     Verfahrenskostenhilfeantrag und Entwurf eines Unterhaltsantrags

In der Familiensache

der Frau.....

– Antragstellerin –

Verfahrensbevollmächtigte:.....

gegen

Herrn.....

– Antragsgegner –

Verfahrensbevollmächtigte:.....

stelle ich namens und in Vollmacht der Antragstellerin folgenden Antrag:

Der Antragstellerin wird für den beabsichtigten Antrag gemäß dem beiliegenden Antragsentwurf Verfahrenskostenhilfe bewilligt, der Unterzeichnende wird als Verfahrensbevollmächtigter beigeordnet.

Begründung:

Die Antragstellerin ist nach ihren persönlichen und wirtschaftlichen Verhältnissen außerstande, die Kosten des beabsichtigten Unterhaltsverfahrens zu tragen. Einzusetzende Einkünfte nach § 113 Abs. 1 Satz 2 FamFG i.V.m. § 115 Abs. 1 ZPO sind nicht vorhanden. Die wirtschaftlichen Verhältnisse der Antragstellerin können der beiliegenden Erklärung entnommen werden. Sie ist i.Ü. auch vermögenslos.

Das beabsichtigte Unterhaltsverfahren hat Aussicht auf Erfolg und ist nicht mutwillig.

---

290 BGH, NJW 2009, 857.

Sollte das Gericht weitere Angaben benötigen, wird um einen richterlichen Hinweis gebeten.

.....

Rechtsanwalt/Rechtsanwältin

## b) Antrag auf VKH-Bewilligung (»unbedingte« Antragstellung)

▶ Muster

An das                                                                         733

AG.....

– FamG –

.....

Verfahrenskostenhilfeantrag und Antrag auf Erlass einer einstweiligen Unterhaltsanordnung nach § 246 FamFG

In der Familiensache

der Frau.....

- Antragstellerin –

Verfahrensbevollmächtigter: Unterzeichnender

gegen

Herrn.....

- Antragsgegner –

zeige ich ausweislich anliegender Verfahrensvollmacht die anwaltliche Vertretung der Antragstellerin an (Anlage A1).

Namens und im Auftrag der Antragstellerin stellt der Unterzeichnende den Antrag, dieser für die einstweilige Unterhaltsanordnung Verfahrenskostenhilfe zu gewähren und den Unterzeichnenden beizuordnen. Die wirtschaftlichen Verhältnisse der Antragstellerin können der beiliegenden Erklärung entnommen werden.

In der Sache stelle ich folgenden Antrag:

Der Antragsgegner wird verpflichtet, an die Antragstellerin ab dem....., jeweils monatlich im Voraus, einen monatlichen Unterhalt i.H.v...... € zu zahlen.

Begründung:

1.

Die Antragstellerin und der Antragsgegner leben seit dem..... getrennt. Der Unterzeichnende hat mit Schriftsatz vom heutigen Tag Scheidungsantrag beim erkennenden Gericht gestellt.

.....

2.

Die Antragstellerin ist nach ihren persönlichen und wirtschaftlichen Verhältnissen außerstande, die Kosten des beabsichtigten Unterhaltsverfahrens zu tragen. Einzusetzende Einkünfte nach § 113 Abs. 1 Satz 2 FamFG i.V.m. § 115 Abs. 1 ZPO sind nicht vorhanden. Die wirtschaftlichen Verhältnisse der Antragstellerin können der beiliegenden Erklärung entnommen werden. Sie ist i.Ü. auch vermögenslos.

Das beabsichtigte Unterhaltsverfahren hat Aussicht auf Erfolg und ist nicht mutwillig.

Sollte das Gericht weitere Angaben benötigen, wird um einen richterlichen Hinweis gebeten.

......

Rechtsanwalt/Rechtsanwältin

## c) Sofortige Beschwerde gegen ablehnenden VKH-Beschluss

▶ Muster

734  In Sachen

....../......

wegen: Ehegattenunterhalt

legt der Unterzeichnende namens der Antragstellerin gegen den Beschluss des AG – FamG –..... vom....., zugestellt am.....

sofortige Beschwerde

mit dem folgenden Antrag ein:

Der Beschluss des AG – FamG –..... vom..... wird abgeändert:

Der Antragstellerin wird Verfahrenskostenhilfe mit Bewilligung ab Antragstellung gewährt. Ihr wird Rechtsanwalt..... beigeordnet.

Begründung:

Die sofortige Beschwerde ist zulässig, vgl. §§ 127 Abs. 2 Satz 2, 567 ff. ZPO.

Die Ablehnung der Verfahrenskostenhilfe wird vom Gericht leider nicht begründet.

Der Unterzeichnende geht von fehlender Erfolgsaussicht des eingeleiteten Unterhaltsverfahrens aus.

Maßgeblich ist aber, dass die Antragstellerin gezwungen war, ein schnelles Verfahren einzuleiten.

Sie hatte sich vom Antragsgegner trennen müssen (der Unterzeichnende hat bereits die Härtefallscheidung beantragt) und befand sich in einer extrem schwierigen wirtschaftlichen Lage.

Der Antragsgegner hatte weiterhin keine Auskunft über seine Einkünfte erteilt. Dies ist dem Gericht vom Unterzeichnenden auch mitgeteilt worden (vgl. Antrag vom.....).

Die Antragstellerin kann die Bedeutung ehebedingter Darlehenszahlungen – worauf das Gericht nunmehr im Beschluss vom..... hinweist – nur einschätzen, wenn die Höhe der Einkünfte bekannt ist.

Auch ist die Vorschrift des § 243 Satz 2 Nr. 2 FamFG verfahrensrechtlich zu beachten; der Antragsgegner hat dieses Verfahren regelrecht herausgefordert. Dies nunmehr damit zu quittieren, dass die Antragstellerin die Kosten des Verfahrens zu tragen hat, stellt die Wertung des § 243 Satz 2 Nr. 2 FamFG auf den Kopf.

Nach alledem ist der Antragstellerin die beantragte Verfahrenskostenhilfe zu bewilligen; der Unterzeichnende ist beizuordnen.

......

Rechtsanwalt/Rechtsanwältin

## 9. Verfahrenskostenvorschuss

### a) Verhältnis zu VKH

Gerade in familienrechtlichen Verfahren ist die Bedeutung von Verfahrenskostenhilfe (VKH) sehr groß. Vor einem Antrag auf VKH ist jedoch vorrangig ein Verfahrenskostenvorschussanspruch (VKV-Anspruch) zu prüfen. Denn bei einem durchsetzbaren VKV-Anspruch fehlt dem Antragsteller wegen insoweit vorhandenen Vermögens die Bedürftigkeit i.S.d. § 115 Abs. 3 ZPO.[291] VKV verdrängt daher VKH, falls der Anspruch realisierbar ist, d.h. unzweifelhaft besteht und **kurzfristig** durchsetzbar ist.[292] VKV ist nicht kurzfristig durchsetzbar, wenn der Antragsteller keine Kenntnis über die Einkommens- und Vermögensverhältnisse des Antragsgegners hat. Stellt der Antragsteller daher einen Unterhaltsstufenantrag, so kann er nicht darauf verwiesen werden, zuvor VKV einzufordern, sondern es ist ihm VKH zu bewilligen.[293] **735**

▶ Anwaltlicher Hinweis:

Der anwaltliche Vertreter sollte sich schon der höheren Gebühren wegen im eigenen Interesse mit VKV-Ansprüchen auseinandersetzen. Das FamG kann i.Ü. verlangen, dass der die VKH begehrende Beteiligte darlegt, dass ein Anspruch auf VKV nicht besteht.[294] **736**

---

291 Hdb. FamR/*Kintzel*, Kap. 16 Rn. 217.
292 BGH, FamRZ 2008, 1842.
293 OLG Karlsruhe, FuR 2017, 111.
294 BGH, FamRZ 2008, 1842.

## b) Verfahrensrechtliche Umsetzung eines VKV-Anspruchs

**737** Der Anspruch auf einen Verfahrenskostenvorschuss kann in einem Hauptsacheverfahren geltend gemacht werden oder durch Antrag auf einstweilige Anordnung nach §§ 49 ff., 246 Abs. 1 FamFG. Praktische Bedeutung hat aber nur die einstweilige VKV-Anordnung nach §§ 49 ff., 246 Abs. 1 FamFG, da sie schneller und effektiver zum Erfolg führt. Die folgenden Ausführungen konzentrieren sich daher auf die einstweilige VKV-Anordnung.

### aa) Anwendungsbereich der einstweiligen Anordnung nach §§ 49 ff., 246 Abs. 1 FamFG

**738** Der Anwendungsbereich der einstweiligen Anordnung nach §§ 49 ff., 246 Abs. 1 FamFG ist nicht auf Kostenvorschüsse für beabsichtigte Unterhaltsverfahren begrenzt, sondern es kann Vorschuss für alle Verfahren nach dem FamFG, bspw. auch für eine beabsichtigte Scheidung oder ein Zugewinnausgleichsverfahren, zugesprochen werden. Der VKV-Anspruch ist dabei (unabhängig vom beabsichtigten Hauptsacheverfahren familiengerichtlichen Verfahren) in dem selbstständigen Anordnungsverfahren nach §§ 49 ff., 246 Abs. 1 FamFG durchzusetzen.[295]

### bb) Antrag, § 51 Abs. 1 FamFG

**739** Der Erlass einer einstweiligen Anordnung setzt einen bestimmten vollstreckungsfähigen Antrag voraus.

**740** Der Antrag kann etwa folgenden Wortlaut haben:

»**Der Antragsgegner wird verpflichtet, an die Antragstellerin für das beabsichtigte Scheidungsverfahren einen Verfahrenskostenvorschuss in Höhe von... € zu zahlen.**«

**741** Der Antragsteller hat den gestellten Antrag zu begründen. Die Begründung muss die wesentlichen verfahrensrechtlichen und tatsächlichen Voraussetzungen enthalten. Die Voraussetzungen für die Anordnung sind nach § 51 Abs. 1 Satz 2 FamFG glaubhaft zu machen.[296]

### cc) Zuständiges Gericht

**742** Das Verfahren auf Erlass einer einstweiligen Anordnung ist ein in jeder Hinsicht selbstständiges Verfahren (vgl. § 51 Abs. 3 Satz 1 FamFG).

**743** Für diese Verfahren ist nach § 50 Abs. 1 Satz 1 FamFG das Gericht zuständig, welches für das Verfahren zur Hauptsache zuständig wäre.

**744** Ist ein Hauptsacheverfahren erstinstanzlich bereits anhängig, ist das Gericht des ersten Rechtszugs für den etwaigen Erlass einer diesbezüglichen einstweiligen Anordnung

---

295 Schulte-Bunert/Weinreich/*Schwonberg*, FamFG, § 246 Rn. 25.
296 Vgl. dazu Horndasch/Viefhues/*Viefhues*, FamFG, § 51 Rn. 8 bis 11.

zuständig; da ein VKV-Hauptsacheverfahren praktisch nicht vorkommt, ist dieser Fall eher theoretisch.

▶ Hinweis:

Nochmals zur Klarstellung: Hauptsacheverfahren i.S.d. § 50 Abs. 1 FamFG wäre    **745** nicht das beabsichtigte familiengerichtliche Verfahren, sondern nur ein »deckungsgleiches« VKV-Hauptsacheverfahren.

Möglich ist auch, dass das Verfahren, für welches VKV begehrt wird, bereits zweitins-    **746** tanzlich beim Beschwerdegericht anhängig ist. Auch dadurch wird die Zuständigkeit des Beschwerdegerichts für die diesbezügliche VKV-Anordnung nicht begründet. Selbst wenn sich die im Beschwerdeverfahren angefallene Hauptsache auf laufenden Trennungsunterhalt bezieht, also die Deckung des allgemeinen Lebensbedarfs, entsprechen sich die Anträge nicht, obwohl auch der einstweilige VKV-Antrag unterhaltsrechtlichen Charakter hat, also einen aus einem konkreten Anlass anfallenden Sonderbedarf betrifft. Der Umstand, dass beide Verfahren Unterhaltsleistungen zum Gegenstand haben, genügt daher nicht, um eine Identität der Verfahrensgegenstände zu begründen (die übrigens bei anderen Verfahren wie den Kindschaftssachen oder Güterrechtssachen ohnehin nicht bestünde).[297]

Damit sind einstweilige VKV-Anordnungen beim erstinstanzlichen FamG einzuleiten    **747** (es sei denn, es wäre ein VKV-Hauptsacheverfahren beim Beschwerdegericht anhängig).

▶ Praxishinweis:

Die Zuständigkeit des AG-FamG bei Anhängigkeit der vorschussbedürftigen    **748** Familiensache im Beschwerdeverfahren ist nicht unproblematisch, weil das Beschwerdegericht mit der maßgeblichen Angelegenheit, für welche VKV gefordert wird, befasst ist und die Entscheidung auch von einer Erfolgsprognose abhängt.[298] Allerdings hat der Gesetzgeber die Zuständigkeit in dieser Weise unmissverständlich festgeschrieben, vgl. § 50 FamFG.[299]

### dd) Regelungsbedürfnis

Nach § 49 Abs. 1 FamFG setzt eine einstweilige Anordnung ein dringendes Bedürfnis    **749** für ein sofortiges Tätigwerden voraus. Ob ein dringendes Bedürfnis anzunehmen ist, ist eine Frage des Einzelfalls. Es wird regelmäßig zu bejahen sein, wenn ein Zuwarten bis zur Entscheidung in einer etwaigen Hauptsache nicht ohne Eintritt erheblicher Nachteile möglich wäre.[300]

---

297 OLG Oldenburg, FuR 2012, 46, 47 = FamRZ 2012, 390.
298 Kritisch dazu Schulte-Bunert/Weinreich/*Schwonberg*, FamFG, § 246 Rn. 35.
299 OLG Oldenburg, FuR 2012, 46, 47.
300 OLG Köln, FamRZ 2007, 658.

**750**   In Unterhaltssachen weicht allerdings § 246 FamFG (als lex specialis) von § 49 FamFG ab. Das FamG kann durch einstweilige Anordnung auf Antrag die Verpflichtung zur Zahlung von Unterhalt oder zur Zahlung eines Kostenvorschusses für ein gerichtliches Verfahren regeln. Damit genügt in diesen Fällen als Anordnungsgrund ein »einfaches« Regelungsbedürfnis,[301] welches vorliegt, wenn der Antragsteller die Einleitung eines familiengerichtlichen Verfahrens beabsichtigt. Das Regelungsbedürfnis ist nicht gegeben, wenn das Verfahren, für welches VKV beansprucht wird, bereits abgeschlossen ist.[302]

### ee) Anordnungsanspruch

**751**   Die einstweilige Anordnung muss gem. § 49 Abs. 1 FamFG »nach den für das Rechtsverhältnis maßgebenden Vorschriften gerechtfertigt« sein. Die Formulierung des § 49 Abs. 1 FamFG macht deutlich, dass das FamG auch im summarischen Verfahren die einschlägigen – materiell-rechtlichen – Vorschriften zu prüfen bzw. sich zumindest daran zu orientieren hat. Allerdings bestehen geringere Beweisanforderungen (Glaubhaftmachung), insb. ist die Beweiserhebung gem. § 113 Abs. 1 FamFG i.V.m. § 294 Abs. 2 ZPO auf präsente Beweismittel beschränkt.[303]

**752**   Damit ist nunmehr auf die materiell-rechtlichen Voraussetzungen für VKV einzugehen.

### aaa) Anspruchsberechtigte Personen

**753**   Gesetzlich geregelt ist der Anspruch auf Verfahrenskostenvorschuss lediglich in § 1360a Abs. 4 Satz 1 BGB als Bestandteil des Familienunterhalts und (über die Verweisung in § 1361 Abs. 4 BGB) des Trennungsunterhalts der **Ehegatten**. Dies bedeutet, dass **nach Scheidung** der Ehe ein Anspruch auf Verfahrenskostenvorschuss nicht mehr besteht. Dies gilt auch für die Kosten einer vormals im Verbund stehenden Folgesache, die nach der Scheidung abgetrennt fortgeführt wird.[304]

**754**   Der neue Ehegatte kann nach § 1360a Abs. 4 Satz 1 BGB vorschusspflichtig sein, wenn sich das Verfahren gegen den geschiedenen Ehegatten richtet. Dies bejaht die Rechtsprechung jedenfalls für einen Zugewinnausgleichsanspruch.[305]

**755**   Der Anspruch steht nach allgemeiner Meinung auch **minderjährigen** (unverheirateten) **Kindern** zu.[306]

**756**   Auch dem volljährigen Kind steht aus § 1360a Abs. 4 Satz 1 BGB analog ein Anspruch auf Zahlung eines Verfahrenskostenvorschusses gegen seine Eltern zu, wenn es **noch**

---

301   Vgl. Thomas/Putzo/*Hüßtege*, ZPO, § 246 FamFG Rn. 4.
302   Keidel/*Giers*, FamFG, § 246 Rn. 13.
303   *Viefhues* FuR 2015, 560; *Giers* FG Prax 2009, 47, 49.
304   BGH, FamRZ 2017, 1052.
305   BGH, FamRZ 2010, 189 = FuR 2010, 159.
306   BGH, FamRZ 2005, 883 m. w. N.

**keine selbstständige Lebensstellung** erreicht hat, insb. also zur Geltendmachung von Ausbildungsunterhalt.[307]

Umstritten ist die Rechtsgrundlage des VKV-Anspruchs beim **Verwandtenunterhalt.** 757 Nach einer Auffassung wird vertreten, dass die Regelung des § 1610 BGB unvollständig sei, sodass eine unbewusste Regelungslücke bestehe, die durch entsprechende Anwendung des § 1360a Abs. 4 BGB geschlossen werden könne, wenn die Situation des bedürftigen volljährigen Kindes derjenigen eines unterhaltsberechtigten Ehegatten vergleichbar ist. Das ist hinsichtlich des Unterhaltsanspruchs volljähriger Kinder dann der Fall, wenn sie wegen der Fortdauer ihrer Ausbildung noch keine eigene Lebensstellung erworben haben und deswegen übergangsweise wie minderjährige Kinder der Solidarität und Unterstützung durch ihre Eltern bedürfen.[308]

Nach anderer Auffassung ist der Anspruch auf § 1613 BGB zu stützen, sodass die 758 Analogie zu § 1360a Abs. 4 BGB entbehrlich wäre.[309]

Ebenso wie beim Unterhalt volljähriger Kinder mit eigener Lebensstellung ist ein 759 Anspruch auf Verfahrenskostenvorschuss im Rahmen des **Elternunterhalts** zu verneinen.[310]

Umstritten ist der VKV-Anspruch des nicht verheirateten Elternteils. **§ 1615l Abs. 3** 760 **Satz 1 BGB verweist zum einen auf die 1601 ff. BGB.**[311] Zum anderen spricht auch die vom BGH im Grundsatz angewandte Gleichbehandlung mit kinderbetreuenden Ehegatten dafür.[312] Insoweit sollte der Kostenvorschuss zwecks Geltendmachung von Unterhaltsansprüchen nach § 1615l BGB zu rechtfertigen sein.[313]

**Eingetragenen Lebenspartnern** steht jedenfalls aufgrund der Verweisung in § 12 Satz 2 761 LPartG ein Anspruch auf Verfahrenskostenvorschuss gem. § 1360a Abs. 4 BGB zu.

*bbb) Anspruchsvoraussetzungen nach § 1360a Abs. 4 BGB*

§ 1360a Abs. 4 BGB gewährt einem Ehegatten, der nicht in der Lage ist, die Kosten 762 eines Rechtsstreits zu tragen, der eine persönliche Angelegenheit betrifft, einen Anspruch auf Vorschuss gegen den anderen Ehegatten, soweit dies der Billigkeit entspricht.[314]

Der Vorschusscharakter hat zur Folge, dass VKV nur vor und während eines Verfah- 763 rens, jedoch nicht mehr nach dessen Abschluss zugestanden werden kann.[315]

---

307 BGH, FamRZ 2005, 883.
308 Schulte-Bunert/Weinreich/*Schwonberg*, FamFG, § 246 Rn. 22.
309 FamR-Komm/*Klein*, § 1360a BGB Rn. 33.
310 *Caspary* NJW 2005, 2577, 2578.
311 Bejahend OLG München, FamRZ 2002, 1219 = OLGR 2002, 67; ähnlich offenbar auch *Caspary* NJW 2005, 2577, 2578.
312 BGH, FamRZ 2005, 357.
313 A.A. Schulte-Bunert/Weinreich/*Schwonberg*, FamFG, § 246 FamFG Rn. 23.
314 Ausführlich dazu FamR-Komm/*Klein*, § 1360a BGB Rn. 47 ff.
315 OLG Stuttgart, FamRZ 2012, 318.

*(1) Bestehende Ehe*

**764** Der VKV-Anspruch nach § 1360a Abs. 4 BGB setzt eine bestehende Ehe voraus (jedenfalls soweit die Vorschrift nicht analog etwa auf Kinder angewandt wird). Nach Rechtskraft der Scheidung kann daher VKV nicht mehr gefordert werden.

**765** Wird nachehelicher Unterhalt im Scheidungsverbund geltend gemacht, so kann dafür ein Kostenvorschuss gewährt werden, da dies Teil des Trennungsunterhalts ist.[316]

*(2) Persönliche Angelegenheit*

**766** Der Begriff »Persönliche Angelegenheit« wird gesetzlich nicht definiert, sodass sich die Rechtsprechung mit Fallgruppen behilft.[317] Das Unterhaltsverfahren ist bspw. eine wichtige persönliche Angelegenheit i.S.d. § 1360a Abs. 4 BGB. Dies gilt nicht nur für den gerichtlichen Unterhaltsantrag, sondern für alle Unterhaltsverfahren, also z.b. für den Auskunftsanspruch,[318] den Antrag auf Zustimmung zum steuerlichen Realsplitting[319] oder die Unterhaltsfolgesache im Scheidungsverfahren.[320] Grds. sind alle Familiensachen i.s.v. § 111 FamFG als persönliche Angelegenheit einzuordnen.[321]

*(3) Bedürftigkeit*

**767** Der Anspruch auf VKV setzt voraus, dass der Unterhaltsberechtigte bedürftig ist (§ 1360a Abs. 4 Satz 1 BGB:»nicht in der Lage, die Kosten des Rechtsstreits zu tragen«). Dabei kommt es nicht auf den Maßstab der §§ 114 ff. ZPO an; entscheidend ist vielmehr die Billigkeit, nach der sich auch der Umfang des Anspruchs richtet.[322] Ein Vorschuss wird daher nicht erst bei Beeinträchtigung des notwendigen Unterhalts des Unterhaltsberechtigten geschuldet, sondern gegebenenfalls schon bei Gefährdung von dessen angemessenen Unterhalt, wobei bei nicht unerheblichem Eigeneinkommen ein Verfahrenskostenvorschuss in der Regel ausscheidet. Dies gilt auch dann, wenn die Einkünfte des anspruchstellenden Ehegatten aus dem vom anderen Ehegatten gezahlten Trennungsunterhalt herrühren.[323]

**768** Die Bedürftigkeit ist auch nicht gegeben, wenn der Anspruchsteller über Vermögen verfügt (etwa aus dem Verkauf einer Immobilie in Höhe von 30.000 €), das er zur Bezahlung der Verfahrenskosten einsetzen kann.

---

316  So FamR-Komm/*Klein*, § 1360a BGB Rn. 48 ff.
317  Ausführlich dazu BGH, FamRZ 2020, 114.
318  OLG Zweibrücken, FamRZ 1998, 491; FamRZ 1996, 1288.
319  OLG Hamm, FamRZ 1989, 277.
320  KG, FamRZ 1995, 680.
321  Vgl. auch PWW/*Kleffmann*, BGB, § 1360a Rn. 18.
322  Grüneberg/*Siede*, BGB, § 1360a Rn. 11.
323  AG Detmold, FuR 2017, 566 mit Anm. von *Viefhues*.

*(4) Leistungsfähigkeit*

Die Verpflichtung zur Zahlung von VKV erfährt eine Einschränkung durch das **769** Erfordernis der Billigkeit. Unbillig ist eine Inanspruchnahme des Verpflichteten insb. dann, wenn er nicht leistungsfähig ist.

Für die **Leistungsfähigkeit** ist dem Unterhaltspflichtigen grds. der nach den Unter- **770** haltsleitlinien maßgebliche Selbstbehalt zu belassen.[324]

Der Antragsgegner ist leistungsfähig, wenn er den Kostenvorschuss zumindest **raten-** **771** **weise aufbringen kann**.[325]

Besteht nur ein ratenweiser Vorschussanspruch, ist dem Vorschussberechtigten Ver- **772** fahrenskostenhilfe mit entsprechender Ratenzahlungsanordnung zu bewilligen. Der Realisierbarkeit des Vorschussanspruchs kann durch einen adäquaten Einsatzzeitpunkt für die Ratenzahlung Rechnung getragen werden.[326]

Wird der **Trennungsunterhalt nach Quoten** bemessen, so scheidet ein Anspruch des **773** anderen Ehegatten auf einen Verfahrenskostenvorschuss in der Regel aus, weil dies dem Halbteilungsgrundsatz widersprechen würde.[327] Eine Ausnahme dazu kommt nur in Betracht, wenn der Unterhaltspflichtige über sehr hohe Einkünfte, über zusätzliche nicht prägende Einkünfte oder über Vermögen verfügen würde, welche er in zumutbarer Weise für die Verfahrenskosten einsetzen könnte.

Das OLG Karlsruhe argumentiert wie folgt:          **774**

»Ein Anspruch der Antragsgegnerin auf Zahlung von Verfahrenskostenvorschuss scheidet im vorliegenden Fall dennoch aus. Denn eine Verpflichtung des Antragstellers zur Zahlung von Verfahrenskostenvorschuss nach § 1360a Abs. 4 BGB würde gegen den Halbteilungsgrundsatz verstoßen und entspräche deshalb nicht der Billigkeit. Der Antragsteller zahlt an die Antragsgegnerin ab Juni 2015 einen nach Quoten errechneten Trennungsunterhalt in Höhe von 471 €. ... Eine Verpflichtung zur Zahlung von Verfahrenskostenvorschuss käme deshalb nur in Betracht, wenn der Unterhaltspflichtige über sehr hohe Einkünfte, über zusätzliche nicht prägende Einkünfte oder über Vermögen verfügen würde, welche er in zumutbarer Weise für die Verfahrenskosten einsetzen könnte (...). Diese Voraussetzungen liegen hier nicht vor. Auf Seiten des Antragstellers sind weder nicht prägende Einkünfte noch für die Verfahrenskosten einsetzbares Vermögen vorhanden.«

▶ Praxishinweis:

Bei zweifelhafter Leistungsfähigkeit empfiehlt es sich für den Unterhaltsberech- **775** tigten, einen Antrag auf einstweilige VKV-Anordnung nach §§ 49 ff., 246 Abs. 1 FamFG zu stellen und hilfsweise VKH zu beantragen. Die umgekehrte Vorgehensweise ist dagegen unzweckmäßig, weil nicht gewährleistet ist, dass bei Scheitern des VKH-Antrags ein Anspruch auf VKV besteht.

---

324 OLG Bremen, NZFam 2021, 180; Schulte-Bunert/Weinreich/*Schwonberg*, FamFG, § 246 Rn. 29.
325 *Viefhues* FuR 2015, 560; BGH, FamRZ 2004, 1633.
326 OLG Celle, FuR 2014, 602.
327 OLG Karlsruhe, FamRZ 2016, 1279.

*(5) Billigkeit: Erfolgsaussicht und kein Mutwillen*

**776** Unbillig ist eine Pflicht zum Verfahrenskostenvorschuss, wenn der Verfahrensführung die **Erfolgsaussicht** fehlt[328] oder sie mutwillig ist.[329] Danach müssen die außergerichtlichen Möglichkeiten der Rechtsverfolgung erschöpft sein; weiterhin darf es keine kostengünstigere Möglichkeit der Rechtsverfolgung geben.

**777** Die Erfolgsaussicht ist in der Rechtsprechung z.b. verneint worden, wenn bei einem Antrag auf Auskunft die Frist nach § 1605 Abs. 2 BGB noch nicht abgelaufen ist.[330] Letztlich wird die Erfolgsaussicht beim Anspruch auf VKV **wie die Erfolgsaussicht bei der VKH-Bewilligung** beurteilt.[331]

▶ Praxishinweis:

**778** Der Bedürftige muss, bevor er eine einstweilige Anordnung auf Zahlung von einen Verfahrenskostenvorschuss beantragt, erst außergerichtlich tätig geworden sein, d. h. dem Antragsgegner außergerichtlich ein Aufforderungsschreiben mit Fristsetzung geschickt haben.

### c) Entscheidung über den eA-Antrag

*aa) Regelungsumfang*

**779** § 49 Abs. 1 FamFG macht deutlich, dass für eine einstweilige Anordnung nur vorläufige Maßnahmen in Betracht kommen.[332] Es gilt daher, wie im Recht der einstweiligen Verfügung, der Grundsatz des Verbots der Vorwegnahme der Hauptsache. Auch insoweit gilt für die einstweilige Anordnung in VKV-Sachen freilich eine wichtige Besonderheit. Auf der Rechtsfolgenseite besteht nämlich die in § 49 FamFG vorgesehene Begrenzung auf vorläufige Maßnahmen nicht, vgl. § 246 Abs. 1 FamFG.

**780** Der Anspruch richtet sich daher auf Bevorschussung aller entstehenden notwendigen und fälligen gerichtlichen und außergerichtlichen Kosten. Die Notwendigkeit kann an der Rechtsprechung zu § 91 Abs. 1 Satz 1 ZPO orientiert werden. Dass die Beauftragung eines Rechtsanwalts nicht notwendig ist, wird selten vorkommen und ist beispielsweise in Unterhaltssachen schon wegen des weitreichenden Anwaltszwangs[333] kaum vorstellbar (anders aber in Kindschaftssachen); auch die Einschaltung eines Verkehrsanwalts kann notwendig sein.

**781** Kosten einer außergerichtlichen Rechtsberatung sind dagegen nicht zu bevorschussen.[334]

---

328 OVG Hamburg, FamRZ 2020, 181.
329 BGH, FamRZ 2005, 1363.
330 OLG Hamm, FamRZ 1993, 595.
331 BGH, FamRZ 2001, 1363 = NJW 2001, 1646 m. w. N. zum bisherigen Meinungsstand.
332 *Löhnig/Heiß* FamRZ 2009, 1101.
333 Kein Anwaltszwang besteht in Unterhaltssachen nur in Verfahren der einstweiligen Anordnung.
334 OLG München, FamRZ 1992, 312.

Die Kosten des VKV-Anordnungsverfahrens können ebenfalls nicht geltend gemacht    782
werden. Der Antragsteller hat keinen Anspruch auf doppelte Titulierung seines gegen
den Antragsgegner gerichteten Anspruchs, die Kosten des Anordnungsverfahrens zu
tragen. Da nach dem Inkrafttreten des FamFG im Unterschied zur früheren Rechtslage jede familiengerichtliche, verfahrensabschließende Entscheidung, also auch eine
einstweilige Anordnung, gemäß § 51 Abs. 4 FamFG eine Kostenentscheidung enthalten muss, ist über die Frage, wer die Kosten des Anordnungsverfahrens zu tragen
hat, ausschließlich in der Kostenentscheidung zu entscheiden.[335]

▶ Praxishinweis

> Die Höhe des Kostenvorschusses umfasst alle gerichtlichen und außergerichtli-    783
> chen Kosten des beabsichtigten Verfahrens, d.h. regelmäßig 2,5 RA-Gebühren
> samt Auslagenpauschale und USt sowie die Verfahrensgebühr nach § 9 FamGKG.

### bb) Entscheidung durch Beschluss

Das Gericht entscheidet über den VKV-Anordnungsantrag durch Beschluss, §§ 51    784
Abs. 2 Satz 1, 38 Abs. 1 Satz 1 FamFG.

Die einstweilige VKV-Anordnung wird in einem selbstständigen Verfahren erwirkt,    785
vgl. § 51 Abs. 3 Satz 1 FamFG. Der Anordnungsbeschluss enthält daher nach §§ 51
Abs. 4, 82, 243 FamFG auch eine Kostenentscheidung.[336]

Der VKV-Anordnungsbeschluss ist vollstreckbar nach §§ 704 ff. ZPO (vgl. § 120    786
Abs. 1 FamFG); er bedarf nach § 53 Abs. 1 FamFG grds. keiner Vollstreckungsklausel.

Der Verfahrenswert entspricht nach richtiger Auffassung dem der Hauptsache, da    787
diese mit der einstweiligen Anordnung regelmäßig vorweggenommen wird.[337]

### d) Rückzahlungsansprüche

Entgegen der missverständlichen Bezeichnung ist der Verfahrenskostenvorschuss grds.    788
nicht zurückzuzahlen oder abzurechnen, selbst wenn der (vermeintlich) Unterhaltsberechtigte das Verfahren gegen den Vorschusspflichtigen verliert. Aus einer einstweiligen
Anordnung auf Verfahrenskostenvorschuss kann daher noch nach Beendigung des
Verfahrens und ungeachtet der ergangenen Kostenentscheidung vollstreckt werden.

Der Verfahrenskostenvorschuss kann allenfalls zurückgefordert werden, wenn sich    789
die wirtschaftlichen Verhältnisse des Vorschussempfängers wesentlich gebessert haben

---

335  AG Schöneberg, FamRZ 2012, 734.
336  *Schürmann* FamRB 2008, 375, 379.
337  Vgl. OLG Köln, FamRZ 2015, 526, OLG Frankfurt, FamRZ 2014, 689; a.A. OLG Celle, FamRZ 2016, 655; OLG Frankfurt, FamRZ 2014, 1801.

oder der Anspruch von vornherein nicht bestanden hat.[338] Der Rückzahlungsanspruch ist nach wohl allgemeiner Meinung ein familienrechtlicher Anspruch eigener Art.[339]

▶ Praxishinweis:

790     Ein Verfahrenskostenvorschuss ist in den meisten Fällen für den Verpflichteten wohl endgültig verloren. Insoweit ist zu überlegen, ob nicht eine »Anzahlung« auf einen zu erwartenden Zugewinn- oder Nebengüterausgleichsanspruch des Ehegatten im Einzelfall Sinn macht; dies hätte nämlich zur Folge, dass der Antragsteller nicht mehr bedürftig ist.[340]

### e) Anrechnung des VKV im Kostenfestsetzungsverfahren

791     Die Berücksichtigung bzw. Anrechnung eines gezahlten Verfahrenskostenvorschusses im Kostenfestsetzungsverfahren ist nur eingeschränkt möglich.[341] Ein Verfahrenskostenvorschuss wird im Rahmen der gesetzlichen Unterhaltspflicht und nicht im Vorgriff auf einen späteren Kostenerstattungsanspruch geleistet. Würde er – in voller Höhe oder entsprechend der Quotelung der Kostengrundentscheidung – verrechnet, liefe das im Ergebnis auf eine teilweise Rückzahlung hinaus. Über den nur unter engen Voraussetzungen bestehenden Rückzahlungsanspruch ist aber nicht im Kostenfestsetzungsverfahren, sondern in einem gesonderten Rechtsstreit nach materiell-rechtlichen Kriterien zu entscheiden. Ein unstreitig gezahlter Verfahrenskostenvorschuss kann im Rahmen des Kostenfestsetzungsverfahrens daher nur angerechnet werden, wenn und soweit der Vorschuss und ein bestehender Kostenerstattungsanspruch des Vorschussempfängers zusammen die dieser Partei entstandenen Kosten übersteigen. Mit einer solchen Anrechnung wird sichergestellt, dass die Vorschussleistung die Kosten des Berechtigten voll abdeckt. Andererseits wird vermieden, dass der Berechtigte aus der Prozessführung einen kostenmäßigen Gewinn erzielt.[342]

▶ Praxishinweis:

792     Bei einem Vergleich empfiehlt es sich, die Anrechenbarkeit des Vorschusses auf die Kostenerstattungsforderung ausdrücklich zu vereinbaren.

Ansonsten ist bei streitiger Beendigung eines Verfahrens von Folgendem auszugehen:

Beispiel:

Das von F gegen M geführte Verfahren hat Gerichtskosten von 1.000 € sowie für beide Anwälte Gebühren i.H.v. 2.000 € zur Folge gehabt. M hat der F einen Verfahrenskostenvorschuss i.H.v. 3.000 € gezahlt.

---

338  Hdb. FamR/*Kintzel*, Kap. 16 Rn. 227.
339  Schulte-Bunert/Weinreich/*Schwonberg*, FamFG, § 246 Rn. 34.
340  Hdb. FamR/*Kintzel*, Kap. 16 Rn. 228.
341  OLG Hamm, FamRZ 2016, 490.
342  Vgl. auch BGH, NJW-RR 2010, 718.

Variante 1: M hat das Verfahren vollständig gewonnen

M hat einen Anspruch gegen die F auf Kostenerstattung i.H.v. 2.000 €. Der Verfahrenskostenvorschuss wird hingegen nicht zurückgewährt. Das Ergebnis insoweit entspricht gewährter VKH.

Variante 2: Kostenteilung

Die Beteiligten haben keine Ansprüche gegeneinander. Der Verfahrenskostenvorschuss bleibt unberührt.

Variante 3: F gewinnt das Verfahren

F hat keinen Anspruch gegen M auf Kostenerstattung, da ihre Kosten durch den Verfahrenskostenvorschuss bereits entrichtet wurden.

Hätte M in diesem Fall nur einen Vorschuss von 2.000 € an F gezahlt, so könnte F noch weitere 1.000 € nach Kostenfestsetzung vollstrecken.

In Variante 3 kommt eine Verrechnung im Kostenfestsetzungsverfahren in Betracht.

## VI. Kosten

▶ **Das Wichtigste in Kürze**

- Obligatorische Kostenentscheidung in allen Familiensachen, vgl. § 81 Abs. 1 **793** Satz 3 FamFG. → Rdn. 805
- Kostenentscheidung nach billigem Ermessen auch in Unterhaltssachen, vgl. § 243 FamFG. → Rdn. 843 f.

Die §§ 80 bis 85 FamFG behandeln die Kostenentscheidung in FamFG-Sachen.[343]  **794**

Eine Ausnahme besteht für **Ehesachen und Familienstreitsachen**, d.h. deren Koste- **795** nentscheidung richtet sich nach § 113 Abs. 1 Satz 2 FamFG unmittelbar nach §§ 91 ff. ZPO, da nach § 113 Abs. 1 Satz 1 FamFG die §§ 80 bis 85 FamFG nicht anwendbar sind. Aber auch die grds. anwendbaren §§ 91 ff. ZPO können durch abweichende Spezialregelungen in diesen Fällen verdrängt sein. Dies betrifft etwa die Vorschrift des § 150 FamFG, die die **Kosten in Scheidungssachen und Folgesachen** regelt. Auch in **Unterhaltssachen** ist eine Spezialvorschrift vorhanden, nämlich § 243 FamFG.

Die **Kostenfestsetzung**, d.h. die Festsetzung des der Gegenseite zu erstattenden Betrags, **796** erfolgt gem. § 85 FamFG nach den §§ 103 bis 107 ZPO.

---

343 Vgl. zur Kostenentscheidung in Familiensachen auch *Büte* FuR 2009, 649 ff.

## 1. Kosten des Verfahrens

**797**  § 80 FamFG regelt die Frage, welche Kosten erstattungsfähig sind. Kosten sind danach die **Gerichtskosten** (Gebühren und Auslagen) und die zur Durchführung des Verfahrens **notwendigen Aufwendungen der Beteiligten**, insb. die Kosten für den Anwalt.

**798**  Die erstattungsfähigen Verfahrenskosten in **Ehesachen und Familienstreitsachen** ergeben sich vergleichbar aus §§ 113 Abs. 1 Satz 2 FamFG, 91 ZPO.

**799**  Weiterhin verweist § 80 Satz 2 FamFG auf § 91 Abs. 1 Satz 2 ZPO. Die Kostenerstattung umfasst deshalb auch die Entschädigung des Gegners für die durch notwendige Reisen oder durch die notwendige Wahrnehmung von Terminen entstandene Zeitversäumnis; auch die für die Entschädigung von Zeugen geltenden Vorschriften sind entsprechend anzuwenden.

## 2. Kostenpflicht (§ 81 FamFG)

### a) Kostenverteilung nach billigem Ermessen (§ 81 FamFG)

**800**  Das Gericht kann den Beteiligten nach § 81 Abs. 1 Satz 1 FamFG in Familiensachen (z.B. Kindschaftssachen) die Kosten des Verfahrens, d.h. sowohl die außergerichtlichen Kosten als auch die Gerichtskosten, nach billigem Ermessen auferlegen.[344] In **Ehesachen und Familienstreitsachen** gelten für die Kostenverteilung die §§ 113 Abs. 1 Satz 2 FamFG, 91 ff. ZPO, wobei als verdrängende Sondervorschriften die Bestimmungen des § 150 (Ehesachen) sowie § 243 FamFG (Unterhaltssachen) zu beachten sind (s. Rdn. 822 ff., 843 ff.).

**801**  Bei der Ausübung seines Ermessens wird das Gericht sich insb. am Verfahrensausgang orientieren (Obsiegen oder Unterliegen).

**802**  Auch der Rechtsgedanke des § 97 Abs. 2 ZPO kann bei der Ermessensausübung zu berücksichtigen sein. Die Überbürdung der Kosten der ersten Instanz auf einen Beteiligten, dessen Anliegen erst im Rechtsmittelzug entsprochen wurde, kommt danach dann in Betracht, wenn er dem Gericht erst in der Beschwerdeinstanz in hinreichendem Umfang Umstände dargetan hat, die sein Anliegen begründen. Diese Kostenüberbürdung ist jedoch auch davon abhängig, ob der Beteiligte diese Tatsachen im Rahmen seiner Mitwirkungspflichten (§ 27 FamFG) hätte vortragen müssen, bzw. ob die Ermittlung der Tatsachen Teil der Amtsermittlungspflichten (§ 26 FamFG) gewesen wäre.

**803**  Als Billigkeitskriterien[345] im Rahmen der Kostenentscheidung kommen daneben in Betracht:
- die Bedeutung des Verfahrens,
- der Verlauf des Verfahrens,

---

344  Vgl. dazu *Onstein* FuR 2016, 501.
345  Vgl. *Büte* FuR 2009, 652.

– die Einkommens- und Vermögensverhältnisse der Beteiligten sowie
– der Abschluss einer Kostenvereinbarung zwischen den Beteiligten.

▶ Praxishinweis:

In Kindschaftssachen ist die Kostenaufhebung üblich, da diese Verfahren regel-   **804**
mäßig nicht in erster Linie dem Ausgleich elterlicher Interessen, sondern der
Suche nach der für das Kind besten Regelung dienen.[346] Ungleiche wirtschaftliche
Voraussetzungen der Beteiligten können in der Kostenentscheidung zwar berücksichtigt werden (s.o.), primär ist schlechten finanziellen Verhältnissen jedoch
durch die Gewährung von Verfahrenskostenhilfe Rechnung zu tragen. Es sollte
daher rechtzeitig ein Antrag auf Verfahrenskostenhilfe gestellt werden, wenn ein
Beteiligter sich in schlechten finanziellen Verhältnissen befindet.

Soweit das FamG die Kostenentscheidung aufgrund billigen Ermessens trifft,
unterliegt sie einer vollen Überprüfung durch das Beschwerdegericht.[347]

§ 81 Abs. 1 Satz 3 FamFG ordnet – in Abweichung von § 81 Abs. 1 Satz 2 FamFG –   **805**
für alle Familiensachen, also auch für selbstständige Familienverfahren der freiwilligen
Gerichtsbarkeit, eine **verpflichtende Kostenentscheidung** an.

### b) Ausnahmen von der Billigkeitsentscheidung

Die Vorschrift des § 81 Abs. 2 FamFG regelt Abweichungen vom Grundsatz der   **806**
Kostenentscheidung nach billigem Ermessen.

▶ Praxishinweis:

In Familiensachen der freiwilligen Gerichtsbarkeit ist stets über die Kosten zu   **807**
entscheiden (§ 81 Abs. 1 Satz 3 FamFG). Im Gegensatz zu den Familienstreitsachen (§ 113 Abs. 1 Satz 2 FamFG i.V.m. §§ 91 ff. ZPO) bestimmt sich die Kostenlast in Verfahren der freiwilligen Gerichtsbarkeit nicht primär nach Obsiegen
und Unterliegen. Vielmehr gilt hier der Grundsatz, dass jeder Beteiligte seine
eigenen Kosten selbst trägt und auch die Gerichtskosten grundsätzlich gegeneinander aufgehoben werden.[348] Eine Kostenerstattung ist die Ausnahme (arg. e
§ 81 Abs. 2 FamFG).

Das Gericht hat aufgrund von § 81 Abs. 2 FamFG die Möglichkeit, die pflichtwid-   **808**
rige Einleitung von Verfahren sowie Verstöße gegen die Mitwirkungspflichten der
Beteiligten zu sanktionieren.

---

346 OLG Nürnberg, FuR 2020, 660 mit Anm. v. *Viefhues*.
347 OLG Frankfurt, NZFam 2021, 323.
348 BGH, NJW-RR 2016, 200.

**809** Das Gericht soll danach die Kosten des Verfahrens ganz oder teilweise einem Beteiligten auferlegen, wenn
  – der Beteiligte durch **grobes Verschulden** Anlass für das Verfahren gegeben hat;[349]
  – der Antrag des Beteiligten **von vornherein keine Aussicht auf Erfolg** hatte und der Beteiligte dies erkennen musste;
  – der Beteiligte zu einer wesentlichen Tatsache schuldhaft **unwahre Angaben** gemacht hat;
  – der Beteiligte durch **schuldhaftes Verletzen seiner Mitwirkungspflichten** das Verfahren erheblich verzögert hat;
  – der Beteiligte einer richterlichen Anordnung zur Teilnahme an einer Beratung nach § 156 Abs. 1 Satz 4 FamFG nicht nachgekommen ist, sofern der Beteiligte dies nicht genügend entschuldigt hat.

**810** Das Gericht hat bei der Würdigung dieser Fallgruppen ein relativ weitgehendes Ermessen. Es besteht grds. keine strikte Beschränkung der Kostenüberbürdung auf die Verursachungsbeiträge des Beteiligten. Es ist nicht einmal erforderlich, dass durch das Verhalten des betroffenen Beteiligten zusätzliche Kosten überhaupt erst entstanden sind. Auch ist das Gericht nicht auf die Überbürdung solcher zusätzlichen Kosten beschränkt. Erforderlich ist dagegen ein Zusammenhang zu dem Verfahrensgegenstand, dessen Kosten dem Beteiligten auferlegt werden sollen; dies kommt darin zum Ausdruck, dass die Kosten dem pflichtwidrig handelnden Beteiligten ganz oder z.T. auferlegt werden sollen.

**811** Die einzelnen Fallgruppen der Vorschrift des § 81 Abs. 2 FamFG setzen durchgehend ein **grob schuldhaftes Verhalten** des Beteiligten voraus. Dies rechtfertigt seine Verpflichtung zur Tragung der Verfahrenskosten.
  – Dies wird in **Nr. 1** selbstredend kodifiziert.
  – **Nr. 2** regelt einen konkreten Fall groben Verschuldens. Das Stellen eines erkennbar aussichtslosen Antrags ist als ein Fall groben Verschuldens anzusehen.
  – Auch die gem. **Nr. 3** sanktionierten schuldhaft unwahren Angaben sind ein Fall groben Verschuldens.
  – **Nr. 4** regelt ein weiteres Beispiel für grobes Verschulden, nämlich das unzureichende oder verspätete Vorbringen.
  – **Nr. 5** sieht im Interesse des Kindeswohls in **Kindschaftssachen** die Überbürdung von Kosten auf den Beteiligten vor, der nicht an einer gerichtlich angeordneten Beratung teilnimmt. Es geht in § 156 FamFG um die Beratung durch die Beratungsstellen und -dienste der Träger der Kinder- und Jugendhilfe, insb. zur Entwicklung eines einvernehmlichen Konzepts für die Wahrnehmung der elterlichen Sorge und der elterlichen Verantwortung. § 81 Abs. 2 Nr. 5 FamFG verfolgt die Zielsetzung, eine einvernehmliche Regelung der Eltern über das Sorge- und Umgangsrecht herbeizuführen. Die Kostenpflicht tritt zurück, wenn der Beteiligte sein Fehlen genügend entschuldigt.

---

349 Vgl. dazu OLG Frankfurt, FamRZ 2017, 544.

Die **Rücknahme eines Antrags** rechtfertigt im Unterschied zu § 269 Abs. 3 Satz 2 **812** ZPO die Auferlegung der Kosten nicht, vgl. § 83 Abs. 2 FamFG. Das Gericht hat in diesem Fall nach § 81 Abs. 1 FamFG zu entscheiden, ob es im Einzelfall aufgrund der Rücknahme des Antrags und der weiteren Umstände billigem Ermessen entspricht, dem Antragsteller die Kosten aufzuerlegen.[350] Dabei sind die Umstände zu berücksichtigen, die zur Rücknahme des Antrags geführt haben, wie etwa eine zwischenzeitliche außergerichtliche Einigung der Beteiligten.

Nach § 81 Abs. 3 FamFG können einem **minderjährigen Beteiligten** Kosten in Ver- **813** fahren, die seine Person betreffen, nicht auferlegt werden.

Nach § 81 Abs. 4 FamFG können einem nicht am Verfahren beteiligten **Dritten** **814** Kosten des Verfahrens nur auferlegt werden, soweit die Tätigkeit des Gerichts durch ihn veranlasst wurde und ihn ein grobes Verschulden trifft.

### 3. Zeitpunkt der Kostenentscheidung (§ 82 FamFG)

Ergeht eine Entscheidung über die Kosten, hat das Gericht gem. § 82 FamFG hie- **815** rüber in der Endentscheidung zu entscheiden. In Familiensachen ist die Kostenentscheidung nach § 81 Abs. 1 Satz 3 FamFG obligatorisch. Die Kostenentscheidung hat in Familiensachen damit gleichzeitig mit der Endentscheidung zu erfolgen, sodass die Beteiligten mit der Bekanntgabe der Endentscheidung auch Gewissheit über die Verteilung der Kosten haben.

▶ Praxishinweis:

Wird in einem Verfahren der freiwilligen Gerichtsbarkeit ein Antrag »kosten- **816** pflichtig« zurückgewiesen, bedeutet dies nur, dass der Antragsteller die Gerichtskosten zu tragen hat. Eine Entscheidung über die notwendigen Auslagen der Beteiligten wird dabei nicht getroffen.[351]

### 4. Kostenpflicht bei Vergleich, Erledigung und Rücknahme

Nach § 36 FamFG können die Beteiligten in FamFG-Sachen einen Vergleich schlie- **817** ßen, soweit sie über den Gegenstand des Verfahrens verfügen können. Das Gericht soll sogar – außer in Gewaltschutzsachen – auf eine gütliche Einigung der Beteiligten hinwirken. Damit ist die **Zulässigkeit eines Vergleichs** in FamFG-Sachen erstmalig kodifiziert.

§ 83 Abs. 1 FamFG knüpft an § 36 FamFG an und bestimmt die Kostenfolgen. Wird **818** das Verfahren durch Vergleich erledigt und haben die Beteiligten keine Bestimmung über die Kosten getroffen, fallen nach § 83 FamFG die Gerichtskosten jeder Seite zu gleichen Teilen zur Last. Die außergerichtlichen Kosten trägt jeder Beteiligte selbst. Damit kommt es bei Verfahrensbeendigung durch Vergleich zu einer **Kostenaufhebung**.

---

350 Vgl. dazu OLG Saarbrücken, FamRZ 2017, 545.
351 OLG Düsseldorf, NZFam 2021, 321.

819 Ist eine Endentscheidung nicht zu treffen, weil sich das Verfahren auf sonstige Weise erledigt hat oder der Antrag zurückgenommen wurde, ist über die Kosten nach den Grundsätzen des § 81 FamFG zu entscheiden, vgl. § 83 Abs. 2 FamFG.

## 5. Rechtsmittelkosten (§ 84 FamFG)

820 Nach § 84 FamFG soll das Gericht die Kosten eines ohne Erfolg eingelegten Rechtsmittels dem Beteiligten auferlegen, der es eingelegt hat.

821 Die **Soll-Vorschrift** ermöglicht es dem Gericht, in besonders gelagerten Fällen die Kosten nicht dem im Ergebnis erfolglosen Rechtsmittelführer aufzuerlegen. Dies betrifft etwa die Rücknahme des Rechtsmittels. Sie zieht für sich genommen die Auferlegung der Kosten nicht zwingend nach sich. Das Gericht kann auch die Umstände berücksichtigen, die den Rechtsmittelführer zur Rücknahme seines Rechtsmittels veranlasst haben, z.b. eine außergerichtliche Einigung der Beteiligten.

## 6. Kosten in Scheidungssachen und Folgesachen (§ 150 FamFG)

822 Die Vorschrift des § 150 FamFG regelt die Kostentragung in Scheidungssachen und Folgesachen.[352] Sie geht als Spezialregelung den allgemeinen Bestimmungen, d.h. den § 113 Abs. 1 Satz 2 FamFG; §§ 91 ff. ZPO vor.[353] Die §§ 80 ff. FamFG sind in Ehesachen ohnehin nicht anwendbar, vgl. § 113 Abs. 1 Satz 1 FamFG. Der Grundsatz ist die **Kostenaufhebung** im Fall der Scheidung sowohl bzgl. der Scheidungs- als auch der Folgesachen. Das kostenrechtliche Erfolgsprinzip würde zu wenig sachgerechten Ergebnissen führen. Welcher Ehegatte den Scheidungsantrag stellt, ist in der Praxis nämlich oft von Zufälligkeiten abhängig; ohne eine gerichtliche Entscheidung können die Beteiligten, anders als etwa bei schuldrechtlichen Ansprüchen, ihr Ziel auch dann nicht erreichen, wenn sie über das angestrebte Ziel einer Meinung sind.

823 Bei abgewiesenen oder zurückgenommenen Scheidungsanträgen erscheint die Kostentragung durch den Antragsteller hingegen grds. sachgerecht, vgl. dazu § 150 Abs. 2 Satz 1 FamFG. Die Vorschrift ist auch im Rechtsmittelverfahren anwendbar.

### a) Kostenaufhebung nach § 150 Abs. 1 FamFG

824 § 150 Abs. 1 FamFG enthält den **Grundsatz der Kostenaufhebung** im Fall der Scheidung. Danach kann kein Beteiligter eine Erstattung seiner außergerichtlichen Kosten verlangen; die Gerichtskosten trägt jeder Beteiligte zur Hälfte. Der Grundsatz gilt für Scheidungsbeschlüsse mit oder ohne Entscheidung über Folgesachen. Im Scheidungsverbund ist eine Kostenentscheidung, abgesehen von den Verfahrensteilen nach Abtrennung, nur im Verbundbeschluss nach § 142 Abs. 1 FamFG zulässig.

---

352 Zur steuerlichen Abzugsfähigkeit der Kosten des Scheidungsverfahrens *Engels* FamRZ 2016, 1989.

353 *Zimmermann* FamRZ 2009, 377, 378.

Wird nachträglich über gem. § 140 Abs. 2 FamFG abgetrennte Folgesachen entschieden, ist ebenfalls auf Kostenaufhebung zu erkennen; dies gilt selbst dann, wenn die Folgesache für erledigt erklärt wurde.    825

### b) Anderweitige Erledigung des Scheidungsantrags

§ 150 Abs. 2 FamFG enthält eine umfassende Regelung zur Kostenverteilung für den Fall der sonstigen Beendigung des Verfahrens. Satz 1 der Vorschrift bestimmt die Kostentragungspflicht des Antragstellers bei Abweisung oder Rücknahme des Scheidungsantrags. Satz 2 ordnet bei Abweisung oder Zurücknahme der Scheidungsanträge beider Ehegatten oder bei Erledigung des Verfahrens in der Hauptsache eine Kostenaufhebung an.    826

### aa) Abweisung des Scheidungsantrags

§ 150 Abs. 2 Satz 1, 1. Alt. FamFG ist einschlägig, wenn ein Scheidungsantrag abgewiesen wird. Der erfolglose Antragsteller hat in diesem Fall die Verfahrenskosten zu tragen.    827

### bb) Rücknahme des Scheidungsantrags

Wird der Scheidungsantrag zurückgenommen, hat der Antragsteller ebenfalls die Kosten des Verfahrens einschließlich der Folgesachen zu tragen. Wird der Antrag lediglich hinsichtlich der Folgesachen zurückgenommen, ist hingegen § 150 Abs. 1 FamFG einschlägig. Bei Rücknahme des Scheidungsantrags vor Rechtshängigkeit entfällt eine Kostenentscheidung, weil zwischen den Beteiligten ein Verfahrensrechtsverhältnis nicht begründet worden ist.[354]    828

### c) Kosten weiterer Beteiligter

§ 150 Abs. 3 FamFG stellt klar, dass Drittbeteiligte ihre außergerichtlichen Kosten grds. selbst tragen. Das Gericht kann jedoch nach Abs. 4 eine abweichende Bestimmung treffen.    829

### d) Kostenverteilung nach billigem Ermessen

§ 150 Abs. 4 Satz 1 FamFG enthält die Möglichkeit, für den Fall, dass die Kostenverteilung nach den Abs. 1 bis 3 unbillig wäre, die Kosten nach billigem Ermessen anderweitig zu verteilen.    830

Der Aspekt einer Versöhnung der Ehegatten ermöglicht z.B. eine von § 150 Abs. 1 bis Abs. 3 FamFG abweichende Billigkeitsentscheidung.    831

---

354 OLG Celle, FuR 2020, 661.

832   Selbstverständlich sind die aufgezählten Fälle nicht abschließend (»insbesondere«), sodass weitere Fälle in Betracht kommen, etwa die unverhältnismäßige Beeinträchtigung der Lebensführung eines Ehegatten.

833   Ein weiterer Grund für eine abweichende Billigkeitsentscheidung kann sich im Hinblick auf eine geführte Unterhalts- oder Güterrechtssache ergeben. Eine Billigkeitsentscheidung in diesem Sinn kommt in Betracht, wenn ein Beteiligter unbegründete oder überhöhte Ansprüche geltend gemacht hat. Jedenfalls, wenn ein Beteiligter in der Folgesache Unterhalt vollständig unterliegt, sollte dies Auswirkung auf die Kostenentscheidung haben,[355] die aber nach wie vor das gesamte Verfahren erfassen muss (einheitliche Kostenentscheidung).

834   § 150 Abs. 4 Satz 2 FamFG regelt die Möglichkeit des Gerichts, auf eine Weigerung eines Beteiligten an einem nach § 135 Abs. 1 FamFG angeordneten Informationsgespräch teilzunehmen, im Rahmen der Kostengrundentscheidung zu reagieren. Insoweit besteht **Ähnlichkeit mit § 81 Abs. 2 Nr. 5 FamFG**, der im Interesse des Kindeswohls in **Kindschaftssachen** die Überbürdung von Kosten auf den Beteiligten vorsieht, der nicht an einer gerichtlich angeordneten Beratung teilnimmt.

835   § 150 Abs. 4 **Satz 3** FamFG erfasst Fälle, in denen die Beteiligten eine Vereinbarung über die Kosten getroffen haben. Dem Gericht wird die Möglichkeit eingeräumt, die Kostenentscheidung in einem auf Scheidung erkennenden Beschluss ganz oder teilweise entsprechend einer Beteiligtenvereinbarung zu treffen. Die Ausgestaltung als Soll-Vorschrift macht deutlich, dass von einer solchen Vereinbarung nur ausnahmsweise abzuweichen ist, d.h. nur, wenn gewichtige Gegengründe vorhanden sind.

### e) Abgetrennte Folgesachen

836   § 150 Abs. 5 **Satz 1** FamFG stellt klar, dass die Abs. 1 bis 4 hinsichtlich der Folgesachen auch dann gelten, wenn diese nach § 140 FamFG abgetrennt wurden.

837   **Satz 2** behandelt den Fall, dass ein Verfahren, das ursprünglich Folgesache war, als selbstständige Familiensache fortgeführt wird. Im Gegensatz zur Regelung des Satzes 1 finden in einem solchen Fall die für eine Familiensache dieser Art allgemein geltenden kostenrechtlichen Vorschriften Anwendung.

### 7. Kosten bei Eheaufhebung

838   Die Vorschrift des § 132 FamFG betrifft ausschließlich erfolgreiche Anträge, die auf **Aufhebung einer Ehe** gerichtet waren. Die Aufhebung einer Ehe findet aus Gründen statt, die bereits bei Eheschließung vorliegen müssen. Ansonsten kommt nur eine Scheidung der Ehe in Betracht. Im Fall der Ehescheidung ist die Kostenentscheidung auf § 150 FamFG zu stützen. Kosten sind nach § 113 Abs. 1 Satz 2 FamFG, § 91 ZPO die Gerichtskosten (Gebühren und Auslagen) und die zur Durchführung des Verfahrens notwendigen Auslagen der Beteiligten.

---

355   OLG Saarbrücken, FamRZ 2008, 698, 699.

### a) Kostenaufhebung (§ 132 Abs. 1 Satz 1 FamFG)

Nach § 132 Abs. 1 Satz 1 FamFG sind die Kosten gegeneinander aufzuheben, wenn   **839** ein Eheaufhebungsantrag erfolgreich war. Die Gerichtskosten fallen bei Kostenaufhebung jedem Beteiligten zur Hälfte zur Last.

Die Kosten eines erfolglosen Eheaufhebungsantrags trägt grds. der Antragsteller, d.h.   **840** die Kostenentscheidung beruht in diesem Fall auf § 113 Abs. 1 Satz 2 FamFG, § 91 Abs. 1 ZPO.

### b) Kostenverteilung nach Billigkeit (§ 132 Abs. 1 Satz 2 FamFG)

Das FamG kann in besonderen Fällen durch eine Billigkeitsentscheidung von der   **841** grundsätzlichen Kostenaufhebung nach § 132 Abs. 1 Satz 1 FamFG abweichen. Die Billigkeitsklausel eröffnet eine Ermessensentscheidung, wenn ein Ehegatte allein bei der Eheschließung die Aufhebbarkeit der Ehe gekannt hat oder ein Ehegatte durch arglistige Täuschung oder widerrechtliche Drohung seitens des anderen Ehegatten oder mit dessen Wissen zur Eingehung der Ehe bestimmt worden ist. Es handelt sich um eine enumerative Aufzählung, d.h. die Vorschrift ist nur anwendbar, wenn einem Ehegatten allein das vorwerfbare Verhalten bei Eingehung der Ehe zur Last fällt.

### c) Beteiligung der Verwaltungsbehörde oder eines Dritten

Die Vorschrift des § 132 Abs. 2 FamFG versperrt den Weg zu einer Kostenaufhebung   **842** nach Abs. 1, wenn sich in den Fällen der Antragsberechtigung der Verwaltungsbehörde oder des Dritten (vgl. § 1316 BGB) deren Aufhebungsantrag als erfolgreich erweist. Der unterlegene Beteiligte muss in diesem Fall grds. nach § 113 Abs. 1 Satz 2 FamFG, § 91 Abs. 1 ZPO die Kosten des Verfahrens tragen.

### 8. Kosten in Unterhaltssachen (§ 243 FamFG)

Die Vorschrift des § 243 FamFG enthält Sonderregelungen für die Kostenverteilung   **843** im Unterhaltsverfahren. Das Gericht hat in Unterhaltssachen über die Kostenverteilung nach billigem Ermessen zu entscheiden. Die wesentlichen Gesichtspunkte der ZPO-Kostenvorschriften sind als zu berücksichtigende Gesichtspunkte unter § 243 Nr. 1 bis 4 FamFG aufgezählt. Insb. kann nunmehr eine unterlassene oder ungenügende Auskunftserteilung stärker als bisher kostenrechtlich sanktioniert werden. Insgesamt soll die Kostenentscheidung in Unterhaltssachen flexibel gehandhabt werden können. Grund dafür ist insb., dass, anders als bei Verfahren über einmalige Leistungen, in Unterhaltssachen dem Dauercharakter der Verpflichtung bei der Streitwertermittlung nur begrenzt Rechnung getragen werden kann.

Die Vorschrift des § 243 FamFG gilt ausschließlich in Unterhaltssachen nach § 231   **844** FamFG und ist daher auf andere Familiensachen nicht anwendbar.

## a) Entscheidung über die Kosten der Unterhaltssache nach billigem Ermessen

845   Das FamG entscheidet in Unterhaltssachen nach billigem Ermessen über die Kosten, und zwar auch in allen erdenklichen Fällen der Antragsrücknahme.[356] Maßgebliche Gesichtspunkte, die das billige Ermessen berücksichtigen soll, werden in den Nr. 1 bis 4 genannt. Durch das Wort »insbesondere« wird klargestellt, dass die in Nr. 1 bis 4 aufgezählten Gesichtspunkte jedoch nicht abschließend sind. So kann z.b. in der Rechtsmittelinstanz auch der Rechtsgedanke des § 97 Abs. 2 ZPO in die Kostenentscheidung einfließen. Das Beschwerdegericht kann die Ermessensentscheidung vollständig auf Ermessensfehler überprüfen.[357]

▶ Praxishinweis:

846   Erhebt ein dem Grunde nach Unterhaltsberechtigter gegen einen dem Grunde nach Unterhaltspflichtigen einen (unbezifferten) Stufenantrag und ergibt sich aus der daraufhin erteilten Auskunft, dass ein Unterhaltsanspruch nicht besteht, erledigt sich der unbezifferte Leistungsantrag dadurch nicht, weil er von Anfang an unbegründet war.[358] Der Antragsteller kann wählen, ob er seinen materiell-rechtlichen Kostenerstattungsanspruch im Rahmen eines gesonderten gerichtlichen Verfahrens (dessen Vorbereitung die Feststellung des materiell-rechtlichen Kostenerstattungsanspruchs dienen würde) oder im Rahmen der nach einer Antragsrücknahme gemäß § 243 FamFG nach billigem Ermessen zu treffenden prozessualen Kostenentscheidung geltend macht.[359] Letzteres dürfte zu empfehlen sein, um ein weiteres mit Kosten verbundenes Verfahren zu vermeiden.

## b) Kriterien der Kostenentscheidung

### aa) Kostenverteilung im Verhältnis von Obsiegen und Unterliegen (§ 243 Nr. 1 FamFG)

847   Grds. gilt im Zivilprozess, dass die Kosten entsprechend dem Verfahrenserfolg zu tragen sind. Diese Regel ist auch Grundlage der Kostenentscheidung in Unterhaltssachen und dürfte, auch wenn die Nummerierung nicht als Rangverhältnis zu verstehen ist, vom Gesetzgeber nicht ohne Bedacht als Nr. 1 platziert worden sein.

### bb) Auskunftsverweigerung (§ 243 Nr. 2 FamFG)

848   Eine unterlassene oder ungenügende Auskunftserteilung kann kostenrechtlich sanktioniert werden. Letztlich geht die Vorschrift auf § 93d ZPO a.F. zurück; es ist deshalb auch von Bedeutung, inwieweit die ungenügende Auskunft kausal für den gerichtli-

---

356  OLG Frankfurt, FamRZ 2018, 1929.
357  OLG Frankfurt, NZFam 2021, 845; OLG Hamm, NZFam 2021, 1070; a.A. OLG Koblenz, FuR 2017, 39.
358  BGH, FamRZ 1995, 348.
359  OLG Frankfurt, FamRZ 2018, 1929.

chen Misserfolg im Unterhaltsverfahren geworden ist. Ratio legis der Vorschrift ist, dass gesetzliche Unterhaltsansprüche im Interesse aller Beteiligten nach Möglichkeit bereits außergerichtlich geklärt werden sollen. Dies setzt voraus, dass der Verpflichtete freiwillig und umfassend Auskunft erteilt. Legt der Antragsgegner Erwerbsbemühungen nicht umfassend dar, ist der Anwendungsbereich der Vorschrift hingegen nicht (auch nicht entsprechend) eröffnet.[360]

### cc) Ungenügende Auskunft ggü. dem Gericht (§ 243 Nr. 3 FamFG)

Fordert das FamG Auskunft über Einkünfte und Vermögen und kommt der Beteiligte der Aufforderung nicht nach, hat dies nachteilige Konsequenzen für die Kostenentscheidung. Wichtig ist selbstverständlich, dass der Beteiligte auf diese Folge hingewiesen wird. Dazu ist das FamG nach § 235 Abs. 1 Satz 4 FamFG verpflichtet. **849**

### dd) Sofortiges Anerkenntnis (§ 243 Nr. 4 FamFG)

Das sofortige Anerkenntnis nach § 93 ZPO hat Kostenvorteile. Entscheidend ist, dass der Beteiligte spätestens mit der Erwiderung auf den Unterhaltsantrag anerkennt. Letztlich ist auch zu berücksichtigen, dass der Unterhaltsgläubiger einen Titulierungsanspruch hat; hat der Verpflichtete daher zwar immer Unterhalt gezahlt, die Titulierung aber verweigert, ist Nr. 4 nicht anwendbar. **850**

Ein **Teilanerkenntnis**, gestützt auf Teilzahlungen, ist in Unterhaltssachen ebenfalls nicht kostenbegünstigt; der Berechtigte hat einen Anspruch auf einen umfassenden Titel (ausführlich dazu Rdn. 2931 ff.).[361] **851**

### 9. Kosten in güterrechtlichen Verfahren

Die Kostenentscheidung in güterrechtlichen Verfahren richtet sich nach § 113 Abs. 1 Satz 2 FamFG unmittelbar nach §§ 91 ff. ZPO. Wird ein Zugewinnausgleichsverfahren wechselseitig geführt, ist für den Streitwert maßgebend, dass zum einen die Abwehr der gegnerischen Forderung betrieben wird, zudem aber auch eigene Ansprüche verfolgt werden. Wirtschaftlich gesehen geht es in diesen Fällen um die gesamte Differenz der von beiden Beteiligten ihrer Antragsberechnung zugrunde gelegten Beträge, die eine Prüfung der einzelnen Vermögenspositionen, die nicht unbedingt in Antrag und Widerantrag identisch sein müssen, erfordert und eine entsprechende Rechtskrafterstreckung bewirkt. Nur durch das Zusammenrechnen der mit Antrag und Widerantrag verlangten Beträge wird in diesen Fällen das Ausmaß des Streits der Beteiligten umfassend berücksichtigt.[362] **852**

Ein besonderes Problem ist in diesem Zusammenhang gegeben, wenn der Antragsgegner außergerichtlich trotz Aufforderung und Fristsetzung keine Auskunft erteilt. **853**

---

Vgl. KG, FamRZ 2008, 530.
361 Vgl. BGH, FamRZ 2010, 195 ff.; OLG Zweibrücken, FamRZ 2002, 1130.
362 Vgl. OLG Hamm, FamRZ 2017, 549.

Dann kann der Antragsteller einen möglichen Zugewinnausgleichsanspruch nur klären, wenn ein gerichtliches Verfahren eingeleitet wird. Sollte sich in diesem Verfahren nach Erteilung der Auskunft ergeben, dass ein Anspruch nicht besteht, stellt dies allerdings kein erledigendes Ereignis dar, sondern der Antrag muss zurückgenommen werden.[363] Damit trägt der Antragsteller grundsätzlich nach § 269 Abs. 3 Satz 2 ZPO die Kosten des gerichtlichen Verfahrens, zu welchem eigentlich kein Anlass bestanden hätte bei pünktlicher Erteilung der Auskunft.

854    Da dies nicht angemessen erscheint, stellt sich die Frage nach der analogen Anwendung des § 243 FamFG. Die wohl herrschende Meinung lehnt allerdings die analoge Anwendung ab, da es an einer gesetzlichen Regelungslücke fehlt. Der Gesetzgeber habe bewusst davon Abstand genommen, eine eigenständige Kostenregelung im Güterrecht zu kodifizieren, obwohl das Problem der Kostenfolge bei Antragsrücknahme bekannt war. Auch bestehe zwischen Unterhaltsverfahren und Güterrechtsverfahren keine vergleichbare Interessenlage.

855    Die Kostenpflicht des Antragsgegners ist in einem solchen Fall allerdings als Verzugsschaden anzuordnen.

856    Der BGH[364] stellt dies wie folgt dar:

»Unter Aufhebung des angefochtenen Urteils und in Abänderung des Schlußurteils des LG, soweit darin zum Nachteil der Kl. erkannt worden ist, ist hiernach auszusprechen, daß die Bekl. verpflichtet ist, den Kl. die Kosten zu ersetzen, die durch die ursprünglich erhobenen und nicht durch das Teilurteil des LG beschiedenen Klageanträge angefallen sind. Daß in einem Falle, in dem – wie hier – dem kl. Gläubiger außer den unnütz aufgewandten Prozeßkosten kein weiterer Schaden entstand, die Feststellung der Schadensersatzverpflichtung des Auskunftsschuldners sich im Ergebnis mit der Kostenentscheidung deckt, ändert nichts daran, daß der Ausspruch hinsichtlich des Verzugsschadens eine sachliche Entscheidung, der Kostenausspruch gem. § 91 ZPO dagegen eine prozessuale Entscheidung ist. Die Kostenentscheidung beruht hier, soweit sie die für die ursprünglich erhobenen – unbegründeten – weiteren Klageanträge angefallenen Kosten betrifft, auf der materiell-rechtlichen Regelung des Verzuges (§ 286 BGB). Im übrigen ergibt sie sich aus § 91 ZPO. Die Kostenentscheidung enthält also, abweichend von der Regel der §§ 91 ff. ZPO, einen materiellen Teil wegen des Schadensersatzanspruchs der Kl., den diese in dem anhängigen Verfahren durchsetzen können (…).«

▶ Anwaltlicher Hinweis:

857    Der Verzugsschaden (= Verfahrenskosten) kann also zum einen im laufenden Verfahren durch Antragsänderung geltend gemacht werden, im Übrigen ist es aber auch möglich, nach Antragsrücknahme im Zugewinnausgleichsverfahren den Verzugsschaden durch ein selbständiges Verfahren geltend zu machen.[365]

---

363   BGH, FamRZ 1995, 348.
364   BGH, FamRZ 1995, 348.
365   Vgl. auch OLG Frankfurt, FamRZ 2018, 1929 betreffend einen Unterhaltsstufenantrag.

Wird der Antrag auf vorzeitige Aufhebung der Zugewinngemeinschaft in erster Instanz  858
abgewiesen und wird dem Antrag in zweiter Instanz stattgegeben, weil zwischenzeitlich die dreijährige Trennungszeit abgelaufen ist, sind die Kosten beider Instanzen
dem Antragsteller entsprechend § 97 Abs. 2 ZPO aufzuerlegen, da der Antragsteller
im erstinstanzlichen Verfahren zu Recht vollumfänglich unterlegen war.[366]

▶ Praxishinweis:

Im Verfahren auf vorzeitige Aufhebung der Zugewinngemeinschaft ist grundsätz-  859
lich vom Auffangwert des § 42 Abs. 3 FamGKG i.H.v. 5.000 € auszugehen.

## VII. Vollstreckung

▶ Das Wichtigste in Kürze

– Vollstreckung aus gerichtlich gebilligtem Umgangsvergleich, § 86 Abs. 1 Nr. 2  860
  FamFG. → Rdn. 864 ff.
– Das Jugendamt unterstützt die Vollstreckung wegen Umgangs oder der Herausgabe einer Person, § 88 Abs. 2 FamFG. → Rdn. 885 f.
– Die Zuwiderhandlung gegen einen Titel zum Umgang oder zur Herausgabe
  einer Person kann mit Ordnungsgeld oder Ordnungshaft geahndet werden,
  § 89 FamFG. → Rdn. 888 ff.

Die Vollstreckung in den Familiensachen (ausgenommen die Ehe- und Familienstreit-  861
sachen s. Rdn. 926 ff.) erfolgt nach §§ 86 bis 96 FamFG.[367] Die §§ 86 und 87 FamFG
sind als allgemeine Vorschriften ausgestaltet, während die §§ 88 bis 94 FamFG allein
die **Vollstreckung von Entscheidungen über die Herausgabe von Personen und die
Regelung des Umgangs** sowie §§ 95, 96 FamFG die Vollstreckung nach der ZPO
betreffen. Die Vorschrift des § 120 FamFG regelt die **Vollstreckung in Ehesachen
und Familienstreitsachen**; deren Vollstreckung erfolgt entsprechend den Vorschriften
der ZPO über die Zwangsvollstreckung.

## 1. Vollstreckungstitel (§ 86 FamFG)

Nach § 86 Abs. 1 FamFG findet die Vollstreckung statt aus                            862
– gerichtlichen Beschlüssen,
– gerichtlich gebilligten Vergleichen (§ 156 Abs. 2 FamFG) sowie
– weiteren Vollstreckungstiteln i.S.d. § 794 ZPO, soweit die Beteiligten über den
  Gegenstand des Verfahrens verfügen können.

---

366  OLG Brandenburg, FamRZ 2021, 1869.
367  Vgl. dazu *Schulte-Bunert* FuR 2009, 552 ff. sowie *Schlünder* FamRZ 2009, 1636.

## a) Gerichtliche Beschlüsse

863    Nach § 86 Abs. 1 Nr. 1 FamFG stellen gerichtliche Beschlüsse einen Vollstreckungstitel dar. Die Regelung umfasst sowohl Endentscheidungen als auch solche anderweitigen Beschlüsse mit vollstreckbarem Inhalt, die verfahrensabschließende Entscheidungen enthalten, wie etwa Beschlüsse gem. §§ 887, 888, 890 ZPO oder Kostenfestsetzungsbeschlüsse. Keine Beschlüsse i.S.d. § 86 Abs. 1 Nr. 1 FamFG sind hingegen verfahrensleitende Verfügungen und Anordnungen, auch wenn sie in Form eines Beschlusses ergehen. Die »Vollstreckung« dieser Verfügungen und Anordnungen richtet sich ausschließlich nach § 35 FamFG (Anordnung von Zwangsmitteln), der insoweit § 86 Abs. 1 Nr. 1 FamFG verdrängt.

## b) Gerichtlich gebilligter Vergleich (§ 156 Abs. 2 FamFG)

864    Der »gerichtlich gebilligte Vergleich« wird in § 156 Abs. 2 FamFG legaldefiniert. Erzielen die Beteiligten danach Einvernehmen über den Umgang, ist die Umgangsregelung als Vergleich aufzunehmen, wenn das Gericht diese billigt. Das Gericht billigt die Umgangsregelung, wenn sie dem Kindeswohl nicht widerspricht (sog. negative Kindeswohlprüfung).[368]

865    § 86 Abs. 1 Nr. 2 FamFG ordnet an, dass die Vollstreckung in Kindschaftssachen außer aus Titeln gem. Nr. 1 lediglich aus gerichtlich gebilligten Vergleichen i.S.d. § 156 Abs. 2 FamFG, nicht jedoch aus bloßen Vereinbarungen der Beteiligten möglich ist.

▶ Anwaltlicher Hinweis:

866    Der anwaltliche Vertreter des umgangsberechtigten Elternteils muss im Fall einer Umgangsregelung nach § 156 Abs. 2 FamFG unbedingt darauf achten, dass diese einen vollstreckungsfähigen Inhalt hat.

Erforderlich sind genaue Angaben zu Art, Ort und Zeit des Umgangs. Ansonsten ist die Durchsetzbarkeit nicht gesichert.[369]

Der BGH[370] formuliert wie folgt:

»Schon der Wortlaut dieser Vorschrift (Anm.: § 89 Abs. 1 FamFG) stellt nicht mehr auf einen Verstoß gegen eine Handlungs- oder Duldungspflicht, sondern allein auf eine Zuwiderhandlung gegen einen entsprechenden Vollstreckungstitel ab. Die Verpflichtungen der Eltern im Zusammenhang mit der Ausübung des Umgangsrechts hat der Gesetzgeber ausdrücklich in § 1684 Abs. 2 BGB niedergelegt. Danach haben die Eltern alles zu unterlassen, was das Verhältnis des Kindes zum jeweils anderen Elternteil beeinträchtigt oder die Erziehung erschwert. Auf dieser Grundlage enthält ein nach Art, Ort und Zeit konkret festgelegtes Umgangsrecht eines Elternteils mit hinreichender Deutlichkeit zugleich die kor-

---

368   Vgl. dazu *Büte* FuR 2011, 596 (597).
369   Vgl. dazu auch *Schulte-Bunert* FuR 2009, 553.
370   BGH, FamRZ 2012, 533, 534.

respondierende Verpflichtung des anderen Elternteils, das Kind zur Ausübung des Umgangsrechts bereitzuhalten und in geeigneter Weise auf die Durchführung des Umgangsrechts hinzuwirken (...).... Nicht erforderlich ist hingegen, dass der Umgangstitel detailliert bezeichnete Verpflichtungen des betreuenden Elternteils, insbesondere zum Bereithalten und Abholen des Kindes, enthält (...).«

Die Entscheidung des BGH »lockert« die Anforderungen an die Bestimmtheit von Umgangsvereinbarungen insoweit, als Regelungen zum Abholen und Bereithalten des Kindes nicht mehr erforderlich sind. Die Formulierung des BGH ist etwas ungenau betreffend den Ort des Umgangs. Fehlt es in einer Vereinbarung oder einem Beschluss diesbezüglich an einer genauen Regelung, so gilt, dass das Kind bei dem anderen Elternteil vom umgangsberechtigten Elternteil abzuholen und dorthin nach dem Umgang wieder zurückzubringen ist.[371] Dennoch ist zu empfehlen, Regelungen zum Abholen und Bereithalten des Kindes in Vereinbarungen zum Umgang aufzunehmen. Dies gilt insb. dann, wenn größere Entfernungen zu bewältigen sind bzw. der andere Elternteil sich am Holen bzw. Bringen des Kindes/der Kinder beteiligen soll.[372]

Billigt das FamG die protokollierte Vereinbarung der Beteiligten nicht bzw. unterbleibt auch deren spätere Genehmigung, ist das Verfahren nicht abgeschlossen und noch eine Entscheidung zu treffen.[373]    **867**

▶ **Anwaltlicher Hinweis:**

**Wichtig: Ohne gerichtliche Billigung ist ein vollstreckungsfähiger Titel nicht gegeben!** Deshalb ist die anwaltliche Vertretung gehalten, dies im Termin unbedingt sicherzustellen.    **868**

Soweit manche Gerichte annehmen, die gerichtliche Billigung eines Umgangsvergleichs könne auch konkludent in einem verfahrensbeendenden Beschluss liegen, erscheint dies zweifelhaft – die anwaltliche Vertretung sollte sich darauf nicht verlassen.[374]

### c) Vollstreckungstitel nach § 794 ZPO

Nach § 86 Abs. 1 Nr. 3 FamFG kann die Vollstreckung auch aus weiteren Titeln i.S.d. § 794 ZPO erfolgen. Soweit diese Titel auf Vereinbarungen zwischen den Beteiligten fußen, wie etwa § 794 Abs. 1 Nr. 1 oder Nr. 5 ZPO, kommen diese gleichwohl nur als Vollstreckungstitel in Betracht, soweit die Beteiligten über den Verfahrensgegenstand verfügen können.    **869**

---

371  Vgl. dazu OLG Koblenz, FamRZ 2017, 42.
372  So auch *Hammer* FamRZ 2012, 536.
373  OLG Frankfurt, FamRZ 2011, 394.
374  So OLG Koblenz, FamRZ 2017, 42 mit Anm. *Hammer.*

### d) Wirksamwerden

870    Nach § 86 Abs. 2 FamFG sind Beschlüsse mit Wirksamwerden vollstreckbar. Grds. wird ein Beschluss nach § 40 Abs. 1 FamFG mit Bekanntgabe an den Beteiligten wirksam, für den er seinem wesentlichen Inhalt nach bestimmt ist.

871    Sobald ein solches Wirksamwerden gegeben ist, sind Beschlüsse bereits kraft Gesetzes vollstreckbar, ohne dass es hierzu einer Vollstreckbarerklärung des Gerichts bedarf.

▶ **Anwaltlicher Hinweis:**

872    Beschlüsse in Familienstreitsachen und Ehesachen sind hingegen nach § 113 Abs. 1 Satz 2 FamFG i.V.m. §§ 311 Abs. 2 Satz 1, 329 Abs. 1 Satz 1 ZPO zu verkünden, weil nach § 113 Abs. 1 Satz 1 FamFG in Familienstreitsachen die Regelung der §§ 40, 41 Abs. 1 Satz 2 FamFG, wonach die Bekanntgabe eines Beschlusses mit der Zustellung bewirkt wird, keine Anwendung findet.[375]

Die »Wirksamkeit« setzt in diesen Fällen i.Ü. grds. Rechtskraft voraus; das FamG kann aber auch die sofortige Wirksamkeit anordnen, vgl. § 116 FamFG.

### e) Vollstreckungsklausel (§ 86 Abs. 3 FamFG)

873    Vollstreckungstitel bedürfen nach § 86 Abs. 3 FamFG der Vollstreckungsklausel nur, wenn die Vollstreckung nicht durch das Gericht erfolgt, das den Titel erlassen hat. Eine Vollstreckungsklausel ist also dann regelmäßig entbehrlich, wenn die Vollstreckung demselben Gericht obliegt, welches auch den vollstreckbaren Titel erlassen hat. Dieses hat bei der Einleitung von Vollstreckungsmaßnahmen inzident zu prüfen, ob die Vollstreckung aus dem Titel statthaft ist. Erforderlich ist die Klausel dagegen, wenn die Vollstreckung nicht durch das Gericht erfolgt, das den Titel erlassen hat, wie etwa bei der Herausgabe von Personen nach Umzug des Kindes (§ 88 Abs. 1 FamFG).

### 2. Vollstreckungsverfahren

### a) Einleitung der Vollstreckung

874    § 87 Abs. 1 FamFG unterscheidet Verfahren, die von Amts wegen eingeleitet werden und solche, für die es eines einleitenden Antrags bedarf.

875    Die Vollstreckung wird dann von Amts wegen vom Gericht veranlasst und durchgeführt, wenn auch das Erkenntnisverfahren von Amts wegen eingeleitet werden kann.

876    § 87 Abs. 1 Satz 2 FamFG begründet darüber hinaus ein ausdrückliches Antragsrecht des Berechtigten in Verfahren, die von Amts wegen eingeleitet werden können. Sofern das Gericht dem Antrag nicht entspricht, hat es den Antrag in Form eines Beschlusses abzulehnen. Der Berechtigte hat damit die Möglichkeit der Einlegung

---

375  BGH, FamRZ 2012, 106; vgl. auch OLG Brandenburg, FamRZ 2020, 624.

eines Rechtsmittels; die aus Sicht des Gerichts gegen eine Vollstreckung sprechenden Gründe können sodann vom Rechtsmittelgericht überprüft werden.

Findet das Erkenntnisverfahren hingegen allein auf Antrag statt, erfordert auch die  **877** Vollstreckung einen Antrag des Berechtigten.

### b) Zustellung des Beschlusses

Die Vollstreckung darf nach § 87 Abs. 2 FamFG – ebenso wie auch nach § 750 ZPO –  **878** nur beginnen, wenn der Beschluss bereits zugestellt ist oder gleichzeitig zugestellt wird. Die förmliche Zustellung dient dem Schuldnerschutz.[376] § 87 Abs. 2 FamFG beschränkt seinem Wortlaut nach das Zustellungserfordernis auf »Beschlüsse«. Doch ist er nach h.M. – schon im Hinblick auf den Billigungsbeschluss – auch auf Titel nach § 86 Abs. 1 Nr. 2 FamFG entsprechend anzuwenden.[377] Zuzustellen ist in einem solchen Fall der Vergleich, der Billigungsbeschluss und der Hinweis nach § 89 Abs. 2 FamFG.

▶ **Praxishinweis:**

Eine gerichtlich gebilligte Umgangsvereinbarung ist nur vollstreckbar, wenn dem  **879** Verpflichteten gemäß § 87 Abs. 2 FamFG sowohl der Billigungsbeschluss mit Hinweis auf die Folgen der Zuwiderhandlung (§ 89 Abs. 2 FamFG) als auch der hierin in Bezug genommene Vergleich zugestellt wurden.

Die nach § 87 Abs. 2 FamFG erforderliche Zustellung ist nur dann wirksam, wenn sie im **Amtsbetrieb**, und zwar förmlich gemäß § 41 Abs. 1 Satz 1 i.V.m. § 15 Abs. 2 Alt. 1 FamFG, §§ 166 ff. ZPO, durch das FamG erfolgt. Eine Zustellung lediglich im Beteiligtenbetrieb ist nicht ausreichend.

### c) Kompetenzen des Gerichtsvollziehers

Der Gerichtsvollzieher ist nach § 87 Abs. 3 FamFG befugt, erforderlichenfalls die  **880** Unterstützung der polizeilichen Vollzugsorgane nachzusuchen. Der Verweis auf die Vorschriften § 758 Abs. 1 und 2 sowie §§ 759 bis 763 ZPO macht deutlich, dass dem Gerichtsvollzieher Gewaltanwendung möglich ist, insb. aber auch die Wohnungsdurchsuchung. Die genannten Vorschriften der ZPO geben das dabei zu beachtende Verfahren vor (z.B. die Zuziehung von Zeugen nach § 759 ZPO bzw. die Anfertigung eines Protokolls, vgl. § 762 ZPO).

### d) Sofortige Beschwerde

Gegen Entscheidungen im Vollstreckungsverfahren ist nach § 87 Abs. 4 FamFG die  **881** sofortige Beschwerde nach den Vorschriften der ZPO statthaft.

---

376 Vgl. OLG Brandenburg, FuR 2017, 397.
377 KG, FamRZ 2017, 919, m.w.N.

882    Die entsprechende Anwendung der Beschwerdevorschriften sichert gem. § 570 Abs. 1
       ZPO die **aufschiebende Wirkung** hinsichtlich der Festsetzung von Zwangsmitteln.

### 3. Vollstreckung von Entscheidungen über die Herausgabe von Personen und die Regelung des Umgangs

883    Die Vollstreckung von Entscheidungen über die Herausgabe von Personen und über
       die Regelung des Umgangs ist speziell geregelt in den §§ 88 bis 94 FamFG.[378]

#### a) Zuständiges Gericht

884    Nach § 88 Abs. 1 FamFG ist für die Durchführung der Vollstreckung das Gericht
       örtlich zuständig, in dessen Bezirk die Person zum Zeitpunkt der Einleitung der Voll-
       streckung seinen gewöhnlichen Aufenthalt hat. Die Regelung ist damit zu begründen,
       dass vor der Festsetzung von Vollstreckungsmaßnahmen in Verfahren, die die Heraus-
       gabe von Personen betreffen, nicht selten neue Ermittlungen – etwa zum Verschulden
       des zur Einhaltung der getroffenen Regelung anzuhaltenden Elternteils – durchgeführt
       werden müssen, für die dem Gesichtspunkt der Ortsnähe schon im Hinblick auf
       die Einschaltung der zuständigen Behörde erhebliche Bedeutung zukommen kann.

#### b) Unterstützungspflicht des Jugendamts

885    Das Jugendamt ist nach § 88 Abs. 2 FamFG verpflichtet, das Gericht bei der Durch-
       setzung gerichtlicher Entscheidungen, die die Herausgabe, das Sorge- oder Umgangs-
       recht zum Gegenstand haben, zu unterstützen.

886    Zweck der Hinzuziehung eines Mitarbeiters des Jugendamts ist die Vermeidung von
       Gewaltanwendung. Das Kindeswohl soll so wenig wie möglich durch die Vollstreckung
       beeinträchtigt werden. Die Unterstützungspflicht des Jugendamts umfasst hierbei auch
       die Tätigkeit des Gerichtsvollziehers, soweit dieser im Auftrag des Gerichts tätig wird.

887    Auch für die Vollstreckung von Entscheidungen über die Herausgabe von Perso-
       nen und die Regelung des Umgangs gilt nach § 88 Abs. 3 FamFG das **Vorrang-
       und Beschleunigungsgebot**. Dementsprechend sind auch die Vorschriften über die
       Beschleunigungsrüge und -beschwerde (§§ 155b, 155c FamFG) anwendbar.

#### c) Ordnungsmittel (§ 89 FamFG)

888    Bei der Zuwiderhandlung gegen einen Vollstreckungstitel zur Herausgabe von Perso-
       nen und zur Regelung des Umgangs kann das Gericht nach § 89 Abs. 1 FamFG ggü.
       dem Verpflichteten Ordnungsgeld und für den Fall, dass dieses nicht beigetrieben
       werden kann, Ordnungshaft anordnen.

---

378 Vgl. dazu *Jokisch* FuR 2019, 445.

▶ Anwaltlicher Hinweis:

Der Gesetzgeber hat die Vorschrift des § 89 FamFG als »**Kann-Vorschrift**« aus-   889
gestaltet. Dies ist eine Reaktion auf das Urteil des BVerfG,[379] welches angemahnt
hatte, Umgangspflichten strikt am Maßstab des Kindeswohls zu orientieren und
durchzusetzen.

Die Verhängung von Ordnungsmitteln[380] erhöht die Effektivität der Vollstreckung   890
von Umgangs- und Herausgabeentscheidungen. Anders als Zwangsmittel dienen Ordnungsmittel nicht ausschließlich der Einwirkung auf den Willen der pflichtigen Person,
sondern haben daneben auch **Sanktionscharakter**. Deshalb können sie selbst dann
noch festgesetzt und vollstreckt werden, wenn die zu vollstreckende Handlung, Duldung oder Unterlassung wegen Zeitablaufs nicht mehr vorgenommen werden kann.

Der Verpflichtete ist mit der Entscheidung in der Hauptsache auch über die Folgen   891
einer Zuwiderhandlung gegen den Titel zu belehren, vgl. § 89 Abs. 2 FamFG.[381] Die
Belehrung hat zum Inhalt, dass der Verstoß gegen den erlassenen Titel die Festsetzung
von Vollstreckungsmaßnahmen nach sich zieht. Diese Belehrung erfolgt regelmäßig
in der Beschlussformel der Entscheidung.[382] Wird der Warnhinweis dagegen erst an
das Ende eines Beschlusses gesetzt, muss er sich jedenfalls deutlich von der Begründung absetzen. Er ist etwa durch andere Formatierung hervorzuheben oder mit einer
kennzeichnenden Überschrift zu versehen.[383]

Der Hinweis nach § 89 Abs. 2 FamFG muss so formuliert werden, dass er auch für   892
Laien verständlich ist. Er muss über alle in Betracht kommenden Ordnungsmittel
belehren. Der bloße Hinweis auf die Vorschrift des § 89 Abs. 2 FamFG genügt nicht.[384]

▶ Anwaltlicher Hinweis:

Der anwaltliche Vertreter des umgangsberechtigten Elternteils muss darauf ach-   893
ten, dass ein Hinweis auf die Folgen des Zuwiderhandelns in den Beschluss aufgenommen wird, vgl. § 89 Abs. 2 FamFG.[385]

Die Familienrichter »vergessen« jedoch die Belehrung nach § 89 Abs. 2 FamFG
mitunter, obwohl sogar das BVerfG es als verfahrensfehlerhaft bezeichnet hat,
wenn in einem Beschluss zur Regelung des Umgangs kein Hinweis nach § 89
Abs. 2 FamFG aufgenommen wurde. Der nach § 89 Abs. 2 FamFG zu erteilen-

---

379  BVerfG, FamRZ 2008, 845 ff.
380  Vgl. dazu OLG Oldenburg, FuR 2017, 41 (Ordnungsmittel gegen Kindesvater wegen
     Verweigerung des Umgangs).
381  Vgl. dazu *Keuter* FamRZ 2016, 1732.
382  OLG Oldenburg, FamRZ 2016, 845; KG, FamRZ 2013, 308 = FuR 2014, 240.
383  OLG Brandenburg, FamRZ 2018, 1690.
384  OLG Schleswig, FamRZ 2016, 845.
385  Vgl. dazu Horndasch/Viefhues/*Gottwald*, FamFG, § 89 Rn. 5.

de Hinweis kann aber jederzeit nachgeholt werden,[386] z.b. auch durch das Beschwerdegericht im Beschwerdeverfahren.[387]

Der Hinweis ist – über den Wortlaut der Vorschrift hinaus – auch bei einem gerichtlich gebilligten Vergleich erforderlich.[388]

894 Die max. Höhe des Ordnungsgeldes beträgt 25.000 €.

895 Die Festsetzung eines Ordnungsmittels unterbleibt nach § 89 Abs. 4 FamFG nur dann, wenn der Verpflichtete Gründe vorträgt, aus denen sich ergibt, dass er die Zuwiderhandlung nicht zu vertreten hat. Der Verpflichtete hat die Umstände, die den Grund für das Scheitern der Vollstreckung der Entscheidung darstellen, im Einzelnen darzutun. Diese Umstände liegen regelmäßig in der Sphäre der verpflichteten Person; sie sind daher im Nachhinein objektiven Feststellungen häufig nur eingeschränkt zugänglich. Gelingt es dem Verpflichteten nicht detailliert zu erläutern, warum er an der Befolgung der gerichtlichen Anordnung gehindert war, kommt ein Absehen von der Festsetzung eines Ordnungsmittels oder die nachträgliche Aufhebung des Ordnungsmittels nicht in Betracht.[389]

▶ Praxishinweis:

896 Der Umgangsverpflichtete trägt die Gründe für sein fehlendes Vertretenmüssen beim Scheitern der Umgangskontakte nur dann hinreichend vor, wenn er detailliert erläutert, warum er an der Befolgung der gerichtlichen Anordnung gehindert war. Bei einer Erkrankung des Kindes erfordert dies vom Umgangsverpflichteten die Vorlage eines aussagekräftigen ärztlichen Attests. Dieses muss nicht nur die Diagnose und die voraussichtliche Dauer der Erkrankung nennen, sondern auch zur Transportfähigkeit des Kindes Stellung nehmen.[390]

897 Beruft sich etwa ein Elternteil nach Zuwiderhandlung gegen eine gerichtliche Umgangsentscheidung auf den (angeblich) entgegenstehenden Willen des Kindes, wird ein fehlendes Vertretenmüssen nur dann anzunehmen sein, wenn er im Einzelnen darlegt, wie er auf das Kind eingewirkt hat, um das Kind zum Umgang zu bewegen. Satz 2 regelt, dass die Gründe, aus denen sich das fehlende Vertretenmüssen ergibt, auch nachträglich dargetan werden können und damit die Aufhebung des festgesetzten Ordnungsmittels nach sich ziehen.

▶ Praxishinweis:

898 Die Verhängung von Ordnungsmitteln gegen den Umgangsberechtigten wegen bloßer Kontaktaufnahmen kann nach Auffassung des OLG Frankfurt[391] als Ver-

---

386 BVerfG, FamRZ 2011, 957 f.
387 OLG Naumburg, FamRZ 2015, S. 777.
388 Vgl. Keidel/Giers, FamFG, § 89 Rn. 12.
389 OLG Saarbrücken, FuR 2013, 226.
390 OLG Schleswig, FamRZ 2018, 1946.
391 OLG Frankfurt, FamRZ 2017, 744; a.A. KG, FuR 2015, 294.

stoß gegen die Umgangsregelung nur dann gemäß § 89 FamFG geahndet werden, wenn die Untersagung von Kontaktaufnahmen sich aus der Beschlussformel der Umgangsregelung zweifelsfrei ergibt und der Hinweis gemäß § 89 Abs. 2 FamFG eindeutig darauf bezogen ist. Außerhalb des gerichtlich geregelten Zeitraums für Umgangskontakte besteht kein konkludentes Gebot, einen Umgang mit dem Kind zu unterlassen.

### d) Anwendung unmittelbaren Zwangs

#### aa) Grundsatz der Verhältnismäßigkeit

Nach § 90 Abs. 1 Satz 1 FamFG kann das Gericht durch ausdrücklichen Beschluss zur Vollstreckung unmittelbaren Zwang anordnen, wenn    899
- die Festsetzung von Ordnungsmitteln erfolglos geblieben ist,
- die Festsetzung von Ordnungsmitteln keinen Erfolg verspricht und
- eine alsbaldige Vollstreckung der Entscheidung unbedingt geboten ist.

Der Einsatz unmittelbaren Zwangs zur Vollstreckung ist somit stets durch **ausdrückli-    900 chen Beschluss** anzuordnen und kann nur unter den in § 90 Abs. 1 Nr. 1 bis 3 FamFG genannten Voraussetzungen eingesetzt werden. Bei der Anordnung ist der Grundsatz der Anwendung unmittelbaren Zwangs kommt nur dann in Betracht, wenn mildere Mittel zur Vollstreckung Verhältnismäßigkeit strikt zu beachten, d.h. die der Entscheidung nicht zur Verfügung stehen. Gerade bei der Vollstreckung der Herausgabe von Personen ist ein behutsames Vorgehen erforderlich, wenn nicht Gefahr im Verzug ist.

#### bb) Vollstreckung einer Umgangspflicht

In diesem Zusammenhang ist auf die Entscheidungen des BVerfG[392] zur **Umgangs-    901 pflicht** des Vaters mit seinem Kind hinzuweisen.[393] Nach § 1684 BGB besteht eine Umgangspflicht der Eltern mit ihren Kindern. Es ist danach einem Elternteil grundsätzlich zumutbar, auch unter Berücksichtigung seiner Persönlichkeitssphäre zum Umgang mit seinem Kind verpflichtet zu werden, wenn dies dem Kindeswohl dient.

§ 90 FamFG ist aber verfassungskonform dahingehend auszulegen, dass eine zwangs-    902 weise Durchsetzung der Umgangspflicht eines den Umgang mit seinem Kind verweigernden Elternteils zu unterbleiben hat, es sei denn, es gibt im konkreten Einzelfall hinreichende Anhaltspunkte, die darauf schließen lassen, dass dies dem Kindeswohl dienen wird.

Damit ist eine zwangsweise Durchsetzung des Umgangsanspruchs nach § 1684 Abs. 1    903 BGB ausschließlich in solchen Fällen möglich und auch geboten, in denen der Umgang dem Kindeswohl trotz der Unwilligkeit des Vaters dienlich ist. Dies ist durch das Gericht aufzuklären (z.B. durch entsprechende Gutachten).

---

392  BVerfG, FamRZ 2022, 794; FamRZ 2008, 845 ff.
393  Vgl. dazu auch Rdn. 1968.

904   Ein gerichtlicher Warnhinweis nach § 89 Abs. 2 FamFG ist trotz allem zulässig, insbesondere wenn der betreffende Elternteil nicht vollständig umgangsunwillig ist, sondern hauptsächlich die Modalitäten beanstandet (geringeren Umfang des Umgangs wünscht). Mit der Erteilung des Hinweises nach § 89 Abs. 2 FamFG wird nach der aktuellen gesetzlichen Konzeption noch keine Entscheidung darüber getroffen, ob die Vollstreckung auch erfolgt. Das Anordnungsermessen, in dessen Rahmen auch die Kindeswohldienlichkeit zu prüfen ist, kann das Gericht erst bei der Entscheidung über die Sanktion wegen eines Verstoßes gegen die Umgangsregelung ausüben (§ 89 Abs. 1 FamFG).[394]

### cc) Unmittelbarer Zwang gegen ein Kind

905   § 90 Abs. 2 FamFG regelt die **Anwendung unmittelbaren Zwangs gegen ein Kind.** Die Anwendung unmittelbaren Zwangs gegen ein Kind darf nicht zugelassen werden, wenn das Kind herausgegeben werden soll, um das Umgangsrecht auszuüben. I.Ü. darf unmittelbarer Zwang gegen ein Kind nur zugelassen werden, wenn dies unter Berücksichtigung des Kindeswohls gerechtfertigt ist und eine Durchsetzung der Verpflichtung mit milderen Mitteln nicht möglich ist. Hierbei ist ein wesentliches Kriterium das Alter des sich der Herausgabe widersetzenden Kindes.

### e) Richterlicher Durchsuchungsbeschluss

906   Nach § 91 FamFG darf die Wohnung eines Verpflichteten ohne dessen Einwilligung nur aufgrund richterlichen Beschlusses durchsucht werden.

907   Ist die Durchsuchung gerechtfertigt, haben Personen die Mitgewahrsam an der Wohnung des Verpflichteten haben, die Durchsuchung nach § 91 Abs. 3 FamFG zu dulden. Unbillige Härten ggü. Mitgewahrsamsinhabern sind natürlich zu vermeiden.

### f) Vollstreckungsverfahren

908   Der Verpflichtete ist nach § 92 Abs. 1 FamFG vor der Festsetzung von Ordnungsmitteln zu hören, d.h. er kann auch in diesem Verfahrensstadium rechtliches Gehör beanspruchen. Dies gilt grds. auch für die Anordnung unmittelbaren Zwangs, sofern hierdurch der Vollstreckungserfolg nicht gefährdet wird.

909   Dem Verpflichteten sind nach § 92 Abs. 2 FamFG mit der Festsetzung von Ordnungsmitteln oder der Anordnung von unmittelbarem Zwang die Kosten des Verfahrens aufzuerlegen.

910   Nach § 92 Abs. 3 FamFG muss vor der Festsetzung von Ordnungsmitteln oder der Anordnung von unmittelbarem Zwang ein Vermittlungsverfahren nach § 165 FamFG nicht durchgeführt werden. Das Vermittlungsverfahren und das Vollstreckungsverfahren sind zwei voneinander unabhängige Verfahrensarten. Es steht daher im freien

---

394  BVerfG, FamRZ 2022, 794.

Ermessen des Gerichts, zwischen diesen Möglichkeiten diejenigen Maßnahmen zu wählen, die am ehesten geeignet erscheinen, die Umgangs- oder Sorgerechtsentscheidungen effektiv zu vollziehen.

Die Tatsache, dass ein Vermittlungsverfahren durchgeführt wird, hindert i.Ü. das **911** Gericht nicht, im Interesse einer zügigen Umsetzung der Entscheidung gleichzeitig Vollstreckungsmaßnahmen zu ergreifen, vgl. § 92 Abs. 3 Satz 2 FamFG. Die Vorschrift stellt es damit ausdrücklich ins Ermessen des Gerichts, im Einzelfall zu entscheiden, ob es hinreichend wahrscheinlich ist, dass das Ergebnis des bereits begonnenen Vermittlungsverfahrens eine tragfähige Regelung hinsichtlich des Umgangs- oder Sorgerechts sein wird oder es zur effektiven Durchsetzung der Entscheidung geboten ist, auch Vollstreckungsmaßnahmen zu ergreifen.

### g) Ausschluss und Einstellung der Vollstreckung

§ 93 Abs. 1 FamFG bestimmt, unter welchen Voraussetzungen die Vollstreckung **912** einzustellen ist. Danach kann das Gericht die Vollstreckung durch Beschluss einstweilen einstellen oder beschränken und Vollstreckungsmaßregeln aufheben, wenn

- Wiedereinsetzung in den vorigen Stand beantragt wird,
- Wiederaufnahme des Verfahrens beantragt wird,
- gegen eine Entscheidung Beschwerde eingelegt wird,
- die Abänderung einer Entscheidung beantragt wird,
- die Durchführung eines Vermittlungsverfahrens (§ 165 FamFG) beantragt wird.

§ 93 Abs. 2 FamFG regelt weiterhin die Voraussetzungen einer dauerhaften Einstel- **913** lung der Vollstreckung und verweist insoweit auf die entsprechenden Vorschriften der §§ 775 Nr. 1 und 2, 776 ZPO.

### h) Eidesstattliche Versicherung

Wird eine herauszugebende Person nicht vorgefunden, kann das Gericht nach § 94 **914** FamFG anordnen, dass der Verpflichtete eine eidesstattliche Versicherung über ihren Verbleib abzugeben hat.

### 4. Vollstreckung nach der ZPO

Die §§ 95, 96 FamFG regeln die Vollstreckung nach der ZPO. **915**

Die Vorschriften der ZPO über die Zwangsvollstreckung sind nach § 95 Abs. 1 FamFG entsprechend anzuwenden auf die Vollstreckung

- wegen einer Geldforderung,
- zur Herausgabe einer beweglichen oder unbeweglichen Sache,
- zur Vornahme einer vertretbaren oder nicht vertretbaren Handlung,
- zur Erzwingung von Duldungen und Unterlassungen oder
- zur Abgabe einer Willenserklärung.

916 § 95 Abs. 1 Nr. 2 FamFG regelt, dass die Vollstreckung von **Herausgabeforderungen** nach der ZPO erfolgt. Durch die Inbezugnahme der ZPO kann das Gericht unmittelbar die Herausgabe dieser Sachen erwirken. Dies betrifft etwa die Vollstreckung der Herausgabe der zum persönlichen Gebrauch des Kindes bestimmten Sachen.

917 Nach § 95 Abs. 1 Nr. 3 FamFG erfolgt die Vollstreckung der Vornahme einer **vertretbaren oder unvertretbaren Handlung** nach den Vorschriften der ZPO. Durch die Verweisung kann das Gericht bei Nichtvornahme vertretbarer Handlungen die **Ersatzvornahme** anordnen. Dies betrifft etwa die Räumung einer Wohnung in Gewaltschutz- oder Ehewohnungssachen.

918 § 95 Abs. 1 Nr. 4 und Nr. 5 FamFG verweisen hinsichtlich der Erzwingung von **Duldungen und Unterlassungen** sowie der **Abgabe einer Willenserklärung** auf die Vorschriften der ZPO. Eine Unterlassung i.S.d. Norm stellt etwa das Unterlassen des Umgangs mit dem Kind außerhalb der vereinbarten Besuchszeiten dar.

919 § 95 Abs. 3 FamFG trifft eine Sonderregelung betreffend den **Vollstreckungsschutz** für die Vollstreckung von Geldforderungen. Die Vollstreckung kann in diesen Fällen nur dann mit der Entscheidung in der Hauptsache ausgeschlossen werden, wenn der Verpflichtete glaubhaft macht, dass die Vollstreckung für ihn einen nicht zu ersetzenden Nachteil bringen würde.

920 Hierdurch soll vermieden werden, dass bei Titeln, die eine Geldforderung zum Inhalt haben, durch die Vollstreckung vor Eintritt der Rechtskraft ein Schaden entsteht, der auch im Fall des Erfolgs eines Rechtsmittels nicht mehr rückgängig gemacht werden kann.

921 § 96 FamFG regelt die **Vollstreckung in Verfahren nach dem Gewaltschutzgesetz**.

922 Handelt der Verpflichtete einer Anordnung nach § 1 GewSchG zuwider, indem er eine Handlung nicht unterlässt, kann der Berechtigte zur Beseitigung einer jeden andauernden Zuwiderhandlung einen Gerichtsvollzieher zuziehen. Der Gerichtsvollzieher kann entsprechend § 758 Abs. 3 ZPO die Unterstützung der Polizei einfordern.

923 Schließlich regelt § 96a FamFG die **Vollstreckung in Abstammungssachen**.

924 Die Vollstreckung des Titels auf Duldung der Entnahme einer Speichel- oder Blutprobe ist ausgeschlossen, wenn die Art der Probeentnahme der zu untersuchenden Person nicht zugemutet werden kann, z.B. aufgrund zu befürchtender gesundheitlicher Nachteile.

925 § 96a Abs. 2 FamFG lässt die Anwendung unmittelbaren Zwangs bei wiederholter unberechtigter Verweigerung der Untersuchung zu.

## 5. Vollstreckung in Ehesachen und Familienstreitsachen

926 Die Vorschrift des § 120 FamFG regelt die Vollstreckung von Entscheidungen **in Ehesachen und Familienstreitsachen**. § 120 Abs. 1 FamFG bestimmt, dass für die Vollstreckung von Entscheidungen **in Ehesachen und Familienstreitsachen** anstelle

der Vorschriften über die Vollstreckung in Buch 1 des FamFG die Vorschriften über die Zwangsvollstreckung in Buch 8 der ZPO (§§ 704 bis 915h) gelten.

## a) Vollstreckung von Beschlüssen in Ehe- und Familienstreitsachen

§ 120 Abs. 2 Satz 1 FamFG bestimmt (ebenso wie § 86 FamFG), dass Beschlüsse mit **927** Wirksamwerden bereits kraft Gesetzes vollstreckbar sind, ohne dass es hierzu einer Vollstreckbarerklärung des Gerichts bedürfte. Dies ist auch bei der entsprechenden Anwendung der weiteren Vorschriften der ZPO zu beachten.

### aa) Wirksamwerden des Beschlusses

Das »Wirksamwerden« i.S.d. Vorschrift ist geregelt in § 116 Abs. 2 und 3 FamFG, **928** d.h. es setzt nicht nur die Verkündung des Beschlusses nach § 113 Abs. 1 Satz 2 FamFG i.V.m. §§ 311 Abs. 2 Satz 1, 329 Abs. 1 Satz 1 ZPO, sondern **formelle Rechtskraft** des jeweiligen Beschlusses voraus.[395] Nach § 116 Abs. 3 Satz 2 FamFG kann das Gericht in Familienstreitsachen auch vor Eintritt der formellen Rechtskraft die sofortige Wirksamkeit anordnen; dies ist in erfolgreichen Unterhaltsverfahren (allerdings nicht für Unterhaltsrückstände)[396] als Regelfall vorgesehen (§ 116 Abs. 3 Satz 3 FamFG).[397] Auch wenn § 120 Abs. 1 FamFG die entsprechende Anwendung der Vorschriften der ZPO über die Zwangsvollstreckung zulässt, sind die §§ 708 bis 713 ZPO bei der Vollstreckung von Beschlüssen in FamFG-Sachen nicht anwendbar, da sie durch die Sonderregelung des § 120 Abs. 2 FamFG verdrängt werden; auch die §§ 714 bis 720a ZPO können nur eingeschränkt angewendet werden.

**Beschlüsse in Ehesachen** sind hinsichtlich der Entscheidung zur Hauptsache nicht **929** vollstreckbar, was sich aus dem rechtsgestaltenden oder feststellenden Charakter der Entscheidung ergibt; ebenso scheidet nach §§ 120 Abs. 1 FamFG, 704 Abs. 2 ZPO eine vorläufige Vollstreckbarkeit aus.

### bb) Vollstreckungsschutz

§ 120 Abs. 2 Satz 2 FamFG bestimmt, dass, abweichend von den Vorschriften der **930** ZPO, die Vollstreckung nur dann mit der Entscheidung in der Hauptsache auszuschließen ist, wenn der Verpflichtete glaubhaft macht, dass die Vollstreckung für ihn einen nicht zu ersetzenden Nachteil bringen würde. Hierdurch soll vermieden werden,

---

395 BGH, FamRZ 2012, 106 (Beschlüsse in Familienstreitsachen sind zunächst nach § 113 Abs. 1 Satz 2 FamFG i.V.m. §§ 311 Abs. 2 Satz 1, 329 Abs. 1 Satz 1 ZPO zu verkünden, weil nach § 113 Abs. 1 Satz 1 FamFG in Familienstreitsachen die Regelung des § 41 Abs. 1 Satz 2 FamFG, wonach die Bekanntgabe eines Beschlusses mit der Zustellung bewirkt wird, keine Anwendung findet).

396 OLG Jena, FuR 2017, 98.

397 Vgl. dazu OLG Frankfurt, NZFam 2017, 275 (§ 116 Abs. 3 Satz 3 FamFG erfasst nicht die gleichzeitig getroffene Kostenentscheidung).

dass durch die Vollstreckung vor Eintritt der Rechtskraft ein Schaden entsteht, der auch im Fall des Erfolgs eines Rechtsmittels nicht mehr rückgängig zu machen ist.

931    § 120 Abs. 2 Satz 3 FamFG erstreckt diese Anforderungen auf die Fälle des § 707 Abs. 1 und des § 719 Abs. 1 ZPO.

### b) Ausnahmen

932    Die in § 120 Abs. 3 FamFG genannten Verpflichtungen zur Eingehung der Ehe und zur Herstellung des ehelichen Lebens sind nach dem FamFG als **sonstige Familiensachen** nach § 266 Abs. 1 Nr. 1 und 2 FamFG zu qualifizieren und nicht vollstreckbar.

## VIII. Verfahren in Ehesachen und Familienstreitsachen

933    Das 2. Buch des FamFG behandelt die Verfahren in Familiensachen. Der 1. Abschnitt des 2. Buchs umfasst die allgemeinen Vorschriften, die entsprechend der üblichen Gesetzgebungstechnik vor die Klammer gestellt werden. Insb. für Ehesachen und Familienstreitsachen enthalten die §§ 111 bis 120 FamFG besondere Regelungen. Diese wurden teilweise bereits dargestellt (z.b. die Besonderheiten der Beschwerde, vgl. Rdn. 302 ff., oder der Vollstreckung von Ehesachen und Familienstreitsachen, vgl. Rdn. 926 ff.).

934    Das Verfahren in Ehesachen und Familienstreitsachen wird weitestgehend nach den Vorschriften der ZPO geführt, vgl. § 113 Abs. 1 Satz 2 FamFG. Die Abweichungen der Verfahren in Ehesachen und Familienstreitsachen vom 1. Buch des FamFG (Allgemeiner Teil) werden im Folgenden dargestellt.

▶ **Das Wichtigste in Kürze**

935    – Die Vorschriften über den Urkunden- und den Wechselprozess sowie über das Mahnverfahren gelten auch in Familienstreitsachen, § 113 Abs. 2 FamFG. → Rdn. 939 f.
       – Kein früher erster Termin in Ehesachen, § 113 Abs. 4 Nr. 3 FamFG. → Rdn. 953
       – Anwaltszwang in erstinstanzlichen Unterhaltssachen mit Ausnahme der einstweiligen Unterhaltsanordnung, § 114 Abs. 1, Abs. 4 Nr. 1 FamFG. → Rdn. 973 ff.

## 1. Anwendung der Vorschriften der ZPO

936    Die Vorschrift des § 113 FamFG regelt, inwieweit in Ehesachen (vgl. § 121 FamFG) und Familienstreitsachen (vgl. § 112 FamFG) die entsprechende Anwendung der Vorschriften der ZPO möglich ist. Weiterhin wird die Terminologie des FamFG auch bei entsprechender Anwendung der ZPO durchgehalten, vgl. § 113 Abs. 5 FamFG.

## 2. Ehe- und Familienstreitsachen

Grds. ordnet § 113 Abs. 1 FamFG für **Ehe- und Familienstreitsachen** die entspre- 937
chende Anwendung der allgemeinen Vorschriften der ZPO und der Vorschriften der
ZPO über das Verfahren vor den LG an. Diese Vorschriften treten an die Stelle der
§§ 2 bis 37, 40 bis 45, 46 Satz 1 und Satz 2 sowie 47 und 48 sowie 76 bis 96 FamFG.

Weiterhin gilt für **Ehe- und Familienstreitsachen die Vorschrift** des § 113 Abs. 3 938
FamFG. Danach ist **§ 227 Abs. 3 ZPO** nicht anwendbar. Eine Terminverlegung in
der Zeit vom 01.07 bis 31.08. ist daher nur nach § 227 Abs. 1, Abs. 2 ZPO möglich,
wenn erhebliche Gründe glaubhaft gemacht werden.

## 3. Besonderheiten für Familienstreitsachen

Nach § 113 Abs. 2 FamFG sind – jedoch nur für **Familienstreitsachen** – auch die Vor- 939
schriften über den Urkunden- und den Wechselprozess und über das Mahnverfahren
entsprechend anwendbar. Zahlungsansprüche können auch in Familienstreitsachen
nach den Vorschriften der ZPO über das Mahnverfahren geltend gemacht werden.

▶ Anwaltlicher Hinweis:

Regelmäßig eignet sich das Mahnverfahren nicht, um familienrechtliche Ansprü- 940
che, denen eine zu große Komplexität zu eigen ist, geltend zu machen. Sollte dies
ausnahmsweise einmal anders zu beurteilen sein, ist nach § 690 Abs. 1 Nr. 5
ZPO das AG – FamG – als das für das streitige Verfahren zuständige Gericht
anzugeben, um insb. in güterrechtlichen Streitigkeiten und in sonstigen Familiensachen (Nebengüterrecht) deutlich zu machen, dass eine Zuständigkeit des AG
gegeben ist, obwohl der Streitwert die Schwelle für die allgemeine sachliche Zuständigkeit des AG (5.000 €) übersteigt.

## 4. Besonderheiten für Ehesachen (§ 113 Abs. 4 FamFG)

Die uneingeschränkte Anwendung der Vorschriften der ZPO ist in Ehesachen, in 941
denen der maßgebliche Sachverhalt so objektiv wie möglich aufgeklärt werden soll,
nicht möglich. Die Regelung des § 113 Abs. 4 FamFG schränkt daher die im allgemeinen Zivilprozess bestehende Befugnis der Beteiligten, über den Streitgegenstand
weitgehend frei verfügen zu können, für **Ehesachen** ein. Es soll den Ehegatten in
Statussachen nicht uneingeschränkt ermöglicht werden, über den Bestand der Ehe
prozessual zu verfügen.

### a) Geständnisfiktion (§ 113 Abs. 4 Nr. 1 FamFG)

So ist zunächst § 138 Abs. 3 ZPO in Ehesachen nicht anwendbar. Eine Geständ- 942
nisfiktion über Tatsachen nach § 138 Abs. 3 ZPO (zugestandene Tatsachen) ist mit
der Aufklärungspflicht des FamG nicht zu vereinbaren. So kann etwa der Tag der
Trennung bzw. die Trennungszeit nicht einfach zugestanden werden, sondern ist

vom Gericht – soweit für die Scheidung erheblich – zu klären. Das FamG hat unter Berücksichtigung des gesamten Inhalts der Verhandlungen und des Ergebnisses einer etwaigen Beweisaufnahme daher gem. § 286 ZPO nach freier Überzeugung zu entscheiden, ob eine tatsächliche Behauptung für wahr oder für nicht wahr zu erachten sei. Der Beschluss hat die Gründe zu benennen, die für die richterliche Überzeugung leitend gewesen sind.

### b) Antragsänderung (§ 113 Abs. 4 Nr. 2 FamFG)

*aa) Antragsänderung in erster Instanz*

**943** § 113 Abs. 4 Nr. 2 FamFG lässt ohne die Beschränkungen des § 263 ZPO, d.h. ohne Zustimmung des Gegners und ohne Beachtung der Sachdienlichkeit, die Änderung eines erhobenen Antrags zu. Dies gilt z.B. im Rahmen eines Antrags auf Aufhebung der Ehe nach § 121 Nr. 2 FamFG in Bezug auf die geltend gemachten Gründe nach §§ 1303 bis 1307, 1311 BGB sowie § 1314 Abs. 2 BGB.

**944** Aber auch ein Wechsel von einem Scheidungs- zu einem Aufhebungsverfahren (und umgekehrt) stellt eine mögliche und zulässige Verfahrensänderung dar.

*bb) Antragsänderung im Beschwerdeverfahren*

**945** Auch im Beschwerdeverfahren kann im gleichen Umfang wie in erster Instanz ein Antrag geändert oder erweitert werden, vgl. auch § 117 FamFG. Die Anwendung der §§ 531, 533 ZPO ist nicht möglich, weil § 117 Abs. 2 FamFG auf diese Vorschriften nicht verweist.[398]

**946** Die Einlegung einer Beschwerde mit dem Ziel, in zweiter Instanz eine Antragsänderung anzubringen, setzt allerdings das Vorliegen einer **Beschwer** voraus, sodass der in erster Instanz obsiegende Antragsteller nicht nur deshalb eine Beschwerde einlegen kann, um in zweiter Instanz eine Änderung seines Begehrens zu erreichen.[399] Ein solcher Fall liegt vor, wenn nach abgewiesenem Scheidungsantrag Beschwerde mit dem Ziel eingelegt wird, nunmehr die Aufhebung der Ehe zu beantragen, weil verschiedene Streitgegenstände vorliegen.

**947** Scheidung und Aufhebung der Ehe bewirken in ihren Rechtsfolgen zwar jeweils die Auflösung des Ehebandes; sie sind aber in ihren Voraussetzungen zu verschieden (einerseits Scheitern der Ehe, andererseits Unwirksamkeitsgründe, die die Aufhebbarkeit von Anfang an zulassen), sodass kein identischer Streitgegenstand vorliegt.

**948** Wechselt der Antragsteller in zweiter Instanz von dem Antrag auf Aufhebung der Ehe zu einem Scheidungsantrag, stellt sich im Hinblick auf den Scheidungs(zwangs)verbund nach § 137 Abs. 2 Satz 2 FamFG, der von Amts wegen herzustellen ist, die Frage, ob nunmehr in zweiter Instanz das Verfahren zur Durchführung des Versor-

---

398 Schulte-Bunert/Weinreich/*Roßmann*, FamFG, § 117 Rn. 12, 13.
399 Schulte-Bunert/Weinreich/*Roßmann*, FamFG, § 117 Rn. 16.

gungsausgleichs aufgenommen wird oder das Verfahren entsprechend § 146 Abs. 1 Satz 1 FamFG an das FamG zurückzuverweisen ist, um in erster Instanz die Folgesachen durchzuführen. Zutreffend ist die letzte Ansicht, weil ansonsten den Beteiligten in diesen Folgesachen eine Instanz genommen würde und insb. der Regelungszweck des § 146 FamFG, der den Anfall der Folgeverfahren in dem dort geregelten vergleichbaren Fall beim Gericht der ersten Instanz ausdrücklich vorschreibt, für eine Rückverweisung spricht.

## c) Verfahren in Ehesachen (§ 113 Abs. 4 Nr. 3 FamFG)

§ 113 Abs. 4 Nr. 3 FamFG schließt für Ehesachen die Anwendung der §§ 272, 275, 276 und 277 ZPO aus. Die diesbezüglichen Regelungen sind im Eheverfahren entbehrlich, zumal §§ 273, 279 Abs. 2, 3 und 282 ZPO weiterhin anwendbar sind. **949**

### aa) Terminierung in Ehesachen

Obwohl es damit in Ehesachen **keinen frühen ersten Termin** gibt, hängt es von der Sachlage ab, alsbald einen Termin anzuberaumen (vgl. §§ 113 Abs. 1 FamFG i.V.m. 216 Abs. 2 ZPO) oder zunächst die Einholung von Auskünften und Stellungnahmen (zum Versorgungsausgleich bei den Versorgungsträgern oder zur Regelung der elterlichen Sorge bei den Jugendämtern) abzuwarten und erst nach deren Vorliegen einen Termin zu bestimmen. **950**

Insb. wenn ein **verfrühter und damit abweisungsreifer Scheidungsantrag** eingereicht wird (weil z.B. das Trennungsjahr noch nicht abgelaufen ist) oder der Antragsteller unter Beweisantritt die Voraussetzungen der Scheidung der Ehe zwar schlüssig dargelegt hat, der Antragsgegner diese aber bestreitet, kann eine sofortige Terminierung geboten sein. **951**

Vielfach betreiben die FamG das Verfahren nur zögerlich, weil die zeitlichen Voraussetzungen der Scheidung noch nicht vorliegen. Dieses Prozedere ist problematisch; es greift insb. in die Rechtsstellung des Antragsgegners im Bereich des Zugewinn- und Versorgungsausgleichs ein (vgl. §§ 1384, 1587 Abs. 2 BGB), weil von der Zustellung des Scheidungsantrags regelmäßig auch das maßgebende Ehezeitende abhängt.[400] **952**

▶ Praxishinweis:

Regelmäßig wird die Ehe erst geschieden, wenn das Trennungsjahr abgelaufen ist. Maßgeblich für die Bestimmung des grds. erforderlichen Trennungsjahres ist der Zeitpunkt der letzten mündlichen Verhandlung. **953**

Mitunter besteht Unsicherheit darüber, ob ein Scheidungsantrag als verfrüht abgewiesen werden kann, wenn er vor Ablauf des Trennungsjahres anhängig gemacht wurde.

---

400 Vgl. dazu *Viefhues* ZFE 2009, 476.

Zunächst ist in diesem Zusammenhang von Bedeutung, dass nach § 113 Abs. 4 Nr. 3 FamFG ein **früher erster Termin** in Ehesachen grds. nicht vorgesehen ist. Die Scheidung soll vielmehr durch Einholung insb. der Auskünfte der Versorgungsträger gründlich vorbereitet und dann in einem Termin abgeschlossen werden.

Im Hinblick auf die Vorschrift des § 140 Abs. 4 FamFG ist nunmehr jedenfalls ein Scheidungsantrag, der **2 Monate vor Ablauf des Trennungsjahres** gestellt wird, nicht »verfrüht«. Diese Wertung ist § 140 Abs. 4 FamFG mittelbar zu entnehmen; die Vorschrift wäre überflüssig, wenn Scheidungsanträge, die vor Ablauf des Trennungsjahres gestellt werden, generell abgewiesen werden müssten. Der Zeitraum von 2 Monaten ist damit zu rechtfertigen, dass nach Ablauf des Trennungsjahres die Scheidung zulässig ist, zuvor aber noch die Auskünfte zum Versorgungsausgleich eingeholt werden müssen; des Weiteren ist für die Anlage der Gerichtsakte, die Zustellung gerichtlicher Verfügungen und Rücksendungen eine angemessene Zeit zu kalkulieren. Haben die Beteiligten wirksam den Versorgungsausgleich ausgeschlossen, so verkürzt sich der erwähnte Zeitrahmen allerdings auf einen Monat. Darüber hinaus ist freilich Vorsicht geboten, da mit derart »frühen« Anträgen die maßgeblichen Stichtage »manipuliert« werden.[401] Insoweit kann ein FamG dann ausnahmsweise auch einen schnellen Termin ansetzen, um den Scheidungsantrag abzuweisen.

### bb) Beschleunigungsgebot

954 Das allgemeine Prozessrecht sieht in §§ 275 Abs. 1 Satz 1, Abs. 3, Abs. 4, 276 ZPO Beschleunigungsmöglichkeiten (früher erster Termin, schriftliches Vorverfahren) vor, die nach § 113 Abs. 4 Nr. 3 FamFG ausdrücklich ausgeschlossen werden. Damit ist es nicht möglich, dem Antragsgegner eine Frist zur schriftlichen Antragserwiderung gem. § 275 Abs. 1 Satz 1, Abs. 3 ZPO und dem Antragsteller eine Frist zur Stellungnahme auf die Antragserwiderung nach § 275 Abs. 4 ZPO zu setzen. Entsprechendes gilt für das schriftliche Vorverfahren. Der Gesetzgeber hält eine Beschleunigung von Ehesachen nicht für geboten, weil dies der Struktur dieses Verfahrens (eingeschränkter Amtsermittlungsgrundsatz, vgl. § 127 FamFG) nicht entspricht.

955 I.Ü. gilt für Ehesachen hinsichtlich der Zurückweisung neuer Angriffs- und Verteidigungsmittel § 115 FamFG, der § 296 Abs. 1, 2 ZPO verdrängt. Die in der gerichtlichen Praxis häufig anzutreffende Fristsetzung, die der straffen Durchführung der Ehesache dienen soll, stellt solange keinen Verstoß gegen § 113 Abs. 4 Nr. 3 FamFG dar, als hieraus keine für den betreffenden Beteiligten nachteilige Konsequenz abgeleitet wird.[402]

---

401 Ausführlich zur Manipulation von Stichtagen *Roßmann* FuR 2014, 253 (Editorial).
402 Musielak/Borth, FamFG, § 113 Rn. 10.

### d) Güteverhandlung (§ 113 Abs. 4 Nr. 4 FamFG)

§ 113 Abs. 4 Nr. 4 FamFG ordnet an, dass § 272 Abs. 3 ZPO nicht anzuwenden ist,    956
nach dem eine Güteverhandlung so früh wie möglich stattfinden soll. Die Vorschrift
trägt damit der Besonderheit der höchstpersönlichen Verfahrensgegenstände in Ehesachen Rechnung. Zudem besteht angesichts der vorhandenen Sondervorschriften
kein Bedürfnis für eine gesonderte Güteverhandlung in Ehesachen.

### e) Gerichtliches Geständnis (§ 113 Abs. 4 Nr. 5 FamFG)

Ebenso wenig greifen die Wirkungen eines gerichtlichen Geständnisses nach § 288 ZPO    957
ein, das aber auch nach § 290 ZPO frei widerrufen werden könnte. Das Geständnis
eines Beteiligten ist vom FamG nach § 286 ZPO frei zu würdigen.

### f) Anerkenntnis (§ 113 Abs. 4 Nr. 6 FamFG)

Ein Anerkenntnis hat in Ehesachen nicht die Wirkung des § 307 ZPO. Das FamG hat    958
deshalb unabhängig vom prozessualen Verhalten des Antragsgegners die Begründetheit des Verfahrensbegehrens zu überprüfen. Allerdings kann das Gericht im Rahmen
der Beweiswürdigung nach § 286 ZPO ein »Anerkenntnis« entsprechend würdigen.

### g) Erklärung über die Echtheit von Urkunden (§ 113 Abs. 4 Nr. 7 FamFG)

Eine Geständnisfiktion über die Echtheit von Urkunden nach § 439 Abs. 3 ZPO    959
besteht in Ehesachen nicht. Das Gericht hat daher unter Berücksichtigung des gesamten
Inhalts der Verhandlungen und des Ergebnisses einer etwaigen Beweisaufnahme gem.
§ 286 ZPO nach freier Überzeugung zu entscheiden, ob eine tatsächliche Behauptung für wahr oder für nicht wahr zu erachten ist. Der Beschluss hat die Gründe zu
benennen, die für die richterliche Überzeugung leitend gewesen sind.

### h) Verzicht auf die Beeidigung des Gegners sowie von Zeugen oder Sach-verständigen (§ 113 Abs. 4 Nr. 8 FamFG)

Das Gericht ist an den Verzicht auf eine Vereidigung von Zeugen, Sachverständi-    960
gen und der Gegenpartei gem. §§ 391, 410, 452 Abs. 3 ZPO nicht gebunden, weil
dies mit der (eingeschränkten) Amtsermittlungspflicht nach § 127 FamFG nicht zu
vereinbaren wäre. Die Vereidigung liegt ausschließlich im pflichtgemäßen Ermessen
des Gerichts.

### 5. Präklusion von Angriffs- und Verteidigungsmitteln (§ 115 FamFG)

Die Regelung des § 115 FamFG enthält eine Präklusionsvorschrift für verspätet vorge-    961
brachte Angriffs- und Verteidigungsmittel, die auch in der Beschwerdeinstanz gilt.[403]

---

403 Vgl. zur Anwendung der Vorschrift in der Beschwerdeinstanz Rdn. 331.

Danach können in Ehe- und Familienstreitsachen Angriffs- und Verteidigungsmittel, die nicht rechtzeitig vorgebracht werden, zurückgewiesen werden, wenn ihre Zulassung nach der freien Überzeugung des Gerichts die Erledigung des Verfahrens verzögern würde und die Verspätung auf grober Nachlässigkeit beruht.[404] I.Ü. sind die Angriffs- und Verteidigungsmittel abweichend von den allgemeinen Vorschriften zuzulassen.

962   § 115 FamFG berücksichtigt die Besonderheiten der Ehesachen (§ 121 FamFG) und der Familienstreitsachen (§ 112 FamFG). Diese sind einerseits davon geprägt, dass in Ehesachen der eingeschränkte Amtsermittlungsgrundsatz (§ 127 FamFG) eine Präklusion von Angriffs- und Verteidigungsmitteln nicht zulässt bzw. andererseits in Familienstreitsachen die zu beurteilenden Sachverhalte in den wirtschaftlichen und persönlichen Bezügen einem ständigen Wandel unterworfen sind; dies gilt insb. für Unterhaltsstreitigkeiten. Die Vorschrift gilt in allen Instanzen. Die Vorschrift verdrängt mithin den § 296 ZPO sowie für die zweite Instanz die noch strengeren §§ 530, 531 ZPO.[405]

## a) Ehesachen

963   Ehesachen unterliegen nicht dem Beschleunigungsgebot des allgemeinen Zivilprozesses. Die Regelung des § 115 FamFG, die für alle Ehesachen gilt, lässt deshalb eine Zurückweisung verspäteten Vorbringens nur unter engeren Voraussetzungen als im Allgemeinen zivilprozessualen Verfahren zu; insb. sind die in § 296 Abs. 1 und 2 ZPO enthaltenen Bestimmungen in Ehesachen nicht anwendbar. Soweit Tatsachen von Amts wegen zu ermitteln sind, kann generell keine Präklusion stattfinden. Dem verspätet eingegangenen Vortrag eines Beteiligten ist deshalb immer nachzugehen, wenn er für die Sachentscheidung erheblich ist; insoweit stellt er lediglich eine Anregung dar.

964   Folgesachen sind selbstständig zu beurteilen; nur soweit sie Familienstreitsache sind, gilt § 115 FamFG. Ansonsten gilt in Familiensachen der Amtsermittlungsgrundsatz, der keine Präklusion erlaubt.

## b) Familienstreitsachen

965   Familienstreitsachen – und dies gilt in besonderer Weise für Unterhaltsstreitigkeiten – sind einerseits dadurch zu charakterisieren, dass die zu beurteilenden Sachverhalte im Verfahren erster Instanz in ihren wirtschaftlichen und persönlichen Bezügen einem ständigen Wandel unterworfen sind und sie deshalb von den Beteiligten im Verfahren mitunter nicht vor Abschluss der mündlichen Verhandlung erster Instanz vorgebracht werden können. Auch haben die Verfahren für die Beteiligten oft eine hohe wirtschaftliche Bedeutung. In Abweichung von den strengen allgemeinen Regelungen zur Zurückweisung verspäteten Vorbringens können nicht rechtzeitig vorgebrachte Angriffs- und Verteidigungsmittel nur dann zurückgewiesen werden, wenn

---

404  Vgl. dazu OLG Koblenz, FamRZ 2021, 1372.
405  Vgl. dazu Horndasch/Viefhues/*Roßmann*, FamFG, § 115 Rn. 1.

die Verspätung auf **grober Nachlässigkeit** beruht und ihre Zulassung nach der freien Überzeugung des Gerichts den Rechtsstreit verzögern würde.

## c) Voraussetzungen einer Zurückweisung

§ 115 FamFG erfasst Angriffs- und Verteidigungsmittel (Behauptungen, Beweis-   **966** mittel usw.), die noch vor Schluss der mündlichen Verhandlung ohne Fristsetzung, jedoch unter Verletzung der allgemeinen Prozessförderungspflicht nicht rechtzeitig vorgebracht und mitgeteilt wurden. Sie »können« zurückgewiesen werden, wenn ihre Zulassung die Erledigung des Rechtsstreits verzögern würde und die Verspätung auf grober Nachlässigkeit beruht. Die Zurückweisung steht in pflichtgemäßem Ermessen des Gerichts.[406]

### aa) Verzögerung

Der Maßstab für verspätetes Vorbringen in Familienstreitsachen ist der allgemeinen   **967** Verfahrens- bzw. Prozessförderungspflicht des § 282 ZPO zu entnehmen. Danach sind Angriffs- und Verteidigungsmittel so rechtzeitig vorzubringen, wie es nach der Verfahrens- bzw. Prozesslage einer sorgfältigen und auf Förderung des Verfahrens bedachten Verfahrens- bzw. Prozessführung entspricht. Die Beteiligten sind zwar berechtigt, zur Entschärfung der gerichtlichen Auseinandersetzung den Verfahrensstoff zunächst zu beschränken und gestuft vortragen. Allerdings haben die Beteiligten ihre Angriffs- und Verteidigungsmittel so rechtzeitig vorzubringen, dass sowohl der andere Beteiligte wie auch das Gericht in der Verfahrensleitung hierauf rechtzeitig reagieren kann.

Das FamG stellt nach freier Überzeugung fest, ob eine Verzögerung eintritt. Dies ist   **968** (entsprechend § 296 Abs. 2 ZPO) der Fall, wenn das Verfahren sonst zur Endentscheidung reif wäre, die Zulassung aber zu einer Vertagung führt. Die Verzögerung muss kausal auf das verspätete Vorbringen zurückzuführen sein; deshalb kann ein Vorbringen nicht zurückgewiesen werden, wenn bei rechtzeitigem Vortrag dieselbe Verzögerung eingetreten wäre.

### bb) Grobe Nachlässigkeit

Eine Präklusion nach § 115 FamFG setzt außerdem Verschulden des Beteiligten oder   **969** seines gesetzlichen Vertreters bzw. Verfahrensbevollmächtigten (§§ 51 Abs. 2, 85 Abs. 2 ZPO) an der Verspätung voraus. Erforderlich ist **grobe Nachlässigkeit**, also eine Vernachlässigung der Verfahrensförderungspflicht in besonders hohem Maße. Der betreffende Beteiligte muss sich ausnehmend sorglos verhalten und unterlassen haben, was jedem anderen in der konkreten Verfahrenslage als notwendig eingeleuchtet hätte. Insoweit kommt etwa eine Urlaubsreise während des Verfahrens mit auch für den Bevollmächtigten unbekanntem Ziel und ohne zureichende Information zum Verfahren in Betracht oder das bewusste Zurückhalten eines Beweismittels, um abzuwarten, zu welchem Ergebnis die angebotenen Beweise führen. Auch besteht

---

406 OLG Koblenz, FamRZ 2021, 1372.

Erklärungsbedarf, wenn das Gericht für einen bestimmten Vortrag eine Frist gesetzt hat, die der betreffende Beteiligte bzw. seine anwaltliche Vertretung nicht einhält.

970   Die grobe Nachlässigkeit i.S.v. § 115 FamFG wird nicht vermutet. Der Richter muss dem Beteiligten rechtliches Gehör gewähren, d.h. Gelegenheit geben, die gegen ihn sprechenden Umstände zu entkräften und dafür u.U. eine kurze Frist gewähren, ggf. auch zur Nachbesserung, falls er schon vorgebrachte Gründe für unzureichend hält, worauf hinzuweisen ist.[407] Bei der Entscheidung berücksichtigt das Gericht aufgrund des ihm eingeräumten Ermessens den Grad der Nachlässigkeit, die Bedeutung des Verfahrens und den Umfang der drohenden Verzögerung. Bei einer Zurückweisung müssen die Entscheidungsgründe die maßgeblichen Erwägungen enthalten. Kann eine grobe Nachlässigkeit nicht festgestellt werden, ist das verspätete Vorbringen trotz der dann eintretenden Verzögerung zuzulassen.

### 6. Beteiligtenbezeichnung (§ 113 Abs. 5 FamFG)

971   § 113 Abs. 5 FamFG ordnet in den Nr. 1 bis 5 an, dass an die Stelle bestimmter zivilprozessualer Bezeichnungen die entsprechenden Bezeichnungen des FamFG-Verfahrens treten. Bei der Anwendung der ZPO tritt danach an die Stelle der Bezeichnung
–  Prozess oder Rechtsstreit die Bezeichnung Verfahren,
–  Klage die Bezeichnung Antrag,
–  Kläger die Bezeichnung Antragsteller,
–  Beklagter die Bezeichnung Antragsgegner,
–  Partei die Bezeichnung Beteiligter.

972   Auf diese Weise soll die Begrifflichkeit innerhalb des neuen Gesetzes vereinheitlicht werden. Sinnvollerweise wird im Fall des Scheidungsverbunds die Beteiligtenbezeichnung durch die Ehesache vorgegeben und auch für Folgesachen beibehalten.

### 7. Vertretung durch einen Anwalt in Familiensachen

973   Die Vorschrift des § 114 FamFG regelt die Notwendigkeit der anwaltlichen Vertretung (Anwaltszwang) vor dem FamG und das Erfordernis einer besonderen Vollmacht. Der in Familiensachen weitgehend angeordnete Anwaltszwang ist sowohl mit öffentlichen Interessen als auch mit dem Schutz der Verfahrensbeteiligten zu rechtfertigen.

974   § 114 Abs. 1 FamFG ordnet eine anwaltliche Vertretung in Ehesachen und Folgesachen sowie in selbstständigen Familienstreitsachen (vgl. § 112 FamFG) an. Der Anwaltszwang betrifft daher auch **Unterhaltssachen** nach § 231 FamFG.

975   Zuständiges Gericht in diesen Fällen ist erstinstanzlich die Abteilung für Familiensachen beim AG (FamG, vgl. §§ 23a Abs. 1 Nr. 1, 23b GVG); es handelt sich hierbei um den einzigen Fall des Anwaltszwangs vor dem AG. Deckungsgleich besteht in derartigen Verfahren Anwaltszwang vor dem OLG.

---

407  Horndasch/Viefhues/*Roßmann*, FamFG, § 115 Rn. 9.

### a) Anwaltszwang in Ehesachen und Folgesachen

**Ehesachen** sind nach der Legaldefinition des § 121 FamFG alle Verfahren auf Schei- 976
dung, Aufhebung einer Ehe, auf Feststellung des Bestehens oder Nichtbestehens einer
Ehe zwischen den Beteiligten. Für Ehesachen gelten die §§ 121 bis 150 FamFG.

Der Begriff der **Folgesachen** wird in § 137 Abs. 2 FamFG definiert; Folgesachen 977
sind danach Versorgungsausgleichssachen, Unterhaltssachen, sofern sie die Unterhaltspflicht ggü. einem gemeinschaftlichen Kind oder die durch Ehe begründete
gesetzliche Unterhaltspflicht betreffen, mit Ausnahme des vereinfachten Verfahrens
über den Unterhalt Minderjähriger, Ehewohnungs- und Haushaltssachen und Güterrechtssachen, wenn eine Entscheidung für den Fall der Scheidung zu treffen ist und
die Familiensache vor Schluss der mündlichen Verhandlung im ersten Rechtszug in
der Scheidungssache von einem Ehegatten anhängig gemacht wird. Weiterhin sind
Folgesachen nach § 137 Abs. 3 FamFG auch Kindschaftssachen, die die Übertragung
oder Entziehung der elterlichen Sorge, das Umgangsrecht oder die Herausgabe eines
gemeinschaftlichen Kindes der Ehegatten oder das Umgangsrecht eines Ehegatten
mit dem Kind des anderen Ehegatten betreffen, wenn ein Ehegatte vor Schluss der
mündlichen Verhandlung im ersten Rechtszug in der Scheidungssache die Einbeziehung in den Verbund beantragt.

Der Anwaltszwang nach § 114 Abs. 1 FamFG **erfasst demnach den gesamten Schei-** 978
**dungsverbund**, unabhängig davon, ob die betreffende Folgesache eine Familienstreitsache ist oder nicht.[408]

Folgesachen fallen auch bei einer Verhandlung im abgetrennten Verfahren nach § 140 979
FamFG in den Anwendungsbereich der Vorschrift.

Bei Ehesachen besteht damit für die Ehegatten Anwaltszwang in allen Rechtszü- 980
gen. Im Hinblick auf den in Familiensachen geltenden eingeschränkten Amtsermittlungsgrundsatz (vgl. § 127 FamFG), sind allerdings Besonderheiten zu beachten.
Nach § 130 Abs. 2 FamFG darf in Ehesachen ein Versäumnisbeschluss gegen den
Antragsgegner nicht ergehen. Dies hat insb. in Scheidungssachen zur Folge, dass der
Antragsgegner nicht unbedingt einen Rechtsanwalt beauftragen muss, zumal nach
§ 114 Abs. 4 Nr. 3 FamFG der Anwaltszwang aufgehoben wird für die Zustimmung
zur Scheidung, für die Rücknahme des Scheidungsantrags und für den Widerruf der
Zustimmung zur Scheidung. Ebenso ist der Anwaltszwang nach § 114 Abs. 4 Nr. 7
FamFG aufgehoben für den Antrag auf Durchführung des Versorgungsausgleichs
nach § 3 Abs. 3 VersAusglG und die Erklärungen zum Wahlrecht nach § 15 Abs. 1
und 3 sowie nach § 19 Abs. 2 Nr. 5 VersAusglG.

Das Gericht kann dem anwaltlich nicht vertretenen Antragsgegner auch einen Rechts- 981
anwalt nach § 138 FamFG beiordnen.

Unterbleibt eine solche Beiordnung, ist dem Antragsgegner die Vornahme von Ver- 982
fahrenshandlungen verwehrt. Er ist in diesem Fall auf eine persönliche Anhörung

---

408 Horndasch/Viefhues/*Roßmann*, FamFG, § 114 Rn. 6.

(§ 128 Abs. 1 FamFG) beschränkt. Im Rahmen der Anhörung kann er sich nach § 114 Abs. 4 Nr. 3 FamFG erklären (Zustimmung zur Scheidung, Rücknahme des Scheidungsantrags bzw. auch Widerruf der Zustimmung zur Scheidung).

### b) Selbstständige Familienstreitsachen

983   § 114 Abs. 1 FamFG ordnet für die Familienstreitsachen nach § 112 FamFG einen Anwaltszwang auch dann an, wenn sie nicht als Folgesachen, sondern selbstständig vor Gericht gebracht werden. Familienstreitsachen werden weitestgehend nach den Vorschriften der ZPO abgewickelt. Die Einzelheiten ergeben sich dazu aus den §§ 113 ff. FamFG.

984   Familienstreitsachen sind nach § 112 FamFG die Unterhaltssachen nach § 231 Abs. 1 FamFG und Lebenspartnerschaftssachen nach § 269 Abs. 1 Nr. 8 und 9 FamFG, die Güterrechtssachen nach § 261 Abs. 1 FamFG und Lebenspartnerschaftssachen nach § 269 Abs. 1 Nr. 10 FamFG sowie sonstige Familiensachen nach § 266 Abs. 1 FamFG und Lebenspartnerschaftssachen nach § 269 Abs. 2 FamFG.

### c) Selbstständige Familiensachen

985   Selbstständige Familiensachen, die keine Familienstreitsachen sind, unterliegen hingegen nicht dem Anwaltszwang nach § 114 Abs. 1 FamFG. Nur in Verfahren vor dem BGH ist auch in selbstständigen Familiensachen eine Vertretung durch einen beim BGH zugelassenen Anwalt erforderlich, vgl. § 114 Abs. 2 FamFG.

### d) Ausnahmenkatalog (§ 114 Abs. 4 FamFG)

986   § 114 Abs. 4 enthält Ausnahmen vom Anwaltszwang. Der Vertretung durch einen Rechtsanwalt bedarf es danach nicht

  –  im Verfahren der einstweiligen Anordnung,
  –  wenn ein Beteiligter durch das Jugendamt als Beistand vertreten ist,
  –  für die Zustimmung zur Scheidung und zur Rücknahme des Scheidungsantrags und für den Widerruf der Zustimmung zur Scheidung,
  –  für einen Antrag auf Abtrennung einer Folgesache von der Scheidung,
  –  im Verfahren über die VKH,
  –  in den Fällen des § 78 Abs. 3 ZPO sowie
  –  für Erklärungen im Zusammenhang mit dem Versorgungsausgleich.

987   Einstweilige Anordnungen können damit aufgrund von § 114 Abs. 4 Nr. 1 FamFG ohne »thematische« Einschränkung von dem betroffenen Beteiligten ohne anwaltliche Mitwirkung beantragt und erwirkt werden. Diese Ausnahme vom Anwaltszwang erscheint wenig überzeugend; einstweilige Anordnungen haben **große Bedeutung in Kindschaftssachen und Unterhaltsstreitigkeiten.**[409] Aufgrund des summarischen

---

409 Vgl. Rdn. 1678 ff. und Rdn. 2526 ff.

Verfahrens ist eine schnelle Einschätzung der rechtlichen Möglichkeiten erforderlich, die von den Beteiligten kaum geleistet werden kann.

Bedeutsam ist für die Praxis auch die Ausnahme nach § 114 Abs. 4 Nr. 3 FamFG. Die **988** Vorschrift nimmt die Zustimmung zur Scheidung und zur Rücknahme des Scheidungsantrags sowie den Widerruf der Zustimmung zur Scheidung vom Anwaltszwang aus.

Folglich ist es möglich, dass der anwaltlich vertretene Ehegatte den Scheidungsan- **989** trag stellt und der andere Ehegatte auf einen Anwalt verzichtet. Der nicht vertretene Ehegatte wird vom Gericht nach § 128 FamFG angehört und kann wirksam die Erklärungen nach § 114 Abs. 4 Nr. 3 FamFG abgeben.

Auch der Antrag auf Durchführung des Versorgungsausgleichs nach § 3 Abs. 3 Ver- **990** sAusglG und die Erklärungen zum Wahlrecht nach § 15 Abs. 1 und 3 VersAusglG sowie nach § 19 Abs. 2 Nr. 5 VersAusglG können ohne anwaltliche Vertretung nach § 114 Abs. 4 Nr. 7 FamFG gestellt bzw. abgegeben werden.[410]

§ 3 Abs. 3 VersAusglG regelt, dass bei einer Ehezeit von bis zu 3 Jahren ein Versor- **991** gungsausgleich nur stattfindet, wenn ein Ehegatte dies beantragt. Nach § 15 **Abs. 1** **VersAusglG** hat die ausgleichsberechtigte Person die Möglichkeit, die Zielversorgung bei einer externen Teilung zu bestimmen, um so die eigene Altersversorgung zu optimieren und zu bündeln. Grundlage des § 15 Abs. 1 VersAusglG ist, dass der Versorgungsträger der ausgleichspflichtigen Person bei kleineren Ausgleichswerten von dem Recht zur externen Teilung nach § 14 Abs. 2 Nr. 2 VersAusglG Gebrauch macht und die ausgleichsberechtigte Person den entsprechenden Betrag in eine bereits bestehende oder neu abzuschließende private Versorgung investieren möchte. Die Erklärung, d.h. die Ausübung dieses Wahlrechts der ausgleichsberechtigten Person, hat sowohl materiell-rechtlichen als auch verfahrensrechtlichen Charakter. Die Zahlung des Kapitalbetrags nach § 14 Abs. 4 VersAusglG an die gewählte Zielversorgung darf nach § 15 **Abs. 3 VersAusglG** nicht zu steuerpflichtigen Einnahmen bei der ausgleichspflichtigen Person führen, es sei denn, sie stimmt der Wahl der Zielversorgung zu.

§ 114 Abs. 4 Nr. 7 FamFG bestimmt, dass für das ggü. dem Gericht auszuübende **992** Wahlrecht nach § 15 Abs. 1 VersAusglG i.V.m. § 222 Abs. 1 VersAusglG keine anwaltliche Vertretung erforderlich ist. Dies gilt gleichfalls für den Antrag auf Durchführung des Versorgungsausgleichs nach § 3 Abs. 3 VersAusglG sowie für die Zustimmung zur Wahl der Zielversorgung nach § 15 Abs. 3 VersAusglG. Seit dem 01.08.2021 besteht für den ausgleichsberechtigten Ehegatten bei einem Anrecht aus der betrieblichen Altersversorgung oder der privaten Altersvorsorge die Option, anstelle des Ausgleichs bei der Scheidung eine schuldrechtliche Ausgleichszahlung zu verlangen. Dies kann für ihn Vorteile haben, wenn sich der Ausgleichswert als Kapitalwert während des Leistungsbezugs des Unterhaltspflichtigen nach dem Ende der Ehezeit erheblich verringert hat, da auch in diesem Fall ein Anspruch auf Zahlung der hälftigen Ausgleichsrente besteht.[411] Auch für die Ausübung dieser Option besteht kein Anwaltszwang.

---

410 Horndasch/Viefhues/*Roßmann*, FamFG, § 114 Rn. 29.
411 Grüneberg/*Siede*, BGB, § 19 VersAusglG Rn. 12a.

993   Die Bestimmung ist auch als Ergänzung zu § 134 FamFG zu verstehen; es wäre unverständlich, den Anwaltszwang im Scheidungsverfahren für den Antragsgegner aufzuheben, dann aber für Erklärungen im Zusammenhang mit dem Versorgungsausgleich die anwaltliche Vertretung anzuordnen.

### 8. Vollmacht (§ 114 Abs. 5 FamFG)

### a) Besondere (konkrete) Vollmacht

994   Die Vollmacht ist nach § 11 Satz 1 FamFG zu den Gerichtsakten einzureichen. Die Erteilung einer besonderen, auf das konkrete Verfahren einer Ehesache bezogenen Vollmacht an den Bevollmächtigten soll dem Ehegatten den Schritt und die Folgen eines gerichtlichen Verfahrens ausdrücklich bewusst machen. Jede andere Form der Bevollmächtigung, etwa die (übliche) Generalvollmacht, ist unwirksam. Insb. spricht § 114 Abs. 5 FamFG seinem Wortlaut nach (»besonderen auf das Verfahren gerichteten Vollmacht«) von einem konkreten Verfahren, sodass das Erfordernis der Bestimmtheit aufrechterhalten bleiben muss. Die Vorschrift betrifft sowohl den Antragsteller als auch den Antragsgegner.

### b) Umfang der Vollmacht (§ 114 Abs. 5 Satz 2 FamFG)

995   Für den Umfang der Vollmacht gilt neben § 114 Abs. 5 Satz 2 FamFG auch § 81 ZPO; entsprechend dem Regelungszweck sind ein Wechsel der Ehesache (i. S. e. Verfahrensänderung) sowie ein Wiederaufnahmeantrag hiervon auszunehmen, weil mit Letzterem der durch die vorangegangene Entscheidung festgelegte Status geändert werden soll. Sonstige Tätigkeiten wie Rücknahme des Antrags, Ruhen des Verfahrens, Einlegung von Rechtsmitteln oder Erteilung einer Untervollmacht sind in der erteilten Vollmacht enthalten. I.Ü. erstreckt sich die erteilte Vollmacht auch auf Anträge auf Erlass einer einstweiligen Anordnung, da diese Verfahren Teil des Hauptsacheverfahrens sind (vgl. auch § 82 ZPO), ferner aufgrund ausdrücklicher gesetzlicher Regelung auf die Folgesachen, vgl. § 114 Abs. 5 Satz 2 FamFG.

996   Die Beschränkung der Vollmacht auf die Scheidungssache oder eine Folgesache sowie die Bevollmächtigung verschiedener Anwälte in der Scheidungssache und den Folgesachen sind möglich.[412] Dagegen spricht zwar der Verbundgedanke, der eine abgestimmte Abwicklung der Scheidung mit den Folgesachen im Sinne einer Gesamtauseinandersetzung anstrebt. Andererseits ist es aber jedem Ehegatten freigestellt, sich im Scheidungsverfahren vertreten zu lassen oder nicht bzw. eine Vertretung nur für einzelne Folgesachen zu beauftragen.

997   Entsprechend § 83 ZPO ist eine in diesem Sinne beschränkte Vollmacht aber dem Gegner mitzuteilen. Wird nur in einer Folgesache eine Vollmacht erteilt, erstreckt sich diese demzufolge nicht in Umkehrung des § 114 Abs. 5 Satz 2 FamFG auch auf die Scheidungssache.

---

412  Horndasch/Viefhues/*Roßmann*, FamFG, § 114 Rn. 32.

## c) Überprüfung der Vollmacht

Eine Überprüfung der Vollmacht erfolgt nur, wenn deren Fehlen gerügt wird (§ 11    998
Satz 3 FamFG). Ansonsten besteht dazu im Anwaltsverfahren keine Notwendigkeit
(§ 11 Satz 4 FamFG).

▶ Praxishinweis:

Die Verfahrensvollmacht erlischt insbesondere bei ihrem Widerruf durch den    999
Vollmachtgeber oder durch die Niederlegung des Mandats durch den Bevollmächtigten. Im Außenverhältnis gegenüber anderen Beteiligten und dem Gericht
besteht die Vollmacht aber solange fort, bis der Widerruf bzw. die Mandatsnie-
derlegung ihnen durch den Beteiligten oder dessen bisherigen Verfahrensbevollmächtigten mitgeteilt wurde (§§ 87 Abs. 1 Halbs. 1 ZPO, 113 Abs. 1 FamFG).

Danach muss gegenüber dem Gericht eindeutig angezeigt werden, dass die Verfahrensvollmacht erloschen ist. Die im Anwaltsverfahren erfolgte Bestellung eines
anderen Anwalts enthält für sich betrachtet noch nicht ohne Weiteres den Widerruf der Bestellung des früheren Verfahrensbevollmächtigten. In der Bestellung
eines neuen Verfahrensbevollmächtigten kann angesichts der hohen Bedeutung
der Verfahrensvollmacht der Widerruf der Bestellung eines früheren Bevollmächtigten nur dann gesehen werden, wenn darin erkennbar und zweifelsfrei zum
Ausdruck kommt, dass der neue Bevollmächtigte anstelle des früheren bestellt
werden soll.

Nach **Kündigung des Mandats** ist die bisherige anwaltliche Vertretung verpflichtet, dies unverzüglich dem Gericht sowie der Gegenseite anzuzeigen.

Die **Zustellung von Schriftstücken** hat an den für den Rechtszug bestellten Verfahrensbevollmächtigten und nicht an den Betroffenen selbst zu erfolgen. Eine
gleichwohl an den anwaltlich vertretenen Betroffenen vorgenommene Zustellung
ist wirkungslos und setzt Fristen nicht in Lauf. Haben sich für einen Beteiligten
mehrere Verfahrensbevollmächtigte mit umfassender Zustellungsvollmacht bestellt,
so ist für den Beginn des Laufs von verfahrensrechtlichen Fristen die zeitlich erste Zustellung an einen von ihnen ausschlaggebend.[413]

---

413  BGH, NZFam 2021, 327.

# C. Die einzelnen Verfahren

## I. Ehesachen

### 1. Überblick

▶ **Das Wichtigste in Kürze**

**1000**   – Das Verfahren auf Herstellung des ehelichen Lebens ist keine Ehesache (sondern eine »sonstige« Familiensache). → Rdn. 932
   – Die Verbindung sämtlicher Ehesachen, die dieselbe Ehe betreffen, ist zulässig (§ 126 FamFG). → Rdn. 1007 ff.

**1001**   Die Vorschrift des § 121 FamFG enthält die gesetzliche **Definition** der Ehesachen. Ehesachen sind danach Verfahren
   – auf Scheidung der Ehe (Scheidungssachen),
   – auf Aufhebung der Ehe und
   – auf Feststellung des Bestehens oder Nichtbestehens einer Ehe zwischen den Beteiligten.

**1002**   Die größte praktische Bedeutung kommt dabei selbstverständlich den Scheidungssachen zu. Für Ehesachen gelten die Verfahrensnormen der §§ 121 bis 132 FamFG, für Scheidungssachen zusätzlich die §§ 133 bis 150 FamFG.

**1003**   **Beteiligte** der Ehesache sind die Ehegatten selbst, in Ausnahmefällen auch die Verwaltungsbehörde (§ 129 FamFG), bei bigamischer Ehe auch der frühere Ehegatte (vgl. § 1306 BGB i.V.m. § 129 Abs. 1 FamFG). Beantragt die zuständige Verwaltungsbehörde oder bei Verstoß gegen § 1306 BGB die dritte Person die Aufhebung der Ehe, ist der Antrag nach § 129 Abs. 1 FamFG gegen beide Ehegatten zu richten. Beschlüsse in Ehesachen sind hinsichtlich der Entscheidung zur Hauptsache nicht vollstreckbar.

#### a) Scheidung der Ehe (Scheidungssachen)

**1004**   Die Scheidungssachen stützen sich materiell-rechtlich auf die §§ 1564 bis 1568 BGB. Das Verfahren wird durch einen Antrag (§§ 1564 BGB i.V.m. 124 FamFG) eingeleitet. Da materiell-rechtlich die Scheidung auf dem Zerrüttungsprinzip beruht, können beide Ehegatten das Verfahren einleiten. Der Scheidungsausspruch stellt einen **Gestaltungsbeschluss** dar.[414]

#### b) Aufhebung der Ehe

**1005**   Materiell-rechtliche Grundlage der Verfahren auf Aufhebung der Ehe sind die §§ 1313 ff. BGB. Die Aufhebung der Ehe ist deren Auflösung aus Gründen, die bei der Eheschließung bereits bestanden, während die Scheidung aus Gründen erfolgt,

---

414  Grüneberg/*Siede*, BGB, § 1564 Rn. 2.

die der Eheschließung nachfolgen.[415] Die Aufhebung der Ehe wird aufgrund eines entsprechenden Antrags durch Gestaltungsbeschluss mit Wirkung ex nunc ausgesprochen (vgl. § 1313 Abs. 1 BGB). Nach § 126 Abs. 1 FamFG kann dieses Verfahren mit einem Antrag auf Scheidung der Ehe verbunden werden. Wird in demselben Verfahren Aufhebung und Scheidung beantragt und sind beide Anträge begründet, ist nach § 126 Abs. 3 FamFG nur die Aufhebung der Ehe auszusprechen.

### c) Feststellung des Bestehens oder Nichtbestehens einer Ehe

Das Verfahren auf Feststellung des Bestehens oder Nichtbestehens einer Ehe stellt einen Sonderfall des § 256 Abs. 1 ZPO dar. Das Verfahren kommt nur infrage, wenn Zweifel über die Wirksamkeit der Eheschließung oder die Auflösung der Ehe bestehen, wenn es also um den Bestand der Ehe als Institution geht. Praktische Bedeutung hat diese Verfahrensart kaum, sie kommt v.a. bei ausländischen Ehescheidungen in Betracht, kann aber auch auf die Feststellung gerichtet sein, ob die Ehe in früherer Zeit bestanden hat. **1006**

### d) Verbindung mehrerer Ehesachen

§ 126 Abs. 1 FamFG ermöglicht die Verbindung sämtlicher Ehesachen, die dieselbe Ehe betreffen. Die Verbindungsmöglichkeit ermöglicht eine effektive Verfahrensführung. **1007**

▶ **Anwaltlicher Hinweis:**

Die Vorschrift des § 260 ZPO lässt es für den gewöhnlichen Zivilprozess zu, dass der Kläger mehrere Verfahren durch Klagenhäufung verbindet. Auch der Beklagte kann durch Erhebung einer Widerklage nach § 33 ZPO und das Gericht bei bestehendem rechtlichem Zusammenhang durch Beschluss nach § 147 ZPO eine Verbindung mehrerer Verfahren zueinander herstellen. **1008**

In Ehesachen ist eine solche Verbindung nur eingeschränkt möglich, d.h. grds. können nur Ehesachen i.S.v. § 121 FamFG miteinander verbunden werden. Dies hat damit zu tun, dass nur für Ehesachen der eingeschränkte Amtsermittlungsgrundsatz gilt (§ 127 Abs. 1 FamFG).

Andere Familiensachen können nach § 126 Abs. 2 Satz 1 FamFG nicht mit Ehesachen verbunden werden. Eine Ausnahme hiervon macht die Regelung des § 126 Abs. 2 Satz 2 FamFG, die auf § 137 FamFG verweist. Hiernach kann eine Scheidungssache mit Folgesachen, die für den Fall der Scheidung zu regeln sind, zusammen verhandelt und entschieden werden, vgl. § 137 Abs. 1 FamFG. Ihrer Art nach ist diese Zusammenfassung keine Prozessverbindung im herkömmlichen Sinn, weil verschiedene Verfahrensarten mit inhaltlich gänzlich unterschiedlichen (materiellen) Regelungsbereichen zusammengefasst werden können. Der Anlass ihrer Zusammenfassung ist **1009**

---

415 Vgl. Horndasch, Rn. 5, 15.

die Auflösung der Ehe, die zur Klärung ihrer Folgen zwingt (insb. Unterhalt, Versorgungsausgleich, Zugewinnausgleich).

1010  Zulässig ist nur die Verbindung **der Scheidungssache** mit Folgeverfahren, nicht hingegen von anderen Ehesachen mit »Folgesachen«, vgl. §§ 126 Abs. 2 Satz 2, 137 FamFG.[416] Auch eine Verbindung von Scheidungssachen sowie anderen Ehesachen mit selbstständigen Familiensachen ist nicht möglich, da die selbstständigen Familiensachen nicht (nur) für den Fall der Scheidung einer Klärung bedürfen.

1011  **Aufhebung der Ehe** ist – wie bereits erwähnt – deren Auflösung aus Gründen, die bei der Eheschließung bereits bestanden, während die Scheidung aus Gründen erfolgt, die der Eheschließung nachfolgen. Somit hat die Aufhebung einer Ehe grds. Priorität, vgl. § 126 Abs. 3 FamFG; allerdings ist der Scheidungsantrag in diesem Fall nicht abzuweisen, weil dieser ebenfalls auf Auflösung der Ehe gerichtet ist.

1012  Ebenso ist zu verfahren, wenn ein Ehegatte die Scheidung der Ehe, der andere dagegen in demselben Verfahren die Aufhebung beantragt.

1013  Andererseits ist es zulässig, dass ein Ehegatte in erster Linie die Scheidung und lediglich hilfsweise die Aufhebung der Ehe begehrt.

1014  Dass hierbei im Aufhebungsverfahren nach § 1318 BGB andere Rechtsfolgen als bei Scheidung der Ehe eintreten, ändert an der Dispositionsbefugnis des Ehegatten nichts.

### e)  Bezeichnungen der Beteiligten (§ 113 Abs. 5 FamFG)

1015  Die neue Terminologie in Familiensachen nach § 113 Abs. 5 FamFG wurde bereits vorgestellt, vgl. Rdn. 971.

1016  Sinnvollerweise wird im Fall des Scheidungsverbunds die Beteiligtenbezeichnung durch die Ehesache vorgegeben und auch für Folgesachen beibehalten. Wer also den Scheidungsantrag einreicht, ist durchgehend der Antragsteller, auch wenn z.B. in einer Folgesache der Antragsgegner Ansprüche gerichtlich geltend macht (etwa Unterhalt oder Zugewinnausgleich fordert).

### 2.  Verfahren in Ehesachen

### a)  Scheidungssachen

▶ **Das Wichtigste in Kürze**

1017      –  Der Scheidungsantrag muss nach § 133 Abs. 1 Nr. 2 FamFG Angaben dazu enthalten, ob die Ehegatten eine Regelung über die elterliche Sorge, den Umgang und die Unterhaltspflicht ggü. den gemeinschaftlichen minderjährigen Kindern sowie die durch die Ehe begründete gesetzliche Unterhaltspflicht, die

---

416  Vgl. auch KG, FamRZ 2005, 1685.

Rechtsverhältnisse an der Ehewohnung und an den Haushaltsgegenständen getroffen haben. → Rdn. 1024

– Einverständliche Scheidung setzt keine Einigung über Folgesachen voraus. → Rdn. 1216 ff.

– Anhörung eines Ehegatten in Abwesenheit des anderen Ehegatten, § 128 Abs. 1 Satz 2 FamFG. → Rdn. 1114 ff.

– Anhörung der Eheleute erstreckt sich nach § 128 Abs. 2 FamFG auch auf den Umgang mit gemeinschaftlichen minderjährigen Kindern. → Rdn. 1137 ff.

– Säumnis des Antragstellers in Ehesachen löst Rücknahmefiktion aus, § 130 Abs. 1 FamFG. → Rdn. 1142 f.

*aa) Verfahrenseinleitung durch Scheidungsantrag*

§ 124 Satz 1 FamFG ordnet an, dass Verfahren in Ehesachen durch Einreichung einer    **1018** Antragsschrift **anhängig** werden; **rechtshängig** wird das Verfahren durch Zustellung beim Antragsgegner, vgl. §§ 261 Abs. 1, 253 Abs. 1 ZPO. Der Antrag bedarf nach § 124 FamFG der Schriftform.

§ 124 Satz 2 FamFG verweist i.Ü. auf § 253 ZPO. Für das **Bestimmtheitserforder-**    **1019** **nis** ist es ausreichend, dass die Scheidung der Ehe beantragt wird. Ferner sind nach § 253 Abs. 2 Nr. 2 ZPO die Voraussetzungen des Scheiterns der Ehe darzulegen. Ein mangelhafter Antrag kann bis zum Schluss der mündlichen Verhandlung korrigiert werden; ansonsten ist er als unzulässig abzuweisen. Zuvor ist ein richterlicher Hinweis nach § 139 ZPO zu erteilen.

Auch muss die Antragsschrift in Scheidungssachen den Anforderungen des § 133    **1020** FamFG gerecht werden.

**1021**

| Scheidungsantrag (§ 133 FamFG) |
|---|

| **Zwingende Angaben** | **Fakultative Angaben** |
|---|---|
| 1. Namen und Geburtsdaten der gemeinschaftlichen, minderjährigen Kinder sowie die Mitteilung ihres gewöhnlichen Aufenthalts und<br><br>2. die Erklärung, ob die Ehegatten eine Regelung über die elterliche Sorge, den Umgang und die Unterhaltspflicht gegenüber den gemeinschaftlichen, minderjährigen Kindern sowie die durch die Ehe begründete gesetzliche Unterhaltspflicht, die Rechtsverhältnisse an der Ehewohnung und am Hausrat getroffen haben und<br><br>3. die Angabe, ob Familiensachen, an denen beide Ehegatten beteiligt sind, anderweitig anhängig sind. | 1. Heiratsurkunde<br><br>2. Geburtsurkunden der gemeinschaftlichen, minderjährigen Kinder |

Zwingende und fakultative Angaben im Scheidungsantrag

### aaa) Zwingende Angaben

**1022** Die Antragsschrift in einer Scheidungssache muss nach § 133 Abs. 1 Nr. 1 FamFG zwingend Angaben zum Namen und zu den Geburtsdaten der gemeinschaftlichen, minderjährigen Kinder sowie die Mitteilung ihres gewöhnlichen Aufenthalts enthalten.

**1023** Dieses Erfordernis besteht, um das Jugendamt gem. § 17 Abs. 3 SGB VIII korrekt benachrichtigen zu können. Die Angabe des persönlichen Aufenthalts der Kinder ermöglicht ein frühzeitiges Erkennen von Problemen bei der örtlichen Zuständigkeit (vgl. § 122 FamFG).

Nach § 133 Abs. 1 Nr. 2 FamFG ist eine Erklärung, ob die Ehegatten eine Regelung 1024
über die elterliche Sorge, den Umgang und die Unterhaltspflicht ggü. den gemeinschaftlichen, minderjährigen Kindern sowie die durch die Ehe begründete gesetzliche
Unterhaltspflicht, die Rechtsverhältnisse an der Ehewohnung und an den Haushaltsgegenständen getroffen haben, in den Scheidungsantrag aufzunehmen. Wird diese
Anforderung des § 133 Abs. 1 Nr. 2 FamFG nicht erfüllt, ist der Scheidungsantrag
als unzulässig abzuweisen.[417]

Unzureichend ist die Angabe »die Beteiligten haben sich bis auf den Versorgungsaus- 1025
gleich über die Folgesachen geeinigt bzw. werden sich bis zur mündlichen Verhandlung
geeinigt haben«. Der Antragsteller ist gehalten, in einem solchen Fall mitzuteilen,
in welchen Teilbereichen es zu einer Einigung kam und in welchen eine solche noch
fehlt. Das FamG kann dann gegebenenfalls unterstützende Maßnahmen einleiten,
etwa wenn eine Einigung in Kindschaftssachen noch erforderlich ist.

Zwar wird das betreffende Gericht zunächst einen Hinweis (vgl. § 139 ZPO) ertei- 1026
len. Danach aber wird der Antrag als unzulässig abgewiesen, da die Formvorschrif-
ten des § 133 Abs. 1 Nr. 2 FamFG als Zulässigkeitsvoraussetzungen zu werten sind.

Unbedingt zu beachten ist auch, dass der Antragsteller entsprechend dem Wortlaut 1027
des § 133 Abs. 1 Nr. 2 FamFG mitteilt, ob »Regelungen« getroffen wurden. Danach
ist es insbesondere nicht genügend, das Gericht darüber zu informieren, dass ein
Beteiligter dem anderen etwa 500 € Unterhalt zahlt. Das Gesetz verlangt vielmehr,
dass eine Erklärung dahingehend abgegeben wird, ob eine Regelung im Sinne eines
Unterhaltsbeschlusses, einer gerichtlichen oder notariellen Vereinbarung usw. vorliegt.[418]

Grund der Mitteilungspflicht zu Scheidungsfolgen ist, dass die Ehegatten, wenn sie 1028
den Scheidungsantrag stellen, die Folgen der Scheidung bedenken sollen. Letztlich
ist die Regelung aber halbherzig, weil eine pauschale Angabe zu den in § 133 Abs. 1
Nr. 2 FamFG erwähnten Angelegenheiten ausreicht.

▶ **Anwaltlicher Hinweis:**

Der anwaltliche Vertreter kann den Anforderungen des § 133 Abs. 1 Nr. 2 FamFG 1029
bspw. wie folgt Rechnung tragen:

»Die Ehegatten haben eine Regelung über die elterliche Sorge, den Umgang und
die Unterhaltspflicht gegenüber den gemeinschaftlichen, minderjährigen Kindern
sowie die durch die Ehe begründete gesetzliche Unterhaltspflicht, die Rechtsverhältnisse an der Ehewohnung und an den Haushaltsgegenständen bislang nicht
getroffen.«

Oder alternativ:

»Kinder sind aus der Ehe nicht hervorgegangen. Eine Einigung über die durch
die Ehe begründete gesetzliche Unterhaltspflicht, die Rechtsverhältnisse an der

---

417 So OLG Hamm, FamRZ 2010, 1581.
418 OLG Brandenburg, FamRZ 2014, 412.

> Ehewohnung und an den Haushaltsgegenständen wurde bereits erzielt und mittels notarieller Urkunde (Scheidungsfolgenvereinbarung vom …) geregelt.«
>
> Oder alternativ:
>
> »Das Kind K., geb. am….. ist aus der Ehe hervorgegangen. Die Beteiligten haben eine Regelung über die elterliche Sorge, den Umgang und die Kindesunterhaltspflicht erzielt. Der Ehegattenunterhalt sowie die Rechtsverhältnisse an der Ehewohnung und an den Haushaltsgegenständen sind hingegen streitig.«

1030 Weiterhin ist die Angabe erforderlich, ob Familiensachen, an denen beide Ehegatten beteiligt sind, anderweitig anhängig sind, vgl. § 133 Abs. 1 Nr. 3 FamFG. Sinn der Vorschrift ist zum einen, eine Abgabe des anderweitig anhängigen Verfahrens zu veranlassen; so ist etwa eine anhängige Unterhaltssache von Amts wegen nach § 233 Satz 1 FamFG an das Gericht der Ehesache abzugeben. Dies kann im Einzelfall auch die Herstellung des Verbunds ermöglichen. Zum anderen dient die Angabe der streitigen Familiensachen der frühzeitigen Information des Gerichts über die zwischen den Ehegatten bestehenden Streitpunkte.

### bbb) Fakultative Angaben

1031 Der Antragsschrift sollen gem. § 133 Abs. 2 FamFG die Heiratsurkunde und die Geburtsurkunden der gemeinschaftlichen, minderjährigen Kinder beigefügt werden. § 133 Abs. 2 ist als Soll-Vorschrift konzipiert. Die Vorschrift stellt eine aus dem eingeschränkten Amtsermittlungsgrundsatz resultierende Ausnahme zu dem über § 113 Abs. 1 FamFG anwendbaren § 131 Abs. 3 ZPO dar, wonach dem Gegner bekannte Urkunden im gerichtlichen Verfahren nur genau bezeichnet werden müssen.

1032 Diese Vorlageverpflichtung setzt voraus, dass dem Antragsteller die Urkunden auch zugänglich sind, ansonsten kann auch die Vorlage durch den Antragsgegner angeordnet werden. Die Vorlagepflicht ist dadurch zu rechtfertigen, dass der Heiratsurkunde für die korrekte Erfassung der Namen und Geburtsdaten der Ehegatten sowie des Datums der standesamtlichen Eheschließung erhebliche praktische Bedeutung zukommt, zumal inzwischen an zahlreichen Gerichten die Grunddaten bereits bei Anlage der Akte, also zu Beginn des Verfahrens, in ein EDV-Programm eingegeben werden müssen. Gleiches gilt für die Geburtsurkunden hinsichtlich der gemeinschaftlichen Kinder, deren Vorlage ggf. weitere Ermittlungen des Gerichts entbehrlich macht. Insoweit dient die Vorlage auch einer Beschleunigung des Verfahrens.

1033 **Muster: Scheidungsantrag – streitige Scheidung, s. Rdn. 1236**

### ccc) Scheidungsantrag des Antragsgegners

1034 Auch der »Antragsgegner« kann einen Scheidungsantrag stellen, obwohl Identität des Streitgegenstands besteht. Bedeutung hat ein solcher Gegenantrag, wenn der zuvor von der Gegenseite gestellte Scheidungsantrag zurückgenommen wird. Erfüllt der Scheidungsantrag des Antragsgegners in einem solchen Fall die formellen Voraussetzungen einer Antragsschrift, dann ist trotz der Rücknahme des Erstantrags die Scheidung – unterstellt die Ehe ist i.s.d. §§ 1565 ff. BGB gescheitert – zu vollziehen.

Die für den Versorgungsausgleich bzw. den Zugewinnausgleich **maßgeblichen Stichtage** werden in solchen Fällen durch den Eintritt der Rechtshängigkeit des Scheidungsantrags bestimmt, der das zur Scheidung führende Verfahren ausgelöst hat. Das ist regelmäßig der älteste noch rechtshängige Antrag, auch wenn es zur Aussetzung oder zum tatsächlichen Stillstand des Scheidungsverfahrens kommen sollte. **1035**

Der jüngere weitere Scheidungsantrag setzt kein neues Verfahren in Gang, sondern wird im Rahmen des früher rechtshängig gewordenen Scheidungsverfahrens gestellt. **1036**

Ein solcher zweiter Antrag begründet also kein weiteres Scheidungsverfahren, denn dann müsste der Antrag wegen der Rechtshängigkeit desselben Streitgegenstandes durch Verfahrensbeschluss als unzulässig abgewiesen werden (§ 261 Abs. 1 und Abs. 3 ZPO). Daher ist ein späterer Scheidungsantrag nur als weiterer Antrag in dem schon anhängigen Scheidungsverfahren aufzufassen. **1037**

Die maßgeblichen Stichtage für den Versorgungsausgleich bzw. den Zugewinnausgleich werden nur dann auf der Grundlage des späteren Scheidungsantrags bestimmt, wenn die Rechtshängigkeit des früheren Scheidungsverfahrens, etwa durch Rücknahme des Scheidungsantrags, beendet worden ist (§ 269 Abs. 1 ZPO), bevor der gegnerische Antrag zugestellt und seinerseits rechtshängig wurde. Dann würde es an einem einheitlichen Verfahren fehlen und die Scheidung wäre nicht mehr in dem Rechtsstreit erfolgt, der durch den früheren Scheidungsantrag ausgelöst wurde.[419] **1038**

▶ **Taktischer Hinweis:**

Ein zweiter Scheidungsantrag[420] ist im Hinblick auf die »Sicherung« der Stichtage sinnvoll. Es kommt in der Praxis immer wieder vor, dass Scheidungsanträge zurückgenommen werden, nicht um sich zu versöhnen, sondern um einen günstigeren Stichtag für den Versorgungsausgleich oder Zugewinnausgleich zu schaffen. Dies bedeutet umgekehrt, dass der Antragsgegner Nachteile hat, vor welchen ihn ein zweiter Scheidungsantrag schützen kann. Aufgrund anwaltlicher Vorsicht ist daher bei »werthaltigen« Scheidungsverfahren unbedingt ein zweiter Scheidungsantrag zu stellen. **1039**

### ddd) Streitwert des Scheidungsverfahrens

Für die Wertberechnung des Scheidungsverbundverfahrens gelten gem. § 44 Abs. 1 FamGKG alle in den Verbund einbezogenen Familiensachen (§ 137 FamFG) als ein Verfahren. Der Verfahrenswert ist dabei gem. § 44 Abs. 2 FamGKG in der Weise zu ermitteln, dass zunächst die Einzelwerte aller in den Verbund einbezogenen Ver- **1040**

---

419 BGH, FamRZ 2006, 260.
420 Vgl. dazu Schulte-Bunert/Weinreich/*Roßmann*, FamFG, § 124 Rn. 9 ff.

fahren zu ermitteln und danach zu addieren sind.[421] Mitunter ist der Streitwert der Ehesache problematisch, etwa im Hinblick auf die Bewertung von Vermögen bzw. auch der Berücksichtigung von minderjährigen Kindern.[422]

**1041** Nach § 43 Abs. 1 FamGKG ist in Ehesachen der Verfahrenswert unter Berücksichtigung aller Umstände des Einzelfalls, insb. des Umfangs und der Bedeutung der Sache und der Vermögens- und Einkommensverhältnisse der Ehegatten nach Ermessen zu bestimmen. Der Wert darf nicht unter 3.000 € und nicht über 1 Mio. € beziffert werden.

**1042** § 43 Abs. 2 FamGKG konkretisiert, dass für die Einkommensverhältnisse das in 3 Monaten erzielte Nettoeinkommen der Ehegatten einzusetzen ist.

**1043** Umstritten ist, ob bei der Bemessung des Verfahrenswertes für ein Ehescheidungsverfahren **Leistungen nach dem SGB II** zu berücksichtigen sind. Teilweise wird die Ansicht vertreten, dass staatliche Sozialleistungen zur Deckung des Grundbedarfs und ohne Lohnersatzfunktion – wie eben Leistungen nach dem SGB II – für die Berechnung des Verfahrenswertes außer Betracht zu bleiben haben. Das Gesetz knüpfe nämlich in § 43 FamGKG an das »erzielte Nettoeinkommen« an, das heißt an die wirtschaftliche Leistungsfähigkeit. Staatliche Zuwendungen seien aber gerade Ausdruck fehlender eigener Mittel und orientieren sich allein am Grundbedarf.[423]

**1044** Eine andere Meinung vertritt das OLG Hamm:[424]

> »Entscheidend ist, dass § 43 FamGKG auf die wirtschaftlichen Verhältnisse der Beteiligten abstellt. Auch Sozialleistungen wie Leistungen nach dem SGB II beeinflussen die wirtschaftlichen Verhältnisse der Beteiligten. Für deren Verhältnisse ist es unerheblich, aus welchen Quellen das bezogene Einkommen kommt.«

**1045** Umstritten ist auch, inwieweit **Kindergeld** den Streitwert beeinflusst.[425] Vielfach sind die Gerichte in der letzten Zeit dazu übergegangen, weder Kindergeld im Rahmen des Streitwerts einzubeziehen, noch umgekehrt einen Kinderfreibetrag in Abzug zu bringen.

**1046** Das OLG Hamm[426] berücksichtigt hingegen Beides im Rahmen der Streitwertbestimmung:

> »Der Senat hat bereits entschieden (…), dass Kindergeld zum Einkommen i. S. von § 43 Abs. 1, Abs. 2 FamGKG gehört (…). Die Gegenansicht z. B. des OLG Celle (…) überzeugt den Senat nicht. Zumindest in den Fällen, in denen vom Nettoeinkommen ein pauschalierter Unterhaltsfreibetrag abzuziehen ist, ist das Kindergeld als Einkommen zu qualifizieren. Beim Nettoeinkommen ist damit Kindergeld i. H. von … zu berücksichtigen. Der pauschalierte Unterhaltsfreibetrag für die drei gemeinsamen Kinder in Höhe von je 300,00 € (…) ist von dem Einkommen abzuziehen.«

---

421  OLG Brandenburg, Urt. vom 13.01.2021, 13 WF 198/20.
422  Vgl. dazu *Streicher* FamRZ 2019, 575 (584).
423  So OLG Oldenburg, FuR 2014, 491.
424  OLG Hamm, FamRZ 2016, 656; vgl. auch OLG Brandenburg, FamRZ 2013, 2009; OLG Zweibrücken, FamRZ 2011, 992.
425  Kein Kindergeldabzug: OLG Frankfurt, FamRZ 2018, 523.
426  OLG Hamm, FamRZ 2016, 656.

Die Berücksichtigung von **Vermögen** wird sehr unterschiedlich von den Gerichten praktiziert. Nach § 43 Abs. 1 FamGKG ist in Ehesachen der Verfahrenswert unter Berücksichtigung aller Umstände des Einzelfalls, insbesondere des Umfangs und der Bedeutung der Sache und der Vermögens- und Einkommensverhältnisse der Ehegatten, nach Ermessen zu bestimmen. **1047**

Die Anknüpfung an das Einkommen und die wirtschaftliche Situation dient dem legitimen Ziel, eine **nach sozialen Gesichtspunkten gestaffelte Gebührenerhebung** zu ermöglichen.[427] Dem entspricht es, auch das Vermögen der Ehegatten, insbesondere wenn es eine bestimmte Größenordnung erreicht, bei der Bewertung einzubeziehen.[428] **1048**

Die FamG verfolgen betreffend die Berücksichtigung des Vermögens keine einheitliche Linie. So wird der Abzug eines Freibetrags unterschiedlich gehandhabt und auch der Prozentsatz, mit welchem das Vermögen dem Verfahrenswert zugeordnet wird, wird mitunter mit 10 %, teilweise aber auch nur mit 5 % angesetzt. **1049**

Das OLG Brandenburg[429] fasst den Meinungsstand wie folgt zusammen: **1050**

»Hinsichtlich der Frage, in welcher Weise die Vermögensverhältnisse der Beteiligten nach billigem Ermessen bei der Wertermittlung zu berücksichtigen sind, ist die Rechtsprechung uneinheitlich (...).

Das Beschwerdegericht schließt sich der Auffassung an, nach der der Betrag des beiderseitigen Vermögens der Ehegatten nur in der Höhe berücksichtigt wird, in der es einen Freibetrag von 60.000 € pro Ehegatte übersteigt (...). Für die bei Verfahrensbeginn minderjährigen Kinder der Beteiligten sind dem Freibetrag von insgesamt 120.000 € weitere Freibeträge von je 10.000,- € hinzuzusetzen. Nach Abzug des Gesamtbetrages von 140.000 € verbleibt beim insoweit unstreitigen Vermögen der Ehegatten ein Betrag von 72.406,65 €.

Von dem nach Abzug der Freibeträge verbleibenden Restvermögen wird ein prozentualer Anteil ermittelt, der dem dreifachen Nettoeinkommen der Ehegatten hinzugerechnet wird. Auch hinsichtlich der Höhe dieses prozentualen Anteils hat sich eine uneinheitliche gerichtliche Praxis entwickelt. Sie reicht von 2,5 % (OLG Stuttgart, FamRZ 2009, 1176) bis 10 % (z.B. OLG Düsseldorf, FamRZ 1994, 249; KG FamRZ 2010, 829). Teilweise werden in Abhängigkeit vom jeweiligen Vermögensgegenstand auch unterschiedlich hohe prozentuale Anteile gebildet (Enders, JurBüro 2009, 281 (283); Nierhaus, AnwBl 1975, 36 (38)).

Der Senat hält es für angemessen, dieses Vermögen mit einem Anteil von 5 % dem nach den Einkommensverhältnissen zu bemessenden Betrag hinzuzusetzen.«

Schulden und Verbindlichkeiten der Eheleute sind nach Auffassung des OLG Hamm bei der Bestimmung des Verfahrenswerts für Scheidung und Versorgungsausgleich ohne Rücksicht auf ihre Höhe, ihren Entstehungsgrund oder einen vorhandenen Gegenwert aus Gründen der Übersichtlichkeit und einfachen Gestaltung der Wertbemessung nicht von Bedeutung.[430] **1051**

---

427  BVerfG, FamRZ 1989, 944.
428  Vgl. auch OLG Köln, FuR 2016, 308 mit Anm. *Viefhues.*
429  OLG Brandenburg, Urt. vom 13.01.2021, 13 WF 198/20.
430  OLG Hamm, FamRZ 2018, 525.

1052 Einen **Wohnvorteil** bezieht das OLG Brandenburg allerdings nicht in den Verfahrenswert mit ein:[431]

> »Eine Erhöhung des Einkommens um 500 Euro monatlich wegen des mietfreien Wohnens des Ehemanns im eigenen Haus – wie mit der Beschwerde geltend gemacht – kommt nicht in Betracht. Wenn nach den vorstehenden Ausführungen der Umstand, dass die Ehegatten Miteigentümer eines Grundstücks sind, zu einer Erhöhung des Verfahrenswerts führt, kann dies nicht zugleich auch noch einkommenserhöhend Berücksichtigung finden. Andernfalls läge eine unzulässige Doppelverwertung vor.«

1053 Anderer Meinung zum Wohnvorteil ist das KG.[432] Argumentiert wird damit, dass bei Vermietung der eigengenutzten Wohnung der Mietzins auch das Einkommen erhöhen würde – dies erscheint schlüssig.

1054 Mitunter setzen die FamG den Streitwert herunter, weil die **Scheidung »einverständlich«** erfolgte. Dies ist jedoch verfehlt:

> »Allein der Umstand, dass eine einverständliche Scheidung vorliegt, rechtfertigt eine Herabsetzung des Verfahrenswerts nicht. Denn eine solche Scheidung stellt heutzutage den Regelfall dar (…).«

1055 Maßgeblich für die Bestimmung der Vermögens- und Einkommensverhältnisse ist der Zeitpunkt der Anhängigkeit des Verfahrens.[433]

▶ **Anwaltlicher Hinweis:**

1056 Eine zu geringe Streitwertfestsetzung verletzt einen Anwalt in seinen Rechten aus Art. 12 GG, da die Festsetzung für seine Vergütung maßgeblich ist.[434] Der anwaltliche Vertreter sollte die dargelegte Rechtsprechung im Rahmen der Streitwertfestsetzung anwenden, insb. wenn die Mandantschaft vermögend ist. In der Praxis gehen die Richter meist von sich aus nur auf die Einkommensverhältnisse ein und nehmen einen Abschlag wegen Kindesunterhalt vor. Anwälte sollten sich daher von den Mandanten deren Vermögensverhältnisse beschreiben lassen und diese bereits im Scheidungsantrag mit aufnehmen.

1057 **Muster: Scheidungsantrag des Antragsgegners, s. Rdn. 1240**

*eee) Checkliste*

▶ **Checkliste: Ehescheidung**

1058 ☐ **Zulässigkeit des Scheidungsantrags**
☐ **Zuständiges FamG**
  ☐ sachlich, §§ 23a Abs. 1 Nr. 1 GVG i.V.m. § 111 Nr. 1 FamFG
  ☐ örtlich, § 122 FamFG

---

431 OLG Brandenburg, NJW 2016, 2894.
432 KG, FamRZ 2010, 829.
433 OLG Brandenburg, FamRZ 2013, 2009.
434 BVerfG, NJW 2009, 1197.

☐ **Antrag, §§ 124, 133 FamFG**
  **Die am..... vor dem Standesbeamten des Standesamts....., Heiratsregister-Nr.:.....**
  **geschlossene Ehe der Beteiligten wird geschieden.**
  zwingende Angaben
  ☐ Namen und Geburtsdaten der gemeinschaftlichen, minderjährigen Kinder sowie
     die Mitteilung ihres gewöhnlichen Aufenthalts
  ☐ Erklärung dazu, ob die Ehegatten eine Regelung über die elterliche Sorge, den
     Umgang und die Unterhaltspflicht ggü. den gemeinschaftlichen, minderjährigen
     Kindern sowie die durch die Ehe begründete gesetzliche Unterhaltspflicht, die
     Rechtsverhältnisse an der Ehewohnung und an den Haushaltsgegenständen
     getroffen haben
  ☐ Angabe, ob Familiensachen, an denen beide Ehegatten beteiligt sind, anderwei-
     tig anhängig sind
  ☐ Anlagen:
  ☐ Heiratsurkunde
  ☐ Geburtsurkunden der gemeinschaftlichen minderjährigen Kinder
☐ **Beteiligte**
  ☐ Antragsteller
  ☐ Antragsgegner
  ☐ ggf. Jugendamt
  ☐ ggf. Versorgungsträger
☐ **Anwaltszwang, §§ 114, 134 FamFG**
☐ **Begründetheit des Antrags**
☐ **Scheidungsgrund: Scheitern der Ehe (Zerrüttungsprinzip)**
  ☐ Getrenntleben i.S.v. § 1567 BGB > 3 Jahre
     Nach § 1566 Abs. 2 BGB wird das Scheitern unwiderlegbar vermutet.
  ☐ Getrenntleben i.S.v. § 1567 BGB > 1 Jahre
     Nach § 1566 Abs. 1 BGB wird das Scheitern unwiderlegbar vermutet, wenn
     die Scheidung einverständlich gewollt ist.
     Ansonsten positive Feststellung des Scheiterns nach § 1565 Abs. 1 Satz 2 BGB
     in zwei Schritten erforderlich:
     ☐ Diagnose: Lebensgemeinschaft besteht nicht mehr
     ☐ Prognose: Wiederherstellung der Lebensgemeinschaft ist auch nicht zu erwar-
        ten
  ☐ Getrenntleben i.S.v. § 1567 BGB < 1 Jahre
  ☐ Positive Feststellung des Scheiterns nach § 1565 Abs. 1 Satz 2 BGB in zwei
     Schritten erforderlich:
     ☐ Diagnose: Lebensgemeinschaft besteht nicht mehr
     ☐ Prognose: Wiederherstellung der Lebensgemeinschaft ist auch nicht zu erwarten
        Fortsetzung der Ehe unzumutbar i.S.v. § 1565 Abs. 2 BGB
☐ **Härteklausel, § 1568 BGB, greift nicht ein**
  ☐ Kinderschutzklausel
  ☐ Ehegattenschutzklausel
☐ **Auflösung der Ehe**
  Ehe ist mit Rechtskraft des Scheidungsbeschlusses aufgelöst, § 1564 Satz 2 BGB.

### bb) Zuständigkeit des FamG in Ehesachen (§ 122 FamFG)

**1059** Die ausschließliche **sachliche Zuständigkeit** der AG in Ehesachen ergibt sich aus §§ 23a Abs. 1 Satz 1 Nr. 1 GVG i.V.m. § 111 Nr. 1 FamFG, § 23a Abs. 1 Satz 2 GVG.

**1060** Die **örtliche Zuständigkeit** ist § 122 FamFG zu entnehmen und hängt grds. vom gewöhnlichen Aufenthalt der Ehegatten bzw. ihrer Kinder ab. Die Vorschrift enthält eine feste Rangfolge von Anknüpfungskriterien zur Bestimmung des für die Ehesache **örtlich** zuständigen Gerichts. Zur Erleichterung der Bezugnahme sind die einzelnen Tatbestände mit Nummern versehen.

**1061** Ausschließlich örtlich zuständig ist (i. S. e. Rangfolge) in Ehesachen nach § 122 FamFG:
1. das Gericht, in dessen Bezirk einer der Ehegatten mit allen gemeinschaftlichen, minderjährigen Kindern seinen gewöhnlichen Aufenthalt hat,
2. das Gericht, in dessen Bezirk einer der Ehegatten mit einem Teil der gemeinschaftlichen, minderjährigen Kinder seinen gewöhnlichen Aufenthalt hat, sofern bei dem anderen Ehegatten keine gemeinschaftlichen minderjährigen Kinder ihren gewöhnlichen Aufenthalt haben,
3. das Gericht, in dessen Bezirk die Ehegatten ihren gemeinsamen gewöhnlichen Aufenthalt zuletzt gehabt haben, wenn einer der Ehegatten bei Eintritt der Rechtshängigkeit im Bezirk dieses Gerichts seinen gewöhnlichen Aufenthalt hat,
4. das Gericht, in dessen Bezirk der Antragsgegner seinen gewöhnlichen Aufenthalt hat,
5. das Gericht, in dessen Bezirk der Antragsteller seinen gewöhnlichen Aufenthalt hat,
6. in den Fällen des § 98 Abs. 2 das Gericht, in dessen Bezirk der Ehegatte, der im Zeitpunkt der Eheschließung das 16., aber nicht das 18. Lebensjahr vollendet hatte, seinen Aufenthalt hat;
7. das AG Schöneberg in Berlin.

**1062** Die Zuständigkeit ist als **ausschließliche ausgestaltet**, sodass eine Anwendung der § 39 ZPO (Zuständigkeit infolge rügeloser Verhandlung) bzw. § 38 ZPO (Gerichtsstandsvereinbarung) ausscheidet.

**1063** Stellt ein Gericht seine Unzuständigkeit nach Rechtshängigkeit fest, kann das Verfahren nach § 281 ZPO auf Antrag (bindend) durch Beschluss verwiesen oder, falls ein solcher Antrag (trotz Hinweises nach § 139 Abs. 3 ZPO) nicht gestellt wird, der Antrag als unzulässig abgewiesen werden.

**1064** Die in § 122 FamFG geregelten Gerichtsstände sind **hierarchisch aufgebaut**; die jeweils folgende Nummer greift nur dann ein, wenn die vorangehende nicht einschlägig ist. Angeknüpft wird an den Begriff des gewöhnlichen Aufenthalts, der allerdings gesetzlich nicht definiert ist. Der **gewöhnliche Aufenthalt** wird von einer auf längere Dauer angelegten, sozialen Eingliederung gekennzeichnet und ist allein von der tatsächlichen – d.h. vom Willen unabhängigen – Situation gekennzeichnet, die den Aufenthaltsort als Mittelpunkt der Lebensführung ausweist,[435] wobei auf den **Zeitpunkt der Rechtshängigkeit** (nicht der Anhängigkeit) des Scheidungsantrags abzustellen ist. Maßgeblich ist also die Sachlage im Zeitpunkt des Eintritts der Rechtshängigkeit; ändern sich die zuständigkeitsbegründenden Umstände vor Eintritt der Rechtshängigkeit, ist dies für die Zuständigkeit des FamG zu beachten.[436]

### aaa) Begriff des »gewöhnlichen Aufenthalts«

§ 122 FamFG knüpft in den Nr. 1 bis 5 zuständigkeitsbestimmend an den gewöhnlichen Aufenthalt an. Der gewöhnliche Aufenthalt einer Person ist der tatsächliche Mittelpunkt des Lebens, d.h. der Ort, der faktisch (nicht rechtlich) den Schwerpunkt seiner sozialen und familiären Bindungen darstellt;[437] er unterscheidet sich zum einen vom schlichten Aufenthaltsort und zum anderen vom (gemeldeten) Wohnsitz i.S.d. §§ 7 ff. BGB. Da es sich bei der Begründung des gewöhnlichen Aufenthalts um einen rein tatsächlichen Vorgang handelt, setzt seine Begründung keine Geschäftsfähigkeit voraus.[438] Der (gemeldete) Wohnsitz und der gewöhnliche Aufenthalt können deshalb auseinanderfallen; die Anmeldung eines Wohnsitzes ist somit zwar ein Indiz, reicht aber nicht aus, um am Meldeort auch den gewöhnlichen Aufenthalt anzunehmen.[439]  **1065**

Voraussetzung für die Annahme eines gewöhnlichen Aufenthalts ist deshalb regelmäßig eine **gewisse Dauer der Anwesenheit** und die Einbindung in das soziale Umfeld, was durch familiäre, berufliche oder gesellschaftliche Bindungen eintreten kann. Ferner ist der **Aufenthaltswille** beachtlich. Im Hinblick hierauf kann bereits nach kurzer Zeit ein (neuer) gewöhnlicher Aufenthalt angenommen werden. Dies gilt insb. bei einem vollständigen Umzug in einen anderen Wohnort, bei dem der Wechsel des gewöhnlichen Aufenthalts sofort eintritt.  **1066**

Andererseits hebt eine zeitlich befristete (auch wiederholte) Abwesenheit den gewöhnlichen Aufenthalt nicht auf, sofern eine Rückkehrabsicht besteht. Der Aufenthalt im **Frauenhaus** begründet deshalb i.d.R. keinen gewöhnlichen Aufenthalt, es sei denn, dass infolge eines längeren Aufenthalts eine Einbindung in die neue Umwelt eintritt und gleichzeitig der bisherige gewöhnliche Aufenthalt aufgegeben wurde.[440]  **1067**

Entsprechendes gilt auch bei der Verbüßung einer Freiheitsstrafe in einer Vollzugsanstalt oder dem Aufenthalt in einer Krankenheilanstalt, da der längere Aufenthalt an einem Ort nicht vom Willen Dritter abhängig sein darf.  **1068**

---

435  OLG Hamm, FamRZ 2012, 654.
436  OLG Saarbrücken, FamRZ 2012, 654.
437  BGH, FamRZ 2002, 1182.
438  AG Nürnberg, FamRZ 2008, 1777, 1778.
439  BGH, FamRZ 1996, 171, 172.
440  OLG Karlsruhe, FamRZ 2018, 1168; vgl. auch OLG Saarbrücken, FamRZ 2012, 654 (der Einzug in ein Frauenhaus ist geeignet, einen gewöhnlichen Aufenthalt zu begründen, wenn die Frau durch ihr Gesamtverhalten zeigt, dass sie dort nicht nur vorübergehend, sondern bis auf Weiteres bleiben will).

1069    Die Aufgabe der früheren Wohnung (durch Auflösung des Haushalts) kann ein Indiz für den Wegfall des bisherigen gewöhnlichen Aufenthalts sein.

1070    Generell ist ein gewöhnlicher Aufenthalt anzunehmen, wenn der Aufenthalt zumindest 6 Monate angedauert hat.[441]

1071    Eine vorübergehende Abwesenheit (v.a. aus beruflichen Gründen) beendet nicht den gewöhnlichen Aufenthalt. Fraglich ist, ob unter besonderen Umständen auch ein mehrfacher gewöhnlicher Aufenthalt begründet werden kann, so z.b. wenn sich eine Person sowohl am Ort der beruflichen Tätigkeit als auch an dem Ort des Zusammenlebens mit dem anderen Ehegatten eine feste Wohnung eingerichtet hat und auch jeweils in das soziale Umfeld eingebunden ist. Nach der Definition des Begriffs »gewöhnlicher Aufenthalt« ist dies möglich; regelmäßig wird man aber davon ausgehen können, dass der Lebensmittelpunkt am Ort der Familie besteht und deshalb auch dort der gewöhnliche Aufenthalt i.S.d. § 122 FamFG anzunehmen ist. Ein Student hat seinen gewöhnlichen Aufenthalt am Studienort, wenn er diesen als seinen Lebensmittelpunkt ansieht; hierbei verbleibt es auch bei einem vorübergehenden Wechsel des Studienortes. Der wehrpflichtige Soldat behält seinen bisherigen gewöhnlichen Aufenthalt, wenn er seine Wohnung beibehält.

*bbb) Örtliche Zuständigkeit nach § 122 Nr. 1 FamFG*

1072    § 122 Nr. 1 FamFG ist für die Ehesache zuständigkeitsbestimmend, wenn sämtliche gemeinschaftlichen, minderjährigen Kinder ihren gewöhnlichen Aufenthalt bei demselben Ehegatten haben. Der gewöhnliche Aufenthalt befindet sich am Ort des tatsächlichen Mittelpunkts des Minderjährigen, der maßgeblich geprägt wird durch familiäre und schulische bzw. berufliche Bindungen. Ein dahin gehender Aufenthaltsbegründungswille ist nicht erforderlich, sodass auch der entgegenstehende Wille des Minderjährigen bzw. eines Elternteils unerheblich ist. Ein abgeleiteter gewöhnlicher Aufenthalt für Minderjährige existiert nicht, sodass auch kleine Kinder einen eigenen gewöhnlichen Aufenthalt haben, der aber praktisch jedenfalls bei sehr kleinen Kindern mit dem der Eltern zusammenfällt.[442] Seinen gewöhnlichen Aufenthalt hat deshalb jedenfalls ein kleines Kind bei dem Elternteil, in dessen Obhut es sich befindet.[443] **Obhut** in diesem Sinn bedeutet die tatsächliche Fürsorge für das Kind, also die Befriedigung der elementaren Bedürfnisse des Kindes durch Pflege, Verköstigung, Gestaltung des Tagesablaufs, Erreichbarkeit bei Problemen und emotionale Zuwendung.[444]

1073    Durch den Wechsel des Wohnsitzes entgegen einer einstweiligen Anordnung des FamG, den Lebensmittelpunkt des Kindes nicht zu **verlegen**, wird jedenfalls solange kein neuer gewöhnlicher Aufenthaltsort des Kindes begründet, als mit dessen Rückführung gerechnet werden muss.[445]

---

441  AG Nürnberg, FamRZ 2008, 1777, 1778.
442  AG Nürnberg, FamRZ 2008, 1777, 1778.
443  OLG Hamm, FamRZ 2008, 1007, 1008.
444  Grüneberg/*Götz*, BGB, § 1629 Rn. 25.
445  OLG Zweibrücken, FamRZ 2008, 1258.

### ccc) Örtliche Zuständigkeit nach § 122 Nr. 2 FamFG

Nach § 122 Nr. 2 FamFG ist das FamG, in dessen Bezirk einer der Ehegatten mit einem Teil der gemeinschaftlichen, minderjährigen Kinder seinen gewöhnlichen Aufenthalt hat, für die Ehesache zuständig, sofern bei dem anderen Ehegatten keine gemeinschaftlichen, minderjährigen Kinder ihren gewöhnlichen Aufenthalt haben.   **1074**

Die Vorschrift des § 122 Nr. 2 FamFG wurde kurz vor Abschluss des Gesetzgebungsverfahrens (sinnvollerweise) noch in die Vorschrift des § 122 FamFG eingefügt. Diese Ergänzung hat zur Folge, dass sich die örtliche Zuständigkeit des Gerichts auch in den Fällen an dem gewöhnlichen Aufenthalt der gemeinschaftlichen, minderjährigen Kinder orientiert, in denen nur ein Teil der Kinder bei einem Elternteil, der andere Teil jedoch bei Dritten – Großeltern, sonstigen Verwandten, Pflegepersonen etc. – lebt. Die zuvor vorgesehene Zuständigkeitsregelung, die den Aufenthaltsort eines Elternteils mit allen gemeinschaftlichen, minderjährigen Kindern voraussetzte, führt in Einzelfällen dazu, dass die Zuständigkeit eines Gerichts begründet wird, in dessen Bezirk sich keines der gemeinschaftlichen Kinder aufhält. Dies wurde im Hinblick darauf, dass das Gericht ggf. auch über eine Kindschaftsfolgesache zu entscheiden hat, als nicht sachgerechte Lösung angesehen.   **1075**

Nicht anwendbar ist § 122 Nr. 1 bzw. Nr. 2 FamFG im Fall der **Geschwistertrennung**; der Gesetzgeber hat auch der Möglichkeit, auf den Aufenthalt des jüngsten Kindes abzustellen, aufgrund des klaren Wortlauts der Vorschrift (»mit allen gemeinschaftlichen Kindern«) eine eindeutige Absage erteilt.   **1076**

### ddd) Örtliche Zuständigkeit nach § 122 Nr. 3 FamFG

Ist eine Zuständigkeit aufgrund von § 122 Nr. 1 und Nr. 2 FamFG nicht festzustellen, richtet sich der Gerichtsstand nach dem letzten gemeinsamen gewöhnlichen Aufenthalt der Ehegatten, wenn ein Ehegatte seinen gewöhnlichen Aufenthalt im Bezirk dieses FamG hat. Nach dem Wortlaut kommt es nicht darauf an, ob dieser Ehegatte zwischenzeitlich seinen Wohnsitz in einem anderen Bezirk hatte; es muss also kein durchgehender Aufenthalt gegeben sein.   **1077**

### eee) Örtliche Zuständigkeit nach § 122 Nr. 4 und 5 FamFG

Ist weder eine örtliche Zuständigkeit durch § 122 Nr. 1 bzw. Nr. 2 FamFG noch durch § 122 Nr. 3 FamFG zu begründen, ist das Gericht zuständig, in dessen Bezirk sich der gewöhnliche Aufenthalt des Antragsgegners befindet. Ist der Aufenthalt des Beklagten unbekannt und ungewiss, ob sich dieser im Inland aufhält, kann nach dieser Vorschrift kein Gerichtsstand abgeleitet werden. Diese Sachlage ist so zu behandeln, als ob ein gewöhnlicher Aufenthalt im Inland nicht vorläge. Die örtliche Zuständigkeit richtet sich dann gem. § 122 Nr. 5 FamFG nach dem gewöhnlichen Aufenthalt des Antragstellers.   **1078** *fff) Örtliche Zuständigkeit nach § 122 Nr. 7 FamFG*

**1079**  Haben die Ehegatten nie im Inland zusammengelebt und hat keiner der Ehegatten im Zeitpunkt des Eintritts der Rechtshängigkeit im Inland seinen gewöhnlichen Aufenthalt, ist das FamG beim AG Berlin-Schöneberg ausschließlich zuständig.

*ggg) Abgabe bei Anhängigkeit mehrerer Ehesachen (§ 123 FamFG)*

**1080**  § 123 Satz 1 FamFG setzt voraus, dass Ehesachen, die dieselbe Ehe betreffen, bei verschiedenen Gerichten im ersten Rechtszug anhängig sind.

**1081**  Während bei den ersten drei Gerichtsständen des § 122 FamFG die Zuständigkeit nicht davon abhängig ist, welcher Ehegatte den Antrag gestellt hat, richten sich der vierte und fünfte Gerichtsstand nach dem gewöhnlichen Aufenthalt des Antragsgegners oder Antragstellers. Bei unterschiedlichem gewöhnlichem Aufenthalt der Ehegatten kann deshalb eine **Konkurrenz der Gerichtsstände** eintreten, wenn jeder Ehegatte das Verfahren einleitet.

**1082**  Diese Konkurrenz wird nach § 123 Satz 1 FamFG in der Weise gelöst, dass, wenn nur eines der Verfahren eine Scheidungssache ist, die übrigen Ehesachen von Amts wegen an das Gericht der Scheidungssache abzugeben sind. Grund der Regelung ist, dass in diesem Fall im Hinblick auf den Scheidungsverbund dem Scheidungsverfahren stets der Vorrang zukommen soll, unabhängig davon, welches Verfahren zuerst rechtshängig geworden ist.

**1083**  Der Einwand der anderweitigen Rechtshängigkeit kann der Scheidungssache, sollte sie das zeitlich nachfolgende Verfahren sein, nicht entgegenstehen, da die übrigen Ehesachen nicht denselben Streitgegenstand haben.

**1084**  Bei unterschiedlichem gewöhnlichem Aufenthalt der Ehegatten kann – wie bereits dargestellt – eine Konkurrenz der Gerichtsstände eintreten, wenn jeder Ehegatte das Verfahren einleitet.

**1085**  Ist keine der dieselbe Ehe betreffenden im ersten Rechtszug bei einem FamG anhängigen Ehesachen eine Scheidungssache oder ist mehr als eine Scheidungssache in der dargestellten Weise anhängig, ordnet § 123 Satz 2 FamFG an, dass die Abgabe von Amts wegen an dasjenige Gericht zu erfolgen hat, bei dem die zuerst rechtshängig gewordene Ehesache noch anhängig ist. Insoweit bleibt es also in der Sache bei dem bekannten **Prioritätsprinzip**, d.h. zuständig ist das Gericht, bei dem zuerst ein Antrag rechtshängig i.S.v. § 261 ZPO geworden ist. Werden beide Scheidungsanträge am selben Tag zugestellt, ist nach § 36 ZPO das zuständige Gericht zu bestimmen.

**1086**  Die Abgabe ist nach § 123 Satz 3 FamFG i.V.m. §§ 281 Abs. 2 und 3 Satz 1 ZPO nicht anfechtbar und für das Adressatgericht grds. bindend.

*cc) Verfahrensfähigkeit (§ 125 FamFG)*

**1087**  § 125 FamFG regelt in Abs. 1 die Verfahrensfähigkeit eines nur beschränkt geschäftsfähigen Ehegatten; Abs. 2 betrifft geschäftsunfähige Ehegatten.

Die Vorschrift ergänzt für Ehesachen § 9 FamFG sowie die §§ 52 bis 58 ZPO über **1088**
die Verfahrensfähigkeit.

### aaa) Beschränkt geschäftsfähige Ehegatte

Nach § 125 Abs. 1 FamFG ist in Ehesachen ein in der Geschäftsfähigkeit beschränk- **1089**
ter Ehegatte verfahrensfähig, obwohl nach §§ 9 FamFG i.V.m. 52 ZPO sonst nur
verfahrensfähig ist, wer sich durch Verträge verpflichten kann, d.h. nach bürgerlichem Recht geschäftsfähig ist. § 125 Abs. 1 FamFG erweitert somit für einen in
der Geschäftsfähigkeit beschränkten Ehegatten (vgl. § 106 BGB) in Ehesachen die
Verfahrensfähigkeit. Hiermit wird dem höchstpersönlichen Charakter der Verfahren
in Ehesachen Rechnung getragen. Die Erweiterung der Verfahrensfähigkeit nach
§ 125 Abs. 1 FamFG hat zur Folge, dass der minderjährige Ehegatte alle sachdien-
lichen verfahrensleitenden Maßnahmen zur Einleitung und Führung der Ehesache
veranlassen kann.

§ 125 Abs. 1 FamFG gilt aber nur für Ehesachen i.S.d. § 121 FamFG, d.h. ansonsten **1090**
bleibt es bei der Notwendigkeit einer (gesetzlichen) Vertretung. Minderjährige Kinder
sind ab Vollendung des siebten Lebensjahres beschränkt geschäftsfähig (§ 106 BGB);
sie können nach § 1303 Abs. 2 BGB eine Ehe schließen, wenn sie das 16. Lebensjahr vollendet haben. Damit ist die Vorschrift relevant für beschränkt geschäftsfähige
Minderjährige, die das 16. Lebensjahr vollendet haben und verheiratet sind.

Dagegen erfasst § 125 Abs. 1 FamFG nicht die Scheidungsfolgesachen nach § 137 **1091**
Abs. 2 und 3 FamFG, auch wenn sie im Verbund entschieden werden; insoweit gelten
zur Prozess- und Verfahrensfähigkeit die allgemeinen Vorschriften.

### bbb) Geschäftsunfähige Ehegatte (§ 125 Abs. 2 FamFG)

Für einen geschäftsunfähigen Ehegatten (vgl. § 104 BGB) wird gem. § 125 Abs. 2 **1092**
FamFG das Verfahren durch den gesetzlichen Vertreter geführt. Stellt ein geschäfts-
unfähiger Ehegatte einen Scheidungsantrag, kann der gesetzliche Vertreter diesen
genehmigen.[446]

Liegen entsprechende Anhaltspunkte vor, sind diese in jeder Phase des Verfahrens **1093**
nach § 56 ZPO von Amts wegen zu prüfen; bei Vorliegen der Voraussetzungen des
§ 104 Nr. 2 BGB ist zur Führung der Ehesache ein gesetzlicher Vertreter notwendig.
Dieser kann sämtliche Ehesachen auf der Aktiv- und Passivseite führen.

Der gesetzliche Vertreter bedarf für einen Scheidungsantrag oder einen Antrag auf **1094**
Aufhebung der Ehe sowie entsprechende Gegenanträge der Genehmigung des FamG
(§ 125 Abs. 2 Satz 2 FamFG), die vom FamG bei der Aussichtslosigkeit des Begehrens
nicht erteilt wird.[447] Unterbleibt im Aktivprozess die Genehmigung des FamG, sind

---

446 OLG Hamm, FamRZ 1990, 166.
447 Schulte-Bunert/Weinreich/*Roßmann*, FamFG, § 125 Rn. 10.

sämtliche Prozesshandlungen wirkungslos. Möglich ist die Einholung einer nachträglichen Genehmigung.

1095   Wird ein Ehegatte während des Verfahrens geschäftsunfähig, kann der gesetzliche Vertreter nach §§ 241, 246 ZPO das Verfahren aufnehmen; hierdurch werden frühere Mängel geheilt. Bleibt die Geschäftsunfähigkeit während des Verfahrens unerkannt, tritt Rechtskraft der Entscheidung ein, jedoch mit der Möglichkeit einer Aufhebung des Verfahrens nach § 579 Abs. 1 Nr. 4 ZPO.[448]

### dd) Scheidungsverfahren

### aaa) Amtsermittlung (§ 127 Abs. 1 FamFG)

1096   Nach § 127 Abs. 1 FamFG hat das Gericht von Amts wegen die zur Feststellung der entscheidungserheblichen Tatsachen erforderlichen Ermittlungen durchzuführen.

1097   § 127 Abs. 1 FamFG enthält den **Grundsatz der eingeschränkten Amtsermittlung in Ehesachen**. Seine Formulierung entspricht § 26 FamFG.

1098   Zweck dieses (eingeschränkten) Amtsermittlungsgrundsatzes ist es, in Statussachen den für die Entscheidung maßgebenden Sachverhalt so objektiv wie möglich zu klären.

1099   Liegt ein Scheidungsantrag vor, ist zunächst von Amts wegen zu ermitteln, ob und wann die Ehe geschlossen wurde. Dieser Nachweis ist regelmäßig durch Vorlage einer **Heiratsurkunde** zu führen; zulässig sind aber auch andere Nachweise.[449] Die Feststellung aller entscheidungserheblichen Tatsachen, insb. auch die Dauer der Trennung, gehört nach § 127 Abs. 1 FamFG zu den gerichtlichen Pflichten.

1100   Die **Pflicht des Gerichts zur ordnungsgemäßen Verfahrensleitung nach § 139 Abs. 1 ZPO** besteht ergänzend neben § 127 FamFG. Nach § 139 ZPO hat das Gericht auf sachdienliche Anträge hinzuwirken sowie nach § 139 Abs. 2 Satz 1 ZPO zu einem rechtlichen Gesichtspunkt, den ein Beteiligter erkennbar übersehen oder für unerheblich gehalten hat, Gelegenheit zur Stellungnahme zu geben.

1101   Nicht verändert werden durch den Amtsermittlungsgrundsatz die Grundsätze zur Beweislastverteilung, d.h. Beweislastentscheidungen sind generell möglich.[450] Eine Anhörung der Beteiligten ist erforderlich.

1102   Beweise sind vom Gericht nach pflichtgemäßem Ermessen und unabhängig von den Beweisangeboten der Beteiligten zu erheben.

1103   Die Tatsachenermittlungen durch das Gericht haben sich an dem durch Antrag und Begründung anhängig gemachten Verfahrensgegenstand zu orientieren. Eine Bindung an den vom Antragsteller vorgetragenen Scheidungstatbestand besteht nicht, d.h. ergibt sich aufgrund der getroffenen Ermittlungen, dass die Ehe nach einem der

---

448   BGH, NJW 1982, 2449.
449   OLG Düsseldorf, FamRZ 1992, 1078.
450   Schulte-Bunert/Weinreich/*Roßmann*, FamFG, § 127 Rn. 9.

in §§ 1565, 1566 BGB enthaltenen Tatbestände zu scheiden ist, kann die Scheidung unabhängig von dem vorgetragenen Tatbestand ausgesprochen werden.

Die Pflicht zur Amtsermittlung besteht auch im Beschwerdeverfahren, wird aber durch §§ 117 Abs. 2 FamFG, 528 ZPO (Ermittlung innerhalb der Grenzen des Beschwerdeantrags) begrenzt. Da das Beschwerdeverfahren in Ehesachen (wie überhaupt in allen Familiensachen) eine zweite Tatsacheninstanz ist, ist auch neuer Vortrag und weitere Tatsachenermittlung möglich. 1104

### bbb) Einschränkungen nach § 127 Abs. 2 FamFG

§ 127 Abs. 2 FamFG beschränkt den Amtsermittlungsgrundsatz, indem das Gericht nur **eheerhaltende Tatsachen** von Amts wegen uneingeschränkt ermitteln darf. 1105

In Verfahren auf Scheidung oder Aufhebung der Ehe dürfen danach von den Beteiligten nicht vorgebrachte Tatsachen nur berücksichtigt werden, wenn sie geeignet sind, der Aufrechterhaltung der Ehe zu dienen oder wenn der Antragsteller einer Berücksichtigung nicht widerspricht. 1106

Diese Beschränkung dient der Aufrechterhaltung der Ehe, da dies einem öffentlichen Interesse entspricht. 1107

Eheerhaltende Tatsachen, die eine Scheidung nicht zulassen, können eine zu kurze Trennungszeit, konkrete Anhaltspunkte für eine Wiederaufnahme der ehelichen Lebensgemeinschaft oder Belange der Kinder, die für die Aufrechterhaltung der Ehe nach § 1568 BGB sprechen, sein. 1108

Im Aufhebungsverfahren kann eine Bestätigung der aufzuhebenden Ehe nach § 1315 BGB als ehefreundliche Tatsache gewertet werden.[451] 1109

Ansonsten dürfen **ehevernichtende Tatsachen** im Scheidungsverfahren nur berücksichtigt bzw. ermittelt werden, wenn der die Ehe aufgebende Ehegatte nicht widerspricht. 1110

### ccc) Berücksichtigung von § 1568 BGB (§ 127 Abs. 3 FamFG)

Nach § 1568 Abs. 1, 2. Alt. BGB soll eine Ehe nicht geschieden werden, obwohl sie gescheitert ist, wenn und solange die Scheidung für den Antragsgegner, der sie ablehnt, aufgrund außergewöhnlicher Umstände eine so schwere Härte bedeuten würde, dass die Aufrechterhaltung der Ehe auch unter Berücksichtigung der Belange des Antragstellers ausnahmsweise geboten erscheint. 1111

Das Gericht kann solche Umstände jedoch nach § 127 Abs. 3 FamFG nur dann berücksichtigen, wenn sie vom Antragsgegner ins Verfahren vorgebracht wurden, auch wenn es sich um eine eheerhaltende Tatsache handelt. Der Antragsgegner kann sich auf die schwere Härte nach herrschender Meinung auch ohne anwaltliche Vertretung berufen.[452] Bringt ein nicht vertretener Beteiligter einen Sachverhalt i.S.d. 1112

---

451 Schulte-Bunert/Weinreich/*Roßmann*, FamFG, § 127 Rn. 15.
452 Schulte-Bunert/Weinreich/*Roßmann*, FamFG, § 127 Rn. 21.

§ 1568 BGB vor und lehnt er gleichzeitig die Scheidung der Ehe ab, ist von einem Vorbringen i.S.d. § 127 Abs. 3 FamFG auszugehen.

**1113** § 127 Abs. 3 FamFG ist nicht anzuwenden auf die Kinderschutzklausel (§ 1568, 1. Alt. BGB); deren Umstände sind von Amts wegen nach § 127 Abs. 2 FamFG zu ermitteln.

### ddd) Persönliches Erscheinen (§ 128 Abs. 1 FamFG)

**1114** Das persönliche Erscheinen der Ehegatten ist in Verfahren, die Ehesachen betreffen, grds. erforderlich und soll nach § 128 Abs. 1 Satz 1 FamFG vom Gericht angeordnet werden.

**1115** Das FamG hat nach § 128 Abs. 1 Satz 2 FamFG die Anhörung eines Ehegatten in Abwesenheit des anderen Ehegatten durchführen, wenn dies zum Schutz des anzuhörenden Ehegatten oder aus anderen Gründen erforderlich erscheint.

**1116** Die Vorschrift gebietet in den genannten Fällen die getrennte Anhörung. Das Gericht ist daher verpflichtet aufzuklären, ob die getrennte Anhörung erforderlich ist, insb. um einen Ehegatten zu schützen. Dies kann bspw. dann der Fall sein, wenn bereits Gewaltschutzverfahren vorausgegangen sind, die dem Gericht deutlich machen, dass ein Ehegatte auch von Gewalt ggü. dem anderen Ehegatten nicht zurückschreckt, sich dazu von den Angaben des anderen Ehegatten im Rahmen der Anhörung möglicherweise sogar noch provoziert fühlt. Eine Rolle kann auch der Schutz gemeinsamer Kinder spielen, gegen die sich Aggressionen nach der Scheidung entladen.

**1117** § 128 Abs. 1 Satz 3 FamFG enthält die Befugnis des Gerichts, die Ehegatten von Amts wegen als Beteiligte zu vernehmen.

**1118** Die Anordnung des persönlichen Erscheinens der Beteiligten zum Termin und ihre Anhörung bzw. Vernehmung als Beteiligte ermöglichen eine bessere Aufklärung des entscheidungserheblichen Sachverhalts. Insoweit steht die Anhörung der Beteiligten in unmittelbarem Zusammenhang mit dem eingeschränkten Amtsermittlungsgrundsatz des § 127 FamFG.

**1119** Das FamG hat die Möglichkeit, die Beteiligten aufgrund mündlicher Verhandlung anzuhören oder sie als Beteiligte nach § 448 ZPO zu vernehmen.[453] Das FamG erlangt durch diese Möglichkeiten einen persönlichen Eindruck von den Eheleuten, i.Ü. können die Ehegatten sich über die Ehesache als höchstpersönliche Angelegenheit äußern, bevor hierüber entschieden wird. Inhaltlich richtet sich die Anhörung bzw. Vernehmung der Beteiligten nach § 127 FamFG. Nach § 127 Abs. 2 FamFG kann der Richter in Scheidungssachen eheerhaltende Tatsachen ohne Beschränkung, ehefeindliche Tatsachen dagegen nur insoweit ermitteln, soweit sie vorgetragen worden sind, vgl. Rdn. 1105 ff.

---

453 OLG Brandenburg, FamRZ 2000, 897.

Grundlage der Anordnung des persönlichen Erscheinens der Beteiligten zum Termin ist § 273 Abs. 2 Nr. 3 ZPO. Der Gegenstand der Anhörung ist in der Ladung zu benennen. **1120**

Die Beteiligten sind auf die Folgen ihres Ausbleibens hinzuweisen, vgl. § 128 Abs. 4 FamFG i.V.m. §§ 141 Abs. 3 Satz 3, 377 Abs. 2 Nr. 3, 380 Abs. 1 ZPO. **1121**

Das Gericht **soll** nach § 128 Abs. 1 Satz 1 FamFG das persönliche Erscheinen der Eheleute anordnen. Die Vorschrift des § 128 Abs. 1 FamFG steht natürlich im Zusammenhang mit dem Amtsermittlungsgrundsatz des § 127 FamFG. Damit ist von einer grundsätzlichen Verpflichtung des Gerichts, beide Ehegatten persönlich anzuhören, auszugehen, zumal den Beteiligten auch rechtliches Gehör zu gewähren ist.[454] **1122**

Ist der Antragsgegner aber unbekannten Aufenthalts und wurde der Antrag zur Ehesache öffentlich zugestellt, kann davon ausgegangen werden, dass der Antragsgegner nicht erreichbar ist, sodass auch dessen Anhörung bzw. Vernehmung als Beteiligter ausscheidet. Eine Entscheidung in der Ehesache ist dann auch ohne Anhörung möglich.[455] **1123**

Die Anhörung der Beteiligten beginnt mit dem Hinweis, dass es ihnen frei steht, Angaben zu machen; sie müssen sich nicht äußern.[456] Die Anhörung selbst ist kein Verhandeln i.S.d. § 269 Abs. 1 ZPO,[457] da sie lediglich der Ermittlung der Voraussetzungen des Scheiterns der Ehe dient, sodass der Scheidungsantrag ohne Zustimmung des anderen Beteiligten zurückgenommen werden kann.[458] Die Beteiligten sollten gemeinsam angehört werden, damit eine schnelle Aufklärung erzielt wird. **1124**

Führt das Gericht eine **Beteiligtenvernehmung** durch, ist der Beteiligte wie ein Zeuge zu belehren und insb. auf die Pflicht zur Abgabe wahrheitsgetreuer Angaben und die Eidespflicht (§§ 451, 395 Abs. 1 ZPO) hinzuweisen. Auch in diesem Fall besteht keine Verpflichtung, Angaben zu machen, worauf ebenfalls hinzuweisen ist. **1125**

Das Gericht würdigt die Erklärungen der Eheleute, die im Rahmen der persönlichen Anhörung abgegeben wurden, entsprechend § 286 ZPO. Sind entscheidungserhebliche Tatsachen streitig geblieben, kann eine Beteiligtenvernehmung durchgeführt werden. Die Beteiligtenvernehmung ist eine Beweisaufnahme, sodass bei deren Anordnung nach § 128 Abs. 1 FamFG auch nicht die in §§ 445 ff. ZPO genannten Voraussetzungen vorliegen müssen. Dies stellt § 128 Abs. 1 Satz 3 FamFG klar, indem § 448 ZPO für nicht anwendbar erklärt wird. **1126**

Erscheint ein Beteiligter zum Anhörungstermin nicht, obwohl er ordnungsgemäß geladen wurde, sind die zulässigen **Ordnungsmittel** (zwingend) zu verhängen, vgl. § 128 Abs. 4 FamFG. Die Verhängung eines Ordnungsgelds und die Auferlegung der durch das Ausbleiben verursachten Kosten steht bei Erfüllung der gesetzlichen **1127**

---

454 OLG Hamm, FamRZ 1996, 1156.
455 OLG Hamm, FamRZ 1998, 1123.
456 OLG Hamburg, MDR 1997, 596.
457 OLG Köln, FamRZ 1985, 1060.
458 BGH, FamRZ 2004, 1364.

Voraussetzungen gemäß §§ 128 Abs. 4 FamFG, 380 Abs. 1 ZPO nicht im Ermessen des Gerichts.[459]

**1128**  Die Verhängung eines Ordnungsgeldes ist also zwingend vorgeschrieben, während die Anordnung der zwangsweisen Vorführung eines Ehegatten durch den Gerichtsvollzieher im Ermessen des Gerichts steht, vgl. § 380 Abs. 2 Halbs. 2 ZPO.

**1129**  Zulässig sind Zwangsmittel aber nur, wenn sie zuvor in der Ladung angedroht wurden, vgl. §§ 141 Abs. 3 Satz 3, 377 Abs. 2 Nr. 3 ZPO.

**1130**  Allerdings besteht keine Pflicht, Angaben zur Sache zu machen, sodass ggü. einem Beteiligten keine Zwangsmittel angewandt werden dürfen, der ausdrücklich erklärt hat, nicht aussagen zu wollen.[460]

**1131**  Nicht zulässig ist die Verhängung einer Ordnungshaft, vgl. § 128 Abs. 4 FamFG a.E.

**1132**  Dem nicht erschienenen Beteiligten sind auch die durch sein Ausbleiben verursachten Kosten aufzuerlegen, vgl. § 380 Abs. 1 ZPO.

**1133**  Die Anhörung mittels **Videoverhandlung** entspricht den Anforderungen einer »persönlichen Anhörung«.

**1134**  § 128a ZPO ist in Ehesachen (§ 121 FamFG) und Familienstreitsachen (§ 112 FamFG) über die Verweisung des § 113 Abs. 1 Satz 2 FamFG anwendbar. In Familiensachen der freiwilligen Gerichtsbarkeit verweist § 32 Abs. 3 FamFG auf § 128a ZPO. Die Verhandlung im Wege der Bild- und Tonübertragung ist daher für sämtliche Verfahren im Familienrecht möglich.[461]

**1135**  Entscheidend ist, dass sich durch die Anhörung der Sachverhalt aufklärt, die persönliche Sichtweise der Ehegatten geäußert werden kann und das Gericht einen persönlichen Eindruck von den Ehegatten bekommt; letzteres vor allem auch bzgl. der Verhandlungsfähigkeit. Die moderne Videokonferenztechnik lässt ein unmittelbares Gegenüber zu und ist daher geeignet, die Ziele des § 128 FamFG – die genauere und umfassendere Sachverhaltsaufklärung, deren Anforderung sich aus dem eingeschränkten Amtsermittlungsgrundsatz nach § 127 FamFG ergibt – zu erreichen. Das regelmäßig von einer Videokonferenzanlage übertragene Bild entspricht etwa der Lebenssituation, wie sie in einem Sitzungssaal mit einem in wenigen Metern Entfernung an einem Zeugentisch sitzenden Anzuhörenden entsteht. Der Stand der heutigen Technik ermöglicht einen unmittelbaren Eindruck des Betroffenen. So werden insbesondere Verhalten, Auftreten, Mimik und Körpersprache des Gegenübers direkt übermittelt. Dem Gericht ist es schließlich mit Hilfe der Videokonferenztechnik möglich, die Tragweite des Eheverfahrens deutlich zu machen und gleichwohl die Chancen für eine eventuelle Versöhnung, für eine Eheberatung oder für eine Media-

---

459  OLG Brandenburg, Beschl. vom 24.03.2021, 13 WF 36/21.
460  OLG Hamburg, MDR 1997, 596.
461  *Vicari* FuR 2022, 230.

198

tion zu eruieren. Darüber hinaus haben die Ehegatten die unmittelbare Gelegenheit zur persönlichen Äußerung.[462]

▶ **Praxishinweis:**

Die Anhörung mittels Videoverhandlung ist insbesondere bei Inhaftierung sach-  **1136** gerecht, um die aufwändige Vorführung mit dem grundsätzlich innewohnenden Fluchtrisiko zur Beantwortung der Frage nach den gesetzlichen Scheidungsvoraussetzungen (Trennungszeitpunkt, Chance der Ehe und Wille zur Scheidung) zu vermeiden. Auch die Kosten der Vorführung eines Inhaftierten lassen sich dadurch vermeiden.

Aufgrund der Corona-Pandemie wurden einvernehmliche Ehescheidungen bei anwaltlicher Vertretung beider Ehegatten mitunter im schriftlichen Verfahren vollzogen. Vorzugswürdig wäre jedoch gerade in diesen Fällen die Durchführung der Verhandlung mittels Videoverhandlung.[463]

### eee) Gemeinschaftliche, minderjährige Kinder (§ 128 Abs. 2 FamFG)

Die Anhörung der Eheleute erstreckt sich nach § 128 Abs. 2 FamFG auch auf die  **1137** elterliche Sorge für ihre gemeinschaftlichen Kinder. Grds. sollen die Eheleute auf die bestehenden rechtlichen Möglichkeiten, etwa nach § 1671 BGB einen Antrag zur alleinigen elterlichen Sorge zu stellen, hingewiesen werden.

Die Anhörung erstreckt sich auch auf den **Umgang** mit den gemeinsamen Kindern. **1138**

Die Eheleute sind ferner auf bestehende Möglichkeiten der Beratung durch die Bera-  **1139** tungsstellen und Dienste der Träger der Jugendhilfe (§ 17 Abs. 3 SGB VIII) hinzuweisen.

---

462 Zum Umgang mit etwaigen Störungen und professionellen Agieren vor der Kamera vgl. *Vicari* FuR 2022, 232 f.
463 Vgl. auch *Frank* FuR 2020, 333.

### *ee) Säumnis in der Ehesache*

**1140**   Die Vorschrift des § 130 FamFG regelt die Folgen der Säumnis eines Beteiligten für sämtliche Ehesachen (vgl. § 121 FamFG) in gleicher Weise.

**1141**

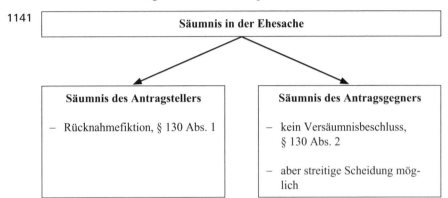

Säumnis in der Ehesache

### *aaa) Rücknahmefiktion (§ 130 Abs. 1 FamFG)*

**1142**   § 130 Abs. 1 FamFG ordnet bei Säumnis des Antragstellers in Ehesachen die Rücknahme des Antrags an. Diese **Rücknahmefiktion** zieht der Gesetzgeber einem Versäumnisurteil nach § 330 ZPO auf Antragsabweisung vor. Grund dafür ist, dass in Ehesachen ein erhöhtes Interesse an einer materiell richtigen Entscheidung besteht und deshalb allein aufgrund des Umstands der Säumnis keine der materiellen Rechtskraft fähige Entscheidung ergehen sollte. Die Rücknahmefiktion als Inhalt der Versäumnisentscheidung bei Säumnis des Antragstellers ist daher für alle Ehesachen maßgeblich. Erscheinen beide Beteiligte zum Termin nicht, kann auch das Ruhen des Verfahrens nach § 113 Abs. 1 Satz 2 i.V.m. § 251a Abs. 3 ZPO angeordnet werden.[464]

▶ **Taktische Hinweise:**

**1143**   Der Antragsteller kann Einspruch nach §§ 338 ff. ZPO gegen den Versäumnisbeschluss einlegen, sodass das Verfahren in die Lage zurückversetzt wird, in der es sich vor Eintritt der Säumnis befand.

Ist der Antragsteller im Einspruchstermin dann erneut säumig, kommt es zur zweiten Versäumnisentscheidung. Dagegen kann der Antragsteller nur noch mit der Beschwerde vorgehen. Nach §§ 58 ff., 117 Abs. 2 FamFG i.V.m. § 514 ZPO kann die Beschwerde nur noch darauf gestützt werden, dass der Fall der schuldhaften Versäumung nicht vorgelegen hat.

---

464  Keidel/*Weber,* FamFG, § 130 Rn. 4.

Akzeptiert hingegen der Antragsteller die Versäumnisentscheidung nach § 130 Abs. 1 FamFG, muss er zu späterer Zeit einen neuen Scheidungsantrag stellen. Dies ist unproblematisch zulässig, weil das Verfahren aufgrund der Rücknahmefiktion als nicht anhängig geworden anzusehen ist (vgl. § 269 Abs. 3 Satz 1 ZPO). Die Kosten der Versäumnisentscheidung nach § 130 Abs. 1 FamFG hat natürlich der Antragsteller nach § 150 Abs. 2 FamFG entsprechend zu tragen.

### bbb) Säumnis des Antragsgegners

Nach § 130 Abs. 2 FamFG ist bei Säumnis des Antragsgegners jede Versäumnisentscheidung ausgeschlossen. Dies gilt konsequenterweise auch für eine Entscheidung nach Aktenlage (§ 251a ZPO). Der Ausschluss eines Versäumnisbeschlusses gegen den Antragsgegner ergibt sich aus der Notwendigkeit, dass Statusverfahren im Interesse der Allgemeinheit nicht der Disposition der Beteiligten überlassen werden können, und auch aus dem (eingeschränkten) Amtsermittlungsgrundsatz nach § 127 FamFG. **1144**

Auch wenn der Antragsgegner nicht zum Termin erscheint, ist allerdings eine Scheidung möglich. Zwar darf kein Versäumnisbeschluss erlassen werden, jedoch ist eine **streitige Scheidung möglich**, wenn der Richter nach Anhörung des Antragstellers von der Zerrüttung der Ehe überzeugt ist. Dies ist insb. von Bedeutung, wenn der Antragsgegner sich im Ausland aufhält und nicht gewillt ist, zur Scheidung zu erscheinen. **1145**

Das FamG hat nach § 127 FamFG von Amts wegen den Sachverhalt zu klären, d.h. es muss mit dem Antragsteller einseitig »streitig« verhandeln und ggf. ist auch von Amts wegen Beweis zu erheben. Die Entscheidung ergeht als kontradiktorischer Beschluss. Erscheint der Antragsgegner im Termin ohne Verfahrensbevollmächtigten, gilt Entsprechendes; er kann aber persönlich angehört und auch vernommen werden. **1146**

### ff) Aussetzung des Verfahrens (§ 136 FamFG)

Das FamG kann nach § 136 FamFG das Verfahren auf Scheidung der Ehe aussetzen, wenn Aussicht auf Fortsetzung der Ehe besteht. Die Vorschrift hat bisher in der Praxis kaum Wirkungen gezeigt, was insb. daran liegt, dass eine Versöhnung der Ehegatten, wenn bereits ein Scheidungsantrag gestellt wurde, kaum mehr denkbar ist. **1147**

**Muster: Aussetzungsantrag, s. Rdn. 1242** **1148**

Die Vorschrift des § 136 FamFG ist ausschließlich auf Scheidungsverfahren anwendbar. Dies bedeutet, dass Verfahren auf Aufhebung der Ehe sowie Verfahren auf Feststellung des Bestehens oder Nichtbestehens einer Ehe nicht umfasst sind. Die Aussetzung erstreckt sich auch auf anhängige Folgesachen, da nach § 137 Abs. 1 FamFG über diese zusammen mit der Scheidung zu verhandeln und entscheiden ist. **1149**

Stellt ein Beteiligter während der Zeit der Aussetzung einen Folgeantrag, wird dieser ebenfalls von der Aussetzung nach § 136 FamFG erfasst. **1150**

1151    Die allgemeinen zivilprozessualen Bestimmungen über die Aussetzung des Verfahrens nach §§ 148, 246 ff. ZPO sowie über das Ruhen des Verfahrens nach §§ 251, 251a Abs. 2 ZPO sind neben § 136 FamFG anwendbar.

1152    Ist der Scheidungsantrag allerdings unbegründet, ist der Scheidungsantrag abzuweisen; eine Aussetzung des Verfahrens kommt nicht in Betracht.

### aaa) Aussetzung von Amts wegen (§ 136 Abs. 1 FamFG)

1153    Nach § 136 Abs. 1 FamFG soll das FamG das Verfahren aussetzen, wenn nach seiner freien Überzeugung Aussicht auf Fortsetzung der Ehe besteht. Eine solche Einschätzung setzt grds. die persönliche Anhörung der Ehegatten voraus.

1154    Das FamG muss deutliche Anhaltspunkte für eine Aussöhnung der Eheleute haben.[465]

1155    Leben die Ehegatten länger als ein Jahr getrennt, darf das Verfahren aber nicht gegen den **Widerspruch beider Ehegatten** ausgesetzt werden, vgl. § 136 Abs. 1 Satz 2 FamFG. Der **Widerspruch nur eines Ehegatten** gegen die Aussetzung ist insoweit bedeutsam, weil dadurch auf den fehlenden Versöhnungswillen geschlossen werden kann.

1156    Dennoch kann in diesem Fall – unterstellt, das Gericht nimmt Chancen für eine Fortsetzung der Ehe an – eine Aussetzung auch bei längerem Getrenntleben erfolgen. Die Dauer der Aussetzung des Verfahrens darf nach **3-jähriger Trennungsdauer** 6 Monate nicht überschreiten, vgl. § 136 Abs. 3 Satz 2 FamFG; ansonsten ist einschließlich einer möglichen Wiederholung die Aussetzungsdauer auf ein Jahr beschränkt, vgl. § 136 Abs. 3 Satz 1 und 2 FamFG.

1157    Der Widerspruch gegen die Aussetzung ist eine Prozesshandlung, die ausdrücklich erklärt werden muss und auch dem Anwaltszwang unterliegt, da § 114 Abs. 4 FamFG insoweit keine Ausnahme macht.[466]

### bbb) Aussetzung auf Antrag (§ 136 Abs. 2 FamFG)

1158    Hat der Antragsteller die Aussetzung des Verfahrens beantragt, darf das Gericht die Scheidung der Ehe aufgrund von § 136 Abs. 2 FamFG nicht aussprechen, bevor das Verfahren ausgesetzt war.

1159    Die Aussetzung auf Antrag ist nicht davon abhängig, ob Aussicht auf Fortsetzung der Ehe besteht.

1160    Auch der Antrag nach § 136 Abs. 2 FamFG unterliegt als Prozesshandlung dem **Anwaltszwang**, vgl. § 114 FamFG.

---

465  Vgl. Schulte-Bunert/Weinreich/*Roßmann*, FamFG, § 136 Rn. 11.
466  Vgl. Schulte-Bunert/Weinreich/*Roßmann*, FamFG, § 136 Rn. 15.

Mitunter stellen beide Ehegatten den Scheidungsantrag. Dann ist erforderlich, dass jeder Ehegatte den Aussetzungsantrag nach § 136 Abs. 2 FamFG stellt;[467] dagegen löst die Zustimmung des Antragsgegners zur Scheidung kein Antragserfordernis aus.    1161

Der Antrag nach § 136 Abs. 2 FamFG kann rechtsmissbräuchlich sein, wenn er nur gestellt wird, um der Abweisung des Scheidungsantrags zu entgehen, etwa weil das Trennungsjahr noch nicht vollendet ist und die Voraussetzungen einer Härtefall-scheidung nach § 1565 Abs. 2 BGB nicht vorliegen.[468] Fordert der Antragsgegner in diesem Fall die Abweisung des Scheidungsantrags, ist entsprechend zu entscheiden.    1162

### ccc) Entscheidung durch Beschluss, Eheberatung

Das Gericht, bei dem das Scheidungsverfahren anhängig ist, entscheidet über eine etwaige Aussetzung des Verfahrens nach § 136 FamFG durch Beschluss.    1163

Die **Dauer der Aussetzung** ist im Beschluss festzulegen; dabei ist § 136 Abs. 3 FamFG zu beachten. Die Aussetzung darf nur einmal wiederholt werden und eine bestimmte Dauer, die abhängig von der Trennungszeit ist, nicht überschreiten.    1164

Nach § 136 Abs. 4 FamFG soll das Gericht i.d.R. den Ehegatten nahe legen, eine Eheberatung in Anspruch zu nehmen.    1165

Sollte sich die Annahmen, die dem Aussetzungsbeschluss zugrunde liegen, ändern, kann im Fall einer Aussetzung von Amts wegen der Aussetzungsbeschluss aufgehoben werden. Erfolgte die Aussetzung aufgrund eines Antrags des Antragstellers, ist dessen Antrag auf Aufhebung der Aussetzung erforderlich; haben beide Beteiligte Scheidungsantrag gestellt und die Aussetzung beantragt, genügt es, dass einer die Aufhebung des Beschlusses beantragt.[469]    1166

### ddd) Wirkung der Aussetzung

Die Wirkung der Aussetzung ist § 249 ZPO zu entnehmen. Nach § 249 Abs. 1 ZPO hat die Aussetzung die Wirkung, dass der Lauf einer Frist aufhört und nach Beendigung der Aussetzung die volle Frist von Neuem zu laufen beginnt; nach § 249 Abs. 2 ZPO sind Verfahrenshandlungen, die während der Aussetzung vorgenommen wurden, dem anderen Beteiligten ggü. ohne rechtliche Wirkung.    1167

Rechtsmittel sind selbstverständlich zulässig, weil sie nicht dem anderen Beteiligten ggü. vorzunehmen, sondern bei Gericht einzulegen sind.[470]    1168

---

467 Thomas/Putzo/*Hüßtege*, ZPO, § 136 FamFG Rn. 9.
468 OLG Karlsruhe, FamRZ 1998, 1606, 1607; Schulte-Bunert/Weinreich/*Roßmann*, FamFG, § 136 Rn. 19.
469 Thomas/Putzo/*Hüßtege*, ZPO, 136 FamFG Rn. 12.
470 BGH, NJW 1977, 717, 718.

1169    Die genannten Wirkungen des § 249 ZPO enden mit Ablauf der im Beschluss festgelegten Aussetzungsfrist. Das Scheidungsverfahren wird nicht von Amts wegen,
sondern auf Antrag der Ehegatten wieder aufgenommen.[471]

### gg) Tod eines Ehegatten (§ 131 FamFG)

1170    Die Vorschrift des § 131 FamFG regelt den Fall, dass ein Ehegatte während der
Rechtshängigkeit einer Ehesache verstirbt. Die Anwendung betrifft ausschließlich
Ehesachen nach § 121 FamFG.[472]

1171    § 131 FamFG ordnet im Fall des Versterbens eines Ehegatten die Hauptsacheerledigung an und ist insoweit eine Ausnahme, da »normalerweise« in solchen Fällen das
Verfahren nach einer möglichen Unterbrechung (§ 239 ZPO) mit dem Rechtsnachfolger fortgesetzt wird.

1172    Einer solchen Fortsetzung bedarf es natürlich nicht, da die Ehe durch Tod eines
Ehegatten endet, sodass eine Auflösung der Ehe durch Scheidung oder Aufhebung
unnötig ist.

### aaa) Tod eines Ehegatten vor Rechtshängigkeit

1173    Tritt der Tod des **Antragsgegners** vor Rechtshängigkeit ein, ist das **Verfahren unzulässig**, weil es an einem Beteiligten fehlt. Der Antrag kann jedoch zurückgenommen
werden. Eine Kostenentscheidung ist entbehrlich, weil ein Gegner, der Kostenerstattung fordern könnte, nicht existiert.[473]

1174    Verstirbt der **Antragsteller**, ist der Antrag nicht mehr zuzustellen; eine Kostenentscheidung ist entbehrlich, weil eine Kostenerstattungspflicht vor Zustellung nicht besteht.[474]

### bbb) Tod eines Ehegatten nach Rechtshängigkeit

### (1) Erledigung der Ehesache

1175    § 131 FamFG ist anwendbar, wenn der Tod eines Ehegatten **während der Rechtshängigkeit** der Ehesache eintritt.

1176    Rechtsfolge des Versterbens ist, dass **gesetzlich** die Erledigung der Hauptsache eintritt.
Eine entsprechende Erklärung des überlebenden Beteiligten oder des Verfahrensbevollmächtigten des verstorbenen Beteiligten ist nicht erforderlich.

1177    Soweit der überlebende Ehegatte ein rechtliches Interesse daran hat, kann durch
Beschluss die Hauptsacheerledigung ausgesprochen werden.[475]

---

471   OLG Karlsruhe, FamRZ 1998, 1606.
472   OLG Stuttgart, FamRZ 2008, 529.
473   OLG Brandenburg, FamRZ 1996, 683.
474   Schulte-Bunert/*Roßmann*, FamFG, § 131 Rn. 5.
475   OLG Zweibrücken, FamRZ 1995, 619.

Das FamG kann trotz § 131 FamFG auch im Fall des Todes eines Ehegatten den Scheidungsantrag als unzulässig zurückweisen (z.b. wegen fehlender Zuständigkeit, eines unbestimmten Antrags usw.); das Gericht ist durch die Vorschrift nur an einer Sachentscheidung gehindert.[476]      **1178**

Verstirbt ein Ehegatte **nach verkündetem Scheidungsbeschluss**, aber vor dessen Rechtskraft, wird der Beschluss wirkungslos.      **1179**

### (2) Verfahrensübernahme durch die Erben

Die Erben können das Verfahren mit dem Ziel aufnehmen, den Antrag als unzulässig abweisen zu lassen. Möglich ist auch die Rücknahme des Scheidungsantrags, falls noch nicht mündlich verhandelt wurde.      **1180**

Die Rücknahme der Beschwerde gegen einen Scheidungsbeschluss nach dem Tod eines Ehegatten wird den Erben allerdings nicht zugestanden, weil ansonsten nachträglich die Auflösung der Ehe bewirkt würde, was mit dem Zweck des § 131 FamFG nicht zu vereinbaren ist.[477]      **1181**

### (3) Kostenentscheidung

Trotz Hauptsacheerledigung nach § 131 FamFG ist entsprechend § 150 Abs. 1 FamFG über die Kosten des Verfahrens durch Beschluss zu entscheiden.      **1182**

Mitunter wird auch vertreten, dass eine entsprechende Anwendung des § 91a Abs. 1 ZPO geboten sei.[478] Dies ist zweifelhaft, da § 91a ZPO beiderseitig prozessuale Erklärungen über die Erledigung erfordert und es i.Ü. auch nicht auf die Erfolgschancen in Ehesachen ankommen kann.[479]      **1183**

### (4) Folgesachen

Die Erledigung der Hauptsache wegen Todes eines Ehegatten erstreckt sich entsprechend § 142 Abs. 2 FamFG auch auf die Folgesachen, d.h. auch bzgl. dieser Verfahren tritt eine Erledigung von Gesetzes wegen ein.[480]      **1184**

Folgesachen können aber nach Erklärung eines Vorbehalts nach § 142 Abs. 2 Satz 2 FamFG als **selbstständige Folgesachen** gegen die Erben fortgeführt werden, wenn im Einzelfall ein materiell-rechtlicher Anspruch besteht.      **1185**

---

476 Schulte-Bunert/Weinreich/*Roßmann*, FamFG, § 131 Rn. 9.
477 OLG Koblenz, FamRZ 1980, 717.
478 Vgl. dazu Musielak/Borth, FamFG, § 131 Rn. 4.
479 OLG Köln, FamRZ 2000, 620.
480 BGH, FamRZ 1983, 683.

### ccc) Tod eines Ehegatten nach Rechtskraft des Beschlusses

1186    Tritt der Tod dagegen erst nach Rechtskraft der Entscheidung zur Ehesache ein, ist dies für das Verfahren und etwaige unerledigte Folgesachen bedeutungslos, d.h. § 131 FamFG gilt nicht.[481]

1187    Allerdings erledigen sich Folgesachen in diesem Fall teilweise deshalb, weil eine Regelung nur für Lebende Sinn macht. Dies betrifft etwa die Regelung der elterlichen Sorge (der überlebende Ehegatte erlangt gesetzlich die alleinige elterliche Sorge nach § 1680 Abs. 1 BGB); auch die Umgangsbefugnis und die Herausgabe des Kindes an den anderen Ehegatten haben keine Bedeutung mehr, d.h. sie erledigen sich.

1188    Ist die Scheidung formell rechtskräftig, war aber vor dem Tod des Berechtigten noch nicht über den **Versorgungsausgleich** entschieden, erlischt der Anspruch gesetzlich nach § 31 Abs. 1 Satz 2 VersAusglG, d.h. auch hier tritt Erledigung ein.[482]

1189    Stirbt hingegen der ausgleichspflichtige Ehegatte, kann das Recht des überlebenden Ehegatten auf Wertausgleich gegen die Erben geltend gemacht werden, vgl. § 31 Abs. 1 Satz 1 VersAusglG.

### hh) Verfahrenskostenhilfe

1190    Die Vorschrift des § 149 FamFG erstreckt die für das Scheidungsverfahren bewilligte VKH automatisch, d.h. ohne besonderen Ausspruch auf die ohne Antrag einzuleitende Versorgungsausgleichsfolgesache. Diese kann aber ausdrücklich von der VKH ausgenommen werden.

1191    Die Bewilligung von VKH für das Scheidungsverfahren richtet sich unmittelbar nach den §§ 114 ff. ZPO, da aufgrund der Generalverweisung in § 113 Abs. 1 FamFG die §§ 76 ff. FamFG, d.h. die Regelungen über die VKH, unanwendbar sind.

1192    Die Prüfung der Erfolgsaussichten hinsichtlich der beabsichtigten Rechtsverfolgung spielt jedoch nur für den Antragsteller im Scheidungsverfahren eine Rolle.

1193    Insofern ist VKH abzulehnen, wenn das Trennungsjahr nicht abgelaufen und keine Härtefallscheidung vorgetragen wird.[483]

1194    Der **Antragsgegner** erhält VKH, sobald ihm der Scheidungsantrag zugestellt wurde, auch wenn eine Rechtsverteidigung keine Aussicht auf Erfolg hat.[484]

1195    Die Bewilligung von VKH gilt für Verfahren auf Wertausgleich nach §§ 6 bis 19 und 28 VersAusglG, die von Amts wegen im Verbund entschieden werden. Der Gesetzgeber hält dies für geboten wegen der besonderen Bedeutung dieses Verfahrens für die Sicherung der Altersvorsorge.

---

481 BGH, FamRZ 2011, 31.
482 OLG Nürnberg, FamRZ 2006, 959.
483 OLG Köln, FamRZ 2004, 1117.
484 OLG Bamberg, NJW-RR 1995, 5.

Entsprechend dem Wortlaut des § 149 FamFG ist auch die Durchführung des schuld- 1196
rechtlichen Versorgungsausgleichs nach §§ 20 ff. VersAusglG von der Bewilligung
der VKH umfasst, obwohl dieses Verfahren von einem Antrag abhängig ist.[485]

Die **sonstigen Folgesachen**, die im Bewilligungszeitpunkt bereits anhängig sind, sind 1197
ebenfalls von der Anordnung der VKH gedeckt; eine Beschränkung nur auf einzelne
Folgesachen ist im Beschluss ausdrücklich erforderlich.

Für Folgesachen, die erst nach dem Bewilligungszeitpunkt anhängig werden, muss 1198
VKH gesondert beantragt und bewilligt werden.

Die Beiordnung eines Anwalts in der Ehesache erstreckt sich auch auf den Abschluss 1199
eines gerichtlichen Vergleichs betreffend Unterhalt, elterliche Sorge, Haushaltsgegenstände, Ehewohnung und Güterrecht, vgl. **§ 48 Abs. 3 RVG.**

## ii) Protokollierung eines Mehrwertvergleichs im Scheidungstermin

Häufig werden Scheidungsfolgenvereinbarungen im Termin der Scheidung vom Fami- 1200
lienrichter protokolliert; die Formwirksamkeit ist bedingt durch § 127a BGB gewährleistet (vgl. auch § 1585c BGB). Dies kann auch wirtschaftlich sinnvoll sein, wobei
andererseits die Sachkunde des Notars gerade bei Vereinbarungen über Grundstücksangelegenheiten eine große Hilfe ist. Sollten jedoch Grundstücksangelegenheiten
nicht für die Vereinbarung von Bedeutung sein, können Unterhaltsvereinbarungen,
güterrechtliche Vereinbarung und Ähnliches Gegenstand einer Vereinbarung beim
FamG werden.

Das OLG Koblenz[486] hat dazu entschieden, dass das FamG die Protokollierung eines 1201
Vergleichs über nicht anhängige Gegenstände nicht ablehnen darf, wenn ein Zusammenhang mit dem Gegenstand des Verfahrens besteht und der Vergleich einer Gesam-
terledigung dient (hier weitere Vereinbarungen anlässlich des Scheidungsverfahrens).
Für einen solchen Mehrwertvergleich sei auch Verfahrenskostenhilfe zu bewilligen.

Ein Anspruch auf Protokollierung eines gerichtlichen Vergleichs nach § 127a BGB 1202
besteht lediglich insoweit, als die Verfahrensbeteiligten den Verfahrensgegenstand
teilweise oder abschließend regeln. Soweit die Einigung darüber hinausgeht, aber
noch in einem inneren Zusammenhang mit dem Verfahrensgegenstand steht, liegt
es demgegenüber im pflichtgemäßen Ermessen des Gerichts, ob und in welchem
Umfang es die Einigung als gerichtlichen Vergleich i.S.v. § 127a BGB protokolliert.[487]

Mitunter besteht der Verdacht, dass durch einen Vergleich unwesentliche Vorgänge 1203
gerichtlich **auf Kosten der Staatskasse** geregelt werden sollen. Dies ändert aber auch
nichts daran, dass das FamG derartige Vereinbarungen zu protokollieren hat, d.h.

---

485  Vgl. dazu auch Schulte-Bunert/Weinreich/*Keske,* FamFG, § 149 Rn. 6; HK-FamFG/
      *Kemper,* § 149 Rn. 2.
486  OLG Koblenz, FamRZ 2015, 1518 = NJW 2015, 1316.
487  Vgl. BGH, MDR 2011, 1128.

das FamG hat allenfalls die Möglichkeit, dies im Rahmen der Verfahrenswertbestimmung zu berücksichtigen.

▶ Praxishinweis:

1204     Die Regelung des § 48 Abs. 3 Satz 1 FamFG hat zur Folge, dass bei VKH-Bewilligung im Scheidungsverfahren sich die Beiordnung auf den Abschluss einer Einigung über Unterhalt, Güterrecht usw. erstreckt. Dies gilt unabhängig davon, ob diese Gegenstände im Verfahren anhängig sind oder nicht.[488] Damit muss die Beiordnung im Gegensatz zu sonstigen Mehrwertvergleichen nicht vom Gericht erweitert werden. Die Regelung in § 48 Abs. 3 Satz 1 RVG ist auch dann anwendbar, wenn die Vereinbarung **außergerichtlich** abgeschlossen wird. Auf die Erfolgsaussicht der in § 48 Abs. 3 Satz 1 Nr. 1 bis 6 RVG bezeichneten Folgesachen kommt es nicht an, weil die Erstreckung der Beiordnung und infolgedessen auch die Bewilligung der Verfahrenskostenhilfe kraft Gesetzes eintritt.[489]

1205     Die Bewilligung von VKH und die Beiordnung erstreckt sich nach § 48 Abs. 1 Satz 2 RVG auch in anderen Verfahren auf den Abschluss eines Mehrwertvergleichs. Wird etwa in einem Verfahren zum Unterhalt im Termin noch eine Einigung über streitigen Gesamtschuldnerausgleich erzielt, erstreckt sich die Beiordnung auf den Mehrwert des Vergleichs.

1206     Damit ist die Abrechnung der Verfahrensdifferenzgebühr sowie der erhöhten Terminsgebühr möglich.

*jj) Überblick über die materiellen Voraussetzungen der Scheidung*

1207     Aus § 1564 Satz 3 BGB ergibt sich, dass die §§ 1565 bis 1568 BGB abschließend bestimmen, wann und ob die Ehe geschieden werden kann. Eine Ehe kann gem. § 1565 Abs. 1 Satz 1 BGB geschieden werden, wenn sie gescheitert ist (sog. Zerrüttungsprinzip). Die Scheidungtatbestände sind derart konzipiert, dass eine Scheidung einer Ehe, die diesen »Zustand« nicht erreicht hat, ausgeschlossen sein soll. Insoweit kommen vier Scheidungtatbestände infrage, unter denen die Parteien einer gescheiterten Ehe wählen können. Erhebliche Bedeutung kommt dabei den sog. **Zerrüttungsvermutungen** zu.

*aaa) Streitige Scheidung (§ 1565 Abs. 1 BGB)*

1208     Leben die Ehegatten ein Jahr getrennt und kann die Zerrüttung positiv i.S.v. § 1565 Abs. 1 BGB festgestellt werden, liegt der sog. **Grundtatbestand des Scheidungsrechts** vor.

1209     Das **Getrenntleben** ist nach § 1567 BGB festzustellen. Getrenntleben liegt danach vor, wenn die häusliche Gemeinschaft der Eheleute aufgehoben wurde (objektiver

---

488 OLG Dresden, FamRZ 2021, 972.
489 OLG Dresden, FamRZ 2021, 972; a.A. OLG Koblenz, FamRZ 2016, 65.

Tatbestand) und ein Ehegatte sie erkennbar nicht mehr herstellen will (subjektiver Tatbestand). Die Bestimmung des Trennungsjahres wird anhand des Zeitpunktes der letzten mündlichen Tatsachenverhandlung im Prozess vorgenommen.

▶ **Praxishinweis:**

Die dauerhafte stationäre Pflege eines Ehegatten in einem Pflegeheim oder eine Inhaftierung führen für sich genommen nicht zur Trennung von Ehegatten. Der von den Ehegatten vollzogenen räumlichen Trennung kann in solchen Fällen nicht die Bedeutung eines einseitig oder beiderseitig geäußerten Trennungswillens zugemessen werden. Will ein Ehegatte dennoch die Trennung i.s.v. § 1567 BGB herbeiführen, so bedarf es hierzu einer entsprechenden Äußerung oder eines sonstigen für den anderen Ehegatten erkennbaren Verhaltens, das unmissverständlich den Willen zum Ausdruck bringt, die eheliche Lebensgemeinschaft nicht weiterführen zu wollen.[490]   **1210**

Oftmals liegt ein prinzipiell verfrühter Scheidungsantrag vor, da bei Eingang bei Gericht der notwendige Trennungszeitraum noch nicht abgelaufen ist. Der Antrag ist daher bei Eingang abweisungsreif. Liegt allerdings zwischen Eingang und Ablauf des notwendigen Trennungszeitraums nur ein Zeitraum von ca. 6 bis 8 Wochen, ist dies regelmäßig unschädlich. In der Praxis ist es den Gerichten nämlich nicht möglich, in dieser kurzen Zeit einen Verhandlungstermin anzuberaumen. Daher erfolgt die Terminierung so, als wenn es sich um einen begründeten Antrag handeln würde, unter Inkaufnahme des Ablaufs der Trennungszeit. Das Gericht darf jedoch auf keinen Fall einem unbegründeten Antrag durch verspätete Terminierung (Verschleppung) zum Erfolg verhelfen.   **1211**

Die Ehe ist gescheitert (**Zerrüttung**), wenn die Lebensgemeinschaft der Ehegatten nicht mehr besteht und nicht erwartet werden kann, dass die Ehegatten sie wiederherstellen. Dies ist vom Gericht von Amts wegen im Wege einer entsprechenden Analyse- und Prognoseentscheidung festzustellen, wenn dem Gericht bindende Zerrüttungsvermutungen i.S.d. § 1566 Abs. 1 bzw. 2 BGB nicht vorliegen.   **1212**

Die Lebensgemeinschaft besteht dann nicht mehr, wenn die innere Abwendung der Ehegatten voneinander mit der Aufhebung der häuslichen Gemeinschaft und der übrigen Gemeinsamkeiten der Lebensgestaltung zusammentrifft (= Analyse).   **1213**

Notwendig ist des Weiteren die richterliche Annahme der Unheilbarkeit dieser Zerrüttung (= Prognose). Ein Indiz dafür ist, dass beide Ehegatten geschieden werden wollen. Maßgeblich ist letztlich, ob die Ehekrise überwindbar scheint oder zumindest einem Ehegatten jegliche Versöhnungsbereitschaft fehlt, insb., weil eine neue Partnerschaft besteht.   **1214**

**Muster: Streitiger Scheidungsantrag, s. Rdn. 1236**   **1215**

---

490 Vgl. BGH, FamRZ 2016, 1142.

### bbb) Einverständliche Scheidung (§ 1566 Abs. 1 BGB)

**1216** Das Gesetz verlangt für eine einverständliche Scheidung nach § 1566 Abs. 1 BGB ein Getrenntleben von mindestens einem Jahr. Damit soll übereilten Scheidungen vorgebeugt werden. I.Ü. sind zwei Formen der einverständlichen Scheidung möglich: Die Eheleute können beide die Scheidung beantragen, alternativ genügt aber auch ein Scheidungsantrag, dem die Gegenseite zustimmt. Der Unterschied ist, dass bei Zurücknahme des Scheidungsantrags im ersten Fall die Rechtshängigkeit des Scheidungsverfahrens durch den anderen Scheidungsantrag bestehen bleibt, im Fall der bloßen Zustimmung hingegen nicht.[491]

**1217** Muster: Der einverständliche Scheidungsantrag, s. Rdn. 1237

**1218** § 134 FamFG regelt die **Zustimmung des Antragsgegners** zur Scheidung bzw. deren Widerruf, sowie die Zustimmung zur Rücknahme des Scheidungsantrags. Derartige Erklärungen kann der Antragsgegner zur Niederschrift der Geschäftsstelle oder in der mündlichen Verhandlung zur Niederschrift des Gerichts abgeben, sodass eine anwaltliche Vertretung für diese Erklärungen nicht erforderlich ist.[492]

**1219** Muster: Zustimmung zum Scheidungsantrag, s. Rdn. 1238

▶ **Anwaltlicher Hinweis:**

**1220** Die Regelung des § 134 FamFG **gilt für alle Scheidungsverfahren**, unabhängig vom Grund der Zerrüttung bzw. der betreffenden Vermutung (vgl. dazu §§ 1569 ff. BGB). Damit wird den Ehegatten eine Möglichkeit gegeben, die mit einer Scheidung verbundenen Verfahrenskosten zu reduzieren, weil der Antragsgegner eine anwaltliche Vertretung für die Scheidung nicht benötigt.

**1221** § 134 Abs. 1 Satz 1, 1. Alt. FamFG regelt die **Zustimmung des Antragsgegners zur Scheidung**. Die Zustimmung zur Scheidung kann zur Niederschrift der Geschäftsstelle (§ 160 Abs. 3 Nr. 3 ZPO) oder in der mündlichen Verhandlung zur Niederschrift des Gerichts erklärt werden. Eine anwaltliche Vertretung ist dafür also nicht erforderlich, vgl. auch § 114 Abs. 4 Nr. 3 FamFG. Entsprechendes gilt nach § 134 Abs. 1 Satz 1, 2. Alt. FamFG für die **Rücknahme des Scheidungsantrags**.

**1222** § 134 Abs. 2 FamFG betrifft den **Widerruf der Zustimmung zur Scheidung**. Diese Erklärung kann der Antragsgegner bis zum Schluss der mündlichen Verhandlung, auf die über die Scheidung der Ehe entschieden wird, abgeben. Nach Satz 2 kann auch der Widerruf zu Protokoll der Geschäftsstelle oder in der mündlichen Verhandlung erfolgen, sodass auch dafür eine anwaltliche Vertretung nicht erforderlich ist.

---

491 Zur taktischen Bedeutung eines zweiten Scheidungsantrags vgl. Rdn. 1034.
492 Vgl. dazu Schulte-Bunert/Weinreich/*Roßmann*, FamFG, § 134 Rn. 2.

*ccc) Scheidung nach 3-jährigem Getrenntleben*

Nach § 1566 Abs. 2 BGB ergibt sich aus einem Getrenntleben (§ 1567 BGB) von **1223** 3 Jahren die unwiderlegbare Vermutung (§ 292 ZPO), dass die Ehe gescheitert ist. Weitere Anforderungen an die Scheidung bestehen in diesem Fall nicht.

**Muster: Scheidungsantrag nach 3-jährigem Getrenntleben, s. Rdn. 1239** **1224**

*ddd) Härtefallscheidung nach § 1565 Abs. 2 BGB*

Eine sog. Härtefallscheidung nach § 1565 Abs. 2 BGB ist möglich, wenn die Eheleute **1225** noch nicht ein Jahr getrennt leben, aber die Fortsetzung der Ehe für den Antragsteller eine **unzumutbare Härte** darstellt. Insoweit gelten strenge Anforderungen, damit das grds. erforderliche Trennungsjahr nicht unterlaufen wird.

Nach § 1565 Abs. 2 BGB kann eine Ehe vor Ablauf einer Trennungszeit von einem **1226** Jahr nur geschieden werden, wenn die Fortsetzung der Ehe für den Antragsteller aus Gründen, die in der Person des anderen Ehegatten liegen, eine unzumutbare Härte darstellen würde. Diese unzumutbare Härte, an deren Vorliegen **strenge Anforderungen** zu stellen sind, muss sich gerade auf das Eheband als solches beziehen, also auf das »weiter-miteinander-verheiratet-sein«.[493] Tatsachen, die lediglich das weitere eheliche Zusammenleben als unzumutbar erscheinen lassen, reichen insoweit nicht aus. Eine unzumutbare Härte kann sich insb. aus Gewalttätigkeiten gegen den anderen Ehepartner ergeben.

Hingegen reicht die Aufnahme einer außerehelichen Beziehung durch den Antragsgeg- **1227** ner grds. nicht aus, um den Ausnahmetatbestand des § 1565 Abs. 2 BGB zu erfüllen. Dies gilt selbst dann, wenn der Ehegatte mit dem neuen Partner in einer eheähnlichen Gemeinschaft zusammenlebt. Es müssen vielmehr besonders erschwerende Begleitumstände hinzutreten, sodass das Verhalten des anderen Ehegatten in besonderem Maße für die Antragstellerin erniedrigend oder peinlich ist. Nur durch eine solche strenge Handhabung kann dem Gesetzeszweck des § 1565 Abs. 2 BGB Rechnung getragen werden. Dabei ist insb. zu berücksichtigen, dass die Hinwendung zu einem neuen Partner nicht selten – zumindest im Anfangsstadium – keine endgültige Entscheidung darstellt, sondern häufig bei entsprechender Gesprächsbereitschaft von den Ehegatten zum Anlass genommen wird, über die bisherige Ehe nachzudenken und Wege für einen Neuanfang zu suchen.

Insoweit ist es auch unbeachtlich, wenn die Antragstellerin mittlerweile schwanger **1228** ist. Die Gründe, die eine unzumutbare Härte darstellen, müssen nämlich gerade in der Person des anderen Ehegatten liegen, was hier nicht der Fall wäre.

Die Anwendung der Vorschrift ist außerdem zeitlich begrenzt und entfällt mit Ablauf **1229** des Trennungsjahres; dann kommt nur noch § 1565 Abs. 1 Satz 2 BGB als Scheidungstatbestand in Betracht.

---

493 OLG Oldenburg, FamRZ 2018, 1897.

**1230** Gründe für eine Härtefallscheidung vor Ablauf des Trennungsjahres können sein:
- Misshandlung des Partners,[494]
- schwere Beleidigungen, grobe und demütigende Ehrverletzungen i.V.m. Tätlichkeiten,[495]
- Untersuchungshaft wegen Verdachts der Tötung der Eltern der Antragstellerin,[496]
- Verschweigen einer bevorstehenden Haftstrafe.[497]

### eee) Härteklausel nach § 1568 BGB

**1231** Die Härteklausel nach § 1568 BGB darf der Scheidung nicht entgegenstehen. Insoweit ist die Ehegattenschutzklausel von der Kinderschutzklausel zu unterscheiden.

**1232** Die **Ehegattenschutzklausel** setzt voraus, dass der Antragsgegner, der die Scheidung ablehnt, einen Sachverhalt vorträgt (vgl. § 127 Abs. 3 FamFG), aus dem sich eine schwere Härte i.S.d. § 1568 Abs. 1, 2. Alt. BGB für ihn für den Fall der Scheidung ergibt. Die Ehegattenschutzklausel gewährt i.Ü. nur einen zeitlich begrenzten Ehebestandsschutz. Beispiele für eine schwere Härte sind schwere Krankheit oder vorgerücktes Alter des betroffenen Ehegatten.

▶ Praxishinweis:

**1233** Zur Versagung der Ehescheidung können nur solche Härten führen, die durch den Scheidungsausspruch selbst verursacht oder wesentlich mitverursacht werden. Eine allein durch das Scheitern der Ehe verursachte Härte genügt nicht. Eine schwere Härte ist dann zu verneinen, wenn demjenigen, welcher die Härte vorbringt, selbst die innere Bereitschaft fehlt, die Ehe fortzusetzen.[498]

**1234** Die **Kinderschutzklausel** des § 1568 Abs. 1, 1. Alt. BGB ist von Amts wegen (vgl. § 127 Abs. 3 FamFG) zu beachten. Notwendig ist eine schwere Härte für die minderjährigen Kinder bei Ausspruch der Scheidung. Ein solcher Fall ist etwa anzunehmen, wenn die ernsthafte Gefahr des Suizids des Kindes besteht.

**1235** Entfällt die besondere Härte, kann der abgewiesene Ehegatte die Scheidung erneut beantragen.

494 OLG Schleswig, FamRB 2008, 67.
495 OLG Oldenburg, FamRZ 2018, 1897.
496 AG Hannover, FamRZ 2004, 630.
497 AG Ludwigsburg, NJW-RR 2007, 4.
498 OLG Bamberg, FamRZ 2022, 682.

*kk) Muster: Scheidungsantrag*

*aaa) Muster: Scheidungsantrag – streitige Scheidung*

▶ Muster: Scheidungsantrag – streitige Scheidung

An das                                                              1236

Amtsgericht .....

– Familiengericht –

.....

Antrag auf Ehescheidung und Versorgungsausgleich

In der Familiensache

des Herrn .....

– Antragsteller –

Verfahrensbevollmächtigte:

gegen

Frau .....

– Antragsgegnerin –

Verfahrensbevollmächtigte:

zeige ich ausweislich anliegender Verfahrensvollmacht im Sinne des § 114 Abs. 5 FamFG die anwaltliche Vertretung des Antragstellers an.

Namens und im Auftrag des Antragstellers stelle ich in der Sache folgenden Antrag:

Die am ..... vor dem Standesbeamten des Standesamts ..... , Heiratsregister-Nr.: ..... , geschlossene Ehe der Beteiligten wird geschieden.

Begründung:

I. Persönliche Verhältnisse der Beteiligten

Der Antragsteller, geb. am ..... , und die Antragsgegnerin, geb. am ..... , haben – wie im Antrag bezeichnet – die Ehe geschlossen.

Beweis:

1. Stammbuch vom Antragsteller im Termin vorzulegen.
2. Beglaubigte Kopie der Heiratsurkunde (Anlage A1).
3. Personalausweise im Termin vorzulegen.

Die Beteiligten sind deutsche Staatsangehörige.

Aus der Ehe sind zwei minderjährige Kinder hervorgegangen:

– K 1, geb. am ..... ,
– K 2, geb. am .....

Die örtliche Zuständigkeit des angerufenen Gerichts ergibt sich aus § 122 Nr. 1 FamFG. Die Beteiligten haben keinen gemeinsamen gewöhnlichen Aufenthalt mehr. Die gemeinsamen, minderjährigen Kinder haben mit der Antragsgegnerin ihren gewöhnlichen Aufenthalt in ....., also im Bezirk des angerufenen Gerichts.

Die Beteiligten haben sich über den Unterhalt für die Kinder, den Umgang mit ihnen und die elterliche Sorge geeinigt. Der Haushalt ist bereits aufgeteilt; beide Ehegatten sind nach der Trennung umgezogen. Geregelt wurden die Folgesache nach § 133 Abs. 1 Nr. 2 FamFG in einer notariellen Urkunde vom … Der Antragsteller zahlt der Antragsgegnerin einen monatlichen Ehegattenunterhalt in Höhe von ......

Anderweitige Familiensachen sind zwischen den Beteiligten nicht anhängig.

## II. Ehescheidung

Der Scheidungsantrag wird auf §§ 1564, 1565 Abs. 1 BGB gestützt. Die Ehe der Beteiligten ist gescheitert. Die eheliche Lebensgemeinschaft besteht nicht mehr.

Die Beteiligten leben seit dem ....., d.h. seit über einem Jahr getrennt. Damals ist die Antragsgegnerin aus der gemeinsamen Wohnung ..... ausgezogen. Seither bewohnt die Antragsgegnerin mit den gemeinsamen Kindern eine eigene angemietete Wohnung in ......

Der Antragsteller ist nicht bereit, die eheliche Lebensgemeinschaft noch einmal herzustellen. Er empfindet keine Gefühle mehr für die frühere Partnerin und will unbedingt geschieden werden.

Die Antragsgegnerin möchte, obwohl sie die Trennung durch Auszug aus der gemeinsamen Wohnung vollzogen hat, nach wie vor an der Ehe festhalten.

Dies ist aber nicht mehr möglich, da der Antragsteller bereits eine neue Partnerin hat, mit der er seit einem halben Jahr zusammenlebt und die nun auch ein Kind vom Antragsteller erwartet.

Beweis: Anhörung der Beteiligten im Termin

## III. Versorgungsausgleich

Der Versorgungsausgleich soll durchgeführt werden. Es wird um Übersendung der entsprechenden Formulare gebeten.

## IV. Verfahrenswert

Der Antragsteller verdient durchschnittlich 2.500 € netto monatlich, die Einkünfte der Antragsgegnerin sind unbekannt. Abgestellt auf den dreimonatigen Bezug errechnet sich daher ein Streitwert von mindestens 7.500 €.

Der Antragsteller hat ein Vermögen von 200.000 €. Unter Berücksichtigung eines Freibetrags von 60.000 € sind 10 % von 140.000 € als Streitwert zu berücksichtigen, also 14.000 €.

Der Versorgungsausgleich wird mit mindestens 1.000 € bewertet, vgl. § 50 Abs. 1 Satz 2 FamGKG.

Somit wird der vorläufige Verfahrenswert mit 22.500 € angegeben.

.....

Rechtsanwältin/Rechtsanwalt

*bbb) Muster: Scheidungsantrag – einvernehmliche Scheidung*

▶ Muster: Scheidungsantrag – einvernehmliche Scheidung

An das                                                                    1237

Amtsgericht .....

– Familiengericht –

.....

Antrag auf Ehescheidung und Versorgungsausgleich

In der Familiensache

des Herrn .....

– Antragsteller –

Verfahrensbevollmächtigte:

gegen

Frau .....

– Antragsgegnerin –

Verfahrensbevollmächtigte:

zeige ich ausweislich anliegender Verfahrensvollmacht im Sinne des § 114 Abs. 5 FamFG die anwaltliche Vertretung des Antragstellers an.

Namens und im Auftrag des Antragstellers stelle ich in der Sache folgenden Antrag:

Die am ..... vor dem Standesbeamten des Standesamts ..... , Heiratsregister-Nr.: ..... , geschlossene Ehe der Beteiligten wird geschieden.

Begründung:

I. Persönliche Verhältnisse der Beteiligten

Der Antragsteller, geb. am ..... , und die Antragsgegnerin, geb. am ..... , haben – wie im Antrag bezeichnet – die Ehe geschlossen.

Beweis:

1. Stammbuch vom Antragsteller im Termin vorzulegen.
2. Beglaubigte Kopie der Heiratsurkunde (Anlage A1).
3. Personalausweise im Termin vorzulegen.

Die Beteiligten sind deutsche Staatsangehörige.

Aus der Ehe sind zwei minderjährige Kinder hervorgegangen:

– K 1, geb. am ..... ,
– K 2, geb. am ......

Die örtliche Zuständigkeit des angerufenen Gerichts ergibt sich aus § 122 Nr. 1 FamFG. Die Beteiligten haben keinen gemeinsamen gewöhnlichen Aufenthalt mehr.

Die gemeinsamen, minderjährigen Kinder haben mit der Antragsgegnerin ihren gewöhnlichen Aufenthalt in ....., also im Bezirk des angerufenen Gerichts. Regelungen im Sinne von § 133 Abs. 1 Nr. 2 FamFG wurden bislang nicht getroffen.

Anderweitige Familiensachen sind zwischen den Beteiligten nicht anhängig.

**II. Ehescheidung**

Der Scheidungsantrag wird auf §§ 1564, 1565 Abs. 1, 1566 Abs. 1 BGB gestützt. Die Ehe der Beteiligte ist gescheitert. Die eheliche Lebensgemeinschaft besteht nicht mehr.

Die Beteiligten leben seit dem ....., d.h. seit über einem Jahr getrennt. Damals ist die Antragsgegnerin aus der gemeinsamen Wohnung ..... ausgezogen. Seither bewohnt die Antragsgegnerin mit den gemeinsamen Kindern eine eigene angemietete Wohnung in .....

Die Anhörung nach § 128 FamFG wird ergeben, dass eine Wiederherstellung der ehelichen Lebensgemeinschaft zwischen den Beteiligten ausgeschlossen ist.

Der Antragsteller ist nicht bereit, die eheliche Lebensgemeinschaft noch einmal herzustellen. Er empfindet keine Gefühle mehr für die frühere Partnerin und will unbedingt geschieden werden.

Die Antragsgegnerin lebt seit diesem Monat mit einem neuen Partner zusammen. Sie will der Scheidung zustimmen.

Beweis: Anhörung der Beteiligten im Termin

**III. Versorgungsausgleich**

Der Versorgungsausgleich soll durchgeführt werden. Es wird um Übersendung der entsprechenden Formulare gebeten.

**IV. Verfahrenswert**

Der Antragsteller verdient durchschnittlich 2.000 € netto monatlich, die Einkünfte der Antragsgegnerin sind unbekannt. Die minderjährigen Kinder rechtfertigen einen Abschlag in Höhe von 500 €, sodass abgestellt auf den 3-monatigen Bezug sich ein Streitwert von 4.500 € errechnet.

Praxishinweis:

Einige Familiengerichte reduzieren den Verfahrenswert, wenn gemeinsame minderjährige Kinder vorhanden sind. Richtigerweise müsste dann allerdings auch das Kindergeld gegengerechnet werden. Vgl. dazu OLG Hamm, FamRZ 2016, 656.

Vermögen haben die Beteiligten nicht.

Der Versorgungsausgleich wird mit mindestens 1.000 € bewertet, vgl. § 50 Abs. 1 Satz 2 FamGKG.

Somit wird der vorläufige Verfahrenswert mit 5.500 € angegeben.

.....

Rechtsanwältin/Rechtsanwalt

*ccc) Muster: Zustimmungserklärung des Antragsgegners*

▶ Muster: Zustimmungserklärung des Antragsgegners

An das                                                                    1238

Amtsgericht .....

– Familiengericht –

.....

Zustimmung zum Scheidungsantrag

In der Familiensache

Müller, Erika./. Müller, Jan

Aktenzeichen .....

zeigen wir ausweislich anliegender Verfahrensvollmacht nach § 114 Abs. 5 FamFG an, dass wir die Antragsgegnerin vertreten.

Namens und in Vollmacht der Antragsgegnerin erklären wir:

Die Antragsgegnerin stimmt dem Scheidungsantrag zu.

Die im Scheidungsantrag des Antragstellers enthaltenen Angaben zu den persönlichen Verhältnissen der Beteiligten und zur Zuständigkeit des Familiengerichts sind richtig.

Es ist auch richtig, dass die Beteiligten seit mehr als drei Jahren getrennt leben. Damit gilt die Ehe nach § 1566 Abs. 2 BGB als gescheitert. Die Beteiligten haben aber auch neue Partner und gehen schon lange wieder eigene Wege.

Der Vortrag des Antragstellers zur elterlichen Sorge ist richtig. Die Beteiligten werden die elterliche Sorge gemeinsam ausüben; sie sind sich auch über den Umgang mit den Kindern einig.

.....

Rechtsanwältin/Rechtsanwalt

*ddd) Muster: Scheidungsantrag – drei Jahre Getrenntleben*

▶ Muster: Scheidungsantrag – drei Jahre Getrenntleben

An das                                                                    1239

Amtsgericht .....

– Familiengericht –

.....

Antrag auf Ehescheidung und Versorgungsausgleich

In der Familiensache

des Herrn .....

– Antragsteller –

Verfahrensbevollmächtigte:

gegen

Frau .....

– Antragsgegnerin –

Verfahrensbevollmächtigte:

zeige ich ausweislich anliegender Verfahrensvollmacht im Sinne des § 114 Abs. 5 FamFG die anwaltliche Vertretung des Antragstellers an.

Namens und im Auftrag des Antragstellers stelle ich in der Sache folgenden Antrag:

Die am ..... vor dem Standesbeamten des Standesamts ..... , Heiratsregister-Nr.: ....., geschlossene Ehe der Beteiligten wird geschieden.

Begründung:

I. Persönliche Verhältnisse der Beteiligten

Der Antragsteller, geb. am ..... , und die Antragsgegnerin, geb. am ..... , haben – wie im Antrag bezeichnet – die Ehe geschlossen.

Beweis:

1. Stammbuch vom Antragsteller im Termin vorzulegen.
2. Beglaubigte Kopie der Heiratsurkunde (Anlage A1).
3. Personalausweise im Termin vorzulegen.

Die Beteiligten sind deutsche Staatsangehörige.

Aus der Ehe sind keine Kinder hervorgegangen.

Die örtliche Zuständigkeit des angerufenen Gerichts ergibt sich aus § 122 Nr. 4 FamFG.

Die Beteiligten haben keinen gemeinsamen gewöhnlichen Aufenthalt mehr. Während der Ehe lebte man gemeinsam in München. Der Antragsteller ist nach der Trennung nach Würzburg gezogen, weil er das Anwesen seiner Eltern geerbt hat. Die Antragsgegnerin lebt seit vier Jahren in Nürnberg, hat also dort ihren gewöhnlichen Aufenthalt. Damit ist die örtliche Zuständigkeit des Familiengerichts Nürnberg gegeben.

Beweis: Anhörung der Beteiligten im Termin

Anderweitige Familiensachen sind zwischen den Beteiligten nicht anhängig.

Regelungen im Sinne von § 133 Abs. 1 Nr. 2 FamFG wurden nicht getroffen.

II. Ehescheidung

Der Scheidungsantrag wird auf §§ 1564, 1565 Abs. 1, 1566 Abs. 2 BGB gestützt.

Die Beteiligten leben seit dem ..... , d.h. seit über drei Jahren getrennt.

Damals ist die Antragsgegnerin aus der gemeinsamen Wohnung ..... ausgezogen.

Aufgrund der langen Trennungsdauer besteht eine unwiderlegbare Vermutung für das Scheitern der Ehe.

Beweis: Anhörung der Beteiligten im Termin

III. Versorgungsausgleich

Der Versorgungsausgleich soll durchgeführt werden. Es wird um Übersendung der entsprechenden Formulare gebeten.

IV. Verfahrenswert

Der Antragsteller verdient durchschnittlich 5.000 € netto monatlich, die Einkünfte der Antragsgegnerin sind unbekannt. Der Versorgungsausgleich wird mit mindestens 1.000 € bewertet, vgl. § 50 Abs. 1 Satz 2 FamGKG.

Somit wird der vorläufige Verfahrenswert mit 16.000 € angegeben.

.....

Rechtsanwältin/Rechtsanwalt

*eee) Muster: Scheidungsantrag des Antragsgegners*

▶ Muster: Scheidungsantrag des Antragsgegners

An das                                                           1240

Amtsgericht .....

– Familiengericht –

.....

Antrag auf Ehescheidung und Versorgungsausgleich

In der Familiensache

des Herrn .....

– Antragsteller –

Verfahrensbevollmächtigte:

gegen

Frau .....

– Antragsgegnerin –

Verfahrensbevollmächtigte:

zeigen wir ausweislich anliegender Verfahrensvollmacht nach § 114 Abs. 5 FamFG an, dass wir die Antragsgegnerin vertreten.

Namens und in Vollmacht der Antragsgegnerin beantragen wir ebenfalls:

Die am ..... vor dem Standesbeamten des Standesamtes ..... , Heiratsregister-Nr.: ..... , geschlossene Ehe der Beteiligten wird geschieden.

Begründung:

Die im Scheidungsantrag des Antragstellers enthaltenen Angaben zu den persönlichen Verhältnissen der Beteiligten und zur Zuständigkeit des Familiengerichts sind richtig.

Die Antragsgegnerin stützt ihren Antrag auf §§ 1565 Abs. 1, 1566 Abs. 2 BGB. Es ist richtig, dass die Beteiligten seit mehr als drei Jahren getrennt leben. Damit gilt die Ehe nach § 1566 Abs. 2 BGB als gescheitert. Die Beteiligten haben aber auch neue Partner und gehen schon lange wieder eigene Wege.

Der Vortrag des Antragstellers zur elterlichen Sorge ist richtig. Die Beteiligten werden die elterliche Sorge gemeinsam ausüben; sie sind sich auch über den Umgang mit den Kindern einig.

.....

Rechtsanwältin/Rechtsanwalt

*fff) Muster: Scheidungsabweisungsantrag*

▶ Muster: Scheidungsabweisungsantrag

1241 An das

Amtsgericht .....

– Familiengericht –

.....

Scheidungsabweisungsantrag

In der Familiensache

Müller, Erika./. Müller, Jan

Aktenzeichen .....,

zeigen wir ausweislich anliegender Verfahrensvollmacht nach § 114 Abs. 5 FamFG an, dass wird die Antragsgegnerin vertreten.

Namens und in Vollmacht der Antragsgegnerin beantragen wir:

Der Scheidungsantrag vom ..... wird abgewiesen.

Begründung:

Die Beteiligten leben erst seit vier Monaten getrennt. Zwar hat der Antragsteller bereits seit Längerem eine Freundin; bei dieser wohnt er aber erst seit dem ...... Vorher ist er immer wieder in der ehelichen Wohnung erschienen und hat dort auch übernachtet. Ein Getrenntleben in der Ehewohnung lag ebenfalls nicht vor, da die Antragsgegnerin ihn bekocht hat und auch seine Wäsche reinigte.

Beweis: Anhörung der Beteiligten

Die Ehe ist auch noch nicht gescheitert. Die Antragsgegnerin bemüht sich nach wie vor, die Ehe zu retten. Sie hält dies auch wegen der gemeinsamen Kinder für möglich.

Die Angaben im Scheidungsantrag des Antragstellers vom ..... zu den persönlichen Verhältnissen der Beteiligten sind ansonsten zutreffend.

Da die erforderliche Trennungszeit bisher nicht abgelaufen ist, ist der Ehescheidungsantrag abzuweisen.

Es wird um einen schnellen Termin zur mündlichen Verhandlung gebeten.

.....

Rechtsanwältin/Rechtsanwalt

*ggg) Muster: Aussetzungsantrag*

▶ Muster: Aussetzungsantrag

An das                                                                                    1242

Amtsgericht .....

– Familiengericht –

.....

Antrag auf Aussetzung des Verfahrens nach § 136 FamFG

In der Familiensache

Müller, Erika ./. Müller, Jan

Aktenzeichen .....,

vertreten wir bekanntlich die Antragstellerin.

Namens und in Vollmacht der Antragstellerin beantragen wir,

das Scheidungsverfahren nach § 136 Abs. 2 FamFG auszusetzen.

Begründung:

Es besteht Aussicht auf die Fortsetzung der Ehe.

Die Beteiligten haben sich am ..... ausgesprochen. Zwar bestehen immer noch erhebliche Meinungsverschiedenheiten, aber die Eheleute wollen versuchen, diese mithilfe einer Familientherapie zu beheben. Sie wollen den Familientherapeuten ..... konsultieren und haben dafür bereits einen Termin vereinbart.

Die Antragstellerin wird den Scheidungsantrag zurücknehmen, falls der Antragsgegner ernsthaft an der Familientherapie mitwirkt und auch versucht, seine Alkoholprobleme zu überwinden.

.....

Rechtsanwältin/Rechtsanwalt

## b) Aufhebung der Ehe

### aa) Verfahrenseinleitung

1243   Das Verfahren zur Aufhebung der Ehe wird nach § 124 FamFG durch einen entsprechenden Antrag eingeleitet (vgl. auch § 1313 BGB). Die Antragsberechtigung ist § 1316 BGB zu entnehmen. Antragsberechtigt sind nach § 1316 Abs. 1 Nr. 1 BGB bei Verstoß gegen die §§ 1303 Satz 1, 1304, 1306, 1307, 1311 BGB sowie in den Fällen des § 1314 Abs. 2 Nr. 1 und 5 BGB jeder Ehegatte und die zuständige Verwaltungsbehörde. In den Fällen des § 1306 BGB (Bigamie) kann auch die dritte Person den Antrag stellen.

1244   Antragsberechtigt ist weiterhin in den Fällen des § 1314 Abs. 2 Nr. 2 bis 4 BGB der dort erwähnte Ehegatte (z.b. bei arglistiger Täuschung bei Eingehung der Ehe).

1245   Der Antrag kann für einen geschäftsunfähigen Ehegatten nur von seinem gesetzlichen Vertreter gestellt werden, vgl. § 1316 Abs. 2 Satz 1 BGB.

1246   Ein minderjähriger beschränkt geschäftsfähiger Ehegatte kann bei Verstoß gegen § 1303 Satz 1 BGB den Antrag nur selbst stellen, ohne dass es der Zustimmung seines gesetzlichen Vertreters bedarf, vgl. § 1316 Abs. 2 Satz 2 BGB.

### bb) Überblick über die materiellen Voraussetzungen

1247   Die materiellen Voraussetzungen einer Aufhebung der Ehe können insb. den §§ 1314 und 1315 BGB entnommen werden.

1248   Eine Ehe kann nach § 1314 Abs. 1 BGB aufgehoben werden, wenn sie entgegen den Vorschriften der §§ 1303 Satz 1 (Ehemündigkeit), 1304 (Geschäftsunfähigkeit), 1306 (bestehende Ehe oder Lebenspartnerschaft), 1307 (Verwandtschaft), 1311 BGB (Anwesenheit) geschlossen worden ist.

▶ Praxishinweis:

1249   Bei Verstoß gegen § 1303 BGB (Ehemündigkeit) wird nach dem Gesetz zur Bekämpfung von Kinderehen altersabhängig zwischen Nichtigkeit und Aufhebbarkeit der Ehe differenziert: Ist ein Ehegatte unter 16 Jahre alt, ist die Ehe eine Nichtehe, die von jedermann geltend gemacht werden kann (§ 1303 Satz 2 BGB). Es bedarf dazu keines gerichtlichen Gestaltungs- oder Feststellungsbeschlusses.

Anders ist es, wenn ein Ehegatte 16 Jahre alt war, aber noch nicht volljährig (§ 1303 Satz 1 BGB). Dann handelt es sich um eine aufhebbare Ehe.[499]

Weiterhin kann nach § 1314 Abs. 2 BGB eine Ehe aufgehoben werden, wenn     **1250**
– ein Ehegatte sich bei der Eheschließung im Zustand der Bewusstlosigkeit oder vorübergehender Störung der Geistestätigkeit befunden hat;
– ein Ehegatte bei der Eheschließung nicht gewusst hat, dass es sich um eine Eheschließung handelt;
– ein Ehegatte zur Eingehung der Ehe durch arglistige Täuschung über solche Umstände bestimmt worden ist, die ihn bei Kenntnis der Sachlage und bei richtiger Würdigung des Wesens der Ehe von der Eingehung der Ehe abgehalten hätten; dies gilt nicht, wenn die Täuschung Vermögensverhältnisse betrifft oder von einem Dritten ohne Wissen des anderen Ehegatten verübt worden ist;
– ein Ehegatte zur Eingehung der Ehe widerrechtlich durch Drohung bestimmt worden ist;
– beide Ehegatten sich bei der Eheschließung darüber einig waren, dass sie keine Verpflichtung gem. § 1353 Abs. 1 BGB begründen wollen.

Eine Aufhebung ist oftmals aber trotz Vorliegens der Voraussetzungen nach § 1314    **1251**
BGB ausgeschlossen, wenn die Ehe in der Folgezeit von den Beteiligten bestätigt wurde (sog. **Bestätigung einer aufhebbaren Ehe**), vgl. dazu § 1315 BGB.

### cc) Verfahren

### aaa) Allgemeines

Das Verfahren zur Aufhebung der Ehe ist eine Ehesache und wird insb. von den §§ 121    **1252**
bis 132 FamFG geregelt. Insoweit kann auf die Darstellung zu den Scheidungssachen hingewiesen werden, insb. auf
– § 125 FamFG: Verfahrensfähigkeit, vgl. Rdn. 1087 ff.
– § 127 FamFG: Eingeschränkte Amtsermittlung, vgl. Rdn. 1105 ff.
– § 128 FamFG: Persönliches Erscheinen der Ehegatten bei Gericht, vgl. Rdn. 1114 ff.
– § 130 FamFG: Säumnis der Beteiligten, vgl. Rdn. 1140 ff.
– § 131 FamFG: Tod eines Ehegatten, vgl. Rdn. 1170 ff.

### bbb) Vorrang- und Beschleunigungsgebot, § 129a FamFG

§ 129a FamFG betrifft Verfahren auf Aufhebung von Ehen, die unter Verstoß gegen    **1253**
die Vorschrift zur Ehemündigkeit (§ 1303 Satz 1 BGB) geschlossen worden sind.
Nach § 129 Satz 1 FamFG ist das Eheaufhebungsverfahren vorrangig und beschleunigt durchzuführen, wobei § 155 Abs. 1 FamFG entsprechend anzuwenden ist.[500] Die Anhörung (§ 128 FamFG) soll gem. § 129a Satz 2 FamFG spätestens einen Monat nach Beginn des Verfahrens stattfinden; der Verweis auf § 155 Abs. 2 Satz 4 und 5

---

499 Grüneberg/*Siede*, BGB, Einf. v. § 1313 Rn. 2.
500 Kritisch dazu *Hüßtege* FamRZ 2017, 1374.

FamFG hat zur Folge, dass für eine Verlegung des Anhörungstermins strenge Anforderungen gelten. Das Gericht hört in dem Termin das Jugendamt an, es sei denn, die Ehegatten sind zu diesem Zeitpunkt volljährig; die Anhörung des Jugendamts wird benötigt, um zu klären, ob der Eheaufhebung besondere Härtegründe nach § 1315 Abs. 1 Satz 1 Nr. 1b BGB entgegenstehen.

▶ Praxishinweis:

1254    Derjenige Ehegatte, der einen Antrag auf Eheaufhebung stellt, trägt die **Beweislast** für den Aufhebungsgrund. Dies gilt entsprechend für die zuständige Behörde, falls diese den Antrag nach § 1316 Abs. 3 Satz 2 BGB stellt. Stellt sich im Verfahren heraus, dass der Minderjährige im Zeitpunkt der Eheschließung nicht einmal 16 Jahre alt war, so ist der Antrag mangels Regelungsbedürfnisses abzuweisen, weil die Ehe kraft Gesetzes unwirksam ist, sofern nicht ein Ausnahmefall nach Art. 229, § 44 Abs. 4 EGBGB vorliegt.[501]

*ccc) Mitwirkung der Verwaltungsbehörde oder dritter Personen (§ 129 FamFG)*

1255    Die Vorschrift des § 129 FamFG regelt die Mitwirkungsmöglichkeiten der Verwaltungsbehörde und dritter Personen in Verfahren, die die Aufhebung einer Ehe oder die Feststellung des Bestehens oder Nichtbestehens einer Ehe betreffen.

1256    § 129 FamFG ist nur anwendbar, soweit es um das Verfahren der Aufhebung einer Ehe oder die Feststellung des Bestehens oder Nichtbestehens einer Ehe geht.

1257    Beantragt die zuständige Verwaltungsbehörde oder bei Verstoß gegen § 1306 BGB (Doppelehe) die dritte Person die Aufhebung der Ehe, ist der Antrag gegen beide Ehegatten zu richten. Die Eheleute sind als Antragsgegner notwendige Streitgenossen nach § 62 ZPO.[502] Dieser gegen beide Ehegatten zu richtende Antrag setzt zunächst aber voraus, dass ein Antragsrecht besteht; dies bestimmt sich nach § 1316 BGB.

*(1) Antrag der Verwaltungsbehörde*

1258    Das Verfahren zur Aufhebung der Ehe wird nach § 124 FamFG durch einen entsprechenden Antrag eingeleitet (vgl. auch § 1313 BGB). Die Antragsberechtigung der zuständigen Verwaltungsbehörde ist nach § 1316 Abs. 1 Nr. 1 BGB bei Verstoß gegen die §§ 1303, 1304, 1306, 1307, 1311 BGB sowie in den Fällen des § 1314 Abs. 2 Nr. 1 und 5 BGB gegeben. Die Verwaltungsbehörde entscheidet nach pflichtgemäßem Ermessen, ob sie von ihrer Antragsbefugnis Gebrauch macht.

1259    Nach § 1316 Abs. 3 BGB soll die zuständige Verwaltungsbehörde den Antrag bei Verstoß gegen die §§ 1304, 1306, 1307 BGB sowie in den Fällen des § 1314 Abs. 2 Nr. 1 (Eheschließung im Zustand der Bewusstlosigkeit oder vorübergehender Störung der Geistestätigkeit) und Nr. 5 BGB (Ehegatten wollten keine Pflichten nach § 1353 BGB begründen) stellen, wenn nicht die Aufhebung der Ehe für einen Ehegatten

---

501  Thomas/Putzo/*Hüßtege*, ZPO, § 129a FamFG Rn. 3.
502  Thomas/Putzo/*Hüßtege*, ZPO, § 129 FamFG Rn. 2.

224

oder für die aus der Ehe hervorgegangenen Kinder eine so schwere Härte darstellen würde, dass die Aufrechterhaltung der Ehe ausnahmsweise geboten erscheint, vgl. § 1316 Abs. 3 BGB.

Stellt die zuständige Verwaltungsbehörde nach § 129 Abs. 1 FamFG den Antrag auf Aufhebung der Ehe, so ist sie Beteiligte i.S.v. § 7 FamFG. Weiterhin erweitert § 129 Abs. 2 Satz 2 FamFG die Mitwirkungsbefugnis der Verwaltungsbehörde auch in Verfahren, die nicht von ihr eingeleitet wurden. Die zuständige Verwaltungsbehörde kann in diesen Fällen, auch wenn sie den Antrag nicht gestellt hat, das Verfahren betreiben, insb. selbstständig Anträge stellen oder Rechtsmittel einlegen. Damit die Verwaltungsbehörde ihre Aufgaben wahrnehmen kann, ist sie in den Fällen des § 1316 Abs. 1 Nr. 1 BGB im Fall des Antrags eines Ehegatten oder der dritten Person (vorangehender Ehegatte) über einen gestellten Eheaufhebungsantrag zu unterrichten, vgl. § 129 Abs. 2 Satz 1 FamFG.

*(2) Antrag dritter Personen*

Nach § 1316 Abs. 1 Nr. 1 letzter Halbs. BGB kann in den Fällen des § 1306 BGB auch die dritte Person (Ehegatte der zuerst geschlossenen Ehe) den Eheaufhebungsantrag stellen. Das Antragsrecht erlischt in diesem Fall, wenn die beanstandete zweite Ehe geschieden wird.[503]

Ansonsten haben »Dritte« keine Antragsbefugnis, können aber bei der Verwaltungsbehörde anregen, einen Aufhebungsantrag zu stellen. Die Verwaltungsbehörde sollte in den Fällen des § 1316 Abs. 3 BGB daraufhin auch tätig werden. Ein Anspruch auf ein Einschreiten besteht aber nicht. Eine anwaltliche Vertretung der Verwaltungsbehörde ist nicht erforderlich. Die Zuständigkeit der Verwaltungsbehörde richtet sich nach den jeweiligen Rechtsverordnungen der Landesregierungen, vgl. § 1316 Abs. 1 Nr. 1 Satz 2 BGB.

*dd) Muster: Eheaufhebungsantrag*

▶ Muster: Eheaufhebungsantrag

An das

Amtsgericht .....

– Familiengericht –

.....

Eheaufhebungsantrag

In der Familiensache

der Frau .....

---

503 BGH, FamRZ 2001, 685 f.

– Antragstellerin –

Verfahrensbevollmächtigte:

gegen

Herrn .....

– Antragsgegner –

Verfahrensbevollmächtigte:

zeige ich ausweislich anliegender Verfahrensvollmacht im Sinne des § 114 Abs. 5 FamFG die anwaltliche Vertretung der Antragstellerin an.

Namens und im Auftrag der Antragstellerin stelle ich in der Sache folgenden Antrag:

Die am ..... vor dem Standesbeamten des Standesamts ....., Heiratsregister-Nr.: ....., geschlossene Ehe der Beteiligten wird aufgehoben.

Begründung:

I. Persönliche Verhältnisse der Beteiligten

Die Antragstellerin, geb. am ....., und der Antragsgegner, geb. am ....., haben – wie im Antrag bezeichnet – die Ehe geschlossen.

Beweis:

Stammbuch von der Antragstellerin im Termin vorzulegen.
Beglaubigte Kopie der Heiratsurkunde (Anlage A1).
Personalausweise im Termin vorzulegen.

Die Beteiligten sind deutsche Staatsangehörige.

Aus der Ehe sind keine Kinder hervorgegangen.

Die örtliche Zuständigkeit des angerufenen Gerichts ergibt sich aus § 122 Nr. 3 FamFG. Die Beteiligten hatten ihren gemeinsamen gewöhnlichen Aufenthalt zuletzt in ..... Die Antragstellerin lebt nach wie vor in dieser Wohnung, während der Antragsgegner nach ..... umgezogen ist.

II. Aufhebung nach § 1314 Abs. 2 Nr. 3 BGB

Der Aufhebungsantrag wird auf § 1314 Abs. 2 Nr. 3 BGB gestützt. Die Antragstellerin ist aufgrund einer arglistigen Täuschung des Antragsgegners zur Eingehung der Ehe bestimmt worden.

Die Antragstellerin hat vor der Ehe deutlich gemacht, dass sie sich eine Ehe nur vorstellen kann, wenn daraus auch Kinder hervorgehen. Sie wurde aber nicht schwanger. Aus diesem Grund suchte sie den Frauenarzt Dr ..... auf. Nach längeren Untersuchungen stellte sich die Zeugungsunfähigkeit des Antragsgegners heraus.

Besonders verwerflich empfindet es die Antragstellerin, dass der Antragsgegner seine Zeugungsunfähigkeit schon vor der Ehe gekannt hat, ihr diese aber bis zuletzt verschwieg.

Die Antragstellerin wäre die Ehe mit dem Antragsgegner nie eingegangen, wenn ihr dessen Zeugungsunfähigkeit bekannt gewesen wäre.

Beweis: Anhörung der Beteiligten im Termin

Die Antragsberechtigung der Antragstellerin ergibt sich aus § 1316 Abs. 1 Nr. 2 BGB.

Damit ist die Ehe antragsgemäß aufzuheben.

.....

Rechtsanwältin/Rechtsanwalt

### c) Feststellung des Bestehens oder Nichtbestehens einer Ehe

Mit dem Verfahren auf Feststellung des Bestehens oder Nichtbestehens einer Ehe soll 1264 geklärt werden, ob eine Ehe überhaupt geschlossen oder wirksam aufgelöst wurde (fehlende Mitwirkung eines Standesbeamten oder sonstiger Formmangel, Unklarheit über die Wirksamkeit eines Scheidungs- bzw. Aufhebungsbeschlusses zwischen vermeintlichen Ehegatten oder fehlender Nachweis über die Eheauflösung).

Das Verfahren findet grds. zwischen Ehegatten bzw. Scheinehegatten statt; eine Betei- 1265 ligung der Verwaltungsbehörde erfolgt nur im Rahmen des § 129 Abs. 2 FamFG.

Ein aktives Antragsrecht der Verwaltungsbehörde ist für das Verfahren auf Feststel- 1266 lung des Bestehens oder Nichtbestehens einer Ehe nicht vorgesehen, da § 129 Abs. 2 Satz 3 FamFG nicht auf Abs. 1 verweist. Eine Beteiligung der Verwaltungsbehörde erfolgt daher nur im Rahmen des § 129 Abs. 2 Satz 1 und Satz 2 FamFG; danach ist die Verwaltungsbehörde über eine derartige Verfahrenseinleitung zu unterrichten. Daraufhin kann die Verwaltungsbehörde dann das Verfahren betreiben, d.h. auch Anträge stellen oder Rechtsmittel einlegen.

### 3. Scheidungsverbund (§ 137 FamFG)

▶ Das Wichtigste in Kürze

- Der Folgesachenantrag (Ausnahme Kindschaftssachen nach § 137 Abs. 3 1267 FamFG) muss spätestens 2 Wochen vor der mündlichen Verhandlung im ersten Rechtszug in der Scheidungssache von einem Ehegatten anhängig gemacht worden sein, § 137 Abs. 2 Satz 1 FamFG a.E. → Rdn. 1276 ff.
- Kindschaftssachen i.S.v. § 137 Abs. 3 FamFG werden nicht kraft Gesetzes in den Verbund aufgenommen, sondern es bedarf dafür eines Antrags der Beteiligten, § 137 Abs. 3 FamFG. → Rdn. 1350

Das sog. Scheidungsverbundverfahren nach § 137 FamFG ermöglicht die verfah- 1268 rensmäßige Verbindung der Scheidungssache mit den sich aus der (rechtskräftigen) Auflösung der Ehe ergebenden Folgesachen. Ratio legis des Verfahrensverbunds ist die umfassende Regelung aller im Zusammenhang mit einer Scheidung stehenden Folgen. Dadurch sollen den Ehegatten einerseits die Folgen der Auflösung ihrer Ehe vor Augen geführt, aber auch der Antragsgegner vor einer Vielzahl parallel nebeneinander laufender Verfahren geschützt werden. Die Verfahrenskonzentration soll auch die FamG vor Doppelarbeit entlasten. Der Verbund stärkt in seiner Zielrichtung die materiell-rechtlichen **Absicherungen**»schwächerer« **Ehegatten** im Fall einer Scheidung der Ehe.[504] Der Ehegatte, der während der Ehe die Kinder betreut und sich um den Haushalt gekümmert hat, ohne seine berufliche Zukunft gestalten zu können, soll durch den Verbund abgesichert werden, indem mit der Scheidung gleichzeitig insb. über Unterhalt und Zugewinnausgleich entschieden wird.[505] Zugleich ergibt sich aus dem Verbund eine **Warnfunktion** für beide Ehegatten, da ihnen durch die Zusammenfassung aller mit der Scheidung zusammenhängenden Regelungsbereiche die persönlichen, wirtschaftlichen und rechtlichen Folgen der Auflösung der Ehe vor Augen geführt werden.[506] Schließlich können durch eine Bereinigung aller Folgeverfahren in einem Verfahren deren gegenseitige Abhängigkeiten, wie etwa die güterrechtliche Auseinandersetzung und die Bemessung des nachehelichen Unterhaltsanspruchs, erfasst werden.

▶ **Praxishinweis:**

1269     Rechtspolitisch ist anzumerken, dass das Verbundprinzip immer mehr in Frage zu stellen ist.[507] Gesellschaftlich ist die Haushaltsführungsehe nur noch von untergeordneter Bedeutung, da die meisten Familien auf doppelte Einkommen angewiesen sind, sodass der Schutz eines schwächeren Ehegatten nicht mehr von Bedeutung ist. Der Verbund hat in der Regel eine sehr lange Verfahrensdauer zur Folge, sodass die künftige Lebensführung der Beteiligten, die mit neuen Partnern die Ehe schließen und Familien gründen wollen, dadurch teilweise massiv beeinträchtigt wird. Dafür fehlt es an einer Rechtsfertigung.

1270  Für andere Ehesachen (vgl. § 121 FamFG) gelten die Verbundbestimmungen nicht, was sich eindeutig aus dem Wortlaut des § 137 Abs. 1 FamFG ergibt.

## a) Verbundfähige Anträge

1271  § 137 Abs. 1 Satz 1 FamFG enthält erstmals eine Legaldefinition des Begriffs Verbund. Der »Verbund« besteht danach aus dem Scheidungsverfahren und den sog. Folgesachen.

1272  Der Begriff der »Folgesache« wird von § 137 Abs. 2 bzw. Abs. 3 FamFG definiert. Folgesachen sind danach die Familiensachen des § 137 Abs. 2 Nr. 1 bis 4 FamFG, in denen **für den Fall der Scheidung** eine Entscheidung zu treffen ist sowie die Familiensachen des § 137 Abs. 3 FamFG (z.B. elterliche Sorge) allgemein, wenn ein Ehegatte die Einbeziehung beantragt. Der Verbund besteht auch zwischen den einzelnen Folgesachen; er ist aber keine Verfahrensverbindung i.S.v. § 147 ZPO.

---

504  OLG Koblenz, FamRZ 2008, 1965.
505  OLG Köln, FamRZ 1998, 301, 302.
506  BGH, FamRZ 1983, 461, 462.
507  Vgl. dazu Prütting/Helms/*Helms*, FamFG, § 137 Rn. 5.

Die Regelung des § 137 FamFG gestattet über die §§ 257, 258 ZPO hinaus, und **1273** dies ist ein entscheidender Aspekt, die **gerichtliche Geltendmachung zukünftiger Ansprüche** – nämlich von Ansprüchen für den Fall der Scheidung.

### aa) Gemeinsame Verhandlung und Entscheidung (§ 137 Abs. 1 FamFG)

Mit Eintritt des Verbunds einer Folgesache mit dem Scheidungsantrag ist nach § 137 **1274** Abs. 1 FamFG über alle verbundenen Verfahren gleichzeitig und zusammen mit der Scheidung zu verhandeln und, sofern der Scheidungsantrag begründet ist, zu entscheiden (sog. Verhandlungs- und Entscheidungsverbund). Diese Bestimmung schließt es aber nicht aus, dass im Rahmen einzelner Folgesachen umfangreiche Erörterungen zur Sache und die Beweisaufnahme in einem besonderen Termin durchgeführt werden. Dies kann etwa eine güterrechtliche Auseinandersetzung der Eheleute betreffen, insb. Wenn bei umfangreichen Beweiserhebungen Gegenstand und Umfang eines einzuholenden Sachverständigengutachtens von der Vernehmung von Zeugen abhängig ist.

▶ Praxishinweis:

Der Verbund i. S. d. § 137 FamFG ist keine Klagehäufung i.S.d. § 260 ZPO; er **1275** ist auch keine Verfahrensverbindung i.s.v. § 147 ZPO. Dies ergibt sich schon daraus, dass der Verbund im Unterschied zu § 260 ZPO ein Nebeneinander unterschiedlicher Verfahrensarten zulässt. Die noch größere Bedeutung ergibt sich allerdings daraus, dass die Regelung des § 137 FamFG über die §§ 257, 258 ZPO hinausgehend gestattet, zukünftige Ansprüche – nämlich von Ansprüchen für den Fall der Scheidung – vorzeitig, also vor Rechtskraft der Scheidung, gerichtlich geltend zu machen.[508]

### bb) Folgesachen (§ 137 Abs. 2 FamFG)

Anträge können in den Verbund eingebracht werden, d.h. sind verbundfähig, wenn **1276** es sich zum einen um Folgesachen i. S. d. § 137 Abs. 2 oder Abs. 3 FamFG handelt, sie zum anderen für den Fall der Scheidung gestellt werden und schließlich die zeitliche Grenze von 2 Wochen vor der mündlichen Verhandlung für ihre Anhängigkeit eingehalten wurde.

§ 137 Abs. 2 FamFG legt fest, welche Verfahren Folgesachen sein können: **1277**

Folgesachen sind nach § 137 Abs. 2 Satz 1 FamFG
–  Versorgungsausgleichssachen,
–  Unterhaltssachen, sofern sie die Unterhaltspflicht ggü. einem gemeinschaftlichen Kind oder die durch Ehe begründete gesetzliche Unterhaltspflicht betreffen mit Ausnahme des vereinfachten Verfahrens über den Unterhalt Minderjähriger,
–  Ehewohnungs- und Haushaltssachen und
–  Güterrechtssachen,

---

508  Prütting/Helms/*Helms*, FamFG, § 137 Rn. 2.

wenn eine Entscheidung für den Fall der Scheidung zu treffen ist und die Familiensache spätestens 2 Wochen vor der mündlichen Verhandlung im ersten Rechtszug in der Scheidungssache von einem Ehegatten anhängig gemacht wird.

▶ **Taktische Hinweise:**

**1278** Die anwaltliche Vertretung steht häufig vor der Frage, ob insbesondere nachehelicher Unterhalt und Zugewinnausgleich als Folgesache im Verbund geltend gemacht werden oder nach Abschluss des Scheidungsverfahrens isoliert.[509]

Die Folgesache nachehelicher Unterhalt sollte in der Regel im Scheidungsverbund geltend gemacht werden. Damit kann sichergestellt werden, dass sich an die Rechtskraft der Scheidung nahtlos Unterhalt anschließt. Dies gilt umso mehr, wenn zuvor ein großzügiger Trennungsunterhalt tituliert wurde, der aufgrund der Verfahrensdauer des Scheidungsverbunds in die Länge gezogen werden kann.

Der Antragsteller hat ein Wahlrecht, ob er die Folgesache Güterrecht (Zugewinnausgleich) in einem selbstständigen Verfahren nach Rechtskraft der Scheidung geltend macht oder in den Scheidungsverbund einbezieht.[510] Dies gilt auch, wenn für das Verfahren VKH gewährt werden soll.[511] Grds. aber gilt für die anwaltliche Vertretung des ausgleichsberechtigten Ehegatten, dass die Einbeziehung der Ansprüche in den Verbund, der sich insb. durch die Güterrechtssache hinziehen kann, erheblichen Bedenken begegnet. Dies liegt insb. daran, dass eine Kostenerstattung grds. nicht in Betracht kommt, vgl. § 150 FamFG und insb. ein erheblicher »Zinsschaden« droht, weil Zinsansprüche erst mit Beendigung des Güterstands einsetzen (§ 1378 Abs. 3 Satz 1 BGB).[512]

*Kogel* hat deshalb die These formuliert: »Zugewinn im Verbund – im Zweifel ein Anwaltsregress«.[513]

Diese These ist etwas zu relativieren, weil die frühere Verlustgefahr, bedingt durch die Änderung der Vorschrift des § 1378 Abs. 2 BGB, nicht mehr besteht. Nach § 1378 Abs. 2 BGB a.F. war früher die Ausgleichsschuld auf den Wert des Vermögens des Ausgleichspflichtigen bei Rechtskraft der Scheidung begrenzt. Nach neuem Recht ist für die Berechnung des Zugewinnausgleichsanspruchs der Zeitpunkt der Rechtshängigkeit des Scheidungsantrags maßgeblich, sodass Vermögenseinbußen während eines langwierigen Scheidungsverfahrens keine rechtliche Relevanz mehr haben. Weiterhin ist aber zu berücksichtigen, dass familienrechtliche Verfahren auch durch Psychologie geprägt sind. Ist der zugewinnausgleichspflichtige Ehegatte bereits eine neue Verbindung eingegangen, aus der womöglich auch schon Kinder hervorgegangen sind, wird er unbedingt die Schei-

509 Vgl. dazu Viefhues, Von der Trennung bis zur Scheidung, § 11 Rn. 81 ff.
510 OLG München, FuR 2017, 402 = NZFam 2017, 424.
511 BGH, FamRZ 2005, 786.
512 PWW/*Weinreich*, BGB, § 1378 Rn. 8.
513 *Kogel* FamRZ 2008, 1297, 1302; bekräftigt in NZFam 2019, 335, 340.

dung erzwingen wollen. Wird in dieser Situation die Folgesache Güterrecht eingereicht, so hat dies sehr häufig ein »Freikaufen« zur Folge, d.h. der zugewinnausgleichsberechtigte Ehegatte kann seine Vorstellungen »vergleichsweise« gut durchsetzen. Zudem kann auch hier der Trennungsunterhalt von Bedeutung sein; ist dieser Anspruch der Höhe nach günstig tituliert, ist dies unter Umständen auch ein Argument, den Zugewinnausgleich im Verbund geltend zu machen, insbesondere wenn der zu erwartende Zugewinnausgleichsanspruch nur eine verhältnismäßig geringe Höhe hat.

Spielt Unterhalt im Einzelfall hingegen keine Rolle oder ist ein sehr hoher Zugewinnausgleich zu erwarten, sind die Überlegungen von *Kogel* stichhaltig, d.h. der Mandant ist unbedingt über Risiken und Nebenwirkungen eines Folgesachenantrags im Vergleich zu einem selbständigen isolierten Zugewinnausgleichsantrag nach Rechtskraft der Scheidung aufzuklären; sollte er im Hinblick auf diese wirtschaftlichen Faktoren die Aufnahme des Zugewinnausgleichs in den Verbund dennoch wünschen, ist dies zu dokumentieren.

Findet über diese Problematik keine ausführliche Aufklärung und Dokumentation statt, kann sich die anwaltliche Vertretung haftbar machen.[514]

Mitunter stellt sich die Bedeutung bzw. Werthaltigkeit des Zugewinnausgleichs auch erst später während des laufenden Verbundverfahrens infolge Auskunft bzw. Einholung von Gutachten heraus. Dann sollte der anwaltliche Vertreter des anspruchsberechtigten Ehegatten alle rechtlichen Möglichkeiten nutzen, um eine »Abkoppelung vom Verbund« zu erreichen.[515]

Umgekehrt kann sich für den zugewinnausgleichspflichtigen Ehegatten die Überlegung aufdrängen, falls im Verbund Zugewinnausgleichsansprüche durch den ausgleichsberechtigten Partner nicht geltend gemacht werden, einen **negativen Feststellungsantrag** zum Zugewinn in den Verbund aufzunehmen. Ein solcher Antrag ist zumindest dann zulässig, wenn bedingt durch Auskünfte oder anderweitig dem FamG vermittelt werden kann, dass der ausgleichsberechtigte Partner sich eines solchen Anspruches berühmt. Wirtschaftlich könnte dies für den ausgleichspflichtigen Ehegatten erhebliche Vorteile haben; er wird abwägen müssen, welche Kosten er bereit ist für eine schnelle Scheidung in Kauf zu nehmen.[516]

Folgesachen sind nach § 137 Abs. 3 FamFG zudem Kindschaftssachen, die die Übertragung oder Entziehung der elterlichen Sorge, das Umgangsrecht oder die Herausgabe eines gemeinschaftlichen Kindes der Ehegatten oder das Umgangsrecht eines Ehegatten mit dem Kind des anderen Ehegatten betreffen, wenn ein Ehegatte vor Schluss der mündlichen Verhandlung im ersten Rechtszug in der Scheidungssache 　　**1279**

---

514 OLG Rostock, FuR 2020, 664.
515 Dies wird unten weiter ausgeführt.
516 Ausführlich dazu Kogel, Strategien beim Zugewinnausgleich, Rn. 1434.

die Einbeziehung in den Verbund beantragt, es sei denn, das Gericht hält die Einbeziehung aus Gründen des Kindeswohls nicht für sachgerecht.

1280 Von einer Aufnahme weiterer Familiensachen, wie etwa der sonstigen Familiensachen (vgl. § 266 FamFG), in den Katalog der möglichen Folgesachen wurde abgesehen, da eine ansonsten denkbare Überfrachtung des Verbundverfahrens zu einer übermäßigen Verzögerung der Scheidung führen könnte.

1281 Folgesachen bedürfen damit einer entsprechenden Antragstellung (man spricht deshalb auch vom sog. **Antragsverbund**). Dies gilt natürlich nicht für den Versorgungsausgleich, d.h. nach § 137 Abs. 2 Satz 2 FamFG ist für den Versorgungsausgleich in den Fällen der §§ 6 bis 19 und 28 VersAusglG kein Antrag erforderlich (**Zwangsverbund**).

1282 Ein Zwang, Folgesachen im Verbund geltend zu machen, besteht – mit Ausnahme des Versorgungsausgleichs – ansonsten nicht. Auch kann für eine Folgesache VKH nicht verweigert werden, wenn diese außerhalb des Verbunds geltend gemacht wird (s.u.).[517]

*cc) Entscheidung für den Fall der Scheidung*

1283 Folgesachen bedürfen einer entsprechenden Antragstellung (man spricht deshalb auch vom sog. Antragsverbund), d.h. der betreffende Antragsteller stellt einen Antrag für den Fall der Scheidung.

▶ **Beispiel (Muster ist abgedruckt bei *Roßmann/Viefhues*, Kap. 5 Rn. 1175):**

1284 … mache ich in der Scheidungssache zum Aktenzeichen … namens und in Vollmacht der Antragstellerin die Folgesache Ehegattenunterhalt anhängig und beantrage:
1. Auskunft
2. gegebenenfalls eidesstattliche Versicherung
3. den Antragsgegner zu verpflichten, von der Rechtskraft des Scheidungsbeschlusses an eine monatlich im Voraus fällige Unterhaltsrente in der nach Erfüllung der Auskunftspflicht noch zu beziffernden Höhe zu zahlen.

1285 Nur für den Versorgungsausgleich ist nach § 137 Abs. 2 Satz 2 FamFG in den Fällen der §§ 6 bis 19 und 28 VersAusglG kein solcher Antrag erforderlich (Zwangsverbund).

1286 Die Einbeziehung einer Kindschaftssache in den Verbund erfolgt nur, wenn ein Ehegatte dies vor Schluss der mündlichen Verhandlung im ersten Rechtszug in der Scheidungssache beantragt und Gründe des Kindeswohls nicht gegen eine Einbeziehung sprechen.

1287 Ein Zwang, Folgesachen im Verbund geltend zu machen, besteht – mit Ausnahme des Versorgungsausgleichs – nicht. Auch kann für eine Folgesache VKH nicht verweigert werden, wenn diese (später) außerhalb des Verbunds geltend gemacht wird.[518] Damit ist es jedem Ehegatten unbenommen, die sich aus § 137 Abs. 2 Satz 1 FamFG

---

517  BGH, FamRZ 2005, 786.
518  Viefhues, Von der Trennung bis zur Scheidung, § 11 Rn. 70.

ergebende Frist verstreichen zu lassen und erst danach eine selbstständige Folgesache einzureichen.

### dd) Zeitliche Grenze

Ein Antrag zu einer Folgesache kann frühestens zusammen mit dem Scheidungsantrag **1288** eingereicht werden und muss spätestens 2 Wochen vor der mündlichen Verhandlung im ersten Rechtszug in der Scheidungssache von einem Ehegatten anhängig gemacht worden sein, vgl. § 137 Abs. 2 Satz 1 FamFG.

▶ Praxishinweis:

> Der Gesetzgeber bezweckt mit der Einhaltung dieser 2-Wochen-Frist eine Beschleu- **1289**
> nigung des Scheidungsverfahrens; eine entscheidungsreife Scheidung konnte frü-
> her dadurch »torpediert« werden, in dem in der mündlichen Verhandlung eine
> den Verbund auslösende Folgesache anhängig gemacht wurde.

Nicht von der Zeitgrenze betroffen ist die Sachlage, dass in bereits anhängigen Fol- **1290** gesachen Anträge geändert oder erweitert werden.

Die Frist des § 137 Abs. 2 FamFG wird durch einen **Antrag auf VKH** für einen Fol- **1291** gesachenantrag gewahrt.[519] Insoweit gilt das verfassungsrechtliche Gebot der Gleichbehandlung bedürftiger und nicht bedürftiger Beteiligter. Würde die Einreichung eines Verfahrenskostenhilfeantrags vor Ablauf der Frist des § 137 Abs. 2 nicht ausreichen, um das Begehren im Verbund mit der Ehesache geltend machen zu können, würde die bedürftige Partei erheblich schlechter gestellt wie die nicht bedürftige. Denn sie wäre gehalten, ihren Antrag weit vorher zu stellen, um eine Entscheidung des Gerichts über den Verfahrenskostenhilfeantrag zu bewirken.[520]

Eine Ausnahme gilt für Kindschaftssachen, die die Übertragung oder Entziehung **1292** der elterlichen Sorge, das Umgangsrecht oder die Herausgabe eines gemeinschaftlichen Kindes der Ehegatten oder das Umgangsrecht eines Ehegatten mit dem Kind des anderen Ehegatten betreffen. In diesen Fällen genügt es, wenn ein Ehegatte vor Schluss der mündlichen Verhandlung im ersten Rechtszug in der Scheidungssache die Einbeziehung in den Verbund beantragt, falls das FamG die Einbeziehung in den Verbund aus Gründen des Kindeswohls für sachgerecht ansieht.

Die 2-Wochen-Frist gilt auch nicht, wenn der »Antrag« nach § 3 Abs. 3 VersorgAus- **1293** glG erst in der mündlichen Verhandlung gestellt wird.[521] § 3 Abs. 3 VersorgAusglG betrifft Ehen von kurzer Dauer (bis zu 3 Jahren); ein Versorgungsausgleich wird hier nur durchgeführt, wenn ein diesbezüglicher Antrag gestellt wird. Der Antrag nach

519 Str., OLG Oldenburg, FamRZ 2012, 656; OLG Bamberg, FamRZ 2011, 1416; Hdb.
    FamR/*Schwonberg*, Kap. 1 Rn. 449; a.A. AG Mülheim, FuR 2016, 56; vgl. dazu auch
    Thomas/Putzo/*Hüßtege*, ZPO, § 137 FamFG Rn. 20d.
520 *Finger* FuR 2018, 282.
521 OLG Dresden, FamRZ 2011, 483.

§ 3 Abs. 3 VersorgAusglG ist jedoch ein Sachantrag, während die 2-Wochen-Frist sich nur auf Verfahrensanträge bezieht.

**1294** Die 2-Wochen-Frist ist schwierig zu berechnen. Erforderlich ist eine »Rückwärtsrechnung« entsprechend der §§ 187 bis 193 BGB. Der Tag der mündlichen Verhandlung zählt bei der Rückwärtsberechnung nach § 187 Abs. 1 BGB nicht mit; der letzte Tag der Frist endet weiterhin nicht erst um 24:00 Uhr, sondern bereits um 0:00 Uhr. Dies bedeutet bspw., dass im Fall einer Terminierung für den 18.09.2019 die betreffende 2-Wochen-Frist am 17.09.2019 rückwärts anläuft und durch den 04.09.2019 um 0:00 Uhr begrenzt wird. Ein fristgerechter Folgesachenantrag muss daher bis spätestens 03.05.2019 24:00 Uhr beim FamG eingehen.

**1295** Die »Faustregel« lautet daher, dass 15 Tage vor dem anberaumten Termin der Scheidung die Folgesache anhängig gemacht werden muss, um verbundfähig zu sein.[522]

**1296** Für die Frist nach § 137 Abs. 2 Satz 1 FamFG kommt es nicht auf den Zeitpunkt des Termins zur »ersten« mündlichen Verhandlung an. Maßgeblich ist der Termin der »letzten« mündlichen Verhandlung.[523] Eine Folgesache kann nicht in der Beschwerdeinstanz eingereicht werden, da es auf die Einreichung im ersten Rechtszug ankommt.[524]

▶ Praxishinweis:

**1297** Allerdings sollte beachtet werden, dass gerade im Scheidungsverfahren der erste Termin gleichzeitig auch sehr oft der letzte Termin ist. Das Scheidungsverfahren lässt nämlich den frühen ersten Termin nicht zu, vgl. § 113 Abs. 4 Nr. 3 FamFG, d.h. die Scheidung ist vom Gericht ausreichend vorzubereiten (insb. durch die Klärung der Rentenanwartschaften) und dann in einem Termin abzuwickeln.

**1298** Mit dem Ablauf der 2-Wochen-Frist vor der mündlichen Verhandlung im ersten Rechtszug in der Scheidungssache können gewillkürte Folgesachen nach § 137 Abs. 2 FamFG nicht mehr im Verbund geltend gemacht werden, sondern sind im isolierten Verfahren zu betreiben, da die Verbundvoraussetzung der fristgerechten Anhängigkeit nicht gegeben ist.

**1299** Hat der Antragsteller den Fristablauf übersehen, ist er vom Gericht nach § 139 ZPO darauf hinzuweisen; er kann dann den Antrag zurücknehmen, ansonsten ist sein »Folgesachenantrag« als unzulässig abzuweisen.[525] Eine Abtrennung (z.B. analog § 140 FamFG)[526] mit der Folge, dass der Vorgang als selbstständige Familiensache geführt wird, ist entgegen vielfach vertretener Auffassung nicht möglich, da ansonsten eine Entscheidung zu einer Folgesache vor Rechtskraft der Scheidung ergehen könnte.[527]

---

522  Viefhues, Von der Trennung bis zur Scheidung, § 11 Rn. 74.
523  Vgl. dazu Hdb. FamR/*Schwonberg*, Kap. 1 Rn. 446.
524  BGH, FuR 2012, 383 = FamRZ 2012, 863.
525  Sehr str., vgl. dazu Thomas/Putzo/*Hüßtege*, ZPO, § 137 FamFG Rn. 20g.
526  *Götz* NJW 2010, 897, 900.
527  Vgl. zum Meinungsstand Hdb. FamR/*Schwonberg*, Kap. 1 Rn. 452.

▶ Praxishinweis:

Gerade der Anspruch auf Zugewinnausgleich wird häufig isoliert, d.h. unabhän- 1300
gig vom Scheidungsverbund geltend gemacht. Dies hat in der Regel – wie oben
bereits dargestellt wurde – erhebliche Zinsvorteile. Wird der isolierte Antrag z.b.
auf Zugewinnausgleich freilich zu einer Zeit gestellt, zu welcher ein Ende des
Scheidungsverfahrens noch nicht abzusehen ist, wird er kraft Gesetzes in den
Verbund aufgenommen.[528] Der Antrag, eine Folgesache entgegen §§ 137 Abs. 1,
142 Abs. 1 Satz 1 FamFG in einem isolierten Verfahren führen zu wollen, ist
daher für die Entstehung des Verbunds unbeachtlich. Vor Rechtskraft der Scheidung ist der Ausgleichsanspruch nämlich noch nicht entstanden. Nur im Verbund
kann der Antrag als Folgesache während des noch laufenden Scheidungsverfahrens gestellt werden.

Problematisch ist nach wie vor, dass der 2-Wochen-Frist keine Änderung der Ladungs- 1301
vorschriften korrespondiert. Die Vorschrift des § 32 Abs. 2 FamFG, die eine angemessene Frist zwischen Ladung und Termin vorsieht, ist nämlich in Ehesachen nicht
anwendbar, vgl. § 113 Abs. 1 FamFG. Somit gilt die Vorschrift des § 217 ZPO, nach
der eine Ladungsfrist von einer Woche genügt. Damit könnte der zuständige Richter die
Einreichung von Folgesachenanträgen durch kurze Ladungsfristen unmöglich machen.

Der BGH[529] hat sich dahin gehend erklärt, dass das FamG den Termin in einer Schei- 1302
dungssache so zu bestimmen hat, dass es den beteiligten Ehegatten nach Zugang der
Ladung möglich ist, unter Einhaltung der 2-Wochen-Frist nach § 137 Abs. 2 Satz 1
FamFG eine Folgesache anhängig zu machen. Zur Vorbereitung eines Antrags muss
den Ehegatten zusätzlich entsprechend der Ladungsfrist des § 217 ZPO eine Woche
zur Verfügung stehen. Dies bedeutet mit anderen Worten, dass zwischen der Zustellung der Ladung und dem Termin ein Zeitabstand von mindestens 3 Wochen bestehen muss. Die Beteiligten haben einen Anspruch auf Terminverlegung, wenn die
gerichtliche Terminbestimmung den erwähnten Vorgaben nicht gerecht wird. Einer
Terminsverlegung bedarf es allerdings nicht, wenn sie – trotz zu kurzer Terminierung – Folgesachen noch bis zur mündlichen Verhandlung anhängig machen. Die
Folgesachen werden dann schlichtweg Bestandteil des Scheidungsverbunds.

Ist ein Antrag verbundfähig, so muss er gemeinsam mit der Scheidungssache und den 1303
anderen Folgesachen entschieden werden.

Wird eine Folgesache aus dem Katalog des § 137 FamFG vom erstinstanzlichen Gericht 1304
nicht in den Verbund aufgenommen, so ist dies beschwerdefähig.[530]

---

528 BGH, FamRZ 2021, 1521.
529 BGH FamRZ 2013, 1300; vgl. dazu *Viefhues* FF 2013, 398.
530 OLG Brandenburg, FamRZ 2012, 892.

### b) Nichtverbundfähige Anträge

**1305**  Familiensachen können nicht in den Verbund nach § 137 FamFG aufgenommen werden, wenn sie thematisch von § 137 Abs. 2 bzw. Abs. 3 FamFG nicht erfasst werden oder die Entscheidung nicht für den Fall der Scheidung zu treffen ist. Aus dem Bereich des Unterhalts sind dies v.a. der Getrenntlebensunterhalt nach § 1361 Abs. 1 BGB sowie der Kindesunterhalt für die Zeit der noch bestehenden Ehe.[531]

**1306**  Der Antrag eines Beteiligten auf einen vorzeitigen Zugewinnausgleich nach §§ 1386, 1385 BGB ist unabhängig von der Scheidung, so dass darüber nicht als Folgesache entschieden werden kann.[532]

**1307**  Hinsichtlich der Regelung zum ehelichen Haushalt und der ehelichen Wohnung sind die Ansprüche aus §§ 1361a, 1361b BGB ausgeschlossen, da sie nur die Trennungszeit betreffen. Verlangt ein Ehegatte eine Entschädigung für die Nutzung der im gemeinsamen Eigentum oder seinem Alleineigentum stehenden Ehewohnung durch den anderen Ehegatten, ist dies für die Zeit nach Rechtskraft der Scheidung im Verbund nicht möglich, da Ansprüche nach § 745 BGB zum Nebengüterrecht gehören, also isoliert über das Verfahren nach § 266 FamFG abgewickelt werden müssen. Eine Nutzungsentschädigung für die Zeit bis zur Rechtskraft der Scheidung stützt sich auf § 1361b Abs. 3 Satz 2 BGB. Dieser Anspruch ist deshalb nicht verbundfähig, weil der Scheidungsverbund nur die Folgen der Scheidung regelt und nicht Ansprüche, die der Scheidung vorausgehen.

**1308**  **Isolierte** Auskunftsansprüche können im Verbund weder im Hinblick auf Unterhaltsansprüche noch im Hinblick auf Zugewinnausgleichsansprüche erhoben werden.[533]

**1309**  Das OLG Brandenburg[534] stellt dies wie folgt dar:

> »Die Beteiligten gehen zutreffend davon aus, dass der die Folgesache Zugewinn vorbereitende Auskunftsanspruch aus § 1379 BGB im Verbund als Stufenantrag geltend gemacht werden kann (…). Das gilt allerdings nur, wenn das Auskunftsverlangen zusammen mit dem noch unbezifferten Zahlungsanspruch beantragt wird. Wegen des nur vorbereitenden Charakters des Auskunftsbegehrens kann im Rahmen des Verbunds ein Auskunftsanspruch ohne die entsprechende Hauptsache selbst nicht als Folgesache entschieden werden, weil der Auskunftsanspruch für sich genommen den Streit über die Folgesache nicht erledigt und damit dem Zweck des Verbundverfahrens nach § 137 Abs. 1 FamFG widerspricht, den Ehegatten die Folgen der Auflösung ihrer Ehe vor Augen zu führen und die abschließende Klärung u. a. der vermögensrechtlichen Folgen zu ermöglichen (…). Das gilt ebenso für den Auskunftsanspruch über das Vermögen der Ehegatten zum Zeitpunkt der Trennung (§ 1379 Abs. 1 Nr. 1 BGB), der in gleicher Weise einen möglichen Leistungsanspruch vorbereiten soll.«

---

531  OLG Koblenz, FamRZ 2002, 965.

532  BGH, FamRZ 2021, 1521; Kogel, Strategien beim Zugewinnausgleich, Rn. 392.

533  BGH, FamRZ 2021, 1521; FamRZ 2012, 866; vgl. dazu auch Schulte-Bunert/Weinreich/*Roßmann*, FamFG, § 137 Rn. 25 ff.

534  OLG Brandenburg, FamRZ 2012, 892.

Stellt ein Verfahrensbeteiligter einen nicht verbundfähigen Antrag, verlangt z.b. für **1310** die Zeit der Trennung eine Nutzungsentschädigung betreffend einer im Miteigentum der Beteiligten stehenden Wohnung nach § 1361b Abs. 3 Satz 2 BGB, so muss das FamG den betreffenden Antragsteller rechtlich nach § 139 ZPO auf die fehlende Verbundfähigkeit hinweisen.

Der betreffende Antragsteller kann dann den Antrag zurücknehmen. Kommt der **1311** Antragsteller dem rechtlichen Hinweis nicht nach, muss der Antrag als unzulässig abgewiesen werden.

Dies ist keine unzulässige Teilentscheidung im Hinblick auf § 142 FamFG.[535]   **1312**

Eine solche abweisende Entscheidung sollte auch zeitnah im Hinblick darauf erge- **1313** hen, dass der Antragsteller das Verfahren doch noch isoliert betreiben möchte, da dies ansonsten wegen anderweitiger Rechtshängigkeit nicht möglich wäre.

Die Abtrennung nach § 140 FamFG eines nicht verbundfähigen Antrags ist hingegen **1314** dem FamG nicht möglich.[536] Eine Abtrennung kommt nämlich nur für verbundfähige Folgesachen in Betracht.

§ 137 Abs. 5 Satz 1 FamFG legt fest, dass die Eigenschaft als Folgesache für die Ver- **1315** fahren, die die Voraussetzungen des Abs. 2 erfüllen, auch nach einer Abtrennung fortbesteht; sie sind also nach wie vor keine selbstständige Familiensache, selbst wenn die Scheidung mittlerweile rechtskräftig geworden sein sollte.[537] Diese Rechtsfolge ist sachgerecht, da die Abtrennung nichts daran ändert, dass, vorbehaltlich einer zulässigen Antragsänderung, eine Entscheidung für den Fall der Scheidung zu treffen ist. Bedeutsam ist das Fortbestehen der Eigenschaft als Folgesache auch nach Abtrennung, etwa für die Frage des Anwaltszwangs sowie in kostenrechtlicher Hinsicht.

Nur für Folgesachen nach § 137 Abs. 3 FamFG wird abweichend hiervon in § 137 **1316** Abs. 5 Satz 2 angeordnet, dass sie nach einer Abtrennung stets als selbstständige Familiensachen weitergeführt werden. Dies hat insb. kostenrechtliche Bedeutung, da solche Verfahren eigenständig abzurechnen sind.

Eine Abtrennung nach § 145 ZPO scheidet ebenfalls aus.[538] Dies ergibt sich bereits **1317** daraus, dass § 145 ZPO auf § 260 ZPO aufbaut, sodass zunächst einmal die Voraussetzungen der Anspruchshäufung gegeben sein müssten. Der besondere Charakter des Scheidungsverbundes nach § 137 FamFG unterscheidet sich jedoch deutlich von § 260 ZPO (s.o.). Auch ist zu berücksichtigen, dass der Antragsteller unter Umständen seinen Antrag bewusst im Verbund stellt, da er damit spezielle Ziele erreichen will (z.B. gemeinsame Verhandlung und Entscheidung mit anderen Folgesachen, Kosten). Könnte das Gericht daher nach 145 ZPO (analog) abtrennen, so würde es

---

535 Vgl. Schulte-Bunert/Weinreich/*Roßmann*, FamFG, § 142 Rn. 13.
536 *Götz* NJW 2010, 897, 900.
537 Prütting/Helms/*Helms*, FamFG, § 137 Rn. 69.
538 A.A. Thomas/Putzo/*Hüßtege*, ZPO, § 137 FamFG Rn. 1 a.E.

dem betreffenden Antragsteller gegen seinen Willen antragsunabhängig ein selbstständiges Verfahren aufdrängen, was nicht zulässig ist.

## c) Im Laufe des Verfahrens eintretende Verbundunfähigkeit eines Antrags

1318 Ein zunächst verbundfähiger Antrag kann nachträglich diese Fähigkeit einbüßen, sodass sich rechtlich die Frage stellt, wie das Verfahren in solchen Konstellationen fortzusetzen ist.

▶ Beispiel nach *Büte* (FuR 2018, 173):

1319 Das Scheidungsverfahren ist seit mehr als drei Jahren rechtshängig. Im Scheidungsverbund befinden sich der an sich entscheidungsreife Unterhalt und der Zugewinn, in dem noch vielfältige Streitfragen offen sind. Ein Ende ist nicht abzusehen.

Die Praxis hat häufig das Problem, dass gerade Zugewinnausgleichsansprüche die Scheidung erheblich zu verzögern vermögen. Nacheheliche Unterhaltsansprüche im Verbund sind in der Regel jedenfalls schneller geklärt.

In solchen Fällen besteht die Möglichkeit der Abtrennung nach § 140 Abs. 2 Nr. 5 FamFG, wobei jedoch die Gerichte sich mit der Annahme der außergewöhnlichen Verzögerung bzw. dem zusätzlichen Kriterium der unzumutbaren Härte schwer tun (unbestimmte Rechtsbegriffe, Ermessen). Oftmals wird zumindest in der Beschwerdeinstanz deshalb die Abtrennung beanstandet und die gesamte Angelegenheit an das erstinstanzliche FamG zurückgewiesen. Dies hat neben weiteren Kosten dann nochmals einen großen Zeitverlust zur Folge.

Effektiver ist es daher, jedenfalls wenn die Beteiligten bereits 3 Jahre getrennt leben, die (Gestaltungsantrag) vorzeitige Aufhebung der Zugewinngemeinschaft zu beantragen, vgl. § 1386 BGB, um die Folgesache Güterrecht»gegenstandslos« zu machen. Die Dreijahresfrist des § 1385 Nr. 1 BGB beginnt mit der Trennung zu laufen.

Danach kann jeder – auch der Ausgleichspflichtige – den Gestaltungsantrag stellen.

▶ Praxishinweis:

1320 Nochmals ist auf die Interessenlage der Beteiligten hinzuweisen:

Der zugewinnausgleichsberechtigte Ehegatte sollte den Gestaltungsantrag auf Beendigung der Zugewinngemeinschaft deshalb stellen, weil ansonsten ein weiterer Zinsverlust nicht zu vermeiden ist, da die Ausgleichsforderung erst mit Beendigung der Zugewinngemeinschaft, d.h. mit Rechtskraft der Ehescheidung entsteht und sofort fällig wird (§ 1378 Abs. 3 BGB). Anwaltlich ist der Mandant auf diese Möglichkeit hinzuweisen, da ansonsten ein etwaiger Zinsnachteil, der sich bei der späteren Fälligkeit ergibt, als Schaden gegenüber der anwaltlichen Vertretung geltend gemacht werden könnte.[539]

Auch der zugewinnausgleichspflichtige Ehegatte kann dies wirtschaftlich in Erwägung ziehen, etwa wenn der andere Ehegatte aufgrund eines vorteilhaften Trennungsunterhalts das Scheidungsverfahren in die Länge zieht. Letztlich sind die Vorteile der schnellen Scheidung abzuwägen mit dem Nachteil, nunmehr Zinsen für den Zugewinnausgleichsanspruch entrichten zu müssen.

Daneben spielt natürlich auf beiden Seiten auch das Interesse an der Scheidung selbst eine Rolle, insbesondere wenn neue Partnerschaften begründet wurden.

Der Gestaltungsantrag nach § 1386 BGB sollte in der Weise vorbereitet werden, dass die Gegenseite angeschrieben und mit Fristsetzung aufgefordert wird, sich mit der vorzeitigen Aufhebung der Zugewinngemeinschaft einverstanden zu erklären. In Betracht kommt, der Gegenseite bei Kostenübernahme anzubieten, die maßgebliche Vereinbarung bei einem Notar beurkunden zu lassen.[540]

Geht die Gegenseite auf dieses Ansinnen nicht ein, kann nach Fristablauf ohne Kostenrisiko das gerichtliche Verfahren zur vorzeitigen Aufhebung der Zugewinngemeinschaft (keine Verbundsache, also isoliertes Verfahren) betrieben werden.[541] Die vorzeitige Aufhebung der Zugewinngemeinschaft hat dann zur Folge, dass der güterrechtliche Antrag aus dem Verbund ausscheidet. Folgesachen müssen nämlich in Abhängigkeit von der Scheidung stehen, d. h. durch diese bedingt sein, was nach vorzeitiger Aufhebung der Zugewinngemeinschaft für den Anspruch auf Zugewinnausgleich nicht mehr der Fall ist.

▶ **Praxishinweis:**

Eine doppelte Rechtshängigkeit ist nicht gegeben.[542] Vorzeitiger Zugewinnausgleich gemäß § 1385 BGB und Zugewinnausgleich nach der Ehescheidung sind verschiedene Streitgegenstände.[543] Der Antrag nach § 1386 BGB hat folgenden Wortlaut:

»Die Zugewinngemeinschaft wird vorzeitig aufgehoben.«[544]

1321

---

539 *Büte* FuR 2018, 173; vgl. auch *Kogel* NZFam 2018, 1121.
540 *Kogel* NZFam 2019, 341.
541 Musterantrag ist abgedruckt bei Schulz/Hauß, Rn. 921.
542 Vgl. dazu *Herr* FamRB 2018, 368 ff.; *Kogel* NZFam 2019, 341.
543 BGH, FamRZ 2019, 1535.
544 Schulz/Hauß, Rn. 922.

**1322**  Das OLG Dresden[545] hat sich dazu wie folgt geäußert:

>»Voraussetzung für die Aufhebung der Zugewinngemeinschaft ist allein eine dreijährige Trennung der Eheleute.
>
>Das Rechtsschutzbedürfnis für einen Aufhebungsantrag entfällt nicht dadurch, dass bereits eine Folgesache Güterrecht anhängig ist.«

**1323**  Fraglich ist nun, wie mit dem Folgesachenantrag, der nach Rechtskraft des Gestaltungsbeschlusses nach § 1388 BGB seine Verbundfähigkeit einbüßt, zu verfahren ist.[546]

**1324**  Der Zugewinn ist aufgrund der Rechtskraft des Gestaltungsbeschlusses nach § 1388 BGB (automatisch) keine Verbundsache mehr. Der Antrag büßt seine Verbundfähigkeit ein, da der Zugewinnausgleich unabhängig von der Scheidung nunmehr verlangt werden kann.

**1325**  Diese Entwicklung hat zur Folge, dass das FamG den betreffenden Antragsteller darauf hinweisen muss, dass der Antrag seine Verbundfähigkeit verloren hat. Der Antragsteller hat dann die Möglichkeit den Antrag zurückzunehmen; ansonsten muss das Gericht den Zugewinnausgleichsantrag im Verbund als unzulässig abweisen.

**1326**  Kostenmäßig günstiger könnte für den Antragsteller eine Erledigungserklärung sein.[547] Der Gestaltungsbeschluss nach § 1388 BGB kommt zwar als erledigendes Ereignis in Betracht, allerdings ist der Zugewinnausgleich, wenn auch nunmehr auf der Grundlage der §§ 1385 ff. BGB nach wie vor für den Antragsteller von Bedeutung, d.h. er wird diesen Anspruch weiterverfolgen wollen, sodass er ihn nicht für erledigt erklären sollte.

**1327**  Wirtschaftlich günstiger wäre es, wenn dem Antragsteller analog § 141 Satz 2 FamFG oder § 142 Abs. 2 Satz 3 FamFG die Fortsetzung der Angelegenheit als selbständige Familiensache eingeräumt werden könnte.

**1328**  Eine Analogie setzt eine planwidrige Regelungslücke sowie einen rechtsähnlichen Tatbestand voraus, von dem angenommen werden kann, dass der Gesetzgeber bei der Interessenabwägung nach den Grundsätzen, von denen er sich bei Erlass der herangezogenen Normen hat leiten lassen, zum gleichen Abwägungsergebnis gekommen wäre.[548]

**1329**  Eine planwidrige Regelungslücke liegt vor: Der Gesetzgeber hat sich mit dem Schicksal von Folgesachenanträgen beschäftigt, wenn der Scheidungsantrag zurückgenommen wird oder abgewiesen wird. Die Folgesachen können in diesen Fällen auf Antrag als selbstständige Familiensache fortgeführt werden. Nicht bedacht hat der Gesetzgeber, dass eine Folgesache nachträglich ihre Verbundfähigkeit verliert.

**1330**  Auch ein rechtsähnlicher Tatbestand ist gegeben, so dass dem Antragsteller eine Fortsetzung als selbstständige Familiensache, d.h. unter neuem Aktenzeichen, zu gestatten ist.

---

545  OLG Dresden, FamRZ 2017, 1563.
546  Vgl. dazu *Kogel* FamRB 2018, 203 sowie NZFam 2019, 341; *Bergschneider* FamRZ 2016, 1395, 1396; *Herr* FamRB 2018, 368, 370.
547  Vgl. dazu *Sachs/Völlings* FamRB 2015, 225.
548  Grüneberg/*Grüneberg*, BGB, Einl. v. § 1 Rn. 48 ff.

Dafür spricht, dass auf diese Weise – wie auch sonst in den Fällen der § 141 Satz 2    **1331**
FamFG oder § 142 Abs. 2 Satz 3 FamFG – die bisherigen Verfahrensergebnisse weiter
verwertet werden können. Die maßgeblichen Stichtage (Eheschließung, Trennung,[549]
Rechtshängigkeit des Scheidungsantrags) werden in diesen Konstellationen nämlich
infolge der vorzeitigen Aufhebung der Zugewinngemeinschaft nicht verändert.[550]

Damit können z.b. bereits eingeholte Gutachten zum Wert maßgeblicher Wirtschafts-    **1332**
güter der Beteiligten, die auf den Stichtagen aufbauen, weiter verwertet werden. Dies
hat neben der Verfahrensökonomie erhebliche Kostenvorteile für beide Beteiligte zur
Folge.[551]

Der Antragsteller hat daher die Möglichkeit, den im Scheidungsverbund gestellten    **1333**
Antrag zu ändern und dann den Anspruch auf Zugewinnausgleich als selbstständige
Familiensache weiterzuverfolgen. Der Antragsgegner wird zwar unter Umständen nicht
bereit sein, dieser Antragsänderung zuzustimmen, jedoch ist die Antragsänderung bei
dieser Sachlage sachdienlich (§ 113 Abs. 1 FamFG, § 263 ZPO).

▶ Praxishinweis:

> Der BGH[552] hat dazu entschieden, dass vorzeitiger Zugewinnausgleich gemäß    **1334**
> § 1385 BGB und Zugewinnausgleich nach der Ehescheidung verschiedene Streit-
> gegenstände sind. Die gerichtliche Antragserhebung bezüglich eines dieser Ansprü-
> che führt nicht zur Hemmung der Verjährung auch des anderen. Zum Wechsel
> vom Anspruch auf Zugewinnausgleich nach der Scheidung zum Anspruch auf
> vorzeitigen Zugewinnausgleich bedarf es – wie auch im umgekehrten Fall – einer
> wirksamen **Antragsänderung.**

Dadurch, dass der Antragsteller den Antrag auf Fortsetzung des Verfahrens analog    **1335**
§§ 141 Satz 2, 142 Abs. 2 Satz 3 FamFG stellen muss, ist auch sichergestellt, dass
ihm diese Vorgehensweise nicht gegen seinen Willen aufgedrängt wird. Anwaltlich
ist er über die Konsequenzen (Kosten u. a.) aufzuklären.

Der Fortsetzungsantrag muss nach dem Wortlaut des § 141 Satz 2 FamFG vor Wirk-    **1336**
samwerden der Rücknahme ausdrücklich erklärt werden; ähnlich lautet § 142 Abs. 2
Satz 2 FamFG, der verlangt, dass der Beteiligte vor der Abweisungsentscheidung ausdrücklich zu erklären hat, die Folgesache fortführen zu wollen.[553] Dies bedeutet, dass
vor Rechtskraft des Beschlusses zur vorzeitigen Aufhebung der Zugewinngemeinschaft
(§ 1388 BGB) bzw. einer entsprechenden rechtswirksamen Vereinbarung vom Antragsteller ausdrücklich erklärt werden muss, die Folgesache Güterrecht als selbständige

---

549   Die rechtspolitischen Probleme betreffend die Auskunft zum Trennungszeitpunkt beschreibt
      *Kogel* NZFam 2018, 1119; vgl. dazu auch KG, FamRZ 2018, 125.
550   Kogel, Strategien beim Zugewinnausgleich, Rn. 341; Schulz/Hauß, Rn. 925; *Büte* FuR
      2018, 177; OLG Köln, FamRZ 2008, 2043.
551   *Kohlenberg* NZFam 2018, 543, 551.
552   BGH, FamRZ 2019, 1535.
553   AG Koblenz, FamRZ 2016, 1394; *Sachs/Völlings* FamRB 2015, 225.

Familiensache fortzuführen.[554] Dies dürfte jedoch für den Antragsteller kein Problem sein, da die vorzeitige Aufhebung der Zugewinngemeinschaft nicht ohne seine Kenntnis bzw. Mitwirkung erfolgt. Er hat daher genügend Zeit, sich mit der Sach- und Rechtslage auseinanderzusetzen und den erforderlichen Fortsetzungsantrag zu stellen.

▶ **Praxishinweis:**

1337    *Kogel*[555] vertritt die Auffassung, dass eine Abtrennung nach § 145 ZPO vom Gericht auszusprechen ist. Danach sei der Anspruch auf Zugewinnausgleich als selbstständiges Verfahren weiterzuführen. Dogmatisch baut § 145 ZPO auf § 260 ZPO auf, sodass zunächst einmal die Voraussetzungen der Anspruchshäufung gegeben sein müssten. Der besondere Charakter des Scheidungsverbundes nach § 137 FamFG unterscheidet sich jedoch deutlich von § 260 ZPO, so dass § 145 ZPO allenfalls analog anwendbar ist. Der Vorteil der hier vertretenen Auffassung besteht letztlich darin, dass dem ausgleichsberechtigten Ehegatten die Fortführung als isoliertes Verfahren nicht aufgedrängt wird, da hierfür ein entsprechender Antrag notwendig ist. Da dieser Fortsetzungswille in der Praxis so gut wie immer vorliegen wird, sind die praktischen Ergebnisse mehr oder weniger identisch.

▶ **Zusammenfassung:**

1338    Leben Eheleute bereits 3 Jahre getrennt, so kann jeder Beteiligte den Gestaltungsantrag auf vorzeitige Aufhebung der Zugewinngemeinschaft stellen, § 1386 BGB. Die Rechtskraft einer gerichtlichen Entscheidung (§ 1388 BGB) hat zur Folge, dass der Zugewinnausgleich unabhängig von der Scheidung geltend zu machen ist. Damit wird ein diesbezüglicher Folgesachenantrag unzulässig. Der Antragsteller hat die Möglichkeit, seinen Antrag im Verbund zurückzunehmen; alternativ kann er vor Rechtskraft der Entscheidung, die die Zugewinngemeinschaft vorzeitig aufhebt, einen Fortsetzungsantrag analog §§ 141 Satz 2, 142 Abs. 2 Satz 3 FamFG stellen und den güterrechtlichen Antrag korrespondierend ändern, d.h. unabhängig von der Scheidung stellen.

Der rechtzeitige Antrag auf Fortsetzung des Verfahrens als selbständige Familiensache und die Antragsänderung sind zwingende Voraussetzungen, dass das FamG in dieser Weise vorgehen kann.[556] Kommt der Antragsteller diesen Erfordernissen nicht nach, ist die Angelegenheit als unzulässig abzuweisen.[557] In diesem Fall wird der betreffende Antragsteller auch nach § 140 Abs. 4 FamFG die Kosten der Folgesache Güterrecht tragen müssen.

---

554  Kritisch dazu Kogel, Strategien beim Zugewinnausgleich, Rn. 344; vgl. auch *Bergschneider* FamRZ 2016, 1396.

555  Kogel, Strategien beim Zugewinnausgleich, Rn. 344.

556  *Bergschneider* FamRZ 2016, 1396, meint, ein Antrag auf Abtrennung des Antragstellers könne auch in dieser Weise ausgelegt werden.

557  So auch AG Koblenz, FamRZ 2016, 1394.

### d) Abgabe oder Verweisung an das Gericht der Ehesache (§ 137 Abs. 4 FamFG)

§ 137 Abs. 4 FamFG stellt klar, dass es Folgesachen nur beim Gericht der Scheidungs- **1339** sache geben kann. Verfahren, die die Voraussetzungen der Abs. 2 oder 3 erfüllen, werden also erst mit Anhängigkeit beim Gericht der Scheidungssache zu Folgesachen.[558]

Eine solche Abgabe wird z.b. angeordnet für Unterhaltssachen in § 233 FamFG oder **1340** für Güterrechtssachen in § 263 FamFG.

### e) Abgetrennte Folgesachen (§ 137 Abs. 5 FamFG)

Die Abtrennung einer Folgesache ist nur in den in § 140 FamFG erwähnten Fällen **1341** möglich. § 137 Abs. 5 Satz 1 FamFG legt fest, dass die Eigenschaft als Folgesache für die Verfahren, die die Voraussetzungen des Abs. 2 erfüllen, auch nach einer Abtrennung fortbesteht; sie sind also nach wie vor **keine selbstständige Familiensache**, selbst wenn die Scheidung mittlerweile rechtskräftig geworden sein sollte. Diese Rechtsfolge ist sachgerecht, da die Abtrennung nichts daran ändert, dass, vorbehaltlich einer zulässigen Antragsänderung, eine Entscheidung für den Fall der Scheidung zu treffen ist. Bedeutsam ist das Fortbestehen der Eigenschaft als Folgesache auch nach Abtrennung, etwa für die Frage des Anwaltszwangs sowie in kostenrechtlicher Hinsicht.

Bestehen bleibt auch der Verbund unter mehreren dem Abs. 2 unterfallenden Fol- **1342** gesachen.

Für Folgesachen nach § 137 Abs. 3 FamFG wird abweichend hiervon in § 137 Abs. 5 **1343** Satz 2 angeordnet, dass sie nach einer Abtrennung stets als **selbstständige** Familiensachen weitergeführt werden. Dies hat insb. kostenrechtliche Bedeutung, da solche Verfahren eigenständig abzurechnen sind.

#### aa) Fortführung des Restverbunds

Wird eine Folgesache aus dem Verbundverfahren abgetrennt, wird der Verbund zwi- **1344** schen der Scheidungssache und den anderen Folgesachen fortgesetzt. Auch danach beantragte Folgesachen werden gem. § 137 FamFG mit der Scheidungssache verhandelt und entschieden. Obwohl der Scheidungsbeschluss der Sache nach einen Teilbeschluss darstellt, ist er nach § 150 FamFG mit einer Kostenentscheidung zu versehen. Die vorgenannten Grundsätze gelten auch bei der Abtrennung einer Folgesache in zweiter Instanz.

#### bb) Verfahren hinsichtlich der abgetrennten Folgesachen

Eine abgetrennte Folgesache wird wie ein selbstständiges Verfahren geführt und ist **1345** weiter zu fördern, unabhängig davon, ob die Scheidungssache bereits rechtskräftig geworden ist. Dennoch behält ein abgetrenntes Verfahren den Charakter einer Fol-

---

558 BGH, FamRZ 2021, 1521.

gesache, was sich unmittelbar auf die Beibehaltung des Anwaltszwangs nach § 114 FamFG sowie der Kostenregelung des § 150 Abs. 1 FamFG auswirkt.

1346   Ansonsten richtet sich das Verfahren der abgetrennten Folgesachen nach dem jeweils maßgebenden Verfahrensrecht.

1347   Wird eine Folgesache vor Eintritt der Rechtskraft des Scheidungsausspruchs unanfechtbar (z.b. Rechtsmittelverzicht), wird diese dennoch nach § 148 FamFG **erst mit Rechtskraft der Scheidung wirksam**, weil eine Entscheidung nur für den Fall der Scheidung der Ehe ergeht. Wird der Scheidungsantrag abgewiesen, gilt § 142 Abs. 2 FamFG auch für abgetrennte Folgesachen; sie werden also gegenstandslos. Die Kosten für das Verfahren sind regelmäßig dem Beteiligten aufzuerlegen, dessen Scheidungsantrag abgewiesen wurde, vgl. § 150 Abs. 2 FamFG.

1348

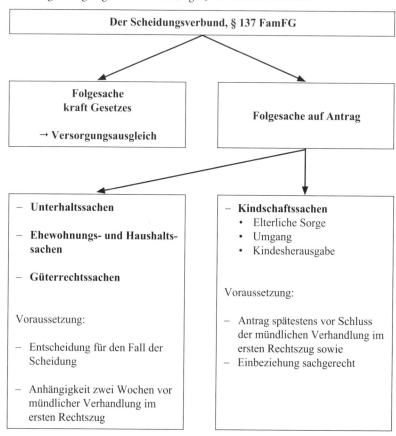

Der Scheidungsverbund

## 4. Einzelne Folgesachen

Folgesachen sind nach § 137 Abs. 2 FamFG　　　　　　　　　　1349
- **Versorgungsausgleichssachen**,
- **Unterhaltssachen**, sofern sie die Unterhaltspflicht ggü. einem gemeinschaftlichen Kind oder die durch Ehe begründete gesetzliche Unterhaltspflicht betreffen mit Ausnahme des vereinfachten Verfahrens über den Unterhalt Minderjähriger,
- **Ehewohnungs- und Haushaltssachen** und
- **Güterrechtssachen**,

wenn eine Entscheidung für den Fall der Scheidung zu treffen ist und die Familiensache spätestens 2 Wochen vor der mündlichen Verhandlung im ersten Rechtszug in der Scheidungssache von einem Ehegatten anhängig gemacht wird.

Folgesachen sind des Weiteren nach § 137 Abs. 3 FamFG auch **Kindschaftssachen**, die　1350
die Übertragung oder Entziehung der elterlichen Sorge, das Umgangsrecht oder die Herausgabe eines gemeinschaftlichen Kindes der Ehegatten oder das Umgangsrecht eines Ehegatten mit dem Kind des anderen Ehegatten betreffen, wenn ein Ehegatte vor Schluss der mündlichen Verhandlung im ersten Rechtszug in der Scheidungssache die Einbeziehung in den Verbund beantragt, es sei denn, das Gericht hält die Einbeziehung aus Gründen des Kindeswohls nicht für sachgerecht.

### a) Zwischenfeststellungsantrag zum Ehevertrag

Mitunter haben die Beteiligten Eheverträge geschlossen, die Folgesachenansprüchen　1351
entgegenstehen, z.B. weil Gütertrennung vereinbart wurde, der Versorgungsausgleich ausgeschlossen ist und auch ein Verzicht auf nachehelichen Unterhalt erklärt wurde. Grundsätzlich muss die Wirksamkeit des Ehevertrages in Bezug auf jede einzelne Folgesache aufgearbeitet werden.

Umstritten ist, ob die Wirksamkeit eines Ehevertrages auch mittels eines **isolierten**　1352
**Feststellungsantrags** geklärt werden kann.[559]

Mittlerweile setzt sich die Auffassung durch, dass dies jedenfalls vor Einleitung eines　1353
Scheidungsverfahrens unzulässig ist.[560] Auch nach Einleitung eines Scheidungsverfahrens wird ein isoliertes Verfahren weitgehend als unzulässig angesehen, da das Feststellungsinteresse fehle; der interessierte Ehegatte solle unmittelbar Leistungsantrag erheben, sodass inzident eine Entscheidung über die Wirksamkeit des Ehevertrages erfolgt.

Der BGH[561] ist allerdings einem **Zwischenfeststellungsantrag nach § 113 Abs. 1**　1354
**Satz 2 FamFG i.V.m. § 256 Abs. 2 ZPO** im Scheidungsverbundverfahren gegenüber aufgeschlossen:[562]

---

559　Vgl. dazu etwa Münch, Ehebezogene Rechtsgeschäfte, Rn. 698.
560　OLG Frankfurt, FamRZ 2006, 713.
561　BGH, FamRZ 2019, 953; a.A. OLG Koblenz, FamRZ 2018, 42.
562　Ebenso OLG Brandenburg, FamRZ 2021, 1867.

»Dies schließt grundsätzlich die Befugnis ein, im Zusammenhang mit dem Scheidungsverfahren einen Zwischenfeststellungsantrag zu stellen, sofern die Voraussetzungen nach § 113 Abs. 1 Satz 2 FamFG i. V. mit § 256 Abs. 2 ZPO dafür erfüllt sind. Das ist hier der Fall. Die Ehefrau hat im Scheidungsverbund im Wege des Stufenantrags einen Antrag auf Zugewinnausgleich geltend gemacht, dem der Ehemann die ehevertraglich vereinbarte Gütertrennung entgegenhält. Darüber hinaus ist im Scheidungsverbund von Amts wegen eine Entscheidung über den Versorgungsausgleich zu treffen, dessen Durchführung nach den ehevertraglichen Bestimmungen ausgeschlossen ist. An einer wirksamen Vereinbarung der Gütertrennung und an einem wirksamen Ausschluss des Versorgungsausgleichs fehlt es, wenn – wie die Ehefrau festzustellen begehrt – der von den Beteiligten geschlossene Ehevertrag nichtig ist. Die geltend gemachte Nichtigkeit des Ehevertrags betrifft damit einerseits ein Rechtsverhältnis, das für die Entscheidung in den Folgesachen Versorgungsausgleich und Zugewinnausgleich vorgreiflich ist. Andererseits regeln die Entscheidungen zum Versorgungsausgleich und zum Güterrecht die Rechtsbeziehungen der Beteiligten im Hinblick auf den Ehevertrag nicht erschöpfend, weil dessen Wirksamkeit auch für etwaige Ansprüche auf nachehelichen Unterhalt von Bedeutung ist. Der Umstand, dass solche Unterhaltsansprüche im vorliegenden Scheidungsverfahren noch nicht als Folgesache geltend gemacht worden sind, hindert die Zulässigkeit der Zwischenfeststellungswiderklage insoweit nicht, weil nur durch die Überprüfung des Ehevertrags auf seine Gesamtnichtigkeit eine abschließende und einheitliche Befriedung der Beteiligten in dieser Streitfrage erreicht werden kann (vgl. Senatsurteil v. 12.1.2005 – XII ZR 238/03 –, FamRZ 2005, 691 [m. Anm. Bergschneider]).«

▶ **Taktik:**

1355 | Der Zwischenfeststellungsantrag sollte von demjenigen Ehegatten gestellt werden, der zügig geschieden werden möchte, z.B. wegen einem hohen zu zahlenden Trennungsunterhalt oder auch aus persönlichen Gründen. Ansonsten wird bei jeder einzelnen Folgesache diskutiert werden können, welche Bedeutung dem Ehevertrag zukommt.

## b) Versorgungsausgleich (§ 137 Abs. 2 Satz 1 Nr. 1 FamFG)

1356 | Der **Wertausgleich bei der Scheidung** nach §§ 9 ff. VersAusglG gehört nach § 137 Abs. 2 Satz 2 FamFG zum »**Zwangsverbund**«. Die Bedeutung des Versorgungsausgleichs, gleichsam der Unterhalt im Alter, wird von den Beteiligten oftmals nicht ausreichend ernst genommen. Insoweit will der Gesetzgeber durch die zwangsweise Durchführung des Versorgungsausgleichs den ausgleichsberechtigten Ehegatten vor einem Verlust seiner Ansprüche schützen.

1357 | Der Wertausgleich bei der Scheidung wird allerdings nicht durchgeführt, wenn die Voraussetzungen des Ausschlusses des Versorgungsausgleichs vorliegen; dies hat das FamG zu prüfen und mit den tragenden Gründen in den Beschluss aufzunehmen. Das FamG hat zu entscheiden, ob der Versorgungsausgleich wegen einer kurzen Ehezeit (§ 3 Abs. 3 VersAusglG), wegen einer wirksamen Vereinbarung der Eheleute über den Versorgungsausgleich (§§ 6 bis 8 VersAusglG), wegen geringfügigen Wertunterschieden oder Ausgleichswerten (§ 18 Abs. 1 oder Abs. 2 VersAusglG) oder wegen grober Unbilligkeit (§ 27 VersAusglG) ganz oder teilweise nicht stattfindet.

▶ Praxishinweis:

Der Verfahrenswert einer Versorgungsausgleichsfolgesache bestimmt sich nach     **1358**
§ 50 FamGKG nach der Anzahl der dem Versorgungsausgleich unterliegenden
Anrechte (10 % des 3 monatigen Nettoeinkommens der Ehegatten). Eine Obergrenze besteht nicht, so dass der Wert des Versorgungsausgleichs bei 26 Anrechten mit 260 % der Ehesache anzusetzen ist.[563]

Im Einzelfall kann der Mindestwert von 1.000 € unabhängig von der Anzahl der
Anrechte angesetzt werden, wenn bereits zu Beginn des Scheidungsverfahrens
feststeht, dass ein Versorgungsausgleich nicht durchzuführen ist, von der Einholung der Auskünfte der Versorgungsträger abgesehen wird und infolgedessen eine
weitere gerichtliche Prüfung entfällt (Minderaufwand). Wenn die beteiligten
Ehegatten auf die Durchführung des Versorgungsausgleichs erst formwirksam
verzichtet haben, nachdem das FamG Auskünfte der Versorgungsträger angefor-
dert hat, steht dieser gerichtliche Arbeitsaufwand einer Festsetzung des Mindest-
werts entgegen.[564]

Eine Regelung des **schuldrechtlichen Versorgungsausgleich nach §§ 20 ff.** VersAus-     **1359**
**glG** ist im Scheidungsverbund hingegen regelmäßig nicht möglich,[565] weil die Voraussetzungen des § 20 Abs. 2 VersAusglG oftmals noch nicht vorliegen werden (die
ausgleichsberechtigte Person muss grds. bereits eine eigene laufende Versorgung erlangt
haben). Sind die Voraussetzungen des schuldrechtlichen Versorgungsausgleichs bei
Erlass der Verbundentscheidung jedoch schon gegeben, kann auch der Anspruch aus
§ 20 Abs. 1 VersAusglG verbundfähig sein, weil eine Entscheidung für den Fall der
Scheidung zu treffen ist. Dass § 137 Abs. 2 Satz 2 FamFG lediglich die Durchführung des Wertausgleichs nach §§ 6 bis 19 und 28 VersAusglG erwähnt, steht dem
nicht entgegen, weil insoweit nur bestimmt wird, dass es für die Durchführung dieses
Wertausgleichs keines Antrags bedarf; ein Antrag auf Durchführung des schuldrechtlichen Versorgungsausgleichs ist somit unverzichtbar.[566]

Vgl. dazu die Muster unter Rdn. 1236, 1237 und 1239.     **1360**

## c) Folgesache Kindesunterhalt (§ 137 Abs. 2 Satz 1 Nr. 2, 1. Alt. FamFG)

Kindesunterhalt kann als Folgesache geltend gemacht werden, sofern es die Unter-     **1361**
haltspflicht ggü. einem gemeinschaftlichen Kind betrifft mit Ausnahme des vereinfachten Verfahrens über den Unterhalt Minderjähriger.

---

563 AG Siegburg, FamRZ 2018, 525.
564 OLG Brandenburg, FamRZ 2018, 1177.
565 Schulte-Bunert/Weinreich/*Roßmann*, FamFG, § 137 Rn. 14.
566 Musielak/Borth, FamFG, § 137 Rn. 18.

*aa) Verfahren*

**1362**  Grds. wird Kindesunterhalt allerdings außerhalb des Scheidungsverbunds beantragt, da Unterhalt nicht erst ab Rechtskraft der Scheidung benötigt wird. Soweit dennoch Unterhalt für ein (eheliches) Kind im Verbund geltend gemacht wird, ist eine Titulierung erst ab Eintritt der Rechtskraft des Scheidungsausspruchs möglich (vgl. § 148 FamFG). Kindesunterhalt für die Zeit vor Rechtskraft der Scheidung kann nicht als Folgesache gefordert werden.[567]

**1363**  Wird die Abänderung eines Unterhaltstitels, der während der Trennungszeit erstritten wurde, nach § 238, 239 FamFG begehrt, ist dieses Verfahren nur dann eine Folgesache, wenn diese Abänderung erst ab Eintritt der Rechtskraft verlangt wird.

**1364**  Der Unterhalt **minderjähriger Kinder** wird, solange die Eltern noch nicht rechtskräftig geschieden sind, durch den Elternteil, der die Obhut nach § 1629 Abs. 2 Satz 2 BGB innehat, im Wege der gesetzlichen Verfahrensstandschaft nach § 1629 Abs. 2 Satz 2, Abs. 3 Satz 1 BGB in eigenem Namen geltend gemacht.[568]

**1365**  Der Unterhalt für **volljährige Kinder** ist von diesen dagegen im selbstständigen Unterhaltsverfahren geltend zu machen, ist also nicht verbundfähig. Wird das Kind während des laufenden Scheidungsverfahrens volljährig, entfällt zusammen mit der elterlichen Sorge auch die gesetzliche Verfahrensstandschaft. An die Stelle des das Verfahren führenden Elternteils tritt danach automatisch das Kind im Wege des Beteiligtenwechsels in das Unterhaltsverfahren ein, weil die Verfahrensstandschaft des § 1629 Abs. 3 Satz 1 BGB endet.[569] Die Vorschrift des § 265 Abs. 2 ZPO ist nicht anwendbar. Nach § 140 Abs. 1 FamFG ist dieses Verfahren abzutrennen, da das volljährige Kind als Dritter anzusehen ist.

**1366**  Wird die in einem Verbundbeschluss zugesprochene Unterhaltsverpflichtung mit der Beschwerde angefochten und tritt die **Rechtskraft des Scheidungsbeschlusses** vor Abschluss des Unterhaltsverfahrens ein, so endet zwar die Verfahrensstandschaft nach § 1629 Abs. 3 Satz 1 BGB. In analoger Anwendung des § 265 Abs. 2 Satz 1 ZPO lässt die Rechtsprechung aber wegen eines unabweisbaren praktischen Bedürfnisses eine Fortsetzung durch den verfahrensführenden Elternteil zu.[570]

**1367**  Wird das Kind im Beschwerdeverfahren volljährig, kann es das Verfahren in eigenem Namen gemäß den zuvor genannten Grundsätzen weiterführen (Einzelheiten Rdn. 2666).

567  OLG Koblenz, FamRZ 2002, 965.
568  Grüneberg/*Götz*, BGB, § 1629 Rn. 27.
569  Vgl. Grüneberg/*Götz*, BGB, § 1629 Rn. 31.
570  BGH, FamRZ 1990, 283; OLG Koblenz, FamRZ 2002, 965.

*bb) Muster: Kindesunterhalt – Folgesachenantrag*

▶ Muster: Kindesunterhalt – Folgesachenantrag

An das 1368

Amtsgericht .....

– Familiengericht –

.....

Folgesachenantrag wegen Kindesunterhalt

In der Familiensache

der Frau .....

– Antragstellerin –

Verfahrensbevollmächtigte:

gegen

Herrn .....

– Antragsgegner –

Verfahrensbevollmächtigte:

mache ich in der Scheidungssache zum Aktenzeichen ..... namens und in Vollmacht der Antragstellerin die Folgesache Kindesunterhalt anhängig und beantrage:

1. Dem Antragsgegner wird aufgegeben, der Antragstellerin Auskunft zu erteilen durch Vorlage einer systematischen Aufstellung über
   a. sein Vermögen am .....,
      Hinweis:
      Minderjährigen Kindern gegenüber ist u.U. auch der Einsatz des Vermögens geschuldet, vgl. § 1603 Abs. 2 BGB.
   b. seine sämtlichen Brutto- und Nettoeinkünfte einschließlich aller Nebeneinkünfte aus nichtselbstständiger Tätigkeit sowie aus anderer Herkunft in der Zeit vom ..... bis ..... und die erteilte Auskunft durch Vorlage von Kopien der Lohnsteuerkarte nebst Lohnsteuerbescheinigung für das Jahr ..... und der Lohnabrechnungen des Arbeitgebers für die Monate ..... bis ..... sowie der Bescheide über im vorgenannten Zeitraum etwaig bezogenes Krankengeld und etwaig bezogene Arbeitslosenunterstützung zu belegen;
   c. seine sämtlichen Einnahmen und Aufwendungen aus selbstständiger Arbeit, aus Kapitalvermögen, aus Vermietung und Verpachtung sowie aus anderer Herkunft unter Angabe der Privatentnahmen in der Zeit vom ..... bis ..... und die erteilte Auskunft durch Vorlage der Einkommensteuererklärungen sowie der etwaigen Bilanzen nebst den Gewinn- und Verlustrechnungen bzw. der etwaigen Einnahmenüberschussrechnungen für die Jahre ..... bis ..... sowie der Einkommensteuerbescheide für die Jahre ..... bis ..... zu belegen.
2. Dem Antragsgegner wird aufgegeben, an Eides statt zu versichern, dass er die Auskunft über seine Einkünfte nach bestem Wissen so vollständig abgegeben habe, als er dazu imstande sei.

3. Dem Antragsgegner wird aufgegeben, an das Kind ..... zu Händen der Antragstellerin von der Rechtskraft des Scheidungsbeschlusses an eine monatlich im Voraus fällige Unterhaltsrente in der nach Erfüllung der Auskunftspflicht noch zu beziffernden Höhe zu zahlen.

Begründung:

1.

Die Antragstellerin fordert als Verfahrensstandschafterin gemäß § 1629 Abs. 3 Satz 1 BGB im laufenden Scheidungsverfahren Unterhalt für das gemeinsame Kind ..... , geb. am ......

Die Zuständigkeit des Amtsgerichts – Familiengerichts ..... ergibt sich aus § 232 Abs. 1 Nr. 1 FamFG, da bei diesem Gericht bereits die Ehesache der Beteiligten anhängig ist.

2.

Das Kind ..... ist ein eheliches Kind der Beteiligten, welches von der Antragstellerin betreut wird. Der Unterhaltsanspruch ist den §§ 1601 ff. BGB zu entnehmen. Das Kind ist bedürftig, da es weder Einkommen noch Vermögen hat.

3.

Der Antragsgegner ist beruflich als ..... tätig. Seine gegenwärtigen Einkommens- und Vermögensverhältnisse sind der Antragstellerin nicht bekannt.

Der Antragsgegner hat der Antragstellerin auf ihre Aufforderung vom ..... keine Auskunft erteilt.

Beweis: Schreiben des Unterzeichnenden vom ..... , Anlage A ..... , in Kopie anbei

Mit dem Verfahrensantrag zu 1. wird aus diesem Grund zunächst Auskunft nach § 1605 BGB verlangt.

Der Verfahrensantrag zu 2. wird für den Fall gestellt werden, dass Grund zu der Annahme besteht, der Antragsgegner habe die Auskunft nicht mit der erforderlichen Sorgfalt erteilt (§§ 1605 Abs. 1 Satz 3, 260, 261 BGB).

Nach der Erteilung der Auskunft durch den Antragsgegner wird die Antragstellerin den Anspruch auf Kindesunterhalt beziffern.

.....

Rechtsanwältin/Rechtsanwalt

### d) Folgesache Ehegattenunterhalt (§ 137 Abs. 2 Satz 1 Nr. 2, 2. Alt. FamFG)

*aa) Verfahren*

1369    Unterhaltssachen, sofern sie die durch Ehe begründete gesetzliche Unterhaltspflicht betreffen, können Folgesachen nach § 137 Abs. 2 Satz 1 Nr. 2, 2. Alt. FamFG sein.

1370    Der Ehegattenunterhalt hat als Folgesache große praktische Bedeutung. Der Trennungsunterhalt nach § 1361 Abs. 1 BGB und der Scheidungsunterhalt nach den

§§ 1569 ff. BGB sind nämlich nicht identisch. Deshalb wird ein Titel nach § 1361 Abs. 1 BGB im Zeitpunkt der Rechtskraft der Scheidung unwirksam; eine etwaige Vollstreckung könnte mit einem Vollstreckungsabwehrantrag nach § 767 ZPO unterbunden werden.

Folglich muss der unterhaltsberechtigte Ehegatte nach § 137 Abs. 2 Satz 1 Nr. 2 FamFG den nachehelichen Unterhalt im Verbund geltend machen, um nicht Ansprüche einzubüßen. **1371**

Verfahren zum Unterhalt sind verbundfähig, wenn mit ihnen nachehelicher Unterhalt verlangt wird,[571] während Unterhalt für die Zeit vor Rechtskraft der Scheidung nicht als Folgesache geltend gemacht werden kann.[572] **1372**

Umgekehrt kann der in Anspruch genommene Unterhaltspflichtige unter den Voraussetzungen des § 256 ZPO die Feststellung beantragen, dass er keinen oder nur einen geringeren Unterhalt schuldet, wenn sich der andere Ehegatte eines Unterhaltsanspruchs berühmt.[573] **1373**

*bb) Muster: Unterhalt wegen Krankheit – Folgesachenantrag*

▶ Muster: Unterhalt wegen Krankheit – Folgesachenantrag

An das **1374**

Amtsgericht .....

– Familiengericht –

.....

Folgesachenantrag wegen Ehegattenunterhalt

In der Familiensache

der Frau .....

– Antragstellerin –

Verfahrensbevollmächtigte:

gegen

Herrn .....

– Antragsgegner –

Verfahrensbevollmächtigte:

mache ich in der Scheidungssache zum Aktenzeichen ..... namens und in Vollmacht der Antragstellerin die Folgesache Ehegattenunterhalt anhängig und beantrage:

---

571 OLG Karlsruhe, FamRZ 2002, 965.
572 BGH, FamRZ 1982, 781.
573 OLG Hamm, FamRZ 1985, 952.

1. Dem Antragsgegner wird aufgegeben, der Antragstellerin Auskunft zu erteilen durch Vorlage einer systematischen Aufstellung über
   a. seine sämtlichen Brutto- und Nettoeinkünfte einschließlich aller Nebeneinkünfte aus nichtselbstständiger Tätigkeit sowie aus anderer Herkunft in der Zeit vom ..... bis ..... und die erteilte Auskunft durch Vorlage von Kopien der Lohnsteuerkarte nebst Lohnsteuerbescheinigung für das Jahr ..... und der Lohnabrechnungen des Arbeitgebers für die Monate ..... bis ..... sowie der Bescheide über im vorgenannten Zeitraum etwaig bezogenes Krankengeld und etwaig bezogene Arbeitslosenunterstützung zu belegen;
   b. seine sämtlichen Einnahmen und Aufwendungen aus selbstständiger Arbeit, aus Kapitalvermögen, aus Vermietung und Verpachtung sowie aus anderer Herkunft unter Angabe der Privatentnahmen in der Zeit vom ..... bis ..... und die erteilte Auskunft durch Vorlage der Einkommensteuererklärungen sowie der etwaigen Bilanzen nebst den Gewinn- und Verlustrechnungen bzw. der etwaigen Einnahmenüberschussrechnungen für die Jahre ..... bis ..... sowie der Einkommensteuerbescheide für die Jahre ..... bis ..... zu belegen.
2. Dem Antragsgegner wird aufgegeben, an Eides Statt zu versichern, dass er die Auskunft über seine Einkünfte nach bestem Wissen so vollständig abgegeben habe, als er dazu imstande sei.
3. Dem Antragsgegner wird aufgegeben, von der Rechtskraft des Scheidungsbeschlusses an eine monatlich im Voraus fällige Unterhaltsrente in der nach Erfüllung der Auskunftspflicht noch zu beziffernden Höhe zu zahlen.

Begründung:

1.

Die Beteiligten sind getrenntlebende Eheleute; der Scheidungsantrag wurde beim Familiengericht am ..... eingereicht. Aus der Ehe sind die Kinder ..... und ..... hervorgegangen, die aber beide bereits volljährig sind.

Nunmehr macht die Antragstellerin gegen den Antragsgegner ihren Unterhaltsanspruch wegen Krankheit nach § 1572 Nr. 1 BGB geltend.

Die Zuständigkeit des Amtsgerichts – Familiengerichts ..... ergibt sich aus § 232 Abs. 1 Nr. 1 FamFG, da bei diesem Gericht bereits die Ehesache der Beteiligten anhängig ist.

2.

Der Antragsgegner war trotz Aufforderung durch die Antragstellerin nicht bereit, einen Unterhaltstitel betreffend den nachehelichen Unterhalt zu errichten.

Die Antragstellerin ist Hausfrau ohne Einkommen und Vermögen.

Vor der Ehe war sie als Krankenschwester tätig. Diesen Beruf kann sie jedoch nicht mehr ausüben. Im Jahre ..... musste sie sich einer schweren Operation unterziehen. Sie kann seither nicht mehr schwer heben und ist körperlich nicht mehr belastbar.

Beweis: Ärztliches Attest des Chefarztes Dr ......

Sie ist aufgrund dieser Erkrankung auch nicht imstande eine andere Tätigkeit auszuüben.

Beweis: Ärztliches Attest des Chefarztes Dr ......

3.

Der Antragsgegner ist bei der Firma ..... als ..... beschäftigt. Er erzielte während der Ehe ein monatliches Nettoeinkommen in Höhe von ......

Beweis: .....

Seine jetzigen Einkommens- und Vermögensverhältnisse sind der Antragstellerin allerdings nicht genau bekannt.

Mit Schreiben der Antragstellerin vom Unterzeichnenden wurde der Antragsgegner vorprozessual am ..... , zugegangen beim Antragsgegner am ..... , aufgefordert, zum Zwecke der Geltendmachung des Unterhaltsanspruchs über seine Einkünfte und sein Vermögen Auskunft zu erteilen.

Beweis: Vorlage des Schreibens vom ..... , Anlage A ..... , in Kopie anbei

Da der Antragsgegner auf dieses Schreiben nicht reagierte, hat er diesen Auskunftsstufenantrag veranlasst. Mit dem Antrag zu 1. wird zunächst Auskunft nach §§ 1580, 1605 BGB verlangt.

Der Verfahrensantrag zu 2. wird für den Fall gestellt werden, dass Grund zu der Annahme besteht, der Antragsgegner habe die Auskunft nicht mit der erforderlichen Sorgfalt erteilt (§§ 1580, 1605 Abs. 1 Satz 3, 260, 261 BGB).

Erst nach Erteilung der Auskunft durch den Antragsgegner wird die Antragstellerin ihren Anspruch auf nachehelichen Krankheitsunterhalt entsprechend der Ehegattenquote beziffern können.

.....

Rechtsanwältin/Rechtsanwalt

### e) Folgesache Ehewohnungs- und Haushaltssachen (§ 137 Abs. 2 Satz 1 Nr. 3 FamFG)

*aa) Verfahren*

Verfahren nach §§ 1568a und 1568b BGB sind verbundfähig, soweit eine Entscheidung für die Zeit nach rechtskräftiger Scheidung der Ehe zu treffen ist, also insb. die Regelung der Rechtsverhältnisse an der ehelichen Wohnung und die (dingliche) Aufteilung des ehelichen Haushalts.    **1375**

*bb) Muster: Haushaltsverteilung*

▶ Muster: Haushaltsverteilung

An das    **1376**

Amtsgericht .....

– Familiengericht –

.....

Folgesachenantrag wegen Haushaltsgegenstände

In der Familiensache

der Frau .....

– Antragstellerin –

Verfahrensbevollmächtigte:

gegen

Herrn .....

– Antragsgegner –

Verfahrensbevollmächtigte:

mache ich in der Scheidungssache zum Aktenzeichen ..... namens und in Vollmacht der Antragstellerin die Folgesache Aufteilung von Haushaltsgegenständen anhängig und beantrage:

1. Der Antragsgegner wird verpflichtet, die in seinem Alleineigentum stehende Waschmaschine der Marke ..... mit Rechtskraft der Ehescheidung der Antragstellerin zu Alleineigentum zu übertragen.
2. Eine evtl. vom Gericht festzusetzende Ausgleichszahlung wird auf die Dauer von 1 Jahr ab Rechtskraft der Ehescheidung in Höhe von 15 € monatlich festgesetzt.

Begründung:

Die Beteiligten sind sich über die Verteilung ihres gemeinsamen Hausrats weitestgehend einig und haben insoweit die Auseinandersetzung bereits vollzogen.

Mit dem vorstehenden Antrag begehrt die Antragstellerin die Übereignung der im Antrag zu 1. näher bezeichneten Waschmaschine, da sie auf diese dringend angewiesen ist.

Der Antragsgegner hat die Waschmaschine von seiner Mutter geerbt. Seit dieser Zeit wird die Waschmaschine von der Familie genutzt. Bei der Antragstellerin wohnen die gemeinsamen Kinder ..... und ..... , die sechs und acht Jahre alt sind. Die Kinder verursachen altersbedingt erhebliche Wäsche.

Die Antragstellerin verfügt über keine Vermögenswerte oder Rücklagen. Sie kann sich daher keine eigene Waschmaschine, auf die sie dringend angewiesen ist, anderweitig beschaffen.

Dem Antragsgegner ist die Übertragung des Eigentums zumutbar, da er selbst bei seiner neuen Partnerin über eine Waschmaschine verfügt und somit im Gegensatz zur Antragstellerin auf die streitgegenständliche Waschmaschine gerade nicht angewiesen ist.

Der Antragsgegner ist mit der Übertragung des Eigentums nicht einverstanden bzw. hat alternativ von der Antragstellerin eine Ausgleichszahlung verlangt, die zudem den Wert der Waschmaschine erheblich übersteigt.

Die Antragstellerin ist bereit, eine Ausgleichszahlung zu erbringen, begehrt dafür aber Ratenzahlung. Sie erhält momentan lediglich den Ehegattenunterhalt, der ihre einzige Einkommensquelle darstellt.

.....

Rechtsanwältin/Rechtsanwalt

*cc) Muster: Ehewohnungssache*

▶ Muster: Ehewohnungssache

An das                                                          1377

Amtsgericht .....

– Familiengericht –

.....

Folgesachenantrag wegen Ehewohnungssache

In der Familiensache

der Frau .....

– Antragstellerin –

Verfahrensbevollmächtigte:

gegen

Herrn .....

– Antragsgegner –

Verfahrensbevollmächtigte:

mache ich in der Scheidungssache zum Aktenzeichen ..... namens und in Vollmacht der Antragstellerin die Folgesache Ehewohnungszuweisung anhängig.

Namens der Antragstellerin stelle ich folgenden Antrag:

1. Der Antragsgegner wird verpflichtet, die in ..... Straße Nr ...... belegene Ehewohnung, bestehend aus vier Zimmern, Küche, Bad und WC ab Rechtskraft der Ehescheidung der Antragstellerin zur alleinigen Nutzung zu überlassen.
2. Das zwischen den Beteiligten und dem Vermieter Herrn ..... bestehende Mietverhältnis vom ..... über die im Antrag zu 1. näher bezeichnete Wohnung wird ab Rechtskraft der Ehescheidung allein von der Antragstellerin fortgesetzt. Der Antragsgegner scheidet zum gleichen Zeitpunkt aus dem Mietverhältnis aus.

Begründung:

Die Antragstellerin begehrt die Überlassung der Ehewohnung und Umgestaltung des Mietverhältnisses.

Die Beteiligten sind aufgrund des schriftlichen Mietvertrags vom ..... gemeinschaftliche Mieter der o.g. Wohnung.

Diese wird seit der Trennung der Beteiligten von der Antragstellerin mit den beiden gemeinsamen, minderjährigen Kindern allein bewohnt.

Nach dem übereinstimmenden Willen der Beteiligten soll die bisherige Ehewohnung von der Antragstellerin auch nach der Scheidung weiter genutzt werden. Die Wohnung befindet sich in der Nähe der Schule und des Kindergartens, der von den Kindern aufgesucht wird.

Der Antragsgegner wohnt seit dem ..... bei seiner neuen Partnerin und ist mit dem Verbleib der Antragstellerin in der Ehewohnung einverstanden.

Der Vermieter, mit dem sich beide Beteiligte mit Schreiben vom ..... bereits in Verbindung gesetzt haben, ist mit einer von den Beteiligten gewünschten Änderung des Mietverhältnisses nicht einverstanden. Er will den Antragsgegner nicht aus dem Mietverhältnis entlassen.

Er begründet dies damit, dass die Antragstellerin zukünftig die Miete nicht pünktlich oder vollständig bezahlen könne, weil sie nur auf die Unterhaltszahlungen seitens des Antragsgegners angewiesen sei und kein eigenes Erwerbseinkommen erziele. Diese Befürchtung ist indes unbegründet. Der Antragsgegner zahlt den Ehegatten- und Kindesunterhalt immer pünktlich. Darüber hinaus wird die Antragstellerin nach der Scheidung an ihren früheren Arbeitsplatz bei der ..... zurückkehren und Einkünfte in Höhe von ..... € erzielen.

.....

Rechtsanwältin/Rechtsanwalt

### f) Folgesache Güterrecht (§ 137 Abs. 2 Satz 1 Nr. 4 FamFG)

*aa) Verfahren*

1378     Nach § 137 Abs. 2 Satz 1 Nr. 4 FamFG sind Güterrechtssachen Folgesachen, wenn eine Entscheidung für den Fall der Scheidung zu treffen ist und die Familiensache spätestens 2 Wochen vor Schluss der mündlichen Verhandlung im ersten Rechtszug in der Scheidungssache von einem Ehegatten anhängig gemacht wird.

1379     Verlangt ein Beteiligter einen **vorzeitigen Zugewinnausgleich** nach §§ 1385, 1386 BGB, scheidet eine Verbundentscheidung aus, weil dieser Anspruch unabhängig von der Scheidung der Ehe besteht.[574]

1380     Verbundfähig ist jedoch der Ausgleichsanspruch nach § 1378 Abs. 1 BGB, der die Scheidung der Ehe voraussetzt, vgl. § 1378 Abs. 3 Satz 1 BGB.

▶ **Taktischer Hinweis:**

1381     Grds. hat der Antragsteller ein Wahlrecht, ob er den Zugewinnausgleichsanspruch in einem selbstständigen Verfahren nach Rechtskraft der Scheidung geltend macht oder in den Scheidungsverbund einbezieht. Dies gilt auch, wenn für das Verfah-

---

574 BGH, FamRZ 2021, 1521; OLG Celle, FamRZ 2012, 1941; KG, FamRZ 2001, 166; Thomas/Putzo/*Hüßtege*, ZPO, § 137 Rn. 11.

ren VKH gewährt werden soll.[575] Grds. aber gilt für die anwaltliche Vertretung des ausgleichsberechtigten Ehegatten, dass die Einbeziehung der Ansprüche in den Verbund, der sich insb. durch die Güterrechtssache hinziehen kann, erheblichen Bedenken begegnet. Dies liegt insb. daran, dass eine Kostenerstattung grds. nicht in Betracht kommt, vgl. § 150 FamFG und insb. ein erheblicher »Zinsschaden« droht, weil Zinsansprüche erst mit Beendigung des Güterstands einsetzen (§ 1378 Abs. 3 Satz 1 BGB).[576]

*Kogel*[577] hat deshalb die These formuliert:»Zugewinn im Verbund – im Zweifel ein Anwaltsregress«.[578]

Die Auseinandersetzung des Gesamtguts der Gütergemeinschaft kann ebenfalls im Verbund erfolgen, falls sich der Überschuss bereits vor Beendigung des Güterstands bestimmen lässt. Ansonsten scheidet eine Entscheidung vor Rechtskraft der Scheidung aus.      **1382**

▶ **Taktischer Hinweis:**

Der ausgleichspflichtige Ehegatte kann ein Interesse daran haben, die Fälligkeit des Zugewinnausgleichsanspruchs herauszuziehen, auch wegen der erwähnten Zinsvorteile. Ist der betreffende Ehegatte selbst an einer schnellen Scheidung nicht interessiert, so kann er die Folgesache Güterrecht mit einem entsprechenden Stufenantrag einleiten; alternativ kommt in Betracht, dass er einen **negativen Feststellungsantrag** im Verbund stellt.[579] Ein **Feststellungsinteresse** i.S.d. § 256 ZPO des (vermeintlich) Ausgleichspflichtigen bzw. Schuldners besteht insbesondere dann, wenn sich der andere Ehegatte einer bestimmten Forderung berühmt. Wurden bereits außergerichtliche Auskünfte erteilt und ergibt sich dabei, dass die Gegenseite eine Forderung in einer bestimmten Höhe berechnet hat, berühmt sich die Gegenseite einer solchen Forderung, sodass das Feststellungsinteresse besteht. Über diesen Antrag ist im Verbund zu entscheiden, weil eine Entscheidung für den Fall der rechtskräftigen Scheidung verlangt wird und die Scheidungsfolgen abschließend geregelt werden.      **1383**

Die (ausgleichsberechtigte) Gegenseite ist in dieser Situation gezwungen, den Zugewinnausgleichsanspruch nunmehr tatsächlich im Verbund zu verfolgen und einen Leistungsantrag zu stellen, da ansonsten der Verlust der Forderung droht.[580] Anwaltlich zu beachten ist, dass nach Erhebung eines positiven Leistungsantrags (Antragstellung im Termin notwendig, weil ansonsten der Antrag einseitig ohne Zustimmung wieder zurückgenommen werden könnte) der negative Feststel-

---

575 OLG München, FuR 2017, 402 = NZFam 2017, 424; BGH, FamRZ 2005, 786, 788 m. Anm. *Viefhues* FamRZ 2005, 881.
576 Horndasch, Rn. 1550 ff.
577 *Kogel* NZFam 2019, 335; FamRZ 2008, 1297, 1302.
578 Ausführlich dazu Rdn. 1278; vgl. auch OLG Rostock, FuR 2020, 664.
579 Vgl. dazu Kogel, Strategien beim Zugewinnausgleich, Rn. 1434, 1444.
580 Kogel, Strategien beim Zugewinnausgleich, Rn. 1434 ff.

lungsantrag für erledigt erklärt werden muss. Anderenfalls entstehen zumindest Kostennachteile, weil der Feststellungsantrag wegen nunmehr fehlendem Feststellungsinteresse abgewiesen werden muss.[581]

Wurden Auskünfte noch nicht erteilt, kann der vermeintlich Zugewinnausgleichspflichtige, wenn er die Fälligkeit der zu erwartenden Forderung hinausziehen möchte und an einer schnellen Scheidung nicht interessiert, auch seinerseits einen Stufenantrag erheben mit der Ankündigung, später den Zugewinnanspruch zu beziffern.[582]

### bb) Muster: Güterrechtssache

▶ Muster: Güterrechtssache

1384   An das

Amtsgericht .....

– Familiengericht –

.....

                               **Folgesachenantrag wegen Zugewinnausgleich**

In der Familiensache

der Frau .....

– Antragstellerin –

Verfahrensbevollmächtigte:

gegen

Herrn .....

– Antragsgegner –

Verfahrensbevollmächtigte:

mache ich in der Scheidungssache zum Aktenzeichen ..... namens und in Vollmacht der Antragstellerin die Folgesache Zugewinnausgleich anhängig.

Namens der Antragstellerin stelle ich folgenden Antrag:

Der Antragsgegner wird verpflichtet,

1.  der Antragstellerin Auskunft über den Bestand seines Anfangsvermögens zum ....., Vermögens am ..... (Tag der Trennung) sowie Endvermögens zum ..... durch Vorlage eines schriftlichen, nach Aktiva und Passiva gegliederten und von ihm persönlich unterzeichneten Bestandsverzeichnisses zu erteilen,

---

581  Vgl. dazu Thomas/Putzo/*Seiler*, ZPO, § 256 Rn. 19.
582  Kogel, Strategien beim Zugewinnausgleich, Rn. 1444.

2. ihr den Wert aller Vermögensgegenstände und Verbindlichkeiten mitzuteilen,
3. die Richtigkeit der Angaben sein Vermögen betreffend zu den genannten Stichtagen zu belegen durch Vorlage von ....,
4. die eidesstattliche Versicherung abzugeben, dass er das Vermögen zu den o.a. Stichtagen vollständig und richtig angegeben hat,
5. an die Antragstellerin Zugewinnausgleich in einer nach Auskunftserteilung und eidesstattlicher Versicherung noch zu beziffernden Höhe nebst fünf Prozentpunkten Zinsen über dem Basiszinssatz ab Rechtskraft der Scheidung zu zahlen.[583]

Begründung:

Die Beteiligten sind seit dem ..... im Güterstand der Zugewinngemeinschaft miteinander verheiratet. Sie leben seit dem ..... voneinander getrennt. Das Scheidungsverfahren ist beim erkennenden Gericht mit dem Aktenzeichen ..... rechtshängig seit dem ......

Die Antragstellerin verfolgt die ihr zustehenden güterrechtlichen Ansprüche im Wege des Stufenantrags. So verlangt sie in der ersten Stufe Auskunft sowie Wertermittlung; in der zweiten Stufe gegebenenfalls die eidesstattliche Versicherung, während der Zahlungsanspruch erst nach der erfolgten Auskunftserteilung beziffert und somit in der dritten Stufe geltend gemacht wird.

Der Antragsgegner ist mit Schriftsatz vom ..... unter Fristsetzung bis zum ..... zur Auskunftserteilung und Zahlung der sich aus einer ordnungsgemäßen Auskunft ergebenden Zugewinnausgleichsforderung aufgefordert worden.

Beweis: Schreiben vom ..... in Kopie, Anlage A .....

Der Antragsgegner hat weder die erbetenen Auskünfte erteilt noch einen Zugewinnausgleich geleistet.

Damit ist nunmehr dieses Verfahren unumgänglich geworden.

Der Auskunfts- und Wertermittlungsanspruch wird auf §§ 1379, 1384 BGB, der Anspruch auf Abgabe der eidesstattlichen Versicherung auf §§ 1379, 260 Abs. 3 BGB und der Zahlungsanspruch auf § 1378 BGB gestützt.

.....

Rechtsanwältin/Rechtsanwalt

## g) Folgesache Kindschaftssachen (§ 137 Abs. 3 FamFG)

Folgesachen sind nach § 137 Abs. 3 FamFG auch Kindschaftssachen, die die Übertragung oder Entziehung der elterlichen Sorge, das Umgangsrecht oder die Herausgabe eines gemeinschaftlichen Kindes der Ehegatten oder das Umgangsrecht eines Ehegatten mit dem Kind des anderen Ehegatten betreffen, wenn ein Ehegatte vor

1385

---

583 Str. ist, ob Zinsen verlangt werden können, wenn die Fälligkeit des Anspruchs erst nach Rechtshängigkeit des Antrags eintritt; vgl. dazu Kogel, Strategien beim Zugewinnausgleich, Rn. 1486.

Schluss der mündlichen Verhandlung im ersten Rechtszug in der Scheidungssache die Einbeziehung in den Verbund beantragt, es sei denn, das Gericht hält die Einbeziehung aus Gründen des Kindeswohls nicht für sachgerecht.

### aa) Verfahren

1386 Die Einbeziehung einer Kindschaftssache in den Verbund erfolgt nur, wenn ein Ehegatte dies vor Schluss der mündlichen Verhandlung im ersten Rechtszug in der Scheidungssache **beantragt** und Gründe des Kindeswohls nicht gegen eine Einbeziehung sprechen.

1387 Damit werden Kindschaftssachen, auch wenn sie gleichzeitig mit der Scheidungssache anhängig sind, **nicht kraft Gesetzes** in den Verbund aufgenommen.

1388 Die Übertragung oder Entziehung der elterlichen Sorge, das Umgangsrecht oder die Herausgabe eines gemeinschaftlichen Kindes der Ehegatten oder das Umgangsrecht eines Ehegatten mit dem Kind des anderen Ehegatten ist unter den Voraussetzungen des § 137 Abs. 3 FamFG zusammen mit der Scheidung zu verhandeln und zu entscheiden. Dies gilt auch für Anträge auf Abänderung einer bereits ergangenen Sorgerechts- bzw. Umgangsrechtsregelung gem. §§ 1666, 1696 Abs. 1 BGB. Auch insoweit bleibt der Gedanke des Verfahrensverbunds erhalten, d.h. die mit der Scheidung zusammenhängenden Folgesachen sollen zusammen mit dieser i. S. e. Gesamtlösung geregelt werden.

1389 Bei allen Anträgen zur elterlichen Sorge, zum Umgang und zur Herausgabe ist zu prüfen, ob eine Entscheidung bereits ab Trennung der Eltern oder erst mit Eintritt der Rechtskraft der Scheidung begehrt wird. Ist eine Entscheidung für die Zeit der Trennung zu treffen, liegt kein Verbundverfahren vor. In diesem Fall ist ein in den Verbund durch entsprechenden Antrag eingebrachtes Verfahren abzutrennen.

1390 Eine Einbeziehung in den Verbund kann ansonsten vom FamG nur aus Gründen des Kindeswohls abgelehnt werden; nicht sachgerecht ist daher eine Nichteinbeziehung, nur weil das Scheidungsverfahren durch die Kindschaftssache verzögert wird.

1391 Nach § 1671 Abs. 1 BGB ist nur auf Antrag eines Elternteils über die Übertragung der elterlichen Sorge zu entscheiden, weil die Eltern unabhängig von ihrer Trennung oder Scheidung weiterhin die elterliche Sorge für ihre gemeinschaftlichen Kinder behalten. Damit entfällt die Notwendigkeit, mit rechtskräftiger Scheidung eine Entscheidung zur elterlichen Sorge zu treffen. Entsprechend ist es, abgesehen von dem Fall der Gefährdung des Kindeswohls, den Eltern überlassen, ob sie mit rechtskräftiger Scheidung gleichzeitig eine Übertragung der elterlichen Sorge auf einen Elternteil herbeiführen (Antragsverbund) oder an dem Regelfall der gemeinsamen elterlichen Sorge auch nach Scheidung der Ehe festhalten wollen. Ferner ist es ihnen überlassen, ob sie bereits bei Trennung oder erst einige Zeit nach Scheidung ihrer Ehe eine Sorgeregelung beantragen.

1392 Ähnlich liegt es beim Umgang. Nach § 1684 BGB sind die Eltern zum Umgang mit dem Kind berechtigt und sogar verpflichtet. Das FamG wird insoweit nur tätig, wenn die Eltern sich nicht selbst einigen können. Diese Grundsätze gelten ebenfalls bei Herausgabe eines gemeinschaftlichen Kindes der Ehegatten oder beim Umgangsrecht eines Ehegatten mit dem Kind des anderen Ehegatten.

Ist eine Kindschaftssache auf Antrag eines Ehegatten in den Scheidungsverbund aufgenommen worden, kommt eine **Abtrennung** des Verfahrens nur noch nach § 140 **Abs. 2 Nr. 3 FamFG** in Betracht. Die frühere voraussetzungslose Abtrennung lediglich auf Antrag eines Ehegatten ist damit nicht mehr möglich. Folgesachen nach Abs. 3 werden nach der Abtrennung als **selbstständige Verfahren** fortgeführt, vgl. § 137 Abs. 5 Satz 2 FamFG.   **1393**

▶ Taktischer Hinweis:

Ein solcher Abtrennungsantrag kann mit einem Antrag auf Abtrennung der Folgesachen nach § 137 Abs. 1 Nr. 2 FamFG (Ehegattenunterhalt und Kindesunterhalt) verbunden werden (§ 140 Abs. 3 FamFG).[584] Grund dafür ist, dass die Frage des Unterhalts regelmäßig von der Betreuungssituation des Kindes abhängig ist.   **1394**

Die Abtrennung nach § 140 Abs. 2 Nr. 3 FamFG führt dazu, dass die abgetrennten erwähnten Folgesachen nunmehr nach vgl. § 137 Abs. 5 Satz 2 FamFG selbstständig sind (und entsprechend selbstständig abgerechnet werden können).

Wichtig für die anwaltliche Vertretung ist auch ein (neuer) VKH-Antrag, da der im Ursprungsverfahren gestellte Antrag sich nicht automatisch auf diese nunmehr selbstständige Familiensache erstreckt.

*bb) Muster: Elterliche Sorge – Folgeantrag*

▶ Muster: Elterliche Sorge – Folgeantrag

An das   **1395**

Amtsgericht .....

– Familiengericht –

.....

Folgesachenantrag wegen elterlicher Sorge

In der Familiensache

der Frau .....

– Antragstellerin –

Verfahrensbevollmächtigte:

gegen

---

584  Vgl. auch Horndasch/Viefhues/*Roßmann*, FamFG, § 140 Rn. 30 ff.

Herrn .....

– Antragsgegner –

Verfahrensbevollmächtigte:

mache ich in der Scheidungssache zum Aktenzeichen ..... namens und in Vollmacht der Antragstellerin die Folgesache Sorgerecht anhängig.

Namens und im Auftrag der Antragstellerin beantrage ich,

das Recht der alleinigen elterlichen Sorge für die ehegemeinschaftlichen Kinder K1, geb. am ....., und K2, geb. am ....., wird auf die Kindesmutter übertragen.

Begründung:

I. Die Beteiligten sind getrenntlebende Eheleute, deren Scheidungsverfahren unter dem Aktenzeichen seit dem ..... rechtshängig ist

Aus der Ehe der Beteiligten sind die ehegemeinschaftlichen Kinder K1, geb. am ....., und K2, geb. am ....., hervorgegangen.

Die Kinder K1 und K2 haben ihren gewöhnlichen Aufenthalt bei der Kindesmutter.

Die Zuständigkeit des Familiengerichts ergibt sich aus § 152 Abs. 1 FamFG.

Unter dem Aktenzeichen ..... wurde bereits in dieser Sache ein solcher Antrag zur elterlichen Sorge gestellt. Das Verfahren endete mit einer Vereinbarung, die eine Regelung zum Umgang vorsieht, die elterliche Sorge den Eltern aber gemeinsam belässt.

II. Grundlage der Vereinbarung war, dass beide Eltern über eine Eheberatung feste Kommunikationsmodelle die Kinder betreffend »erlernen«.

1. Die Beratungsstelle machte nach zwei Sitzungen die weitere Beratung von dem gemeinsamen Entschluss beider Eheleute, die Beratung zum Wohl der Kinder weiter führen zu wollen, abhängig. Die Antragstellerin machte kürzlich einen Versuch, den Antragsgegner zu einer Fortsetzung der Eheberatung zu bewegen, erhielt darauf aber keine Antwort.
   Beweis: Schreiben der Antragstellerin, Anlage A1 ..... , in Kopie anbei
2. Im Übrigen wurde die getroffene Vereinbarung vom Antragsgegner fortwährend gebrochen.
   Wichtige medizinische Termine für die Kinder K1 und K2, die aus Termingründen nur in der Betreuungszeit des Antragsgegners stattfinden konnten, wurden von ihm nicht wahrgenommen und es verhindert, dass die Antragstellerin diese dann selbst wahrnimmt.
   Im Übrigen wirkt der Antragsgegner massiv auf das Kind K1 ein. Er versucht dem Kind zu erklären, nur in der früheren Wohnung habe er ein Zuhause, da er dort aufgewachsen sei. Ständig versucht er K1 eine Entscheidung »gegen« seine Mutter abzuringen.
   K1, der sich im ständig thematisierten Loyalitätskonflikt befindet, ist darüber sehr verwirrt.

III. Das alleinige Sorgerecht ist nunmehr antragsgemäß der Antragstellerin zu übertragen.

Der Kindesvater ist zu keiner sachlichen Kommunikation im Hinblick auf wichtige Angelegenheiten der Kinder bereit; Anfragen der Antragstellerin werden entweder ignoriert oder in verletzender Art zurückgewiesen. Das Gericht kann sich davon anhand der anliegenden SMS ein Bild machen.

Beweis: Zahlreiche SMS und Briefe (Anlage A2 und A3)

Die Antragstellerin benötigt unbedingt Klarheit in Sachen elterlicher Sorge, da anstehende Probleme der Kinder einer Lösung bedürfen.

1. Kind K1 – schulische Veränderung:
   K1, der seit Eintritt in die Schule massive schulische Probleme hat, vor allem bzgl. seines Arbeitstempos und des Lesens, soll zum kommenden Schuljahr die zweite Klasse wiederholen. Die Antragstellerin steht in regelmäßigem Kontakt mit der Lehrerin, dem Kinderarzt und der Ergotherapeutin, die diesen Schritt alle für das Beste für ..... Entwicklung halten. Vor allem das Zwischenzeugnis gibt deutlichen Aufschluss darüber.
   Beweis: Zwischenzeugnis (Anlage A4)

Der Vater hat von der Antragstellerin immer alle Informationen dazu erhalten, bezichtigt sie jedoch, K1 solle nur die zweite Klasse wiederholen, da sie nicht fähig sei, ihn durch die Schule zu bringen (s. Anlage SMS). Der Antragsgegner selbst wurde am ..... vom Jugendamt ..... aufgefordert, sich doch einmal selbst mit der Lehrerin in Verbindung zu setzen, um sich ein objektives Bild zu verschaffen. Dieses hat er bis heute nicht getan, sondern äußert sich weiterhin unsachlich und verletzend gegenüber seiner Frau und verhindert eine Entscheidung.

2. Kind K2 – Therapieänderung:
   K2 wird von der Antragstellerin viermal wöchentlich aktiv in einer Therapiegruppe ..... betreut und gefördert. Das Ziel dieser Gruppe ist die größtmögliche Selbstständigkeit der behinderten Kinder zu erreichen. Aufgrund seiner Fortschritte ist nunmehr eine Therapieänderung sinnvoll. Der Antragsgegner verweigert dazu seine Zustimmung, weil er meint, das Kind ..... könne dadurch überfordert werden.
   Der Antragsgegner hat sich seit der Geburt von K2 nie um Therapien, Arztbesuche, etc. gekümmert, sondern nur die Antragstellerin. Er ist nicht bereit, selbst aktiv an der Förderung des Kindes teilzunehmen, versucht nun aber anstehende Entscheidungen, die dem Wohl des Kindes dienen, zu unterbinden.
   Die Antragstellerin ist auf eine schnelle Entscheidung angewiesen, um die erforderlichen Entscheidungen treffen zu können. K2 muss nach Pfingsten für die neue Therapiegruppe angemeldet werden; die Lehrerin von K1 benötigt nach Pfingsten vor den anstehenden Konferenzen die Entscheidung.
   Das Jugendamt wurde von der Antragstellerin fortlaufend über die Entwicklung informiert. Auch nach Auffassung des Jugendamts ist eine derartige Entscheidung zur elterlichen Sorge nunmehr unumgänglich.
   Beweis: Stellungnahme des Jugendamts .....
   Die elterliche Sorge ist damit in Zusammenhang mit der Scheidung unbedingt zu klären.
   .....

Rechtsanwältin/Rechtsanwalt

*cc) Muster: Umgang – Folgesachenantrag*

▶ **Muster: Umgang – Folgesachenantrag**

1396 An das

Amtsgericht .....

– Familiengericht –

.....

Folgesachenantrag wegen Umgang

In der Familiensache

der Frau .....

– Antragstellerin –

Verfahrensbevollmächtigte:

gegen

Herrn .....

– Antragsgegner –

Verfahrensbevollmächtigte:

mache ich in der Scheidungssache zum Aktenzeichen ..... namens und in Vollmacht des Antragsgegners die Folgesache Umgangsrecht anhängig und beantrage:

Der Antragsgegner hat das Recht zum Umgang mit den gemeinsamen Kindern der Beteiligten

1. an jedem zweiten und vierten Wochenende im Monat von Freitagabend 18.00 h bis Sonntag 17.00 h,
2. in den ersten zwei Wochen der Sommerferien,
3. zu Ostern, Pfingsten und Weihnachten an jedem zweiten Feiertag von 8.00 bis 19.00 h.

Begründung:

Die Beteiligten haben zwei gemeinsame Kinder, nämlich ..... , geb. am ..... , und ..... , geb. am ......

Das Scheidungsverfahren der Beteiligten ist unter dem o.g. Aktenzeichen seit dem ..... rechtshängig.

Bislang haben sich die Beteiligten darauf geeinigt, dass die gemeinsamen Kinder in der Obhut der Antragstellerin bleiben sollen und das gemeinsame Sorgerecht beibehalten wird. Seit der Trennung am ..... leben die Kinder bei der Antragstellerin.

Das Umgangsrecht wird dem Antragsgegner nur unzureichend gewährt. Die Kinder dürfen nur einen Tag im Monat bei dem Antragsgegner verbringen. Damit ist der Antragsgegner nicht einverstanden, da dies dem Wohl der Kinder nicht entspricht.

Der Antragsgegner liebt seine Kinder sehr und will wesentlich mehr Zeit mit ihnen verbringen.

Die Antragstellerin stört in Wahrheit, dass der Antragsgegner eine neue Lebensgefährtin hat.

Ihre übrigen »Argumente« sind unverständlich; so behauptet sie, durch eine Ausweitung des Umgangsrechts würden die Kinder hin und her gerissen und wüssten nicht mehr, wo sie hingehören.

Die Lebensgefährtin ist aber nun mal Bestandteil des neuen Lebens des Antragsgegners; auch verstehen sich die Kinder sehr gut mit ihr, was auch ihre Anhörung bestätigen wird.

Der Antragsgegner möchte mit dem Umgang auch unbedingt einer Entfremdung der Kinder entgegenwirken.

Der Antragsgegner wird die Kinder zur Ausübung des Umgangsrechts bei der Antragstellerin abholen und sie später wieder zurückbringen. Jeder Beteiligte soll sich verpflichten, den anderen Elternteil unverzüglich zu informieren, wenn die Umgangstermine aus wichtigem Grund nicht eingehalten werden können.

Ausgefallene Umgangstermine sind nachzuholen.

.....

Rechtsanwältin/Rechtsanwalt

*dd) Muster: Kindesherausgabe – Folgesachenantrag*

▶ Muster: Kindesherausgabe – Folgesachenantrag

An das                                                                          1397

Amtsgericht .....

– Familiengericht –

.....

     Folgesachenantrag wegen Kindesherausgabe

In der Familiensache

der Frau .....

– Antragstellerin –

Verfahrensbevollmächtigte:

gegen

Herrn .....

– Antragsgegner –

Verfahrensbevollmächtigte:

mache ich in der Scheidungssache zum Aktenzeichen ..... namens und in Vollmacht der Antragstellerin die Folgesache Kindesherausgabe anhängig.

Namens und im Auftrag der Antragstellerin beantrage ich,

1. dem Antragsgegner im Fall der Sorgerechtsübertragung auf die Antragstellerin aufzugeben, das gemeinsame Kind der Beteiligten ..... an die Antragstellerin herauszugeben,
2. ein Ordnungsgeld gegen den Antragsgegner festzusetzen, wenn er das Kind nicht binnen einer Woche nach Rechtskraft der Entscheidung an die Antragstellerin herausgeben sollte.

Begründung:

Die Beteiligten streiten im laufenden Scheidungsverfahren über die Übertragung der alleinigen Sorge für ..... , geb. am ...... Darauf wird Bezug genommen.

Beide Beteiligten haben einen entsprechenden Antrag gestellt, d.h. begehren das alleinige Sorgerecht für sich.

Das Kind ..... lebt seit der Trennung der Beteiligten am ..... bei dem Antragsgegner.

Dieser hat mehrfach erklärt, dass er das Kind nicht herausgeben werde, auch wenn das Sorgerecht auf die Antragstellerin übertragen werden sollte.

Diese geht aufgrund der Anhörung des Kindes und der eindeutigen Stellungnahme des Jugendamts davon aus, dass die Entscheidung des Familiengerichts auf Übertragung der elterlichen Sorge zu ihren Gunsten ausgehen wird.

Diese Stellungnahme macht auch deutlich, dass der Herausgabeanspruch mit dem Kindeswohl vereinbar ist.

Das Kind ..... wartet ungeduldig darauf, bei der Antragstellerin leben zu dürfen.

.....

Rechtsanwältin/Rechtsanwalt

## h) Auskunftsansprüche

1398   Auskunftsansprüche nach §§ 1379, 1580, 1605 BGB sowie § 4 VersAusglG, **die die Folgesachen Unterhalt, Zugewinn oder Versorgungsausgleich vorbereiten**, können mit den entsprechenden Folgesachen im Verbund als **Stufenantrag** geltend gemacht werden. Nach § 137 Abs. 1 FamFG ist nur erforderlich, dass die letzte Stufe, d.h. der bezifferte Antrag zusammen mit der Scheidung entschieden wird. Über den Antrag auf Auskunft ist durch **Teilbeschluss** vorweg und nicht für den Fall der rechtskräftigen Scheidung zu entscheiden, weil diese Ansprüche zwar einem einheitlichen Verfahren angehören, verfahrensmäßig aber selbstständige Teile sind.[585]

---

585  OLG Brandenburg, FamRZ 2007, 410, 411.

Wird das Verfahren nach Auskunftserteilung nicht auf der nächsten Stufe fortgesetzt, d.h. der Anspruch insb. nicht beziffert, ist die entsprechende Folgesache auf Antrag des Gegners abzuweisen. **1399**

Das reine **(isolierte) Auskunftsverfahren** ist eine selbstständige Familiensache, die **nicht verbundfähig** ist.[586] Trotz des vorbereitenden Charakters des Auskunftsanspruchs kann i.R.d. Verbunds nicht ein Auskunftsanspruch ohne die entsprechende Hauptsache selbst als Folgesache verlangt werden, weil der Auskunftsanspruch den Streit über die Folgesache nicht erledigt und damit der Zwecksetzung des § 137 Abs. 1 FamFG widerspricht.[587] Der Scheidungsverbund regelt und entscheidet nämlich über die Folgen der Scheidung, d.h. beschäftigt sich nicht mit Vorgängen, die diese allenfalls vorbereiten. **1400**

Zulässig ist aber die Erhebung eines (isolierten) **Auskunftswiderantrags im Verbund**.[588] Der Auskunftsanspruch nach § 1379 Abs. 1 Satz 1 BGB kann nämlich auch zum Zwecke der Abwehr eines Anspruchs auf Zugewinnausgleich erhoben werden.[589] Dies gilt entsprechend auch für die Abwehr von Unterhaltsanträgen. **1401**

## 5. Abtrennung einer Folgesache (§ 140 FamFG)

▶ **Das Wichtigste in Kürze**

– Abtrennung der Folgesache Versorgungsausgleich auf Antrag ist nach § 140 Abs. 2 Nr. 4 FamFG zulässig, wenn seit Rechtshängigkeit des Scheidungsantrags ein Zeitraum von 3 Monaten verstrichen ist, beide Ehegatten die erforderlichen Mitwirkungshandlungen in der Versorgungsausgleichsfolgesache vorgenommen haben und beide übereinstimmend deren Abtrennung beantragen. → Rdn. 1435 f. **1402**

– Abtrennung einer Kindschaftsfolgesache von Amts wegen, wenn das Gericht dies aus Gründen des Kindeswohls für sachgerecht hält oder das Verfahren ausgesetzt ist, § 140 Abs. 2 Nr. 3 FamFG. → Rdn. 1431 ff.

## a) Grundsätze

Die Abtrennung von Folgesachen spielt in der familienrechtlichen Praxis eine bedeutende Rolle. Im Fall der Scheidung ist nach § 142 Abs. 1 Satz 1 FamFG über sämtliche im Verbund stehenden Familiensachen durch einheitlichen Beschluss zu entscheiden. Folglich kann sich die Scheidung in die Länge ziehen, wenn ein Beteiligter in den Scheidungsverbund immer wieder Folgesachen einbringt. Eine solche »Verfahrensverlängerung« ist mitunter gewollt und ein Instrument, um der Gegenseite, die vielleicht eine schnelle Scheidung etwa wegen einer neuen Beziehung anstrebt, »das Leben **1403**

---

586 BGH, FamRZ 2021, 1523; OLG Koblenz, FamRZ 2004, 200.
587 OLG Brandenburg, FamRZ 2012, 892; BGH, FamRZ 1997, 811.
588 OLG Brandenburg, FamRZ 2007, 410; vgl. auch Kogel, Strategien beim Zugewinnausgleich, Rn. 498.
589 BGH, FamRZ 2018, 581.

schwer zu machen« bzw. auch eine Art Racheakt. Wirtschaftlich kann von Bedeutung
sein, dass ein hoher Trennungsunterhalt gezahlt wird, den ein Beteiligter auf diese
Art und Weise in die Länge zu ziehen versucht, insbesondere, wenn nachehelicher
Unterhalt z.b. wegen eines Ehevertrags nicht zu erwarten ist.

1404    Mitunter ist aber auch der Scheidungsverbund aus Kostengründen »vollgepackt«, weil
die Ehegatten eine umfassende abschließende Regelung ihrer Probleme anstreben.
Dies kann freilich den »Nebeneffekt« eines unvertretbar langen Verfahrens auslösen,
sodass alle Beteiligte dann versuchen, den Verbund zu »entschärfen«, d.h. einzelne
besonders langwierige Folgesachen abzutrennen.

1405    § 142 Abs. 1 FamFG konkretisiert den Grundsatz des Verfahrens- und Entscheidungsverbunds nach § 137 FamFG hinsichtlich der zu treffenden Entscheidung. Die
Regelung bestimmt in Abs. 1 Satz 1, dass bei begründetem Scheidungsantrag alle im
Verbund eingeleiteten Folgesachen gemeinsam mit der Scheidungssache einheitlich
durch Beschluss zu entscheiden sind.

1406    Der Beschluss beinhaltet neben dem stattgebenden Scheidungsausspruch alle im Verbund stehenden Folgesachen, soweit sie nicht nach § 140 FamFG zuvor abgetrennt
worden sind.

1407    § 140 Abs. 6 FamFG ordnet i.Ü. an, dass die Entscheidung über die Abtrennung in
einem gesonderten Beschluss erfolgt. Sie kann also nicht als Teil der »Verbundentscheidung«, mit der die Scheidung ausgesprochen wird, ergehen.

1408    Von der Abtrennungsmöglichkeit wird in der Praxis – je nach Familienrichter – unterschiedlich großzügig Gebrauch gemacht. Aufseiten einer oder beider Beteiligter ist
das Abtrennungsbegehren oft durch das Bedürfnis nach einer raschen Scheidung
motiviert. Der Familienrichter sieht in der Abtrennung oft eine willkommene Gelegenheit, aus dem Scheidungsverfahren die »Luft rauszulassen« in der Hoffnung, dass
sich nach Rechtskraft der Scheidung die Auseinandersetzung in den verbleibenden
Streitigkeiten versachlicht.

1409    Des Weiteren wird die Hinhaltetaktik eines Beteiligten z.b. im Versorgungsausgleich
(d.h. die schleppende Erledigung von Anfragen) wegen Faulheit, Lustlosigkeit oder
wegen des Bemühens, sich durch das Hinausschieben der Scheidung Rechtsvorteile zu
verschaffen (z.b. aufgrund eines günstigen bis zur Rechtskraft der Scheidung wirksamen Titels über Trennungsunterhalt oder weil auf nachehelichen Unterhalt verzichtet
worden ist), als unfair empfunden.

1410    § 140 FamFG regelt zentral die wesentlichen Möglichkeiten der Abtrennung einer
Folgesache.

1411    Zwar ordnet § 137 Abs. 1 FamFG an, dass über die Scheidungssache und die Folge-
sachen zusammen zu verhandeln und auch zu entscheiden ist (vgl. auch § 142 Abs. 1
FamFG), allerdings müssen im Einzelfall Ausnahmen möglich sein. Dies ist insb. der
Fall, wenn eine Folgesache die Scheidung **unzumutbar verzögert**. Dann kann eine
Vorabentscheidung zur Scheidungssache ergehen. Die nicht entscheidungsreife Fol-
gesache wird von dem Verfahrens- und Entscheidungsverbund abgetrennt mit der

Folge, dass das abgetrennte Verfahren außerhalb des Verbunds zu entscheiden ist und sich nicht mehr auf den Zeitpunkt des Abschlusses der Scheidungssache und den Eintritt der Rechtskraft des Scheidungsausspruchs auswirkt.

Unterbleibt allerdings die Entscheidung über eine Folgesache, obwohl keine wirksame Abtrennung vorliegt, kann Beschwerde mit dem Ziel eingelegt werden, den Verbund wieder herzustellen. Es handelt sich um einen schwerwiegenden Verfahrensfehler.[590] **1412**

▶ **Taktische Hinweise:**

Der anwaltlichen Vertretung ist zur Vorsicht zu raten. Liegen nämlich die Abtrennungsvoraussetzungen des § 140 FamFG nach Überprüfung durch das Beschwerdegericht nicht vor, ist aufgrund einer eingelegten Beschwerde zum Zweck der Wiederherstellung des Verbunds der erstinstanzliche Scheidungsbeschluss aufzuheben und die Sache ist zur erneuten Verhandlung und Entscheidung an das AG zurückzugeben.[591] **1413**

Die fehlerhafte Abtrennung ist also ein wesentlicher Verfahrensfehler i.S.v. § 117 Abs. 2 FamFG; § 538 Abs. 2 Nr. 1 ZPO.[592]

Nach anderer Auffassung[593] liegt ein unzulässiger Teilbeschluss vor, der im Beschwerdeverfahren nach § 117 Abs. 2 FamFG; § 538 Abs. 2 Nr. 7 ZPO aufzuheben ist, wenn eine Ehe vor einer Folgesachenentscheidung geschieden wurde, ohne dass die Voraussetzungen des § 140 FamFG vorlagen.

Die Beschwerdeschrift muss die Anfechtung des Scheidungsausspruches umfassen. Es genügt der Antrag auf Aufhebung des angefochtenen Beschlusses und Zurückverweisung der Sache an das FamG, weil die bloße Abtrennung eine rechtsmittelfähige Beschwer darstellt.[594]

Das OLG Bamberg[595] führt dies wie folgt aus:

»Die Voraussetzungen für eine Abtrennung der Folgesache vom Scheidungsverbund gemäß § 140 Abs. 2 S. 2 Nr. 1 FamFG liegen erkennbar nicht vor. Selbstverständlich wäre vorliegend eine Entscheidung in der Folgesache Güterrecht zeitgleich mit der Scheidung möglich gewesen. Damit ergingen die Scheidung und die Entscheidung in der Folgesache Versorgungsausgleich ohne Rücksicht auf den bestehenden Verbund und stellen somit unzulässige Teilentscheidungen dar (…). Weil der Scheidungsausspruch aber von keinem Beteiligten angefochten wurde, kann allein die Entscheidung in der Folgesache Versorgungsausgleich

---

590 OLG Nürnberg, FamRZ 2005, 1497.
591 BGH, FamRZ 1986, 898.
592 OLG Hamm, FamRZ 2007, 651; Schulte-Bunert/Weinreich/*Roßmann*, FamFG, § 140 Rn. 56.
593 OLG Koblenz, FamRZ 2008, 166.
594 OLG Koblenz, FamRZ 1990, 769.
595 OLG Bamberg, FamRZ 2022, 653.

aufgehoben werden, um die von §§ 137, 142 Abs. 1 FamFG geforderte einheitliche Entscheidung »über sämtliche im Verbund stehenden Familiensachen« zu
ermöglichen. Werden mehrere Folgesachen im Sinn von § 137 Abs.
2 FamFG abgetrennt, besteht der Verbund unter ihnen nach § 137 Abs. 5 FamFG fort.
Gleiches gilt, wenn – wie vorliegend – eine Folgesache zu Unrecht abgetrennt
wurde.«

Auch wenn die Abtrennung durch isolierten Beschluss angeordnet worden ist,
kann sie nur mit der Beschwerde (also nicht mit einer Beschwerde gegen den
Abtrennungsbeschluss) gerügt werden, vgl. § 140 Abs. 6 FamFG.[596]

### b) Antrag

**1414**  Die Prüfung der Voraussetzungen der Abtrennung einer Folgesache ist teilweise von
Amts wegen vorzunehmen (§ 140 Abs. 2 Nr. 1 bis 3 FamFG), hängt aber teilweise
auch von dem Antrag eines Beteiligten oder beider Beteiligter ab.

**1415**  Eine Abtrennung **von Amts wegen** ist zulässig, wenn
–  in einer Versorgungsausgleichsfolgesache oder Güterrechtsfolgesache vor der Auf-
    lösung der Ehe eine Entscheidung nicht möglich ist,
–  in einer Versorgungsausgleichsfolgesache das Verfahren ausgesetzt ist, weil ein
    Rechtsstreit über den Bestand oder die Höhe eines Anrechts vor einem anderen
    Gericht anhängig ist,
–  in einer Kindschaftsfolgesache das Gericht dies aus Gründen des Kindeswohls für
    sachgerecht hält oder das Verfahren ausgesetzt ist.

▶ **Taktischer Hinweis:**

**1416**  Natürlich ist eine »Anregung« in den genannten Fällen zulässig. Sollten aus Sicht
der anwaltlichen Vertretung etwa die Voraussetzungen der Nr. 1 vorliegen, so ist
das Gericht darauf hinzuweisen. Das FamG muss dann ermessensfehlerfrei darüber entscheiden, ob die Abtrennung zu beschließen ist oder nicht.

**1417**  Ein Antrag auf Abtrennung ist aber in den Fällen nach § 140 Abs. 2 Nr. 4 und Nr. 5
FamFG erforderlich. Durch das bei diesen Vorschriften vorgesehene Antragserfordernis wird eine Abtrennung von Amts wegen ausgeschlossen.

**1418**  Eine Abtrennung **auf Antrag** ist zulässig, wenn
–  seit Rechtshängigkeit des Scheidungsantrags ein Zeitraum von 3 Monaten verstri-
    chen ist, beide Ehegatten die erforderlichen Mitwirkungshandlungen in der Ver-
    sorgungsausgleichsfolgesache vorgenommen haben und beide übereinstimmend
    deren Abtrennung beantragen oder

---

596  OLG Düsseldorf, FamRZ 1994, 1121.

– wenn sich der Scheidungsausspruch so außergewöhnlich verzögern würde, dass ein
 weiterer Aufschub unter Berücksichtigung der Bedeutung der Folgesache eine unzumutbare Härte darstellen würde, und ein Ehegatte die Abtrennung beantragt.

Der Antrag kann zur Niederschrift der Geschäftsstelle oder in der mündlichen Ver- **1419**
handlung zur Niederschrift des Gerichts gestellt werden, bedarf also nicht der anwaltlichen Vertretung, vgl. § 140 Abs. 5 FamFG. Dies wird auch durch § 114 Abs. 4
Nr. 4 FamFG bestätigt.

Vor Abtrennung ist den Beteiligten rechtliches Gehör zu gewähren. Liegen meh- **1420**
rere Folgesachen vor, sind die Voraussetzungen der Abtrennung für jede Folgesache
gesondert zu prüfen.

Die Entscheidung zur Abtrennung erfolgt durch einen Beschluss, der einer Begrün- **1421**
dung bedarf, vgl. auch § 140 Abs. 6 FamFG.

1422

| Abtrennung einer Folgesache |
| --- |

| Kraft Gesetzes, § 140 Abs. 1 | Von Amts wegen, § 140 Abs. 2 Nr. 1 bis 3 | Auf Antrag, § 140 Abs. 2 Nr. 4 und 5 |
| --- | --- | --- |
| wenn | wenn | wenn |
| – ein Dritter in Unterhalts- oder Güterrechtsfolgesache Verfahrensbeteiligter wird | – in einer Versorgungsausgleichsfolgesache oder Güterrechtsfolgesache vor der Auflösung der Ehe eine Entscheidung nicht möglich ist<br><br>– in einer Versorgungsausgleichsfolgesache das Verfahren ausgesetzt ist, weil ein Rechtsstreit über den Bestand oder die Höhe eines Anrechts vor einem anderen Gericht anhängig ist<br><br>– in einer Kindschaftsfolgesache das Gericht dies aus Gründen des Kindeswohls für sachgerecht hält oder das Verfahren ausgesetzt ist<br><br>– § 140 Abs. 3, falls Zusammenhang mit einer Unterhaltsfolgesache besteht | – seit Rechtshängigkeit des Scheidungsantrags ein Zeitraum von drei Monaten verstrichen ist, beide Ehegatten die erforderlichen Mitwirkungshandlungen in der Versorgungsausgleichsfolgesache vorgenommen haben und beide übereinstimmend deren Abtrennung beantragen<br><br>– sich der Scheidungsausspruch so außergewöhnlich verzögern würde, dass ein weiterer Aufschub unter Berücksichtigung der Bedeutung der Folgesache eine unzumutbare Härte darstellen würde, und ein Ehegatte die Abtrennung beantragt |

Abtrennung einer Folgesache

## c) Abtrennung nach § 140 Abs. 1 FamFG

Das Gericht ist nach § 140 Abs. 1 FamFG, wenn in einer Unterhaltsfolgesache oder **1423** einer Güterrechtsfolgesache außer den Ehegatten eine weitere Person Beteiligter des Verfahrens wird, zur Abtrennung verpflichtet.

Bedeutsam wird diese Bestimmung in erster Linie nur dann, wenn im Verbund Unter- **1424** halt für ein minderjähriges Kind verlangt und im Verlauf des Verbundverfahrens dieses Kind volljährig wird. Die Prozessführungsbefugnis des bislang den Unterhalt fordernden Elternteils nach § 1629 Abs. 3 BGB entfällt mit Volljährigkeit des Kindes, d.h. das Verfahren ist nunmehr von dem Kind selbst fortzuführen und somit abzutrennen.[597]

## d) Abtrennung nach § 140 Abs. 2 FamFG

§ 140 Abs. 2 Satz 1 FamFG enthält die grundsätzliche Befugnis des Gerichts, Fol- **1425** gesachen vom Verbund abzutrennen. Die Folge ist, dass die Scheidung ausgesprochen werden kann und Rechtskraft erlangen kann. Es handelt sich hierbei um eine Kann-Bestimmung.

Satz 2 enthält die Voraussetzungen, die für eine Abtrennung erfüllt sein müssen. **1426**

### aa) Unmöglichkeit einer Entscheidung (§ 140 Abs. 2 Satz 2 Nr. 1 FamFG)

Nach § 140 Abs. 2 Satz 2 Nr. 1 FamFG ist eine Abtrennung möglich, wenn in einer **1427** Versorgungsausgleichsfolgesache oder Güterrechtsfolgesache vor der Auflösung der Ehe eine Entscheidung nicht möglich ist. Die Vorschrift greift ein, wenn etwa beim Versorgungsausgleich ein Anrecht erst mit Eintritt der Rechtskraft des Scheidungsausspruchs entsteht oder der Höhe nach bewertet werden kann.

Auch bei der Auseinandersetzung einer Gütergemeinschaft kann Satz 2 Nr. 1 anzuneh- **1428** men sein, bspw. wenn ein nach § 1476 Abs. 1 BGB maßgebender Überschuss erst mit Rechtskraft des Scheidungsbeschlusses feststellbar ist. Auch im Fall der Übernahme von Gegenständen nach § 1477 Abs. 2 BGB, die der Ehegatte in die Gütergemeinschaft eingebracht hat, ist häufig erst mit Abschluss der Auseinandersetzung, also erst nach Rechtskraft der Scheidung, eine Bewertung der Höhe des Wertersatzes möglich.

▶ **Anwaltlicher Hinweis:**

§ 140 Abs. 2 Satz 2 Nr. 1 FamFG hat im Hinblick auf eine Güterrechtsfolgesache **1429** keine Bedeutung, nachdem der Gesetzgeber die Vorschrift des § 1378 Abs. 2 BGB geändert hat. Danach wird die Höhe der Ausgleichsforderung durch den hälftigen Wert des Vermögens des ausgleichspflichtigen Ehegatten begrenzt, das nach Abzug der Verbindlichkeiten bei Beendigung des Güterstands vorhanden ist. Beendet ist der Güterstand in diesem Sinne bereits mit der Rechtshängigkeit des Zugewinnausgleichsantrags.

---

597  BGH, FamRZ 1985, 471.

Damit ist eine Entscheidung über den Zugewinnausgleich vor Auflösung der Ehe möglich.

### bb) Aussetzung des Versorgungsausgleichsverfahrens (§ 140 Abs. 2 Satz 2 Nr. 2 FamFG)

1430 Mitunter ist eine gerichtliche Klärung des Bestands oder der Höhe eines dem Versorgungsausgleich unterliegenden Anrechts i.S.d. VersAusglG bei dem für das Versorgungsanrecht zuständigen Fachgericht erforderlich. Nach § 221 FamFG kann in solchen Fällen zur Klärung einer vorgreiflichen Rechtsfrage die Folgesache zum Versorgungsausgleich ausgesetzt werden. § 140 Abs. 2 Satz 2 Nr. 2 FamFG unterstellt bei erfolgter Aussetzung eine so erhebliche Verzögerung dieses Folgeverfahrens, dass ohne Prüfung des konkreten Einzelfalls eine Vorwegentscheidung (Ehescheidung) möglich ist.

### cc) Kindschaftssachen (§ 140 Abs. 2 Satz 2 Nr. 3 FamFG)

1431 Durch § 140 Abs. 2 Satz 2 Nr. 3 FamFG werden die Abtrennungsvoraussetzungen für Kindschaftsfolgesachen geregelt.

1432 An erster Stelle steht die Beschleunigung der Kindschaftsfolgesachen im **Interesse des Kindeswohls**. Besteht aus diesem Grund das Bedürfnis für eine schnelle Entscheidung, an der das Gericht wegen fehlender Entscheidungsreife eines anderen Verfahrensgegenstands im Verbund gehindert ist, kommt danach eine Abtrennung in Betracht. Maßgeblich sind jedoch in jedem Fall die konkreten Umstände des Einzelfalls. Es sind auch Fälle denkbar, in denen ein durch die fehlende Entscheidungsreife einer anderen Folgesache nötig werdendes Zuwarten mit der Entscheidung in der Kindschaftsfolgesache dem Kindeswohl eher nützt, etwa weil Anzeichen dafür bestehen, dass sich dadurch die Chancen für eine einvernehmliche Regelung verbessern, und der Umgang vorläufig durch eine einstweilige Anordnung geregelt ist.

1433 An zweiter Stelle in § 140 Abs. 2 Satz 2 Nr. 3 FamFG ist das bereits aus dem früheren Recht bekannte Kriterium der Aussetzung der Kindschaftsfolgesache genannt.

1434 Eine Aussetzung des Verfahrens kommt infrage, wenn die Eltern ihre Bereitschaft erklärt haben, außergerichtliche Beratung in Anspruch zu nehmen oder weil nach freier Überzeugung des Gerichts die Aussicht auf ein Einvernehmen der Beteiligten besteht.

### dd) Abtrennung der Folgesache Versorgungsausgleich (§ 140 Abs. 2 Satz 2 Nr. 4 FamFG)

1435 § 140 Abs. 2 Satz 2 Nr. 4 FamFG enthält erstmals eine erleichterte Abtrennungsmöglichkeit der Folgesache Versorgungsausgleich.

1436 Voraussetzung ist zunächst, dass die Ehegatten in der Versorgungsausgleichssache die erforderlichen Mitwirkungshandlungen vorgenommen haben und übereinstimmend die Abtrennung beantragen. Darüber hinaus muss eine **Frist von 3 Monaten** abgelaufen sein.

Diese beginnt grds. mit Rechtshängigkeit des Scheidungsantrags, im Fall eines ver-   **1437**
frühten Scheidungsantrags nach Maßgabe des Abs. 4 jedoch erst mit Ablauf des Trennungsjahres. Die Frist von 3 Monaten ermöglicht die Einholung der erforderlichen Auskünfte im Versorgungsausgleich, insb. die Klärung des Versicherungskontos der Ehegatten. Bei regulärem Verlauf kann somit nach 3 Monaten eine noch offene Versorgungsausgleichsfolgesache abgetrennt und damit die Scheidung selbst entscheidungsreif gemacht werden.

### ee) Härtefälle (§ 140 Abs. 2 Satz 2 Nr. 5 FamFG)

Der Scheidungsverbund kann einzelne Folgesachen enthalten, die sehr umfangreich   **1438**
und deshalb langwierig sind. Dennoch kann eine Scheidung grds. erst erfolgen, wenn alle Folgesachen entscheidungsreif sind, es sei denn, eine Abtrennung nach § 140 Abs. 2 Satz 2 Nr. 5 FamFG ist möglich. Dies setzt eine **außergewöhnliche Verzögerung** des Scheidungsausspruchs und eine sich daraus ergebende unzumutbare Härte voraus. Die Regelung gilt für alle Folgesachen und muss bei mehreren Folgesachen jeweils gesondert geprüft werden.

Für die Ermittlung der Verfahrensdauer ist die Vorschrift des § 140 Abs. 4 FamFG   **1439**
heranzuziehen.

Durch das bei dieser Vorschrift erforderliche **Antragserfordernis** wird eine Abtren-   **1440**
nung von Amts wegen ausgeschlossen.

### aaa) Außergewöhnliche Verzögerung

Eine außergewöhnliche Verzögerung i.S.v. § 140 Abs. 2 Nr. 5 FamFG ist zu bejahen,   **1441**
wenn die bei Durchführung der Folgesachen üblicherweise auftretende Verfahrensdauer weitreichend überschritten wird.[598] Die Verzögerung muss nicht durch die Erledigung der betreffenden Folgesache im Verbund bedingt sein, es reichen, wenn i.Ü. das Kriterium der unzumutbaren Härte zu bejahen ist, auch andere Verzögerungsgründe, wie etwa eine Überlastung des Gerichts, aus.

Die Beurteilung der (voraussichtlichen) Verzögerung setzt – wie sich aus dem Wortlaut   **1442**
ergibt (»… verzögern würde«) eine **Prognose** voraus; die Verzögerung muss nicht bereits eingetreten, jedoch mit hinreichender Sicherheit zu erwarten sein.[599] Die Rechtspre-

---

598 OLG Hamm, FamRZ 1992, 1086.
599 Vgl. dazu auch OLG Köln, FamRZ 2020, 693: Die Folgesache Versorgungsausgleich
    kann nach § 140 Abs. 2 Satz 2 Nr. 5 FamFG vom Verbund abgetrennt werden, wenn
    das Ergebnis eines Strafverfahrens zum Nachteil des Antragstellers (hier: Brandstiftung
    der ehelichen Immobilie) abgewartet werden soll. Für die Annahme einer außergewöhn-
    lichen Verzögerung ist auch die zu erwartende Dauer der Instanz hinzuzurechnen; die
    Richtigkeit einer solchen Prognose wird durch erst danach eintretende Umstände, die

chung[600] sieht eine **Verfahrensdauer von 2 Jahren** als normal für ein Scheidungsverfahren an, d.h. erst nach Ablauf von 2 Jahren ist eine außergewöhnliche Verzögerung vertretbar.

Eine außergewöhnliche Verzögerung kann etwa im Versorgungsausgleichsverfahren durch die Einholung von Auskünften bei einem ausländischen Versorgungsträger eintreten; im Güterrecht kann die Verzögerung auf die Einholung von Sachverständigengutachten (z.b. wegen der Bewertung einer Gesellschaft oder eines Gesellschaftsanteils) oder bei mehrfachen gerichtlichen Maßnahmen zur Auskunftserlangung (§§ 1379, 1580, 1605 BGB; § 4 VersAusglG) zurückzuführen sein.[601]

▶ **Praxishinweis:**

1443     Das OLG Brandenburg[602] fasst dies wie folgt zusammen:

»1. Eine außergewöhnliche Verzögerung im Sinne des § 140 II Nr. 5 FamFG liegt regelmäßig erst dann vor, wenn ihre Dauer ab Rechtshängigkeit mehr als zwei Jahre beträgt.

2. Zu der tatsächlichen, bereits abgelaufenen Verfahrensdauer ist nach dem Gesetzeswortlaut (»verzögern würde«) jedoch der Zeitraum hinzuzurechnen, der mit hinreichender Sicherheit zu erwarten ist.

3. Es ist mittlerweile allgemein bekannt, dass die Familiengerichte gerade in erster Instanz angesichts einer unterdurchschnittlichen personellen Ausstattung bei gleichzeitig (durchaus altersbedingt geschuldetem) erhöhtem Krankenstand erheblich überlastet sind, was auch an den nach wie vor hohen und zunehmend streitig geführten Fallzahlen im Familienrecht liegt. Zusammen mit den Auswirkungen der derzeitigen Corona-Krise kann daher bereits nach neunmonatiger Verfahrensdauer eine außergewöhnliche Verzögerung bejaht werden.«

Das OLG Hamm[603] hat sich damit auseinandergesetzt, welcher Maßstab für eine durchschnittliche Verfahrensdauer eines Scheidungsverfahrens anzusetzen ist. Der BGH[604] hatte sich vor Jahren auf einen Zeitraum von 2 Jahren eingelassen.

Nunmehr gibt es empirische Werte des statistischen Bundesamts. Nach diesen beträgt der Bundesdurchschnitt für ein Scheidungsverfahren 10 Monaten, 10,3 Monate im Landesdurchschnitt NRW bzw. 9,6 Monate der Durchschnitt im Bezirk des OLG Hamm.

---

das Verfahren entgegen der seinerzeitigen Einschätzung beschleunigen (hier: Geständnis im Strafverfahren), nicht widerlegt.

600 Z.B. BGH, FamRZ 1988, 312; OLG Koblenz, FamRZ 2008, 166, 167.
601 Musielak/Borth, FamFG, § 140 Rn. 9 a.E.
602 OLG Brandenburg, FamRZ 2020, 1586 = FuR 2020, 597.
603 OLG Hamm, FamRZ 2013, 2002, 2003.
604 BGH, FamRZ 1986, 898.

Ähnlich äußert sich das OLG Brandenburg:[605] »Bereits zum jetzigen Zeitpunkt ist eine außergewöhnliche Verfahrensverzögerung eingetreten. Das Verfahren ist seit März 2013 und damit seit nahezu sieben Jahren rechtshängig. Dabei kann dahinstehen, ob als Maßstab für eine durchschnittliche Verfahrensdauer eines Scheidungsverfahrens ein Zeitraum von zwei Jahren (vgl. BGH, FamRZ 1986, 898) oder unter Zugrundelegung der empirischen Werte des Statistischen Bundesamtes nach dem Bericht »Rechtspflege Familiengerichte 2018« (Statistisches Bundesamt, Fachserie 10, Reihe 2.2, Rechtspflege Familiengerichte 2018, S. 43) ein Zeitraum von 9,7 Monaten im Bundesdurchschnitt, 10,4 Monaten im Landesdurchschnitt zugrunde zu legen ist.«

### bbb) Unzumutbare Härte

Allein das Vorliegen einer außergewöhnlichen Verzögerung reicht nicht aus, um eine Abtrennung einer Folgesache nach § 140 Abs. 2 Satz 2 Nr. 5 FamFG zu rechtfertigen;[606] erforderlich ist vielmehr darüber hinaus eine für den Antragsteller unzumutbare Härte. Die Feststellung der unzumutbaren Härte erfolgt mittels einer Abwägung des Interesses des Antragstellers (entsprechend des Antragsgegners, wenn dieser den Abtrennungsantrag gestellt hat) an einer alsbaldigen Scheidung und des Interesses des Antragsgegners an einer Beibehaltung des Entscheidungsverbunds, d.h. einer gleichzeitigen Regelung der abzutrennenden Folgesachen.[607]    **1444**

Nur bei einer krassen außergewöhnlichen Verzögerung kann diese selbst auch als unzumutbare Härte i.S.v. § 140 Abs. 2 Nr. 5 FamFG zu beurteilen sein. Dies ist der Fall, wenn der Scheidungsverfahren rund 5 Jahre dauert. Dabei spielt es keine Rolle, dass die Verzögerung teilweise auch vom Gericht ausging. Jedenfalls wenn die übliche Verfahrensdauer von 2 Jahren um mehr als das Doppelte überschritten ist, kann auch von einer unzumutbaren Härte ausgegangen werden.[608]    **1445**

Die Feststellung der unzumutbaren Härte erfolgt mittels einer **Abwägung** des Interesses des Antragstellers (entsprechend des Antragsgegners, wenn dieser den Abtrennungsantrag gestellt hat) an einer alsbaldigen Scheidung und des Interesses des Antragsgegners an einer Beibehaltung des Entscheidungsverbunds, d.h. einer gleichzeitigen Regelung der abzutrennenden Folgesachen.[609]    **1446**

Im Rahmen der Abwägung der Interessen ist auch eine **obstruktive Verfahrensverzögerung** eines Beteiligten zu berücksichtigen.[610] Eine obstruktive Verfahrensverzögerung ist anzunehmen, wenn der Gegner seit einem nennenswerten Zeitraum eine    **1447**

---

605  OLG Brandenburg, FamRZ 2020, 1575.
606  OLG Düsseldorf, FamRZ 2008, 1266.
607  OLG Koblenz, NJW 2008, 2929.
608  So OLG Brandenburg, FamRZ 2014, 232; OLG Brandenburg, FamRZ 2020, 1575; kritisch aber OLG Brandenburg, FuR 2014, 541.
609  OLG Koblenz, NJW 2008, 2929.
610  OLG Hamm, FamRZ 2013, 2002.

Mitwirkung unterlässt oder der Gegner den Wunsch des die Scheidung Begehrenden durch eine verzögerliche Verfahrensführung hintertreibt.[611]

**1448**    Ein **überwiegendes Interesse des Antragstellers** ist zu bejahen bei begrenzter Lebenserwartung des antragstellenden Ehegatten, der eine Wiederheirat beabsichtigt.[612] Ähnlich liegt es bei bevorstehender Geburt eines Kindes aus einer neuen Beziehung, insb. wenn gleichzeitig die wirtschaftliche Lage des anderen Ehegatten abgesichert ist und für das Beibehalten des Verbunds nur formale Gesichtspunkte vorgebracht werden.[613]

**1449**    Mitunter wird das Scheidungsverfahren auch aus wirtschaftlichen Erwägungen verzögert, insb., weil Trennungsunterhalt gezahlt wird, der nacheheliche Unterhalt aber dem Grund und der Höhe nach unsicher ist. Dies ist gerade durch die Unterhaltsreform 2008 ein nicht zu unterschätzender Aspekt, der natürlich nicht hingenommen werden darf.[614]

▶ Praxishinweis:

**1450**    Allein die Tatsache, dass der einen hohen Trennungsunterhalt schuldende Ehegatte im Fall einer Ablehnung der Abtrennung des Verfahrens wirtschaftlich erheblich belastet wird, begründet keine unbillige Härte i.S.d. § 140 Abs. 2 Satz 2 Nr. 5 FamFG. Dies gilt auch dann, wenn der nacheheliche Unterhalt geringer zu bemessen ist.

Insoweit ist insbesondere zu berücksichtigen, dass durch die Beibehaltung des Titels zum Trennungsunterhalt der nach Scheidung der Ehe folgende nacheheliche Unterhalt vor allem bei langer Ehedauer durch eine Endentscheidung zu sichern ist. Dies kann auch durch den Erlass einer einstweiligen Anordnung nicht erreicht werden, da eine solche jederzeit abgeändert werden kann.

Die Voraussetzungen einer unbilligen Härte können jedoch dann vorliegen, wenn der unterhaltsberechtigte Ehegatte ein Verbundverfahren treuwidrig verzögert, um möglichst lange die höhere Unterhaltszahlung beziehen zu können.[615]

**1451**    Umgekehrt sind im Rahmen der Interessenabwägung auch die **Belange des Antragsgegners**, der sich der Abtrennung widersetzt, angemessen zu berücksichtigen. Ist eine Folgesache für den Antragsgegner angesichts dessen konkreter Lebenssituation besonders bedeutsam (z.B. die Sicherung des nachehelichen Unterhalts), muss das Interesse des Antragstellers an einer Aufhebung des Verbunds zurücktreten.[616] Ist die Folgesache hingegen weniger wichtig (Zugewinnausgleich oder Versorgungsausgleich), können die Interessen des Antragsgegners an der Beibehaltung des Verbunds wohl

---

611 OLG Brandenburg, FamRZ 2020, 1575.
612 OLG Hamm, FamRZ 2007, 651.
613 BGH, NJW 1987, 1772, 1773.
614 Vgl. auch BGH, NJW 1991, 2491, 2492.
615 OLG Saarbrücken, FamRZ 2022, 443.
616 BGH, FamRZ 1986, 899.

zurücktreten. Letztlich ist der Einzelfall ausschlaggebend, denn auch der Versorgungsausgleich kann für einen bereits Rente beziehenden Ehegatten ähnliche Bedeutung
wie eine Unterhaltsregelung haben.

Die Zustimmung eines Ehegatten zur Abtrennung kann darauf hinweisen, dass die      1452
Folgesache für ihn nur geringe Bedeutung hat. Allerdings ist Vorsicht geboten, **da
die Abtrennung nicht zur Disposition der Beteiligten steht**. Die im gerichtlichen
Verfahren getroffene Absprache, die Abtrennung nicht zu beanstanden, ist nicht bindend, d.h. das Beschwerdegericht ist gehalten, die Voraussetzungen der Abtrennung
zu überprüfen.[617]

▶ **Taktischer Hinweis:**

Häufig verzögert nur die Folgesache Güterrecht den Scheidungsausspruch; der        1453
nacheheliche Unterhalt ist in der Regel jedenfalls früher entscheidungsreif. Effektiver als ein Abtrennungsantrag nach § 140 Abs. 2 Nr. 5 FamFG ist in diesen
Fällen, die vorzeitige Aufhebung der Zugewinngemeinschaft einzuleiten. Leben
Eheleute bereits 3 Jahre getrennt, so kann jeder Beteiligte den Gestaltungsantrag
auf vorzeitige Aufhebung der Zugewinngemeinschaft stellen, § 1386 BGB. Die
Rechtskraft einer gerichtlichen Entscheidung (§ 1388 BGB) hat zur Folge, dass
der Zugewinnausgleich unabhängig von der Scheidung geltend zu machen ist.
Damit wird ein diesbezüglicher Folgesachenantrag unzulässig, d.h. die Scheidung
kann ausgesprochen werden. Mit dieser Strategie sollte überlangen Scheidungsverfahren begegnet werden.[618]

### e) Abtrennung einer Unterhaltsfolgesache (§ 140 Abs. 3 FamFG)

§ 140 Abs. 3 FamFG begründet die Möglichkeit, im Fall der Abtrennung einer Kind-   1454
schaftsfolgesache auch eine Unterhaltsfolgesache abzutrennen. Da die Sorgeentscheidung und der Kindes- sowie nacheheliche Unterhalt nach § 1570 BGB (Betreuungsunterhalt) häufig in einem sachlichen Zusammenhang stehen, d.h. die Entscheidung
zum Kindes- und nachehelichen Unterhalt von der Sorgeentscheidung abhängt, ist
die Regelung des § 140 Abs. 3 FamFG, d.h. die erweiterte Abtrennungsmöglichkeit
für die unterhaltsrechtlichen Folgesachen gerechtfertigt.

Allerdings wird für diese Möglichkeit der erweiterten Abtrennung das Kriterium      1455
des Zusammenhangs der Unterhaltsfolgesache mit der Kindschaftsfolge gefordert,
um eine Abtrennung von Unterhaltsfolgesachen, welche nicht durch den Zweck der
Vorschrift gedeckt ist, zu vermeiden. Das Erfordernis des Zusammenhangs wird im
Regelfall zu verneinen sein, wenn sich die Entscheidung in der Kindschaftsfolgesache
nicht auf die konkrete Unterhaltsfolgesache auswirken kann.

Hinsichtlich der Folgen einer Abtrennung gilt auch in diesem Fall § 137 Abs. 5      1456
FamFG, wobei für die Unterhaltsfolgesache dessen Satz 1 und für die Kindschaftssa-

---

617  BGH, FamRZ 1991, 1043, 1044.
618  Ausführlich dazu Rdn. 1282.

che dessen Satz 2 maßgeblich ist. Die Kindschaftssache wird also als selbstständiges Verfahren fortgeführt.

### f) Berechnungsmodalitäten (§ 140 Abs. 4 FamFG)

1457 § 140 Abs. 4 Satz 1 FamFG bestimmt, dass bei den in Abs. 2 Nr. 4, 5 enthaltenen Zeitkriterien der vor Ablauf des ersten Jahres des Getrenntlebens liegende Zeitraum außer Betracht bleibt.

1458 Dies wirkt sich dahin gehend aus, dass im Fall des § 140 Abs. 2 Nr. 4 FamFG die Frist von 3 Monaten bei einem vorzeitig gestellten Scheidungsantrag nicht ab Rechtshängigkeit des Scheidungsantrags, sondern erst mit Ablauf des ersten Trennungsjahres beginnt. Im Fall des Abs. 2 Nr. 5 gilt Entsprechendes für das Kriterium der außergewöhnlichen Verzögerung.

1459 Mit einer verfrühten Einreichung des Scheidungsantrags wird nicht selten die Vorverlagerung des insb. für den Versorgungsausgleich und den Zugewinnausgleich maßgeblichen Berechnungsstichtages zum Nachteil des ausgleichsberechtigten anderen Ehegatten bezweckt.

1460 Wird der Scheidungsantrag eingereicht, ohne dass die Voraussetzungen für eine Ehescheidung vorliegen, soll der Zeitraum, um den der Antrag zu früh eingereicht wurde, nicht zur Begründung einer verfahrensrechtlichen Privilegierung oder der Voraussetzungen einer Abtrennung wegen unzumutbarer Härte herangezogen werden können.

1461 § 140 Abs. 4 Satz 2 FamFG sieht eine Ausnahme von Satz 1 in den Fällen vor, in denen die Voraussetzungen einer Härtefallscheidung (vgl. § 1565 Abs. 2 BGB) vorliegen.

▶ Praxishinweis zum verfrühten Scheidungsantrag:

1462 Regelmäßig wird die Ehe erst geschieden, wenn das Trennungsjahr abgelaufen ist. Maßgeblich für die Bestimmung des grds. erforderlichen Trennungsjahres ist der Zeitpunkt der letzten mündlichen Verhandlung.

Mitunter besteht Unsicherheit darüber, ob ein Scheidungsantrag als verfrüht abgewiesen werden kann, wenn er vor Ablauf des Trennungsjahres anhängig gemacht wurde.

Zunächst ist in diesem Zusammenhang von Bedeutung, dass nach § 113 Abs. 4 Nr. 3 FamFG ein **früher erster Termin** in Ehesachen grds. nicht vorgesehen ist. Die Scheidung soll vielmehr durch Einholung insb. der Auskünfte der Versorgungsträger gründlich vorbereitet und dann in einem Termin abgeschlossen werden.

Im Hinblick auf die Vorschrift des § 140 Abs. 4 FamFG ist nunmehr jedenfalls ein Scheidungsantrag, der 2 Monate vor Ablauf des Trennungsjahres gestellt wird, nicht »verfrüht«. Diese Wertung ist § 140 Abs. 4 FamFG mittelbar zu entnehmen; die Vorschrift wäre überflüssig, wenn Scheidungsanträge, die vor Ablauf des Trennungsjahres gestellt werden, generell abgewiesen werden müssten. Der

Zeitraum von 2 Monaten ist damit zu rechtfertigen, dass nach Ablauf des Trennungsjahres die Scheidung zulässig ist, zuvor aber noch die Auskünfte zum Versorgungsausgleich eingeholt werden müssen; des Weiteren ist für die Anlage der Gerichtsakte, die Zustellung gerichtlicher Verfügungen und Rücksendungen eine angemessene Zeit zu kalkulieren. Haben die Beteiligten wirksam den Versorgungsausgleich ausgeschlossen, so verkürzt sich der erwähnte Zeitrahmen allerdings auf einen Monat.

Ergänzend ist aber darauf hinzuweisen, dass ein »früher« Scheidungsantrag nicht VKH-fähig ist. Es wird immer wieder (nach entsprechender Beschwerde) von OLG-Gerichten darauf hingewiesen, dass für ein Scheidungsverfahren, in dem Härtegründe nicht geltend gemacht werden, vor Ablauf des Trennungsjahres eine Bewilligung von VKH nicht in Betracht kommt.[619]

▶ **Taktischer Hinweis zur »Manipulation« von Stichtagen:**

Mitunter werden Scheidungsanträge deshalb verfrüht gestellt, um über die Rechtshängigkeit des Scheidungsantrags den Stichtag für das Endvermögen beim Zugewinnausgleich gezielt zu fixieren. Grund dafür ist, dass entweder ein größerer Geldbetrag erwartet wird (z.B. eine Abfindung des Arbeitgebers) oder aber die Bewertung von Unternehmensanteilen oder auch eines Aktienvermögens zu einer bestimmten Zeit günstig ausfällt. Zwar besteht das Risiko, dass der Scheidungsantrag deshalb in erster Instanz abgewiesen wird; allerdings wird dann in zweiter Instanz das Trennungsjahr abgelaufen sein, so dass zwar die Kosten für das Scheidungsverfahren getragen werden müssen, aber der Stichtag nicht mehr korrigierbar ist.                                                                    1463

▶ **Hinweis:**

So hat das OLG Hamm[620] sich dazu wie folgt geäußert:                                       1464

»Auch wenn die Antragsgegnerin die Verteidigung gegen den Scheidungsantrag in erster Instanz damit begründet hat, dass sie eine Verkürzung ihres Versorgungsausgleichs nicht hinzunehmen brauche, ist einhellige Meinung, dass eine zutreffende auf Zurückweisung des Scheidungsantrags lautende Entscheidung bei zwischenzeitlichem Eintritt der Scheidungsvoraussetzungen auch dann nicht bestätigt werden kann, wenn der Fortbestand der an die Zustellung des Scheidungsantrags anknüpfenden Stichtage nachteilige Auswirkungen auf die Ansprüche des Antragsgegners haben würde (...).«

---

619  OLG Celle, FuR 2014, 486.
620  OLG Hamm, FamRZ 2014, 208; vgl. auch OLG Köln, FuR 2015, 486.

▶ **Hinweis:**

1465    Die Kosten des Beschwerdeverfahrens werden bei einer derartigen Scheidung
        allerdings dem Antragsteller auferlegt.

»Die Kosten des Beschwerdeverfahrens sind dem Antragsteller gemäß den §§ 150 FamFG,
97 Abs. 2 ZPO aufzuerlegen, weil die Voraussetzungen einer Härtefallscheidung unstreitig
nicht vorlagen und daher die Abweisung des Scheidungsantrags zu Recht erfolgt ist. In
diesen Fällen kann § 97 Abs. 2 ZPO entsprechend angewendet werden.«[621]

▶ **Hinweis:**

1466    Das OLG Düsseldorf[622] äußert sich zu einer Korrektur des Stichtages sehr zurück-
        haltend. Eine Verschiebung des Stichtages komme allenfalls in besonderen Aus-
        nahmefällen in Betracht, wenn übergeordnete Gesichtspunkte wie Treu und
        Glauben oder die Sittenwidrigkeit einer verfrühten Antragstellung dies gebieten.
        Ein verfrühter Scheidungsantrag, der etwa 8 Monaten vor dem Ablauf des Tren-
        nungsjahres gestellt wird, sei für eine solche Feststellung allein nicht ausreichend,
        zumal nicht selten Scheidungsanträge wenige Monate verfrüht gestellt würden,
        damit unmittelbar im Anschluss an den Ablauf des Trennungsjahres eine Schei-
        dung erfolgen kann.

▶ **Hinweis:**

1467    Der BGH[623] hat sich für den Versorgungsausgleich gegen eine Korrektur des
        Stichtages ausgesprochen. Die Berücksichtigung von Nachteilen, die einem Ehe-
        gatten aus einer verfrühten Scheidungsantragstellung erwachsen, könne im Ver-
        sorgungsausgleich allenfalls nach § 27 VersAusglG erfolgen.

▶ **Hinweis:**

1468    Im Rahmen der Rechtsbeschwerde gegen die Entscheidung des OLG Düsseldorf
        bestätigt der BGH die erwähnte Entscheidung betreffend den Versorgungsaus-
        gleich und bekräftigt in Bezug auf das Güterrecht seine Auffassung, dass eine
        Modifizierung der Stichtage des Gesetzes nur in Betracht kommt, wenn ohne
        eine solche Korrektur das sich für den Zugewinnausgleich ergebende Ergebnis
        grob billig erscheint.[624]

▶ **Hinweis:**

1469    Der BGH bestätigt die Entscheidung des OLG Düsseldorf:

»Das OLG ist in rechtsbeschwerderechtlich nicht zu beanstandender Weise davon ausgegangen, dass ein Zeitraum von etwa acht Monaten zwischen dem Datum der Zustellung

---

621 OLG Hamm, FamRZ 2014, 208.
622 OLG Düsseldorf, FamRZ 2017, 1044.
623 BGH, FamRZ 2017, 1914.
624 BGH, FamRZ 2018, 331 = NJW 2018, 610.

des Scheidungsantrags und dem Ablauf des Trennungsjahres allein für eine Verschiebung des Stichtags nicht ausreicht. Denn angesichts des im Zugewinnausgleichsrecht festgelegten pauschalisierenden und schematischen Berechnungssystems begründet eine solche Zeitspanne keine Umstände, die dem Gerechtigkeitsempfinden in unerträglicher Weise widersprächen.«

▶ Hinweis:

Auch das OLG Brandenburg[625] schließt sich dieser Rechtsprechung an und macht   **1470**
insbesondere deutlich, dass die Manipulation des Stichtages vom dadurch benachteiligten Ehegatten darzulegen und zu beweisen ist:

»Zuletzt kommt auch eine Verlegung des Endvermögensstichtags aufgrund eines vermeintlich verfrüht (d. h. bereits vor Ablauf des Trennungsjahres und ohne Vorliegen von Härtegründen) gestellten Scheidungsantrags nicht in Betracht. Wurde der Scheidungsantrag verfrüht gestellt, kann der Berufung auf den Stichtag des § 1384 BGB ggf. der Einwand des Rechtsmissbrauchs (§ 242 BGB) entgegenstehen (BGH, FamRZ 2018, 331, 332, m. Anm. Koch). Dies setzt voraus, dass das Ergebnis ohne Korrektur des Stichtages grob unbillig erscheint und die Gewährung des Ausgleichsanspruchs in der vom Gesetz vorgegebenen Art und Weise dem Gerechtigkeitsempfinden in unerträglicher Weise widersprechen würde (BGH, FamRZ 2018, 331, 332, m. Anm. Koch; BGH, FamRZ 2017, 1914, m. Anm. Norpoth). Erforderlich sind konkrete Anhaltspunkte dafür, dass durch den verfrühten Scheidungsantrag in illoyaler Weise verhindert werden soll, dass der andere Ehegatte an einer konkret absehbaren erheblichen Vermögensmehrung teilhat. Ein eingehender Sachvortrag des auch insoweit darlegungsbelasteten Ehemanns hinsichtlich einer solchen Absicht der Antragstellerin fehlt aber.«

▶ Hinweis:

Die Rechtsprechung zu dieser Frage überzeugt nicht. Zwar liegt die Brisanz der   **1471**
Thematik i.d.R. nicht im Bereich des Versorgungsausgleichs,[626] da in der Regel eine Verschiebung von wenigen Monaten keine große Auswirkung hat. Der Zugewinnausgleich, der auf einer schematischen Stichtagsregelung aufbaut, lässt sich hingegen durch gezielte verfrühte Scheidungsanträge im Einzelfall erheblich beeinflussen. Nicht immer ist der (dadurch geschädigte) Antragsgegner imstande, dies im Einzelnen nachzuweisen und damit seiner Darlegungslast zu genügen, wie es der BGH verlangt. Im Grunde genommen ist nichts dagegen einzuwenden, wenn Scheidungsanträge 2-3 Monate vor Ablauf des Trennungsjahres gestellt werden. Wird allerdings ein Zeitraum von 3 Monaten überschritten, sollte die Darlegungs- und Beweislast beim Antragsteller liegen, wenn eine Korrektur der Stichtage verlangt wird. In solchen Fällen ist schlichtweg entgegen der Auffassung des Rechtsprechung die Absicht der Manipulation zu vermuten.

---

625  OLG Brandenburg, Beschl. vom 18.02.2021, 9 UF 168/20, FamRZ 2021, 1524.
626  Ausnahmen sind denkbar, wenn ein Anrecht noch nicht verfestigt ist, vgl. dazu OLG Koblenz, FamRZ 2019, 959 (Nahles-Entscheidung).

▶ **Hinweis:**

1472    Solange die Rechtsprechung in Bezug auf frühe Scheidungsanträge eine Korrektur der Stichtage nicht ernsthaft in Erwägung zieht, müssen Anwälte bei entsprechender Beauftragung aktiv werden, um wirtschaftlich das günstigste Ergebnis für ihre Mandantschaft herausholen. Ein Risiko besteht – wie oben bereits erwähnt – mit Ausnahme zu tragender Kosten nicht, da zumindest in zweiter Instanz das Trennungsjahr aufgrund der Dauer insbesondere eines Beschwerdeverfahrens abgelaufen ist.

### g) Verfahren

#### aa) Entscheidung durch Beschluss

1473    § 140 Abs. 6 FamFG ordnet an, dass die Entscheidung über die Abtrennung in einem gesonderten Beschluss erfolgt. Sie kann also nicht als Teil der Endentscheidung, mit der die Scheidung ausgesprochen wird, ergehen.

#### bb) Rechtsfolgen der Abtrennung (§ 137 Abs. 5 FamFG)

1474    Die Rechtsfolgen der Abtrennung ergeben sich aus § 137 Abs. 5 FamFG.

1475    § 137 Abs. 5 Satz 1 FamFG bestimmt, dass die Eigenschaft als Folgesache für die Verfahren des § 137 Abs. 2 FamFG, d. h.
– Versorgungsausgleichssachen,
– Unterhaltssachen, sofern sie die Unterhaltspflicht ggü. einem gemeinschaftlichen Kind oder die durch Ehe begründete gesetzliche Unterhaltspflicht betreffen mit Ausnahme des vereinfachten Verfahrens über den Unterhalt Minderjähriger,
– Ehewohnungs- und Haushaltssachen und
– Güterrechtssachen,

wenn eine Entscheidung für den Fall der Scheidung zu treffen ist, auch nach einer Abtrennung fortbesteht; sie sind also nach wie vor **keine selbstständigen Familiensachen**, selbst wenn die Scheidung mittlerweile rechtskräftig geworden sein sollte.

1476    Diese Rechtsfolge ist sachgerecht, da die Abtrennung nichts daran ändert, dass, vorbehaltlich etwa einer zulässigen Antragsänderung, eine Entscheidung für den Fall der Scheidung zu treffen ist. Bedeutsam ist das Fortbestehen der Eigenschaft als Folgesache auch nach Abtrennung etwa für die Frage des Anwaltszwangs sowie in kostenrechtlicher Hinsicht.[627]

1477    Bestehen bleibt auch der Verbund unter mehreren Folgesachen i.S.d. § 137 Abs. 5 FamFG.

1478    Für Folgesachen nach § 137 Abs. 3 FamFG, d.h. **Kindschaftssachen**, die die Übertragung oder Entziehung der elterlichen Sorge, das Umgangsrecht oder die Heraus-

---

627 Vgl. OLG Stuttgart, NZFam 2018, 423 (zur anwaltlichen Vergütung).

gabe eines gemeinschaftlichen Kindes der Ehegatten oder das Umgangsrecht eines Ehegatten mit dem Kind des anderen Ehegatten betreffen, wenn ein Ehegatte vor Schluss der mündlichen Verhandlung im ersten Rechtszug in der Scheidungssache die Einbeziehung in den Verbund beantragt, wird abweichend hiervon in Satz 2 angeordnet, dass sie nach einer Abtrennung stets als **selbstständige** Familiensachen weitergeführt werden.

Dies hat eine (für den anwaltlichen Vertreter positive) kostenrechtliche Bedeutung, 1479 da solche Verfahren eigenständig abzurechnen sind.

### aaa) Fortführung des Restverbunds

Wird eine Folgesache aus dem Verbundverfahren abgetrennt, so wird der Verbund zwi- 1480 schen der Scheidungssache und den anderen Folgesachen fortgesetzt.[628] Auch danach beantragte Folgesachen werden gem. § 137 FamFG mit der Scheidungssache verhandelt und entschieden. Obwohl der Scheidungsbeschluss der Sache nach einen Teilbeschluss darstellt, ist er nach § 150 FamFG mit einer Kostenentscheidung zu versehen.

### bbb) Verfahren hinsichtlich der abgetrennten Folgesachen

Eine abgetrennte Folgesache wird wie ein selbstständiges Verfahren geführt und ist 1481 weiter zu fördern, unabhängig davon, ob die Scheidungssache bereits rechtskräftig geworden ist. Dennoch behält ein abgetrenntes Verfahren den Charakter einer Folgesache, was sich unmittelbar auf die Beibehaltung des Anwaltszwangs nach § 114 FamFG sowie die Kostenregelung des § 150 Abs. 1 FamFG auswirkt.

Ansonsten richtet sich das Verfahren der abgetrennten Folgesachen nach dem jeweils 1482 maßgebenden Verfahrensrecht.

Wird eine Folgesache vor Eintritt der Rechtskraft des Scheidungsausspruchs unan- 1483 fechtbar (z.B. Rechtsmittelverzicht), wird diese dennoch nach § 148 FamFG erst mit Rechtskraft der Scheidung wirksam, weil eine Entscheidung nur für den Fall der Scheidung der Ehe ergeht. Wird der Scheidungsantrag abgewiesen, gilt § 142 Abs. 2 FamFG auch für abgetrennte Folgesachen; sie werden also gegenstandslos. Die Kosten für das Verfahren sind regelmäßig dem Beteiligten aufzuerlegen, dessen Scheidungsantrag abgewiesen wurde.

### cc) Rechtsmittel

Der Beschluss, der eine Abtrennung anordnet oder ablehnt, ist nicht selbstständig 1484 anfechtbar.[629] Dies ergibt sich bereits aus seinem Charakter als Zwischenentscheidung; es wird gleichwohl zur Klarstellung im Gesetz noch einmal ausdrücklich bestimmt, vgl. § 140 Abs. 6 FamFG.

---

628 OLG Bamberg, FamRZ 2022, 653.
629 BGH, FamRZ 2005, 191.

### aaa) Wiederherstellung des Verbunds

**1485** Die Abtrennung einer Folgesache vom Verbund hat zur Folge, dass die betroffenen Ehegatten die Schutzwirkung des Verbundverfahrens einbüßen. Die Abtrennung stellt deshalb eine Beschwer im Rahmen des Scheidungsverfahrens dar und kann mit den Rechtsmitteln der **Beschwerde** oder **Rechtsbeschwerde** gegen den Scheidungsbeschluss angefochten werden.[630]

**1486** Rechtsschutzziel des Rechtsmittels ist die Wiederherstellung des Verbunds der abgetrennten Folgesache mit der Scheidungssache, sodass ein besonderer Sachantrag nicht erforderlich ist.

**1487** Der Antrag beschränkt sich darauf, den Beschluss (zur Scheidungssache) aufzuheben und die Sache an das FamG zurückzuverweisen.

**1488** Das Beschwerdegericht muss im Fall der fehlerhaften Abtrennung die Sache unter Aufhebung des angefochtenen Beschlusses und des Verfahrens an das Gericht des ersten Rechtszugs nach § 117 Abs. 2 FamFG i.V.m. § 538 Abs. 2 ZPO zurückverweisen. Das erstinstanzliche Verfahren leidet an einem wesentlichen Mangel und zur Entscheidung ist eine umfangreiche oder aufwendige Beweiserhebung notwendig. Nach anderer Auffassung[631] liegt ein unzulässiger Teilbeschluss vor, der im Beschwerdeverfahren nach § 117 Abs. 2 FamFG i.V.m. § 538 Abs. 2 Nr. 7 ZPO aufzuheben ist, wenn eine Ehe vor einer Folgesachenentscheidung geschieden wurde, ohne dass die Voraussetzungen des § 140 ZPO vorlagen.

▶ Praxishinweis:

**1489** Die Abtrennung der Folgesache nachehelicher Ehegattenunterhalt ist problematisch. Die Rechtskraft der Scheidung hat nämlich das Erlöschen des Trennungsunterhalts zur Folge, sodass eine Unterhaltslücke zu befürchten ist. Die OLG neigen dazu, einer entsprechenden Beschwerde regelmäßig aus diesem Grund stattgeben.[632] Es ist daher angeraten, in solchen Fällen zumindest eine Teiltitulierung des nachehelichen Unterhalts anzubieten oder herbeizuführen, jedenfalls wenn ein Unterhaltsanspruch nicht von der Hand zu weisen ist.

**1490** Ist die abgetrennte Folgesache inzwischen ebenfalls in der Rechtsmittelinstanz anhängig, kann der Verbund nur in dieser hergestellt werden, sodass eine Zurückverweisung entfällt. Wurde das abgetrennte Verfahren bereits durch Vergleich oder eine rechtskräftige Entscheidung in erster Instanz abgeschlossen, ist eine Zurückverweisung ebenfalls unstatthaft, weil auch ohne Aufhebung der Scheidungssache das Ziel einer einheitlichen Entscheidung erreicht wurde.

**1491** Andere Verfahrensbeteiligte (also v.a. die Träger einer Versorgung und das Jugendamt) haben kein Rechtsmittel gegen die Abtrennung einer Folgesache.

---

630 OLG Bamberg, FamRZ 2022, 653.
631 OLG Bamberg, FamRZ 2022, 653; OLG Koblenz, FamRZ 2008, 166.
632 Vgl. OLG Saarbrücken, FamRZ 2022, 443.

### bbb) Prüfung des Rechtsmittelgerichts

Die Abtrennungsentscheidung nach § 140 FamFG kann im Rechtsmittelverfahren über die Scheidungssache in vollem Umfang vom Beschwerdegericht überprüft werden, weil die Entscheidung zur Abtrennung nicht in das Ermessen des Gerichts gestellt ist, sondern die Voraussetzungen der Abtrennung von Amts wegen zu prüfen sind.[633]  **1492**

Die Abtrennung einer Folgesache unterliegt auch nicht der Dispositionsbefugnis der Beteiligten.  **1493**

Demgemäß kann ein Beteiligter trotz seiner Zustimmung zur Abtrennung die Verletzung der §§ 137, 140 FamFG rügen.[634] Erfolgt eine Vorabentscheidung zur Scheidung, muss in der Entscheidung dargelegt werden, dass die abgetrennte Folgesache noch nicht entscheidungsreif ist und die Voraussetzungen des § 140 FamFG vorliegen.  **1494**

## h) Muster

### aa) Muster: Antrag auf Abtrennung einer Folgesache nach § 140 Abs. 2 Nr. 2 FamFG

▶ Muster: Antrag auf Abtrennung einer Folgesache nach § 140 Abs. 2 Nr. 2 FamFG

An das  **1495**

Amtsgericht .....

– Familiengericht –

.....

Antrag auf Abtrennung der Folgesache Versorgungsausgleich

In der Familiensache

Müller, Erika ./. Müller, Jan

Aktenzeichen .....

vertreten wir bekanntlich die Antragstellerin.

Namens und in Vollmacht der Antragstellerin beantragen wir:

Die Folgesache Versorgungsausgleich wird abgetrennt.

Begründung:

Der Antrag auf Abtrennung der Folgesache Versorgungsausgleich wird auf § 140 Abs. 2 Nr. 2 FamFG gestützt. Danach ist eine Folgesache abzutrennen, wenn in einer Versorgungsausgleichsfolgesache das Verfahren ausgesetzt ist, weil ein Rechts-

---

633  BGH, FamRZ 1991, 1043, 1044.
634  OLG Koblenz, FamRZ 2008, 166, 167.

streit über den Bestand oder die Höhe eines Anrechts vor einem anderen Gericht anhängig ist.

Das Ehescheidungsverfahren samt der Folgesache Versorgungsausgleich ist seit dem ..... rechtshängig, d.h. seit mehr als einem Jahr.

Der Antragsgegner führt zurzeit einen Prozess vor dem Sozialgericht, der den Bestand eines dem Versorgungsausgleich unterliegenden Anrechts i.S.d. § 2 VersAusglG betrifft. Nach § 221 FamFG wurde zur Klärung dieser vorgreiflichen Rechtsfrage die Folgesache zum Versorgungsausgleich ausgesetzt.

§ 140 Abs. 2 Satz 2 Nr. 2 FamFG unterstellt bei erfolgter Aussetzung eine so erhebliche Verzögerung dieses Folgeverfahrens, dass ohne Prüfung des konkreten Einzelfalls eine Vorwegentscheidung (Ehescheidung) möglich ist.

Die Beteiligten streben eine zügige Scheidung an und regen daher beim Familiengericht die Abtrennung der Folgesache Versorgungsausgleich an.

.....

Rechtsanwältin/Rechtsanwalt


*bb) Muster: Antrag auf Abtrennung einer Folgesache nach § 140 Abs. 2 Nr. 3 FamFG*

▶ Muster: Antrag auf Abtrennung einer Folgesache nach § 140 Abs. 2 Nr. 3 FamFG

**1496** An das

Amtsgericht .....

– Familiengericht –

.....

Antrag auf Abtrennung der Folgesache Umgang

In der Familiensache

Müller, Erika./. Müller, Jan

Aktenzeichen .....

vertreten wir bekanntlich den Antragsgegner.

Namens und in Vollmacht des Antragsgegners beantragen wir:

Die Folgesache Umgangsrecht wird abgetrennt.

Begründung:

Der Antrag auf Abtrennung der Folgesache Umgangsrecht wird auf § 140 Abs. 2 Nr. 3 FamFG gestützt. Danach ist eine Folgesache abzutrennen, wenn in einer Kindschaftsfolgesache das Gericht dies aus Gründen des Kindeswohls für sachgerecht hält oder das Verfahren ausgesetzt ist.

Das Ehescheidungsverfahren samt der Folgesache Güterrecht ist seit dem ..... rechtshängig ist, d.h. seit mehr als einem Jahr.

Der Antragsgegner hat seinen Sohn ..... in dieser Zeit nur zwei Mal gesehen. Er befürchtet, dass jeglicher Kontakt zu seinem Kind abreißt und eine Entfremdung eintritt. Er kann dies nicht mehr hinnehmen.

Kindschaftsfolgesachen bedürfen im Interesse des Kindeswohls äußerster Beschleunigung.

Besteht aus diesem Grund das Bedürfnis für eine schnelle Entscheidung, an der das Gericht wegen fehlender Entscheidungsreife eines anderen Verfahrensgegenstands im Verbund gehindert ist, kommt danach eine Abtrennung in Betracht.

Das Scheidungsverfahren wird sich noch weiter hinziehen, weil der Zugewinnausgleich sich wegen vorhandener Immobilien, zu denen Gutachten eingeholt werden müssen, äußerst schwierig gestaltet.

Somit liegen die Voraussetzungen für eine Abtrennung der Folgesache Umgangsrecht vor.

.....

Rechtsanwältin/Rechtsanwalt

*cc)* *Muster: Antrag auf Abtrennung einer Folgesache nach § 140 Abs. 2 Nr. 4 FamFG*

▶ Muster: Antrag auf Abtrennung einer Folgesache nach § 140 Abs. 2 Nr. 4 FamFG

An das                                                                         1497

Amtsgericht .....

– Familiengericht –

.....

      Antrag auf Abtrennung der Folgesache Versorgungsausgleich

In der Familiensache

Müller, Erika./. Müller, Jan

Aktenzeichen .....

vertreten wir bekanntlich die Antragstellerin.

Namens und in Vollmacht der Antragstellerin beantragen wir:

Die Folgesache Versorgungsausgleich wird abgetrennt.

Begründung:

Der Antrag auf Abtrennung der Folgesache Versorgungsausgleich wird auf § 140 Abs. 2 Nr. 4 FamFG gestützt. Danach ist eine Folgesache abzutrennen, wenn seit

Rechtshängigkeit des Scheidungsantrags ein Zeitraum von drei Monaten verstrichen ist, beide Ehegatten die erforderlichen Mitwirkungshandlungen in der Versorgungsausgleichsfolgesache vorgenommen haben und beide übereinstimmend deren Abtrennung beantragen.

Das Ehescheidungsverfahren samt der Folgesache Versorgungsausgleich ist seit dem ..... rechtshängig ist, d.h. seit mehr als drei Monaten.

Die Frist von drei Monaten beginnt grundsätzlich mit Rechtshängigkeit des Scheidungsantrags, im Fall eines verfrühten Scheidungsantrags nach Maßgabe des § 140 Abs. 4 FamFG jedoch erst mit Ablauf des Trennungsjahres. Die Beteiligten haben den Scheidungsantrag erst nach Ablauf des Trennungsjahres gestellt.

Die Frist von drei Monaten ermöglicht die Einholung der erforderlichen Auskünfte im Versorgungsausgleich, insbesondere die Klärung des Versicherungskontos der Ehegatten.

Im vorliegenden Fall sind noch weitere Verzögerung zu erwarten, da die Antragstellerin ausländische Anwartschaften hat.

Beide Beteiligte wollen nunmehr eine zügige Scheidung, d.h. auch der Antragsgegner wird sich diesem Antrag anschließen.

Somit liegen die Voraussetzungen für eine Abtrennung der Folgesache Versorgungsausgleich vor.

.....

Rechtsanwältin/Rechtsanwalt


*dd) Muster: Antrag auf Abtrennung einer Folgesache nach § 140 Abs. 2 Nr. 5 FamFG*


▶ Muster: Antrag auf Abtrennung einer Folgesache nach § 140 Abs. 2 Nr. 5 FamFG

1498   An das

Amtsgericht .....

– Familiengericht –

.....

        Antrag auf Abtrennung der Folgesache Güterrecht

In der Familiensache

Müller, Erika./. Müller, Jan

Aktenzeichen .....

vertreten wir bekanntlich die Antragstellerin.

Namens und in Vollmacht der Antragstellerin beantragen wir:

Die Folgesache Güterrecht wird abgetrennt.

Begründung:

Der Antrag auf Abtrennung der Folgesache Güterrecht wird auf § 140 Abs. 2 Nr. 5 FamFG gestützt. Danach ist eine Folgesache abzutrennen, wenn sich der Scheidungsausspruch so außergewöhnlich verzögern würde, dass ein weiterer Aufschub unter Berücksichtigung der Bedeutung der Folgesache eine unzumutbare Härte darstellen würde, und ein Ehegatte die Abtrennung beantragt.

Das Ehescheidungsverfahren samt der Folgesache Güterrecht ist seit dem ..... rechtshängig ist, d.h. seit mehr als zwei Jahren. Nach der maßgeblichen Rechtsprechung liegt daher eine außergewöhnliche Verzögerung des Scheidungsverfahrens vor, zumal die Gutachten der Sachverständigen in dieser Angelegenheit voraussichtlich erst ..... vorgelegt werden können. Damit ist nicht zu erwarten, dass die Folgesache Güterrecht in der nächsten Zeit entscheidungsreif sein wird.

Der weitere Aufschub der Ehescheidung ist für die Antragstellerin aber auch eine unzumutbare Härte.

Sie ist seit ..... schwer erkrankt und hat sehr wahrscheinlich nur noch eine begrenzte Lebenserwartung.

Beweis: Ärztliches Attest des Arztes Dr ...... (Anlage)

Sie will ihren jetzigen Lebenspartner unbedingt ehelichen.

Somit liegen die Voraussetzungen für eine Abtrennung der Folgesache Güterrecht vor.

.....

Rechtsanwältin/Rechtsanwalt

*ee) Muster: Beschwerde wegen Abtrennung der Folgesache*

▶ Muster: Beschwerde wegen Abtrennung der Folgesache

An das      1499

Amtsgericht .....

– Familiengericht –

.....

Beschwerde[635]

In der Familiensache

Müller, Erika./. Müller, Jan

---

635 Regelmäßig wird die Beschwerde zunächst beim AG eingelegt und dann erst später mit gesondertem Schriftsatz gegenüber dem OLG (KG) begründet. Möglich ist es aber natürlich auch, die Einlegung der Beschwerde sogleich zu begründen; dies ist Grundlage des Musters.

Aktenzeichen .....

legt der Unterzeichnende namens und in Vollmacht des Antragsgegners gegen den Beschluss des Amtsgerichts – Familiengerichts – ..... vom ..... , zugestellt am ..... Beschwerde

ein.

Zunächst werden folgende Anträge gestellt:

1. Der Beschluss des Amtsgerichts – Familiengerichts – ..... vom ..... wird aufgehoben.
2. Die Antragstellerin und Beschwerdegegnerin trägt die Kosten des Verfahrens.

Begründung:

I. In tatsächlicher Hinsicht ist auszuführen:

Die Antragstellerin beantragte mit dem am ..... zugestellten Antrag die Scheidung der am ..... geschlossenen Ehe der Beteiligten. Nachdem zunächst im ersten Termin vom ..... auf übereinstimmenden Antrag das Ruhen des Verfahrens wegen Vergleichsverhandlungen über die vermögensrechtliche Auseinandersetzung angeordnet worden war und in einem weiteren Termin vom ..... die Antragstellerin insoweit ein Vergleichsangebot unterbreitet hatte, hat der Antragsgegner im Folgetermin vom ..... einen Antrag auf Teilzugewinnausgleich und Haushaltsaufteilung gestellt. Beide Folgesachen hat das Familiengericht wegen unzumutbarer Härte aufgrund Zeitablaufs abgetrennt. Durch den angefochtenen Beschluss vom ..... hat es die Ehe der Beteiligten nach § 140 Satz 2 Nr. 5 ZPO vorab geschieden sowie den Versorgungsausgleich geregelt.

Hiergegen richtet sich die Beschwerde des Antragsgegners, der eine Aufhebung des Beschlusses und Zurückverweisung der Sache an das Familiengericht zur Wiederherstellung des Scheidungsverbunds begehrt.

II. In rechtlicher Hinsicht ist auszuführen:

Der Scheidungsbeschluss vom ..... kann keinen Bestand haben, weil er unter Verstoß gegen die zwingenden Vorschriften des Entscheidungsverbundes ergangen ist. Gibt das Familiengericht dem Scheidungsantrag vor der Entscheidung über eine Folgesache statt, ohne dass die Voraussetzungen des § 140 FamFG vorliegen, handelt es sich um einen unzulässigen Teilbeschluss, der nach § 117 Abs. 2 FamFG i.V.m. § 538 Abs. 2 Nr. 7 ZPO der Aufhebung unterliegt. Die Abtrennung schafft eine selbstständige Beschwer.

Die Abtrennungsvoraussetzungen des § 140 Abs. 2 Nr. 5 FamFG waren nicht gegeben, da weder eine außergewöhnliche Verzögerung (2 Jahre) noch eine unzumutbare Härte dargelegt wurden.

.....

Rechtsanwältin/Rechtsanwalt

## 6. Rücknahme des Scheidungsantrags

§ 141 FamFG behandelt die Rücknahme des Scheidungsantrags. Dafür gilt gem. §§ 113 Abs. 1 FamFG die allgemeine Vorschrift des § 269 ZPO.[636] Allerdings hat die Rücknahme des Scheidungsantrags auch Auswirkungen auf die Folgesachen. § 141 Satz 1 FamFG ordnet insofern an, dass sich die Wirkungen einer Rücknahme des Scheidungsantrags auch auf die Folgesachen erstrecken.

**1500**

§ 141 Satz 2 FamFG nimmt die Folgesachen, die die Übertragung der elterlichen Sorge oder eines Teils der elterlichen Sorge wegen Gefährdung des Kindeswohls auf einen Elternteil, einen Vormund oder einen Pfleger betreffen, von der Wirkung des Satzes 1 aus. Das diesbezügliche Regelungsbedürfnis entfällt nicht mit einer Rücknahme des Scheidungsantrags.

**1501**

Ausgenommen sind weiter solche Folgesachen, hinsichtlich derer ein Beteiligter vor Wirksamwerden der Rücknahme ausdrücklich erklärt hat, sie fortsetzen zu wollen.

**1502**

Die Rechtsfolge der Fortsetzung tritt somit nicht durch eine gerichtliche Entscheidung, sondern durch eine Erklärung des Beteiligten selbst ein. § 141 Satz 3 FamFG ordnet an, dass die nach Satz 2 fortzusetzenden Verfahren **selbstständige Familiensachen** sind.

**1503**

Kostenrechtlich ist die Rücknahme eines Scheidungsantrags nach § 150 Abs. 2 FamFG zu beurteilen, sodass grds. der Antragsteller die Kosten der Scheidungssache und der Folgesachen zu tragen hat.

**1504**

### a) Anwendung von § 269 ZPO

§ 269 ZPO ist anwendbar und maßgeblich, wenn ein Beteiligter seinen Scheidungsantrag zurücknimmt (vgl. § 113 Abs. 1 FamFG). Damit ist die Rücknahme des Scheidungsantrags **ohne Zustimmung** des Antragsgegners solange möglich, wie dieser zur Hauptsache noch nicht mündlich verhandelt hat.[637] Nach Beginn der mündlichen Verhandlung bedarf eine Rücknahme des Scheidungsantrags der **Zustimmung des Antragsgegners**. Die mündliche Verhandlung beginnt grds., sobald Anträge der Beteiligten gestellt wurden (vgl. § 137 Abs. 1 ZPO). Nach Auffassung des BGH ist ein solcher Sachantrag aber nicht zwingend erforderlich; es reicht, wenn der Anwalt des Antragsgegners sich in der mündlichen Verhandlung zur Scheidung einlässt.[638]

**1505**

Ist der Antragsgegner anwaltlich nicht vertreten, d.h. wird lediglich nach § 128 Abs. 1 FamFG angehört, liegt kein »Verhandeln« nach § 269 Abs. 1 ZPO vor, sodass der Scheidungsantrag jederzeit ohne Zustimmung des Antragsgegners vom Antragsteller zurückgenommen werden kann.[639]

**1506**

---

636 Vgl. dazu OLG Oldenburg, FuR 2014, 604.
637 Vgl. dazu OLG Oldenburg, FuR 2014, 604.
638 BGH, FamRZ 2004, 1364.
639 OLG Stuttgart, FamRZ 2005, 286.

## b) Wirkungen der Rücknahme auf den Scheidungsantrag

1507    Die Rücknahme des Scheidungsantrags hat zur Folge, dass das Verfahren als nicht rechtshängig geworden anzusehen ist, vgl. § 269 Abs. 3 Satz 1 Halbs. 1 ZPO. Ein zuvor ergangener, noch nicht rechtskräftig gewordener Beschluss wird wirkungslos; es bedarf dazu keiner ausdrücklichen Aufhebung, vgl. § 269 Abs. 3 Satz 1 Halbs. 2 ZPO.

▶ **Anwaltlicher Hinweis:**

1508    Eine solche Rücknahme kann **taktische Gründe** haben. Mitunter wird ein Scheidungsantrag gestellt, um bestimmte Stichtage zu fixieren, etwa für den Zugewinnausgleich. Stellt sich im Nachhinein heraus, dass der Gegner wirtschaftlichen Erfolg mit seinem Unternehmen hat, Ackerland unerwartet zu Bauland wurde oder er einen Lottogewinn erzielte, wird durch die Rücknahme des Scheidungsantrags und das spätere Einreichen eines neuen Antrags ein erhöhter Zugewinnausgleichsanspruch möglich.

## c) Auswirkungen auf die Folgesachen

### aa) »Sogwirkung«

1509    Die o.a. Wirkungen des § 269 Abs. 3 ZPO erstreckt die Vorschrift des § 141 Satz 1 FamFG auch auf alle Folgesachen, unabhängig davon, ob diese vom Antragsteller oder Antragsgegner beantragt wurden.

1510    Die Folgesachen werden nämlich nach § 137 Abs. 2 FamFG grds. nur für den Fall der (rechtskräftigen) Scheidung der Ehe beantragt und entschieden; sie werden deshalb im Wege eines (unechten) Eventualantrags geltend gemacht und damit mit Rücknahme des Scheidungsantrags gegenstandslos. Im Hinblick hierauf erstreckt § 141 Satz 1 FamFG die Wirkung des § 269 Abs. 3 bis 5 auch auf die Folgesachen.

### bb) Fortführung als selbstständige Familiensache

1511    § 141 Satz 2 und 3 FamFG bestimmt aus verfahrensökonomischen Gründen, dass eingeleitete Folgesachen als selbstständige Familiensachen fortgeführt werden können, wenn dies ein Beteiligter beantragt. Dies hat u.a. zur Folge, dass bereits entstandene Verfahrenskosten nicht erneut entstehen.

1512    Dies gilt entsprechend, jedoch ohne erforderlichen Antrag, für die Kindschaftsfolgesache der Übertragung der elterlichen Sorge oder eines Teils der elterlichen Sorge wegen Gefährdung des Kindeswohls auf einen Elternteil, einen Vormund oder Betreuer. Dies beruht darauf, dass das diesbezügliche Regelungsbedürfnis mit einer Rücknahme des Scheidungsantrags nicht in jedem Fall automatisch mitentfällt. Letztlich soll dies im jeweiligen Einzelfall besonders vom FamG geprüft werden.

### aaa) Änderung des Antrags

Erforderlich für eine Fortführung einer Folgesache als selbstständige Familiensache **1513** ist zunächst eine Änderung des Antrags, weil Folgesachen nur für den Fall der Scheidung der Ehe beantragt werden können, mit der Rücknahme des Scheidungsantrags jedoch materiell-rechtlich nur eine Regelung vor rechtskräftiger Scheidung möglich ist. Geeignete Folgesachen, die fortgesetzt werden können, sind z.b. das Unterhaltsverfahren und der Zugewinnausgleich (wenn die ASt. ihren Antrag in der Folgesache Zugewinn umstellt und danach den vorzeitigen Ausgleich des Zugewinns gemäß §§ 1385, 1386 BGB beantragt),[640] nicht hingegen der Versorgungsausgleich.

### bbb) Verfahren

Der Fortsetzungsantrag nach § 141 Satz 2, 2. Alt. FamFG kann von jedem Ehegatten **1514** gestellt werden, der eine Folgesache anhängig gemacht hat, aus verfahrensökonomischen Gründen auch von dem Antragsgegner.[641] Liegt ein von Amts wegen eingeleitetes Verfahren vor, können diesen von Amts wegen beide Ehegatten stellen. Die Änderung des Antrags, dass keine Entscheidung mehr für den Fall der Scheidung begehrt wird, ist bei geeigneten Folgesachen nach § 263 ZPO sachdienlich. Der Antrag, die Fortführung der Folgesache vorzubehalten, kann zusammen mit der Rücknahme des Scheidungsantrags gestellt werden; er muss jedenfalls vor Wirksamwerden der Rücknahme gestellt worden sein.

Der Fortsetzungsantrag nach § 141 Satz 2, 2. Alt. FamFG ist eine Verfahrenshand- **1515** lung; er unterliegt dem Anwaltszwang.

### ccc) Wirkung der Fortführungserklärung

Aufgrund der Erklärung eines Ehegatten, die Folgesache fortsetzen zu wollen, wird die **1516** Folgesache zur **selbstständigen Familiensache**, wobei nach § 261 Abs. 3 Nr. 2 ZPO (perpetuatio fori) die Zuständigkeit des Gerichts erhalten bleibt. Die Rechtsfolge der Fortsetzung tritt damit nicht durch eine gerichtliche Entscheidung, sondern durch eine Erklärung des Beteiligten selbst ein, was einfacher und in der Sache ausreichend ist.

Die Kosten richten sich für die fortgesetzte Familiensache nach den allgemeinen **1517** Bestimmungen, so als ob nie ein Verbundverfahren bestanden hätte, d.h. § 150 FamFG ist nicht mehr anzuwenden, vgl. auch § 150 Abs. 5 Satz 2 FamFG.

### d) Kosten bei Rücknahme des Scheidungsantrags

Nach § 150 Abs. 2 Satz 1 FamFG trägt der Antragsteller im Fall der Rücknahme **1518** des Scheidungsantrags sämtliche Kosten des Verfahrens; haben beide Ehegatten ihre jeweils gestellten Scheidungsanträge zurückgenommen, erfolgt die Entscheidung über

---

640 KG, FamRZ 2004, 1044.
641 OLG Stuttgart, FamRZ 2006, 714.

die Kosten nach § 150 Abs. 2 Satz 2 FamFG d.h. die Kosten der Scheidungssache und der Folgesachen werden gegeneinander aufgehoben.

### e) Muster: Rücknahme des Scheidungsantrags

▶ Muster: Rücknahme des Scheidungsantrags

1519 An das

Amtsgericht .....

– Familiengericht –

.....

Rücknahme des Scheidungsantrags

In der Familiensache

Aktenzeichen .....

der Frau .....

– Antragstellerin –

Verfahrensbevollmächtigte:

gegen

Herrn .....

– Antragsgegner –

Verfahrensbevollmächtigte:

nehme ich namens und in Vollmacht der Antragstellerin den Scheidungsantrag zurück.

Die Beteiligten haben an einer Familientherapie teilgenommen und wollen einen Neuanfang miteinander versuchen.

.....

Rechtsanwältin/Rechtsanwalt

### 7. Außergerichtliche Streitbeilegung über Folgesachen

▶ Das Wichtigste in Kürze

1520  Gerichtliche Anordnung der Mediation möglich, § 135 FamFG. → Rdn. 1523

1521  Das FamG kann nach § 135 anordnen, dass die Ehegatten einzeln oder gemeinsam an einem kostenfreien Informationsgespräch über **Mediation** oder eine sonstige Möglichkeit der außergerichtlichen Streitbeilegung **anhängiger Folgesachen** bei einer von dem Gericht benannten Person oder Stelle teilnehmen und eine Bestätigung hierüber vorlegen. Die Mediation ist nicht mit einer »Eheberatung« zu verwechseln, d.h. es geht dem Gesetzgeber um die Streitbeilegung betreffend Folgesachen (insb. Unterhalt, Zugewinnausgleich).

Die Vorschrift des § 135 FamFG überträgt den Gedanken einer Schlichtung und   1522
Einigung außerhalb des Streitgerichts nach dem Vorbild des § 278 Abs. 5 Satz 2 ZPO auf das familiengerichtliche Verfahren. In Familiensachen ergibt sich aus den Besonderheiten der Verfahrensgegenstände, die mitunter ständiger Veränderung ausgesetzt sind, und wegen der persönlichen Beziehung der Beteiligten typischerweise ein besonderes Bedürfnis nach Möglichkeiten zur Förderung einverständlicher Konfliktlösungen, die ggf. auch über den konkreten Verfahrensgegenstand hinausreichen. Es erschien dem Gesetzgeber daher angemessen, den Gesichtspunkt der außergerichtlichen Streitbeilegung in diesem Rechtsbereich noch stärker hervorzuheben als im allgemeinen Zivilprozessrecht.

### a) Mediation in Folgesachen

§ 135 Satz 1 FamFG eröffnet dem FamG im **Scheidungsverfahren** die Möglichkeit,   1523
die Ehegatten zunächst darauf zu verweisen, einzeln oder gemeinsam an einem Informationsgespräch über Mediation oder eine sonstige Form außergerichtlicher Streitbeilegung im Hinblick auf Folgesachen teilzunehmen und eine Bestätigung hierüber vorzulegen. Erforderlich ist natürlich, dass **Folgesachen** i.s.v. § 137 FamFG bereits **anhängig** sind.

### b) Durchsetzbarkeit

Die Vorschrift gibt dem Gericht keine Kompetenz, die Beteiligten zur Teilnahme   1524
an einem Informationsgespräch oder zur Durchführung einer Mediation zu zwingen. Nach § 135 Satz 2 FamFG ist die Anordnung nicht mit Zwangsmitteln nach § 35 FamFG durchsetzbar. Kommt ein Beteiligter der Anordnung des Gerichts zur Teilnahme an einem Informationsgespräch nicht nach, kann dies jedoch nach § 150 Abs. 4 Satz 2 FamFG **kostenrechtliche Folgen** nach sich ziehen.

Insoweit ist zumindest ein indirektes Druckmittel für das FamG vorhanden. Die   1525
Anordnung zur außergerichtlichen Streitbeilegung ist als Zwischenentscheidung nicht selbstständig anfechtbar. Satz 2 bestimmt dies zur Klarstellung ausdrücklich.

Die Ehegatten sind und bleiben damit in der Entscheidung, ob sie nach entsprechen-   1526
der Information einer Mediation nähertreten wollen oder nicht, vollständig frei. Diese Entscheidung sollte aber in Kenntnis der spezifischen Möglichkeiten eines außergerichtlichen Streitbeilegungsverfahrens getroffen werden.

### c) Ermessensentscheidung des FamG

Die FamG entscheiden nach freiem Ermessen, ob eine Auflage i.s.v. § 135 FamFG   1527
erteilt wird oder nicht. Voraussetzung ist, dass die Wahrnehmung des Informations-

gesprächs für die Ehegatten **zumutbar** ist, was z.B. in Fällen häuslicher Gewalt oder völliger Zerstrittenheit zu verneinen sein kann. Zumutbar muss für beide Ehegatten auch die Anreise zum Informationsgespräch sein, was bei größerer Entfernung ausgeschlossen sein kann. Weiterhin muss ein kostenfreies Angebot für Informationsgespräche oder Informationsveranstaltungen bestehen.

### d) Stellungnahme

1528    In der Praxis hat § 135 FamFG keine große Bedeutung erlangt. Dies ist bedingt dadurch, dass nur das **Informationsgespräch** über Mediation oder sonstige Möglichkeiten der außergerichtlichen Konfliktbeilegung **kostenfrei** ist; wenn man hingegen außergerichtlich eine Einigung z.b. über Unterhaltsprobleme oder den Zugewinnausgleich herbeiführen will, wird man ohne professionelle und damit kostenpflichtige Mediatoren nicht auskommen.

1529    Deshalb hat im Grunde genommen nur die Verweisung der Beteiligten an einen Güterichter in der Praxis Bedeutung; die gerichtliche Mediation (§ 278 Abs. 5 ZPO) wird von den FamG häufig vorgeschlagen und von den Beteiligten auch wahrgenommen.

### 8. Rechtsmittelverzicht

1530    Nach § 144 FamFG können Ehegatten umfassend auf Rechtsmittel verzichten, d.h. haben die Ehegatten auf Rechtsmittel gegen den Scheidungsausspruch verzichtet, können sie auch auf dessen Anfechtung im Wege der Anschließung an ein Rechtsmittel in einer Folgesache verzichten, bevor ein solches Rechtsmittel eingelegt ist.

1531    § 144 FamFG bezweckt die **schnelle Herbeiführung der Rechtskraft** einer von beiden Ehegatten einvernehmlich angestrebten Scheidung.

1532    Die Vorschrift des § 144 FamFG setzt zunächst voraus, dass beide Ehegatten auf Rechtsmittel gegen die Scheidung verzichtet haben. Dies allein ist jedoch zur Herbeiführung der Rechtskraft des Scheidungsausspruchs nicht ausreichend. Deshalb erlaubt die Ausnahmeregelung des § 144 FamFG zusätzlich den Verzicht auf Anschlussrechtsmittel, noch bevor ein Rechtsmittel gegen den Verbundbeschluss von einem weiteren Verfahrensbeteiligten eingelegt worden ist.

### a) (Einfacher) Rechtsmittelverzicht

*aa) Voraussetzungen*

1533    Der Verzicht auf Rechtsmittel gegen den Scheidungsausspruch unterliegt dem Anwaltszwang nach § 114 Abs. 1 FamFG[642] und ist, wenn er ggü. dem Gericht erklärt worden ist, nicht widerrufbar und auch nicht wegen Willensmängeln anfechtbar.[643]

---

642   Vgl. auch BGH, FamRZ 1984, 372.
643   BGH, FamRZ 1994, 300, 301; OLG Düsseldorf, FamRZ 2006, 966.

Der Rechtsmittelverzicht erstreckt sich auch auf die Folgesachen, wenn in einem Scheidungsverbundverfahren mit mehreren Folgesachen in einer mündlichen Verhandlung ohne Einschränkung auf Rechtsmittel verzichtet wird.[644] Der Verzicht erstreckt sich hingegen nicht auf Anschlussrechtsmittel und das Antragsrecht nach § 147 FamFG, es sei denn, dies wurde ausdrücklich erklärt. **1534**

Der Verzicht bedarf schließlich der ordnungsgemäßen Protokollierung, vgl. § 162 Abs. 1 ZPO. **1535**

### bb) Eintritt der Rechtskraft

Haben die Parteien ohne jede Einschränkung auf Rechtsmittel gegen das Verbundurteil verzichtet – **jedoch nicht auch auf Anschlussrechtsmittel** –, tritt keine Rechtskraft der Scheidung ein, weil durch einen dritten Beteiligten ein Rechtsmittel in einer Folgesache eingelegt werden kann – z.B. durch das Jugendamt gegen eine Umgangsentscheidung oder durch die Landesversicherungsanstalt gegen eine Entscheidung über den Versorgungsausgleich – und für die Eheleute in diesem Fall trotz ihres früher erklärten Rechtsmittelverzichts die Möglichkeit besteht, durch ein Anschlussrechtsmittel (vgl. § 145 FamFG) auch andere als die bereits angefochtenen Verbundsachen (also auch die Scheidungssache) anzufechten.[645] **1536**

Wird durch einen Dritten kein Rechtsmittel in einer Folgesache eingelegt, tritt die Rechtskraft der Scheidung ein, sobald ein Monat nach der letzten Zustellung des Scheidungsbeschlusses (d.h. der **zuletzt** erfolgten Zustellung an einen der Verfahrensbeteiligten) vergangen ist. **1537**

▶ Beispiel:

Der Scheidungsbeschluss wird den Anwälten und dem Jugendamt Ende Juli 2022 zugestellt. Die Zustellung an die Deutsche Rentenversicherung Bund erfolgt erst am 05.08.2022. Die Rechtskraft der Scheidung tritt erst mit Ablauf des 05.09.2022 ein. **1538**

### b) Umfassender Rechtsmittelverzicht

Haben die Beteiligten jedoch im Scheidungstermin neben dem Rechtsmittelverzicht erklärt, dass sie außerdem auf »eventuelle« Anschlussrechtsmittel gegen den Scheidungsausspruch verzichten, wird die Scheidung **sofort rechtskräftig**, weil durch § 144 FamFG ausdrücklich die Möglichkeit eingeräumt ist, auf das Anschlussrechtsmittel gegen die Scheidung zu einem Zeitpunkt zu verzichten, in dem noch kein Rechtsmittel gegen den Verbundbeschluss eingelegt worden ist. **1539**

---

644 BGH, FamRZ 1986, 1089.
645 BGH, FamRZ 1998, 1024.

1540   Zur Herbeiführung der Rechtskraft der Scheidung ist es **nicht** erforderlich, dass die Ehegatten auf das **Antragsrecht nach § 147 FamFG** verzichten.[646]

1541   Der Verzicht auf Rechtsmittel und Anschlussrechtsmittel gegen den Scheidungsausspruch bewirkt, dass die Scheidungssache nicht in die Beschwerdeinstanz gelangt; damit kann der BGH den Scheidungsausspruch auch nicht nach § 147 FamFG aufheben.

1542   Ein Verzicht auf das Antragsrecht nach § 147 FamFG ist jedoch zur Herbeiführung der Rechtskraft in zweiter Instanz erforderlich, wenn die Scheidungssache im Verbund der **Beschwerdeinstanz** steht und in einer Folgesache ein Rechtsmittel zum BGH zugelassen wurde.[647]

### 9. Vollstreckung von Folgesachen

1543   Die Vorschrift des § 148 FamFG ordnet an, dass vor **Rechtskraft** des Scheidungsausspruchs die Entscheidungen in Folgesachen nicht wirksam werden.

1544   Eine Entscheidung zu Folgesachen setzt die Scheidung der Ehe voraus. Wird weder gegen den Scheidungsausspruch noch gegen die Folgesachen Beschwerde eingelegt, tritt die Rechtskraft hinsichtlich aller Verbundentscheidungen einheitlich ein. Dies ist anders, wenn eine Abtrennung von Folgesachen nach § 140 FamFG erfolgt oder nur gegen den Scheidungsausspruch oder einzelne Folgesachen ein Rechtsmittel eingelegt wird.

1545   Da Folgesachen regelmäßig nur für den Fall der Scheidung entschieden werden (§ 137 Abs. 2 FamFG), dürfen derartige Entscheidungen nicht vor Rechtskraft des Scheidungsausspruchs Wirkung entfalten, zumal bei einer Abweisung des Scheidungsantrags Folgesachen nach § 142 Abs. 2 FamFG auch gegenstandslos werden.

1546   § 148 FamFG schiebt deshalb die Wirksamkeit solcher Entscheidungen auf, bis die Scheidung selbst rechtskräftig wird; insoweit verdrängt § 148 FamFG die allgemeinen Vorschriften des § 40 FamFG und des § 116 FamFG.

1547   Auch eine Vollstreckung der jeweiligen Folgesache kommt erst in Betracht, wenn eine Wirksamkeit i.S.v. § 148 FamFG besteht.

### a) Rechtskraft einer Verbundentscheidung

1548   Die Wirksamkeit von Folgesachenentscheidungen hängt von der Rechtskraft des Scheidungsausspruchs ab:

1549   Wird gegen einen Verbundbeschluss kein (rechtzeitiges) Rechtsmittel eingelegt, werden Scheidung und Folgesachen zeitgleich nach Ablauf der Rechtsmittelfrist rechtskräftig, d.h. die Folgesachen sind wirksam i.S.v. § 148 FamFG.

---

646  OLG Hamm, FamRZ 1995, 943, 944.
647  Schulte-Bunert/Weinreich/*Roßmann*, FamFG, § 147 Rn. 16.

Soweit Rechtsmittel gegen einzelne Folgesachen oder den Scheidungsausspruch ein- 1550
gelegt werden, richtet sich der Eintritt der Rechtskraft des Scheidungsausspruchs
nach § 145 FamFG bzw., falls Rechtsbeschwerde zum BGH eingelegt wurde, nach
§ 147 Satz 2 FamFG.

Scheidungsbeschlüsse des BGH werden mit ihrer Verkündung rechtskräftig.  1551

### b) Wiedereinsetzung in den vorigen Stand

Die Möglichkeit, einen Antrag auf Wiedereinsetzung in den vorigen Stand zu stel- 1552
len, hindert den Eintritt der Rechtskraft des Scheidungsausspruchs nicht. Relevant
ist dies insb. dann, wenn über ein VKH-Gesuch zur Einreichung eines Rechtsmittels
durch das OLG erst nach Ablauf der Rechtsmittelfrist entschieden wird. Erst mit
der Bewilligung der Wiedereinsetzung ergibt sich rückwirkend eine Hemmung bzw.
Durchbrechung der Rechtskraft.[648]

### c) Rechtsmittelverzicht

Der Eintritt der Rechtskraft erfolgt bereits dann, wenn die Beteiligten vor dem FamG 1553
nach Verkündung des Scheidungsbeschlusses nicht nur auf Rechtsmittel, sondern auch
auf Anschlussrechtsmittel verzichten. Dies ist nach § 144 FamFG zulässig.

Der Verzicht auf das Antragsrecht nach § 147 FamFG ist nur bei einem Scheidungs- 1554
ausspruch der Beschwerdeinstanz erforderlich.

### d) Vollstreckung erst ab Rechtskraft der Scheidung

Die Vollstreckung von Folgesachen (insb. Zugewinn, Unterhalt) setzt nach § 148 1555
FamFG den Eintritt der Rechtskraft des Scheidungsausspruchs voraus.

Die **Vollstreckungsklausel** kann deshalb für Folgesachen erst nach Rechtskraft des 1556
Scheidungsausspruchs erteilt werden.

Die »Bedingung« des § 148 FamFG ist in der Beschlussformel aufzunehmen. Der 1557
Beschluss, der Unterhalt oder Zugewinnausgleich tituliert, kann aber nach § 116
Abs. 3 FamFG für sofort wirksam erklärt werden. Dies hat Bedeutung, wenn nur
diese Folgesachen mit der Beschwerde angefochten werden, während die Scheidung
rechtskräftig wird.

▶ Beschlussformel:

Der Antragsgegner wird verpflichtet, ab Rechtskraft des Scheidungsausspruchs an 1558
die Antragstellerin zum Zweck des Zugewinnausgleichs einen Betrag von 25.000 €
zu zahlen.

Der Antragsgegner wird verpflichtet, ab Rechtskraft des Scheidungsausspruchs zu
Händen der Antragstellerin, jeweils monatlich im Voraus, beginnend ab dem Ersten

---

648  OLG Zweibrücken, FamRZ 1995, 619.

des Monats, der auf den Eintritt der Rechtskraft des Scheidungsbeschlusses folgt, Kindesunterhalt für das Kind..... i.H.v....... zu zahlen. Der Beschluss ist insofern sofort wirksam.

### 10. Scheidungsverbundbeschluss

#### a) Einheitliche Entscheidung

**1559**  Nach § 142 Abs. 1 Satz 1 FamFG ist im Fall der Scheidung hierüber und über sämtliche im Verbund stehenden, also nicht abgetrennten Folgesachen durch einheitlichen Beschluss zu entscheiden. Dies gilt nach § 142 Abs. 1 Satz 2 FamFG auch, soweit eine Versäumnisentscheidung zu treffen ist.

**1560**  § 142 Abs. 2 Satz 1 FamFG ordnet an, dass im Fall der Abweisung des Scheidungsantrags die Folgesachen gegenstandslos werden. Eine Ausnahme macht das Gesetz nach Abs. 2 Satz 2 für Kindschaftsfolgesachen sowie für solche Folgesachen, hinsichtlich derer ein Beteiligter vor der Entscheidung ausdrücklich erklärt hat, sie fortsetzen zu wollen. Diese Rechtsfolge tritt nicht durch eine gerichtliche Entscheidung, sondern durch eine Erklärung des Beteiligten selbst ein. Dass sämtliche bisherigen Folgesachen, die nach § 142 Abs. 2 Satz 2 FamFG trotz Abweisung des Scheidungsantrags fortzusetzen sind, daraufhin zu selbstständigen Familiensachen werden, ist in § 142 Satz 3 FamFG ausdrücklich angeordnet.

**1561**  § 142 Abs. 2 FamFG entspricht im Wesentlichen der Vorschrift des § 141 FamFG, die ähnliche Rechtsfolgen für die Rücknahme des Scheidungsantrags anordnet.

#### b) Begründeter Scheidungsantrag

*aa) Einheitlicher Beschluss (§ 142 Abs. 1 FamFG)*

**1562**  § 142 Abs. 1 FamFG konkretisiert den Grundsatz des Verfahrens- und Entscheidungsverbunds nach § 137 FamFG hinsichtlich der zu treffenden Entscheidung. Die Regelung bestimmt in Abs. 1 Satz 1, dass bei begründetem Scheidungsantrag alle im Verbund eingeleiteten Folgesachen gemeinsam mit der Scheidungssache und einheitlich durch Beschluss zu entscheiden sind.

**1563**  Der Beschluss beinhaltet neben dem stattgebenden Scheidungsausspruch alle im Verbund stehenden Folgesachen, soweit sie nicht nach § 140 FamFG zuvor abgetrennt worden sind.

**1564**  § 140 Abs. 6 FamFG ordnet i.ü. an, dass die Entscheidung über die Abtrennung in einem gesonderten Beschluss erfolgt. Sie kann also nicht als Teil der »Verbundentscheidung«, mit der die Scheidung ausgesprochen wird, ergehen.

**1565**  Unterbleibt die Entscheidung über eine Folgesache, obwohl keine wirksame Abtrennung vorliegt, muss Beschwerde mit dem Ziel eingelegt werden, den Verbund wiederherzustellen. Es handelt sich um einen schwerwiegenden Verfahrensfehler.[649]

---

649  OLG Nürnberg, FamRZ 2005, 1497.

Der Scheidungsverbundbeschluss enthält nur **verfahrensabschließende Entscheidun-** 1566
**gen.** Soweit im Verbundverfahren im Wege des Stufenantrags Auskunftsverfahren
zum Unterhalt, Güterrecht oder Versorgungsausgleich enthalten sind, ist über diese
Anträge vorab zu entscheiden.[650]

Eine **Begründung** des Verbundbeschlusses ist nach § 38 Abs. 3 FamFG erforderlich 1567
(vgl. auch § 38 Abs. 4 und Abs. 5 FamFG). Hierbei ist bei den verschiedenen Teilen des Verbundverfahrens die Regelung des § 139 Abs. 1 FamFG zu berücksichtigen: Danach sind die einzelnen Folgesachen jeweils so darzustellen, dass sie bei der
Beschlusszustellung an Dritte nur soweit zugestellt werden können, als der Beschluss
diese betrifft.

Beschlüsse in Familienstreitsachen und Ehesachen sind nach wohl allgemeiner Mei- 1568
nung nach § 113 Abs. 1 Satz 2 FamFG i.V.m. §§ 311 Abs. 2 Satz 1, 329 Abs. 1 Satz 1
ZPO **zu verkünden,** weil nach § 113 Abs. 1 Satz 1 FamFG in Familienstreitsachen die
Regelung des § 41 Abs. 1 Satz 2 FamFG, wonach die Bekanntgabe eines Beschlusses
mit der Zustellung bewirkt wird, keine Anwendung findet.[651]

Umstritten ist jedoch nach wie vor die Frage, ob Beschlüsse in Ehesachen sowie 1569
Familienstreitsachen »Im Namen des Volkes« ergehen. Von der Berufung auf den
Souverän ist wiederum abhängig, ob der Scheidungsbeschluss den Beteiligten und
ihren Anwälten »im Sitzen« bekannt gegeben werden kann.

Entscheidungen in Ehesachen und Familienstreitsachen erfolgen durch Beschluss. 1570
Dafür gelten die §§ 38, 39 FamFG. Die genannten Vorschriften sehen aber die
Formulierung »Im Namen des Volkes« nicht vor. I.Ü. verweise § 113 Abs. 1 Satz 2
FamFG auf § 329 ZPO. § 329 Abs. 1 Satz 2 ZPO wiederum verweist zwar auf § 311
Abs. 4 ZPO, nicht aber auf § 311 Abs. 1 ZPO, der diese Formulierung für Urteile
anordnet. Die Auslegung des Gesetzes lässt danach eine Verkündung der Beschlüsse
in Familienstreitsachen und Ehesachen »Im Namen des Volkes« nicht zu.

▶ Praxishinweis:

Scheidungsbeschlüsse werden seit dem 01.09.2009 nach wie vor »Im Namen des 1571
Volkes« zugestellt. In der mündlichen Verhandlung ist der anwaltliche Vertreter
jeweils gespannt, ob der Richter die Beteiligten aufzustehen bittet oder nicht.

Rechtspolitisch sollte berücksichtigt werden, dass Eheleute ähnliche Förmlichkeiten bei einer Scheidung erwarten wie bei einer Eheschließung. Das Aufstehen
vor einer vom Richter verkündeten Scheidung sowie die Berufung auf den Souverän werden von den meisten Beteiligten als angemessen empfunden. Dies zu
beurteilen ist aber letztlich Aufgabe des Gesetzgebers.

Die **Zustellung** des Beschlusses muss an die Eheleute sowie an sämtliche Verfah- 1572
rensbeteiligte erfolgen (Jugendämter, Träger einer Versorgung, Vermieter, Kinder ab
Vollendung des 14. Lebensjahres, Verfahrenspfleger).

---

650  Vgl. OLG Brandenburg, FamRZ 2007, 410.
651  BGH, FamRZ 2012, 106.

1573   Die **Rechtsmittelfristen** richten sich nach der jeweiligen Zustellung an die Verfahrensbeteiligten. Hinsichtlich der **Vollstreckung** gelten die §§ 86 ff. FamFG bzw. § 120 FamFG i.V.m. §§ 704 ff. ZPO.

### bb) Säumnisentscheidung

1574   Das Scheidungsverfahren lässt eine Versäumnisentscheidung nicht zu (§ 130 Abs. 2 FamFG).

### aaa) Säumnisbeschluss in einer Familienstreitsache

1575   Dies gilt aber nicht für Familienstreitsachen, auch wenn sie im Verbund entschieden werden sollen. Deshalb kann eine Säumnisentscheidung in Sachen Unterhalt und bzw. oder Güterrecht im Verbund ergehen.[652]

1576   Nicht möglich ist dies bei übrigen Familiensachen, die keine Familienstreitsachen sind, da diese Verfahren vom Amtsermittlungsgrundsatz geprägt sind und eine Säumnisentscheidung nicht zulassen.

1577   In einer Familienstreitsache kann eine Säumnisentscheidung ergehen, wenn der Antragsgegner an der letzten mündlichen Verhandlung nicht teilnimmt bzw. nicht durch einen Verfahrensbevollmächtigten vertreten ist.

1578   Der Antragsteller kann in den Familienstreitsachen einen Versäumnisbeschluss beantragen (§§ 330, 331 Abs. 1 Satz 1 ZPO), dem stattzugeben ist, wenn die Scheidungssache entscheidungsreif ist.

1579   Die Scheidung ergeht als streitiger Beschluss, die rechtshängigen Familienstreitsachen werden als Versäumnisentscheidung abgeschlossen. Der Beschluss sollte die Teile, die als Versäumnisentscheidung ergangen sind, entsprechend benennen; ausreichend ist es jedoch auch, wenn sich dies nur aus den Gründen ergibt.[653] Rechtsmittel gegen die Versäumnisentscheidung ist der **Einspruch** nach §§ 338 ff. ZPO.

### bbb) Einspruch gegen den Säumnisbeschluss

1580   Ein als Versäumnisentscheidung ergangener Beschluss zu einer Folgesache ist mit dem Rechtsbehelf des **Einspruchs** anzugreifen. Dies gilt selbst dann, wenn die Versäumnisentscheidung nicht zulässig war.[654] Gegen den Beschluss i.Ü., d.h. die anderen nicht durch Versäumnisentscheidung abgeschlossenen Folgesachen und die Scheidungssache bestehen die allgemein zulässigen Rechtsmittel der Beschwerde bzw. Rechtsbeschwerde.

1581   Wird Einspruch gegen eine Säumnisentscheidung und Beschwerde gegen eine andere Folgesache oder die Scheidungssache eingelegt, ist nach § 143 FamFG zunächst über

---

652  OLG Zweibrücken, FamRZ 1996, 1483.
653  BGH, FamRZ 1988, 943.
654  OLG Koblenz, FamRZ 2001, 1159.

den Einspruch und die Versäumnisentscheidung zu verhandeln und zu entscheiden. Erst danach kann das Rechtsmittelverfahren in der zweiten Instanz fortgesetzt werden.

Diese **Verhandlungs- und Entscheidungssperre**[655] hat die Aufgabe, die Beibehaltung des Verbunds zu gewährleisten. **1582**

Sobald das FamG über den Einspruch gegen die Versäumnisentscheidung entschieden hat, kann das Beschwerdeverfahren weiterbetrieben werden. Wird auch gegen den Beschluss, der aufgrund des Einspruchs gegen die Versäumnisentscheidung ergangen ist, Beschwerde eingelegt, so wird der Verbund in der zweiten Instanz wiederhergestellt.[656] **1583**

Für die anderen Teile der Verbundentscheidung, die nicht als Säumnisentscheidung ergangen sind, gelten dabei die allgemeinen Rechtsmittelfristen. Wird kein Rechtsmittel eingelegt, werden diese nach Ablauf der Rechtsmittelfristen rechtskräftig; eine Verlängerung dieser Fristen wegen des Einspruchs gegen die Säumnisentscheidung tritt nicht ein.[657] **1584**

### ccc) Voraussetzungen des Einspruchs

Nach § 113 Abs. 1 FamFG gelten in Familienstreitsachen, soweit es um einen Einspruch gegen einen Versäumnisbeschluss geht, die §§ 338 ff. ZPO entsprechend. Wird gegen einen Versäumnisbeschluss wirksam Einspruch (§ 338 ZPO) eingelegt, so wird das Verfahren in die Lage zurückversetzt, in der es sich vor Eintritt der Versäumnis befunden hat (§ 342 ZPO), sodass nunmehr ein normales streitiges Verfahren stattfindet. Die materielle Prüfung hat daher nicht heranzuziehen, ob der Antragsgegner irgendwelche Einwendungen gegen den Versäumnisbeschluss besitzt, sondern – wie auch sonst bei einem normalen Verfahren – dahin, ob dem Antragsteller der geltend gemachte Anspruch zusteht; bei dieser Prüfung spielt der Umstand, dass ein Versäumnisbeschluss vorliegt, keine Rolle. **1585**

Allerdings ist der Erlass des Versäumnisbeschlusses insofern von Bedeutung, als bei Begründetheit des Antrags keine entsprechende Verpflichtung des Antragsgegners ausgesprochen, sondern lediglich der – die Verpflichtung ja bereits enthaltende – Versäumnisbeschluss»aufrechterhalten« wird (§ 343 Satz 1 ZPO – sonst würden ja zwei Titel entstehen); bei Antragsabweisung muss auch der Versäumnisbeschluss aufgehoben werden (§ 343 Satz 2 ZPO), damit der im Versäumnisbeschluss liegende Vollstreckungstitel beseitigt wird. **1586**

Gem. § 341 Abs. 1 ZPO ist von Amts wegen vom FamG zu prüfen, ob der Einspruch zulässig, insb. frist- und formgerecht eingelegt worden ist; wenn dies nicht der Fall ist, so ist der Einspruch als unzulässig zu verwerfen (was auch ohne mündliche Verhandlung durch Beschluss erfolgen kann). **1587**

**Statthaft** ist der Einspruch gem. § 338 ZPO gegen einen echten Versäumnisbeschluss. **1588**

---

655 Vgl. auch HK-FamFG/*Kemper*, § 143 Rn. 2.
656 BGH, FamRZ 2015, 1277.
657 BGH, FamRZ 1986, 897.

1589   **Eingelegt wird der Einspruch beim FamG,** das den Versäumnisbeschluss erlassen hat (§ 340 Abs. 1 ZPO).

1590   Gem. § 340 Abs. 1 ZPO ist der Einspruch **schriftlich** einzulegen; die Einspruchsschrift muss den Versäumnisbeschluss bezeichnen und die – nicht wörtliche, aber sinngemäß ersichtliche – Erklärung enthalten, dass Einspruch eingelegt werde (§ 340 Abs. 2 ZPO).

1591   Die **Erfordernisse des § 340 Abs. 3 ZPO** (Vortrag von Angriffs- und Verteidigungsmitteln) sind dagegen keine Zulässigkeitsvoraussetzungen für den Einspruch;[658] sind diese Erfordernisse nicht erfüllt, so ist der Einspruch zulässig, die säumige Partei ist jedoch bei Vorliegen der Voraussetzungen des § 296 ZPO mit dem verspäteten Vorbringen auszuschließen.[659]

1592   Die **Einspruchsfrist** beträgt 2 Wochen ab Zustellung (§ 339 Abs. 1 ZPO).

1593   Bei einem Versäumnisbeschluss nach § 331 Abs. 3 ZPO im schriftlichen Vorverfahren ist entscheidend auf die **letzte Zustellung** abzustellen, egal an wen sie erfolgt ist.[660] Dies ist bedingt dadurch, dass es im schriftlichen Vorverfahren an einer Verkündung des Versäumnisbeschlusses fehlt. Diese wird vielmehr nach § 310 Abs. 3 ZPO durch Zustellung ersetzt, d.h. vor die Zustellung an beide Beteiligte ist der Beschluss noch nicht vollständig existent.

*ddd) Muster: Einspruch gegen Säumnisbeschluss*

▶ Muster: Einspruch gegen Säumnisbeschluss

1594   An das

Amtsgericht .....

– Familiengericht –

.....

                        Einspruch gegen Versäumnisbeschluss

In der Familiensache

Müller, Erika./ Müller, Jan

Aktenzeichen .....

lege ich namens und in Vollmacht des Antragsgegners gegen den Versäumnisbeschluss vom ..... , zugestellt am .....,

Einspruch

ein.

---

658  OLG München, NJW-RR 1989, 255.
659  Thomas/Putzo/*Reichold,* ZPO, § 340 Rn. 7, 8.
660  Thomas/Putzo/*Reichold,* ZPO, § 339 Rn. 1 und § 310 Rn. 3.

Begründung:

......

.....

Rechtsanwältin/Rechtsanwalt

## c) Abgewiesener Scheidungsantrag

### aa) Folgesachen werden gegenstandslos

Wird der Scheidungsantrag rechtskräftig abgewiesen, werden die Folgesachen nach **1595** § 142 Abs. 2 Satz 1 FamFG gegenstandslos (Sogwirkung), unabhängig davon, ob diese vom Antragsteller oder Antragsgegner beantragt wurden. Dies ist bedingt dadurch, dass Folgesachen nach § 137 Abs. 2 FamFG nur für den Fall der rechtskräftigen Scheidung der Ehe entschieden werden sollen; es handelt sich daher um (unechte) Eventualentscheidungen.

### bb) Fortführung als selbstständige Familiensache

§ 142 Abs. 2 Satz 2 und 3 FamFG bestimmt aus verfahrensökonomischen Gründen, **1596** dass eingeleitete Folgesachen als selbstständige Familiensachen fortgeführt werden können, wenn dies ein Beteiligter beantragt. Dies hat u.a. zur Folge, dass bereits entstandene Verfahrenskosten nicht erneut entstehen.

Dies gilt entsprechend, jedoch ohne erforderlichen Antrag, für Kindschaftsfolgesa- **1597** chen i.S.v. § 137 Abs. 3 FamFG. Dies ist dadurch zu begründen, dass das diesbezüg-liche Regelungsbedürfnis mit Abweisung des Scheidungsantrags nicht in jedem Fall automatisch mitentfällt. Letztlich soll dies im jeweiligen Einzelfall besonders vom FamG geprüft werden.

### aaa) Änderung des Antrags

Erforderlich für eine Fortführung einer Folgesache als selbstständige Familiensache ist **1598** zunächst eine Änderung des Antrags, weil Folgesachen nur für den Fall der Scheidung der Ehe beantragt werden können, mit der Abweisung des Scheidungsantrags jedoch materiell-rechtlich nur eine von der Scheidung unabhängige Regelung möglich ist. Geeignete Folgesachen, die fortgesetzt werden können, sind z.B. das Unterhaltsver-fahren sowie der Zugewinnausgleich (wenn die ASt. ihren Antrag in der Folgesache Zugewinn umstellt und danach den vorzeitigen Ausgleich des Zugewinns gemäß §§ 1385, 1386 BGB beantragt),[661] nicht hingegen der Versorgungsausgleich.

---

661 KG, FamRZ 2004, 1044.

### bbb) Verfahren

**1599**  Der Fortsetzungsantrag nach § 142 Abs. 2 Satz 2, 2. Alt. FamFG kann von jedem Ehegatten gestellt werden, der eine Folgesache anhängig gemacht hat, aus prozessökonomischen Gründen auch von dem Antragsgegner.[662]

**1600**  Der Antrag, die Fortführung der Folgesache vorzubehalten, ist vor der Entscheidung in der Scheidungssache zu stellen. Dies kann von jedem Ehegatten, unabhängig davon, welcher von ihnen den Scheidungsantrag gestellt hat, bis zum Schluss der mündlichen Verhandlung beantragt werden. Um einer Partei einen entsprechenden Antrag zu ermöglichen, muss das Gericht den Parteien den Hinweis geben, dass es den Scheidungsantrag nicht für begründet hält und dieser deshalb abzuweisen ist.

**1601**  Da der Antrag eine Verfahrenshandlung darstellt, ist der Antrag durch einen Rechtsanwalt zu stellen.

### ccc) Wirkung der Fortführungserklärung

**1602**  Aufgrund der Erklärung eines Ehegatten, die Folgesache fortsetzen zu wollen, wird die Folgesache zur selbstständigen Familiensache, wobei nach § 261 Abs. 3 Nr. 2 ZPO (perpetuatio fori) die Zuständigkeit des Gerichts erhalten bleibt. Die Rechtsfolge der Fortsetzung tritt damit nicht durch eine gerichtliche Entscheidung, sondern durch eine Erklärung des Beteiligten selbst ein, was einfacher und in der Sache ausreichend ist.

**1603**  Diese Wirkung tritt ab Rechtskraft des Beschlusses ein, mit dem der Scheidungsausspruch abgewiesen wurde. Ab diesem Zeitpunkt entfallen die Verbundregelungen, sodass ein bestehender Anwaltszwang entfällt; ferner ist über die VKH erneut zu entscheiden (z.B. wenn anstelle des nachehelichen Unterhalts gem. §§ 1569 ff. BGB Trennungsunterhalt nach § 1361 Abs. 1 BGB im fortgesetzten Verfahren verlangt wird).

**1604**  Die Kosten richten sich für die fortgesetzte Familiensache nach den allgemeinen Bestimmungen, so als ob nie ein Verbundverfahren bestanden hätte, d.h. § 150 FamFG ist nicht mehr anzuwenden, vgl. auch § 150 Abs. 5 Satz 2 FamFG.

### cc) Kosten des abgewiesenen Scheidungsantrags

**1605**  Die Kostenentscheidung richtet sich nach § 150 Abs. 2 FamFG, d.h. im Regelfall sind die Kosten des Scheidungsverfahrens dem Antragsteller aufzuerlegen.

**1606**  Bei einer Abweisung des Scheidungsantrags trägt der Antragsteller auch die Kosten der Folgesachen, § 150 Abs. 2 Satz 1 FamFG. § 150 Abs. 4 FamFG ermöglicht eine andere Kostenentscheidung, wenn dies unbillig erscheint.[663]

---

662  OLG Stuttgart, FamRZ 2006, 714.
663  Zur Kostenvorschrift des § 150 FamFG s. Rdn. 773 ff.

## 11. Beschwerde in Verbundsachen

Die Beschwerde ist einheitliches Rechtsmittel auch gegen erstinstanzliche Endentschei-    **1607**
dungen **in Ehesachen und in Familienstreitsachen**. Die Beschwerde wurde bereits
unter Rdn. 203 ff. behandelt, worauf hingewiesen wird.

### a) Voraussetzungen der Beschwerde

Das Beschwerdeverfahren ist grundlegend in den §§ 58 bis 68 FamFG geregelt:    **1608**
–  Die Einlegung der Beschwerde muss **innerhalb eines Monats** nach Bekanntgabe
   des Beschlusses erfolgen (§ 63 Abs. 1 und 3 FamFG).
–  Die Beschwerde ist nach § 64 Abs. 1 FamFG bei dem Gericht einzulegen, dessen
   Beschluss angefochten wird.
–  In vermögensrechtlichen Angelegenheiten ist die Beschwerde nach § 61 Abs. 1
   FamFG grds. nur zulässig, wenn der Gegenstandswert von 600 € überschritten
   wird.
–  Gem. § 68 Abs. 3 FamFG finden auf das Verfahren in der Beschwerdeinstanz die
   Vorschriften über das Verfahren in erster Instanz Anwendung.

Allerdings gelten für **Ehesachen und in Familienstreitsachen** zusätzlich die Beson-    **1609**
derheiten nach § 117 FamFG:
–  § 117 Abs. 1 Satz 1 FamFG verlangt abweichend von § 65 FamFG eine allgemeine
   **Begründungspflicht** für Beschwerden in Familienstreitsachen.
–  Nach § 117 Abs. 1 Satz 2 FamFG beträgt die Frist zur Begründung der Beschwerde
   2 Monate. Die Beschwerdebegründungsfrist beginnt mit der – von Amts wegen
   erfolgenden – Zustellung des in vollständiger schriftlicher Form abgefassten
   Beschlusses, spätestens aber, wenn eine schriftliche Bekanntgabe nicht erfolgt, mit
   Ablauf von 5 Monaten nach **Erlass des Beschlusses.**
–  **Fristverlängerung:** Die Beschwerdebegründungsfrist kann nach § 117 Abs. 1 Satz 3
   FamFG, § 520 Abs. 2 Satz 2 ZPO verlängert werden, sofern der entsprechende
   Antrag noch innerhalb der Frist bei Gericht eingeht, vgl. dazu das Muster unter
   Rdn. 1644.
–  **Bindung an Anträge:** § 117 Abs. 2 Satz 1 FamFG erklärt § 528 ZPO für entspre-
   chend anwendbar. Damit wird klargestellt, dass das Beschwerdegericht in Ehe- und
   Familienstreitsachen an die Anträge der Beteiligten gebunden ist. Damit gilt auch
   das aus § 528 ZPO abzuleitende **Verbot der Schlechterstellung.**

### b) Rechtsmittelfristen nach § 145 FamFG

Ist eine nach § 142 FamFG einheitlich ergangene Entscheidung teilweise durch    **1610**
Beschwerde oder Rechtsbeschwerde angefochten worden, können Teile der einheit-
lichen Entscheidung, die eine andere Familiensache betreffen, durch Erweiterung des
Rechtsmittels oder im Wege der Anschließung an das Rechtsmittel nach § 145 Abs. 1
FamFG nur noch bis zum Ablauf eines Monats nach Zustellung der Rechtsmittelbe-
gründung angefochten werden; bei mehreren Zustellungen ist die Späteste maßgeblich.

1611   Die Vorschrift des § 145 FamFG geht zunächst davon aus, dass die einheitliche Verbundentscheidung eine isolierte Anfechtung Einzelner oder mehrerer Folgesachen
zulässt. Zweck der Regelung des § 145 FamFG ist es, die durch Rechtsmittel und
Anschlussrechtsmittel eintretenden Verzögerungen zu begrenzen, d.h. die Rechtskraft
der Scheidung nicht unzumutbar aufzuschieben. Umgekehrt sollen die Beteiligten
sich jedoch gegen Rechtsmittel angemessen verteidigen können.

1612   Die Vorschrift des § 145 FamFG ist im Fall einer Verbundentscheidung sowohl in
erster wie auch zweiter Instanz anwendbar.

1613   Erforderlich ist natürlich, dass nur eine Teilanfechtung der einheitlichen Verbundentscheidung erfolgt. Die Vorschrift greift also nur für diejenigen Teile der Verbundentscheidung ein, die nicht schon Gegenstand des Hauptrechtsmittels geworden sind.

1614   Nicht anwendbar ist die Norm in isolierten Familienverfahren.

## c) Rechtsmittelerweiterung

1615   Der Rechtsmittelführer ist berechtigt, im Verbund ein zunächst begrenztes Rechtsmittel nachträglich zu erweitern, d.h. es ist eine Ausdehnung des Rechtsmittels auf
eine andere Folgesache möglich. Eine solche Rechtsmittelerweiterung ist aber nur
in den zeitlichen Grenzen des § 145 FamFG möglich; darüber hinaus verlangt die
Rechtsprechung in diesem Fall, dass sich die Gründe hierfür bereits aus der (früheren) Rechtsmittelbegründungsschrift ergeben.[664]

1616   So kann die Verbundentscheidung zum nachehelichen Unterhalt (z.B. wegen fehlender Leistungsfähigkeit) angefochten und dieses Rechtsmittel auf den in erster Instanz
mitentschiedenen Kindesunterhalt nach Ablauf der ursprünglichen Rechtsmittelbe-
gründungsfrist ausgedehnt werden.[665]

1617   Nicht Gegenstand der Vorschrift des § 145 FamFG ist die nachträgliche Erweiterung
eines Rechtsmittelantrags in einer fristgerecht angefochtenen Folgesache, z.B. vollständige Abweisung eines Unterhaltsantrags anstelle der bislang beantragten Teilabweisung.

## d) Anschlussrechtsmittel

### aa) Selbstständiger Anschluss

1618   Die Beteiligten können unabhängig voneinander Beschwerde gegen den Scheidungsbeschluss oder einzelne Folgesachen einlegen. Ein solcher »selbstständiger Anschluss« ist
unabhängig von einem anderen Hauptrechtsmittel. Wird im Anschluss an ein bereits
von einem Beteiligten eingelegtes Rechtsmittel vom Rechtsmittelgegner innerhalb der
noch offenen Rechtsmittelfrist des § 63 Abs. 1 FamFG ein Rechtsmittel eingelegt,
hat dieser innerhalb dieser offenen Frist die Wahl, ein eigenständiges »selbstständiges«
Rechtsmittel oder (unselbstständige) Anschlussbeschwerde nach § 66 FamFG einzu-

---

664  BGH, FamRZ 1988, 603 f.
665  Schulte-Bunert/Weinreich/*Roßmann*, FamFG, § 145 Rn. 6 und 7.

legen. Im Zweifel ist durch Auslegung zu ermitteln, welche der beiden Möglichkeiten gewollt ist. Der selbstständige Anschluss, d.h. die Erhebung eines Rechtsmittels innerhalb der Rechtsmittelfrist, ist nicht Gegenstand des § 145 FamFG, sondern beurteilt sich nach den allgemeinen Regelungen.

### bb) Unselbstständiger Anschluss

Die Anschlussbeschwerde nach § 66 FamFG setzt keine Beschwer voraus. Sie ist auch möglich, wenn ein Beteiligter in erster Instanz voll obsiegt hat, in zweiter Instanz aber das Verfahren erweitern will.  1619

Der unselbstständige Anschluss ist **akzessorisch**, d.h. sobald das Hauptrechtsmittel zurückgenommen oder als unzulässig verworfen wird, verliert das unselbstständige Anschlussrechtsmittel automatisch seine Wirkung, vgl. § 66 FamFG.  1620

Berechtigt zur Anschlussbeschwerde ist nur der Beschwerdegegner. Ein Beteiligter, der nur im ersten Rechtszug Beteiligter war, gegen den aber keine Beschwerde eingelegt wurde, kann sich deshalb nicht anschließen.  1621

▶ **Anwaltlicher Hinweis:**

Die **Anschlussbeschwerde** ist hinsichtlich der Familienstreitsachen befristet. § 117 Abs. 2 FamFG erklärt nämlich § 524 Abs. 2 Satz 2 und Satz 3 ZPO für entsprechend anwendbar. Demzufolge ist in den Familienstreitsachen bzgl. der Befristung der Anschlussbeschwerde ein Gleichlauf der Beschwerdevorschriften mit den Berufungsvorschriften der ZPO geschaffen worden. Bedeutsam ist die Befristung für Güterrechtssachen und in den sonstigen Familiensachen. Keine Anwendung findet die Befristung demgegenüber gem. § 524 Abs. 2 Satz 3 ZPO bei wiederkehrenden Leistungen, also in Unterhaltssachen.  1622

### cc) Erweiterung auf andere Folgesache oder die Scheidung

Die Scheidungsverbundentscheidung betrifft mitunter mehrere Folgesachen. Wird eine Folgesache oder der Scheidungsausspruch mit einem Hauptrechtsmittel angegriffen, ergibt sich die Möglichkeit, die übrigen Teile des Verbundverfahrens durch eine Anschließung in das Rechtsmittelverfahren einzubeziehen. Dies ist Gegenstand des § 145 FamFG bzw. der dafür nach dieser Vorschrift zu beachtenden Fristen.  1623

Wird etwa Beschwerde gegen eine Unterhaltsentscheidung eingelegt, kann mit einer »Anschließung« an das Rechtsmittel gegen die Scheidungssache oder eine andere Folgesache gekontert werden.  1624

Die »Anschließung« muss aber den Anforderungen der §§ 61 ff. FamFG genügen und ist nach § 145 FamFG befristet, wenn es sich gegen einen bisher nicht mit einem Hauptrechtsmittel angegriffenen Teil der Verbundentscheidung richtet.  1625

**1626** Das nach § 145 FamFG befristete Anschlussrechtsmittel ist somit mit einem Schriftsatz einzulegen und zu begründen; es ist bei nicht fristgerechter Begründung als unzulässig zu verwerfen.

**1627** Wird das Hauptrechtsmittel als unzulässig verworfen oder zurückgenommen, verliert die (unselbstständige) Anschließung ihre Wirkung.[666]

**1628** Erforderlich ist, dass **Teile der Verbundentscheidung** angefochten werden; die Verbundentscheidung kann hierbei sowohl aus der Scheidungssache und einer oder mehreren Folgesachen oder nur aus Folgesachen bestehen. Wird mit dem Hauptrechtsmittel die Verbundentscheidung insgesamt angefochten, gilt § 145 FamFG nicht; in diesem Fall greifen die allgemeinen Bestimmungen ein.

### dd) Gegenanschließung

**1629** Nach § 145 FamFG kann der Gegner des Hauptrechtsmittels fristgebunden andere, noch nicht angegriffene Verfahrensteile des Verbunds anfechten.

**1630** Möglich ist dem Hauptrechtsmittelführer dann eine sog. Gegenanschließung, die verfahrenstechnisch in ihrem Bestand von der Anschließung abhängig ist – ebenso wie die (unselbstständige) Anschließung vom Hauptrechtsmittel. Die Gegenanschließung verliert bedingt durch ihre Akzessorietät ggü. der Anschließung ihre Wirkung, wenn die Anschließung zurückgenommen oder wenn sie als unzulässig abgewiesen wird.[667]

▶ **Anwaltlicher Hinweis:**

**1631** Die Regelung des § 145 FamFG ist schwer verständlich. Deshalb soll die Regelung nochmals mit Beispielen beschrieben werden.

Wird gegen eine Verbundentscheidung, die neben der Scheidung auch einen Ausspruch zum Versorgungsausgleich, Güterrecht, Kindesunterhalt, Ehegattenunterhalt sowie zur Kindschaftssache der elterlichen Sorge umfasst, Beschwerde nur gegen die güterrechtliche Entscheidung eingelegt, so ist zu unterscheiden:

– **Selbstständiges Rechtsmittel**

Legt der Rechtsmittelgegner ebenfalls ein Rechtsmittel gegen die güterrechtliche Entscheidung bzw. gegen den Scheidungsausspruch oder die Entscheidung zum Versorgungsausgleich ein, so handelt es sich um eine »Anschlussbeschwerde«. Diese hat selbstständigen Charakter, wenn die Voraussetzungen der §§ 58 ff., 117 FamFG eingehalten wurden; selbst wenn der ursprüngliche Rechtsmittelführer seine Beschwerde zurücknimmt, ist eine Entscheidung des Beschwerdegerichts erforderlich.

– **Unselbstständige Anschlussbeschwerde**

---

666  BGH, FamRZ 1998, 1024, 1026.
667  BGH, FamRZ 1998, 1024, 1026.

Legt der Rechtsmittelgegner ebenfalls Beschwerde gegen die güterrechtliche Entscheidung ein und sind lediglich die Anforderungen des § 66 FamFG bzw. auch § 117 Abs. 2 FamFG i.V.m. § 524 Abs. 2 Satz 2 und 3 ZPO gegeben, nicht aber diejenigen der selbstständigen Beschwerde nach §§ 58 ff., 117 FamFG, liegt eine unselbstständige Anschlussbeschwerde vor, die aufgrund ihrer Akzessorietät ihre Wirkung verliert, wenn die Hauptbeschwerde zurückgenommen oder als unzulässig verworfen wird.

Die bislang beschriebenen Konstellationen werden von § 145 FamFG nicht erfasst!

– **Anschließung nach § 145 FamFG**

Zunächst wird Beschwerde vom Rechtsmittelführer nur gegen die güterrechtliche Entscheidung eingelegt. Schließt sich dann der Rechtsmittelgegner der Beschwerde an, indem er die Entscheidung zum Versorgungsausgleich anficht, ist diese Anschließung, die nunmehr eine **andere Folgesache** betrifft, nur bis zum Ablauf von einem Monat nach Zustellung der Rechtsmittelbegründung zulässig. Dies ist die von § 145 Abs. 1 FamFG geregelte »Anschließung«.

– **Gegenanschließung**

In Anknüpfung an das vorausgegangene Beispiel ist jetzt wieder dem Rechtsmittelführer eine Gegenanschließung möglich, d.h. er könnte nach § 145 Abs. 2 FamFG nunmehr die Folgesache Ehegattenunterhalt anfechten.

– **Rechtsmittelerweiterung**

Eine Rechtsmittelerweiterung ist nach Ablauf der Frist zur Einlegung der Beschwerde (§ 63 FamFG) grds. unzulässig. Nach Ablauf dieser Frist ist eine Erweiterung auf einen anderen Verfahrensgegenstand nur noch zulässig, wenn sich die Gründe dafür bereits aus der zuvor eingelegten fristgerechten Beschwerde herleiten lassen. Dies ist etwa denkbar im Zusammenhang mit einer Beschwerde gegen die Entscheidung zum Ehegattenunterhalt. Der Rechtsmittelführer könnte seine Beschwerde mit fehlender Leistungsfähigkeit begründet haben. Dann kann er innerhalb der Frist nach § 145 Abs. 1 FamFG eine Rechtsmittelerweiterung dahin gehend vornehmen, dass er nunmehr die Folgesache Kindesunterhalt anficht. Auch dazu würde die Begründung fehlender Leistungsfähigkeit nämlich passen.

### e) Fristberechnung

**1632**  Das Fristensystem des § 145 FamFG basiert darauf, dass die einzelnen Zeitstufen selbstständige, einander nachgeordnete Fristen darstellen.

#### aa) Frist des § 145 Abs. 1 FamFG

**1633**  Die nachträgliche Anfechtung der Scheidungsverbundentscheidung muss sich auf eine bislang nicht angefochtene Folgesache oder die Scheidungssache beziehen.

**1634**  Die Anschließungsfrist (Monatsfrist) des § 145 Abs. 1 FamFG beginnt mit der Zustellung der Begründung des Hauptrechtsmittels. Wird die Begründung mehreren Beteiligten zugestellt ist nach § 145 Abs. 1 FamFG a.E. für die Fristberechnung auf die letzte Zustellung abzustellen. Nicht angefochtene Folgesachen werden rechtskräftig, sobald die Monatsfrist des § 145 Abs. 1 FamFG verstrichen ist.

#### bb) Verlängerung nach § 145 Abs. 2 Satz 1 FamFG

**1635**  Schließt sich der Rechtsmittelgegner innerhalb der Frist des § 145 Abs. 1 FamFG an, d.h. erklärt er die Anfechtung einer anderen Folgesache oder der Scheidung, so wird die Frist nach § 145 Abs. 1 FamFG um einen Monat verlängert (vgl. § 145 Abs. 2 Satz 1 FamFG). Dies gilt auch im Fall der Rechtsmittelerweiterung.

**1636**  In diesem Fall ist jedoch der Zeitpunkt der Zustellung der ersten Anschließung unerheblich; der Lauf der weiteren Monatsfrist beginnt mit dem Ende der ersten Monatsfrist. Allerdings verlängert sich die Monatsfrist **nicht** gem. § 145 Abs. 2 FamFG, wenn ein Anschlussrechtsmittel eingelegt wird, welches den gleichen Gegenstand betrifft, wie das Hauptrechtsmittel; das Anschlussrechtsmittel muss also einen anderen Verfahrensgegenstand als das Hauptrechtsmittel betreffen.

**1637**  Soweit eine weitere Anschließung innerhalb der verlängerten Frist nach § 145 Abs. 2 Satz 1 FamFG unterbleibt, tritt hinsichtlich der bis dahin nicht angefochtenen Teile Rechtskraft ein.

#### cc) Weitere Verlängerung nach § 145 Abs. 2 Satz 2 FamFG

**1638**  Wird innerhalb der Verlängerung nach § 145 Abs. 2 Satz 1 FamFG eine nachträgliche Anfechtung vorgenommen, gelten die Grundsätze der zweiten Stufe entsprechend. Weitere Verlängerungen entsprechend dieser Grundsätze sind möglich, wenn erneut ein Rechtsmittel erweitert wird oder eine Anschließung stattfindet. Erfolgt innerhalb der Frist des § 145 Abs. 2 Satz 2 FamFG keine nachträgliche Anfechtung, so werden nicht angegriffene Teile rechtskräftig.

▶ **Beispiel:**

**1639**  Nach Scheidung der Eheleute wurde lediglich gegen die Folgesache Güterrecht Beschwerde eingelegt. Die Beschwerdebegründung wurde dem Gegner am 11.07.2022 zugestellt. Der Gegner oder ein Dritter legt kein Anschlussrechtsmittel ein. Die Scheidung wird mit Ablauf des 11.08.2022 rechtskräftig.

Wird im Ausgangsfall am 10.08.2022 die Folgesache Kindesunterhalt mit Anschlussrechtsmittel angefochten und die Begründung der Anschlussbeschwerde am 24.08.2022 zugestellt, tritt die Rechtskraft der Scheidung mit Ablauf des 12.09.2022 ein (der 11.09.2022 ist ein Sonntag).

Wird bei dem vorstehenden Sachverhalt am 30.08.2022 in einer weiteren Folgesache (z.b. Umgangsrecht) ein weiteres Anschlussrechtsmittel eingelegt, tritt eine weitere Fristverlängerung von einem Monat ein (§ 145 Abs. 2 Satz 2 FamFG), sodass sich die Rechtskraft der Scheidung entsprechend verlängert (nunmehr ist der Ablauf des 11.10.2022 maßgeblich).

Werden weitere Folgesachen angefochten, gilt jedes Mal erneut eine Fristverlängerung von einem Monat gem. § 145 Abs. 2 Satz 2 FamFG.

### dd) Einschränkung der Beschwerde, § 145 Abs. 3 FamFG

Durch die Anschließung an die Beschwerde eines Versorgungsträgers kann der Scheidungsausspruch nicht angefochten werden.  **1640**

Um in Ehescheidungsverfahren zu verhindern, dass die Rechtskraft des Scheidungsausspruchs nicht eintritt, weil die Entscheidung einem beteiligten Versorgungsträger (vgl. § 219 Nr. 2 und Nr. 3 FamFG) fehlerhaft oder gar nicht bekannt gemacht wurde, wurde das Anschlussrechtsmittel der Ehegatten bei nur durch Versorgungsträger eingelegten Beschwerden eingeschränkt. Der Scheidungsausspruch soll – anders als bisher – daher auch ohne oder bei fehlerhafter Bekanntgabe an die beteiligten Versorgungsträger rechtskräftig werden. In der Vergangenheit hatte die – den Betroffenen nicht bekannte – fehlende Rechtskraft bei erneuter Verheiratung mitunter zu Doppelehen geführt. Doppelehen können im Abstammungsrechts zu schwerwiegenden Problemen führen, etwa, wenn vor Rechtskraft der Scheidung ein Kind geboren wird, dessen eheliche Abstammung aufgrund der verfrühten Ausstellung des Rechtskraftzeugnisses nicht erkannt wird.[668]  **1641**

Bis zum Ablauf der Beschwerdefrist gegen die Verbundentscheidung in der ersten Instanz führt die neue Regelung zu keiner Änderung, ebenso wenig bei Beschwerdeeinlegung durch einen der Ehegatten. Auch wenn die Beschwerdefrist eines Ehegatten schon abgelaufen ist, aber der andere Ehegatte noch rechtzeitig gegen die Entscheidung des Versorgungsausgleichs Rechtsmittel einlegt, kann sich der eine Ehegatte mit dem Ziel, auch den Scheidungsausspruch anzufechten, anschließen, unabhängig vom Verhalten eines Versorgungsträgers. Eine Anschließung ist weiterhin auch stets hinsichtlich anderer Folgesachen möglich. Die Ehegatten können auch an die Beschwerde eines Versorgungsträgers Anschlussbeschwerde z.B. bzgl. der Verbundentscheidung zum Ehegattenunterhalt oder zum Zugewinnausgleich einlegen. Die Neuregelung schießt nur die Anschließung hinsichtlich des Scheidungsausspruchs aus.[669]  **1642**

---

668 Vgl. *Stößer* FamRZ 2016, 1902, 1904.
669 *Viefhues* FuR 2017, 55.

## f) Muster zum Beschwerdeverfahren

### aa) Muster: Einlegung der Beschwerde

▶ Muster: Einlegung der Beschwerde

1643 An das

Amtsgericht .....

– Familiengericht –

.....

Beschwerde

In der Familiensache

Müller, Erika./. Müller, Jan

wegen Ehescheidung

lege ich namens und in Vollmacht der Antragstellerin und Beschwerdeführerin gegen den Beschluss des Amtsgerichts – Familiengericht – ..... , vom ..... , Aktenzeichen ..... , zugestellt am ..... ,

Beschwerde

ein. Die Begründung folgt innerhalb der Beschwerdebegründungsfrist in einem gesonderten Schriftsatz.

Als Anlage füge ich eine Ausfertigung des angefochtenen Beschlusses bei, dessen Rückgabe erbeten wird.

.....

Rechtsanwältin/Rechtsanwalt

### bb) Muster: Fristverlängerung für Begründung der Beschwerde

▶ Muster: Fristverlängerung für Begründung der Beschwerde

1644 An das

Oberlandesgericht .....

– Familiensenat –

.....

Antrag auf Fristverlängerung für die Begründung der Beschwerde

In der Familiensache

Müller, Erika./. Müller, Jan

Aktenzeichen .....

wegen Ehescheidung

wird beantragt,

die am ..... ablaufende Frist zur Begründung der Beschwerde bis zum ..... zu verlängern.

Begründung:

Die o.g. Familiensache wird allein vom Unterzeichnenden bearbeitet.

Der Mandant befand sich bis zum ..... in Urlaub, sodass die Angelegenheit bisher noch nicht besprochen werden konnte.

Der Unterzeichnende hat mehrere Terminsachen zu bearbeiten, sodass ein Besprechungstermin nicht vor dem ..... möglich ist.

.....

Rechtsanwältin/Rechtsanwalt

*cc) Muster: Begründung der Beschwerde (Scheidungsabweisung)*

▶ Muster: Begründung der Beschwerde (Scheidungsabweisung)

An das                                                                                            1645

Oberlandesgericht .....

– Familiensenat –

.....

Begründung der Beschwerde

In der Familiensache

Müller, Erika./. Müller, Jan

Aktenzeichen .....

wegen Ehescheidung

wird folgender Antrag gestellt:

Der Beschluss des Amtsgerichts ..... – Familiengericht – vom ..... , Gz.: ..... , wird abgeändert:

Die am ..... vor dem Standesamt ..... geschlossene Ehe der Beteiligten wird geschieden.

Begründung:

Beschwerde gegen die o.g. Entscheidung des Amtsgerichts – Familiengerichts ..... wurde mit Schriftsatz vom ..... eingelegt.

Der Scheidungsantrag der Antragstellerin wurde vom Amtsgericht ..... – Familiengericht – abgewiesen, weil die Beteiligten noch nicht ein Jahr getrennt leben.

Dies trifft jedoch nicht zu. Seit dem ..... leben die Beteiligten getrennt. Dies ist auch innerhalb der ehelichen Wohnung möglich, wenn bestimmte Voraussetzungen bestehen.

Dies ist hier der Fall.

(wird weiter ausgeführt)

Die Beteiligten haben sich beidseitig neuen Partnern zugewandt, sodass die Ehe gescheitert ist.

Beweis für die Zerrüttung der Ehe: Vernehmung der Beteiligten.

.....

Rechtsanwältin/Rechtsanwalt

*dd) Muster: Begründung der Beschwerde (Scheidung wurde ausgesprochen)*

▶ Muster: Begründung der Beschwerde (Scheidung wurde ausgesprochen)

1646   An das

Oberlandesgericht .....

– Familiensenat –

.....

Begründung der Beschwerde

In der Familiensache

Müller, Erika./. Müller, Jan

Aktenzeichen .....

wegen Ehescheidung

wird namens des Antragsgegners und Beschwerdeführers folgender Antrag gestellt:

Der Beschluss des Amtsgerichts ..... – Familiengericht – vom ....., Gz.: ....., wird abgeändert:

Der Scheidungsantrag der Antragstellerin und Beschwerdegegnerin vom ..... wird abgewiesen.

Begründung:

Beschwerde gegen die o.g. Entscheidung des Amtsgerichts – Familiengerichts ..... wurde mit Schriftsatz vom ..... eingelegt.

Dem Scheidungsantrag der Antragstellerin und Beschwerdegegnerin wurde vom Amtsgericht ..... – Familiengericht – stattgegeben.

Dies ist deshalb bereits fehlerhaft, weil die Beteiligten noch nicht ein Jahr getrennt leben und die Voraussetzungen einer sog. Härtefallscheidung eindeutig nicht vorliegen.

(wird weiter ausgeführt)

Der Antragsgegner und Beschwerdeführer bemüht sich um eine Fortsetzung der Ehe. Zwar hatte die Antragstellerin und Beschwerdegegnerin zwischenzeitlich eine neue Beziehung; diese wurde aber bereits wieder beendet.

Beweis: Vernehmung der Beteiligten.

.....

Rechtsanwältin/Rechtsanwalt

*ee) Muster: Begründung der Beschwerde (Änderung mehrerer Folgesachen)*

▶ Muster: Begründung der Beschwerde (Änderung mehrerer Folgesachen)

An das

Oberlandesgericht .....

– Familiensenat –

.....

1647

Begründung der Beschwerde

In der Familiensache

Müller, Erika./. Müller, Jan

Aktenzeichen .....

wegen Ehescheidung u.a.

werden namens und mit Vollmacht des Antragsgegners und Beschwerdeführers folgende Anträge gestellt:

Der Verbundbeschluss des Amtsgerichts ..... – Familiengericht – vom ..... , Az.: ..... , wird wie folgt geändert:

1. Die elterliche Sorge für das gemeinsame Kind ..... , geb. am ..... , wird dem Antragsgegner und Beschwerdeführer übertragen.
2. Die Antragstellerin und Beschwerdegegnerin wird verpflichtet, an den Antragsgegner und Beschwerdeführer ab Rechtskraft des Scheidungsbeschlusses monatlichen Unterhalt in Höhe von ..... €, spätestens fällig jeweils am dritten Werktag eines Monats, zu zahlen.
3. Die Antragstellerin und Beschwerdegegnerin wird verpflichtet, an den Antragsgegner und Beschwerdeführer einen monatlichen, monatlich vorauszahlbaren, Unterhalt für das gemeinsame Kind ..... , geb. am ..... , in folgender Höhe zu zahlen:

    ......
4. Die Antragstellerin und Beschwerdegegnerin trägt die Kosten des Beschwerdeverfahrens.

Begründung:

Beschwerde gegen die o.g. Entscheidung des Amtsgerichts – Familiengerichts .....
wurde mit Schriftsatz vom ..... eingelegt.

Die o.g. Anträge werden wie folgt begründet:

(wird weiter ausgeführt)

.....

Rechtsanwältin/Rechtsanwalt

*ff) Muster: Begründung der Beschwerde (Änderung einer Folgesache)*

▶ Muster: Begründung der Beschwerde (Änderung einer Folgesache)

**1648** An das

Oberlandesgericht .....

– Familiensenat –

.....

Begründung der Beschwerde

In der Familiensache

Müller, Erika./. Müller, Jan

Aktenzeichen .....

wegen Ehescheidung u.a.

hier: elterliche Sorge

wird namens und mit Vollmacht der Antragstellerin und Beschwerdeführerin folgender Antrag gestellt:

Der Verbundbeschluss des Amtsgerichts ..... – Familiengericht – vom ..... , Az.: .....
, wird in Nr. 3 wie folgt geändert:

1. Die elterliche Sorge für das gemeinsame Kind ..... , geb. am ..... , wird der Antragstellerin und Beschwerdeführerin übertragen.
2. Der Antragsgegner und Beschwerdegegner trägt die Kosten des Beschwerdeverfahrens.

Begründung:

Beschwerde gegen die o.g. Entscheidung des Amtsgerichts – Familiengerichts .....
wurde mit Schriftsatz vom ..... eingelegt.

Die o.g. Anträge werden wie folgt begründet:

Ausführungen ......

.....

Rechtsanwältin/Rechtsanwalt

*gg) Muster: Unselbstständige Anschlussbeschwerde*

▶ Muster: Unselbstständige Anschlussbeschwerde

An das                                                                    1649

Oberlandesgericht .....

– Familiensenat –

.....

Anschlussbeschwerde

In der Familiensache

Müller, Jan./. Müller, Eva

Aktenzeichen .....

wegen Ehescheidung u.a.

hier: Unterhalt

lege ich namens und mit Vollmacht der Antragsgegnerin und Beschwerdegegnerin
gegen den Beschluss des Amtsgerichts ..... – Familiengericht – vom ..... , Az.: .....,

Anschlussbeschwerde

ein.

Ich stelle folgende Anträge:

1. Die Beschwerden des Antragstellers und Beschwerdeführers gegen den Beschluss
   des Amtsgerichts ..... – Familiengericht – vom ..... , Az.: ..... , werden zurückgewiesen.
2. Der Verbundbeschluss des Amtsgerichts ..... – Familiengericht – vom ..... , Az.:
   ..... , wird wie folgt geändert:
   a. Der Antragsteller und Beschwerdeführer wird verpflichtet, an die Antrags-
      gegnerin und Beschwerdegegnerin über den im angefochtenen Beschluss
      zugesprochenen Unterhalt in Höhe von monatlich ..... € hinaus einen wei-
      teren zum Ersten eines jeden Monats im Voraus zu leistenden Unterhalt in
      Höhe von ..... € zu zahlen.
   b. Der Antragsteller und Beschwerdeführer wird verpflichtet der Antragsgeg-
      nerin und Beschwerdegegnerin ab Rechtskraft des Scheidungsausspruchs
      einen Zugewinnausgleich in Höhe von ..... € nebst Zinsen in Höhe von fünf
      Prozentpunkten über dem Basiszinssatz zu zahlen.

Begründung:

Beschwerde gegen die o.g. Entscheidung des Amtsgerichts – Familiengerichts .....
wurde mit Schriftsatz des Antragstellers und Beschwerdeführers vom ..... eingelegt.

Die Anschlussbeschwerde der Antragsgegnerin und Beschwerdegegnerin ist zulässig nach § 66 FamFG sowie § 117 Abs. 2 FamFG i.V.m. § 524 Abs. 2 ZPO.

Die o.g. Anträge werden wie folgt begründet:

(wird weiter ausgeführt)

.....

Rechtsanwältin/Rechtsanwalt

*hh) Muster: Anschließung wegen anderer Folgesache*

▶ Muster: Anschließung wegen anderer Folgesache

1650 An das

                              Oberlandesgericht .....

– Familiensenat –

.....

Anschließung nach § 145 FamFG

In der Familiensache

Müller, Petra./. Müller, Erik

Aktenzeichen .....

wegen Ehescheidung u.a.

hier: Umgang und Versorgungsausgleich

wird auf die Beschwerde des Antragsgegners und Beschwerdeführers vom ..... erwidert und gleichzeitig namens und mit Vollmacht der Antragstellerin und Beschwerdegegnerin gegen den Beschluss des Amtsgerichts ..... – Familiengericht – vom ..... , Az.: .....,

                          Anschlussbeschwerde

eingelegt.

Ich stelle folgende Anträge:

1. Die Beschwerde des Antragsgegners und Beschwerdeführers gegen Nr. 3 (Regelung des Umgangsrechts) des Beschlusses des Amtsgerichts ..... – Familiengericht –, vom ..... , wird zurückgewiesen.
2. Auf die Beschwerde der Antragstellerin und Beschwerdegegnerin wird der Beschluss des Amtsgerichts ..... – Familiengericht –, vom ..... in Nr. 2 geändert: Der Versorgungsausgleich wird ausgeschlossen.
3. Der Antragsgegner und Beschwerdeführers trägt die Kosten des Beschwerdeverfahrens.

Begründung:

Die mit Schriftsatz vom ..... , zugestellt am ..... , begründete Beschwerde des Antragsgegners und Beschwerdeführers gegen die Regelung des Umgangs des Antragsgegners und Beschwerdeführers mit dem gemeinsamen Kind ..... der Beteiligten
ist unbegründet, weil ......

Der Beschluss des Familiengerichts ist in Nr. 2 (Versorgungsausgleich) abzuändern,
weil dem Antrag, der Antragstellerin und Beschwerdegegnerin den Versorgungsausgleich auszuschließen, nicht stattgegeben wurde.

Die Beteiligten haben aber am ..... eine Scheidungsfolgenvereinbarung geschlossen,
nach welcher u.a. der Versorgungsausgleich entfallen soll. Das Familiengericht geht
von der fehlerhaften Annahme aus, die Vereinbarung wäre unwirksam. Dies ist
deshalb unrichtig, weil ......

......

Rechtsanwältin/Rechtsanwalt

## 12. Rechtsbeschwerde

### a) Voraussetzungen einer zulässigen Rechtsbeschwerde

Die Rechtsbeschwerde wurde allgemein bereits dargestellt, vgl. Rdn. 431 ff. Hervor-    **1651**
zuheben sind folgende Anforderungen:

- **Zuständig** für die Rechtsbeschwerde ist der **BGH, vgl. § 133 GVG.**
- **Zulassung:** Die Rechtsbeschwerde gegen Beschlüsse ist nach § 70 FamFG nur
  statthaft, wenn sie vom Beschwerdegericht in dem Beschluss **zugelassen** wurde.
  Die Rechtsbeschwerde ist vom Beschwerdegericht nach § 70 Abs. 2 FamFG zuzulassen, wenn die Rechtssache grundsätzliche Bedeutung hat oder die Fortbildung
  des Rechts oder die Sicherung einer einheitlichen Rechtsprechung eine Entscheidung des Rechtsbeschwerdegerichts erfordert.
- **Frist:** Die Rechtsbeschwerde ist binnen einer **Frist von einem Monat** nach der
  schriftlichen Bekanntgabe des Beschlusses durch Einreichen einer Beschwerdeschrift
  bei dem **Rechtsbeschwerdegericht** einzulegen.
- Die **Rechtsbeschwerdeschrift** muss inhaltlich notwendig enthalten:
  - die Bezeichnung des Beschlusses, gegen den die Rechtsbeschwerde gerichtet
    wird, und
  - die Erklärung, dass gegen diesen Beschluss Rechtsbeschwerde eingelegt werde.
- Die Rechtsbeschwerde ist zu **unterschreiben.**
- **Begründung:** Die Rechtsbeschwerde unterliegt nach § 71 Abs. 2 FamFG einer
  **Begründungspflicht.**
- Der **Inhalt der Rechtsbeschwerdebegründung** muss § 71 Abs. 3 FamFG gerecht
  werden. Danach muss die Begründung enthalten:
  - die Erklärung, inwieweit der Beschluss angefochten und dessen Aufhebung
    beantragt werde (**Rechtsbeschwerdeanträge**),
  - die Angabe der **Rechtsbeschwerdegründe**, und zwar die bestimmte Bezeich-
    nung der Umstände, aus denen sich die Rechtsverletzung ergibt;

–  soweit die Rechtsbeschwerde darauf gestützt wird, dass das Gesetz in Bezug auf das Verfahren verletzt sei, die Bezeichnung der Tatsachen, die den Mangel ergeben.

–  **Begründungsfrist:** Die **Frist** zur Begründung der Rechtsbeschwerde beträgt **einen Monat.** Die Frist beginnt mit der schriftlichen Bekanntgabe der angefochtenen Entscheidung. Die Frist kann allerdings, wie sich aus der Verweisung auf § 551 Abs. 2 Satz 5 und 6 ZPO ergibt, um bis zu 2 Monate verlängert werden; erfolgt die Übersendung der Verfahrensakten durch das Beschwerdegericht nicht zügig, kann eine Verlängerung um bis zu 2 Monate nach Übersendung der Akte erfolgen (§ 551 Abs. 2 Satz 6 ZPO). Weitere Verlängerungen sind mit Einwilligung des Gegners möglich (§ 551 Abs. 2 Satz 5 ZPO).

### b) Anschlussrechtsbeschwerde (§ 73 FamFG)

1652  Nach § 73 FamFG kann jeder Rechtsbeschwerdeberechtigte sich der Rechtsbeschwerde eines anderen Beteiligten anschließen. Dies gilt auch dann, wenn er auf die Rechtsbeschwerde verzichtet hat, die Rechtsbeschwerdefrist verstrichen ist oder die Rechtsbeschwerde nicht zugelassen worden ist.

1653  Die Anschlussrechtsbeschwerde ist in der Anschlussschrift zu begründen und zu unterschreiben.

1654  Der »Nachteil« der Anschlussrechtsbeschwerde ist die Akzessorietät: Wird die »Hauptrechtsbeschwerde« zurückgenommen oder als unzulässig verworfen, so verliert die Anschlussrechtsbeschwerde ihre Wirkung (§ 73 Satz 3 FamFG).

### c) Sprungrechtsbeschwerde

1655  Gegen die im ersten Rechtszug erlassenen Beschlüsse, die ohne Zulassung der Beschwerde unterliegen, findet nach § 75 FamFG auf Antrag unter Übergehung der Beschwerdeinstanz unmittelbar die Rechtsbeschwerde (Sprungrechtsbeschwerde) statt, wenn
–  die Beteiligten in die Übergehung der Beschwerdeinstanz einwilligen und
–  das Rechtsbeschwerdegericht die Sprungrechtsbeschwerde zulässt.

1656  Die Sprungrechtsbeschwerde setzt im ersten Rechtszug erlassene Beschlüsse voraus, die ohne Zulassung der Beschwerde unterliegen. Dies sind nach § 61 Abs. 1 FamFG Beschlüsse in vermögensrechtlichen Angelegenheiten mit einem Beschwerdewert von mehr als 600 €.

1657  Neben der Einwilligung der Beteiligten in die Übergehung der Beschwerdeinstanz ist zusätzlich die Zulassung des **Rechtsbeschwerdegerichts** (d.h. nicht des erstinstanzlichen Ausgangsgericht) erforderlich.

1658  § 75 Abs. 1 Satz 2 FamFG stellt klar, dass die Beteiligten im Fall der Beantragung der Zulassung der Sprungrechtsbeschwerde eine **abschließende Entscheidung** über das zur Verfügung stehende Rechtsmittel treffen. Wird die Zulassung der Sprungrechtsbeschwerde durch das Rechtsbeschwerdegericht abgelehnt, ist somit den Beteiligten das Rechtsmittel der Beschwerde nicht mehr eröffnet.

### d) Erweiterte Aufhebung nach § 147 FamFG

Der Scheidungsverbund bezweckt u.a. geordnete und abgestimmte Entscheidungen in den Folgesachen. Dies ist dadurch bedingt, dass familienrechtliche Entscheidungen »Folgewirkung« haben können. So steht etwa die Regelung der elterlichen Sorge im Zusammenhang mit der Gewährung von nachehelichem Betreuungsunterhalt nach § 1570 BGB. Die Vorschrift des § 147 FamFG will die Abstimmung von Folgesachen auch in der Rechtsbeschwerdeinstanz sicherstellen.  **1659**

Wird eine Entscheidung auf eine Rechtsbeschwerde hin teilweise aufgehoben, kann deshalb der BGH nach § 147 FamFG auf Antrag eines Beteiligten die Entscheidung auch insoweit aufheben und die Sache zur anderweitigen Verhandlung und Entscheidung an das Beschwerdegericht zurückverweisen, als dies wegen des Zusammenhangs mit der aufgehobenen Entscheidung geboten erscheint.  **1660**

Bedeutsam ist § 147 FamFG, wenn das OLG die Rechtsbeschwerde nur hinsichtlich der Scheidungssache oder einzelner Folgesachen zugelassen hat (§ 70 Abs. 2 FamFG).  **1661**

Dann scheidet hinsichtlich der weiteren Teile der Verbundentscheidung die Anfechtung mit einem Haupt- oder Anschlussrechtsmittel aus, weil auch eine Anschlussrechtsbeschwerde zugelassen werden muss. § 147 FamFG gestattet dem BGH die Aufhebung von nicht mehr anfechtbaren Teilen der Verbundentscheidung, die mit der vom BGH aufgehobenen Folgesache zusammenhängen, und schiebt damit den Eintritt der Rechtskraft für solche Folgesachen bzw. die Scheidungssache hinaus.  **1662**

#### aa) Entscheidung des BGH

§ 147 FamFG setzt seinem Wortlaut entsprechend voraus, dass der BGH eine mit der Rechtsbeschwerde angegriffene Verbundentscheidung eines OLG **teilweise** aufhebt.  **1663**

Weist also der BGH nach Aufhebung einer Folgesache oder des Scheidungsausspruchs das Verfahren an das OLG zurück, besteht die Notwendigkeit zur Anwendung des § 147 FamFG, weil die beim OLG anhängigen Folgesachen ansonsten inzwischen rechtskräftig geworden sind und auch nach § 145 FamFG nicht mehr angegriffen werden können. Der Eintritt der Rechtskraft kann nur durch den Antrag nach § 147 FamFG verhindert werden.[670]  **1664**

Die **Aufhebungsbefugnis** des BGH bezieht sich nur auf Teile der Entscheidung des OLG, nicht dagegen auf Teile der familiengerichtlichen Entscheidung erster Instanz, die nicht in die zweite Instanz gelangt sind.  **1665**

---

670  HK-FamFG/*Kemper*, § 147 Rn. 7.

**1666**    Haben die Beteiligten den gesamten Scheidungsverbund zum Gegenstand der Rechtsbeschwerde gemacht, ist § 147 FamFG hingegen ohne Bedeutung, unabhängig davon,
wie der BGH entscheidet.

**1667**    Hebt der BGH einen Scheidungsausspruch auf und weist den Scheidungsantrag ab,
ist § 147 FamFG ebenfalls nicht anwendbar, da nach § 146 FamFG sämtliche Folgesachen gegenstandslos werden.

### bb) Erforderlicher Zusammenhang

**1668**    Die Anwendung des § 147 FamFG setzt einen Zusammenhang zwischen dem Teil der
zweitinstanzlichen Entscheidung, der aufgrund des zugelassenen Rechtsmittels vom
BGH aufgehoben wird, und einem anderen Teil, der nach § 147 FamFG aufzuheben
ist, voraus.[671] Insoweit genügt ein tatsächlicher Zusammenhang, wobei jedoch häufig
eine rechtliche Abhängigkeit der Folgesachen gegeben sein wird. So steht insb. die
Regelung der elterlichen Sorge in Zusammenhang mit der Gewährung von nachehelichem Betreuungsunterhalt nach § 1570 BGB. Weitere Beispiele finden sich im
Güterrecht und im Versorgungsausgleich. Praktisch bedeutungslos ist § 147 FamFG
für den Scheidungsausspruch; wird er aufgehoben, erledigen sich die Folgesachen,
d.h. sie werden gegenstandslos; wird umgekehrt eine Folgesache aufgehoben, so hat
dies regelmäßig keinen Einfluss auf die nicht angegriffene Scheidung.

### cc) Voraussetzungen

### aaa) Antrag eines Beteiligten

**1669**    Die Aufhebung und Zurückverweisung einer nicht mit der Rechtsbeschwerde angegriffenen Folgesache an das OLG nach § 147 FamFG erfolgt **nur auf Antrag** eines
Beteiligten.

**1670**    Der Antrag nach § 147 FamFG kann nur von den Ehegatten selbst gestellt werden, nicht dagegen von den anderen am Verfahren Beteiligten (Versorgungsträger,
Jugendämter und Vermieter).

**1671**    Die Eheleute sind auf ihr Antragsrecht hinzuweisen, wenn der BGH die Entscheidung in einer Folgesache aufheben will.

### bbb) Frist

**1672**    Nach § 147 Satz 2 FamFG kann der Antrag auf **Aufhebung des Scheidungsausspruchs** nur innerhalb eines Monats nach Zustellung der Rechtsmittelbegründung
oder des Beschlusses über die Zulassung der Rechtsbeschwerde, bei mehreren Zustellungen bis zum Ablauf eines Monats nach der letzten Zustellung, gestellt werden. Da
die Aufhebung einer Folgesache kaum einen Einfluss auf den Scheidungsausspruch
hat, ist § 147 Satz 2 FamFG wenig relevant; ursprünglich wollte der Gesetzgeber

---

671  BGH, FamRZ 1986, 895.

dem Ehegatten, der mit einer Entscheidung in Folgesachen nicht einverstanden war, ermöglichen, den Scheidungsantrag zurückzunehmen oder seine Zustimmung zur Scheidung zu widerrufen.

### ccc) Verzicht auf das Antragsrecht des § 147 FamFG

Die Ehegatten können wirksam auf das Antragsrecht nach § 147 FamFG verzichten, wenn das OLG die Scheidung bestätigt hat. Dadurch wird die Rechtskraft der Scheidung herbeigeführt. **1673**

▶ Praxishinweis:

Die Vorschrift des § 147 FamFG hat nur Bedeutung, wenn die Scheidungssache aufgrund umfassender Beschwerde Gegenstand einer Überprüfung durch das OLG geworden ist. Häufig erklären die Beteiligten im erstinstanzlichen Verfahren den Verzicht auf Rechtsmittel und Anschlussrechtsmittel; in diesem Fall wird die Scheidung sofort rechtskräftig, auch wenn noch Folgesachen mit der Beschwerde angegriffen werden. Sollte eine solche Folgesache später mit Rechtsbeschwerde zum BGH gelangen, kann der Scheidungsausspruch nicht mehr angegriffen bzw. aufgehoben werden. **1674**

Häufig wird beim FamG protokolliert, dass die Beteiligten auf Rechtsmittel und Anschlussrechtsmittel und auf ihr Antragsrecht nach § 147 FamFG verzichten. Letzteres ist regelmäßig überflüssig, da – wie bereits dargestellt – nach einem Verzicht auf Rechtsmittel und Anschlussrechtsmittel eine Befassung des OLG mit dem Scheidungsbeschluss nicht mehr möglich ist.

### e) Muster

### aa) Muster: Einlegung der Rechtsbeschwerde

▶ Muster: Einlegung der Rechtsbeschwerde

An den **1675**

Bundesgerichtshof

– Familiensenat –

Herrenstraße 45a

76133 Karlsruhe

                        Rechtsbeschwerde

In der Familiensache

Müller, Petra./. Müller, Erik

Aktenzeichen .....

wegen Ehescheidung u.a.

wird namens und mit Vollmacht der Antragstellerin und Rechtsbeschwerdeführerin gegen den Beschluss des Oberlandesgerichts ..... – Familiensenat – vom ..... , Az.: ..... , zugestellt am ..... ,

Rechtsbeschwerde

eingelegt.

Die Begründung wird innerhalb der Begründungsfrist des § 71 FamFG mit einem gesonderten Schriftsatz nachgereicht.

Anliegend füge ich eine Ausfertigung des angefochtenen Beschlusses bei, um dessen Rückgabe gebeten wird.

.....

Rechtsanwältin/Rechtsanwalt

*bb) Muster: Begründung der Rechtsbeschwerde*

▶ Muster: Begründung der Rechtsbeschwerde

1676 An den

Bundesgerichtshof

– Familiensenat –

Herrenstraße 45a

76133 Karlsruhe

Rechtsbeschwerdebegründung

In der Familiensache

Müller, Petra./. Müller, Erik

Aktenzeichen .....

wegen Ehescheidung u.a.

wird namens und mit Vollmacht der Antragstellerin und Rechtsbeschwerdeführerin folgender Antrag gestellt:

1. Der Beschluss des Oberlandesgerichts ..... vom ..... wird aufgehoben.
2. Der Antragsgegner und Rechtsbeschwerdegegner wird verpflichtet, an die Antragstellerin und Rechtsbeschwerdeführerin ab Rechtskraft des Scheidungsbeschlusses monatlichen Unterhalt in Höhe von ..... €, spätestens fällig jeweils am dritten Werktag eines Monats, zu zahlen.
3. Der Antragsgegner und Rechtsbeschwerdegegner trägt die Kosten des Rechtsbeschwerdeverfahrens.

Begründung:

Rechtsbeschwerde gegen die o.g. Entscheidung des Oberlandesgerichts ..... – Familiensenat wurde mit Schriftsatz vom ..... eingelegt.

Das Beschwerdegericht hat in Sachen Ehegattenunterhalt festgestellt, dass ......

Folglich wurde der Anspruch auf Zahlung von Ehegattenunterhalt abgewiesen.

Dieses Ergebnis ist unzutreffend, denn ......

.....

Rechtsanwältin/Rechtsanwalt

*cc) Muster: Sprungrechtsbeschwerde*

▶ Muster: Sprungrechtsbeschwerde

An den                                                                                    1677

Bundesgerichtshof

– Familiensenat –

Herrenstraße 45a

76133 Karlsruhe

Antrag auf Zulassung der Sprungrechtsbeschwerde

In der Familiensache

Müller, Petra ./. Müller, Erik

Aktenzeichen .....

wegen Ehescheidung u.a.

wird namens und mit Vollmacht der Antragstellerin und Rechtsbeschwerdeführerin der Antrag

auf Zulassung der Sprungrechtsbeschwerde gestellt.

Begründung:

Das Amtsgericht ..... Familiengericht hat die Scheidung der Beteiligten mit Beschluss vom ..... ausgesprochen.

Die Verbundanträge zum Versorgungsausgleich, Ehegattenunterhalt, Zugewinnausgleich wurden abgewiesen, weil diese Ansprüche durch den Ehevertrag der Beteiligten vom ..... ausgeschlossen seien.

Der Ehevertrag ist jedoch sittenwidrig, da ......

Der Antragsgegner ist mit der Sprungrechtsbeschwerde einverstanden, wie der beiliegenden Erklärung seines Anwalts entnommen werden kann (Anlage A1).

Eine weitere Aufklärung des Sachverhalts ist nicht erforderlich, denn es geht ausschließlich um Rechtsfragen.

Die Rechtssache hat grundsätzliche Bedeutung. Eheverträge bedürfen einer strengen Beurteilung, wenn erhebliche Abweichungen vom Gesetz vereinbart werden. Es kommt hinzu, dass ......

Auch die Fortbildung des Rechts und die Sicherung einer einheitlichen Rechtsprechung erfordert in dieser Sache eine Entscheidung des Rechtsbeschwerdegerichts.
......

Rechtsanwältin/Rechtsanwalt

## II. Kindschaftssachen

▶ **Das Wichtigste in Kürze**

**1678**
– Der Begriff »Kindschaftssachen« umfasst insb. die elterliche Sorge, den Umgang und die Kindesherausgabe. → Rdn. 1679 f.
– Definition des »gerichtlich gebilligten Vergleichs«, § 156 Abs. 2 FamFG. → Rdn. 1776 ff.
– Kindschaftssachen, die den Umgang betreffen, sind nach § 155 Abs. 2 spätestens einen Monat nach Verfahrensbeginn zu terminieren. → Rdn. 1745 ff.
– Kinderschutzrechtliche Maßnahmen sind in angemessenen Zeitabständen vom Gericht zu überprüfen, § 166 Abs. 2 FamFG. → Rdn. 1903 ff.

**1679** Der Begriff der Kindschaftssachen wird durch das FamFG definiert. Kindschaftssachen sind nach § 151 FamFG Verfahren, die
– die elterliche Sorge,
– das Umgangsrecht,
– die Kindesherausgabe,
– die Vormundschaft,
– die Pflegschaft oder die gerichtliche Bestellung eines sonstigen Vertreters für einen Minderjährigen oder für ein bereits gezeugtes Kind,
– die Genehmigung von freiheitsentziehender Unterbringung und freiheitsentziehenden Maßnahmen nach § 1631b BGB, auch in Verbindung mit den §§ 1795 Abs. 1 Satz 3 und 1813 Abs. 1 BGB,
– die Anordnung der freiheitsentziehenden Unterbringung eines Minderjährigen nach den Landesgesetzen über die Unterbringung psychisch Kranker oder
– die Aufgaben nach dem JGG betreffen.

**1680** Diese Verfahren betreffen im Wesentlichen die Verantwortung für die Person oder das Vermögen eines Minderjährigen oder dessen Vertretung. Durch den Begriff Kindschaftssachen wird der für die überwiegende Zahl der davon umfassten Einzelverfahren gemeinsame Gesichtspunkt, dass das **Kind im Zentrum** des Verfahrens steht, hervorgehoben. Die praktisch größte Bedeutung kommt dabei den Verfahren der elterlichen Sorge und dem Umgangsrecht zu.

▶ **Praxishinweis:**

Kindschaftssachen sind für die anwaltliche Vertretung sehr aufwendig und häu-  1681
fig auch emotional belastend. Der damit verbundenen Verantwortung – auch
wenn es um Verfahren der Amtsermittlung geht, § 26 FamFG – korrespondiert
kein angemessener Verfahrenswert (i.d.R. nur 4.000 €, selbst bei mehreren Kindern, vgl. § 45 FamGKG), d.h. bei wirtschaftlicher Betrachtungsweise handelt
es sich oftmals für Anwälte um »Zuschussgeschäfte«. Allerdings muss auch bedacht
werden, dass häufig eine gute Lösung der Kindschaftsproblematik der »Türschlüs-
sel« ist, um auch Unterhalt, Zugewinn und ähnliches zum Abschluss zu bringen.

## 1. Verfahren in Kindschaftssachen

### a) Kindschaftssachen

#### aa) Elterliche Sorge (§ 151 Nr. 1 FamFG)

Die elterliche Sorge umfasst die Pflicht und das Recht, für das minderjährige Kind  1682
zu sorgen (§ 1626 Abs. 1 Satz 1 BGB).[672] Zur elterlichen Sorge gehören die Sorge für
die Person des Kindes – **Personensorge** – und das Vermögen des Kindes – **Vermögenssorge** (§ 1626 Abs. 1 Satz 2 BGB) – sowie die **Vertretung des Kindes** (§ 1629
Abs. 1 Satz 1 BGB).[673]

Die elterliche Sorge umfasst damit alle persönlichen Angelegenheiten des Kindes. Die  1683
Aufzählung in § 1631 BGB – Erziehung, Beaufsichtigung, Aufenthaltsbestimmung –
ist unvollständig. Zur Personensorge gehören auch alle Fürsorge- und Schutzmaßnah-
men, wie z.B. Einwilligung in eine Operation, Bestimmung der Berufsausbildung,
auch die Vertretung des Kindes bei Rechtsgeschäften, soweit sie den persönlichen
Bereich betreffen.

Ein häufiger Streitpunkt ist das sog. **Aufenthaltsbestimmungsrecht**. Dieses ist ein  1684
Teil der elterlichen Sorge i.S.v. § 1671 Abs. 1 BGB.

Danach erfasst § 151 Nr. 1 FamFG alle Verfahren, die die Bestimmung der Person,  1685
der Rechte oder der Pflichten des Sorgeberechtigten betreffen. Auch Verfahrensgegenstände, die mit einer solchen Regelung aus sachlichen oder verfahrensrechtlichen
Gründen in Zusammenhang stehen, sind mitumfasst.

Sind allerdings zugleich auch die Voraussetzungen einer nachfolgenden Nummer des  1686
§ 151 FamFG erfüllt, so geht Letztere als speziellere Vorschrift vor.

---

672 Vgl. zur Entwicklung der Rechtsprechung zur elterlichen Sorge und zum Umgangsrecht
    seit dem Jahr 2020 *Jokisch* FuR 2022, 118 ff., 182 ff.; *Döll* FamRZ 2022, 1157.
673 OLG Oldenburg, FuR 2018, 421.

### bb) Umgangsrecht (§ 151 Nr. 2 FamFG)

**1687** § 1626 Abs. 3 BGB hebt hervor, dass zum Wohl des Kindes i.d.R. der Umgang mit beiden Elternteilen gehört. Das Gleiche gilt für den Umgang mit anderen Personen, zu denen das Kind Bindungen besitzt, wenn ihre Aufrechterhaltung für die Entwicklung des Kindes förderlich ist.

**1688** Der **Kreis der Umgangsberechtigten** folgt aber nicht aus § 1626 Abs. 3 BGB, sondern er wird ausschließlich durch die §§ 1684 und 1685 BGB bestimmt. § 1684 Abs. 1 Halbs. 1 BGB schafft ein subjektives Recht des Kindes: Das Kind hat das Recht auf Umgang mit jedem Elternteil.

**1689** Verfahren, die den Umgang des Kindes mit seinen Bezugspersonen betreffen, sind Kindschaftssachen nach § 151 Nr. 2 FamFG.

### cc) Kindesherausgabe (§ 151 Nr. 3 FamFG)

**1690** Das Verfahren auf Herausgabe eines Kindes ist ebenfalls nach § 151 Nr. 3 FamFG Kindschaftssache.

**1691** Personensorgeberechtigte Eltern bzw. der personensorgeberechtigte Elternteil können gem. § 1632 Abs. 1 BGB von demjenigen, der das Kind den Eltern bzw. dem Elternteil widerrechtlich vorenthält, die Herausgabe verlangen.

**1692** Erforderlich ist ein Antrag der personensorgeberechtigten Eltern bzw. des personensorgeberechtigten Elternteils, vgl. § 1632 Abs. 3 BGB.

### dd) Vormundschaft (§ 151 Nr. 4 FamFG)

**1693** Eine Vormundschaft kann nach § 1773 BGB nur für Minderjährige angeordnet werden.

**1694** § 151 Nr. 4 FamFG umfasst sämtliche Verfahren, die die Bestimmung der Person oder der Rechte oder der Pflichten des Vormunds betreffen. Insb. gehören dazu die Anordnung und Aufhebung der Vormundschaft, die Auswahl und Bestellung des Vormunds, Genehmigungen des FamG, die Aufsicht über die Tätigkeit des Vormunds und Entscheidungen über die Vergütung.

### ee) Pflegschaft oder gerichtliche Bestellung eines sonstigen Vertreters für einen Minderjährigen oder für ein bereits gezeugtes Kind (§ 151 Nr. 5 FamFG)

**1695** Kindschaftssachen sind nach § 151 Nr. 5 FamFG auch die dem FamG zugewiesenen Verfahren, welche die Pflegschaft oder die Bestellung eines sonstigen Vertreters für eine minderjährige Person oder für ein bereits gezeugtes Kind betreffen. Die Zuweisungsnorm ist im umfassenden Sinne zu verstehen, sodass sämtliche Entscheidungen, die sich auf die Bestimmung der Person des Pflegers oder Vertreters sowie auf dessen Rechte oder Pflichten beziehen, erfasst sind.

**1696** Als Pflegschaft für eine minderjährige Person kommt in erster Linie die Ergänzungspflegschaft (§ 1809 BGB n.F. bzw. § 1909 BGB a.F.) in Betracht.

Die Pflegschaft für eine Leibesfrucht ist in § 1812 n.F. (§ 1912 BGB a.F.) geregelt.                                                  1697

## b) Örtliche Zuständigkeit in Kindschaftssachen (§ 152 FamFG)

Die örtliche Zuständigkeit des FamG in Kindschaftssachen wird von § 152 FamFG   1698
umfassend geregelt. Die Vorschrift beschränkt sich auf die drei Anknüpfungspunkte
»Anhängigkeit der Ehesache«, »gewöhnlicher Aufenthalt des Kindes« und »Fürsor-
gebedürfnis«.

Die **sachliche Zuständigkeit** ist den §§ 23a Abs. 1 Nr. 1 GVG, 111 Nr. 2 FamFG   1699
zu entnehmen; die sachliche Zuständigkeit ist nach § 23a Abs. 1 Satz 2 GVG ausschließlich.

### aa) Anhängigkeit einer Ehesache (§ 152 Abs. 1 FamFG)

Während der Anhängigkeit einer Ehesache (§ 121 FamFG), ist für Kindschaftssa-   1700
chen, sofern sie **gemeinschaftliche Kinder** der Ehegatten betreffen, das Gericht nach
§ 152 Abs. 1 FamFG ausschließlich örtlich zuständig, bei dem die Ehesache im ersten
Rechtszug anhängig ist oder war.

Die Ehesache zieht damit während ihrer Anhängigkeit alle derartigen Kindschaftssa-   1701
chen unabhängig von den allgemeinen Zuständigkeitsbestimmungen an sich. § 152
Abs. 1 FamFG bezweckt eine Zuständigkeitskonzentration beim Gericht der Ehesache, soweit es Kindschaftssachen angeht, die gemeinschaftliche Kinder der Ehegatten
betreffen. Der Kreis der von der Zuständigkeitskonzentration erfassten Verfahren ist
mit dem der Verfahren, die als Folgesachen in den Verbund einbezogen werden können (Verfahrenskonzentration, vgl. § 137 Abs. 3 FamFG), nicht identisch, sondern
geht deutlich darüber hinaus.

Die örtliche Zuständigkeit wird als **ausschließliche** angeordnet, sodass ein anderes   1702
Gericht nicht durch Prorogation oder rügelose Einlassung zuständig werden kann.

Zweck dieser umfassenden Zuständigkeitsregelung ist es, alle rechtlichen Angelegen-   1703
heiten einer Familie bei einem Gericht zusammenzufassen, damit diese Verfahren mit
besonderer Sachkenntnis und geringem verfahrensmäßigem Aufwand bearbeitet werden
können. Gleichzeitig wird hierin der Verbundgedanke des § 137 FamFG gestärkt, da
den Ehegatten durch eine Verfahrenskonzentration einerseits die Folgen der Auflösung
der Ehe vor Augen geführt und sie andererseits durch eine Zersplitterung des Verfahrens insb. seelisch, aber auch wirtschaftlich nicht zu stark belastet werden sollen.

Die **Anhängigkeit der Ehesache** richtet sich nach allgemeinen Grundsätzen, d.h. sie   1704
beginnt mit Einreichung des Antrags zu einer Ehesache (vgl. § 124 FamFG) und endet
mit rechtskräftigem Verfahrensabschluss, der Rücknahme eines solchen Verfahrens
(§ 141 FamFG) bzw. der übereinstimmenden Erledigungserklärung der Beteiligten.

Der für die Feststellung der örtlichen Zuständigkeit **maßgebliche Zeitpunkt** bestimmt   1705
sich danach, wann das Gericht mit der Sache befasst wurde. In Antragsverfahren ist
dies der Fall, wenn ein Antrag mit dem Ziel der Erledigung durch dieses Gericht ein-

gegangen ist. In Amtsverfahren ist ein Gericht mit einer Sache befasst, wenn es amtlich von Tatsachen Kenntnis erlangt, die Anlass zu gerichtlichen Maßnahmen sein können.

### bb) Gewöhnlicher Aufenthalt des Kindes (§ 152 Abs. 2 FamFG)

1706   § 152 Abs. 2 FamFG stellt zuständigkeitsbestimmend auf den gewöhnlichen Aufenthalt des Kindes ab. Soweit eine Ehesache nicht anhängig ist, ist dieser das zentrale Anknüpfungskriterium für die Zuständigkeit.

1707   Der **gewöhnliche Aufenthalt** einer Person ist der tatsächliche Mittelpunkt des Lebens, d.h. der Ort, der faktisch (nicht rechtlich) den Schwerpunkt seiner sozialen und familiären Bindungen darstellt;[674] er unterscheidet sich zum einen **vom schlichten Aufenthaltsort** und zum anderen vom (gemeldeten) **Wohnsitz i.S.d. §§ 7 ff. BGB.** Da es sich bei der Begründung des gewöhnlichen Aufenthalts um einen rein tatsächlichen Vorgang handelt, setzt seine Begründung keine Geschäftsfähigkeit voraus.[675] Der (gemeldete) Wohnsitz und der gewöhnliche Aufenthalt können deshalb auseinanderfallen; die Anmeldung eines Wohnsitzes ist somit zwar ein Indiz, reicht aber nicht aus, um am Meldeort auch den gewöhnlichen Aufenthalt anzunehmen.[676]

1708   Der **gewöhnliche Aufenthalt eines Kindes** befindet sich am Ort des tatsächlichen Lebensmittelpunkts, der maßgeblich geprägt wird durch familiäre und schulische bzw. berufliche Bindungen. Ein dahin gehender Aufenthaltsbegründungswille ist nicht erforderlich, sodass auch der entgegenstehende Wille des Minderjährigen bzw. eines Elternteils unerheblich ist. Ein abgeleiteter gewöhnlicher Aufenthalt für Minderjährige existiert nicht, sodass auch kleine Kinder einen eigenen gewöhnlichen Aufenthalt haben, der aber praktisch, jedenfalls bei sehr kleinen Kindern, mit dem der Eltern zusammenfällt.[677] Bei einem widerrechtlichen Verbringen des Kindes wird ein neuer gewöhnlicher Aufenthalt nicht vor Ablauf von einem Jahr begründet.[678] Seinen gewöhnlichen Aufenthalt hat deshalb jedenfalls ein kleines Kind bei dem Elternteil, in dessen Obhut es sich befindet.[679] **Obhut** in diesem Sinn bedeutet die tatsächliche Fürsorge für das Kind, also die Befriedigung der elementaren Bedürfnisse des Kindes durch Pflege, Verköstigung, Gestaltung des Tagesablaufs, Erreichbarkeit bei Problemen und emotionale Zuwendung.[680]

▶ Praxishinweis:

1709   Ein Umzug des Kindes hat regelmäßig zur Folge, dass ein neuer gewöhnlicher Aufenthalt sofort begründet wird, wenn der Aufenthalt am neuen Wohnort auf Dauer angelegt ist. Die allgemeine Faustregel, wonach ein gewöhnlicher Aufent-

---

674  BGH, FamRZ 2002, 1182.
675  AG Nürnberg, FamRZ 2008, 1777, 1778.
676  BGH, FamRZ 1996, 171, 172.
677  AG Nürnberg, FamRZ 2008, 1777, 1778.
678  OLG Stuttgart, FamRZ 2021, 783.
679  OLG Hamm, FamRZ 2008, 1007, 1008.
680  Grüneberg/*Götz*, BGB, § 1629 Rn. 25.

halt erst ab einer Aufenthaltsdauer von mindestens sechs Monaten begründet wird, ist in diesem Fall nicht anzuwenden.

### cc) Fürsorgebedürfnis (§ 152 Abs. 3 FamFG)

Subsidiär ist nach § 152 Abs. 3 FamFG das Gericht zuständig, in dessen Bezirk das **Bedürfnis der Fürsorge** hervortritt.　1710

Die Zuständigkeit ist aufgrund dieses Kriteriums zu bestimmen, wenn sich der Aufenthalt des Kindes noch nicht zu einem gewöhnlichen Aufenthalt verdichtet hat, wenn ein solcher nicht feststellbar ist oder im Ausland liegt.　1711

Das Bedürfnis der Fürsorge entsteht dort, wo das FamG amtlich von Tatsachen Kenntnis nimmt, die gerichtliche Maßnahmen gebieten.[681] Der Aufenthalt des Kindes mit seiner Mutter in einem Frauenhaus ist in der Regel nur vorübergehend, so dass ein gewöhnlicher Aufenthalt nicht begründet wird. Allerdings löst der Aufenthalt im Frauenhaus die Fürsorgezuständigkeit aus.[682]　1712

### dd) Maßnahmen nach §§ 1693 und 1802 Abs. 2 Satz 3 i.V.m. 1867 BGB (§ 152 Abs. 4 FamFG)

Maßnahmen nach den in § 152 Abs. 4 FamFG genannten Vorschriften erfordern oftmals ein schnelles Handeln des Gerichts, weshalb dafür eine entsprechende zusätzliche Zuständigkeit vorzusehen ist.　1713

§ 1693 BGB betrifft den Fall, dass die Eltern verhindert sind, die elterliche Sorge auszuüben. Dann hat das FamG die im Interesse des Kindes erforderlichen Maßregeln zu treffen.　1714

Ähnlich liegt es bei § 1867 n.F. (§ 1846 BGB a.F.): Ist danach ein Vormund noch nicht bestellt oder ist er an der Erfüllung seiner Pflichten gehindert, so hat das FamG die dringend erforderlichen Maßnahmen zu treffen.　1715

Art. 24 Abs. 1 EGBGB ordnet an, dass die Entstehung, die Ausübung, die Änderung und das Ende eines Fürsorgeverhältnisses (Vormundschaft, Betreuung und Pflegschaft), das kraft Gesetzes oder durch Rechtsgeschäft gewünscht wird, dem Recht des Staates unterliegen, in dem der Fürsorgebedürftige seinen gewöhnlichen Aufenthalt hat.　1716

### ee) Abgabe an das Gericht der Ehesache (§ 153 FamFG)

### aaa) Rechtshängigkeit der Ehesache

Die Abgabe einer Kindschaftssache kommt nur in Betracht, wenn die Antragsschrift der Ehesache **rechtshängig** geworden ist.　1717

---

681 *Horndasch* ZFE 2009, 52.
682 OLG Brandenburg, Beschl. vom 09.01.2019, 9 AR 13/18.

1718     Eine Abgabe ist also (noch) nicht möglich, wenn im Rahmen eines VKH-Verfahrens lediglich ein Entwurf für einen Antrag zu einer Ehesache zum FamG eingereicht wurde, weil hierdurch ein Antrag nicht rechtshängig wird.

1719     Für die überzuleitende Kindschaftssache reicht es dagegen aus, wenn diese anhängig ist.

1720     Die Abgabe bezieht sich nur auf Kindschaftssachen, die **in erster Instanz anhängig** sind. Sie umfasst alle Kindschaftssachen nach § 151 FamFG, die ein gemeinschaftliches Kind der Ehegatten betreffen.

1721     Unerheblich ist dagegen, ob die Instanz – durch Eintritt der Rechtskraft oder Einlegung eines Rechtsmittels – formell beendet ist, weil nach der verfahrensabschließenden Entscheidung in der Kindschaftssache der Zweck des § 153 FamFG nicht mehr erreicht werden kann.

1722     Ist eine Kindschaftssache in der Rechtsmittelinstanz anhängig, scheidet eine Abgabe ebenfalls aus. Lediglich bei einer Rückverweisung des Verfahrens an das FamG hat das Beschwerdegericht das Verfahren gleichzeitig zu dem Gericht der Ehesache überzuleiten.

*bbb) Abgabe von Amts wegen*

1723     § 153 FamFG ordnet an, dass die Abgabe an das Gericht der Ehesache **von Amts wegen** zu erfolgen hat. Die Überleitung kann ohne mündliche Verhandlung erfolgen, jedoch ist den Beteiligten zuvor rechtliches Gehör zu gewähren. Damit das Gericht der Ehesache von der Kindschaftssache Kenntnis erlangt, ordnet § 133 Abs. 1 Nr. 2 FamFG an, dass der **Scheidungsantrag** Angaben zu anderweitig anhängigen Familiensachen, d.h. auch Kindschaftssachen enthalten muss.

*ccc) Bindungswirkung*

1724     Die Entscheidung ist nach § 153 Satz 2 FamFG i.V.m. § 281 Abs. 2 Satz 2 ZPO **unanfechtbar** und für das Gericht der Ehesache auch gem. § 153 Satz 2 FamFG i.V.m. § 281 Abs. 2 Satz 4 ZPO **bindend.**

1725     Hinsichtlich der bis zur Überleitung angefallenen Kosten gilt § 153 Satz 2 FamFG i.V.m. § 281 Abs. 3 Satz 1 ZPO; danach gelten die bis zur Abgabe angefallenen Kosten als Teil der Kosten des Gerichts der Ehesache.

*ddd) Folgesache*

1726     Die Abgabe macht Kindschaftssachen, i.S.v. § 137 Abs. 3 FamFG, nicht automatisch zu Folgesachen, sondern nur insoweit, als auch eine Einbeziehung in den Verbund beantragt wird, vgl. § 137 Abs. 3 FamFG. Ansonsten bleibt das abgegebene Verfahren eine selbstständige Kindschaftssache beim Gericht der Ehesache.

*ff) Abgabe bei einseitiger Änderung des Aufenthalts des Kindes (§ 154 FamFG)*

Das nach § 152 Abs. 2 FamFG zuständige Gericht (Gericht des gewöhnlichen Aufenthalts des Kindes) kann gem. § 154 FamFG ein Verfahren an das Gericht des früheren gewöhnlichen Aufenthaltsortes des Kindes abgeben, wenn ein Elternteil den Aufenthalt des Kindes ohne vorherige Zustimmung des anderen geändert hat. Dies gilt natürlich nicht, wenn dem anderen Elternteil das Recht der Aufenthaltsbestimmung nicht zusteht oder die Änderung des Aufenthaltsortes zum Schutz des Kindes oder des betreuenden Elternteils erforderlich war.     **1727**

§ 154 FamFG begründet damit eine Befugnis zur Abgabe einer Kindschaftssache an das Gericht des früheren gewöhnlichen Aufenthalts bei **eigenmächtiger Änderung des Aufenthalts des Kindes**.     **1728**

Die Vorschrift reagiert damit auf die häufig zu beobachtende Praxis, dass in Konfliktsituationen, die zur Trennung und zum Auszug eines Elternteils führen, beide Partner zu einseitigen Handlungsweisen zum Nachteil des anderen Partners neigen. Hierzu gehört auch der ohne Zustimmung des anderen Elternteils erfolgende Wegzug des betreuenden Elternteils mit dem gemeinsamen Kind.     **1729**

Sofern diese Verfahrensweise nicht im Ausnahmefall – etwa wegen Gewalt und Drohungen gegen den Ehegatten – gerechtfertigt ist, soll sie dem betreuenden Elternteil nicht auch noch den Vorteil des ortsnahen Gerichts verschaffen.     **1730**

Ein Elternteil könnte nämlich ansonsten nach einem überraschend durchgeführten Wegzug mit dem Kind durch die Einreichung eines vorher vorbereiteten Antrags ohne weiteres die Zuständigkeit des Gerichts am neuen Aufenthaltsort des Kindes begründen.     **1731**

Deshalb hat das Gericht des neuen Aufenthalts die Befugnis, die Sache nach § 154 FamFG an das Gericht des früheren gewöhnlichen Aufenthaltsortes des Kindes abzugeben.     **1732**

▶ Praxishinweis:

> Häufig ist die Anwendung des § 154 FamFG deshalb entbehrlich, weil bei einem widerrechtlichen Verbringen des Kindes ohnehin nicht ein neuer gewöhnlicher Aufenthalt nicht vor Ablauf von einem Jahr begründet wird.[683]     **1733**

## c) Vorrang- und Beschleunigungsgebot (§ 155 FamFG)

Die Vorschrift des § 155 FamFG dient dem Ziel, Kindschaftssachen, die den Aufenthalt oder die Herausgabe des Kindes oder das Umgangsrecht sowie Verfahren wegen Gefährdung des Kindeswohls betreffen, vorrangig und beschleunigt abzuwickeln.[684]     **1734**

---

683 OLG Stuttgart, FamRZ 2021, 783.
684 Ausführlich dazu *Weber* NZFam 2017, 99.

▶ **Anwaltlicher Hinweis:**

1735    Eine Verkürzung der Verfahrensdauer in sorge- und umgangsrechtlichen Verfahren war unbedingt erforderlich, wenn man davon ausgeht, wie es der Gesetzgeber getan hat, dass die durchschnittliche Dauer in diesen Verfahren vor der Reform mit 6,8 Monaten (Umgang) bzw. 7,1 Monaten (Sorgerecht)[685] unter Kindeswohlaspekten nicht hingenommen werden konnte.

## aa) Anwendungsbereich

1736    § 155 Abs. 1 FamFG, der im Interesse des Kindeswohls ein ausdrückliches und umfassendes Vorrang- und Beschleunigungsgebot begründet, ist anwendbar auf Kindschaftssachen,
– die den Aufenthalt,
– die Herausgabe des Kindes oder
– das Umgangsrecht
– sowie Verfahren wegen Gefährdung des Kindeswohls betreffen.

1737    Das Gebot richtet sich an das jeweils mit der Sache befasste Gericht in allen Rechtszügen.

1738    Die Vorschrift gilt auch für die **einstweilige Anordnung in Umgangssachen**. Gerade hier besteht ein besonderes Bedürfnis für eine zeitnahe Entscheidung über einen Antrag zur Regelung des Umgangs nach Trennung der Eltern. In vielen Fällen vermeidet nur eine sofortige Regelung die Gefahr einer für das Kindeswohl abträglichen Unterbrechung von Umgangskontakten zwischen dem Kind und dem nicht betreuenden Elternteil.

▶ **Praxishinweis:**

1739    Allerdings ist anwaltlich auszuführen, warum ein dringendes Bedürfnis für den Erlass einer einstweiligen Anordnung besteht. Das OLG Stuttgart[686] führt dazu aus:»Das Familiengericht hat zu Recht darauf hingewiesen, dass ein Anordnungsgrund für den Erlass einer einstweiligen Anordnung nicht gegeben war. Es bestand zu keinem Zeitpunkt das in § 49 Abs. 1 FamFG geforderte dringende Bedürfnis für ein sofortiges Tätigwerden. In Umgangs- und Sorgerechtsverfahren wird wegen der seit 1.9.2009 geltenden Rechtslage nur noch in Ausnahmefällen ein Anordnungsgrund vorliegen. Wegen des Vorrang- und Beschleunigungsgebotes des § 155 FamFG findet auch in der Hauptsache ein früher Termin statt. Zudem ist der Erlass einer einstweiligen Anordnung zu erörtern, wenn in diesem Termin kein Einvernehmen erzielt wird, § 156 Abs. 3 S. 1 FamFG.«

---

685  Zahlen für das Jahr 2005; Sonderauswertung des Statistischen Bundesamts zur Familiengerichtsstatistik 2005.
686  OLG Stuttgart, Beschl. vom 30.09.2010, 16 WF 189/10, ZFE 2011, 114.

### bb) Vorrang und Beschleunigung

Die bevorzugte Erledigung der o.g. Kindschaftssachen kann durchaus auf Kosten **1740** anderer anhängiger Sachen erfolgen. Das FamG hat diesen Verfahren **unbedingte Priorität** einzuräumen. Die Gerichte müssen durch eine entsprechende Organisation sicherstellen, dass diese Priorität umgesetzt wird.

Das Vorranggebot gilt in jeder Lage des Verfahrens. Es ist u.a. bei der Anberaumung **1741** von Terminen, bei der Fristsetzung für die Abgabe eines Sachverständigengutachtens (vgl. § 163 FamFG) und bei der Bekanntgabe von Entscheidungen zu beachten.

Allerdings verbietet sich ein schematischer Umgang mit dem Beschleunigungsgebot. **1742**

So kann im Einzelfall von einer frühen Terminierung abgesehen werden, wenn das **1743** Kindeswohl eine solche offensichtlich nicht erfordert (z.B. in Umgangsrechtsverfahren, wenn ein bestehender Umgang nur geringfügig erweitert oder geändert werden soll).

Der Grundsatz des Kindeswohls prägt und begrenzt das Beschleunigungsgebot zugleich. **1744**

### cc) Terminierung

Kindschaftssachen, die den Aufenthalt, die Herausgabe des Kindes oder das Umgangs- **1745** recht sowie Verfahren wegen Gefährdung des Kindeswohls betreffen, bedürfen weiterhin einer schnellen Terminierung.

### aaa) Monatsfrist

Um eine einvernehmliche Konfliktlösung zu fördern, begründet § 155 Abs. 2 Satz 1 **1746** FamFG die Verpflichtung des FamG, die Sache mit den Beteiligten mündlich in einem Termin zu erörtern. Dieser Termin soll nach Abs. 2 Satz 2 **einen Monat** nach Beginn des Verfahrens stattfinden.

Wird das Verfahren auf Antrag oder Anregung eines Beteiligten hin eingeleitet, beginnt **1747** es mit der Einreichung des Antrags oder dem Eingang der Anregung auch dann, wenn lediglich die Bewilligung von VKH für ein bestimmtes Verfahren beantragt wird. Das Beschleunigungsgebot gebietet es, Fragen zur Bedürftigkeit des Antragstellers ggf. im Termin zu klären. Das Betreiben des Verfahrens darf vom Gericht auch nicht von der Zahlung eines Kostenvorschusses abhängig gemacht werden.[687]

Die Monatsfrist ist eine grds. verpflichtende Zeitvorgabe für das Gericht, die nur in **1748** Ausnahmefällen überschritten werden darf. Ein Ausnahmefall kann sowohl in der Sphäre des Gerichts (z.B. öffentliche Zustellung der Antragsschrift, keine Vertretung in Krankheitsfällen) als auch in der Sache selbst begründet sein (z.B., wenn der Hauptsache ein Verfahren auf einstweilige Anordnung in derselben Sache mit mündlicher Verhandlung unmittelbar vorausgegangen ist). Das Vorliegen eines Ausnahmefalls ist vom Gericht jeweils im Einzelfall zu prüfen. Im Zweifel gilt das Beschleunigungsgebot.

---

687 OLG Saarbrücken, FamRZ 2012, 319.

1749    Mit einer schnellen Terminierung soll eine Eskalation des Elternkonflikts vermieden
        werden. Insb. in der ersten Zeit nach der Trennung ist die Kompetenz beider Eltern
        zu verantwortlichem Handeln oft reduziert, was tendenziell zu einer Zuspitzung der
        Konflikte führt. Gerade in dieser Situation ist es wichtig, die Eltern nicht längere
        Zeit allein zu lassen.

1750    Der Anspruch des Kindes auf Schutz vor überflüssigen Schädigungen gebietet es viel-
        mehr, dass das FamG so schnell wie möglich versucht, die Eltern im persönlichen
        Gespräch wieder auf den Weg zur Übernahme gemeinsamer Verantwortung zu bringen.

1751    Verstärkt ist (leider) wieder zu beobachten, dass die FamG die Monatsfrist nicht ein-
        halten. Der EuGHMR[688] forderte daher den nationalen Gesetzgeber auf, eine wirk-
        same Beschleunigungsbeschwerde einzuführen.

1752    Daraufhin traten am 15.10.2016 die §§ 155b und 155c FamFG in Kraft.[689]

1753    Danach kann ein Beteiligter im Rahmen einer **Beschleunigungsrüge** in einer Kind-
        schaftssache nach § 155 Abs. 1 FamFG geltend machen, dass die bisherige Ver-
        fahrensdauer nicht dem Vorrang- und Beschleunigungsgebot entspricht. Wird das
        betreffende Gericht daraufhin erneut nicht tätig oder wird die Beschleunigungsrüge
        zurückgewiesen, kann der betreffende Beschluss nach § 155c FamFG von dem Betei-
        ligten innerhalb einer Frist von 2 Wochen nach der schriftlichen Bekanntgabe mit
        der Beschleunigungsbeschwerde angefochten werden.

▶ Praxishinweis:

1754    Allgemein ist zu beobachten, dass viele Gericht Entscheidungen in Kindschafts-
        sachen auf die lange Bank schieben, was für die Betroffenen sehr schlecht ist. Die
        Betroffenen haben einen Anspruch auf Entschädigung bei überlanger Dauer von
        Sorge- und Umgangsverfahren.[690]

*bbb) Anhörung des Jugendamts*

1755    § 155 Abs. 2 Satz 3 FamFG verlangt, dass das Gericht einen Vertreter des Jugendamts im
        Erörterungstermin persönlich anhört. Die Verpflichtung zur Anhörung des Jugendamts
        im Termin setzt zum einen voraus, dass das Jugendamt organisatorische Vorkehrun-
        gen trifft – bspw. durch entsprechende Vertretungsregelungen –, die es ermöglichen,
        dass ein Sachbearbeiter am Termin teilnehmen kann. Zum anderen ist eine enge
        Kooperation zwischen FamG und Jugendamt erforderlich, um Terminkollisionen
        zu vermeiden. Die mündliche Stellungnahme des Jugendamts hat den Vorteil, dass
        der Jugendamtsvertreter sich zum aktuellen Sachstand äußern kann, so wie er sich
        im Termin darstellt. Zudem wird vermieden, dass sich ein Elternteil durch einen
        schriftlichen Bericht in ein schlechtes Licht gesetzt und benachteiligt fühlt und sich

---

688  EuGHMR, FamRZ 2015, 469; EuGHMR, FamRZ 2012, 1123 mit zustimmender Anm.
     vom *Rixe*.
689  Ausführlich dazu *Keuter* FamRZ 2016, 1817 ff.
690  BGH, FamRZ 2021, 1302 (Verfahrensdauer lag bei 37 Monaten).

als Reaktion noch weiter von der Übernahme gemeinsamer Elternverantwortung entfernt. Dieser Gefahr kann durch eine mündliche Berichterstattung, in dem der Vertreter des Jugendamts auf Reaktionen der Beteiligten unmittelbar eingehen kann, wesentlich besser begegnet werden.

### ccc) Terminverlegung

§ 155 Abs. 2 Satz 4 FamFG stellt in Ergänzung zu § 32 Abs. 1 Satz 2 FamFG klar,    **1756** dass eine Verlegung des Termins nur aus **zwingenden Gründen** zulässig ist. Im Gegensatz zu der Regelung in § 32 Abs. 1 Satz 2 FamFG i.V.m. § 227 Abs. 1 ZPO reichen erhebliche Gründe für eine Verlegung nicht aus.

▶ **Anwaltlicher Hinweis:**

Nur »erhebliche Gründe« sind Anwaltswechsel, Terminkollision oder Verhinde-    **1757** rung eines Beteiligten. Diese reichen für eine Terminverlegung nach § 155 Abs. 2 FamFG nicht aus.

**Zwingende Gründe** sind (nach Auffassung des Gesetzgebers) nur solche, die eine Teilnahme am Termin tatsächlich unmöglich machen, wie z.B. eine Erkrankung.

Kein ausreichender Grund ist das Vorliegen einer Terminkollision für einen Beteiligtenvertreter in einem anderen Verfahren, sofern es sich nicht ebenfalls um eine der in § 155 Abs. 1 FamFG aufgeführten Kindschaftsangelegenheiten handelt.

Dieser hat vielmehr in der anderen Sache einen Verlegungsantrag zu stellen, dem das Gericht wegen des Vorrangs der Kindschaftssache stattzugeben hat.

In der Praxis vereinbaren einige FamG konstruktiverweise diese Termine unmittelbar mit den anwaltlichen Vertretern, sodass Verlegungsanträge nicht erforderlich werden.[691]

Ein Verlegungsantrag ist nach § 155 Abs. 2 Satz 5 FamFG stets glaubhaft zu machen,    **1758** um dem Gericht bereits bei Eingang eine Überprüfung zu ermöglichen.

### ddd) Anordnung des persönlichen Erscheinens (§ 155 Abs. 3 FamFG)

Nach § 155 Abs. 3 FamFG soll das Gericht das persönliche Erscheinen der verfah-    **1759** rensfähigen Beteiligten zu dem Termin anordnen. Neben der Aufklärung des Sachverhalts ist es ein wesentliches Ziel des Termins, die der Kindschaftssache zugrunde liegende Problematik mit den Beteiligten gemeinsam zu erörtern. Die Erörterung kann im Hinblick auf die Regelungen nach § 156 Abs. 1 FamFG regelmäßig nur dann zu einem sinnvollen Ergebnis führen, wenn sich die Beteiligten im Termin nicht vertreten lassen können.

---

691 Vgl. dazu auch das Editorial von *Kleinwegener* ZFE 2009, 321.

**1760**  Soweit nach § 159 FamFG eine Anhörung des Kindes erforderlich ist, entscheidet das Gericht über den Zeitpunkt der Anhörung nach pflichtgemäßem Ermessen. Die Eltern haben keinen Anspruch darauf, bei der Anhörung anwesend zu sein oder diese im Wege der Videoüberwachung zu verfolgen.[692]

**1761**  Die Ausgestaltung als Soll-Vorschrift ermöglicht es, besonderen Fallkonstellationen Rechnung zu tragen. So kann das Gericht z.b. in Fällen erkennbarer familiärer Gewalt von der Anordnung des persönlichen Erscheinens zum Termin absehen und z.b. eine getrennte Anhörung der Beteiligten oder eine Anhörung unter bestimmten Sicherheitsvorkehrungen durchführen.

**1762**  Die Folgen eines **unentschuldigten Fernbleibens** bestimmen sich nach § 33 Abs. 3 FamFG (Ordnungsmittel).

### d) Vereinfachtes Verfahren zur Übertragung der gemeinsamen elterlichen Sorge (§ 155a FamFG)

**1763**  Am 19.05.2013 ist das Gesetz zur Neuregelung des Sorgerechts von nicht miteinander verheirateten Eltern in Kraft getreten.[693] Nach § 1626a BGB besteht nun die Möglichkeit, dass der Vater die gemeinsame elterliche Sorge auch dann erlangen kann, wenn die Mutter dem nicht zustimmt.[694] Erforderlich ist nach § 1626a Abs. 1 Nr. 3 BGB, dass das FamG die elterliche Sorge den Eltern gemeinsam überträgt, wenn diese bei der Geburt des Kindes nicht miteinander verheiratet sind. Das diesbezügliche Verfahren zur Übertragung der gemeinsamen elterlichen Sorge regelt § 155a FamFG. Nach § 155a Abs. 3 FamFG findet vor dem FamG ein sog. beschleunigtes Verfahren für alle unproblematischen Fälle statt, wenn sich die Mutter zum Antrag des Vaters entweder gar nicht äußert oder ihre Ablehnung auf Gründe stützt, die erkennbar nichts mit dem Kindeswohl zu tun haben. In dem beschleunigten Verfahren soll der Familienrichter schriftlich ohne Anhörung des Jugendamts und ohne persönliche Anhörung der Eltern entscheiden. Grundlage der familiengerichtlichen Entscheidung ist § 1626a Abs. 2 BGB a.E, wonach vermutet wird, dass die gemeinsame elterliche Sorge dem Kindeswohl nicht widerspricht (negative Kindeswohlprüfung).

**1764**  Die **Anhörung des Kindes** (§ 159 FamFG) muss aber selbst dann erfolgen. Dies gilt auch, wenn das FamG zu Unrecht die Voraussetzungen für eine Entscheidung im vereinfachten schriftlichen Verfahren nach § 155a Abs. 3 FamFG angenommen hat.[695]

**1765**  Das OLG Karlsruhe[696] ist der Meinung, dass das vereinfachte schriftliche Verfahren nur in Betracht kommt, wenn sich die Kindsmutter zum Antrag entweder gar nicht oder ohne jede Relevanz Kindeswohl und ohne Bezug zum konkreten Fall äußert.

---

692  BVerfG, FamRZ 2019, 1437.
693  Vgl. dazu *Lack* FamRZ 2014, 1337; *Büte* FuR 2013, 311.
694  Vgl. dazu OLG Hamm, FuR 2017, 95.
695  OLG Brandenburg, Beschl. vom 17.02.2021, 13 UF 176/20, WKRS 2021, 14030; OLG Zweibrücken, Beschl. vom 23.04.2021, 6 UF 35/21, WKRS 2021, 36522.
696  OLG Karlsruhe, NJW-Spezial 2014, 613.

Sind zumindest ansatzweise Gründe vorhanden, die der gemeinsamen Sorge entgegenstehen könnten, ist ein normales Kindschaftsverfahren durchzuführen.

### e) Einigung der Eltern (§ 156 FamFG)

Nach § 156 FamFG soll das Gericht in Kindschaftssachen in jeder Lage des Verfahrens auf ein Einvernehmen der Beteiligten hinwirken.   **1766**

#### aa) Anwendungsbereich

Anwendbar ist § 156 FamFG seinem Wortlaut entsprechend auf Kindschaftssachen,   **1767**
– die die elterliche Sorge bei Trennung und Scheidung,
– den Aufenthalt des Kindes,
– das Umgangsrecht oder
– die Herausgabe des Kindes
betreffen.

Materiell-rechtlich ist die Regelung der elterlichen Sorge bei Trennung und Scheidung   **1768**
nach § 1671 BGB zu beurteilen.[697] Dies gilt auch für das Aufenthaltsbestimmungsrecht. Umgangsregelungen beruhen auf §§ 1684, 1685 BGB und das Herausgabeverlangen auf § 1632 BGB.

#### bb) Hinwirken auf eine Einigung

Das Gericht **soll** nach § 156 Abs. 1 Satz 1 FamFG in Kindschaftssachen, die die elterliche Sorge bei Trennung und Scheidung, den Aufenthalt des Kindes, das Umgangsrecht oder die Herausgabe des Kindes betreffen, in jeder Lage des Verfahrens auf ein Einvernehmen der Beteiligten hinwirken. Appelle an die Beteiligten sind jedenfalls nicht ausreichend.[698]   **1769**

Die Ausgestaltung als Soll-Vorschrift stellt klar, dass ein Hinwirken auf ein Einvernehmen insb. in den Fällen nicht in Betracht kommt, in denen dies dem Kindeswohl nicht entsprechen würde, z.B. in Fällen häuslicher Gewalt.   **1770**

§ 156 Abs. 1 Satz 3 FamFG sieht einen gerichtlichen Hinweis auf die Möglichkeit der Mediation oder der sonstigen außergerichtlichen Streitbeilegung vor. Satz 4 gibt dem FamG die verbindliche Kompetenz, die Eltern zur Teilnahme an einer Beratung durch die Beratungsstellen und -dienste der Träger der Jugendhilfe zu verpflichten.   **1771**

Das FamG kann auf diese Weise reagieren, wenn es den Eltern im Termin nicht gelingt, Einvernehmen über die Regelung der sorge- und umgangsrechtlichen Fragen zu erreichen. Das Gericht soll vor Erlass dieser Anordnung dem Jugendamt Gelegenheit zur Stellungnahme geben. Durch die Bezugnahme auf Satz 2 ist klargestellt,   **1772**

---

697 Ausführlich dazu *Jokisch* FuR 2022, 121 ff.
698 *Horndasch* ZFE 2009, 52, 53.

dass sich diese Befugnis nicht auf ein Verfahren der Mediation oder der sonstigen außergerichtlichen Streitbeilegung nach Satz 3 erstreckt.

1773 In der Anordnung nach Satz 4 soll das Gericht im Einvernehmen mit dem Jugendamt festlegen, bei welcher Beratungsstelle und binnen welcher Frist die Eltern sich beraten lassen sollen.

1774 Satz 5 stellt klar, dass die Anordnung als Zwischenentscheidung nicht selbstständig anfechtbar ist. Zudem legt er fest, dass die Beratung nicht mit Zwangsmitteln durchsetzbar ist.

1775 Weigert sich ein Elternteil endgültig an einer angeordneten Beratung teilzunehmen oder verzögert er erkennbar die Durchführung der Beratung, ist die Sache mit den Beteiligten und dem Jugendamt kurzfristig erneut zu erörtern. Die Weigerung, an der Beratung teilzunehmen, kann Kostennachteile nach sich ziehen (vgl. § 81 Abs. 2 Nr. 5 FamFG).

▶ Praxishinweis:

Beratungsauflagen in Umgangsvereinbarungen sind nach § 95 Abs. 1 Nr. 3 FamFG kein tauglicher Vollstreckungstitel, weil Umgangssachen nicht der Disposition der Beteiligten unterliegen. Ordnungsmittelanträge haben daher keine Aussicht auf Erfolg, wenn ein Beteiligter sich der Beratungsauflage (aus welchen Gründen auch immer) entzieht.[699]

### cc) Gerichtlich gebilligter Vergleich (§ 156 Abs. 2 FamFG)

1776 Erzielen die Beteiligten Einvernehmen über den Umgang oder die Herausgabe des Kindes, ist die entsprechende Vereinbarung nach § 156 Abs. 2 FamFG als Vergleich aufzunehmen, wenn das Gericht diese billigt (gerichtlich gebilligter Vergleich).[700] Das Gericht billigt die Vereinbarung, wenn sie dem Kindeswohl nicht widerspricht.

1777 § 156 Abs. 2 FamFG enthält damit eine **gesetzliche Definition** des gerichtlich gebilligten Vergleichs, der – ebenso wie eine gerichtliche Entscheidung – einen Vollstreckungstitel darstellt (§ 86 Abs. 1 Nr. 2 FamFG).

▶ Praxishinweis:

Der Billigungsbeschluss ist bei einem gerichtlich gebilligten Umgangsvergleich der Vollstreckungstitel, wobei eine Bezugnahme auf den zugrunde liegenden Umgangsvergleich unabdingbar ist.[701] Ordnungsmittel können auch gegen den Umgangsberechtigten festgesetzt werden, wenn er die in einem gerichtlich gebil-

---

699 OLG Frankfurt, Beschluss vom 24.05.2021, 4 WF 47/21, 4 WF 57/21 = FamRZ 2022, 210.
700 Ausführlich zum gerichtlich gebilligten Vergleich *Schlünder* FamRZ 2012, 9 ff.
701 OLG Zweibrücken, FamRZ 2021, 1564; OLG Frankfurt, FamRZ 2021, 377; OLG Brandenburg, FamRZ 2021, 627.

ligten Vergleich vereinbarten Besuchskontakte nicht wahrnimmt, ohne dies ausreichend entschuldigen zu können.[702]

Der gerichtlich gebilligte Vergleich erstreckt sich auf alle formell am Verfahren Betei-  **1778**
ligten und bedarf deshalb auch einer Zustimmung des Kindes und ggf. des Jugendamts
oder des Verfahrensbeistands.

Die Regelung erweitert den Anwendungsbereich des § 36 FamFG auf die Kind-  **1779**
schaftssachen Umgang sowie Herausgabe eines Kindes, die nicht zur Disposition
der Beteiligten stehen.

▶ **Anwaltlicher Hinweis:**

Der anwaltliche Vertreter des umgangsberechtigten Elternteils muss im Fall einer  **1780**
Umgangsregelung nach § 156 Abs. 2 FamFG unbedingt darauf achten, dass diese einen vollstreckungsfähigen **bestimmten** Inhalt hat. Erforderlich sind genaue
Angaben zu Art, Ort und Zeit des Umgangs. Ansonsten ist die Durchsetzbarkeit
nicht gesichert.[703]

Das OLG Saarbrücken hat deutlich gemacht, dass die zeitliche Bestimmung von
Besuchsterminen »alle 14 Tage« ohne eine kalendermäßige Festlegung des Anfangs-
termins nicht vollstreckbar ist.[704]

Weiterhin ist zu empfehlen – auch wenn dies für die Durchsetzbarkeit der Vereinbarung nicht erforderlich ist –, Regelungen zum Abholen und Bereithalten
des Kindes in Vereinbarungen zum Umgang aufzunehmen. Dies gilt insb. dann,
wenn größere Entfernungen zu bewältigen sind bzw. der andere Elternteil sich
am Holen bzw. Bringen des Kindes/der Kinder beteiligen soll.[705]

Der anwaltliche Vertreter des umgangsberechtigten Elternteils sollte schließlich
noch darauf achten, dass ein Hinweis auf die Folgen des Zuwiderhandelns in den
Beschluss aufgenommen wird, vgl. § 89 Abs. 2 FamFG.[706] Die Familienrichter
»vergessen« die Belehrung nach § 89 Abs. 2 FamFG mitunter, obwohl sogar das
BVerfG es als verfahrensfehlerhaft bezeichnet hat, wenn in einem Beschluss zur
Regelung des Umgangs kein Hinweis nach § 89 Abs. 2 FamFG aufgenommen
wurde.

Allerdings kann der fehlende Hinweis durch gesonderten Beschluss jederzeit nachgeholt werden.[707]

---

702  OLG Frankfurt, FamRZ 2022, 551.
703  Vgl. BGH, FamRZ 2012, 533, 534; OLG Frankfurt, Beschl. vom 24.05.2021, 4 WF
     47/21, 4 WF 57/21 = FamRZ 2022, 210; dazu auch *Schulte-Bunert* FuR 2009, 553.
704  OLG Saarbrücken, FamRZ 2013, 1760.
705  So auch *Hammer* FamRZ 2012, 536.
706  Vgl. dazu Horndasch/Viefhues/*Gottwald*, FamFG, § 89 Rn. 5.
707  BVerfG, FamRZ 2011, 957 f.

Der Hinweis ist – über den Wortlaut der Vorschrift hinaus – auch bei einem gerichtlich gebilligten Vergleich erforderlich.[708]

1781 Billigt das FamG die protokollierte Vereinbarung der Beteiligten nicht bzw. unterbleibt auch deren spätere Genehmigung, ist das Verfahren nicht abgeschlossen und noch eine Entscheidung zu treffen.[709]

### dd) Erlass einer einstweiligen Anordnung (§ 156 Abs. 3 FamFG)

1782 § 156 Abs. 3 Satz 1 FamFG begründet für die in § 156 Abs. 1 FamFG genannten Verfahren – mit Ausnahme der Verfahren wegen Gefährdung des Kindeswohls, die in § 157 FamFG gesondert geregelt werden – die Verpflichtung des FamG, mit den Beteiligten den Erlass einer einstweiligen Anordnung zu erörtern, um zu verhindern, dass unvermeidliche Verfahrensverzögerungen, für das Kindeswohl abträgliche Situationen herbeiführen oder sogar »vollendete Tatsachen« schaffen.

1783 Nach §§ 49, 51 Abs. 1 FamFG kann das Gericht die einstweilige Anordnung von Amts wegen erlassen, sofern das Verfahren von Amts wegen eingeleitet werden kann.

1784 Ein Antrag eines Beteiligten auf Erlass einer einstweiligen Anordnung ist daher nur in den Verfahren erforderlich, in denen verfahrenseinleitende Anträge zu stellen sind (z.B. §§ 1632 Abs. 3, 1671 BGB), nicht aber in Verfahren, die von Amts wegen eingeleitet und betrieben werden können (z.B. §§ 1684 Abs. 3 Satz 1, 1685 Abs. 3 BGB).

1785 Allerdings kann auch in den letztgenannten Verfahren ein Antrag gestellt werden. Dieser ist nicht unzulässig, sondern vom Gericht i. S. e. Anregung zu berücksichtigen.

1786 In umgangsrechtlichen Verfahren wird es insb. darum gehen, einer Entfremdung zwischen dem Kind und der den Umgang begehrenden Person während des Verlaufs des Verfahrens entgegenzuwirken. Dabei soll das Gericht nach Satz 2 den Umgang vorläufig regeln, wenn es aufgrund einer Beratungsanordnung oder durch eine sachverständige Begutachtung zu einer unvermeidlichen Verfahrensverzögerung kommt. Hiervon kann das Gericht nur absehen, wenn es bereits zum Zeitpunkt der mündlichen Verhandlung vorhersehbar ist, dass die Anordnung nur zu einer unwesentlichen Verzögerung führt. Das Gericht kann den Umgang aber auch im Wege der einstweiligen Anordnung vorläufig ausschließen.

### f) Verfahren bei Kindeswohlgefährdung (§ 157 FamFG)

### aa) Anwendung der Vorschrift

1787 Nach § 157 Abs. 1 FamFG soll das Gericht in Verfahren nach den §§ 1666 und 1666a BGB mit den Eltern und in geeigneten Fällen auch mit dem Kind erörtern, wie

---

708  Vgl. Keidel/*Giers*, FamFG, § 89 Rn. 12.
709  OLG Frankfurt, FamRZ 2011, 394.

einer möglichen Gefährdung des Kindeswohls, insb. durch öffentliche Hilfen, begegnet werden und welche Folgen die Nichtannahme notwendiger Hilfen haben kann.

Das Gericht soll das Jugendamt zu dem Termin laden. Die Verfahren nach §§ 1666 **1788** und 1666a BGB betreffen die Kindeswohlgefährdung.[710]

Nach **§ 1666 Abs.** 1 BGB hat das FamG die Maßnahmen zu treffen, die zur Abwen- **1789** dung der Gefahr erforderlich sind, wenn das körperliche, geistige oder seelische Wohl des Kindes gefährdet wird und die Eltern nicht gewillt oder nicht in der Lage sind, die Gefahr abzuwenden. In diesen Angelegenheiten der Personensorge kann das Gericht auch Maßnahmen mit Wirkung gegen einen Dritten treffen, vgl. § 1666 Abs. 4 BGB. Dritter in diesem Sinne ist jeder Nicht-Elternteil, allerdings nicht etwaige Träger staatlicher Gewalt. Daher besteht keine Anordnungskompetenz des FamG gegenüber einer Schulbehörde oder einzelnen Lehrern.[711] Für die gerichtliche Überprüfung coronabedingter Maßnahmen der öffentlichen Verwaltung (z.B. Maskenpflicht, Distanzgebot, Corona-Testpflicht in Schulen) besteht auch keine Zuständigkeit der ordentlichen Gerichtsbarkeit.[712]

▶ Praxishinweis:

Im Internet wurden Muster-Formularschreiben bereitgestellt, mit welchen Eltern **1790** sich an die FamG wenden sollten, um ihre Kinder vor Corona-Regelungen der Schulen zu schützen. Mittlerweile steht fest, dass § 1666 Abs. 4 BGB den FamG keine Anordnungskompetenz gegenüber Schulen noch gegenüber dem Jugendamt eröffnet. Des Weiteren wurde auch klargestellt, dass für derartige Anliegen der Eltern nicht der Rechtsweg zu den FamG gegeben ist, sondern diese Vorgänge in die Zuständigkeit der Verwaltungsgerichte fallen.[713]

Aber auch die Gefährdung des **Kindesvermögens** kann ein solches Verfahren begrün- **1791** den. I.d.R. ist nach § 1666 Abs. 2 BGB anzunehmen, dass das Vermögen des Kindes gefährdet ist, wenn der Inhaber der Vermögenssorge seine Unterhaltspflicht ggü. dem Kind oder seine mit der Vermögenssorge verbundenen Pflichten verletzt oder Anordnungen des Gerichts, die sich auf die Vermögenssorge beziehen, nicht befolgt.

Maßnahmen, die zur Abwendung der Kindeswohlgefahren in Betracht kommen, wer- **1792** den in § 1666 Abs. 3 BGB – allerdings nicht abschließend – genannt. Dies sind insb.
- Gebote, öffentliche Hilfen wie z.B. Leistungen der Kinder- und Jugendhilfe und der Gesundheitsfürsorge in Anspruch zu nehmen,
- Gebote für die Einhaltung der Schulpflicht zu sorgen,
- Verbote, vorübergehend oder auf unbestimmte Zeit die Familienwohnung oder eine andere Wohnung zu nutzen, sich in einem bestimmten Umkreis der Wohnung

---

710 Vgl. dazu *Jokisch* FuR 2019, 377 ff.
711 BVerfG, FamRZ 2022, 528; BGH, FamRZ 2022, 189; OLG Nürnberg, Beschl. vom 27.04.2021, 9 WF 342/21 und 9 WF 343/21 = FamRZ 2021, 935.
712 BGH, FamRZ 2022, 189.
713 *Billhardt* NZfam 2022, 158.

aufzuhalten oder zu bestimmende andere Orte aufzusuchen, an denen sich das Kind regelmäßig aufhält,
- Verbote, Verbindung zum Kind aufzunehmen oder ein Zusammentreffen mit dem Kind herbeizuführen,
- die Ersetzung von Erklärungen des Inhabers der elterlichen Sorge sowie
- die teilweise oder vollständige Entziehung der elterlichen Sorge.

1793 Nach § 1666a BGB unterliegen die gerichtlichen Maßnahmen dem **Grundsatz der Verhältnismäßigkeit.**[714] Öffentliche Hilfen sind vorrangig anzubieten. So sind Maßnahmen, mit denen eine Trennung des Kindes von der elterlichen Familie verbunden ist, nur zulässig, wenn der Gefahr nicht auf andere Weise, auch nicht durch öffentliche Hilfen, begegnet werden kann.

1794 Die gesamte Personensorge darf nach § 1666a Abs. 2 BGB nur entzogen werden, wenn andere Maßnahmen erfolglos geblieben sind oder wenn anzunehmen ist, dass sie zur Abwendung der Gefahr nicht ausreichen (ultima ratio).

1795 Die §§ 1666 und 1666a BGB finden insb. dann Anwendung, wenn Eltern der Schulpflicht ihrer Kinder nicht Rechnung tragen. Nach Auffassung des BGH[715] liegt ein Missbrauch der elterlichen Sorge vor, der das Wohl der Kinder nachhaltig gefährdet und Maßnahmen nach §§ 1666, 1666a BGB erforderlich macht, wenn Eltern sich beharrlich weigern, ihre Kinder der öffentlichen Grundschule oder einer anerkannten Ersatzschule zuzuführen, um ihnen stattdessen selbst »Hausunterricht« zu erteilen. Die Entziehung des Aufenthaltsbestimmungsrechts und des Rechts zur Regelung von Schulangelegenheiten i.V.m. der Anordnung einer Pflegschaft ist in solchen Fällen im Grundsatz zur Abwehr der Gefahr geeignet und verhältnismäßig.[716]

▶ Praxishinweis:

1796 Gegenstand zahlreicher Verfahren ist die Frage, ob die Nutzung des Internets oder bestimmter Computerspiele eine Kindeswohlgefährdung darstellt.[717] Die Gerichte gehen überwiegend davon aus, dass allein der Besitz eines Smartphones, Tablets, Computers oder Fernsehers mit oder ohne Internetzugang nicht die Annahme rechtfertigt, dass Eltern durch die Eröffnung eines Zugangs ihr Kind schädigen. Die – wegen der Neuartigkeit der Gefährdungen durch das Internet vieldiskutierten – Schädigungsformen im Kinderschutz seien im Ergebnis nicht anders zu bewerten, als technisch seit längerer Zeit bekannte Medien.

---

714 Vgl. dazu BGH, FuR 2017, 148.
715 BGH, NJW 2008, 369.
716 Vgl. auch *Wellenhofer* JuS 2008, 380 f.
717 Vgl. etwa OLG Frankfurt, FuR 2018, 612 zur Frage, ob ein 8 Jahre altes Mädchen durch freien Zugang zum Internet über Computer und Tablet der Mutter und ein eigenes Smartphone in einer Weise gefährdet ist, die das Einschreiten des FamG erfordert.

### bb) Erörterung der Kindeswohlgefährdung

Die Kindeswohlgefährdung ist nach § 157 Abs. 1 FamFG mit den Eltern und in **1797** geeigneten Fällen auch mit dem Kind zu erörtern.

Die Erörterung der Kindeswohlgefährdung bildet einen eigenen Verfahrensabschnitt, **1798** der neben die Pflicht zur persönlichen Anhörung der Eltern nach § 160 Abs. 1 Satz 2 FamFG tritt.

Während die persönliche Anhörung der Eltern in erster Linie der Feststellung des **1799** Sachverhalts und der Gewährung des rechtlichen Gehörs dient, regelt § 157 Abs. 1 FamFG die Erörterung der Kindeswohlgefährdung in den Fällen der §§ 1666, 1666a BGB. Das Gericht hat die Möglichkeit, die Erörterung nach § 155 Abs. 2 FamFG mit dem Gespräch zur Erörterung über die Kindeswohlgefährdung zu verbinden.

Die obligatorische Erörterung der Kindeswohlgefährdung soll nach dem Willen des **1800** Gesetzgebers dazu beitragen, die Eltern noch stärker als bisher in die Pflicht zu nehmen und auf sie dahin gehend einzuwirken, öffentliche Hilfen in Anspruch zu nehmen und mit dem Jugendamt zu kooperieren. Dabei sollen die Eltern insb. darauf hingewiesen werden, welche Folgen die Nichtannahme notwendiger Hilfen haben kann.

### cc) Anordnung des persönlichen Erscheinens (§ 157 Abs. 2 FamFG)

Ein wesentliches Ziel der Erörterung bei Gericht ist es, die Beteiligten gemeinsam »an **1801** einen Tisch« zu bringen. Das Gespräch kann nur dann zu einem sinnvollen Ergebnis führen, wenn die Eltern persönlich teilnehmen müssen, sich also nicht von einem Anwalt vertreten lassen können. Das Gericht hat daher nach Abs. 2 das persönliche Erscheinen der Eltern zu dem Termin anzuordnen.

In geeigneten Fällen soll auch das Kind an dem Termin teilnehmen. Eine gemeinsame **1802** Erörterung mit dem Kind wird i.d.R. notwendig sein, wenn die Drogensucht oder wiederholte Straffälligkeit des Kindes bzw. Jugendlichen Anlass zu dem Verfahren gegeben hat, um auf das gefährdete Kind einzuwirken.

Das Jugendamt als sozialpädagogische Fachbehörde und Leistungsträger etwaiger **1803** Hilfemaßnahmen soll regelmäßig in das Gespräch eingebunden werden. Die Mitwirkung des Jugendamts an dem Gespräch ist von wesentlicher Bedeutung, um die Möglichkeiten einer effektiven Gefahrenabwehr zu erörtern, insb. den Hilfebedarf einzuschätzen und die Geeignetheit und Erforderlichkeit einer Hilfe zu beurteilen (§ 27 Abs. 1 SGB VIII). Gleichzeitig können so etwaige Hürden bei der Kooperation der Beteiligten abgebaut werden.

Das Gericht kann die Erörterung aber auch in Abwesenheit eines Elternteils durch- **1804** führen, wenn dies zum Schutz eines Beteiligten oder aus anderen Gründen erforderlich ist, vgl. § 157 Abs. 2 Satz 2 FamFG.

### dd) Erlass einer einstweiligen Anordnung

1805    Nach § 157 Abs. 3 FamFG unterliegt das Gericht der Verpflichtung, den Erlass einer einstweiligen Anordnung unverzüglich nach der Verfahrenseinleitung zu prüfen. Die Regelung betrifft alle Verfahren, die wegen einer Gefährdung des Kindeswohls eingeleitet werden können, z.b. auch Verfahren, die auf eine Verbleibensanordnung nach § 1632 Abs. 4 BGB gerichtet sind.

### g) Verfahrensbeistand (§ 158 FamFG)

1806    Die Rechtsfigur des Verfahrensbeistands für minderjährige Kinder wird von §§ 158–158c FamFG geregelt. Es war ein Anliegen des Gesetzgebers, Aufgaben und Funktion des Verfahrenspflegers geordnet zu kodifizieren.[718]

1807    Der »Verfahrensbeistand« ist ein ausschließlich verfahrensrechtliches Institut, d.h. es handelt sich nicht um eine Beistandschaft nach §§ 1712 ff. BGB.

### aa) Bestellung des Verfahrensbeistands (§ 158 Abs. 1 FamFG)

1808    Das Gericht hat nach § 158 Abs. 1 FamFG dem minderjährigen Kind in Kindschaftssachen, die seine Person betreffen, einen geeigneten Verfahrensbeistand zu bestellen, soweit dies zur Wahrnehmung seiner Interessen erforderlich ist.

1809    Die Vorschrift begründet damit eine Verpflichtung des Gerichts zur Bestellung eines Verfahrensbeistands, wenn das **Kriterium der Erforderlichkeit** erfüllt ist.

1810    Dabei soll das Gericht nur eine Person zum Verfahrensbeistand bestimmen, die persönlich und fachlich geeignet ist, das Interesse des Kindes festzustellen und sachgerecht in das Verfahren einzubringen.

### bb) Erforderlichkeit der Bestellung (§ 158 Abs. 2, Abs. 3 FamFG)

1811    Nach § 158 Abs. 2 FamFG ist die Bestellung eines Verfahrensbeistands stets erforderlich, wenn eine der folgenden Entscheidungen in Betracht kommt:
1.  die teilweise oder vollständige Entziehung der Personensorge nach den §§ 1666 und 1666a des Bürgerlichen Gesetzbuchs,
2.  der Ausschluss des Umgangsrechts nach § 1684 BGB oder
3.  eine Verbleibensanordnung nach § 1632 Abs. 4 oder § 1682 BGB.

1812    Die Bestellung ist nach § 158 Abs. 3 FamFG in der Regel erforderlich, wenn
1.  das Interesse des Kindes zu dem seiner gesetzlichen Vertreter in erheblichem Gegensatz steht,
2.  eine Trennung des Kindes von der Person erfolgen soll, in deren Obhut es sich befindet,
3.  Verfahren die Herausgabe des Kindes zum Gegenstand haben oder
4.  eine wesentliche Beschränkung des Umgangsrechts in Betracht kommt.

---

718  Vgl. dazu *Vogel* FF 2022, 143 ff.; *Jokisch* FuR 2021, 471.

§ 158 Abs. 2 FamFG regelt besonders grundrechtsrelevante Verfahren, bei denen 1813
die teilweise oder vollständige Entziehung der Personensorge gem. §§ 1666, 1666a
BGB, der Ausschluss des Umgangsrechts nach § 1684 Abs. 4 bzw. § 1682 BGB oder
eine Verbleibensanordnung nach § 1632 Abs. 4 BGB in Betracht kommen. In diesen
Fällen ist nach der Vorstellung des Gesetzgebers immer davon auszugehen, dass die
Bestellung eines Verfahrensbeistands zur Wahrnehmung der Interessen des Kindes
erforderlich ist.[719]

### aaa) Entziehung der Personensorge

Ein Verfahrenspfleger ist stets nach § 158 Abs. 2 Nr. 1 FamFG zu bestellen, wenn 1814
die teilweise oder vollständige Entziehung der Personensorge nach §§ 1666, 1666a
BGB in Betracht kommt. Eine solche Maßnahme hat für das Kind typischerweise
erhebliche Auswirkungen. Grundlage für ein Verfahren nach §§ 1666, 1666a BGB
ist häufig der Vorwurf eines Fehlverhaltens des betroffenen Elternteils oder beider
Elternteile ggü. dem Kind. In einer derartigen Konfliktsituation benötigt das Kind
nach dem Willen des Gesetzgebers Unterstützung durch eine geeignete dritte Person,
um seinen Willen hinreichend deutlich zum Ausdruck bringen zu können.

### bbb) Einschränkungen des Umgangsrechts

Weiterhin ist nach § 158 Abs. 2 Nr. 2 FamFG ein Verfahrensbeistand zu bestel- 1815
len, wenn ein Ausschluss des Umgangsrechts (vgl. § 1684 Abs. 4 Satz 1, 2 BGB) in
Betracht kommt. Dies ist der Fall, wenn eine solche Maßnahme etwa vom Jugendamt
oder einem Verfahrensbeteiligten gefordert oder durch das Gericht ernsthaft erwogen
wird. Die Situation ist in einem solchen Fall regelmäßig von einem schweren Grundkonflikt oder von Vorwürfen ggü. dem Umgangsberechtigten geprägt und mit der
Konstellation in Nr. 1 vergleichbar.

### ccc) Kindesherausgabe

Verfahren, die die Herausgabe des Kindes oder eine Verbleibensanordnung zum Gegen- 1816
stand haben, machen ebenfalls die Bestellung eines Verfahrenspflegers erforderlich.
Auch hierbei geht es um den grundsätzlichen Aufenthalt des Kindes. Eine Verbleibensanordnung regeln §§ 1632 Abs. 4, 1682 BGB.

### ddd) Gegensätzliche Interessen

Ein Verfahrenspfleger ist nach § 158 Abs. 3 Nr. 1 FamFG in der Regel zu bestellen, 1817
wenn das Interesse des Kindes zu dem seiner gesetzlichen Vertreter in erheblichem
Gegensatz steht. Ausreichend ist bereits der Interessengegensatz zu einem gesetzlichen Vertreter.

---

719 *Jokisch* FuR 2021, 473.

▶ **Anwaltlicher Hinweis:**

**1818**    Unterschiedliche Anträge der Eltern bspw. nach § 1671 BGB oder in einer Umgangssache reichen zur Feststellung eines Interessengegensatzes nach § 158 Abs. 3 Nr. 1 FamFG regelmäßig nicht aus. Erforderlich ist, dass das Interesse eines Elternteils zu dem des Kindes in **erheblichem** Gegensatz steht. Dies kann z.b. der Fall sein, wenn das Kind allein ein »Druckmittel« gegen den anderen Elternteil sein soll. Letztlich ist eine Einzelfallprüfung erforderlich.

Das OLG Oldenburg[720] ist der Auffassung, dass bei einem erheblichen Interessengegensatz ein Ergänzungspfleger eingeschaltet werden muss. Ein Verfahrensbeistand sei nicht ausreichend, da dieser das Kind nach § 158b Abs. 3 Satz 3 FamFG nicht vertreten könne. Die Entscheidung geht zu weit. Zum einen ist nur in Ausnahmefällen den Eltern das Vertretungsrecht für ihre Kinder zu entziehen, zum anderen geht § 158 Abs. 3 Nr. 1 FamFG davon aus, dass die Bestellung eines Verfahrensbeistands bei einem Interessengegensatz von Eltern und Kind ausreichend ist.[721]

*eee) Obhutswechsel*

**1819**   § 158 Abs. 3 Nr. 2 FamFG betrifft die Konstellation, dass eine Trennung des Kindes von der Person erfolgen soll, in deren Obhut es sich befindet. Dabei ist »Trennung« so zu verstehen wie in § 1666a Abs. 1 Satz 1 BGB.

**1820**   **Obhut** bedeutet die tatsächliche Fürsorge für das Kind, also die Befriedigung der elementaren Bedürfnisse des Kindes durch Pflege, Verköstigung, Gestaltung des Tagesablaufs, Erreichbarkeit bei Problemen und emotionale Zuwendung.[722]

**1821**   Für die Anwendung der Regelung ist es ohne Belang, wer die Trennung anstrebt, insb. ob es das Kind selbst, das Jugendamt, ein Elternteil oder ein außenstehender Dritter ist, oder ob das Gericht eine derartige Maßnahme in Betracht zieht.

**1822**   Häufig ist dieser Fall gegeben, wenn ein Elternteil eine Änderung des **Aufenthaltsbestimmungsrechts** anstrebt. Das BVerfG[723] hat zur Begründung des Erfordernisses eines Verfahrenspflegers im konkreten Fall einer Rückführungsentscheidung u.a. darauf abgestellt, dass die Entscheidung das soziale Umfeld des Kindes bestimmt und zu einer Herauslösung des Kindes aus der unmittelbaren Zuwendung des gegenwärtig betreuenden Elternteils führen kann.

▶ **Praxishinweis:**

**1823**   Gemäß § 158 Abs. 3 Nr. 2 FamFG ist die Bestellung des Verfahrensbeistands in der Regel dann erforderlich, wenn eine Trennung des Kindes von der Person

---

720 OLG Oldenburg, ZFE 2010, 73.
721 Vgl. auch OLG Stuttgart, ZFE 2010, 75.
722 Vgl. Grüneberg/*Götz*, BGB, § 1629 Rn. 25.
723 BVerfG, NJW 1999, 631, 633.

erfolgen soll, in deren Obhut es sich befindet. Die Voraussetzungen dieses Regelbeispiels liegen auch vor, wenn ein zuvor geregeltes Wechselmodell durch gerichtliche Entscheidung beendet und das Kind in die Obhut nur noch eines Elternteils gegeben werden soll. Das Regelbeispiel berücksichtigt die Änderung bestehender Obhutsverhältnisse und den damit verbundenen Interessenkonflikt des Kindes, der entsteht, wenn sein vertrautes soziales Umfeld verändert und es aus der unmittelbaren Zuwendung des betreuenden Elternteils herausgelöst werden soll.[724]

### fff) Kindesherausgabe

Verfahren, die die Herausgabe des Kindes zum Gegenstand haben, machen ebenfalls regelmäßig die Bestellung eines Verfahrenspflegers erforderlich. Auch hierbei geht es um den grundsätzlichen Aufenthalt des Kindes. Verfahren auf Herausgabe des Kindes sind in erster Linie solche nach § 1632 Abs. 1, 3 BGB. **1824**

Soll trotz Vorliegens eines Regelbeispiels nach § 158 Abs. 3 FamFG von einer Bestellung abgesehen werden, bedarf dies besonderer Gründe, die das Gericht nach § 158 Abs. 3 Satz 2 FamFG in der Endentscheidung im Einzelnen darzulegen hat. **1825**

Ausnahmefälle, die eine solche Bestellung nicht erfordern, können gegeben bei Entscheidungen von geringer Tragweite sein, die sich auf die Rechtspositionen der Beteiligten und auf die künftige Lebensgestaltung des Kindes nicht in erheblichem Umfang auswirken. Die Erforderlichkeit kann weiter fehlen, wenn alle beteiligten Personen und Stellen gleichgerichtete Verfahrensziele verfolgen. Aber auch wenn die Interessen des Kindes in anderer Weise ausreichend im Verfahren zur Geltung gebracht werden, kommt ein Absehen von der Bestellung eines Verfahrensbeistands in Betracht. Dies kann z.B. dann der Fall sein, wenn das Kind durch einen Ergänzungspfleger vertreten wird. **1826**

▶ Praxishinweis:

§ 158 Abs. 3 FamFG ist keine abschließende Regelung (»in der Regel«); die Bestellung eines Verfahrensbeistands kommt daher auch in Betracht in Fällen der häuslichen Gewalt, der Aufhebung der elterlichen Sorge nach § 1696 Abs. 1 BGB sowie der Anordnung von Umgang bei Widerstand des minderjährigen Kindes.[725] **1827**

### cc) Bestellungsverfahren

### aaa) Pflicht zur frühen Bestellung (§ 158 Abs. 1 Satz 2 FamFG)

Zuständig zur Bestellung ist das mit der Kindschaftssache befasste FamG. Das FamG ist verpflichtet, **vor** der Bestellung des Verfahrensbeistands den Eltern als Verfahrensbeteiligten rechtliches Gehör zu gewähren. Kommt das Gericht dieser Verpflichtung **1828**

---

724 OLG Brandenburg, FamRZ 2019, 906; OLG Saarbrücken, FuR 2019, 161.
725 Vgl. *Vogel* FF 2022, 147.

nicht nach, dürfen einem Beteiligten unter dem Gesichtspunkt einer unrichtigen Sachbehandlung keine Kosten für die Verfahrensbeistandsbestellung auferlegt werden, wenn sich im Nachhinein herausstellt, dass die Bestellung unnötig gewesen ist.[726] Nur in Ausnahmefällen, etwa wenn die anwaltlichen Vertreter der Eltern schriftsätzlich die Einschaltung eines Verfahrensbeistands angeregt oder diesem Vorgehen zugestimmt haben oder besondere Eile besteht, kann von der Anhörung abgesehen werden.[727]

1829    § 158 Abs. 1 Satz 2 FamFG ordnet ausdrücklich an, dass die Bestellung des Verfahrensbeistands so früh wie möglich erfolgen soll, wobei zunächst Anfangsermittlungen zur Erforderlichkeit der Bestellung erfolgen müssen. Andererseits sollen der Verfahrensbeistand bzw. das Kind mit dessen Unterstützung Einfluss auf die Gestaltung und den Ausgang des Verfahrens nehmen können, weshalb nach dem Zeitpunkt, zu dem das Vorliegen der Voraussetzungen nach Abs. 2 bzw. 3 klar ist, ein weiteres Zuwarten nicht mehr gerechtfertigt ist. Die Auswahl des Verfahrensbeistands ist nach pflichtgemäßem Ermessen zu treffen. Das Gericht muss sicherstellen, dass der Verfahrensbeistand entsprechend der Regelung des § 158a FamFG fachlich geeignet ist.

### bbb) Beteiligter des Verfahrens (§ 158 Abs. 3 Satz 2 FamFG)

1830    Nach § 158b Abs. 3 Satz 1 FamFG wird der Verfahrensbeistand mit dem Akt der Bestellung zum Beteiligten.

1831    Der Verfahrensbeistand hat die Rechte des Betroffenen wahrzunehmen, ohne an dessen Weisungen gebunden zu sein. Damit hat er im Verfahren eine eigenständige Stellung, die eine formelle Beteiligung erforderlich macht. Mit seiner Hinzuziehung erhält der Verfahrensbeistand alle Rechte und Pflichten eines Beteiligten, mit Ausnahme der Verpflichtung zur Kostentragung (vgl. § 158c Abs. 4 FamFG).

1832    Er muss daher z.B. einem gerichtlich gebilligten Vergleich nach § 156 Abs. 2 FamFG zustimmen. Nach § 158b Abs. 3 Satz 2 FamFG kann der Verfahrensbeistand unabhängig von der Beeinträchtigung eigener materieller Rechte im Interesse des Kindes Rechtsmittel einlegen.

### dd) Rechtsmittel gegen die Bestellungsentscheidung

1833    Das Gericht unterliegt einer Begründungspflicht, wenn in den Fällen des § 158 Abs. 3 FamFG von der Bestellung eines Verfahrensbeistands abgesehen wird.

1834    Die Entscheidung über die Bestellung oder Aufhebung der Bestellung eines Verfahrensbeistands sowie über die Ablehnung einer derartigen Maßnahme ist nach § 158 Abs. 5 FamFG allerdings nicht selbstständig anfechtbar (unanfechtbare Zwischenentscheidung).

1835    Dies betrifft jedoch nur die isolierte Anfechtbarkeit einer entsprechenden Entscheidung. Ein Rechtsmittel gegen die Endentscheidung kann weiterhin auch damit begründet

---

726 *Vogel* FF 2022, 143; OLG Braunschweig, FamRB 2021, 491.
727 *Menne* FamRB 2021, 492.

werden, dass das Gericht einen Verfahrensbeistand zu Unrecht bestellt oder abberufen hat oder dass es die Bestellung eines Verfahrensbeistands zu Unrecht unterlassen oder abgelehnt hat.

### ee) Aufgaben des Verfahrensbeistands (§ 158b FamFG)

Der Verfahrensbeistand hat nach § 158b Abs. 1 Satz 1 FamFG das Interesse des Kindes festzustellen und im gerichtlichen Verfahren zur Geltung zu bringen.  **1836**

Der Verfahrensbeistand ist dem Interesse des Kindes verpflichtet und nicht allein dem **1837** von diesem geäußerten Willen. Zwar hat der Verfahrensbeistand den Kindeswillen in jedem Fall deutlich zu machen und in das Verfahren einzubringen, es steht ihm jedoch frei, darüber hinaus weitere Gesichtspunkte und auch etwaige Bedenken vorzutragen.

Der Verfahrensbeistand hat daher bei seiner Stellungnahme sowohl das subjektive **1838** Interesse des Kindes (Wille des Kindes) als auch das objektive Interesse des Kindes (Kindeswohl) einzubeziehen.

Die Aufgaben des Verfahrensbeistands sind strikt auf das konkrete Verfahren, für das **1839** er bestellt wurde, beschränkt.

Der Verfahrensbeistand hat das Kind nach § 158b Abs. 1 Satz 3 FamFG in geeigneter **1840** Weise über das Verfahren zu **informieren**. Es handelt sich hierbei um das Gegenstück zur Geltendmachung des Interesses des Kindes. Dieses wäre ohne Unterstützung oftmals nicht in der Lage, die verfahrensmäßigen Abläufe zu verstehen. Eine altersgemäße Information, ggf. auch über den wesentlichen Inhalt der Verfahrensakten, erleichtert dem Kind die Wahrnehmung der eigenen Position.

Nach § 158b Abs. 2 FamFG kann das Gericht den Verfahrensbeistand beauftragen, **1841** zur Erfüllung seiner Aufgaben auch Gespräche mit den Eltern und weiteren Bezugspersonen des Kindes zu führen sowie am Zustandekommen einer einvernehmlichen Regelung über den Verfahrensgegenstand mitzuwirken. Das Gericht hat in diesem Fall die Beauftragung zu begründen und die Aufgaben des Verfahrensbeistands präzise zu beschreiben (§ 158b Abs. 2 Satz 2 FamFG).

Der Verfahrensbeistand kann nach § 158b Abs. 3 Satz 2 FamFG im Interesse des **1842** Kindes Rechtsmittel einlegen.

Eine gesetzliche Vertretungsmacht des Verfahrensbeistands für das Kind besteht nicht, **1843** vgl. § 158b Abs. 3 Satz 3 FamFG. Die Bestellung ändert an den Vertretungsverhältnissen also nichts. Der Verfahrensbeistand handelt in eigenem Namen und hat nicht die Funktion rechtliche Willenserklärungen für das Kind abzugeben oder entgegen zu nehmen. Auf diese Weise wird der Eingriff in das Elternrecht möglichst gering gehalten und eine sachwidrige Verlagerung von Aufgaben auf den Verfahrensbeistand vermieden.

▶ Praxishinweis:

Soweit eine Vertretung des Kindes erforderlich wird, weil die Eltern das Kind **1844** nicht vertreten können, ist ein Ergänzungspfleger einzuschalten. Die Voraussetzungen für die Bestellung eines Ergänzungspflegers ergeben sich aus §§ 1629 Abs. 2 Satz 3 i.V.m. § 1789 Abs. 2 Satz 3 und 4 BGB n.F. (§ 1796 BGB a.F.). Danach kann das FamG einem allein sorgeberechtigten Elternteil oder den gemeinsam sorgeberechtigten Eltern die Vertretungsbefugnis für einzelne Angelegenheiten entziehen, wenn das Interesse des Kindes zu dem Interesse seines gesetzlichen Vertreters oder einer der in § 1824 Abs. 1 Nr. 1 BGB n.F. bezeichneten Personen in erheblichem Gegensatz steht. Hierfür genügt die konkrete Gefahr, der gesetzliche Vertreter werde bei seiner Entscheidung das Kindeswohl nicht mit der gebotenen Zielstrebigkeit verfolgen.[728]

1845 Die Bestellung endet nach § 158 Abs. 4 FamFG, sofern sie nicht vorher aufgehoben wird,
– mit der Rechtskraft der das Verfahren abschließenden Entscheidung oder
– mit dem sonstigen Abschluss des Verfahrens.

1846 Der Ersatz von Aufwendungen und die Vergütung des Verfahrensbeistands werden von § 158c FamFG geregelt (i.d.R. 550 € bei berufsmäßiger Tätigkeit).

1847 § 158c Abs. 4 FamFG bestimmt, dass dem Verfahrensbeistand keine Verfahrenskosten auferlegt werden können. Dies ist sachgerecht, da er allein im Interesse des Kindes tätig wird. Die Regelung gilt sowohl für das erstinstanzliche Verfahren als auch für ein Rechtsmittelverfahren.

## h) Anhörung und Mitwirkung in Kindschaftssachen

### *aa) Anhörung des Kindes nach § 159 FamFG*

1848 § 159 FamFG enthält den Grundsatz der Anhörungspflicht, d.h. in allen Kindschaftssachen ist das betroffene Kind **persönlich** anzuhören.

1849 Nach § 159 Abs. 1 FamFG hat das Gericht das Kind unabhängig von seinem Alter persönlich anzuhören und sich einen persönlichen Eindruck von dem Kind zu verschaffen.

1850 § 159 Abs. 2 FamFG kodifiziert enumerativ vier Fallgruppen, die ein Absehen von der persönlichen Anhörung des Kindes ausnahmsweise erlauben. Danach kann von der persönlichen Anhörung und der Verschaffung eines persönlichen Eindrucks nach Abs. 1 nur abgesehen werden, wenn

1. ein schwerwiegender Grund dafür vorliegt,

▶ Praxishinweis:

1851 Schwerwiegende Gründe sind nur gegeben, falls die Anhörung eine ernsthafte Gefahr für Gesundheit oder seelisches Gleichgewicht des Kindes begründet.[729]

---

728 OLG Oldenburg, ZFE 2010, 73.
729 BayObLGZ 2000, 230.

2. das Kind offensichtlich nicht in der Lage ist, seine Neigungen und seinen Willen kundzutun,    **1852**

▶ Praxishinweis:

Dies betrifft insbesondere Säuglinge oder Kleinstkinder, daneben aber auch Kinder mit erheblichen Behinderungen oder schwer und voraussichtlich noch länger erkrankte Kinder. Die Fähigkeit zur Beantwortung von Fragen kann zumindest ab dem dritten Lebensjahr angenommen werden.    **1853**

Auch die Anhörung sehr kleiner Kinder ist also möglich. Dies kann im Einzelfall dem FamG auch weitere Erkenntnisse verschaffen, weil aus den Verhaltensweisen und Reaktionen des Kindes Aversionen bzw. Präferenzen ggü. beteiligten Personen abgeleitet werden können.[730]

3. die Neigungen, Bindungen und der Wille des Kindes für die Entscheidung nicht von Bedeutung sind und eine persönliche Anhörung auch nicht aus anderen Gründen angezeigt ist oder    **1854**

4. das Verfahren ausschließlich das Vermögen des Kindes betrifft und eine persönliche Anhörung nach der Art der Angelegenheit nicht angezeigt ist.

In Verfahren der Kindeswohlgefährdung nach §§ 1666, 1666a BGB darf nach § 159 Abs. 2 Satz 2 FamFG von einer persönlichen Anhörung des Kindes nur aus schwerwiegenden Gründen abgesehen werden. In diesen Fällen sind Neigungen, Bindungen oder Wille des Kindes stets für die Entscheidung von Bedeutung. Sofern das Kind insbesondere altersbedingt oder zumindest bezogen auf den Verfahrensgegenstand nicht in der Lage ist, seinen Willen und seine Neigungen kundzutun, so hat das Gericht sich in diesen Verfahren zumindest einen persönlichen Eindruck von dem Kind zu verschaffen (vgl. § 159 Abs. 2 Satz 3 FamFG).[731]    **1855**

▶ Praxishinweis:

Das OLG Saarbrücken[732] falls dies wie folgt zusammen:    **1856**

»1. Gemäß § 159 Abs. 1 FamFG in der ab dem 1. Juli 2021 anzuwendenden Fassung hat das Familiengericht das Kind persönlich anzuhören und sich einen persönlichen Eindruck von dem Kind zu verschaffen.

2. Diese Verpflichtung ist nach der Neuregelung **unabhängig vom Alter des Kindes** und gilt auch im einstweiligen Anordnungsverfahren. Unbeschadet dessen sind Kinder in einem ihre Person betreffenden Verfahren jedenfalls bereits ab einem Alter von etwa drei Jahren persönlich anzuhören.

---

730 *Horndasch* ZFE 2009, 52, 54.
731 *Jokisch* FuR 2021, 478.
732 OLG Saarbrücken, Beschl. vom 18.02.2022, 6 UF 5/22.

> 3. Von der persönlichen Anhörung des Kindes kann in einem Kindesschutzverfahren nach §§ 1666 f. BGB in aller Regel nicht deshalb abgesehen werden, weil das Kind bereits in einem vorangegangenen Umgangsverfahren persönlich angehört wurde. Dies gilt umso mehr, wenn diese Anhörung nicht vom selben erkennenden Gericht durchgeführt wurde.«

1857 Sieht das Gericht davon ab, das Kind persönlich anzuhören oder sich einen persönlichen Eindruck von dem Kind zu verschaffen, ist dies nach § 159 Abs. 3 Satz 1 FamFG in der Endentscheidung zu begründen. Unterbleibt eine Anhörung oder die Verschaffung eines persönlichen Eindrucks allein wegen Gefahr im Verzug, ist sie aber unverzüglich nachzuholen.

1858 Das Kind soll nach § 159 Abs. 4 FamFG über den Gegenstand, Ablauf und möglichen Ausgang des Verfahrens in einer geeigneten und seinem Alter entsprechenden Weise informiert werden, soweit nicht Nachteile für seine Entwicklung, Erziehung oder Gesundheit zu befürchten sind. Ihm ist Gelegenheit zur Äußerung zu geben.

1859 § 159 Abs. 4 Satz 4 FamFG stellt i.ü. die Gestaltung der Anhörung in das pflichtgemäße Ermessen des Gerichts. Bei der Ausübung des Ermessens steht der Gesichtspunkt des Kindeswohls an oberster Stelle. Das Gericht soll eine positive und geschützte Gesprächssituation schaffen, die dem Kind ein offenes Artikulieren seiner Wünsche und Bedürfnisse ermöglicht. Die Anwesenheit des Verfahrensbeistands ist sicherzustellen, wenn ein solcher für das Kind bestellt wurde.

1860 Das Gestaltungsrecht des Gerichts umfasst auch die Frage, ob Geschwister getrennt oder gemeinsam angehört werden, in welchen Räumlichkeiten die Anhörung erfolgt und ob sie in zeitlichem Zusammenhang mit dem Erörterungstermin oder zu einem anderen Zeitpunkt durchgeführt wird.

*bb) Anhörung der Eltern nach § 160 FamFG*

1861 Auch die Eltern sind nach § 160 FamFG in Kindschaftssachen grds. anzuhören.

*aaa) Personensorgeverfahren*

1862 Nach § 160 Abs. 1 FamFG **soll** das Gericht in Verfahren, die die Person des Kindes betreffen, die Eltern persönlich anhören.

1863 Solche **Personensorgeverfahren** sind insb. die Verfahren zur elterlichen Sorge nach § 1671 BGB, die Verfahren zum Umgang nach §§ 1684, 1685 BGB, Herausgabeverfahren nach § 1632 BGB sowie Verbleibensanordnungen nach § 1682 BGB.

1864 In Verfahren nach den §§ 1666 und 1666a BGB, d.h. in Verfahren der Kindeswohlgefährdung **sind** die Eltern persönlich anzuhören.

1865 Das Gericht darf in diesen Fällen von einer Anhörung der Eltern nur in besonders gelagerten Ausnahmefällen absehen.

### bbb) Sonstige Kindschaftssachen

§ 160 Abs. 2 FamFG betrifft die Anhörung in Kindschaftssachen, die nicht die Person des Kindes betreffen.    **1866**

§ 160 Abs. 2 Satz 1 FamFG fordert in diesen Angelegenheiten (z.b. der Vermögenssorge) **keine persönliche Anhörung**. Die Anhörung kann also auch schriftlich erfolgen.    **1867**

Eine solche – zumindest schriftliche – Anhörung der sorgeberechtigten Elternteile ist jedoch zur Gewährleistung des rechtlichen Gehörs in jeder Kindschaftssache geboten.    **1868**

Ein Elternteil, dem die elterliche Sorge nicht zusteht, muss aber nach § 160 Abs. 2 Satz 2 FamFG nicht angehört werden, wenn von der Anhörung eine Aufklärung nicht erwartet werden kann. Diese Regelung gilt auch für die Eltern eines unter Vormundschaft stehenden Kindes.    **1869**

### ccc) Ausnahmen von der Anhörung

Nach § 160 Abs. 3 FamFG darf von der Anhörung der Eltern nur aus schwerwiegenden Gründen abgesehen werden. Dies kann etwa der Fall sein, wenn der Elternteil sich langfristig im Ausland befindet oder sein Aufenthalt nicht ermittelt werden kann.[733]    **1870**

Unterbleibt die Anhörung allein wegen Gefahr im Verzug ist sie nach § 160 Abs. 4 FamFG unverzüglich nachzuholen.    **1871**

### cc) Mitwirkung der Pflegeperson nach § 161 FamFG

Nach § 161 Abs. 1 FamFG kann das Gericht in Verfahren, die die Person des Kindes betreffen, die Pflegeperson im Interesse des Kindes **als Beteiligte** hinzuziehen, wenn das Kind seit längerer Zeit in Familienpflege lebt. Dies gilt entsprechend, wenn das Kind aufgrund einer Verbleibensanordnung nach § 1682 BGB bei dem dort genannten Ehegatten, Lebenspartner oder Umgangsberechtigten lebt.    **1872**

Nach früherem Recht war eine Pflegeperson in Verfahren, welche die elterliche Sorge für ein Pflegekind betreffen, mangels unmittelbaren Eingriffs in ein subjektives Recht und mangels entsprechender Ausgestaltung des gerichtlichen Verfahrens grds. weder materiell noch formell verfahrensbeteiligt.[734] Ausnahmen bestanden nur in den Verfahren nach §§ 1630 Abs. 3, 1632 Abs. 4, 1688 Abs. 3 und 4 BGB.[735] Dies hatte zur Folge, dass sich die Beteiligung der Pflegeperson am Verfahren regelmäßig in der Anhörung erschöpfte.    **1873**

Die Vorschrift des § 161 Abs. 1 FamFG gestattet es dem Gericht bei länger andauernden Pflegeverhältnissen, die Pflegeperson als Beteiligte formell am Verfahren zu beteiligen und ihr die mit der Beteiligung verbundenen Rechte und Pflichten aufzuerlegen. Das Ermessen des Gerichts bei der Entscheidung über die Hinzuziehung    **1874**

---

733  BayObLG, NJW-RR 2000, 1452.
734  BGH, FamRZ 2000, 219 ff.
735  Vgl. zu Umgangssachen BGH, FamRZ 2005, 975 ff.

wird durch das Interesse des Kindes begrenzt. Ein entsprechendes Interesse liegt vor, wenn eine Hinzuziehung dem Kindeswohl dienen kann.

1875 Das Kind lebt »seit längerer Zeit« in Familienpflege, wenn es mehr als 18 Monate dort verbracht hat.[736] Letztlich kann der Begriff aber nicht absolut bestimmt werden, sondern ist kinderpsychologisch zu verstehen. Maßgeblich ist damit, inwieweit das Kind sich in die Pflegefamilie eingelebt hat. Dies kann bereits nach 6 Monaten der Fall sein, mitunter aber auch sehr lange dauern.

1876 Die formelle Beteiligung stellt sicher, dass die Pflegeperson über den Fortgang des Verfahrens und über die Beweisergebnisse informiert wird und aktiv auf den Verlauf des Verfahrens Einfluss nehmen kann. Zugleich kann sie – z.B. bei der Regelung des Umgangs mit einem Kind – unmittelbar in die Entscheidung des Gerichts miteinbezogen werden.

1877 Anders als bei der Mitwirkung des Jugendamts nach § 162 Abs. 3 Satz 2 FamFG sieht § 161 FamFG für die Pflegeperson aber keine verfahrensrechtliche Beschwerdebefugnis vor. Die Rechtsmittelbefugnis richtet sich allein nach einer Beschwer der Pflegeperson.

1878 Zumindest **ist** die Pflegeperson nach § 161 Abs. 2 FamFG in der Kindschaftssache **anzuhören**, wenn das Kind seit längerer Zeit in Familienpflege lebt.

*dd) Mitwirkung des Jugendamts in Kindschaftssachen nach § 162 FamFG*

*aaa) Anhörung des Jugendamts (§ 162 Abs. 1 FamFG)*

1879 Das Gericht **hat** nach § 162 Abs. 1 FamFG in Verfahren, die die Person des Kindes betreffen, das Jugendamt anzuhören. Unterbleibt die Anhörung wegen Gefahr im Verzug, ist sie unverzüglich nachzuholen.

1880 Die Anhörungspflicht besteht insb. in folgenden Kindschaftsverfahren:
– Übertragung von Angelegenheiten der elterlichen Sorge auf die Pflegeperson (§ 1630 Abs. 3 BGB),
– Unterstützung der Eltern bei der Ausübung der Personensorge (§ 1631 Abs. 3 BGB),
– Unterbringung, die mit Freiheitsentziehung verbunden ist (§ 1631b BGB),
– Herausgabe des Kindes, Wegnahme von der Pflegeperson (§ 1632 Abs. 1, 4 BGB) oder von dem Ehegatten oder Umgangsberechtigten (§ 1682 BGB),
– Umgang mit dem Kind (§§ 1632 Abs. 2, 1684, 1685 BGB),
– Gefährdung des Kindeswohls (§ 1666 BGB),
– Sorge bei Getrenntleben der Eltern (§ 1671 BGB),
– Ruhen der elterlichen Sorge (§ 1678 Abs. 2 BGB),
– elterliche Sorge nach Tod eines Elternteils (§§ 1680 Abs. 2, 1681 BGB),
– elterliche Sorge nach Entziehung (§ 1680 Abs. 3 BGB).

---

736 OLG Frankfurt, FamRZ 2004, 720.

Weitere Verfahren sind auch diejenigen nach §§ 1618 Abs. 1 Satz 4, 1628, 1629 Abs. 2   **1881**
Satz 3 BGB. Auch Verfahren betreffend Änderung (§ 166 FamFG i.V.m. § 1696 BGB)
oder Vollstreckung einer Entscheidung, die die Person des Kindes betrifft, werden
von der Anhörungspflicht umfasst.

Verfahren, die die Person des Kindes betreffen, sind damit nicht nur solche, die die   **1882**
elterliche Sorge oder die Personensorge betreffen, sondern auch alle sonstigen Kindschaftssachen, die das Kind betreffen und nicht ausschließlich vermögensrechtlicher
Art sind. Dies können auch Kindschaftssachen nach § 151 Nr. 4 bis 7 FamFG sein.

### bbb) Beteiligung des Jugendamts

In Verfahren der Kindeswohlgefährdung nach §§ 1666, 1666a BGB ist das Jugendamt   **1883**
zu beteiligen, § 162 Abs. 2 Satz 1 FamFG. In anderen Kindschaftssachen, die die
Person des Kindes betreffen, ist nach § 162 Abs. 2 FamFG das Jugendamt jedenfalls
auf seinen Antrag hin an dem Verfahren zu beteiligen. Die Anhörung nach Abs. 1
macht es noch nicht zum Beteiligten. Ob sich das Jugendamt über die Anhörung
hinaus in das Verfahren einschaltet, ist eine Frage des Einzelfalls. Aus diesem Grund
wird ihm eine Wahlmöglichkeit eingeräumt.

Im Fall eines entsprechenden Antrags ist das Gericht zur Hinzuziehung verpflichtet.   **1884**
Stellt das Jugendamt in einem Antragsverfahren einen Sach- oder Verfahrensantrag,
ist es schon deshalb Beteiligter.

### ccc) Bekanntmachung und Beschwerde

Dem Jugendamt sind alle Entscheidungen des Gerichts bekannt zu machen, zu denen   **1885**
es nach § 162 Abs. 1 Satz 1 FamFG zu hören war. Gegen den Beschluss steht dem
Jugendamt die Beschwerde zu. Dieses Beschwerderecht sichert das Jugendamt ab, d.h.
es muss den Antrag nach § 162 Abs. 2 Satz 2 FamFG nicht bereits deshalb stellen,
um später beschwerdeberechtigt zu sein (vgl. auch § 59 FamFG).

## i) Gutachten in Kindschaftssachen (§ 163 FamFG)

### aa) Pflicht zur Fristsetzung

Ordnet das Gericht die schriftliche Begutachtung in einer Kindschaftssache an, so   **1886**
ist nach §§ 411 Abs. 1 ZPO, 30 Abs. 1 FamFG dem Sachverständigen zugleich eine
Frist für die Einreichung des Gutachtens zu setzen.[737]

Die Einholung eines schriftlichen Sachverständigengutachtens führt oftmals zu einer   **1887**
erheblichen Verlängerung der Verfahrensdauer. Die Fristsetzung ist mithin eine Maßnahme der **Verfahrensbeschleunigung**.

---

737  Dies war früher in § 163 Abs. 1 FamFG geregelt, ergibt sich nunmehr aber aus § 411
Abs. 1 ZPO; vgl. dazu FamR-Komm/*Waruschewski*, § 163 FamFG Rn. 1.

**1888**   Die Fristsetzung hat nach dem Wortlaut der Vorschrift zugleich mit der Anordnung der Begutachtung zu erfolgen. Der Sachverständige kann damit sogleich mit Eingang des Auftrags prüfen, ob seine Kapazitäten für eine Erledigung innerhalb der gesetzten Frist voraussichtlich ausreichen werden und, wenn dies nicht der Fall ist, das Gericht frühzeitig informieren bzw. den Auftrag ablehnen.

**1889**   Das weitere Vorgehen im Fall der Versäumung einer gesetzten Frist ergibt sich aus § 30 Abs. 1, 2 FamFG i.V.m. § 411 Abs. 2 ZPO, d.h. es kann ein Ordnungsgeld verhängt werden, falls die Versäumung der Frist nicht auf eine unzureichende Mitwirkung der Beteiligten zurückzuführen ist.

*bb) Mitwirkung der Betroffenen*

**1890**   Die Verpflichtung der Eltern zur Mitwirkung an der Erstellung eines Gutachtens folgt aus § 27 Abs. 1 FamFG. Die Mitwirkung ist allerdings nicht erzwingbar. Weigern sich die Eltern an einer Begutachtung teilzunehmen, können ihnen nach § 81 Abs. 1 und Abs. 2 Nr. 4 FamFG grds. Kosten nicht auferlegt werden. Auch darf die fehlende Mitwirkung eines Elternteils an der Begutachtung nicht im Rahmen der Beweiswürdigung berücksichtigt werden, etwa in dem Sinne, dass vorgebrachte Vorwürfe oder Vorbehalte gegen die Erziehungsfähigkeit des Elternteils damit als zugestanden gelten.[738]

**1891**   Den Beteiligten muss vor der Bestellung des Sachverständigen rechtliches Gehör gewährt werden. Sie können sich nach § 404 Abs. 2 ZPO auch zu dessen Qualifikation äußern. Die Begutachtung hat eine besondere Grundrechtsrelevanz, sodass gegen die Anordnung der Einholung eines Gutachtens in Kindschaftssachen, auch wenn es sich dabei nur um eine Zwischenentscheidung handelt, die Beschwerde nach §§ 58 ff. FamFG zulässig ist.[739]

**1892**   Die Beteiligten haben das Recht, sich mit dem Gutachten kritisch auseinanderzusetzen. In Kindschaftssachen sind die Kosten eines Privatgutachtens regelmäßig nicht zu erstatten, weil ein vernünftiger Beteiligter die Einholung eines privaten Zweitgutachtens nicht als sachdienlich einschätzen, sondern sich wegen des Amtsermittlungsgrundsatzes auf Vorbringen zur Sache und Angriffe auf das gerichtliche Gutachten beschränken würde.[740]

▶ **Anwaltlicher Hinweis:**

**1893**   Gutachten beantworten die gerichtliche Beweisfrage, welcher Elternteil zur Wahrnehmung der elterlichen Sorge besser geeignet oder in welchem Umfang ein Umgang des Kindes mit dem anderen Elternteil zu empfehlen ist, mit einem mehr oder weniger (un)klaren Entscheidungsvorschlag, der nicht selten mit der Aufforderung an die Eltern verbunden wird, im Interesse der Kinder besser miteinander zu kommunizieren und zu kooperieren. Wie ein solcher Entscheidungs-

738  KG, FamRZ 2021, 1226.
739  BVerfG, FamRZ 2019, 548; a.A. Keidel/*Engelhardt*, FamFG, § 163 Rn. 8.
740  OLG Frankfurt, FamRZ 2021, 1310.

vorschlag bei Fortbestehen der Ablehnung eines Elternteils umgesetzt werden kann, wird dagegen nicht selten nur kursorisch beschrieben.

Derartige Gutachten sind nicht ausreichend.

Nach § 163 FamFG soll der Sachverständige die Eltern zunächst über die negativen psychologischen Auswirkungen einer Trennung auf alle Familienmitglieder aufklären und sodann versuchen bei den Eltern Verständnis und Feinfühligkeit für die von den Interessen der Erwachsenen abweichenden Bedürfnisse und die psychische Lage des Kindes zu wecken. Gelingt dies, kann er mit den Eltern ein einvernehmliches Konzept zum zukünftigen Lebensmittelpunkt des Kindes und zur Gestaltung des Umgangs erarbeiten.

### cc) Herstellung des Einvernehmens

Nach § 163 Abs. 2 FamFG kann das FamG in Kindschaftsverfahren, die die Person   **1894**
des Kindes betreffen, den Sachverständigen auch damit beauftragen, die Eltern zur Erzielung eines Einvernehmens und zur Wahrnehmung ihrer elterlichen Verantwortung bei der Regelung der elterlichen Sorge und des Umgangs zu bewegen.[741]

▶ **Taktischer Hinweis:**

Die Einbeziehung des Sachverständigen in das Kindschaftsverfahren ist aufgrund   **1895**
der Regelung des § 163 FamFG sinnvoll.

Die **Kompetenz des Sachverständigen** kann das Verfahren günstig beeinflussen, größere Verzögerungen sind aufgrund der Fristsetzung für das Gutachten nicht zu erwarten und es besteht sogar bereits die Möglichkeit, sich unter Vermittlung des Sachverständigen zu einigen. Letztlich kann die Einschaltung des Sachverständigen sogar das Verfahren beschleunigen.

Teilweise wird die Regelung des § 163 Abs. 2 FamFG aber auch für problematisch gehalten. Nach dem Verfahrensrecht ist es nämlich Aufgabe des Gerichts, ein Einvernehmen herzustellen oder eine Entscheidung zu treffen. Diese ureigenste Aufgabe des FamG wird nunmehr im Wesentlichen auf den Sachverständigen übertragen.

Bedenklich ist insb., dass die klare Grenze zwischen Sachverständigen und Mediator verwischt wird. Während Gericht, Verfahrensbeistand und Jugendamt einen klar definierten Aufgabenbereich haben, ist dies beim Sachverständigen nicht gegeben. Die Verschwiegenheitsverpflichtung des Mediators ist beim Sachverständigen nämlich nicht gegeben; auch dadurch können sich Konflikte ergeben. Erkenntnisse aus dem Versuch der gütlichen Beilegung könnten damit in das weitere Verfahren eingebracht werden.[742]

---

741  Krit. dazu *Salzgeber* FamRZ 2008, 658.
742  Vgl. dazu *Rimkus* ZFE 2010, 51, 52.

1896 Der Sachverständige hat sein Gutachten zu den im Beweisbeschluss bezeichneten Punkten zu erstatten (vgl. § 403 ZPO), wobei das Gericht bei streitigem Sachverhalt zu bestimmen hat, welche Tatsachen der Begutachtung zugrunde zu legen sind (§ 404a Abs. 3 ZPO).

### dd) Befangenheit des Gutachters

1897 Der vom Gericht bestellte Gutachter in einer Kindschaftssache kann wegen Befangenheit abgelehnt werden, wenn eine derartige Besorgnis begründet ist.[743]

1898 Nach § 30 Abs. 1 FamFG i.V.m. § 406 Abs. 1 ZPO kann ein Sachverständiger aus denselben Gründen, die zur Ablehnung eines Richters berechtigen, abgelehnt werden. Wegen Besorgnis der Befangenheit findet die Ablehnung eines Sachverständigen im familiengerichtlichen Verfahren statt, wenn ein Grund vorliegt, der geeignet ist, Misstrauen gegen seine Unparteilichkeit zu rechtfertigen (§ 6 Abs. 1 FamFG i.V.m. § 42 Abs. 2 ZPO). In Betracht kommen dabei nur objektive Gründe, die vom Standpunkt des Ablehnenden aus bei vernünftiger Betrachtung die Befürchtung wecken können, der Sachverständige stehe der Sache nicht unvoreingenommen und damit nicht unparteiisch gegenüber; rein subjektive, unvernünftige Vorstellungen des Ablehnenden scheiden aus. Nicht erforderlich ist, dass der Sachverständige tatsächlich befangen ist; unerheblich ist auch, ob er sich für befangen hält. Entscheidend ist allein, ob aus der Sicht des Ablehnenden objektive Gründe vorliegen, die nach der Meinung eines ruhig und vernünftig denkenden Verfahrensbeteiligten Anlass geben, an der Unvoreingenommenheit des Sachverständigen zu zweifeln.[744]

1899 Die Befürchtung fehlender Unparteilichkeit kann berechtigt sein, wenn der Sachverständige den Gutachterauftrag in einer Weise erledigt, die als Ausdruck einer unsachlichen Grundhaltung gegenüber einem Beteiligten gedeutet werden kann. Eine solche unsachliche Grundhaltung kann sich daraus ergeben, dass der Sachverständige Maßnahmen ergreift, die von seinem Gutachterauftrag nicht gedeckt sind.[745]

1900 OLG Frankfurt, NJW-RR 2016, 710:

»Der Sachverständige hat, wie sich aus seiner Stellungnahme vom 30.11.2015 und dem Schreiben der Diplom-Sozialpädagogin M vom 19.11.2015 ergibt, den Mitarbeitern des zuständigen Jugendamts empfohlen, die Dauer der Umgangskontakte zwischen dem betroffenen Kind und dem Ag. zu verkürzen, weil ansonsten eine Überforderung des Kindes zu befürchten sei. Das Jugendamt ist dieser Empfehlung gefolgt und hat den zeitlichen Umfang der wöchentlichen begleiteten Umgangskontakte von drei auf zwei Stunden herabgesetzt. Mit diesem Verhalten hat der Sachverständige die ihm durch den Gutachterauftrag gezogenen Grenzen offenkundig überschritten. Er hat sich nicht, wie es seine Aufgabe gewesen wäre, darauf beschränkt, die an ihn gerichteten Beweisfragen, die vornehmlich die Erziehungsfähigkeit der Eltern betrafen, zu beantworten. Vielmehr ist er in Bezug auf den Umgang zwischen Vater und Tochter gestaltend tätig geworden und hat sich Befugnisse

743 OLG Frankfurt, NJW-RR 2016, 710.
744 OLG Brandenburg, FamRZ 2015, 68.
745 OLG Frankfurt, NJW-RR 2016, 710.

angemaßt, die gem. § 1684 BGB allein dem mit der Regelung des Umgangs befassten Richter zustehen. Dabei ist es unerheblich, dass der Sachverständige in dem ethisch durchaus billigenswerten Bestreben gehandelt hat, das betroffene Kind vor weiterem Schaden zu bewahren. Dieses Ziel hätte er dadurch verfolgen können und müssen, dass er das FamG über seine Bedenken informierte. Diesem hätte es dann von Amts wegen (…) oblegen, nach Anhörung der Bet. eine Umgangsregelung gem. § 1684 III BGB zu treffen, wenn es dies für erforderlich gehalten hätte. Dass der Sachverständige stattdessen die Dinge selbst in die Hand genommen hat, beruht, wie seine Stellungnahme vom 30.11.2015 zeigt, auf einem grundlegenden Missverständnis der Funktion eines gerichtlich bestellten Sachverständigen. Dessen Aufgabe ist es keineswegs, für eine dem Kind zumutbare Durchführung von Umgangskontakten Sorge zu tragen. Ihm obliegt auch nicht die Entscheidung darüber, was dem Kindeswohl am besten entspricht. Seine Aufgabe ist es lediglich, dem Gericht – als dessen Gehilfe – die für dessen Entscheidung notwendige Sachkunde zu vermitteln (…).«

### j) Bekanntgabe der Entscheidung an das Kind (§ 164 FamFG)

Die Entscheidung, gegen die das Kind das Beschwerderecht ausüben kann, ist nach § 164 Satz 1 FamFG dem Kind selbst bekannt zu machen, wenn es das 14. Lebensjahr vollendet hat und nicht geschäftsunfähig ist. Eine Begründung soll dem Kind nicht mitgeteilt werden, wenn Nachteile für dessen Entwicklung, Erziehung oder Gesundheit zu befürchten sind.    **1901**

Die Entscheidung ist stets zu begründen, weshalb gem. § 164 Satz 3 FamFG die Bestimmung des § 38 Abs. 4 Nr. 2 FamFG keine Anwendung findet.    **1902**

### k) Abänderung und Überprüfung von Entscheidungen und gerichtlich gebilligten Vergleichen (§ 166 FamFG)

*aa) Abänderung von Entscheidungen und gerichtlich gebilligten Vergleichen*

Nach § 166 Abs. 1 FamFG ändert das Gericht eine Entscheidung oder einen gerichtlich gebilligten Vergleich nach Maßgabe des § 1696 BGB. Die Vorschrift des § 166 FamFG ergänzt damit in verfahrensrechtlicher Hinsicht § 1696 BGB.    **1903**

Nach § 1696 Abs. 1 BGB ist eine Entscheidung zum Sorge- oder Umgangsrecht oder ein gerichtlich gebilligter Vergleich zu ändern, wenn dies aus triftigen, das Wohl des Kindes nachhaltig berührenden Gründen angezeigt ist.    **1904**

Darüber hinaus ordnet § 1696 Abs. 2 BGB an, dass eine kindesschutzrechtliche Maßnahme nach den §§ 1666 bis 1667 BGB oder einer anderen Vorschrift des BGB, die nur ergriffen werden darf, wenn dies zur Abwendung einer Kindeswohlgefährdung oder zum Wohl des Kindes erforderlich ist, aufzuheben ist, wenn eine Gefahr für das Wohl des Kindes nicht mehr besteht oder die Erforderlichkeit der Maßnahme entfallen ist.    **1905**

§ 166 Abs. 1 FamFG enthält mit der Verpflichtung zur Abänderung auch eine entsprechende Befugnis des Gerichts und ist daher für den Bereich der Kindschaftssachen als Spezialvorschrift zu den allgemeinen Regelungen (vgl. z.B. § 48 FamFG) über die Abänderung gerichtlicher Entscheidungen und gerichtlich gebilligter Vergleiche zu    **1906** verstehen. Die Vorschrift betrifft die Abänderung von Entscheidungen in der Hauptsache. Die Abänderung einer Entscheidung oder eines gerichtlichen Vergleichs im Verfahren auf Erlass einer einstweiligen Anordnung richtet sich nach § 54 FamFG.[746]

### bb) Überprüfungspflicht

### aaa) Kindesschutzrechtliche Maßnahme

1907 Eine länger dauernde kindesschutzrechtliche Maßnahme hat das Gericht nach § 166 Abs. 2 FamFG in angemessenen Zeitabständen zu überprüfen. Die Aufnahme der kindesschutzrechtlichen Maßnahmen, die jetzt in § 1696 Abs. 2 BGB legaldefiniert sind, macht deutlich, dass die Überprüfungspflicht des Gerichts für alle länger dauernden Maßnahmen besteht, bei denen die Eingriffsschwelle über die Kindeswohlgefährdung oder die Voraussetzung der Erforderlichkeit der Maßnahme für das Kindeswohl definiert ist.

### bbb) Ablehnung von Schutzmaßnahmen nach §§ 1666 bis 1667 BGB

1908 § 166 Abs. 3 FamFG verpflichtet das Gericht, einen Beschluss, mit dem es die Anordnung einer Schutzmaßnahme nach §§ 1666 bis 1667 BGB abgelehnt hat in einem angemessenen zeitlichen Abstand (regelmäßig 3 Monate) daraufhin zu überprüfen, ob diese Entscheidung noch immer sachgerecht ist.

1909 Die Ausgestaltung als **Soll-Vorschrift** ermöglicht es, eine nochmalige Überprüfung in offensichtlich unbegründeten Fällen auszuschließen, insb., wenn auch das Jugendamt keine gerichtlichen Maßnahmen (mehr) für erforderlich hält.

1910 Eine nochmalige Befassung des Gerichts ist aus Kindesschutzgründen nach Auffassung des Gesetzgebers in bestimmten Fällen geboten. Durch die Einführung dieser Überprüfungspflicht soll nämlich der Gefahr entgegengewirkt werden, dass es – entgegen der Annahme des Gerichts – nicht gelingt, die Gefährdung für das Kind abzuwenden und das Gericht hiervon nichts erfährt.

1911 Auch die betroffenen Eltern sollen das Gefühl haben, fortlaufend überprüft zu werden.

1912 Gerade wenn das Gericht das Verfahren im Hinblick auf Zusagen der Eltern ohne eine Maßnahme abgeschlossen hat, soll im Interesse des Kindes eine nochmalige Befassung des Gerichts mit dem Fall gewährleistet werden. Dadurch kann der Gefahr vorgebeugt werden, dass Eltern nach einem für sie folgenlosen Gerichtsverfahren nicht mehr mit dem Jugendamt kooperieren und ihrem Kind damit notwendige Hilfen vorenthalten.

1913 Nehmen bspw. Eltern – entgegen ihrer Zusage im Gerichtstermin – Jugendhilfeleistungen nicht in Anspruch, soll das Gericht zeitnah weiter gehende Maßnahmen prüfen. Die Zuständigkeit der Kinder- und Jugendhilfe, das FamG in eigener Verantwortung erneut anzurufen, bleibt davon unberührt. Zum Zweck der Überprüfung kann das

---

746 Schulte-Bunert/Weinreich/*Ziegler*, FamFG, § 166 Rn. 2.

Gericht z.B. das Jugendamt um Mitteilung der Ergebnisse der Hilfeplangespräche und der durchgeführten Hilfen bitten.

In Betracht kommt auch die Anhörung der Eltern oder des Kindes.                    1914

### 2. Anträge zur elterlichen Sorge

Die elterliche Sorge umfasst die Pflicht und das Recht, für das minderjährige Kind    1915
zu sorgen (§ 1626 Abs. 1 Satz 1 BGB).[747] Zur elterlichen Sorge gehören die Sorge
für die Person des Kindes – Personensorge – und das Vermögen des Kindes – Vermögenssorge (§ 1626 Abs. 1 Satz 2 BGB) – sowie die Vertretung des Kindes (§ 1629
Abs. 1 Satz 1 BGB).[748]

Die elterliche Sorge umfasst alle persönlichen Angelegenheiten des Kindes. Die Auf-   1916
zählung in § 1631 BGB – Erziehung, Beaufsichtigung, Aufenthaltsbestimmung – ist
unvollständig. Zur Personensorge gehören auch alle Fürsorge- und Schutzmaßnah-
men, wie z.B. Einwilligung in eine Operation, Bestimmung der Berufsausbildung
oder die Vertretung des Kindes bei Rechtsgeschäften, soweit sie den persönlichen
Bereich betreffen.

### a) Antrag auf Übertragung der elterlichen Sorge

Die elterliche Sorge steht den Eltern gemeinsam zu, wenn sie bei der Geburt des      1917
Kindes miteinander verheiratet sind. Ansonsten hat die Mutter nach § 1626a Abs. 3
BGB die elterliche Sorge.

Leben Eltern, denen die elterliche Sorge gemeinsam zusteht, nicht nur vorübergehend  1918
getrennt, so kann nach § 1671 Abs. 1 BGB jeder Elternteil beantragen, dass ihm das
FamG die elterliche Sorge oder einen Teil der elterlichen Sorge (z.B. das Aufenthaltsbestimmungsrecht) allein überträgt.

Dem Antrag ist nach § 1671 Abs. 1 Satz 2 BGB stattzugeben soweit                     1919
– der andere Elternteil zustimmt, es sei denn, dass das Kind das 14. Lebensjahr vollendet hat und der Übertragung widerspricht, oder
– zu erwarten ist, dass die Aufhebung der gemeinsamen Sorge und die Übertragung
  auf den Antragsteller dem Wohl des Kindes am besten entspricht.

▶ **Anwaltlicher Hinweis:**

Ursprünglich, d.h. nach der Kindschaftsrechtsreform im Jahr 1998 gingen Recht-      1920
sprechung und Literatur einvernehmlich davon aus, dass es i.d.R. nach der Trennung der Eltern bei der gemeinsamen elterlichen Sorge verbleibt. Der BGH[749]
änderte aber alsbald seine Meinung. Entscheidend ist allein das Kindeswohl:
Damit stehen gemeinsames Sorgerecht und elterliche Alleinsorge als gleichbe-

---

747 Ausführlich dazu *Jokisch* FuR 2022, 1828 ff.; FuR 2019, 329 ff.
748 OLG Oldenburg, FuR 2018, 421.
749 BGH, FamRZ 1999, 1646.

rechtigte Modelle nebeneinander. Es besteht insb. kein Regel-Ausnahme-Verhältnis dahin gehend, dass eine Priorität zugunsten der gemeinsamen elterlichen Sorge anzunehmen ist und die Alleinsorge nur als Ultima Ratio in Betracht kommt.[750]

### aa) Antrag

**1921**  Das Verfahren nach § 1671 Abs. 1 BGB wird nur durch einen entsprechenden Antrag eingeleitet. Der Elternteil, der einen Antrag zur alleinigen Sorge stellt, **kann nur die Übertragung auf sich begehren.** Beschränkt sich ein Elternteil darauf, lediglich den Sorgeantrag des anderen Elternteils zurückzuweisen, kommt die Übertragung der Sorge oder von Teilbereichen der Sorge auf diesen nicht in Betracht. Das betroffene Kind oder das Jugendamt haben kein eigenes Antragsrecht.

▶ **Anwaltlicher Hinweis:**

**1922**  Die gemeinsame elterliche Sorge setzt ein Mindestmaß an Konsens- und Kooperationsbereitschaft der Eltern voraus. Die gemeinsame elterliche Sorge kann daher nicht weiter Bestand haben, wenn eine schwerwiegende und nachhaltige Störung auf der Kommunikationsebene der Eltern vorliegt, die befürchten lässt, dass ihnen eine gemeinsame Entscheidungsfindung nicht möglich sein und das Kind folglich erheblich belastet würde.[751] Fehlt es an einer tragfähigen sozialen Beziehung der Eltern, ist ein Antrag auf Übertragung der elterlichen Sorge auf einen Elternteil zu stellen.

Der allgemein gehaltene Vortrag, die Eltern können nicht miteinander kommunizieren und seien tief zerstritten, ist in diesem Zusammenhang freilich unzureichend. Die anwaltliche Vertretung muss konkret darlegen,

– bei welchem Anlass und auf welche Weise Bemühungen um die gemeinsame Elternentscheidung stattgefunden haben;
– dass und inwieweit Bemühungen an der Verweigerungshaltung des anderen Elternteils gescheitert sind und
– inwieweit durch die mangelnde Einigungsfähigkeit die Entwicklung und das Wohl des Kindes beeinträchtigt sind.[752]

Ist keine Kommunikations- und Kooperationsbereitschaft der Eltern in Kindesangelegenheiten mehr erkennbar bzw. beschimpfen und verunglimpfen sich diese nur noch, ist eine Übertragung der elterlichen Sorge möglich.[753]

Auch die **Anzahl der geführten Verfahren** bei einem FamG kann deutlich machen, dass eine tragfähige soziale Beziehung nicht besteht.[754] Das OLG Hamm bejaht

---

750  So auch BVerfG, FamRZ 2004, 354; vgl. auch BGH, FamRZ 2008, 592.
751  Vgl. BGH, FuR 2016, 576; OLG Stuttgart, FamRZ 2018, 354.
752  *Rimkus* ZFE 2010, 47, 48.
753  Vgl. dazu OLG Hamm, FamRZ 2007, 757; OLG Frankfurt, FamRZ 2009, 433.
754  *Jokisch* FuR 2019, 332.

dies bei Eltern, die innerhalb von drei Jahren insgesamt 123 Verfahren vor dem FamG anhängig gemacht hatten.[755]

Teilweise werden von den Gerichten auch WhatsApp-Verläufe ausgewertet. Das OLG Celle[756] wertete WhatsApp-Nachrichten aus der Zeit unmittelbar nach Trennung der Eltern aus, aus denen sich ergab, dass die Mutter ihre Machtposition, den Umgang zwischen dem Vater und den Kindern verhindern zu können, benutzt hat, um eigene Forderungen gegen den Vater durchzusetzen (»Keine Kohle = Kein Besuchsrecht«). Unverfälscht der Hinweis der Tochter an den Vater: »Hallo Papa Mama hat gesagt, ich darf Dich so lange nicht anrufen bis Du das Geld überwiesen hast«.

### bb) Getrenntleben

Der Begriff des Getrenntlebens ist der Gleiche wie in § 1567 BGB. Notwendig ist eine **1923** dauerhafte Trennung, die eine Störung der elterlichen Lebensgemeinschaft signalisiert.

### cc) Übertragungsvoraussetzungen

### aaa) Elterneinigung (§ 1671 Abs. 1 Satz 2 Nr. 1 BGB)

Eine Übertragung der elterlichen Sorge oder eines Teils derselben kommt im Fall **1924** der Elterneinigung dann infrage, wenn der andere Elternteil der verlangten Regelung zustimmt (höchstpersönlich und unbedingt) und auch kein Widerspruch eines Kindes, das älter als 14 Jahre ist, vorliegt.[757]

Eine derartige Elterneinigung ist für das Gericht bindend, d.h. es ist grds. keine Richtigkeitskontrolle vorzunehmen und das Gericht hat keinerlei Auswahlermessen.[758] **1925**

### bbb) Kindeswohlentscheidung (§ 1671 Abs. 1 Satz 2 Nr. 2 BGB)

Die Voraussetzungen der Übertragung der elterlichen Sorge nach § 1671 Abs. 1 **1926** Satz 2 Nr. 2 BGB liegen dann vor, wenn die Aufhebung der gemeinsamen Sorge für die gemeinsamen Kinder ggü. der Beibehaltung der gemeinsamen Sorge die bessere Sorgealternative darstellt.

---

755  OLG Hamm, Beschl. vom 17.04.2018, 10 UF 56/17; OLG Dresden, FamRZ 2017, 1834 (5 Verfahren).
756  OLG Celle, FamRZ 2018, 1516.
757  Vgl. dazu OLG Koblenz, FuR 2017, 40.
758  Grüneberg/*Götz*, BGB, § 1671 Rn. 10.

**1927**  Die Übertragung der elterlichen Sorge auf den Antragsteller kommt in Betracht, wenn nach einer am Kindeswohl orientierten, vgl. § 1697a BGB, zweistufigen Prüfung
– die Erwartung besteht, dass die Aufhebung der gemeinsamen Sorge dem Wohl des Kindes am besten entspricht und
– die Erwartung besteht, dass die Übertragung der elterlichen Sorge auf den Antragsteller dem Wohl des Kindes am besten entspricht.[759]

*(1)  Erwartung, dass die Aufhebung der gemeinsamen Sorge dem Wohl des Kindes am besten entspricht*

**1928**  Die gemeinsame elterliche Sorge setzt eine Kommunikationsfähigkeit der Eltern und damit eine objektive und subjektive Kooperationsbereitschaft voraus. Fehlt es daran, d.h. erklären beide Elternteile etwa in ihren Anhörungen nach § 160 FamFG mehrmals übereinstimmend, dass sie sich in den wesentlichen Fragen der Erziehung nicht einigen können, dann ist die Erwartung berechtigt, dass die Aufhebung der gemeinsamen elterlichen Sorge für das Kind die bessere Lösung ggü. der tatsächlich bestehenden Situation ist.

**1929**  Dies gilt selbstverständlich auch dann, wenn ein Elternteil **zur Erziehung bzw. Pflege des Kindes ungeeignet** ist. Dies ist insb. anzunehmen bei Alkoholismus oder anderen Suchtkrankheiten,[760] psychischen Krankheiten, Gewaltausübung[761] oder Vernachlässigung. In diesem Fall kommt nur die Übertragung der elterlichen Sorge auf den anderen Elternteil infrage, es sei denn, dieser Elternteil ist ebenfalls erziehungsungeeignet.

*(2)  Erwartung, dass die Übertragung der elterlichen Sorge auf den Antragsteller dem Wohl des Kindes am besten entspricht*

**1930**  Damit hat der Gesetzgeber für den Fall, dass die Eltern über die elterliche Sorge streiten, maßgebend auf das Kindeswohl abgestellt. Kriterien zur Konkretisierung des Kindeswohls sind das Förderungsprinzip, der Kontinuitätsgrundsatz, die Kindesbindungen und der Kindeswille.[762]

**1931**  **Förderungsprinzip:** Das Förderungsprinzip fragt danach, welcher der Elternteile für die Persönlichkeitsentwicklung des Kindes am meisten tun kann. Ein maßgebliches Kriterium ist insoweit die sog. Bindungstoleranz, d.h. die Fähigkeit und Bereitschaft den Kontakt des Kindes mit dem anderen Elternteil zu unterstützen.[763]

**1932**  **Kontinuitätsgrundsatz:** Die Entwicklung des Kindes soll durch die Trennung der Eltern möglichst wenig beeinträchtigt werden. Deshalb ist eine Lösung vorzuziehen, die dem Kind wenig Veränderung abverlangt, damit es Verhaltenskonstanten aufbauen kann. Dem Kind soll weiterhin sein alltägliches gewohntes Umfeld erhal-

---

759  Dazu *Jokisch* FuR 2022, 123 ff.
760  OLG Frankfurt, FamRZ 2003, 1317.
761  BVerfG, FamRZ 2004, 354.
762  Ausführlich dazu *Jokisch* FuR 2019, 334; *Wanitzek* FamRZ 2008, 935.
763  Vgl. dazu OLG Brandenburg, FuR 2017, 213.

ten bleiben. Dies ist insb. wichtig, wenn sich das Kind in diesem Umfeld – Schule, Kindergarten – wohlfühlt.[764]

**Kindesbindungen:** Die normale emotionale Entwicklung des Gefühls- und Affekt- 1933 lebens des Kindes, d.h. sein positives Lebensgefühl bedarf nicht nur der räumlichen, sondern auch der persönlichen Kontinuität. Insoweit ist grds. auch eine Geschwistertrennung zu vermeiden. Nach gesicherten kinderpsychologischen Erkenntnissen machen Kinder, die gemeinsam aufgewachsen sind, gemeinsame Erfahrungen, die durch gegenseitige Unterstützung gekennzeichnet werden. Kinder legen des Weiteren Wert auf ihre Spielkameraden, die sie nicht verlieren möchten.

**Kindeswille:** Der Kindeswille ist schließlich auch zu berücksichtigen.[765] Seine Bedeu- 1934 tung ist allerdings vom Alter des Kindes abhängig. Hat das Kind das 14. Lebensjahr vollendet, kommt seinem Widerspruch gegen den Vorschlag der Eltern sogar die Bedeutung zu, dass die Entscheidung des Gerichts sich nach dem Kindeswillen zu richten hat. Der Kindeswille kann aber dann nicht berücksichtigt werden, wenn er erkennbar von falschen unrealistischen Prämissen ausgeht bzw. eine erhebliche Beeinflussung durch einen Elternteil vorausgegangen ist.[766]

### dd) Sorgerechtsvollmacht

Mitunter wird der Aufhebung der gemeinsamen elterlichen Sorge durch die Ertei- 1935 lung von Vollmachten entgegengewirkt.[767] Der BGH[768] sieht die sog. Sorgerechtsvollmacht als zulässiges Gestaltungsmittel an, welche eine Übertragung der elterlichen Sorge auf einen Elternteil gemäß § 1671 Abs. 1 BGB entbehrlich machen kann.[769] Die Aufhebung der gemeinsamen elterlichen Sorge unterliegt dem Verhältnismäßigkeitsgrundsatz und kommt nur dann in Betracht, wenn dem Kindeswohl nicht durch mildere Mittel als die Sorgerechtsübertragung entsprochen werden kann.[770] Dem sich aus der gesetzlichen Gesamtvertretung des minderjährigen Kindes durch gemeinsam sorgeberechtigte Eltern (vgl. § 1629 Abs. 1 Satz 2 BGB) ergebenden Bedürfnis für die Autorisierung eines Elternteils zur alleinigen Wahrnehmung elterlicher Vertretungsbefugnisse kann deshalb durch Erteilung einer Vollmacht entsprochen werden.

---

764 Vgl. dazu OLG Saarbrücken, FamRZ 2021, 598; OLG Koblenz, FamRZ 2020, 2017; OLG Brandenburg, FamRZ 2020, 1726.
765 Vgl. dazu OLG Frankfurt, Beschl. vom 11.03.2021, 6 UF 233/20, WKRS 2021, 46975; OLG Karlsruhe, FamRZ 2021, 688 = FuR 2021, 26; OLG Brandenburg, NZFam 2020, 735.
766 Vgl. dazu *Schäder* FamRZ 2019, 1120 (Kindeswille und Umgangsvereitelung).
767 Dazu *Rake* NZFam 2022, 344; *Jokisch* FuR 2022, 121 ff.; FuR 2019, 333; *Weber* FamRZ 2019, 1125.
768 BGH, Beschl. vom 24.09.2020, XII ZB 112/19, FamRZ 2020, 1171 = FuR 2020, 532.
769 So auch OLG Brandenburg, FamRZ 2022, 1202.
770 Vgl. auch BVerfG, FamRZ 2019, 802.

1936  Das OLG Düsseldorf[771] ist der Auffassung, dass eine Sorgerechtsvollmacht grundsätzlich kein geeignetes Mittel der Streitvermeidung darstelle, weil sie **jederzeit frei widerruflich** ist, während eine Sorgerechtsregelung nach § 1671 BGB nur unter den Voraussetzungen des § 1696 BGB, also bei Vorliegen triftiger, das Kindeswohl nachhaltig berührender Gründe abänderbar ist.

▶ Praxishinweis:

1937  Mitunter versuchen FamG das Widerrufsrecht dadurch einzuschränken, indem vor einem Widerruf die Zustimmung des Jugendamts einzuholen ist oder der Widerruf ein familiengerichtliches Verfahren voraussetzt.

Der BGH[772] hält dies hingegen für unzulässig und weist in diesem Zusammenhang darauf hin, dass auf die Widerrufsmöglichkeit bezüglich der Vollmacht nicht wirksam verzichtet werden kann. Denn ein solcher Verzicht stellt eine versteckte Sorgerechtsübertragung dar, die aber allein in Form einer familiengerichtlichen Entscheidung vorgesehen ist und insoweit nach § 134 BGB zwingend unwirksam wäre. Die Widerruflichkeit stellt schließlich insb. sicher, dass der Bevollmächtigende seine Kontrollrechte auch weiterhin wirkungsvoll wahrnehmen kann und seine Mitsorge nicht lediglich als leere Hülse zu verstehen ist.

▶ Praxishinweis:

1938  Die FamG versuchen die Entscheidung nach § 1671 Abs. 1 Satz 2 Nr. 2 BGB häufig dadurch zu umgehen, dass sie die Sorgerechtsvollmacht vorschlagen. Dies verlängert das »Leiden«. Insbesondere wenn ein Elternteil keine soziale Beziehung zu seinem Kind mehr hat, ist die Sorgerechtsvollmacht ungeeignet. Letztlich ist sie nämlich nur eine Möglichkeit zur praktischen Vereinfachung der Ausübung des Sorgerechts, ändert aber nichts daran, dass der betreffende Elternteil nach wie vor Verantwortungsträger im Hinblick auf die elterliche Sorge ist.[773]

Kritisch auf die erwähnte Entscheidung des BGH haben mehrere Oberlandesgerichte reagiert, die trotz der Entscheidung des BGH eine Sorgerechtsvollmacht als nicht ausreichend ansahen. Argumentiert wird damit, dass auch bei einer umfassenden Vollmacht ein Mindestmaß elterlicher Kommunikation und Kooperationsfähigkeit gegeben sein müsse.[774] Die elterliche Sorge ist einem Elternteil trotz erteilter Sorgerechtsvollmacht des anderen Elternteils nach § 1671 Abs. 1 BGB jedenfalls dann zu übertragen, wenn dieser den betreuenden Elternteil massiv bedroht, ihm jede Erziehungsfähigkeit abspricht und Herausnahme der Kinder verlangt.[775] Dies ist insbesondere dann von Bedeutung, wenn das Kind Sicherheit benötigt; auch ist von Bedeutung, ob die Erwartung besteht, dass die

---

771  OLG Düsseldorf, FamRZ 2018, 693.
772  BGH, Beschl. vom 24.09.2020, XII ZB 112/19, FamRZ 2020, 1171 = FuR 2020, 532.
773  *Weber* FamRZ 2019, 1128.
774  OLG Frankfurt, FamRZ 2021, 756.
775  OLG Dresden, FamRZ 2022, 1201.

Vollmacht bereits nach kurzer Zeit widerrufen wird.[776] Andererseits kann die Erteilung einer Vollmacht in Fragen der Gesundheitsvorsorge ausreichend sein, selbst wenn der Vollmachtgeber zu verstehen gibt, dass er umfassend weiterhin informiert werden möchte. Die Vollmachtserteilung ändert nämlich nichts daran, dass das elterliche Informationsrecht nach § 1686 BGB bestehen bleibt.[777]

### b) Antrag auf Übertragung des Aufenthaltsbestimmungsrechts

Mitunter wird von einem Elternteil auch nur der Antrag gestellt, dass ihm das sog. Aufenthaltsbestimmungsrecht – unter Beibehaltung der gemeinsamen Sorge i.Ü. – übertragen wird (letztlich wird die elterliche Sorge dadurch »schonend« aufgespaltet). **1939**

Rechtsgrundlage für die Regelung des Aufenthaltsbestimmungsrechts ist nicht die Bestimmung des § 1628 BGB, sondern diejenige des § 1671 BGB.[778] Dessen Wortlaut erlaubt es nunmehr ausdrücklich, einen Teilbereich der elterlichen Sorge aus dem gemeinsamen Sorgerecht der Eltern herauszulösen und auf einen Elternteil allein zu übertragen, wenn insoweit eine Einigungsfähigkeit der Eltern nicht besteht. Auch für die Übertragung des Aufenthaltsbestimmungsrechts gelten die o.g. Kriterien. Auch wenn ein Elternteil den Antrag auf vollständige Übertragung der elterlichen Sorge stellt, muss das Gericht aus Gründen der Verhältnismäßigkeit prüfen, ob nicht eine Teilentscheidung, auch aus Gründen des Kindeswohls, ausreichend ist.[779] **1940**

### c) Übertragung des Rechts zur Alleinentscheidung nach § 1628 BGB

Der Anwendungsbereich des § 1628 BGB ist auf situative Entscheidungen beschränkt; er betrifft nur Einzelfälle, in denen Eltern konkrete Meinungsverschiedenheiten, deren Regelung für das Kind von erheblicher Bedeutung ist (vgl. § 1687 Abs. 1 Satz 1 BGB), nicht allein zu überwinden vermögen.[780] **1941**

▶ Praxishinweis:

Verfahren nach § 1628 BGB nehmen zu.[781] Das FamG kann danach auf Antrag eines Elternteils die Entscheidungsbefugnis einem Elternteil übertragen, ohne eine Sachentscheidung zu treffen. Diese wird von dem Elternteil allein getroffen, dem die Entscheidungsbefugnis übertragen wird. Durch Zurückweisung des **1942**

---

776  OLG Schleswig, FamRZ 2021, 204.
777  OLG Zweibrücken, NZFam 2021, 929.
778  OLG Stuttgart (Umzug), FamRZ 2019, 802.
779  BVerfG, FamRZ 2004, 1015.
780  Vgl. dazu *Löhnig/Runge-Rannow* NZFam 2022, 245; *Waruschewski* FuR 2016, 220 (Der Streit um das Impfen); zum Namen des Kindes BGH, NZFam 2017, 25; OLG Brandenburg, NZFam 2016, 811.
781  Ausführlich dazu *Jokisch* FuR 2022, 182 ff. (Umzug, Schulwahl, Impfung, Vertretung des Kindes beim Wechselmodell).

Antrags kann die Angelegenheit beim gegenwärtigen Zustand belassen werden.[782] Die aufgrund § 1628 BGB zu treffende Entscheidung des FamG richtet sich gem. § 1697a BGB nach dem Kindeswohl. Die Entscheidungskompetenz ist dem Elternteil zu übertragen, dessen Lösungsvorschlag dem Wohl des Kindes besser gerecht wird.

Aktuell betreffen zahlreiche Entscheidungen die Übertragung der Entscheidungsbefugnis über die Covid-19-Schutzimpfung. In der Regel berücksichtigen die Gerichte dabei die Empfehlungen der STIKO. Immer mehr wird aber auch berücksichtigt, inwieweit Kinder bereits in der Lage sind, sich eine Meinung zur Frage einer Schutzimpfung zu bilden.[783]

Liegt ein paritätisches Wechselmodell vor, in dem keiner der Elternteile allein vertretungsbefugt ist, um Unterhaltsansprüche gegen den anderen Elternteil durchzusetzen, kann nach teilweise vertretener Auffassung die Vertretungsbefugnis eines Elternteils über § 1628 BGB begründet werden.[784]

1943    In diesem Zusammenhang ist hinsichtlich der **Angelegenheiten des täglichen Lebens** das Alleinentscheidungsrecht des betreuenden Antragstellers zu beachten, vgl. § 1687 Abs. 1 Satz 2 BGB. Dies befähigt ihn, die täglich anfallenden, nicht den »wesentlich« zuzuordnenden Entscheidungen für die Kinder allein und ohne vorherige Rücksprache mit dem anderen Elternteil zu treffen. Welche Angelegenheiten von erheblicher Bedeutung bzw. nur solche des täglichen Lebens sind, hängt von den Lebensumständen ab.

1944    Von erheblicher Bedeutung sind Entscheidungen, die nur schwer oder gar nicht mehr abzuändernde Folgen für die Entwicklung des Kindes haben.

1945    Erhebliche Bedeutung:[785]
– Wahl des Kindergartens,[786]
– Schulwahl[787] bzw. -wechsel,[788]
– Berufswahl,
– Aufnahme in ein Internat,
– Medizinische Eingriffe (Ausnahme Notfall),
– Impfung,[789]

---

782 BGH, FuR 2018, 546.
783 Vgl. dazu OLG München, FamRZ 2022, 1200.
784 OLG Zweibrücken, FamRZ 2021, 1199; vgl dazu auch Rdn. 2652.
785 Vgl. dazu *Rimkus* ZFE 2010, 50, 51; Grüneberg/*Götz*, BGB, § 1687 Rn. 4.
786 OLG Frankfurt, FamRZ 2009, 894.
787 Vgl. dazu *Keuter* NZFam 2022, 285.
788 OLG Hamburg, NZFam 2021, 876.
789 Vgl. dazu *Götsche* FuR 2022, 68; OLG Rostock, NZFam 2022, 69; OLG Frankfurt, NZFam 2021, 872 (Schutzimpfung gegen COVID-19).

- Veröffentlichung von Fotos im Internet,[790]
- Auslandsaufenthalt (Urlaubsreise).[791]

Umgekehrt sind Angelegenheiten des täglichen Lebens solche, die häufig vorkommen und ohne großen Aufwand eine Änderung ermöglichen. **1946**

**Angelegenheiten des täglichen Lebens:**[792] **1947**
- Freizeitgestaltung,
- Teilnahme an schulischen Veranstaltungen,
- Ärztliche Routineuntersuchung,
- Verwaltung kleinerer Geldbeträge.

### d) Muster

*aa) Muster: Antrag auf Übertragung des Aufenthaltsbestimmungsrechts*

▶ Muster: Antrag auf Übertragung des Aufenthaltsbestimmungsrechts

An das **1948**

Amtsgericht .....

– Familiengericht –

.....

        Antrag auf Übertragung des Aufenthaltsbestimmungsrechts

In der Familiensache

des Herrn .....

– Antragsteller –

Verfahrensbevollmächtigte:

gegen

Frau .....

– Antragsgegnerin –

Verfahrensbevollmächtigte:

zeige ich ausweislich anliegender Verfahrensvollmacht die anwaltliche Vertretung des Antragstellers an.

Namens und im Auftrag des Antragstellers stelle ich in der Sache den Antrag,

der Antragsgegnerin das Aufenthaltsbestimmungsrecht für das gemeinsame Kind der Beteiligten ..... zu entziehen und das Aufenthaltsbestimmungsrecht auf den Antragsteller zu übertragen.

---

790 OLG Oldenburg, FuR 2018, 477.
791 OLG Koblenz, NZFam 2022, 224; OLG Frankfurt, FuR 2019, 39.
792 Vgl. dazu Grüneberg/*Götz*, BGB, § 1687 Rn. 6.

Begründung:

Die Beteiligten sind geschiedene Eheleute seit ......

Aus der Ehe ist die gemeinsame Tochter ....., geb. am ....., hervorgegangen. Das Sorgerecht steht den Beteiligten gemeinsam zu.

Seit der Trennung der Beteiligten im ..... des Jahres ..... lebt die Tochter bei der Antragsgegnerin.

Nunmehr haben sich jedoch die Verhältnisse bei der Antragsgegnerin grundlegend geändert, weshalb dieser Antrag gestellt wird.

Der Antragsteller hat in Erfahrung gebracht, dass die Antragsgegnerin alkoholabhängig ist. Sie beginnt bereits morgens zu trinken und hält sich tagsüber hauptsächlich in Gaststätten auf.

Die Tochter droht hierdurch zu verwahrlosen. Sie erhält kein regelmäßiges Essen und auch sonst keinerlei Betreuung.

Der Antragsteller wurde am ..... von der Tochter aufgesucht. Sie war sehr krank. Er suchte sofort mit ihr den Arzt Dr ...... auf, der ihr Antibiotika verschrieb und Bettruhe verordnete.

Beweis: Dr ...... als sachverständiger Zeuge

Auch in der Schule gibt es große Schwierigkeiten. Die Tochter ist unkonzentriert, macht fast keine Hausaufgaben und schreibt entsprechende Noten. Die Lehrerin Frau ..... führt dies auf die häuslichen Umstände zurück.

Beweis: Zeugnis der Lehrerin Frau ..... , ladungsfähige Anschrift .....

Zusammenfassend ergibt sich, dass die Tochter ..... zu verwahrlosen droht, wenn sie bei der Antragsgegnerin bleibt.

Umgekehrt sind die Verhältnisse im Haushalt des Antragstellers geordnet. Zwar kommt der Antragsteller regelmäßig erst nachmittags von der Arbeit nach Hause. Die jetzige Partnerin ist jedoch anwesend bzw. kann die Tochter von der Schule abholen. Die Tochter versteht sich mit der Partnerin auch sehr gut, was ihre Anhörung nach § 159 FamFG bestätigen wird.

Es ist dringend angezeigt, dass die Tochter in die Obhut des Antragstellers wechselt.

Der Antragsteller hält eine gute Beziehung des Kindes zur Antragsgegnerin unter dem Aspekt des Kindeswohls für bedeutsam und regt an, in Zusammenhang mit diesem Verfahren auch eine Regelung des Umgangs zu treffen.

.....

Rechtsanwältin/Rechtsanwalt

*bb) Muster: Antrag auf Übertragung der elterlichen Sorge*

▶ Muster: Antrag auf Übertragung der elterlichen Sorge

An das                                                                                              1949

Amtsgericht .....

– Familiengericht –

.....

Antrag auf Übertragung der elterlichen Sorge

In der Familiensache

des Herrn .....

– Antragsteller –

Verfahrensbevollmächtigte:

gegen

Frau .....

– Antragstellerin –

Verfahrensbevollmächtigte:

zeige ich ausweislich anliegender Verfahrensvollmacht die anwaltliche Vertretung des Antragstellers an.

Namens und im Auftrag des Antragstellers stelle ich in der Sache den Antrag,

die elterliche Sorge für das gemeinsame Kind der Beteiligten ..... dem Antragsteller zu übertragen.

Begründung:

Die Beteiligten haben sich zur Regelung der elterlichen Sorge, die bisher von beiden gemeinsam ausgeübt wurde, darauf geeinigt, das Sorgerecht für ..... dem Antragsteller zu übertragen. Die Antragsgegnerin hat dem durch die schriftliche Erklärung vom ..... ausdrücklich zugestimmt.

Beweis: Schriftliche Zustimmungserklärung der Antragsgegnerin vom .....

Grund ist, dass die Antragsgegnerin einen neuen Partner hat, der Amerikaner ist. Die Antragsgegnerin beabsichtigt mit ihrem Partner in die USA zu ziehen.

Das gemeinsame Kind ..... lebt seit der Trennung der Beteiligten beim Antragsteller und wird von ihm betreut. Das Kind ..... ist mit der Übertragung des Sorgerechts auf den Antragsteller unter den genannten Umständen einverstanden, was die Anhörung nach § 159 FamFG bestätigen wird.

Der Antragsteller und das Kind ..... haben eine sehr intensive und gute Beziehung, sodass der Sorgerechtsübertragung Gründe des Kindeswohls nicht entgegenstehen.

.....

Rechtsanwältin/Rechtsanwalt

*cc) Muster: Antrag auf Abänderung einer Entscheidung gem. § 166 FamFG*

▶ Muster: Antrag auf Abänderung einer Entscheidung gem. § 166 FamFG

1950 An das

Amtsgericht .....

– Familiengericht –

.....

> Antrag auf Abänderung einer Entscheidung zur elterlichen Sorge

In der Familiensache

des Herrn .....

– Antragsteller –

Verfahrensbevollmächtigte:

gegen

Frau .....

– Antragsgegnerin –

Verfahrensbevollmächtigte:

zeige ich ausweislich anliegender Verfahrensvollmacht die anwaltliche Vertretung des Antragstellers an.

Namens und im Auftrag des Antragstellers stelle ich in der Sache den Antrag,

den Verbundbeschluss des Amtsgerichts ..... vom ..... , Az ...... , in seinem Ausspruch über die elterliche Sorge (Ziff ...... des Tenors) dahin gehend abzuändern, dass die elterliche Sorge für das Kind ..... , geb. am ..... , und das Kind ..... , geb. am ..... , auf den Antragsteller übertragen wird.

Begründung:

Die Beteiligten wurden durch Verbundbeschluss des Amtsgerichts ..... vom ..... , Az ...... , rechtskräftig seit dem ..... , geschieden.

Nach diesem Beschluss wurde die elterliche Sorge für die Kinder ..... und ..... nach einem übereinstimmenden Vorschlag der Beteiligten der Antragsgegnerin übertragen.

Zum damaligen Zeitpunkt hatte der Antragsteller aus beruflichen Gründen keine Möglichkeit, sich um die Kinder zu kümmern, da er im Auftrag seiner Bank nach

Singapur beordert wurde. Nunmehr hat er die Leitung der Bank in ..... übernommen. Er hat jetzt auch wieder ständigen Kontakt mit seinen Kindern.

Mittlerweile haben sich aber die Verhältnisse bei der Antragsgegnerin sehr zuungunsten der gemeinsamen Kinder verändert.

Sie hat einen neuen Partner, der die Kinder ablehnt. Die Antragsgegnerin, die sich früher liebevoll um die Kinder gekümmert hat, ist nunmehr vollständig verändert.

Die Kinder werden weder versorgt noch betreut. Sie müssen sich ihr Essen selbst herrichten, bekommen keine saubere Kleidung und sind auch in der Schule erheblich schlechter geworden.

Der Antragsteller hat diese Dinge mit der Antragsgegnerin besprechen wollen, was diese aber ablehnt. Sie will keinen Kontakt mehr mit ihm zulassen. Da es nunmehr auch an Kooperationsbereitschaft fehlt, scheidet auch ein gemeinsames Sorgerecht aus.

Der Antragsteller und die Kinder haben mittlerweile eine sehr intensive und gute Beziehung, sodass der Sorgerechtsübertragung Gründe des Kindeswohls nicht entgegenstehen.

.....

Rechtsanwältin/Rechtsanwalt

### 3. Umgangsverfahren

Ein Umgangsverfahren findet statt, wenn die Beteiligten sich über den Umgang mit einem Kind nicht verständigen können.[793] Die umgangsberechtigte Person kann dann einen entsprechenden Antrag an das FamG richten, um eine Klärung der Umgangsfrage herbeizuführen. **1951**

▶ Praxishinweis:

Der Antrag ist im Grunde »technisch« nur eine Anregung.[794] Letztlich soll dadurch zum Ausdruck gebracht werden, dass ein Regelungsbedarf besteht. Das FamG unterliegt daher keiner Bindung i.S.v. § 308 ZPO, sondern ist auf der Grundlage der Amtsermittlung (§ 26 FamFG) nur dem Kindeswohl verpflichtet. Grundsätzlich besteht daher in derartigen Fällen auch nie Anlass, einen solchen »Antrag«, der nur eine Anregung ist, zurückzunehmen. Aber selbst, wenn eine Antragsrücknahme erklärt wird, bleibt das Gericht verpflichtet zu prüfen, ob nicht eine Entscheidung im Sinne des Kindeswohls erforderlich ist.[795] Ebenso verhält es sich bei übereinstimmenden Erledigungserklärungen.[796] **1952**

---

793 Ausführlich dazu *Jokisch* FuR 2019, 438 ff.
794 OLG Frankfurt, FamRZ 2020, 1109.
795 OLG Frankfurt, NZFam 2022, 225.
796 OLG Köln, NZFam 2022, 653.

## a) Umgangsrecht der Eltern

**1953**  Nach § 1684 Abs. 1 BGB ist jeder Elternteil zum Umgang mit dem Kind verpflichtet und berechtigt. § 1626 Abs. 3 BGB hebt hervor, dass zum Wohl des Kindes i.d.R. der Umgang mit beiden Elternteilen gehört. Das Gleiche gilt für den Umgang mit anderen Personen, zu denen das Kind Bindungen besitzt, wenn ihre Aufrechterhaltung für die Entwicklung des Kindes förderlich ist.

**1954**  Der Kreis der Umgangsberechtigten wird durch die §§ 1684 und 1685 BGB bestimmt.

**1955**  § 1684 Abs. 1 Halbs. 1 BGB enthält ein subjektives Recht des Kindes: Das Kind hat das Recht auf Umgang mit jedem Elternteil. Eine gerichtliche Umgangsregelung, die im Ergebnis zu einer gleichmäßigen Betreuung des Kindes durch beide Eltern im Sinne eines **paritätischen Wechselmodells** führt, wird vom Gesetz nicht ausgeschlossen.[797]

▶ Praxishinweis:

**1956**  Bei einer Betreuung des gemeinsamen Kindes durch beide Elternteile im Verhältnis von 45 % zu 55 % kann nach Auffassung des KG[798] von einem unterhaltsrechtlich relevanten paritätischen Wechselmodell, bei dem beide Elternteile quotal für den Unterhaltsbedarf des Kindes einzustehen haben, noch keine Rede sein. Bei einem Zeitanteil eines Elternteils von 52,5 % wird hingegen ein paritätisches Wechselmodell durchgängig in der Rechtsprechung bejaht.[799] Das OLG Köln[800] nimmt ein Wechselmodell auch noch bei einem Zeitanteil von 57 % zu 43 % an, lehnt es in einer späteren Entscheidung aber bei 58 % zu 42 % ab.[801]

**1957**  Auch die Ablehnung des Wechselmodells durch einen Elternteil hindert eine solche Regelung für sich genommen noch nicht.[802] Entscheidender Maßstab der Regelung ist vielmehr das im konkreten Einzelfall festzustellende Kindeswohl.[803] Dennoch ist es natürlich günstig, wenn eine Kommunikations- und Kooperationsfähigkeit der Eltern besteht. Dem Kindeswohl entspricht es nicht, ein Wechselmodell zu dem Zweck anzuordnen, eine Kommunikations- und Kooperationsfähigkeit der Eltern erst

---

797 Das BVerfG, FuR 2018, 367, hat entschieden, dass der Gesetzgeber nicht verpflichtet ist, den Gerichten für die Zuordnung von Rechten und Pflichten getrennt lebender Eltern eine paritätische Betreuung als Regel vorzugeben und eine abweichende gerichtliche Regelung als Ausnahme auszugestalten.
798 KG, Beschl. v. 15.04.2019 – 13 UF 89/16.
799 Vgl. OLG Nürnberg, NZFam 2017, 257.
800 OLG Köln, FamRZ 2015, 859.
801 OLG Köln, FuR 2017, 520.
802 Vgl. OLG Dresden, FamRZ 2022, 1206.
803 Bei **Kleinkindern** bestehen im Hinblick auf ihre seelischen Bedürfnisse Bedenken gegen die Anordnung eines paritätischen Wechselmodells (vgl. dazu OLG Dresden, FamRZ 2022, 1208).

herbeizuführen. Ist das Verhältnis der Eltern erheblich konfliktbelastet, so liegt die Anordnung eines Wechselmodells nicht im wohlverstandenen Interesse des Kindes.[804]

Verfahrensrechtlich ist ein Wechselmodell **im Umgangsverfahren zu beantragen** bzw.    1958
gerichtlich anzuordnen.[805] Nach Auffassung des BGH[806] kann die Abänderung eines in einem Umgangsrechtsverfahren vereinbarten Wechselmodells ebenfalls nur in einem solchen Verfahren und nicht in einem Sorgerechtsverfahren erreicht werden.

Nach anderer Auffassung[807] vermag das Umgangsrecht nicht das Recht, den Auf-    1959
enthalt des Kindes zu bestimmen, einzuschränken; das Umgangsrecht müsse daher seine Grenze dort finden, wo seine Ausübung zur Veränderung oder Aufhebung des Lebensmittelpunkts des Kindes führen würde.

Dagegen spricht jedoch, dass der Umfang der gerichtlichen Regelung des Umgangs    1960
allein eine quantitative Frage ist. Der Gesetzgeber hat ersichtlich bei einer Vermehrung oder Verminderung der Betreuungszeiten um einige Stunden keine unterschiedlichen Einordnungen oder gar einen Wechsel der Verfahrensarten gewollt.[808] Die Grenze eines den gewöhnlichen Aufenthalt des Kindes tangierenden und somit nur noch über einen gerichtlichen Eingriff in das Aufenthaltsbestimmungsrecht zu lösenden Betreuungsmodells ist daher erst erreicht, wenn hierdurch im Wege einer streitigen Entscheidung mehr als hälftige Betreuungsanteile des nicht aufenthaltsbestimmungs-berechtigten Elternteils umgesetzt werden sollen. Jede Umgangsregelung unterhalb dieser hälftigen Schwelle tangiert immer auch den Aufenthalt des Kindes und damit auch das Aufenthaltsbestimmungsrecht der Eltern und wirkt sich auf die Ausübung des Sorgerechts aus. Die mit einer Umgangsregelung verbundene Einschränkung in der Ausübung der elterlichen Sorge ist in der gesetzlichen Systematik von Sorge- und Umgangsrecht mithin angelegt. Eine zum paritätischen Wechselmodell führende Umgangsregelung steht ebenso wie eine gleichlautende Elternvereinbarung mit dem gemeinsamen Sorgerecht im Einklang, zumal beide Eltern gleichberechtigte Inhaber der elterlichen Sorge sind und die im Wechselmodell praktizierte Betreuung sich als eine dementsprechende Sorgerechtsausübung im vorgegebenen Kompetenzrahmen hält.[809]

Lehnt das Kind den Umgang mit einem Elternteil ab, ist es Aufgabe des Gerichts,    1961
die Gründe für diese Einstellung zu ermitteln.[810]

Das »Recht der Eltern« auf Umgang ist aber immer begrenzt durch das **Wohl des Kindes**.    1962

Die Eltern haben alles zu unterlassen, was das Verhältnis des Kindes zum jeweils ande-    1963
ren Elternteil beeinträchtigt oder die Erziehung erschwert. Entsprechendes gilt, wenn sich das Kind in der Obhut einer anderen Person befindet, vgl. § 1684 Abs. 2 BGB.

---

804  BGH, NZFam 2017, 206 = FuR 2017, 253.
805  OLG Frankfurt, Beschl. vom 15.02.2022, 3 UF 81/21.
806  BGH, Beschl. vom 19.01.2022, XII ZA 12/21.
807  OLG Frankfurt, FamRZ 2019, 976; OLG Brandenburg, NJW 2019, 690.
808  OLG Frankfurt, FamRZ 2021, 948 = NJOZ 2022, 172.
809  OLG Frankfurt, Beschl. vom 15.02.2022, 3 UF 81/21.
810  OLG Brandenburg, FamRZ 2000, 1106, 1107; dazu *Motzer* FamRZ 2001, 1034, 1041.

1964    Das FamG kann über den Umfang des Umgangsrechts entscheiden und seine Aus-
        übung, auch ggü. Dritten, näher regeln, vgl. § 1684 Abs. 3 Satz 1 BGB. Das FamG
        kann auch den Umgang erzwingen und Zwangsgeld oder Gewalt einsetzen; aller-
        dings darf eine Gewaltanwendung nicht gegen ein Kind zugelassen werden, wenn
        das Kind herausgegeben werden soll, um das Umgangsrecht auszuüben (§ 90 Abs. 2
        Satz 1 FamFG).

1965    Das FamG kann das Umgangsrecht oder den Vollzug früherer Entscheidungen über
        das Umgangsrecht einschränken oder ausschließen, soweit dies zum Wohl des Kindes
        erforderlich ist, vgl. § 1684 Abs. 4 Satz 1 BGB.

1966    Es kann insb. auch anordnen, dass der Umgang nur stattfinden darf, wenn ein mit-
        wirkungsbereiter Dritter anwesend ist, vgl. § 1684 Abs. 4 Satz 3 Halbs. 1 BGB (sog.
        betreuter oder beschützter Umgang).[811]

1967    Das Umgangsrecht des nicht sorgeberechtigten Elternteils ist aus Gründen des Kin-
        deswohls auszuschließen, wenn das Kind Kontakte ablehnt und aufgrund seiner der-
        zeitigen Verfassung und Einstellung nicht in der Lage ist, die Konfliktsituation, der
        es durch Besuchskontakte ausgesetzt ist, zu bewältigen.[812]

1968    Dem Umgangsrecht korrespondiert eine **Umgangspflicht**.[813] Eine Verpflichtung zum
        Umgang mit dem Kind, den der Elternteil gar nicht oder nicht in der gerichtlich gere-
        gelten Weise ausüben will, greift allerdings in das Persönlichkeitsrecht des betroffenen
        Elternteils ein. Der Eingriff in das Persönlichkeitsrecht des Elternteils im Hinblick
        auf die den Eltern obliegende Verantwortung für ihre Kinder (Art. 6 Abs. 2 Satz 1
        GG) ist aber grundsätzlich gerechtfertigt. Der Verantwortung von Eltern gegenüber
        ihren Kindern trägt § 1684 Abs. 1 BGB Rechnung, indem er den Umgang mit dem
        Kind zur elterlichen Pflicht erhebt. Es ist einem Elternteil grundsätzlich zumutbar,
        auch unter Berücksichtigung seiner Persönlichkeitssphäre zum Umgang mit seinem
        Kind verpflichtet zu werden, wenn dies dem Kindeswohl dient.[814]

### b) Umgangsrecht anderer Bezugspersonen (§ 1685 BGB)

1969    § 1685 BGB gewährt auch **anderen Personen als den Eltern** ein Umgangsrecht.

1970    § 1685 BGB zählt zu diesem Personenkreis Großeltern und Geschwister sowie enge
        Bezugspersonen des Kindes, wenn diese für das Kind tatsächliche Verantwortung tra-
        gen oder getragen haben; dies ist i.d.R. anzunehmen, wenn die Person mit dem Kind
        längere Zeit in häuslicher Gemeinschaft zusammengelebt hat, vgl. § 1685 Abs. 2 BGB.

---

811  OLG Frankfurt, FamRZ 2018, 597.
812  *Schäder* FamRZ 2019, 1120.
813  Zur Vollstreckung vgl. Rdn. 901 ff.
814  BVerfG, FamRZ 2022, 794 = NZFam 2022, 397.

Grundvoraussetzung für die Einräumung eines Umgangsrechts mit den in § 1685 BGB genannten Personen ist, dass der Umgang dem Wohl des Kindes dient.[815] Die Kindeswohldienlichkeit muss positiv festgestellt werden.   **1971**

Das Umgangsrecht der Großeltern mit ihren Enkelkindern ist daher trotz bestehender Bindungen auszuschließen, wenn es dem Kindeswohl nicht förderlich ist.[816]   **1972**

▶ Praxishinweis:

Die bloße Zurückweisung des Umgangsrechtsantrags der Großeltern oder eines Großelternteils (anders als beim Umgangsrecht der Eltern) ist ausreichend und zulässig. Die gerichtliche Anordnung eines Umgangs der Großeltern mit dem Enkelkind setzt voraus, dass die Kindeswohldienlichkeit positiv festgestellt wird. Deshalb ist es nicht erforderlich, förmlich einen Umgangsausschluss auszusprechen. Die Zurückweisung des Umgangsrechtsantrags ist eine Sachentscheidung des Inhalts, dass der Antragsteller (derzeit) kein Recht auf Umgang hat. Aufgabe der Beschlussformel ist es, das materielle Recht zu konkretisieren; besteht kein Umgangsrecht, bedarf es auch keines Ausschlusses.[817]   **1973**

### c) Durchsetzung des Umgangsrechts

Der sorgeberechtigte Elternteil ist verpflichtet, alles zu unterlassen, was das Verhältnis zu der umgangsberechtigten Person beeinträchtigt, vgl. § 1684 Abs. 2 BGB. Bei nicht nachvollziehbarer und dauerhafter Weigerung kann eine Umgangsregelung mit der Verpflichtung verbunden werden, das Kind zur Durchführung des Umgangs herauszugeben. Zur Durchsetzung dieser Verpflichtung kommen Ordnungsmittel nach § 89 FamFG sowie die Anwendung unmittelbaren Zwangs nach § 90 FamFG in Betracht.[818] Lässt sich der Anspruch mit diesen Möglichkeiten nicht wirksam durchsetzen, kann dem betreuenden Elternteil die elterliche Sorge insoweit entzogen werden, als es um den Umgang mit der umgangsberechtigten Person, z.B. dem anderen Elternteil, geht. Insoweit kann eine **Umgangspflegschaft** angeordnet werden (§ 1684 Abs. 3 Satz 3 BGB).[819]   **1974**

Der BGH[820] äußert sich insoweit wie folgt:   **1975**

»Wird die Pflicht, das Kind zur Ausübung des Umgangsrechts bereitzuhalten und in geeigneter Weise auf die Durchführung des Umgangsrechts hinzuwirken, durch den betreuenden Elternteil verletzt, darf das FamG von Amts wegen oder auf Antrag eines Beteiligten die Vollstreckung einleiten (§ 87 Abs. 1 FamFG) oder, bei dauerhafter oder wiederholter erheblicher Verletzung, nach § 1684 Abs. 3 Satz 3 BGB auch eine Pflegschaft für die Durchführung des Umgangs (Umgangspflegschaft) anordnen (…).«

---

815  BGH, FuR 2017, 606.
816  OLG Brandenburg, FuR 2017, 155.
817  BGH, FuR 2017, 606.
818  Ausführlich dazu Rdn. 883 ff.
819  Vgl. dazu *Jokisch* FuR 2019, 441.
820  BGH, FuR 2019, 162; FamRZ 2012, 533.

**1976** Das OLG Hamm[821] ist entgegen der Rechtsprechung des BGH[822] der Auffassung, dass eine Umgangspflegschaft nach § 1684 Abs. 3 Satz 3 BGB auch dann eingerichtet werden kann, wenn ausschließlich der Umgangsberechtigte gegen seine Wohlverhaltenspflicht aus § 1684 Abs. 2 BGB verstößt.

**1977** Der umgangsberechtigte Elternteil kann von dem anderen Elternteil **Schadensersatz** verlangen, wenn ihm der andere Elternteil den Umgang nicht in der vom FamG vorgesehenen Art und Weise gewährt und ihm daraus Mehraufwendungen entstehen.[823] Das Umgangsrecht ist nämlich ein sonstiges (absolutes) Recht i.s.v. § 823 Abs. 1 BGB.[824] Verfahrensrechtlich wird dieser Anspruch nach § 266 Abs. 1 Nr. 5 FamFG als sonstige Familiensache geltend gemacht.[825]

**1978** § 1684 Abs. 1 BGB normiert einen Anspruch des Kindes auf Umgang mit einem Elternteil.[826]

**1979** Das BVerfG sieht den Einsatz von Zwangsmitteln ggü. einem umgangsunwilligen Elternteil grds. als eine Verletzung des allgemeinen Persönlichkeitsrechts nach Art. 2 Abs. 1 i.V.m. Art. 1 Abs. 1 GG an. Nur wenn in derartigen Fällen gerichtlich geklärt ist, dass solcher Umgang das Kindeswohl nicht verletzt bzw. ihm dienlich ist, ist eine zwangsweise Durchsetzung (ausnahmsweise) zulässig.[827]

### d) Änderung einer Umgangsregelung

**1980** Eine einmal getroffene Umgangsregelung (Umgangsbeschluss oder gerichtlich gebilligter Vergleich) kann nur geändert werden, wenn es hierfür triftige, das Wohl des Kindes nachhaltig berührende Gründe gibt, vgl. § 1696 Abs. 1 BGB (vgl. auch § 166 FamFG).[828] Nach Auffassung des OLG Brandenburg[829] kann dies der Fall sein, wenn es beim Kind infolge von Aufenthaltswechseln zu Lücken in der Vorbereitung auf den Schulunterricht und zu Versäumnissen bei den Hausaufgaben kommt.

▶ Praxishinweis:

**1981** Derartige triftige Gründe werden bejaht, wenn sich die tatsächlichen Verhältnisse verändert haben oder die bisherige Regelung sich nicht bewährt hat. Grundsätzlich ist aber auch der übereinstimmende Wille der Eltern, dass eine andere Regelung getroffen werden sollte, zu berücksichtigen. Allerdings bringt die Vor-

---

821 OLG Hamm, NZFam 2022, 112.
822 BGH, FuR 2019, 162 = FamRZ 2019, 199.
823 OLG Hamburg, FamRZ 2018, 599; OLG Frankfurt, FamRZ 2018, 1842; BGH, BGHZ 151, 155 = NJW 2002, 2566.
824 OLG Frankfurt, NJW-RR 2005, 1339.
825 Vgl. dazu Rdn. 3799.
826 Vgl. dazu BVerfG, FamRZ 2022, 794; FamRZ 2008, 845.
827 Vgl. dazu Rdn. 901 ff.
828 Vgl. dazu auch OLG Dresden, FamRZ 2022, 1208.
829 OLG Brandenburg, FuR 2014, 599.

schrift des § 1696 Abs. 1 FamFG zum Ausdruck, dass nicht jede Änderung ausreicht, um das Kindschaftsverfahren erneut zu betreiben.

### e) Vermittlungsverfahren nach § 165 FamFG

Nach § 165 FamFG vermittelt das Gericht auf Antrag eines Elternteils zwischen den   **1982** Eltern, wenn ein Elternteil geltend macht, dass der andere Elternteil die Durchführung einer gerichtlichen Entscheidung oder eines gerichtlich gebilligten Vergleichs über den Umgang mit dem gemeinschaftlichen Kind vereitelt oder erschwert.

Das Vermittlungsverfahren ist auch durchführbar, wenn eine Regelung über den   **1983** Umgang vereitelt oder erschwert wird, die die Eltern im gerichtlichen Verfahren getroffen haben. Diese Fälle werden der gerichtlichen Entscheidung über den Umgang gleichgestellt. Ein Vermittlungsverfahren zwischen den Eltern erscheint auch und gerade dann Erfolg versprechend, wenn sie sich zu einem früheren Zeitpunkt bereits über die Durchführung des Umgangs geeinigt hatten.

Im Interesse des Wohls des Kindes, dem eine Vollstreckung der Umgangsregelung mit   **1984** Zwangsmitteln möglichst erspart werden soll, erscheint es daher geboten, dass das Gericht auf Antrag eines Elternteils auch bei der Vollziehung einer einvernehmlichen Umgangsregelung zwischen den Eltern vermittelt. Allerdings ist die Festsetzung von Ordnungsmitteln nicht davon abhängig, dass zuvor ein Vermittlungsverfahren erfolglos durchgeführt wurde, vgl. § 92 Abs. 3 FamFG. Die Vollstreckung kann aber nach § 93 Abs. 1 Nr. 5 FamFG durch Beschluss einstweilen eingestellt oder beschränkt werden, wenn die Durchführung eines Vermittlungsverfahrens beantragt wird.[830]

### aa) Antrag auf Vermittlung

Ein Elternteil muss den Antrag auf Vermittlung beim zuständigen FamG stellen. Der   **1985** Antrag ist möglich, wenn ein Elternteil die Durchführung einer gerichtlichen Entscheidung oder eines gerichtlich gebilligten Vergleichs über den Umgang mit dem gemeinschaftlichen Kind vereitelt oder erschwert.

Das Gericht muss einem solchen Antrag nachkommen, d.h. es kann die Vermittlung   **1986** nur ablehnen, wenn bereits ein Vermittlungsverfahren oder eine anschließende außergerichtliche Beratung erfolglos geblieben ist.

▶ Praxishinweis:

Nach Auffassung des OLG Hamm[831] kommt eine Anwaltsbeiordnung im Ver-   **1987** mittlungsverfahren nur in Ausnahmefällen in Betracht, da das Vermittlungsverfahren von einer umfassenden Tätigkeit des Gerichts von Amts wegen geprägt sei mit dem Ziel, mit den Eltern eine einvernehmliche Regelung zu erarbeiten. Der Verfahrenswert des Vermittlungsverfahrens richtet sich nach Auffassung des

---

830  Vgl. dazu auch *Schlünder* FamRZ 2012, 16.
831  OLG Hamm, FamRZ 2013, 565.

OLG Karlsruhe[832] nach § 45 Abs. 3 FamGKG d.h. ist mit einem Regelwert von 4.000 € zu bemessen, es kann aber im Einzelfall eine Erhöhung oder Herabsetzung erfolgen.

### bb) Vermittlungsverfahren

### aaa) Ladung der Eltern

1988   Das Gericht lädt die Eltern nach § 165 Abs. 2 FamFG unverzüglich zu einem Vermittlungstermin. Zu diesem Termin ordnet das Gericht das persönliche Erscheinen der Eltern an. In der Ladung weist das Gericht darauf hin, welche Rechtsfolgen ein erfolgloses Vermittlungsverfahren nach § 165 Abs. 5 FamFG haben kann. Nur »in geeigneten Fällen« wird das Gericht auch das Jugendamt zu dem Termin laden.

### bbb) Hinwirken auf Einvernehmen

1989   Das Gericht soll nach § 165 Abs. 4 FamFG darauf hinwirken, dass die Eltern Einvernehmen über die Ausübung des Umgangs erzielen. Kommt ein gerichtlich gebilligter Vergleich zustande, tritt dieser an die Stelle der bisherigen Regelung.

1990   Das Gericht erörtert nach § 165 Abs. 3 FamFG dazu im Vermittlungstermin mit den Eltern, welche Folgen das Unterbleiben des Umgangs für das Wohl des Kindes haben kann. Es weist auf die Rechtsfolgen hin, die sich ergeben können, wenn der Umgang vereitelt oder erschwert wird, insb. darauf, dass Ordnungsmittel verhängt werden können oder die elterliche Sorge eingeschränkt oder entzogen werden kann. Es weist die Eltern auch auf die bestehenden Möglichkeiten der Beratung durch die Beratungsstellen und -dienste der Träger der Kinder- und Jugendhilfe hin.

1991   Wird ein Einvernehmen letztlich nicht erzielt, sind die Streitpunkte in einem Vermerk festzuhalten.

### ccc) Scheitern des Vermittlungsverfahrens (§ 165 Abs. 5 FamFG)

1992   Wird weder eine einvernehmliche Regelung des Umgangs noch Einvernehmen über eine nachfolgende Inanspruchnahme außergerichtlicher Beratung erreicht oder erscheint mindestens ein Elternteil in dem Vermittlungstermin nicht, stellt das Gericht nach § 165 Abs. 5 FamFG durch unanfechtbaren Beschluss fest, dass das Vermittlungsverfahren erfolglos geblieben ist.

1993   In diesem Fall prüft das Gericht, ob Ordnungsmittel ergriffen, Änderungen der Umgangsregelung vorgenommen oder Maßnahmen in Bezug auf die Sorge ergriffen werden sollen. Wird ein entsprechendes Verfahren von Amts wegen oder auf einen binnen eines Monats gestellten Antrag eines Elternteils eingeleitet, werden die Kosten des Vermittlungsverfahrens als Teil der Kosten des anschließenden Verfahrens behandelt.

---

832  OLG Karlsruhe, FuR 2013, 175.

## f) Muster

*aa) Muster: Antrag auf Umgangsregelung*

▶ Muster: Antrag auf Umgangsregelung

An das                                                                        1994

Amtsgericht .....

– Familiengericht –

.....

Antrag auf Umgangsregelung[833]

In der Familiensache

des Herrn .....

– Antragsteller –

Verfahrensbevollmächtigte:

gegen

Frau .....

– Antragsgegnerin –

Verfahrensbevollmächtigte:

zeige ich unter Vollmachtsvorlage die Vertretung des Antragstellers an.

Namens und im Auftrag des Antragstellers stelle ich in der Sache den Antrag,

das Umgangsrecht mit dem gemeinsamen Kind der Beteiligten ..... , geb. am ..... , dahin gehend zu regeln, dass der Antragsteller das Recht zum Umgang hat an allen geraden Jahreswochen von Freitag 14:00 h bis Sonntag 18:00 h und eine Teilung der Schulferien derart vorgenommen wird, dass er das Umgangsrecht mit dem Kind jeweils in der ersten Hälfte der Ferien ausübt.

Begründung:

Der Antragsteller hat bereits zur Niederschrift des Amtsgerichts ..... einen Antrag auf Umgang mit seinem Sohn ..... , geb. am ..... , gestellt und dabei die Gesamtsituation beschrieben.

Der Antrag bleibt aufrechterhalten mit der Maßgabe, dass der Antragsteller das Umgangsrecht an allen geraden Jahreswochen beansprucht sowie eine Teilung der Schulferien derart, dass er das Umgangsrecht mit den Kindern in der ersten Hälfte ausübt.

Der Antragsteller und die Antragsgegnerin leben zurzeit getrennt. Der Antragsteller möchte an der Ehe festhalten.

---

833 Ein Formulierungsbeispiel für einen Antrag auf Umgangsregelung findet sich auch bei Jüdt/Kleffmann/Weinreich/*Ziegler*, Kap. 5 Rn. 5.

Der regelmäßige Kontakt zu seinem Kind ist ihm sehr wichtig.

Die Antragsgegnerin und der Antragsteller verbringen auch in der Tat gerade an den Wochenenden gemeinsam immer noch Zeit mit dem gemeinsamen Sohn.

Allerdings möchte der Antragsteller mit seinem Sohn auch allein, d.h. unabhängig von der Antragsgegnerin, Unternehmungen praktizieren. So will er, er ist Landwirt, mit seinem Sohn gemeinsam Trecker fahren und ihm die Tiere vorführen, mit den Großeltern Ausflüge machen und dergleichen. Dies alles sollte eigentlich Normalität sein, wird aber von der Antragsgegnerin nicht zugelassen.

Der Antragsteller räumt ausdrücklich ein, dass die Antragsgegnerin das Kind gut erzieht und betreut. Er will dies keinesfalls unterbinden, sondern nur dem Sohn zusätzlich auch ein guter Vater sein.

Das Umgangsrecht ist gesetzlich geregelt und wird hiermit eingefordert. Es gibt keine Gründe dem Antragsteller dieses Gesetzesrecht zu verweigern.

Auch das Kindeswohl gebietet den uneingeschränkten Umgang mit beiden Elternteilen.

Die Stellungnahme des Jugendamts wird die gemachten Angaben bestätigen.

Das Gericht wird um die baldige Anberaumung eines Termins gebeten.

.....

Rechtsanwältin/Rechtsanwalt


*bb) Muster: Antrag auf Umgangsregelung für Dritte*

▶ Muster: Antrag auf Umgangsregelung für Dritte

1995 An das

Amtsgericht .....

– Familiengericht –

.....

                                Antrag auf Umgangsregelung für Dritte

In der Familiensache

des Herrn .....

– Antragsteller –

Verfahrensbevollmächtigte:

gegen

Frau .....

– Antragsgegnerin –

Verfahrensbevollmächtigte:

zeige ich ausweislich anliegender Verfahrensvollmacht die anwaltliche Vertretung der Antragstellerin an.

Namens und im Auftrag des Antragstellerin stelle ich in der Sache den Antrag,

das Umgangsrecht der Antragstellerin mit ihrer Enkelin ....., geb. am ....., dahin gehend zu regeln, dass die Antragstellerin ..... an jedem ..... zu sich nehmen darf.

Begründung:

Die Antragstellerin ist die Großmutter der am ..... geborenen ....., die aus der Ehe ihres Sohnes mit der Antragsgegnerin stammt.

Die Eltern der Enkelin wurden mit Beschluss des Amtsgerichts – Familiengerichts ..... rechtskräftig geschieden.

Die elterliche Sorge wurde durch Beschluss des Amtsgerichts vom ..... der Antragsgegnerin übertragen, bei der die Enkelin seit der Trennung ihrer Eltern lebt.

Der Sohn der Antragstellerin befindet sich berufsbedingt seit längerer Zeit im Ausland, was sich auf absehbare Zeit auch nicht ändern wird.

Die Antragsgegnerin hat der Antragstellerin unmissverständlich klargemacht, dass die Enkelin sie nicht mehr besuchen dürfe. Die Antragstellerin steht daher vor der Notwendigkeit, ein eigenes Umgangsrecht für sich in Anspruch zu nehmen.

Insoweit ist wichtig, dass die Enkeltochter in den letzten zwei Jahren vor der Trennung ihrer Eltern fast ständig bei der Antragstellerin gewohnt hat, da beide Elternteile sich im Ausland aufhielten. Sie versorgte das Kind während dieser Zeit und kümmerte sich um die schulischen Angelegenheiten.

Dadurch hat sich eine enge Bindung zwischen der Enkeltochter und der Antragstellerin entwickelt. Diese wird in ihrer Anhörung bestätigen, dass sie die Antragstellerin weiterhin gern besuchen und einige Stunden mit ihr verbringen möchte.

.....

Rechtsanwältin/Rechtsanwalt


*cc) Muster: Antrag auf einstweilige Anordnung zum Umgang*

▶ Muster: Antrag auf einstweilige Anordnung zum Umgang

An das                                                            1996

Amtsgericht .....

– Familiengericht –

.....

Antrag auf einstweilige Anordnung zum Umgang

In der Familiensache

des Herrn .....

– Antragsteller –

Verfahrensbevollmächtigte:

gegen

Frau .....

– Antragsgegnerin –

Verfahrensbevollmächtigte:

zeige ich ausweislich anliegender Verfahrensvollmacht die anwaltliche Vertretung des Antragstellers an.

Namens und im Auftrag des Antragstellers stelle ich in der Sache den Antrag,

das Umgangsrecht des Antragstellers mit der gemeinsamen Tochter der Parteien ....., geb. am ....., dahin gehend zu regeln, dass der Antragsteller die Tochter an jedem ersten und dritten Samstag im Monat sowie an jedem Ostermontag, Pfingstmontag und zweiten Weihnachtsfeiertag zu sich nehmen darf, jeweils in der Zeit von 9.00 bis 18.00 h.

Begründung:

Der Antragsteller begehrt im Wege der einstweiligen Anordnung eine Regelung zum Umgang.

Die Beteiligten leben getrennt; ein Scheidungsverfahren ist bereits anhängig.

Seit der Trennung der Beteiligten am ..... wohnt die gemeinsame Tochter ..... der Beteiligten bei der Antragsgegnerin.

Es bestand Einigkeit unter den Beteiligten, dass der Antragsteller die Tochter an jedem ersten und dritten Samstag im Monat in der Zeit von 9.00 bis 18.00 h und an jedem zweiten der gesetzlichen Feiertage zu sich nehmen darf. Bis zum ..... haben die einvernehmlich geregelten Umgangskontakte reibungslos stattgefunden. Einer gerichtlichen Regelung bedurfte es daher nicht.

Nunmehr ist jedoch eine Veränderung eingetreten. Die Beteiligten haben sich in Sachen Unterhalt nicht verständigen können. Die Antragsgegnerin hat – scheinbar um einen Druck auf den Antragsteller auszuüben – die Umgangskontakte nicht mehr zugelassen.

Dies kann der Antragsteller nicht hinnehmen.

Die beantragte sofortige Regelung ist erforderlich, um das vertrauensvolle Verhältnis zwischen dem Antragsteller und der Tochter aufrecht zu erhalten und einer Entfremdung vorzubeugen. Dazu kommt, dass die Antragsgegnerin durch missbräuchliche Verweigerung des Umgangsrechts dem Antragsteller sein Recht auf Umgang mit seiner Tochter offensichtlich und faktisch vereitelt.

.....

Rechtsanwältin/Rechtsanwalt

## 4. Herausgabe des Kindes

### a) Verfahren

Personensorgeberechtigte Eltern bzw. der personensorgeberechtigte Elternteil können gem. § 1632 Abs. 1 BGB von demjenigen, der das Kind den Eltern bzw. dem Elternteil widerrechtlich vorenthält, die Herausgabe verlangen.[834]    1997

Der Kindesvater hat die Kinder nach einem Urlaub vereinbarungsgemäß der Mutter zurückzubringen, auch wenn eine Quarantänepflicht besteht. Die Kinder können die Quarantäne auch im Haushalt des anderen Elternteils verbringen.[835]    1998

Das Herausgabeverlangen (§ 1632 Abs. 1 BGB) dient der Durchsetzung des Aufenthalts- und des Umgangsbestimmungsrechts, nicht der Abwehr gegen die Entziehung dieser Teile der Personensorge.[836]    1999

Erforderlich ist ein Antrag der personensorgeberechtigten Eltern bzw. des personensorgeberechtigten Elternteils, über den das FamG entscheidet, vgl. § 1632 Abs. 3.    2000

Das FamG ermittelt von Amts wegen, vgl. § 26 FamFG.    2001

Vollzogen wird die Herausgabeanordnung nach § 89 FamFG mit Ordnungsgeld und subsidiär mit Ordnungshaft.    2002

Als letztes Mittel ist auch unmittelbarer Zwang zulässig, vgl. § 90 FamFG.    2003

Gewaltanwendung gegen ein Kind darf nach § 90 Abs. 2 FamFG nicht zugelassen werden, wenn das Kind herausgegeben werden soll, um das Umgangsrecht auszuüben. I.Ü. darf unmittelbarer Zwang gegen ein Kind nur zugelassen werden, wenn dies unter Berücksichtigung des Kindeswohls gerechtfertigt ist und eine Durchsetzung der Verpflichtung mit milderen Mitteln nicht möglich ist.    2004

▶ Praxishinweis:

Der Anspruch des Kindes auf Herausgabe seiner persönlichen Unterlagen (z.B. Impfpass und Untersuchungsheft, Zeugnisse, Reisepass, usw.) gegen einen Elternteil beruht auf §§ 1632 Abs. 1, 1684 Abs. 2 BGB analog.[837]    2005

Der personensorgeberechtigte Elternteil hat wie auch der umgangsberechtigte Elternteil in entsprechender Anwendung der §§ 1632 I, 1684 II BGB grundsätzlich einen Anspruch auf Herausgabe des Kinderreisepasses. Der Herausgabeanspruch besteht nur insoweit, als der berechtigte Elternteil für die Ausübung seines Rechts den Kinderreisepass benötigt. Die berechtigte Besorgnis, dass der die Herausgabe begehrende Elternteil mit Hilfe des Kinderreisepasses seine elterlichen Befugnisse überschreiten (etwa das Kind ins Ausland entführen) will, kann dem Herausgabeanspruch entgegenstehen.

---

834  Vgl. dazu *Jokisch* FuR 2022, 189.
835  AG Karlsruhe, FamRZ 2021, 1385.
836  OLG Brandenburg, FamRZ 2019, 1061.
837  BGH, FamRZ 2019, 1056.

Verfahrensrechtlich ist der Anspruch auf Herausgabe von Kindersachen als Kindschaftssache nach § 151 Nr. 3 FamFG, d.h. nicht als Familienstreitsache nach §§ 266 Abs. 1 Nr. 4, 112 Nr. 3 FamFG einzuordnen.[838]

### b) Muster

*aa) Muster: Antrag auf Kindesherausgabe*

▶ Muster: Antrag auf Kindesherausgabe

2006 An das

Amtsgericht .....

– Familiengericht –

.....

Antrag auf Kindesherausgabe

In der Familiensache

des Herrn .....

– Antragsteller –

Verfahrensbevollmächtigte:

gegen

Frau .....

– Antragsgegnerin –

Verfahrensbevollmächtigte:

zeige ich ausweislich anliegender Verfahrensvollmacht die anwaltliche Vertretung des Antragstellers an.

Namens und im Auftrag des Antragstellers stelle ich in der Sache den Antrag,

1. der Antragsgegnerin im Fall der Sorgerechtsübertragung auf den Antragsteller aufzugeben, das gemeinsame Kind der Beteiligten ..... an den Antragsteller herauszugeben,
2. ein Ordnungsgeld gegen die Antragsgegnerin festzusetzen, wenn sie das Kind nicht binnen einer Woche nach Rechtskraft der Entscheidung an den Antragsteller herausgeben sollte.

Begründung:

Die Beteiligten streiten im laufenden Scheidungsverfahren über die Übertragung der alleinigen Sorge für ..... , geb. am ...... Beide Beteiligten begehren das alleinige Sorgerecht für sich.

---

838 *Rake* FamRZ 2019, 1058; *Götz* FamRZ 2016, 519, 521.

Das Kind ..... lebt seit der Trennung der Beteiligten am ..... bei der Antragsgegnerin. Diese hat mehrfach erklärt, dass sie das Kind nicht herausgeben werde, auch wenn das Sorgerecht auf den Antragsteller übertragen werden sollte.

Das Jugendamt hat in seiner Stellungnahme eine Übertragung der elterlichen Sorge auf den Antragsteller befürwortet, da die Antragsgegnerin ihre Alkoholprobleme bislang nicht hat lösen können.

Daraus ergibt sich auch, dass das Herausgabeverlangen dem Kindeswohl entspricht und unbedingt angeordnet werden muss, damit das Kind ..... sich angemessen entwickeln kann.

.....

Rechtsanwältin/Rechtsanwalt

*bb) Muster: Antrag auf einstweilige Anordnung zur Kindesherausgabe*

▶ Muster: Antrag auf einstweilige Anordnung zur Kindesherausgabe

An das          2007

Amtsgericht .....

– Familiengericht –

.....

          Antrag auf einstweilige Anordnung zur Kindesherausgabe

In der Familiensache

des Herrn .....

– Antragsteller –

Verfahrensbevollmächtigte:

gegen

Frau .....

– Antragsgegnerin –

Verfahrensbevollmächtigte:

zeige ich ausweislich anliegender Verfahrensvollmacht die anwaltliche Vertretung des Antragstellers an.

Namens und im Auftrag des Antragstellers beantrage ich,

1. der Antragsgegnerin im Wege der einstweiligen Anordnung aufzugeben, das gemeinsame Kind ..... , geb. am ..... , herauszugeben,
2. für den Fall der Zuwiderhandlung ein Ordnungsgeld von ..... € anzudrohen.

Begründung:

Zwischen den Beteiligten ist ein Scheidungsverfahren anhängig.

Aufgrund der Alkoholabhängigkeit der Antragsgegnerin wurde mit Beschluss vom ..... die elterliche Sorge für das Kind ..... dem Antragsteller übertragen.

Die Antragsgegnerin verweigert jedoch den Umzug des Kindes, der unverzüglich geboten ist.

Damit die Antragsgegnerin die Herausgabeverpflichtung des Kindes endlich ernst nimmt, ist es auch erforderlich, der Antragsgegnerin ein Ordnungsgeld anzudrohen.

Eine Entscheidung über den gestellten Antrag ist eilbedürftig, da die dringende Gefahr einer Verwahrlosung von ..... besteht.

.....

Rechtsanwältin/Rechtsanwalt

## 5. Vormundschaft, Pflegschaft, Unterbringung

### a) Vormundschaft

*aa) Verfahren*

**2008**  Das Vormundschaftsverfahren ist Kindschaftssache nach § 151 Nr. 4 FamFG, sodass die Verfahrensvorschriften der §§ 151 bis 168f FamFG im Wesentlichen anwendbar sind. Die bisherige Zuständigkeit der Vormundschaftsgerichte wurde aufgegeben, sodass nunmehr auch in diesen Sachen die FamG entscheiden.

**2009**  Materiell-rechtlich sind die maßgeblichen Vorschriften die §§ 1773 bis 1813 BGB n.F.

**2010**  Die Vormundschaft kann gem. § 1773 BGB nur über Minderjährige angeordnet werden.

**2011**  Die Vormundschaft ist Ersatz für die fehlende elterliche Fürsorge. Ein Minderjähriger erhält einen Vormund, wenn er nicht unter elterlicher Sorge steht oder wenn die Eltern weder in den die Person noch in den das Vermögen betreffenden Angelegenheiten zur Vertretung des Minderjährigen berechtigt sind, vgl. § 1773 Abs. 1 BGB, oder wenn sein Familienstand nicht zu ermitteln ist (§ 1773 Abs. 1 Nr. 3 BGB, Findelkind).

**2012**  Die Vormundschaft bedarf einer Anordnung durch das FamG (§ 1773 BGB), die grds. von Amts wegen erfolgt.[839]

*bb) Bestellung zum Vormund*

**2013**  Das BGB gibt in §§ 1774 ff. BGB Regeln darüber vor, wer zum Vormund zu bestellen ist. Möglich ist auch die Bestellung mehrerer Vormünder (§ 1775 BGB). Jeder Deutsche ist zur Übernahme der Vormundschaft verpflichtet (§ 1785 BGB). Er kann

---

839 Dethloff, § 16 Rn. 7.

nur ablehnen, wenn er zur Übernahme unfähig oder untauglich ist oder wenn ein Ausschlussgrund (§ 1784 BGB n.F., z.b. wer geschäftsunfähig ist) besteht.

### cc) Rechte und Pflichten des Vormunds

Wie die elterliche Sorge, so umfasst die Vormundschaft die Sorge für Person und Vermögen des Mündels sowie die Vertretung des Mündels, vgl. § 1789 BGB n.F. Die Vermögenssorge regelt das Vormundschaftsrecht besonders, vgl. §§ 1798 ff. BGB n.F. Bei der Vermögenssorge unterliegt der Vormund stärkeren Beschränkungen als die Eltern (z.b.: Geld muss mündelsicher angelegt werden, vgl. § 1798 Abs. 1 Satz 2 BGB n.F.).[840]   **2014**

In bestimmten Fällen kann der Vormund den Mündel nicht vertreten:   **2015**
– in Angelegenheiten, für die ein Pfleger bestellt wurde (§ 1789 Abs. 1 Satz 2 BGB n.F.);
– im Fall des Selbstkontrahierens (§§ 1789 Abs. 2 i.V.m. § 1824 Abs. 2, 181 BGB);
– nach §§ 1789 Abs. 2, 1824 Abs. 1 Nr. 1 bis 3 BGB in den dort genannten besonderen Fällen der Interessenkollision (z.b. bei Rechtsgeschäften des Mündels mit den nächsten Angehörigen des Vormunds);
– wenn das FamG wegen eines Interessengegensatzes des Vormunds zum Mündel nach § 1789 Abs. 2 Satz 2 und 3 BGB n.F. dem Vormund die Vertretung für eine bestimmte Angelegenheit entzogen hat.

Für bestimmte Geschäfte bedarf der Vormund der Genehmigung des FamG, vgl. § 1799 BGB n.F.   **2016**

Wird ein genehmigungspflichtiges Rechtsgeschäft ohne vorherige Genehmigung des FamG vorgenommen, so gelten ähnliche Vorschriften wie für Rechtsgeschäfte Minderjähriger, die ohne die erforderliche Einwilligung des gesetzlichen Vertreters vorgenommen werden, vgl. §§ 1800 Abs. 2 i.V.m. 1855 bis 1856 Abs. 2 sowie 1857, 1858 BGB n.F. Nach § 1856 Abs. 1 Satz 2 BGB wird die nachträgliche Genehmigung dem Vertragsgegner ggü. erst wirksam, wenn sie ihm durch den Vormund mitgeteilt wird. Dadurch wird der Vormund in die Lage versetzt, von der familiengerichtlichen Genehmigung keinen Gebrauch zu machen, wenn dies dem Interesse des Mündels entspricht.   **2017**

Die Ausschlagung einer Erbschaft bedarf nach §§ 1799 i.V.m. 1851 Nr. 1 BGB n.F. der Genehmigung des FamG. Maßgeblich für die Entscheidung sind nicht allein finanzielle Interessen. Zum Wohl des Betreuten gehört es auch, ihm i.R.d. ihm zur Verfügung stehenden Möglichkeiten ein Leben nach seinen Wünschen und Vorstellungen zu ermöglichen.[841]   **2018**

---

840 Dethloff, § 16 Rn. 36 ff.
841 OLG Köln, FamRZ 2008, 1113.

### b) Pflegschaft

2019 Die Pflegschaft oder die gerichtliche Bestellung eines sonstigen Vertreters für einen Minderjährigen oder für ein bereits gezeugtes Kind ist Kindschaftssache nach § 151 Nr. 5 FamFG, sodass die Verfahrensvorschriften der §§ 151 bis 168f FamFG im Wesentlichen anwendbar sind. Die frühere Zuständigkeit der Vormundschaftsgerichte wurde aufgegeben, sodass nunmehr die FamG entscheiden.

2020 Pflegschaft ist eine grds. nur auf einzelne Angelegenheiten oder einen Kreis von solchen beschränkte Fürsorge für einen anderen und hat eine Beschränkung der Geschäftsfähigkeit weder zur Voraussetzung noch zur Folge. Auf die Pflegschaft finden die für die Vormundschaft geltenden Vorschriften grds. entsprechende Anwendung, vgl. § 1813 BGB n.F.

2021 Bedeutsam ist die **Ergänzungspflegschaft** neben Eltern oder Vormund für Angelegenheiten, für welche Eltern oder Vormund nicht zu sorgen vermögen, vgl. § 1809 BGB n.F.

▶ **Anwaltlicher Hinweis:**

2022 Eine Ergänzungspflegschaft nach § 1809 BGB n.F. ist z.B. erforderlich, wenn Eltern ihrem minderjährigen Kind schenkungsweise ein Grundstück übertragen wollen, unter dem Vorbehalt eines Rücktrittsrechts ohne Beschränkung der Erwerberhaftung auf einen bereicherungsrechtlichen Ausgleich. Die gesetzliche Vertretungsmacht der Eltern ist nach §§ 1629 Abs. 2 Satz 1, 1824 Abs. 2 (n.F.), 181 BGB ausgeschlossen, da es sich bei der von den Eltern als Veräußerer und zugleich als Vertreter des Kindes erklärten Auflassung um ein Insichgeschäft in Form des Selbstkontrahierens handelt. § 181 BGB ist hier nicht im Wege der teleologischen Reduktion einzuschränken, da die Vereinbarung des Rücktrittsrechts eine vertragliche Verpflichtung zur Rückübereignung ohne Beschränkung auf einen bereicherungsrechtlichen Ausgleich schafft.

Darüber hinaus bedarf das Geschäft einer Genehmigung nach §§ 1643 Abs. 1, 1850 BGB n.F. (bzw. 1821 Abs. 1 Nr. 1 und 4 BGB a.F.), da infolge des vorbehaltenen Rücktritts eine vertragliche Verpflichtung zur Rückübertragung im Fall der Ausübung des Rücktrittsrechts begründet wird.

### III. Abstammungssachen

▶ **Das Wichtigste in Kürze**

2023 – Das Verfahren in sämtlichen Abstammungssachen ist einheitlich ein Verfahren der freiwilligen Gerichtsbarkeit. → Rdn. 2024 ff.
– Der Tod eines Beteiligten hat die Erledigung des Verfahrens zur Folge, wenn nicht ein Beteiligter die Fortsetzung des Verfahrens beantragt, § 181 FamFG. → Rdn. 2071 ff.

## 1. Verfahren in Abstammungssachen

Das Verfahren in Abstammungssachen wird geregelt von den §§ 169 bis 185 FamFG.[842]  **2024**
Materiell-rechtlich sind die §§ 1591 bis 1600d BGB maßgeblich.

▶ Praxishinweis:

Das Abstammungsrecht soll schon seit längerer Zeit reformiert werden.                      **2025**

§ 1592 BGB ermöglicht nicht die abstammungsrechtliche Zuordnung eines zweiten Elternteils, wenn ein Kind in einer gleichgeschlechtlichen Ehe zweier Frauen
geboren wird, und ist aus diesem Grund nach Auffassung des OLG Celle[843] sowie
des KG[844] mit Art. 6 Abs. 2 i.V.m. Art. 3 Abs. 1 GG nicht vereinbar.

Auch soll ein statusunabhängiges Feststellungsverfahren eingeführt werden, in
dem ein Kind seine Abstammung gerichtlich klären lassen kann, ohne zugleich
die rechtliche Elternschaft anfechten zu müssen.

### a) Abstammungssachen

Abstammungssachen sind nach § 169 FamFG Verfahren, gerichtet auf             **2026**
– Feststellung des Bestehens oder Nichtbestehens eines Eltern-Kind-Verhältnisses,
  insb. der Wirksamkeit oder Unwirksamkeit einer Anerkennung der Vaterschaft,
– Ersetzung der Einwilligung in eine genetische Abstammungsuntersuchung und
  Anordnung der Duldung einer Probeentnahme,
– Einsicht in ein Abstammungsgutachten oder Aushändigung einer Abschrift oder
– Anfechtung der Vaterschaft.

### b) Zuständigkeit in Abstammungssachen

Die ausschließliche **sachliche** Zuständigkeit in Abstammungssachen ergibt sich aus  **2027**
§§ 23a Abs. 1 Satz 2, Satz 1 Nr. 1 GVG i.V.m. § 111 Nr. 3 FamFG.

**Örtlich** ist nach § 170 Abs. 1 FamFG ausschließlich das Gericht zuständig, in dessen  **2028**
Bezirk das Kind seinen gewöhnlichen Aufenthalt hat.

Liegt die Zuständigkeit eines deutschen Gerichts nach § 170 Abs. 1 FamFG nicht  **2029**
vor, ist der gewöhnliche Aufenthalt der Mutter, ansonsten der des Vaters maßgebend.

Subsidiär, d.h. wenn keine vorrangige Zuständigkeit nach den § 170 Abs. 1 und  **2030**
Abs. 2 FamFG gegeben ist, ist das AG Schöneberg in Berlin ausschließlich zuständig.

---

842  Vgl. dazu *Keuter* FamRZ 2022, 237 ff.; FamRZ 2020, 557.
843  OLG Celle, FamRZ 2021, 862.
844  KG, FamRZ 2021, 854.

### c) Antrag in Abstammungssachen (§ 171 FamFG)

2031   Das Verfahren in Abstammungssachen wird nur auf Antrag eingeleitet. Ein Antragsgegner muss nicht benannt werden. Der verfahrenseinleitende Antrag wird den anderen Beteiligten (§ 172 FamFG) formlos mitgeteilt werden (§ 15 Abs. 3 FamFG). Ein Anwaltszwang besteht in diesem Verfahren nicht.

2032   Nach § 22 Abs. 1 FamFG kann der Antrag bis zur Rechtskraft der Endentscheidung ohne Zustimmung anderer Beteiligter wieder zurückgenommen werden.

2033   Die rechtzeitige Einreichung des Antrags bei Gericht bewirkt bei der Anfechtung der Vaterschaft zugleich die Einhaltung der materiell-rechtlichen Anfechtungsfrist nach § 1600b Abs. 1 BGB.

2034   Allerdings ist § 25 Abs. 3 Satz 2 FamFG zu beachten, nach dem die Wirkungen einer Verfahrenshandlung bei Vornahme ggü. einem unzuständigen Gericht erst mit Eingang beim zuständigen Gericht eintreten.

2035   Der Inhalt des Antrags muss § 171 Abs. 2 FamFG gerecht werden, der sich von der allgemeinen Vorschrift des § 23 FamFG unterscheidet.

2036   Nach § 171 Abs. 2 Satz 1 FamFG sollen das Verfahrensziel und die betroffenen Personen bezeichnet werden. Es handelt sich hierbei um die für die Abgrenzung des Verfahrensgegenstands erforderlichen Mindestangaben. Da es sich um eine **Soll-Vorschrift** handelt, kann der Antrag im Fall von ungenügenden Angaben jedoch nicht sofort als unzulässig zurückgewiesen werden. Das Gericht hat zunächst einen entsprechenden Hinweis zu erteilen.

2037   § 171 Abs. 2 Satz 2 FamFG bestimmt, dass bei einem **Verfahren auf Anfechtung der Vaterschaft** nach § 1600 Abs. 1 Nr. 1 bis 4 BGB darüber hinaus die Umstände angegeben werden sollen, die gegen eine Vaterschaft sprechen, d.h. Umstände, die bei objektiver Betrachtung geeignet sind, Zweifel an der Abstammung zu wecken. Der Antragsteller soll in der Antragsbegründung auch den Zeitpunkt der Kenntniserlangung von diesen Umständen darlegen. Hierdurch wird dem Gericht ermöglicht, die Einhaltung der Anfechtungsfrist nach § 1600b Abs. 1 BGB von Amts wegen zu ermitteln.[845]

▶ Taktischer Hinweis:

2038   Der **Vaterschaftsanfechtungsantrag** nach § 171 FamFG muss Umstände benennen, die bei objektiver Betrachtung geeignet sind, Zweifel an der Vaterschaft zu wecken und die Möglichkeit einer anderweitigen Abstammung des Kindes als nicht ganz fernliegend erscheinen lassen.

Ausreichend ist bereits der Vortrag, dass die Beteiligten in der maßgeblichen Empfängniszeit getrennt voneinander waren (z.B. wegen Urlaub, Krankheit oder Arbeit).

---

845 Diese Anforderungen stellte die Rspr. ohnehin schon immer im Fall eines derartigen Verfahrens, vgl. BGH, NJW 1998, 2976; BVerfG, FamRZ 2007, 441.

Es ist jedoch nicht erforderlich, dass die vorgetragenen Umstände die Nichtvaterschaft wahrscheinlich oder gar überwiegend wahrscheinlich erscheinen lassen.

Werden Umstände vorgetragen, die Zweifel an der Vaterschaft wecken, hat das Gericht **2039** den Sachverhalt einschließlich der Frage, ob die jeweilige Anfechtungsfrist eingehalten worden ist, von Amts wegen aufzuklären. Die Feststellungslast für den Ablauf der Anfechtungsfrist richtet sich dabei nach dem materiellen Recht (§ 1600b Abs. 1 BGB).

Soweit nach Ausschöpfen der verfügbaren Beweismittel von Amts wegen noch Zwei- **2040** fel an der Einhaltung der Anfechtungsfrist durch den Antragsteller verbleiben, gehen diese zulasten der weiteren Beteiligten des Anfechtungsverfahrens. Behauptet also der Anfechtende einen bestimmten Zeitpunkt der Kenntniserlangung, so müssen die übrigen Beteiligten, die der Anfechtung entgegentreten, dazu vortragen und Beweis anbieten, dass der Vater schon früher von Umständen Kenntnis erlangt hat, die gegen seine Vaterschaft sprechen.[846]

### d) Beteiligte des Abstammungsverfahrens

*aa) Beteiligte*

Die Vorschrift des § 172 FamFG regelt, wer im Abstammungsverfahren als Beteiligter **2041** hinzuzuziehen ist. Zu beteiligen sind danach:
– das Kind,
– die Mutter sowie
– der Vater.

Die Vorschrift des § 172 Abs. 2 FamFG gibt dem Jugendamt die Möglichkeit, in den **2042** Fällen, in denen es anzuhören ist (vgl. dazu § 176 Abs. 1 Satz 1 FamFG), auch die volle Beteiligtenstellung zu erlangen. Es ist auf seinen Antrag hin durch das Gericht in den genannten Fällen als Beteiligter hinzuzuziehen.

*bb) Vertretung eines Kindes durch einen Beistand (§ 173 FamFG)*

Wird das Kind durch das Jugendamt als Beistand vertreten, ist nach § 173 FamFG **2043** die Vertretung durch den sorgeberechtigten Elternteil ausgeschlossen.

Auf schriftlichen Antrag eines Elternteils hin kann das Jugendamt Beistand des Kin- **2044** des werden (§ 1712 BGB). Die elterliche Sorge wird durch die Beistandschaft nicht eingeschränkt. Die Regelung dient dazu, im Verfahren gegensätzliche Erklärungen des Jugendamts und des sorgeberechtigten Elternteils zu verhindern, indem den Erklärungen des Jugendamts der Vorrang eingeräumt wird.

---

846 Grüneberg/*Siede*, BGB, § 1600b Rn. 4.

▶ Praxishinweis:

2045    Das Jugendamt kann nach Auffassung des OLG München bei einem entsprechenden schriftlichen Antrag eines Elternteils auch schon vor der Geburt Beistand des betreffenden Kindes werden und einen Vaterschaftsfeststellungsantrag stellen.[847] Dies sieht der BGH anders, der eine Vaterschaftsfeststellung vor der Geburt des Kindes ablehnt.[848]

2046    Durch die Beistandschaft wird das Jugendamt allerdings nicht zum Verfahrensbeteiligten. Die Beteiligung regelt sich allein nach §§ 172 Abs. 2, 176 Abs. 1 FamFG.

*cc) Verfahrensbeistand (§ 174 FamFG)*

2047    Das Gericht hat nach § 174 FamFG einem minderjährigen Beteiligten in Abstammungssachen einen Verfahrensbeistand zu bestellen, soweit dies zur Wahrnehmung seiner Interessen erforderlich ist.

2048    Hierfür kann insb. im Fall einer Interessenkollision in der Person des gesetzlichen Vertreters ein Bedürfnis bestehen.

2049    Wegen der weiteren Ausgestaltung der Rechtsfigur des Verfahrensbeistands verweist § 174 Satz 2 FamFG auf die Regelungen der §§ 158 bis 158c FamFG.

## e) Gerichtliche Aufklärungsarbeit

*aa) Erörterungstermin (§ 175 FamFG)*

2050    Die Vorschrift des § 175 FamFG ist eine Soll-Vorschrift.

2051    Das Gericht soll die Abstammungssache nach § 175 Abs. 1 FamFG mit den Beteiligten in einem Termin erörtern. Der Termin soll dabei **vor einer Beweisaufnahme** über die Abstammung erfolgen. Auf diese Weise kann die Frage der Einhaltung der Anfechtungsfrist geklärt werden, bevor etwa eine kostspielige Abstammungsbegutachtung in Auftrag gegeben wird. Von einem Termin in einem Verfahren auf Anfechtung der Vaterschaft kann aber ausnahmsweise abgesehen werden, wenn sich die Beteiligten schriftlich geäußert haben und keine Anhaltspunkte für den Ablauf der Anfechtungsfrist ersichtlich sind.

2052    Das persönliche Erscheinen der verfahrensfähigen Beteiligten zum Termin soll nach § 175 Abs. 1 Satz 2 FamFG angeordnet werden.

2053    Die Anerkennung der Vaterschaft, die Zustimmung der Mutter sowie der Widerruf der Anerkennung können nach **§ 180 FamFG** auch in einem Erörterungstermin zur Niederschrift des Gerichts erklärt werden. Das Gleiche gilt für die etwa erforderliche

---

847   OLG München, NZFam 2016, 720.
848   BGH, FamRZ 2016, 1849 = FuR 2016, 706.

Zustimmung des Mannes, der im Zeitpunkt der Geburt mit der Mutter des Kindes verheiratet ist, des Kindes oder eines gesetzlichen Vertreters.

Die Klärung der Vaterschaft ist nach § 1598a BGB unabhängig von einem Vaterschafts-anfechtungsverfahren möglich. Der Anspruch aus § 1598a Abs. 1 Satz 1 BGB setzt voraus, dass die leibliche Abstammung des Kindes nicht bereits durch ein Abstam-mungsgutachten geklärt ist.[849] Nach § 175 Abs. 2 FamFG **soll** das Gericht vor einer Entscheidung über die Ersetzung der Einwilligung in eine genetische Abstammungs-untersuchung und die Anordnung der Duldung der Probeentnahme (§ 1598a Abs. 2 BGB) die Eltern und ein Kind, welches das 14. Lebensjahr vollendet hat, persönlich anhören. Ein jüngeres Kind **kann** das Gericht persönlich anhören.     2054

▶ **Anwaltlicher Hinweis:**

Die Vorschrift des § 1598a BGB geht auf eine Entscheidung des BVerfG[850] zurück. Das BVerfG hatte beanstandet, dass nach früherer Rechtslage eine Klärung der Abstammung nur im Rahmen eines Vaterschaftsanfechtungsverfahrens möglich war: »Doch kann sich der Wunsch eines rechtlichen Vaters auch allein darauf richten, zu wissen, ob das Kind wirklich von ihm abstammt, ohne zugleich seine rechtliche Vaterschaft aufgeben zu wollen. Der Gesetzgeber hat einen Verfahrens-weg zu eröffnen, der dem Recht auf Kenntnis und Feststellung der Abstammung aus Art. 2 Abs. 1 i.V.m. Art. 1 Abs. 1 GG zur Verwirklichung verhilft, ohne dies zwingend mit einem Anfechtungsverfahren zu verbinden.«     2055

### bb) Anhörung des Jugendamts (§ 176 FamFG)

Die Vorschrift des § 176 FamFG regelt die Anhörung des Jugendamts. Das Gericht soll nach § 176 Abs. 1 FamFG im Fall einer Anfechtung nach § 1600 Abs. 1 Nr. 2 und 5 BGB sowie im Fall einer Anfechtung nach § 1600 Abs. 1 Nr. 4 BGB, wenn die Anfechtung durch den gesetzlichen Vertreter erfolgt, das Jugendamt anhören.     2056

Damit ist die Anhörung als Soll-Vorschrift nunmehr auch für den Fall einer Anfech-tung nach § 1600 Abs. 1 Nr. 2 und Nr. 5 BGB vorgesehen, im letzteren Fall jedoch nur, soweit die Anfechtung durch den gesetzlichen Vertreter erfolgt. Durch diese Mit-wirkung wird nach Auffassung des Gesetzgebers die Einschätzung der Fragen, ob eine sozial-familiäre Beziehung i.S.d. § 1600 Abs. 3 BGB besteht und ob eine Anfechtung i.S.d. § 1600a Abs. 4 BGB dem Wohl des Kindes dient, erleichtert.     2057

Nach § 176 Abs. 1 Satz 2 FamFG soll das Gericht das Jugendamt anhören können, wenn ein Beteiligter minderjährig ist.     2058

Die Entscheidung ist dem Jugendamt mitzuteilen, wenn es angehört wurde. Das Jugendamt hat nach § 176 Abs. 2 Satz 2 FamFG ein Beschwerderecht, welches eine förmliche Beteiligung am Verfahren nicht voraussetzt.     2059

---

849  BGH, FuR 2017, 151.
850  BVerfG, NJW 2007, 753 ff.

*cc) Eingeschränkte Amtsermittlung (§ 177 Abs. 1 FamFG)*

2060    Im Verfahren auf Anfechtung der Vaterschaft dürfen nach § 177 Abs. 1 FamFG von den beteiligten Personen nicht vorgebrachte Tatsachen nur berücksichtigt werden, wenn sie geeignet sind, dem Fortbestand der Vaterschaft zu dienen, oder wenn der die Vaterschaft Anfechtende einer Berücksichtigung nicht widerspricht.

*dd) Förmliche Beweisaufnahme (§ 177 Abs. 2 FamFG)*

2061    Die Vorschrift des § 177 Abs. 2 Satz 1 FamFG, die an § 30 Abs. 2 FamFG anschließt, bestimmt, dass eine Beweisaufnahme über die Frage der Abstammung in Verfahren nach § 169 Nr. 1 und 4 FamFG stets als förmliche Beweisaufnahme nach den Vorschriften der ZPO zu erfolgen hat. Der Freibeweis ist damit ausgeschlossen.

2062    Angesichts der besonderen Bedeutung der Frage der Abstammung ist die Beschränkung auf den **Strengbeweis** gerechtfertigt.

▶ Anwaltlicher Hinweis:

2063    Der Strengbeweis lässt folgende Beweismittel zu, vgl. § 30 Abs. 1 FamFG:
–   Augenschein, §§ 371 ff. ZPO,
–   Zeugen, §§ 373 ff. ZPO,
–   Sachverständige, §§ 402 ff. ZPO,
–   Urkunden, §§ 415 ff. ZPO,
–   Parteivernehmung, §§ 445 ff. ZPO.

2064    Allerdings eröffnet § 177 Abs. 2 Satz 2 FamFG dem Gericht die Möglichkeit, im Einverständnis mit den Beteiligten ein privates Abstammungsgutachten zu verwenden, wenn es an den dort getroffenen Feststellungen nicht zweifelt. Das private Abstammungsgutachten muss mit Einwilligung aller Beteiligten eingeholt worden sein.

2065    Die Vorschrift des § 177 Abs. 2 Satz 2 FamFG dient der Prozessökonomie. Sind alle Beteiligten mit der Verwertung des privat eingeholten Abstammungsgutachtens einverstanden, kann das Gericht dieses Gutachten nach eigenem Ermessen zu Beweiszwecken verwerten. Der Zwang zur Einholung eines gerichtlichen Abstammungsgutachtens wäre nach Auffassung des Gesetzgebers in diesen Fällen lediglich ein Kosten verursachender Formalismus, dessen Sinn den Beteiligten nicht zu vermitteln wäre.

*ee) Untersuchungen zur Feststellung der Abstammung (§ 178 FamFG)*

2066    Nach § 178 Abs. 1 Satz 1 FamFG hat jede Person, soweit es zur Feststellung der Abstammung erforderlich ist, Untersuchungen, insb. die Entnahme von Blutproben, zu dulden, es sei denn, dass ihr die Untersuchung nicht zugemutet werden kann.

▶ Praxishinweis:

Die Zumutbarkeit ist keine Voraussetzung für die Duldungspflicht, sondern die 2067
Unzumutbarkeit ein Ausschlussgrund. Die Feststellungslast trägt aufgrund der
negativen Formulierung der Betroffene.[851]

Die §§ 386 bis 390 ZPO, die Regelungen über das Zeugnisverweigerungsrecht ent- 2068
halten, gelten in diesen Fällen nach § 178 Abs. 2 Satz 1 FamFG entsprechend. Bei
wiederholter unberechtigter Verweigerung der Untersuchung kann nach § 178 Abs. 2
Satz 2 FamFG unmittelbarer Zwang angewendet, insb. auch die zwangsweise Vorführung zur Untersuchung angeordnet werden.

### f) Verfahrensmaßnahmen des Gerichts

#### aa) Verbindung mit Abstammungssachen (§ 179 FamFG)

Nach § 179 Abs. 1 FamFG können verschiedene Abstammungssachen, die **dasselbe** 2069
**Kind** betreffen, miteinander verbunden werden. Mit einem Verfahren auf Feststel-
lung des Bestehens der Vaterschaft kann i.Ü. auch eine Unterhaltssache nach § 237
FamFG verbunden werden.

I.Ü. ist aber nach § 179 Abs. 2 FamFG eine Verbindung von Abstammungssachen 2070
miteinander oder mit anderen Verfahren unzulässig.

#### bb) Tod eines Beteiligten (§ 181 FamFG)

Die Vorschrift des § 181 FamFG regelt die Auswirkungen des Todes eines Beteiligten 2071
auf das Abstammungsverfahren.

§ 181 Satz 1 FamFG bestimmt, dass im Fall des Todes eines Beteiligten die übrigen 2072
Beteiligten darauf hinzuweisen sind, dass das Verfahren nur fortgesetzt wird, wenn einer
von ihnen dies innerhalb eines Monats durch Erklärung ggü. dem Gericht verlangt.
In diesem Fall wird dasselbe Verfahren ohne den verstorbenen Beteiligten fortgesetzt.

Verlangt keiner der Beteiligten innerhalb der Frist die Fortsetzung des Verfahrens, 2073
gilt dieses nach Satz 2 als in der Hauptsache erledigt.

### g) Beschluss in Abstammungssachen

#### aa) Inhalt des Beschlusses (§ 182 FamFG)

Nach § 182 Abs. 1 FamFG enthält ein rechtskräftiger Beschluss, der das Nichtbeste- 2074
hen einer Vaterschaft nach § 1592 BGB infolge der Anfechtung nach § 1600 Abs. 1
Nr. 2 BGB feststellt, die Feststellung der Vaterschaft des Anfechtenden. Diese Wirkung ist in der Beschlussformel von Amts wegen auszusprechen.

---

851 OLG München, FamRZ 2012, 57.

2075 Dies gilt nach § 182 Abs. 2 FamFG entsprechend, wenn das Gericht einen Antrag auf Feststellung des Nichtbestehens der Vaterschaft abweist, weil es den Antragsteller oder einen anderen Beteiligten als Vater festgestellt hat.

### bb) Wirksamkeit des Beschlusses (§ 184 FamFG)

2076 Die Endentscheidung in Abstammungssachen wird nach § 184 Abs. 1 Satz 1 FamFG erst mit Rechtskraft wirksam. § 184 Abs. 1 Satz 2 FamFG bezieht sich ebenfalls auf Endentscheidungen in Abstammungssachen und erklärt deren Abänderung für unzulässig.

2077 Soweit über die Abstammung entschieden ist, wirkt der Beschluss für und gegen alle. § 184 Abs. 2 FamFG enthält damit die **inter-omnes-Wirkung** des Beschlusses, soweit über die Abstammung entschieden wird. Die **inter-omnes-Wirkung** des Beschlusses hat **Bindungswirkung** auch in anderen Verfahren, in denen der Status eines Beteiligten Grundlage eines rechtlichen Anspruchs ist (z.B. die Unterhaltspflicht des als Vater festgestellten Mannes).

▶ Anwaltliche Hinweise:

2078 Die **inter-omnes-Wirkung** des Beschlusses bedeutet z.B. in Bezug auf eine **erfolgreiche Anfechtung** der Vaterschaft eines Kindes, dass nur die Vaterschaft des Antragstellers (Mannes) nicht besteht. Die der Entscheidung zugrunde liegenden Tatsachen erwachsen – wie auch in sonstigen Verfahren – dagegen nicht in Rechtskraft und wirken auch nicht rechtsgestaltend.

Stellt das Kind im Anschluss daran gegen einen anderen Mann den Antrag auf die Feststellung dessen Vaterschaft, kann dieser deshalb nicht (mehr) einwenden, der Mann, der die Vaterschaft zuvor erfolgreich angefochten hat, sei tatsächlich der Vater des Kindes.

Wird umgekehrt ein entsprechender Antrag abgewiesen, bleibt die Vaterschaft nach § 1592 Nr. 1, 2 BGB bestehen. Die Rechtskraft dieser Entscheidung lässt eine anderweitige Feststellung der (nichtehelichen) Vaterschaft nicht zu.

2079 Ausgenommen hiervon ist der Fall der Anfechtung durch den biologischen Vater nach § 1600 Abs. 1 Nr. 2 BGB, weil das aus Art. 6 Abs. 2 GG abgeleitete Recht des biologischen Vaters insoweit stärker ist als der durch den rechtskräftigen Beschluss festgestellte Status eines Kindes. Letztlich ist dies aber sehr theoretisch, weil die biologische Vaterschaft mit sehr hoher Wahrscheinlichkeit (durch DNA-Gutachten) festgestellt wird.

## h) Wiederaufnahme des Verfahrens (§ 185 FamFG)

Der Restitutionsantrag eines Beteiligten kommt für Verfahren in Betracht, in denen 2080
– die Vaterschaft festgestellt,
– ein Feststellungsantrag abgewiesen,
– die Ehelichkeit eines Kindes erfolgreich angefochten oder
– über die Wirksamkeit einer Vaterschaftsanerkennung
entschieden worden ist.

### aa) Neues Gutachten zur Abstammung

Der Restitutionsantrag gegen einen rechtskräftigen Beschluss, in dem über die Abstam- 2081
mung entschieden ist, ist nach § 185 Abs. 1 FamFG statthaft, wenn ein Beteiligter
ein **neues Gutachten über die Abstammung** vorlegt, welches allein oder i.V.m. den
im früheren Verfahren erhobenen Beweisen eine andere Entscheidung herbeigeführt
haben würde.[852]

▶ Anwaltlicher Hinweis:

Grundlage der Vorschrift des § 185 FamFG ist die Erwägung, dass die Feststel- 2082
lung der wirklichen Vaterschaft nicht an formalen Gründen scheitern soll, wenn
neue Erkenntnisse der Wissenschaft insb. durch neue serologische, erbbiologische
oder DNA-Gutachten zur Vaterschaftsermittlung verwendet werden können.

Erforderlich ist, dass das neue Gutachten die Beweisführung des früheren Verfahrens grundlegend erschüttert. Das neue Gutachten muss bereits bei Antragstellung vorliegen, weil ansonsten der Antrag unzulässig ist.

### bb) Antragsberechtigung

Der Antrag auf Wiederaufnahme kann nach § 185 Abs. 2 FamFG auch von dem 2083
Beteiligten erhoben werden, der im früheren Verfahren obsiegt hat.

### cc) Zuständigkeit

Ausschließlich zuständig für den Antrag ist gem. § 185 Abs. 3 FamFG das Gericht, 2084
das im ersten Rechtszug entschieden hat; ist der angefochtene Beschluss von dem
Beschwerdegericht oder dem Rechtsbeschwerdegericht erlassen, ist das Beschwerdegericht zuständig. Wird der Antrag mit einem Nichtigkeitsantrag oder mit einem
Restitutionsantrag nach § 580 ZPO verbunden, ist § 584 ZPO anzuwenden.

---

852 Vgl. dazu OLG Frankfurt, NZFam 2016, 575.

## 2. Materielle Grundsätze zur Abstammung

### a) Mutterschaft

2085    Mutter eines Kindes ist nach § 1591 BGB die Frau, die es geboren hat (»mater semper certa est«). Mutter ist danach ausschließlich die biologische (Geburts-) Mutter, auch wenn sie lediglich die befruchtete Eizelle einer anderen Frau austrägt. In diesen Fällen spricht man häufig von »Leihmutterschaft«.

2086    Mutter ist auch die sog. **Ersatzmutter**. Ersatzmutterschaft liegt dann vor, wenn eine Frau ihr genetisch eigenes Kind austrägt und es nach der Geburt zum Zwecke der Adoption an die Wunschmutter herausgibt.

2087    § 1591 BGB enthält insofern eine unverrückbare Zuweisung: Mutter ist immer und unumstößlich die gebärende Frau. Eine Anfechtung der Mutterschaft ist danach ausgeschlossen. Nach dem Wortlaut des § 1598a Abs. 1 BGB kann aber eine rechtliche Mutterschaft auf ihre biologische Richtigkeit hin überprüft werden (vertauschte Kinder).[853]

▶ Praxishinweis:

2088    Das KG[854] hat sich zur **anonymen Geburt** wie folgt geäußert:
1. Ein im Wege anonymer Geburt zur Welt gekommenes Kind kann nach § 169 Nr. 1 FamFG die **Feststellung der rechtlichen Mutterschaft** beantragen.
2. Das Familiengericht hat die Identität der Mutter von Amts wegen zu ermitteln.
3. Die Geburtsklinik kann sich bei anonymer, aber nicht vertraulicher Geburt i.S.d. § 25 SchwangerschaftskonfliktG gegenüber dem Kind ebenso wenig auf seine Verschwiegenheitspflicht berufen wie eine Fachkraft des sozialpädagogischen Dienstes des Jugendamtes, welche die Daten der mutmaßlichen Mutter dienstlich erlangt hat.

### b) Vaterschaft

2089    Vater eines Kindes ist nach § 1592 BGB der Mann,
– der zum Zeitpunkt der Geburt mit der Mutter des Kindes verheiratet ist,
– der die Vaterschaft anerkannt hat oder
– dessen Vaterschaft nach § 1600d BGB oder § 182 Abs. 1 FamFG gerichtlich festgestellt ist.

*aa) Vaterschaft nach § 1592 Nr. 1 BGB*

2090    Vater eines Kindes ist nach § 1592 Nr. 1 BGB der Mann, der zum Zeitpunkt der Geburt mit der Mutter verheiratet ist. Eine Ausnahme von § 1592 Nr. 1 BGB macht § 1599 Abs. 2 BGB bei der Geburt nach Anhängigkeit des Scheidungsantrags und Anerkennung durch einen Dritten.

---

853  *Veith/Hinz* FamRZ 2010, 504 ff.; *Helms* FamRZ 2008, 1033.
854  KG, FamRZ 2018, 1923.

Wird ein Kind zwar während der Ehe, aber nach Anhängigkeit des Scheidungsantrags geboren, so endet die Vaterschaft des Ehemannes, wenn ein Dritter die Vaterschaft mit Zustimmung der Mutter und des Ehemannes anerkennt, und zwar noch während der bestehenden Ehe oder binnen Jahresfrist ab Rechtskraft des Scheidungsbeschlusses. Voraussetzung ist die Zustimmung des rechtlichen Vaters. Die Anerkennung wird frühestens mit Rechtskraft des dem Scheidungsantrag stattgebenden Beschlusses wirksam. Bis dahin bleibt die Vaterschaft des Ehemannes wirksam, die Anerkennung des leiblichen Vaters bleibt bis dahin schwebend unwirksam.[855] **2091**

Keine Vaterschaft besteht bei der Geburt nach rechtskräftiger Scheidung, arg. § 1592 Nr. 1 BGB. Der Gesetzgeber geht heute davon aus, dass ein nach rechtskräftiger Scheidung geborenes Kind wohl nur selten der zerrütteten Ehe entstammen kann, wenn man das den scheidungswilligen Eheleuten verordnete Trennungsjahr ernst nimmt. **2092**

▶ Praxishinweis:

Der deutsche Gesetzgeber hat zwar die Ehe für gleichgeschlechtliche Paare eingeführt, die Regelungen zur Abstammung jedoch bisher unverändert gelassen. Eine gesetzliche Regelung, wonach das in einer Ehe geborene Kind ohne Weiteres auch als Kind der Ehefrau der Mutter gelten würde, existiert bisher nicht. **2093**

Die Vorschrift des § 1592 Nr. 1 BGB ist nach h. M.[856] keiner Analogie zugänglich. Die Rechtsprechung ist an Recht und Gesetz gebunden und darf hier keine Neuregelung der Abstammung und des Elternrechts schaffen. Eine solche Neuregelung bzw. Ergänzung des Abstammungsrechts ist dem Gesetzgeber vorbehalten, der sich damit unbedingt beschäftigen muss, insbes. im Hinblick auf Umgang und Unterhalt bei einer etwaigen Trennung.

Nach Auffassung des OLG Celle[857] sowie des KG[858] ermöglicht § 1592 BGB nicht die abstammungsrechtliche Zuordnung eines zweiten Elternteils, wenn ein Kind in einer gleichgeschlechtlichen Ehe zweier Frauen geboren wird, und ist aus diesem Grund mit Art. 6 Abs. 2 i.V.m. Art. 3 Abs. 1 GG nicht vereinbar. Die betreffenden Verfahren wurden nach Art. 100 Abs. 1 GG i.V.m. §§ 80 ff. BVerfGG i.V.m. § 21 FamFG ausgesetzt und die Entscheidung des BVerfG zu dieser Frage eingeholt.[859]

*bb) Vaterschaft nach § 1593 BGB*

Wird ein Kind innerhalb von 300 Tagen nach dem Tod des Ehemannes geboren, so gilt der verstorbene Ehemann als Vater, vgl. § 1593 Abs. 1 Satz 1 BGB. **2094**

---

855 BGH, NJW 2004, 1595.
856 BGH, FamRZ 2018, 1919.
857 OLG Celle, FamRZ 2021, 862.
858 KG, FamRZ 2021, 854.
859 Vgl. dazu auch *Reuß* FamRZ 2021, 824.

2095    Anders ist es, wenn die Witwe innerhalb der 300 Tage erneut heiratet und innerhalb von 300 Tagen nach dem Tod des verstorbenen Ehemannes, aber nach der erneuten Heirat ein Kind gebiert. Hier wäre das Kind sowohl nach § 1593 Abs. 1 Satz 1 BGB Kind des früheren Ehemannes als auch nach § 1592 Nr. 1 BGB Kind des neuen Ehemannes. Der Gesetzgeber geht von der Vaterschaft des neuen Ehemannes aus, vgl. § 1593 Abs. 1 Satz 3 BGB. Es bleibt dann bei dem Grundsatz aus § 1592 Nr. 1 BGB: Vater ist der Mann, der zum Zeitpunkt der Geburt mit der Mutter verheiratet ist.

2096    Ficht jedoch der neue Ehemann mit Erfolg die Vaterschaft an, ist der verstorbene Ehemann der Vater, vgl. § 1593 Abs. 1 Satz 4 BGB.

### cc) Vaterschaft kraft Anerkennung (§ 1592 Nr. 2 BGB)

2097    Vater eines Kindes ist nach § 1592 Nr. 2 BGB auch, wer die Vaterschaft anerkannt hat.

2098    Die Anerkennung ist eine einseitige nicht empfangsbedürftige Willenserklärung, der **absolute Wirkung** zukommt, d.h. die Anerkennung wirkt für und gegen alle. Sie bedarf gem. § 1595 Abs. 1 BGB stets der Zustimmung der Mutter und nach § 1595 Abs. 2 BGB nur dann noch zusätzlich der Zustimmung des Kindes, wenn insoweit der Mutter die elterliche Sorge nicht zusteht. Bei fehlender Geschäftsfähigkeit gilt § 1596 BGB.

2099    Die Anerkennung bleibt schwebend unwirksam, solange ein anderer Mann als Vater des Kindes gilt. Erst mit erfolgreicher Anfechtung der Vaterschaft wird die Anerkennung des neuen Vaters wirksam, vgl. § 1594 Abs. 2 BGB (Ausnahme: § 1599 Abs. 2 BGB).

2100    Die Anerkennung wirkt auf den Zeitpunkt der Geburt zurück, aber die Rückwirkung kann nicht vor dem Wirksamwerden der Anerkennung geltend gemacht werden; dies ergibt sich aus § 1594 Abs. 1 BGB, wonach die Rechtswirkungen der Anerkennung grds. erst von dem Zeitpunkt an geltend gemacht werden können, zu dem die Anerkennung wirksam wird, wenn also u.a. auch die Formerfordernisse nach § 1597 BGB erfüllt sind.[860]

2101    Die Anerkennung ist nicht wirksam, solange die Vaterschaft eines anderen Mannes besteht, vgl. § 1594 Abs. 2 BGB. Hier ist jedoch das Wechselspiel mit § 1599 Abs. 2 BGB zu beachten, wonach die Anerkennung durch den leiblichen Vater die Vaterschaft kraft Ehe mit der Mutter ausschließen kann.

▶ Praxishinweis:

2102    Wird ein Kind erst **nach Anhängigkeit eines Scheidungsverfahrens** geboren, können alle Beteiligten nach § 1599 Abs. 2 BGB durch Erklärungen eine spätere Anfechtung durch den dann geschiedenen Ehemann vermeiden, denn erst mit einer wirksamen negativen Feststellung durch das FamG könnte der wirkliche Vater seine Vaterschaft anerkennen. Für alle Beteiligten ist dies eine erhebliche Erleichterung.

---

860 Grüneberg/*Siede*, BGB, § 1594 Rn. 2.

Nach dem eindeutigen Gesetzeswortlaut ist ein Anerkenntnis ab Anhängigkeit des Scheidungsverfahrens zulässig, nicht also erst ab Rechtshängigkeit. Wird das Anerkenntnis vor rechtskräftigem Abschluss des Scheidungsverfahrens erklärt, wird noch der Ehemann als Vater vermutet, jedoch steht dies dem Anerkenntnis nicht im Wege (§§ 1594 Abs. 2, 1599 Abs. 2 Satz 1 Halbs. 2 BGB).

Es bedarf stets der Zustimmung des Ehemannes, da für ihn eine Vaterschaftsvermutung besteht. Das Anerkenntnis des Dritten kann noch bis ein Jahr nach Rechtskraft der Scheidung erfolgen. Innerhalb dieser Frist müssen auch alle für die Wirksamkeit erforderlichen Zustimmungen vorliegen, also die Zustimmung der Mutter und des Ehemannes. Werden die Fristen versäumt, ist ein statusrechtliches Verfahren unvermeidbar.

Die Anerkennung wird nach § 1599 Abs. 2 Satz 3 BGB frühestens mit Rechtskraft des dem Scheidungsantrag stattgebenden Beschlusses wirksam.

Die Anerkennung der Vaterschaft (und auch die Zustimmung der Mutter, vgl. § 1597a Abs. 4 BGB) darf nicht **rechtsmissbräuchlich** nach § 1597a BGB sein.[861] Die Vorschrift bezweckt, Vaterschaftsanerkennung zu verhindern, die zur Erlangung eines Aufenthaltsrechts erfolgen. Die Vorschrift des § 1597a Abs. 5 BGB stellt klar, dass eine Anerkennung der Vaterschaft dann nicht rechtsmissbräuchlich sein kann, wenn der Anerkennende der leibliche Vater des Kindes ist. **2103**

*dd) Vaterschaft kraft gerichtlicher Feststellung (§ 1592 Nr. 3 BGB)*

Vater eines Kindes ist nach § 1592 Nr. 3 BGB der Mann, dessen Vaterschaft nach § 1600d BGB oder § 182 Abs. 1 FamFG gerichtlich festgestellt ist. **2104**

Die gerichtliche Feststellung der Vaterschaft kommt als Alternative zur Anerkennung in Betracht, wenn keine Vaterschaft nach § 1592 Nr. 1 und 2, § 1593 BGB besteht. Die Feststellung ist daher unzulässig, solange die Vaterschaftsanerkennung eines anderen Mannes besteht. **2105**

Nach § 1600d Abs. 2 Satz 1 BGB besteht eine auf die Beiwohnung gegründete Zeugungsvermutung. **2106**

Nach §§ 177, 178 FamFG hat das Gericht in Abstammungssachen von Amts wegen die Wahrheit zu ermitteln. Erst dann, wenn das Gericht sich weder positiv noch negativ von der Abstammung überzeugen kann, kommt die Vermutung ins Spiel. **2107**

---

861 Vgl. dazu *Balzer* NZFam 2018, 5 ff.

*ee) Vaterschaft bei homologer und heterologer Insemination*

*aaa) Homologe Insemination*

2108   Die homologe Insemination ist die künstliche Befruchtung der Eizelle mit der Samenzelle des Ehemannes der gebärenden Frau. Die künstliche Insemination kann in vivo oder in vitro erfolgen. Diese Methode wird generell als ethisch und rechtlich zulässig angesehen, da das Kind genetisch von den Eltern abstammt, in deren Ehe es geboren wird.

2109   Die homologe Insemination steht rechtlich der Beiwohnung gleich.

2110   Wird ein Kind nach der »In-vitro-Fertilisation« geboren, ergibt sich die Vaterschaft des in der Ehe geborenen Kindes für den Ehemann aus der allgemeinen Regel des § 1592 Nr. 1 BGB.

*bbb) Heterologe Insemination*

2111   Die heterologe Insemination erfolgt mit der Samenzelle eines Mannes, der mit der das Kind gebärenden Mutter nicht verheiratet ist.

2112   Ein durch heterologe Insemination gezeugtes Kind, das während der Ehe geboren worden ist, ist solange als eheliches Kind anzusehen, wie seine Ehelichkeit nicht angefochten ist.

2113   Wird das Kind von einer nicht verheirateten Frau geboren oder hat der Ehemann die Vaterschaft angefochten und hat der Samenspender die Vaterschaft nicht anerkannt, so kann die Vaterschaft des Samenspenders gem. § 1592 Nr. 3 BGB gerichtlich festgestellt werden. Die Samenspende ist als »Beiwohnung« i.S.d. § 1600d Abs. 2 BGB anzusehen.

2114   Nach § 1600d Abs. 4 BGB kann der Samenspender allerdings dann nicht als Vater eines Kindes festgestellt werden, wenn dieses durch eine ärztlich unterstützte künstliche Befruchtung in einer Einrichtung der medizinischen Versorgung i.S.v. § 1 Nr. 9 TPG nach dem 01.07.2018 unter heterologer Verwendung von Samen gezeugt wurde, der vom Spender eine Entnahmeeinrichtung i.S.v. § 2 Abs. 1 Satz 1 SaRegG zur Verfügung gestellt wurde. Das Recht des Kindes auf Kenntnis seiner Abstammung wird durch die Speicherung der Spenderdaten in einem Samenspenderregister geschützt.[862]

## c) Anfechtung der Vaterschaft

2115   Eine Vaterschaft kann angefochten werden. Nach § 1599 Abs. 1 BGB gelten nämlich die §§ 1592 Nr. 1 und 2 und 1593 BGB nicht, wenn aufgrund einer Anfechtung rechtskräftig festgestellt ist, dass der Mann nicht der Vater des Kindes ist.

---

862  Vgl. dazu *Helms* FamRZ 2017, 1537.

▶ Praxishinweis:

Wurde die Vaterschaft gerichtlich nach § 1592 Nr. 3 BGB festgestellt, kann der **2116** die Feststellung aussprechende Abstammungsbeschluss nur im Wege der Wiederaufnahme des Verfahrens nach § 185 FamFG beseitigt werden.

### aa) Anfechtungsberechtigung

Berechtigt, die Vaterschaft anzufechten, sind gem. § 1600 Abs. 1 BGB **2117**
– der Mann, dessen Vaterschaft nach §§ 1592 Nr. 1 und 2, 1593 BGB besteht,
– der Mann, der an Eides statt versichert, der Mutter des Kindes während der Empfängniszeit beigewohnt zu haben,
– die Mutter[863] und
– das Kind.[864]

Nach § 1600 Abs. 2 BGB setzt die Anfechtung nach § 1600 Abs. 1 Nr. 2 BGB **2118** durch den Mann, der an Eides statt versichert, der Mutter des Kindes während der Empfängniszeit beigewohnt zu haben, voraus, dass zwischen dem Kind und seinem Vater i.S.v. Abs. 1 Nr. 1 **keine** sozial-familiäre Beziehung besteht oder im Zeitpunkt seines Todes bestanden hat und dass der Anfechtende leiblicher Vater des Kindes ist.

▶ Praxishinweis:

Der Antragsteller ist darlegungs- und beweisbelastet dafür, dass eine sozial-fami- **2119** liäre Beziehung zum rechtlichen Vater nicht besteht. Wenn der Antragsteller jedoch keinen Einblick in die Beziehung hat, trifft die Mutter und den rechtlichen Vater die sekundäre Darlegungslast dahingehend, die Voraussetzungen einer sozial-familiären Beziehung darzulegen.[865]

In zeitlicher Hinsicht kommt es für das Bestehen der sozial-familiären Beziehung auf den Zeitpunkt der letzten Tatsacheninstanz an.[866]

Eine Legaldefinition der **sozial-familiären** Beziehung ist § 1600 Abs. 3 BGB zu **2120** entnehmen. Eine sozial-familiäre Beziehung besteht danach, wenn der Vater i.S.v. § 1600 Abs. 1 Nr. 1 BGB zum maßgeblichen Zeitpunkt für das Kind tatsächliche Verantwortung trägt oder getragen hat. Eine Übernahme tatsächlicher Verantwortung liegt i.d.R. vor, wenn der Vater i.S.v. § 1600 Abs. 1 Nr. 1 BGB mit der Mutter des Kindes verheiratet ist oder mit dem Kind längere Zeit in häuslicher Gemeinschaft zusammengelebt hat.

---

863 Vgl. dazu BGH, NZFam 2020, 525.
864 *Siede* FamRZ 2018, 149 (zur Vertretung des Kindes im Vaterschaftsanfechtungsverfahren).
865 OLG Hamburg, FamRZ 2019, 1335.
866 BGH, FamRZ 2021, 1127; FamRZ 2018, 275 Rn. 19; differenzierend OLG Hamburg, FamRZ 2019, 1335; vgl. auch OLG Hamburg, FamRZ 2020, 511.

2121     Eine wichtige Klarstellung ist § 1600 Abs. 4 BGB zu entnehmen. Ist das Kind mit Einwilligung des Mannes und der Mutter durch künstliche Befruchtung mittels Samenspende eines Dritten gezeugt worden, so ist die Anfechtung der Vaterschaft durch den Mann oder die Mutter ausgeschlossen.[867] Das auf diese Weise gezeugte Kind soll davor geschützt werden, dass es Unterhalts- und Erbansprüche und persönliche Beziehungen zu seinem (bisherigen) Vater verliert.

2122     Das Anfechtungsrecht des Kindes bleibt hiervon jedoch unberührt.

▶ Praxishinweis:

2123     Ein Auskunftsanspruch des Kindes gegen die Mutter auf Auskunft über den Namen des oder der möglichen biologischen Väter ist nicht von vornherein auf die Kinder zu beschränken, die keinen rechtlichen Vater nach den Bestimmungen des § 1592 BGB haben. Wird in einer solchen Sache ein Antrag des Kindes gegen die Mutter gestellt, handelt sich dabei um eine sonstige Familiensache nach § 266 Abs. 1 Nr. 4 FamFG.[868]

### bb) Anfechtungsfrist (§ 1600b BGB)

2124     Die Vaterschaft kann nach § 1600b Abs. 1 BGB binnen 2 Jahren gerichtlich angefochten werden. Die Frist beginnt mit dem Zeitpunkt, in dem der Berechtigte von den Umständen erfährt, die gegen eine Vaterschaft sprechen; das Vorliegen einer sozial-familiären Beziehung i.S.d. § 1600 Abs. 2, 1. Alt. BGB hindert den Lauf der Frist nicht.[869]

2125     Die für den Fristbeginn maßgebliche Kenntnis liegt vor, wenn Tatsachen bekannt werden, die bei sachlicher Beurteilung geeignet sind, Zweifel an der Vaterschaft zu wecken und die nicht ganz fernliegende Möglichkeit der Nichtvaterschaft zu begründen. Der Anfechtungsberechtigte muss nicht persönlich aus den ihm bekannten Tatsachen die Überzeugung gewinnen, dass das Kind nicht von ihm abstammt; es genügt vielmehr der objektive Verdacht. Für den Verdacht reicht es aus, wenn aus Sicht eines verständigen, medizinisch-naturwissenschaftlich nicht vorgebildeten Laien die Vaterschaft ernstlich infrage gestellt ist bzw. die Nichtvaterschaft nicht gänzlich fernliegt.

2126     Die Kenntnis von derartigen Umständen kann sich bereits aus dem Verhalten der Mutter im Zusammenhang mit der Art und Weise ergeben, wie sie und der anfechtende Vater sich kennengelernt haben.

2127     Schon ein einmaliger außerehelicher Geschlechtsverkehr begründet regelmäßig die Kenntnis von gegen die Vaterschaft sprechenden Umständen und setzt die Anfechtungsfrist für die Mutter in Lauf, wenn den Umständen nach nicht ausgeschlossen erscheint, dass das Kind aus dieser Beiwohnung stammt. Von letzterem kann auf

---

867  Vgl. dazu OLG Hamm, NJW 2007, 3733.
868  OLG Frankfurt, FamRZ 2022, 120.
869  OLG Karlsruhe, NZFam 2016, 574.

der Grundlage einer bloßen Erklärung des Sexualpartners, zeugungsunfähig zu sein, regelmäßig nicht ausgegangen werden.[870]

Die Anfechtungsfrist betreffend das **minderjährige Kind** ist problematisch. Nach Auffassung des BGH[871] kommt es für die den Fristlauf auslösende Kenntnis nach § 1600b Abs. 1 Satz 2 Halbs. 1 BGB nach allgemeinen Grundsätzen auf die Person des gesetzlichen Vertreters an, der berechtigt ist, das Kind im Anfechtungsverfahren zu vertreten. Die Wissenszurechnung ergibt sich danach aus einer entsprechenden Anwendung des § 166 Abs. 1 BGB. Dass das Wissen des gesetzlichen Vertreters dem minderjährigen Kind zuzurechnen ist, wird nach Meinung des BGH von der gesetzlichen Regelung zum Abstammungsrecht vorausgesetzt, was insbesondere durch die in § 1600b Abs. 3 BGB enthaltene Bestimmung und den in § 1600b Abs. 5 Satz 3 BGB enthaltenen Verweis auf § 210 BGB deutlich wird.

2128

Für das Kind, dessen gesetzlicher Vertreter nicht rechtzeitig angefochten hat, beginnt der Fristenlauf neu mit der **Volljährigkeit**, bei späterer Erlangung eigener Kenntnis erst mit dieser, vgl. § 1600b Abs. 3 BGB. Erlangt das Kind Kenntnis von Umständen, aufgrund derer die Folgen der Vaterschaft für das Kind unzumutbar werden, beginnt für das Kind mit diesem Zeitpunkt die Frist erneut, vgl. § 1600b Abs. 6 BGB.

2129

### cc) Vaterschaftsvermutung im Anfechtungsverfahren

Im Verfahren auf Anfechtung der Vaterschaft wird nach § 1600c Abs. 1 BGB vermutet, dass das Kind von dem Mann abstammt, dessen Vaterschaft nach §§ 1592 Nr. 1 oder Nr. 2, 1593 BGB begründet ist. Dadurch soll die gegenwärtige Vaterschaft geschützt werden.[872]

2130

Nach § 1600c Abs. 2 BGB ist die auf der Vaterschaftsanerkennung beruhende Vermutung dann ausgeschlossen, wenn der betreffende Mann die Anfechtung der Vaterschaft erklärt und seine Anerkennung unter einem Willensmangel leidet.

2131

Diese Vermutungen sind i. Ü. widerlegbar (vgl. § 292 ZPO). Insoweit sind die sog. Abstammungsgutachten (Blutgruppengutachten) von besonderer Bedeutung. Die Beweislast für die fehlende Vaterschaft liegt aber aufgrund der Regelung des § 1600c BGB bei demjenigen, der die Anfechtung betreibt. Kann die Vermutung nicht widerlegt werden, bleibt es bei der bisherigen Vaterschaftsregelung.

2132

---

870 OLG Karlsruhe, FamRZ 2016, 249.
871 BGH, FamRZ 2017, 123.
872 Grüneberg/*Siede*, BGB, § 1600c Rn. 1.

## d) Muster

*aa) Muster: Antrag auf Vaterschaftsfeststellung*

▶ Muster: Antrag auf Vaterschaftsfeststellung

2133 An das

Amtsgericht .....

– Familiengericht –

.....

Antrag auf Vaterschaftsfeststellung

In der Familiensache

der Frau .....

– Antragstellerin –

Verfahrensbevollmächtigte:

Beteiligter 1): Herr .....

Verfahrensbevollmächtigte:

Beteiligter 2): .....

wegen Vaterschaftsfeststellung

zeige ich ausweislich anliegender Verfahrensvollmacht die anwaltliche Vertretung der Antragstellerin an.

Namens und im Auftrag der Antragstellerin stelle ich in der Sache den Antrag:

Es wird festgestellt, dass das Kind ..... , geb. am ..... , nicht das Kind des Beteiligten zu 1) ist.

Begründung:

Die Antragstellerin und der Beteiligte zu 1) sind miteinander verheiratet. Die Antragstellerin hat allerdings bereits am ..... beim Familiengericht Antrag auf Scheidung der Ehe gestellt.

Getrennt leben die Antragstellerin und der Beteiligte zu 1) seit dem ..... Die Antragstellerin hat am ..... das Kind ..... geboren.

Beweis: Geburtsurkunde des Standesamts

Das Kind gilt aufgrund der Vorschrift des § 1592 Nr. 1 BGB als eheliches Kind des Beteiligten zu 1).

Der Beteiligten zu 1) ist jedoch nicht der leibliche Vater.

Beweis: Serologisches Gutachten

Die Antragstellerin lebt seit der Trennung mit Herrn ..... zusammen, der der leibliche Vater ist.

Der neue Partner der Antragstellerin ist bereit, die Vaterschaft anzuerkennen.

Der Beteiligte zu 1) ist jedoch nicht bereit, seine Zustimmung zur Anerkennung gemäß § 1599 Abs. 2 BGB zu geben. Die Antragstellerin ist als Mutter gemäß § 1600 Abs. 1 Nr. 3 BGB berechtigt, den Feststellungsantrag zu erheben.

.....

Rechtsanwältin/Rechtsanwalt

*bb) Muster: Vaterschaftsanfechtung*

▶ Muster: Vaterschaftsanfechtung

An das

2134

Amtsgericht .....

– Familiengericht –

.....

Vaterschaftsanfechtung

In der Familiensache

des Herrn .....

– Antragsteller –

Verfahrensbevollmächtigte:

Beteiligter 1): Kind .....

vertreten durch das Jugendamt der Stadt ..... als Beistand

Beteiligte 2): Frau .....

wegen Vaterschaftsanfechtung

zeige ich ausweislich anliegender Verfahrensvollmacht die anwaltliche Vertretung des Antragstellers an.

Namens und im Auftrag des Antragstellers stelle ich in der Sache den Antrag:

Es wird festgestellt, dass das Kind ..... , geb. am ..... , nicht das Kind des Antragstellers ist.

Begründung:

Der Antragsteller und die Beteiligte zu 2) sind miteinander verheiratet. Ein Scheidungsverfahren ist nicht anhängig.

Die Beteiligte zu 2) hat am ..... das Kind ..... geboren.

Beweis: Geburtsurkunde des Standesamts

Das Kind gilt aufgrund der Vorschrift des § 1592 Nr. 1 BGB als eheliches Kind des Antragstellers.

Der Antragsteller ist jedoch nicht der leibliche Vater.

Getrennt leben der Antragsteller und die Beteiligte zu 2) nämlich seit dem ......

Als gesetzliche Empfängniszeit gilt der Zeitraum vom ..... bis ......

Bereits seit ..... hatten der Antragsteller und die Beteiligte zu 2) keinen geschlechtlichen Kontakt mehr. Aufgrund dieser Tatsache ist zwischen dem Antragsteller und der Beteiligten zu 2) unstreitig, dass der Antragsteller nicht der leibliche Vater des Kindes ist.

Beweis: Serologisches Gutachten

Die Antragstellerin lebt seit der Trennung mit Herrn ..... zusammen, der nach Aussage der Beteiligten zu 2) auch der leibliche Vater ist.

Die Anfechtungsfrist nach § 1600b BGB ist gewahrt, weil ......

.....

Rechtsanwältin/Rechtsanwalt

## IV. Adoptionssachen

▶ **Das Wichtigste in Kürze**

2135    –   Das FamG ist zuständig für Adoptionssachen. → Rdn. 2147 ff.
       –   Beiordnung eines Verfahrensbeistands für einen minderjährigen Beteiligten in allen Adoptionssachen, § 191 FamFG. → Rdn. 2154

### 1. Verfahren in Adoptionssachen

2136    Die Einführung des **großen FamG** hat u.a. zur Folge, dass die Adoptionssachen[873] zu Familiensachen gemacht und damit auf das FamG übertragen wurden.[874] Angesichts der vielfältigen Bezüge zu klassischen Familiensachen ist dies konsequent.

2137    Das Verfahren in Adoptionssachen richtet sich nach den §§ 186 bis 199 FamFG; materiell-rechtlich sind die §§ 1741 ff. BGB maßgeblich. Der Begriff »Adoptionssache« wird in § 186 FamFG nunmehr legal definiert (s. Rdn. 2139).

2138    Die Vorschriften des AdWirKG gehen als Spezialvorschriften denjenigen des FamFG vor (vgl. § 199 FamFG).

### a) Adoptionssachen

2139    Adoptionssachen sind nach § 186 FamFG Verfahren, die
       –   die Annahme als Kind,
       –   die Ersetzung der Einwilligung zur Annahme als Kind,

---

873 Vgl. zum Adoptionsrecht *Keuter* FamRZ 2022, 240.
874 Ausführlich dazu *Braun* FamRZ 2011, 81 ff.

– die Aufhebung des Annahmeverhältnisses oder
– die Befreiung vom Eheverbot des § 1308 Abs. 1 BGB
betreffen.

Die Vorschrift des § 186 FamFG führt damit die Bezeichnung »Adoptionssachen« als **2140** Gesetzesbegriff ein und enthält eine Aufzählung der darunter fallenden Verfahren.[875]

### aa) Annahme als Kind

§ 186 Nr. 1 FamFG betrifft die Annahme als Kind. **Hiervon ist sowohl die Annahme** **2141** **Minderjähriger als auch die Annahme Volljähriger umfasst.** Einbezogen ist jeweils das gesamte Verfahren, einschließlich seiner unselbstständigen Teile, wie etwa dem Ausspruch zur Namensführung nach § 1757 BGB. Auch die gerichtliche Genehmigung nach § 1746 Abs. 1 Satz 4 BGB gehört zum Verfahren auf Annahme als Kind.

▶ **Anwaltlicher Hinweis:**

Das gesonderte Verfahren auf Rückübertragung der elterlichen Sorge nach § 1751 **2142** Abs. 3 BGB ist allerdings, wie sonstige Verfahren auf Übertragung der elterlichen Sorge auch, eine **Kindschaftssache** und keine Adoptionssache.

### bb) Ersetzung der Einwilligung zur Annahme als Kind

§ 186 Nr. 2 FamFG behandelt Verfahren, die die Ersetzung der Einwilligung zur **2143** Annahme als Kind betreffen. Dies sind insb. die selbstständigen Verfahren nach §§ 1748, 1749 Abs. 1 Satz 2 BGB.

### cc) Aufhebung des Annahmeverhältnisses

§ 186 Nr. 3 FamFG erwähnt Verfahren, die die Aufhebung des Annahmeverhältnisses **2144** betreffen. Hierzu gehören auch die unselbstständigen Teile eines Aufhebungsverfahrens, wie etwa die Entscheidung zur Namensführung.

Nicht umfasst ist wiederum das selbstständige Verfahren auf Rückübertragung der **2145** elterlichen Sorge bzw. Bestellung eines Vormunds oder Pflegers (§ 1764 Abs. 4 BGB). Es handelt sich hierbei um eine Kindschaftssache.

### dd) Befreiung vom Eheverbot des § 1308 Abs. 1 BGB

Nach § 186 Nr. 4 FamFG sind auch Verfahren, die die Befreiung vom Eheverbot des **2146** § 1308 Abs. 1 BGB betreffen, als Adoptionssache anzusehen. Nach dieser Vorschrift kann von dem grundsätzlichen Verbot einer Eheschließung zwischen Personen, deren Verwandtschaft durch Annahme als Kind begründet wurde, Befreiung erteilt werden.

---

875 Ausführlich zum Adoptionsverfahren *Herzog* FuR 2016, 463 sowie *Zimmermann* NZFam 2016, 12.

Für die Zuordnung ist maßgebend, dass das Verfahren nach § 1308 Abs. 2 BGB zu den Adoptionsverfahren die größte Sachnähe aufweist.

### b) Zuständigkeit in Adoptionssachen

**2147**  Die **sachliche** Zuständigkeit in Adoptionssachen ergibt sich aus § 23a Abs. 1 Satz 2, Satz 1 Nr. 1 GVG i.V.m. § 111 Nr. 4 FamFG.

**2148**  **Örtlich** ist nach § 187 Abs. 1 FamFG ausschließlich das Gericht zuständig, in dessen Bezirk der Annehmende oder einer der Annehmenden seinen gewöhnlichen Aufenthalt hat. Liegt die Zuständigkeit eines deutschen Gerichts nach § 187 Abs. 1 FamFG nicht vor, ist nach § 187 Abs. 2 FamFG der gewöhnliche Aufenthalt des Kindes maßgebend.

**2149**  Für Verfahren nach § 186 Nr. 4 FamFG, d.h. für die Befreiung vom Eheverbot des § 1308 Abs. 1 BGB, ist nach § 187 Abs. 3 FamFG ausschließlich das Gericht örtlich zuständig, in dessen Bezirk einer der Verlobten seinen gewöhnlichen Aufenthalt hat.

**2150**  § 187 Abs. 5 FamFG enthält eine Auffangzuständigkeit des AG Schöneberg in Berlin.

**2151**  Das AG Schöneberg kann – natürlich nur aus wichtigem Grund – die Sache an ein anderes Gericht verweisen.

### c) Beteiligte des Adoptionsverfahrens

**2152**  Die Vorschrift des § 188 Abs. 1 FamFG regelt, wer als Beteiligter zum Adoptionsverfahren hinzuzuziehen ist. Die Aufzählung ist nicht abschließend. Unter den Voraussetzungen des § 7 Abs. 2 Nr. 1 FamFG können im Einzelfall weitere Personen hinzuzuziehen sein.

**2153**  § 188 Abs. 2 FamFG ermöglicht es dem Jugendamt und dem Landesjugendamt, eine Hinzuziehung als Beteiligte zu beantragen. Das Gericht hat einem diesbezüglichen Antrag zu entsprechen.

**2154**  Das FamG hat nach § 191 FamFG einem **minderjährigen Beteiligten** in Adoptionssachen einen **Verfahrensbeistand** zu bestellen, soweit dies zur Wahrnehmung seiner Interessen erforderlich ist.

*aa) Annahme als Kind (§ 188 Abs. 1 Nr. 1 FamFG)*

**2155**  Beteiligte in Verfahren nach § 186 Nr. 1 FamFG, also im Verfahren der Annahme als Kind, sind:
a.  der Annehmende und der Anzunehmende,
b.  die Eltern des Anzunehmenden, wenn dieser entweder minderjährig ist und ein Fall des § 1747 Abs. 2 Satz 2 oder Abs. 4 BGB nicht vorliegt oder im Fall des § 1772 BGB,
c.  der Ehegatte des Annehmenden und der Ehegatte des Anzunehmenden, sofern nicht ein Fall des § 1749 Abs. 2 BGB vorliegt.

Buchst. a) erwähnt den Annehmenden und den Anzunehmenden. Es versteht sich von selbst, dass ein besonderer Hinzuziehungsakt entbehrlich ist, soweit die genannten Personen bereits als Antragsteller nach § 7 Abs. 1 FamFG Beteiligte sind. **2156**

Buchst. b) erwähnt die Eltern des Anzunehmenden und ordnet deren Hinzuziehung im Fall der Minderjährigkeit des Anzunehmenden sowie bei einer Volljährigenadoption mit den in § 1772 BGB genannten Wirkungen an. Eine Hinzuziehung ist nicht erforderlich bei einer sog. Inkognitoadoption[876] und im Fall des § 1747 Abs. 4 BGB. **2157**

### bb) Ersetzung der Einwilligung zur Annahme als Kind (§ 188 Abs. 1 Nr. 2 FamFG)

Die Ersetzung der Einwilligung zur Annahme als Kind, d.h. das Verfahren nach § 186 Nr. 2 FamFG, wird materiell geregelt durch die §§ 1748 und 1749 BGB. Hier ist derjenige hinzuzuziehen, dessen Einwilligung ersetzt werden soll. **2158**

Die Beteiligung weiterer Personen richtet sich ergänzend nach § 7 Abs. 2 Nr. 1 FamFG. **2159**

### cc) Aufhebung des Annahmeverhältnisses (§ 188 Abs. 1 Nr. 3 FamFG)

Nach § 188 Abs. 1 Nr. 3 FamFG sind in Verfahren nach § 186 Nr. 3 FamFG, die die Aufhebung des Annahmeverhältnisses betreffen, zu beteiligen **2160**
a.  der Annehmende und der Angenommene sowie
b.  die leiblichen Eltern des minderjährigen Angenommenen.

Die Beteiligung der leiblichen Eltern des minderjährigen Angenommenen nach § 188 Abs. 1 Nr. 3b) FamFG ist bereits im Aufhebungsverfahren erforderlich, weil für den Fall der Aufhebung des Annahmeverhältnisses eine Rückübertragung der elterlichen Sorge in Betracht kommt. **2161**

### dd) Befreiung vom Eheverbot des § 1308 Abs. 1 BGB (§ 188 Abs. 1 Nr. 4 FamFG)

In Verfahren nach § 186 Nr. 4 FamFG, d.h. der Befreiung vom Eheverbot des § 1308 Abs. 1 BGB, sind die Verlobten zu beteiligen. **2162**

## d) Anhörung bzw. fachliche Äußerung im Adoptionsverfahren

### aa) Anhörung der Beteiligten (§ 192 FamFG)

Nach § 192 Abs. 1 FamFG ist in Verfahren auf Annahme als Kind oder auf Aufhebung des Annahmeverhältnisses die persönliche Anhörung des Annehmenden und des Kindes erforderlich. Angesichts der besonderen Tragweite der zu treffenden Entscheidung ist es nämlich notwendig, dass das Gericht sich einen persönlichen Eindruck verschafft. Für den Fall, dass das Kind minderjährig ist, kann von der Anhörung abgesehen werden, wenn Nachteile für die Entwicklung, Erziehung oder Gesundheit **2163**

---

876 Bedenken gegen eine Inkognitoadoption äußert *Frank* FamRZ 2007, 1693.

zu befürchten sind oder wenn aufgrund des geringen Alters von einer Anhörung eine Aufklärung nicht zu erwarten ist, vgl. § 192 Abs. 3 FamFG.

2164   § 192 Abs. 2 FamFG ordnet als Soll-Vorschrift die Anhörung der weiteren beteiligten Personen an. Die Regelung erfasst außer den in § 192 Abs. 1 FamFG nicht genannten Personen auch die von § 192 Abs. 1 FamFG nicht erfassten Verfahren nach § 186 Nr. 2, 4 und 5 FamFG.

*bb) Anhörung weiterer Personen (§ 193 FamFG)*

2165   Das Gericht hat in Verfahren auf Annahme als Kind **die Kinder des Annehmenden und des Anzunehmenden** nach § 193 FamFG anzuhören.[877]

2166   Die Regelung ist deshalb erforderlich, weil die Kinder des Annehmenden und des Anzunehmenden weder in § 186 FamFG genannt werden noch im Regelfall Beteiligte aufgrund der allgemeinen Vorschrift des § 7 FamFG sind. Um die in §§ 1745, 1769 BGB vorgesehene Berücksichtigung der Interessen der Abkömmlinge sicher zu stellen, ist deren Anhörung grds. vorzunehmen. Nur ausnahmsweise, nämlich unter den Voraussetzungen des § 192 Abs. 3 FamFG entsprechend, kann von der Anhörung abgesehen werden, wenn Nachteile für die Entwicklung, Erziehung oder Gesundheit eines minderjährigen Kindes zu befürchten sind oder wenn aufgrund des geringen Alters von einer Anhörung eine Aufklärung nicht zu erwarten ist

*cc) Anhörung des Jugendamts (§ 194 FamFG)*

2167   Die Vorschrift des § 194 Abs. 1 Satz 1 FamFG ordnet die Anhörung des Jugendamts in Adoptionssachen an, sofern der Anzunehmende oder Angenommene minderjährig ist. Satz 2 enthält eine Ausnahme für den Fall, dass das Jugendamt bereits nach § 189 FamFG eine fachliche Äußerung abgegeben hat (zur fachlichen Äußerung s. Rdn. 2171 f.).

2168   Nach § 194 Abs. 2 Satz 1 FamFG hat das FamG dem Jugendamt in den Fällen, in denen dieses angehört wurde oder eine fachliche Äußerung abgegeben hat, die Entscheidung mitzuteilen. Satz 2 regelt daran anknüpfend ausdrücklich das Beschwerderecht des Jugendamts. Die Vorschrift enthält eine eigenständige, von § 59 FamFG unabhängige Beschwerdeberechtigung des Jugendamts.

2169   Nach § 195 FamFG ist in den Fällen des § 11 Abs. 1 Nr. 2 und 3 AdVermiG vor dem Ausspruch der Annahme auch die zentrale Adoptionsstelle des **Landesjugendamts** anzuhören, die nach § 11 Abs. 2 AdVermiG beteiligt worden ist. Ist eine zentrale Adoptionsstelle nicht beteiligt worden, tritt an seine Stelle das Landesjugendamt, in dessen Bereich das Jugendamt liegt, das nach § 194 FamFG Gelegenheit zur Äußerung erhält oder das nach § 189 FamFG eine fachliche Äußerung abgegeben hat.

2170   Das Gericht hat nach § 195 Abs. 2 FamFG dem Landesjugendamt alle Entscheidungen mitzuteilen, zu denen dieses nach Abs. 1 anzuhören war. Auch dem Landesju-

---

877  Zur Anhörung nach § 193 vgl. *Socha* FamRZ 2014, 1602.

gendamt steht gegen den Beschluss eine eigenständige, von § 59 FamFG unabhängige Beschwerdeberechtigung zu.

### dd) Fachliche Äußerung einer Adoptionsvermittlungsstelle (§ 189 FamFG)

Im Kindschaftsannahmeverfahren, welches das minderjährige Kinder betrifft, ist zur Vorbereitung der Entscheidung (vgl. § 1752 BGB) eine fachliche Äußerung der Adoptionsvermittlungsstelle, die das Kind vermittelt hat, einzuholen, und zwar darüber, ob das Kind und die Familie des Annehmenden für die Annahme geeignet sind. Ist keine Adoptionsvermittlungsstelle tätig geworden, ist eine fachliche Äußerung des Jugendamts oder einer Adoptionsvermittlungsstelle einzuholen. **2171**

Die Beteiligten können zum Gutachten eine Stellungnahme abgeben. **2172**

▶ **Anwaltlicher Hinweis:**

Wird ein Gutachten vom FamG nicht eingeholt, liegt ein Rechtsfehler vor, der bei Antragszurückweisung die Beschwerde begründen kann. **2173**

### e) Verbindungsverbot (§ 196 FamFG)

Eine Verbindung von Adoptionssachen mit anderen Verfahren ist nach § 196 FamFG unzulässig. Damit ist § 196 FamFG eine Ausnahmevorschrift ggü. § 20 FamFG. Damit soll das Ausforschungsverbot abgesichert werden, vgl. § 1758 BGB.[878] **2174**

Das Verfahren in Adoptionssachen ist durch zahlreiche Besonderheiten gekennzeichnet, insb. durch das in § 1758 BGB geregelte Offenbarungs- und Ausforschungsverbot. Die Verbindung eines anderen Verfahrens mit einer Adoptionssache ist damit nicht zu vereinbaren. **2175**

### f) Entscheidungen des Gerichts in Adoptionssachen

### aa) Zurückweisung des Antrags, § 196a FamFG

Das Gericht muss den Antrag auf Annahme als Kind zurückweisen, wenn die gemäß § 9a AdVermiG erforderlichen Bescheinigungen über eine Beratung nicht vorliegen.[879] **2176**

### bb) Beschluss über die Annahme als Kind (§ 197 FamFG)

Die Vorschrift des § 197 Abs. 1 FamFG ordnet an, welche Angaben ein Beschluss über die Annahme als Kind enthalten muss. **2177**

Spricht das Gericht die Annahme als Kind aus, ist in dem Beschluss anzugeben, auf welche gesetzlichen Vorschriften sich die Annahme gründet.[880] Damit muss aus dem **2178**

---

878 *Zimmermann* NZFam 2016, 16.
879 Vgl. dazu *Keuter* NZFam 2021, 49.
880 Vgl. dazu EuGHMR, FamRZ 2021, 1207.

Beschluss hervorgehen, ob es sich um die Adoption eines Minderjährigen oder eines Volljährigen handelt. Die Annahme eines Volljährigen kann sich nach den Vorschriften über die Annahme eines Volljährigen oder eines Minderjährigen richten, da insoweit ein Entscheidungsrecht des Richters besteht. Im Hinblick auf die unterschiedlichen Rechtsfolgen des richterlichen Beschlusses ist weiterhin anzugeben, ob es sich um eine Verwandtenadoption (§ 1756 Abs. 1 BGB) oder um eine Stiefkindadoption (§ 1756 Abs. 2 BGB) handelt.[881]

2179 Wurde die Einwilligung eines Elternteils nach § 1747 Abs. 4 BGB nicht für erforderlich erachtet, ist dies ebenfalls in dem Beschluss anzugeben.

2180 Der Beschluss, der die Annahme als Kind ausspricht, wird nach § 197 Abs. 2 FamFG mit der Zustellung an den Annehmenden, nach dem Tod des Annehmenden mit der Zustellung an das Kind **wirksam**.

2181 Der Beschluss, der die Annahme als Kind ausspricht, ist nicht anfechtbar. Eine Abänderung oder Wiederaufnahme ist ausgeschlossen. Dies gilt auch, falls Verfahrensfehler gegeben sein sollten.

2182 Wird hingegen die Kindschaftsannahme vom FamG abgelehnt, kann der betreffende Beschluss von Antragsteller mit der Beschwerde angegriffen werden.

### cc) Beschluss in weiteren Verfahren (§ 198 FamFG)

2183 Der **Beschluss über die Ersetzung einer Einwilligung oder Zustimmung zur Annahme als Kind** wird nach § 198 Abs. 1 FamFG erst mit Rechtskraft wirksam.

2184 Bei **Gefahr im Verzug** kann das Gericht nach § 198 Abs. 1 Satz 2 FamFG die sofortige Wirksamkeit des Beschlusses anordnen. Der Beschluss wird in diesem Fall bereits mit Bekanntgabe an den Antragsteller wirksam. Eine Abänderung oder Wiederaufnahme ist ausgeschlossen.

2185 § 198 Abs. 1 FamFG regelt damit den Zeitpunkt des Wirksamkeitseintritts im Fall der Ersetzung einer Einwilligung oder Zustimmung zur Annahme als Kind.

2186 Nach § 198 Abs. 2 FamFG wird auch der **Beschluss, durch den das Gericht das Annahmeverhältnis aufhebt**, erst mit Rechtskraft wirksam. Eine Abänderung oder Wiederaufnahme ist ebenfalls ausgeschlossen.

2187 Nach § 198 Abs. 3 FamFG ist der Beschluss, durch den die **Befreiung vom Eheverbot nach § 1308 Abs. 1 BGB** erteilt wird, nicht anfechtbar; eine Abänderung oder Wiederaufnahme ist ausgeschlossen, wenn die Ehe geschlossen worden ist.

---

881 Vgl. Grüneberg/*Götz*, BGB, § 1752 Rn. 1.

## 2. Überblick über die materiellen Grundlagen der Adoption

### a) Annahme minderjähriger Kinder

Nach dem sog. **Dekretsystem** erfolgt die Annahme als Kind auf Antrag des Annehmenden durch **Hoheitsakt**, nämlich durch **Beschluss des FamG**, vgl. § 1752 Abs. 1 BGB.   **2188**

#### aa) Voraussetzungen der Annahme als Kind

Die Adoption muss dem Wohl des Kindes dienen und den Zweck haben, ein **echtes Eltern-Kind-Verhältnis** herzustellen, vgl. § 1741 Abs. 1 Satz 1 BGB.[882]   **2189**

Um Fehlentscheidungen zu vermeiden, soll die Annahme als Kind i.d.R. erst ausgesprochen werden, wenn der Annehmende das Kind eine angemessene Zeit in Pflege gehabt hat (§ 1744 BGB).   **2190**

Es darf keine Interessenkollision i.S.d. § 1745 BGB vorliegen, d.h. die Annahme darf nicht ausgesprochen werden, wenn ihr überwiegende Interessen der Kinder des Annehmenden oder des Anzunehmenden entgegenstehen oder wenn zu befürchten ist, dass Interessen des Anzunehmenden durch Kinder des Annehmenden gefährdet werden.[883]   **2191**

##### aaa) Antrag

Der **Antrag** des Annehmenden beim FamG darf weder bedingt noch befristet sein. Er muss höchstpersönlich gestellt werden und bedarf nach § 1752 Abs. 2 Satz 2 BGB der notariellen Beurkundung.   **2192**

##### bbb) Annahmeberechtigung

Wer nicht verheiratet ist, kann ein Kind nur allein annehmen, vgl. § 1741 Abs. 2 Satz 1 BGB.   **2193**

Der Annehmende muss nach § 1743 Satz 1 BGB das **25. Lebensjahr** vollendet haben.   **2194**

Ein **Ehepaar** kann ein Kind nur gemeinschaftlich annehmen, vgl. § 1741 Abs. 2 Satz 2 BGB. Ein Ehegatte muss hierfür das 25. Lebensjahr, der andere das 21. Lebensjahr vollendet haben, vgl. § 1743 Satz 2 BGB.   **2195**

Ein Ehegatte kann ein Kind seines Ehegatten allein annehmen, vgl. § 1741 Abs. 2 Satz 3 BGB (sog. Stiefkindadoption). Der Annehmende muss das 21. Lebensjahr vollendet haben, vgl. § 1743 Satz 1 BGB. Das Kind erlangt dadurch die Stellung eines gemeinschaftlichen Kindes der Eheleute, vgl. § 1754 Abs. 1 BGB.[884]   **2196**

Ein Ehegatte kann ein Kind auch dann allein annehmen, wenn der andere Ehegatte das Kind nicht annehmen kann, weil er geschäftsunfähig ist oder das 21. Lebensjahr   **2197**

---

882 Vgl. dazu OLG Koblenz, NZFam 2017, 136.
883 Vgl. dazu *Herzog* FuR 2016, 460.
884 Grüneberg/*Götz*, BGB, § 1741 Rn. 10.

noch nicht vollendet hat, vgl. § 1741 Abs. 2 Satz 4 BGB. Der Annehmende muss in diesem Fall das 25. Lebensjahr vollendet haben, vgl. § 1743 Satz 1 BGB.

### ccc) Annahme von Kindern des nichtehelichen Partners, § 1766a BGB

2198   Das BVerfG[885] hatte entschieden, dass der Ausschluss der Stiefkindadoption allein in nichtehelichen Familien gegen das allgemeine Gleichbehandlungsgebot verstößt. Gegen die Stiefkindadoption vorgebrachte allgemeine Bedenken könnten nicht rechtfertigen, sie nur in nichtehelichen Familien auszuschließen. Es sei aber ein legitimes gesetzliches Ziel, eine Stiefkindadoption nur dann zuzulassen, wenn die Beziehung zwischen Elternteil und Stiefelternteil Bestand verspricht. Der Gesetzgeber dürfe im Adoptionsrecht die Ehelichkeit der Elternbeziehung als positiven Stabilitätsindikator verwenden.

2199   Daraufhin wurde die Vorschrift des § 1766a BGB kodifiziert, die auch eine Adoption in nichtehelichen Lebensgemeinschaften ermöglicht, so dass nunmehr für zwei Personen, die in einer **verfestigten Lebensgemeinschaft** in einem gemeinsamen Haushalt leben, die Vorschriften über die Annahme eines Kindes des anderen Ehegatten entsprechend anzuwenden sind.

2200   Eine verfestigte Lebensgemeinschaft liegt nach § 1766a Abs. 2 BGB in der Regel vor, wenn die Personen

1. seit mindestens vier Jahren oder

2. als Eltern eines gemeinschaftlichen Kindes mit diesem

eheähnlich zusammenleben.

2201   Sie liegt in der Regel nicht vor, wenn ein Partner mit einem Dritten (noch) verheiratet ist, falls nicht ein besonderer Härtefall angenommen werden kann.[886]

### ddd) Verbot der Zweitadoption

2202   Das **Verbot der Zweitadoption** (§ 1742 BGB) darf nicht eingreifen. Die Vorschrift untersagt die Zweitadoption (bzw. auch sog. Kettenadoption), d.h. die Weitergabe des angenommenen Kindes an andere Adoptionsbewerber.[887] Sobald freilich das Annahmeverhältnis aufgelöst wird, steht einer erneuten Adoption grds. nichts im Wege.

### eee) Einwilligung der Betroffenen

2203   Die Einwilligung der Beteiligten und Betroffenen in die Adoption ggü. dem FamG bedarf der notariellen Form (§ 1750 BGB).

---

885 BVerfG, FamRZ 2019, 1061.
886 OLG Naumburg, FamRZ 2021, 1903.
887 Vgl. dazu PWW/*Henjes*, BGB, § 1742 Rn. 1.

Nach § 1746 Abs. 1 Satz 1 BGB ist zur Annahme die **Einwilligung des Kindes** erfor- 2204
derlich. Für ein Kind, das geschäftsunfähig oder noch nicht 14 Jahre alt ist, kann nur
sein gesetzlicher Vertreter die Einwilligung erteilen, vgl. § 1746 Abs. 1 Satz 2 BGB.
I.Ü. kann das Kind die Einwilligung nur selbst erteilen; es bedarf hierzu der Zustimmung seines gesetzlichen Vertreters, vgl. § 1746 Abs. 1 Satz 3 BGB. Kann das Kind
aufgrund seines Alters die Einwilligung nicht selbst erteilen, ist ein Vormund bzw.
Ergänzungspfleger zu bestellen. Verweigert dieser die erforderliche Einwilligung ohne
triftigen Grund, kann diese nach § 1746 Abs. 3 BGB durch das FamG ersetzt werden.[888]

Zur Annahme eines Kindes ist die **Einwilligung der Eltern** erforderlich, vgl. § 1747 2205
Abs. 1 Satz 1 BGB. Ob der Vater mit der Mutter verheiratet ist oder nicht, macht
keinen Unterschied. Die elterliche Einwilligung kann durch das FamG unter den
Voraussetzungen des § 1748 BGB ersetzt werden.

Wenn die Eltern nicht miteinander verheiratet sind und allein die Mutter die elter- 2206
liche Sorge hat (§ 1626a Abs. 3 BGB), hat das FamG die Einwilligung des Vaters zu
ersetzen, »wenn das Unterbleiben der Annahme dem Kind zu unverhältnismäßigem
Nachteil gereichen würde«, vgl. § 1748 Abs. 4 BGB.

▶ Anwaltlicher Hinweis:

> Ein solcher Nachteil ist schon dann gegeben, »wenn die Abwägung der Interessen 2207
> des Kindes und des Vaters zu dem Ergebnis führt, dass das Interesse des Kindes
> am Ausspruch der Adoption überwiegt.«[889] Dieser Nachteil ist unverhältnismäßig,
> wenn die Abwägung der Interessen des Kindes mit denen des Vaters dazu führt,
> dass die Belange des Kindes überwiegen.

Der Ehegatte des Annehmenden bzw. des anzunehmenden »Kindes« muss ebenfalls 2208
in die Adoption einwilligen (vgl. § 1749 BGB).

*fff) Sperrwirkung nach § 1747 Abs. 3 Nr. 3 BGB*

Über einen Sorgerechtsantrag des Vaters muss vor der gerichtlichen Entscheidung 2209
über die Adoption (§ 1752 Abs. 1 BGB) entschieden werden.

*bb) Wirkungen der Adoption*

*aaa) Begründung eines Kindschaftsverhältnisses*

Nimmt ein Ehepaar ein Kind an oder nimmt ein Ehegatte ein Kind des anderen 2210
Ehegatten an (Stiefkindadoption), so erlangt das Kind die rechtliche Stellung eines
gemeinschaftlichen Kindes der Ehegatten, vgl. § 1754 Abs. 1 BGB. Damit ist das
adoptierte Kind auch **vollumfänglich erbberechtigt**.

Die **elterliche Sorge** steht den Ehegatten gemeinsam zu, vgl. § 1754 Abs. 3, 1. Alt. BGB. 2211

---

888 OLG Koblenz, NZFam 2017, 136.
889 So OLG Karlsruhe, NJW-RR 2000, 1460, 1461.

2212   In den anderen Fällen erlangt das Kind die rechtliche Stellung eines Kindes des Annehmenden, vgl. § 1754 Abs. 2 BGB.

2213   Die **elterliche Sorge** steht dem Annehmenden zu, vgl. § 1754 Abs. 3, 2. Alt. BGB.

2214   Nach dem **Grundsatz der Volladoption** wird das Kind umfassend in den neuen Familienverband integriert. Es wird also auch mit den Verwandten des Annehmenden verwandt.

*bbb) Erlöschen des Verwandtschaftsverhältnisses zu den leiblichen Verwandten*

2215   Mit der Adoption erlöschen i.d.R. das Verwandtschaftsverhältnis des Kindes und seiner Abkömmlinge zu den bisherigen Verwandten und die sich aus diesem ergebenden Rechte und Pflichten, vgl. § 1755 Abs. 1 Satz 1 BGB.

2216   Ausnahmsweise tritt keine vollständige Lösung des angenommenen Kindes aus der leiblichen Familie ein, wenn ein Ehegatte das Kind des anderen Ehegatten annimmt (§ 1755 Abs. 2 BGB, Stiefkindadoption) oder wenn der Annehmende mit dem Kind im zweiten oder dritten Grad verwandt oder verschwägert ist (§ 1756 Abs. 1 BGB) oder wenn ein Ehegatte das Kind seines Ehegatten annimmt, dessen frühere Ehe durch Tod aufgelöst ist (§ 1756 Abs. 2 BGB).

*ccc) Name des Kindes*

2217   Das Kind erhält als Geburtsnamen den **Familiennamen des Annehmenden**, vgl. § 1757 Abs. 1 Satz 1 BGB. Als Familienname gilt nicht der nach § 1355 Abs. 4 BGB dem Ehenamen hinzugefügte Name, vgl. § 1757 Abs. 1 Satz 2 BGB.

## b)  Aufhebung der Adoption

2218   Die Annahme als Kind ist grds. endgültig. Eine Anfechtungsmöglichkeit besteht nicht. Allerdings kommt eine Aufhebung durch richterliche Entscheidung mit Wirkung ex nunc (vgl. § 1764 Abs. 1 BGB) in Betracht, wenn bestimmte für die Adoption erforderliche Erklärungen nicht oder nicht wirksam abgegeben wurden (§ 1760 BGB) oder wenn die Aufhebung aus schwerwiegenden Gründen zum Wohl des Kindes erforderlich ist, vgl. § 1763 BGB. In letztgenanntem Fall kommt während der Minderjährigkeit des Kindes eine Aufhebung **von Amts wegen** in Betracht.

2219   Mit der Aufhebung der Annahme als Kind erlöschen nach § 1764 Abs. 2 BGB das durch die Annahme begründete Verwandtschaftsverhältnis des Kindes und seiner Abkömmlinge zu den bisherigen Verwandten und die sich aus ihm ergebenden Rechte und Pflichten. Gleichzeitig leben das Verwandtschaftsverhältnis des Kindes und seiner Abkömmlinge zu den leiblichen Verwandten des Kindes und die sich aus ihm ergebenden Rechte und Pflichten, mit Ausnahme der elterlichen Sorge, wieder auf (vgl. § 1764 Abs. 3 BGB).

### c) Annahme Volljähriger

Die Annahme Volljähriger ist in §§ 1767 bis 1772 BGB gesetzlich geregelt. I.Ü. 2220
gelten für die Annahme Volljähriger die Vorschriften über die Annahme Minderjähriger sinngemäß, soweit sich aus den §§ 1768 bis 1772 nichts anderes ergibt, vgl.
§ 1767 Abs. 2 BGB.

Eine solche Annahme setzt nach § 1768 BGB einen **Antrag** des Annehmenden und 2221
des Anzunehmenden voraus.

▶ Praxishinweis:

Der Wert des Verfahrens einer Volljährigenadoption – einer nichtvermögensrecht- 2222
lichen Angelegenheit – ermittelt sich vorrangig nach § 42 Abs. 2 FamGKG und
nur bei Fehlen genügender Anhaltspunkte nach dem bezifferten Auffangwert des
§ 42 Abs. 3 FamGKG in Höhe von 5.000 €, da das FamGKG für Adoptionssachen keine spezielle Regelung aufweist.[890]

Danach ist der Wert unter Berücksichtigung aller Umstände des Einzelfalls, insbesondere des Umfangs und der Bedeutung der Sache und der Vermögens- und
Einkommensverhältnisse der Beteiligten, nach billigem Ermessen zu bestimmen.
Die hohe Bedeutung einer Volljährigenadoption rechtfertigt danach regelmäßig
einen Verfahrenswert in Höhe von 25 bis 50 % des Reinvermögens der Annehmenden.[891]

Ein Volljähriger kann als Kind nur dann angenommen werden, wenn die Annahme 2223
sittlich gerechtfertigt ist, vgl. § 1767 Abs. 1 Satz 1 BGB.[892] Dies ist insb. der Fall,
wenn zwischen dem Annehmenden und dem Anzunehmenden eine **dem natürlichen
Eltern-Kind-Verhältnis entsprechende Beziehung** bereits entstanden oder eine solche
Entwicklung objektiv zu erwarten ist, vgl. §§ 1767 Abs. 2, 1741 Abs. 1 BGB. Diese
Voraussetzungen für die Adoption eines Volljährigen müssen positiv festgestellt werden. Wenn nach der Abwägung aller in Betracht kommenden Umstände begründete
Zweifel verbleiben, ob die beantragte Adoption sittlich gerechtfertigt ist, muss der
Antrag abgelehnt werden.[893] Für die sittliche Berechtigung der Adoption kommt es
vorwiegend auf die Herstellung eines echten Eltern-Kind-Verhältnisses, eines sozialen Familienbandes an, das seinem ganzen Inhalt nach dem durch die natürliche
Abstammung geschaffenen Band ähnelt, das unter Erwachsenen wesentlich durch eine
auf Dauer angelegte Bereitschaft zu gegenseitigem Beistand geprägt ist. Andere nicht
familienbezogene, vor allem wirtschaftliche oder ausländerrechtliche Motive dürfen
nicht ausschlaggebender Hauptzweck der Adoption sein. Das familienbezogene Motiv

---

890 OLG Hamm, FamRZ 2019, 304; vgl. auch OLG Düsseldorf, FamRZ 2010, 1937;
OLG Celle, FamRZ 2013, 2008; OLG Bamberg, FamRZ 2012, 737 [LS.]; OLG Schleswig, FamRZ 2014, 1039, 1041.
891 OLG Braunschweig, FamRZ 2021, 1233; kritisch dazu OLG Karlsruhe, FamRZ 2022, 722.
892 BGH, FamRZ 2021, 1897; vgl. dazu auch *Herzog* FuR 2016, 461.
893 BGH, FamRZ 2021, 1897 (Verdacht aufenthaltsrechtlicher Zwecke).

als entscheidender Anlass für die Annahme des Volljährigen muss das Hauptmotiv sein. Ist dies der Fall, ist es unerheblich, wenn weitere Motive als Nebenmotive für die Adoption gegeben sind.[894]

2224    Auch ein nur geringer Altersunterschied der Beteiligten muss entsprechend dem konkreten Einzelfall gewürdigt werden und kann der Adoption entgegenstehen.[895]

2225    Eine solche Beziehung setzt eine innere Verbundenheit und Bereitschaft zu gegenseitigem Beistand voraus.

2226    Allein der Wunsch des Annehmenden, die Fortführung seines Adelsnamens zu sichern, oder geschäftliche Interessen der Betroffenen dürfen nicht Hauptzweck der Erwachsenenadoption sein.[896]

2227    Auch bei Adoption Volljähriger gilt das **Dekretsystem**. Die Annahme wird auf Antrag des Annehmenden und des Anzunehmenden vom **FamFG** ausgesprochen, vgl. § 1768 Abs. 1 Satz 1 BGB.

2228    Notwendig ist die Einwilligung sowohl des Ehegatten des Annehmenden als auch des Ehegatten des Anzunehmenden, vgl. §§ 1767 Abs. 2 i.V.m. 1741 Abs. 2 Satz 2 und 3, 1749 Abs. 1 und 2 BGB.

▶ Praxishinweis:

2229    Auch im Fall der Volljährigenadoption kann ein Ehepaar den Anzunehmenden – abgesehen von den Ausnahmen des § 1741 Abs. 2 Satz 3 und 4 BGB sowie des § 1766a Abs. 3 BGB – nur gemeinschaftlich annehmen. Dies ist verfassungsrechtlich nicht zu beanstanden, weil damit verhindert wird, dass der Anzunehmende Kind des einen und Stiefkind des anderen Ehegatten wird.[897]

2230    Die Annahme Volljähriger hat gem. § 1770 BGB grds. »**schwache**« **Wirkungen**: Insb. werden gem. § 1770 Abs. 2 BGB die Rechte und Pflichten aus dem Verwandtschaftsverhältnis des Angenommenen und seiner Abkömmlinge zu ihren Verwandten durch die Annahme nicht berührt, soweit das Gesetz nichts anderes vorschreibt. Gegenseitige Unterhaltspflichten bleiben bestehen, jedoch sind die Adoptiveltern dem Angenommenen und seinen Abkömmlingen ggü. unterhaltspflichtig, vgl. § 1770 Abs. 3 BGB.

2231    Die Adoption eines Volljährigen ist auf Antrag unter den Voraussetzungen des § 1772 BGB mit »**starken**« **Wirkungen** – Volladoption – zulässig.[898]

---

894  OLG Köln, FamRZ 2012, 137 (LS).
895  OLG Brandenburg, Beschl. vom 27.04.2021, 13 UF 186/20.
896  BayObLG, NJW-RR 1993, 456.
897  BGH, FamRZ 2021, 1892.
898  Zum Verfahren vgl. BVerfG, FamRZ 2008, 243.

Dies ist nach § 1772 BGB möglich, wenn $\quad$ 2232

– ein minderjähriger Bruder oder eine minderjährige Schwester des Anzunehmenden von dem Annehmenden als Kind angenommen worden ist oder gleichzeitig angenommen wird oder
– der Anzunehmende bereits als Minderjähriger in die Familie des Annehmenden aufgenommen worden ist oder
– der Annehmende das Kind seines Ehegatten annimmt oder
– der Anzunehmende in dem Zeitpunkt, in dem der Antrag auf Annahme bei dem FamFG eingereicht wird, noch nicht volljährig ist

und überwiegende Interessen der Eltern des Anzunehmenden nicht entgegenstehen.

Die Wirkung einer solchen »starken« Adoption ist dann den §§ 1754 bis 1756 BGB 2233 zu entnehmen.

▶ Praxishinweis:

Die leiblichen Eltern sind bei einer **Volljährigenadoption mit schwachen Wir-** 2234 **kungen** nicht Beteiligte gem. § 188 Abs. 1 Nr. 1b FamFG, aber sie können als Zeugen schriftlich oder mündlich von Amts wegen vernommen werden.

Während bei einer Volljährigenadoption mit schwachen Wirkungen eine intakte Beziehung zu einem Elternteil, der nicht gleichzeitig der Lebensgefährte des Annehmenden ist, die Adoption nicht hindert, steht sie einer Volljährigenadoption mit starken Wirkungen (Volladoption) nach § 1772 BGB entgegen.[899]

Die Sachverhaltsdarstellung durch die anwaltliche Vertretung in Adoptionsverfahren sollte sehr ausführlich sein, da bei nach erfolgter Abwägung verbleibenden Zweifeln an der sittlichen Rechtfertigung die Adoption abgelehnt werden muss. Günstig ist, eine entsprechend ausführliche und detaillierte Sachverhaltsschilderung bereits in den notariellen Antrag aufzunehmen, um sie einerseits aktenkundig zu machen, aber auch dem FamG die Möglichkeit zu geben, im Rahmen der Anhörung anhand der schriftlich vorliegenden Schilderung Nachfragen zu stellen.[900]

## V. Ehewohnungs- und Haushaltssachen

### 1. Verfahren in Ehewohnungs- und Haushaltssachen

Das Verfahren in Ehewohnungssachen und Haushaltssachen ist in §§ 200 bis 209 2235 FamFG geregelt.[901]

---

899 OLG Bremen, FuR 2017, 459.
900 Vgl. dazu OLG Hamburg, FuR 2019, 297 m. Anm. *Herzog*.
901 Vgl. dazu auch *Weinreich* FuR 2010, 1 ff.

▶ **Das Wichtigste in Kürze**

**2236**
- Mitwirkungspflichten der Ehegatten, § 206 FamFG. → Rdn. 2284 ff.
- Anhörung des Jugendamts unabhängig von einer ablehnenden Entscheidung, § 205 FamFG. → Rdn. 2280 ff.
- Erledigung des Verfahrens bei Tod eines Ehegatten vor Abschluss des Verfahrens, § 208 FamFG. → Rdn. 2298 f.
- Anordnung der sofortigen Wirksamkeit der Entscheidung in Ehewohnungssachen nach § 1361b BGB und § 14 LPartG. → Rdn. 2305 f.

**2237** Die **Mitwirkungspflichten** der Ehegatten sind in Haushaltssachen erheblich, vgl. § 206 FamFG. Es handelt sich hierbei typischerweise um Verfahren, die eine Vielzahl von Einzelgegenständen betreffen, wobei hinsichtlich jedes Einzelgegenstands wiederum mehrere Punkte, wie etwa der Verbleib, die Eigentumslage, die Umstände der Anschaffung und der Wert streitig sein können.

**2238** Das Haushaltsverfahren betrifft lediglich vermögensrechtliche Angelegenheiten, hinsichtlich derer kein gesteigertes öffentliches Interesse besteht. Als kontradiktorisches Streitverfahren hat es gewisse Ähnlichkeiten mit einem regulären Zivilprozess. Daher ist es sachgerecht, dass nicht allein das Gericht, sondern auch die Beteiligten für die Beibringung des Tatsachenstoffs verantwortlich sind.

▶ **Anwaltlicher Hinweis:**

**2239** Es bleibt aber dabei, dass das Verfahren in Ehewohnungs- und Haushaltssachen eine FGG-Sache (und keine Familienstreitsache) darstellt, auch wenn die Mitwirkungspflichten dem zivilprozessualen Beibringungsgrundsatz ähneln.

### a) Ehewohnungs- und Haushaltssachen

*aa) Ehewohnungssachen*

**2240** Die Vorschrift des § 200 Abs. 1 FamFG enthält eine Definition des Begriffs der Ehewohnungssachen. **Ehewohnungssachen** sind danach Verfahren
- nach § 1361b BGB und
- nach § 1568a BGB.

**2241** Nr. 1 knüpft an § 1361b BGB an, der insb. die Zuweisung der Ehewohnung während des Getrenntlebens der Ehegatten regelt. Nr. 2 verweist auf § 1568a BGB, der die Zuweisung der Ehewohnung für die Zeit nach der Scheidung behandelt.

*bb) Haushaltssachen*

**2242** Die Vorschrift des § 200 Abs. 2 FamFG enthält eine Definition des Begriffs Haushaltssachen. **Haushaltssachen** sind nach § 200 Abs. 2 FamFG
- Verfahren nach § 1361a BGB und
- Verfahren nach § 1568b BGB.

Nr. 1 nimmt Bezug auf die Regelung des § 1361a BGB über die Haushaltsverteilung 2243
während des Getrenntlebens der Ehegatten. Nr. 2 verweist auf die materiell-rechtlichen Regelungen des § 1568b BGB über die Haushaltsverteilung nach der Scheidung.

### b) Zuständigkeit in Ehewohnungs- und Haushaltssachen

*aa) Sachliche Zuständigkeit*

Die ausschließliche **sachliche** Zuständigkeit in Ehewohnungs- und Haushaltssachen 2244
ergibt sich aus § 23a Abs. 1 Satz 2, Satz 1 Nr. 1 GVG i.V.m. § 111 Nr. 5 FamFG.

*bb) Örtliche Zuständigkeit*

**Örtlich** ist nach § 201 FamFG ausschließlich zuständig 2245
1. während der Anhängigkeit einer Ehesache das Gericht, bei dem die Ehesache im
   ersten Rechtszug anhängig ist oder war,
2. das Gericht, in dessen Bezirk sich die gemeinsame Wohnung der Ehegatten befindet,
3. das Gericht, in dessen Bezirk der Antragsgegner seinen gewöhnlichen Aufenthalt
   hat,
4. das Gericht, in dessen Bezirk der Antragsteller seinen gewöhnlichen Aufenthalt
   hat.

Die Aufzählung legt eine Rangfolge fest, d.h. die numerisch vorangehende Zustän- 2246
digkeit verdrängt die nachfolgenden Zuständigkeiten.

Die Anhängigkeit einer Ehesache begründet nach Nr. 1 auch für Ehewohnungs- und 2247
Haushaltssachen die Zuständigkeit des Gerichts der Ehesache.

Die **Anhängigkeit der Ehesache** richtet sich nach den allgemeinen Grundsätzen, d.h. 2248
sie beginnt mit Einreichung des Antrags zu einer Ehesache (vgl. § 124 FamFG) und
endet mit rechtskräftigem Verfahrensabschluss, der Rücknahme eines solchen Verfahrens (§ 141 FamFG) bzw. der übereinstimmenden Erledigungserklärung der Beteiligten.

Nr. 2 regelt den Fall, dass die Ehegatten zum Zeitpunkt der Antragstellung ihren 2249
gewöhnlichen Aufenthalt in der Ehewohnung haben.

Nr. 3 stellt, für den Fall, dass eine Zuständigkeit nach einer der vorstehenden Num- 2250
mern nicht gegeben ist, auf den gewöhnlichen Aufenthalt des Antragsgegners ab.

Hilfsweise ist nach Nr. 4 der gewöhnliche Aufenthalt des Antragstellers maßgeblich. 2251

*cc) Abgabe an das Gericht der Ehesache (§ 202 FamFG)*

Die Vorschrift des § 202 FamFG verwirklicht die Zuständigkeitskonzentration beim 2252
Gericht der Ehesache.

### aaa) Rechtshängigkeit der Ehesache

2253 Die Abgabe einer Ehewohnungs- und Haushaltssache kommt nur in Betracht, wenn die Antragsschrift der Ehesache **rechtshängig** geworden ist.

2254 Eine Abgabe ist also (noch) nicht möglich, wenn im Rahmen eines VKH-Verfahrens lediglich ein Entwurf für einen Antrag zu einer Ehesache zum FamG eingereicht wurde, weil hierdurch ein Antrag nicht rechtshängig wird.

2255 Für die überzuleitende Ehewohnungs- und Haushaltssache reicht es dagegen aus, wenn diese anhängig ist. Die Abgabe bezieht sich nur auf Ehewohnungs- und Haushaltssachen, die **in erster Instanz anhängig** sind.

2256 Unerheblich ist dagegen, ob die Instanz – durch Eintritt der Rechtskraft oder Einlegung eines Rechtsmittels – formell beendet ist, weil nach der verfahrensabschließenden Entscheidung in der Ehewohnungs- und Haushaltssache der Zweck des § 202 FamFG nicht mehr erreicht werden kann.

2257 Ist eine Ehewohnungs- und Haushaltssache in der Rechtsmittelinstanz anhängig, scheidet eine Abgabe ebenfalls aus. Lediglich bei einer Rückverweisung des Verfahrens an das FamG hat das Beschwerdegericht das Verfahren gleichzeitig zu dem Gericht der Ehesache überzuleiten.

### bbb) Abgabe von Amts wegen

2258 § 202 FamFG ordnet an, dass die Abgabe an das Gericht der Ehesache **von Amts wegen** zu erfolgen hat. Die Überleitung kann ohne mündliche Verhandlung erfolgen, jedoch ist den Beteiligten zuvor rechtliches Gehör zu gewähren. Damit das Gericht der Ehesache von der Ehewohnungs- und Haushaltssache Kenntnis erlangt, ordnet § 133 Abs. 1 Nr. 2 FamFG an, dass der Scheidungsantrag Angaben zu anderweitig anhängigen Familiensachen, d.h. auch Ehewohnungs- und Haushaltssachen enthalten muss.

### ccc) Bindungswirkung

2259 Die Entscheidung ist nach § 202 Satz 2 FamFG i.V.m. § 281 Abs. 2 Satz 2 ZPO **unanfechtbar** und für das Gericht der Ehesache auch gem. § 202 Satz 2 FamFG i.V.m. § 281 Abs. 2 Satz 4 ZPO **bindend**.

2260 Hinsichtlich der bis zur Überleitung angefallenen Kosten gilt § 202 Satz 2 FamFG i.V.m. § 281 Abs. 3 Satz 1 ZPO; danach gelten die bis zur Abgabe angefallenen Kosten als Teil der Kosten des Gerichts der Ehesache.

### ddd) Folgesache

2261 Ehewohnungs- und Haushaltssachen sind verbundfähig, vgl. § 137 Abs. 2 Nr. 3 FamFG. Insbesondere die Verfahren nach §§ 1568a (Wohnung) und 1568b BGB (Haushaltsgegenstände) können anlässlich der Scheidung zur Klärung gebracht werden. Hingegen sind die Verfahren nach §§ 1361a bzw. 1361b BGB, z.B. der Antrag auf Zuweisung der Ehewohnung für die Trennungszeit (§ 1361b BGB), nicht verbundfähig, weil es sich um keine Entscheidung für den Fall der Scheidung handelt.

### c) Antrag in Ehewohnungs- und Haushaltssachen

#### aa) Verfahrenseinleitung durch Antrag

Das Verfahren in Ehewohnungs- und Haushaltssachen wird nur auf Antrag eines Ehegatten eingeleitet, vgl. § 203 Abs. 1 FamFG.    **2262**

Haben sich die Ehegatten bereits ganz oder teilweise außergerichtlich wirksam geeinigt, fehlt es insoweit am Regelungsinteresse für ein gerichtliches Verfahren.    **2263**

#### bb) Inhalt des Antrags in Haushaltssachen

Der Antrag in Haushaltssachen soll nach § 203 Abs. 2 FamFG die Angabe der Gegenstände enthalten, deren Zuteilung begehrt wird. Dem Antrag in Haushaltssachen nach § 200 Abs. 2 Nr. 2 FamFG soll zudem eine Aufstellung sämtlicher Haushaltsgegenstände mit genauer Bezeichnung beigefügt werden.    **2264**

▶ **Anwaltlicher Hinweis:**

> Da diese Vorgaben lediglich als **Soll-Vorschriften** ausgestaltet sind, ist der Antrag, für den Fall, dass sie nicht beachtet werden, nicht als unzulässig zurückzuweisen. Vielmehr hat das Gericht auf eine Nachbesserung hinzuwirken (§ 28 FamFG).    **2265**

Die Anforderungen an den verfahrenseinleitenden Antrag konkretisieren die Mitwirkungspflicht der Ehegatten im Haushaltsverfahren. Die Vorschrift wird ergänzt durch die Regelungen des § 206 FamFG.    **2266**

§ 203 Abs. 2 Satz 1 FamFG fordert die Angabe der Gegenstände, deren Zuteilung der Antragsteller begehrt. Es handelt sich dabei um eine Präzisierung des Verfahrensziels. Die Vorschrift kommt nur zur Anwendung, wenn der Antragsteller die Zuweisung von Haushaltsgegenständen und nicht etwa eine sonstige Regelung, wie etwa eine Nutzungsentschädigung, anstrebt.    **2267**

§ 203 Abs. 2 Satz 2 FamFG enthält darüber hinaus weitere Anforderungen für einen Teil der Haushaltssachen, nämlich solche, die die Haushaltsverteilung nach der Scheidung betreffen. Die Anforderungen dieses Satzes betreffen die Begründung des Antrags. Sie sollen für den Regelfall bewirken, dass die Klärung des genauen Bestands an Haushaltsgegenständen in die vorgerichtliche Phase verlagert wird.    **2268**

Für eine endgültige Verteilung des Haushalts nach der Scheidung ist es i.d.R. erforderlich zu wissen, welche Gegenstände insgesamt zum Haushalt gehört haben. Dies gilt auch für den Fall, dass die Ehegatten einen Teil des Haushalts bereits untereinander verteilt haben. Die Ausgestaltung als Soll-Vorschrift lässt Ausnahmen für atypische Sonderfälle zu.    **2269**

2270   Die Aufstellung der Haushaltsgegenstände muss auch deren genaue Bezeichnung enthalten (Bestimmtheit).

*cc) Inhalt des Antrags in Ehewohnungssachen*

2271   § 203 Abs. 3 FamFG enthält besondere Anforderungen an den Antrag in Ehewohnungssachen. In den Antrag sollen auch die im Haushalt lebenden Kinder aufgenommen werden, um frühzeitig eine sachgerechte Beteiligung des Jugendamts in diesem Verfahren zu gewährleisten (vgl. dazu auch § 205 FamFG). Möchte der Eigentümerehegatte die Überlassung der Ehewohnung in der Trennungszeit an sich beantragen, so ist dies auch dann nicht nach § 985 BGB als nebengüterrechtliches Verfahren nach § 266 Abs. 1 Nr. 3 FamFG möglich, wenn die Trennung schon seit langer Zeit vollzogen und der Eigentümerehegatte ausgezogen ist. Die Qualifizierung als Ehewohnung hängt nämlich nicht davon ab, dass noch beide Ehegatten in der Wohnung leben. Sie behält ihren Charakter als Ehewohnung während der gesamten Trennungszeit. Ein solcher Antrag nach § 985 BGB kann auch nicht in einen Antrag nach § 203 FamFG auf Zuweisung der Ehewohnung in Ehewohnungssachen umgedeutet werden, da es sich um unterschiedliche Verfahren handelt.[902]

2272   Praktisch bedeutsam ist der Anspruch auf **Zahlung einer Nutzungsentschädigung**, falls ein Ehegatte die im Miteigentum der Eheleute stehende Eigentumswohnung verlässt. Dafür kommen zwei Anspruchsgrundlagen in Betracht, deren Verhältnis zueinander lange streitig war, § 1361b Abs. 3 BGB einerseits und § 745 Abs. 2 BGB andererseits. Mittlerweile geht die Rechtsprechung dahin, als Anspruchsgrundlage für einen Anspruch auf Nutzungsvergütung auch im Falle freiwilligen Verlassens während der Trennungszeit nicht mehr § 745 Abs. 2 BGB zu sehen, sondern **§ 1361b Abs. 3 Satz 2 BGB** als vorrangig (lex specialis) anwendbar zu behandeln.[903] Maßgeblich ist allein die faktische Überlassung der Wohnung.[904] Eine Nutzungsentschädigung kann daher nur nach Billigkeit verlangt werden.[905]

2273   Wurde der Wohnvorteil aus einem Eigenheim in einem Unterhaltsverfahren der beteiligten Eheleute bereits berücksichtigt, so steht dies in der Regel der Geltendmachung einer Vergütung für die Nutzung der Wohnung gemäß § 1361b Abs. 3 Satz 2 BGB bzw. § 745 Abs. 2 BGB entgegen.[906]

▶ Praxishinweis:

2274   Nach Auffassung der Rechtsprechung kann ein im Rahmen der Trennung ausgezogener Miteigentümer dem anderen nicht das Gebrauchsrecht einschränken,

---

902  BGH, FamRZ 2017, 22.
903  BGH, FamRZ 2017, 693; FamRZ 2014, 460; OLG Düsseldorf, FamRZ 2019, 779; OLG Brandenburg, FamRZ 2018, 1098; OLG Frankfurt, FamRZ 2011, 374; OLG Brandenburg, NJW-RR 2009, 725; OLG Hamm, FamRZ 2008, 1639; OLG Jena, FamRZ 2008, 1934; KG, FamRZ 2008, 1933.
904  BGH, FamRZ 2014, 460.
905  OLG Zweibrücken, FamRZ 2022, 19.
906  OLG Koblenz, FamRZ 2022, 773.

d.h. der verbliebene Miteigentümer ist insbes. berechtigt, seinen neuen Partner aufzunehmen.[907]

§ 1361b BGB findet aber nur bis zur **Rechtskraft der Ehescheidung** Anwendung. Für die Zeit danach folgt der Anspruch des aus der Wohnung ausgezogenen Miteigentümers allein aus § 745 Abs. 2 BGB.[908] Denn § 1568a BGB lässt nicht die Möglichkeit zu, eine Nutzungsvergütung festzusetzen. Kommt es dann nach freiwilligem Auszug nicht zum Abschluss eines Mietvertrages, besteht kein Grund, aus § 1568a BGB einen Anspruch auf Abschluss eines solchen Vertrages herzuleiten, weil der Miteigentümer über § 745 Abs. 2 BGB hinreichend geschützt ist. Deshalb ist für die Zeit nach Rechtskraft der Ehescheidung allein § 745 Abs. 2 BGB die für die Forderung einer Nutzungsvergütung in Betracht kommende Anspruchsgrundlage.[909]

Damit ist wie folgt zu differenzieren:
– für die Zeit **bis zur Rechtskraft der Ehescheidung** folgt im Falle des Auszuges eines Ehegatten aus der gemeinsamen Immobilie ein Anspruch auf Leistung einer Nutzungsvergütung nur aus § 1361b Abs. 3 Satz 2 BGB.
– für die Zeit **ab Rechtskraft der Ehescheidung** folgt der Anspruch auf Leistung einer Nutzungsvergütung hingegen aus § 745 Abs. 2 BGB.

▶ Praxishinweis:

Allerdings ist die Bedeutung dieser lange Zeit umstrittenen Frage nicht mehr von so zentraler Bedeutung wie noch vor dem Inkrafttreten des FamFG zum 01.09.2009, weil in jedem Fall die Zuständigkeit des FamG gegeben ist. Auch dann, wenn man die Anspruchsgrundlage in § 745 Abs. 2 BGB sehen wollte, läge eine Familiensache vor, da der Rechtsstreit eine sonstige Familiensache i.S.d. § 266 FamFG ist. Beide Verfahren folgen jedoch teils unterschiedlichen Regeln, denn das auf einen Nutzungsvergütungsanspruch nach § 745 Abs. 2 BGB gestützte Verfahren wird weitgehend nach ZPO-Regeln (vgl. §§ 112 Abs. 1 Nr. 3, 113 Abs. 1 FamFG) abgewickelt. Deshalb kommt auch eine Umdeutung eines fehlerhaften Antrags im gerichtlichen Verfahren nicht in Betracht.[910]

2275

Anwaltlich ist daher zu beachten, dass nur der Anspruch auf Leistung einer Nutzungsvergütung aus § 1361b Abs. 3 Satz 2 BGB **bis zur Rechtskraft der Ehescheidung** eine Ehewohnungssache nach §§ 200 ff. FamFG ist und dieser Anspruch auf Billigkeit basiert. Unabhängig von der verlangten Höhe der Nutzungsentschädigung beträgt der Verfahrenswert dafür nach § 48 FamGKG 3.000 €.[911]

---

907 AG Duisburg-Hamborn, FamRZ 2014, 1297.
908 OLG Brandenburg, FamRZ 2020, 914; OLG Frankfurt, FamRZ 2011, 374.
909 Grüneberg/*Götz,* BGB, § 1568a Rn. 9; *Götz/Brudermüller* FamRZ 2009, 1261, 1265; *Wever* FamRZ 2010, 237, 238.
910 BGH, FamRZ 2017, 22 (25).
911 OLG Frankfurt, FamRZ 2019, 913; vgl. dazu auch *Schneider* NZFam 2018, 597.

### d) Beteiligte in Ehewohnungssachen

2276   In Ehewohnungssachen nach § 200 Abs. 1 Nr. 2 FamFG (Ehewohnungszuweisung nach § 1568a BGB) sind gem. § 204 Abs. 1 FamFG auch der Vermieter der Wohnung, der Grundstückseigentümer, Dritte (§ 1568a Abs. 4 BGB) und Personen, mit denen die Ehegatten oder einer von ihnen hinsichtlich der Wohnung in einer Rechtsgemeinschaft stehen, zu beteiligen.

▶ Taktischer Hinweis:

2277   Damit ist der Anwendungsbereich der Vorschrift auf Ehewohnungssachen beschränkt, die eine endgültige Regelung für die Zeit nach der Scheidung beinhalten. Eine Beteiligung der erwähnten Personen bezieht sich daher nicht auf Regelungen für das Getrenntleben nach § 1361b BGB.

2278   § 204 Abs. 1 FamFG enthält jedoch keine abschließende Regelung der Frage, wer Beteiligter ist. Abgesehen von 204 Abs. 2 FamFG kann sich die Beteiligtenstellung insb. auch aus § 7 Abs. 2 Nr. 1 FamFG ergeben.

2279   § 204 Abs. 2 FamFG bestimmt, dass das **Jugendamt** in Ehewohnungssachen auf seinen Antrag hin als Beteiligter hinzuzuziehen ist, wenn Kinder im Haushalt der Ehegatten leben.

### e) Anhörung des Jugendamts in Ehewohnungssachen

2280   Nach § 205 Abs. 1 FamFG soll das Gericht in Ehewohnungssachen das Jugendamt anhören, wenn Kinder im Haushalt der Ehegatten leben. Unterbleibt die Anhörung allein wegen Gefahr im Verzug, so ist sie unverzüglich nachzuholen.

2281   Die Anhörung des Jugendamts ist nicht von einer ablehnenden Entscheidung abhängig, sondern unabhängig davon vorgesehen, wie das Verfahren voraussichtlich enden wird.

2282   Die Vorschrift trägt dem Umstand Rechnung, dass die Zuweisung der Wohnung im Regelfall erhebliche Auswirkungen auf das Wohl der betroffenen Kinder hat.

2283   Das Gericht hat nach § 205 Abs. 2 FamFG in den Fällen des § 205 Abs. 1 Satz 1 FamFG dem Jugendamt die Entscheidung mitzuteilen. Gegen den Beschluss steht dem Jugendamt die Beschwerde zu. Die Beschwerdebefugnis des Jugendamts ist somit auch in diesem Verfahren von § 59 FamFG unabhängig.

### f) Mitwirkungspflichten der Ehegatten

2284   Nach § 206 Abs. 1 FamFG kann das Gericht in Haushaltssachen den Ehegatten bestimmte Auflagen erteilen. Das FamG kann danach den Ehegatten aufgeben,
– die Haushaltsgegenstände anzugeben, deren Zuteilung er begehrt,
– eine Aufstellung sämtlicher Haushaltsgegenstände einschließlich deren genauer Bezeichnung vorzulegen oder eine vorgelegte Aufstellung zu ergänzen,

– sich über bestimmte Umstände zu erklären, eigene Angaben zu ergänzen oder zum
   Vortrag eines anderen Beteiligten Stellung zu nehmen oder
– bestimmte Belege vorzulegen
und ihnen hierzu eine angemessene Frist setzen.

Damit konkretisiert die Vorschrift des § 206 Abs. 1 FamFG die in § 27 FamFG all-    2285
gemein geregelte Mitwirkungspflicht der Beteiligten im Einzelfall. Dies ist auch angesichts der in den Abs. 2 und 3 vorgesehenen Rechtsfolgen von Bedeutung.

### aa) Angabe der begehrten Haushaltsgegenstände (§ 206 Abs. 1 Nr. 1 FamFG)

§ 206 Abs. 1 Nr. 1 FamFG ermöglicht dem Gericht, auf eine Präzisierung des Verfah-    2286
rensziels durch die Ehegatten hinzuwirken. Der Antragsteller ist zwar gehalten, bereits
im Antrag nach § 203 Abs. 2 Satz 1 FamFG diesbezügliche Angaben zu machen.
Kommt er dem jedoch nicht nach, kann er mittels § 206 Abs. 1 Nr. 1 FamFG dazu
angehalten werden.

Besondere Bedeutung hat die Vorschrift aber in jedem Fall für den Antragsgegner,    2287
der von § 203 Abs. 2 Satz 1 FamFG nicht erreicht wird.

Die Angabe, welche Gegenstände ein Ehegatte verlangt, ermöglicht eine Beschrän-    2288
kung des Verfahrensstoffs auf die streitigen Punkte.

### bb) Aufstellung sämtlicher Haushaltsgegenstände (§ 206 Abs. 1 Nr. 2 FamFG)

Aufgrund der Befugnis nach § 206 Abs. 1 Nr. 2 FamFG kann das Gericht in allen    2289
Haushaltssachen, sofern dies erforderlich ist, eine Aufstellung des Haushalts anfor-
dern. Oftmals kann über die Zuweisung eines verbliebenen Teils der Haushaltsgegenstände nur sachgerecht entschieden werden, wenn bekannt ist, welche Gegenstände
ein Ehegatte bereits erhalten hat.

### cc) Ergänzender Vortrag (§ 206 Abs. 1 Nr. 3 FamFG)

§ 206 Abs. 1 Nr. 3 FamFG ermöglicht es dem FamG, den Beteiligten eine Ergänzung    2290
ihres Vortrags aufzuerlegen.

### dd) Vorlage von Belegen (§ 206 Abs. 1 Nr. 4 FamFG)

§ 206 Abs. 1 Nr. 4 FamFG sieht vor, dass das Gericht den Ehegatten die Vorlage    2291
bestimmter Belege aufgeben kann. In Betracht kommen bspw. Unterlagen über den
Kauf von Haushaltsgegenständen, die über den Zeitpunkt der Anschaffung, die Person des Käufers und den Anschaffungspreis Aufschluss geben können.

### ee) Präklusion (§ 206 Abs. 2 FamFG)

Das Gericht kann den Ehegatten eine angemessene Frist zur Erledigung einer Auflage    2292
nach § 206 Abs. 1 FamFG setzen. § 206 Abs. 2 FamFG enthält für den Fall der Versäumung einer nach Abs. 1 gesetzten Frist eine Präklusionsregelung, die in Anlehnung

an § 296 Abs. 1 ZPO ausgestaltet ist. Eine derartige Sanktion ist nach Auffassung des Gesetzgebers erforderlich, um die Mitwirkung der Ehegatten sicherzustellen.

▶ **Taktischer Hinweis:**

2293    Der Präklusion unterliegen nur »Umstände«, also insb. Vortrag und Beweisangebote für bestimmte Tatsachen. Eine Veränderung des Verfahrensziels wird dadurch nicht ausgeschlossen. Die Ehegatten können insb. ihre Angaben dazu, welche Gegenstände sie zugewiesen bekommen möchten, ändern.

*ff) Aufklärungspflicht des Gerichts (§ 206 Abs. 3 FamFG)*

2294    § 206 Abs. 3 FamFG ergänzt die Regelungen der beiden vorhergehenden Absätze. Kommt ein Ehegatte einer Auflage nach § 206 Abs. 1 FamFG überhaupt nicht oder erst verspätet nach mit der Folge einer Nichtberücksichtigung gem. § 206 Abs. 2 FamFG, so besteht insoweit keine weitere Verpflichtung des Gerichts, diese infrage stehenden Umstände von Amts wegen aufzuklären.

2295    Ein Verstoß gegen die Mitwirkungspflicht bzw. die Präklusionsregelung wird also nicht durch eine aufklärende Tätigkeit des Gerichts »aufgefangen«.

2296    Die Präklusionswirkung kann nach ihrem Sinn und Zweck nur solche Umstände erfassen, die für den Beteiligten, gegen den sich die Auflage richtet, günstig sind. Betrifft die Auflage hingegen für den Beteiligten nachteilige Umstände, ist die Amtsermittlungspflicht des Gerichts nicht eingeschränkt.

### g) Erörterungstermin und Entscheidung des Gerichts

*aa) Erörterungstermin (§ 207 FamFG)*

2297    Das Gericht soll die Angelegenheit mit den Ehegatten in einem Termin erörtern. Es soll das persönliche Erscheinen der Ehegatten anordnen.

*bb) Tod eines Ehegatten (§ 208 FamFG)*

2298    Die Vorschrift des § 208 FamFG bestimmt in Anlehnung an die für Ehesachen geltende Vorschrift des § 131 FamFG, dass bei Tod eines Ehegatten vor Abschluss des Verfahrens dieses als in der Hauptsache erledigt zu gelten hat.

▶ **Anwaltlicher Hinweis:**

2299    Damit wird dem Umstand Rechnung getragen, dass die Rechte der Ehegatten aus den speziellen Vorschriften über die Zuweisung von Wohnung und Haushalt höchstpersönlich und nicht vererblich sind. Die typischerweise durch das persönliche Verhältnis der Ehegatten geprägten Ehewohnungs- und Haushaltsverfahren sollen mit dem Tod eines Ehegatten endgültig abgeschlossen sein.

### cc) Durchführung der Entscheidung (§ 209 Abs. 1 FamFG)

Das Gericht soll nach § 209 Abs. 1 FamFG mit der Endentscheidung die Anordnun-    **2300**
gen treffen, die zu ihrer Durchführung erforderlich sind.

Das FamG soll im Beschluss nicht nur den herzustellenden Endzustand aufzeigen,    **2301**
sondern den Beteiligten grds. auch den Weg dahin ebnen. Gerichtliche Anordnungen können sich auch gegen Dritte richten, etwa den Vermieter oder einen in der
Ehewohnung lebenden Lebensgefährten.

Das Verfahren in Haushaltssachen lässt insb. Anordnungen zu, die die Herausgabe der    **2302**
zugewiesenen Gegenstände oder auch die Rückgabe eigenmächtig entfernten Hausrats betreffen. Die herauszugebenden Gegenstände sind in »vollstreckbarer« Weise
zu benennen.[912]

In Ehewohnungssachen ist an die Anordnung der Räumung, d.h. insb. an die Bestim-    **2303**
mung einer **Räumungsfrist** zu denken.[913]

▶ Praxishinweis:

> Vereinbaren die Eheleute im Rahmen einer Ehewohnungssache, dass die Ehe-    **2304**
> wohnung einem Ehegatten zur alleinigen Nutzung überlassen wird, kann hieraus
> die Räumungsvollstreckung nicht betrieben werden, solange die Vereinbarung
> nicht auch die Verpflichtung zur Räumung und Herausgabe der Ehewohnung
> enthält.[914]

### dd) Wirksamkeit der Entscheidung

Die Endentscheidung in Ehewohnungs- und Haushaltssachen wird nach § 209 Abs. 2    **2305**
Satz 1 FamFG mit Rechtskraft wirksam.

§ 209 Abs. 2 Satz 2 FamFG regelt als Soll-Vorschrift die Möglichkeit des Gerichts, in    **2306**
Ehewohnungssachen nach § 1361b BGB und § 14 LPartG die **sofortige Wirksam-**
**keit** anzuordnen. Nach § 209 Abs. 3 FamFG kann das FamG mit der Anordnung der
sofortigen Wirksamkeit auch die Zulässigkeit der Vollstreckung vor der Zustellung
an den Antragsgegner anordnen.

## 2. Überblick über die materiellen Voraussetzungen

### a) Haushaltsverteilung und Ehewohnung bei Getrenntleben

Für die Dauer des Getrenntlebens bis zur Scheidung regeln die §§ 1361a, 1361b    **2307**
BGB, welcher Ehegatte den Haushalt und/oder die Ehewohnung bekommen soll.
Für die Zeit nach der Scheidung wird die endgültige Regelung durch die §§ 1568a

---

912 OLG Köln, FamRZ 2001, 174.
913 OLG Bamberg, FamRZ 2001, 691.
914 OLG Zweibrücken, NZFam 2020, 305.

und 1568b BGB getroffen. Jede gerichtliche Entscheidung nach §§ 1361a, 1361b BGB erlischt daher mit der Rechtskraft der Scheidung von selbst.

### aa) Haushaltsverteilung bei Getrenntleben (§ 1361a BGB)

### aaa) Alleineigentum eines Ehegatten

**2308**  Grds. kann jeder Ehegatte die ihm gehörenden Haushaltsgegenstände vom anderen Ehegatten herausverlangen, vgl. § 1361a Abs. 1 Satz 1 BGB.

**2309**  Der Eigentümer ist jedoch verpflichtet, sie dem anderen Ehegatten zum Gebrauch zu überlassen, soweit dieser sie zur Führung eines abgesonderten Haushalts benötigt und die Überlassung der Billigkeit entspricht, vgl. § 1361a Abs. 1 Satz 2 BGB.

### bbb) Gemeinsames Eigentum

**2310**  Haushaltsgegenstände, die den Ehegatten gemeinsam gehören, werden nach § 1361a Abs. 2 BGB zwischen ihnen nach den Grundsätzen der **Billigkeit** verteilt. Wird die Zuweisung eines Haustieres nach § 1361a BGB beantragt, so sind das Affektionsinteresse der Beteiligten, die praktizierte Sorge für das Tier und Gesichtspunkte des Tierschutzes – insb. die Versorgung und Betreuung des Tieres, aber auch das Zusammenleben mehrerer Tiere in einem Rudel – zu berücksichtigen.[915]

▶ **Taktischer Hinweis:**

**2311**  Gerichtliche Entscheidungen zum Haushalt sind langwierig und schwer umsetzbar. Es stellt sich deshalb die Frage, ob der ausziehende Ehegatte berechtigt ist, auch ohne Absprache mit dem anderen Ehegatten mitzunehmen, was er meint, für sich zu benötigen oder ob er auf den formalen Weg des § 1361a BGB zu verweisen ist.

Eine Meinung erlaubt dem ausziehenden Ehegatten nur, die Gegenstände mitzunehmen, die zur **Deckung des Notbedarfs** benötigt werden.[916]

Eine andere Meinung gibt dem ausziehenden Ehegatten ein weiter gehendes Mitnahmerecht. Der Ehegatte könne sich danach unter Bezugnahme auf § 1361a BGB bei Auszug in den neuen Haushalt verschaffen, was ihm nach Billigkeit ohnehin zuzusprechen ist.[917]

Die anwaltliche Beratung der Mandanten ist diesbezüglich schwierig. Nimmt der ausziehende Mandant nur den **Notbedarf** mit, sind rechtliche Schwierigkeiten nicht zu erwarten. Allerdings kann es dann bei streitigen Trennungen Probleme geben, später die Haushaltsgegenstände zu bekommen, die dem ausziehenden Ehegatten neben dem Notbedarf zustehen.

---

915  OLG Nürnberg, NZV 2017, 158.
916  OLG Koblenz, ZFE 2007, 354 = FamRB 2008, 3 m. Anm. *Neumann.*
917  OLG Nürnberg, FamRZ 2006, 486.

> »Der Rechtsanwalt, der seiner Mandantschaft anrät, nicht zu zimperlich zu sein, wenn es darum geht, zu entscheiden, was beim Auszug sofort alles mitgenommen wird, geht ein Risiko ein.... Eine Neigung, zu raten, mit Augenmaß eher zu viel als zu wenig beim Auszug mitzunehmen, wird er aber weiterhin haben und er sollte damit auf ein verständiges Ohr in der Richterschaft hoffen dürfen.«[918]

### ccc) Gerichtliche Entscheidung

Soweit die Ehegatten sich nicht einigen, kann nach § 1361a Abs. 3 BGB eine gerichtliche Entscheidung erfolgen. Eine Nutzungsentschädigung nach § 1361a Abs. 3 Satz 2 BGB setzt voraus, dass zuvor eine angemessene und billige Haushaltsverteilung beantragt wurde. Demgemäß ist es nicht möglich, Zahlungsansprüche wegen der Nutzung von Haushaltsgegenständen geltend zu machen, auf die zu keinen Zeitpunkt ein Anspruch erhoben wurde.[919]    2312

Immer wieder streitig ist, ob ein **Pkw** einen Haushaltsgegenstand darstellen kann. Haushaltsgegenstände sind alle beweglichen Gegenstände, die nach den Lebens- und Vermögensverhältnissen der Ehegatten für die gemeinsame Wohnung, die Hauswirtschaft und das Zusammenleben der Familie sowie deren Freizeitgestaltung bestimmt sind. Daher scheiden Gegenstände als Haushaltsgegenstände aus, die allein als Kapitalanlage oder ausschließlich dem Beruf oder sonstigen Erwerb eines Ehegatten dienen, wie etwa Werkzeuge, Fachbücher. Weiter werden Gegenstände ausgenommen, die zum persönlichen Gebrauch oder für persönliche Interessen eines Ehegatten und der Kinder bestimmt sind. Es kommt dabei nicht darauf an, welcher Ehegatte den Gegenstand gekauft hat oder aus welchen Mitteln er bezahlt worden ist. Bei der Einordnung eines Pkw als Haushaltsgegenstand ist insbesondere umstritten, in welchem Umfang das Fahrzeug für private Zwecke genutzt worden sein musste. Jedenfalls ist ein Pkw nach allgemeiner Auffassung dann den Haushaltsgegenständen zuzurechnen, wenn er vor der Trennung überwiegend für Zwecke der Haushalts- und Lebensführung (Einkauf, Wochenendgestaltung, Betreuung der Kinder) und nicht im Wesentlichen den persönlichen Zwecken eines Ehegatten gedient hat oder für berufliche Zwecke genutzt worden ist; eine Benutzung auch zu beruflichen Zwecken ist jedenfalls dann unschädlich, wenn der familiären Nutzung der Vorrang eingeräumt wird.[920] Unschädlich ist die steuerliche Zuordnung des Fahrzeugs (Betriebsvermögen),[921] ein Leasing oder auch, dass es sich um ein Dienstfahrzeug handelt, solange es tatsächlich familiären Zwecken diente.    2313

▶ **Beispiel:**

Ein Pkw, der von den Ehegatten gemeinsam zum Zweck der Haushalts- und privaten Lebensführung benutzt worden ist, ist damit ein Haushaltsgegenstand gem.    2314

---

918 *Krause* ZFE 2008, 452.
919 OLG Düsseldorf, FamRZ 2016, 1087.
920 OLG Zweibrücken, FamRZ 2020, 1630.
921 OLG Hamburg, FamRZ 2022, 772.

§ 1361a BGB.[922] Wenn die getrennt lebende Ehefrau die beiden Kinder der Beteiligten betreut, sich ein Kind noch im Kleinstkindalter befindet und die Ehefrau zudem unter Rückenproblemen leidet, benötigt sie das Fahrzeug für ihren abgesonderten Haushalt. Die Zuweisung des Pkws an die Ehefrau entspricht der Billigkeit; dem Ehemann ist auch für seine berufliche Tätigkeit (als Rechtsanwalt) die Benutzung öffentlicher Verkehrsmittel oder eines Taxis zuzumuten.[923]

▶ Praxishinweis:

2315    Häufig ziehen sich Verfahren auf Verteilung des Hausrats nach § 1361a BGB erheblich in die Länge. Sobald allerdings die Scheidung ausgesprochen wird, ist eine Verteilung des Hausrats für die Trennungszeit nicht mehr möglich, sodass sich das Verfahren erledigt. Ein noch nicht beendetes Verfahren gemäß § 1361a BGB kann nach Rechtskraft der Ehescheidung aber (auch nicht teilweise) in ein Verfahren auf Grundlage des § 1568b BGB übergeleitet werden, jedenfalls wenn es in der Beschwerdeinstanz anhängig ist. Die Wertungsmaßstäbe für die vorläufige Überlassung während des Getrenntlebens nach § 1361a BGB und für die endgültige Überlassung nach § 1568b BGB sind nämlich nicht deckungsgleich. Daher würde den Beteiligten mit der Fortsetzung des Verfahrens in zweiter Instanz eine Tatsacheninstanz genommen. Soweit Haushaltsgegenstände im Alleineigentum sind, ist nunmehr auch der Anspruch nach § 985 BGB geltend zu machen, der eine Familienstreitsache (sonstige Familiensache nach § 266 FamFG) ist.[924]

Nach alledem ergibt sich für die Verfolgung von Ansprüchen auf Herausgabe von Haushaltsgegenständen, dass eine Regelung für die Trennungszeit nur beantragt werden sollte, wenn es sich um wenige Gegenstände handelt, auf die der Antragsteller sofort dringend angewiesen ist.[925]

### bb) Wohnungszuweisung bei Getrenntleben (§ 1361b BGB)

2316    Die Qualifizierung als Ehewohnung hängt nicht davon ab, dass beide Ehegatten in der Wohnung leben. Sie behält ihren Charakter als Ehewohnung während der gesamten Trennungszeit.[926]

2317    Die Zuweisung der Ehewohnung an einen Ehegatten setzt eine »unbillige« Härte voraus, vgl. § 1361b Abs. 1 Satz 1 BGB; die Belange des anderen Ehegatten sind zu berücksichtigen. Die unbillige Härte kann sich daraus ergeben, dass das Wohl von im Haushalt lebenden Kindern beeinträchtigt ist, vgl. § 1361b Abs. 1 Satz 2 BGB. Die gesamte Wohnung ist dem Antragsteller zu überlassen, wenn der Antragsgegner

---

922 OLG Koblenz, FamRZ 2016, 1770; Grüneberg/*Götz*, BGB, § 1361a Rn. 5.
923 KG, FamRZ 2003, 1927.
924 OLG Hamburg, FamRZ 2022, 257.
925 *Giers* NZFam 2021, 847.
926 BGH, FamRZ 2017, 22, 24 unter Aufgabe der früheren Rechtsprechung.

gegen den Antragsteller ein Gewaltdelikt begangen hat, vgl. § 1361b Abs. 2 BGB.[927] Der Ausgewiesene hat alles zu unterlassen, was geeignet ist, die Ausübung des Nutzungsrechts zu erschweren oder zu vereiteln, vgl. § 1361b Abs. 3 Satz 1 BGB.

Das Alleineigentum eines Ehegatten ist im Rahmen der Gesamtabwägung zu berück-    **2318** sichtigen; dennoch besteht die Möglichkeit, dass im Trennungsjahr der andere Ehegatte die Wohnung zugewiesen bekommt, wenn er auf diese besonders angewiesen ist.[928] Der weichende Ehegatte kann aber nach § 1361b Abs. 3 Satz 2 BGB eine Nutzungsvergütung fordern. Erforderlich ist eine diesbezügliche Zahlungsaufforderung.[929]

▶ Praxishinweis:

Wichtig ist, dass der Vergütungsanspruch mit einem deutlichen Zahlungsverlan-    **2319** gen, mithin konkret beziffert, geltend gemacht wird.[930] In der Zahlungsaufforderung muss der andere Miteigentümer allerdings nicht vor die Alternative »Zahlung oder Auszug« gestellt werden.[931] Zumindest im ersten Trennungsjahr passt die Alternative »Zahlung oder Auszug« nämlich nicht. Denn gerade im Trennungsjahr sollen keine endgültigen Fakten geschaffen werden.

Ein Unterhaltsverfahren steht der Geltendmachung einer Nutzungsentschädigung nicht im Wege. Es hat keinen Vorrang. Das wäre nur dann der Fall, wenn eine Unterhaltsregelung durch Gerichtsentscheidung oder Vergleich unter Einbeziehung des Nutzungsvorteils der Wohnung (Wohnvorteil) bereits getroffen ist.[932]

▶ Praxishinweis:

Das OLG Hamm[933] hat entschieden, dass wiederholte Besuche der neuen Lebens-    **2320** gefährtin des Ehemannes, teilweise auch über Nacht, zumindest bei einer kleineren Wohnung eine unbillige Härte nach § 1361b BGB darstellen. Die Wohnung wurde daher befristet auf das Trennungsjahr trotz Alleineigentum des Ehemannes der Ehefrau zugewiesen; diese musste eine Nutzungsentschädigung von 250 € monatlich entrichten.

### b) Haushaltsverteilung und Ehewohnung nach Scheidung

Die Wohnungszuweisung nach der Scheidung richtet sich nach den §§ 1568a und    **2321** 1568b BGB.[934] Wenn sich die Ehegatten nicht darüber einigen können, wer von ihnen die Ehewohnung künftig bewohnen und wer die Wohnungseinrichtung und

---

927  OLG Stuttgart, NJW-RR 2004, 434.

928  Vgl. dazu OLG Karlsruhe, NZFam 2016, 89.

929  OLG Koblenz, NZFam 2015, 38.

930  AG Westerstede, FamRZ 2016, 1085.

931  OLG Düsseldorf, FamRZ 2019, 779 (anders nach Rechtskraft der Scheidung).

932  Grüneberg/*Götz*, BGB, § 1361b Rn. 20.

933  OLG Hamm, FamRZ 2016, 1082.

934  Ausführlich dazu *Reinecke* ZFE 2010, 172 ff. sowie *Krause* ZFE 2008, 448 ff.

den sonstigen Haushalt erhalten soll, regelt das FamG auf Antrag (vgl. § 203 FamFG) die Rechtsverhältnisse.

### aa) Ehewohnungszuweisung nach Scheidung

2322    Die Anforderungen für die Zuweisung der Ehewohnung für die Zeit nach der Scheidung sind hoch, wenn der die Räumlichkeiten für sich begehrende Ehegatte im Gegensatz zum anderen kein Eigentums- oder eigentumsgleiches bzw. eigentumsähnliches Recht an der Wohnung hat. Der nicht dinglich berechtigte Ehegatte kann dann die Überlassung nur verlangen, wenn sie notwendig ist, um eine **unbillige Härte** zu vermeiden, vgl. § 1568a Abs. 2 BGB.[935]

2323    Sind die Eheleute Miteigentümer der Wohnung bzw. des Hauses, ist über die Zu- und Aufteilung (§ 1568a Abs. 1 BGB) nach Billigkeit zu entscheiden. Wird die Wohnung einem Ehegatten allein zugewiesen, ist ein Mietverhältnis zu begründen und unter Beachtung des Verhältnisses der Miteigentumsanteile die Höhe des Mietzinses festzusetzen (§ 1568a Abs. 5 BGB).[936]

2324    Häufig ist der Fall, dass die Eheleute eine Wohnung gemietet haben. Nach § 1568a Abs. 3 Nr. 1 BGB können sie sich ohne richterliche Hilfe darüber verständigen, wer die Wohnung fortan nutzt bzw. mietet und dies mit Bindungswirkung für den Vermieter diesem mitteilen.

▶ Anwaltlicher Hinweis:

2325    Die Mitteilung an den Vermieter kann wie folgt formuliert werden:

Sehr geehrter Herr....,

wie Ihnen bekannt ist, haben mein Mann und ich uns getrennt.

Für die Zeit nach Rechtskraft unserer Scheidung sind mein Mann und ich uns einig, dass die von Ihnen gemietete Wohnung..... künftig allein von..... genutzt und deshalb allein überlassen wird. Das Mietverhältnis wird deshalb künftig allein mit..... fortgesetzt.

2326    Besteht ein Mietverhältnis, gestaltet § 1568a Abs. 3 BGB das Mietverhältnis gesetzlich um, d.h. der Ehegatte, dem die Wohnung überlassen wird, tritt
– zum Zeitpunkt des Zugangs der Mitteilung über die Überlassung an den Vermieter oder
– mit Rechtskraft der Endentscheidung im Wohnungszuweisungsverfahren
anstelle des zur Überlassung verpflichteten Ehegatten in ein von diesem eingegangenes Mietverhältnis ein oder setzt ein von beiden eingegangenes Mietverhältnis allein fort.

---

935  Vgl. dazu OLG Düsseldorf, FuR 2019, 296.
936  Vgl. dazu OLG Bamberg, NZFam 2017, 132.

Allerdings erlischt nach § 1568a Abs. 6 BGB dieser Anspruch auf Eintritt in ein Miet- **2327** verhältnis oder auf seine Begründung **ein Jahr nach Rechtskraft der Endentscheidung in der Scheidungssache**, wenn er nicht vorher rechtshängig gemacht worden ist.[937]

▶ Praxishinweis:

Der Anspruch auf Überlassung der Ehewohnung gemäß § 1568a Abs. 1 und 2 **2328** BGB erlischt ein Jahr nach Rechtskraft der Ehescheidung, wenn er nicht vorher rechtshängig gemacht worden ist. Danach kann der Eigentümerehegatte nach § 985 BGB Herausgabe der Wohnung verlangen. Der aus dem Eigentum folgende Herausgabeanspruch eines Ehegatten kann aber bis dahin auch nach Rechtskraft der Scheidung nicht zulässigerweise als sonstige Familiensache i.S.d. § 266 Abs. 1 Nr. 3 FamFG durchgesetzt werden, solange noch der Anwendungsbereich des § 1568a BGB und damit das Ehewohnungsverfahren nach § 200 Abs. 1 Nr. 2 FamFG eröffnet ist.[938]

Der Vermieter ist jedenfalls immer Verfahrensbeteiligter, vgl. § 204 Abs. 1 FamFG. **2329**

Der Richter hat seine Entscheidung nach billigem Ermessen zu treffen und hierbei die **2330** Umstände des Einzelfalls zu würdigen, insb. das Wohl der Kinder und die Interessen des Gemeinschaftslebens, vgl. § 1568a Abs. 1 BGB. Das Wohl der Kinder ist wie bei § 1361b BGB das oberste Entscheidungskriterium. Die Bedürfnisse der gemeinsamen Kinder und auch der Stiefkinder an einer spannungsfreien und geordneten Familien- und Wohnsituation haben stets Vorrang. Weitere für die Ermessensentscheidung zu berücksichtigende Belange sind:
– Nähe der Wohnung zur Arbeitsstelle,
– Alter, Gesundheitszustand der Eheleute,
– Aufwendungen, die ein Ehegatte für die Wohnung allein erbracht hat,
– Notwendigkeit der Wohnung für den Lebensunterhalt,
– Umstand, dass ein Ehegatte die Wohnung schon vor Eheschließung bewohnt hat,
– nahe Angehörige eines Ehegatten leben im selben Haus bzw. in unmittelbarer Umgebung,
– einfachere Wohnungssuche für einen der beiden Ehegatten,
– wirtschaftliche und finanzielle Verhältnisse.

### bb) Haushaltsverteilung nach Scheidung

Die Haushaltsverteilung nach Scheidung wird von § 1568b BGB geregelt.[939] Die **2331** Vorschrift unterscheidet, ob es sich um gemeinsames Eigentum der Ehegatten oder Alleineigentum handelt.

Nach § 1568b BGB dürfen nur diejenige Haushaltsgegenstände endgültig verteilt **2332** werden, die entweder beiden Eheleuten gemeinsam gehören (§ 1568b Abs. 1 BGB)

---

937 BGH, FamRZ 2021, 834.
938 BGH, FamRZ 2021, 834.
939 Dazu *Krause* ZFE 2008, 448, 450 ff.

bzw. als gemeinsame Haushaltsgegenstände gelten (§ 1568b Abs. 2 BGB). Haushaltsgegenstände, die sich im Alleineigentum eines Ehegatten befinden, unterliegen nicht der Auseinandersetzung; der Eigentümer kann vom anderen Ehegatten deren Herausgabe nach § 985 BGB (sonstige Familiensache nach § 266 FamFG) verlangen, falls sie sich im Besitz des Nichteigentümers befinden.

*aaa) Haushaltsgegenstände*

2333 Als **Haushaltsgegenstände** sind alle Gegenstände anzusehen, die nach den ehelichen Lebensverhältnissen üblicherweise in der Familie und im Haushalt verwendet werden, gleichgültig, wem sie gehören und welchen Wert sie haben, also z.B. die Wohnungsausstattung, Küchengeräte, Möbel, Einrichtungsgegenstände, Teppiche, Vorräte, Bücher (außer berufliche Fachliteratur, die nur ein Ehegatte benötigt), Rundfunk-, Fernseh-, Video- und Phonogeräte einschließlich Platten, anderer Tonträger und Filme, Haustiere,[940] gemeinsam benutzte Musikinstrumente, Sportgeräte etc.

2334 Auch wertvolle Gegenstände einschließlich kostbarer Kunstgegenstände gehören dazu, wenn sie nicht ausschließlich der Kapitalanlage dienen oder als Objektsammlung anzusehen sind, vielmehr als Hausratsgegenstände geeignet sind und nach dem Lebenszuschnitt der Ehegatten als solche dienen.[941]

▶ **Anwaltlicher Hinweis:**

2335 Haushaltsgegenstände, die nach § 1568b BGB verteilt werden können, unterliegen nicht dem Zugewinnausgleich. Die Vorschrift des § 1568b BGB verdrängt daher in ihrem Anwendungsbereich die §§ 1373 ff. BGB.[942]

Nicht anwendbar sind die §§ 1361a und 1568b BGB hingegen auf Haushaltsgegenstände, die nach der Trennung für den neuen Haushalt erworben werden; diese Anschaffungen können aber güterrechtliche Bedeutung haben.[943]

*bbb) Verteilung von Haushaltsgegenständen (§ 1568b Abs. 1 BGB)*

2336 Was einem Ehegatten nachweislich allein gehört, soll er behalten können.

2337 Gemeinsames Haushaltsgegenständeeigentum beider Ehegatten wird »gerecht und zweckmäßig« verteilt. Jeder Ehegatte kann verlangen, dass ihm der andere Ehegatte anlässlich der Scheidung die im gemeinsamen Eigentum stehenden Haushaltsgegenstände überlässt und übereignet, wenn er auf deren Nutzung unter Berücksichtigung des Wohls der im Haushalt lebenden Kinder und der Lebensverhältnisse der Ehegatten in stärkerem Maße angewiesen ist als der andere Ehegatte oder dies aus anderen Gründen der Billigkeit entspricht.

---

940 OLG Nürnberg, NZFam 2017, 158.
941 BGH, FamRZ 1984, 575.
942 FamR-Komm/*Weinreich*, § 1372 BGB Rn. 5 f.; vgl. auch *Roth* FamRZ 2008, 1388, 1390.
943 OLG Hamm, FamRZ 2020, 325.

Alles, was im Laufe der Ehezeit für den gemeinsamen Haushalt angeschafft wurde, gilt im Zweifel nach § 1568b Abs. 2 BGB als gemeinsames Eigentum. Diese Eigentumsvermutung ist lex specialis zu § 1006 BGB.[944] **2338**

Wenn allerdings bei einem während der Ehe angeschafften Haushaltsgegenstand das Alleineigentum eines Ehegatten feststeht, also bewiesen werden kann, dass kein gemeinsames Eigentum besteht, so gilt die allgemeine Regel, dass dieser Gegenstand dem Ehegatten verbleiben soll, dem er gehört. **2339**

Der gemeinsame Haushalt ist nach Billigkeit unter Berücksichtigung des Wohls der im Haushalt lebenden Kinder und der Lebensverhältnisse der Ehegatten zu verteilen. Die maßgeblichen Kriterien sind insoweit **2340**
– Bedeutung der Gegenstände i.R.d. Kindesbetreuung,
– Verwendung zu beruflichen Zwecken,
– Affektionsinteresse,
– bisherige überwiegende Benutzung.

Das Wohl der Kinder gebietet es i.d.R., dass der sorgeberechtigte Elternteil vom Haushalt diejenigen Gegenstände erhält, die er für die Kinder benötigt. Auch die wirtschaftlichen Verhältnisse der Ehegatten spielen eine Rolle, insb., welcher von ihnen auf die Gegenstände in stärkerem Maße angewiesen ist und welcher eher in der Lage erscheint, sich Ersatzhaushaltsgegenstände zu beschaffen. **2341**

### 3. Muster: Ehewohnungs- und Haushaltssachen

### a) Muster: Antrag auf Ehewohnungszuweisung nach § 1361b BGB

▶ Muster: Antrag auf Ehewohnungszuweisung nach § 1361b BGB

An das **2342**

Amtsgericht .....

– Familiengericht –

.....

Antrag auf Ehewohnungszuweisung nach § 1361b BGB

In der Familiensache

der Frau .....

– Antragstellerin –

Verfahrensbevollmächtigte:

gegen

Herrn .....

– Antragsgegner –

---

944 OLG Stuttgart, FamRZ 2016, 1087.

Verfahrensbevollmächtigte:

Beteiligter: Jugendamt .....

wegen Ehewohnungszuweisung nach § 1361b BGB

zeige ich ausweislich anliegender Verfahrensvollmacht die anwaltliche Vertretung der Antragstellerin an.

Namens und im Auftrag der Antragstellerin stelle ich in der Sache den Antrag:

1.  Der Antragsgegner wird verpflichtet, die im Haus ..... (Straße, Nr.) in ..... im ..... (Geschoss) befindliche Ehewohnung, bestehend aus ..... Zimmern, Küche, Bad, WC, Flur und Kellerraum der Antragstellerin zur alleinigen Nutzung zu überlassen.
2.  Der Antragsgegner wird weiter verpflichtet, die in Ziff. 1 bezeichnete Ehewohnung unter Mitnahme seiner persönlichen Sachen, insbesondere seiner Kleidung, bis zum ..... zu räumen und an die Antragstellerin herauszugeben sowie sämtliche Haus- und Wohnungsschlüssel an die Antragstellerin zu übergeben.

Begründung:

Die Beteiligten sind seit dem ..... miteinander verheiratet und haben zwei gemeinsame Kinder ..... , geb. am ..... , und ..... , geb. am ......

Sie haben am ..... die im Antrag zu Ziff. 1 bezeichnete Wohnung gemeinsam angemietet.

Die Antragstellerin will nunmehr vom Antragsgegner getrennt leben, d.h. sie begehrt gemäß § 1361b BGB die Übertragung der Ehewohnung zu ihrer alleinigen Nutzung. Nur dadurch kann eine schwere Härte im Sinne dieser Vorschrift vermieden werden.

Die Verhältnisse in der Ehe der Antragstellerin sind unerträglich geworden. Die Antragstellerin will sich nach Ablauf des Trennungsjahres scheiden lassen.

Beschimpfungen mit Ausdrücken wie »Blöde Sau, Arschloch usw.« sind noch harmlos.

Fürchterlich ist jedoch, dass der Antragsgegner die Antragstellerin des Öfteren und ohne jeden rechtfertigenden Anlass verprügelt; und dies auch vor den gemeinsamen Kindern.

Letzten Monat musste sich die Antragstellerin sogar aufgrund der Misshandlungen durch den Antragsgegner wegen schwerster Prellungen und einer gebrochenen Nase in ärztliche Behandlung begeben.

Beweis: Vorlage des ärztlichen Attestes vom ..... , in Kopie anbei

Mit anwaltlichem Schreiben vom ..... wurde der Antragsgegner aufgefordert, die Ehewohnung unverzüglich zu verlassen.

Beweis: Vorlage des anwaltlichen Schreibens vom ..... , in Kopie anbei

Der Antragsgegner hat dieser Aufforderung nicht entsprochen. Vielmehr hat er weitere Misshandlungen gegenüber der Antragstellerin angekündigt, wenn sie sich scheiden lassen würde.

Eine Aufteilung der Wohnung ist aufgrund der räumlichen Gegebenheiten nicht umsetzbar. Die Antragstellerin hat auch Angst vor dem Antragsgegner, der nur durch räumliche Distanz begegnet werden kann. Schließlich sind nicht nur die Belange der betroffenen Eheleute, sondern auch die der gemeinschaftlichen Kinder zu berücksichtigen.

Die Voraussetzungen für eine Wohnungsüberlassung nach § 1361b BGB sind also gegeben.

Mit dem vorliegenden Antrag wird im isolierten Verfahren nach §§ 200 ff. FamFG; § 1361b Abs. 1 BGB eine richterliche Entscheidung bezüglich der Ehewohnung angestrebt.

Diese Entscheidung hat den Inhalt, dass die Wohnung für die Dauer des Getrenntlebens der Antragstellerin zur alleinigen Nutzung überlassen und der Antragsgegner verpflichtet wird, die Wohnung unter Mitnahme seiner persönlichen Sachen und Übergabe der Schlüssel zu räumen und an die Antragstellerin herauszugeben.

Die örtliche Zuständigkeit des angerufenen Gerichts ergibt sich aus § 201 Nr. 2 FamFG. Danach ist das Gericht zuständig, in dessen Bezirk sich die gemeinsame Wohnung der Ehegatten befindet.

.....

Rechtsanwältin/Rechtsanwalt


## b) Muster: Antrag auf Erlass einer einstweiligen Anordnung zwecks Wohnungszuweisung

▶ Muster: Antrag auf Erlass einer einstweiligen Anordnung zwecks Wohnungszuweisung

An das                                                                    2343

Amtsgericht.....

– Familiengericht –

.....

Antrag auf Erlass einer einstweiligen Anordnung wegen Ehewohnungszuweisung

In der Familiensache

der Frau.....

– Antragstellerin –

Verfahrensbevollmächtigte:

gegen

Herrn.....

– Antragsgegner –

Verfahrensbevollmächtigte:

Beteiligter: Jugendamt.....

wegen Ehewohnungszuweisung

zeige ich ausweislich anliegender Verfahrensvollmacht die anwaltliche Vertretung der Antragstellerin an.

Namens und im Auftrag der Antragstellerin stelle ich in der Sache den Antrag:

Der Antragsgegner wird im Wege der einstweiligen Anordnung wegen besonderer Eilbedürftigkeit ohne mündliche Verhandlung verpflichtet, der Antragstellerin die im Haus..... (Straße, Nr.) in..... im..... (Geschoss) befindliche Ehewohnung zur alleinigen Nutzung zu überlassen und die Wohnung zu räumen.

Begründung:

Die Beteiligten leben seit dem..... innerhalb der o.g. Ehewohnung getrennt.

Hierbei handelt es sich um ein Einfamilienhaus, welches im Eigentum der Antragstellerin steht.

Die Einliegerwohnung wird gegenwärtig vom Antragsgegner genutzt.

Die Antragstellerin lebt mit den beiden minderjährigen Kindern....., geb. am....., und....., geb. am....., im übrigen Gebäude.

Die Küche im Erdgeschoss steht beiden Beteiligten zur Nutzung zur Verfügung.

Bis vor vier Wochen war das Zusammenleben in diesem Haus aufgrund der Aufteilung unproblematisch.

Danach wurde es jedoch unerträglich. Der Antragsgegner wurde arbeitslos. Das ist wohl der Grund dafür, dass er ab dieser Zeit fast jede Nacht betrunken nach Hause kommt und sowohl die Antragstellerin als auch die beiden Kinder beschimpft. Dies reicht soweit, dass er die Kinder aufweckt und die Antragstellerin beschimpft und beleidigt, ihr sogar Schläge androht.

Bei diesem Verhalten des Antragsgegners ist sein weiteres Verbleiben im Haus nicht möglich und für die Antragstellerin und die beiden Kinder unzumutbar.

Es stellt eine unmittelbare Bedrohung der Gesundheit der Antragstellerin und der Kinder dar. Seitdem leidet die Antragstellerin unter erheblichen psychischen und physischen Problemen. So kann sie nachts kaum noch schlafen und ist einem Nervenzusammenbruch nahe.

Glaubhaftmachung: Vorlage des ärztlichen Attestes vom....., in Kopie anbei

Dieses Fehlverhalten des Antragsgegners ist schwerwiegend und wiederholt sich auch.

Der Antragstellerin ist es aufgrund der räumlichen Verhältnisse nicht möglich, sich und die Kinder vor den geschilderten Übergriffen des Antragsgegners in Sicherheit zu bringen, da die Einliegerwohnung mit dem Haus im Übrigen offen verbunden ist.

Glaubhaftmachung: Eidesstattliche Versicherung der Antragstellerin vom......

.....

Rechtsanwältin/Rechtsanwalt

## c) Muster: Antrag auf Aufteilung der Ehewohnung

▶ Muster: Antrag auf Aufteilung der Ehewohnung

An das                                                                          2344

Amtsgericht.....

– Familiengericht –

.....

Antrag auf Wohnungsaufteilung

In der Familiensache

der Frau.....

– Antragstellerin –

Verfahrensbevollmächtigte:

gegen

Herrn.....

– Antragsgegner –

Verfahrensbevollmächtigte:

Beteiligter: Jugendamt.....

wegen Aufteilung der Ehewohnung nach Scheidung

zeige ich ausweislich anliegender Verfahrensvollmacht die anwaltliche Vertretung der Antragstellerin an.

Namens und im Auftrag der Antragstellerin stelle ich in der Sache den Antrag:

1. Der Antragstellerin werden alle Räume der im Erdgeschoss des Hauses..... (Straße) Nr...... in..... belegenen Ehewohnung zur alleinigen Nutzung überlassen.
2. Dem Antragsgegner werden alle Räume der im Dachgeschoss des Hauses..... (Straße) Nr...... in..... belegenen Ehewohnung zur alleinigen Nutzung überlassen.

Begründung:

Die Beteiligten leben seit dem..... getrennt. Aus der Ehe sind zwei gemeinsame Kinder....., geb. am....., und....., geb. am....., hervorgegangen, die bei der Antragstellerin leben.

Die Beteiligten sind zu je 1/2 Miteigentümer des Hauses..... (Straße) Nr...... in......

Das Haus besteht aus einem Erdgeschoss sowie einem Dachgeschoss. Das Dachgeschoss hat eine Größe von ca. 85 qm, während das Erdgeschoss etwas größer ist (ca. 98 qm).

Die Beteiligten sind nach der Trennung darin übereingekommen, dass beide im Haus wohnen bleiben wollen. Nunmehr will der Antragsgegner jedoch die Erdgeschosswohnung; es hat bereits mehrfach Streit gegeben, der auch die Kinder stark verunsichert hat. Deshalb ist eine Klärung der Frage nunmehr erforderlich. Die Antragstellerin betreut die gemeinsamen Kinder und hat deshalb einen größeren Wohnbedarf; es kommt hinzu, dass die gemeinsame Tochter..... erst zwei Jahre alt ist und im Kinderwagen gefahren wird. Es wäre daher umständlich, wenn die Antragstellerin im Dachgeschoss leben würde.

Die beantragte Regelung entspricht demnach der Billigkeit.

.....

Rechtsanwältin/Rechtsanwalt

### d) Muster: Antrag auf Haushaltsverteilung nach § 1361a BGB

▶ Muster: Antrag auf Haushaltsverteilung nach § 1361a BGB

2345 An das

Amtsgericht.....

– Familiengericht –

.....

Antrag auf Haushaltsverteilung nach § 1361a BGB

In der Familiensache

der Frau.....

– Antragstellerin –

Verfahrensbevollmächtigte:

gegen

Herrn.....

– Antragsgegner –

Verfahrensbevollmächtigte:

wegen Haushaltsverteilung, § 1361a BGB

zeige ich ausweislich anliegender Verfahrensvollmacht die anwaltliche Vertretung der Antragstellerin an.

Namens und im Auftrag der Antragstellerin stelle ich in der Sache den Antrag:

1.  Der Antragsgegner wird verpflichtet, der Antragstellerin das im Wohnzimmer der Ehewohnung hängende Bild »Bildnis einer Jungfrau« von..... herauszugeben.
2.  Der Antragsgegner wird verpflichtet, der Antragstellerin die Waschmaschine der Marke..... und den Trockner der Marke..... zu überlassen.
3.  Vom gemeinsamen Hausrat werden der Antragstellerin folgende Gegenstände überlassen:

.....

Begründung:

Die Beteiligten sind getrennt lebende Eheleute seit dem...... Ein Scheidungsverfahren ist gegenwärtig allerdings nicht anhängig.

Die Antragstellerin ist am genannten Tag mit den beiden gemeinsamen minderjährigen Kindern....., geb. am....., und....., geb. am....., aus der Ehewohnung in..... ausgezogen.

Die Antragstellerin will nach Ablauf des Trennungsjahres die Ehescheidung beantragen.

Mit dem vorliegenden Antrag begehrt die Antragstellerin nach § 1361a BGB eine Regelung der Nutzung von Hausratsgegenständen, die bisher gemeinsam genutzt wurden.

I. Antrag zu 1)

Mit dem Antrag zu 1) begehrt die Antragstellerin die Herausgabe eines Bildes, das im Alleineigentum der Antragstellerin steht.

Das Bild ist ein Erbstück des verstorbenen Vaters der Antragstellerin.

Beweis: Zeugnis der Frau.....

Der Antragsgegner ist verpflichtet, dieses Bild herauszugeben. Obwohl er unter Fristsetzung mit Anwaltsschreiben zur Herausgabe aufgefordert wurde, verweigert er diese Herausgabe.

Beweis: Vorlage des anwaltlichen Schreibens vom....., in Kopie anbei

II. Antrag zu 2)

Mit dem Antrag zu 2) begehrt die Antragstellerin die Überlassung der Waschmaschine und des Trockners.

Diese Gegenstände sind gemeinsames Eigentum der Beteiligten.

Die Antragstellerin benötigt die Waschmaschine und den Trockner dringend.

Darüber hinaus entspricht die Überlassung dieser Gegenstände der Billigkeit, denn die Antragstellerin versorgt die beiden minderjährigen Kinder.

Für den Antragsgegner sind diese Geräte hingegen nicht von Bedeutung, da......

Die Antragstellerin ist finanziell nicht in der Lage, sich Ersatzgeräte zu beschaffen, denn sie verfügt nicht über eigenes Erwerbseinkommen oder Vermögenswerte.

III. Antrag zu 3)

Mit dem Antrag zu 3) wird die Aufteilung der gemeinsamen Haushaltsgegenstände beantragt.

......

.....

Rechtsanwältin/Rechtsanwalt

### e) Muster: Antrag auf Erlass einer einstweiligen Anordnung wegen Haushaltsgegenständen

▶ Muster: Antrag auf Erlass einer einstweiligen Anordnung wegen Haushaltsgegenständen

2346  An das

Amtsgericht.....

– Familiengericht –

......

Antrag auf Erlass einer einstweiligen Anordnung wegen Haushaltsgegenständen

In der Familiensache

der Frau.....

– Antragstellerin –

Verfahrensbevollmächtigte:

gegen

Herrn.....

– Antragsgegner –

Verfahrensbevollmächtigte:

wegen Haushaltsgegenständen

zeige ich ausweislich anliegender Verfahrensvollmacht die anwaltliche Vertretung der Antragstellerin an.

Namens und im Auftrag der Antragstellerin stelle ich in der Sache den Antrag:

Dem Antragsgegner wird wegen besonderer Eilbedürftigkeit ohne mündliche Verhandlung im Wege der einstweiligen Anordnung aufgegeben, folgende Gegenstände an die Antragstellerin herauszugeben und ihr die alleinige Nutzung zu gestatten:

...... (Aufzählung der Gegenstände)

Begründung:

Die Beteiligten haben bis zum..... in der Ehewohnung getrennt gelebt.

Am..... ist die Antragstellerin mit der gemeinsamen Tochter....., geb. am....., in ihre neue Wohnung gezogen. Dabei nahm sie zunächst nur ihre persönlichen Sachen mit.

Am..... wollte die Antragstellerin weitere für die Lebensführung dringend benötigte Gegenstände aus der Wohnung holen. Dabei musste sie feststellen, dass der Antragsgegner die Schlösser ausgewechselt hatte und ihr der Zugang zu der Wohnung nunmehr nicht mehr möglich ist.

Bei den im Antrag aufgeführten Haushaltsgegenständen handelt es sich um Geschirr und Küchengeräte, die von der Antragstellerin dringend zur Lebensführung benötigt werden. Sie ist darauf dringend angewiesen, um Mahlzeiten zuzubereiten und sich und ihr Kind zu verpflegen. Andere Hausratsgegenstände stehen ihr für diese Zwecke nicht zur Verfügung.

Demgegenüber reichen die im Haushalt des Antragsgegners verbleibenden Gegenstände für dessen Bedürfnisse völlig aus.

Die herausverlangten Haushaltsgegenstände sind mehrfach vorhanden. Gleichwohl weigert sich der Antragsgegner unverständlicherweise, der Antragstellerin die begehrten Gegenstände auch nur zur vorläufigen Nutzung herauszugeben.

Glaubhaftmachung: Anwaltsschreiben vom....., in Kopie anbei

Glaubhaftmachung: Eidesstattliche Versicherung der Antragstellerin vom.....

.....

Rechtsanwältin/Rechtsanwalt

## f) Muster: Antrag auf Aufteilung von Haushaltsgegenständen

▶ Muster: Antrag auf Aufteilung von Haushaltsgegenständen

An das                                                                              2347

Amtsgericht.....

– Familiengericht –

.....

Antrag auf Haushaltsaufteilung nach § 1568b BGB

In der Familiensache

der Frau.....

– Antragstellerin –

Verfahrensbevollmächtigte:

gegen

Herrn.....

– Antragsgegner –

Verfahrensbevollmächtigte:

wegen Haushaltsaufteilung nach Scheidung

zeige ich ausweislich anliegender Verfahrensvollmacht die anwaltliche Vertretung der Antragstellerin an.

Namens und im Auftrag der Antragstellerin stelle ich in der Sache den Antrag:

Der Pkw VW Golf, Bj....., Fahrgestellnr......, wird der Antragstellerin gegen eine Ausgleichszahlung in Höhe von..... zum Alleineigentum übertragen.

Begründung:

Die Beteiligten sind seit dem..... geschieden. Aus der Ehe sind zwei gemeinsame Kinder....., geb. am....., und....., geb. am....., hervorgegangen, die bei der Antragstellerin leben.

Die Beteiligten haben während der Ehe das o.a. Fahrzeug gemeinsam angeschafft, d.h. das Fahrzeug befindet sich im gemeinsamen Eigentum. Das Auto wurde ausschließlich für private Zwecke gebraucht, da der Antragsgegner ein Dienstfahrzeug seiner Firma verwenden kann.

Die Antragstellerin benötigt das Auto, um die Tochter....., die an..... erkrankt ist, regelmäßig zur erforderlichen Behandlung bringen zu können. Andere Verkehrsmittel kommen dafür nicht infrage.

Die Antragstellerin ist auch bereit, einen Ausgleich zu erbringen; aufgrund ihrer begrenzten wirtschaftlichen Möglichkeiten ist ein Betrag in Höhe von..... angemessen.

Die beantragte Regelung entspricht demnach der Billigkeit.

.....

Rechtsanwältin/Rechtsanwalt

## VI. Gewaltschutzsachen

2348 Gewaltschutzsachen sind nach § 210 FamFG Verfahren nach den §§ 1 und 2 des Gewaltschutzgesetzes (GewSchG).[945]

2349 Nach § 1 GewSchG kann das FamG Maßnahmen zum Schutz vor Gewalt und Nachstellungen treffen sowie nach § 2 GewSchG die Überlassung einer gemeinsam genutzten Wohnung anordnen. Das Gewaltschutzgesetz enthält ausschließlich Ver-

---

945 Vgl. dazu *Cirullies* NZFam 2022, 93 ff.; *ders.* NZFam 2022, 333; *Büte* FuR 2010, 250 ff.

fahrensrecht. Es begründet keinen Anspruch, sondern es setzt einen Unterlassungs-anspruch zum Schutz der im § 1 GewSchG genannten Rechtsgüter aufgrund materiellen bürgerlichen Rechts voraus. Ein Abwehranspruch zum Schutz der Gesundheit vor Beeinträchtigungen durch Verletzungen, die zu befürchten sind, z.B. weil der Antragsgegner die Antragsteller außerhalb des räumlichen Bereichs des Grundstücks bedroht oder bedrängt (§§ 823 Abs. 1, 1004 BGB), kann im Gewaltschutzverfahren durchgesetzt werden.[946]

Das FamG ist für alle Gewaltschutzsachen zuständig, und zwar unabhängig davon, **2350** ob die Beteiligten einen auf Dauer angelegten gemeinsamen Haushalt führen oder innerhalb von 6 Monaten vor Antragstellung geführt haben. Damit können nach dem FamFG auch Verfahren zum FamG gelangen, in denen es an einer besonderen Nähebeziehung zwischen den Hauptbeteiligten fehlt.

▶ **Das Wichtigste in Kürze**
  – Das FamG ist für alle Gewaltschutzsachen unabhängig von der Trennungszeit **2351** zuständig. → Rdn. 2362 ff.
  – Für alle Gewaltschutzsachen gilt das Verfahrensrecht der freiwilligen Gerichtsbarkeit. → Rdn. 2352 ff.
  – Anhörung des Jugendamts in Verfahren nach § 2 GewSchG unabhängig vom Verfahrensausgang, § 213 FamFG. → Rdn. 2371 f.

## 1. Verfahren in Gewaltschutzsachen

### a) Gewaltschutzsachen

Gewaltschutzsachen sind nach § 210 FamFG Verfahren nach den §§ 1 und 2 Gew- **2352** SchG. Der Begriff der Gewaltschutzsachen wird damit durch Bezugnahme definiert.

*aa) Anordnungen zum Schutz vor Gewalt und Nachstellungen*

Nach § 1 GewSchG hat das FamG auf Antrag der verletzten Person die zur Abwen- **2353** dung weiterer Verletzungen erforderlichen Maßnahmen zu treffen, wenn eine Person vorsätzlich den Körper, die Gesundheit, die Freiheit oder die sexuelle Selbstbestimmung einer anderen Person widerrechtlich verletzt hat.

▶ **Praxishinweis:**
  Die einmalige Veröffentlichung von Nacktbildern im Internet sowie die Zusen- **2354** dung eines Briefes mit einem ehrenrührigen Inhalt an einen Dritten verletzte bislang »nur« das allgemeine Persönlichkeitsrecht des Opfers, jedoch nicht die durch das GewSchG geschützten Rechtsgüter.[947] Dies hat sich geändert durch

---

946 OLG Brandenburg, FamRZ 2017, 117.
947 OLG Karlsruhe, FamRZ 2016, 2138.

die Erweiterung des Abs. 1 um das Schutzgut der sexuellen Selbstbestimmung (Gesetz zur Bekämpfung sexueller Gewalt gegen Kinder vom 01.07.2021).[948]

2355 Das Gericht kann nach § 1 Abs. 1 Satz 3 GewSchG insb. anordnen, dass der Täter es unterlässt,
– die Wohnung der verletzten Person zu betreten,
– sich in einem bestimmten Umkreis der Wohnung der verletzten Person aufzuhalten,
– zu bestimmende andere Orte aufzusuchen, an denen sich die verletzte Person regelmäßig aufhält,
– Verbindung zur verletzten Person, auch unter Verwendung von Fernkommunikationsmitteln, aufzunehmen,
– Zusammentreffen mit der verletzten Person herbeizuführen,
soweit dies nicht zur Wahrnehmung berechtigter Interessen erforderlich ist.

▶ Praxishinweis:

2356 Die Regelung des § 1 GewSchG stellt lediglich eine verfahrensrechtliche Vorschrift dar, die selbst keinen eigenständigen materiell-rechtlichen (Unterlassungs-)Anspruch begründet, sondern einen solchen vielmehr voraussetzt. Die materiell-rechtliche Grundlage eines nach § 1 GewSchG durchsetzbaren Anspruchs ergibt sich aus einer Verletzung der absolut geschützten Rechtsgüter des Körpers, der Gesundheit und der Freiheit gemäß § 823 BGB oder in entsprechender Anwendung von § 1004 BGB.[949]

### bb) Überlassung einer gemeinsam genutzten Wohnung

2357 Nach § 2 GewSchG kann das FamG auf Antrag auch die Überlassung einer gemeinsam genutzten Wohnung zur alleinigen Benutzung anordnen.

2358 Ist der verletzten Person die Wohnung zur Benutzung überlassen worden, so hat der Täter nach § 2 Abs. 4 GewSchG alles zu unterlassen, was geeignet ist, die Ausübung dieses Nutzungsrechts zu erschweren oder zu vereiteln.

2359 Der Täter kann allerdings nach § 2 Abs. 5 GewSchG von der verletzten Person eine Vergütung für die Nutzung verlangen, soweit dies der Billigkeit entspricht.

### cc) Abgrenzung von anderen Verfahren

2360 Wohnungszuweisungsanträge nach § 1361b BGB bzw. § 2 GewSchG können sich überschneiden. Nach § 3 Abs. 2 GewSchG ist grundsätzlich von einem Nebeneinander mit einem Wahlrecht des Antragstellers auszugehen.[950]

---

948 *Cirullies* NZFam 2022, 93.
949 OLG Brandenburg, Beschl. vom 22.04.2021, 9 UF 53/21.
950 OLG Nürnberg, NZFam 2021, 753 mit Anm. v. *Cirullies* = FamRZ 2021, 1799.

Die Abgrenzung von Gewaltschutzsachen, insb. zu allgemeinen zivilrechtlichen Ansprüchen und zu Ehewohnungssachen, muss durch Auslegung des Antrags erfolgen. Beantragt der Antragsteller die »Zuweisung für die Dauer des Getrenntlebens«, verbietet sich eine in aller Regel zu befristende Überlassung (nicht: Zuweisung) der Wohnung nach § 2 GewSchG.[951] Zur Verbindung von Gewaltschutzsachen mit anderen Verfahren, ggf. auch im Wege eines Hilfsantrags, gelten die allgemeinen Grundsätze. Anträge nach § 1361b BGB und § 1 GewSchG können in einem Verfahren verhandelt und entschieden werden.[952]   **2361**

### b) Gerichtliche Zuständigkeit in Gewaltschutzsachen

#### aa) Sachliche Zuständigkeit

Die ausschließliche **sachliche** Zuständigkeit in Gewaltschutzsachen ergibt sich aus §§ 23a Abs. 1 Satz 2, Satz 1 Nr. 1 GVG i.V.m. § 111 Nr. 6 FamFG.   **2362**

#### bb) Örtliche Zuständigkeit

**Örtlich** ist nach § 211 FamFG ausschließlich zuständig nach Wahl des Antragstellers   **2363**
1. das Gericht, in dessen Bezirk die Tat begangen wurde,
2. das Gericht, in dessen Bezirk sich die gemeinsame Wohnung des Antragstellers und des Antragsgegners befindet, oder
3. das Gericht, in dessen Bezirk der Antragsgegner seinen gewöhnlichen Aufenthalt hat.

Nach § 211 Nr. 1 FamFG ist das Gericht zuständig, in dessen Bezirk die Tat begangen wurde. Tatort ist jeder Ort, an dem auch nur eines der wesentlichen Tatbestandsmerkmale verwirklicht wurde, also sowohl der Handlungsort als auch der Erfolgsort.   **2364**

Haben Antragsteller und Antragsgegner eine gemeinsame Wohnung, so kann nach § 211 Nr. 2 FamFG der Antrag auch bei dem hierfür zuständigen Gericht gestellt werden.   **2365**

§ 211 Nr. 3 FamFG stellt auf den gewöhnlichen Aufenthalt des Antragsgegners ab.   **2366**

Da mehrere Gerichte zuständig sein können, hat der Antragsteller ein Wahlrecht.   **2367**

### c) Verfahrenseinleitender Antrag

Das FamG wird auf Antrag tätig, vgl. § 1 GewSchG sowie § 23 FamFG.[953] In Gewaltschutzsachen gilt einheitlich das Verfahrensrecht der freiwilligen Gerichtsbarkeit, sodass die Anforderungen an die verfahrenseinleitende Erklärung nicht überspannt werden dürfen. Der zur Einleitung des Verfahrens nach § 1 GewSchG erforderliche Verfahrensantrag ist für das FamG nicht bindend.   **2368**

---

951 *Cirullies* NZFam 2022, 94.
952 OLG Nürnberg, NZFam 2021, 753.
953 Vgl. Schulte-Bunert/Weinreich/*Schulte-Bunert*, FamFG, § 214 Rn. 1c.

2369  Der Antragsteller muss keinen Beweis anbieten, da der Amtsermittlungsgrundsatz gilt. Das FamG kann formlos Beweiserhebungen anstrengen, vgl. § 26 FamFG.

### d) Beteiligung und Anhörung des Jugendamts

*aa) Beteiligung (§ 212 FamFG)*

2370  Die Vorschrift des § 212 FamFG bestimmt, dass das **Jugendamt** im Rahmen von Verfahren nach § 2 GewSchG auf seinen Antrag hin als Beteiligter hinzuzuziehen ist, wenn Kinder in dem betroffenen Haushalt leben.

*bb) Anhörung (§ 213 FamFG)*

2371  Nach § 213 Abs. 1 FamFG soll das Gericht in Verfahren nach § 2 GewSchG das Jugendamt anhören, wenn Kinder in dem Haushalt leben. Unterbleibt die Anhörung allein wegen Gefahr im Verzug, ist sie unverzüglich nachzuholen.

2372  Die Anhörung des Jugendamts ist unabhängig davon vorgesehen, wie das Verfahren voraussichtlich enden wird. Die Zuweisung der Wohnung hat im Regelfall erhebliche Auswirkungen auf das Wohl der betroffenen Kinder, sodass die Einbeziehung des Jugendamts erforderlich ist.

2373  Das Gericht hat nach § 213 Abs. 2 FamFG grds. dem Jugendamt die Entscheidung mitzuteilen. Das Jugendamt hat eine von § 59 FamFG unabhängige Beschwerdebefugnis gegen den Beschluss.

### e) Einstweilige Anordnung in Gewaltschutzsachen

2374  Nach § 214 Abs. 1 FamFG kann das FamG **auf Antrag** durch einstweilige Anordnung eine vorläufige Regelung nach §§ 1 oder 2 GewSchG treffen.[954]

2375  Die Vorschrift dient insoweit allein der Klarstellung, da sich diese Möglichkeit bereits aus §§ 49 ff. FamFG ergibt.

▶ Anwaltlicher Hinweis:

2376  Der Gewaltschutzantrag muss **begründet** werden und in seinen Voraussetzungen glaubhaft gemacht werden, vgl. § 51 Abs. 1 Satz 2 FamFG. Erlassvoraussetzung ist ein Anordnungsgrund und ein Anordnungsanspruch.[955]

2377  Die Anhängigkeit eines Hauptsacheverfahrens oder die Einreichung eines diesbezüglichen Antrags auf Bewilligung von VKH ist – wie auch bei anderen einstweiligen Anordnungen des FamFG – nicht erforderlich.

---

954  Ausführlich dazu *Bruns* FamRZ 2012, 1024.
955  OLG Köln, FamRZ 2011, 132.

▶ Praxishinweis:

> Gewaltschutzverfahren werden in der Praxis so gut wie immer mittels eines Antrags    2378
> auf Erlass einer einstweiligen Anordnung eingeleitet. Meist sind zuvor polizeiliche
> Maßnahmen ergangen, die über ein Gewaltschutzverfahren geprüft und bestätigt
> werden sollen.

> Ergeht auf der Grundlage solcher Anträge eine einstweilige Anordnung, so wird
> dabei häufig auch auf eine mündliche Verhandlung aufgrund von Eilbedürftigkeit
> verzichtet. Der Antragsgegner hat aber die Möglichkeit, nach Erlass der einstwei-
> ligen Anordnung Antrag auf mündliche Verhandlung nach § 54 Abs. 2 FamFG
> zu stellen.

### aa) Bedürfnis für eine vorläufige Regelung

Ein **dringendes Bedürfnis** für ein sofortiges Tätigwerden liegt nach 214 Abs. 1 Satz 2    2379
FamFG i.d.R. vor, wenn eine Tat nach § 1 GewSchG begangen wurde; dies indiziert
die Wiederholungsgefahr.[956] Ansonsten muss aufgrund konkreter Umstände mit der
Begehung einer Tat nach § 1 GewSchG zu rechnen sein.

Das dringende Bedürfnis entfällt regelmäßig, wenn sich die verletzte Person mit dem    2380
Täter wieder versöhnt. Auch wenn eine Versöhnung im engeren Sinne nicht stattgefunden hat, sich die Antragstellerin jedoch aus eigenem Antrieb des Schutzes eines
gerichtlich angeordneten Kontakt- und Näherungsverbotes begibt (nächtliches Treffen
der Antragstellerin mit dem Antragsgegner in dessen Wohnung), gilt entsprechendes.
Eine Aufrechterhaltung der Anordnung »auf Vorrat« ist nicht möglich.[957]

Eine einstweilige Gewaltschutzanordnung ergeht, wenn das schlüssige Vorbringen    2381
des Antragstellers bei freier Würdigung des gesamten Verfahrensstoffs glaubhaft, d. h.
überwiegend für das Gericht wahrscheinlich ist. Privatgespräche, die ohne Einwilligung des Antragsgegners aufgezeichnet wurden, dürfen verwertet werden, wenn der
Schutz der betroffenen Rechtsgüter im konkreten Fall Vorrang vor dem Schutz des
gesprochenen Wortes haben muss (Audiodatei mit Drohungen des Antragsgegners).[958]

▶ Praxishinweis:

> Auch Videoaufzeichnungen, die von einem Hausanwesen zur Klärung von Beläs-    2382
> tigungen gemacht wurden, können zur Glaubhaftmachung vorgelegt werden,
> stellen also keinen unzulässigen Eingriff in das allgemeine Persönlichkeitsrecht
> des Täters dar und unterliegen keinem Beweisverwertungsverbot.[959]

---

956  OLG Hamm, FamRZ 2012, 880.
957  OLG Hamburg, FamRZ 2016, 989.
958  OLG Brandenburg, FamRZ 2020, 1833.
959  OLG Saarbrücken, FamRZ 2011, 985 f.; Schulte-Bunert/Weinreich/*Schulte-Bunert*,
     FamFG, § 214 Rn. 2b.

2383 Das Gericht hat nach pflichtgemäßem Ermessen auch zu prüfen, ob aufgrund einer glaubhaft gemachten Gefahrenlage von einer **mündlichen Verhandlung** vor Erlass des Beschlusses abzusehen ist.

*bb) Vollstreckung der einstweiligen Anordnung*

2384 Nach § 214 Abs. 2 FamFG gilt der Antrag auf Erlass der einstweiligen Anordnung im Fall des Erlasses **ohne mündliche Erörterung** zugleich als Auftrag zur Zustellung durch den Gerichtsvollzieher unter Vermittlung der Geschäftsstelle und als Auftrag zur Vollstreckung i.S.v. § 753 ZPO; auf Verlangen des Antragstellers darf die Zustellung jedoch nicht vor der Vollstreckung erfolgen.

2385 Ansonsten, d.h. im Fall des Erlasses der einstweiligen Anordnung **mit mündlicher Erörterung**, gilt für die Vollstreckung **§ 53 FamFG**, d.h. es bedarf grds. keiner Vollstreckungsklausel. Das Gericht kann in Gewaltschutzsachen nach § 53 Abs. 2 FamFG insb. anordnen, dass die Vollstreckung der einstweiligen Anordnung vor Zustellung an den Verpflichteten zulässig ist. In diesem Fall wird die einstweilige Anordnung mit Erlass wirksam.

### f) Bestätigung eines Vergleichs (§ 214a FamFG)

2386 Auch in Gewaltschutzsachen können die Beteiligten einen Vergleich schließen. Dies ist mittlerweile sogar überwiegend der Fall. Wichtig ist jedoch die gerichtliche Bestätigung des Vergleichs, da nur dann eine Vollstreckungsmöglichkeit besteht.

▶ Praxishinweis:

2387 § 214a FamFG wurde durch das Gesetz zur Verbesserung des Schutzes gegen Nachstellungen vom 01.03.2017 eingefügt. Zwar soll das Gericht in Gewaltschutzsachen ausdrücklich nicht auf eine gütliche Einigung der Beteiligten hinwirken, § 36 Abs. 1 Satz 2 FamFG. Gleichwohl wurden schon immer viele Verfahren in Gewaltschutzsachen durch Vergleich beendet. Die selbst gewählten Verpflichtungen tragen zur besseren Befriedung der Beteiligten bei. Sie waren jedoch früher nicht strafbewehrt. Diese Schutzlücke wurde durch das Gesetz zur Verbesserung des Schutzes gegen Nachstellungen geschlossen, indem das FamG nach § 214a FamFG verpflichtet ist, den Vergleich zu bestätigen, soweit es die gleichen Verpflichtungen nach § 1 GewSchG hätte aussprechen können. Parallel dazu wurde in § 4 GewSchG ausdrücklich auch die Zuwiderhandlung gegen eine Verpflichtung aus einem nach § 214a gerichtlich bestätigten Vergleich mit Strafe bedroht, soweit dies einer möglichen Anordnung nach § 1 GewSchG entspricht.

### g) Entscheidung in Gewaltschutzsachen

Anordnungen nach § 1 GewSchG zum Schutz vor Gewalt und Nachstellungen sind **2388** aus Gründen der Verhältnismäßigkeit zwingend zu befristen. Die Frist hat sich am Einzelfall zu orientieren, insb. an der Schwere der Gewalttat.[960]

▶ **Praxishinweis:**

> Anwaltlich ist unbedingt sicherzustellen, dass der Titel hinreichend bestimmt ist, **2389** da er sich nur dann zur Vollstreckung eignet. Das Unterlassungsgebot muss daher in einem Gewaltschutztitel so konkret gefasst sein, dass der Schuldner weiß, welches Verhalten verboten ist, damit die Entscheidung über die Reichweite des Gebots nicht dem Vollstreckungsorgan überlassen bleibt.

Nach § 215 FamFG soll das FamG in Verfahren nach § 2 GewSchG (Überlassung der **2390** gemeinsam genutzten Wohnung) in der Endentscheidung die zu ihrer Durchführung erforderlichen Anordnungen treffen.

#### aa) Durchführung der Endentscheidung (§ 215 FamFG)

Das FamG soll im Beschluss nicht nur den herzustellenden Endzustand aufzeigen, **2391** sondern den Beteiligten grds. auch den Weg dahin ebnen.

Die Überlassung der Wohnung soll daher durch Durchführungsanordnungen, insb. **2392** durch Bestimmung einer **Räumungsfrist** flankiert werden. Weiterhin können Begleitumstände der Räumung, wie etwa die Anwesenheit oder Nichtanwesenheit bestimmter Personen, verfügt werden.

#### bb) Mitteilung der Gewaltschutzentscheidung

Weiterhin teilt das FamG Anordnungen nach den §§ 1 und 2 GewSchG sowie deren **2393** Änderung oder Aufhebung der zuständigen Polizeibehörde und anderen öffentlichen Stellen, die von der Durchführung der Anordnung betroffen sind, nach § 216a FamFG unverzüglich mit, soweit nicht schutzwürdige Interessen eines Beteiligten an dem Ausschluss der Übermittlung, das Schutzbedürfnis anderer Beteiligter oder das öffentliche Interesse an der Übermittlung überwiegen. Dies alles soll die Polizei in die Lage versetzen, die Einhaltung der gerichtlichen Anordnungen im Rahmen der ihr obliegenden Gefahrenabwehr wie auch der Strafverfolgung zuverlässig überwachen zu können. Denn ein Verstoß gegen eine Anordnung nach § 1 GewSchG ist gem. § 4 GewSchG strafbewehrt. Ein Verstoß gegen die Anordnung der Wohnungsüberlassung kann als Hausfriedensbruch nach § 123 StGB zu ahnden sein. Diesen Aufgaben kann die Polizei nur nachkommen, wenn sie zuverlässig und prompt darüber informiert ist, dass überhaupt eine wirksame gerichtliche Anordnung besteht und auch ob und in welchem Umfang sie noch in Kraft ist.

---

960 OLG Jena, FamRZ 2012, 1226 (LS).

2394   Das Gericht hat unverzüglich die Entscheidungen in Gewaltschutzsachen mitzuteilen. Hat das Gericht – wie regelmäßig – die sofortige Wirksamkeit und Vollstreckung
der Anordnung gem. § 216 Abs. 2 FamFG oder eine sofort vollziehbare eA (§ 53
Abs. 2 FamFG) erlassen, ist die Entscheidung bei Herausgabe an die Beteiligten auch
zugleich an die Polizei zu übermitteln. Wird eine Endentscheidung in Gewaltschutzsachen erst mit Rechtskraft wirksam (§ 216 Abs. 1 Satz 1 FamFG), ist die gerichtliche
Anordnung erst dann mitzuteilen.

▶ Anwaltlicher Hinweis:

2395   Die in § 216a FamFG genannten öffentlichen Stellen können insb. Schulen,
Kindergärten und Jugendhilfeeinrichtungen in öffentlich-rechtlicher Trägerschaft
sein. Die Mitteilung ist unbedingt zu veranlassen, damit auch diese Stellen im
Rahmen ihrer Möglichkeiten den Schutz sicherstellen.

Auch der bestätigte Vergleich nach § 214a FamFG ist der Polizeibehörde mitzuteilen. Sonstige Vereinbarungen, die die Beteiligten anlässlich ihrer Einigung in
der Gewaltschutzsache zusätzlich getroffen haben, sind von der Mitteilung auszunehmen.

2396   § 216a Satz 2 FamFG ordnet an, dass die Beteiligten über die Mitteilung i.d.R.
unterrichtet werden. Hiervon kann im Einzelfall abgesehen werden, insb., wenn
dem Antragsgegner der Aufenthaltsort des Antragstellers oder betroffener Kinder
unbekannt bleiben soll.

*cc) Wirksamkeit der Endentscheidung (§ 216 Abs. 1 FamFG)*

2397   Die Endentscheidung in Gewaltschutzsachen wird nach § 216 Abs. 1 FamFG mit
Rechtskraft wirksam. Das Gericht soll die sofortige Wirksamkeit anordnen. Um eine
effektivere Durchsetzbarkeit von Schutzanordnungen nach dem GewSchG zu gewährleisten, ist von der Soll-Vorschrift nur in Ausnahmefällen abzuweichen.

*dd) Vollstreckung vor Zustellung (§ 216 Abs. 2 FamFG)*

2398   Grds. muss die zu vollstreckende Entscheidung bei Vollstreckungsbeginn nach § 750
ZPO dem Antragsgegner zugestellt werden. Davon weicht § 216 Abs. 2 FamFG in
Gewaltschutzsachen ab.

2399   Mit der Anordnung der sofortigen Wirksamkeit kann das FamG nämlich auch die
Zulässigkeit der Vollstreckung vor der Zustellung an den Antragsgegner anordnen.

▶ Anwaltlicher Hinweis:

2400   Die Anordnung der sofortigen Wirksamkeit allein ist dafür natürlich nicht ausreichend; es bedarf also zusätzlich der **Anordnung der Vollstreckung vor Zustellung** durch das FamG. Anwaltlich sollte man das Gericht ggf. darauf aufmerksam
machen, um effektiv (bzw. »heimlich«) vollstrecken zu können.

In solchen Fällen tritt die Wirksamkeit des Beschlusses in dem Zeitpunkt ein, in dem   2401
die Entscheidung der Geschäftsstelle des Gerichts zur Bekanntmachung übergeben
wird; dieser Zeitpunkt ist auf der Entscheidung zu vermerken. Ein fehlender Vermerk
ist aber unschädlich, d.h. löst keine Unwirksamkeit aus.

## 2. Muster: Gewaltschutzsachen

### a) Muster: Einstweilige Anordnung in Gewaltschutzsachen

▶ Muster: Einstweilige Anordnung in Gewaltschutzsachen

An das                                                                   2402

Amtsgericht.....

– Familiengericht –

.....

Antrag auf einstweilige Anordnung wegen Gewaltschutz

In der Familiensache

der Frau.....

– Antragstellerin –

Verfahrensbevollmächtigte:

gegen

Herrn.....

– Antragsgegner –

Verfahrensbevollmächtigte:

wegen Gewaltschutz

zeige ich ausweislich anliegender Verfahrensvollmacht die anwaltliche Vertretung
der Antragstellerin an.

In der Sache stelle ich namens der Antragstellerin im Wege der einstweiligen Anordnung den Antrag:

1. Der Antragsgegner hat es zu unterlassen, die Antragstellerin zu belästigen, zu
   beschimpfen, ihr Gewalt anzudrohen, insbesondere
   – die Wohnung bzw. das Grundstück der Antragstellerin zu betreten,
   – sich im Umkreis von 300m der Wohnung der Antragstellerin aufzuhalten,
   – die Antragstellerin oder ihre Mutter zu Hause anzurufen oder sich in Form
     von Telefax, SMS oder E-Mails mit ihr in Verbindung zu setzen,
   – hinter der Antragstellerin herzufahren oder ihr in ihrer Freizeit an Orten,
     die sie aufsucht, zu begegnen.
2. Die vorstehenden Anordnungen werden auf die Dauer von sechs Monaten ab
   Zustellung an den Antragsgegner befristet.

3. Dem Antragsgegner wird angedroht, für den Fall der Zuwiderhandlung gegen die vorstehend aufgeführten Unterlassungsverpflichtungen ein Ordnungsgeld bis zur Höhe von 250.000 €, ersatzweise Ordnungshaft für den Fall, dass Ordnungsgeld nicht beigetrieben werden kann, oder Ordnungshaft von bis zu sechs Monaten festzusetzen.
4. Daneben droht Freiheitsstrafe von einem Jahr oder Geldstrafe nach § 4 GewSchG.
5. Die Kosten des Verfahrens werden dem Antragsgegner auferlegt.

Begründung:

Die Beteiligten sind Eheleute, sie leben seit über sechs Monaten getrennt. Die Antragstellerin ist in der ehelichen Wohnung geblieben.

Der Antragsgegner belästigt die Antragstellerin in ihrer Wohnumgebung und zurzeit auch an ihrem Urlaubsort in..... permanent, beschimpft sie und droht ihr mit körperlicher Gewalt.

Dies gilt auch bezüglich der in der Wohnung verweilenden 88-jährigen Mutter der Antragstellerin.

So brach der Antragsgegner bei der Antragstellerin am gestrigen Tag in die Wohnung ein. Er wollte Gegenstände aus der Wohnung fortschaffen, wurde aber durch die Polizei daran gehindert.

Die Polizei nahm dem Antragsgegner dabei auch die Autoschlüssel weg, weil er erheblich alkoholisiert war.

Seither terrorisiert der Antragsgegner die Antragstellerin am Telefon, ruft sie immer wieder an, beschimpft die Antragstellerin. Er droht ihr, er wolle sie fertig machen und das Haus anzünden. Die Antragstellerin geht dabei sogar von einer Lebensgefahr für sich aus.

Glaubhaftmachung: Polizisten..... und....., PI.....; Az:.....

Am heutigen Tag erschien der Antragsgegner bei der Polizei..... und wollte seinen Autoschlüssel abholen.

Dieser wurde ihm nicht übergeben, da er sich einem Alkoholtest nicht unterziehen wollte.

Insbesondere wenn der Antragsgegner unter Alkoholeinfluss steht, ist er unberechenbar.

Nachdem weitere Drohungen ausgesprochen wurden, wollte die Polizei ihn in Sicherheitsgewahrsam nehmen, konnte ihn in..... aber nicht mehr aufgreifen. Die Mutter der Antragstellerin und auch das Anwesen in..... versucht die Polizei durch verstärkte Kontrollfahrten zu schützen und hofft, den Antragsgegner dabei aufzugreifen.

Glaubhaftmachung: Polizist Herr....., PI.....; Az:.....

Zwar ist der Antragsgegner vor mehr als sechs Monaten aus der Wohnung ausgezogen, dennoch gibt er keine neue Adresse an; auch der Polizei gegenüber verweigerte er dazu die Auskunft.

Damit sind die o.a. Anordnungen im Wege der einstweiligen Anordnung gemäß § 1 Abs. 1, Abs. 2 GewSchG i.V.m. § 214 FamFG – der Dringlichkeit wegen ohne mündliche Verhandlung – auf die Dauer von zunächst sechs Monaten zu treffen.

Angesichts der Hartnäckigkeit des Antragsgegners und angesichts der erheblichen Gefährdung der anderen Beteiligten ist der Erlass der einstweiligen Anordnung in vollem Umfang gerechtfertigt. Im Übrigen wird das dringende Bedürfnis für die einstweilige Anordnung nach § 214 Abs. 1 Satz 2 FamFG vermutet.

.....

Rechtsanwältin/Rechtsanwalt

## b) Muster: Gewaltschutzantrag nach § 2 GewSchG

▶ Muster: Gewaltschutzantrag nach § 2 GewSchG

An das                                                                                    2403

Amtsgericht.....

– Familiengericht –

.....

Antrag auf Wohnungszuweisung nach § 2 GewSchG

In der Familiensache

der Frau.....

– Antragstellerin –

Verfahrensbevollmächtigte:

gegen

Herrn.....

– Antragsgegner –

Verfahrensbevollmächtigte:

Beteiligte: Jugendamt.....

wegen Wohnungszuweisung nach § 2 GewSchG

zeige ich ausweislich anliegender Verfahrensvollmacht die anwaltliche Vertretung der Antragstellerin an.

In der Sache stelle ich namens der Antragstellerin den Antrag:

1. Die im Haus..... (Anschrift) im Erdgeschoss gelegene Wohnung, bestehend aus 2 Zimmern, Küche und Bad wird für die Dauer von sechs Monaten ab Rechtskraft der Entscheidung der Antragstellerin zur alleinigen Nutzung zugewiesen.
2. Dem Antragsgegner wird aufgegeben, die in Ziff. 1 genannte Wohnung zu räumen und an die Antragstellerin herauszugeben.

3. Dem Antragsgegner wird angedroht, für den Fall der Zuwiderhandlung gegen die vorstehend aufgeführten Verpflichtungen ein Ordnungsgeld bis zur Höhe von 250.000 €, ersatzweise Ordnungshaft für den Fall, dass Ordnungsgeld nicht beigetrieben werden kann, oder Ordnungshaft von bis zu sechs Monaten festzusetzen.
4. Es wird festgestellt, dass die Antragstellerin nicht verpflichtet ist, dem Antragsgegner für die alleinige Nutzung der Wohnung eine Vergütung zu zahlen.
5. Die sofortige Wirksamkeit wird angeordnet.
6. Die Vollstreckung ist vor der Zustellung an den Antragsgegner zulässig.

Begründung:

Die Beteiligten sind Eheleute, sie leben seit über zwei Monaten getrennt. Die Antragstellerin ist mit den zwei gemeinsamen Kindern....., geb. am....., und....., geb. am....., in der ehelichen Wohnung geblieben.

Der Antragsgegner belästigt die Antragstellerin in ihrer Wohnung, zu der er immer noch einen Schlüssel hat.

Er kommt mitunter ohne sich anzumelden, da er – was auch zutrifft – in der Wohnung noch Kleidung und Werkzeug hat. Die Antragstellerin hat ihn mehrfach aufgefordert, seine Sachen fortzubringen.

Erheblich eskaliert ist die Situation vor drei Tagen. Der Antragsgegner kam in der Nacht und war stark angetrunken. Er forderte von der Antragstellerin Geschlechtsverkehr, was auch die gemeinsamen Kinder aufgrund der Lautstärke mitbekamen.

Die Antragstellerin konnte sich dieser Situation kaum erwehren. Allerdings wachte die Nachbarin Frau..... auf und alarmierte die Polizei. Diese kam und nahm den Antragsgegner zur Ausnüchterung mit auf die Inspektion.

Beweis: Polizisten..... und....., PI.....; Az:.....

Die Antragstellerin sieht sich als erheblich gefährdet an und stellt deshalb die o.g. Anträge.

Eine Vergütung für die Nutzung kann die Antragstellerin nicht zahlen, da sie nur von Unterhalt lebt und kein Vermögen hat.

Damit sind die o.g. Anordnungen auf die Dauer von zunächst sechs Monaten zu treffen.

Die Anträge zu 5) und 6) ergeben sich aus § 216 FamFG.

.....

Rechtsanwältin/Rechtsanwalt

## c) Muster: Antrag auf mündliche Verhandlung, § 54 Abs. 2 FamFG

▶ Muster: Antrag auf mündliche Verhandlung, § 54 Abs. 2 FamFG

An das **2404**

Amtsgericht.....

– Familiengericht –

.....

Antrag auf mündliche Verhandlung, § 54 Abs. 2 FamFG

In der Familiensache

der Frau.....

– Antragstellerin –

Verfahrensbevollmächtigte:

gegen

Herrn.....

– Antragsgegner –

Verfahrensbevollmächtigte:

Beteiligte: Jugendamt.....

wegen Verfahren nach § 1 und 2 GewSchG, eA

zeige ich ausweislich anliegender Verfahrensvollmacht die anwaltliche Vertretung des Antragsgegners an.

In der Sache stelle ich namens des Antragsgegners den Antrag,

gemäß § 54 Abs. 2 FamFG nach Durchführung der mündlichen Verhandlung in der Angelegenheit erneut zu entscheiden und die eA aufzuheben.

Begründung:

Bereits mit diesem Schriftsatz ist dem Familiengericht zur Kenntnis zu bringen, dass die Angaben der Antragstellerin teilweise nicht der Richtigkeit entsprechen, teilweise unvollständig sind.

Richtig ist, dass die Beteiligten seit ... verheiratet sind und aus ihrer Beziehung drei minderjährige Kinder hervorgegangen sind.

Der Antragsgegner ist unter der Woche auf Montage, d. h. nicht vor Ort. Er hat sich in der Tat vor etwa einem Dreivierteljahr einer anderen Frau zugewandt.

Die neue Beziehung hat zu einer Belastung der Ehe geführt, insbesondere auch dazu, dass die Antragstellerin ihre Eifersucht nicht kontrollieren konnte. Mehr möchte der Antragsgegner dazu vorerst nicht vorbringen.

Der Antragsgegner ist nicht bereit, als Sündenbock schuldig gemacht zu werden. Er räumt ein, dass die Trennung für seine Frau auch im Hinblick auf die gemeinsamen Kinder schwer hinzunehmen ist; dennoch rechtfertigt dies nicht diese Vorgehensweise gegen ihn

Schriftlich möchte der Antragsgegner vorerst nichts Weiteres ausführen, um nicht eine weitere Eskalation zu betreiben. Er wird sich aber im Termin ausführlich äußern.

.....

Rechtsanwältin/Rechtsanwalt

## VII. Versorgungsausgleichssachen

2405   Versorgungsausgleichssachen sind nach § 217 FamFG Verfahren, die den Versorgungsausgleich betreffen.[961]

▶ **Das Wichtigste in Kürze**

2406
- Umfassende Auskunftspflicht aller Versorgungsträger unter Verwendung amtlicher Formulare ggü. dem FamG. → Rdn. 2443 ff.
- Mitwirkungspflichten der Ehegatten im Versorgungsausgleichsverfahren unmittelbar ggü. dem Gericht. → Rdn. 2439 ff.
- Abänderung des Wertausgleichs bei rechtlichen oder tatsächlichen Veränderungen, §§ 225, 226 FamFG. → Rdn. 2461 ff.

### 1. Verfahren in Versorgungsausgleichssachen

2407   Ein Versorgungsausgleichsverfahren findet regelmäßig in Zusammenhang mit einer Scheidung statt.[962] Insoweit besteht faktisch ein »Zwangsverbund«, wie der Vorschrift des § 137 Abs. 2 Satz 1 Nr. 1 i.V.m. Abs. 2 Satz 2 FamFG entnommen werden kann.

2408   Nach § 221 FamFG soll über den Versorgungsausgleich grds. mündlich verhandelt werden.

2409   Ein Versorgungsausgleichsverfahren findet nach § 224 Abs. 3 FamFG nicht statt, wenn die Beteiligten eine **notarielle Vereinbarung über den Versorgungsausgleich nach § 6 VersAusglG** geschlossen haben.[963]

2410   Allerdings gehört der Versorgungsausgleich (quasi der Unterhalt im Alter) nach ständiger Rechtsprechung des BGH zum Kernbereich des Familienrechts.[964] Dies bedeutet, dass ein derartiger Ehevertrag streng auf eine etwaige Sittenwidrigkeit zu prüfen ist.[965]

»Allerdings hat der Senat den Versorgungsausgleich dem Kernbereich der Scheidungsfolgen zugeordnet und ausgesprochen, dass der Versorgungsausgleich als vorweggenommener

---

961  Vgl. zur Rechtsprechung *Wick* FuR 2022, 166 ff. und 234 ff.; *ders.* FuR 2021, 170 ff. und 234 ff.
962  Das Versorgungsausgleichsverfahren wird dargestellt von *Viefhues* FuR 2016, 696.
963  Ausführlich dazu *Rotax* ZFE 2009, 453 ff. sowie *Hahne* FamRZ 2009, 2041 ff.
964  BGH, FamRZ 2020, 1347; FamRZ 2018, 577; NJW 2014, 1101; BGH, NJW 2004, 930.
965  BGH, FamRZ 2008, 2011 m. Anm. *Bergschneider*.

Altersunterhalt einer vertraglichen Gestaltung nur begrenzt offensteht. Die hochrangige Bedeutung des Versorgungsausgleichs innerhalb des Systems der Scheidungsfolgen rechtfertigt sich auch daraus, dass die Ansammlung von Vorsorgevermögen – gerade in den Regelsicherungssystemen – wirtschaftlichen Dispositionen der Ehegatten weitgehend entzogen und auch auf diese Weise sichergestellt ist, dass das gebildete Vermögen entsprechend seiner Zweckbestimmung für die Absicherung bei Alter oder Invalidität tatsächlich zur Verfügung steht.«[966]

Vereinbarungen, durch welche Ehegatten den Unterhalt, den Versorgungsausgleich oder ihre Vermögensverhältnisse für den Fall der Scheidung abweichend von den gesetzlichen Vorschriften regeln, unterliegen der Inhaltskontrolle. Hierbei unterscheidet der BGH zwischen einer Wirksamkeitskontrolle gem. § 138 BGB und einer Ausübungskontrolle gem. § 242 BGB, bei der überprüft wird, ob die Berufung auf einzelne oder alle vertraglichen Regelungen unzulässig ist, vgl. dazu § 8 Abs. 1 VersAusglG.    **2412**

Die **Wirksamkeitskontrolle** gem. § 138 BGB bezieht sich auf den **Zeitpunkt des Zustandekommens der Vereinbarung**.[967] Nach der Rechtsprechung des BGH[968] kommt dabei eine Sittenwidrigkeit nur in Betracht, »wenn durch den Vertrag Regelungen aus dem Kernbereich des gesetzlichen Scheidungsfolgenrechts ganz oder jedenfalls zu erheblichen Teilen abbedungen werden, ohne dass dieser Nachteil für den anderen Ehegatten durch anderweitige Vorteile gemildert oder durch besondere Verhältnisse der Ehegatten, den von ihnen angestrebten oder gelebten Ehetyp oder durch sonstige gewichtige Belange des begünstigten Ehegatten gerechtfertigt wird.«    **2413**

Der Versorgungsausgleich hat in der Rechtsprechung eine derart große Bedeutung erlangt, dass die Annahme der Sittenwidrigkeit keine gestörte Vertragsparität voraussetzt, d. h. der BGH ist bereit, die subjektive Komponente der Sittenwidrigkeit diesbezüglich zurückzustellen.    **2414**

Danach ist ein Ausschluss des Versorgungsausgleichs nach § 138 Abs. 1 BGB »schon für sich genommen unwirksam«, wenn er dazu führt, dass ein Ehegatte aufgrund des bereits beim Vertragsschluss geplanten (oder zu diesem Zeitpunkt schon verwirklichten) Zuschnitts der Ehe über keine hinreichende Alterssicherung verfügt und dieses Ergebnis mit dem Gebot ehelicher Solidarität schlechthin unvereinbar erscheint.[969]    **2415**

Auch die Umstände des Vertragsschlusses sind zu berücksichtigen. Der BGH hat den vollständigen Ausschluss des Versorgungsausgleichs für sittenwidrig (§ 138 Abs. 1 BGB) erklärt und ist dann unter anderem deswegen zur Gesamtnichtigkeit des Ehevertrags gekommen, weil der Ehefrau der Vertragsentwurf erstmals in der notariellen Verhandlung bekannt gegeben wurde.[970]    **2416**

---

966   BGH, NJW 2014, 1101.
967   Vgl. dazu OLG Hamm, FamRZ 2013, 1311.
968   BGH, NJW 2004, 935.
969   BGH, FamRZ 2020, 1347.
970   BGH, NJW 2008, 3426 (XII ZR 6/07).

Leitsätze:

1. Ein im Ehevertrag kompensationslos vereinbarter Ausschluss des Versorgungsausgleichs ist nach § 138 Abs. 1 BGB nichtig, wenn die Ehegatten bei Abschluss des Vertrags bewusst in Kauf nehmen, dass die Ehefrau wegen Kindesbetreuung alsbald aus dem Berufsleben ausscheiden und bis auf Weiteres keine eigenen Versorgungsanrechte (abgesehen von Kindererziehungszeiten) erwerben wird.

2. Der Ausschluss des Versorgungsausgleichs kann in solchen Fällen zur Gesamtnichtigkeit des Ehevertrags führen, wenn die Ehefrau bei seinem Abschluss im neunten Monat schwanger ist und ihr der Vertragsentwurf erstmals in der notariellen Verhandlung bekannt gegeben wird.

2418   Bei der **Ausübungskontrolle** ist nach der genannten Rechtsprechung des BGH[971] zu überprüfen, inwieweit ein Beteiligter, die ihm durch die Vereinbarung eingeräumte Rechtsmacht entgegen § 242 BGB missbraucht, wenn er sich auf die im Ehevertrag vorgesehene Regelung beruft. Dafür sind anders als bei der Wirksamkeitskontrolle die **Verhältnisse zum Zeitpunkt des Scheiterns der Lebensgemeinschaft maßgebend.** Ergibt sich aus diesem Blickwinkel eine einseitige Lastenverteilung, die für den belasteten Ehegatten unter angemessener Berücksichtigung der Belange des begünstigten Ehegatten und dessen Vertrauen in die Geltung der getroffenen Vereinbarung sowie bei verständiger Würdigung des Wesens der Ehe – unzumutbar ist, so ist diejenige Rechtsfolge anzuordnen, die den berechtigten Belangen beider Beteiligter Rechnung trägt. Dabei wird man sich umso stärker an der gesetzlichen Regelung orientieren müssen, »je zentraler die Rechtsfolge im Kernbereich des gesetzlich Scheidungsfolgenrechts angesiedelt ist«. Eine unzumutbare Belastung kann sich daraus ergeben, dass die tatsächliche einvernehmliche Gestaltung der Lebensverhältnisse von der dem Ehevertrag zugrunde liegenden Eheplanung abweicht.

2419   Im Rahmen der Ausübungskontrolle kann dem ausgleichsberechtigten Ehegatten der unterlassene Erwerb eigener Versorgungsanwartschaften in der Ehezeit nicht vorgehalten werden, wenn dies auf einer gemeinsamen Lebensplanung beruht oder von dem ausgleichspflichtigen Ehegatten während bestehender Lebensgemeinschaft geduldet oder gebilligt worden ist.[972]

2420   Nach § 6 VersAusglG kann noch anlässlich des Scheidungsverfahrens eine Beteiligtenvereinbarung über den Versorgungsausgleich geschlossen werden. Sie muss nach § 7 VersAusglG notariell beurkundet werden oder in einem gerichtlichen Vergleich enthalten sein, bedarf aber nicht der Genehmigung des FamG.

2421   Nach der vereinbarungsfreundlichen Konzeption des VersAusglG ist das FamG an die ehevertraglichen Vereinbarungen über den Versorgungsausgleich gebunden (§ 6 Abs. 2 VersAusglG). Es hat, wenn die Vereinbarungen wirksam und vor allem auch tatsächlich vollziehbar sind, den Ausgleich nach Maßgabe der von den Ehegatten getroffenen Vereinbarungen durchzuführen oder gerade nicht durchzuführen.

---

971  BGH, NJW 2004, 936 f.
972  BGH, FamRZ 2013, 770; vgl. zur Ausübungskontrolle auch BGH, FamRZ 2014, 1978.

**Bindung** bedeutet, dass das FamG bei einem wirksamen Totalausschluss nicht einmal Auskünfte bei den Versorgungsträgern einholen muss, falls dies nicht bereits im Rahmen der »Anlassprüfung« nach § 8 Abs. 1 VersAusglG erforderlich war.

2422

Das OLG Rostock[973] formuliert dies wie folgt:

2423

> »Die Amtsermittlungspflicht (§ 26 FamFG) gebietet es nicht, zur Vorbereitung der Ausübung und Wirksamkeitskontrolle nach § 8 Abs. 1 VersAusglG stets erst die erforderlichen Auskünfte zum Versorgungsausgleich einzuholen. Die nähere Inhalts- und Ausübungskontrolle einer geschlossenen Versorgungsausgleichsvereinbarung ist von den Gerichten nur im Wege eines Veranlassungsprinzips dann wahrzunehmen, wenn einer der Beteiligten die materiell-rechtliche Unwirksamkeit der getroffenen Vereinbarung rügt oder wenn tatsächliche Anhaltspunkte für eine Unwirksamkeit gegeben sind.«[974]

Kritisch zu dieser Entscheidung des OLG Rostock äußert sich *Wick*,[975] der auf die Inhalts- und Ausübungskontrolle der FamG betreffend den Versorgungsausgleich hinweist. Nach seiner Auffassung haben die FamG darauf hinzuwirken, dass eine Auskunft über die in der Ehezeit erworbenen Anrechte abgegeben wird; die Auskunft solle gerade die gerichtliche Prüfung vorbereiten, ob tatsächliche Umstände vorliegen, die gegen die Wirksamkeit der Vereinbarung sprechen könnten (vgl. § 8 Abs. 1 VersAusglG).

2424

▶ **Anwaltlicher Hinweis:**

Im Hinblick auf die zunehmende Zahl von Eheverträgen bzw. auch Scheidungsfolgenvereinbarungen ist dieses Thema anwaltlich anzusprechen und zu klären; mitunter empfiehlt sich auch, auf eine Scheidungsfolgenvereinbarung mit Ausschluss des Versorgungsausgleichs hinzuwirken. Jedenfalls erweitern die §§ 6 bis 8 VersAusglG die Regelungsmöglichkeiten der Eheleute erheblich.

2425

### a) Versorgungsausgleichssachen (§ 217 FamFG)

Die Vorschrift des § 217 FamFG enthält eine Definition des Begriffs der Versorgungsausgleichssachen. Versorgungsausgleichssachen sind danach Verfahren, die den Versorgungsausgleich betreffen. Dass von dieser Begriffsbestimmung solche Verfahren nicht umfasst werden, die anderen als den FamG zugewiesen sind, etwa den Sozial-, Verwaltungs- oder Arbeitsgerichten, ergibt sich aus den Vorschriften des GVG.

2426

### b) Zuständigkeit in Versorgungsausgleichssachen

*aa) Sachliche Zuständigkeit*

Die ausschließliche **sachliche** Zuständigkeit in Versorgungsausgleichssachen ergibt sich aus § 23a Abs. 1 Satz 2, Satz 1 Nr. 1 GVG i.V.m. § 111 Nr. 7 FamFG.

2427

---

973  OLG Rostock, FamRZ 2015, 410; zustimmend OLG Brandenburg, FuR 2019, 391.
974  Vgl. auch BGH, FamRZ 2014, 629.
975  *Wick* FuR 2016, 282.

### bb) *Örtliche Zuständigkeit*

2428   **Örtlich** ist nach § 218 FamFG ausschließlich zuständig in der numerischen Reihenfolge

1. während der Anhängigkeit einer Ehesache das Gericht, bei dem die Ehesache im ersten Rechtszug anhängig ist oder war,
2. das Gericht, in dessen Bezirk die Ehegatten ihren gemeinsamen gewöhnlichen Aufenthalt haben oder zuletzt gehabt haben, wenn ein Ehegatte dort weiterhin seinen gewöhnlichen Aufenthalt hat,
3. das Gericht, in dessen Bezirk ein Antragsgegner seinen gewöhnlichen Aufenthalt oder Sitz hat,
4. das Gericht, in dessen Bezirk ein Antragsteller seinen gewöhnlichen Aufenthalt oder Sitz hat,
5. das AG Schöneberg in Berlin.

2429   Die örtliche Zuständigkeit wird regelmäßig § 218 Nr. 1 FamFG zu entnehmen sein, weil der Versorgungsausgleich regelmäßig mit der Scheidung durchzuführen ist. Insoweit ist nach § 137 Abs. 2 Satz 2 FamFG nicht einmal ein Antrag der Beteiligten erforderlich, soweit es die Durchführung des Versorgungsausgleichs in den Fällen der §§ 6 bis 19 und 28 VersAusglG betrifft.

2430   Wird eine Versorgungsausgleichssache ausnahmsweise unabhängig von der Scheidung durchgeführt, ist nach § 218 Nr. 2 FamFG das Kriterium des gemeinsamen gewöhnlichen Aufenthalts der Ehegatten maßgeblich.

2431   § 218 Nr. 3 FamFG stellt – falls eine örtliche Zuständigkeit nach den vorausgegangenen Nummern nicht begründet ist – auf den gewöhnlichen Aufenthalt oder Sitz eines Antragsgegners ab. Ansonsten ist nach § 218 Nr. 4 FamFG auf den gewöhnlichen Aufenthalt oder Sitz eines Antragstellers abzustellen.

2432   § 218 Nr. 5 FamFG enthält die Auffangzuständigkeit des AG Schöneberg in Berlin.

### c) Beteiligte in Versorgungsausgleichssachen

2433   Die Vorschrift des § 219 FamFG regelt, wer in Versorgungsausgleichssachen am Verfahren zu beteiligen ist. Danach sind zu beteiligen

– die Ehegatten,
– die Versorgungsträger, bei denen ein auszugleichendes Anrecht besteht,
– die Versorgungsträger, bei denen ein Anrecht zum Zweck des Ausgleichs begründet werden soll, und
– die Hinterbliebenen und die Erben der Ehegatten.

2434   Der »Normalfall« ist der Wertausgleich nach §§ 9 bis 19 VersAusglG durch Übertragung oder Begründung von Anrechten. Dann ist zunächst der Versorgungsträger zu beteiligen, bei dem sich das zu **vermindernde Anrecht** befindet, sowie der Versorgungsträger, bei dem sich ein Zuwachs an Anrechten ergibt.

2435   In einigen wenigen Fällen wird auch die Beteiligung von Hinterbliebenen oder Erben erforderlich sein, so etwa die Beteiligung der Witwe oder des Witwers bei der Teilhabe an der Hinterbliebenenversorgung nach den §§ 25 und 26 VersAusglG oder die Beteiligung von Hinterbliebenen im Fall der §§ 225 und 226 FamFG.

### d) Verfahrensrechtliche Auskunftspflicht nach § 220 FamFG

*aa) Auskunftsrecht des FamG in Versorgungsausgleichssachen*

Die Vorschrift des § 220 Abs. 1 FamFG enthält die Befugnis des Gerichts, Auskünfte   2436 über Grund und Höhe der Anrechte einzuholen, und benennt diejenigen Personen und Stellen, die zur Auskunftserteilung verpflichtet sind.[976] Danach kann das Gericht über Grund und Höhe der Anrechte Auskünfte einholen bei
–  den Ehegatten und ihren Hinterbliebenen,
–  den Versorgungsträgern und
–  sonstigen Stellen, die zur Erteilung der Auskünfte in der Lage sind.

§ 220 Abs. 2 FamFG schreibt die Verwendung eines amtlichen Formulars vor, soweit   2437 das Gericht dem Auskunftsverpflichteten ein solches übersendet. Auf diese Weise soll eine vollständige und EDV-gerechte Erteilung der Auskünfte sichergestellt werden. Der **Formularzwang** besteht jedoch nur bei Übersendung des Formulars durch das Gericht und gilt nicht für eine automatisiert erstellte Auskunft eines Versorgungsträgers. Selbstverständlich müssen aber auch diese automatisierten Auskünfte den gesetzlich geregelten Auskunftspflichten entsprechen.[977]

▶ **Anwaltlicher Hinweis:**

Eine entsprechende Vorschrift zur Auskunftserteilung existierte früher nicht. Insb.   2438 betriebliche Versorgungsträger und Versicherungsunternehmen erteilten die Auskunft nicht selten in einer dem amtlichen Muster nicht entsprechenden Weise. Da infolgedessen Unklarheiten entstanden und bestimmte für die Durchführung des Versorgungsausgleichs wesentliche Punkte nicht beantwortet waren, wurden oftmals Nachfragen durch das Gericht erforderlich, die das Verfahren verzögerten.

*bb) Mitwirkungspflichten der Ehegatten (§ 220 Abs. 3 FamFG)*

§ 220 Abs. 3 FamFG behandelt einen besonderen Aspekt der Mitwirkungspflicht der   2439 Ehegatten und ihrer Hinterbliebenen im Versorgungsausgleichsverfahren mit erheblicher praktischer Relevanz, und zwar die Mitwirkung ggü. den Versorgungsträgern mit dem Ziel der Feststellung der in den Versorgungsausgleich einzubeziehenden Anrechte (**Klärung des Versicherungskontos** eines Ehegatten in der gesetzlichen Rentenversicherung).

---

976   Dazu *Wick* FuR 2009, 484.
977   Mittelfristig geht der Gesetzgeber davon aus, dass die Kommunikation zwischen den FamG und den Versorgungsträgern über einen elektronischen Datenaustausch erfolgen wird.

2440    Das FamG kann nach § 220 Abs. 3 FamFG anordnen, dass die Ehegatten oder ihre Hinterbliebenen ggü. dem Versorgungsträger bestimmte, für die Feststellung der in den Versorgungsausgleich einzubeziehenden Anrechte erforderliche, Mitwirkungshandlungen zu erbringen haben.

2441    Möglich ist etwa die Anordnung, alle erheblichen Tatsachen anzugeben, die notwendigen Urkunden und Beweismittel beizubringen, die für die Feststellung der einzubeziehenden Anrechte erforderlichen Anträge zu stellen und dabei die vorgesehenen Formulare zu verwenden.

2442    Die in § 220 Abs. 3 FamFG enthaltene **Mitwirkungspflicht besteht direkt ggü. dem Gericht**. Sie kann daher auch nach § 35 FamFG mit **Zwangsmitteln** durchgesetzt werden.

*cc) Auskunftspflicht (§ 220 Abs. 5 FamFG)*

2443    Die Vorschrift des § 220 Abs. 5 FamFG stellt klar, dass die genannten Personen und Stellen verpflichtet sind, den gerichtlichen Ersuchen und Anordnungen Folge zu leisten. Das Auskunftsrecht des Gerichts korrespondiert mithin – so stellt die Norm klar – mit einer entsprechenden Auskunftspflicht.

2444    Diese Auskunftspflicht geht Verschwiegenheitspflichten und Zeugnisverweigerungsrechten vor.[978] Sie verpflichtet dazu, die Auskunft in schriftlicher Form abzugeben und ggf. Berechnungen zu den Anwartschaften durchzuführen.

2445    Der Versorgungsträger ist nach § 220 Abs. 4 FamFG insb. verpflichtet, dem Gericht die nach § 5 Abs. 1 VersAusglG zu berechnenden Ehezeitanteile und die Vorschläge nach § 5 Abs. 3 und § 47 VersAusglG für Ausgleichswerte und korrespondierende Kapitalwerte der Anrechte mitzuteilen.

2446    Die Auskunftspflicht des Versorgungsträgers ändert nichts daran, dass die Prüfung der mitgeteilten Werte und die Bestimmung des maßgeblichen Ausgleichswerts dem FamG obliegt. Damit das Gericht diesen Pflichten nachkommen kann, ordnet § 220 Abs. 4 Satz 1 FamFG an, dass der Versorgungsträger i.R.d. Auskunft die erforderlichen Berechnungen übersichtlich und nachvollziehbar, also kurz und verständlich, darzustellen hat. Dazu gehört u.a. die Benennung des angewandten versicherungsmathematischen Berechnungsverfahrens sowie der grundlegenden Annahmen der Berechnung, insb. Zinssatz und angewandte Sterbetafeln.

### e) Aussetzung des Verfahrens über den Versorgungsausgleich (§ 221 FamFG)

2447    Die Vorschrift des § 221 Abs. 2, Abs. 3 FamFG regelt die Frage, wann ein Verfahren über den Versorgungsausgleich ausgesetzt werden kann bzw. ausgesetzt werden muss.

---

978  So schon BGH, NJW 1998, 138.

### aa) Rechtsstreit anhängig

Das FamG muss das Verfahren (zwingend) nach § 221 Abs. 2 FamFG aussetzen, wenn 2448
ein Rechtsstreit über ein in den Versorgungsausgleich einzubeziehendes Anrecht anhängig ist. Das Verfahren wird jedoch nicht automatisch ausgesetzt; es bedarf insoweit
der Entscheidung des FamG. Das Verfahren ist fortzusetzen, sobald der betreffende
Rechtsstreit rechtskräftig entschieden ist.

Durch diese Regelung wird sichergestellt, dass es nicht zu voneinander abweichenden 2449
Ergebnissen kommt und dass das FamG auf die Entscheidung des für das jeweilige
Anrecht zuständigen Fachgerichts zurückgreifen kann.

### bb) Streit über ein Anrecht

Besteht Streit über den Bestand oder die Höhe eines in den Versorgungsausgleich 2450
einzubeziehenden Anrechts, kann das Gericht nach § 221 Abs. 3 FamFG das Verfahren über den Versorgungsausgleich aussetzen und einem oder beiden Ehegatten
eine Frist zur Erhebung der Klage bestimmen. Wird die Klage nicht vor Ablauf der
bestimmten Frist erhoben, kann das Gericht im weiteren Verfahren das Vorbringen
unberücksichtigt lassen, das mit der Klage hätte geltend gemacht werden können.

Wenn die Klage verspätet erhoben worden ist, kann das Gericht aber auch vorerst 2451
von einer eigenen Entscheidung absehen und es bei der Aussetzung bis zur fachge-
richtlichen Entscheidung belassen.

▶ **Taktischer Hinweis:**

Die Aussetzung des Verfahrens nach § 221 Abs. 2 FamFG gibt dem Anwalt die 2452
Möglichkeit, diese Sache nach § 140 Abs. 2 Nr. 2 FamFG oder § 140 Abs. 2
Nr. 4 FamFG vom Verbund abtrennen zu lassen. Dies ist insb. dann wichtig,
wenn der eigene Mandant eine schnelle Scheidung wünscht, etwa weil er alsbald
wieder heiraten möchte.

## f) Entscheidung über den Versorgungsausgleich (§ 224 FamFG)

### aa) Wirksamkeit der Entscheidung

Endentscheidungen, die den Versorgungsausgleich betreffen, werden nach § 224 Abs. 1 2453
FamFG erst mit Rechtskraft wirksam. Die Entscheidung ist nach § 224 Abs. 2 FamFG
zu begründen.

### bb) Ausschluss des Versorgungsausgleichs

§ 224 Abs. 3 FamFG verpflichtet das FamG in der Entscheidung festzustellen, ob 2454
und inwieweit der Versorgungsausgleich nicht stattfindet. Ein Ausschluss oder Teilausschluss des Wertausgleichs bei der Scheidung kommt nur in den Fällen des § 3
Abs. 3, den §§ 6, 18 Abs. 1 oder Abs. 2 oder 27 VersAusglG in Betracht.

2455    Das FamG hat daher materiell zu prüfen, ob die Voraussetzungen des Ausschlusses des Versorgungsausgleichs vorliegen; die Entscheidung erwächst in Rechtskraft, und zwar mit den tragenden Gründen der Entscheidung.

2456

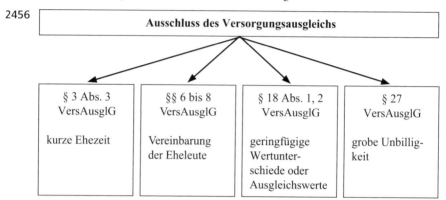

Ausschluss des Versorgungsausgleichs

2457    Das FamG hat zu entscheiden, ob der Versorgungsausgleich wegen einer kurzen Ehezeit (§ 3 Abs. 3 VersAusglG), wegen einer wirksamen Vereinbarung der Eheleute über den Versorgungsausgleich (§§ 6 bis 8 VersAusglG), wegen geringfügigen Wertunterschieden oder Ausgleichswerten (§ 18 Abs. 1 oder Abs. 2 VersAusglG) oder wegen grober Unbilligkeit (§ 27 VersAusglG) ganz oder teilweise nicht stattfindet.

2458    Die Beschlussformel lautet:

>Der Versorgungsausgleich findet nicht statt.«

2459    Bei einem Teilausschluss unter Vorbehalt von Ausgleichsansprüchen nach der Scheidung:

>Im Übrigen findet ein Wertausgleich bei der Scheidung nicht statt«.[979]

*cc) Nicht ausgeglichene Anrechte (§ 224 Abs. 4 FamFG)*

2460    Das FamG ist nach § 224 Abs. 4 FamFG verpflichtet, diejenigen Anrechte in der Begründung der Endentscheidung ausdrücklich zu benennen, deren Berücksichtigung beim Wertausgleich i.R.d. Scheidung nicht möglich ist. Die Eheleute sollen damit daran erinnert werden, dass noch nicht ausgeglichene Anrechte vorhanden sind und gleichzeitig darauf hingewiesen werden, welche Anrechte dies sind. Hierbei kann es sich bspw. um Anrechte bei ausländischen Versorgungsträgern handeln, da das Gericht insoweit keine Teilung anordnen kann. Denkbar sind aber auch verfallbare betriebliche Anrechte, die nach der Entscheidung des Gerichts über den Wertausgleich bei der Scheidung unverfallbar werden können und dann im Rahmen von Ausgleichsansprüchen nach der Scheidung einem Ausgleich zugänglich sind.

---

979  Vgl. dazu BGH, FamRZ 2007, 536.

### g) Abänderung des Wertausgleichs (§§ 225, 226 FamFG)

Nach den §§ 225 und 226 FamFG ist eine Entscheidung über den Wertausgleich bei    2461
der Scheidung dann **auf Antrag** abänderbar, wenn sich nachträglich rechtliche oder
tatsächliche Umstände geändert haben, die für die Bewertung des Ausgleichswerts
eines Anrechts maßgeblich sind. Die Konzeption der Abänderung des Wertausgleichs
nach §§ 225, 226 FamFG orientiert sich an § 238 FamFG und lässt die Rechtskraftdurchbrechung zu.[980]

Die Abänderung muss sich zugunsten eines Ehegatten oder seiner Hinterbliebenen    2462
auswirken, vgl. § 225 Abs. 5 FamFG.

### aa) Anpassungsfähige Anrechte

Nach § 225 Abs. 1 FamFG ist eine Abänderung des Wertausgleichs bei der Scheidung    2463
nur für Anrechte i.S.d. § 32 VersAusglG zulässig.

Anpassungsfähige Anrechte nach § 32 VersAusglG sind Anrechte aus                   2464
– der gesetzlichen Rentenversicherung einschließlich der Höherversicherung,
– der Beamtenversorgung oder einer anderen Versorgung, die zur Versicherungsfrei-
  heit nach § 5 Abs. 1 SGB VI führt,
– einer berufsständischen oder einer anderen Versorgung, die nach § 6 Abs. 1 Nr. 1
  oder Nr. 2 SGB VI zu einer Befreiung von der Sozialversicherungspflicht führen
  kann,
– der Alterssicherung der Landwirte,
– den Versorgungssystemen der Abgeordneten und der Regierungsmitglieder im
  Bund und in den Ländern.[981]

### bb) Nachträgliche Änderung des Ausgleichswerts

Nach § 225 Abs. 2 FamFG ist eine nachträgliche wesentliche Änderung des Ausgleichs-    2465
werts, die tatsächlich oder rechtlich bedingt ist, Voraussetzung für eine Abänderung.
Dazu zählen zum einen **Rechtsänderungen** wie neue rentenrechtliche Bestimmungen
oder Neuregelungen im Beamtenversorgungsrecht, zum anderen **tatsächliche Änderungen** wie das Ausscheiden aus dem Beamtenverhältnis oder der Eintritt einer vorzeitigen Dienstunfähigkeit. Auch muss ein Bezug zur Ehezeit gegeben sein.

### cc) Wesentliche Änderung (§ 225 Abs. 3 FamFG)

Die Wertänderung nach § 225 Abs. 2 FamFG muss wesentlich sein. So stellt § 225    2466
Abs. 3 FamFG klar, dass sie mindestens 5 % des bisherigen Ausgleichswerts des
Anrechts beträgt und bei einem Rentenbetrag als maßgeblicher Bezugsgröße 1 %, in
allen anderen Fällen als Kapitalwert 120 % der am Ende der Ehezeit maßgeblichen

---

980  Vgl. dazu *Bartels* FamRZ 2017, 172.
981  Vgl. dazu OLG Koblenz, FamRZ 2019, 959 (Nahles-Entscheidung).

monatlichen Bezugsgröße nach § 18 Abs. 1 SGB IV übersteigt. Die Norm enthält damit eine **relative und eine absolute Wesentlichkeitsgrenze**.[982]

2467　Die **relative Wesentlichkeitsgrenze** wird allerdings nicht auf den Ausgleichsbetrag nach Saldierung bezogen, sondern auf den Ausgleichswert des jeweiligen Anrechts. Dies folgt aus der Systematik der Teilung aller Anrechte. Die Wertgrenze beträgt 5 % (bezogen auf den jeweiligen Ausgleichswert), um den Zugang zur Abänderung nicht über Gebühr zu beschränken.

2468　Zugleich muss die Änderung eine **absolute Wesentlichkeitsgrenze** übersteigen, um Bagatellverfahren zu vermeiden. Diese absolute Wertgrenze beträgt 1 % der Bezugsgröße nach § 18 SGB IV und entspricht damit der Geringfügigkeitsgrenze nach § 18 Abs. 3 VersAusglG.

▶ Anwaltlicher Hinweis:

2469　Beispiele, die eine Abänderung nach §§ 225, 226 FamFG rechtfertigen, sind etwa Änderungen des Leistungsrechts (wie bspw. in der Vergangenheit die rückwirkende Zuerkennung von Kindererziehungszeiten) oder aber eine Dienstunfähigkeit vor Erreichen der Regelaltersgrenze, die bei der zeitratierlich zu bewertenden Beamtenversorgung (§§ 40, 44 VersAusglG) zur Veränderung des Ehezeitanteils führen kann. Diese Änderungen berechtigen dann dazu, die ursprüngliche Entscheidung des Gerichts abändern zu lassen.

*dd) Erfüllung einer Wartezeit (§ 225 Abs. 4 FamFG)*

2470　Eine Abänderung ist nach § 225 Abs. 4 FamFG auch dann zulässig, wenn durch sie eine für die Versorgung der ausgleichsberechtigten Person maßgebende Wartezeit erfüllt wird. Die Regelung sichert die Möglichkeit der Abänderung unabhängig von der Wesentlichkeitsgrenze, wenn sie zur Erfüllung einer Wartezeit bspw. nach den §§ 50 bis 52 und 243b SGB VI führt.

*ee) Antrag auf Abänderung*

2471　Das FamG ändert den Wertausgleich nur auf **Antrag** ab.

2472　**Antragsberechtigt** sind nach § 226 Abs. 1 FamFG die Ehegatten, ihre Hinterbliebenen und die von der Abänderung betroffenen Versorgungsträger.

2473　Nach § 226 Abs. 2 FamFG ist der Antrag frühestens 6 Monate vor dem Zeitpunkt zulässig, ab dem ein Ehegatte voraussichtlich eine laufende Versorgung aus dem abzuändernden Anrecht bezieht oder dies aufgrund der Abänderung zu erwarten ist.

▶ Anwaltlicher Hinweis:

2474　Diese Zeitgrenze, die allein auf den bevorstehenden Leistungsbeginn abstellt, macht es möglich, sämtliche bis zu diesem Zeitpunkt eintretenden Änderungen

---

982 BGH, FamRZ 2022, 258.

in einem Verfahren zu berücksichtigen. Damit ist zugleich gewährleistet, dass ein weiteres Abänderungsverfahren in der Zwischenzeit unterbleibt.

**Leistungsbeginn** ist entweder der erstmalige Leistungsbezug eines Ehegatten aus dem Anrecht, dessen Ausgleichswert abgeändert werden soll, oder der Zeitpunkt, zu dem die antragstellende Person durch die Abänderung die Erfüllung der entsprechenden Leistungsvoraussetzungen erwarten kann, bspw. die Erfüllung der Wartezeit infolge der Erhöhung des Ausgleichsanspruchs und der daraus folgenden Wartezeitgutschrift gem. § 52 SGB VI. **2475**

### ff) Härtefälle (§ 226 Abs. 3 FamFG)

§ 226 Abs. 3 FamFG verweist zur Entscheidung über Härtefälle im Abänderungsverfahren auf § 27 VersAusglG. Nach § 27 VersAusglG findet ein Versorgungsausgleich ausnahmsweise nicht statt, soweit er grob unbillig wäre. Dies ist nur der Fall, wenn die gesamten Umstände des Einzelfalls es rechtfertigen, von der Halbteilung abzuweichen. **2476**

Die entsprechende Anwendung ermöglicht es dem Gericht, die Billigkeit der zu treffenden Abänderungsentscheidung zu prüfen und so im Einzelfall von einer schematischen Abänderung abzusehen. Zu berücksichtigen sind dabei die wirtschaftlichen Verhältnisse der Ehegatten, insb. der nacheheliche Erwerb von Anrechten, die jeweilige Bedürftigkeit und die Gründe für die Veränderung des Ehezeitanteils und damit des Ausgleichswerts. **2477**

Bei der Härtefallprüfung sind nur solche Umstände zu berücksichtigen, die **nachträglich** entstanden sind. Deshalb bleiben die bereits bei der Erstentscheidung vorliegenden, aber nicht geltend gemachten bzw. nicht berücksichtigten Umstände im Abänderungsverfahren außer Betracht.[983] **2478**

### gg) Wirkungszeitpunkt (§ 226 Abs. 4 FamFG)

Die Abänderung wirkt nach § 226 Abs. 4 FamFG ab dem ersten Tag des Monats, der auf den Monat der Antragstellung folgt. Der Wirkungszeitpunkt entspricht damit zugleich den in §§ 34 Abs. 3, 36 Abs. 3 und 38 Abs. 2 VersAusglG geregelten Wirkungszeitpunkten für die Anpassungsverfahren nach Rechtskraft. **2479**

### hh) Tod eines Ehegatten im Abänderungsverfahren (§ 226 Abs. 5 FamFG)

### aaa) Tod des Antragstellers

Stirbt der Ehegatte, der den Abänderungsantrag gestellt hat, vor Rechtskraft der Endentscheidung, weist das Gericht die übrigen antragsberechtigten Beteiligten darauf hin, dass das Verfahren nur fortgesetzt wird, wenn ein antragsberechtigter Beteiligter innerhalb einer **Frist von einem Monat** dies durch Erklärung ggü. dem Gericht ver- **2480**

---

983 Vgl. dazu OLG Stuttgart, NZFam 2017, 220, 225.

langt. Verlangt kein antragsberechtigter Beteiligter innerhalb der Frist die Fortsetzung des Verfahrens, gilt dieses als in der Hauptsache erledigt.

2481    Die Frist von einem Monat beginnt für einen Beteiligten erst zu laufen, wenn ihm der gerichtliche Hinweis zugeht. Hinterbliebene sind damit grds. berechtigt, das Abänderungsverfahren weiterzuführen.

### bbb) Tod des Antragsgegners

2482    Stirbt der andere Ehegatte, d.h. der Antragsgegner bzw. die Antragsgegnerin, wird das Verfahren gegen dessen Erben fortgesetzt, denn die begehrte Änderung kann sich für die antragstellende Person künftig noch auswirken.

## h) Sonstige Abänderungen (§ 227 FamFG)

2483    Gem. § 227 Abs. 1 FamFG ist für die Abänderung einer Entscheidung über Ausgleichsansprüche nach der Scheidung nach den §§ 20 bis 26 VersAusglG die Vorschrift des **§ 48 Abs. 1 FamFG** anzuwenden.

2484    Nach § 48 FamFG kann das Gericht des ersten Rechtszugs eine rechtskräftige Endentscheidung mit Dauerwirkung aufheben oder ändern, wenn sich die zugrunde liegende Sach- oder Rechtslage nachträglich wesentlich geändert hat. In Verfahren, die nur auf Antrag eingeleitet werden, erfolgt die Aufhebung oder Abänderung nur auf Antrag.

2485    Abgeändert werden kann danach gem. § 48 Abs. 1 FamFG eine Entscheidung über
- eine schuldrechtliche Ausgleichsrente (§ 20 VersAusglG),
- deren Abtretung (§ 21 VersAusglG) und
- die Teilhabe an der Hinterbliebenenversorgung (§§ 25 und 26 VersAusglG).

2486    Die Abänderung einer insoweit ergangenen Entscheidung ist nach der allgemeinen Vorschrift des § 48 Abs. 1 FamFG möglich. Dort ist nämlich geregelt, dass rechtskräftige Endentscheidungen mit Dauerwirkung wegen nachträglich veränderter Tatsachen- oder Rechtsgrundlagen aufgehoben oder geändert werden können. Dazu zählen auch die vorgenannten Entscheidungen über Rentenzahlungen.

2487    Nach § 227 Abs. 2 FamFG sind die §§ 225 und 226 FamFG anzuwenden, wenn Vereinbarungen über den Versorgungsausgleich abgeändert werden sollen.

## i) Beschwerde in Versorgungsausgleichssachen

2488    Die Zulässigkeit der Beschwerde ergibt sich auch in Versorgungsausgleichssachen grds. aus §§ 58 ff. FamFG. Nach § 228 FamFG gilt jedoch § 61 FamFG, wonach der Beschwerdewert mehr als 600 € betragen muss bzw. ansonsten die Beschwerde zugelassen sein muss, in Versorgungsausgleichssachen nur im Fall der Anfechtung einer Kosten- oder Auslagenentscheidung.

2489    Eine Mindestbeschwer ist in Versorgungsausgleichssachen für Rechtsmittel der Rentenversicherungsträger nicht sachgerecht, da sie im Ergebnis die Interessen der Versichertengemeinschaft wahrnehmen und da sich wegen der Ungewissheit des künftigen Versicherungsverlaufs regelmäßig zunächst noch nicht feststellen lässt, ob sich die getroffene Entscheidung zum Nachteil für den Versorgungsträger auswirkt oder nicht.

Um eine Gleichbehandlung zu erreichen, wurde die Wertgrenze mit der genannten 2490 Ausnahme für alle Beteiligten in Versorgungsausgleichssachen aufgehoben.

## 2. Materieller Überblick zum Versorgungsausgleich

Mit dem Versorgungsausgleichsgesetz (VersAusglG) soll eine gerechte Teilhabe im 2491 Versorgungsfall durch grundsätzlich »systeminterne« Teilung der Anrechte gewährleistet werden.[984]

Die ausgleichsberechtigte Person erwirbt ein Anrecht im Versorgungssystem der aus- 2492 gleichspflichtigen Person und nimmt gleichberechtigt an dessen Chancen und Risiken teil.

Die Eheleute können nach dem VersAusglG in größerem Umfang als bisher Verein- 2493 barungen schließen; die FamG erhalten weitere Ermessensspielräume, um auf die vielfältigen Konstellationen des Einzelfalls reagieren zu können, und auch die Versorgungsträger erhalten Wahlrechte, soweit dies mit dem Grundsatz der angemessenen Teilhabe vereinbar ist.

## a) Grundkonzeption des Versorgungsausgleichs

Der Versorgungsausgleich, der regelmäßig bei der Ehescheidung und der Eheaufhe- 2494 bung stattfindet, bezweckt, während der Ehe erworbene Anwartschaften auf Versorgung wegen Alters oder wegen Berufs- oder Erwerbsunfähigkeit unter den Ehegatten auszugleichen. Die Regelung beruht auf demselben Grundgedanken wie der Zugewinnausgleich: Die Aufwendungen, die während des Bestehens der Ehe zum Erwerb von Versorgungsanwartschaften gemacht wurden, sind gewissermaßen als gemeinsame Leistungen beider Ehegatten anzusehen und daher zu teilen.

Nach § 1 Abs. 1 VersAusglG sind daher im Versorgungsausgleich die in der Ehezeit 2495 erworbenen Anteile von Anrechten (Ehezeitanteile) jeweils zur Hälfte zwischen den geschiedenen Ehegatten zu teilen.

Ausgleichspflichtig ist nach § 1 Abs. 2 VersAusglG, wer einen Ehezeitanteil erwor- 2496 ben hat. Der ausgleichsberechtigten Person steht die Hälfte des Werts des jeweiligen Ehezeitanteils (Ausgleichswert) zu.

Der **Ehezeitanteil** ist auszugleichen. Als Ehezeit gilt nach § 3 Abs. 1 VersAusglG die 2497 Zeit vom Beginn des Monats, in dem die Ehe geschlossen worden ist, bis zum Ende des Monats, der dem Eintritt der Rechtshängigkeit des Scheidungsantrags vorausgeht.[985]

---

984  Vgl. dazu auch *Borth* FamRZ 2008, 1797 ff.
985  Vgl. *Wick* FuR 2009, 483.

2498 Bestehen unterschiedlich hohe auszugleichende Anrechte, so findet hinsichtlich des Wertunterschieds ein Ausgleich statt. Der Versorgungsausgleich ist unabhängig vom Güterstand bzw. geht diesem auch vor, vgl. § 2 Abs. 4 VersAusglG.

2499 Der Versorgungsausgleich kann ausgeschlossen sein (s. Rdn. 2456).

### b) Auszugleichende Anrechte (§ 2 VersAusglG)

*aa) Anrechte*

2500 Anrechte i.S.d. VersAusglG sind nach § 2 Abs. 1 VersAusglG im In- oder Ausland bestehende Anwartschaften auf Versorgungen und Ansprüche auf laufende Versorgungen, insb. aus der gesetzlichen Rentenversicherung, aus anderen Regelsicherungssystemen wie der Beamtenversorgung oder der berufsständischen Versorgung, aus der betrieblichen Altersversorgung[986] oder aus der privaten Alters- und Invaliditätsvorsorge.

*bb) Auszugleichende Anrechte*

2501 Ein Anrecht ist nach § 2 Abs. 2 VersAusglG auszugleichen, sofern es
– durch Arbeit oder Vermögen geschaffen oder aufrechterhalten worden ist,
– der Absicherung im Alter oder bei Invalidität, insb. wegen verminderter Erwerbsfähigkeit, Berufsunfähigkeit oder Dienstunfähigkeit, dient und
– auf eine Rente gerichtet ist; ein Anrecht i.S.d. Betriebsrentengesetzes oder des Altersvorsorgeverträge-Zertifizierungsgesetzes ist unabhängig von der Leistungsform auszugleichen.

▶ Praxishinweis:

2502 Eine bereits unverfallbare, unwiderruflich zugesagte **betriebliche Altersversorgung** in Form einer als Direktversicherung zur betrieblichen Altersversorgung abgeschlossene Kapitallebensversicherung mit Rentenwahlrecht fällt nach § 2 Abs. 2 Nr. 3 VersAusglG in den Versorgungsausgleich.[987] Auf die Leistungsart kommt es bei betrieblichen Altersversorgungen nicht an. Deswegen fällt ein solches Anrecht nicht in den Zugewinnausgleich (§ 2 Abs. 4 VersAusglG).

### c) Wertausgleich

2503 Auszugleichen ist der Wert der betroffenen Anrechte. Dieser ist für jeden Ehegatten zu ermitteln. Zu diesem Zweck kann das Gericht Auskünfte bei den Versicherungsträgern usw. einholen (§ 220 FamFG). Der Ehegatte mit dem höheren Wert ist ausgleichspflichtig (§ 1 Abs. 2 VersAusglG). Das Ziel ist der Ausgleich des hälftigen Wertunterschieds.

---

986 Vgl. dazu BGH FamRZ 2018, 894 = FuR 2018, 366.
987 Vgl. dazu BGH, FamRZ 2021, 745 Rn. 15–17.

Die technische Abwicklung des Wertausgleichs ist den §§ 9 ff. VersAusglG zu ent-  2504
nehmen.

### aa) Wertausgleich bei Scheidung

Der Wertausgleich ist grds. bei Scheidung vorzunehmen; ihm unterfallen alle Anrechte  2505
i.S.d. § 2 VersAusglG, es sei denn, die Ehegatten haben den Ausgleich nach den §§ 6
bis 8 VersAusglG geregelt oder die Ausgleichsreife der Anrechte nach § 19 VersAusglG fehlt.

▶ **Taktischer Hinweis:**

Bedeutung hat auch die sog. Bagatellklausel des § 18 VersAusglG. Ein geringer  2506
Wertunterschied beiderseitiger Anrechte gleicher Art soll nach § 18 Abs. 1 VersAusglG nicht ausgeglichen werden.[988]

Die Bagatellgrenze betreffend einzelne Anrechte mit einem geringen Ausgleichswert nach § 18 Abs. 2 VersAusglG beträgt für das Jahr 2022 **32,90 €** (1 % von
3.290 €) bzw. **3.948 €** (120 % von 3.290 €). Die Ausgestaltung als Soll-Vorschrift
macht einen Ausgleich in diesen Fällen aber möglich, wenn der betroffene Beteiligte auch auf ein geringes Anrecht angewiesen ist oder mehrere kleine Anrechte
zusammenkommen.[989]

Wichtig ist dazu ein **ausreichender anwaltlicher Vortrag**, dass und warum im
konkreten Fall ein Ausgleich geboten ist.[990]

**Wichtig:** Es ist stets mit der Prüfung nach § 18 Abs. 1 VersAusglG zu beginnen,
ob beide Ehegatten gleichartige Anrechte erworben haben und – wenn ja – ob
die Differenz der Ausgleichswerte gering ist. Nur Anrechte, denen keine gleichar-
tigen Anrechte des anderen Ehegatten gegenüberstehen, sind gem. § 18 Abs. 2
VersAusglG daraufhin zu prüfen, ob ihr Ausgleichswert die maßgebliche Bagatellgrenze unter- oder überschreitet. Gleichartige Anrechte, deren Ausgleichswert-
differenz nicht gering ist, sind nicht mehr nach § 18 Abs. 2 VersAusglG auf
Überschreiten der Bagatellgrenze zu überprüfen.[991]

Ergibt sich ein Wertausgleich, der für einen Beteiligten ungünstig ist, wird häufig im  2507
Verfahren eingewandt, der Ausgleich wäre **grob unbillig** im Sinne von § 27 VersAusglG.

Eine solche grobe Unbilligkeit setzt jedoch voraus, dass die gesamten Umstände des  2508
Falles es rechtfertigen, von der im Gesetz vorgesehenen starren Halbteilung der ehe-
zeitlich erworbenen Versorgungsanrechte abzusehen.[992] Das Gericht hat dabei insb. die

---

988  BGH, FamRZ 2021, 1955.
989  Vgl. dazu BGH, FuR 2017, 77.
990  Vgl. dazu *Bergmann* FuR 2009, 425.
991  *Wick* FuR 2022, 234.
992  Ausführlich dazu *Langheim* FamRZ 2016, 1723.

gegenwärtige und zukünftige wirtschaftliche Situation der Eheleute zu berücksichtigen. Die Durchführung des Versorgungsausgleichs ist nur dann grob unbillig, wenn er zu einem erheblichen wirtschaftlichen Ungleichgewicht zulasten eines Ehegatten führen und dem Zweck des Versorgungsausgleichs, zu einer ausgewogenen sozialen Sicherung beider Ehegatten beizutragen, grob zuwiderlaufen würde. Dazu reicht es nicht aus, wenn ein Ehegatte aufgrund des Versorgungsausgleichs besser dastehen würde als der andere. Selbst eine bei ungekürzter Durchführung des Versorgungsausgleichs drohende Unterschreitung des unterhaltsrechtlich erheblichen Selbstbehalts aufseiten des Verpflichteten stellt keinen Härtegrund dar, wenn der Berechtigte ebenfalls in engen wirtschaftlichen Verhältnissen lebt.[993]

**2509**    Die Tatsache, dass die Versorgung eines ausgleichspflichtigen Rentners oder Pensionärs nach neuem Recht aufgrund des VA sofort gekürzt wird, auch wenn der Ausgleichsberechtigte noch keine Rente bezieht (Wegfall des sog. Rentnerprivilegs), begründet für sich genommen keine grobe Unbilligkeit.[994]

**2510**    Die Inanspruchnahme eines Ehegatten kann (zumindest teilweise) grob unbillig sein, wenn die Ehegatten vor Ende der Ehezeit lange Zeit getrennt gelebt haben und es daher in einem wesentlichen Teil der Ehe an einer den VA rechtfertigenden Versorgungsgemeinschaft gefehlt hat.[995]

**2511**    Soweit ein Fehlverhalten eines Beteiligten Grund der groben Unbilligkeit sein soll, muss dieses so schwer wiegen, dass es die gebotene Teilhabe an dem in der Ehe erworbenen Vorsorgevermögen ausnahmsweise ausschließt. Ein maßgebliches Fehlverhalten kann die Verletzung von Unterhaltspflichten sowie auch gegen den Ehegatten und die Kinder gerichtete Straftaten sein. Eine **unterlassene Altersvorsorge** ist i.R.d. § 27 VersAusglG nur relevant, wenn dieses Unterlassen als illoyal und grob leichtfertig zu bewerten ist.[996]

▶ Praxishinweis:

**2512**    Der Ausschluss des Versorgungsausgleichs wegen körperlicher Übergriffe innerhalb der Ehe kommt in Betracht, wenn die Verfehlungen des ausgleichsberechtigten Ehegatten ganz besonders ins Gewicht fallen, sich also über einen langen Zeitraum erstrecken oder sich zwar auf einen einzigen, dann aber außergewöhnlich schwerwiegenden Vorfall beschränken.

Werden die Verfehlungen bestritten, trifft den Ausgleichsverpflichteten die Darlegungs- und Feststellungslast. Beweisanregungen wird seitens des Gerichts trotz der Verpflichtung zur Amtsermittlung nur nachgegangen, wenn dargelegt wird oder sonst ersichtlich ist, welcher Erkenntnisgewinn sich hieraus ergeben soll.[997]

---

993 So OLG Celle, FamRZ 2012, 308.
994 BGH, FamRZ 2018, 904.
995 *Wick* FuR 2019, 258; vgl. auch OLG Düsseldorf, FuR 2019, 34.
996 OLG Stuttgart, FamRZ 2012, 311, 312; OLG Frankfurt, FamRZ 2011, 901, 902.
997 OLG Brandenburg, NZFam 2022, 462.

Anwendung findet die Härteklausel des § 27 VersAusglG, wenn ein Ehegatte ein von      2513
ihm zum Zwecke der Altersversorgung erworbenes Anrecht dem Versorgungsausgleich durch Ausübung eines Kapitalwahlrechts entzieht. Dies gilt jedenfalls dann,
wenn auch ein güterrechtlicher Ausgleich z.B. wegen einer ehevertraglich vereinbarten
Gütertrennung nicht in Betracht kommt.[998]

2514

| **Wertausgleich bei Scheidung** | |
|---|---|
| **Regel:**<br>**Interne Teilung**<br><br>§§ 10 bis 13 VersAusglG<br><br>Übertragung von Anrechten für die ausgleichsberechtigte Person zulasten des Anrechts der ausgleichspflichtigen Person in Höhe des Ausgleichswerts <u>bei dem Versorgungsträger, bei dem das Anrecht der ausgleichspflichtigen Person besteht.</u> | **Ausnahme:**<br>**Externe Teilung**<br><br>§§ 14 bis 17 VersAusglG<br><br>Übertragung von Anrechten für die ausgleichsberechtigte Person zulasten des Anrechts der ausgleichspflichtigen Person in Höhe des Ausgleichswerts <u>bei einem anderen Versorgungsträger</u> als demjenigen, bei dem das Anrecht der ausgleichspflichtigen Person besteht. |

Wertausgleich bei Scheidung

Gemäß §§ 9 Abs. 1, 19 Abs. 1 Satz 1 VersAusglG erfasst der Wertausgleich bei der       2515
Scheidung (§§ 10 ff. VersAusglG) ausgleichsreife Anrechte. Bei der **internen Teilung**
muss gewährleistet sein, dass für die ausgleichsberechtigte Person ein Anrecht entsteht,
dessen Wert sich künftig in vergleichbarer Weise wie das der ausgleichspflichtigen
Person verbleibende Anrecht entwickelt (§ 11 Abs. 1 Satz 2 Nr. 2 VersAusglG). Die
vom FamG angeordnete interne Teilung entfaltet mit Eintritt der Rechtskraft rechts-
gestaltende Wirkung.[999] Das gilt auch, wenn die Entscheidung materiell fehlerhaft
ist, z.B. ein zu teilendes Anrecht gar nicht mehr vorhanden ist. Dennoch erwirbt in
einem solchen Fall die ausgleichsberechtigte Person bei dem Versorgungsträger der
ausgleichspflichtigen Person ein Anrecht in Höhe des Ausgleichswerts.

Falls eine interne Teilung nicht möglich ist, muss nach §§ 14 ff. VersAusglG eine        2516
**externe Teilung** eines Anrechts stattfinden. Dafür hat der Berechtigte die Möglichkeit,
eine Zielversorgung nach § 15 VersAusglG zu benennen. Die ausgleichsberechtigte

---

998  BGH, FamRZ 2017, 26 ff.
999  BGH, FamRZ 2021, 1357 = FuR 2021, 545.

Person kann die Wahl eines Zielversorgungsträgers (§ 15 Abs. 1 VersAusglG) auch noch nach Ablauf einer gem. § 222 Abs. 1 FamFG vom Gericht gesetzten Frist und selbst noch im Beschwerdeverfahren ausüben.[1000]

▶ **Anwaltlicher Hinweis:**

2517    Die Scheidung der Ehe eines unterhaltspflichtigen Rentners macht (entsprechend dem früheren Rentnerprivileg) nach §§ 33, 34 VersAusglG einen Antrag auf Aussetzung der Kürzung der laufenden Versorgung erforderlich.[1001] Voraussetzung dafür ist, dass der unterhaltsberechtigte Ehegatte selbst noch keine laufende Versorgung erhält und ohne den Versorgungsausgleich einen (höheren) Anspruch auf nachehelichen Unterhalt hätte. Einer Rentenkürzung bis zum Eintritt des ausgleichsberechtigten Ehegatten in den Ruhestand nach § 33 Abs. 1 VersAusglG steht nicht entgegen, dass die Leistungsfähigkeit des Pflichtigen aufgrund der Zahlung des geschuldeten Unterhalts durch die Kürzung der Versorgungsbezüge nicht beeinträchtigt wird.[1002]

Die Rechtsprechung[1003] erachtet einen **Verbundantrag** auf Anpassung wegen Unterhalts nach § 33 VersAusglG als zulässig, sodass eine gemeinsame Verhandlung und Entscheidung im Verbund über Unterhalt und Anpassung des Versorgungsausgleichs möglich ist.[1004] Wird diese Möglichkeit übersehen, kann es zur unberechtigten Kürzung der Versorgung kommen und gleichzeitig zur Verpflichtung zu überhöhten Unterhaltsleistungen.

Ist die Scheidung bereits vor Renteneintritt vollzogen worden, muss der Unterhaltspflichtige bei Renteneintritt die Anpassung des Versorgungsausgleichs nach § 33 VersAusglG beantragen und regelmäßig die Herabsetzung des Unterhalts nach §§ 238, 239 FamFG. Eine Verbindung beider Verfahren ist jedoch nicht zulässig, weil für Familienstreitsachen (Ehegattenunterhalt) und Verfahren der freiwilligen Gerichtsbarkeit (VA) unterschiedliche Verfahrensvorschriften gelten.[1005]

### bb) Ausgleichsansprüche nach der Scheidung

2518    Ausgleichsansprüche nach der Scheidung sind subsidiär und nur zulässig, soweit ein Anrecht nicht durch interne oder externe Teilung ausgeglichen werden konnte.

2519    Praktische Bedeutung hat dies v.a. für Anrechte bei ausländischen Versorgungsträgern, die weder intern noch extern geteilt werden können. Darüber hinaus sind die

---

1000  OLG Stuttgart, FamRZ 2021, 1959.
1001  Vgl. dazu *Jüdt* FuR 2016, 615.
1002  OLG Stuttgart, FamRZ 2012, 721.
1003  OLG Zweibrücken, FuR 2012, 270 = FamRZ 2012, 722; vgl. dazu auch *Wick* FuR 2022, 239.
1004  So auch *Gutdeutsch* FamRZ 2010, 1140 f.; kritisch dazu *Borth* FamRZ 2012, 724.
1005  *Wick* FuR 2022, 239; a.A. *Gutdeutsch* FamRZ 2010, 1140 f.

inzwischen unverfallbar gewordenen betrieblichen Anrechte (§ 19 Abs. 2 Nr. 1 VersAusglG) und Anrechte, die auf eine abzuschmelzende Leistung gerichtet sind (§ 19 Abs. 2 Nr. 2 VersAusglG) oder deren Ausgleich unwirtschaftlich i.S.v. § 19 Abs. 1 Nr. 3 VersAusglG wäre, zu nennen.

Erhält die ausgleichspflichtige Person Kapitalzahlungen aus einem noch nicht ausge- **2520** glichenen Anrecht, so kann nach § 22 VersAusglG die ausgleichsberechtigte Person von ihr die Zahlung des Ausgleichswerts verlangen.[1006]

▶ Praxishinweis:

Die Fälligkeit des Ausgleichsanspruchs nach § 22 VersAusglG erfordert die Aus- **2521** zahlung des Kapitals an den Ausgleichspflichtigen einerseits und andererseits, dass der Ausgleichsberechtigte nach § 20 Abs. 2 VersAusglG seinerseits Versorgungsempfänger ist oder die Regelaltersgrenze der gesetzlichen Rentenversicherung erreicht hat oder Invalide ist. Hat der Ausgleichspflichtige seine schuldrechtlich auszugleichende Versorgung sich auszahlen lassen (sei es durch Kündigung, sei es durch Erreichen des Leistungszeitpunkts) und wird der Ausgleichsberechtigte erst später Altersrentner, ist § 22 VersAusglG ab Eintritt dieser Voraussetzung anwendbar. Anwälte müssen beachten, dass der Ausgleich nach den §§ 20 ff. VersAusglG nicht von Amts wegen erfolgt. Es bedarf eines Antrags (§ 223 FamFG), den der Ausgleichsberechtigte aber nicht beziffern muss.[1007]

Denkbar ist aber auch, dass sich die Eheleute geeinigt haben, den Versorgungsaus- **2522** gleich nicht durch den Wertausgleich bei der Scheidung durchzuführen, sondern ihn nach § 6 Abs. 1 Satz 2 Nr. 3 VersAusglG Ausgleichsansprüchen nach der Scheidung vorzubehalten, weil dies ihrer Interessenlage besser entspricht.

---

1006 Ausführlich dazu *Götsche* FuR 2019, 190.
1007 *Götsche* FuR 2019, 193.

2523

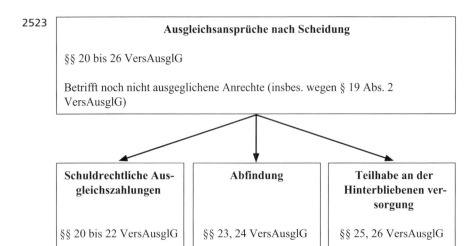

Ausgleichsansprüche nach der Scheidung

### d) Muster: Anspruch auf schuldrechtliche Ausgleichsrente

2524 Regelmäßig wird der Versorgungsausgleich im Scheidungsverfahren beantragt, sodass auf die dazu bereits dargestellten Muster verwiesen werden kann, vgl. die Muster unter Rdn. 1236, Rdn. 1237 und Rdn. 1239.

2525 Mitunter ist jedoch auch ein Anspruch auf schuldrechtliche Ausgleichsrente gegeben, für dessen Geltendmachung folgendes Muster verwendet werden kann:

▶ Muster: Anspruch auf schuldrechtliche Ausgleichsrente

An das

Amtsgericht.....

– Familiengericht –

.....

Antrag auf schuldrechtliche Ausgleichsrente

In der Familiensache

der Frau.....

– Antragstellerin –

Verfahrensbevollmächtigte:

gegen

Herrn.....

– Antragsgegner –

Verfahrensbevollmächtigte:

wegen Versorgungsausgleichs, schuldrechtlicher Ausgleichsrente

zeige ich ausweislich anliegender Verfahrensvollmacht die anwaltliche Vertretung der Antragstellerin an.

In der Sache stelle ich namens der Antragstellerin den Antrag,

den Antragsgegner zu verpflichten, an die Antragstellerin zum Ausgleich des nach Durchführung des Versorgungsausgleichs bei Scheidung noch verbliebenen Anrechts in Höhe von monatlich..... € eine monatliche, schuldrechtliche Ausgleichsrente in Höhe des Betrags zu zahlen, der sich nach Vorliegen der Auskünfte der Versorgungsträger ergibt.

Begründung:

Die Beteiligten sind geschiedene Eheleute. Im Scheidungsverfahren vor dem Familiengericht....., Az.:....., wurde der Versorgungsausgleich durchgeführt.

Der Antragsgegner erhält aber noch eine Zusatzrente als betriebliche Altersversorgung. Diesbezüglich wurden die Beteiligten vom Gericht auf die schuldrechtliche Ausgleichsrente verwiesen.

Der Antragsgegner erhält die Zusatzrente seit dem....... Er hat am..... das 65. Lebensjahr vollendet.

Die Antragstellerin hat am..... ebenfalls ihre Versorgung erlangt, vgl. § 20 Abs. 2 VersAusglG, sodass die Antragsvoraussetzungen vorliegen.

.....

Rechtsanwältin/Rechtsanwalt

## VIII. Unterhaltssachen

Das FamFG behandelt das Unterhaltsverfahren ausführlich in den §§ 231 bis 260 FamFG. Unterhaltsverfahren stellen einen Schwerpunkt anwaltlicher Tätigkeit im Familienrecht dar. Materiell-rechtlich, aber auch verfahrensrechtlich, ist Verwandtenunterhalt (Kindschaftsunterhalt), Ehegattenunterhalt und Unterhalt nach § 1615l BGB zu unterscheiden. **2526**

▶ Das Wichtigste in Kürze

- Zuständigkeitsprivileg auch für volljährige Kinder, die minderjährigen Kindern nach § 1603 Abs. 2 Satz 2 BGB gleichgestellt sind. → Rdn. 2546 ff. **2527**
- Umfassende Auskunftspflichten in Unterhaltssachen (auch Dritter) ggü. dem Gericht. → Rdn. 2967 ff.
- Abänderung von Unterhaltsvergleichen und Urkunden speziell in § 239 FamFG geregelt. → Rdn. 2912 f., Rdn. 3103 ff.

- Verschärfte Haftung für zu viel gezahlten Unterhalt ab Rechtshängigkeit eines auf Herabsetzung gerichteten Abänderungsantrags, § 241 FamFG. → Rdn. 3519 ff.
- Abänderung eines Unterhaltsbeschlusses auch zulässig für die Zeit ab dem Ersten des auf ein entsprechendes Auskunfts- und Verzichtsverlangens folgenden Monats. → Rdn. 3169, Rdn. 3290

2528 Im Folgenden wird zunächst die Zuständigkeit der FamG in Unterhaltssachen dargestellt, danach folgen die Besonderheiten der jeweiligen o.a. Unterhaltsansprüche (Verwandtenunterhalt [Kindschaftsunterhalt], Ehegattenunterhalt und Unterhalt nach § 1615l BGB), bevor die Verfahrensführung (gerichtliche Anträge, Abänderung von Unterhaltstiteln, usw.) mit strategischen Hinweisen behandelt wird.

## 1. Zuständigkeit in Unterhaltssachen

### a) Unterhaltssachen

*aa) Begriff*

2529 Unterhaltssachen sind nach § 231 Abs. 1 FamFG Verfahren, die
- die durch Verwandtschaft begründete gesetzliche Unterhaltspflicht,
- die durch Ehe begründete gesetzliche Unterhaltspflicht,
- die Ansprüche nach § 1615l oder § 1615m BGB
betreffen.

2530 Unterhaltssachen sind aber nach § 231 Abs. 2 FamFG auch Verfahren nach § 3 Abs. 2 Satz 3 BKGG und § 64 Abs. 2 Satz 3 EStG. Diese Verfahren dienen der Bestimmung der für das Kindergeld bezugsberechtigten Person.[1008] Maßgebend für die Einbeziehung dieser Verfahren ist der enge tatsächliche und rechtliche Zusammenhang mit Verfahren, die den Unterhalt des Kindes betreffen. Nach § 1612b BGB hat das Kindergeld und damit auch die Frage, wer hierfür bezugsberechtigt ist, unmittelbaren Einfluss auf die Höhe des geschuldeten Unterhalts.

*bb) Verfahrensunterschiede*

2531 Die in § 231 Abs. 1 FamFG genannten Verfahren gehören zur Kategorie der Familienstreitsachen (vgl. § 112 FamFG). In diesen Verfahren sind grds. die Vorschriften der ZPO anzuwenden. I.Ü. gelten die speziellen Vorschriften der §§ 231 bis 260 FamFG.

▶ Anwaltlicher Hinweis:

2532 Die Familienstreitsachen, d.h. auch die Unterhaltssachen nach § 231 Abs. 1 FamFG, unterliegen auch erstinstanzlich dem **Anwaltszwang**.

---

1008 Vgl. dazu OLG München, FamRZ 2021, 1200; KG, NZFam 2019, 828 = FamRZ 2020, 33 (LS); OLG Celle, FamRZ 2019, 31.

Die in § 231 Abs. 2 FamFG genannten Angelegenheiten sind im Unterschied zu den **2533** Regelungsbereichen nach Abs. 1 keine Familienstreitsachen.

§ 231 Abs. 2 Satz 2 FamFG nimmt daher die §§ 235 bis 245 FamFG, die für ZPO-Ver- **2534** fahren typische Regelungen enthalten, von der Anwendbarkeit für Unterhaltssachen nach § 231 Abs. 2 FamFG aus. Das Verfahren in Kindergeldangelegenheiten richtet sich in erster Linie nach den Vorschriften des ersten Buches des FamFG, hinzukommen die Vorschriften der §§ 232 bis 234 FamFG.

### b) Sachliche Zuständigkeit

Die ausschließliche **sachliche Zuständigkeit** in Unterhaltssachen ist den §§ 23a Abs. 1 **2535** Satz 2, Satz 1 Nr. 1 GVG, 111 Nr. 8 FamFG zu entnehmen. Sachlich zuständig ist danach das AG – FamG.

### c) Örtliche Zuständigkeit

§ 232 FamFG regelt zentral und umfassend die **örtliche Zuständigkeit** in Unterhalts- **2536** sachen. Die örtliche Zuständigkeit wird in den Fällen nach § 232 Abs. 1 FamFG (anhängige Ehesache bzw. Kindesunterhalt für privilegierte Kinder) als **ausschließ-liche** angeordnet, sodass ein anderes Gericht nicht durch Prorogation oder rügelose Einlassung zuständig werden kann.

**2537**

> ### Die örtliche Zuständigkeit in Unterhaltssachen (§ 232 FamFG)

> ### 1. Ehesache anhängig
>
> – Kindesunterhalt für gemeinschaftliches Kind (Ausnahme vereinfachtes Verfahren)
>
> – Ehegattenunterhalt
>
> – **Zuständig** ist während der Anhängigkeit einer Ehesache das Gericht, bei dem die Ehesache im ersten Rechtszug anhängig ist oder war.
>
> Wenn § 232 Abs. 1 Nr. 1 FamFG (-)

> ### 2. privilegierte Kinder
>
> – Kindesunterhalt für ein minderjähriges Kind oder ein nach § 1603 Abs. 2 Satz 2 BGB gleichgestelltes Kind
>
> – **Zuständig** ist das FamG, in dessen Bezirk das Kind oder der Elternteil, der aufseiten des minderjährigen Kindes zu handeln befugt ist, seinen gewöhnlichen Aufenthalt hat (Ausnahme: Auslandsfälle).
>
> Wenn § 232 Abs. 1 Nr. 2 FamFG (-)

> ### 3. sonstige Unterhaltsfälle (§ 232 Abs. 3 FamFG)
>
> – **Zuständigkeit** ergibt sich aus §§ 12, 13 ZPO,
>
> – **wahlweise dazu nach § 232 Abs. 3 Satz 2**
>
> – bei Ehegattenunterhalt oder Unterhalt nach § 1615l BGB das Gericht, bei dem ein Verfahren über den Unterhalt des Kindes im ersten Rechtszug anhängig ist,
>
> – für den Antrag eines Kindes, durch den beide Eltern auf Erfüllung der Unterhaltspflicht in Anspruch genommen werden, das Gericht, das für den Antrag gegen einen Elternteil zuständig ist,
>
> – das Gericht, bei dem der Antragsteller seinen gewöhnlichen Aufenthalt hat, wenn der Antragsgegner im Inland keinen Gerichtsstand hat.

Die örtliche Zuständigkeit in Unterhaltssachen, § 232 FamFG

*aa) Anhängigkeit einer Ehesache (§ 232 Abs. 1 Nr. 1 FamFG)*

Ist eine Ehesache (§ 121 FamFG) anhängig, ist für Unterhaltssachen, die die Unterhaltspflicht für ein gemeinschaftliches Kind der Ehegatten (mit Ausnahme des vereinfachten Verfahrens über den Unterhalt Minderjähriger) oder die durch die Ehe begründete Unterhaltspflicht betreffen, das Gericht nach § 232 Abs. 1 Nr. 1 FamFG ausschließlich örtlich zuständig, bei dem die Ehesache im ersten Rechtszug anhängig ist oder war. **2538**

Ist nach Anhängigkeit eines Scheidungsantrags der Unterhalt für ein gemeinschaftliches Kind (verheirateter Eltern) gerichtlich geltend zu machen, ist hierfür unabhängig vom Gerichtsstand des Antragsgegners das Gericht der Ehesache ausschließlich zuständig. Dies gilt entsprechend für den Ehegattenunterhalt. Die Ehesache zieht damit während ihrer Anhängigkeit alle anderen Verfahren des Regelungsbereichs von § 232 Abs. 1 Nr. 1 FamFG unabhängig von den allgemeinen Zuständigkeitsbestimmungen an sich. Die Herausnahme der vereinfachten Verfahren aus dieser Regelung stützt sich auf die Erwägung, dass diese Verfahren wegen der besonderen Zuständigkeitsregelung der §§ 249 ff. FamFG, 20 Nr. 10 RPflG nicht in den Verbund fallen sollen. Sobald eine Überleitung in das streitige Verfahren nach § 255 FamFG erfolgt, ist § 232 FamFG aber anwendbar. **2539**

Die örtliche Zuständigkeit nach § 232 Abs. 1 Nr. 1 FamFG wird als **ausschließliche** angeordnet, sodass ein anderes Gericht nicht durch Prorogation oder rügelose Einlassung zuständig werden kann. **2540**

Zweck dieser umfassenden Zuständigkeitsregelung ist es, alle rechtlichen Angelegenheiten einer Familie bei einem Gericht zusammenzufassen, damit diese Verfahren mit besonderer Sachkenntnis und geringem verfahrensmäßigem Aufwand bearbeitet werden können. Gleichzeitig wird hierdurch der Verbundgedanke des § 137 FamFG gestärkt, da den Ehegatten durch eine Verfahrenskonzentration einerseits die Folgen der Auflösung der Ehe vor Augen geführt und sie andererseits durch eine Zersplitterung des Verfahrens insb. seelisch, aber auch wirtschaftlich nicht zu stark belastet werden sollen. **2541**

Der nacheheliche Ehegattenunterhalt der §§ 1569 ff. BGB und der Kindesunterhalt können für den Fall der Scheidung geltend gemacht werden, sodass diese Angelegenheiten in den Scheidungsverbund gelangen (vgl. § 137 Abs. 2 FamFG); der Trennungsunterhalt ist hingegen nicht verbundfähig, wird aber aufgrund der Vorschrift des § 232 Abs. 1 Nr. 1 FamFG vom Gericht der Ehesache verhandelt und entschieden. **2542**

Die **Anhängigkeit der Ehesache** richtet sich nach allgemeinen Grundsätzen, d.h. sie beginnt mit Einreichung des Antrags zu einer Ehesache (vgl. § 124 FamFG) und endet mit rechtskräftigem Verfahrensabschluss, der Rücknahme eines solchen Verfahrens (§ 141 FamFG) bzw. der übereinstimmenden Erledigungserklärung der Beteiligten. **2543**

Endet die Ehesache, ehe die Unterhaltssache erledigt ist, verbleibt es bei der nach § 232 Abs. 1 Nr. 1 FamFG begründeten Zuständigkeit nach dem Gesichtspunkt der perpetuatio fori, vgl. §§ 253 Abs. 1, 261 Abs. 3 Nr. 2 FamFG. **2544**

**2545**   Die Konzentrationswirkung der Scheidungssache endet auch dann mit deren Rechtskraft, wenn diese vor Abschluss einer nach § 140 FamFG abgetrennten Folgesache eintritt, d.h. der Folgesache kommt keine zuständigkeitsbegründende Wirkung mehr zu. Die örtliche Zuständigkeit richtet sich dann nach § 232 Abs. 1 Nr. 2 oder § 232 Abs. 3 FamFG.

*bb) Kindesunterhalt (§ 232 Abs. 1 Nr. 2 FamFG)*

*aaa) Gewöhnlicher Aufenthalt des Kindes oder des vertretungsberechtigten Elternteils*

**2546**   Für Verfahren, die die gesetzliche Unterhaltspflicht eines Elternteils oder beider Elternteile ggü. einem minderjährigen Kind betreffen, ist das Gericht **ausschließlich** zuständig, bei dem das Kind oder der Elternteil, der aufseiten des Kindes zu handeln befugt ist, seinen allgemeinen Gerichtsstand hat.

▶ **Anwaltlicher Hinweis:**

**2547**   Die Zuständigkeit nach § 232 Abs. 1 Nr. 2 FamFG gilt auch für die nach § **1603 Abs. 2 Satz 2 BGB privilegierten volljährigen Kinder.**

**2548**   Soweit an den gewöhnlichen Aufenthalt des Elternteils angeknüpft wird, ist allgemein dessen Handlungsbefugnis in der Unterhaltsangelegenheit ausschlaggebend. Auf diese Weise werden auch die Fälle der Verfahrensstandschaft nach § 1629 Abs. 3 Satz 1 BGB mitumfasst. Ansonsten betrifft diese Regelung die Vertretungsregelung des § 1629 Abs. 2 Satz 2 BGB, der das Alleinvertretungsrecht des Elternteils festlegt, in dessen Obhut sich das Kind befindet.

**2549**   § 232 Abs. 1 Nr. 2 FamFG knüpft hinsichtlich der örtlichen Zuständigkeit an den gewöhnlichen Aufenthalt des unterhaltsberechtigten Kindes an. Die Regelung verdrängt damit den allgemeinen Gerichtsstand des Unterhaltspflichtigen. Die Regelung greift ihrem Wortlaut nach auch dann ein, wenn beide Elternteile (bar-) unterhaltspflichtig sind (§ 1606 Abs. 3 Satz 1 BGB), so wenn der Vormund des minderjährigen Kindes anteilig Unterhalt von beiden Elternteilen verlangt, sodass in einem Verfahren der Gesamtbarunterhalt des Kindes geltend gemacht werden kann, auch wenn beide Elternteile einen verschiedenen gewöhnlichen Aufenthalt haben.

**2550**   Das zuvor Gesagte gilt aber nicht, wenn das Kind oder ein Elternteil im Ausland seinen gewöhnlichen Aufenthalt hat, da § 232 Abs. 1 Nr. 2, letzter Halbs. FamFG diesen Fall ausdrücklich ausnimmt (»oder ein Elternteil«).

**2551**   Auch dieser Gerichtsstand ist ausschließlich.

*bbb) Gewöhnlicher Aufenthalt im Ausland*

**2552**   In den Fällen, in denen weder das Kind noch ein vertretungsberechtigter Elternteil seinen gewöhnlichen Aufenthalt im Inland hat, greift der gewöhnliche Aufenthalt des Unterhaltspflichtigen ein. Dadurch soll jedoch nicht eine ausschließliche internationale Zuständigkeit begründet werden; vielmehr beschränkt die Regelung die in § 232 Abs. 1 Nr. 2 FamFG bestimmte ausschließliche Zuständigkeit des ausschließlichen Gerichtsstandes des Kindes oder des sorgeberechtigten Elternteils auf die reinen Inlandsfälle.

*cc) Vorrang der Zuständigkeit (§ 232 Abs. 1 FamFG)*

§ 232 Abs. 2 FamFG ordnet den Vorrang der in Abs. 1 vorgesehenen ausschließlichen Zuständigkeit ggü. anderen ausschließlichen Gerichtsständen an. Die Kollision mehrerer ausschließlicher Gerichtsstände kann in Unterhaltssachen insb. im Fall eines Vollstreckungsgegenantrags auftreten. Die Rechtsprechung[1009] ging früher vom Vorrang des nach §§ 767 Abs. 1, 802 ZPO ausschließlich zuständigen Gerichts des ersten Rechtszugs aus. Dies wurde mit der Fallkenntnis des Gerichts des Vorprozesses begründet. Der Reformgesetzgeber misst diesem Argument jedoch keine ausschlaggebende Bedeutung zu, sondern nimmt ein höheres Gewicht der nach § 232 Abs. 1 Nr. 1 und 2 FamFG maßgeblichen Kriterien und der darauf gegründeten ausschließlichen Zuständigkeit an.

2553

▶ Anwaltlicher Hinweis:

**Die Bedeutung des § 232 Abs. 2 FamFG ergibt sich in folgender Konstellation:**

2554

Das AG – FamG – Bonn gewährt dem minderjährigen Kind K gegen seinen Vater Unterhalt. Das Kind zieht mit der Mutter nach Würzburg um. Nunmehr geht der Vater mit einem Vollstreckungsabwehrantrag nach § 767 ZPO gegen den Unterhaltsbeschluss vor. K ist immer noch minderjährig.

Zuständig für den Vollstreckungsabwehrantrag nach § 767 ZPO ist nicht das AG – FamG – Bonn nach §§ 767, 802 ZPO, sondern das AG – FamG – Würzburg nach § 232 Abs. 1 Nr. 2 FamFG.

*dd) Örtliche Zuständigkeit in isolierten Unterhaltsverfahren (§ 232 Abs. 3 FamFG)*

*aaa) Aufenthalt des Antragsgegners*

§ 232 Abs. 3 Satz 1 FamFG verweist für den Fall, dass eine Zuständigkeit nach Abs. 1 nicht gegeben ist, auf die Vorschriften der ZPO zur örtlichen Zuständigkeit (vgl. §§ 12 ff. ZPO). Aus Gründen der Vereinheitlichung tritt in den Vorschriften über den allgemeinen Gerichtsstand der gewöhnliche Aufenthalt an die Stelle des Wohnsitzes.

2555

*bbb) Temporärer Wahlgerichtsstand bei Anhängigkeit des Kindesunterhalts*

Die Geltendmachung von Kindesunterhalt (§§ 1601 ff. BGB) sowie eines Anspruchs, der eine durch die Ehe begründete gesetzliche Unterhaltspflicht betrifft (§§ 1361

2556

---

1009 Vgl. BGH, FamRZ 2001, 1706.

Abs. 1, 1569 ff. BGB), oder eines Anspruchs nach § 1615l BGB kann das Bestehen verschiedener Gerichtsstände zur Folge haben.

2557    Solange ein Verfahren **zum Unterhalt für ein minderjähriges Kind in erster Instanz anhängig** ist, können die zuvor genannten Verfahren des (i.d.R. das minderjährige Kind betreuenden) Elternteils auch bei dem Gericht erhoben werden, bei dem ein Verfahren über den Unterhalt des (gemeinsamen) Kindes anhängig ist, vgl. § 232 Abs. 3 Nr. 1 FamFG.

2558    Es handelt sich entsprechend dem Wortlaut um einen Wahlgerichtsstand. Hierdurch kann der Unterhalt begehrende Elternteil sicherstellen, dass über beide Unterhaltsansprüche von demselben Gericht entschieden wird, das regelmäßig beide Verfahren verbinden wird, vgl. § 147 ZPO.

2559    Für das **vereinfachte Verfahren** nach §§ 249 ff. FamFG gilt dies ab dem Zeitpunkt, in dem dieses in ein streitiges Verfahren übergeht (§ 255 FamFG).

*ccc) Unterhaltspflicht beider Eltern (§ 232 Abs. 3 Nr. 2 FamFG)*

2560    Die Vorschrift begründet einen Wahlgerichtsstand der Streitgenossenschaft. Gegenstand des Verfahrens muss die Unterhaltspflicht der Eltern ggü. dem Kind sein. Dadurch wird Kindern die Wahl ermöglicht, gegen beide Elternteile vor einem Gericht einen Unterhaltsantrag zu stellen, bei dem entweder der eine oder andere Elternteil einen Gerichtsstand hat. Die Erleichterung der Rechtsverfolgung der Kinder wird von sozialpolitischen Erwägungen getragen. So führt das gegen beide Elternteile an einem Gerichtsstand erhobene Unterhaltsverfahren zur Kostenersparnis und ausgeglichenen Festsetzung der jeweils geschuldeten Unterhaltsbeträge (§ 1606 Abs. 3 Satz 1 BGB) und damit insgesamt zur sachgerechten und beschleunigten Entscheidung der erfassten Streitigkeiten.

2561    Soweit der gerichtliche Unterhaltsantrag eines minderjährigen Kindes zu beurteilen ist, geht der ausschließliche Gerichtsstand des § 232 Abs. 1 Nr. 2 FamFG vor. Etwas anderes gilt jedoch dann, wenn das Kind oder ein Elternteil seinen gewöhnlichen Aufenthalt im Ausland hat, vgl. § 232 Abs. 1 Nr. 2 a.E. FamFG.

2562    Das im Gerichtsstand des § 232 Abs. 3 Nr. 2 FamFG erhobene Unterhaltsverfahren muss sich gegen beide Eltern des Kindes gemeinschaftlich richten. Dabei genügt die nachträgliche Einbeziehung des anderen Elternteils in das bereits rechtshängig gemachte Verfahren gegen einen Antragsgegner, weil der Antragsteller seine Wahlbefugnis auf diesem Wege bereits ausgeübt hat. Unbeachtlich ist das Ausscheiden eines Antragsgegners nach Rechtshängigkeit, vgl. § 261 Abs. 3 Nr. 2 ZPO. Dies gilt auch dann, wenn dies der zuständigkeitsbegründende Elternteil war.

*ddd) Gewöhnlicher Aufenthalt des Antragsgegners im Ausland (§ 232 Abs. 3 Nr. 3 FamFG)*

2563    Die Rechtsverfolgung wäre erheblich erschwert, wenn Unterhaltsansprüche im Ausland verfolgt werden müssten, weil der Antragsgegner dort seinen gewöhnlichen Aufenthalt unterhält. Die Regelung des § 232 Abs. 3 Nr. 3 FamFG bezweckt zur Vermeidung dieses Nachteils eine Erleichterung bei der Geltendmachung solcher Ansprüche, indem sie bei Unterhaltssachen einen Antragstellerwahlgerichtsstand ermöglicht.

§ 232 Abs. 3 Nr. 3 FamFG ist aber entsprechend dem Wortlaut nur anwendbar, wenn **2564** der Antragsgegner keinen allgemeinen oder besonderen Gerichtsstand im Inland hat.

Der Antragsteller muss hingegen über einen gewöhnlichen Aufenthalt im Inland **2565** verfügen.

Unterhaltsverfahren eines Kindes gegen beide Eltern können nach § 232 Abs. 3 Nr. 2 **2566** FamFG vor dem Gericht, das für das Verfahren gegen einen Elternteil zuständig ist, erhoben werden. Lebt zumindest ein Elternteil im Inland, hat das das Verfahren betreibende Kind die Wahl zwischen den Gerichtsständen des § 232 Abs. 3 Nr. 2 FamFG und des § 232 Abs. 3 Nr. 3 FamFG.

### d) Abgabe an das Gericht der Ehesache

#### aa) Rechtshängigkeit der Ehesache

Die Abgabe einer Unterhaltssache nach § 233 FamFG kommt nur in Betracht, wenn **2567** die Antragsschrift der Ehesache rechtshängig geworden ist. Eine Abgabe ist also (noch) nicht möglich, wenn im Rahmen eines VKH-Verfahrens lediglich ein Entwurf für einen Antrag zu einer Ehesache beim FamG eingereicht wurde, weil hierdurch ein Antrag nicht rechtshängig wird.

Für die überzuleitende Unterhaltssache reicht es dagegen aus, wenn diese anhängig ist. **2568**

Die Abgabe bezieht sich nur auf Unterhaltssachen, die **in erster Instanz anhängig** sind. **2569**

Ist eine Unterhaltssache in der Rechtsmittelinstanz anhängig, scheidet eine Abgabe aus. **2570** Lediglich bei einer Rückverweisung des Verfahrens an das FamG hat das Beschwerdegericht das Verfahren gleichzeitig zu dem Gericht der Ehesache überzuleiten.

#### bb) Abgabe von Amts wegen

§ 233 FamFG ordnet an, dass die Abgabe an das Gericht der Ehesache von Amts **2571** wegen zu erfolgen hat. Die Überleitung kann ohne mündliche Verhandlung erfolgen, jedoch ist den Beteiligten zuvor rechtliches Gehör zu gewähren. Damit das Gericht der Ehesache von der Unterhaltssache Kenntnis erlangt, ordnet § 133 Abs. 1 Nr. 2 FamFG an, dass der Scheidungsantrag Angaben zu anderweitig anhängigen Familiensachen, d.h. auch zu Unterhaltssachen enthalten muss.

#### cc) Bindungswirkung

Die Entscheidung ist nach § 233 Satz 2 FamFG i.V.m. § 281 Abs. 2 Satz 2 ZPO **2572** **unanfechtbar** und für das Gericht der Ehesache auch gem. § 233 Satz 2 FamFG i.V.m. § 281 Abs. 2 Satz 4 ZPO **bindend.**

2573    Hinsichtlich der bis zur Überleitung angefallenen Kosten gilt § 233 Satz 2 FamFG
        i.V.m. § 281 Abs. 3 Satz 1 ZPO; danach gelten die bis zur Abgabe angefallenen Kos-
        ten als Teil der Kosten des Gerichts der Ehesache.

### dd) Rechtsfolgen der Abgabe

2574    Die Abgabe macht die Unterhaltssache nicht automatisch zur Folgesache i.S.d. § 137
        FamFG, sondern nur insoweit, als auch eine Entscheidung **für den Fall der Scheidung**
        zu treffen ist (z.B. nachehelicher Unterhalt) und der Antragsteller eine Entscheidung
        nur für den Fall der Scheidung begehrt.

2575    Wird eine Unterhaltssache als Verbundverfahren nach § 137 FamFG einbezogen, ist
        u.U. eine Änderung des Antrags erforderlich, worauf das Gericht ggf. nach § 139
        ZPO hinzuweisen hat.

▶ Praxishinweis:

2576    Der Anspruch auf nachehelichen Unterhalt kann grundsätzlich auch im isolierten
        Verfahren, also unabhängig vom Verbund geltend gemacht werden. Wird der
        »isolierte« Antrag freilich zu einer Zeit gestellt, zu welcher ein Ende des Schei-
        dungsverfahrens noch nicht abzusehen ist, wird der Antrag kraft Gesetzes in den
        Verbund überführt.[1010] Vor Rechtskraft der Scheidung ist der Anspruch auf nache-
        helichen Unterhalt nämlich noch nicht entstanden. Nur im Verbund kann der
        Antrag als Folgesache während des noch laufenden Scheidungsverfahrens gestellt
        werden.[1011]

## 2. Verwandtenunterhalt

2577    Der Verwandtenunterhalt ist materiell-rechtlich in §§ 1601 ff. BGB geregelt. Der
        mit Abstand wichtigste Anwendungsfall der §§ 1601 ff. BGB ist der **Kindesunter-
        halt**. Gerade in diesem Bereich sind aber sowohl verfahrensrechtliche als auch mate-
        riell-rechtliche Probleme vorhanden, die zu behandeln sind.

2578    Über den Kindesunterhalt hinaus regeln die §§ 1601 ff. BGB auch den sog. **Eltern-
        unterhalt**, den Kinder ihren Eltern im Einzelfall schulden. Grds. können aber auch
        Großeltern ggü. ihren Enkeln unterhaltspflichtig werden und umgekehrt.

### a) Kindesunterhalt

### aa) Überblick über die Anspruchsvoraussetzungen

2579    Der Minderjährigenunterhalt hat Vorrang vor allen anderen Unterhaltsansprüchen,
        vgl. § 1609 Nr. 1 BGB.

---

1010 BGH, FamRZ 2021, 1521; OLG München, FuR 2017, 402 = NZFam 2017, 424.
1011 Vgl. dazu Rdn. 1282.

Unterhaltspflichtig nach §§ 1601 ff. BGB sind alle Verwandten, die in gerader Linie miteinander verwandt sind (vgl. § 1589 Satz 1 BGB). **2580**

Der Unterhaltsanspruch ist aber nicht allein aus § 1601 BGB abzuleiten, sondern verteilt sich auf mehrere Vorschriften. Grds. sind folgende Anspruchsvoraussetzungen zu beachten: **2581**
– § 1601 BGB Verwandtschaft in gerader Linie,
– § 1610 BGB Bedarf,
– § 1602 BGB Bedürftigkeit des Anspruchstellers sowie
– § 1603 BGB Leistungsfähigkeit des Anspruchsgegners.

Kinder können von ihren Eltern Unterhalt nach den §§ 1601 ff. BGB verlangen. Die Unterhaltsverpflichtung unterliegt keinen zeitlichen Beschränkungen. Die Unterhaltspflicht der Eltern ihren Kindern ggü. endet i.d.R., wenn sie ihnen die Ausbildung zu einem angemessenen Beruf (vgl. § 1610 Abs. 2 BGB) ermöglicht haben. Wird ein Kind erneut bedürftig, kann dies zu einem Wiederaufleben der Unterhaltspflicht führen. **2582**

Die Unterhaltspflicht getrennt lebender Eltern ist geteilt: Ein Elternteil versorgt das Kind und kümmert sich um seine elementaren Bedürfnisse (sog. Naturalunterhalt), während der andere Elternteil den sog. Barunterhalt leistet (vgl. dazu § 1606 BGB). **2583**

Dies ändert sich mit der **Volljährigkeit** des Kindes; nunmehr sind beide Elternteile grds. barunterhaltspflichtig. Der Unterhalt wird ermittelt nach deren Einkommensverhältnissen; die Haftungsanteile werden als Quote anhand des verteilungsfähigen Einkommens berechnet, welches dem oberhalb des dem Pflichtigen zu belassenden Selbstbehalts(Sockelbetrag) verfügbaren Einkommens entspricht.[1012] **2584**

Der Anspruch auf Kindesunterhalt setzt neben der Bedürftigkeit (§ 1602 BGB) die Leistungsfähigkeit des Anspruchsgegners (§ 1603 BGB) voraus und wird i.H.d. nach § 1610 BGB zu bestimmenden Bedarfs gewährt. **2585**

Der sog. Barunterhalt bzw. Bedarf des Kindes wird im Wesentlichen durch die Düsseldorfer Tabelle bestimmt. **2586**

Unterhaltsansprüche unterliegen der Regelverjährung von 3 Jahren, wobei allerdings die Verjährungshemmung vor Vollendung des 21. Lebensjahres nach § 207 Abs. 1 Nr. 2 BGB von Bedeutung sein kann. Dies gilt selbst dann, wenn solche Ansprüche tituliert sind, § 197 Abs. 2 BGB. **2587**

Rückständige Unterhaltsansprüche verjähren erst nach 30 Jahren, wenn sie tituliert wurden, § 197 Abs. 1 BGB. **2588**

Auch Verwirkung kann in Betracht kommen, wobei die Rechtsprechung die Anforderungen an den Vertrauenstatbestand verschärft hat.[1013] **2589**

---

1012 OLG Koblenz, NZFam 2017, 119; vgl. auch UnterhaltsLL 13.3.
1013 BGH, FamRZ 2018, 589 = FuR 2018, 268; vgl. dazu ausführlich Rdn. 3311 ff.

### bb) Rang von Unterhaltsansprüchen (§ 1609 BGB)

### aaa) Bedeutung des Ranges

2590    Die unterhaltsrechtlichen Rangverhältnisse mehrerer Unterhaltsgläubiger werden zentral in § 1609 BGB geregelt.

2591    Kernpunkt der Vorschrift ist der **absolute Vorrang** des Unterhalts minderjähriger unverheirateter Kinder und ihnen nach § 1603 Abs. 2 Satz 2 BGB gleichgestellter volljähriger Kinder. Aufgrund ihrer unterhaltsrechtlichen Vorrangstellung ist die Sozialhilfeabhängigkeit der Kinder deutlich reduziert worden.

2592    Bedeutung hat der Rang, d.h. die Vorschrift des § 1609 BGB, allerdings nur dann, wenn das Einkommen des Unterhaltspflichtigen nicht zur Befriedigung der Ansprüche aller Berechtigten ausreicht.

▶ **Anwaltlicher Hinweis:**

2593    Der Unterhaltsschuldner, der sich im Verfahren auf die Rangvorschrift des § 1609 BGB beruft, muss darlegen und beweisen, dass er an vorrangig Berechtigte Unterhalt leistet.

Der Anteil jedes Unterhaltsgläubigers ist individuell so zu bestimmen, wie wenn über alle Ansprüche gleichzeitig zu entscheiden wäre.

Verfügt ein Unterhaltsgläubiger über einen Unterhaltstitel, der ihm mehr Unterhalt gewährt, als ihm nunmehr nach der Vorschrift des § 1609 BGB zusteht, dann muss der Unterhaltsschuldner, falls eine außergerichtliche Einigung nicht möglich ist, gerichtlich ein Abänderungsverfahren gegen den betreffenden Unterhaltsgläubiger anstrengen.

### bbb) Rangfolge mehrerer Unterhaltsberechtigter

2594    Die gesetzliche Regelung des § 1609 BGB unterscheidet insgesamt sieben Unterhaltsränge.

2595    Bedeutsam ist – neben dem Vorrang des Kindesunterhalts – die Gleichbehandlung der Ansprüche aller kinderbetreuender Eltern.

2596    Der Unterhalt minderjähriger unverheirateter Kinder und privilegierter volljähriger Kinder (§ 1603 Abs. 2 Satz 2 BGB) hat Vorrang vor allen anderen Unterhaltsansprüchen (**§ 1609 Nr. 1 BGB**). Dieser absolute Vorrang des Kindesunterhalts dient der Förderung des Kindeswohls, da damit die materiellen Grundlagen für die Pflege und Erziehung von Kindern gesichert werden sollen. Der unterhaltsrechtliche Vorrang korrespondiert mit der gesteigerten Unterhaltspflicht der Eltern ggü. ihren minderjährigen unverheirateten und diesen gleichgestellten volljährigen Kindern (§ 1603 Abs. 2 BGB).

2597    Die Unterhaltsansprüche von Eltern wegen der Betreuung von Kindern stehen im Rang unmittelbar hinter denjenigen der Kinder und neben den Unterhaltsansprüchen von Ehegatten bei Ehen von langer Dauer (vgl. § 1609 Nr. 2 BGB). Unerheblich ist dabei, ob der betreuende, unterhaltsbedürftige Elternteil mit dem anderen, unterhaltspflichtigen Elternteil verheiratet ist oder nicht.

Elternteile i.S.v. § 1609 Nr. 2 BGB, die wegen der Betreuung eines Kindes unterhaltsberechtigt sind oder im Fall einer Scheidung wären, sind – neben in einer bestehenden Ehe lebenden und wegen der Betreuung von Kindern Familienunterhalt beziehenden Elternteilen – auch getrennt lebende und geschiedene Eltern. Weiter erfasst § 1609 Nr. 2 BGB auch die Ansprüche der nicht verheirateten Mutter nach § 1615l BGB bzw. des nicht verheirateten Vaters (§ 1615l Abs. 4 BGB).   **2598**

Unterhaltsansprüche von Ehegatten bei **Ehen von langer Dauer** stehen im gleichen Rang.   **2599**

Das Gesetz nennt allerdings keine zeitlichen Vorgaben. Insoweit bleibt unklar, wann von einer langen Ehedauer i.S.v. § 1609 Nr. 2, 2. Alt. BGB auszugehen ist. Diese Zeitspanne kann auch nicht absolut und für alle Fälle gleich gefasst werden; sie ist vielmehr tatrichterlich anhand aller Umstände des Einzelfalls zu bestimmen.[1014] Ausgangspunkt ist dabei der Zweck der Regelung, Vertrauensschutz zu gewährleisten. Kriterien, die dabei herangezogen werden können, können neben der absoluten zeitlichen Dauer der Ehe auch das Lebensalter der Parteien im Zeitpunkt der Scheidung sein oder der Umstand, ob sie in jungen Jahren bzw. erst im Alter geheiratet haben. Weitere wichtige Kriterien sind die Dauer der Pflege und Erziehung eines gemeinschaftlichen Kindes sowie das Ausmaß gegenseitiger wirtschaftlicher Verflechtungen und Abhängigkeiten wegen der Ausrichtung auf ein gemeinsames Lebensziel.[1015]   **2600**

Ansprüche von Ehegatten bzw. geschiedenen Ehegatten, die von der vorangehenden Rangstufe nicht erfasst werden, befinden sich im dritten Rang (§ 1609 **Nr. 3 BGB**).   **2601**

§ 1609 **Nr. 4 BGB** bestimmt den unterhaltsrechtlichen Rang von Kindern, die nicht unter § 1609 Nr. 1 BGB fallen, also denjenigen von volljährigen nicht privilegierten Kindern. Dabei handelt es sich sehr oft um volljährige Kinder, die sich in der Berufsausbildung befinden oder ein Studium absolvieren.   **2602**

Nach § 1609 **Nr. 5 BGB** sind die Unterhaltsansprüche von Enkelkindern gleichrangig mit denen weiterer Abkömmlinge, ohne dass nach dem Grad der Verwandtschaft unterschieden wird.   **2603**

Die Unterhaltsansprüche von Eltern werden unter § 1609 **Nr. 6 BGB** aufgeführt.   **2604**

Zwischen den Unterhaltsansprüchen von weiteren Verwandten der aufsteigenden Linie nach § 1609 **Nr. 7 BGB** besteht kein Gleichrang, sondern es ist bestimmt, dass die Ansprüche der näheren Verwandten denjenigen von entfernteren vorgehen. Die Ansprüche der Großeltern gehen daher z.B. den Ansprüchen der Urgroßeltern vor.   **2605**

---

1014 *Schürmann* FamRZ 2008, 318.
1015 Grüneberg/*von Pückler*, BGB, § 1609 Rn. 19 ff.

### ccc) Gleichrangige Unterhaltsgläubiger

2606    Der unterhaltsrechtliche Rang ist immer dann bedeutsam, wenn das Einkommen des Pflichtigen nicht den Bedarf aller Berechtigten zu decken vermag. Aufgrund der Vorschrift des § 1609 BGB sind zunächst die vorrangigen Unterhaltsansprüche zu bedienen, d.h. Kindern ist zumindest der Mindestunterhalt sicherzustellen, bevor nachrangige Unterhaltsansprüche berücksichtigt werden. Darüber hinaus kommt eine sog. Mangelfallberechnung in Betracht (s. Rdn. 2607).[1016]

▶ **Anwaltlicher Hinweis: Mangelfallberechnung**

2607    Reicht das vorhandene bereinigte Einkommen des Unterhaltspflichtigen nicht aus, um den Unterhalt aller gleichrangig Berechtigten ohne Gefährdung seines angemessenen Bedarfs (Selbstbehalt) zu befriedigen, führt dies dazu, dass die Unterhaltsansprüche aller Unterhaltsberechtigten proportional gekürzt werden. Die Gesamtheit der Unterhaltsansprüche und die zu ihrer Erfüllung zur Verfügung stehenden Mittel des Unterhaltspflichtigen sind gegenüberzustellen. Der Unterhaltspflichtige kann auf den notwendigen Selbstbehalt, der die Untergrenze jeder Inanspruchnahme darstellt, verwiesen werden (sog. verschärfter oder absoluter Mangelfall). Das über dem Selbstbehalt liegende anrechenbare Einkommen hat der Unterhaltspflichtige in diesem Fall für alle Unterhaltsberechtigten zur Verfügung zu stellen. Es wird auf die Berechtigten nach dem Maß ihrer Ansprüche verhältnismäßig verteilt.[1017]

### cc) Bedarf (§ 1610 BGB)

2608    Nach § 1610 Abs. 1 BGB ist der Bedarf des Unterhaltsberechtigten im Fall des Verwandtenunterhalts zu bestimmen. Der zu gewährende angemessenen Unterhalt richtet sich nach der Lebensstellung des Unterhaltsbedürftigen.

### aaa) Bedarf des minderjährigen Kindes

2609    Der Bedarf bemisst sich beim Kindesunterhalt gemäß § 1610 Abs. 1 BGB nach der Lebensstellung des Kindes, die es regelmäßig bis zum Abschluss seiner Ausbildung von den Eltern ableitet. Auch beim Unterhalt minderjähriger Kinder kommt es auf die **Lebensstellung beider Eltern** an.

2610    Dabei ist die Unterhaltspflicht aber auf den Betrag begrenzt, den der barunterhaltspflichtige Elternteil aufgrund des von ihm erzielten Einkommens zahlen muss. Der Kindesunterhalt kann daher zumindest in der Fallkonstellation des sogenannten Residenzmodells in der Regel aufgrund des vom Barunterhaltspflichtigen erzielten Einkommens ermittelt werden.[1018]

---

1016   Vgl. dazu *Gerhardt* FuR 2010, 241 ff.
1017   Ein Beispiel zur Unterhaltsberechnung in einem solchen Mangelfall findet sich in der Düsseldorfer Tabelle Anm. C.
1018   BGH, FamRZ 2021, 28.

Leben diese getrennt, ist der betreuende Elternteil naturalunterhaltspflichtig, während **2611** der andere den Barunterhalt zu leisten hat, vgl. auch § 1606 Abs. 3 BGB.

Der Barunterhaltsbedarf des minderjährigen, unverheirateten Kindes ist abhängig von **2612** den Einkommens- und Vermögensverhältnissen des barunterhaltspflichtigen Elternteils. In der Praxis gewinnt somit das unterhaltsrechtlich relevante Einkommen entscheidende Bedeutung. Nach Maßgabe des anrechenbaren Einkommens ist der Bedarf des Kindes unter Zuordnung zu den jeweiligen Einkommensgruppen und Altersstufen der Unterhaltabellen zu ermitteln.

### bbb) Bedarf beim Wechselmodell

Im Falle eines **Wechselmodells** haben grds. beide Elternteile für den Barunterhalt **2613** des Kindes einzustehen.

▶ Praxishinweis:

Bei einer Betreuung des gemeinsamen Kindes durch beide Elternteile im Verhält- **2614** nis von 45 % zu 55 % kann nach Auffassung des KG[1019] von einem unterhaltsrechtlich relevanten paritätischen Wechselmodell, bei dem beide Elternteile quotal für den Unterhaltsbedarf des Kindes einzustehen haben, noch keine Rede sein. Bei einem Zeitanteil eines Elternteils von 52,5 % wird hingegen ein paritätisches Wechselmodell durchgängig in der Rechtsprechung bejaht.[1020]

Der Unterhaltsbedarf bemisst sich beim Wechselmodell nach den beiderseitigen **2615** zusammengerechneten Einkünften der Eltern (ähnlich dem Volljährigenunterhalt) und umfasst neben dem sich daraus ergebenden Regelbedarf insbesondere die nach den Umständen angemessenen Mehrkosten, die durch die Aufteilung der Betreuung im Rahmen des Wechselmodells entstehen.[1021] Hierzu können neben den Fahrtkosten insbesondere erhöhte Unterkunftskosten gehören. In der Regel dürfte der von den Eltern zu tragende Bedarf beim Wechselmodell höher liegen als beim herkömmlichen Residenzmodell.

▶ Praxishinweis:

Das Wechselmodell hat zur Folge, dass beide Eltern wegen der paritätischen **2616** Betreuung des Kindes für den Barunterhalt des Kindes aufkommen müssen. Insbesondere wird kein Elternteil durch die geleistete Betreuung vom Barunterhalt frei. Denn andernfalls wäre nur der Betreuungsbedarf des Kindes gedeckt. Demgegenüber bliebe der in § 1612a Abs. 1 BGB und den Sätzen der Düsseldorfer Tabelle ausgewiesene sächliche (Regel-)Bedarf offen.[1022]

---

1019  KG, Beschl. vom 15.04.2019, 13 UF 89/16.
1020  Vgl. OLG Nürnberg, NZFam 2017, 257.
1021  Kritisch dazu *Spangenberg* NZFam 2017, 204.
1022  BGH, FamRZ 2017, 437, 438.

Für den Barunterhalt haften die Eltern anteilig nach ihren Einkommens- und Vermögensverhältnissen.

Die jeweiligen Anteile der Eltern sind dabei unter Vorwegabzug des angemessenen Selbstbehalts (Stand: 2022 1.400 €) zu ermitteln. Nur bei gesteigerter Unterhaltspflicht ist der notwendige Selbstbehalt abzuziehen. Ein solcher Fall liegt nicht vor, wenn der Kindesbedarf von den Eltern aufgebracht werden kann, ohne dass deren angemessener Selbstbehalt berührt wird.

Der Unterhalt bzw. der den einzelnen Elternteil treffende Haftungsanteil ist hälftig anzusetzen.

BGH FamRZ 2017, 441:

»Dass der Anspruch nicht auf den vollen und nicht durch eigene bezifferte Leistungen des Ag. gedeckten Unterhalt, sondern nur auf die hälftige Differenz der von den Eltern nicht gedeckten Anteile gerichtet ist, stellt sich als Begrenzung des Anspruchs dar und erklärt sich aus der Annahme, dass jeder Elternteil neben den bezifferten Leistungen vor allem durch Naturalunterhalt auch die Hälfte des weiteren Bedarfs abdeckt. Der Anspruch dient dann vor allem noch dem Zweck, eine angemessene, an der jeweiligen Leistungsfähigkeit orientierte Beteiligung der Eltern am Kindesunterhalt zu erzielen und richtet sich auf die durch die Leistungen des besser verdienenden Elternteils noch nicht gedeckte Unterhaltsspitze.«

Praktisch bedeutet dies, dass die jeweiligen Unterhaltsansprüche zur Verrechnung kommen und der schlechter verdienende Elternteil eine Ausgleichszahlung erhält.

Schließlich ist noch das **Kindergeld** in die Berechnungen einzubeziehen.[1023] Die Rechtsprechung geht davon aus, dass das Kindergeld zur einen Hälfte dem Betreuungsaufwand zuzurechnen ist und von daher hälftig von den Eltern aufgeteilt wird. Dies bedeutet, dass jedem Elternteil aus diesem Grund bereits $^1/_4$ des Kindergeldes zusteht.[1024]

Die andere Hälfte des Kindergeldes wird entsprechend der Haftungsanteile aufgeteilt.

**Beispiel 1:**

M und F haben einen 5-jährigen Sohn Peter. Sie sind geschieden und praktizieren das Wechselmodell. Der Vater hat Nettoeinkünfte von 2.800 €, die Mutter von 1.400 €. Die Mutter bezieht das Kindergeld.[1025]

---

1023 Ausführlich dazu *Viefhues* FuR 2019, 62.
1024 BGH, FamRZ 2016, 1053, 1056.
1025 Vgl. zur Berechnung *Wohlgemuth/Walter* FuR 2018, 181.

Der Unterhalt für das 5-jährige Kind errechnet sich aus den Gesamteinkünften, d.h. aus 4.200 €. Damit beträgt der Bedarf nach der Düsseldorfer Tabelle 2022 539 €.

Die Haftungsanteile sind im vorliegenden Fall eindeutig; die Einkünfte der Eltern müssen um den angemessenen Selbstbehalt von 1.400 € reduziert werden, sodass sich für den Vater eine 100 % Haftung errechnet.

Damit hat der Vater den Bedarf von 539 € zu bezahlen, allerdings nur zur Hälfte, d.h. der BGH begrenzt den Anspruch in dieser Weise und trägt damit den Betreuungsleistungen Rechnung. Damit ergibt sich eine Zahlungspflicht des Vaters i.H.v. 269,50 €.

Zu berücksichtigen ist allerdings auch das Kindergeld. Der Betrag von 219 € steht wegen der Betreuungsleistungen i.H.v. 54,75 € jedem Elternteil zu, die restlichen 109,50 € erhält allein der Vater im Hinblick auf seine alleinige Barunterhaltspflicht.

Dies hat zur Folge, dass der Vater der Mutter 269,50 € zu zahlen hat, und zwar abzgl. 109,50 € Kindergeldanteil (sowie weiterer 54,75 € als Kindergeldausgleich für die Betreuung), falls die Mutter das Kindergeld bezieht, so dass sich ein Zahlbetrag von 105,25 € für die Mutter ergibt.

Erhält der Vater das Kindergeld, so sind über die 269,50 € hinaus weitere 54,75 € als Ausgleich an die Mutter zu zahlen, insgesamt also 324,25 €.

Der BGH[1026] löst es etwas anders, kommt aber zum selben Ergebnis. Danach wird der Tabellenbetrag von 539 € zunächst um das hälftige Kindergeld reduziert, sodass sich ein Unterhalt von 429,50 € ergibt. Diesen hat im Beispiel der Vater zu 100 % zu tragen. Allerdings werden auf Seiten der Mutter 219 € angesetzt, da sie das Kindergeld bezieht. Die Differenz von 429,50 € – 219 € = 210,50 € wird sodann geteilt, sodass sich der Unterhalt von 105,25 € errechnet.

Der BGH[1027] stellt klar, dass es sich dabei um einen Unterhaltsanspruch der Kinder handelt.

»Zwar ist der zuerkannte Anspruch vom OLG als Ausgleichsanspruch bezeichnet worden (…). Der Anspruch wird aber im vorliegenden Verfahren von den durch die Mutter vertretenen Kindern in zulässiger Weise als Unterhaltsanspruch geltend gemacht.«

---

1026  BGH, FamRZ 2017, 437, 441; ebenso *Seiler* FamRZ 2016, 1057.
1027  BGH, FamRZ 2017, 437, 441.

**Beispiel 2:**

M und F haben einen 14-jährigen Sohn Klaus. Sie sind geschieden und praktizieren das Wechselmodell. Der Vater hat Nettoeinkünfte von 2.300 €, die Mutter von 1.700 €. Die Mutter erhält das Kindergeld.

Der Unterhalt für Klaus errechnet sich aus den Gesamteinkünften, d.h. aus 4.000 €. Damit beträgt der Bedarf nach der Düsseldorfer Tabelle 2022 725 €.

Der Tabellenbetrag von 725 € wird zunächst um das hälftige Kindergeld reduziert, sodass sich ein Unterhalt von 615,50 € bzw. gerundet 616 € ergibt. Diesen hat im Beispiel der Vater zu 75 % zu tragen = 462 €; die Mutter zu 25 % = 154 €. Allerdings werden auf Seiten der Mutter 219 € hinzugerechnet, da sie das Kindergeld bezieht. Die Differenz von 462 € – 373 € = 89 € wird sodann geteilt, sodass sich der Unterhalt von gerundet 45 € errechnet.[1028]

### ccc) Konkrete Bedarfsberechnung

2617   Auch im Rahmen des Kindesunterhalts kann eine konkrete Bedarfsberechnung in Betracht kommen, wenn ein neben dem Tabellenbetrag bestehender Mehrbedarf des Kindes gegeben ist.[1029]

2618   Der Unterhaltsberechtigte, der einen den Höchstbedarf gemäß Düsseldorfer Tabelle übersteigenden Bedarf geltend macht, muss besondere oder besonders kostenintensive Bedürfnisse und die zu ihrer Deckung notwendigen Mittel darlegen. Übertriebene Anforderungen an seine Darlegungslast dürfen nicht gestellt werden, um zu verhindern, dass der Kindesunterhalt auch bei einem das Höchsteinkommen nach Düsseldorfer Tabelle übersteigenden Elterneinkommen faktisch auf den Tabellenhöchstbedarf beschränkt wird.[1030]

2619   Erhöhte Aufwendungen für besondere oder besonders kostenintensive Bedürfnisse können sich aus folgenden Positionen ergeben: Wohnbedarf einschließlich Wohnnebenkosten, Freizeitaktivitäten (insbesondere Sport, Golfen, Reiten), Bildung (Internat), musikalische Talente (Klavierspielen), Urlaube, Bekleidung, Nahrungsmittel, Waren und Dienstleistungen.

2620   Das OLG Düsseldorf[1031] führt dazu aus:

»Es ist danach zu differenzieren, welche Bedürfnisse des Kindes auf der Grundlage einer Lebensführung, die der besonders günstigen wirtschaftlichen Situation seiner Eltern entspricht, zu befriedigen sind und welche Wünsche des Kindes als bloße Teilhabe am Luxus nicht erfüllt werden müssen (…). In der Regel ist der Unterhalt auch bei Einkünften deut-

---

1028  BGH, FamRZ 2017, 437, 441; ebenso *Seiler* FamRZ 2016, 1057.
1029  BGH, FamRZ 2021, 28; vgl. dazu auch *Schwonberg* NZFam 2022, 385; *Büte* FuR 2018, 334.
1030  OLG Düsseldorf, FamRZ 2017, 113 ff.
1031  OLG Düsseldorf, FamRZ 2017, 113 ff.

lich über dem Bereich der Düsseldorfer Tabelle nur maßvoll anzuheben (…). Denn die Lebensstellung der Kinder wird in erster Linie durch ihr Kindsein geprägt. Auch in besten Verhältnissen lebende Eltern schulden dem Kind nicht, was es wünscht, sondern was es nach seinem Lebensstandard braucht.«

### ddd) Bedarf des volljährigen Kindes

Der Unterhaltsbedarf eines volljährigen, nach § 1603 Abs. 2 Satz 2 BGB aber privilegierten Kindes, wird entsprechend den zusammengerechneten Einkommen beider Elternteile nach der jeweiligen Einkommensgruppe und der 4. Altersstufe der Düsseldorfer Tabelle bestimmt. Naturalunterhalt wird nämlich dem nach § 1603 Abs. 2 Satz 2 BGB privilegierten volljährigen Kind ggü. nicht mehr geschuldet. Maßgebend für den Bedarf sind in diesem Fall die zusammengerechneten Einkünfte der Eltern. Auf das Einkommen nur eines Elternteils kann abgestellt werden, wenn der andere Elternteil kein auskömmliches eigenes Einkommen erzielt.

**2621**

Ein volljähriges Kind mit eigenem Hausstand bzw. ein im Studium befindliches volljähriges Kind hat i.d.R. einen pauschalen, von den Einkünften der Eltern unabhängigen Bedarfssatz von 860 € (Düsseldorfer Tabelle, Anm. 7). Der Bedarfssatz deckt grds. den gesamten Bedarf eines Studenten ab, also v.a. Verpflegung, Wohnen, Studienkosten, Fachliteratur, Fahrten am Studienort und Heimfahrten zu einem Elternteil.[1032]

**2622**

▶ Praxishinweis:

Die jeweiligen Haftungsanteile der Eltern gegenüber einem volljährigen, nicht privilegierten Kind sind damit wie folgt zu ermitteln:

- Zunächst ist das unterhaltsrelevante bereinigte Nettoeinkommen beider Elternteile zu ermitteln (vorrangige Unterhaltsgläubiger, u.a.).
- Vor der Berechnung der Haftungsanteile ist von dem unterhaltsrelevant bereinigten Nettoeinkommen beider Eltern jeweils der angemessene Selbstbehalt (1.400,00 €) gegenüber volljährigen Kindern abzuziehen.
- Das verbleibende Resteinkommen beider Elternteile ist zum Unterhaltsbedarf des Unterhaltsgläubigers ins Verhältnis zu setzen, um die jeweiligen Haftungsanteile zu ermitteln.
- Der ermittelte Haftungsanteil ist auf Angemessenheit und Billigkeit zu überprüfen.

**2623**

---

1032 OLG Brandenburg, FamRZ 2006, 1781.

▶ **Beispiel:**

2624     Bedarf des volljährigen Kindes: 600,00 €

Einkommen Vater: 2.600,00 € – Selbstbehalt 1.400,00 € = 1.200,00 €

Einkommen Mutter: 2.200,00 € – Selbstbehalt 1.400,00 € = 800,00 €

Quote des Vaters:      $\dfrac{600 \times 1.200}{2.000} = 360{,}00\ €$

Quote der Mutter:      $\dfrac{600 \times 800}{2.000} = 240{,}00\ €$

Anteil Vater 360,00 € + Anteil Mutter 240,00 € = 600,00 € = Bedarf des volljährigen Kindes.

### eee) Mehrbedarf

2625     Der durch die Tabellenwerte bestimmte laufende Unterhalt deckt im Einzelfall den gesamten Lebensbedarf nicht ab. Treten Mehrkosten hinzu, die durch die Richtsätze nicht erfasst werden, sind diese neben dem laufenden Unterhalt zu zahlen. Voraussetzung der Zahlungspflicht ist, dass es sich bei den Mehrkosten um vorhersehbare, regelmäßig anfallende Mehraufwendungen handelt und die Mehraufwendungen im Interesse des Kindes zulasten des Unterhaltspflichtigen berechtigt sind. Im Unterschied dazu ist Sonderbedarf gegeben, wenn der Bedarf nicht mit Wahrscheinlichkeit vorausgesehen werden kann und damit überraschend ist.

2626     Besucht ein Kind aus pädagogischen Gründen halbtags oder ganztags den Kindergarten, begründet der Kindergartenbeitrag einen Mehrbedarf des Kindes, der nicht in den Tabellensätzen enthalten ist, und für den deshalb beide Elternteile anteilig nach ihren Einkommensverhältnissen aufzukommen haben.[1033]

### fff) Ausbildungsunterhalt (§ 1610 Abs. 2 BGB)

2627     Der Unterhalt umfasst auch die Kosten einer angemessenen Vorbildung zu einem Beruf.

2628     Die Frage, ob eine Ausbildung unterhaltsrechtlich von den Eltern zu unterstützen ist, ist nicht nur relevant für den Bedarf, sondern steht auch im Zusammenhang mit der Bedürftigkeit nach § 1602 BGB. Ist nämlich eine Ausbildung bereits vorhanden, haben die Eltern ihren Unterhaltspflichten Genüge getan und das betreffende Kind unterliegt einer Erwerbsobliegenheit, um sich selbst zu unterhalten. Kommt das Kind dieser Erwerbsobliegenheit nicht nach, können fiktive Einkünfte des Kindes anzunehmen sein.[1034]

---

1033   BGH, NJW 2009, 1816; Grüneberg/*von Pückler*, BGB, § 1610 Rn. 11.
1034   Vgl. dazu OLG Rostock, FamRZ 2007, 1267; OLG Hamm, FamRZ 2006, 1479.

Nach § 1610 Abs. 2 BGB schulden Eltern im Rahmen ihrer wirtschaftlichen Leistungsfähigkeit sowohl ihren minderjährigen als auch den volljährigen Kindern eine **optimale begabungsbezogene Berufsausbildung**, d.h. eine Ausbildung, die der Begabung und den Fähigkeiten, dem Leistungswillen und den beachtenswerten, nicht nur vorübergehenden Neigungen des einzelnen Kindes am besten entspricht. Die Wahl der in diesem Sinn angemessenen Ausbildung haben die Eltern in gemeinsamer verantwortlicher Entscheidung mit dem Kind zu treffen, wobei den individuellen Umständen, v.a. den bei dem Kind vorhandenen persönlichen Vorstellungen, maßgebliche Bedeutung zukommt.[1035]

**2629**

Haben Eltern die ihnen hiernach obliegende Pflicht, ihrem Kind eine angemessene Ausbildung zu gewähren, in rechter Weise erfüllt und hat das Kind einen Abschluss einer Ausbildung erlangt, sind die Eltern ihrer Unterhaltspflicht aus § 1610 Abs. 2 BGB in ausreichender Weise nachgekommen.[1036]

**2630**

Die Unterhaltspflicht der Eltern ggü. Kindern endet mit dem Abbruch der Ausbildung jedenfalls nach einer Übergangszeit; die Eltern tragen demnach nicht das Arbeitsplatzrisiko.[1037]

**2631**

▶ Taktische Hinweise zur Beweislast:

Im Unterhaltsverfahren ist es von besonderer Wichtigkeit, der Beweislast Rechnung zu tragen, damit der Antrag schlüssig ist.

**2632**

Grds. hat der Unterhaltsberechtigte die **Tatsachen zu beweisen, aus denen sich seine Bedürftigkeit und die Höhe des angemessenen Unterhalts ableiten.**

Die Unterhaltshöhe macht Vortrag zum Einkommen des Unterhaltspflichtigen notwendig, denn aus dessen Einkommen leitet sich der Bedarf ab. Kenntnis über das Einkommen des Unterhaltspflichtigen kann der Bedürftige sich durch **Auskunft nach § 1605 BGB** verschaffen.[1038]

Wenn der betreuende Elternteil etwa über das Dreifache der unterhaltsrelevanten Nettoeinkünfte des an sich barunterhaltspflichtigen Elternteils verfügt, nähert sich die Einkommensdifferenz einer Grenze, an der es unter gewöhnlichen Umständen der Billigkeit entsprechen kann, den betreuenden Elternteil auch den Barunterhalt für das Kind in voller Höhe aufbringen zu lassen.[1039]

---

1035 Unter engen Voraussetzungen muss ggfls. auch eine Zweitausbildung finanziert werden, vgl. dazu *Roßmann* in: Kleffmann/Soyka, Kap. 3 Rn. 91 ff.
1036 OLG Bremen, FamRZ 2022, 526.
1037 OLG Nürnberg, MDR 2001, 277.
1038 BGH, FamRZ 2021, 28 ff.
1039 OLG Brandenburg, Beschl. vom 06.01.2020, 15 UF 105/19.

### ggg) Mindestunterhalt als Kindesunterhalt

**2633** Das unterhaltsberechtigte Kind ist der Beweislast für die Einkommens- und Vermögensverhältnisse des barunterhaltspflichtigen Elternteils enthoben, wenn es lediglich den Mindestunterhalt nach § 1612a Abs. 1 BGB verlangt.[1040] In diesem Fall wird die Leistungsfähigkeit vermutet.[1041] Dies gilt auch, wenn der Unterhalt nicht vom Kind, sondern aus übergegangenem Recht von öffentlichen Einrichtungen oder Verwandten geltend gemacht wird.

**2634** Regelmäßig hat der Vortrag zur Einkommenshöhe des barunterhaltspflichtigen Elternteils und damit zum Bedarf des Kindes zugleich Bedeutung für die Leistungsfähigkeit des Unterhaltspflichtigen (sog. doppelrelevante Tatsachen).

### hhh) Pauschalbeträge als Bedarf

**2635** Entbehrlich ist die Darlegung des Einkommens ferner, wenn das volljährige Kind mit eigenem Hausstand (z.B. das studierende Kind) Unterhalt nach einem pauschal zu bestimmenden Bedarfssatz (Stand 2022: 860 €) verlangt.

### iii) Geständnisfiktion des § 138 Abs. 3 ZPO

**2636** Eine weitere prozessuale Möglichkeit, im Unterhaltsverfahrens ohne Auskunftsverfahren auszukommen, besteht darin, dass das Kind ein Einkommen des Unterhaltspflichtigen in bestimmter Höhe behauptet und den Unterhaltspflichtigen dadurch – zur Vermeidung der Geständnisfiktion des § 138 Abs. 3 ZPO – zur konkreten Darlegung seines Einkommens zwingt. Erforderlich ist bei dieser prozessualen Vorgehensweise jedoch, dass das behauptete Einkommen plausibel dargestellt wird. Dies ist etwa möglich, indem auf früher erzielte Einkünfte, ein bestimmtes Konsumverhalten, bei einem Selbstständigen auf Geschäftsunterlagen vergangener Jahre oder Privatentnahmen abgestellt wird.

### jjj) Bedeutung der Düsseldorfer Tabelle

**2637** Die Ermittlung des konkreten Bedarfsbetrags im Fall des Kindesunterhalts orientiert sich an Tabellen (insb. der sog. Düsseldorfer Tabelle[1042]), die den angemessenen Unterhalt im Interesse der Rechtssicherheit und Praktikabilität schematisierend in Gestalt der Einkommensgruppen und durch Einteilung in Altersstufen (s. jetzt § 1612a Abs. 3 BGB) bestimmt. Die Anwendung der Tabellen ist höchstrichterlich anerkannt worden. Sie haben indes keine einer Rechtsnorm vergleichbare Verbindlichkeit, ihnen kommt jedoch die Bedeutung einer richterlichen Entscheidungshilfe zu.[1043]

---

1040 BGH, NJW 2003, 969.
1041 OLG Saarbrücken, ZFE 2010, 235 m. Anm. *Viefhues* (der bezweifelt, ob dieser Grundsatz auch dann gilt, wenn Unterhalt für zwei oder mehr Kinder zu bezahlen ist).
1042 Ausführlich zur Düsseldorfer Tabelle *Soyka* in: Kleffmann/Soyka, Kap. 1 Rn. 1 ff.
1043 Vgl. dazu *Klinkhammer* FamRZ 2008, 193, 194.

▶ **Anwaltlicher Hinweis:**

Die anwaltliche Tätigkeit in Sachen Kindesunterhalt ist dadurch geprägt, dass **2638** neben der Düsseldorfer Tabelle die Leitlinien zum Unterhalt des jeweils zuständigen OLG zu berücksichtigen sind. Einige Besonderheiten sollen im Folgenden Erwähnung finden:

– **Modifizierung der Tabellenwerte**
Die Düsseldorfer Tabelle stellt auf den Fall ab, dass der Unterhaltspflichtige zwei Berechtigten Unterhalt gewährt, vgl. Düsseldorfer Tabelle A1). Bei einer geringeren oder größeren Zahl Unterhaltsberechtigter sind daher Höher- oder Herabstufungen vorzunehmen. Auch können Ab- und Zuschläge i.H.e. Zwischenbetrages zu machen sein.

– **Bestandteil der Tabellenwerte**
Die Tabellenwerte berücksichtigen die durchschnittlichen Lebenshaltungskosten eines minderjährigen Kindes, welches bei einem Elternteil lebt, mithin die Kosten für Wohnung, Nahrung, Krankenvorsorge, Ferien und Freizeit, Pflege musischer und sportlicher Interessen sowie das Taschengeld.
Nicht in der Düsseldorfer Tabelle enthalten ist das staatliche Kindergeld.
Kinder sind regelmäßig für den Krankheitsfall i.R.d. Familienversicherung mitversichert. Die Tabellenbeträge enthalten deshalb nicht die Kosten einer Kranken- und Pflegeversicherung. Ansonsten besteht ein Anspruch auf den Beitrag zur Krankenversicherung bzw. Pflegeversicherung, der gesondert verlangt werden muss, d.h. er wird nicht von Amts wegen zugesprochen.

– **Stichtagsbezogene Anwendung**
Die Düsseldorfer Tabelle ist stichtagsbezogen anzuwenden. Dies gilt für deren Geltungsdauer wie auch für die den jeweiligen Altersgruppen zugeordneten Richtsätze. Mit der Vollendung des 6., 12., 18. Lebensjahres findet ein Übergang in die höhere Altersstufe statt. Das Kind gelangt am Tag seines 6., 12. und 18. Geburtstages in die höhere Altersstufe, vgl. § 1612a Abs. 3 BGB; der höhere Unterhalt ist ab Beginn des betreffenden Monats geschuldet.

## b) Verfahrensrechtliche Besonderheiten beim Kindesunterhalt

Kindesunterhaltssachen sind von einigen Besonderheiten geprägt. Bereits behandelt **2639** wurde das Zuständigkeitsprivileg nach § 232 Abs. 1 Nr. 2 FamFG., vgl. Rdn. 2546. Der Unterhaltsanspruch eines minderjährigen Kindes bzw. eines nach § 1603 Abs. 2 Satz 2 BGB gleichgestellten Kindes ggü. den Eltern wird ausschließlich bei dem Gericht eingefordert, bei dem das Kind seinen allgemeinen Gerichtsstand hat.

▶ **Praxishinweis:**

Ein minderjähriges Kind hat einen **Anspruch auf die Errichtung eines unbefristeten Titels** über zu zahlenden Kindesunterhalt, also eines Titels, der nicht auf die Zeit der Minderjährigkeit begrenzt ist.[1044] **2640**

---

1044 OLG Bamberg, FamRZ 2019, 30 = NZFam 2018, 998.

> Legt der Antragsgegner nach Aufforderung zur Titulierung des Kindesunterhalts eine auf den Zeitpunkt der Volljährigkeit des Kindes befristete Jugendamtsurkunde oder entsprechende notarielle Urkunde vor, kann der Berechtigte, auch wenn die Volljährigkeit noch lange nicht absehbar ist, im Rahmen des Abänderungsverfahrens nach § 239 FamFG dagegen vorgehen. Das Abänderungsverfahren nach § 239 FamFG ist dafür zulässig, da kein neuer Titel errichtet werden soll, sondern der bestehende Titel lediglich dahingehend geändert werden muss, dass die Verpflichtung unbefristet gilt.

2641  Kindesunterhalt wird – wenn er nicht freiwillig geleistet und tituliert wurde – regelmäßig mit einem Leistungsantrag nach §§ 253, 258 ZPO geltend gemacht. Unterhaltssachen sind Familienstreitsachen (vgl. § 112 Nr. 1 FamFG), sodass nach § 113 Abs. 1 FamFG die Vorschriften der ZPO über das Verfahren vor den LG anzuwenden sind. Ggü. den §§ 253, 258 ZPO befinden sich keine verdrängenden Vorschriften im FamFG.

2642  Die Vorschrift des § 258 ZPO ist für Unterhaltsverfahren von zentraler Bedeutung. § 258 ZPO stärkt den Rechtsschutz, d.h. wer Anspruch auf wiederkehrende Leistungen hat, soll mit der Einleitung eines Unterhaltsverfahrens nicht erst bis zur Fälligkeit warten müssen. Er kann unverzüglich einen Antrag auf künftige Leistung stellen und so eine rasche Zwangsvollstreckung vorbereiten. Zudem ist es prozessökonomisch, dass wiederholte Unterhaltsverfahren vermieden werden, solange die Verhältnisse unverändert bleiben. Wiederkehrend i.S.d. Vorschrift sind Ansprüche, die sich als einheitliche Folgen aus einem Rechtsverhältnis ergeben, sodass die einzelne Leistung in ihrer Entstehung nur noch vom Zeitablauf abhängig ist. So verhält es sich u.a. mit nach Zeitabschnitten fällig werdenden Unterhaltsansprüchen, vgl. §§ 1361 Abs. 4, 1612 BGB.[1045]

▶ **Taktischer Hinweis:**

2643  Minderjährige Kinder, die nur den Zahlbetrag der ersten Stufe der Düsseldorfer Tabelle (Mindestunterhalt abzgl. anteiligen Kindergelds) geltend machen, sind von der Darlegungs- und Beweislast entbunden. Dies betrifft sowohl ihren Bedarf als auch die Leistungsfähigkeit des Unterhaltsschuldners.[1046] Der Verpflichtete muss den Nachweis führen, dass er den Zahlbetrag nicht erwirtschaften kann.[1047]

2644  Wurde Kindesunterhalt bereits in einem familiengerichtlichen Verfahren (Unterhaltsbeschluss oder Unterhaltsvergleich) tituliert, sind für eine spätere Abänderung die §§ 238, 239 FamFG maßgeblich.

---

1045  BGH, NJW 2007, 294 ff.
1046  OLG Saarbrücken, ZFE 2010, 235; *Vossenkämper* FamRZ 2008, 201.
1047  Vgl. OLG Brandenburg, NZFam 2017, 126.

▶ Taktischer Hinweis:

Soweit es **minderjährige Kinder** betrifft, kann Kindesunterhalt durch ein Leistungsverfahren gem. §§ 253, 258 ZPO **isoliert** vor, während und nach dem Scheidungsverfahren geltend gemacht werden.   2645

Alternativ kann während des Scheidungsverfahrens Unterhalt auch als Folgesache für den Zeitraum ab Rechtskraft der Scheidung, ggf. auch in Form eines Abänderungsverfahrens,[1048] gefordert werden.

War bei Beginn des Scheidungsverfahrens ein Unterhaltsverfahren des Kindes bereits rechtshängig, steht einem Verbundantrag auf Kindesunterhalt der Einwand der Rechtshängigkeit entgegen (§ 261 Abs. 3 Nr. 1 ZPO).

Erforderlich ist in allen Verfahren eine ordnungsgemäße Vertretung minderjähriger   2646
Kinder.

### aa) Vertretung des Kindes, Verfahrensstandschaft

### aaa) Alleinsorge eines Elternteils

Übt ein Elternteil die elterliche Sorge allein aus oder ist ihm die Entscheidung nach   2647
§ 1628 BGB übertragen, vertritt dieser Elternteil das Kind allein (§ 1629 Abs. 1
Satz 3 BGB).

### bbb) Gemeinsame elterliche Sorge (§ 1629 BGB)

Häufig sind die Eltern getrennt lebende Eheleute, die gemeinsam die elterliche Sorge   2648
für das Kind innehaben. Der Elternteil, in dessen **Obhut** sich das Kind befindet,
übernimmt die Vertretung des Kindes gem. § 1629 Abs. 2 Satz 2 BGB bei Geltendmachung des Unterhaltsanspruchs gegen den anderen Elternteil.[1049] Insoweit ergibt
sich – allerdings nur für Unterhaltsfragen – ein Alleinvertretungsrecht. Ansonsten
bleibt es bei gemeinsamer Vertretung durch beide Elternteile.

**Obhut** bedeutet dabei die tatsächliche Fürsorge für das Kind, also die Befriedigung   2649
der elementaren Bedürfnisse des Kindes durch Pflege, Verköstigung, Gestaltung des
Tagesablaufs, Erreichbarkeit bei Problemen und emotionale Zuwendung.[1050] Unklar
bleibt die Rechtslage weiterhin, wenn sich das Kind abwechselnd und in gleichem
Umfang in der Obhut des einen und dann des anderen Elternteils befindet.[1051]

Die Geltendmachung von Unterhaltsansprüchen setzt jedenfalls nicht voraus, dass   2650
sich die Kinder in der alleinigen Obhut eines Elternteils befinden. Vielmehr reicht

---

1048  BGH, FamRZ 1996, 543.
1049  Dabei spielt es keine Rolle, woraus sich diese gemeinsame elterliche Sorge ergibt (aus
      § 1626 BGB bei ehelichen Kindern oder aus § 1626a BGB bei nichtehelichen Kindern).
1050  Vgl. Grüneberg/*Götz*, BGB, § 1629 Rn. 25.
1051  Vgl. dazu BGH, FamRZ 2017, 532 (paritätisches Wechselmodell).

es aus, dass der Schwerpunkt der tatsächlichen Betreuung von dem unterhaltsbegehrenden Elternteil wahrgenommen wird.

**2651**  Träger der Obhut i.s.v. § 1629 Abs. 2 Satz 2 BGB ist letztlich der Elternteil, bei dem ein eindeutig feststellbares, aber nicht notwendigerweise großes Übergewicht der tatsächlichen Fürsorge für das Kind vorliegt.[1052]

**2652**  In Grenzfällen genügt auch ein nur geringer Betreuungsvorsprung eines Elternteils.[1053] Ansonsten ist eine gerichtliche Übertragung der Befugnis, Unterhalt gegen den anderen Elternteil geltend machen zu können, nach § 1628 BGB erforderlich oder es bedarf eines Ergänzungspflegers (§ 1909 Abs. 1 BGB). Das OLG Frankfurt[1054] ist der Auffassung, dass im Falle eines Wechselmodells die Übertragung der Entscheidungsbefugnis zur Geltendmachung von Kindesunterhalt auf einen Elternteil nach § 1628 BGB vorzugswürdig ggü. der Einsetzung eines Ergänzungspflegers ist, weil damit auch die Entscheidungsbefugnis über das »ob« der Einleitung eines Unterhaltsverfahrens geklärt wird.

**2653**  Nach anderer Auffassung wird ein Ergänzungspfleger nach § 1909 BGB für die Geltendmachung von Unterhalt benötigt.[1055]

**2654**  Überwiegend wird ein Wahlrecht angenommen, d.h. es muss entweder die Übertragung der Entscheidungsbefugnis nach § 1628 BGB beantragt werden oder die Bestellung eines Ergänzungspflegers. Das Jugendamt kann sich gegen die Bestellung als Ergänzungspfleger nicht mit dem Argument zur Wehr setzen, die notwendigen Kenntnisse und Fähigkeiten zur Berechnung des Kindesunterhaltsanspruchs im Sonderfall des Wechselmodells seien bei ihm nicht vorhanden.[1056]

**2655**  Ein Ergänzungspfleger ist jedenfalls erforderlich zur Geltendmachung von Unterhaltsansprüchen, wenn sich das betreffende Kind in der Obhut eines Dritten befindet; die Eltern sind in diesem Fall an der Vertretung des Kindes aufgrund von §§ 1629 Abs. 2 Satz 1 BGB i.V.m. 1795 Abs. 1 Nr. 1, Nr. 3 BGB gehindert.[1057]

*bb) Verfahrensführungsbefugnis*

*aaa) Verfahrensstandschaft (§ 1629 Abs. 3 Satz 1 BGB)*

**2656**  Aus dem Umstand, dass ein Elternteil das minderjährige Kind gesetzlich vertritt, ergibt sich noch nicht, ob der Kindesunterhalt nach Trennung der Eltern im Namen des Kindes oder im eigenen Namen des Elternteils geltend zu machen ist.

---

1052  OLG Karlsruhe, Beschl. vom 18.08.2014, 18 WF 277/13.
1053  BGH, Urt. vom 28.02.2007, XII ZR 161/04, NJW 2007, 1882, FamRZ 2007, 707 mit Anm. *Luthin.*
1054  OLG Frankfurt, FuR 2017, 217.
1055  OLG Celle, FamRZ 2019, 40; OLG Nürnberg, NZFam 2017, 257; *Götz* FF 2015, 146, 149; *Seiler* FamRZ 2015, 1845, 1850.
1056  OLG Zweibrücken, FamRZ 21, 1199.
1057  Vgl. dazu Wendl/Dose/*Schmitz*, § 10 Rn. 46.

Der Gesetzgeber hat sich für die Dauer der Trennung bis zur Rechtskraft der Schei- **2657**
dung in § 1629 Abs. 3 Satz 1 BGB für die Verfahrensstandschaft entschieden. Hierdurch wollte er v.a. vermeiden, dass das minderjährige Kind als Beteiligter am Scheidungsverfahren der Eltern beteiligt wird. Die Verfahrensstandschaft umfasst auch
Passivprozesse gegen die Kinder. Dies spielt bei Verfahren nach § 238 bzw. § 239
FamFG eine Rolle.[1058]

Der Anwendungsbereich des § 1629 Abs. 3 BGB betrifft nur verheiratete Eltern. **2658**
Unverheiratete und geschiedene Eltern sind zur Prozessführung (im eigenen Namen)
nicht befugt. In diesen Fällen muss das Kind als Beteiligter den Unterhaltsanspruch
im eigenen Namen geltend machen, gesetzlich vertreten durch den allein sorgeberechtigten Elternteil (§ 1629 Abs. 1 Satz 3 BGB) oder – bei gemeinsamer Sorge –
von dem Elternteil, in dessen Obhut es sich befindet (§ 1629 Abs. 2 Satz 2 BGB).

▸ Anwaltlicher Hinweis:

Die gesetzliche Regelung erscheint unvollständig. Warum soll die Verfahrens- **2659**
standschaft nur im Fall (noch) verheirateter Eltern zu rechtfertigen sein? Sinnvollerweise ist die Regelung des § 1629 Abs. 3 BGB durchgehend auf **alle
minderjährigen Kinder zu erstrecken**.

Der antragstellende Elternteil ist als Verfahrensstandschafter selbst Beteiligter. Des- **2660**
halb kann bspw. der auf Kindesunterhalt in Anspruch genommene Elternteil seinen
Zugewinnausgleichsanspruch gegen den betreffenden Elternteil im Wege eines Gegen-
verfahrens geltend machen.

*bbb) Obhutswechsel*

Die Verfahrensstandschaft endet auch schon vor Rechtskraft der Scheidung, sobald **2661**
das minderjährige Kind in die Obhut des anderen Elternteils kommt oder wenn dem
auf Kindesunterhalt in Anspruch genommenen Elternteil die alleinige Personensorge
(nach vorheriger alleiniger Personensorge des anderen Elternteils oder nach vorheriger
gemeinsamer Sorge) übertragen wird.

▸ Taktischer Hinweis:

In beiden Fällen wird das zuvor vom anderen Elternteil erhobene Verfahren auf **2662**
Kindesunterhalt unzulässig, und zwar insgesamt, nicht nur für den Unterhaltszeitraum ab Sorgerechtsentscheidung oder ab Übergang des Obhutsverhältnisses
auf den anderen Elternteil.[1059]

Aufwendungen für das Kind können aber nach Antragsänderung im gleichen
Verfahren im Rahmen eines familienrechtlichen Ausgleichsanspruchs gegen den
anderen Elternteil weiterverfolgt werden.[1060]

---

1058  OLG Brandenburg, FamRZ 2000, 1377.
1059  OLG München, FamRZ 1997, 1493 f.
1060  OLG Rostock, FamRZ 2003, 933.

Dies betrifft aber nur den rückständigen Unterhalt. Hinsichtlich des laufenden Unterhalts ist der Antrag zurückzunehmen bzw. für **erledigt** zu erklären. Letzteres empfiehlt sich aus Kostengründen und ist auch korrekt, soweit man unterstellt, dass das bisherige Verfahren zulässig und begründet war. Das Verfahren wird nämlich infolge des Obhutswechsels (= erledigendes Ereignis) unzulässig.

Dies gilt entsprechend auch für Unterhaltsverfahren des Kindes im eigenen Namen;[1061] die Vertretungsmacht des bislang vertretenden Elternteils zur Abgabe der Erledigungserklärung wird aus einer Analogie zu §§ 168, 672 Satz 2 BGB hergeleitet.[1062] Um den familienrechtlichen Ausgleichsanspruch geltend machen zu können, ist – da das Kind bislang in eigenem Namen das Verfahren führt – zuvor noch eine Beteiligtenwechselerklärung erforderlich; die Befugnis dazu kann ebenfalls aus einer Analogie zu §§ 168, 672 Satz 2 BGB hergeleitet werden.

### ccc) Abänderung eines Kindesunterhaltstitels nach Beendigung der Verfahrensstandschaft

2663    Ein Abänderungsantrag gegen einen Unterhaltstitel zum Kindesunterhalt, der aufgrund der bestehenden Verfahrensstandschaft eines Elternteils nach § 1629 Abs. 3 Satz 1 BGB erlassen wurde, ist unmittelbar gegen das materiell-rechtlich berechtigte Kind zu stellen, falls die Verfahrensstandschaft beendet ist.[1063] Dies gilt auch dann, wenn der Unterhaltstitel nicht auf das berechtigte Kind umgeschrieben wurde.

### ddd) Scheidung der Eltern

2664    Wird während eines in Verfahrensstandschaft zulässigerweise begonnenen isolierten Unterhaltsverfahrens die Ehe rechtskräftig geschieden, so dauert die Verfahrensstandschaft des Elternteils in **Analogie zu § 265 Abs. 2 Satz 1 ZPO** bis zum Verfahrensende fort, falls diesem die elterliche Sorge für das Kind übertragen worden ist.[1064]

2665    Das Gleiche gilt, wenn die vorherige gemeinsame elterliche Sorge nach der Rechtskraft der Scheidung fortbesteht und sich am Obhutsverhältnis nichts ändert.[1065]

### eee) Eintritt der Volljährigkeit

2666    Die Verfahrensstandschaft endet mit der Volljährigkeit des Kindes. Das volljährige Kind hat ein Recht darauf, nunmehr selbst als Beteiligter das Unterhaltsverfahren zu betreiben.

---

1061  Vgl. dazu OLG Rostock, FamRZ 2012, 890.
1062  Vgl. dazu *Norpoth* FamRZ 2007, 514 ff.
1063  OLG Karlsruhe, FamRZ 2021, 874.
1064  BGH, FamRZ 2000, 221.
1065  OLG Hamm, FamRZ 1998, 379.

Der BGH[1066] geht davon aus, dass ein gewillkürter Beteiligtenwechsel stattfindet, der **2667** keiner Zustimmung der Gegenseite bedarf, weil er nur durch den Wegfall der Verfahrensführungsbefugnis bedingt ist und es zu keiner Veränderung des Streitstoffes kommt.

▶ **Taktischer Hinweis:**

Wenn das volljährig gewordene Kind nicht in das Verfahren eintritt, kann der **2668** bisherige Verfahrensstandschafter, dessen Verfahren unzulässig geworden ist, die Hauptsache für erledigt erklären, und/oder (s.o.) im Wege der Verfahrensänderung einen eigenen familienrechtlichen Ausgleichsanspruch geltend machen.[1067]

Alternativ kann in Betracht kommen, dass das volljährige Kind, wenn es das Verfahren nicht durch seinen Eintritt fortsetzen will, seine Unterhaltsansprüche an den bisher betreuenden Elternteil abtritt.[1068] Zwar sind Unterhaltsansprüche nach § 850 Abs. 1 Nr. 2 ZPO unpfändbar; allerdings ist eine teleologische Reduktion des Abtretungsverbots geboten, wenn der Schutz des Unterhaltsberechtigten der Abtretung nicht entgegensteht.

### cc) Vollstreckung des Unterhaltstitels

Ein Unterhaltstitel zwischen den Eltern (z.B. Beschluss oder Vergleich) wirkt auch für **2669** und gegen das Kind (§ 1629 Abs. 3 Satz 2 BGB), und zwar auch, wenn die Eltern inzwischen geschieden sind und das Kind volljährig geworden ist.

Die Vollstreckung aus dem in Verfahrensstandschaft erstrittenen Titel erfolgt wie folgt: **2670**

Der Verfahrensstandschafter ist grds. im eigenen Namen vollstreckungsbefugt bis zur **2671** Volljährigkeit des Kindes.[1069] § 1629 BGB soll nämlich die Realisierung von Kindesunterhalt erleichtern und nicht durch Formalismus erschweren.

Es besteht im Wesentlichen auch Einigkeit dahin gehend, dass der Verfahrensstand- **2672** schafter nach Beendigung der Verfahrensstandschaft gem. § 1629 Abs. 3 BGB durch Rechtskraft der Scheidung berechtigt ist, eine Klauselerteilung auf sich zu beantragen, solange das Kind noch minderjährig ist. Dieses verbleibende Recht des gesetzlichen Vertreters schließt jedoch das Recht des Kindes, die Vollstreckung als materiell berechtigter Gläubiger selbst zu betreiben, nicht aus. Dazu bedarf es natürlich einer Rechtsnachfolgeklausel entsprechend § 727 ZPO, da das Kind formell nicht als Gläubiger in dem Beschluss ausgewiesen ist.[1070]

---

1066  BGH, Beschl. vom 03.07.2013, XII ZB 220/13, FamRZ 2013, 1378 ff.
1067  BGH, FamRZ 1989, 850 f. m.w.N.
1068  OLG Köln, FamRZ 2021, 1530.
1069  OLG Nürnberg, FamRZ 2010, 1010; LG Kleve, FamRZ 2007, 1663.
1070  OLG Hamm, FamRZ 2000, 1590.

**2673** Nach Eintritt der Volljährigkeit ist die **Titelumschreibung** (§ 727 ZPO) auf das volljährige Kind nötig. Die Vollstreckungsbefugnis des Verfahrensstandschafters (Elternteil) entfällt, und zwar auch schon für die zuvor fällig gewordenen Unterhaltsansprüche.[1071]

**2674** Nach einem Sorgerechtswechsel gilt folgendes: Wird die elterliche Sorge, die bisher z.b. der Mutter zustand, auf den Vater übertragen (oder kommt es zumindest zu einem Obhutswechsel), ist die Mutter nicht mehr berechtigt, die Vollstreckung aus einem früheren Titel, zu betreiben, und zwar auch nicht wegen der bis zum Sorgerechts- bzw. Obhutswechsel aufgelaufenen Rückstände.[1072]

**2675** Betreibt die Mutter dennoch die Zwangsvollstreckung, hat der Vater folgende rechtliche Möglichkeiten:

*aaa) KU-Titel im Namen eines Elternteils*

**2676** Der Titelschuldner kann die Beendigung der gesetzlichen Verfahrensstandschaft mit einem Vollstreckungsabwehrantrag gem. §§ 120 Abs. 1 FamFG, 767 ZPO geltend machen.[1073] Wird dem Sorgerechtsinhaber die elterliche Sorge entzogen oder liegt ein Obhutswechsel vor, so ist der bisherige Vollstreckungsgläubiger auch für Unterhaltsrückstände nicht mehr aktivlegitimiert.

**2677** Das OLG Thüringen stellt seine Auffassung wie folgt dar:

»Gegen die Zulässigkeit der gewählten Klageart bestehen keine Bedenken. Einwendungen des Schuldners (hier des Antragstellers) gegen festgestellte materielle Leistungsansprüche sind mit der sogenannten Vollstreckungsabwehr- (oder Vollstreckungsgegen-) klage des § 767 ZPO geltend zu machen, gleichgültig, ob diese Einwendungen rechtsvernichtend (wie die Erfüllung) oder nur rechtshemmend sind. Die Klage nach § 767 ZPO ist eine prozessuale Gestaltungsklage. Streitgegenstand ist allein die gänzliche oder teilweise endgültige Vernichtung der Vollstreckbarkeit. Der Klageantrag geht dahin, die Zwangsvollstreckung aus dem angegriffenen Titel für unzulässig zu erklären. … § 767 ZPO ist gem. § 120 Abs. 1 FamFG auf die Vollstreckung in Familienstreitsachen anwendbar (…). Der Wegfall der Prozessstandschaft stellt eine Einwendung i.S.d. § 767 Abs. 1 ZPO dar. Die Kindesmutter und Antragsgegnerin hat den der Vollstreckung zugrunde liegenden Titel in Prozessstandschaft gem. § 1629 Abs. 3 BGB erwirkt. Die Prozessführungsbefugnis der Kindesmutter ist während der Zwangsvollstreckung erloschen, nachdem ihr das Sorgerecht entzogen wurde (…).

Die Antragsgegnerin kann nunmehr nach dem Entzug von wesentlichen Teilen des elterlichen Sorgerechts – wie das Amtsgericht in dem angefochtenen Beschluss ausgeführt hat, – weder in gesetzlicher Prozessstandschaft noch in gesetzlicher Vertretungsmacht Unterhaltsansprüche des Kindes – auch für Rückstände aus der Vergangenheit – geltend machen kann. Sie ist nicht mehr legitimiert aus dem gerichtlichen Beschluss vom 01.07.2011 zu vollstrecken (…).«

---

1071 OLG Naumburg, FamRZ 2007, 1032; BGH, FamRZ 1990, 283, 284.
1072 OLG Koblenz, Beschl. vom 12.07.2004, 7 WF 570/04, FamRZ 2005, 993.
1073 OLG Thüringen, Beschl. vom 07.01.2013, 1 WF 410/12, FamRZ 2014, 867 = FuR 2013, 665.

▶ Praxistipp:

Ein bestehender Kindesunterhaltstitel basierend auf Verfahrensstandschaft ist **2678**
daher – jedenfalls nach Aufforderung des nun sorgeberechtigten oder die Obhut
ausübenden Elternteils – unbedingt herauszugeben. Verweigert der bislang obhuts-
berechtigte Elternteil trotz Fristsetzung die Herausgabe des Titels, so ist ein Vollstreckungsabwehrverfahren nach § 767 ZPO geboten und erfolgreich.

*bbb) KU-Titel im Namen des Kindes vertreten durch einen Elternteil*

Wurde das Kind im Unterhaltsverfahren vom früher obhutsberechtigten Elternteil **2679**
lediglich nach § 1629 Abs. 2 Satz 2 BGB vertreten, so kann der titelverpflichtete
Elternteil ein Vollstreckungsabwehrverfahren nach § 767 ZPO weder gegen das Kind
noch gegen den anderen Elternteil erfolgreich betreiben.

Ein Vollstreckungsabwehrverfahren nach § 767 ZPO gegen die Mutter hat (nach der **2680**
angenommenen Sorgerechts- oder Obhutsänderung) keinen Erfolg, da sie den Unterhaltstitel nicht im eigenen Namen als Verfahrensstandschafterin erwirkt hat, sondern
der Titel auf den Namen des Kindes lautet. Die Mutter ist somit nicht Gläubigerin
des Vollstreckungsverfahrens.

Auch ein Vollstreckungsabwehrantrag nach § 767 ZPO gegen das Kind hat keinen **2681**
Erfolg, weil der Wechsel des Vertretungsverhältnisses keine den materiellen Anspruch
selbst betreffende Einwendung i.S.v. § 767 ZPO darstellt.

Der Vater kann aber im Vollstreckungsverfahren mit der Vollstreckungserinnerung **2682**
nach § 766 ZPO gegen das Kind, vertreten durch die Mutter, geltend machen, dass
das Kind nicht ordnungsgemäß vertreten ist. Daneben ist noch das Herausgabeverfahren gestützt auf § 1698 BGB mit dem Ziel gegen die Mutter möglich, den Titel
dem Vater zur Verfügung zu stellen.[1074]

Damit ergibt sich, dass nach einem Obhutswechsel mit einem bestehenden Kindesun- **2683**
terhaltstitel – unabhängig davon, ob dieser lediglich in Vertretung eines Elternteils
erwirkt wurde oder in Verfahrensstandschaft – nicht mehr vollstreckt werden »darf«.

Letztlich ist dem Titelschuldner aber zu empfehlen, den Titel auch endgültig zu »ent- **2684**
schärfen«, d.h. den Titelgläubiger mit Fristsetzung aufzufordern, den Unterhaltstitel
herauszugeben oder zumindest verbindlich auf die Vollstreckung aus dem Titel zu
verzichten. Wird auf diese Aufforderung nicht reagiert, so sind die erwähnten Verfahren einzuleiten, damit ein Unterhaltsschaden vermieden wird.[1075]

---

1074  OLG Koblenz, Beschl. vom 12.07.2004, 7 WF 570/04, FamRZ 2005, 993.
1075  Dieselbe Problematik ergibt sich, wenn ein Elternteil nach Eintritt der Volljährigkeit
des Kindes aus dem Titel vollstreckt, vgl. dazu OLG Hamm, FamRZ 2016, 1100 =
FuR 2016, 180 m. Anm. *Viefhues.*

*dd) Verfahrensstandschaft und Verfahrenskostenhilfe*

2685   Ob im Rahmen eines – im Wege der gesetzlichen Verfahrensstandschaft gem. § 1629 Abs. 3 Satz 1 BGB erhobenen – Unterhaltsverfahrens bei der Bewilligung von VKH auf die Einkommens- und Vermögensverhältnisse des antragstellenden Elternteils oder des Kindes abzustellen ist, war in Rechtsprechung und Literatur umstritten.

2686   Teilweise wurde unter Hinweis auf den Sinn und Zweck des § 1629 Abs. 3 Satz 1 BGB, das minderjährige Kind vor der Konfliktsituation der Eltern zu schützen, für die Verfahrenskostenhilfeentscheidung auf die Einkommens- und Vermögensverhältnisse des Kindes als Unterhaltsberechtigtem abgestellt.[1076]

2687   Eine andere Auffassung setzte am Wortlaut des § 114 ZPO an, wonach einer Partei, die nach ihren persönlichen und wirtschaftlichen Verhältnissen die Kosten der Verfahrensführung nicht, nur z.T. oder nur in Raten aufbringen kann, VKH bewilligt werden kann. Auch nach Sinn und Zweck der gesetzlichen Verfahrensstandschaft in § 1629 Abs. 3 Satz 1 BGB sei davon keine Ausnahme geboten.[1077]

2688   Der BGH[1078] schließt sich der zuletzt aufgeführten Auffassung an, da nach dem Wortlaut der maßgeblichen Bestimmungen bei der Bewilligung von VKH auf die persönlichen und wirtschaftlichen Verhältnisse des Antragstellers abzustellen ist. Beteiligter ist aber bei einem Verfahren auf Kindesunterhalt vor Rechtskraft der Ehescheidung nach § 1629 Abs. 3 Satz 1 BGB stets der sorgeberechtigte Elternteil. Im Gegensatz zur gewillkürten Verfahrensstandschaft habe der Gesetzgeber die Beteiligtenrolle in § 1629 Abs. 3 BGB verbindlich festgelegt. Damit kommt es auf das sonst erforderliche zusätzliche Eigeninteresse der Verfahrenspartei an der Verfahrensführung nicht an.

2689   Für die Bewilligung von VKH kommt es daher auf das Einkommen und die Vermögensverhältnisse des Verfahrensstandschafters – nicht des Kindes – an.[1079]

*ee) Minderjähriges Kind wird volljährig*

*aaa) Isoliertes Unterhaltsverfahren*

2690   Handelt es sich um ein isoliert in Verfahrensstandschaft oder in Vertretung für das Kind betriebenes Unterhaltsverfahren, so tritt das volljährig gewordene Kind durch gewillkürten Beteiligtenwechsel, der keiner Zustimmung des Gegners bedarf, selbst in den Rechtsstreit ein.[1080]

2691   Das Kind führt das Verfahren in dem Stand weiter, in dem es sich zum Zeitpunkt des Eintritts der Volljährigkeit befunden hat; dies ist bedingt durch § 1629 Abs. 3 Satz 2 BGB. Wird das Kind vor Eintritt der Rechtskraft volljährig, kann es selbst

---

1076   OLG Köln, FamRZ 2001, 1535; OLG Dresden, FamRZ 2002, 1412.
1077   OLG Hamm, FamRZ 2001, 924.
1078   BGH, FamRZ 2006, 32.
1079   BGH, FamRZ 2005, 1164.
1080   BGH, FamRZ 2013, 1378 ff.

Rechtsmittel einlegen. Andererseits muss mit Volljährigkeit die Beschwerde des verpflichteten Unterhaltsschuldners gegen das Kind eingelegt werden.

Über die Verwendung des zukünftigen Unterhalts entscheidet das volljährige Kind 2692 allein. Der rückständige Unterhalt gebührt dagegen im Innenverhältnis dem bisher betreuenden Elternteil, wenn er bisher Naturalunterhalt geleistet hat, d.h. ihm steht ein familienrechtlicher Ausgleichsanspruch gegen den anderen Elternteil zu (Gesamtgläubigerschaft zum fortbestehenden Unterhaltsanspruch des Kindes, vgl. § 428 BGB). Das volljährige Kind ist gem. §§ 242, 1618a BGB verpflichtet, den ggf. erstrittenen rückständigen Unterhalt an den bisher betreuenden Elternteil abzuführen.

### bbb) Unterhalt als Folgesache

Dasselbe gilt in der Folgesache Kindesunterhalt, wenn die Volljährigkeit während des 2693 Scheidungsverfahrens eintritt. Das Verfahren ist nach § 140 Abs. 1 FamFG abzutrennen und als isolierte Familiensache (nunmehr durch das volljährige Kind) selbst fortzuführen.[1081]

### ff) Einwand der Volljährigkeit

Ein z. Zt. der Minderjährigkeit des Kindes ergangener Unterhaltstitel gilt fort, wenn 2694 das Kind volljährig wird. Es besteht **Identität des Unterhaltsanspruchs** volljähriger Kinder mit dem Minderjährigenunterhalt.[1082]

Der Unterhaltsschuldner kann nicht mittels einem Vollstreckungsabwehrantrag nach 2695 § 767 ZPO gegen den Titel vorgehen (vgl. § 244 FamFG). Die Vorschrift des § 244 FamFG hat die Funktion, Vollstreckungsabwehranträge nach § 767 ZPO gegen Mindestunterhaltstitel mit der Begründung des Eintritts der Volljährigkeit des unterhaltsberechtigten Kindes zu vermeiden, sofern die Unterhaltspflicht auch über die Minderjährigkeit hinaus fortbesteht.

Abänderungsverfahren nach §§ 238, 239 FamFG werden von § 244 FamFG nicht 2696 berührt, sind also möglich und häufig auch begründet, da sich durch die Volljährigkeit eine Änderung der Verhältnisse ergibt (erhöhte Erwerbsobliegenheit, Mithaftung des anderen Elternteils usw.).[1083]

▶ Taktischer Hinweis:

Beteiligter des Abänderungsverfahrens ist das volljährige Kind, auch wenn der 2697 Titel über den Minderjährigenunterhalt vom betreuenden Elternteil in Verfahrensstandschaft gem. § 1629 Abs. 3 BGB erwirkt wurde.[1084]

---

1081 BGH, FamRZ 1985, 471.
1082 OLG Bamberg, FamRZ 2019, 30 = NZFam 2018, 998; OLG Hamm, FamRZ 2008, 291.
1083 OLG Koblenz, NZFam 2017, 118.
1084 OLG Saarbrücken, ZFE 2007, 316.

Die Darlegungs- und Beweislast ist in solchen vom barunterhaltspflichtigen Elternteil geführten Abänderungsverfahren nach Eintritt der Volljährigkeit problematisch. Der BGH[1085] hat sich wie folgt geäußert: »Begehrt somit der während der Minderjährigkeit des Kindes allein barunterhaltspflichtige Elternteil nach Eintritt der Volljährigkeit unter Hinweis auf die Mithaftung des früheren Betreuungselternteils Herabsetzung des zur Zeit der Minderjährigkeit titulierten Kindesunterhalts, muss das volljährige Kind als Abänderungsantragsgegner nach den vorgenannten Grundsätzen alle diejenigen Tatsachen darlegen und beweisen, welche den Fortbestand des Unterhaltsanspruchs rechtfertigen sollen und auf die es bei der Erstellung des Ausgangstitel nicht angekommen war. Das volljährige Kind muss deshalb – trotz gleichbleibenden gesetzlichen Unterhaltstatbestands (§ 1601 BGB) – grundsätzlich erstmals den Nachweis erbringen, sich in einer unterhaltsrechtlich zu berücksichtigenden Schul- oder Berufsausbildung zu befinden. Seine Darlegungs- und Beweislast umfasst folgerichtig auch die gemäß § 1606 Abs. 3 Satz 1 BGB auf seine Eltern jeweils entfallenden Haftungsanteile, denn die für den Unterhalt des volljährigen Kindes zu bildende Haftungsquote hängt auch von den Einkommensverhältnissen des früheren Betreuungselternteils ab, die bei der Erstellung des Ursprungstitels noch keine Prognose oder Würdigung erfahren haben.«

*gg) Tenorierung des Unterhalts minderjähriger Kinder*

*aaa) Mindestunterhalt (§ 1612a BGB)*

2698   Der Mindestunterhalt ist Grundlage bzw. Bezugsgröße jeglicher Unterhaltsverpflichtung ggü. minderjährigen Kindern.

2699   Nach § 1612a Abs. 1 Satz 1 BGB kann ein minderjähriges Kind von demjenigen Elternteil, mit dem es nicht in einem Haushalt lebt, den Unterhalt als Prozentsatz des in Abs. 1 Satz 2 gesetzlich definierten Mindestunterhalts verlangen.

2700   Dies geschieht nach § 1612a Abs. 1 Satz 3 BGB gestaffelt nach (drei) Altersstufen (6., 12. und 18. Lebensjahr).

2701   § 1612a Abs. 3 BGB ordnet an, dass der Mindestunterhalt einer höheren Altersstufe bereits ab dem Beginn des Monats maßgeblich ist, in dem das Kind das betreffende Lebensjahr vollendet (sog. Monatsprinzip).

▶ **Beispiel:**

2702   Vollendet ein Kind z.B. am 12.05. eines bestimmten Jahres das 12. Lebensjahr (12. Geburtstag), dann erreicht es die 3. Altersstufe bereits am 01.05. des betreffenden Jahres.

---

1085  BGH, FamRZ 2017, 370, 374.

Nach wie vor kann der Unterhalt statisch, d.h. als monatlicher Festbetrag, oder dyna- 2703
misch gefordert werden. Letzteres bedeutet, dass der geschuldete Unterhalt im Titel
als Prozentsatz des jeweiligen Mindestunterhalts formuliert wird.

Der Mindestunterhalt ist für alle Kinder in Deutschland in den für sie maßgeblichen 2704
Altersgruppen gleich hoch.

§ 1612a BGB ist nicht anwendbar auf volljährige Kinder, selbst wenn sie privile- 2705
giert sind.

▶ **Taktische Hinweise:**

Der Mindestunterhalt ist bedeutsam für die Darlegungs- und Beweislast im Unter- 2706
haltsverfahren.

Folge des gesetzlich geregelten Anspruchs auf einen Mindestunterhalt ist nämlich
eine unwiderlegbare Vermutung, dass jedes minderjährige Kind den im Gesetz
konkret für seine Altersgruppe geregelten Mindestbedarf zum Leben benötigt.[1086]

Dies führt zu einer Verbesserung der verfahrensrechtlichen Stellung des Kindes;[1087]
es muss in der Antragsbegründung nicht mehr die Einkommens- und Vermögensverhältnisse des barunterhaltspflichtigen Elternteils darlegen, wenn es lediglich den Mindestbedarf geltend macht.

Allein die Bedürftigkeit ist darzulegen, d.h. das Kind darf insb. nicht über ausreichende eigene Einkünfte verfügen.

Allerdings ist auch der Mindestunterhalt abhängig von der Leistungsfähigkeit des
Verpflichteten.

Auch unterliegt der Unterhaltsschuldner minderjährigen Kindern bzw. privilegiert
volljährigen Kindern i.S.v. § 1603 Abs. 2 Satz 2 BGB ggü. gesteigerten Erwerbs-
obliegenheiten; diesen wird er nur durch aufwendige Arbeitssuche gerecht. Auch
können berufsbedingte Aufwendungen, wie etwa Fahrtkosten, nur eingeschränkt
in Abzug gebracht werden. Ein Umzug kann zumutbar sein.[1088]

Auch **fiktive Einkünfte** können angesetzt werden, falls nach Auffassung des Gerichts
den Erwerbsobliegenheit nicht ausreichend nachgekommen wird. Der Ansatz
fiktiver Einkünfte ist jedoch ausführlich vom Gericht zu begründen.[1089]

Wird ein höherer Betrag als der Mindestunterhalt gefordert, sind die Anspruchsvoraussetzungen umfassend darzulegen und zu beweisen.

---

1086  FamR-Komm/*Eder*, § 1612a BGB Rn. 10.
1087  Vgl. auch OLG Saarbrücken, ZFE 2010, 235 m. Anm. *Viefhues*.
1088  OLG Naumburg, ZFE 2010, 192.
1089  BVerfG, FamRZ 2021, 274; OLG Brandenburg, FamRZ 2021, 1039.

*bbb) Statische Unterhaltstitel*

2707 Das Kind kann seinen Unterhalt statisch fordern, d.h. als monatlichen Festbetrag. Dies ist für volljährige Kinder ohnehin zwingend.

2708 Statische Titel sind ggü. dynamischen Titeln vorzugswürdig, wenn Änderungen der Bedürftigkeit oder Leistungsfähigkeit bevorstehen oder Unterhalt vergleichsweise großzügig festgelegt wird.

2709 Da diese Titel keiner Anpassungsautomatik unterliegen, müssen sie mittels Abänderungsantrags nach §§ 238, 239 FamFG im Einzelfall angepasst werden.

*ccc) Dynamische Unterhaltstitel*

2710 Nach § 1612a Abs. 1 Satz 1 BGB kann ein minderjähriges Kind von demjenigen Elternteil, mit dem es nicht in einem Haushalt lebt, den Unterhalt als Prozentsatz des Mindestunterhalts verlangen. Vorteil ist, dass bei Erreichen der nächsten Altersstufe des Kindes oder bei Veränderung des sächlichen Existenzminimums sich der Unterhaltstitel ohne Abänderungsverfahren nach §§ 238, 239 FamFG automatisch anpasst.

2711 Erforderlich sind lediglich geänderte Rechenschritte; die erforderlichen Rechenschritte können von jedem Vollstreckungsorgan aufgrund der in den Titel aufzunehmenden Daten des § 1612 Abs. 1 Satz 2 und Satz 3 BGB vollzogen werden:
– **Bestimmung des Prozentsatzes**
   Der für das jeweilige Kind zu ermittelnde Prozentsatz ist mithilfe der Düsseldorfer Tabelle wie folgt zu bestimmen:
– Feststellung des maßgeblichen Einkommens des Pflichtigen.
– Ermittlung des Individualunterhalts anhand der Düsseldorfer Tabelle.
– Bestimmung des Prozentsatzes, in dem der Individualunterhalt ins Verhältnis zum Mindestunterhalt gesetzt wird.
– Der Prozentsatz ist nach § 1612a Abs. 2 BGB auf eine Dezimalstelle zu begrenzen.
– Der Unterhalt ist auf volle Euro aufzurunden.
– **Tenorierung**
   – Kindergeld und ähnliche Leistungen nach §§ 1612b bzw. 1612c BGB sind in den Titel aufzunehmen.
   – Wichtig ist, dass Kindergeld und ähnliche Leistungen nach §§ 1612b bzw. 1612c BGB nicht vom Mindestunterhalt abgezogen werden, bevor der Prozentsatz ermittelt wurde.

▶ Formulierungsvorschlag für den Antrag:

2712 Der Antragsgegner ist verpflichtet, an das Kind ..., geboren am ..... , zu Händen der Mutter 115 % des Mindestunterhalts i.S.d. § 1612a Abs. 1 BGB der jeweils geltenden Altersstufe abzüglich des auf das Kind entfallenden hälftigen Kindergeldanteils zu bezahlen, zahlbar monatlich im Voraus ab dem ......

### c) Unterhalt bei Feststellung der Vaterschaft (§ 237 FamFG)

Die Vorschrift des § 237 FamFG verknüpft die Feststellung der Vaterschaft mit der Verpflichtung zur Leistung von Unterhalt i.H.d. Mindestunterhalts der jeweiligen Altersstufe, vermindert oder erhöht um die nach den §§ 1612b, 1612c BGB zu berücksichtigenden Leistungen. **2713**

Nach § 179 Abs. 1 Satz 2 FamFG kann ein Unterhaltsverfahren nach § 237 FamFG mit dem Verfahren auf Feststellung der Vaterschaft verbunden werden. Das Verfahren ist nicht Teil des auf Feststellung der Vaterschaft gerichteten Abstammungsverfahrens, sondern ein **selbstständiges Unterhaltsverfahren**, auf das die hierfür geltenden Verfahrensvorschriften anzuwenden sind und nicht etwa diejenigen des Abstammungsverfahrens. **2714**

§ 237 FamFG macht deutlich, dass es sich bei dem Verfahren, ähnlich wie bei der einstweiligen Anordnung nach § 248 FamFG, um eine Durchbrechung des Grundsatzes des § 1600d Abs. 5 BGB handelt, wonach die Rechtswirkungen der Vaterschaft grds. erst von dem Zeitpunkt an geltend gemacht werden können, an dem diese rechtskräftig festgestellt ist. **2715**

#### aa) Zulässigkeit des Unterhaltsantrags (§ 237 Abs. 1 FamFG)

§ 237 Abs. 1 FamFG regelt die Zulässigkeit eines auf Unterhaltszahlung gerichteten Hauptsacheantrags für den Fall, dass die Vaterschaft des in Anspruch genommenen Mannes bislang nicht festgestellt ist.[1090] Der Antrag ist in diesem Fall nur zulässig, wenn zugleich ein Verfahren auf Feststellung der Vaterschaft anhängig ist. **2716**

#### bb) Zuständigkeit des Gerichts (§ 237 Abs. 2 FamFG)

Nach § 237 Abs. 2 FamFG ist für die Unterhaltssache das Gericht, bei dem das Verfahren auf Feststellung der Vaterschaft im ersten Rechtszug anhängig ist, ausschließlich zuständig. Auf diese Weise soll die Verbindung beider Verfahren ermöglicht werden. Die Zuständigkeit für die Abstammungssache ergibt sich aus §§ 169, 170 FamFG, d.h. richtet sich örtlich nach dem gewöhnlichen Aufenthalt des betroffenen Kindes. **2717**

#### cc) Unterhaltshöhe (§ 237 Abs. 3 FamFG)

Der Unterhalt kann in dem Verfahren des § 237 FamFG aber nur i.H.d. Mindestunterhalts der jeweiligen Altersstufe, vermindert oder erhöht um die nach den §§ 1612b, 1612c BGB zu berücksichtigenden Leistungen, geltend gemacht werden. Trotz der Ähnlichkeit mit dem vereinfachten Verfahren der §§ 249 ff. FamFG scheidet eine Erweiterung des Anspruchs auf das 1,2-fache des Mindestunterhalts gem. § 249 Abs. 1 FamFG aus, um das Verfahren nicht mit Ermittlungen zur Höhe des Unterhalts zu belasten. **2718**

---

1090  OLG Nürnberg, NZFam 2016, 1099 (Der Antrag ist unzulässig, wenn die Vaterschaft zum Zeitpunkt der Zustellung des Unterhaltsantrags bereits rechtswirksam feststeht).

2719   § 237 Abs. 3 Satz 2 FamFG ermöglicht es, einen **geringeren Unterhalt** als die jeweiligen Mindestunterhaltsbeträge zu verlangen, wenn das Kind davon ausgehen muss, dass der Unterhaltspflichtige den vollen Mindestunterhalt nicht ohne Gefährdung des eigenen notwendigen Selbstbehalts (§ 1603 Abs. 2 Satz 1 BGB) erbringen kann. Hierdurch soll vermieden werden, dass dem Kind durch ein erfolgreiches Abänderungsverfahren des Vaters Kosten entstehen.

2720   I.Ü. kann in diesen Verfahren gem. § 237 Abs. 3 Satz 3 FamFG eine Herabsetzung oder Erhöhung des Unterhalts nicht verlangt werden, da eine gerichtliche Auseinandersetzung über den individuellen Unterhalt so lange nicht möglich ist, als die Vaterschaft nicht rechtskräftig festgestellt ist.

▶ **Anwaltlicher Hinweis:**

2721   Die in § 237 Abs. 3 Satz 3 FamFG enthaltenen Einschränkungen dienen dem Zweck, dem Kind einen schnellen Vollstreckungstitel zu verschaffen. Die Geltendmachung individueller Verhältnisse, die zur Erhöhung oder Herabsetzung des Unterhalts führen, kann deshalb nur mit einem Korrekturantrag nach § 240 FamFG geltend gemacht werden.

*dd) Wirksamkeit des Unterhaltsbeschlusses (§ 237 Abs. 4 FamFG)*

2722   § 237 Abs. 4 FamFG stellt klar, dass vor Rechtskraft des Beschlusses, der die Vaterschaft feststellt, oder vor Wirksamwerden der Anerkennung der Vaterschaft durch den Mann, der Beschluss, der die Verpflichtung zur Leistung des Kindesunterhalts betrifft, nicht wirksam wird.

2723   Die Anerkennung der Vaterschaft steht rechtlich der Vaterschaftsfeststellung gleich, sodass der Eintritt der Wirksamkeit der Unterhaltsverpflichtung gerechtfertigt ist.

2724   Grund der Regelung ist die materiell-rechtliche Abhängigkeit des Unterhalts von der rechtskräftigen Feststellung der Vaterschaft.

2725   Das Kind kann, wenn der Unterhalt dringlich benötigt wird, jedoch nach § 248 FamFG im Wege der einstweiligen Anordnung bis zum rechtskräftigen Abschluss des Verfahrens eine vorläufige Unterhaltsregelung beantragen.

2726   Der Beschluss ermöglicht ab Rechtskraft unmittelbar die Vollstreckung i.H.d. Mindestunterhalts, der in zeitlicher Hinsicht und der Höhe nach festgelegt bzw. bestimmt sein muss.

*ee) Abänderung des Unterhalts*

2727   Da nur eine Verpflichtung zu den Mindestunterhaltsbeträgen nach § 1612a Abs. 1 BGB oder bei einem entsprechenden Antrag des Antragstellers nach § 237 Abs. 3 Satz 2 FamFG zu einem geringeren Unterhalt möglich ist, kann zum Unterhalt eine Abänderung infrage kommen. Das Abänderungsverfahren regelt die Vorschrift des § 240 FamFG.

### d) Elternunterhalt

Eltern sind immer häufiger bedürftig. Bedingt ist dies zum einen durch die demografische Entwicklung der Bevölkerung der Bundesrepublik Deutschland, zum anderen sind ein wichtiger Grund die hohen Kosten der Altenpflege, denen kein adäquater Ausgleich auf der Einkommensseite (Rente!) gegenübersteht. 2728

Eltern machen in der Regel aber keine Unterhaltsansprüche gegen ihre Kinder geltend. Kommt jedoch der Staat im Wege der Leistung von Sozialhilfe für nicht gedeckte Kosten auf, geht der Unterhaltsanspruch gem. § 94 Abs. 1 Satz 1 SGB XII[1091] auf den Träger der Sozialhilfe über. Nimmt dieser einen gegenüber seinen betagten Eltern unterhaltspflichtigen Abkömmling wegen der Zahlung von Sozialhilfe aufgrund dieser Legalzession in Anspruch, dann haftet das Kind zwar im Rahmen seiner Leistungsfähigkeit auf Unterhalt (Aszendentenunterhalt). Es gelten jedoch andere Maßstäbe als im Rahmen der Unterhaltspflichten von Eltern gegenüber ihren Kindern (Deszendentenunterhalt). 2729

Die betroffene Generation ist damit oftmals doppelt pflichtig, nämlich den eigenen Kindern und u.U. auch den Eltern ggü. 2730

Die Problematik wird vielfach dadurch umschrieben, dass man von der sog. »**Sandwichgeneration**« redet. 2731

Die Bedeutung des Elternunterhalts hat sich jedoch erheblich verringert durch das **Angehörigenentlastungsgesetz vom 10.12.2019**,[1092] d.h. nunmehr kommen Unterhaltsansprüche nur noch in Betracht, wenn das Gesamteinkommen der betroffenen Kinder die Einkommensgrenze von 100.000 € brutto jährlich übersteigt. 2732

Maßgeblich ist **§ 94 Abs. 1a SGB XII**, der folgenden Wortlaut hat: 2733

> »Unterhaltsansprüche der Leistungsberechtigten gegenüber ihren Kindern und Eltern sind nicht zu berücksichtigen, es sei denn, deren jährliches Gesamteinkommen im Sinne des § 16 des Vierten Buches beträgt jeweils mehr als 100.000 Euro (Jahreseinkommensgrenze). Der Übergang von Ansprüchen der Leistungsberechtigten ist ausgeschlossen, sofern Unterhaltsansprüche nach Satz 1 nicht zu berücksichtigen sind. Es wird **vermutet**, dass das Einkommen der unterhaltsverpflichteten Personen nach Satz 1 die Jahreseinkommensgrenze nicht überschreitet. Zur Widerlegung der Vermutung nach Satz 3 kann der jeweils für die Ausführung des Gesetzes zuständige Träger von den Leistungsberechtigten Angaben verlangen, die Rückschlüsse auf die Einkommensverhältnisse der Unterhaltspflichtigen nach Satz 1 zulassen. ...«

---

[1091] § 94 Abs. 1 Satz 1 und 2 SGB XII lauten: »Hat die leistungsberechtigte Person für die Zeit, für die Leistungen erbracht werden, nach bürgerlichem Recht einen Unterhaltsanspruch, geht dieser bis zur Höhe der geleisteten Aufwendungen zusammen mit dem unterhaltsrechtlichen Auskunftsanspruch auf den Träger der Sozialhilfe über. Der Übergang des Anspruchs ist ausgeschlossen, soweit der Unterhaltsanspruch durch laufende Zahlung erfüllt wird.«.

[1092] *Schwonberg* NZFam 2022, 387 (Gerichte sind mit dem Elternunterhalt nahezu nicht mehr befasst).

### aa) Rang der Verpflichtung

2734  Der Elternunterhalt ist in jeglicher Hinsicht nachrangig, d.h. die Kinder und der Ehegatte haben eindeutig unterhaltsrechtlichen Vorrang, vgl. dazu § 1609 Nr. 6 BGB.

### bb) Bedarf, Bedürftigkeit

2735  Maßgeblich ist § 1610 BGB, sodass die (eigenständige) **Lebensstellung des betreffenden Elternteils** die Grundlage der Bedarfsbestimmung darstellt. Lebt der betreffende Elternteil in einem **eigenen Haushalt**, orientiert sich die Rechtsprechung am sozialhilferechtlichen Existenzminimum. Eine Wohngemeinschaft mit seinem Ehegatten oder Partner führt wegen der damit verbundenen Synergie-Effekte regelmäßig zu einer Ersparnis der Lebenshaltungskosten und damit zur Minderung des Lebensbedarfs. Wenn der Unterhaltsberechtigte zwar noch zu Hause wohnt, aber dort auf fremde Hilfe und Pflege angewiesen ist, erhöhen die hieraus entstehenden Kosten den Bedarf.

2736  Lebt der Elternteil in einem **Heim**, wird grds. auf angemessene Heimunterbringungskosten abgestellt, d.h. Aufwand und Kosten für das Altenheim bzw. Pflegeheim müssen mit den früheren Lebensverhältnissen in Einklang stehen.[1093]

2737  Der BGH[1094] fasst dies wie folgt zusammen:

> »Nach der Rechtsprechung des Senats bestimmt sich der Unterhaltsbedarf des Elternteils grundsätzlich durch seine Unterbringung in einem Heim und deckt sich regelmäßig mit den dort anfallenden Kosten (…).
>
> Ein an der früheren besseren Lebensstellung des Elternteils orientierter höherer Standard ist grundsätzlich nicht mehr angemessen im Sinne von § 1610 Abs. 1 BGB. Denn der angemessene Lebensbedarf der Eltern richtet sich nach deren konkreter (aktueller) Lebenssituation. Ist der Elternteil im Alter sozialhilfebedürftig geworden, so beschränkt sich sein angemessener Lebensbedarf auf das Existenzminimum und damit verbunden auf eine ihm zumutbare einfache und kostengünstige Heimunterbringung. Dass das unterhaltspflichtige Kind selbst in besseren Verhältnissen lebt, hat auf den Unterhaltsbedarf des Elternteils schließlich keinen Einfluss (…).«

2738  Das **Taschengeld** als Bedarfsposition besteht nur im Falle der stationären Unterbringung des Unterhaltsberechtigten. In den Fällen, in denen sich der Bedarf des Unterhaltsberechtigten aus dem Existenzminimum ergibt, sind die durch ein Taschengeld i.S.d. § 27b Abs. 2 Satz 1 SGB XII zu befriedigenden Bedürfnisse bereits im Bedarf enthalten.

2739  Sämtliche Einkünfte des Elternteils sind zur Bedarfsdeckung heranzuziehen. Ein Elternteil ist nicht unterhaltsbedürftig, solange er eigenes Vermögen in Form der Teilhabe an einer ungeteilten Erbengemeinschaft hat und dieses als Kreditunterlage nutzen kann, um seinen Pflegebedarf kreditieren zu lassen.[1095]

---

1093  OLG Koblenz, FamRZ 2021, 104; vgl. auch BGH, NJW 2003, 128.
1094  BGH, FamRZ 2015, 2138.
1095  BGH, FamRZ 2006, 935.

Der BGH[1096] führt dazu aus:   **2740**

>»Zum unterhaltsrechtlich maßgeblichen Einkommen zählen grundsätzlich sämtliche Einkünfte, wenn sie geeignet sind, den gegenwärtigen Lebensbedarf des Einkommensbeziehers sicherzustellen. Dazu können auch dem Unterhaltsgläubiger zu gewährende Sozialleistungen gehören, wenn sie nicht subsidiär sind (…). Im Ergebnis darf weder einsetzbares Vermögen vorhanden sein, noch dürfen Einkünfte aus Vermögen oder Erwerbstätigkeit zur Verfügung stehen bzw. wegen entsprechender Verletzung der Obliegenheit fiktiv zuzurechnen sein (…).

>Verabsäumt der Unterhaltsberechtigte es, sich hinreichend für den Eintritt seines Pflegefalles zu versichern, so kann ein – ihm bei angemessener Absicherung zustehendes – fiktives Pflegegeld grundsätzlich von seinem Unterhaltsbedarf in Abzug gebracht werden, wenn der Pflegefall eingetreten ist (…).«

Leistungen nach dem Gesetz zur sozialen Grundsicherung (GSiG) sind beim Elternunterhalt bedarfsdeckend in Anspruch zu nehmen, eine Bedürftigkeit besteht nur bei einem dann noch ungedeckten Bedarf.[1097]   **2741**

### cc) Leistungsfähigkeit

Die Bestimmung der Leistungsfähigkeit ist in der Praxis sehr umstritten. Das Einkommen des Pflichtigen ist zunächst entsprechend der allgemeinen Prinzipien zu ermitteln. Es gelten jedoch zahlreiche Privilegierungen. Dies gilt z.B. für die Berücksichtigung eines etwaigen Wohnvorteils. Der einkommenserhöhend zu berücksichtigende Vorteil der Nutzung einer eigenen Immobilie wird nur auf der Grundlage des unter den gegebenen Verhältnissen ersparten Mietzinses bemessen, anstatt diesen mit der bei Fremdvermietung erzielbaren objektiven Marktmiete zu bewerten.   **2742**

Der BGH hat den Ansatz der Tilgungsleistungen als Abzugsposten gegenüber dem Wohnvorteil beim **Elternunterhalt** akzeptiert.[1098] Neben den Zinsen sind die Tilgungsleistungen bis zur Höhe des Wohnvorteils vom Einkommen des Elternunterhaltspflichtigen abzuziehen, ohne dass dies seine Befugnis zur Bildung eines zusätzlichen Altersvorsorgevermögens schmälert.   **2743**

Ist der Unterhaltspflichtige in Steuerklasse III und sein Ehegatte in Steuerklasse V eingruppiert, ist für die Leistungsfähigkeit nicht von dessen tatsächlicher (Lohn)Steuerlast auszugehen. Vielmehr ist in Anlehnung an § 270 AO zunächst anhand der fiktiven Steuerlast bei einer Einzelveranlagung die Relation der individuellen Steuerlast zur gesamten Steuerlast zu ermitteln und anhand des entsprechenden Prozentsatzes   **2744**

---

1096 BGH, FamRZ 2015, 1594, 1596.
1097 UnterhaltsLL 2.9 sowie 19; vgl. auch OLG Oldenburg, NJW-RR 2004, 364.
1098 BGH, Beschl. vom 18.01.2017, XII ZB 118/16, FamRZ 2017, 519 m. Anm. *Hauß* = FuR 2017, 258; vgl. auch BGH, Beschl. vom 04.07.2018, XII ZB 448/17, FamRZ 2018, 1506 = FuR 2018, 540 Tz. 31; ausführlich *Borth* FamRZ 2017, 682; *Borth* FamRZ 2019, 160.

die Steuerlast des Unterhaltspflichtigen am Maßstab der bei Zusammenveranlagung tatsächlich bestehenden Steuerschuld zu berechnen.[1099]

2745 Die anzuerkennende sog. sekundäre Altersvorsorge beträgt 5 % des sozialversicherungspflichtigen Bruttoeinkommens. Unter Umständen können im Rahmen des Familienunterhalts zusätzliche Aufwendungen für eine weitere Altersvorsorge des nicht berufstätigen Ehegatten des Unterhaltspflichtigen dessen Einkommen mindern.

2746 Der Kindesunterhalt mindert als sonstige Verpflichtung nach § 1603 BGB das Einkommen und damit die Leistungsfähigkeit des Unterhaltspflichtigen. Die Höhe der Abzugsposition Kindesunterhalt bemisst sich im Rahmen des Elternunterhaltsrechtsverhältnisses nach den allgemeinen Grundsätzen, ausgehend vom Einkommen des Unterhaltspflichtigen bzw. der Summe des Einkommens des Unterhaltspflichtigen und des anderen Elternteils, von dem die Kinder ihre Lebensstellung ableiten. Allerdings muss zur Höhe und auch zur Durchsetzbarkeit der Kindesunterhaltsansprüche substantiiert vorgetragen werden.

2747 Die Verpflichtung zur Zahlung von Elternunterhalt stellt eine weitere Unterhaltspflicht nach der Düsseldorfer Tabelle dar mit der Folge, dass gegebenenfalls eine Herabstufung des Unterhaltspflichtigen im Rahmen der Einkommensgruppen der Düsseldorfer Tabelle vorzunehmen ist.

2748 Schließlich gesteht die Rechtsprechung (vgl. dazu die Düsseldorfer Tabelle unter D.) dem pflichtigen Unterhaltsschuldner einen angemessenen Selbstbehalt zu, ohne diesen jedoch zu konkretisieren. Bei dessen Bemessung sollen Zweck und Rechtsgedanken des Angehörigenentlastungsgesetzes 2019 berücksichtigt werden.

2749 Nach allgemeiner Meinung ist die Familie nicht als Schicksalsgemeinschaft zu begreifen, d.h. die Familie muss auf diese Unterhaltpflicht keine Rücksicht nehmen, zumal es auch keine Verpflichtung zum »Schwiegerelternunterhalt« gibt.

2750 Auch i.R.d. Elternunterhalts muss der Unterhaltsschuldner jedoch grds. den Stamm seines Vermögens einsetzen; Einschränkungen ergeben sich aber daraus, dass nach § 1603 Abs. 1 BGB sonstige Verpflichtungen des Unterhaltsschuldners zu berücksichtigen sind und er seinen eigenen angemessenen Unterhalt einschließlich einer angemessenen Altersvorsorge nicht zu gefährden braucht.[1100]

*dd) Anteilige Haftung mehrerer Kinder*

2751 Geschwister unterliegen im Fall des Elternunterhalts einer anteiligen Haftung (Teilschuld) nach ihren Erwerbs- und Vermögensverhältnissen.[1101] Wird lediglich eines von mehreren in Betracht kommenden unterhaltspflichtigen Kindern in Anspruch

---

1099  BGH, FamRZ 2015, 1594.
1100  BGH, FamRZ 2006, 1511.
1101  BGH, FamRZ 2003, 860.

genommen, bedarf es der Darlegung, dass und aus welchen Gründen die Inanspruchnahme der weiteren Kinder ausscheidet. Ansonsten ist der Antrag unschlüssig.[1102]

## 3. Ehegattenunterhalt

### a) Überblick über die materiellen Voraussetzungen

Der Ehegattenunterhalt betrifft die durch die Ehe begründete gesetzliche Unterhalts- **2752**
pflicht. Erfasst werden damit der

– Familienunterhalt (§§ 1360, 1360a BGB),
– Trennungsunterhalt (§ 1361 BGB) und
– die nachehelichen Unterhaltspflichten nach §§ 1569 ff. BGB (nachehelicher Ehegattenunterhalt).

Praktische Bedeutung kommt dem Trennungsunterhalt und dem nachehelichen Unterhalt zu.

### *aa) Trennungsunterhalt (§ 1361 BGB)*

Der Trennungsunterhalt ist unter den Voraussetzungen des § 1361 BGB einem Ehe- **2753**
gatten bei nicht nur vorübergehender Trennung der Eheleute zu gewähren. Er beruht
auf dem Gedanken ehelicher **Solidarität**. Der Gesetzgeber versucht, den Beteiligten
die Rückkehr in die Ehe zu ermöglichen bzw. zumindest zu erleichtern, indem an
den Unterhaltsanspruch nicht zu große Anforderungen gestellt werden. Die Eheleute
sollen ihr Leben »normal« fortsetzen können, ohne im Hinblick auf die Unterhalts-
frage Veränderungen auf sich nehmen zu müssen.

### *aaa) Getrenntleben nach § 1567 BGB*

Ein Ehegatte kann von dem anderen sog. Trennungsunterhalt nach § 1361 BGB **2754**
beanspruchen, wenn die Eheleute i.S.v. § 1567 BGB getrennt leben. Die Ehe muss
allerdings noch bestehen, d.h. der Anspruch ist bis zur Rechtskraft der Scheidung
begrenzt (§ 1564 Satz 2 BGB).[1103]

▶ **Anwaltlicher Hinweis:**

> Der nacheheliche Unterhaltsanspruch beginnt also mit dem Tag der Rechtskraft **2755**
> der Ehescheidung.
>
> Die frühere Streitfrage, ob nicht der Trennungsunterhalt bis zum Ende desjenigen
> Monats geschuldet wird, in welchen die Scheidung fällt, ist dahingehend ent-
> schieden, dass der Trennungsunterhalt bis einschließlich des Tages geschuldet
> wird, der dem Eintritt der Rechtskraft des Scheidungsbeschlusses voraus geht.

---

1102  BGH, FamRZ 2013, 1836.
1103  Vgl. dazu OLG Brandenburg, FuR 2017, 213.

Der nacheheliche Unterhalt beginnt an dem Tag, an dem die Rechtskraft des Scheidungsbeschlusses eintritt.[1104]

### bbb) Bedürftigkeit

2756    Der unterhaltsberechtigte Ehegatte muss bedürftig sein (vgl. dazu auch § 1577 BGB, der entsprechend zu berücksichtigen ist). Die Einkünfte des unterhaltsberechtigten Ehegatten sowie sein Vermögen sind zu berücksichtigen. Bedeutsam ist die Frage nach einer Erwerbsobliegenheit. Nach § 1361 Abs. 2 BGB ist eine **Erwerbsobliegenheit** des unterhaltsberechtigten Ehegatten nur gegeben, wenn dies nach seinen persönlichen Verhältnissen sowie den wirtschaftlichen Verhältnissen der Eheleute erwartet werden kann. Insoweit ist letztlich Zurückhaltung geboten, da entgegen dem Zweck der Trennungszeit ansonsten das endgültige Scheitern der Ehe noch gefördert würde. Grds. wird im ersten Trennungsjahr von einem bisher nicht erwerbstätigen Ehegatten die Aufnahme einer Berufstätigkeit nicht erwartet. Dies ändert sich allerdings mit zunehmender Verfestigung der Trennung, insb. sobald der Scheidungsantrag gestellt wurde.[1105]

2757    Die Bedürftigkeit kann aufgrund eines Wohnvorteils reduziert sein bzw. im Einzelfall sogar entfallen. Der Wohnvorteil durch mietfreies Wohnen im eigenen Heim ist als wirtschaftliche Nutzung des Vermögens unterhaltsrechtlich wie Einkommen zu behandeln.[1106] Auszugehen ist vom vollen Mietwert (objektiver Wohnwert). Wenn es nicht möglich oder nicht zumutbar ist die Wohnung aufzugeben und das Objekt zu vermieten oder zu veräußern, kann stattdessen die **ersparte Miete** angesetzt werden, die angesichts der wirtschaftlichen Verhältnisse angemessen wäre (subjektiver Wohnwert). Dies kommt insbesondere für die **Zeit bis zur Zustellung des Scheidungsantrags** in Betracht, wenn ein Ehegatte das Eigenheim allein bewohnt.[1107]

2758    Die Abzugsfähigkeit von Zins- und Tilgungsleistungen auf Darlehen, die mit der Immobilie verbunden sind, ist beim **angemessenen Wohnvorteil** anerkannt.

2759    Die **objektive Marktmiete** ist anzusetzen, wenn eindeutig feststeht, dass die Ehe endgültig gescheitert ist. Davon ist auszugehen, wenn das Scheidungsverfahren rechtshängig wird, die Eheleute in der Trennungszeit einen Ehevertrag mit Gütertrennung schließen, durch Veräußerung des gemeinsamen Familienheimes an einen Dritten oder an den Ehepartner bereits die Vermögensauseinandersetzung durchführen oder die Trennungsdauer über drei Jahre liegt, weil ab diesem Zeitraum nach § 1566 Abs. 2 BGB grundsätzlich vom Scheitern einer Ehe ausgegangen werden muss. Es kann dann ab diesem Zeitpunkt die objektive Marktmiete als Wohnwert angesetzt werden, weil dem in der Wohnung verbliebenen Ehegatten eine Verwertung zugemutet werden kann. Auf den Wohnvorteil sind neben den Kreditzinsen auch die Tilgungsleistungen

---

1104 *Horndasch* in Familienrechtliches Mandat: Unterhaltsrecht, § 3 Rn. 291.
1105 Grüneberg/*von Pückler*, BGB, § 1361 Rn. 13.
1106 Vgl. dazu UnterhaltsLL 5.
1107 Vgl. dazu OLG Hamm, FamRZ 2018, 678 ff.

bis zur Höhe des Wohnwerts anzurechnen. Denn auch bei diesen handelt es sich nicht um eine Vermögensbildung »zu Lasten« des Unterhaltsberechtigten, da es ohne Zins und Tilgung schon den Wohnvorteil in Form einer ersparten Miete nicht gäbe.[1108]

▶ Praxishinweis:

Der Wohnvorteil ist nicht nur im Rahmen der Bedürftigkeit anzusetzen, sondern auch beim Bedarf. Ist der Unterhaltsschuldner durch den Wohnvorteil begünstigt, ist dies entsprechend bei der Leistungsfähigkeit zu berücksichtigen.      2760

Die Rechtsprechung zum Wohnvorteil gilt entsprechend auch für **Einkünfte aus Vermietung und Verpachtung.** Bei Einkünften aus Vermietung und Verpachtung, die mittels kreditfinanzierter Immobilien erzielt werden, ist bis zur erzielten Miete nicht nur die – die Einkünfte bereits steuerrechtlich vermindernde – Zins-, sondern auch die Tilgungsleistung unterhaltsrechtlich zu berücksichtigen. Steuerliche Abschreibungen für die Abnutzung von Gebäuden berühren hingegen das unterhaltsrechtlich maßgebende Einkommen nicht.[1109]

*ccc) Bedarf und Unterhaltshöhe*

Die Unterhaltshöhe richtet sich gem. § 1361 Abs. 1 BGB nach den prägenden ehelichen Lebensverhältnissen. Der Maßstab entspricht § 1578 BGB.[1110]      2761

Nach Auffassung der Rechtsprechung spricht bei einem für den Ehegattenunterhalt relevanten Gesamteinkommen bis zum Doppelten des Höchstbetrags der gegenwärtigen Düsseldorfer Tabelle (zurzeit 11.000,00 €) eine Vermutung für den vollständigen Verbrauch dieser Einkünfte, so dass vorbehaltlich eines den vollständigen Verbrauch widersprechenden konkreten Vortrags eines Beteiligten (etwa das ein Teil des Einkommens für Vermögensbildung herangezogen wurde) dieses Einkommen für den Unterhaltsbedarf maßgeblich ist.[1111]      2762

▶ Praxishinweis:

Das frühere (starre) Stichtagsprinzip des Trennungszeitpunkts gilt nach der Rechtsprechung des BGH nicht mehr.[1112]      2763

Während der Trennungszeit besteht das Eheband fort; die Ehe kann jederzeit wieder aufgenommen werden. Alle in dieser Zeit eintretenden positiven wie negativen wirtschaftlichen und persönlichen Entwicklungen der Ehegatten fließen in die Bemessung der ehelichen Lebensverhältnisse ein. Allerdings darf der Unterhaltsberechtigte zur Berechnung der ehelichen Lebensverhältnisse nicht frei einen

---

1108  BGH, FamRZ 2022, 434 = FuR 2022, 210.
1109  BGH, FamRZ 2022, 434 = FuR 2022, 210.
1110  BGH, FamRZ 2021, 1965 = FuR 2022, 39.
1111  BGH, FamRZ 2021, 1965 = FuR 2022, 39.
1112  BGH, FamRZ 2008, 968; FamRZ 2009, 411; FamRZ 2009, 1207; FamRZ 2010, 111; FamRZ 2010, 629; FamRZ 2010, 869.

bestimmten Zeitraum der Eheführung wählen, in welchem eventuell ein besonders hohes Konsumverhalten der Eheleute zu verzeichnen war.[1113]

OLG Hamm:[1114] »Maßgeblicher Zeitpunkt für die Bedarfsbemessung im Rahmen des Trennungsunterhalts sind die aktuellen Verhältnisse, es sei denn, sie beruhen auf Veränderungen nach der Trennung, die auf einer unerwarteten und vom Normalfall erheblich abweichenden Entwicklung beruhen (…).«

Die Unterhaltshöhe bestimmt sich dann nach dem bereinigten Nettoeinkommen der Ehegatten. Die Berechnung erfolgt nach der **Additionsmethode bzw. Differenzmethode**. Der Unterhalt wird danach im Wege zweier Prüfungsschritte ermittelt:

2764 Zunächst wird der Bedarf ermittelt. Dies geschieht derart, dass die bereinigten prägenden Einkünfte (d.h. die Einkünfte, die zum täglichen Leben tatsächlich herangezogen wurden und nicht etwa nur zur Vermögensbildung) beider Ehegatten (die Erwerbseinkünfte allerdings nur zu 9/10) addiert werden und danach dem Halbteilungsgrundsatz entsprechend jedem Ehegatten der hälftige Betrag als Bedarf zugestanden wird.

2765 Die konkrete Unterhaltshöhe wird im zweiten Schritt ermittelt, indem vom Bedarf (ermittelt im ersten Schritt) die prägenden und nichtprägenden Eigeneinkünfte abgezogen werden (soweit Erwerbseinkünfte betroffen sind, ist auch hier der Erwerbstätigenbonus zu berücksichtigen).

2766 Die Annahme, dass das gesamte vorhandene Einkommen für den Lebensunterhalt der Ehegatten verwendet wird, ist bei **besonders günstigen Einkommensverhältnissen** (Gesamtnettoeinkommen von mehr als 11.000,00 €) nicht mehr ohne Weiteres gerechtfertigt. Vielmehr liegt in diesen Fällen die Vermutung nahe, dass ein Teil des Einkommens der Vermögensbildung zufließt. Da der Unterhalt allein dazu bestimmt ist, den laufenden Lebensbedarf abzudecken, muss der Unterhaltsberechtigte in solchen Fällen auf geeignete Weise vortragen, in welchem Umfang das Familieneinkommen für den Konsum verbraucht worden ist. Dieser Darlegungslast für seinen Unterhaltsbedarf kann der Unterhaltsberechtigte auf die Weise genügen, dass er den Bedarf nach den ehelichen Lebensverhältnissen (§§ 1361 Abs. 1 Satz 1, 1578 Abs. 1 Satz 1 BGB) konkret vorträgt.

2767 Der eheangemessene Unterhaltsbedarf beim Trennungsunterhalt ist im Fall einer **konkreten Bedarfsbemessung** nach den Kosten zu ermitteln, die für die Aufrechterhaltung des in der Ehe erreichten Lebensstandards erforderlich sind. Der konkrete Wohnbedarf entspricht dem, was der Unterhaltsberechtigte als Mieter (einschließlich Nebenkosten) für eine dem Standard der Ehewohnung entsprechende und angemessen große Wohnung aufzubringen hätte. Der Quotenunterhalt stellt unter Berücksich-

---

1113 *Horndasch* in Familienrechtliches Mandat: Unterhaltsrecht, § 3 Rn. 451 ff.
1114 OLG Hamm, FamRZ 2018, 259.

tigung eines objektiven Maßstabs im Hinblick auf die Halbteilung die Obergrenze auch bei der konkreten Bedarfsbemessung dar.[1115]

▶ **Praxishinweis:**

Der unterhaltsberechtigte zwei Möglichkeiten den Bedarf konkret gegenüber dem    **2768** Gericht darzustellen:[1116] Er kann zum einen konkret die für ihn anfallenden Kosten zur Aufrechterhaltung des bisherigen Lebensstandards/Wohnbedarf darstellen und einen entsprechend hohen Unterhalt fordern.

Beispiel 1: Nettoeinkommen M = 20.000 € (F ohne Einkommen)

F legt die einzelnen Positionen ihres Elementarbedarfs dar, z. B. für
– Wohnen 2.000 €
– Lebensmittel 1.000 €
– Friseur 100 €
– Autokosten 400 €
– Urlaub 1.000 €
– Kosmetik 100 €
– Kleidung 800 €
– Restaurantbesuche 200 €
– Kommunikation (Handy, Zeitung) 200 €
– Golf 200 EUR€
– Gesamt 6.000 €

Unterhaltsbegrenzung: 20.000 € x 45 % = 9.000 €.

Alternativ besteht die Möglichkeit, konkret zur Vermögensbildung während der Ehe vorzutragen und danach eine Kostenberechnung vorzunehmen.

Beispiel 2: F legt dar, dass während der Ehe von den 20.000 € monatlich 5.000 € gespart wurden und der Rest von 15.000 € für die allgemeine Lebensführung verwendet worden ist.

Konkrete Bedarfsberechnung: (20.000 € – 5.000 €) x 45 % = 6.750 €.

*ddd) Leistungsfähigkeit*

Der Unterhaltsschuldner muss leistungsfähig sein. Möglich ist eine Orientierung an    **2769** § 1581 BGB, der für den nachehelichen Unterhalt eingreift. Es gelten aber Besonderheiten. Der Unterhaltsschuldner muss zunächst einmal sein gesamtes prägendes und nichtprägendes Einkommen zur Begleichung des Unterhalts einsetzen. Allerdings begrenzen sog. Selbstbehaltssätze (vgl. dazu die Unterhaltsrichtlinien der OLG), die

---

1115 BGH, Beschl. vom 29.09.2021, XII ZB 474/20 = FamRZ 2021, 1965 = FuR 2022, 39.
1116 Vgl. dazu Unterhaltsleitlinien OLG Köln 15.3.

dazu dienen, dem Verpflichteten ein bestimmtes Einkommen zur Bestreitung seines eigenen Lebens zu sichern.

### bb) Nachehelicher Unterhalt (§§ 1569 ff. BGB)

2770 Der sog. Scheidungsunterhalt nach §§ 1569 ff. BGB basiert auf einer die Ehe überdauernden Mitverantwortung der Eheleute füreinander.

2771 Allerdings gilt nach der Scheidung der **Grundsatz der Eigenverantwortung** (vgl. § 1569 BGB). Jeder Ehegatte ist nunmehr grds. verpflichtet, selbst für sich zu sorgen. Entgegen einem vielfach zu beobachtendem Missverständnis sind Unterhaltsansprüche nach der Scheidung nicht die Regel, sondern die Ausnahme. Das Verhältnis der nachehelichen Unterhaltsansprüche zum Trennungsunterhalt nach § 1361 BGB ist gekennzeichnet durch **Nichtidentität** (s. Rdn. 2834 f.).

### aaa) Unterhaltstatbestände

2772 Unterhalt wird nur gewährt, wenn ein nachehelicher Unterhaltsanspruch eingreift. Diese Unterhaltsansprüche sind in den §§ 1570 ff. BGB abschließend geregelt, soweit nicht § 1576 BGB als Billigkeitsklausel zur Anwendung kommt.

2773 Nachehelicher Ehegattenunterhalt setzt die Rechtskraft eines Scheidungsbeschlusses voraus. Da Unterhalt nach Scheidung nach der gesetzlichen Regelung als eine Ausnahme zu verstehen ist, muss ein Unterhaltstatbestand dies rechtfertigen.

2774 Die §§ 1569 ff. BGB rechtfertigen Unterhalt nach Scheidung in sieben Fällen:
- Betreuungsunterhalt (§ 1570 BGB),[1117]
- Unterhalt wegen Alters (§ 1571 BGB),
- Unterhalt wegen Krankheit oder Gebrechen (§ 1572 BGB),[1118]
- Unterhalt wegen Erwerbslosigkeit (§ 1573 Abs. 1 BGB),
- Aufstockungsunterhalt (§ 1573 Abs. 2 BGB),
- Ausbildungsunterhalt (§ 1575 BGB),
- Billigkeitsunterhalt (§ 1576 BGB).[1119]

### bbb) Bedürftigkeit

2775 Die Unterhaltsansprüche der §§ 1570 ff. BGB setzen die Bedürftigkeit des Berechtigten voraus. Bedürftigkeit besteht, wenn der Berechtigte mit seinen Einkünften und seinem Vermögen seinen Bedarf nicht zu erwirtschaften vermag, vgl. § 1577 Abs. 1 BGB.

2776 Grds. kürzen beim Berechtigten alle Einkünfte den Unterhaltsbedarf. Es obliegt dem Berechtigten, die Unterhaltsbelastung des anderen Ehegatten so niedrig als möglich zu halten.

---

1117 Vgl. zur Berechnung BGH, FamRZ 2021, 1965.
1118 Ausführlich dazu *Born* FamRZ 2022, 759.
1119 Ausführliche Darstellung der einzelnen Unterhaltstatbestände bei *Roßmann/Viefhues*, Kap. 3 sowie *Horndasch* in Familienrechtliches Mandat: Unterhaltsrecht, § 3.

Einkommen aus einer **unzumutbaren Tätigkeit** (Tätigkeit, zu der keine Erwerbsob- 2777
liegenheit besteht) wird i.d.R. nur zur Hälfte nach § 1577 Abs. 2 BGB angerechnet.
Nach § 1577 Abs. 3 BGB muss der Bedürftige zunächst sein Vermögen verwerten,
bevor der Unterhaltsschuldner in Anspruch genommen werden kann. Dies gilt nicht,
soweit die Verwertung des eigenen Vermögens entweder unwirtschaftlich oder unbillig wäre. Unwirtschaftlichkeit besteht, wenn der aus der Verwertung zu erwartende
Erlös in keinem Verhältnis zum Wert der Sache für den Berechtigten stehen würde
(z.B. Veräußerung eines Hauses).

Eine Anrechnung von **fiktiven Einkünften**[1120] ist möglich, wenn der Bedürftige pflicht- 2778
widrig einem zumutbaren Erwerb nicht nachgeht.[1121] Die hier notwendige Verletzung
der Erwerbsobliegenheit setzt eine unterhaltsbezogene Mutwilligkeit voraus, die nicht
nur vorsätzliches oder absichtliches, sondern auch leichtfertiges Handeln umfasst.[1122]

Die Bedürftigkeit kann aufgrund eines Wohnvorteils reduziert sein bzw. im Einzel- 2779
fall sogar entfallen. Der Wohnvorteil durch mietfreies Wohnen im eigenen Heim ist
als wirtschaftliche Nutzung des Vermögens unterhaltsrechtlich wie Einkommen zu
behandeln.[1123] Auszugehen ist nach Rechtskraft der Scheidung vom vollen Mietwert
(objektiver Wohnwert).[1124]

Auch bei Ansatz der objektiven Marktmiete ist unabhängig von den Eigentumsver- 2780
hältnissen an der Immobilie die Abzugsfähigkeit von Zins- und Tilgungsleistungen
auf Darlehen, die mit der Immobilie verbunden sind, gegeben.[1125] Sollten die Zins-
und Tilgungsleistungen über den Wohnvorteil hinausgehen, kann darüber hinaus die
Möglichkeit bestehen, weitere Tilgungsleistung bis zur Obergrenze von insgesamt 24 %
des Jahresbruttoeinkommens als zusätzliche (sekundäre) Altersvorsorge abzusetzen.[1126]

▶ Praxishinweis:

Der Wohnvorteil ist nicht nur im Rahmen der Bedürftigkeit anzusetzen, sondern 2781
auch beim Bedarf. Ist der Unterhaltsschuldner durch den Wohnvorteil begünstigt, ist dies entsprechend bei der Leistungsfähigkeit zu berücksichtigen.

Der **Einsatz von Vermögen** kann zumutbar sein, um die Bedürftigkeit zu reduzieren. 2782
Letztlich ist eine Billigkeitsbewertung nach § 1577 Abs. 3 BGB ausschlaggebend.

Bei der gebotenen Billigkeitsabwägung ist die Herkunft des Vermögens zu berücksich- 2783
tigen (Verkauf eines gemeinsamen Hauses, Erbschaft usw.) und ob dem Unterhalts-

---

1120 Hilfe für die Bemessung der fiktiven Einkünfte findet sich im Internet unter www.
boeckler.de, www.gehaltsvergleich.de oder www.lohnspiegel.de.
1121 Vgl. dazu BVerfG, FamRZ 2021, 274; vgl. auch OLG Brandenburg, FamRZ 2021, 1039.
1122 Vgl. dazu BGH, FamRZ 2009, 314, 316.
1123 Vgl. dazu UnterhaltsLL 5.
1124 Vgl. dazu OLG Hamm, FamRZ 2018, 678 ff.
1125 BGH, FamRZ 2022, 434 = FuR 2022, 210; Beschl. vom 18.01.2017, XII ZB 118/16,
FamRZ 2017, 519 m. Anm. *Hauß* = FuR 2017, 258.
1126 BGH, FamRZ 2022, 434 = FuR 2022, 210.

schuldner ebenfalls ein entsprechender Vermögenswert zugeflossen ist. Die Verwertung von Geldvermögen aus einer Erbschaft ist grundsätzlich billig.[1127]

2784    Das zu Unterhaltszwecken einzusetzende Vermögen dient, neben dem sonstigen Einkommen, dazu, den Unterhalt auf Lebenszeit zu sichern. Der Zeitraum, auf den das Vermögen zu verteilen ist, orientiert sich deshalb an der statischen Lebenserwartung.

*ccc) Bedarf und Unterhaltshöhe*

2785    Das Maß des Unterhalts, d.h. der Unterhaltsbedarf, bestimmt sich gem. § 1578 Abs. 1 BGB nach den ehelichen Lebensverhältnissen.[1128]

2786    Damit sind insb. die den Lebensstandard prägenden wirtschaftlichen Verhältnisse gemeint, d.h. Einkünfte und Vermögen, soweit es zur Bedarfsdeckung tatsächlich verwendet wurde. Prägend sind mithin Einkünfte, die während der ehelichen Gemeinschaft vorhanden waren, und auch späteres Mehreinkommen, dessen Erzielung bereits in der Ehe angelegt war (Regelbeförderung). Maßgeblicher Zeitpunkt für die Berechnung ist nicht die Trennung, sondern die **Rechtskraft des Scheidungsbeschlusses.**

2787    Die Bedeutung der ehelichen Lebensverhältnisse darf aber nicht dahingehend missverstanden werden, dass zu einem maßgeblichen Stichtag ein bestimmter Bedarf festgestellt wird, den dann der unterhaltsberechtigte Ehegatte ohne Rücksicht auf spätere Veränderungen beanspruchen kann (sog. **Lebensstandardsgarantie**). Die Anknüpfung in § 1578 Abs. 1 Satz 1 BGB an den Zeitpunkt der Rechtskraft des Scheidungsbeschlusses begründet daher nach der Rechtsprechung des BGH für den unterhaltsberechtigten Ehegatten keine die früheren ehelichen Lebensverhältnisse unverändert fortschreibende Lebensstandardgarantie, die ihre Grenzen nur an einer fehlenden Leistungsfähigkeit des unterhaltsverpflichteten Ehegatten findet.[1129]

2788    Nacheheliche Entwicklungen wirken sich jedenfalls dann auf die Bedarfsbemessung nach den ehelichen Lebensverhältnissen aus, wenn sie auch bei fortbestehender Ehe eingetreten wären oder in anderer Weise in der Ehe angelegt und mit hoher Wahrscheinlichkeit zu erwarten waren.[1130]

2789    Die Rechtsprechung des BGH[1131] zu sog. **wandelbaren ehelichen Lebensverhältnisse** hat das BVerfG allerdings als verfassungswidrig angesehen und verworfen. Diese Rechtsprechung war nach Auffassung des BVerfG mit dem Wortlaut des § 1578 BGB, der an die ehelichen Lebensverhältnisse anknüpft, nicht zu vereinbaren.

---

1127  OLG Karlsruhe, Beschl. vom 03.06.2020, 20 UF 83/19 = FuR 2021, 38.
1128  Dazu *Maurer* FamRZ 2008, 1985 ff.
1129  BGH, FamRZ 2006, 683, 685.
1130  BGH, FamRZ 2012, 281.
1131  BGH, Urt. vom 30.07.2008, XII ZR 177/06, FamRZ 2008, 1911 m. Anm. *Maurer* FamRZ 2008, 1919; BGH, Versäumnisurt. vom 06.02.2008, XII ZR 14/06, FamRZ 2008, 968, 972 f.; BGH, FamRZ 2003, 590, 592 m. Anm. *Büttner*; *Born* NJW 2008, 3089; krit. *Graba* FF 2008, 437.

Die Bedarfsermittlung erfolgt nach der **Additionsmethode** (s. Rdn. 2761) und dem 2790
Halbteilungsgrundsatz. Beide Ehegatten nehmen am Lebensstandard in gleicher Weise
teil, sodass eine hälftige Verteilung des verfügbaren Einkommens gerechtfertigt ist.
Insoweit sind die vorhandenen Einkünfte zunächst zu bereinigen, d.h. zu berücksichtigende Abzüge müssen ermittelt werden (Steuern, Vorsorgeaufwendungen, berufsbedingte Aufwendungen etc.). Weiterhin ist der gewährte Kindesunterhalt vorab
abzuziehen, soweit er schon während der Ehe von Bedeutung war.[1132] Gewährt wird
bei Erwerbseinkünften ein sog. Erwerbstätigenbonus.

Eine **konkrete Bedarfsberechnung** ist erforderlich, wenn die bereinigten Gesam- 2791
teinkünfte der beteiligten Ehegatten 11.000 € überschreiten. In diesen Fällen liegt
die Vermutung nahe, dass ein Teil des Einkommens der **Vermögensbildung** zufließt.
Da der Unterhalt allein dazu bestimmt ist, den laufenden Lebensbedarf abzudecken,
muss der Unterhaltsberechtigte in solchen Fällen auf geeignete Weise vortragen, in
welchem Umfang das Familieneinkommen für den Konsum verbraucht worden ist.[1133]

Der Unterhaltsberechtigte kann aber auch bei derart guten Einkommensverhältnis- 2792
sen seinen Bedarf im Wege der Quotenmethode ermitteln. Allerdings muss er dann
mangels tatsächlicher Vermutung für den vollständigen Verbrauch der Einkünfte zu
Konsumzwecken zusätzlich vortragen, dass und in welchem Umfang die hohen Einkünfte zur Deckung der ehelichen Lebensverhältnisse verwendet worden sind.[1134]

▶ Praxishinweis:

Dies wurde bereits beim Trennungsunterhalt dargestellt.      2793

Die LL des OLG Köln greifen unter 15.3 diese Thematik auf:

»Macht der Unterhaltsberechtigte – vor Abzug seines eigenen Einkommens –
einen Elementarbedarf von über 5.500 € geltend, so hat er seinen Bedarf konkret
darzulegen (…).

Er kann seinen Bedarf konkret dadurch berechnen, dass er diejenigen Positionen
benennt, die während des ehelichen Zusammenlebens nicht für die allgemeine
Lebensführung verwendet wurden (z.B. Sparrate, anderweitige Vermögensbildung) und den sich daraus ergebenden Quotenunterhalt geltend machen.

Alternativ kann er auch die nach den ehelichen Lebensverhältnissen maßgeblichen Bedarfspositionen im Einzelnen darlegen. Die Höhe des Elementarunterhalts
wird dabei durch den Quotenunterhalt gemäß Nr. 15.2 begrenzt.«

Die Unterhaltspflichten für neue Ehegatten sowie für nachehelich geborene Kinder 2794
und den dadurch bedingten Betreuungsunterhalt nach § 1615l BGB sind nicht bei

---

1132 BGH, FamRZ 2016, 199.
1133 BGH, NJW 2018, 468.
1134 BGH, Beschl. vom 29.09.2021, XII ZB 474/20 = FamRZ 2021, 1965.

der Bemessung des Unterhaltsbedarfs eines geschiedenen Ehegatten nach § 1578 Abs. 1 Satz 1 BGB zu berücksichtigen.[1135]

2795   Der BGH[1136] begründet dies wie folgt:

> »Auch die Unterhaltspflicht für ein **nachehelich geborenes Kind** und der Betreuungsunterhalt für dessen nicht mit dem Vater verheiratete Mutter nach § 1615 l BGB sind bei der Bemessung des Unterhaltsbedarfs eines geschiedenen Ehegatten nach § 1578 Abs. 1 Satz 1 BGB nicht zu berücksichtigen. Insoweit fehlt es für die erst nachehelich entstandenen Umstände an der erforderlichen Anknüpfung an die geschiedene Ehe. Solche Unterhaltsansprüche sind weder in der Ehe angelegt noch bei fortbestehender Ehe mit hoher Wahrscheinlichkeit zu erwarten (…).«

▶ **Anwaltlicher Hinweis:**

2796   Der Familienunterhalt, der einer neuen Ehefrau geleistet wird, ist daher im Rahmen der Bedarfsberechnung unerheblich; eine Dreiteilung scheidet im Rahmen der Bedarfsbestimmung nach § 1578 Abs. 1 Satz 1 BGB aus.

Sind ein geschiedener und ein neuer Ehegatte nach § 1609 BGB gleichrangig, ist im Rahmen der **Leistungsfähigkeit** des Unterhaltspflichtigen eine Billigkeitsabwägung in Form einer Dreiteilung des gesamten unterhaltsrelevanten Einkommens allerdings möglich.[1137]

*ddd) Leistungsfähigkeit*

2797   Der Unterhaltsschuldner muss wirtschaftlich imstande sein, den nach den ehelichen Lebensverhältnissen geschuldeten Unterhalt zu entrichten (Leistungsfähigkeit). Dies ist dann nicht der Fall, wenn der sog. Selbstbehalt nach Zahlung des Unterhalts nicht mehr gewährleistet ist. Damit wird die Unterhaltsverpflichtung durch § 1581 BGB entsprechend den gegenwärtigen Erwerbs- und Vermögensverhältnissen beschränkt.[1138] Liegt danach ein sog. Mangelfall vor, verwandelt sich der Unterhaltsanspruch in einen Billigkeitsanspruch, d. h., der Anspruch auf vollen Unterhalt wird eingeschränkt (ansonsten würden zwei Sozialfälle entstehen, was verhindert werden soll).[1139] Gesetzestechnisch handelt es sich bei § 1581 BGB um eine Einwendung des Unterhaltsverpflichteten.

2798   Auch dem Unterhaltsschuldner können **fiktive Einkünfte** zugerechnet werden. Die zur Erfüllung der Unterhaltspflichten erforderlichen (fiktiven) Einkünfte müssen für den Verpflichteten objektiv und ihm zumutbar zu erzielen sein.[1140] Insoweit sind unter

---

1135 BGH, FamRZ 2012, 281.
1136 BGH, FamRZ 2012, 281 (284).
1137 BGH, FamRZ 2012, 281.
1138 Vgl. dazu auch BGH, FamRZ 2009, 307, 308 f.
1139 Vgl. dazu BGH, FamRZ 2009, 311 ff. m. Anm. *Borth*.
1140 BGH, NZFam 2017, 61 mit Anm. *Graba*.

Berücksichtigung der persönlichen Voraussetzungen und tatsächlichen Gegebenheiten am Arbeitsmarkt hinreichende Feststellungen zu treffen.

Hat der Unterhaltsschuldner unverschuldet seinen Arbeitsplatz verloren, muss er sich 2799 insb. ausreichend um eine neue Arbeitsstelle bemühen. Allein die Meldung bei der Arbeitsagentur genügt den Anforderungen nicht.[1141]

Sollen einem Unterhaltspflichtigen **fiktive Nebenverdienste** angerechnet werden, ist 2800 am Maßstab der Verhältnismäßigkeit zu beurteilen, ob ihm die zeitliche und physische Belastung durch die zusätzliche Arbeit unter Berücksichtigung auch der Bestimmungen, die die Rechtsordnung zum Schutz der Arbeitskraft vorgibt, abverlangt werden kann. Danach ist zu prüfen, ob und in welchem Umfang es ihm unter Abwägung seiner von ihm darzulegenden besonderen Lebens- und Arbeitssituation sowie seiner gesundheitlichen Belastung mit der Bedarfslage des Unterhaltsberechtigten zugemutet werden kann, eine Nebentätigkeit auszuüben, und ob der Arbeitsmarkt entsprechende Nebentätigkeiten für den Betreffenden bietet. Auch insoweit liegt die Darlegungs- und Beweislast beim Unterhaltsverpflichteten.[1142]

▶ Praxishinweis:

Auch ein **fiktiver Wohnvorteil** kann Berücksichtigung bei der Einkommenser- 2801 mittlung finden. Das OLG Nürnberg hat die Veräußerung der vor dem Umzug zur Lebensgefährtin selbst genutzten Immobilie als unterhaltsrechtlich leichtfertig eingestuft, da die unstreitigen Reparatur- und Sanierungskosten aus dem Erlös des Verkaufs eines weiteren Hauses hätten bestritten werden können. Zur Erhaltung der Leistungsfähigkeit wäre deshalb der Unterhaltspflichtige gehalten gewesen, lediglich eine Immobilie zu veräußern und mit dem Erlös die bisher bewohnte Immobilie so zu renovieren, dass ihm ein angemessener Wohnvorteil verbleibt, insbes. weil der Veräußerungserlös im Hinblick auf die allgemeine Finanzmarktlage keine nennenswerten Zinserträge erbrachte.[1143]

Bedeutsam als Einkommensquelle ist auch das **mietfreie** Wohnen im Eigenheim (vgl. 2802 Nr. 5 der Unterhaltsleitlinien). Nach Scheidung der Ehe ist insoweit die objektive Marktmiete in Ansatz zu bringen.[1144]

**Schulden** können berücksichtigungswürdig sein. Insoweit kommt es zum einen auf 2803 den Zeitpunkt der Begründung der Verbindlichkeit an und natürlich auch auf den Grund. Eine einseitige Vermögensbildung zu Lasten der Unterhaltsberechtigten ist regelmäßig nicht zu rechtfertigen.[1145]

---

1141 Ausführlich dazu Viefhues, Rn. 1575.
1142 BVerfG, FamRZ 2021, 274.
1143 OLG Nürnberg, FamRZ 2021, 424 (LSe).
1144 Vgl. dazu Rdn. 2778 f.
1145 Vgl. dazu *Härtl* NZFam 2017, 54.

*eee) Rang der Ansprüche*

**2804** Im Zusammenhang mit der Leistungsfähigkeit steht die Rangfrage bei mehreren Unterhaltsberechtigten. Der Gesetzgeber nimmt nach § 1609 Nr. 2 BGB einen Gleichrang des früheren und neuen Ehegatten an, jedenfalls wenn beide wegen der Betreuung eines Kindes unterhaltsberechtigt sind.

**2805** Dies wirkt sich nicht aus, solange der Unterhaltsverpflichtete in der Lage ist, aus seinem Einkommen sämtliche Unterhaltsansprüche der Berechtigten zu bedienen. Ist dies jedoch nicht der Fall, liegt ein Mangelfall vor, so dass die Unterhaltsansprüche gekürzt werden müssen.

**2806** Der BGH[1146] fasst die Berechnung in solchen Fällen wie folgt zusammen:

»Eine Kürzung des Unterhalts wegen hinzutretender Unterhaltspflichten bestimmt sich nach der … Vorschrift des § 1581 BGB. Diese setzt nach der Rechtsprechung des Senats voraus, dass die hinzugetretene Unterhaltspflicht gegenüber einem neuen Ehegatten vor- oder gleichrangig ist (…). …

Nach der Rechtsprechung des Senats hat in dem durch Hinzutreten weiterer Unterhaltspflichten ausgelösten relativen Mangelfall eine Kürzung des Unterhalts des geschiedenen Ehegatten stattzufinden. Diese kann grundsätzlich im Wege der **Dreiteilung des Gesamteinkommens** erfolgen (…), wobei die nach § 1581 BGB gebotene Billigkeitsabwägung im Einzelfall auch davon abweichende Ergebnisse, die neben dem Rang auf weitere individuelle Umstände gestützt werden können, erlaubt (…).

Soweit im Rahmen der **Leistungsfähigkeitsprüfung** gegenüber einem geschiedenen und einem gleichrangigen neuen Ehegatten bei der Billigkeitsabwägung eine Dreiteilung des vorhandenen Einkommens erfolgt, ist das gesamte Einkommen aller Beteiligten zu berücksichtigen (…). Synergieeffekte durch das Zusammenleben des Unterhaltspflichtigen in einer neuen Ehe sind zu berücksichtigen. Der Vorteil des Zusammenwohnens ist nach der Senatsrechtsprechung für die Ehegatten der neuen Ehe mit 10 % ihres Gesamtbedarfs in Ansatz zu bringen (…). Nach der neueren Senatsrechtsprechung ist zudem im Rahmen der Leistungsfähigkeitsprüfung ein Erwerbstätigenbonus nicht zu berücksichtigen (…).«

▶ **Beispiel:**

**2807** M hat ein bereinigtes Nettoeinkommen von 3.000 €, die von M geschiedene F1 von 1.500 €, die mit M zusammenlebende F2 von 900 €. Sowohl F1 als auch F2 betreuen gemeinschaftliche Kinder des M (KU bei bereinigtem Nettoeinkommen des M bereits abgezogen). Haben F1 und F2 einen Unterhaltsanspruch?

Bedarf F1: 1/2 von (9/10 von 3.000 € + 9/10 von 1.500 €) = 2.025 €

Bedürftigkeit F1: 2.025 € – (9/10 von 1.500 € = 1.350 €) = 675 €

Leistungsfähigkeit gegenüber F 1 eingeschränkt durch Bedarf F2

---

1146 BGH, FamRZ 2014, 912.

Bedarf F2 (ohne Abzug eines Erwerbstätigenbonus): 1/3 von (3.000 € + 1.500 € + 900 €) = 1.800 €

Bedürftigkeit F2: 1.800 € – 900 € = 900 €

Leistungsfähigkeit M gegenüber F 1: 3.000 € – 900 € -1.800 € = 300 €

M verbleiben: 3.000 € – 900 € – 300 € = 1.800 €

F1 erhält 300 €, F2 900 €

Berücksichtigt man wegen des Zusammenlebens von M und F2 noch einen 10 % Synergievorteil von insgesamt 360 € erhält F1 660 € Unterhalt.

Treffen Unterhaltsansprüche des geschiedenen Ehegatten mit solchen von minder-  **2808** jährigen Kindern bzw. im Haushalt eines Elternteils lebenden Schülern bis 21 Jahre zusammen, sind die Ansprüche der Kinder nach § 1609 Nr. 1 BGB vorrangig. Die Ansprüche der Kinder gehen auch denen des neuen Ehegatten vor.

*fff) Befristung bzw. Begrenzung nachehelicher Unterhaltstatbestände*

Die anwaltliche Vertretung des Unterhaltsschuldners versucht regelmäßig darauf hin-  **2809** zuwirken, dass der **Unterhaltsanspruch nach § 1570 BGB** auf 3 Jahre, d.h. auf den sog. Basisunterhalt befristet wird.

Ist der Unterhaltsanspruch derart befristet worden, muss nach Ablauf von drei Jah-  **2810** ren vom Unterhaltsgläubiger ein Abänderungsverfahren erhoben werden, wenn eine Verlängerung des Anspruchs gewollt ist. Fehlt es an der Befristung, muss umgekehrt der Unterhaltsschuldner nach 3 Jahren ein Abänderungsverfahren nach §§ 238, 239 FamFG einleiten, um den Titel zu beseitigen.

Die Rechtsprechung hat aber in zahlreichen Entscheidungen eine zeitliche Begren-  **2811** zung des Betreuungsunterhaltsanspruchs abgelehnt und zur Begründung ausgeführt, dass es sich bei dem Anspruch nach § 1570 BGB um einen einheitlichen Anspruch handelt.[1147]

Der BGH[1148] hat dazu erklärt, dass dem betreuenden Elternteil ein Anspruch auf  **2812** Betreuungsunterhalt für mindestens drei Jahre nach der Geburt mit Verlängerungsmöglichkeit aus kind- und elternbezogenen Gründen zusteht:

> »Der Senat hat (…) entschieden, dass eine Befristung des Betreuungsunterhaltsanspruchs nach der Systematik des § 1570 BGB nicht geboten ist. Danach steht dem betreuenden Elternteil ein Anspruch auf Betreuungsunterhalt für mindestens drei Jahre nach der Geburt mit Verlängerungsmöglichkeit aus kind- und elternbezogenen Gründen zu. Der Betreu-

---

1147 BGH, FamRZ 2009, 770 m. Anm. *Borth*; BGH, FamRZ 2009, 1124; BGH, FamRZ 2009, 1391; BGH, FamRZ 2013, 1958.
1148 BGH, FamRZ 2013, 1958.

ungsunterhalt während der ersten drei Lebensjahre des Kindes und ein daran anschließender weiterer Betreuungsunterhaltsanspruch bilden somit einen einheitlichen Unterhaltsanspruch. Nur dann, wenn im Zeitpunkt der Entscheidung für die Zeit nach Vollendung des dritten Lebensjahres absehbar keine kind- und elternbezogenen Verlängerungsgründe mehr vorliegen, ist ein Antrag auf künftigen Betreuungsunterhalt abzuweisen.«

2813 Eine Befristung des nachehelichen Betreuungsunterhalts nach § 1578b Abs. 2 BGB scheidet ebenfalls aus, weil § 1570 BGB insoweit eine Sonderregelung für die Billigkeitsabwägung enthält.

2814 Der BGH[1149] stellt dies wie folgt dar:

»Nach Vollendung des dritten Lebensjahres steht dem betreuenden Elternteil nur noch Betreuungsunterhalt nach Billigkeit zu (§ 1570 Abs. 1 S. 2 BGB). Im Rahmen dieser Billigkeitsabwägung sind bereits alle kind- und elternbezogenen Umstände des Einzelfalles zu berücksichtigen. Wenn sie zu dem Ergebnis führt, dass der Betreuungsunterhalt über die Vollendung des dritten Lebensjahres hinaus wenigstens teilweise fortdauert, können dieselben Gründe nicht zu einer Befristung im Rahmen der Billigkeit nach § 1578b BGB führen (…).

Eine Begrenzung der Unterhaltshöhe ist auch bei Unterhalt nach § 1570 BGB möglich. Seine Grenze findet diese Absenkung jedoch darin, dass eine Reduzierung nur bis zu einem Mindestbedarf von – derzeit – 880 EUR monatlich erfolgen kann, weil es sich bei diesem Betrag um das Existenzminimum des unterhaltsberechtigten Ehegatten handelt, falls dieser nicht erwerbstätig ist.«[1150]

2815 Die Beweislast folgt i.Ü. den allgemeinen Grundsätzen. Für den Anspruch nach § 1570 Abs. 1 Satz 1 BGB hat die Mutter lediglich ihre Bedürftigkeit zu beweisen. Weitere Darlegungen zur Begründung des Anspruchs sind nicht erforderlich.

2816 Soweit **andere Unterhaltstatbestände** (z.B. Aufstockungsunterhalt) eingreifen könnten, sollte der anwaltliche Vertreter des Unterhaltsschuldners auf eine **Unterhaltsbegrenzung bzw. -befristung nach § 1578b BGB** hinwirken.[1151] Da die Vorschrift des § 1578b BGB allerdings als Ausnahmevorschrift konzipiert ist, trifft den Unterhaltsschuldner die Darlegungs- und Beweislast. Soweit der Unterhaltsschuldner aber Tatsachen vorgetragen hat, die auf fehlende ehebedingte Nachteile hinweisen, muss der Berechtigte Umstände darlegen und beweisen, die gegen eine Unterhaltsbegrenzung sprechen (sekundäre Darlegungs- und Beweislast).[1152]

2817 Die **Unterhaltsbegrenzung** nach § 1578b Abs. 1 Satz 1 BGB auf den **angemessenen Lebensbedarf** ist dann in Betracht zu ziehen, wenn eine **an den ehelichen Lebensverhältnissen orientierte Bemessung des Unterhaltsanspruchs** auch unter Wahrung der Belange eines dem Berechtigten zur Pflege oder Erziehung anvertrauten gemeinschaftlichen Kindes unbillig wäre.

---

1149 BGH, FamRZ 2011, 791.
1150 Vgl. Ziff. V. 2. der Düsseldorfer Tabelle.
1151 Ausführlich dazu *Viefhues* FuR 2019, 490 sowie FuR 2015, 311.
1152 *Bissmaier* FamRZ 2009, 389; BGH, FamRZ 2008, 134, 136.

▶ Praxishinweis:

Die Konzeption des § 1578b BGB stellt sich wie folgt dar:                    2818
1. Ohne Anwendung der Vorschrift wird Unterhalt entsprechend der ehelichen
   Lebensverhältnisse[1153] geschuldet. Danach kann sehr hoher Unterhalt gefordert werden, wenn der Unterhaltsschuldner bereits während der Ehe sehr gut
   verdient hat.
2. Nach § 1578b Abs. 1 Satz 1 BGB kann aufgrund einer Billigkeitsabwägung
   eine Herabsetzung des Unterhalts bis auf den **angemessenen Lebensbedarf**
   in Betracht kommen. Dieser Maßstab bildet regelmäßig die Grenze für die
   Herabsetzung des nachehelichen Unterhalts und **bemisst sich nach dem Einkommen, das der unterhaltsberechtigte Ehegatte ohne Ehe und Kindererziehung aus eigenen Einkünften zur Verfügung** hätte. Aus dem Begriff der
   Angemessenheit folgt aber zugleich, dass der nach § 1578b Abs. 1 BGB herabgesetzte Unterhaltsbedarf jedenfalls das Existenzminimum des Unterhaltsberechtigten erreichen muss.[1154]
3. Hinzu kommt, dass § 1578b BGB nicht nur die Herabsetzung, sondern in
   seinem Abs. 2 auch die zeitliche Begrenzung sowie in Abs. 3 eine Kombination aus Herabsetzung und zeitlicher Begrenzung ermöglicht.

Die Kriterien für die Billigkeitsabwägung sind § 1578b Abs. 1 Satz 2 und 3 BGB    2819
zu entnehmen. Danach ist neben der **Dauer der Ehe** vorrangig zu berücksichtigen,
inwieweit durch die Ehe Nachteile im Hinblick auf die Möglichkeit eingetreten sind,
für den eigenen Unterhalt zu sorgen (**ehebedingte Nachteile**). Solche Nachteile können sich vor allem aus der Dauer der Pflege und Erziehung eines gemeinschaftlichen
Kindes und aus der Gestaltung von Haushaltsführung oder Erwerbstätigkeit während
der Ehe ergeben.[1155] **Ein ehebedingter Nachteil äußert sich in der Regel darin, dass
der unterhaltsberechtigte Ehegatte nachehelich nicht die Einkünfte erzielt, die er
ohne Ehe und Kinderbetreuung erzielen würde.**

▶ Praxishinweis:

Bei den in § 1578b BGB aufgeführten Kriterien handelt es sich zudem um objektive Umstände, denen kein Unwerturteil und keine subjektive Vorwerfbarkeit
anhaften, weshalb im Rahmen der Abwägung nach § 1578b BGB nicht etwa eine
Aufarbeitung ehelichen Fehlverhaltens stattfindet. Daher kann der unterhaltspflichtige Ehegatte nicht einwenden, dass er den Unterhaltsberechtigten während
der Ehe zur Berufstätigkeit angehalten habe.[1156]

Daneben ist aber auch die **nacheheliche Solidarität** zu berücksichtigen:[1157]        2820

---

1153  S. Rdn. 2785 f.
1154  BGH, FamRZ 2016, 1345.
1155  BGH, FamRZ 2020, 171.
1156  BGH, FamRZ 2020, 171 Rn. 50.
1157  BGH, FamRZ 2016, 1345.

»§ 1578 b BGB beschränkt sich allerdings nicht auf die Kompensation ehebedingter Nachteile, sondern berücksichtigt auch eine darüber hinausgehende nacheheliche Solidarität. Auch wenn keine ehebedingten Nachteile feststellbar sind, ist eine Herabsetzung oder Befristung des nachehelichen Unterhalts nur bei Unbilligkeit eines fortdauernden Unterhaltsanspruchs nach den ehelichen Lebensverhältnissen vorzunehmen. Bei der insoweit gebotenen umfassenden Billigkeitsabwägung ist das im Einzelfall gebotene Maß der nachehelichen Solidarität festzulegen. Wesentliche Aspekte hierbei sind neben der Dauer der Ehe insbesondere die in der Ehe gelebte Rollenverteilung wie auch die vom Unterhaltsberechtigten während der Ehe erbrachte Lebensleistung. Bei der Beurteilung der Unbilligkeit einer fortwährenden Unterhaltzahlung sind ferner die wirtschaftlichen Verhältnisse der Parteien von Bedeutung, so dass der Tatrichter in seine Abwägung auch einzubeziehen hat, wie dringend der Unterhaltsberechtigte neben seinen eigenen Einkünften auf den Unterhalt angewiesen ist und in welchem Maße der Unterhaltspflichtige – unter Berücksichtigung weiterer Unterhaltspflichten – durch diese Unterhaltszahlungen belastet wird. In diesem Zusammenhang kann auch eine lange Dauer von Trennungsunterhaltszahlungen bedeutsam sein (…).«

▶ **Anwaltlicher Hinweis:**

2821   Die nacheheliche Solidarität kann also sowohl einer Befristung als auch einer Begrenzung von Unterhaltsansprüchen entgegenstehen, selbst wenn ehebedingte Nachteile im Sinne eingeschränkter Erwerbsmöglichkeiten nicht gegeben sein sollten. Kriterien, die eine nacheheliche Solidarität rechtfertigen sind u.a.:
–   (ein oder mehrere) Kinder, die während der Ehe geboren und großgezogen wurden
–   gesundheitliche Situation der Beteiligten
–   Pflege von Anverwandten des Unterhaltspflichtigen (Schwiegereltern)
–   Pflege des Unterhaltspflichtigen selbst während längerer Krankheit
–   Finanzierung der Ausbildung des Unterhaltspflichtigen
–   Mitarbeit im Erwerbsgeschäft des Unterhaltspflichtigen
–   Unterstützung des Unterhaltspflichtigen während der Ehe mit eigenem Vermögen
–   erhebliche Verletzung bei einem vom Unterhaltspflichtigen verursachten Autounfalls
–   besonders beengte wirtschaftliche Verhältnisse während der Ehe.

2822   Fehlt es an ehebedingten Nachteilen und ist auch eine nacheheliche Solidarität zweifelhaft, ist zumindest im Rahmen der Billigkeit eine Herabsetzung auf den angemessenen Unterhalt anzuordnen:

»Als Rechtsfolge sieht § 1578 b Abs. 1 Satz 1 BGB die Herabsetzung bis auf den angemessenen Lebensbedarf vor. Dieser Maßstab bildet regelmäßig die Grenze für die Herabsetzung des nachehelichen Unterhalts und bemisst sich nach dem Einkommen, das der unterhaltsberechtigte Ehegatte ohne Ehe und Kindererziehung aus eigenen Einkünften zur Verfügung hätte (…). Aus dem Begriff der Angemessenheit folgt aber zugleich, dass der nach § 1578 b Abs. 1 BGB herabgesetzte Unterhaltsbedarf jedenfalls das Existenzminimum des Unterhaltsberechtigten erreichen muss (…).«[1158]

---

1158  BGH, FamRZ 2016, 1345.

Die **Befristung des Unterhalts** ist aber ausgeschlossen, wenn der unterhaltsberechtigte 2823
Beteiligte **ehebedingte Nachteile** substantiiert darlegt, er also dauerhaft **nachehelich
nicht die Einkünfte erzielen kann, die er ohne Ehe und Kinderbetreuung erzielen
würde.**[1159] Das entscheidende FamG kann insoweit auf eine durchschnittliche Einkommensentwicklung abstellen, die sich auf der Grundlage von Auskünften des statistischen Bundesamtes ergibt.[1160]

▶ Anwaltlicher Hinweis:

Der BGH[1161] umschreibt den **ehebedingten Nachteil** wie folgt: 2824

»Ein ehebedingter Nachteil im Sinne des § 1578b BGB liegt nicht nur vor, wenn
der unterhaltsberechtigte Ehegatte ehebedingt von der Aufnahme einer Erwerbstätigkeit absieht oder eine bereits ausgeübte Erwerbstätigkeit aufgibt, sondern
auch dann, wenn er ehebedingt seinen Arbeitsplatz wechselt und dadurch Nachteile erleidet.

Ein Nachteil ist nur dann nicht ehebedingt, wenn die Ehegestaltung für den
Erwerbsnachteil **nicht ursächlich** geworden ist. Das wäre der Fall, wenn der
Unterhaltsberechtigte seinen Arbeitsplatz ausschließlich aus Gründen aufgegeben
oder verloren hätte, die außerhalb der Ehegestaltung liegen, so etwa aufgrund
einer von ihm persönlich beschlossenen beruflichen Neuorientierung oder wegen
einer betriebs- oder krankheitsbedingten Kündigung seitens des Arbeitgebers
(…).

Das Beschwerdegericht habe in aus Rechtsgründen nicht zu beanstandender Weise ausgeführt, dass die Ehefrau ihrer sekundären Darlegungslast gerecht geworden
ist und dabei maßgeblich auf ihren Vortrag abgestellt, wonach sie einen wohnortnahen Arbeitsplatz habe aufnehmen wollen, um ihre Erwerbstätigkeit besser
mit der Betreuung des nunmehr schulpflichtigen Kindes vereinbaren zu können.«

Ehebedingte Nachteile können aber auch durch andere mit der Ehe verbundene Vor 2825
teile **kompensiert** sein. Die Rechtsprechung berücksichtigt insoweit, ob der betreffende Ehegatte etwa durch einen hohen Zugewinnausgleich oder die Übertragung
erheblicher Rentenanwartschaften im Versorgungsausgleich einen angemessenen Ausgleich erlangt hat.[1162]

»Hinzu kommt, dass die Ehefrau über den Zugewinnausgleich einen weiteren Vermögenszufluss erhalten hat, den sie nach den von der Rechtsbeschwerde auch insoweit unbeanstandeten Feststellungen des Oberlandesgerichts ohne die Ehe nicht erlangt hätte. Dabei
handelt es sich um den der Ehefrau bereits seinerzeit rechtskräftig zugesprochenen Betrag
von 50.000 € sowie mindestens weitere 7.218,23 €, die ihr nach der teilweisen Zurückweisung der Rechtsbeschwerde in dem Parallelverfahren rechtskräftig zugesprochen sind

---

1159 BGH, FamRZ 2018, 1506 Rn. 29.
1160 OLG Schleswig, FuR 2012, 449.
1161 BGH, FamRZ 2013, 935; ähnlich FamRZ 2014, 1007.
1162 BGH, FamRZ 2018, 1421 Rn. 13; OLG Köln, FuR 2017, 221; BGH, NJW 2011, 2512.

(…). Dieser ehebedingte Vorteil wäre daher auch im Übrigen geeignet, einen etwaigen ehebedingten Nachteil zu kompensieren.«

2827    Unterbrechungen der Erwerbstätigkeit führen regelmäßig zu **verringerten Rentenanwartschaften**. Folge davon sind Versorgungsnachteile, die dazu führen, dass im Alter eine geringere Altersrente, bei Eintritt einer Erwerbsunfähigkeit eine geringere oder keine Erwerbsunfähigkeitsrente gezahlt werden wird, als dies bei einer ununterbrochenen eigenen Erwerbstätigkeit der Fall gewesen wäre. Solche ehebedingten Versorgungsnachteile werden nach der Rspr. des BGH aber regelmäßig bereits über den Versorgungsausgleich ausgeglichen.[1163]

2828    Die Leitsätze des BGH lauten:
1. Ehebedingte Nachteile im Sinne des § 1578b I S. 2 BGB können nicht mit den durch die Unterbrechung der Erwerbstätigkeit während der Ehe verursachten geringeren Rentenanwartschaften begründet werden, wenn für diese Zeit ein Versorgungsausgleich stattgefunden hat. Nachteile in der Versorgungsbilanz sind dann in gleichem Umfang von beiden Ehegatten zu tragen und somit vollständig ausgeglichen (im Anschluss an Senatsurteil v. 7.3.2012 – XII ZR 179/09 –, FamRZ 2012, 772).
2. Ein ehebedingter Nachteil, der darin besteht, dass der unterhaltsberechtigte Ehegatte auch nachehelich geringere Versorgungsanrechte erwirbt, als dies bei hinweggedachter Ehe der Fall wäre, ist grundsätzlich als ausgeglichen anzusehen, wenn er für diese Zeit Altersvorsorgeunterhalt zugesprochen erhält oder jedenfalls erlangen kann (im Anschluss an Senatsbeschluss v. 14.5.2014 – XII ZB 301/12 –, FamRZ 2014, 1276 [m. Anm. Witt]).«

2829    Auch die **Dauer der Ehe** – diese umfasst den Zeitpunkt von der Eheschließung bis zur Rechtshängigkeit des Scheidungsantrags – ist im Rahmen der Billigkeitsabwägung betreffend Begrenzung und Befristung zu berücksichtigen. Allerdings gibt es keine absolute Sperrwirkung einer bestimmten Ehedauer, d.h. auch Unterhaltsansprüche von Ehegatten, die mehr als 25 oder 30 Jahre verheiratet waren, können begrenzt und befristet werden. Maßgeblich ist letztlich diesbezüglich der Aspekt des **Vertrauensschutzes**, d.h. inwieweit bedingt durch die lange Ehedauer die Beteiligten ihre Lebensverhältnisse aufeinander ausgerichtet haben, sodass Dispositionen nicht mehr umkehrbar sind.

2830    Je länger die Ehe gedauert hat, desto schwieriger wird die zeitliche Begrenzung sein, weil im Regelfall die wirtschaftliche Verflechtung der Eheleute[1164] und die Abhängigkeit normalerweise mit zunehmender Dauer stärker ausgeprägt sind. Die wirtschaftliche Verflechtung tritt insbesondere durch Aufgabe einer eigenen Erwerbstätigkeit wegen der Betreuung gemeinsamer Kinder oder der Haushaltsführung ein. Entscheidend ist daher nicht der abstrakte Zeitraum der Ehedauer, sondern die Zeit der gegenseitigen wirtschaftlichen Verflechtungen und die Intensität der konkreten wirtschaftlichen Abhängigkeiten, die insbesondere durch Aufgabe einer eigenen Erwerbstätigkeit eingetreten ist.[1165]

---

1163  BGH, FamRZ 2018, 1421.
1164  Vgl. BGH, FamRZ 2013, 1291.
1165  BGH, FamRZ 2010, 1971.

▶ Praxishinweis:

Die Praxis geht mittlerweile dahin, dass in Fällen des Aufstockungsunterhalts **2831**
ohne erhebliche Besonderheiten (z.B. bedingt durch eine Vielzahl von Kindern
oder gesundheitlicher Probleme während der Ehe) die Übergangszeit mit 1/4 bis
1/3 der Ehezeit angesetzt wird. Allerdings sind in die Berechnung der Übergangszeit auch die während der Trennungszeit erbrachten Unterhaltsleistungen mit-
einzubeziehen, wobei das erste Trennungsjahr wegen dessen spezieller
verfassungsrechtlicher Bedeutung außer Betracht bleiben kann. Eine Anlehnung
der Befristungsdauer an die Ehezeit kann dadurch gerechtfertigt werden, dass das
Band der nachehelichen Solidarität durch bloßen Zeitablauf beständig schwächer
wird.[1166]

Das OLG Köln lehnt eine pauschale »Schonfrist« von einem Drittel der Ehezeit
ausdrücklich ab; es müssten jeweils die konkreten Umstände des Einzelfalls berücksichtigt werden.[1167]

▶ Anwaltlicher Hinweis:

Die Vorschrift des § 1578b BGB kann sehr schnell zur **Haftungsfalle** werden.[1168] **2832**
Auch wenn die Unterhaltsbegrenzung bzw. -befristung als Minus im Abweisungs-
antrag enthalten ist, ist Vortrag zu den Tatbestandsvoraussetzungen erforderlich.
Nur dann muss das Gericht sich von Amts wegen mit der Problematik auseinandersetzen.

Wichtig ist auch, sich der **Beweislastverteilung** im Unterhaltsverfahren bewusst
zu sein. Der Unterhaltsberechtigte ist darlegungs- und beweispflichtig für seine
Bedürftigkeit und seinen Bedarf. Der Unterhaltspflichtige trägt hingegen die
Darlegungs- und Beweislast für seine Leistungsunfähigkeit sowie für diejenigen
Tatsachen, die eine Unterhaltsbeschränkung gem. § 1578b BGB rechtfertigen,
da es sich insoweit um eine unterhaltsbeschränkende Norm mit Ausnahmecha-
rakter handelt.[1169] Der Unterhaltsschuldner hat somit darzulegen, dass dem Berech-
tigten keine ehebedingten Nachteile i.S.d. § 1578b BGB entstanden sind. Ist der
Unterhaltsschuldner dieser Darlegungspflicht aber nachgekommen, trifft den
Unterhaltsberechtigten eine sog. **sekundäre Darlegungslast**, im Rahmen derer er
fortbestehende ehebedingte Nachteile ebenso substanziert darlegen und deren
Auswirkungen konkret aufzeigen muss.[1170]

Will der Berechtigte Unterhalt entsprechend der ehelichen Lebensverhältnisse,
ist Vortrag erforderlich, warum die nacheheliche Solidarität dies erforderlich
macht.

---

1166  Hdb. FamR/*Kintzel*, Kap. 6 Rn. 907.
1167  OLG Köln, FuR 2020, 482.
1168  Vgl. *Viefhues* FamRZ 2009, 1994.
1169  Vgl. dazu BGH, NJW 2008, 151.
1170  BGH, FamRZ 2012, 93 m. Anm. *Viefhues*.

Anwälte werden bei Vertretung des Unterhaltsberechtigten natürlich unbefristeten Unterhalt entsprechend der ehelichen Lebensverhältnisse fordern, sollten aber der Mandantschaft deutlich machen, dass es im Einzelfall auch einen Erfolg darstellt, Unterhalt auf der Grundlage des angemessenen Bedarfs zu erstreiten, der günstig befristet ist. Der Erfolg eines Unterhaltsverfahrens kann insbesondere bedingt durch die Vorschrift des § 1578b BGB nicht zuverlässig antizipiert werden – dies ist der Mandantschaft oftmals aber nur schwer zu vermitteln!

2833 Es kommt für die Beteiligten noch das Risiko hinzu, dass bei unzureichendem Vortrag die Gefahr besteht, in einem späteren Abänderungsverfahren mit der Thematik präkludiert zu sein, vgl. § 238 Abs. 2 FamFG.

### b) Verfahrensrechtliche Besonderheiten beim Ehegattenunterhalt

*aa) Grundsatz der Nichtidentität*

2834 Zwischen Trennungsunterhalt (§ 1361 BGB, d.h. Unterhalt bis zur Scheidung) und nachehelichem Unterhalt (§§ 1569 ff. BGB, Unterhalt ab Rechtskraft der Scheidung) besteht keine Identität.[1171]

2835 Das bedeutet, dass Trennungs- und Scheidungsunterhalt streng zu unterscheiden sind, denn es handelt sich um verschiedene Streitgegenstände. Beiden Regelungskomplexen liegen unterschiedliche Rechtsgedanken zugrunde: Während beim Trennungsunterhalt wegen Nochbestehens der Ehe das Prinzip der ehelichen Solidargemeinschaft fast uneingeschränkt gilt, steht bei den §§ 1569 ff. BGB grds. das Prinzip der Eigenverantwortlichkeit im Vordergrund; nach der gesetzlichen Konzeption soll hier die Unterhaltspflicht der Ausnahmefall sein, der nur in genau beschriebenen Fällen eingreift. Diesem Grundsatz misst die Rechtsprechung nicht nur materiell-rechtliche Bedeutung bei, sondern auch prozessuale: Nicht nur der Anspruch als solcher ist nun ein anderer; auch eine Vollstreckung des Scheidungsunterhalts aus einem Beschluss auf Trennungsunterhalt ist nicht zulässig. Dies gilt sogar dann, wenn der Anspruch materiell-rechtlich in entsprechender Höhe begründet ist, was zu dem unökonomischen Ergebnis zwingt, dass dann ein neues Verfahren (und/oder einstweilige Anordnung) auf Scheidungsunterhalt ergehen muss. Dies gilt allerdings nicht für die einstweilige Unterhaltsanordnung gem. § 246 FamFG, die erst durch eine anderweitige Regelung außer Kraft gesetzt wird.

▶ **Taktischer Hinweis:**

2836 Der Anwalt, der den Unterhaltsschuldner vertritt, kann nach Rechtskraft der Scheidung die Rückgabe des entwerteten Titels vom Unterhaltsgläubiger verlangen. Kommt der Unterhaltsgläubiger dieser Verpflichtung nicht nach, ist ein Vollstreckungsabwehrantrag nach § 767 ZPO zu stellen. Die Prüfung des Nichtidentitätsgrundsatzes ist in diesem Verfahren eine Frage der Begründetheit. Greift der Grundsatz jedenfalls ein, ist der Vollstreckungsabwehrantrag allein deswegen

---

1171 St. Rspr., vgl. BGH, FamRZ 1982, 242.

erfolgreich; auf die Details des Unterhaltsanspruchs kommt es dann erst bei einem neuen Verfahren des Gläubigers, gerichtet auf nachehelichen Unterhalt, an.

Ein Titel über Trennungsunterhalt wird somit auch ohne Vorbehalt in der Beschlussformel mit Rechtskraft der Scheidung für nachfolgende Zeiträume unwirksam.

### bb) Unterhalt für die Vergangenheit

Unterhalt für die Vergangenheit ist nur geschuldet, wenn und soweit die Voraussetzungen des § 1613 Abs. 1 BGB (Aufforderung zur Auskunft, Mahnung, Rechtshängigkeit des Anspruchs) vorliegen. Eine Mahnung oder Aufforderung zur Auskunft über Einkünfte und Vermögen hinsichtlich der Zahlung von Unterhalt vor Rechtskraft der Scheidung gem. §§ 1361 Abs. 4 Satz 4, 1360a Abs. 3, 1613 Abs. 1 BGB führt jedoch nicht zum Verzug mit nachehelichem Unterhalt. Dieser ist vielmehr nach der Scheidung (zusätzlich oder erneut) nach §§ 1585b Abs. 2, 1613 BGB anzumahnen.[1172]     **2837**

▶ **Anwaltlicher Hinweis:**

Voraussetzung rückwirkender Durchsetzung ist, dass die Aufforderung zur Auskunft zum Zwecke der Geltendmachung des Unterhaltsanspruchs erfolgt ist. Daher muss auf eine ganz bestimmte Unterhaltslage hingewiesen werden. Das bedeutet, dass der jeweilige Unterhaltsberechtigte genau bezeichnet werden muss, dessen Unterhaltsanspruch später durchgesetzt werden soll. Nur so kann die mit der gesetzlichen Regelung beabsichtigte Warnfunktion für den Unterhaltsschuldner erreicht werden; nur dann ist dem Unterhaltspflichtigen klar, für wen er in Zukunft Unterhalt leisten soll.[1173]     **2838**

### cc) Vollstreckung nach Rechtskraft der Scheidung

Die Vollstreckung aus einem Beschluss über Trennungsunterhalt für Unterhaltszeiträume nach Rechtskraft der Scheidung ist unzulässig und rechtfertigt einen Vollstreckungsgegenantrag (§ 767 ZPO), weil die Rechtskraft der Scheidung eine rechtsvernichtende Einwendung nach § 767 ZPO ist.     **2839**

Die Vollstreckung aus einer einstweiligen Anordnung nach § 246 FamFG bleibt dagegen zulässig, weil die einstweilige Anordnung auch nach Rechtskraft der Scheidung bis zum Wirksamwerden einer anderweitigen Regelung in Kraft bleibt (§ 56 FamFG), es sei denn, der Familienrichter hat die einstweilige Anordnung bis zur Rechtskraft der Scheidung befristet. Streitgegenstand der einstweiligen Anordnung ist in diesen Fällen nämlich nicht ein konkreter Unterhaltsanspruch, sondern das Bedürfnis für eine vorläufige Regelung.     **2840**

---

1172  BGH, FamRZ 1988, 370.
1173  *Viefhues* FuR 2016, 374 und 451.

### 4. Unterhalt nach § 1615l BGB

**2841** Abgesehen von Unterhaltspflichten aus Anlass der Geburt eines nichtehelichen Kindes bestehen keine Unterhaltsansprüche der Kinder des einen Partners gegen den anderen Partner oder der Partner untereinander.[1174] Die Partner können jedoch vertragliche Unterhaltsregelungen für die Dauer des Zusammenlebens und auch für die Zeit nach der Beendigung der Gemeinschaft treffen.[1175]

**2842** Es ist aber eine ausdrückliche Vereinbarung erforderlich; aus dem bloßen Zusammenleben kann ebenso wenig auf den Willen zur vertraglichen Bindung geschlossen werden wie aus der Tatsache, dass ein Partner dem anderen über einen längeren Zeitraum Unterhaltszahlungen geleistet hat.[1176]

**2843** Ein Anspruch auf Unterhalt ergibt sich aber nach § 1615l BGB, wenn aus der Beziehung ein Kind hervorgeht.[1177] Soweit von der Mutter wegen der Pflege oder Erziehung des Kindes eine Erwerbstätigkeit nicht erwartet werden kann, ist der Vater dann unterhaltspflichtig, vgl. § 1615 Abs. 2 Satz 2 BGB. Grundlage der Vorschrift des § 1615l BGB ist, dass die Mutter und der Vater eines Kindes zum Zeitpunkt der Geburt des Kindes nicht miteinander verheiratet sind.

**2844** Die **Vaterschaft muss aber gem. § 1592 Nr. 2 BGB anerkannt oder gem. §§ 1592 Nr. 3, 1600d Abs. 1 und 2 BGB rechtskräftig festgestellt** sein.[1178] Ist die Vaterschaft weder anerkannt noch gerichtlich festgestellt, kann aber nach überwiegend vertretener Auffassung ein Anspruch nach § 1615l BGB jedenfalls dann gerichtlich geltend gemacht werden, wenn die Vaterschaft unstreitig ist, da – anders als beim Kindesunterhalt – die Möglichkeit einer inzidenten Feststellung bejaht wird. Ansonsten ist zunächst ein Abstammungsverfahren erforderlich.[1179]

**2845** Nach § 1615 Abs. 2 Satz 3 bis 5 BGB beginnt die Unterhaltspflicht frühestens vier Monate vor der Geburt und besteht für mindestens drei Jahre nach der Geburt. Sie kann verlängert werden, solange und soweit dies der Billigkeit entspricht. Dabei sind insbesondere die Belange des Kindes und die bestehenden Möglichkeiten der Kinderbetreuung zu berücksichtigen.

**2846** Letztlich bewirkt § 1615l BGB für die nicht mit dem Vater des von ihr geborenen Kindes verheiratete Mutter und das Kind einen besonderen Schutz, der durch die finanzielle Sicherstellung des Lebensunterhalts der Mutter zur Wahrnehmung der Betreuung des Kindes zumindest in den drei ersten Lebensjahren gewährleistet wird.

**2847** Die Vorschrift des § 1615l BGB enthält vier zu unterscheidende Unterhaltstatbestände:
– Unterhalt aus Anlass der Geburt, § 1615l Abs. 1 Satz 1 BGB

---

1174 BGH, NJW 1980, 124.
1175 BGH, NJW 1986, 374; MünchKomm-BGB/*Wacke*, Anh. zu § 1302 Rn. 27; *Eyrich* ZRP 1990, 139, 142; *Busche* JZ 1998, 387, 395 f.
1176 MünchKomm-BGB/*Wacke*, Anh. zu § 1302 Rn. 27.
1177 Ausführlich dazu *Viefhues* FuR 2020, 355 ff.; *Weinreich* FuR 2012, 338 ff.
1178 OLG Oldenburg, FamRZ 2018, 1511.
1179 Vgl. dazu *Viefhues* FuR 2015, 686; a.A. OLG Oldenburg, FamRZ 2018, 1511.

– Ersatz von Schwangerschafts- und Entbindungskosten, § 1615l Abs. 1 Satz 2 BGB
– Unterhalt wegen Schwangerschaft oder Krankheit, § 1615l Abs. 2 Satz 1 BGB
– Betreuungsunterhalt des nicht verheirateten Elternteils, § 1615l Abs. 2 Satz 2 bis 5 BGB

▶ Praxishinweis:

Der Betreuungsunterhalt des nicht verheirateten Elternteils nach § 1615l Abs. 2 Satz 2 bis 5 BGB ist von großer praktischer Bedeutung. Die Zahl der Kinder, die aus nichtehelichen Lebensgemeinschaften hervorgehen, steigt tendenziell kontinuierlich. So wurden im Jahre 2021 über 32,8 % aller Kinder nichtehelich geboren. Anders liegt es mit den übrigen Unterhaltstatbeständen des § 1615l BGB; diese werden in der Praxis überlagert durch vorrangige sozialrechtliche, krankenversicherungsrechtliche oder arbeitsrechtliche Ansprüche, die letztlich zur Folge haben, dass die Bedürftigkeit entfällt.    2848

### a) Unterhalt wegen Betreuung des Kindes (§ 1615l Abs. 2 Satz 2 bis 5 BGB)

Der Unterhaltsanspruch nach § 1615l Abs. 2 Satz 2 bis 5 BGB setzt die Betreuung eines Kindes voraus.    2849

Betreuungsunterhalt entsprechend § 1615l Abs. 2 Satz 2 BGB kann natürlich auch der Vater beanspruchen, wenn er das Kind betreut. Die Vorschriften über die Unterhaltspflicht zwischen Verwandten und die sonstigen Regelungen finden auch hier entsprechende Anwendung, vgl. § 1615l Abs. 4 Satz 2 BGB.    2850

#### aa) Unterhaltstatbestand

Nach jetziger Rechtslage hat der das Kind betreuende nicht verheiratete Elternteil bei vorhandener Bedürftigkeit in den ersten 3 Lebensjahren des Kindes stets einen Unterhaltsanspruch; nach Ablauf der 3 Jahre ist eine Verlängerung des Anspruchs möglich, solange und soweit dies der Billigkeit entspricht.    2851

Der BGH[1180] arbeitet die Zielsetzung der Vorschrift wie folgt heraus:    2852

»Damit steht im Einklang, dass allein das Zusammenleben in nichtehelicher Lebensgemeinschaft vor der Eheschließung keine rechtlich gesicherte Position begründet. Ein Unterhaltsanspruch gem. § 1615l Abs. 1 u. Abs. 2 S. 2 BGB beruht allein auf der Kinderbetreuung (…), während ein über die Kindesbetreuung hinausgehender Unterhalt selbst dann nicht geschuldet ist, wenn dem Elternteil durch die Betreuung bleibende Nachteile entstanden sind.«

Der Unterhaltsanspruch nach § 1615l Abs. 2 Satz 2 BGB ist gegeben, soweit von der Mutter wegen der Pflege oder Erziehung des Kindes keine Erwerbstätigkeit erwartet werden kann.    2853

---

1180 BGH, FamRZ 2012, 1506.

2854    Die Anspruchsvoraussetzungen entsprechen weitestgehend dem Unterhaltsanspruch nach § 1570 BGB.

2855    Die Betreuung eines bis zu 3 Jahre alten Kleinkindes durch einen nicht verheirateten Elternteil steht einer Erwerbspflicht entgegen. Die Mutter ist nicht auf eine Fremdbetreuung zu verweisen. Sie muss nicht den Nachweis führen, dass sie nicht oder nur beschränkt erwerbstätig ist, weil das Kind anderweitig nicht versorgt werden kann.

2856    Eine Kausalität zwischen Bedürftigkeit und Kinderbetreuung ist nicht erforderlich.

*bb) Befristung auf 3 Jahre*

2857    Grds. besteht der Unterhaltsanspruch 3 Jahre.

2858    Der Unterhaltsanspruch der nicht verheirateten Mutter kann sich über den Zeitraum von 3 Jahren seit der Geburt des Kindes hinaus verlängern, soweit und solange dies der **Billigkeit** entspricht.

2859    Allerdings ist aufgrund des Wortlauts der Vorschrift zunächst festzustellen, dass nach Ablauf dieser Zeit eine Erwerbsobliegenheit einsetzt.[1181]

▶ **Taktischer Hinweis:**

2860    Die anwaltliche Vertretung des Unterhaltsschuldners kann im gerichtlichen Verfahren darauf hinwirken, dass der Unterhalt auf 3 Jahre befristet wird.

Allerdings wird in der Regel von den FamG dieser Anspruch nicht befristet, es sei denn, eine Prognose über die späteren Erwerbs- und Betreuungsmöglichkeiten kann sicher getroffen werden – dies ist in der Regel allerdings nicht der Fall.[1182]

2861    Insoweit scheint es sehr zweifelhaft zu sein, ein allgemeines **Altersphasenmodell** zu entwickeln, welches korrespondierend zum Alter des Kindes eine Relation zwischen Erwerbspflicht auf der einen und Belangen des Kindes auf der anderen Seite zugrunde legt.

2862    Der BGH[1183] hat dies nunmehr auch deutlich gemacht:

»Die Angleichung hat der Gesetzgeber nicht nach Maßgabe des früheren großzügigen Altersphasenmodells beim nachehelichen Betreuungsunterhalt durchgeführt … Stattdessen hat er – umgekehrt – auch den nachehelichen Betreuungsunterhalt auf einen regelmäßigen Anspruch bis zur Vollendung des dritten Lebensjahres des Kindes begrenzt und die Verlängerungsmöglichkeit aus Billigkeitsgründen in beiden Unterhaltstatbeständen annähernd gleich ausgestaltet.

Damit hat der Gesetzgeber dem unterhaltsberechtigten Elternteil bei beiden Unterhaltstatbeständen die Darlegungs- und Beweislast für die Voraussetzungen einer Verlängerung

1181   Vgl. dazu auch FamR-Komm/*Eder*, § 1615l BGB Rn. 13; Grüneberg/*von Pückler*, BGB, § 1615l Rn. 12.
1182   OLG Köln, FamRZ 2013, 45; Grüneberg/*von Pückler*, BGB, § 1615l Rn. 12.
1183   BGH, NJW 2008, 3125, 3132.

des Betreuungsunterhalts über die Dauer von drei Jahren hinaus auferlegt … Für die Dauer der ersten drei Lebensjahre des Kindes bleibt es allerdings dabei, dass der betreuende Elternteil die freie Wahl hat, ob er die Betreuung und Erziehung des Kindes in dieser Zeit selbst vornehmen möchte oder – um eine eigene Erwerbstätigkeit zu ermöglichen – staatliche Hilfen in Anspruch nimmt.«

Eine Verlängerung des Unterhalts ist aber möglich, wenn **sog. kindbezogene Gründe** vorliegen. Damit ist insb. gemeint, dass eine besondere Betreuungssituation etwa bedingt durch Krankheit des Kindes, Entwicklungsstörungen oder Erziehungsschwierigkeiten eine Erwerbstätigkeit des betreuenden Elternteils nicht zulassen.[1184]    **2863**

Dem unterhaltsberechtigten Elternteil obliegt aber die Darlegungs- und Beweislast für die Voraussetzungen einer Verlängerung des Betreuungsunterhalts über die Dauer von drei Jahren hinaus.[1185]    **2864**

Allerdings ist ein **abrupter Wechsel** von der elterlichen Betreuung zu einer Vollzeiterwerbstätigkeit grundsätzlich nicht zu verlangen.    **2865**

Der BGH[1186] äußert sich wie folgt:    **2866**

»Damit verlangt die Regelung allerdings keinen abrupten Wechsel von der elterlichen Betreuung zu einer Vollzeiterwerbstätigkeit (BT-Drucks 16/6980, 9). Insbesondere nach Maßgabe der im Gesetz ausdrücklich genannten kindbezogenen Gründe ist unter Berücksichtigung der bestehenden Möglichkeiten der Kinderbetreuung (§ 1615l Abs. 2 S. 4 BGB) ein gestufter Übergang bis hin zu einer Vollzeiterwerbstätigkeit möglich (Senat, NJW 2010, 1138 = FamRZ 2010, 444 Rn. 26 m.w.N.).«

Auch **elternbezogene Gründe** können eine Verlängerung zulassen. Erforderlich dafür ist, dass der Unterhaltspflichtige ggü. dem Unterhaltsberechtigten einen **besonderen Vertrauenstatbestand** geschaffen hat. Dies ist etwa der Fall, wenn das Kind in der Erwartung eines dauerhaften Zusammenlebens gezeugt wurde und zwischen den Elternteilen Einigkeit darüber bestand, dass ein Elternteil das Kind dauerhaft betreut, während der andere Elternteil den erforderlichen Unterhalt zur Verfügung stellt.[1187]    **2867**

Schließlich sind auch die Möglichkeiten der Kinderbetreuung relevant.[1188] Die Kinderbetreuungsmöglichkeit, die einen Erwerb der Mutter möglich macht, muss tatsächlich existieren, zumutbar und verlässlich sein und mit dem Kindeswohl in Einklang stehen.    **2868**

---

1184  Vgl. dazu *Roßmann* in Familienrechtliches Mandat: Unterhaltsrecht, § 5 Rn. 19 ff.
1185  BGH, FamRZ 2017, 1375.
1186  BGH, NJW 2015, 2257.
1187  Vgl. dazu BGH, FamRZ 2016, 1513.
1188  BGH, FamRZ 2015, 1369.

▶ Anwaltliche Hinweise:

2869    – Eine Verlängerung des Unterhalts ist möglich, wenn eine Langzeittherapie
           wegen motorischer Defizite des Kindes erforderlich ist.[1189]
         – Schwierigkeiten, einen mit der Kinderbetreuung zu vereinbarenden Arbeits-
           platz zu finden, rechtfertigen eine Verlängerung nicht.[1190]
         – Die **Beweislast** für Billigkeitsgründe, die eine Verlängerung über den Zeit-
           raum von 3 Jahren hinaus angezeigt erscheinen lassen, liegt beim Unterhalts-
           gläubiger.[1191]

### b) Allgemeine Anspruchsvoraussetzungen (§ 1615l Abs. 3 BGB)

*aa) Maß des Unterhalts*

2870    Die **Lebensstellung der Mutter** bestimmt nach §§ 1615l Abs. 3 Satz 1, 1610 BGB
         ihren Bedarf. An der Lebensstellung des Vaters nimmt die Mutter hingegen nicht
         teil. Die Höhe des Unterhalts gem. § 1615l BGB richtet sich also nicht nach dem
         Einkommen des Unterhaltspflichtigen, sondern danach, welche Einkünfte die Berech-
         tigte ohne die Geburt des Kindes hätte.[1192]

▶ Praxishinweis:

2871    Der BGH[1193] hält also an dem Dogma, dass für eine vollständige Deckung des
         Bedarfs die Verhältnisse zur Zeit der Geburt ein für alle Mal maßgebend seien,
         nicht mehr fest. Entscheidend ist, welches, die Lebensstellung prägende Einkom-
         men der Betreuende ohne die Geburt und Betreuung des Kindes zur jeweiligen
         Unterhaltszeit hätte. Deswegen kann sich nach der Geburt des Kindes auch ein
         höherer Bedarf ergeben. Dies hatte in der streitgegenständlichen Entscheidung
         die Prüfung zur Folge, ob die Mutter ohne die Unterbrechung wegen der Geburt
         des Kindes ihr Studium inzwischen abgeschlossen und welche Einkünfte sie dann
         hätte.

2872    Auch wenn die Eltern schon vor der Geburt des Kindes zusammengelebt haben, wird
         der Unterhaltsbedarf nicht als Quote der Einkommens- und Vermögensverhältnisse
         innerhalb der Lebensgemeinschaft geschuldet.

2873    Soweit der Vater leistungsfähig ist, stehen der Mutter zumindest entsprechend der
         Düsseldorfer Tabelle die **Selbstbehaltssätze** (notwendiger Eigenbedarf eines nicht
         Erwerbstätigen in Höhe von derzeit monatlich 960 €) zu.[1194] Zum Bedarf der Mutter

---

1189  OLG Düsseldorf, FamRZ 2003, 184.
1190  OLG Nürnberg, NJW 2003, 3065.
1191  BGH, NJW 2008, 3125, 3132.
1192  BGH, NJW 2015, 2257.
1193  BGH, NJW 2015, 2257.
1194  Vgl. UnterhaltsLL 18.

zählen auch die Kosten der Kranken- und Pflegeversicherung. Altersvorsorgeunterhalt ist dagegen nicht geschuldet.[1195]

Ansonsten ist Anknüpfungspunkt für den Bedarf das von der Mutter vor der Geburt des Kindes erzielte Einkommen bzw. die Einkünfte, die sie ohne die Geburt des Kindes hätte. Der Unterhaltsbedarf ist wie im Fall des § 1570 BGB durch den Halbteilungsgrundsatz begrenzt.[1196] Der Mutter steht nicht mehr Unterhalt zu als dem Vater selbst verbleibt.                                                                      2874

▶ **Anwaltlicher Hinweis:**

Trotz der Anpassung des § 1615l BGB an den Betreuungsunterhalt eines geschiedenen Ehegatten gem. § 1570 BGB bestehen also bei der Bedarfsermittlung Unterschiede. Eine völlige Gleichstellung der Ansprüche nach § 1570 BGB und § 1615l BGB wurde damit vom Gesetzgeber und auch der Rechtsprechung noch nicht vollzogen.                                                                              2875

### bb) Leistungsfähigkeit und Bedürftigkeit

Die entsprechende Anwendbarkeit der Vorschriften über die Unterhaltspflicht zwischen Verwandten gem. § 1615l Abs. 3 Satz 1 BGB lässt die Unterhaltspflicht nur entstehen, wenn der Unterhaltspflichtige leistungsfähig (vgl. § 1603 Abs. 1 BGB) bzw. umgekehrt der Unterhaltsberechtigte bedürftig (§ 1602 BGB) ist. Insoweit gelten die allgemeinen Grundsätze.                                                                        2876

Ein Erwerbstätigenbonus wird nicht gewährt.[1197]                                        2877

Der angemessene Selbstbehalt des erwerbstätigen Unterhaltspflichtigen beträgt 1.280 €.[1198]                                                                              2878

### cc) Tod des Unterhaltspflichtigen (§ 1615l Abs. 3 Satz 4 BGB)

Der Unterhaltsanspruch des nicht verheirateten Elternteils wegen der Betreuung eines Kindes erlischt nicht mit dem Tod des Kindesvaters. Vielmehr haften an seiner Stelle seine Erben.[1199]                                                                          2879

### dd) Wiederheirat

Nach § 1586 BGB entfällt der nacheheliche Unterhaltsanspruch der verheirateten Mutter, wenn sie erneut heiratet. Die Vorschrift des § 1586 BGB wird auf den                2880

---

1195  OLG Köln, FamRZ 2017, 1309; OLG München, FamRZ 2006, 812.
1196  BGH, NJW 2005, 818; BGH, ZFE 2005, 127.
1197  FamR-Komm/*Eder*, § 1615l BGB Rn. 23.
1198  Stand: 01.01.2022.
1199  Vgl. Unterhaltsprozess/*Menne*, Kap. 2 Rn. 1572.

Anspruch nach § 1615l BGB analog angewendet, d.h. der Unterhaltsanspruch der nicht verheirateten Mutter aus Anlass der Geburt entfällt ebenfalls mit der Heirat.[1200]

2881    Die Mutter erwirbt durch die Heirat nämlich einen Anspruch auf Familienunterhalt nach § 1360 BGB, der nach der gesetzlichen Wertung anderen Unterhaltsansprüchen vorgeht.

2882    Der nacheheliche Unterhaltsanspruch wird aber wegen der Aufnahme einer neuen (verfestigten) Lebensgemeinschaft nach § 1579 Nr. 2 BGB nicht verwirkt. § 1579 BGB ist nämlich nicht anwendbar, weil § 1611 BGB eine spezielle Regelung mit einem strengeren Maßstab enthält. Das Zusammenleben mit einem (neuen) Partner kann daher weder in analoger Anwendung des § 1579 Nr. 2 BGB noch in wertender Betrachtung über § 1611 BGB die Annahme einer Unterhaltsverwirkung rechtfertigen, wenn nicht andere Verfehlungen i.S.d. § 1611 BGB auf eine grobe Unbilligkeit schließen lassen.[1201]

2883    Mit Auflösung der Lebensgemeinschaft lebt der Unterhaltsanspruch wegen Betreuung des geborenen Kindes aber wieder auf.[1202]

2884    Ebenfalls lebt nach § 1586a Abs. 1 BGB der infolge einer späteren Heirat erloschene Betreuungsunterhalt wieder auf, wenn die neue Ehe aufgelöst wird und der Unterhaltsberechtigte nach wie vor **ein Kind aus der früheren Beziehung** pflegt oder erzieht.

*ee) Konkurrenzen (§ 1615l Abs. 3 Satz 2 BGB)*

2885    Der Anspruch der betreuenden Mutter nach § 1615l Abs. 2 BGB kann mit anderen Unterhaltsansprüchen in Konkurrenz treten. So kommt die Unterhaltspflicht der Eltern der Mutter in Betracht. Nach § 1615l Abs. 3 Satz 2 BGB geht jedoch die Verpflichtung des Vaters des Kindes der Verpflichtung der Verwandten der Mutter vor.

2886    Anspruchskonkurrenz kann ferner auftreten, wenn der Anspruch nach § 1615l Abs. 2 BGB gegen den Kindsvater mit einem Unterhaltsanspruch der Mutter gegen den getrennt lebenden oder geschiedenen Ehemann nach §§ 1361, 1569 ff. BGB zusammentrifft. Zwar erlischt der Unterhaltsanspruch der Mutter aus § 1615l Abs. 2 BGB analog § 1586 BGB, analog, wenn sie heiratet. Dies gilt aber nicht im umgekehrten Fall, d.h. Ansprüche nach §§ 1361, 1569 ff. BGB bleiben bestehen, auch wenn ein Unterhaltsanspruch nach § 1615l Abs. 2 BGB später hinzutritt.

2887    Die Aufteilung der Haftung für den Unterhalt der Mutter ist in diesem Fall zwischen dem Ehemann und dem Vater des Kindes in entsprechender Anwendung des § 1606 Abs. 3 Satz 1 BGB vorzunehmen. Insofern ist insb. auf die jeweiligen Erwerbs- und Vermögensverhältnisse der Beteiligten abzustellen. Daneben sind aber auch Anzahl, Alter und Betreuungsbedürftigkeit der Kinder zu berücksichtigen.[1203]

---

1200  BGH, NJW 2005, 503.
1201  OLG Frankfurt, FamRZ 2019, 1611.
1202  BGH, NJW 2008, 3125, 3128.
1203  So BGH, NJW 2008, 3125, 3128.

Eine anteilige Unterhaltshaftung ist ebenfalls gegeben, wenn mehrere nach § 1615l 2888
BGB unterhaltspflichtige Väter vorhanden sind.[1204]

Beim Zusammentreffen eines Anspruchs der Ehefrau gem. § 1361 BGB gegen den 2889
Ehemann und gem. § 1615l BGB gegen den nichtehelichen Vater ist von einer anteiligen Haftung unter entsprechender Anwendung des § 1606 Abs. 3 Satz 1 BGB auszugehen, auch wenn aus der Ehe keine Kinder hervorgegangen sind.[1205]

Entsteht ein Anspruch auf Trennungsunterhalt gem. § 1361 BGB dadurch, dass die 2890
Ehefrau die bisher ausgeübte Erwerbstätigkeit wegen der Geburt eines Kindes, das
nicht von ihrem Ehemann abstammt, aufgibt, tritt der Anspruch auf Trennungsunterhalt hinter einem gleichzeitig bestehenden Anspruch aus § 1615l BGB zurück.[1206]

## c) Verfahrensrechtliche Besonderheiten des § 1615l BGB

Die anwaltliche Vertretung des Unterhaltsschuldners hat darauf hinzuwirken, dass 2891
der Unterhaltsanspruch nach § 1615l Abs. 2 Satz 2 bis 5 BGB auf 3 Jahre befristet
wird. Der Wortlaut des § 1615l Abs. 2 Satz 3 BGB lässt nicht den Schluss zu, dass
die Fortdauer des Anspruchs nach 3 Jahren die Regel ist. Die Billigkeitsklausel des
§ 1615l Abs. 2 Satz 4 BGB macht vielmehr das Gegenteil deutlich. Dies bedeutet,
dass der Unterhaltsanspruch im Beschluss auf 3 Jahre zu befristen ist.[1207] Neuerdings
wird allerdings von der Rechtsprechung eine Befristung regelmäßig abgelehnt.[1208]

Ist der Unterhaltsanspruch derart befristet worden, muss nach Ablauf von 3 Jahren 2892
vom Unterhaltsgläubiger ein Abänderungsverfahren erhoben werden, wenn eine Verlängerung des Anspruchs gewollt ist. Fehlt es an der Befristung, muss umgekehrt der
Unterhaltsschuldner nach 3 Jahren mit einem Abänderungsverfahren nach §§ 238,
239 FamFG tätig werden, um den Titel zu beseitigen.

Die Beweislast folgt i.Ü. den allgemeinen Grundsätzen. 2893

Für den Anspruch nach § 1615l Abs. 1 Satz 1 BGB hat die Mutter lediglich ihre 2894
Bedürftigkeit zu beweisen. I.R.d. Anspruchs nach § 1615l Abs. 1 Satz 2 bedarf es
des Beweises, dass die geltend gemachten Kosten und Aufwendungen infolge der
Schwangerschaft und Entbindung entstanden sind (Kausalität) und notwendig waren.

Der Unterhaltspflichtige muss den Beweis eingeschränkter oder fehlender Leistungs- 2895
fähigkeit erbringen.

1204  BGH, NJW 2007, 2409; BGH, NJW 2005, 502 = ZFE 2005, 93.
1205  OLG Jena, NJW-RR 2006, 584 = ZFE 2006, 233.
1206  OLG Bremen, FamRZ 2005, 213.
1207  Str., vgl. dazu Grüneberg/*von Pückler*, BGB, § 1615l Rn. 12.
1208  OLG Köln, FamRZ 2013, 45.

## 5. Verfahrensführung in Unterhaltssachen

### a) Strategische Vorüberlegungen

2896  Ist der Unterhaltsschuldner freiwillig nicht bereit, seinen Verpflichtungen nachzukommen, muss ein Unterhaltsverfahren eingeleitet werden. Da Unterhaltssachen nach § 231 Abs. 1 FamFG, d. h.

– die durch Verwandtschaft begründete gesetzliche Unterhaltspflicht,
– die durch Ehe begründete gesetzliche Unterhaltspflicht und
– die Ansprüche nach § 1615l oder § 1615m BGB,

Familienstreitsachen sind (vgl. § 112 Nr. 1 FamFG), ist das Verfahrensrecht der ZPO weitestgehend maßgeblich, § 113 Abs. 1 FamFG.

#### aa) Verfahrenseinleitung

#### aaa) Einstweilige Anordnung

2897  Benötigt der Mandant einen schnellen Unterhaltstitel, empfiehlt sich die einstweilige Unterhaltsanordnung. Dafür gelten die §§ 49 ff. FamFG sowie die §§ 246 bis 248 FamFG.

2898  Ist der Unterhalt in diesem Verfahren auch der Höhe nach zutreffend tituliert worden, kann auch von einem späteren Hauptsacheverfahren abgesehen werden, jedenfalls bis es zu einer Veränderung der dem Titel zugrunde liegenden Verhältnisse gekommen ist.

#### bbb) Unterhaltsantrag nach §§ 253, 258 ZPO

2899  Der Mandant hat im Fall des **Kindesunterhalts** zudem die Wahl, ob er einen Leistungsantrag nach §§ 253, 258 ZPO beim FamG stellt oder seine Ansprüche im vereinfachten Verfahren nach §§ 249 ff. FamFG geltend macht.

2900  In den anderen Unterhaltsangelegenheiten (Ehegattenunterhalt, Unterhalt nach § 1615l BGB) gibt es zu einem Leistungsantrag nach §§ 253, 258 ZPO keine Alternative.

2901  Das Unterhaltsverfahren kann enden mit
– einem ganz oder zumindest teilweise stattgebenden Beschluss,
– einer Antragsabweisung oder
– einem Unterhaltsvergleich.

#### ccc) Auskunft

2902  Falls der Unterhaltsschuldner bislang überhaupt nicht kooperiert und keine Auskunft über seine Einkünfte und sein Vermögen erteilt hat, ist noch eine weitere strategische Überlegung erforderlich. Das Verfahren kann dann zunächst ausschließlich auf Auskunft gerichtet werden oder aber als Stufenverfahren betrieben werden (vgl. § 254 ZPO). Regelmäßig ist davon auszugehen, dass in solchen Fällen der Unterhaltsschuldner nach einem Auskunftsverfahren auch seinen weiteren Verpflichtungen nicht nachkommen wird, sodass ein Stufenverfahren

1. Stufe:    Auskunft
2. Stufe:    Eidesstattliche Versicherung der Richtigkeit und Vollständigkeit
3. Stufe:    Bezifferung der Unterhaltsschuld
vorzugswürdig ist.

Stufenverfahren erweisen sich aber häufig als sehr zeitintensiv, sodass alternativ »taktisch«    2903
auch in Betracht zu ziehen ist, einen konkreten Leistungsantrag (auf der Grundlage
von Schätzungen, die auf die Lebensverhältnisse der Beteiligten abzielen) zu stellen
und dem Antragsgegner die Vorlage von Unterlagen zu überlassen, mit welchen er
seine nur beschränkte Leistungsfähigkeit belegt.

Eine letzte Möglichkeit ist, einen konkreten (geschätzten) Unterhaltsantrag zu stellen    2904
und das FamG zur Einholung der Auskunft nach §§ 235, 236 FamFG zu veranlassen.
Das FamG ist zur Einholung der Auskunft verpflichtet, wenn außergerichtlich trotz
Aufforderung Auskunft nicht ordnungsgemäß erteilt wurde, vgl. § 235 Abs. 2 FamFG.

### bb) Vollständige Abweisung des Unterhaltsantrags

Wurde der Unterhaltsantrag vollständig abgewiesen, kann im Fall einer späteren    2905
Veränderung der Umstände (z.B. nunmehr vorhandene Leistungsfähigkeit) erneut
ein Leistungsantrag nach §§ 253, 258 ZPO gestellt werden.[1209] Die Abänderungs-
vorschriften der §§ 238, 239 FamFG sind bei vollständiger Antragsabweisung nicht
anwendbar, da sie eine Verpflichtung zu Unterhaltszahlungen voraussetzen.

Ist der Beschluss, der den Unterhaltsantrag abweist, rechtlich nicht korrekt, hat also    2906
das FamG rechtlich angreifbar über den Unterhaltsanspruch entschieden, muss der
benachteiligte Mandant gegen den Beschluss Rechtsmittel (Beschwerde) einlegen.

---

1209  BGH, NJW 2005, 142.

2907

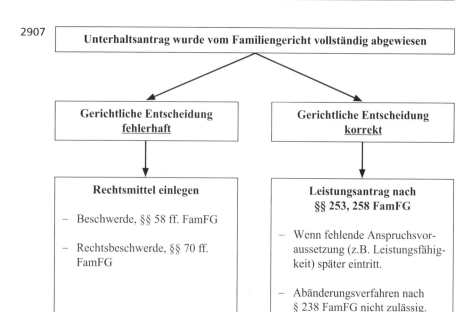

Abweisung des Unterhaltsantrags

### cc) Teilweise Abweisung des Unterhaltsantrags

2908 Wurde der Unterhaltsantrag teilweise abgewiesen, d.h. statt z.B. beantragter 600 € wurden nur 300 € zugesprochen, muss der Mandant bzw. der ihn vertretende Anwalt gegen den Beschluss Rechtsmittel einlegen, wenn der Beschluss, der den Unterhaltsantrag abweist, rechtlich nicht korrekt ist.

▶ Anwaltlicher Hinweis:

2909 Verfehlt ist die Auffassung, die Fehlerbeseitigung einem späteren Abänderungsverfahren nach §§ 238, 239 FamFG zu überlassen. Das Abänderungsverfahren ist nur eine Möglichkeit, auf spätere wesentliche Veränderungen der der Entscheidung zugrunde liegenden tatsächlichen oder rechtlichen Verhältnisse zu reagieren. Die Abänderungsentscheidung besteht dementsprechend in einer unter Wahrung der Grundlagen des Unterhaltstitels vorzunehmenden Anpassung des Unterhalts an veränderte Verhältnisse (§ 238 Abs. 4 FamFG).[1210] Damit sind Fehler des Ausgangsverfahrens dauerhaft von Bedeutung, wenn sie nicht mit Beschwerde bzw. Rechtsbeschwerde ausgeräumt werden.

---

1210 BGH, FamRZ 2021, 1116.

Ansonsten kann nur bei einer späteren wesentlichen Veränderung ein Abänderungs- **2910** antrag nach § 238 FamFG gestellt werden, d.h. in diesem Fall wäre ein erneuter Leistungsantrag nach §§ 253, 258 ZPO nicht zulässig.

**2911**

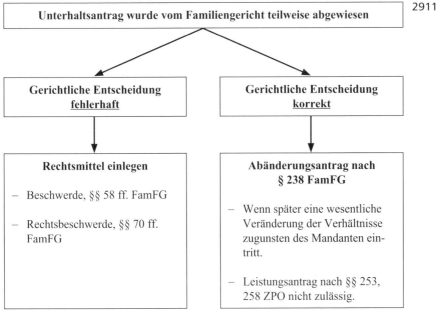

Teilweise Abweisung des Unterhaltsantrags

### dd) Abänderung eines Titels

Ist das Unterhaltsverfahren hingegen korrekt entschieden oder durch Vergleich been- **2912** det worden, sind spätere wesentliche Veränderungen der der Entscheidung zugrunde liegenden tatsächlichen oder rechtlichen Verhältnisse mit dem Abänderungsverfahren geltend zu machen.

Insoweit gilt, dass die Abänderung gerichtlicher (rechtskräftiger) Entscheidungen nach **2913** § 238 FamFG erfolgt, während gerichtliche Vergleiche oder vollstreckbare Urkun- den nach § 239 FamFG bei einer Störung der Geschäftsgrundlage nach § 313 BGB abzuändern sind.

2914

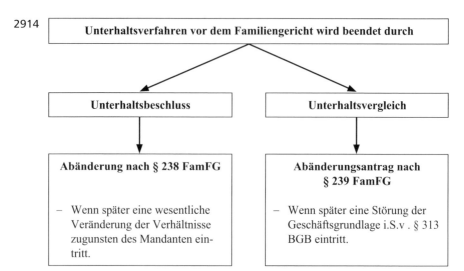

Beendigung des Unterhaltsverfahrens

*ee) Vollstreckungsabwehrantrag (§ 767 ZPO)*

2915    Kann der **Unterhaltsschuldner** dem Titel Einwendungen oder Einreden entgegenhalten, die in der Lage sind, diesen endgültig zu beseitigen, ist ein Vollstreckungsabwehrantrag nach § 767 ZPO vorzugswürdig. Dies ist etwa der Fall, wenn Ehegattenunterhalt nach § 1586 BGB wegen Wiederheirat dauerhaft erloschen ist.

*ff) Aufhebung oder Abänderung einer einstweiligen Unterhaltsanordnung*

2916    Die Beteiligten des Unterhaltsschuldverhältnisses können nach § 54 FamFG die Aufhebung oder Abänderung der einstweiligen Unterhaltsanordnung beantragen. Dadurch wird erneut eine Entscheidung des vorläufigen Rechtsschutzes getroffen.

2917    Alternativ kommt für den **Unterhaltsberechtigten** auch in Betracht, dass er ein Hauptsacheverfahren einleitet, in dem er einen Unterhaltsantrag nach §§ 253, 258 ZPO stellt. Die daraufhin ergehende Entscheidung des FamG hat mit Eintritt der Rechtskraft zur Folge, dass die einstweilige Unterhaltsanordnung außer Kraft tritt, vgl. § 56 Abs. 1 FamFG.

2918    Umgekehrt kann der **Unterhaltspflichtige** das Hauptsacheverfahren erzwingen, wenn er einen entsprechenden Antrag nach § 52 Abs. 2 FamFG stellt. Das FamG fordert dann den Unterhaltsberechtigten auf, einen Unterhaltsantrag nach §§ 253, 258 ZPO innerhalb der nächsten 3 Monate zu stellen, widrigenfalls die einstweilige Unterhaltsanordnung aufgehoben wird.[1211] Der Unterhaltspflichtige, der diese 3 Monate nicht abwarten möchte, kann alternativ einen **negativen Feststellungsantrag** nach § 256 ZPO stellen.[1212]

Auch ein Vollstreckungsabwehrantrag nach § 767 ZPO ist gegen eine einstweilige Unterhaltsanordnung möglich, wenn der Unterhaltsanspruch dauerhaft erloschen ist. **2919**

### gg) Checkliste

Die vorstehenden Überlegungen sind nur als Einstieg in die Problematik gedacht. Besonders problematisch ist aber in der Tat die angestrebte Korrektur eines bestehenden (rechtskräftigen) Unterhaltstitels. **2920**

Der Anwalt ermittelt die für die Abänderung richtige Verfahrensart durch drei Fragestellungen:

▶ Checkliste zur Bestimmung der Verfahrensart zur Abänderung eines Unterhaltstitels

☐ **Wer begehrt eine Änderung?**
  ☐ Unterhaltsschuldner;
  ☐ Unterhaltsgläubiger.
☐ **Welcher Titel soll geändert werden?**
  ☐ Unterhaltsbeschluss nach §§ 253, 258 ZPO;
  ☐ Gerichtlicher Unterhaltsvergleich;
  ☐ Notarielle Urkunde;
  ☐ Jugendamtsurkunde;
  ☐ Einstweilige Unterhaltsanordnung.
☐ **Welche materiellen Argumente bestehen gegen den Titel (z.B.)?**
  ☐ Entfallende Leistungsfähigkeit;
  ☐ Neue Bedarfsberechnung;
  ☐ Erlass der Unterhaltsschuld;
  ☐ Wiederheirat;
  ☐ Eingetretener Rentenbezug usw.

Erst wenn diese drei Fragen geklärt sind, kann die richtige Verfahrensart bestimmt werden.

▶ Beispiel 1:

Der Unterhaltschuldner beauftragt seinen Anwalt, gegen einen rechtskräftigen Unterhaltshauptsachebeschluss des FamG vorzugehen, weil er arbeitslos geworden ist und nur noch 1.000 € zum Leben hat. **2921**

---

1211 OLG Frankfurt, FamRZ 2018, 519 hat entschieden, dass gegen die Ablehnung eines Antrags auf Fristsetzung gemäß § 52 Abs. 2 FamFG ein Rechtsmittel nicht statthaft ist.
1212 H.M., vgl. BGH, FamRZ 2018, 1343; OLG Köln, FamRZ 2015, 598; OLG Thüringen, FamRZ 2012, 54; *Langheim* FamRZ 2014, 1421.

Der Unterhaltsschuldner verfolgt mit einem Verfahren immer die Absicht, dass seine Unterhaltsverpflichtung reduziert wird und am besten komplett entfällt. Die eingetretene Arbeitslosigkeit ist eine wesentliche Änderung der Verhältnisse, die der Unterhaltsverpflichtung zugrunde lagen. Damit ist das Abänderungsverfahren nach § 238 FamFG richtigerweise zu betreiben.

▶ Beispiel 2:

Der Unterhaltschuldner beauftragt seinen Anwalt, gegen einen gerichtlichen Unterhaltsvergleich vorzugehen, weil der Unterhaltsgläubiger wieder geheiratet hat.

Die Wiederheirat führt nach § 1586 BGB zum Erlöschen der Unterhaltspflicht. Da der Unterhaltsanspruch damit endgültig erlischt, ist dies mit einem Vollstreckungsabwehrantrag beim FamG geltend zu machen.[1213]

### b) Unterhaltsantrag nach §§ 253, 258 ZPO

2922   Hat der Unterhaltsschuldner außergerichtlich ordnungsgemäß Auskunft über seine Einkünfte erteilt, dann aber die berechnete Unterhaltsschuld nicht akzeptiert, muss der Anspruch gerichtlich durchgesetzt werden. Dies erfolgt regelmäßig durch einen entsprechenden Unterhaltsantrag beim zuständigen FamG. Wie bereits erwähnt, handelt es sich dabei um eine Familienstreitsache, die nach den Verfahrensvorschriften der ZPO abgewickelt wird (§§ 112 Nr. 1, 113 Abs. 1 FamFG).

▶ Formulierungsvorschlag für Unterhaltsantrag:

2923   Der Antragsgegner wird verpflichtet, an die Antragstellerin ab dem 01 ...... 20 ....., jeweils monatlich im Voraus, spätestens bis zum dritten Werktag des jeweiligen Monats einen Unterhalt i.H.v. ..... € zu zahlen.

### aa) Bedeutung des § 258 ZPO

2924   Der gerichtliche Unterhaltsantrag richtet sich auf Erlass eines Titels i.S.v. § 258 ZPO, der wiederkehrende Leistungen, nämlich Unterhalt, zum Gegenstand hat. § 258 ZPO ermöglicht die Titulierung künftiger Ansprüche im Fall wiederkehrender Leistungen (sog. Rentenklage). Der Unterhaltsgläubiger erhält einen Vollstreckungstitel, damit er sich bei Fälligkeit seines Anspruchs unverzüglich die für die Lebensführung notwendigen Mittel besorgen kann. Auch soll andauernden Rechtsstreitigkeiten vorgebeugt werden.

2925   **Wiederkehrende Leistungen** i.S.v. § 258 ZPO sind solche, die sich in ihrer Gesamtheit als Folge ein und desselben Rechtsverhältnisses ergeben, sodass die einzelne Folge nur noch vom Zeitablauf abhängig ist, ohne dass aber der Umfang der Schuld von

---

1213  Vgl. dazu Rdn. 3337 ff.

vornherein feststeht.[1214] Die (künftigen) Leistungen müssen bereits der Höhe nach bestimmbar sein, also mit ausreichender Sicherheit feststehen, wobei die noch nicht konkretisierbare Möglichkeit späterer Einwendungen dem Rentenurteil nach § 258 ZPO nicht entgegenstehen.

Allerdings muss gegenwärtig bereits ein Unterhaltsanspruch bestehen, da § 258 ZPO **2926** »auch« wegen künftiger Ansprüche den Antrag ermöglicht. Besteht gegenwärtig (noch) kein Anspruch, ist der Antrag abzuweisen.

▶ **Taktische Hinweise:**

Wichtig für die anwaltliche Vertretung ist es, die Konzeption des § 258 ZPO zu **2927** verstehen. Unterhaltsanträge nach §§ 253, 258 ZPO prüft das Gericht »zwei-stufig«: Zunächst muss der Unterhaltsantrag zum Zeitpunkt der mündlichen Ver-handlung der Sache nach begründet sein; dann tätigt der erkennende Richter – unterstellt eine Unterhaltspflicht zum Zeitpunkt der mündlichen Ver-handlung besteht – im zweiten Schritt eine Prognose dahin gehend, ob die dem Unterhaltsanspruch zugrunde liegenden Erwägungen auch zukünftig Bestand haben werden.

**Beispiel:** Der Unterhaltsschuldner soll entsprechend der zuvor erteilten Auskunft verpflichtet werden, monatlich 400 € Ehegattenunterhalt zu bezahlen. Er erklärt in der mündlichen Verhandlung, dass er augenblicklich arbeitslos ist und ihm nur der Selbstbehalt zur Verfügung steht.

Der Familienrichter muss den Unterhaltsantrag (mit Ausnahme etwaiger Rück-stände) abweisen. Dies gilt selbst dann, wenn der Antragsgegner mitteilt, dass er einen neuen Arbeitgeber hat und schon in wenigen Monaten die neue Arbeits-stelle antreten kann, sodass er dann wieder leistungsfähig ist. Die insoweit güns-tige Prognose ist bedeutungslos, da die »zweite Stufe« der Prüfung nicht erreicht wird. Der Antragsteller ist daher gezwungen, sobald die neue Arbeit angetreten wird, nochmals im Wege des Leistungsantrags Unterhalt einzufordern.[1215]

**Taktisch** sollte der Anwalt der Antragstellerin versuchen, die Verhandlung »ver-tagen« zu lassen; er kann etwa erklären, dass er sich auf diesen Vortrag nicht vor-bereiten konnte und das Vorbringen prüfen muss. Der folgende Termin kann dann stattfinden, wenn der Antragsgegner wieder tätig ist.

Der Anwalt des Antragsgegners kann umgekehrt das Gericht und die Gegensei-te vor der Verhandlung informieren, um die Gunst der Stunde zu nutzen.

Kostenmäßig ist mit dem Gericht im Hinblick auf das billige Ermessen (vgl. § 243 FamFG) aber in jedem Fall zu verhandeln.

---

1214 BGH, NJW 2007, 294.
1215 Vgl. OLG Celle, FuR 2014, 601.

Liegt der Fall umgekehrt, d.h. der Antragsgegner hat zurzeit noch eine Arbeitsstelle, aber wurde zum übernächsten Monat wirksam gekündigt, wird der Antragsgegner zur Unterhaltszahlung verpflichtet. Die erste Stufe der Prüfung des § 258
ZPO erfolgt nämlich erfolgreich, da ein Unterhaltsanspruch zum Zeitpunkt der
mündlichen Verhandlung gegeben ist. Die zweite Stufe, d.h. die Prognose für die
Zukunft ist problematisch. Entweder der Richter geht davon aus, dass der Antragsgegner schon bald wieder eine Arbeitsstelle findet – dann kann er den Unterhalt
unbegrenzt zusprechen und den Antragsgegner ansonsten auf das Abänderungsverfahren verweisen. Oder der Richter ist etwa aufgrund schlechter wirtschaftlicher Prognosen pessimistisch; dann wird der Unterhalt nur befristet bis zum
Ablauf der Kündigungsfrist gewährt.

2928    Der gesetzliche Unterhaltsanspruch entsteht nach dem materiellen Recht in jedem
        Augenblick neu, in dem die dafür erforderlichen gesetzlichen Voraussetzungen vor-
        liegen. Der einmal entstandene Unterhaltsanspruch wird durch den Antrag und den
        Beschluss nach § 258 ZPO als einheitliches, bis zum Wegfall seiner Voraussetzungen
        andauerndes, auflösend bedingtes Recht auf wiederkehrende Leistungen behandelt.

2929    Das Rechtsschutzbedürfnis für ein Unterhaltsverfahren (mit der Folge eines Vollstre-
        ckungstitels) besteht selbst dann, wenn der Schuldner bisher regelmäßig, pünktlich
        und auch in voller Höhe gezahlt hat. Dies wird damit begründet, dass der Schuldner
        seine freiwillige Zahlung jederzeit einstellen kann. § 258 ZPO will den Unterhalts-
        gläubiger der Notwendigkeit entheben, erst nach Fälligkeit – also mit Zeitverlust – auf
        die wiederkehrenden und oftmals lebensnotwendigen Leistungen »klagen« zu müssen.

2930    Allerdings sollte der Unterhaltsschuldner vor einem gerichtlichen Unterhaltsverfah-
        ren zunächst zur freiwilligen Titulierung aufgefordert werden, die gerade beim Kin-
        desunterhalt von den Jugendämtern kostenlos abgewickelt werden kann. Anderenfalls
        besteht im Verfahren die Gefahr des sofortigen Anerkenntnisses mit der nachteiligen
        Kostenfolge des § 243 Satz 2 Nr. 4 FamFG i.V.m. § 93 ZPO.

*bb) Rechtsschutzbedürfnis für einen Unterhaltsantrag*

▶ **Das Wichtigste in Kürze**

2931    –   Der Unterhaltsschuldner, der seine Unterhaltsverpflichtung vollständig titu-
            lieren lässt, gibt keinen Anlass zur Einleitung eines gerichtlichen Unterhalts-
            verfahrens. Wird der Unterhaltsanspruch hingegen nur teilweise tituliert,
            kann der streitige Spitzenbetrag mit einem Titelergänzungsantrag nach §§ 253,
            258 ZPO geltend gemacht werden. → Rdn. 2933 ff.
        –   Der Unterhaltsschuldner, der freiwillig den vollen Unterhalt leistet, gibt kei-
            nen Anlass zur Antragserhebung, wenn er nicht zuvor erfolglos zur außerge-
            richtlichen Titulierung aufgefordert wurde. Er kann im gerichtlichen
            Verfahren den Unterhaltsanspruch sofort anerkennen, sodass die Verfahrens-
            kosten nach § 243 Nr. 4 FamFG i.V.m. § 93 ZPO vom Unterhaltsgläubiger

zu tragen sind. Kommt er der Titulierungsaufforderung nicht nach, ist Anlass zur Einleitung des Unterhaltsverfahrens hingegen gegeben. → Rdn. 2948 ff.
– Der Unterhaltsschuldner, der nicht den vollen Unterhalt leistet, gibt Anlass zur Antragserhebung i.H.d. gesamten geschuldeten Unterhalts, ohne dass er zunächst zur außergerichtlichen Titulierung des freiwillig geleisteten Unterhalts aufgefordert werden muss. In solchen Fällen kommt ein sofortiges Anerkenntnis i.S.d. § 243 Nr. 4 FamFG i.V.m. § 93 ZPO nicht in Betracht. → Rdn. 2953 ff.

Das Rechtsschutzinteresse für die Einleitung eines Unterhaltsverfahrens, d.h. eines **2932** gerichtlichen Leistungsantrags nach §§ 253, 258 ZPO ist zweifelhaft, wenn der Unterhalt bereits ganz oder zumindest teilweise tituliert ist bzw. wenn der Unterhaltsschuldner freiwillige, nicht titulierte Unterhaltszahlungen erbringt. Soweit im Fall nur freiwilliger Unterhaltsleistungen ein sog. Titulierungsanspruch angenommen wird, besteht das Risiko des sofortigen Anerkenntnisses mit der Kostenfolge des § 243 Nr. 4 FamFG i.V.m. § 93 ZPO. Die Rechtsprechung des BGH[1216] ist mittlerweile gefestigt und hat Rechtssicherheit herbeigeführt.

### *aaa) Vollständige Titulierung des Unterhalts*

Das **Rechtsschutzbedürfnis für ein Leistungsverfahren fehlt**, wenn in **voller Höhe** **2933** des beabsichtigten Unterhaltsantrags bereits einer der nachfolgenden Unterhaltstitel vorliegt:
1. ein Unterhaltsbeschluss,
2. ein (nach § 794 Abs. 1 Nr. 1 oder § 794 Abs. 1 Nr. 5 ZPO titulierter) Unterhaltsvergleich,
3. ein Rechtsanwaltsvergleich (§ 796a ZPO), der gem. § 796b ZPO für vollstreckbar erklärt werden kann, falls seine Wirksamkeit nicht vom Gläubiger bestritten wird.

Ansonsten ist ein **Rechtsschutzbedürfnis** für ein Unterhaltsverfahren grds. **zu bejahen.** **2934**

Das Rechtsschutzbedürfnis für ein Unterhaltsverfahren ist insb. auch gegeben, wenn **2935** der Unterhaltsanspruch durch eine **einstweilige Unterhaltsanordnung** (§§ 246 ff. FamFG) tituliert ist, weil der Unterhaltsanspruch im Eilverfahren nicht rechtshängig ist und folglich über ihn im Anordnungsweg auch nicht rechtskräftig entschieden werden kann. Die Eilanordnungen schaffen nur eine einstweilige Vollstreckungsmöglichkeit eines (nur) vorläufig als bestehend angenommenen Anspruchs.

Sie stellen auch keinen Rechtsgrund i.S.v. § 812 BGB für Unterhaltszahlungen dar. **2936**

Der Unterhaltsgläubiger ist daher jederzeit berechtigt, ein Unterhaltshauptsacheverfahren einzuleiten, um auf diesem Weg einen rechtskräftigen Unterhaltstitel, der dem **2937** Abänderungsschutz des § 238 FamFG unterliegt, zu erlangen.

---

1216 BGH, Urt. vom 02.12.2009, XII ZB 207/08, NJW 2010, 238 ff. = FamRZ 2010, 195 ff.

*bbb) Einseitige Verpflichtungserklärungen*

2938 Umstritten ist das Rechtsschutzbedürfnis für ein Unterhaltsverfahren im Fall einer einseitigen Verpflichtungserklärung. Diese kommt in Betracht
 – als Urkunde des Notars (§ 794 Abs. 1 Nr. 5 ZPO) oder
 – als Urkunde des Jugendamts (§§ 59, 60 SGB VIII).

2939 Grds. muss sich der Unterhaltsgläubiger mit einem solchen Titel zufriedengeben, d.h. es fehlt ein Rechtsschutzbedürfnis für eine Titulierung des Unterhaltsanspruchs durch einen rechtskraftfähigen Beschluss.

2940 Bei einer Jugendamtsurkunde (und dies gilt entsprechend für die notarielle Urkunde) kann allerdings das Rechtsschutzbedürfnis für ein Verfahren nicht verneint werden, soweit der Gläubiger einen höheren Unterhaltsbetrag beansprucht, als in der Jugendamtsurkunde tituliert ist.

2941 Umstritten – insb. im Hinblick auf den bereits titulierten Unterhalt – ist aber der diesbezügliche Antrag, d.h. die Frage, ob ein Leistungsverfahren nach §§ 253, 258 ZPO (sog. Titelergänzungsverfahren) oder ein Abänderungsverfahren nach § 239 FamFG anzustrengen ist. Die Jugendamtsurkunde bzw. die notarielle Urkunde nach § 794 Abs. 1 Nr. 5 ZPO würde als Titel minderen Werts behandelt, wenn ohne weiteres eine vollständige erneute Titulierung nach §§ 253, 258 ZPO möglich wäre.

2942 Das OLG Düsseldorf[1217] ist der Meinung, dass auch bei einer einseitigen Verpflichtungserklärung des Unterhaltsschuldners der Berechtigte eine Anhebung der titulierten Unterhaltsrente lediglich im Wege des Abänderungsverfahrens geltend machen kann; ein »Wahlrecht auf Leistungsverfahren« stehe ihm nicht zu. Eine Abänderung erfolgt nach der Vorschrift des § 239 FamFG, die bei einer Störung der Geschäftsgrundlage eingreift.

2943 Der BGH[1218] hält nur einen Leistungsantrag nach §§ 253, 258 ZPO für zulässig, wenn der Unterhaltsschuldner mit einem außergerichtlichen Titel lediglich einen Sockelbetrag als Teilunterhalt anerkannt hat. Der restliche Unterhalt (der sog. Spitzenbetrag) kann nicht im Weg des Abänderungsantrags nach § 239 FamFG geltend gemacht werden.

2944 Nur wenn der Unterhaltsschuldner mit dem außergerichtlichen Titel den vollen Unterhalt anerkennen und der Unterhaltsgläubiger sich darauf einlassen würde, wäre eine spätere Anpassung im Weg des Abänderungsantrags nach § 239 FamFG möglich, was eine Vollstreckung aus einem einheitlichen Titel ermöglichen würde.

2945 Eine solche Vereinbarung des vollen Unterhalts liegt nach Auffassung des BGH allerdings nicht vor, wenn die Beteiligten schon außergerichtlich über die Höhe des vollen Unterhalts streiten und sich nicht auf einen Betrag einigen können. Aus der Sicht des Unterhaltsgläubigers, auf die es insoweit ankommt, hat der Unterhaltsschuldner dann nur einen Teil des begehrten Unterhalts anerkannt. Und auch der Unterhalts-

---

1217  OLG Düsseldorf, NJW-RR 2006, 946.
1218  BGH, NJW 2010, 238, 239; vgl. auch BGH, FamRZ 2007, 983.

schuldner weiß im Fall eines fortdauernden Streits über die Unterhaltshöhe, dass er nur einen Teilbetrag des verlangten Unterhalts akzeptiert hat.

Der streitige Spitzenbetrag ist dann mit einem **Titelergänzungsantrag nach §§ 253, 258 ZPO** geltend zu machen.    2946

▶ Anwaltlicher Hinweis:

Die Folge einer solchen zweigleisigen Titulierung ist brisant:    2947

**Beispiel:** Freiwilliger Titel über 500 € + gerichtlicher Titel über (weitere) 100 €.

Der **Unterhaltsschuldner**, der aufgrund einer Änderung der wirtschaftlichen Verhältnisse später eine Abänderung der Unterhaltspflicht zu seinen Gunsten wünscht, müsste einerseits die Abänderung des außergerichtlichen Titels nach §§ 239 FamFG; 313 BGB sowie andererseits, für den ergänzenden gerichtlichen Titel mit materieller Rechtskraft, die Abänderung nach § 238 FamFG beantragen.

**Zum o.g. Beispiel:** Soweit der Unterhaltsschuldner um bis zu 100 € weniger zahlen will, wendet er sich gegen den gerichtlichen Titel – also ist § 238 FamFG einschlägig.

Soweit er noch weniger zahlen will, will er auch den Basistitel abgeändert haben – also sind §§ 239, 313 FamFG einschlägig. Die Vorgehensweise hängt also von den Beträgen ab. **Der Unterhaltsschuldner muss aber immer von oben nach unten vorgehen.**

Der **Unterhaltsgläubiger**, der eine Erhöhung der Unterhaltspflicht begehrt, müsste nach § 238 FamFG die Abänderung des titulierten Spitzenbetrags anstreben, denn er will die Rechtskraft der gerichtlichen Entscheidung »weitere 100 €« angreifen.

### ccc) *Freiwillige Zahlung des Schuldners in voller Höhe*

Ein Rechtsschutzbedürfnis für ein Unterhaltsverfahren (mit Unterhaltstitulierung) besteht selbst dann, wenn der Schuldner regelmäßig und freiwillig zahlt. Dies gilt für die gesamte Unterhaltsforderung (also nicht nur für den streitigen Spitzenbetrag, sondern auch für den unstreitigen Sockelbetrag).    2948

Der Unterhaltsberechtigte hat nämlich einen **Titulierungsanspruch**, weil der Unterhaltsschuldner seine freiwilligen Zahlungen ohne Titulierung jederzeit einstellen kann; der Unterhaltsgläubiger ist aber auf laufende pünktliche Unterhaltsleistungen angewiesen, da der Unterhalt für den Lebensbedarf benötigt wird. § 258 ZPO sieht deswegen ausdrücklich die Möglichkeit eines Antrags auf künftige wiederkehrende Leistungen vor.    2949

2950   Allerdings gibt ein Unterhaltsschuldner, der den vollen geschuldeten Unterhalt regelmäßig zahlt, dem Unterhaltsgläubiger keinen Anlass zur Erhebung eines Unterhaltsantrags i.S.v. § 243 Nr. 4 FamFG i.V.m. § 93 ZPO. Der Unterhaltsgläubiger muss
deswegen, wenn er die nachteiligen Kostenfolgen eines sofortigen Anerkenntnisses
nach § 243 Nr. 4 FamFG i.V.m. § 93 ZPO vermeiden will, den Unterhaltsgläubiger in solchen Fällen zunächst zur außergerichtlichen Titulierung des Unterhaltsanspruchs auffordern.

2951   Nochmals: Zahlt der Unterhaltsschuldner den vollen geschuldeten Unterhalt und
wurde er vor Antragserhebung nicht ordnungsgemäß zur Titulierung aufgefordert,
kann er im Unterhaltsverfahren wirksam sofortig anerkennen, mit der Kostenfolge
nach § 243 Nr. 4 FamFG i.V.m. § 93 ZPO.[1219]

▶ **Anwaltlicher Hinweis:**

2952   Auch VKH wird dem Unterhaltsgläubiger für ein solches Verfahren auf Gesamtunterhalt wegen Mutwilligkeit verweigert, wenn dem Schuldner nicht zuvor Gelegenheit gegeben wird, eine vollstreckbare Verpflichtungserklärung i.H.d.
freiwilligen Leistung abzugeben.[1220]

Ein weiteres Problem in diesem Zusammenhang ist die Frage, wer die **Titulierungskosten** zu tragen hat. Der Kindesunterhalt wird vom Jugendamt kostenfrei
tituliert (§§ 59 Abs. 1 Satz 1 Nr. 3, 60 SGB VIII), sodass die Übernahme der
Titulierungskosten keine Rolle spielt. Kostenfreiheit besteht auch für die Titulierung des Unterhalts nach § 1615l BGB (§§ 59 Abs. 1 Satz 1 Nr. 4, 60 SGB VIII).
Wird hingegen Ehegattenunterhalt gefordert, ist umstritten, wer die Titulierungskosten zu tragen hat. Richtigerweise sollte die Übernahme der Titulierungskosten
eine Nebenpflicht des Unterhaltsschuldners sein, da der Bedürftige kaum mit
diesen Kosten belastet werden kann.[1221]

*ddd) Freiwillige Teilzahlung des Unterhalts*

2953   Einer Klärung bedarf nunmehr, ob der Unterhaltsschuldner, der freiwillig nur einen
Teil der geforderten Unterhaltsleistungen bezahlt, Veranlassung zu einem Unterhaltsantrag auf vollen Unterhalt bietet, insb. wenn er zuvor nicht zur Titulierung des freiwillig gezahlten Teils aufgefordert worden ist.

2954   Mitunter wird die Auffassung vertreten, ein Unterhaltsschuldner, der nur Teilleistungen
auf den geschuldeten Unterhalt erbringe, gebe durch sein Verhalten hinsichtlich des

---

1219  BGH, NJW 2010, 238, 239.
1220  OLG München, FamRZ 1994, 1126.
1221  So auch Hdb. FamR/*Gerhardt*, Kap. 6 Rn. 16 a.E.; OLG Nürnberg, FamRZ 2002,
       1179; a.A. KG, FamRZ 2011, 1319; OLG Karlsruhe, NJW 2003, 2922; Horndasch/
       Viefhues/*Götsche*, FamFG, § 76 Rn. 92.

vollen Unterhaltsanspruchs Veranlassung zur Einreichung des gerichtlichen Unterhaltsantrags i.S.v. § 243 Nr. 4 FamFG i.V.m. § 93 ZPO.[1222]

Nach der Gegenauffassung gibt ein Unterhaltsverpflichteter im Umfang eines freiwillig gezahlten Teilbetrags auf den geschuldeten Unterhalt keine Veranlassung zu einem Unterhaltsantrag, wenn er nicht vorprozessual aufgefordert worden ist, diesen Teilbetrag titulieren zu lassen.[1223] Danach kommt in einem anschließenden Unterhaltsverfahren ein sofortiges Anerkenntnis des Unterhaltsschuldners i.S.d. § 243 Nr. 4 FamFG i.V.m. § 93 ZPO in Betracht.[1224]    2955

Teilweise wird dann aber doch wieder eingeschränkt, dass der Unterhaltsschuldner Veranlassung zur Erhebung des gesamten Unterhaltsantrags gegeben hat, wenn der geschuldete Unterhalt erheblich über dem tatsächlich gezahlten Unterhalt liege.[1225]    2956

Der BGH[1226] vertritt die zuerst genannten Auffassung.    2957

Der Gläubiger hat nach Ansicht des BGH **zum einen** ein **Titulierungsinteresse** für den vollen geschuldeten Unterhalt, wenn der Unterhaltsschuldner lediglich einen Teilbetrag auf den geschuldeten Unterhalt zahlt.    2958

Hinsichtlich des nicht gezahlten Teils des Unterhalts ist ein Titel allein schon deswegen erforderlich, weil erst dieser dem Unterhaltsgläubiger die Vollstreckung ermöglicht.    2959

Ein Titulierungsinteresse besteht allerdings auch hinsichtlich des gezahlten Teilbetrags. Das Titulierungsinteresse unterscheidet sich insofern nicht von den Fällen, in denen der Unterhaltsschuldner regelmäßig den vollen Unterhalt zahlt (s. Rdn. 2948 ff.).    2960

Eine **vorherige Aufforderung zur außergerichtlichen Titulierung** des freiwillig gezahlten Sockelbetrags ist **zum anderen** nach Auffassung des BGH auch im Hinblick auf ein sofortiges Anerkenntnis i.S.d. § 243 Nr. 4 FamFG i.V.m. § 93 ZPO nicht erforderlich, da der Unterhaltsschuldner Anlass zur Einleitung der Unterhaltssache hinsichtlich des gesamten Unterhalts gibt.[1227]    2961

Diese Auffassung ist nachvollziehbar. Eine außergerichtliche Titulierung führt nämlich lediglich zu einem Titel über den freiwillig gezahlten Teil des geschuldeten Unterhalts (Sockelbetrag). Der weiter gehende Unterhaltsanspruch, d.h. der streitige Spitzenbetrag, ist nicht vollstreckbar.    2962

---

1222  OLG Zweibrücken, FamRZ 2002, 1130; OLG Köln, NJW-RR 1998, 1703; OLG Düsseldorf, FamRZ 1991, 1207; OLG Koblenz, FamRZ 1986, 826.
1223  Hdb. FamR/*Gerhardt*, Kap. 6 Rn. 17.
1224  OLG Oldenburg, FamRZ 2003, 1575; OLG Karlsruhe, FamRZ 2002, 102; OLG Nürnberg, NJWE-FER 2000, 100 = FamRZ 2000, 621.
1225  OLG Oldenburg, FamRZ 2003, 1575; OLG Nürnberg, NJW-RR 2001, 1376 = FamRZ 2002, 252; OLG Düsseldorf, FamRZ 1994, 117; OLG Hamm, FamRZ 1993, 712.
1226  BGH, NJW 2010, 238 ff.
1227  Vgl. auch Hdb. FamR/*Gerhardt*, Kap. 6 Rn. 17.

2963 Der Unterhaltsgläubiger wäre mithin gezwungen, den restlichen Unterhalt zusätzlich durch einen Leistungsantrag nach §§ 253, 258 ZPO titulieren zu lassen, um die Vollstreckungsmöglichkeit herbeizuführen.

2964 Ein solches zweigleisiges Verfahren mit den Folgen der unterschiedlichen späteren Abänderbarkeit der beiden Titel nach §§ 239 FamFG, 313 BGB für den außergerichtlichen Titel einerseits und nach § 238 FamFG für den ergänzenden gerichtlichen Titel mit materieller Rechtskraft andererseits, ist dem Unterhaltsgläubiger nicht zumutbar.

*cc) Formulierung des Unterhaltsantrags*

2965 Hinsichtlich des Unterhaltsantrags ist zu beachten:
- Bei mehreren Antragstellern (z.B. Ehegatte und Kind) kann der Unterhalt nicht in einem Gesamtbetrag, sondern nur aufgeschlüsselt nach Personen verlangt werden.
- Wird Alters- und/oder Krankenvorsorgeunterhalt verlangt, müssen diese Beträge neben dem begehrten Elementarunterhalt gesondert beziffert werden.[1228]
- Sollen Alters- und Krankenvorsorgeunterhalt nicht sofort, aber später zusätzlich beantragt werden oder soll lediglich ein Teil des an sich beanspruchten Gesamtunterhalts eingefordert werden, ist das Unterhaltsverfahren ausdrücklich als Teilverfahren zu bezeichnen (offenes Teilverfahren) oder dies zumindest in der Antragsbegründung zum Ausdruck zu bringen. In der bloßen Geltendmachung des Quotenunterhalts liegt kein solcher Vorbehalt. Die Vermutung spricht gegen einen Teilantrag.
- Bei wirksamem Vorbehalt erfolgt die Nachforderung (besser: zusätzliche Forderung) durch Zusatzverfahren; dies ist ein gewöhnliches Leistungsverfahren.
- Konsequenzen bei fehlendem Vorbehalt: Ist der Vorbehalt nicht deutlich gemacht (z.B. wurde kommentarlos die 45 %-Quote gefordert) ist ein weiteres späteres Leistungsverfahren (Zusatzverfahren) unzulässig.[1229] Ein Abänderungsantrag nach § 238 FamFG kommt zwar grundsätzlich in Betracht, setzt aber eine wesentliche Änderung der Verhältnisse voraus.

*dd) Checkliste*

▶ **Checkliste Unterhaltsantrag nach §§ 253, 258 ZPO**

2966 I. **Zuständiges FamG**
    1. sachlich, §§ 23a Abs. 1 Nr. 1 GVG i.V.m. § 111 Nr. 8 FamFG
    2. örtlich, § 232 FamFG
II. **Antrag, §§ 253, 258 ZPO**
    1. Bestimmter Antrag erforderlich, § 253 Abs. 2 Nr. 2 ZPO

---

1228 OLG Brandenburg, NZFam 2020, 345.
1229 BGH, FamRZ 2015, 309.

▶ Beispiel:

Der Antragsgegner wird verpflichtet, an das Kind ..., geboren am ..., zu Händen der Mutter 115 % des Mindestunterhalts i.S.d. § 1612a Abs. 1 BGB der jeweils geltenden Altersstufe, abzgl. des auf das Kind entfallenden hälftigen Kindergeldanteils zu bezahlen, zahlbar monatlich im Voraus ab dem ...

    2. Ausnahme: Stufenantrag nach § 254 ZPO

### III. Beteiligte, § 7 FamFG
☐ Antragsteller
☐ Antragsgegner

### III. Anwaltszwang, § 114 Abs. 1 FamFG
### IV. Rechtsschutzbedürfnis

fehlt, wenn diese Titel in der Unterhaltssache bereits bestehen:
☐ Unterhaltsbeschluss,
☐ prozessualer Unterhaltsvergleich,
☐ Rechtsanwaltsvergleich (§ 796a ZPO), der gem. § 796b ZPO für vollstreckbar erklärt werden kann, falls seine Wirksamkeit nicht vom Gläubiger bestritten wird.

## c) Antrag auf Auskunft

▶ **Das Wichtigste in Kürze**

– Der Antragsgegner schuldet Auskunft **und** die Vorlage von Belegen, vgl. § 1605 Abs. 1 BGB. → Rdn. 2993 ff.   **2967**

– Soweit eine **Auskunft über das Vermögen** gefordert werden kann, ist diese **stichtagsbezogen**; praktikabel ist etwa der 31.12. eines bestimmten Jahres. → Rdn. 2988, 3058

– Der Auskunftsanspruch muss grds. nicht durch **substanziierten Vortrag** zum Unterhaltsanspruch begründet werden. → Rdn. 2980

– Im Hinblick auf die Kostenregelung des § 243 Nr. 2 FamFG sollte der Unterhaltsschuldner vor Einleitung eines Unterhaltsverfahrens unbedingt außergerichtlich zur Auskunft aufgefordert werden. → Rdn. 3046 ff.

Mitunter wird bereits die geforderte Auskunft über die Einkommens- und Vermögensverhältnisse verweigert. Der Unterhaltsberechtigte hat allerdings einen materiellen Anspruch auf die Auskunft, der isoliert gerichtlich geltend gemacht werden kann bzw. aber auch im Rahmen eines Stufenverfahrens nach § 254 ZPO.   **2968**

### aa) Materieller Auskunftsanspruch (§ 1605 BGB)

§ 1605 BGB regelt für den Verwandtenunterhalt, dass Verwandte in gerader Linie einander Auskunft über ihre Einkünfte und ihr Vermögen schulden.   **2969**

Darüber hinaus ist die Vorschrift auf den Unterhaltsanspruch zwischen den nicht verheirateten Eltern eines Kindes (§ 1615l Abs. 3 Satz 1 BGB), zwischen getrennt   **2970** lebenden (§ 1361 Abs. 4 Satz 4 BGB) und geschiedenen Eheleuten (§ 1580 Satz 2 BGB) sowie auf den nachpartnerschaftlichen Anspruch nach § 16 LPartG anwendbar.

2971   Die Norm will den an einem Unterhaltsrechtsverhältnis Beteiligten die notwendigen Kenntnisse verschaffen, um den Unterhalt zutreffend berechnen und Einwendungen in geeigneter Form vorbringen zu können.

2972   Auch hat der Auskunftsanspruch den Zweck, mittels Information einen Rechtsstreit zu vermeiden.

2973   Insoweit sind die § 243 Satz 2 Nr. 2 und Nr. 3 FamFG zu berücksichtigen, die nach billigem Ermessen die völlige oder teilweise Kostenbelastung desjenigen Auskunftspflichtigen gestatten, der zu einem gerichtlichen Verfahren dadurch Anlass gegeben hat, dass er seiner Verpflichtung, über die Einkünfte und das Vermögen Auskunft zu erteilen, nicht oder nicht vollständig nachgekommen ist.

*aaa) Auskunftsvoraussetzungen*

2974   Der Unterhaltsberechtigte hat grds. einen Auskunftsanspruch nach § 1605 BGB, es sei denn,
   –   die **letzte Auskunft liegt weniger als 2 Jahre** zurück und der Unterhaltspflichtige hat inzwischen keine wesentlich höheren Einkünfte oder kein weiteres Vermögen dazu erworben (§ 1605 Abs. 2 BGB i.V.m. § 1361 Abs. 4 Satz 3 BGB oder § 1580 Satz 2 BGB) oder
   –   sie kann unter keinem denkbaren Gesichtspunkt den Unterhaltsanspruch beeinflussen.[1230]

2975   Der Unterhaltsschuldner kann seine Auskunftspflicht auch nicht dadurch umgehen, dass er sich für **unbeschränkt leistungsfähig** erklärt.[1231]

2976   Ein Auskunftsanspruch gegen den Unterhaltspflichtigen ist immer schon dann gegeben, wenn unabhängig von der tatsächlichen Vermutung der Einkommensverwendung eine Darlegung des Bedarfs nach der Quotenmethode in Betracht kommt. Aufgrund der Erklärung des Unterhaltspflichtigen, er sei »unbegrenzt leistungsfähig«, entfällt der Auskunftsanspruch noch nicht.[1232]

*bbb) Auskunftsberechtigung*

2977   Auskunftsberechtigt sind die Verwandten in gerader Linie nach § 1601 BGB (bzw. bei Verweisung die entsprechenden Beteiligten des Unterhaltsschuldverhältnisses).

2978   Der Auskunftsanspruch steht dem Unterhaltsberechtigten ebenso wie dem Unterhaltspflichtigen zu. Dem Unterhaltsberechtigten vermittelt er die Kenntnis über das

---

1230  BGH, NJW 2018, 468; OLG Saarbrücken, NJOZ 2017, 123.
1231  BGH, FamRZ 2021, 28 (für Kindesunterhalt; vgl. dazu auch *Breuers/Thormeyer* FuR 2018, 179.
1232  BGH, FamRZ 2021, 28; NJW 2018, 468 = NZFam 2018, 130; vgl. Rdn. 2790 ff.

Einkommen des Unterhaltspflichtigen sowie über das Vermögen, soweit dieses für die Bemessung des Unterhalts von Bedeutung werden kann.

Auskunftsberechtigt sind darüber hinaus die Träger der Sozialhilfe. Nach § 94 Abs. 1 Satz 1 SGB XII geht zugleich mit dem Unterhaltsanspruch auch der unterhaltsrechtliche Auskunftsanspruch über. Dies gilt nach § 7 UVG ebenfalls für die nach diesem Gesetz zuständigen Behörden. **2979**

▶ **Taktischer Hinweis:**

> Der Auskunftsanspruch muss grds. nicht durch **substanziierten Vortrag** zum Unterhaltsanspruch begründet werden.[1233] **2980**
>
> Der Auskunftsanspruch nach § 1605 BGB bezweckt nämlich, dem Unterhaltsgläubiger die notwendigen Informationen für die Berechnung seines Unterhaltsanspruchs zu verschaffen. Der Auskunftsanspruch setzt daher das Bestehen eines Unterhaltsanspruchs voraus. Jedoch bedarf es i.d.R. keines substanziierten Vortrags zu dem Unterhaltsanspruch, da regelmäßig erst nach Erteilung der Auskunft feststeht, ob ein solcher Unterhaltsanspruch überhaupt besteht. Seiner Darlegungslast genügt der Unterhaltsgläubiger daher im Normalfall dadurch, dass er auf das in Betracht kommende Unterhaltsrechtsverhältnis hinweist und in allgemeiner Hinsicht den Grund für die Inanspruchnahme auf Unterhalt nennt.

### ccc) Inhalt der Auskunft

Die Auskunft ist nach § 1605 Abs. 1 Satz 1 BGB über Einkünfte und Vermögen zu erteilen. Sie wird umfassend geschuldet und hat alle Positionen zu enthalten, die für die Beurteilung der Leistungsfähigkeit von Bedeutung sein können. Solche Positionen sind die Bezüge, Abzüge und Belastungen sowie auch das Vorhandensein von anderen vor- und gleichrangigen Unterhaltsberechtigten. Grds. ist die Darstellung der gesamten Einkünfte für den Zeitraum eines Jahres erforderlich. **2981**

Der **unselbstständige Arbeitnehmer** hat das tatsächlich erzielte Einkommen (Bruttogehalt, gesetzliche Abzüge wie Steuern und Sozialabgaben, unterjährige Sonderzahlungen, Spesen, Auslösungen, Tantiemen, Einkünfte aus Nebentätigkeit, Krankengeld und sonstige Sozialleistungen, Kapitaleinkünfte, Einkünfte aus Vermietung und Verpachtung) anzugeben. Dazu zählt auch, ob und mit welchem Ergebnis ein Steuererstattungsverfahren durchgeführt wurde. **2982**

Der **selbstständig Erwerbstätige** schuldet regelmäßig die Auskunft für einen 3-Jahres-Zeitraum. **2983**

Er hat seine Einnahmen und Ausgaben so darzustellen, dass die allein steuerlich beachtlichen Absetzungen und Aufwendungen von solchen abgegrenzt werden können, die unterhaltsrechtlich von Bedeutung sind. Der Selbstständige schuldet damit **2984**

---

1233 OLG Brandenburg, FamRZ 2007, 288.

grds. die Vorlage einer sog. Unterhaltsbilanz.[1234] Deshalb kann der Auskunftsberechtigte auch verlangen, dass ihm Auskunft über einzelne Titel der Bilanz, der Gewinn- und Verlustrechnung oder der Steuererklärung erteilt wird, um nachvollziehen zu können, wie sich die betreffende Position errechnet. Der Auskunftpflichtige kommt seiner Auskunftpflicht rechtzeitig nach, wenn er den für die Ermittlung seines Einkommens erforderlichen Jahresabschluss innerhalb von 6 Monaten nach Ablauf des Geschäftsjahres (§ 243 HGB), ggf. mit den notwendigen Erläuterungen, dem Auskunftsberechtigten übermittelt.

**2985**   Die Auskunft ist nach §§ 260, 261 BGB zu erteilen. Sie hat die systematische Zusammenstellung aller erforderlichen Angaben zu umfassen, die notwendig sind, um dem Auskunftsberechtigten ohne übermäßigen Arbeitsaufwand eine Berechnung seiner Unterhaltsansprüche zu ermöglichen. Die Auskunft ist eine Wissenserklärung, die der Schriftform bedarf und vom Auskunftpflichtigen persönlich abzugeben ist, wobei er sich für die Übermittlung eines Boten bedienen kann.[1235] Auch kann eine **Vollständigkeitserklärung** verlangt werden.[1236]

**2986**   Das KG[1237] fasst diese Anforderungen wie folgt zusammen:

> »Die Auskunft ist gemäß §§ 260, 261 BGB durch Vorlage einer systematischen Aufstellung aller Angaben zu erteilen, die erforderlich sind, damit der Berechtigte ohne übermäßigen Arbeitsaufwand seinen Unterhaltsanspruch berechnen kann. Das erfordert in der Regel die Vorlage einer geschlossenen Aufstellung. Für die Erteilung der Auskunft genügt es insbesondere nicht, dass lediglich eine Reihe von Belegen vorgelegt wird (…). Anzugeben ist bei selbstständig Tätigen – wie dem Antragsgegner – das gesamte Einkommen, Art und Höhe aller Abzüge und die sich daraus ergebenden Nettoeinkünfte. Fehlt es an einer dergestalt äußerlich ordnungsgemäßen Aufstellung, ist die Auskunftpflicht auch nicht teilweise erfüllt. So genügt beispielsweise nicht die bloße Angabe der zu versteuernden Jahreseinkünfte nebst der Vorlage der jeweiligen Steuerbescheide und der Steuererklärungen. Denn das zu versteuernde Einkommen ermöglicht keinen zuverlässigen Überblick über das unterhaltsrelevante Einkommen, da steuerliche Absetzungen möglich sind, die unterhaltsrechtlich als einkommensmindernd ganz oder teilweise nicht anzuerkennen sind. Deshalb genügt die bloße Angabe des Endergebnisses entsprechend dem Steuerbescheid nicht; vielmehr müssen die gesamten Einnahmen und die damit zusammenhängenden Ausgaben niedergeschrieben werden, damit der Berechtigte im Stande ist, deren unterhaltsrechtliche Relevanz nachzuprüfen (…). Die Ausgaben müssen also so konkret dargestellt werden, dass die allein steuerlich beachtlichen Aufwendungen von unterhaltsrechtlich relevanten abgegrenzt werden können.«

**2987**   Die Pflicht zur Auskunftserteilung umfasst auch das **Vermögen**, soweit die Auskunft zur Feststellung eines Unterhaltsanspruchs oder einer Unterhaltsverpflichtung erforderlich ist. Sie wird danach nur geschuldet, wenn der Unterhaltpflichtige ausnahmsweise für den Unterhalt seinen Vermögensstamm einzusetzen hat. Dazu muss der Auskunftsberechtigte ausreichenden Vortrag geben. Die Auskunft kann nur auf einen

---

1234  BGH, NJW 1984, 303; BGH, NJW 1980, 2083; Strohal, S. 101 ff.
1235  KG, FamRZ 2015, 1973.
1236  BGH, FamRZ 2003, 1922.
1237  KG, FamRZ 2015, 1973.

bestimmten Zeitpunkt bezogen erteilt werden. Eine Auskunft über den Verbleib oder die Verwendung eines Vermögensgegenstands scheidet aus.

▶ Anwaltlicher Hinweis:

Die Auskunft über das Vermögen ist stichtagsbezogen. Geschuldet ist ein Verzeichnis i.S.v. § 260 Abs. 1 BGB zum Vermögensbestand mit Wertangaben. Unbedingt zu beachten ist, dass im Rahmen des Auskunftsanspruchs der Stichtag festgelegt wird, da ansonsten die Vollstreckbarkeit nicht gesichert ist. Praktikabel ist als Stichtag der Vermögensbewertung der 31.12. des Vorjahres.[1238]    **2988**

### ddd) Pflicht zur ungefragten Information (§ 242 BGB)

Nur in Ausnahmefällen besteht bislang neben dem Auskunftsanspruch nach § 1605 BGB eine Pflicht zur ungefragten Information, abgeleitet aus Treu und Glauben. Dies kann etwa den Fall betreffen, dass die bedürftige Person wieder eine Arbeit gefunden hat und dadurch Einkünfte erzielt. Eine ungefragte Information kommt also in Betracht, wenn eine für den Unterhaltsanspruch ersichtlich grundlegende Veränderung der wirtschaftlichen Verhältnisse eingetreten und ein Schweigen darüber **evident unredlich** ist.[1239]    **2989**

Grundsätzlich besteht aber keine allgemeine Pflicht zur ungefragten Offenbarung veränderter Verhältnisse. Eine weitergehende Verpflichtung des Unterhaltsberechtigten zur ungefragten Information über Entwicklungen, die für eine Unterhaltsbemessung von Bedeutung sein können, ist allerdings dann zu bejahen, wenn die Beteiligten den **Unterhalt durch Vereinbarung geregelt** haben. Diese begründet eine vertragliche Treuepflicht des Inhalts für den Unterhaltsberechtigten, den Unterhaltspflichtigen ohne Aufforderung von sich aus über wesentliche Veränderungen in seiner Sphäre zu informieren, die Auswirkungen auf die Unterhaltsverpflichtung haben können.[1240]    **2990**

Macht ein Unterhaltsberechtigter Ansprüche geltend, hat er die der Begründung seines Anspruchs dienenden tatsächlichen Umstände wahrheitsgemäß anzugeben und darf nichts verschweigen, was seine Unterhaltsbedürftigkeit infrage stellen könnte. Dies gilt erst recht während eines laufenden Rechtsstreits im Blick auf § 138 Abs. 1 ZPO und die daraus resultierende prozessuale Wahrheitspflicht (ansonsten könnte ein Prozessbetrug gegeben sein); Umstände, die sich auf den geltend gemachten Anspruch auswirken können, sind ungefragt zu offenbaren, unabhängig von der Einschätzung des Unterhaltsberechtigten, der einen Einfluss auf die Unterhaltsbedürftigkeit nach Lage des Falls verneint.    **2991**

---

1238 Horndasch, Rn. 509.
1239 BGH, NJW 1988, 1965; OLG Naumburg, FamRZ 2005, 365.
1240 OLG Brandenburg, Beschl. vom 26.03.2020, 15 UF 164/18 = FuR 2021, 36.

▶ **Anwaltlicher Hinweis:**

2992    Eine ausdrückliche Verpflichtung zur ungefragten Information ist – wie oben dargestellt – bislang nicht kodifiziert; eine solche Pflicht wird nur bei vorausgegangener Unterhaltsvereinbarungen aus §§ 242, 1618a BGB abgeleitet.[1241]

Die Vorschrift des § 235 Abs. 3 FamFG sollte es zulassen, die Pflicht zur ungefragten Information der Beteiligten über die maßgeblichen wirtschaftlichen Verhältnisse, die der Unterhaltsbemessung zugrunde liegen, auf alle Unterhaltsschuldverhältnisse – unabhängig von der jeweiligen Titulierung – auszudehnen. Grundlage dieser Pflicht ist bereits das Unterhaltsschuldverhältnis, das einen Dauerschuldcharakter hat. Für Dauerschuldverhältnisse ist aber anerkannt, dass wechselseitige Rücksichtnahmepflichten und Offenbarungspflichten bestehen.

Eine Änderung der bislang sehr restriktiven Rechtsprechung zu dieser Frage ist aber aktuell nicht erkennbar.

*eee) Vorlage von Belegen*

2993    Der Auskunftsanspruch nach § 1605 BGB umfasst die Vorlage von Belegen; dieser Anspruch bedarf der gesonderten Titulierung.

2994    Der **unselbstständig tätige Unterhaltspflichtige** hat die Lohn- bzw. Gehaltsbescheinigungen i.d.R. für den Jahreszeitraum (letztes Kalenderjahr oder die vergangenen 12 Monate) vorzulegen. Hinzu kommen ggf. Abrechnungen über Spesen und Auslösungen, Krankengeld-, Arbeitslosengeld-, Arbeitslosenhilfe- oder Rentenbescheide. Die Vorlagepflicht umfasst auch Steuerbescheide, die in dem von der Auskunft umfassten Zeitraum ergangen sind, sowie die Steuererklärung.[1242]

2995    Der **Selbstständige** hat auf Verlangen die Bilanzen nebst Gewinn- und Verlustrechnungen, die Einkommensteuererklärung und den Einkommensteuerbescheid vorzulegen.

▶ **Taktischer Hinweis:**

2996    Ist der Unterhaltsschuldner **selbstständig**, wird regelmäßig nur der Einkommensteuerbescheid, die Bilanz bzw. die Gewinn- und Verlustrechnung vorgelegt. Danach ist der Unterhaltsanspruch sehr oft nur gering, da der Selbstständige Abschreibungsmöglichkeiten und andere steuerlich zulässige Möglichkeiten hat (z.B. eine Ansparrücklage), um sich »arm« zu rechnen.

Nach herrschender Meinung ist allerdings eine sog. Unterhaltsbilanz vorzulegen.

---

1241 Vgl. dazu OLG Brandenburg, Beschl. vom 26.03.2020, 15 UF 164/18 = FuR 2021, 38; BGH, FamRZ 2008, 1325 m. Anm. *Borth*.
1242 BGH, NJW 1983, 2243.

Der BGH[1243] umschreibt diese Anforderungen in ständiger Rechtsprechung wie folgt:

»Aus einem Einkommensteuerbescheid lässt sich die Höhe der zu versteuernden Einkünfte und des steuerlichen Nettoeinkommens entnehmen. Er ist regelmäßig geeignet, wenigstens ein Mindesteinkommen als Grundlage der Unterhaltsbemessung zu belegen. Das steuerlich relevante Einkommen und das unterhaltspflichtige Einkommen sind nicht identisch. Das Steuerrecht erkennt in bestimmten Zusammenhängen Aufwendungen als einkommensmindernd an und gewährt Abschreibungen und Absetzungen, denen eine tatsächliche Vermögenseinbuße nicht oder nicht in diesem Umfang entspricht. Die steuerlichen Absetzungen haben daher unterhaltsrechtlich außer Betracht zu bleiben, soweit sie sich nicht mit einer tatsächlichen Verringerung der für den Lebensbedarf verfügbaren Mittel decken. Der Unterhaltspflichtige, der sich auf sein zu versteuerndes Einkommen bezieht, muss die hierbei abgesetzten Beträge so darlegen, dass die allein steuerrechtlich beachtlichen von den auch unterhaltsrechtlich abzugsfähigen Aufwendungen abgegrenzt werden können. Die ziffernmäßige Aneinanderreihung einzelner Kostenarten wie Abschreibungen, allgemeine Kosten, Rückstellungen, Entnahmen und dergleichen genügt diesen Anforderungen nicht; die erforderlichen Darlegungen können auch nicht durch den Antrag auf Vernehmung des Steuerberaters ersetzt werden.«

Eine sorgfältige Erfüllung des Auskunftsanspruchs hat diesen Anforderungen gerecht zu werden.[1244]

Erhebliche Korrekturen unter unterhaltsrechtlichen Gesichtspunkten sind zu erwarten, wenn im Einkommensteuerbescheid Immobilienabschreibungen, Ansparrücklage, Entnahmen (sind letztlich vorweggenommene Gewinne) etc. auftauchen.

Es ist jedenfalls völlig unzureichend, wenn sich der Auskunftspflichtige ausschließlich auf die steuerliche Gewinnermittlung beschränkt.

Bestreitet der Unterhaltsschuldner seine Leistungsfähigkeit, nachdem der Kläger die wirtschaftlichen Lebensverhältnisse der Beteiligten umfassend dargestellt hat, allein mit dem Hinweis auf die vorgelegten Einkommensteuerbescheide, ist dies völlig unzureichend. Der Beklagte ist hier in der Beweislast.

*Strohal*[1245] führt dazu wie folgt aus:

»Der beklagte Selbstständige kann diesen Tatsachenvortrag nur dadurch umzustoßen versuchen, dass er konkret über seine Einkünfte unter Einbeziehung unterhaltsrechtlicher Differenzierung Auskunft erteilt. Gelingt ihm dieser substanziierte Sachvortrag nicht, gilt der Vortrag des Klägers als zugestanden.«

---

1243  BGH, NJW 1980, 2083 oder BGH, NJW 1984, 303; vgl. auch BGH, FamRZ 2012, 290.
1244  Vgl. Strohal, S. 101, Rn. 183.
1245  Strohal, S. 167, Rn. 280.

*fff) Erneute Auskunft (§ 1605 Abs. 2 BGB)*

2997   Erst nach Ablauf von 2 Jahren kann Auskunft erneut verlangt werden. Ansonsten muss glaubhaft gemacht werden, dass der Auskunftsverpflichtete wesentlich höhere Einkünfte oder weiteres Vermögen erworben hat.

2998   Der Schutzzweck der Vorschrift besteht darin, überflüssige Abänderungsverfahren ggü. bestehenden Unterhaltstiteln zu vermeiden, da sich innerhalb eines 2-Jahres-Zeitraums in aller Regel die Einkünfte nicht in dem nach § 238 FamFG vorausgesetzten Umfang ändern.

2999   Wegen fehlender Identität von Trennungs- und Nachscheidungsunterhalt findet Abs. 2 keine Anwendung, wenn nach Erteilung der Auskunft zum Trennungsunterhalt vor Ablauf der 2-Jahres-Frist Auskunft zum Nachscheidungsunterhalt gefordert wird.[1246]

3000   Die **Wiederverheiratung** des geschiedenen Ehegatten bietet hinreichende Grundlage für einen Auskunftsanspruch nach § 1605 Abs. 2 BGB.[1247]

3001   Der Beginn der 2-Jahres-Frist setzt die Erfüllung des vorausgegangenen Auskunftsbegehrens voraus, d.h. die 2-Jahres-Frist beginnt mit der Erteilung der Auskunft, nicht mit dem Tag der letzten Tatsachenverhandlung über den Auskunftsanspruch.[1248]

*bb) Der (isolierte) Auskunftsantrag*

3002   Das Auskunftsbegehren kann sowohl im Rahmen eines Stufenantrags als auch isoliert erhoben werden.

▶ **Taktischer Hinweis:**

3003   Ein isolierter Auskunftsantrag ist allerdings nicht im Scheidungsverbundverfahren möglich. Der Scheidungsverbund ist auf die Regelung der Scheidungsfolgen bezogen, nicht aber auf Entscheidungen, die diese erst vorbereiten. Wird gleichwohl im Verbund ein reiner Auskunftsantrag gestellt, ist dieser nicht als unzulässig abzuweisen, sondern nach Abtrennung (§ 145 ZPO) in einem isolierten Verfahren zu behandeln.

Erstrebt der Antragsteller hingegen eine Entscheidung zugleich mit der Scheidung, kann er den Weg des Stufenantrags beschreiten, auch wenn es sich um die Abänderung eines bereits bestehenden Titels handelt. Nach § 137 Abs. 1 FamFG ist nur erforderlich, dass die letzte Stufe, d.h. der bezifferte Antrag, zusammen mit der Scheidung entschieden wird. Über den Antrag auf Auskunft ist durch **Teilbeschluss** vorweg und nicht für den Fall der rechtskräftigen Scheidung zu entscheiden, weil diese Ansprüche zwar einem einheitlichen Verfahren angehören, verfahrensmäßig aber selbstständige Teile sind.[1249]

---

1246  KG, FamRZ 2004, 1314.
1247  OLG Brandenburg, FamRZ 2003, 1684.
1248  OLG Hamm, FamRZ 2005, 1585.
1249  OLG Brandenburg, FamRZ 2007, 410, 411.

### aaa) Antrag

Die Antragsfassung in Auskunftsverfahren ist außerordentlich wichtig. Ein oberflächlich formulierter Antrag führt oft zu einer oberflächlichen Titulierung und damit zu einem unbestimmten Auskunftstitel, aus dem nicht vollstreckt werden kann.   **3004**

Keineswegs sollte riskiert werden, die Konkretisierung der Auskunftspflicht in das Vollstreckungsverfahren (§ 888 ZPO) zu verlagern, in dem zwar grds. eine Titelauslegung möglich ist, oft aber zu bleibenden Unklarheiten führt, sodass der Titel praktisch wertlos ist.   **3005**

Auch der Beleganspruch muss die verlangten Belege so genau wie möglich bezeichnen, damit die Frage, um welche Belege es sich handeln soll, nicht in das Vollstreckungsverfahren verlagert wird. Die Aufforderung, »geeignete Belege« vorzulegen, ist jedenfalls zu unbestimmt.[1250]   **3006**

**Unbrauchbar** ist der Antrag:   **3007**

»Auskunft zu erteilen über die derzeitigen Einkommensverhältnisse unter Vorlage der entsprechenden Belege«.

Der Auskunftsantrag muss – wie alle Leistungsanträge – die bestimmte Angabe des Gegenstands sowie einen bestimmten Antrag enthalten (§ 253 Abs. 2 Nr. 2 ZPO).[1251] Aus der Auskunftsvorschrift (§ 1605 BGB) lassen sich zwei verschiedene Anträge entwickeln, die zueinander selbstständig sind, nämlich:   **3008**
- **erstens:** Auskunft zu verlangen, soweit für den Unterhaltsanspruch erforderlich (§ 1605 Abs. 1 Satz 1 BGB, welche Einkunftsarten und welche Vermögensgegenstände?)
- **zweitens:** Auf Verlangen Belege vorzulegen (§ 1605 Abs. 1 Satz 2 BGB, welche Belege?)

Der richtige Antrag sollte deshalb bezeichnen,   **3009**
- für welche Zeiträume (i.d.R. volle Kalenderjahre) und über welche Art von Einkünften (z.B. Arbeitseinkommen des Arbeitnehmers oder Gewinn des Unternehmers) oder Vermögen Auskunft zu erteilen ist, und
- welche konkreten Belege verlangt werden (z.B. Lohnbescheinigungen, Bilanzen, Gewinn- und Verlustrechnungen, Einkommensteuerbescheide, Einkommensteuererklärungen).

▶ **Antrag auf Auskunft zu den Einkünften eines Arbeitnehmers**

» ..... den Antragsgegner zu verpflichten, Auskunft zu erteilen über die Einkünfte aus nicht selbstständiger Tätigkeit für die Zeit vom 01.01 ...... bis zum 31.12 ...... sowie über eine im Jahr ..... erhaltene Steuererstattung, die Lohn-/Gehaltsabrechnungen der Monate Januar bis Dezember ..... sowie einen im Jahr ..... ergangenen Steuerbescheid vorzulegen.«   **3010**

---

1250 OLG München, FamRZ 1996, 307.
1251 OLG Frankfurt, FamRZ 1991, 1334.

▶ Antrag auf Auskunft zu den Einkünften eines Selbstständigen

3011   » ..... den Antragsgegner zu verpflichten, Auskunft zu erteilen zu den Einkünften
aus einem Gewerbebetrieb in den Jahren ..... sowie zu den in den Jahren ..... und
..... erzielten Steuererstattungen, die Jahresabschlüsse ..... und zwar die Bilanz und
die Gewinn- und Verlustrechnung, die Kontennachweise zur Bilanz und zur Gewinn-
und Verlustrechnung, die Anlagenverzeichnisse, die Einkommensteuererklärungen
für die Jahre ..... nebst Anlagen, die Einkommensteuerbescheide für ..... vorzulegen.«

*bbb) Vollstreckung*

3012   Die Vollstreckung aus dem Auskunftstitel kann sich nach §§ 120 Abs. 1 FamFG
i.V.m. 888 ZPO oder i.V.m. § 887 ZPO richten, je nachdem ob die vorzunehmende
Handlung nur von dem Schuldner selbst (Regelfall, § 888 ZPO, mit der Möglichkeit
der Zwangsgeldfestsetzung und Zwangshaft) oder selbstständig von Dritten (§ 887
ZPO, mit der Möglichkeit der Ersatzvornahme) vorgenommen werden kann.[1252]

3013   Die Abgrenzung im Einzelfall ist schwierig. So soll bspw. die Erstellung einer Bilanz
eine vertretbare oder eine unvertretbare Handlung sein, je nachdem, ob ein Dritter
(Sachverständiger) die Bilanz allein anhand der Geschäftsbücher und der Geschäfts-
papiere zuverlässig fertigen kann oder ob er dazu der Mithilfe des Schuldners bedarf.

3014   Die Belegvorlagepflicht wird in der Praxis als Nebenverpflichtung zur Auskunft angesehen. Enthält eine in einer Unterhaltssache ergehende Entscheidung eine Verpflichtung zur Auskunft und Belegvorlage, erfolgt die Vollstreckung derselben durch das
FamG als Vollstreckungsorgan, § 120 Abs. 1 FamFG, § 888 ZPO. Dies gilt auch
für die Belegvorlage, obgleich es dort nicht im eigentlichen Sinne um die Vornahme
einer unvertretbaren Handlung des Schuldners geht (die Fertigung und Überlassung
an den Gläubigern von Kopien der dem Schuldner vorliegenden Belege ist eine vertretbare Handlung i.S.d. § 887 ZPO bzw. die vorübergehende Herausgabe der Ori-
ginalbelege zur Fertigung von Kopien durch den Gläubiger unterfällt § 883 ZPO);
denn es handelt sich um eine – im vollstreckungsrechtlichen Sinne – die Auskunft
ergänzende Verpflichtung des Schuldners.[1253]

▶ Praxishinweis:

3015   Der Antrag kann wie folgt formuliert werden:

Namens und im Auftrag der Antragstellerin beantrage ich, dem Antragsgegner
Zwangsgeld und für den Fall der Nichtbeitreibung desselben Zwangshaft aufzu-
erlegen mit der Aufforderung, die ihm durch Teil-Anerkenntnisbeschluss des
Amtsgerichts Familiengerichts …, Az.: …, vom …, auferlegte Verpflichtung zur
Auskunft und Belegvorlage gemäß Z. 1-4 vollständig zu erfüllen.

---

1252  Vgl. auch Hdb. FamR/*Kintzel*, Kap. 6 Rn. 1018.
1253  OLG Frankfurt, Beschl. vom 26.09.2018, 8 WF 94/18 = FuR 2019, 291; OLG Jena,
      FamRZ 2013, 656 Rn. 31 m.w.N. = FamFR 2012, 449.

Begründung:

Der Antragsgegner wurde mit Teil-Anerkenntnisbeschluss des Amtsgerichts Familiengerichts ... verpflichtet, Auskunft gemäß der Z. 1-4 dieses Beschlusses zu erteilen. Mit Schreiben vom ... wurde der Antragsgegner über seinen Verfahrensbevollmächtigten aufgefordert, die Auskünfte bis spätestens zum ... zu erteilen und die Belege vorzulegen.

Beweis: 1. Vollstreckbare Ausfertigung des Teilanerkenntnisses

2. Schreiben an Rechtsanwalt ... vom ...

Der Antragsgegner ist dieser Verpflichtung bis heute nicht nachgekommen, sodass Zwangsmaßnahmen gemäß § 888 ZPO erforderlich sind.

### ccc) Streitwert

Der Wert des Auskunftsanspruchs bestimmt sich nach dem wirtschaftlichen Interesse des Auskunftsberechtigten an der Erteilung der Auskunft. Es beträgt i.d.R. einen Bruchteil des Leistungsanspruchs, den das Gericht gem. § 3 ZPO nach freiem Ermessen zu schätzen hat.[1254]  **3016**

Überwiegend wird vertreten, dass sich der Streitwert für einen isolierten Unterhaltsauskunftsantrag nach 1/5 des Jahresbetrags des vom Antragsteller erstrebten Unterhalts bemisst; freiwillige Zahlungen des Antragsgegners vermindern den Streitwert nicht.[1255]  **3017**

### cc) Stufenverfahren

Das Auskunftsbegehren kann insb. im Rahmen eines Stufenverfahrens nach § 254 ZPO durchgesetzt werden.  **3018**

Möglich ist ein sog. **Auskunftswiderantrag**. Auch wenn im Rahmen eines Unterhaltsantrags die Bedürftigkeit des Antragstellers ohnehin zu prüfen ist, hat der angeblich Unterhaltpflichtige trotzdem ein schützenswertes Interesse daran, das Maß der Bedürftigkeit des Antragstellers zuverlässig zu ermitteln; das Rechtsschutzbedürfnis für einen **Auskunftswiderantrag** ist gegeben.  **3019**

---

1254 BGH, FamRZ 2012, 25; FamRZ 2012, 204 (auch zur »Beschwer« des Antragsgegners, der gegen seine erstinstanzliche Verpflichtung mit der Beschwerde vorgehen möchte; die Beschwer richtet sich neben einem etwaigen Geheimhaltungsinteresse nach dem Aufwand an Zeit und Kosten, welche die sorgfältige Erteilung der geschuldeten Auskunft erfordert).

1255 OLG Hamm, FamRZ 2007, 163; OLG Brandenburg, FamRZ 2007, 71.

*aaa) Stufenantrag nach § 254 ZPO*

3020   Der Stufenantrag ist ein Fall der objektiven Antragshäufung (§ 260 ZPO), nämlich dem gestaffelten Verlangen nach:
–   Auskunft (Vollstreckung nach § 888 ZPO),
–   eidesstattlicher Versicherung (Vollstreckung nach § 889 ZPO),
–   Unterhaltszahlung,
mit der Besonderheit, dass abweichend von § 253 Abs. 2 Nr. 2 ZPO die letzte Stufe (Zahlungsstufe) nicht beziffert werden muss.

3021   Über die einzelnen prozessualen Ansprüche ist Stufe für Stufe durch Teilbeschluss zu entscheiden, über die Leistungsstufe durch Endbeschluss. Eine sachliche Entscheidung über eine spätere Stufe setzt die Erledigung der vorherigen Stufe voraus.

▶ Formulierungsvorschlag: Stufenantrag

1. Der Antragsgegner wird verpflichtet, über sein gesamtes Einkommen aus nichts-elbstständiger Tätigkeit einschließlich aller Sonderzuwendungen sowie über Steuererstattungen für den Zeitraum..... Auskunft zu erteilen und hierzu sämtliche Gehaltsbescheinigungen und den Einkommensteuerbescheid für das Jahr ... vorzulegen.
2. Der Antragsgegner wird verpflichtet, die Richtigkeit seiner Angaben an Eides Statt zu versichern.
3. Der Antragsgegner wird verpflichtet, ab Rechtshängigkeit den sich aus der Auskunft ergebenden, noch zu beziffernden Unterhalt, monatlich im Voraus an die Antragstellerin zu bezahlen.

3023   Gelegentlich geht es auch in die andere Richtung, wenn nach Erreichen der Zahlungsstufe ein Antrag auf ergänzende Auskunft gestellt wird.

3024   Der Stufenantrag ist zulässig
–   im Verbund, jedoch ist über den vorbereitenden Auskunftsanspruch vorab durch Teilbeschluss zu entscheiden,
–   i.V.m. einem bezifferten Leistungsantrag (z.B. wird der Stufenantrag gestellt mit nach erteilter Auskunft zu beziffernder Zahlung, jedoch mindestens ... €),[1256]
–   i.V.m. einem Abänderungsantrag (§ 238 FamFG), wobei die Rechtshängigkeit des Stufenantrags die Zeitschranke des § 238 Abs. 3 FamFG überwindet.

*bbb) Rechtshängigkeit und Verfahrenskostenhilfe*

3025   Mit Zustellung des Stufenantrags werden von Anfang an alle Stufen – also auch die Leistungsstufe – rechtshängig, und zwar in der Höhe, in der sie später beziffert wird.[1257]

3026   Dementsprechend ist VKH nicht Stufe für Stufe, sondern von Anfang an für alle Stufen zu bewilligen.[1258]

---

1256  BGH, FamRZ 2003, 31.
1257  OLG Brandenburg, Beschl. vom 05.07.2021, 13 WF 114/21; BGH, FamRZ 1995, 797.
1258  Vgl. OLG Düsseldorf, FamRZ 2010, 747 (jedenfalls für Mindestunterhalt).

Uneinigkeit besteht jedoch darüber, wie hinsichtlich der VKH zu verfahren ist, wenn (später) die Leistungsstufe beziffert wird. Die Frage, die sich stellt, ist nämlich, ob jeder auch noch so hohe Zahlungsantrag durch die ursprüngliche Verfahrenskostenhilfebewilligung gedeckt ist. **3027**

Nach wohl richtiger Auffassung ist die ursprüngliche VKH-Bewilligung für den Stufenantrag bzgl. der unbezifferten Zahlungsstufe nur vorläufiger Art, sodass das FamG die Möglichkeit hat, die Erfolgsaussicht der Leistungsstufe nach deren Bezifferung erneut zu prüfen und die VKH einschränken kann, soweit der Zahlungsantrag nicht hinreichend Erfolg versprechend ist.[1259] Die Bewilligung der Verfahrenskostenhilfe steht daher unter dem Vorbehalt einer Konkretisierung und Erfolgsprüfung, wenn der Antragsteller den Zahlungsantrag in der letzten Stufe stellt.[1260] **3028**

Ein Stufenantrag reicht zum Eintritt der Verjährungshemmung nach § 204 Abs. 1 Nr. 1 BGB.[1261] **3029**

▶ **Taktischer Hinweis:**

Die frühere **Stufenmahnung** ist mittlerweile entbehrlich. **3030**

Wurde früher entsprechend dem Antrag eines Stufenverfahrens gemahnt (also in der letzten Stufe zunächst unbeziffert Zahlung entsprechend demnächstiger Auskunft gefordert), kam der Unterhaltsschuldner sofort auch i.H.d. erst später erfolgreichen Zahlungsbegehrens in Verzug. Dies war insb. beim nachehelichen Unterhalt von Bedeutung, weil § 1613 BGB nicht anwendbar war.

Nunmehr gilt § 1613 BGB auch für den nachehelichen Unterhalt; damit löst bereits bei allen Unterhaltsansprüchen das Auskunftsverlangen die gewünschte Verzugswirkung aus.

*ccc) Zweite Stufe*

Hat der Unterhaltsschuldner aufgrund eines Teilbeschlusses (Auskunftsbeschluss) Auskünfte erteilt, entsteht oft Unklarheit über das weitere Verfahren, wenn der Unterhaltsgläubiger beanstandet, die Auskunft sei unvollständig oder unrichtig. **3031**
– **Ergänzende Auskunft**
– Beruht die mangelhafte Auskunft auf unverschuldeter Unkenntnis oder entschuldbarem Irrtum des Unterhaltsschuldners, besteht ein Anspruch auf ergänzende Auskunft.
– **Eidesstattliche Versicherung**
– Hätte der Unterhaltsschuldner dagegen die Unrichtigkeit der Auskunft (der Verdacht derselben genügt) bei gehöriger Sorgfalt vermeiden können (vgl. §§ 259

---

1259 OLG Hamm, FamRZ 1994, 312.
1260 OLG Brandenburg, Beschl. vom 05.07.2021, 13 WF 114/21; OLG Hamm, Beschl. vom 10.12.2018, 9 WF 218/18.
1261 BGH, NJW 1999, 1101; OLG Brandenburg, NJW-RR 2005, 871.

Abs. 2, 260 Abs. 2 BGB), d.h. hat er die Auskunft nicht mit der erforderlichen Sorgfalt geleistet, kann die eidesstattliche Versicherung (vgl. § 261 BGB) eingeklagt werden, es sei denn, es handelt sich um »Peanuts« (§§ 259 Abs. 3, 260 Abs. 3 BGB).

3032   Nicht mit der erforderlichen Sorgfalt erteilt ist die Auskunft, wenn sich die Unvollständigkeit und bzw. oder Unrichtigkeit bei gehöriger Sorgfalt hätte vermeiden lassen. Indiz für fehlende Sorgfalt können widersprüchliche Angaben, mehrfache Berichtigungen oder der beharrliche Versuch der Verhinderung der Auskunft sein.

3033   Es ist Voraussetzung für das Verlangen der eidesstattlichen Versicherung, dass die Auskunft (= 1. Stufe) nach dem übereinstimmenden Verständnis der Beteiligten vollständig erteilt ist.

3034   Der Unterhaltsschuldner kann allerdings einer gerichtlichen Verpflichtung zuvorkommen, indem er freiwillig die Versicherung abgibt.

3035   Zuständig für die Abnahme der eidesstattlichen Versicherung ist nach §§ 410 Nr. 1, 411 Abs. 1 FamFG das Gericht in dessen Bezirk die Verpflichtung zur Auskunft, zur Rechnungslegung oder zur Vorlegung des Verzeichnisses zu erfüllen ist.

▶ Anwaltlicher Hinweis:

3036   In der Praxis erledigt sich das Problem der eidesstattlichen Versicherung, wenn der Familienrichter kurzerhand die eidesstattliche Versicherung zu Protokoll nimmt.

Das Rechtsschutzinteresse für einen Antrag auf Abgabe der eidesstattlichen Versicherung kann fehlen, wenn etwa ein vertragliches Einsichtsrecht besteht, das voraussichtlich schneller, besser und ohne Inanspruchnahme gerichtlicher Hilfe zum Ziel führt.[1262]

*ddd) Bezifferter Stufenantrag*

3037   Die FamG tun sich schwer mit bezifferten Stufenanträgen. Deren Zulässigkeit ist jedoch unumstritten.

3038   Macht der Antragsteller im Rahmen eines Stufenantrags einen Mindestbetrag geltend, weil er die Unterhaltsforderung insofern beziffern und begründen zu können meint, ohne auf eine Auskunft des Antragsgegners angewiesen zu sein, liegt nur wegen des darüber hinausgehenden Antragsbegehrens ein Stufenantrag nach § 254 ZPO, i.Ü. aber ein bezifferter Teilantrag vor.[1263]

3039   Auch ein solcher Stufenantrag ist sukzessive, d.h. Stufe für Stufe abzuwickeln.

3040   Der BGH[1264] führt dazu aus:

---

1262  Vgl. BGH, NJW 1998, 1636.
1263  BGH, NJW-RR 2003, 68.
1264  BGH, NJW-RR 1996, 833 ff.

»Es ist zulässig, bei der Erhebung einer Stufenklage den Leistungsantrag (die dritte Stufe) von vornherein zu beziffern. Das kann z.B. geschehen, weil nach der Vorstellung des Klägers ein Mindestbetrag von vornherein feststeht und die beiden ersten Stufen der Stufenklage lediglich der Aufstockung dieses Mindestbetrages dienen sollen, oder weil der Auskunftsanspruch und der Anspruch auf Abgabe einer eidesstattlichen Versicherung eine fundiertere Begründung des der Höhe nach bereits feststehenden Anspruchs ermöglichen sollen (BGH, BB 1972, 1245; Lüke, in: MünchKomm-ZPO, § 254 Rn. 16; vgl. auch Senat, BGHZ 107, 236 [239] = NJW 1989, 2821 = LM § 301 ZPO Nr. 37). In einem solchen Falle ist trotz der (teilweisen) Bezifferung des Leistungsantrages eine Entscheidung über die dritte Stufe erst zulässig, wenn die beiden ersten Stufen erledigt sind (BGH, BB 1972, 1245).«

Der Antragsteller kann natürlich den angekündigten Antrag in der 2. Stufe fallen lassen und nach Auskunft sofort den Zahlungsantrag stellen.[1265]  **3041**

Mitunter erklären die Gerichte, der Antrag sei nicht schlüssig, weil der geforderte Mindestbetrag nicht ausreichend begründet worden sei. Eine solche Berechnung bzw. Bezifferung ist aber erst nach Abschluss der ersten beiden Stufen erforderlich; bis dahin reicht es, dass für die jeweilige Stufe ausreichender Vortrag angeboten wird.  **3042**

I.Ü. ist es nach der BGH-Rechtsprechung möglich – solange die dritte Stufe noch nicht verhandelt wird –, einen bereits geforderten Mindestbetrag umzuwandeln, d.h. zu einem unbezifferten Leistungsantrag überzugehen.  **3043**

Der BGH[1266] äußert dies wie folgt:  **3044**

»Es gibt im Zivilverfahrensrecht keine Regelung, die es dem Kläger einer Stufenklage verwehrt, die vorläufige Bezifferung des Leistungsantrages mit einem Mindestbetrag rückgängig zu machen und anschließend die Stufenklage (wieder) mit einem unbezifferten Leistungsantrag weiterzuverfolgen.«

▶ **Taktischer Hinweis:**

Diese Entscheidung erscheint mir »kostenrechtlich« missverständlich zu sein. Sollte der anwaltliche Vertreter sich in einer vergleichbaren Situation befinden, kann versucht werden, die Bezifferung (ohne Kostenlast) auf der Grundlage der Entscheidung rückgängig zu machen.  **3045**

Richtigerweise ist die Reduzierung des Antrags eine teilweise Klagerücknahme, die eine nachteilige Kostenentscheidung insoweit auslöst. Dies ist dann letztlich der »Preis« dafür, dass mit der Bezifferung nicht abgewartet wurde, bis die Auskunft vollständig vorlag.

---

1265  BGH, NJW 2001, 833.
1266  BGH, NJW-RR 1996, 833 ff.

*eee) Kosten*

3046  Für jede Stufe ist gesondert zu prüfen, welcher Beteiligte die Kosten zu tragen hat, und hierüber insgesamt, aber erst durch Schlussentscheidung zu befinden.

3047  Wenn die Auskunft ergibt, dass kein Zahlungsanspruch besteht, tritt aufgrund der einseitigen Erledigungserklärung des Stufenantragstellers keine Erledigung der Hauptsache ein, sodass § 91a ZPO nicht zur Anwendung kommt.[1267]

3048  Der Antragsteller muss deshalb den Antrag zurücknehmen. Damit fallen ihm die Kosten des Rechtsstreits nicht notwendigerweise zur Last, weil § 243 Nr. 2 FamFG die Möglichkeit der Überbürdung der Kosten auf den Antragsgegner vorsieht. Eine Kostenentscheidung zugunsten des Antragstellers ist danach trotz Antragsrücknahme möglich, wenn der Gegner eines Unterhaltsprozesses für den Unterhaltsantrag dadurch Anlass gegeben hat, dass er seiner Auskunftspflicht nicht oder nicht vollständig nachgekommen ist.

3049  Der Auskunftspflichtige hat in aller Regel die Kosten zu tragen, wenn er vorprozessual keine oder ungenügende Auskunft erteilt hat.[1268]

*dd) Auskunftspflichten der Beteiligten ggü. dem Gericht (§ 235 FamFG)*

3050  Nach § 235 FamFG kann das Gericht Auskünfte über Einkünfte und Vermögen von den Beteiligten fordern, soweit dies für die Bemessung des Unterhalts von Bedeutung ist. Nach § 236 FamFG ist die Einholung von Auskünften auch bei Dritten möglich, sofern ein Beteiligter den Auskunftspflichten nach § 235 Abs. 1 FamFG nicht ausreichend nachgekommen ist.

▶ **Anwaltlicher Hinweis:**

3051  Zweck der Regelung dieser Auskunftspflichten ist, dass in Unterhaltssachen die zeitintensiven Stufenanträge in möglichst weitgehendem Umfang entbehrlich werden.[1269] Die »Amtsermittlung« durch die FamG ist auch mit einem öffentlichen Interesse an einer sachlich richtigen Entscheidung in Unterhaltsangelegenheiten zu begründen, weil ungenügende Unterhaltszahlungen zu einem erhöhten Bedarf an öffentlichen Leistungen führen.

*aaa) Anordnungsrecht des Gerichts (§ 235 Abs. 1 FamFG)*

3052  Nach § 235 Abs. 1 FamFG kann das FamG Auskünfte über Einkünfte und Vermögen von den Beteiligten verlangen; dies bedeutet umgekehrt, dass die Vorschrift eine **Auskunftspflicht** der Beteiligten in den Unterhaltverfahren des § 231 Abs. 1 FamFG ggü. dem Gericht kodifiziert. Die Formulierung des § 235 Abs. 1 Satz 1 FamFG macht

1267  OLG Frankfurt, FamRZ 2018, 1929; BGH, FamRZ 1995, 348.
1268  OLG Schleswig, FamRZ 2000, 1513; OLG Frankfurt, FamRZ 2000, 1516.
1269  Zweifelnd insoweit *Borth* FamRZ 2007, 1934.

deutlich, dass das Gericht Auskunft und die Vorlage von Belegen in jedem Fall nur insoweit verlangen kann, als dies für die Bemessung des Unterhalts von Bedeutung ist.

Die Auskunftspflicht erstreckt sich nach § 231 Abs. 1 FamFG auf Verfahren zum Kindesunterhalt, die durch die Ehe begründete gesetzliche Unterhaltpflicht oder die Ansprüche nicht verheirateter Eltern nach §§ 1615l, 1615m BGB.  **3053**

§ 235 Abs. 4 FamFG erklärt die Entscheidungen des Gerichts nach dieser Vorschrift für nicht selbstständig anfechtbar. Dass die Entscheidung nicht selbstständig anfechtbar ist, ergibt sich bereits aus ihrem Charakter als Zwischenentscheidung. Sie ist aber auch nicht mit Zwangsmitteln durchsetzbar; dafür kann das Gericht dann die Auskunft bei Dritten nach § 236 FamFG einholen.  **3054**

### bbb) Verhältnis zu den Auskunftsrechten der §§ 1580, 1605 BGB

Die Auskunftsregelung des § 235 Abs. 1 FamFG ist kein materiell-rechtlicher Anspruch i.S.d. §§ 1605, 1580 BGB, sondern sie leitet sich aus dem Prozessrechtsverhältnis der Beteiligten zum Gericht ab.  **3055**

Stellt ein Beteiligter einen Auskunftsantrag nach §§ 1580, 1605 BGB, fehlt diesem im Hinblick auf die §§ 235, 236 FamFG nicht das Rechtsschutzbedürfnis. Zwar will der Gesetzgeber die aufwendigen Stufenanträge entbehrlich machen; die verfahrensrechtlichen Auskunftspflichten der Beteiligten nach §§ 235, 236 FamFG wollen dem Unterhaltsgläubiger aber keine Auskunftsrechte nehmen, sondern ihm nur noch zusätzliche Möglichkeiten gewähren.  **3056**

### ccc) Art und Umfang der Auskunftspflicht

Nach § 235 Abs. 1 Satz 1 FamFG kann das Gericht anordnen, dass der Antragsteller und der Antragsgegner Auskunft über ihre Einkünfte, ihr Vermögen und ihre persönlichen und wirtschaftlichen Verhältnisse erteilen sowie bestimmte Belege vorlegen. Diese Pflicht betrifft also sowohl den Unterhaltspflichtigen wie den Unterhaltsberechtigten. Inhaltlich ist die sich aus Abs. 1 Satz 1 ergebende Pflicht der Erteilung mit einer Auskunft nach § 259 Abs. 1 BGB vergleichbar. Weiter legt Abs. 1 fest, dass sich die prozessuale Auskunftspflicht unbeschränkt auf **sämtliche Einkommensquellen** bezieht und dass diese in Form einer einheitlichen Aufstellung zu erfolgen hat. Regelmäßig geht es um die Vorlage der Gehaltsabrechnung, der Steuererklärung bzw. der Steuerbescheide.  **3057**

Ferner ist Auskunft zu erteilen über das **Vermögen** sowie die persönlichen und wirtschaftlichen Verhältnisse, soweit dies für die Bemessung des Unterhalts von Bedeutung ist (nichteheliche Partnerschaft, Eigenheim). Beim Unterhaltsberechtigten kann unter den Voraussetzungen der §§ 1602 Abs. 2, 1577 Abs. 3 BGB auch der Vermögensstamm einzusetzen sein, sodass grds. sämtliche Vermögenswerte anzugeben sind. Beim Unterhaltspflichtigen folgt die Auskunftspflicht zum Vermögen aus § 1603 Abs. 2 BGB, soweit Kindesunterhalt gefordert wird, bzw. aus § 1581 Satz 2 BGB, falls nachehelicher Unterhalt betroffen ist.  **3058**

3059    Ferner sieht § 235 Abs. 1 Satz 1 FamFG die **Vorlage von Belegen** zu der erteilten Auskunft vor. Diese Pflicht beinhaltet aber nicht die Pflicht zur Erstellung von Belegen, sondern nur die Vorlage vorhandener Belege.

3060    Die Auskunft wird regelmäßig darin bestehen, dass **Arbeitnehmer** die Gehaltsabrechnungen, die Steuererklärungen und Steuerbescheide vorzulegen haben.

3061    **Selbstständige** haben je nach der Art der Gewinnermittlung entweder die Bilanzen nach § 4 Abs. 1 EStG oder die Einnahmen-Überschuss-Rechnung nach § 4 Abs. 3 EStG, die eine Auflistung der Einnahmen und Ausgabenpositionen sowie einen Anlagespiegel enthält, vorzulegen. Ferner können Auskünfte über die sich aus der Einkommensteuererklärung ergebenden sonstigen Vermögenspositionen wie Immobilien, Kapitalvermögen, Aktien und Ähnlichem verlangt werden. Zur Ermittlung des nachhaltig erzielbaren Einkommens kann das Gericht hinsichtlich der Einkünfte deshalb auch verlangen, dass diese Auskünfte für mehrere Jahre erteilt werden.

*ddd) Ermessensentscheidung*

3062    Die Einholung von Auskünften i.S.v. § 235 Abs. 1 Satz 1 FamFG durch das Gericht liegt im pflichtgemäßen Ermessen. Eine Pflicht zur Ermittlung von Amts wegen besteht nach Abs. 1 nicht. Nach Sinn und Zweck wird die Einholung einer Auskunft und die Vorlage von Belegen immer dann geboten sein, wenn sich die Feststellung der Unterhaltshöhe ansonsten erheblich verzögern würde, d.h. eine mangelnde Prozessförderung seitens des Gerichts anzunehmen ist.[1270]

*eee) Versicherung der Richtigkeit*

3063    § 235 Abs. 1 Satz 2 FamFG ermöglicht es dem Gericht, vom Antragsteller oder dem Antragsgegner eine schriftliche Versicherung anzufordern, dass er die Auskunft wahrheitsgemäß und vollständig erteilt hat. Die Versicherung muss durch den Beteiligten selbst abgegeben werden, insb. kann er sich hierzu nicht eines Vertreters, auch nicht eines Verfahrensbevollmächtigten bedienen.

3064    Die schriftliche Versicherung ist der eidesstattlichen Versicherung nicht ebenbürtig, insb. ist sie nicht strafbewehrt. Letztlich stellt sie sich als eine Art Zwitter zwischen Vervollständigung der Auskunft und Versicherung an Eides statt dar.[1271]

*fff) Fristsetzung und Hinweispflicht*

3065    § 235 Abs. 1 Satz 3 FamFG bestimmt, dass mit einer Anordnung nach Satz 1 oder 2 eine angemessene Frist gesetzt werden soll. Die Fristsetzung ist insb. für die Rechtsfolgen des § 236 FamFG für den Fall der Nichterfüllung der Auflagen von Bedeutung.

---

1270   Musielak/Borth, FamFG, § 235 Rn. 2.
1271   Vgl. dazu *Hütter/Kodal* FamRZ 2009, 920.

Der Fristablauf ist nämlich nach § 236 Abs. 1 FamFG Voraussetzung dafür, dass das Gericht sich die erforderlichen Informationen für die Unterhaltsbemessung bei Dritten beschafft (z.B. Arbeitgeber, FA). 3066

Von der Fristsetzung kann im Ausnahmefall abgesehen werden, etwa wenn feststeht, dass der Beteiligte, an den sich die Auflage richtet, bestimmte Informationen oder Belege ohne eigenes Verschulden nicht kurzfristig erlangen kann. 3067

§ 235 Abs. 1 Satz 4 FamFG enthält eine Verpflichtung des Gerichts, auf die Pflicht zur ungefragten Information nach Abs. 3 hinzuweisen. 3068

Weiterhin hat das Gericht auf die nach § 236 FamFG möglichen Folgen einer Nichterfüllung der gerichtlichen Auflagen hinzuweisen, nämlich dass das Gericht bei Nichterfüllung oder nicht ausreichender Mitwirkung an der Klärung des unterhaltsrechtlich maßgeblichen Einkommens Auskünfte bei den in § 236 Abs. 1 FamFG aufgeführten Personen und Stellen einholen kann. Durch diesen Hinweis soll die Bereitschaft der Beteiligten zur freiwilligen Mitwirkung an der Klärung des Sachverhalts gesteigert werden, da häufig v.a. eine Anfrage des Gerichts bei Arbeitgebern vermieden werden soll. 3069

Die Hinweispflicht umfasst auch eine aufgrund von § 243 Satz 2 Nr. 3 FamFG mögliche nachteilige Kostenentscheidung für den betroffenen Beteiligten. 3070

### ee) Auskunftspflichten Dritter ggü. dem Gericht (§ 236 FamFG)

Die Vorschrift des § 236 FamFG steht in unmittelbarem Zusammenhang mit § 235 FamFG, d.h. der Auskunftspflicht der Beteiligten in Unterhaltsverfahren ggü. dem Gericht. § 236 Abs. 1 FamFG enthält die Befugnis des Gerichts, für den Fall, dass ein Beteiligter innerhalb der hierfür gesetzten Frist einer nach § 235 Abs. 1 FamFG bestehenden Verpflichtung nicht oder nicht vollständig nachkommt, bestimmte Auskünfte und Belege bei Dritten anzufordern, soweit diese zur Bemessung des Unterhalts von Bedeutung sind. Die Befugnis über die Höhe der **Einkünfte** Auskünfte einzuholen, besteht in allen Unterhaltsverfahren. 3071

Bedeutsam ist, dass auch die **Finanzämter** nach § 236 Abs. 1 Nr. 5 FamFG in allen Unterhaltssachen zur Auskunft ggü. dem Gericht verpflichtet sind. 3072

Das Gericht ist auf Antrag **verpflichtet**, Auskünfte bei Dritten einzuholen, wenn die Voraussetzungen des § 236 Abs. 1 FamFG vorliegen und der andere Beteiligte dies beantragt, vgl. § 236 Abs. 2 FamFG. 3073

▶ **Anwaltlicher Hinweis:**

Holt das Gericht entgegen § 236 Abs. 2 FamFG die benötigte Auskunft bei Dritten nicht ein, liegt ein wesentlicher Verfahrensfehler vor, der nach § 117 Abs. 2 Satz 1 FamFG i.V.m. § 538 Abs. 2 Satz 1 Nr. 1 ZPO zur Aufhebung und Zurückverweisung führen kann.[1272] 3074

---

1272 *Hütter/Kodal* FamRZ 2009, 917, 920.

*aaa) Voraussetzungen der Auskunftspflicht Dritter*

**3075** Erfüllt ein Beteiligter nicht oder nicht vollständig die ihm nach § 235 Abs. 1 FamFG auferlegte Auskunfts- und Belegpflicht, kann das Gericht von den in Abs. 1 aufgeführten Personen bzw. Stellen Auskünfte einholen, soweit diese zur Bemessung des Unterhalts von Bedeutung sind. Das Gericht kann nach § 236 Abs. 1 Satz 1 FamFG in allen Unterhaltsverfahren über die Höhe der **Einkünfte** Auskünfte einholen.

**3076** Voraussetzungen:

– **Erfolglose Fristsetzung**

Das Gericht muss zuvor in der Aufforderung zur Erfüllung der Auskunfts- und Belegpflicht eine erfolglos verstrichene **Frist zur Auskunft nach § 235 Abs. 1 FamFG** gesetzt haben.

– **Hinweis auf Auskunftspflicht Dritter**

Weiterhin ist der **Hinweis** erforderlich, dass das Gericht bei Nichterfüllung die notwendigen Auskünfte selbst einholen kann, vgl. § 235 Abs. 1 Satz 4 FamFG. Diese Hinweispflicht darf nicht übergangen werden, um der Partei die Möglichkeit zu geben, die Auskunft freiwillig zu erteilen, ehe das Gericht durch die Anfrage bei Dritten offen legt, dass der betreffende Beteiligte von einer gerichtlichen Auseinandersetzung um Unterhalt betroffen ist; sie dient damit dem Schutz der Persönlichkeitssphäre.

Hieraus folgt auch, dass das Gericht bei einem Beteiligten eine **ergänzende Auskunft** einholen muss, wenn offensichtlich aus Versehen ein Teil der angeforderten Auskünfte nicht erfüllt wurde.

– **Erforderlichkeit der Auskunft**

Weitere Voraussetzung ist, dass die angeforderte **Auskunft zur Aufklärung auch tatsächlich notwendig** ist. Das Gericht muss deshalb bei einem Streit zwischen den Beteiligten um die Unterhaltspflicht dem Grunde nach prüfen, ob ein materieller Unterhaltstatbestand überhaupt gegeben ist.

▶ Anwaltlicher Hinweis:

**3077** **Auskünfte über das Vermögen** und die persönlichen und wirtschaftlichen Verhältnisse sind hingegen von § 236 FamFG bewusst nicht erfasst. Auf diese Weise soll, auch vor dem Hintergrund des Antragsrechts der Beteiligten nach Abs. 2, eine Ausforschung verhindert und der Umfang der Inanspruchnahme der an dem Verfahren nicht beteiligten Dritten begrenzt werden. Der Bestand des Vermögens zu einem bestimmten Stichtag spielt für die Berechnung des Unterhalts nur eine untergeordnete Rolle. Erträge des Vermögens, wie etwa Zinsen, sind vom Begriff der Einkünfte hingegen umfasst.

*bbb) Auskunftsverpflichtete Personen und Stellen*

**3078** § 236 Abs. 1 FamFG bestimmt die zur Auskunft verpflichteten Personen und Stellen. Im Hinblick auf den Schutz der Persönlichkeitssphäre des auskunftspflichtigen Beteiligten kann das Gericht nur bei den genannten Personen und Stellen eine Auskunft verlangen, nicht aber bei weiteren Stellen oder Personen (**enumerative Aufzählung**).

– **Arbeitgeber (§ 236 Abs. 1 Nr. 1 FamFG)**
Nach § 236 Abs. 1 Nr. 1 FamFG sind die Arbeitgeber, wozu auch der öffentlich-rechtliche Dienstherr gehört, auskunftspflichtig.

– **Sozialleistungsträger sowie die Künstlersozialkasse (§ 236 Abs. 1 Nr. 2 FamFG)**
Nach § 236 Abs. 1 Nr. 2 FamFG sind auch die Sozialleistungsträger (§ 12 SGB I) auskunftspflichtig. Die Auskunft ist sowohl auf die Sozialleistung selbst als auch auf einzelne Berechnungselemente der (künftigen) Sozialleistung oder auf die ihr zugrunde liegenden Berechnungselemente zu beziehen. So kann z.B. von der gesetzlichen Krankenkasse bzw. den Rentenversicherungsträgern der gesetzlichen Rentenversicherung einer Partei das sozialversicherungspflichtige Bruttoarbeitsentgelt für ein oder mehrere Jahre abgefragt werden. Die Künstlersozialkasse (§§ 37 ff. KSVG) wird in § 236 Abs. 1 Nr. 2 FamFG ausdrücklich aufgeführt, um einen Streit über deren Einbeziehung zu vermeiden und das Auskunftsersuchen nicht am Sozialdatenschutz (§ 35 Abs. 1 Satz 4 SGB I) scheitern zu lassen.

– **Sonstige Personen und Stellen (§ 236 Abs. 1 Nr. 3 FamFG)**
§ 236 Abs. 1 Nr. 3 FamFG benennt den Kreis der sonstigen auskunftspflichtigen Stellen. Da der unterhaltsrechtliche Begriff des Einkommens weit gezogen ist und jedes Einkommen erfasst, das der Deckung des Lebensunterhalts dient, wird auch der Kreis der auskunftspflichtigen Stellen entsprechend ausgedehnt. Die Befugnis zur Auskunftseinholung erstreckt sich deshalb nicht nur auf die in § 236 Abs. 1 Nr. 2 FamFG aufgeführten Leistungsträger, sondern erfasst die in § 69 Abs. 2 Nr. 1, 2 SGB X genannten Einrichtungen, deren Leistungen der Versorgung wegen Alters- und Erwerbsminderung (bisher Berufs- und Erwerbsunfähigkeitsrenten), der Entschädigung für besondere Opfer oder dem Nachteilsausgleich dienen. Ferner gehören hierzu berufsständische oder private Träger der Alters- und Erwerbsminderungsversorgung, das sind v.a. die Versorgungseinrichtungen der Selbstständigen (Ärzte, Architekten, Rechtsanwalt, Steuerberater u.a.) sowie der privaten betrieblichen Altersversorgung gemäß dem BetrAVG (Unterstützungskassen, Arbeitgeber, Zusatzversorgung des öffentlichen Dienstes). Zum Kreis der aufgeführten Stellen gehören außerdem die Träger einer privaten Rentenversicherungsleistung aus einer Lebensversicherung.

– **Versicherungsunternehmen (§ 236 Abs. 1 Nr. 4 FamFG)**
Nach § 236 Abs. 1 Nr. 4 FamFG sind auch privatrechtlich organisierte Versicherungsunternehmen zur Auskunft verpflichtet, soweit von diesen Leistungen erbracht werden, die dem Unterhalt dienen, aber nicht als laufende wiederkehrende Rente, sondern in Form einer (fälligen) Kapitalleistung aus einer Kapitallebensversicherung ausbezahlt werden.

– **Finanzamt (§ 236 Abs. 1 Nr. 5 FamFG)**
Die frühere Beschränkung der Auskunftspflicht der Finanzämter auf Rechtsstreitigkeiten, die den Unterhaltsanspruch eines minderjährigen Kindes betrafen, wird nicht aufrechterhalten, d.h. das FA ist in allen Unterhaltssachen des § 231 Abs. 1 FamFG auskunftspflichtig.

Die umfassende Auskunftspflicht der Finanzämter ist damit zu begründen, dass der Steuerpflichtige regelmäßig bereits aufgrund materiellen Rechts zur Auskunftserteilung über seine Einkünfte ggü. dem Gegner verpflichtet ist. Wird die Auskunft nicht erteilt, verhält er sich pflichtwidrig und ist daher in geringerem Maße schutzwürdig. Auch das öffentliche Interesse daran, dass der Steuerpflichtige ggü. den Finanzbehörden alle für die Besteuerung erheblichen Umstände wahrheitsgemäß und umfassend offenbart, damit keine Steuerausfälle eintreten, wird nicht stärker beeinträchtigt als bisher, da der Pflichtige bereits derzeit damit rechnen muss, dass das FA Auskünfte erteilt. Dabei ist besonders zu berücksichtigen, dass Unterhaltsansprüche der Mutter oftmals mit denen minderjähriger Kinder im selben Verfahren geltend gemacht werden. Zudem werden Unterhaltsansprüche des Kindes in einer Vielzahl von Fällen durch die Mutter in Vertretung des Kindes oder in Prozessstandschaft für dieses geltend gemacht. Die Mutter erhält somit vom Ergebnis einer Anfrage an das FA regelmäßig Kenntnis. Eine Begrenzung der Auskunftsbefugnisse des Gerichts auf Verfahren über Ansprüche bestimmter Unterhaltsgläubiger ist daher nicht sachgerecht.

*ccc) Auskunftspflicht nach § 236 Abs. 4 FamFG*

3079  § 236 Abs. 4 Satz 1 FamFG regelt die Verpflichtung zur Auskunft der in § 236 Abs. 1 FamFG bezeichneten Personen und Stellen. Hieraus folgt auch, dass sich diese einerseits nicht auf eine Verschwiegenheitspflicht bzw. ein Zeugnisverweigerungsrecht berufen können, da sich der Gesetzgeber in § 236 FamFG für den Vorrang des Unterhaltsinteresses vor dem Geheimhaltungsinteresse entschieden hat. Andererseits bedeutet diese Regelung für die in Abs. 1 bezeichneten Personen und Stellen ggü. den Betroffenen die Befreiung von der Einhaltung einer bestehenden Verschwiegenheitspflicht bzw. eines Zeugnisverweigerungsrechts.

3080  § 236 Abs. 4 Satz 2 FamFG bestimmt, dass die für Zeugen geltenden Vorschriften über die Folgen einer unberechtigten Verweigerung des Zeugnisses entsprechend anzuwenden sind. Danach können die Gerichte ein Ordnungsgeld, ersatzweise Ordnungshaft verhängen oder Kosten auferlegen, vgl. § 390 ZPO. Ausgenommen hiervon sind jedoch Auskunftsersuche an Behörden (z.B. das FA). Bei diesen kann erwartet werden, dass sie dem gerichtlichen Ersuchen auf Auskunft nachkommen werden, da diese zur Amtshilfe verpflichtet sind.

*ff) Die Bedeutung der §§ 235, 236 FamFG im Unterhaltsverfahren*

3081  Der Auskunftsberechtigte hat ein **Wahlrecht**, ob er, gestützt auf den materiellen Anspruch nach § 1605 BGB, isoliert bzw. im Stufenverfahren die Auskunft durchsetzt oder ob er einen ziffernmäßig bestimmten Unterhaltsantrag stellt und im Rahmen dieses Verfahrens das FamG aufgrund von § 235 Abs. 2 FamFG veranlasst, Anordnungen zur Auskunftsermittlung nach § 235 Abs. 1 FamFG zu treffen.[1273]

3082  Problematisch ist, ob die Auskunftspflicht nach §§ 235, 236 FamFG auch Gegenstand der ersten Stufe eines (unbezifferten) Stufenantrags sein kann.

---

1273  HK-FamFG/*Viefhues*, § 235 Rn. 32; Zöller/*Lorenz*, ZPO, § 235 FamFG Rn. 15.

*aaa) Bezifferter Unterhaltsantrag*

Entsprechend dem Wortlaut und der Rechtsnatur des § 235 FamFG kann der Unter-   **3083**
haltsberechtigte einen **bezifferten Unterhaltsantrag** stellen. Im Rahmen dieses Verfahrens kann der Antragsteller weiterhin nach § 235 Abs. 2 FamFG das FamG mittels eines entsprechenden Antrags veranlassen, die außergerichtlich nicht oder nur
unvollständig erteilte Auskunft beim Antragsgegner einzufordern.

Diese Verfahrensweise kommt in Betracht, wenn der Unterhaltsberechtigte die Unter-   **3084**
haltshöhe einigermaßen verlässlich abschätzen kann (z.B. aufgrund der Lebensverhältnisse während der Ehe). Erforderlich ist aber immer, dass diese Schätzung ausreichend
substanziiert mit Sachverhaltsangaben begründet wird, denn ein »ins Blaue hinein«
bezifferter Antrag ist unzulässig.

Ist eine substantiierte Antragstellung in diesem Sinne nicht möglich, weil die Einkünfte   **3085**
des Unterhaltsschuldners gänzlich unbekannt sind, würde diese Vorgehensweise reine
Spekulation und ein Kostenrisiko darstellen. Auch wenn § 243 Satz 2 Nr. 2 FamFG
eingreifen könnte, besteht das Risiko, dass der Kostenerstattungsanspruch gegen den
Verfahrensgegner später nicht durchgesetzt werden kann.

▶ **Taktischer Hinweis:**

Trotz der erwähnten Nachteile ist eine solche Arbeitsweise natürlich vertretbar.   **3086**
Sollte also der Unterhaltsschuldner die geforderte Auskunft vorgerichtlich verweigert haben, kann der Unterhaltsberechtigte aufgrund seiner Kenntnisse etwa
über den Beruf des Unterhaltsschuldners, die Lebensverhältnisse der Beteiligten
usw. die Einkünfte schätzen und auf dieser Grundlage den Unterhalt berechnen.
Sollte der Unterhaltsschuldner nach gerichtlicher Aufforderung gem. §§ 235,
236 FamFG nunmehr seiner Auskunftspflicht nachkommen, wäre der gestellte
Unterhaltsantrag der Höhe nach anzupassen. Soweit der Unterhaltsantrag reduziert werden müsste, ist das FamG unbedingt auf die Kostenvorschrift des § 243
Satz 2 Nr. 2 FamFG hinzuweisen, sodass die Verfahrenskosten den Unterhaltsschuldner treffen. Ist der Antrag zu erhöhen, ist ein Kostenproblem ohnehin nicht
gegeben. Dieses »Arbeitsweise« mag man nicht als »Königsweg« ansehen; sie dürfte dennoch im Vergleich zu dem herkömmlichen Stufenverfahren, welches oft zu
einem Dauerstreit auf den Auskunftsstufe ausartet, wesentlich effektiver sein.

*bbb) Stufenantrag*

Aufgrund der dargestellten Risiken stellt sich die Frage, ob der Antrag nach §§ 235   **3087**
Abs. 2, 236 Abs. 2 FamFG nicht auch i.R.d. Stufenverfahrens gestellt werden kann.

Die Auskunftspflicht nach § 235 Abs. 1 FamFG leitet sich aus dem Prozessrechtsver-   **3088**
hältnis der Beteiligten zum Gericht ab.[1274]

---

1274 *Götz* NJW 2010, 900.

**3089**   Dies wird allgemein so verstanden, dass erst über einen bezifferten Unterhaltsantrag das Prozessrechtsverhältnis mit dem Auskunftspflichtigen begründet werden muss, bevor der Auskunftsberechtigte das Gericht gem. § 235 Abs. 2 FamFG zur Einholung der Auskunft »zwingen« kann.[1275]

**3090**   Der Weg des bezifferten Unterhaltsantrags ist aber nicht ohne Risiko (s.o.), so dass er nicht uneingeschränkt empfohlen werden kann.[1276]

**3091**   Praktische Bedeutung können die Auskunftspflichten nach §§ 235, 236 FamFG somit nur als erste Stufe eines unbezifferten Stufenantrags erlangen.

**3092**   Ein derartiges Verständnis der Vorschriften der §§ 235, 236 FamFG ist insb. mit dem Willen des Gesetzgebers zu rechtfertigen. Zweck der Regelung dieser Auskunftspflichten ist nämlich, dass in Unterhaltssachen die zeitintensiven Stufenanträge in möglichst weitgehendem Umfang entbehrlich werden. Die »Amtsermittlung« durch die FamG wird vom Gesetzgeber auch mit einem öffentlichen Interesse an einer sachlich richtigen Entscheidung in Unterhaltsangelegenheiten begründet, weil ungenügende Unterhaltszahlungen zu einem erhöhten Bedarf an öffentlichen Leistungen führen.[1277]

**3093**   Weiterhin hat der Auskunftsberechtigte nach §§ 235 Abs. 2, 236 Abs. 2 FamFG ein »Recht« darauf, die Einholung von Auskünften durch das Gericht zu erzwingen. Insoweit sind die Unterschiede zum materiellen Auskunftsanspruch nach § 1605 BGB nur dogmatischer Natur.

**3094**   Bedeutung hat auch die Vorschrift des **§ 235 Abs. 3 FamFG**. Danach sind der Antragsteller und der Antragsgegner verpflichtet, dem Gericht ohne Aufforderung mitzuteilen, wenn sich während des Verfahrens Umstände, die Gegenstand der Anordnung nach § 235 Abs. 1 FamFG waren, wesentlich verändert haben. Dadurch ist es möglich, Änderungen während des Verfahrens zu berücksichtigen und ggf. den Unterhaltsantrag anzupassen.

**3095**   Ansonsten sind die Gerichte nämlich bislang mit einer solchen Verpflichtung zur ungefragten Information, wenn sich die für die Unterhaltsbemessung maßgeblichen Umstände ändern, ausgesprochen zurückhaltend.[1278] Auch § 235 Abs. 3 FamFG würde seine Wirkung verfehlen, wenn die verfahrensrechtliche Auskunftspflicht nach §§ 235, 236 FamFG (ähnlich wie § 643 ZPO a.F.) wirkungslos bliebe.

**3096**   In der Praxis dürfte eine Schwierigkeit darin bestehen, dass eine **wesentliche Änderung** verlangt wird. Für den Maßstab wird auf das **Abänderungsverfahren (§ 238 FamFG)**

---

1275  Vgl. HK-FamFG/*Viefhues*, § 235 Rn. 6; *Götz* NJW 2010, 900.

1276  *Viefhues* (HK-FamFG/*Viefhues*, § 235 Rn. 37 a.E.) und *Götz* (NJW 2010, 900) verweisen in diesem Zusammenhang sogar auf das anwaltliche Haftungsrecht.

1277  BT-Drucks. 16/6308, S. 571.

1278  Vgl. dazu OLG Brandenburg, FuR 2021, 36; BGH, FamRZ 2008, 1325 m. Anm. *Borth*.

verwiesen,[1279] bei dem vielfach eine Grenze von 10 % gezogen wird, bei engen wirtschaftlichen Verhältnissen auch bei geringeren Änderungen.[1280]

Diese Wesentlichkeitsschwelle bezieht sich allerdings nicht auf den jeweiligen einzelnen Wert einer Einkommensposition, die in die Unterhaltsberechnung einfließt, sondern auf das **Ergebnis der Unterhaltsberechnung**.[1281] Der Beteiligte, dem die Mitteilungspflicht auferlegt worden ist, wird aber nur schwerlich selbst überblicken, ob eine Veränderung z.B. in seinem – schwankenden – Monatseinkommen diese Konsequenzen einer wesentlichen Änderung nach sich ziehen wird. Er wird daher vielfach sicherheitshalber jede Gehaltsabrechnung dem Gericht einreichen oder zumindest regelmäßig seinen Anwalt mit dieser Frage konfrontieren. Zudem steht die Bestimmung dessen, was als wesentlich anzusehen ist, nicht den Beteiligten, sondern dem Gericht zu.[1282] Deshalb ist ein Verfahrensbeteiligter nur bei offensichtlich völlig marginalen Veränderungen von der Mitteilungspflicht befreit.[1283]

3097

Vorgeschlagen wird daher, dass das Gericht in seinen mit der Auskunftsanforderung verbundenen Hinweisen auch nähere Angaben zur Konkretisierung des Merkmals »wesentlich« machen sollte.[1284]

3098

Der Gesetzgeber will mittels §§ 235, 236 FamFG nicht in den Grundsatz der Dispositionsmaxime im Unterhaltsverfahren eingreifen.[1285] Dies soll mit dem hier vertretenen Ansatz auch nicht geändert werden. Soweit damit allerdings die Schlussfolgerung einhergeht, dass der Antragsteller das Risiko zu tragen habe, Einkünfte oder Vermögen des Unterhaltpflichtigen nicht belegen zu können, ist dies entsprechend der Zielsetzung des Gesetzgebers jedenfalls dann zu korrigieren, wenn Grund dafür eine unzureichende Auskunft ist.

3099

Solches Unterlassen kann zukünftig nämlich i.R.d. Beweiswürdigung, etwa als Beweisvereitelung nach § 286 ZPO, frei gewürdigt werden.[1286] Auch ist die Grundlage der **richterlichen Schätzung nach § 287 Abs. 2 ZPO** in solchen Fällen eröffnet.[1287]

3100

Befürwortet man also (trotz dogmatischer Bedenken) einen unbezifferten Stufenantrag in den Fällen der §§ 235 Abs. 2, 236 Abs. 2 FamFG, erfordert dies wie bei den »klassischen« Stufenanträgen ein zweistufiges Vorgehen – nur mit dem Unterschied,

3101

---

1279  Bahrenfuss/*Schwedhelm*, FamFG, § 235 Rn. 9; Bork/Jacoby/Schwab/*Kodal*, FamFG, § 235 Anm. 18; Keidel/*Weber*, FamFG, § 235 Rn. 11; Thomas/Putzo/*Hüßtege*, ZPO, § 235 FamFG Rn. 14; Schlünder/Nickel, Rn. 697.
1280  OLG Hamm, FamRZ 2004, 1051.
1281  Unterhaltsprozess/*Roßmann*, Kap. 3 Rn. 1700.
1282  BGH, FamRZ 2000, 153; Keidel/*Weber*, FamFG, § 235 Rn. 11.
1283  Keidel/*Weber*, FamFG, § 235 Rn. 11.
1284  So MünchKomm-ZPO/*Dötsch*, § 235 Rn. 38.
1285  KG, NZFam 2019, 718 (723).
1286  Bork/Jacoby/Schwab/*Kodal*, FamFG, § 235 Anm. 20.
1287  *Hütter/Kodal* FamRZ 2009, 917, 920.

dass bisher der Anwalt die Arbeit der Informationsermittlung machen musste, in Zukunft aber das Gericht.[1288]

**3102**   Der Auskunftsantrag nach §§ 235, 236 FamFG ist wie folgt mit dem unbezifferten Leistungsantrag (z.B. in einem Abänderungsverfahren nach § 238 FamFG) zu stellen:

▶ **Auskunftsantrag nach §§ 235, 236 FamFG**

1. Der Antragsgegner wird verpflichtet, auf gerichtliche Anordnung nach §§ 235, 236 FamFG Auskunft zu erteilen durch Vorlage einer systematischen Aufstellung über
   a. seine sämtlichen Brutto- und Nettoeinkünfte einschließlich aller Nebeneinkünfte aus nicht selbstständiger Tätigkeit sowie aus anderer Herkunft in der Zeit vom..... bis..... und die erteilte Auskunft durch Vorlage der Lohnsteuerkarte nebst Lohnsteuerbescheinigung für das Jahr..... in Fotokopie und der Originallohnabrechnungen des Arbeitgebers für die Monate..... bis..... sowie der Originalbescheide über im vorgenannten Zeitraum etwa bezogenes Krankengeld und etwa bezogene Arbeitslosenunterstützung zu belegen;
   b. seine sämtlichen Einnahmen und Aufwendungen aus selbstständiger Arbeit, aus Kapitalvermögen, aus Vermietung und Verpachtung sowie aus anderer Herkunft unter Angabe der Privatentnahmen in der Zeit vom..... bis..... und die erteilte Auskunft durch Vorlage der Einkommensteuererklärungen sowie der etwaigen Bilanzen nebst den Gewinn- und Verlustrechnungen bzw. der etwaigen Einnahmenüberschussrechnungen für die Jahre..... bis..... sowie der Einkommensteuerbescheide für die Jahre..... bis..... zu belegen.
2. Der Antragsgegner wird aufgefordert, schriftlich zu versichern, dass er die Auskunft über seine Einkünfte wahrheitsgemäß und vollständig erteilt hat.
3. Der Antragsgegner wird unter Abänderung des Beschlusses vom..... verpflichtet, an die Antragstellerin ab..... den nach Erfüllung der Auskunftsverpflichtung noch zu beziffernden angemessenen Unterhalt zu zahlen.

### d) Abänderung gerichtlicher Unterhaltsentscheidungen

▶ **Das Wichtigste in Kürze**

**3103**   – Der Abänderungsantrag ist abhängig vom Titel (entweder nach §§ 238, 239 oder 240 FamFG). → Rdn. 3106 f.
   – Gleichbehandlung der Beteiligten im Abänderungsverfahren, d.h. auch der Unterhaltsschuldner kann eine »rückwirkende« Abänderung des rechtskräftigen Titels erstreiten, vgl. § 238 Abs. 3 Satz 3 FamFG. → Rdn. 3171
   – Das Abänderungsverfahren nach § 238 FamFG erlaubt aus Gründen der Billigkeit die **Durchbrechung der materiellen Rechtskraft** einer vorausgegangenen gerichtlichen Unterhaltsentscheidung. → Rdn. 3111 ff.
   – Die **Rechtshängigkeit** eines auf Herabsetzung gerichteten Abänderungsantrags begründet eine verschärfte Bereicherungshaftung nach § 241 FamFG, soweit

---

1288  Befürwortend auch Keidel/*Weber*, FamFG, § 235 Rn. 14.

nach diesem Zeitpunkt noch Unterhaltsleistungen vom Antragsgegner bezogen werden. → Rdn. 3535 ff.

– Nach § 242 FamFG i.V.m. § 769 ZPO kann das FamG auf Antrag anordnen, dass die Zwangsvollstreckung bis zum Erlass des Abänderungsbeschlusses eingestellt wird. → Rdn. 3119 ff.

– Das Abänderungsverfahren nach § 238 FamFG ermöglicht lediglich eine **Anpassung der früher ergangenen Unterhaltsentscheidung** an veränderte Umstände, hingegen keine Fehlerbeseitigung, vgl. § 238 Abs. 4 FamFG. → Rdn. 3174 f.

### aa) Gesetzliche Konzeption

Das FamFG nimmt sich in besonderer Weise der Problematik der Abänderung von Unterhaltstiteln an. Die Abänderung von Unterhaltstiteln ist ein wichtiger Bereich anwaltlicher und gerichtlicher Tätigkeit. **3104**

Unterhaltstitel basieren nämlich immer auf einer »**Prognose**« über die künftige Entwicklung insb. der wirtschaftlichen Verhältnisse der am Verfahren Beteiligten. Derartige Prognosen können naturgemäß fehlgehen, sodass eine Abänderung erforderlich wird. Das FamFG regelt die Abänderung bzw. insb. deren Voraussetzungen in den §§ 238 bis 240 FamFG. **3105**

Die Vorschrift des § 238 FamFG ist eine Spezialregelung für die Abänderung gerichtlicher Entscheidungen (Beschlüsse) in Unterhaltssachen. Andere Titel unterliegen nicht dem Anwendungsbereich des § 238 FamFG, d.h. die Abänderung eines Unterhaltsvergleichs nach § 794 Abs. 1 Nr. 1 ZPO oder einer vollstreckbaren Urkunde richtet sich nach § 239 FamFG, während Unterhaltsentscheidungen nach den §§ 237 und 253 FamFG nach § 240 FamFG abgeändert werden. **3106**

Die Vorschrift des § 238 FamFG ist in vier Absätze gegliedert, wobei die Abs. 1 und 3 die Zulässigkeit des Abänderungsantrags betreffen, Abs. 2 die Tatsachenpräklusion für den Antragsteller und Abs. 4 die Begründetheit des Antrags. **3107**

### bb) Checkliste: Abänderungsantrag nach § 238 FamFG

▶ Checkliste: Abänderungsantrag nach § 238 FamFG

I.   Streitgegenstand                                                       **3108**
     → ist die Begründetheit des Abänderungsbegehrens, d.h. die Frage, ob zugunsten des Antragstellers wegen wesentlicher Änderungen der Verhältnisse der vorhandene Unterhaltsbeschluss abgeändert werden muss. Es geht demnach um den gleichen Streitgegenstand wie im Vorverfahren, da der gleiche Lebenssachverhalt untersucht wird. Das Abänderungsverfahren nach § 238 FamFG erlaubt aus Gründen der Billigkeit die **Durchbrechung der materiellen Rechtskraft** des abzuändernden Beschlusses.

II.  Verpflichtung zu einer Unterhaltsrente
     1. Positiver Leistungsbeschluss i.S.v. § 258 ZPO erforderlich

    2. Antragsabweisung → dann neues Verfahren nach § 258 ZPO

    3. Ausnahme: Abänderungsbeschluss, der Unterhalt aberkennt, kann nur mit neuem Abänderungsantrag nach § 238 FamFG angegriffen werden

**III. Nachträgliche wesentliche Änderung der Bemessungsgrundlage**

    1. wesentlich = Abänderung im Umfang von 10 %

    2. schlüssige Behauptung → Antrag zulässig; Beweis gelungen → begründet

    3. Änderung der tatsächlichen Verhältnisse (z.B. der Leistungsfähigkeit)

    4. Änderung der rechtlichen Verhältnisse (z.B. der höchstrichterlichen Rechtsprechung)

**IV. Präklusion (§ 238 Abs. 2 FamFG)**

    1. Die Veränderung muss nachträglich eingetreten sein, wobei allein der Zeitpunkt der Entstehung, nicht der Zeitpunkt der Kenntnisnahme von der Änderung maßgebend ist.

    2. Die Vorhersehbarkeit der später eingetretenen Tatsachen schließt das Abänderungsverfahren aus (vgl. dazu Rdn. 3157 ff.).

    3. Bei einem Versäumnisbeschluss muss stets von der Einspruchsmöglichkeit Gebrauch gemacht werden, weil nur Gründe, die nach Ablauf der Einspruchsfrist entstanden sind, zur Abänderung berechtigen.

    4. Entstehen die Gründe nach Abschluss der ersten Instanz, kann Beschwerde eingelegt werden. Erforderlich ist dies jedoch nicht.

**V. Rückwirkungssperre, § 238 Abs. 3 FamFG**

    1. Abänderung ab Rechtshängigkeit

    2. Ausnahme für Unterhaltsgläubiger: § 1613 Abs. 1 BGB

    3. Ausnahme für Unterhaltsschuldner: Abänderung ab Auskunfts- und Verzichtsverlangen, vgl. § 238 Abs. 3 Satz 3 FamFG

**VI. Entscheidung durch Beschluss**

    → Abänderung nur der »falschen« Prognose, d.h. keine »Fehlerbeseitigung«

**VII. Abgrenzung**

    1. Abänderungs- oder Nachforderungsantrag?

    → grds. Vorrang des Abänderungsantrags, es sei denn, es liegt ein offener Teilantrag vor (z.B. Antragsteller verlangte bislang nur den Elementarunterhalt, den der Schuldner nicht freiwillig zahlte; dann kann er jederzeit ohne Beschränkung nach § 238 FamFG noch Altersvorsorgeunterhalt nach §§ 253, 258 ZPO beantragen).

    2. Verhältnis zum Vollstreckungsabwehrantrag → Thomas/Putzo/*Hüßtege*, ZPO, § 238 FamFG Rn. 4.

    Der Vollstreckungsgegenantrag wendet sich gegen die Zwangsvollstreckung aus dem Unterhaltstitel. Die Zwangsvollstreckung soll für unzulässig erklärt werden, weil der titulierte Anspruch inzwischen erloschen oder gehemmt ist. In Abgrenzung zu den Vorschriften der §§ 238, 239 FamFG kommen für den Vollstreckungsgegenantrag nur Gegengründe gegen den Unterhaltstitel infrage, die diesen unwandelbar bzw. endgültig vermindern.

    → Der Vollstreckungsabwehrantrag betrifft punktuell eintretende Ereignisse, Einwendungen und Einreden.

Umgekehrt bezweckt das Abänderungsverfahren nach § 238 FamFG die Anpassung des Unterhaltstitels. Der Grund ist die Änderung variabler Bemessungsfaktoren für den Unterhalt (z.B. Leistungsfähigkeit, Bedürftigkeit). → Änderungen der **stets wandelbaren** wirtschaftlichen Verhältnisse der Beteiligten sind mit dem Abänderungsantrag nach § 238 FamFG geltend zu machen.

### cc) Rechtsnatur des Abänderungsverfahrens nach § 238 FamFG

Das Abänderungsverfahren nach § 238 FamFG steht im engen Zusammenhang mit dem Unterhaltsleistungsverfahren auf wiederkehrende Leistungen gem. § 258 ZPO. Das Verfahren nach § 258 ZPO eröffnet dem Antragsteller die Möglichkeit, Unterhaltsansprüche geltend zu machen, die noch nicht im Zeitpunkt der Verfahrenseinleitung, sondern erst in einem in der Zukunft liegenden Zeitpunkt fällig werden. Der Beschluss, der einem Unterhaltsantrag nach § 258 ZPO stattgibt, bezieht sich auf die künftige Rechtslage, weil der Richter in seiner Entscheidung die für die Ansprüche maßgebenden Verhältnisse vorausschauend beurteilen muss, also eine **Prognose** zu erstellen hat. Unterhaltsansprüche sind nämlich vom Bedarf des Berechtigten, der Bedürftigkeit und von der Leistungsfähigkeit des Verpflichteten abhängig. Diese Umstände können sich anders entwickeln, als dies der Richter prognostiziert hat. Weicht die Realität von der richterlichen Annahme wesentlich i.S.v. § 238 Abs. 1 FamFG ab, verlangt es die Billigkeit, der betroffenen Partei zu gestatten, diese Divergenz geltend zu machen und eine Korrektur des Beschlusses zu fordern.

3109

Das Abänderungsverfahren nach § 238 FamFG kann erhoben werden, wenn im Fall der gerichtlich angeordneten Verpflichtung des Unterhaltsschuldners zukünftig fällig werdenden wiederkehrenden Unterhaltsleistungen (vgl. § 258 ZPO) eine wesentliche Veränderung derjenigen Verhältnisse eingetreten ist, die für Grund oder Höhe der Unterhaltsrente von Bedeutung waren. Der Rechtsnatur nach handelt es sich bei dem Abänderungsverfahren nach § 238 FamFG um eine **prozessuale Gestaltung.**[1289] Neu gestaltet wird das Unterhaltsschuldverhältnis der Beteiligten. Zugleich handelt es sich auch um ein Leistungsverfahren, soweit eine erneute weiter gehende Verpflichtung des Unterhaltsschuldners erreicht werden soll, bzw. umgekehrt um ein negatives Feststellungsverfahren, wenn der Antragsteller eine völlige Beseitigung oder zumindest Teilreduzierung der durch den abzuändernden Beschluss ausgesprochenen Leistungspflicht begehrt.

3110

### dd) Streitgegenstand des Abänderungsverfahrens

Nach der überwiegend vertretenen Auffassung ist der **Streitgegenstand** die Begründetheit des Abänderungsbegehrens, d.h. die Frage, ob zugunsten des Antragstellers wegen wesentlicher Änderungen der Verhältnisse der vorhandene (rechtskräftige) Unterhaltsbeschluss abgeändert werden muss. Es geht demnach um den gleichen Streitgegenstand wie im Vorverfahren, da der gleiche Lebenssachverhalt untersucht

3111

---

1289  BGH, NJW 2005, 2313.

wird. Nach herrschender Meinung[1290] ist das Abänderungsverfahren ein Institut, das aus Gründen der Billigkeit die **Durchbrechung der materiellen Rechtskraft** des abzuändernden Beschlusses zulässt (sog. Billigkeitstheorie).

**3112** Grundlage dieser Ansicht ist, dass die materielle Rechtskraft der abzuändernden Entscheidung auch die richterliche Prognose erfasst; mitunter ist auch die Rede von der Zukunftsrechtskraft derartiger Entscheidungen. Weicht nun die Realität von der Prognose ab, muss aus Gründen der Billigkeit eine Korrektur der Ausgangsentscheidung erfolgen.

**3113** **Gegenläufige Abänderungsverfahren** (ein Beteiligter fordert im Abänderungsverfahren mehr Unterhalt, der andere beantragt eine Reduzierung) sind **streitgegenständlich verschieden.**

▶ Anwaltlicher Hinweis:

**3114** Das OLG München[1291] hat dies auch im Hinblick auf die anfallenden Gebühren deutlich gemacht. Bislang war umstritten, ob im Unterhaltsabänderungsverfahren die Werte des Antrags und des Gegenantrags zwecks Ermittlung des Streitwerts jeweils zu addieren sind oder ob in einem solchen Fall nur der – mit den gegenläufigen Anträgen – geltend gemachte höhere Anspruch maßgebend ist.[1292]

Eine Auffassung behauptet, dass die Abänderungsverfahren dann denselben Streitgegenstand i.S.v. § 39 Abs. 1 Satz 3 FamGKG betreffen, wenn sich die geltend gemachten Zahlungsansprüche gegenseitig ausschließen, wenn also die Zuerkennung des einen Anspruchs zwangsläufig die Aberkennung des Gegenanspruchs zur Folge habe; so sei dies im Abänderungsverfahren. Dieses Argument überzeugt jedoch nicht. Denn im Abänderungsverfahren hat der Erfolg eines auf eine Erhöhung des Unterhalts gerichteten Abänderungsantrags zwar den Misserfolg des gegenläufigen Antrags, der eine Herabsetzung des Unterhalts anstrebt, zur Folge. Dies kann aber erst festgestellt werden, wenn die Sache spruchreif ist. Für den Streitwert kommt es aber auf das Interesse des jeweiligen Klägers im Zeitpunkt der Antragstellung an (§ 34 FamGKG). Zu diesem Zeitpunkt steht jedoch nicht fest, ob der Antrag Erfolg hat. Hat der Antrag keinen Erfolg, hat dies nicht notwendigerweise den Erfolg des Gegenantrags zur Folge. Denn der titulierte Anspruch kann zutreffen, sodass weder eine Erhöhung noch eine Herabsetzung des Unterhalts möglich ist. Da sich die Anträge nicht von vornherein gegenseitig ausschließen und das Gericht sich bei einem Misserfolg des Verfahrensantrags des Antragstellers mit der Begründetheit des Verfahrensantrags des Antragsgegners befassen muss, ist es sachgerecht, im Fall eines Abänderungsverfahrens Antrag und Gegenantrag zu addieren.

---

1290  Vgl. BGH, FamRZ 2007, 983.
1291  OLG München, ZFE 2007, 317 m. Anm. *Schneider.*
1292  Vgl. Nachweise bei OLG Hamm, FamRZ 2002, 1642; OLG Karlsruhe, FamRZ 1998, 574.

### ee) Allgemeine Verfahrensvoraussetzungen des Abänderungsverfahrens nach § 238 FamFG

Die örtliche und sachliche **Zuständigkeit** des FamG für das Abänderungsverfahren ergibt sich aus den allgemeinen Regeln, vgl. insb. § 232 FamFG.    3115

Die **Verfahrensführungsbefugnis** steht grds. nur denjenigen Beteiligten zu, zwischen denen die abzuändernde Entscheidung ergangen ist oder auf die sich die Rechtskraft erstreckt. Außer den Beteiligten des Vorverfahrens kommen infolge eines gesetzlichen Forderungsübergangs auch deren Rechtsnachfolger in Betracht.    3116

Solange die Voraussetzungen des § 1629 Abs. 3 BGB noch zutreffen, ist auch ein Abänderungsverfahren wegen des Kindesunterhalts in gesetzlicher Verfahrensstandschaft zu erheben, sofern nicht das Kind volljährig geworden ist.[1293] Dies gilt auch im Passivverfahren nach § 238 FamFG gegen das Kind.    3117

Nach Beendigung der gesetzlichen Verfahrensstandschaft durch Rechtskraft der Scheidung ist allein das Kind in einem Abänderungsverfahren der richtige Beteiligte (natürlich vertreten durch den betreuenden Elternteil).    3118

### ff) Einstellung der Zwangsvollstreckung nach § 242 FamFG

Nach § 242 Satz 1 FamFG gilt § 769 ZPO entsprechend, wenn ein Abänderungsantrag auf Herabsetzung anhängig oder hierfür ein Antrag auf Bewilligung von VKH eingereicht wurde.    3119

Das FamG kann damit nach § 242 FamFG i.V.m. § 769 ZPO auf Antrag anordnen, dass bis zum Erlass des Abänderungsbeschlusses die Zwangsvollstreckung gegen oder ohne Sicherheitsleistung eingestellt oder nur gegen Sicherheitsleistung fortgesetzt wird und dass Vollstreckungsmaßregeln gegen Sicherheitsleistung aufzuheben sind.    3120

Erforderlich ist ein auf Vollstreckungsschutz gerichteter **Antrag** des Unterhaltsschuldners. Die tatsächlichen Behauptungen, die den Antrag begründen, sind glaubhaft zu machen.    3121

Im Hinblick auf die Schwierigkeiten, Überzahlungen[1294] im Fall von Unterhalt zurückzufordern, dürfen die FamG keine überzogenen Anforderungen an die Glaubhaftmachung stellen.    3122

▶ Taktischer Hinweis:

> Der anwaltliche Vertreter ist schon aus haftungsrechtlichen Gründen unbedingt gehalten, die Einstellung der Zwangsvollstreckung nach § 242 FamFG i.V.m. § 769 ZPO zu beantragen, wenn ein auf Herabsetzung der Unterhaltsschuld gerichteter Abänderungsantrag gestellt werden kann. Zwar löst der Abänderungsantrag nunmehr eine verschärfte Haftung nach § 241 FamFG des Unterhaltsgläubigers aus; oftmals wird aber ein solcher Rückzahlungsanspruch später in der    3123

---

1293 Vgl. dazu OLG Koblenz m. Anm. *Viefhues* FuR 2021, 427.
1294 Dieses Problem wird später noch ausführlich behandelt werden, vgl. Rdn. 3520 ff.

Vollstreckung scheitern. Unterhalt, der erst gar nicht gezahlt wird, muss später aber auch nicht mühevoll zurückgefordert werden.

Der betreffende Antrag kann wie folgt formuliert werden:

»Die Zwangsvollstreckung aus dem Beschluss (Vergleich) vom … (Aktenzeichen …) wird nach § 242 FamFG i.V.m. § 769 ZPO bis zum Erlass des Beschlusses in diesem Verfahren ohne Sicherheitsleistung einstweilen eingestellt.«

**Begründung:**

Die Einstellung der Zwangsvollstreckung ist nach § 242 FamFG i.V.m. § 769 ZPO im Wege der einstweiligen Anordnung erforderlich. Der Abänderungsantrag hat überwiegende Aussicht auf Erfolg (wird glaubhaft gemacht durch …).

Ansonsten steht zu befürchten, dass ein etwaiger Rückzahlungsanspruch nicht vollstreckt werden kann.

*gg) Abänderungsvoraussetzungen*

*aaa) Hauptsacheentscheidung*

3124   § 238 Abs. 1 Satz 1 FamFG bezeichnet diejenigen gerichtlichen Entscheidungen, die einer Abänderung zugänglich sind. Dies sind ausschließlich in der Hauptsache ergangene Entscheidungen, wodurch ausdrücklich klargestellt wird, dass Entscheidungen in einstweiligen Anordnungsverfahren nicht der Abänderung nach § 238 FamFG unterliegen. Die Abänderbarkeit derartiger Entscheidungen richtet sich insb. nach § 54 Abs. 1 FamFG.

▶ **Anwaltlicher Hinweis:**

3125   Mitunter bestehen Zweifel über das richtige Abänderungsverfahren, wenn ein Beschluss einen titulierten Unterhaltsvergleich aufgrund eines Verfahrens nach § 239 FamFG abgeändert hat. Dann ist nicht mehr der abgeänderte Unterhaltsvergleich der Titel, sondern der (rechtskräftige) gerichtliche Abänderungsbeschluss, sodass der Abänderungsantrag nach § 238 FamFG zu stellen ist.

*bbb) Wesentliche Änderung der Verhältnisse*

3126   § 238 Abs. 1 Satz 2 FamFG behandelt das Wesentlichkeitskriterium nur unter dem Gesichtspunkt der Zulässigkeit des Abänderungsantrags, für die Begründetheit wird es in Abs. 4 nochmals gesondert erwähnt. Ein Abänderungsantrag nach § 238 FamFG ist nur zulässig, wenn der Antragsteller Tatsachen vorträgt, aus denen sich eine wesentliche Veränderung ergibt.[1295] Dabei können nur Tatsachen berücksichtigt werden, die nicht nach § 238 Abs. 2 FamFG ausgeschlossen sind.

---

1295  OLG Brandenburg, FamRZ 2008, 797; BGH, FamRZ 1984, 353, 355.

Das Erfordernis einer wesentlichen Änderung der für die Unterhaltsentscheidung    3127
maßgebenden Verhältnisse wird allgemein auf den Unterhaltsanspruch bezogen. Die
Praxis[1296] orientiert sich bei Bestimmung der Wesentlichkeit an einer 10 %-Grenze,
ohne jedoch auszuschließen, dass eine wesentliche Änderung auch bei geringeren
Prozentsätzen zu bejahen sein kann, insb. wenn die Beteiligten in bescheidenen Verhältnissen leben. Die individuelle Situation der Beteiligten ist zu berücksichtigen und
danach die »Wesentlichkeit« einer Veränderung zu beurteilen. Eine Änderung der
Bedarfssätze der Düsseldorfer Tabelle (Kindesunterhalt) ist immer wesentlich, auch
wenn der Richtwert von 10 % nicht erreicht wird.[1297]

– **Änderung der rechtlichen Verhältnisse**    3128
Der Wortlaut des § 238 Abs. 1 FamFG stellt ausdrücklich klar, dass auch eine Veränderung der zugrunde liegenden **rechtlichen Verhältnisse**, wie etwa der höchstrichterlichen Rechtsprechung, für eine Anpassung ausreicht.[1298]

Die Entscheidung des BGH[1299] zur Berechnung des Ehegattenunterhalts bei Betreu-    3129
ung von Kindern ist bspw. als eine **Änderung höchstrichterlicher Rechtsprechung**
anzusehen, die ein Abänderungsverfahren zu rechtfertigen vermag. Ebenso liegt es
bezüglich der Rechtsprechung[1300] zum Wohnvorteil bzw. nunmehr auch betreffend
der Einkünfte aus Vermietung und Verpachtung, denen Finanzierungskosten (also
Zins und Tilgung) bis zur Höhe des Wohnvorteils bzw. der Einkünfte aus Vermietung
und Verpachtung gegenübergestellt werden können.

Allerdings ist vor Erhebung eines Abänderungsantrags zu prüfen, ob sich aufgrund    3130
der neuen Rechtsprechung auch tatsächlich eine wesentliche Änderung der Unterhaltspflicht ergibt.

Der Abänderungsantragsteller kann sich auf eine geänderte höchstrichterliche Recht-    3131
sprechung erst ab Verkündung des entsprechenden höchstrichterlichen Beschlusses
stützen.[1301]

Abänderungsgrund ist i.Ü. auch eine **Gesetzesänderung**, etwa die Unterhaltsreform    3132
vom 01.01.2008.[1302] Gleichgestellt ist eine verfassungskonforme Auslegung durch das
BVerfG, da diesen Entscheidungen Gesetzeskraft zukommt.[1303]

Die **Änderung von Unterhaltsrichtlinien** rechtfertigt für sich betrachtet ein Verfahren    3133
nach § 238 FamFG hingegen nicht, weil durch Unterhaltsrichtlinien lediglich Orien-
tierungshilfen für die richterliche Beurteilung geschaffen werden.[1304] Allerdings können

---

1296 Vgl. OLG Hamm, FamRZ 2012, 53.
1297 OLG Hamm, FamRZ 2012, 53.
1298 BGH, FamRZ 2012, 525, 526.
1299 BGH, FamRZ 2021, 1965.
1300 BGH, Beschl. vom 15.12.2021, XII ZB 557/20 = FamRZ 2022, 434; BGH, Beschl.
     vom 09.03.2022, XII ZB 223/21 = FamRZ 2022, 781.
1301 BGH, FamRZ 2007, 793; vgl. auch *Reinken* ZFE 2010, 211.
1302 BGH, FamRZ 2012, 525, 526.
1303 BGH, NJW 2001, 3618.
1304 BGH, FamRZ 2005, 221.

die für die Änderung der Tabellen maßgebenden Gründe, wie bspw. ein allgemeiner Anstieg der Lebenshaltungskosten, die Erhöhung der geschuldeten Leistungen rechtfertigen, wenn sich dadurch eine wesentliche Veränderung der tatsächlichen individuellen Verhältnisse des Unterhaltsberechtigten ergibt, denn der BGH sieht in § 238 FamFG ein Instrument zur »Dynamisierung« des Unterhalts, um eine Anpassung an die Veränderung des Lebensstandards und an eine fortschreitende Geldentwertung zu ermöglichen. In dem Vorbringen einer Beteiligten, die ihr Abänderungsverlangen auf eine Änderung der Bedarfssätze solcher Unterhaltsrichtlinien stützt, ist regelmäßig die Behauptung zu sehen, dass sich die Lebenshaltungskosten entsprechend geändert haben und eine Korrektur des Unterhaltstitels insoweit gerechtfertigt erscheint. Dies gilt ebenfalls für die Anpassung des Mindestunterhalts nach § 1612a BGB bzw. einem Aufrücken in eine höhere Altersstufe der Düsseldorfer Tabelle.[1305]

3134   – **Änderung der tatsächlichen Verhältnisse**

Ansonsten kann nach § 238 Abs. 1 FamFG ein Abänderungsverfahren nur erfolgreich sein, wenn eine wesentliche Änderung derjenigen Verhältnisse eingetreten ist, die für die Verpflichtung zur Entrichtung der Unterhaltsleistungen, für die Bestimmung ihrer Höhe oder für die Dauer ihrer Entrichtung maßgebend waren. Die Änderung muss sich auf die **tatsächlichen** Grundlagen der Entscheidung beziehen und nicht lediglich auf die insoweit vom FamG vorgenommene Beurteilung. Tatsächliche Abänderungsgründe i.S.v. § 238 Abs. 1 FamFG sind insb.

– Einkommensänderungen des Unterhaltsberechtigten oder -verpflichteten,
– Änderung der Leistungsfähigkeit des Unterhaltsschuldners infolge plötzlicher Arbeitslosigkeit,
– der Wechsel in eine höhere Altersstufe in den Unterhaltstabellen,
– Minderung der Barunterhaltspflicht mit Eintritt der Volljährigkeit eines Kindes, weil der andere Elternteil nach § 1606 Abs. 3 Satz 1 BGB ebenfalls Barunterhalt zu leisten hat,
– Minderung der Bedürftigkeit des Unterhaltsgläubigers, der Arbeit gefunden hat.

3135   Die für die Entscheidung bzw. Unterhaltsbemessung maßgeblichen tatsächlichen Verhältnisse können grds. dem abzuändernden Unterhaltsbeschluss entnommen werden.

3136   Wesentlichkeit setzt aber auch **Nachhaltigkeit** voraus. Eine kurzfristige Arbeitslosigkeit wird daher überwiegend als nicht wesentlich angesehen.[1306] Kurzfristige Einkommens- oder Bedarfsschwankungen können daher ein Abänderungsverfahren nicht rechtfertigen, sondern sind durch Rückstellungen aufzufangen, notfalls auch durch Kreditaufnahme.[1307]

▶ Praxishinweis:

3137   Anwaltlich ist häufig nur schwer einzuschätzen, inwieweit Einkommensbeeinträchtigungen bedingt durch Krisen (z.B. Corona; Ukraine-Krieg) dauerhaft sind.

---

1305  OLG Karlsruhe, NJW-RR 2004, 585.
1306  BGH, FamRZ 1996, 345.
1307  Kritisch dazu Wendl/Dose/*Schmitz*, § 10 Rn. 197.

Dies muss mit dem betreffenden Mandanten offen besprochen werden; nach entsprechender Aufklärung ist dann eine Entscheidung über die Einleitung eines Abänderungsverfahrens zu treffen.

Im Fall einer **Versäumnisentscheidung** gegen den Antragsgegner war umstritten, welche tatsächlichen Verhältnisse diesem zugrunde liegen. **3138**

▸ Beispiel:

Der Antragsteller behauptet, der Antragsgegner habe monatliche Nettoeinkünf- te von 4.000 €. Tatsächlich hat der Antragsgegner allerdings nur Nettoeinkünfte von 3.000 €. Dies wird jedoch im gerichtlichen Verfahren nicht aufgeklärt, weil der Antragsgegner sich nicht verteidigt. Er wird daher verpflichtet, auf der Grund- lage von Nettoeinkünften von 4.000 € Unterhalt zu zahlen. **3139**

Überwiegend wurde vertreten, für die Abänderung eines Versäumnisbeschlusses sei nicht von den tatsächlichen Verhältnissen bei Erlass des Beschlusses, sondern von den fingierten Verhältnissen auszugehen. Der Versäumnisbeschluss beruhe allein auf dem schlüssigen Vortrag des Antragstellers und nur dieser liege wegen der Geständnisfiktion des § 331 Abs. 1 Satz 1 ZPO dem abzuändernden Versäumnisbeschluss zugrunde.[1308] **3140**

Nach anderer Auffassung ist auch für die Abänderung eines Versäumnisbeschlusses auf eine Änderung der tatsächlichen Umstände abzustellen. Nur eine Abänderung der tatsächlichen Verhältnisse könne eine Abänderung des Versäumnisbeschlusses unter Beachtung seiner Grundlagen nach § 238 Abs. 4 FamFG rechtfertigen und dabei zugleich die Rechtskraft der abzuändernden Entscheidung wahren. **3141**

Der BGH[1309] schließt sich für eine Änderung der Einkommensverhältnisse nunmehr der zuletzt genannten Auffassung an. Nur diese wahrt bei der Abänderung eines Ver- säumnisbeschlusses wegen veränderter Einkommensverhältnisse die Rechtskraft des abzuändernden Versäumnisbeschlusses. **3142**

Dem BGH ist zuzustimmen. Die Zulässigkeit des Abänderungsantrags steht in untrennbarem Zusammenhang zur Präklusion nach § 238 Abs. 2 FamFG. Weil der Abänderungsantrag nur auf Gründe gestützt werden kann, die nicht mehr durch einen Einspruch gegen den Versäumnisbeschluss geltend gemacht werden können, können andere Gründe auch keine Zulässigkeit des Abänderungsantrags rechtferti- gen. Diese Konsequenz beruht auf dem Gedanken der Rechtskraft und der daraus folgenden Präklusion nicht rechtzeitig vorgetragener Umstände. Wie bei einem strei- tigen Beschluss können Versäumnisse in dem Ausgangsverfahren auch im Fall eines Versäumnisbeschlusses nicht später im Wege der Abänderung korrigiert werden.[1310] **3143**

---

1308  OLG Köln, NJW-RR 2002, 438 = FamRZ 2002, 471.
1309  BGH, NJW 2010, 2437 m. Anm. *Norpoth*.
1310  OLG Dresden, FamRZ 2017, 465.

3144 Um die Rechtskraft des Versäumnisbeschlusses zu wahren, kann es sich bei den tatsächlichen Verhältnissen, die ihm i.S.d. § 238 Abs. 1 FamFG zugrunde liegen, also nicht um die vom Antragsteller vorgetragenen Umstände, sondern nur um die seinerzeit tatsächlich vorliegenden Umstände handeln. Nur in dem Umfang, in dem sich die tatsächlichen Verhältnisse bei Ablauf der Einspruchsfrist inzwischen geändert haben, ist eine Abänderung des rechtskräftigen Versäumnisbeschlusses zulässig. Eine Korrektur der dem abzuändernden Beschluss vorausgegangenen Fehler, die im Abänderungsverfahren nicht möglich ist, kann nur so ausgeschlossen werden.[1311]

3145 Auch die materielle Rechtskraft eines im Unterhaltsverfahren ergangenen **Anerkenntnisbeschlusses** führt grds. zur Bindungswirkung.[1312]

▶ **Anwaltlicher Hinweis:**

3146 In diesem Zusammenhang ist zunächst darauf hinzuweisen, dass in Unterhaltssachen ausnahmsweise der **Widerruf eines Anerkenntnisses** möglich ist.

▶ **Beispiel:**

Im Unterhaltsverfahren wird in mündlicher Verhandlung der Unterhaltsanspruch vollständig anerkannt. In einer weiteren mündlichen Verhandlung widerruft der Unterhaltsschuldner, da der Unterhaltsgläubiger eine Arbeitsstelle gefunden hat und nur noch eingeschränkt bedürftig ist. Der Unterhaltsgläubiger ist mit dem Widerruf des Anerkenntnisses nicht einverstanden.

Der Erlass eines Anerkenntnisbeschlusses gem. § 307 ZPO ist nicht möglich, da das Anerkenntnis wirksam widerrufen wurde.

Der Unterhaltsschuldner hat zwar in der mündlichen Verhandlung den Antrag des Unterhaltsgläubigers in vollem Umfang anerkannt. Dieses Anerkenntnis war wirksam, da die allgemeinen Verfahrensregeln der ZPO und damit auch § 307 ZPO für das Unterhaltsverfahren anwendbar sind, wie sich aus § 113 Abs. 1 FamFG ergibt. Ferner ist die Vorschrift des § 113 Abs. 4 Nr. 6 FamFG, die ein Anerkenntnis ausschließt, lediglich auf die Ehesache Scheidung und nicht auf die Folgesachen oder isolierte Unterhaltsverfahren anwendbar. Das Anerkenntnis konnte trotz des nicht erklärten Einverständnisses wirksam widerrufen werden, da ein Abänderungsgrund i.S.d. § 238 FamFG vorliegt.[1313]

Die herrschende Meinung lässt in derartigen Fällen eine ausnahmsweise Widerrufbarkeit eines Anerkenntnisses zu, um aus prozessökonomischen Gründen ein späteres Abänderungsverfahren zu vermeiden.[1314]

1311 Vgl. dazu auch *Obermann* ZFE 2010, 404.
1312 BGH, NJW 2007, 2921 m. Anm. *Born*.
1313 Vgl. dazu BGH, NJW 2002, 436 ff.; OLG Brandenburg, FamRZ 2004, 384, 387.
1314 S. *Thomas/Putzo/Reichold*, ZPO, § 307 Rn. 8 m.w.N.

Ein Abänderungsgrund liegt deshalb vor, weil der Unterhaltsgläubiger zum Zeitpunkt der Abgabe des Anerkenntnisses noch über keinerlei seine Bedürftigkeit mindernde Einkünfte verfügte, jedoch später eine Arbeit mit entsprechender Vergütung gefunden hatte.

Ein Anerkenntnis im Unterhaltsverfahren kann auch dann widerrufen werden, wenn dieses aufgrund einer Täuschung veranlasst gewesen ist und die betreffenden Falschangaben bei einem rechtskräftig abgeschlossenen Verfahren einen Restitutionsgrund i.S.v. § 580 ZPO darstellen, aufgrund dessen der Beschluss, der auf der Verfahrenshandlung beruht, mit dem Wiederaufnahmeantrag beseitigt werden könnte.[1315] Ist bereits ein Anerkenntnisbeschluss ergangen, kann der Widerruf mittels Beschwerde gegen diesen Beschluss umgesetzt werden.

Wird die Abänderung eines solchen Beschlusses verlangt, kommt es für die Frage, ob eine wesentliche Veränderung der maßgeblichen Verhältnisse eingetreten ist, auf die dem Anerkenntnis zugrunde liegenden tatsächlichen Umstände an. Es stellt sich allerdings die Frage, wie diese Verhältnisse ermittelt werden sollen; sie können nämlich im Fall eines Anerkenntnisbeschlusses nicht ohne Weiteres dem Unterhaltsantrag entnommen werden, denn die Erwägungen, die den Unterhaltsschuldner zu dem Anerkenntnis bewogen haben, können hiervon abweichen. Er hat sich letztlich nur dem geltend gemachten Anspruch gebeugt, woraus aber nicht darauf geschlossen werden kann, dass er auch der Beurteilung der zur Begründung vorgetragenen Tatsachen folgt. Welche Beweggründe den Unterhaltsschuldner zu dem Anerkenntnis veranlasst haben, wird häufig nicht ersichtlich sein. Wenn es für die Frage, ob eine Änderung der maßgeblichen Verhältnisse vorliegt, gleichwohl hierauf ankäme, könnte der Unterhaltsschuldner unschwer mit einem Abänderungsbegehren durchdringen, ohne dass der Unterhaltsgläubiger dem Erhebliches entgegenhalten könnte. Deshalb können nur die dem Anerkenntnisbeschluss zugrunde liegenden tatsächlichen Umstände dafür maßgebend sein, ob sich nachträglich eine Veränderung ergeben hat. Lässt sich die Berechnung des titulierten Unterhalts unter Zugrundelegung der verschiedenen Faktoren nicht nachvollziehen und ist deshalb eine Anpassung des Anerkenntnisbeschlusses an zwischenzeitlich geänderte Verhältnisse nicht möglich, ist der geschuldete Unterhalt nach den gesetzlichen Vorschriften schlichtweg neu zu berechnen.[1316]

▶ **Taktischer Hinweis:**

Der BGH äußert die Sorge, dass der Unterhaltsschuldner bei für ihn absehbarem ungünstigem Prozessverlauf den Antrag anerkennen könnte, um sich dadurch eine freie Abänderbarkeit des Titels später offen zu halten. Insofern versucht der BGH eine Bindungswirkung zu konstruieren. Dies gelingt allerdings nur mit Einschränkungen, sodass die anwaltliche Vertretung in geeigneten Fällen überlegen sollte, ob nicht in der Tat ein Anerkenntnis im Hinblick auf ein späteres Abänderungsverfahren sinnvoll ist.

3147

3148

---

1315 OLG Hamm, FamRZ 2017, 1127 sowie *Schürmann* FamRZ 2018, 1056.
1316 BGH, NJW 2007, 2921.

*ccc) Beweislast*

3149    Das Abänderungsverfahren ist eine Familienstreitsache, sodass die allgemeinen Grundsätze zur Beweislast gelten. Danach muss jeder Beteiligte im Abänderungsverfahren die Tatsachen darlegen und beweisen, die für ihn günstig sind.

3150    Für die Tatsachen, aus denen sich eine wesentliche Änderung der für die Festsetzung der Unterhaltsrente maßgebenden Verhältnisse ergibt, trägt damit grds. der Antragsteller die Beweisführungslast. Dies bedeutet, dass der Antragsteller, der eine Unterhaltserhöhung wegen einer Verbesserung der Einkommensverhältnisse des Unterhaltsschuldners fordert, die dafür bedeutsamen Tatsachen vorzutragen und ggf. zu beweisen hat.[1317]

3151    Da es sich jedoch um Vorgänge handelt, über die der Antragsteller regelmäßig nur unzureichende Kenntnisse haben wird, während der Antragsgegner die rechtserheblichen Tatsachen genau kennt, hat auch der Antragsgegner zur Aufklärung beizutragen, indem er substanziiert den Sachvortrag des Antragstellers bestreitet. I.Ü. hat der Antragsteller die Möglichkeit, Auskunft zu fordern (vgl. auch §§ 235, 236 FamFG). Steht fest, dass sich die dem früheren Beschluss zugrunde gelegten Verhältnisse verändert haben, dann hat der Antragsgegner die Tatsachen darzulegen und zu beweisen, die einen unveränderten Fortbestand der Unterhaltsverpflichtung rechtfertigen.

3152    Ist das unterhaltsberechtigte Kind volljährig geworden und verlangt es als Volljähriger Unterhalt, dann muss das Kind dartun und beweisen, dass der Unterhaltsanspruch fortbesteht, insb. welche Haftungsquote auf den jeweiligen Elternteil entfällt. Dies gilt auch im Rahmen eines Abänderungsverfahrens, welches der bislang allein bei und als wichtige Elternteil nach Eintritt der Volljährigkeit angestrengt hat.[1318]

3153    Macht der Unterhaltsschuldner seine fehlende Leistungsfähigkeit geltend, dann hat er die dafür maßgebenden Tatsachen vorzutragen und zu beweisen, denn das Fehlen der Leistungsfähigkeit ist in § 1603 Abs. 1 BGB als rechtshindernde Tatsache ausgewiesen, für die nach allgemeinen Beweislastregeln der Beteiligte beweisbelastet ist, der sich darauf beruft.

▶ Hinweise zum anwaltlichen Vortrag:

3154    Die nachvollziehbare **Behauptung einer wesentlichen Veränderung der Verhältnisse** ist zwingende Voraussetzung für die Zulässigkeit des Abänderungsantrags. Erforderlich ist daher, dass neben der vollständigen Darstellung der Grundlagen des abzuändernden Titels auch die Darstellung der nunmehr maßgeblichen Verhältnisse erfolgt, die eine wesentliche Veränderung entweder rechtlicher oder tatsächlicher Art begründen. Mitunter ist der Abänderungsantrag auch deshalb unzulässig, weil der Antragsteller einseitig vorträgt, sich also bspw. nur mit einer verringerten Bedürftigkeit auf Gläubigerseite befasst, aber nichts zu seiner aktuellen Leistungsfähigkeit ausführt. Es kann jedoch nur im Wege einer »Gesamtschau« bzw. »Vergleichsberechnung« über die Notwendigkeit einer Abänderung

---

1317   Vgl. OLG Brandenburg, FamRZ 2008, 797.
1318   BGH, FamRZ 2017, 370, 374.

entschieden werden.[1319] Die Betrachtung der Gesamtumstände kann nämlich ergeben, dass insgesamt gar keine wesentliche Veränderung eingetreten ist.[1320] Auch muss die maßgebliche Veränderung zum Zeitpunkt der Antragstellung bereits eingetreten sein; die bloße Annahme einer künftigen Änderung ist unerheblich.[1321]

Der anwaltliche Vertreter hat nachvollziehbar zu begründen, warum eine Abänderung der Unterhaltsschuld beantragt wird; die Überprüfung der Einzelheiten ist dann eine Frage der Begründetheit.[1322]

Der anwaltliche Vortrag muss deshalb Angaben machen zu:
1. den rechtlichen, tatsächlichen und wirtschaftlichen Grundlagen des abzuändernden Beschlusses,
2. den rechtlichen, tatsächlichen und wirtschaftlichen Verhältnissen zum Zeitpunkt der Einreichung des Abänderungsantrags sowie
3. der sich dadurch ergebenden wesentlichen Veränderung.

Der Abänderungsantrag muss zunächst konkret den abzuändernden Titel benennen. Fordert der Antragsteller erhöhten Unterhalt bzw. strebt er eine Verringerung seiner Verpflichtung an, ist dafür der Zeitpunkt der Abänderung im Antrag anzugeben.

Im Abänderungsverfahren ist ein Vortrag erforderlich, der eine **Differenzbetrachtung** hinsichtlich sämtlicher relevanter Tatsachen einschließlich des dem titulierten Unterhaltsbetrag zugrundeliegenden gesamten Zahlenwerks und eine darauf basierende Neuberechnung ermöglicht.[1323] Der zur **Substantiierung** eines zulässigen (§ 238 Abs. 1 Satz 2 FamFG) Abänderungsantrags erforderliche Vortrag kann sich damit nicht selektiv auf einen einzelnen Umstand beschränken, der sich seit der Ersttitulierung unzweifelhaft vermeintlich zu Gunsten eines Antragstellers geändert hat, wie etwa ein behaupteter Rückgang seines tatsächlichen Einkommens. Vielmehr hat der Vortrag bereits im Rahmen der Zulässigkeit auch die unstreitigen Gesichtspunkte unter Berücksichtigung der Zeitschranke des § 238 Abs. 2 FamFG mit zu umfassen. Die Gesamtbeurteilung aller Veränderungen und der unverändert gebliebenen Verhältnisse in der Antragsschrift muss erkennen lassen, ob es sich um wesentliche Veränderungen i.S.v. § 238 Abs. 1 Satz 2 FamFG handelt. Dies erfordert von Seiten des Antragstellers, dass er der Unterhaltsbemessung der Ausgangsentscheidung eine Neuberechnung gegenüberstellt, in die er die aus seiner Sicht eingetretenen Änderungen einarbeitet.[1324]

---

1319  KG, NZFam 2019, 718 (722).
1320  OLG Brandenburg, FuR 2019, 541.
1321  BGH, FamRZ 2000, 1499, 1501.
1322  *Born* NJW 2007, 2923 f.
1323  OLG Zweibrücken, NZFam 2021, 269 = FuR 2021, 325.
1324  OLG Brandenburg, FuR 2019, 541.

▶ Formulierungsvorschlag: Abänderungsantrag gerichtet auf Erhöhung des Unterhalts:

3155   Der Antragsgegner wird unter Abänderung des Beschlusses des AG..... vom..... (Az.:.....), verpflichtet, an den Antragsteller ab..... einen monatlich im Voraus, spätestens bis zum 3. eines jeden Monats, zu zahlenden Unterhalt i.h.v....... € zu bezahlen.

▶ Formulierungsvorschlag: Abänderungsantrag gerichtet auf Herabsetzung des Unterhalts:

3156   1. Der Antragsteller wird unter Abänderung des Beschlusses des AG..... vom..... (Az.:.....), verpflichtet, an den Antragsgegner ab..... einen monatlich im Voraus, spätestens bis zum 3. eines jeden Monats, zu zahlenden Unterhalt i.h.v. nur noch..... € zu bezahlen.

      2. Die Zwangsvollstreckung aus dem o.g. Beschluss des AG..... vom..... (Az.:.....) wird nach § 242 FamFG i.V.m. § 769 ZPO bis zum Erlass des Beschlusses in diesem Verfahren nur noch i.h.v....... € ohne Sicherheitsleistung einstweilen zugelassen.

*ddd) Tatsachenpräklusion (§ 238 Abs. 2 FamFG)*

3157   Die geltend gemachte Änderung der Verhältnisse muss nach § 238 Abs. 2 FamFG nach dem Schluss der mündlichen Verhandlung eingetreten sein, in der sie spätestens hätte geltend gemacht werden können, oder bei einer Versäumnisentscheidung zu einem Zeitpunkt, in dem sie durch einen Einspruch nicht mehr geltend gemacht werden kann. § 238 Abs. 2 FamFG errichtet damit insb. zur **Absicherung der Rechtskraft** unanfechtbar gewordener Entscheidungen eine Zeitschranke für die Berücksichtigung von Abänderungsgründen. Die Möglichkeit einer Abänderung besteht daher nicht, wenn die veränderten Verhältnisse schon im Ausgangsverfahren vorgetragen werden konnten, weil sie entweder bereits eingetreten waren oder zumindest voraussehbar waren.[1325] Insb. der durch die Trennung der Beteiligten zu erwartende **Steuerklassenwechsel**, der bereits im Vorverfahren vorgetragen werden kann, ist daher kein Abänderungsgrund.[1326]

3158   Ähnlich liegt es, wenn im Ausgangsverfahren kein Vortrag zu einer Unterhaltsbegrenzung bzw. -befristung nach § 1578b BGB erfolgte.[1327]

▶ Praxishinweis:

3159   Vortrag ist erforderlich, auch wenn die für eine Befristung oder Begrenzung maßgeblichen Umstände für die Zukunft noch nicht ausreichend abschätzbar sind. Können im Erstverfahren – gerichtet auf die Zahlung von Unterhalt – Umstände für die Zukunft nicht sicher prognostiziert werden (z.B. im Hinblick auf

---

1325 BGH, NJW 2004, 3108.
1326 OLG Naumburg, FamRZ 2008, 797.
1327 Vgl. dazu *Viefhues* ZFE 2010, 6.

Befristung und Begrenzung nach § 1578b BGB oder Leistungsfähigkeit), so wird dies in der gerichtlichen Entscheidung regelmäßig offengelassen für künftige Abänderungsverfahren.[1328]

Maßgebender Zeitpunkt ist der Schluss der mündlichen Verhandlung der letzten Tat-     **3160** sacheninstanz, damit auch der Beschwerdeinstanz, wenn eine solche stattgefunden und das Beschwerdegericht auch in der Sache entschieden hat.[1329] Dies gilt gleichermaßen für das Erstverfahren, wie für das Abänderungsverfahren, und ist auch unabhängig von der jeweiligen Beteiligtenstellung im Vorverfahren.

Danach kann der Gegner des früheren, auf Unterhaltserhöhung gerichteten Abän-     **3161** derungsverfahrens, der es versäumt hat, die seinerzeit bereits bestehenden, für eine Herabsetzung sprechenden Gründe im Wege des Abänderungswiderantrags geltend zu machen, auf diese Gründe keinen neuen Abänderungsantrag stützen. Damit wird sichergestellt, dass der Einfluss veränderter Umstände auf einen titulierten Unterhaltsanspruch in einem einheitlichen Verfahren nach beiden Seiten hin geklärt wird. Gegenstand des Abänderungsverfahrens ist stets der volle Unterhalt und nicht nur die Frage, ob aufgrund veränderter Verhältnisse eine Erhöhung oder Herabsetzung in Betracht komme.

Der BGH[1330] schränkt diese Rechtsprechung nunmehr dahingehend ein, dass eine     **3162** Präklusion nicht eingreift, wenn im vorausgegangenen Verfahren der Abänderungsantrag der Gegenseite **vollständig abgewiesen** wurde:

>»Daran hält der Senat nach erneuter Überprüfung nicht fest (…). Die angeführten Gründe vermögen die weitreichende Folge einer Präklusion nicht zu rechtfertigen. Die Grenzen der Abänderbarkeit einer gerichtlichen Entscheidung ergeben sich vorwiegend aus deren materieller Rechtskraft. Soweit die begehrte Unterhaltserhöhung oder -herabsetzung nicht Gegenstand des Vorverfahrens gewesen ist, steht die Rechtskraft einem auf den nicht streitgegenständlichen Teil gerichteten Abänderungsantrag grundsätzlich nicht entgegen (…). Etwas anderes gilt, wenn im Vorverfahren die Höhe des Unterhalts neu festgelegt worden ist. Wenn der Unterhalt etwa im Vorverfahren auf einen Abänderungsantrag des Unterhaltsgläubigers erhöht worden ist, würde eine spätere Herabsetzung des Unterhalts der früheren Entscheidung als deren kontradiktorisches Gegenteil widersprechen, obwohl diese nicht Streitgegenstand des Vorverfahrens gewesen ist (…). Ist hingegen der vorausgegangene Abänderungsantrag vollständig abgewiesen worden, so besagt die Rechtskraft dieser Entscheidung nur, dass ein höherer als der titulierte Unterhaltsanspruch nicht besteht, sodass eine spätere, auch auf unveränderter Tatsachengrundlage beruhende Herabsetzung des Unterhalts dazu nicht im Widerspruch stünde.«

▶ Praxishinweis:

Anwaltlich ist größte Vorsicht geboten. Die Entscheidung des BGH betrifft nur     **3163** den Fall, dass der Abänderungsantrag des Antragstellers als vollständig unbegründet abgewiesen wurde. Dann kann der ursprüngliche Antragsgegner in einem

---

1328  OLG Frankfurt, FuR 2021, 543.
1329  BGH, FamRZ 2012, 289.
1330  BGH, FamRZ 2018, 914, Rn. 17.

neuen Verfahren ohne Gefahr einer Präklusion nach § 238 Abs. 2 FamFG eine Abänderung des Unterhalts zu seinen Gunsten erreichen. Sollte das Gericht den rechtshängigen Abänderungsantrag hingegen nur teilweise abweisen, werden bereits vorliegende Abänderungsgründe des Mandanten nach § 238 Abs. 2 FamFG ausgeschlossen. Aus Gründen anwaltlicher Vorsicht sind deswegen alle Abänderungsgründe zugunsten des Mandanten in dem vom Antragsteller eingeleiteten Abänderungsverfahren vorzutragen bzw. ist dafür ein **Abänderungswiderantrag** zu stellen.

3164 Allerdings wird durch § 238 Abs. 2 FamFG der **Abänderungsgegner** nicht mit seinem Vorbringen ausgeschlossen, als damit nicht eine Abweichung von der früheren Rechtsfolge erstrebt, sondern an jener Entscheidung festgehalten wird. Argumentiert wird insoweit mit dem Wortlaut des § 238 Abs. 2 FamFG, nach dem allein die Berücksichtigung antragsbegründender Tatsachen geregelt und insoweit eine zeitliche Schranke für den Abänderungsantragsteller errichtet wird. Dass die Vorschrift außerdem die Einschränkung der Rechtsverteidigung des Abänderungsbeklagten zum Ziele hätte, lässt sich ihr nicht entnehmen.[1331]

3165 Dagegen ist es unschädlich, dass solche Abänderungsgründe durch ein Rechtsmittel im ersten Verfahren hätten vorgetragen werden können.[1332]

3166 Ausnahmsweise, nämlich zur Vermeidung einer groben Unbilligkeit, kann im Wege der **teleologischen Reduktion** eine Einschränkung der Präklusionsvorschrift des § 238 Abs. 2 FamFG in Betracht zu ziehen sein, sodass auch Alttatsachen zur Begründung des Abänderungsantrags herangezogen werden dürfen. In Betracht hierfür kommen bspw. Umstände, die der Gegner des Antragstellers entgegen einer Offenbarungspflicht im Vorverfahren in betrügerischer Weise verschwiegen hat (z.B. vorhandenes Vermögen).[1333] Allerdings hat der Gesetzgeber davon abgesehen, eine **allgemeine Härteklausel** in § 238 Abs. 2 FamFG aufzunehmen. Diese hätte nach Auffassung des Gesetzgebers dem Rechtsanwender eine Ausweitung der Ausnahmefälle ggü. der bisherigen Berücksichtigung im Wege der teleologischen Reduktion suggeriert und wäre von den Verfahrensbeteiligten als Einladung verstanden worden, auch hinsichtlich an sich präkludierter Tatsachen eine Argumentation i. S. e. groben Unbilligkeit vorzutragen. Eine teleologische Reduktion der Präklusionsvorschrift ist daher auf Fälle zu beschränken, in denen ansonsten das arglistige Verhalten eines Verfahrensbeteiligten zum Erfolg führen würde; der Arglist darf nicht zum Erfolg verholfen werden.

▶ Anwaltlicher Hinweis:

3167 Zusammengefasst ist damit anwaltlich im Hinblick auf § 238 Abs. 2 FamFG zu beachten:
  – § 238 Abs. 2 FamFG gilt nur für den Abänderungsantragsteller; der Abänderungsantragsgegner kann hingegen unabhängig von § 238 Abs. 2 FamFG bzw. einem Präklusionsrisiko seinen Unterhaltsanspruch verteidigen.

---

1331 Vgl. BGH, NJW 2000, 3789; OLG Schleswig, NJW-RR 2007, 502.
1332 OLG Koblenz, FamRZ 1988, 1072.
1333 OLG Koblenz, NJW-RR 1997, 1229.

- Die Veränderung muss nachträglich eingetreten sein, wobei allein der Zeitpunkt der Entstehung, nicht der Zeitpunkt der Kenntnisnahme von der Änderung maßgebend ist.
- Die Vorhersehbarkeit der später eingetretenen Tatsachen schließt das Abänderungsverfahren bereits aus.
- Bei einem Versäumnisbeschluss muss stets von der Einspruchsmöglichkeit Gebrauch gemacht werden, weil nur Gründe, die nach Ablauf der Einspruchsfrist entstanden sind, zur Abänderung berechtigen.
- Entstehen die Gründe nach Abschluss erster Instanz, kann Beschwerde eingelegt werden. Erforderlich ist dies jedoch nicht.[1334]

*eee) Rückwirkungssperre (§ 238 Abs. 3 FamFG)*

Der Unterhaltsbeschluss darf grds. nur **ab Rechtshängigkeit** abgeändert werden (§ 238 Abs. 3 Satz 1 FamFG), sodass der Abänderungsantrag hinsichtlich des vor dem maßgeblichen Zeitpunkt liegenden Teils unzulässig ist. Maßgeblich ist die Zustellung des Antrags an den Gegner. Weder genügt die Einreichung eines entsprechenden VKH-Gesuchs,[1335] noch die bloße Einreichung des Abänderungsantrags bei Gericht, d.h. auch § 167 ZPO ist nicht anwendbar.[1336]    **3168**

Die Begründung für diese Regelung wird zum einen darin gesehen, dass die Ermittlung des Zeitpunkts, in dem die Änderung der maßgebenden Verhältnisse tatsächlich eingetreten ist, meist mit erheblichen Schwierigkeiten verknüpft sein wird; zum anderen wird auf die Schutzbedürftigkeit des Vertrauens in den Bestand des Beschlusses verwiesen, das nicht ausreichend berücksichtigt würde, wenn Gläubiger und Schuldner eines Unterhaltstitels ohne Vorwarnung mit der Abänderung dieses Titels für die zurückliegende Zeit rechnen müssten. Die Rechtshängigkeit des Antrags tritt ein durch Zustellung der Antragsschrift (§ 253 Abs. 1 ZPO); folglich ist die Abänderung des Unterhaltsbeschlusses ab dem Tag der Antragszustellung möglich.    **3169**
- **Antrag auf Erhöhung des Unterhalts (§ 238 Abs. 3 Satz 2 FamFG)**    **3170**
  Im Fall eines auf Erhöhung des Unterhalts gerichteten Antrags ist dieser auch zulässig für die Zeit, für die nach den Vorschriften des BGB Unterhalt für die Vergangenheit verlangt werden kann. Soweit die Abänderung nach den §§ 1360a Abs. 3, 1361 Abs. 4 Satz 4, 1585b Abs. 2 und 1613 Abs. 1 BGB zu einem früheren Zeitpunkt verlangt werden kann, ist daher eine ggü. der Rechtshängigkeit vorgezogene Abänderung möglich. Der Abänderungszeitpunkt stimmt in diesen Fällen mit der materiellen Rechtslage überein, und zwar unter Berücksichtigung des Monatsanfangs.

---

1334  OLG Koblenz, FamRZ 1988, 1072.
1335  Vgl. BGH, NJW 1982, 1050 ff.
1336  Der Antragsteller muss daher entweder unverzüglich den Vorschuss nach § 14 Abs. 1 FamGKG einzahlen (bzw. die anwaltliche Vertretung eine Ermächtigung zum Bankeinzug erteilen) oder im Falle von VKH die sofortige Zustellung nach § 15 Nr. 3 FamGKG beantragen.

**3171** – **Antrag auf Herabsetzung des Unterhalts (§ 238 Abs. 3 Satz 3 FamFG)**
§ 238 Abs. 3 Satz 3 FamFG bestimmt für Anträge auf Herabsetzung des Unterhalts, dass diese auch für die Zeit ab dem Ersten des auf ein entsprechendes **Auskunfts- oder Verzichtsverlangen** des Antragstellers folgenden Monats zulässig sind. Auf diese Weise wird die Gleichbehandlung von Gläubiger und Schuldner erreicht. Das auf eine Herabsetzung des Unterhalts gerichtete Verlangen unterliegt spiegelbildlich den Voraussetzungen, für die nach den Vorschriften des bürgerlichen Rechts Unterhalt für die Vergangenheit verlangt werden kann. Diese Voraussetzungen ergeben sich aufgrund der Neufassung des § 1585b Abs. 2 BGB einheitlich aus § 1613 Abs. 1 BGB. Erforderlich ist daher entweder ein Auskunftsverlangen mit dem Ziel der Herabsetzung des Unterhalts ggü. dem Unterhaltsgläubiger oder eine »negative Mahnung«, also die Aufforderung an den Unterhaltsgläubiger, teilweise oder vollständig auf den titulierten Unterhalt zu verzichten. I.Ü. gilt § 1613 BGB, d.h. es muss insb. ein entsprechendes Verlangen dem Unterhaltsgläubiger zugehen.

**3172** Die Verzichtsaufforderung kann wie folgt formuliert werden:

▶ Formulierungsvorschlag: Verzichtsaufforderung

Sehr geehrte Frau …,

nach Ihrer Mitteilung vom … werden Sie am … eine Arbeitsstelle bei der Firma … antreten. Damit entfallen die Voraussetzungen für Erwerbslosenunterhalt. Ich fordere Sie hiermit unter Fristsetzung zum … auf, auf den titulierten Unterhaltsanspruch vom … (Az …) mit Wirkung zum … zu verzichten.

Nach Ablauf der o.g. Frist empfehle ich meinem Mandanten einen Abänderungsantrag bei Gericht zu stellen.

**3173** – **Jahresfrist (§ 238 Abs. 3 Satz 4 FamFG)**
§ 238 Abs. 3 Satz 4 **FamFG** enthält eine zeitliche Einschränkung für die Geltendmachung eines rückwirkenden Herabsetzungsverlangens und ist § 1585b Abs. 3 BGB nachgebildet. Während sich die rückwirkende Erhöhung des Unterhalts nach Satz 2 nach dem materiellen Recht richtet, ist das Herabsetzungsverlangen rein verfahrensrechtlich ausgestaltet, sodass sich z.B. die Frage der Verjährung nicht stellen kann.

*fff) Abänderungsentscheidung (§ 238 Abs. 4 FamFG)*

**3174** Nach § 238 Abs. 4 FamFG ist der Abänderungsantrag begründet, wenn eine wesentliche Veränderung der tatsächlichen oder rechtlichen Verhältnisse tatsächlich vorliegt.[1337] Der frühere Beschluss in der Unterhaltssache ist vom FamG ausdrücklich aufzuheben und die Zahlungspflicht des Unterhaltsschuldners aufgrund der veränderten Verhältnisse neu zu bestimmen. Der bisherige Titel verliert jedoch durch die im Abänderungsbeschluss ausgesprochene Aufhebung seine Vollstreckungsfähigkeit nicht rückwirkend, sondern nur von dem Zeitpunkt an, in dem der neue Titel an die Stelle des bisherigen tritt.

---

1337 Vgl. BGH, NJW 2001, 3618.

Das Abänderungsverfahren soll eine **Anpassung des Beschlusses** an veränderte    3175
Umstände ermöglichen. Dabei sind nach § 238 Abs. 4 FamFG natürlich die Grundlagen der früheren Entscheidung zu wahren. Entsprechend dieser Zielsetzung ist eine
Korrektur des Beschlusses nur insoweit zulässig, wie dies zur Anpassung des Titels
geboten ist, d.h. i.Ü. ist von einer Bindung des FamG an den abzuändernden Beschluss
auszugehen. Dem Richter des Abänderungsverfahrens wird es deshalb verwehrt, frei
eine Neufestsetzung der vom Schuldner zu erbringenden Leistung vorzunehmen und
ihm wird nur gestattet, den titulierten Anspruch insoweit zu korrigieren, als dies
durch die veränderten Verhältnisse gerechtfertigt ist.[1338] Eine Fehlerkorrektur ist mit
dem Abänderungsverfahren keinesfalls verbunden. Diese Möglichkeit besteht nur im
Rahmen einer Beschwerde.

Das Abänderungsverfahren stellt nämlich nur einen prozessualen Anwendungsfall der    3176
clausula rebus sic stantibus dar, sodass die Abänderung des Beschlusses nicht weitergehen darf, als es aus Gründen der veränderten Verhältnisse notwendig erscheint.

Der BGH[1339] fasst dies wie folgt zusammen:                                         3177

> »Ist das Abänderungsverfahren eröffnet, so ermöglicht es weder eine freie, von der bishe-
> rigen Höhe unabhängige Neufestsetzung des Unterhalts noch eine abweichende Beurteilung
> derjenigen Verhältnisse, die bereits in der Erstentscheidung eine Bewertung erfahren haben
> (…). …Die Abänderungsentscheidung besteht dementsprechend in einer unter Wahrung
> der Grundlagen des Unterhaltstitels vorzunehmenden Anpassung des Unterhalts an ver-
> änderte Verhältnisse (§ 238 Abs. 4 FamFG). (…) Die Abänderung einer gerichtlichen
> Entscheidung darf nicht weiter gehen, als es aus Gründen der Anpassung an die veränder-
> ten Verhältnisse notwendig ist. Damit unterliegt die Abänderung einer Begrenzung, die
> sich durch das **Merkmal der »Anpassung« an die veränderten Umstände** treffend ausdrü-
> cken lässt. Die Vorschrift soll weder eine Möglichkeit zur neuerlichen Bewertung des alten
> Sachverhalts noch einen Weg eröffnen, diesen bei Gelegenheit einer – gerechtfertigter Weise
> erfolgenden – Abänderung abweichend zu beurteilen. Erst recht kann sie nicht die Gele-
> genheit bieten, gegen den Grund des Anspruchs Einwendungen zu erheben oder diesen
> sonst neu zur Nachprüfung zu stellen.«

Allerdings lässt der BGH eine Neubewertung etwa eines Ehevertrages im Abände-    3178
rungsverfahren zu:

> »Auch wenn für die erstmalige Bewertung eines möglichen Rechtsmissbrauchs im Rahmen
> der Ausübungskontrolle eines Ehevertrags nach § 242 BGB der Zeitpunkt des Scheiterns
> der Ehe maßgeblich ist, kann sich durch die weitere Entwicklung ergeben, dass ein späte-
> res Berufen seitens des von dem Ehevertrag begünstigten Ehegatten auf eine entsprechende
> Regelung i.S.v. § 242 BGB nicht mehr rechtsmissbräuchlich ist. Dies kann grundsätzlich
> im Rahmen einer Unterhaltsabänderung nach § 238 FamFG berücksichtigt werden.«

Dies gilt entsprechend, wenn im Hinblick auf Befristung und Begrenzung von Unter-    3179
halt nach § 1578b BGB die weitere Entwicklung von den Annahmen des Ausgangsgerichts wesentlich abweicht.

---

1338  BGH, FamRZ 2021, 1116.
1339  BGH, FamRZ 2021, 1116; FamRZ 2015, 1694 = NJW 2015, 2963.

### ggg) Weitere Verfahrensfragen

3180 Verlangen die Beteiligten in getrennten Verfahren eine Abänderung desselben Unterhaltstitels für denselben Zeitraum in gegenläufiger Richtung, sind beide Verfahren zu verbinden und über die Verfahren ist einheitlich zu entscheiden.

### hh) Abgrenzung zum Leistungsverfahren nach § 113 FamFG i.V.m. § 258 ZPO

### aaa) Verfahren nach Antragsabweisung

3181 Das Unterhaltsverfahren kann scheitern, der entsprechende Antrag also abgewiesen werden, wenn z.B. zum Zeitpunkt der mündlichen Verhandlung der Unterhaltsschuldner nicht leistungsfähig oder der Unterhaltsgläubiger nicht bedürftig ist. Dies kann sich allerdings später wieder ändern. In diesem Fall ist der Unterhalt nochmals mit einem Leistungsantrag nach § 258 ZPO gerichtlich geltend zu machen.[1340] Das Abänderungsverfahren nach § 238 FamFG findet entsprechend dem Wortlaut des Abs. 1 nämlich nur statt, wenn das FamG zuvor eine Verpflichtung zu künftig fällig werdenden wiederkehrenden Leistungen (vgl. § 258 ZPO) ausgesprochen hat und eine wesentliche Veränderung derjenigen Verhältnisse eingetreten ist, die für Grund oder Höhe der Unterhaltsrente von Bedeutung waren. Nur ein dem Unterhaltsantrag für die Zukunft wenigstens teilweise stattgebender Beschluss wirkt über den Zeitpunkt der Entscheidung hinaus, indem seine Rechtskraft auch die erst künftig zu entrichtenden Unterhaltsleistungen erfasst, deren Festsetzung auf einer Prognose der künftigen Entwicklung beruht. Weicht die tatsächliche Entwicklung von dieser Prognose ab, handelt es sich deswegen nicht um eine neue Tatsachenlage, sondern um einen Angriff gegen die Richtigkeit des früheren Beschlusses. Mithilfe von § 238 FamFG kann in einem solchen Fall unter Durchbrechung der Rechtskraft der Beschluss den veränderten Bemessungsgrundlagen angepasst werden.

3182 Ist der Unterhaltsantrag hingegen abgewiesen worden, weil der geltend gemachte Unterhaltsanspruch nicht bestand, liegt der Abweisung für die Zukunft keine sachliche Beurteilung nach den voraussichtlich in der Zukunft bestehenden Verhältnissen zugrunde.

3183 Entsprechend dieser Kriterien ist ein erneuter Unterhaltsantrag zu stellen.

3184 Grds. haben die FamG bei falscher Verfahrensart eine **Umdeutung** vorzunehmen.[1341] Das Leistungsverfahren nach § 113 Abs. 1 FamFG, § 258 ZPO unterliegt ggü. dem Abänderungsverfahren nach § 238 FamFG erleichterten Anforderungen, die normalerweise gewahrt sind. Es wäre formalistisch, wegen des »falschen« Antrags den Antrag als unzulässig zurückzuweisen und dadurch die Einleitung eines neuen Verfahrens zu provozieren.

3185 Dem erneuten Unterhaltsantrag steht die **Rechtskraft** der früheren (abweisenden) Unterhaltsentscheidung nicht entgegen. Grundlage des »neuen« Leistungsverfahrens

---

1340 OLG Naumburg, FamRZ 2008, 1546.
1341 Vgl. Thomas/Putzo/*Hüßtege*, ZPO, § 238 FamFG Rn. 4; BGH, NJW-RR 2005, 371.

622

ist etwa die nun vorhandene Leistungsfähigkeit oder eine andere eingetretene Unterhaltsvoraussetzung.[1342] Damit liegt ein anderer Sachverhalt zugrunde, sodass entgegenstehende Rechtskraft nicht gegeben ist.

Einem verfahrensabweisenden Beschluss kommt nämlich keine in die Zukunft reichende Rechtskraftwirkung zu, für deren Durchbrechung es der Vorschrift des § 238 Abs. 1 FamFG bedürfte. Tritt in diesen Fällen die vormals fehlende Anspruchsvoraussetzung später ein, steht die Rechtskraft des verfahrensabweisenden Beschlusses einem neuen Leistungsantrag ebenso wenig im Wege wie in sonstigen Antragsabweisungsfällen, in denen eine neue Tatsache eintritt, die einen anderen, vom rechtskräftigen Beschluss nicht erfassten Lebensvorgang schafft.[1343]  **3186**

Wird die Antragsabweisung damit begründet, dass ein Unterhaltsanspruch gegenwärtig überhaupt nicht besteht, fehlt es i.S.v. § 238 FamFG an einer Verpflichtung zu einer künftig fällig werdenden Leistung, sodass der Unterhaltsanspruch später nach Eintritt der vormals fehlenden Unterhaltsvoraussetzungen im Wege der Leistungsverfahren zu verfolgen ist (s. Rdn. 3181 ff.).  **3187**

Dies trifft z.B. zu, wenn das Unterhaltsverfahren abgewiesen worden ist  **3188**
– wegen fehlender Bedürftigkeit des Unterhaltsgläubigers,
– wegen fehlender Leistungsfähigkeit des Unterhaltsschuldners,
– wegen eines eingeklagten Spitzenbetrags (z.B. über den freiwillig gezahlten Sockelbetrag hinaus).

*bbb) Richterliche Prognose*

Beruht dagegen die Antragsabweisung auf der richterlichen Prognose über die zukünftige Entwicklung des Unterhaltsanspruchs, ist der Abänderungsantrag nach § 238 FamFG zu stellen, wenn sich herausstellt, dass die prognostizierten Verhältnisse tatsächlich anders eingetreten sind als angenommen. Das ist z.B. der Fall, wenn das FamG einen Unterhalt über den Entscheidungszeitraum hinaus zugesprochen hat, der erst in der Zukunft entfallen soll (befristeter Unterhalt). Eine solche Entscheidung beruht auf einer Zukunftsprognose, ist daher auch in Rechtskraft erwachsen und kann nur mittels Rechtskraftdurchbrechung nach § 238 FamFG geändert werden.  **3189**

*ccc) Teilerfolg*

Ebenso beruht ein nur teilweise antragsabweisender und teilweise dem Antrag stattgebender Beschluss auf einer Prognose für die Zukunft und kann nur nach § 238 FamFG abgeändert werden.[1344]  **3190**

---

1342 OLG Naumburg, FamRZ 2008, 1546.
1343 BGH, NJW 2005, 142.
1344 BGH, NJW 2005, 101, 103.

*ddd) Erfolgreiches Abänderungsverfahren*

3191   Der BGH[1345] sieht das Abänderungsverfahren nach § 238 FamFG auch dann als richtige Verfahrensart an, wenn ein Unterhaltsgläubiger, der einen Titel über seinen Unterhalt erlangt hatte, dessen Unterhaltsrente jedoch später im Wege des Abänderungsverfahrens aberkannt worden ist, in der Folgezeit erneut Unterhalt verlangt.

3192   Kommt es nämlich zu einer Entscheidung nach § 238 FamFG, hat das Gericht – im Zuge der Korrektur der ursprünglichen Prognose – seinerseits die künftige Entwicklung der Verhältnisse vorausschauend zu berücksichtigen. Demgemäß beruht der abzuändernde Beschluss sowohl im Fall der Reduzierung als auch bei völliger Streichung der Unterhaltsrente weiterhin auf einer Prognose der zukünftigen Entwicklung und stellt den Rechtszustand auch für die Zukunft fest. Ein späteres Verfahren auf Wiedergewährung oder Erhöhung der Unterhaltsrente stellt daher abermals die Geltendmachung einer von der Prognose abweichenden tatsächlichen Entwicklung der Verhältnisse dar, für die das Gesetz das Abänderungsverfahren nach § 238 FamFG vorsieht, um die (erneute) Anpassung der Entscheidung an die veränderten Beschlussgrundlagen zu ermöglichen.

3193   Insoweit – so der BGH – gelte nichts anderes als im Fall eines Beschlusses, durch den der Unterhaltsanspruch für eine bestimmte Zeit zugesprochen und – etwa wegen der Annahme künftigen Wegfalls der Bedürftigkeit – ab einem in der Zukunft liegenden Zeitpunkt aberkannt worden ist. Hier beruht die Aberkennung auf der richterlichen Prognose, dass die zukünftige Entwicklung zu einem Wegfall des Anspruchs führen werde. Demgemäß hat der BGH entschieden, dass bei einer von dieser Prognose abweichenden tatsächlichen Entwicklung die Abänderung des Beschlusses nach § 238 FamFG infrage kommt. Ebenso kommt § 238 FamFG auch dann zur Anwendung, wenn ein Unterhaltsgläubiger, der seinen Unterhalt erfolgreich eingefordert hatte, dessen Unterhaltsrente jedoch später – etwa wegen Wegfalls der Bedürftigkeit – im Wege der Abänderung aberkannt worden ist, in der Folge erneut Unterhalt verlangt, weil sein Unterhaltsbedarf nicht mehr gedeckt ist.

*eee) Antragsabweisender Abänderungsbeschluss*

3194   Ähnlich liegt es, wenn ein Abänderungsantrag abgewiesen wird, d.h. die frühere, die Unterhaltspflicht anordnende Endentscheidung wird im Abänderungsverfahren bestätigt. Der antragsabweisende Abänderungsbeschluss kann dann insb. für die Überprüfung einer etwaigen Präklusion nach § 238 Abs. 2 FamFG maßgebliche »Hauptsacheentscheidung« im Sinne von § 238 Abs. 1 FamFG sein. Erforderlich ist, dass der betreffende Beschluss die ursprüngliche Prognose des aufrechterhaltenden Unterhaltsbeschlusses aktualisiert:[1346]

> »Das Urteil kann nach der Rechtsprechung des Senats grundsätzlich auch das eine vorausgegangene Abänderungsklage abweisende Urteil sein. Nach der Rechtsprechung des Senats

---

1345  BGH, FamRZ 2008, 872, 873; BGH, NJW 2007, 2251.
1346  BGH, FamRZ 2012, 288.

kann § 323 ZPO auch bei klageabweisenden Urteilen zur Anwendung kommen, wenn diese – im Rahmen der Überprüfung der ursprünglichen Prognose – die künftige Entwicklung der Verhältnisse vorausschauend berücksichtigen. Eine spätere Abänderungsklage stellt dann abermals die Geltendmachung einer von der (letzten) Prognose abweichenden Entwicklung der Verhältnisse dar, für die das Gesetz die Abänderungsklage vorsieht, um die (erneute) Anpassung an die veränderten Urteilsgrundlagen zu ermöglichen (…). Die Präklusion geht dann aber nicht weiter als die Rechtskraftwirkung des Urteils, zu deren Ermittlung auch die Entscheidungsgründe heranzuziehen sind (…).«

### fff) Nachforderungsantrag

Hat der Kläger mit seinem Antrag auf Verpflichtung des Antragsgegners zu künftig **3195** fällig werdenden wiederkehrenden Leistungen vollen Erfolg, dann ist fraglich, ob eine über den titulierten Betrag hinausgehende Forderung in einem weiteren Leistungsverfahren, dem sog. Nachforderungsantrag, zulässig ist. Insoweit ist zu unterscheiden, ob der Antragsteller einen offenen oder verdeckten Teilantrag gestellt hat.

– **Offener Teilantrag**
  Liegt ein offener Teilantrag vor, kann der Antragsteller mit einem »normalen« Leistungsantrag nach § 113 Abs. 1 FamFG i.V.m. § 258 ZPO aufstocken, also ohne an die besonderen Erfordernisse des § 238 FamFG gebunden zu sein.
– **Verdeckter Teilantrag**
  Hat der Antragsteller hingegen einen verdeckten Teilantrag zum Unterhalt gestellt, ist eine Aufstockung nur mit dem Abänderungsverfahren nach § 238 Abs. 1 FamFG zu erreichen.
  Zwar kann man jedes Leistungsverfahren als potenzielles (verdecktes) Teilverfahren verstehen, sodass zumindest die Rechtskraft der obsiegenden Entscheidung einer Nachforderung nicht entgegensteht. Dennoch soll erreicht werden, dass die besonderen Voraussetzungen der Abänderung nicht unterlaufen werden können. Damit gilt für Teilanträge:
– Wird im Erstverfahren ein Teilantrag von z.B. 300 € Unterhalt gestellt, weil über einen freiwillig gezahlten (also nicht titulierten) Unterhalt von z.B. 800 € hinaus weitere 300 (insgesamt also: 1.100 €) verlangt werden, muss der Unterhaltsberechtigte anschließend, wenn die zunächst freiwillig gezahlten 800 € nicht mehr gezahlt werden, einen weiteren Teilantrag über 800 € – also keinen Antrag im Abänderungsverfahren (§ 238 FamFG) – erheben.
– Der Unterhaltsberechtigte muss aber ein Abänderungsverfahren nach § 238 FamFG anstrengen, wenn er mehr will, als die Summe des freiwillig gezahlten Sockelbetrags und des titulierten Spitzenbetrags (im vorstehenden Beispiel: mehr als 1.100 €).

Will dagegen der Unterhaltsschuldner wegen einer Änderung der Verhältnisse weni- **3196** ger Unterhalt zahlen, bedarf es eines Abänderungsverfahrens, falls er weniger als den titulierten Spitzenbetrag zahlen will (in vorstehendem Beispiel: weniger als 300 €), während er die Reduzierung des nicht titulierten Sockelbetrags (im Beispiel: 800 €) durch die bloße Einschränkung seiner bisher freiwilligen Zahlungen herbeiführen kann.

3197  Ein Abgrenzungsproblem stellt die Nachforderung »vergessenen« Altersvorsorgeunterhalts in diesem Zusammenhang dar.[1347]

3198  Hat der Unterhaltsberechtigte im Erstverfahren lediglich Elementarunterhalt geltend gemacht, hängt die Zulässigkeit einer Nachforderung von Altersvorsorgeunterhalt im Wege eines neuen Leistungsantrags davon ab, ob sich der Berechtigte diese Nachforderung im Erstverfahren vorbehalten hat. Die bloße Nichtgeltendmachung von Altersvorsorgeunterhalt im Erstverfahren kann noch nicht die Annahme eines Nachforderungsvorbehalts begründen.

3199  Anders formuliert: Behält sich der Bedürftige in seinem gerichtlichen Antrag den Vorsorgeunterhalt ausdrücklich vor oder bringt er dies unzweideutig zum Ausdruck, ist sein Antrag auf Elementarunterhalt ein offener Teilantrag. Verfahrensgegenstand war dann lediglich der Elementarunterhalt als Teil des gesamten Lebensbedarfs. Dann steht einer Nachforderung im Weg eines Leistungsantrags nichts entgegen.

3200  BGH, FamRZ 2015, 309:

> »... in ständiger Rechtsprechung erkannt, dass ein Leistungsantrag auf Unterhalt nur dann zulässig ist, wenn kein Abänderungsantrag zu erheben ist. Die Forderung eines zusätzlichen Unterhalts im Wege des Zusatz- oder Nachforderungsantrags ist folglich nur dann möglich, wenn sich der schon vorliegende Unterhaltstitel eindeutig nur auf einen Teilbetrag des geschuldeten Unterhalts beschränkt (...). Wie der Senat in diesem Zusammenhang wiederholt entschieden hat, ist im Unterhaltsrecht im Zweifel davon auszugehen, dass Unterhalt in voller Höhe geltend gemacht wird, so dass die Vermutung gegen das Vorliegen eines Teilantrags spricht. Für die Annahme eines Teilantrags ist daher zu fordern, dass der Unterhaltsberechtigte im Erstverfahren entweder ausdrücklich einen Unterhaltsteilanspruch geltend gemacht oder sich wenigstens erkennbar eine Nachforderung von Unterhalt vorbehalten hat (...).«

▶ Anwaltlicher Hinweis:

3201  Materiell-rechtlich ist insoweit zu beachten, dass es sich bei Elementar- und Altersvorsorgeunterhalt um einen einheitlichen Anspruch handelt. Der Unterhaltsberechtigte muss grundsätzlich zum Ausdruck bringen, dass er auch Altersvorsorgeunterhalt verlangt, wofür die Bezifferung eines Gesamtbetrags ohne Aufteilung in Elementar- und Altersvorsorgeunterhalt ausreicht. Denn es kann durchaus sein, dass er sich aus welchen Gründen auch immer – meist wegen der für den Konsum zur Verfügung stehenden höheren Mittel – mit zwar insgesamt weniger, dafür aber mehr Elementarunterhalt zufrieden gibt.

Interessant ist die Unterscheidung (insbesondere, aber nicht nur) bei konkreter Bedarfsberechnung. Der Altersvorsorgeunterhalt kann in diesen Fällen ohne Verletzung des Halbteilungsgrundsatzes neben dem vollen ungekürzten Elementarunterhalt gefordert werden. Wird dies »vergessen«, ist folglich von einem erheblichen Schaden des Berechtigten auszugehen.

---

1347  BGH, FamRZ 2015, 309; vgl. dazu *Jüdt* FuR 2016, 2 ff.

Eine Umdeutung eines unzulässigen Nachforderungsantrages in einen zulässigen Abänderungsantrag ist mitunter möglich. Erforderlich ist dann aber, dass die Zulässigkeitsvoraussetzungen des § 238 Abs. 1 Satz 2 FamFG gegeben sind, d.h. es müssen sich die für die Unterhaltsbemessung maßgeblichen tatsächlichen oder rechtlichen Verhältnisse seit der mündlichen Verhandlung im Vorverfahren wesentlich geändert haben.

Daran wird es in der Regel fehlen, wenn Altersvorsorgeunterhalt nur vergessen wurde.

### ii) Verhältnis zum Vollstreckungsabwehrverfahren nach § 767 ZPO

Das Verhältnis des Abänderungsverfahrens nach § 238 FamFG zum Vollstreckungs- **3202** abwehrantrag nach § 767 ZPO ist problematisch.[1348] Grundlage der Abgrenzung ist, dass sich der Abänderungs- und der Vollstreckungsgegenantrag gegenseitig ausschließen, denn sie verfolgen mit den jeweiligen Mitteln unterschiedliche Ziele.[1349]

So bezweckt das **Abänderungsverfahren** die Anpassung des Unterhaltstitels, d.h. es **3203** handelt sich um ein Gestaltungsverfahren, welches sowohl vom Unterhaltsschuldner als auch vom Unterhaltsgläubiger erhoben werden kann und den Unterhaltstitel selbst – unter Durchbrechung seiner materiellen Rechtskraft – an die stets wandelbaren wirtschaftlichen Verhältnisse anpassen soll. Der Grund ist häufig eine Änderung einer variablen Bemessungsgrundlage (insb. Leistungsfähigkeit, Bedürftigkeit). Änderungen der stets wandelbaren wirtschaftlichen Verhältnisse der Beteiligten sind daher ausschließlich mit dem Abänderungsantrag nach § 238 Abs. 1 FamFG geltend zu machen.

Der **Vollstreckungsgegenantrag** nach § 767 ZPO wendet sich gegen die Zwangs- **3204** vollstreckung aus dem Unterhaltstitel. Die Zwangsvollstreckung soll für unzulässig erklärt werden, weil der titulierte Anspruch inzwischen erloschen oder gehemmt ist. In Abgrenzung zu der Vorschrift des § 238 FamFG kommt für den Vollstreckungsgegenantrag nur ein Vorbringen gegen den Unterhaltstitel infrage, das diesen unwandelbar vermindert.

Der Vollstreckungsabwehrantrag betrifft daher **punktuell eintretende Ereignisse, Ein-** **3205** **wendungen und Einreden.**

Dies sind neben der Tilgung vergangener und gegenwärtiger Ansprüche nur solche **3206** Einwendungen, die den Unterhaltsanspruch gänzlich und für immer gesetzlich beendet haben (z.B. Wiederheirat, § 1586 BGB).

Alle anderen Gründe, gegen den Titel vorzugehen, sind Abänderungsgründe i.S.v. **3207** § 238 FamFG (z.B. Änderung der wirtschaftlichen Verhältnisse, Stundung etc.).

---

1348  Vgl. dazu *Roßmann* FuR 2015, 130; Thomas/Putzo/*Hüßtege*, ZPO, § 238 FamFG Rn. 4.
1349  BGH, FamRZ 2005, 1479.

3208    Wegen der unterschiedlichen Zielrichtung der Verfahren schließen sich der Vollstreckungsgegenantrag und das Abänderungsverfahren für den gleichen Streitgegenstand grds. gegenseitig aus. Deswegen hat der Unterhaltsschuldner hinsichtlich konkreter Unterhaltsforderungen keine Wahlmöglichkeit zwischen dem Vollstreckungsgegen- und dem Abänderungsverfahren, sondern muss sein Rechtsschutzbegehren auf die Verfahrensart stützen, die dem Ziel seines Begehrens für den entsprechenden Unterhaltszeitraum am besten entspricht.[1350]

### aaa) Prozessuale Behandlung von Fällen des § 1579 BGB

3209    Ein Sonderproblem in diesem Zusammenhang ist die verfahrensrechtliche Einordnung des § 1579 BGB.

3210    Nach einer Meinung ist der Vollstreckungsabwehrantrag der richtige Rechtsbehelf etwa für den Einwand der Verwirkung des Unterhaltsanspruchs nach § 1579 Nr. 2 BGB wegen Bestehen einer eheähnlichen Gemeinschaft des Unterhaltsgläubigers mit einem neuen Partner. Neuerdings ist dies allerdings umstritten, mitunter werden im Fall des § 1579 BGB sogar beide Verfahrensarten für zulässig gehalten.[1351] Dies wird mit der »Doppelnatur« des § 1579 BGB begründet. Einerseits ist die Vorschrift rechtsvernichtende Einwendung, zum anderen muss aber i.R.d. Billigkeitsprüfung und Prüfung der Kindeswohlbelange eine Auseinandersetzung mit den »wandelbaren« wirtschaftlichen Verhältnissen der Beteiligten erfolgen. Jedenfalls wenn der Unterhaltsanspruch aufgrund der Einwendung des § 1579 BGB vollständig auszuschließen ist, ist der Vollstreckungsabwehrantrag der richtige Rechtsbehelf.[1352]

### bbb) Eingetretene Rentenberechtigung

3211    Wendet sich der Unterhaltsschuldner wegen des inzwischen eingetretenen Rentenbezugs des Unterhaltsberechtigten gegen einen titulierten Unterhaltsanspruch, ist hierfür das Abänderungsverfahren gem. § 238 FamFG und nicht der Vollstreckungsabwehrantrag nach § 767 ZPO eröffnet.[1353] Dies ist damit zu begründen, dass für die Abgrenzung zwischen der Rechtsschutzmöglichkeit eines Abänderungsverfahrens nach § 238 FamFG und einem Vollstreckungsabwehrantrag nach § 767 ZPO grds. auf den Zweck und die Auswirkungen der jeweiligen Vorschrift abzustellen ist.

3212    Bei geänderten wirtschaftlichen Verhältnissen führt der Vollstreckungsgegenantrag nach § 767 ZPO – auch für Ansprüche aus der Vergangenheit – immer dann zu unbilligen Ergebnissen, wenn die Änderung zugleich auch **Auswirkungen auf den Bedarf** des Unterhaltsberechtigten hat. Denn § 767 ZPO erlaubt dem Gericht lediglich, die Vollstreckung auf der Grundlage des im Ausgangsbeschluss rechtskräftig festgestellten

---

1350   BGH, NJW 2005, 2313.
1351   OLG Brandenburg, FamRZ 2008, 906.
1352   BGH, FamRZ 2012, 779, 780; OLG Brandenburg, FamRZ 2008, 906; a.A. *Graba* FPR 2008, 100, 102.
1353   BGH, NJW 2005, 2313.

Unterhaltsbedarfs für unzulässig zu erklären. Erhöhen die vom Unterhaltsschuldner vorgebrachten Gründe aber – im Gegenzug – auch den Unterhaltsbedarf des Berechtigten, trägt die bloße Anrechnung der eingetretenen Änderungen der materiellen Rechtslage nicht hinreichend Rechnung. Dann bedarf es einer vollständigen Neuberechnung des Unterhaltsanspruchs, die – unter Durchbrechung der Rechtskraft des früheren Beschlusses – nur im Wege des Abänderungsverfahrens möglich ist.

Mit Beginn des Rentenanspruchs des Unterhaltsberechtigten ergibt sich nämlich **3213** eine vollständig neue Bedarfs- und Unterhaltsberechnung, die einer Anpassung des laufenden Unterhaltstitels an geänderte wirtschaftliche Verhältnisse entspricht. Eine bloße Anrechnung von Rentenleistungen auf den zuvor ermittelten Unterhaltsbedarf würde dem nicht gerecht. Der Rentenbeginn wirkt sich deswegen nicht lediglich als ein der Erfüllung wirtschaftlich gleichkommender Vorgang aus und kann deswegen eine Anrechnung im Wege des Vollstreckungsabwehrantrags nicht mehr rechtfertigen. Die durch den Rentenbezug des Unterhaltsberechtigten gebotene Anpassung des Unterhaltsanspruchs an die geänderten wirtschaftlichen Verhältnisse hat somit nach dem Zweck der gesetzlichen Vorschrift stets im Wege der Unterhaltsabänderung gem. § 238 FamFG zu erfolgen.

Soweit Unterhalt für eine Zeit geleistet worden ist, für die dem Unterhaltsberechtigten **3214** nachträglich eine Rentenleistung bewilligt wird, kommt ein auf Treu und Glauben (§ 242 BGB) beruhender Erstattungsanspruch in Betracht, dessen Höhe sich danach bemisst, inwieweit sich der Unterhaltsanspruch ermäßigt hätte, wenn die Rente schon während des fraglichen Zeitraums gezahlt worden wäre. Das gilt erst recht, wenn der Unterhaltsgläubiger schon Rente bezieht und in Kenntnis dessen weiterhin die ungeschmälerten titulierten Unterhaltsleistungen entgegennimmt.[1354]

▶ **Anwaltliche Hinweise:**

Die **Umdeutung** des Abänderungsverfahrens in einen Vollstreckungsabwehrantrag **3215** ist möglich, wenn ein entsprechender Beteiligtenwille genügend erkennbar ist und kein schutzwürdiges Interesse des Gegners entgegensteht.[1355]

Andererseits ist auch die Umdeutung eines Vollstreckungsabwehrantrags in einen Abänderungsantrag möglich.

Zulässig ist auch, dass beide Verfahren in Eventualstellung miteinander verbunden werden,[1356] dass also in erster Linie ein Vollstreckungsabwehrantrag oder das Abänderungsverfahren erhoben und damit hilfsweise das jeweils andere in Betracht kommende Verfahren verbunden wird; dieses Prozedere ist nunmehr auch deshalb verstärkt praktikabel, weil die ausschließliche Zuständigkeit nach § 232 Abs. 1 FamFG derjenigen nach §§ 767 Abs. 1, 802 ZPO vorgeht, vgl. § 232 Abs. 2 FamFG.

---

1354 BGH, NJW 2005, 2313.
1355 OLG Bamberg, FamRZ 1999, 942.
1356 Hdb. FamR/*Kintzel*, Kap. 6 Rn. 1142; BGH, FamRZ 1979, 573, 575.

*ccc) Anwaltliche Vorgehensweise*

**3216** Die anwaltliche Tätigkeit besteht darin, entweder für den Unterhaltsgläubiger mehr Unterhalt zu fordern, sobald dies möglich ist, oder umgekehrt für den Unterhaltsschuldner darauf hinzuwirken, dass sich dessen Unterhaltspflicht reduziert bzw. am besten gänzlich beendet wird. Insoweit kommen folgende Verfahren in Betracht:

**3217**

Reaktionsmöglichkeiten auf Unterhaltsbeschluss

*jj) Verhältnis zum Rechtsmittel der Beschwerde*

*aaa) Erstgericht macht Rechtsfehler*

**3218** Wird die vom ersten Familienrichter der Verpflichtung zu künftigen Unterhaltsleistungen zugrunde gelegte Prognose auf eine unrichtige Bewertung der für die Unterhaltsberechnung maßgeblichen Umstände gestützt, kann ein solcher Fehler nur mit der Beschwerde korrigiert werden. Denn die bloße Änderung der rechtlichen Beurteilung bereits bekannter und im früheren Verfahren gewürdigter tatsächlicher Verhältnisse kann die Abänderung eines Unterhaltsbeschlusses auf der Grundlage des § 238 FamFG schon deshalb nicht rechtfertigen, weil dieses Verfahren nur der Korrektur einer fehlgeschlagenen Prognose dient, nicht aber, wie ein Rechtsmittel, der Fehlerbeseitigung.

**3219** BGH, FamRZ 2021, 1116:

> »Darüber hinaus bleiben im Abänderungsverfahren auch solche im Ausgangsverfahren schon entscheidungserheblichen Umstände unberücksichtigt, die seinerzeit von den Beteiligten nicht vorgetragen oder vom Gericht übersehen wurden. Denn auch eine Korrektur

von Fehlern der rechtskräftigen Entscheidung ist im Abänderungsverfahren nicht zulässig. Einer Fehlerkorrektur steht vielmehr die Rechtskraft der Vorentscheidung entgegen, deren Durchbrechung nur insoweit gerechtfertigt ist, als sich die maßgeblichen Verhältnisse nachträglich verändert haben.«

Der Wortlaut des § 238 Abs. 4 FamFG ist insoweit auch eindeutig, da danach die      3220
Erstentscheidung unter **Wahrung ihrer Grundlagen** nur angepasst werden darf.

*bbb) Beschwerdeverfahren*

Hat der andere Verfahrensbeteiligte Beschwerde eingelegt, muss der Abänderungs-       3221
berechtigte durch Anschlussbeschwerde versuchen, die von ihm begehrte Änderung
zu erreichen.

*ccc) Rechtsbeschwerdeverfahren*

Ist gegen den abzuändernden Beschluss Rechtsbeschwerde eingelegt worden, hindert      3222
dies nicht die Erhebung eines neuen erstinstanzlichen Abänderungsverfahrens, da
die zur Begründung einer wesentlichen Änderung der Verhältnisse vorzutragenden
neuen Tatsachen i.R.d. Rechtsbeschwerde nicht vorgebracht werden können. Das
Abänderungsverfahren ist aber bis zum rechtskräftigen Abschluss des Erstverfahrens
auszusetzen.

## e) Abänderung von Vergleichen und Urkunden (§ 239 FamFG)

▶ **Das Wichtigste in Kürze**

  – Die Abänderung von Unterhaltstiteln, die **der materiellen Rechtskraft nicht**    3223
    **fähig** sind, erfolgt nach § 239 FamFG, wenn eine Störung der Geschäfts-
    grundlage (vgl. § 239 Abs. 2 FamFG i.V.m. § 313 BGB) auftritt. → Rdn. 3224 f.
  – Fehlen in der Unterhaltsvereinbarung Angaben zur Geschäftsgrundlage, ist
    die Abänderung grds. **wie bei einer Unterhaltserstfestsetzung** nach den gesetz-
    lichen Vorschriften vorzunehmen. → Rdn. 3242.
  – Nach § 242 FamFG i.V.m. § 769 ZPO kann das FamG auf Antrag anordnen,
    dass die Zwangsvollstreckung bis zum Erlass des Abänderungsbeschlusses
    eingestellt wird. → Rdn. 3229 f.
  – Die **Rechtshängigkeit** eines auf Herabsetzung gerichteten Abänderungsantrags
    begründet eine verschärfte Bereicherungshaftung nach § 241 FamFG, soweit
    nach diesem Zeitpunkt noch Unterhaltsleistungen vom Antragsgegner bezo-
    gen werden. → Rdn. 3535 ff.

§ 239 Abs. 1 Satz 1 FamFG bestimmt, dass Unterhaltsvergleiche nach § 794 Abs. 1      3224
Nr. 1 ZPO und vollstreckbare Urkunden ebenfalls der Abänderung unterliegen, sofern
sie eine Verpflichtung zu künftig fällig werdenden wiederkehrenden Leistungen enthalten. Die Vorschrift basiert auf der Rechtsprechung des BGH, der eine Abänderung dieser Titel allein nach materiellem Recht beurteilt. Dies ist dadurch bedingt,
dass die Titel des § 239 FamFG keine Rechtskraft entfalten können; deshalb ist auch

der Vertrauensschutz des Unterhaltsberechtigten weniger ausgeprägt. Wegen dieser Unterschiede hat der Gesetzgeber eine gesonderte Vorschrift ggü. § 238 FamFG für die Abänderung dieser Titel für erforderlich gehalten.

### aa) Anwendungsbereich

3225    Anwendbar ist die Vorschrift des § 239 FamFG, sofern der Unterhalt mittels Vergleichs nach § 794 Abs. 1 Nr. 1 ZPO oder vollstreckbarer Urkunde tituliert ist. Vollstreckbare Urkunden in diesem Sinne können sein:
–   notarielle Urkunden nach § 794 Abs. 1 Nr. 5 ZPO,
–   vollstreckbar erklärte Anwaltsvergleiche nach §§ 796a bis 796c ZPO,
–   Jugendamtsurkunden nach §§ 59, 60 SGB VIII,[1357]
falls durch sie eine Unterhaltsverpflichtung tituliert wird.

### bb) Abänderung eines gerichtlichen Unterhaltsvergleichs

3226    § 239 Abs. 1 Satz 2 FamFG entspricht § 238 Abs. 1 Satz 2 FamFG. Auch bei der Abänderung eines Vergleichs muss der Antragsteller Tatsachen vortragen, die – ihre Richtigkeit unterstellt – die Abänderung des Titels rechtfertigen. Der Antragsteller ist verpflichtet, substantiiert die Grundlagen des Vergleichs darzulegen und dazu die Umstände vorzutragen, die für den Grund, die Höhe und die Dauer der Verpflichtung zur Unterhaltsleistung maßgebend waren. Dazu müssen alle für die Unterhaltsbemessung im Vergleich maßgeblich gewesenen Faktoren dargestellt werden einschließlich des dem titulierten Unterhalt zugrunde liegenden Rechenwegs. Ansonsten ist der Abänderungsantrag unzulässig.[1358] Abweichend von § 238 Abs. 1 Satz 2 FamFG bestimmen sich die Abänderungsvoraussetzungen jedoch nicht nach der Wesentlichkeitsschwelle, sondern allein nach dem materiellen Recht; somit primär danach, welche Voraussetzungen die Beteiligten für eine Abänderung vereinbart haben, i.Ü. nach den Regeln über die Störung bzw. den Wegfall der Geschäftsgrundlage (§ 313 BGB).

3227    Der Abänderungsantrag muss zunächst konkret den abzuändernden Titel benennen. Fordert der Antragsteller erhöhten Unterhalt bzw. strebt er eine Verringerung seiner Verpflichtung an, ist dafür der Zeitpunkt der Abänderung im Antrag anzugeben.

### aaa) Abänderung eines Vergleichs gerichtet auf Erhöhung des Unterhalts

▶ Formulierungsvorschlag: Abänderung eines Vergleichs gerichtet auf Erhöhung des Unterhalts

3228    Der Antragsgegner wird unter Abänderung des vor dem AG – FamG … am … (Az.: …) geschlossenen Vergleichs verpflichtet, an den Antragsteller ab … einen monatlich im Voraus, spätestens bis zum 3. eines jeden Monats, zu zahlenden Unterhalt i.H.v. … € zu bezahlen.

---

1357  Vgl. BGH, NJW 2003, 3770.
1358  KG, FuR 2019, 708.

*bbb) Abänderung eines Vergleichs gerichtet auf Herabsetzung des Unterhalts*

▶ Formulierungsvorschlag: Abänderung eines Vergleichs gerichtet auf Herabsetzung des Unterhalts

1. Der Unterhaltsvergleich der Beteiligten, abgeschlossen am..... vor dem AG..... **3229** (Az.:.....), wird dahin abgeändert, dass der Antragsteller an die Antragsgegnerin ab..... einen monatlich im Voraus, spätestens bis zum 3. eines jeden Monats zu zahlenden Scheidungsunterhalt i.H.v. nur noch..... € zu zahlen hat.
2. Die Zwangsvollstreckung aus dem Vergleich vom..... (Az.:.....) wird nach § 242 FamFG i.V.m. § 769 ZPO bis zum Erlass des Beschlusses in diesem Verfahren nur noch i.H.v....... € ohne Sicherheitsleistung einstweilen zugelassen.

Für den Fall des schriftlichen Vorverfahrens wird bei nicht rechtzeitiger Anzeige der Verteidigungsabsicht beantragt, ohne mündliche Verhandlung durch Versäumnisbeschluss zu entscheiden.

*ccc) Abänderung eines Vergleichs gerichtet auf Entfallen der Unterhaltspflicht*

▶ Formulierungsvorschlag: Abänderung eines Vergleichs gerichtet auf Entfallen der Unterhaltspflicht

1. Der Unterhaltsvergleich der Beteiligten, abgeschlossen am..... vor dem AG..... **3230** (Az.:.....), wird dahin abgeändert, dass der Antragsteller ab..... keinen Unterhalt mehr an die Antragsgegnerin zu bezahlen hat.
2. Die Zwangsvollstreckung aus dem o.g. Vergleich vom..... (Az.:.....), wird nach § 242 FamFG i.V.m. § 769 ZPO bis zum Erlass des Beschlusses in diesem Verfahren ohne Sicherheitsleistung einstweilen eingestellt.

*cc) Abänderung entsprechend § 313 BGB*

*aaa) Eingeschränkter Vertrauensschutz*

§ 239 Abs. 2 FamFG verweist wegen der übrigen Voraussetzungen und wegen des **3231** Umfangs der Abänderung auf die Regelungen des bürgerlichen Rechts. Zu nennen sind hierbei in erster Linie die Störung bzw. der Wegfall der Geschäftsgrundlage (vgl. § 313 BGB) sowie die Grundsätze über das Schuldanerkenntnis (§ 781 BGB).

Die Abänderbarkeit eines Vergleichs unterliegt also weder einer Wesentlichkeitsgrenze **3232** noch einer zeitlichen Beschränkung; Grund dafür ist, dass die Titel des § 239 FamFG nicht der Rechtskraft fähig sind. Die Vertragspartner eines Vergleichs können die Kriterien der Abänderbarkeit autonom bestimmen, d.h. eine bindende Regelung zur Möglichkeit einer Abänderung treffen.[1359] Einer rückwirkenden Abänderung können nur materiell-rechtliche Gründe entgegenstehen; i.Ü. löst eine rückwirkende Abänderung zugunsten des Unterhaltsschuldners grds. nur Bereicherungsansprüche aus – diese unterliegen natürlich der Einschränkung des § 818 Abs. 3 BGB, d.h. gewähren

---

1359  BGH, FamRZ 2012, 525, 527.

Rückzahlungsansprüche nur im Rahmen einer fortbestehenden Bereicherung des Unterhaltsempfängers.

*bbb) Störung der Geschäftsgrundlage*

3233 Die Beteiligten können im Rahmen der Geschäftsgrundlage privatautonom festlegen, welche Maßstäbe für eine Abänderung gelten sollen.

3234 Nach Auffassung des BGH[1360] richtet sich die Abänderung eines Prozessvergleichs allein nach materiell-rechtlichen Kriterien. Dabei ist – vorrangig gegenüber einer Störung der Geschäftsgrundlage – durch Auslegung zu ermitteln, ob und mit welchem Inhalt die Beteiligten eine insoweit bindende Regelung getroffen haben.

▶ Praxishinweis:

3235 Den Beteiligten ist es daher unbenommen, im Rahmen der Geschäftsgrundlage z.B. zu vereinbaren, dass eine Abänderung eine Veränderung der Unterhaltshöhe von mindestens 20 % voraussetzt. Mitunter wird auch vereinbart, dass die erneute Eheschließung des Unterhaltsschuldners bzw. auch die Geburt weiterer Kinder, keinen Abänderungsgrund darstellen soll. Auch können die Beteiligten vereinbaren, dass die Anpassung des Vergleichs sich nicht nach § 313 BGB richtet, sondern, dass wie bei einer Unterhaltserstfestsetzung zu verfahren ist.

Derartige Vereinbarungen sind vorrangig gegenüber einer Störung der Geschäftsgrundlage zu berücksichtigen.

3236 Für die Abänderung eines Unterhaltsvergleichs über nachehelichen Unterhalt wegen **Unterhaltsbefristung** kommt es vorrangig darauf an, inwiefern der Vergleich im Hinblick auf die spätere Befristung eine bindende Regelung enthält. Mangels einer entgegenstehenden ausdrücklichen oder konkludenten vertraglichen Regelung ist jedenfalls bei der erstmaligen Festsetzung des nachehelichen Unterhalts im Zweifel davon auszugehen, dass die Beteiligten die spätere Befristung des Unterhalts offenhalten wollen. Eine Abänderung des Vergleichs ist insoweit auch ohne Änderung der tatsächlichen Verhältnisse und ohne Bindung an den Vergleich möglich.[1361]

3237 Ein bei Vergleichsabschluss bereits bestehender, aber nicht in die Unterhaltsbemessung eingeflossener Umstand (z.B. die Unterhaltspflicht für ein weiteres Kind) kann die Abänderung des Vergleichs nicht begründen, weil es insofern an einer Veränderung der Geschäftsgrundlage i.S.v. § 313 Abs. 1 BGB fehlt. Hat hingegen der betreffende Umstand aufgrund der (sonstigen) Grundlagen des Vergleichs die Festlegung des Unterhalts nicht beeinflusst, so ist er auch nicht zur Grundlage des Vergleichs geworden und entfaltet seine Nichtberücksichtigung bei der aus anderen Gründen eröffneten Anpassung des Vergleichs dementsprechend keine Bindungswirkung. Der »übersehene Umstand« kann daher im Rahmen der Abänderung Berücksichtigung finden.[1362]

---

1360  BGH, FamRZ 2020, 171 = FuR 2020, 108 = NJW 2020, 238 Rn. 40, 41.
1361  BGH, FamRZ 2020, 171 = FuR 2020, 108 = NJW 2020, 238 Rn. 40, 41.
1362  BGH, NZFam 2020, 244 ff. mit Anm. *Bruske*.

Ist in den maßgeblichen Verhältnissen seit Abschluss der Vereinbarung eine gewich- 3238
tige Änderung eingetreten, muss die danach gebotene Anpassung der getroffenen
Regelung an die veränderten Verhältnisse nach Möglichkeit unter Wahrung der dem
Beteiligtenwillen entsprechenden Grundlagen vollzogen werden.

Dabei können nicht nur Veränderungen der individuellen Verhältnisse, sondern auch 3239
solche in der bestehenden Rechtslage, insb. aufgrund der höchstrichterlichen Rechtsprechung, zu einer Störung der vertraglichen Vereinbarung führen, die nach den
Grundsätzen über den Wegfall der Geschäftsgrundlage (vgl. § 313 BGB) im Wege
der Anpassung zu bereinigen ist.

So ist eine Unterhaltsvereinbarung an die geänderten Umstände anzupassen, wenn 3240
die Beteiligten bei einem Unterhaltsverzicht davon ausgingen, dass der geschiedene
ausländische Ehegatte wieder in sein Heimatland zieht, dann aber doch dauerhaft
nach Deutschland zurückkehrt.[1363]

Haben sich die Verhältnisse so tief greifend verändert, dass dem Beteiligtenwillen für 3241
die vorzunehmende Änderung keine hinreichenden Anhaltspunkte mehr zu entnehmen sind, oder lässt sich ein solcher Beteiligtenwille nicht mehr ermitteln, muss die
Abänderung ohne eine fortwirkende Bindung an die Vereinbarung vorgenommen
und im Fall einer Unterhaltsregelung der Unterhalt wie bei einer Erstfestsetzung nach
den gesetzlichen Vorschriften bemessen werden.[1364] Gleiches gilt, wenn die Beteiligten
beim Abschluss ihrer Vereinbarung bestimmen, dass die Änderung nach Ablauf einer
bestimmten Frist durch Neufestsetzung und nicht durch Abänderung gem. § 239
FamFG begehrt werden kann.

Mitunter fehlen in der Unterhaltsvereinbarung Angaben zur Geschäftsgrundlage 3242
bzw. es wurde darauf auch bewusst verzichtet. Auch in solchen Fällen ist der Unterhaltsanspruch ohne eine Bindung an den abzuändernden Vergleich allein nach den
gesetzlichen Vorgaben zu ermitteln.[1365] Lässt sich also dem Vergleich und dem ihm
zugrunde liegenden Beteiligtenwillen kein hinreichender Ansatz für eine Anpassung
an veränderte Umstände entnehmen, kann es geboten sein, die Abänderung ohne
fortwirkende Bindung an die Grundlage des abzuändernden Vergleichs vorzunehmen. Der Unterhalt ist dann **wie bei einer Erstfestsetzung** nach den gesetzlichen
Vorschriften zu bemessen.[1366]

Das gilt **ausnahmsweise** dann nicht, wenn und soweit die Beteiligten in dem Unter- 3243
haltsvergleich bewusst eine restlose und endgültige Regelung getroffen und damit
eine spätere Abänderung wegen nicht vorsehbarer Veränderungen der maßgeblichen Verhältnisse ausdrücklich ausgeschlossen haben. Die abschließende Einigung auf
der Grundlage einer bloßen Prognose ist dann Vertragsinhalt und nicht nur dessen
Geschäftsgrundlage. Das kann etwa der Fall sein, wenn die Beteiligten mit der Vereinbarung eines Abfindungsbetrages eine abschließende Regelung ihres Unterhalts-

---

1363 OLG Zweibrücken, FamRZ 2008, 1453.
1364 Vgl. dazu BGH, FamRZ 2008, 968, 970.
1365 BGH, FamRZ 2008, 968, 970; OLG Düsseldorf, FamRZ 2008, 1002.
1366 So BGH, FamRZ 2010, 192 = FuR 2010, 162 = NJW 2010, 440 ff.

rechtsverhältnisses herbeiführen wollen, auch wenn der Betrag in künftigen Raten zu zahlen ist.[1367]

3244     Der Ausschluss der Abänderbarkeit eines Unterhaltsvergleichs wegen nachträglicher Änderung der gesetzlichen Grundlagen oder der höchstrichterlichen Rechtsprechung kann damit nur auf einer ausdrücklichen vertraglichen Vereinbarung beruhen, für die derjenige die Darlegungs- und Beweislast trägt, der sich darauf beruft.[1368]

3245     Allerdings ist die **vertraglich vereinbarte Unabänderbarkeit** einer gerichtlichen oder notariellen Unterhaltsvereinbarung grundsätzlich wirksam.

3246     Das KG[1369] sieht eine Korrekturmöglichkeit nur dann als möglich an, wenn durch die Vereinbarung die wirtschaftliche Existenz des Unterhaltspflichtigen gefährdet würde:

> »Dass der Abänderungsantrag unbegründet ist, ergibt sich bereits aus dem Umstand, dass die Beteiligten in der ursprünglichen Unterhaltsvereinbarung, der notariellen Urkunde vom 23. April 1992, ausdrücklich auf jegliche Abänderung ihrer Vereinbarung verzichtet haben; sie haben erklärt, auch im Falle geänderter Lebensverhältnisse, »egal aus welchem Rechtsgrund«, auf eine Abänderung verzichten zu wollen. Eine derartige Vereinbarung ist, …, uneingeschränkt wirksam. Denn es ist allgemein anerkannt, dass die Beteiligten die Abänderung gerichtlicher Vergleiche oder vollstreckbarer Urkunden durch Vereinbarung erschweren oder ganz ausschließen können (…).
>
> Jedoch ist auch allgemein anerkannt, dass die Abrede der Unabänderlichkeit der Unterhaltsvereinbarung nicht grenzenlos gilt. … Im Ergebnis kann sich ein Unterhaltspflichtiger, der die Abänderbarkeit einer Unterhaltsvereinbarung vertraglich ausgeschlossen hat, zur Abwehr des Unterhaltsanspruchs bzw. zu dessen Ermäßigung nur dann auf den Grundsatz von Treu und Glauben berufen, wenn andernfalls seine wirtschaftliche Existenz gefährdet wäre. An diesen Einwand sind strenge Anforderungen zu stellen (…).«

3247     Die wirtschaftliche Existenz des Unterhaltsschuldners ist nach Auffassung des Kammergerichts gefährdet, wenn ihm bei Bezahlung des vereinbarten Unterhaltsbetrags weniger als der notwendige Selbstbehalt verbliebe.

▶ **Taktischer Hinweis:**

3248     Grds. sollte die anwaltliche Vertretung versuchen, auf eine dem Mandanten günstige »Geschäftsgrundlage« hinzuwirken. Oftmals werden nämlich im Unterhaltsverfahren dazu Chancen vertan.

So kann der Anwalt des Unterhaltsgläubigers bspw. zur Geschäftsgrundlage machen, dass der eigene Mandant ohne Abänderung des Titels einen Betrag von bis zu..... € hinzuverdienen darf.

Ähnlich liegt es, wenn sich eine neue Partnerschaft des Unterhaltsberechtigten andeutet; im Hinblick auf § 1586 BGB bzw. auch § 1579 Nr. 2 BGB sollte man

---

1367   BGH, FamRZ 2005, 1662.
1368   BGH, FamRZ 2010, 192 = FuR 2010, 162 = NJW 2010, 440, 442; BGH, NJW 2012, 1356; OLG Hamm, NZFam 2017, 29.
1369   KG, NZFam 2016, 175.

versuchen, eine Unterhaltsabfindung zu vereinbaren, auch wenn dafür ein »Nachgeben« der Unterhaltshöhe der Preis sein könnte. Auch eine »Erwerbsaussicht« im Sinne einer besser bezahlten Arbeitsstelle ist im Fall einer Abfindung ein Grund zur Freude.

Umgekehrt sollte der Anwalt des Unterhaltsschuldners im Einzelfall eine bestimmte Höhe der Einkünfte seines Mandanten zur Geschäftsgrundlage der Unterhaltspflicht machen (insb., wenn eine Verringerung zu erwarten ist).

Da zahlreiche Unterhaltsverfahren tatsächlich durch Vergleich beendet werden, ist es wichtig, sich vor dem Termin darauf vorzubereiten, inwiefern eine bestimmte Geschäftsgrundlage im Verfahren durchzusetzen ist.

### dd) Anwaltlicher Vortrag

Vielfach scheitert die Abänderung nach § 239 FamFG daran, dass unzureichender **3249** Vortrag betreffend eine Störung oder einen Wegfall der Geschäftsgrundlage nach § 313 BGB vorliegt.

#### aaa) *Zulässigkeit des Abänderungsantrags nach § 239 FamFG*

Fehlt dazu nachvollziehbarer Vortrag, ist der Antrag unzulässig.                **3250**

Der Vortrag einzelner Umstände, die zu einer Änderung bzw. »Störung« der maßgeb- **3251** lichen Verhältnisse geführt haben sollen, reicht nicht aus, sondern vom Antragsteller ist auch die »Ergebnisrelevanz« der Umstände aufzuzeigen. Dafür ist es jedoch nicht erforderlich, dass bereits in der »Zulässigkeitsprüfung« eine vollständige Unterhaltsberechnung mit dem neuen Zahlenwerk vorgelegt wird, da dies zu einer Verlagerung der »Begründetheitsprüfung« in die Zulässigkeitsstufe führen würde. Der Antragsteller muss aber zumindest Tatsachen vortragen, die auf eine wesentliche, bereits eingetretene Veränderung der der ursprünglichen Vereinbarung zugrundeliegenden tatsächlichen oder rechtlichen Verhältnisse schließen lassen.[1370]

Die Veränderung kann den Grund, die Höhe oder die Dauer der Unterhaltsleistung **3252** betreffen.

#### bbb) *Begründetheit des Abänderungsantrags*

Materiell-rechtlich richtet sich die Abänderbarkeit einer gerichtlichen Unterhalts- **3253** vereinbarung nach den Grundsätzen über den Wegfall oder die Veränderung der Geschäftsgrundlage nach § 313 BGB (§ 239 Abs. 2 FamFG). Eine Abänderung der getroffenen Vereinbarung kommt danach in Betracht, wenn es tatsächlich zu den behaupteten Veränderungen gekommen ist und dem antragstellenden Beteiligten aufgrund der eingetretenen Veränderungen unzumutbar ist, an der vorliegenden

---

1370  KG, FuR 2019, 708 = FamRZ 2020, 422 (LS) = NJW-RR 2019, 1281.

Unterhaltsvereinbarung unverändert festgehalten zu werden. Die **Darlegungs- und Beweislast** hierfür obliegt dem Beteiligten, der den Abänderungsantrag gestellt hat: Von ihm ist darzulegen und zu beweisen, dass sich die maßgeblichen Verhältnisse seit der Erstellung des Titels geändert haben. Dazu gehört, dass er die ursprünglichen, für die Erstellung der Vereinbarung maßgeblichen Gesichtspunkte und die Veränderung vorträgt, aus denen sich ein Fehlgehen der Vorstellungen und Erwartungen beider Beteiligter ergibt.

3254    Das setzt zwingend eine ziffernmäßig unterlegte Differenzbetrachtung voraus, weil es für § 313 BGB gerade nicht ausreicht, dass sich einzelne Parameter geändert haben, sondern erforderlich ist eine Änderung »per Saldo«. Eine freie, von allen Bindungen an den bisherigen Titel losgelöste Neuberechnung des Unterhalts anhand der aktuellen Einkünfte des Unterhaltspflichtigen genügt diesen Anforderungen nicht.[1371]

*ee) Abänderung von notariellen Urkunden nach § 794 Abs. 1 Nr. 5 ZPO*

3255    Mitunter tätigen die Beteiligten eine Vereinbarung über die Unterhaltspflicht und lassen dieselbe dann notariell beurkunden zwecks Titulierung. Die notarielle Vereinbarung enthält regelmäßig die Geschäftsgrundlage der Unterhaltspflicht, sodass eine Abänderung nach §§ 239 FamFG, 313 BGB voraussetzt, dass diese sich geändert hat.

3256    Falls eine derartige Urkunde aber keine Geschäftsgrundlage benennen sollte, ist im Abänderungsverfahren nach § 239 FamFG der Unterhaltsanspruch (ohne eine Bindung) allein nach den gesetzlichen Vorgaben zu ermitteln. Die Anpassung richtet sich also nach den derzeitigen Verhältnissen der Beteiligten.[1372]

*ff) Abänderung von Jugendamtsurkunden nach §§ 59 Abs. 1 Nr. 3, 60 SGB VIII*

3257    Jugendamtsurkunden nach §§ 59 Abs. 1 Nr. 3, 60 SGB VIII sind in der Praxis beliebt, weil sie kostenfrei errichtet werden können. Die Abänderung derartiger Urkunden ist von den Umständen des Einzelfalles abhängig.

3258    Haben die Beteiligten sich über die Unterhaltspflicht verständigt und nur zwecks Titulierung eine Jugendamtsurkunde errichtet, ist der Inhalt der Vereinbarung Geschäftsgrundlage. Eine Abänderung setzt eine nachträgliche Veränderung voraus. Jugendamtsurkunden, denen eine Vereinbarung zugrunde liegt, sind also nicht frei abänderbar. I.R.d. Abänderung ist vielmehr stets der Inhalt der Vereinbarung der Parteien zu wahren.[1373]

3259    Häufig werden Jugendamtsurkunden aber auch einseitig, d.h. vom Verpflichteten errichtet, und der Gegenseite zwecks gerichtlicher Verfahrensvermeidung zur Verfügung gestellt. Dann kann der **Unterhaltsberechtigte** nach Auffassung des BGH[1374]

---

1371  KG, FuR 2019, 708 = FamRZ 2020, 422 (LS) = NJW-RR 2019, 1281.
1372  BGH, FamRZ 2008, 968, 970; BGH, NJW 2003, 3770.
1373  Vgl. BGH, FamRZ 2011, 1041, 1043.
1374  BGH, FamRZ 2011, 1041, 1043.

ohne irgendwelche Bindungen einen höheren Unterhalt mittels Abänderungsantrags nach § 239 FamFG fordern.[1375] Richtiger wäre allerdings ein Leistungsantrag nach § 113 Abs. 1 Satz 2 FamFG i.V.m. §§ 253, 258 ZPO, mit welchem der streitige Spitzenbetrag geltend gemacht wird.[1376]

Der **Unterhaltspflichtige** hat mittels der Jugendamtsurkunde ein Schuldanerkenntnis    3260
nach § 781 BGB abgegeben. Dadurch ergibt sich eine Bindungswirkung, sodass er sich von der Verpflichtung nur lösen kann, wenn eine nachträgliche Änderung der maßgeblichen Verhältnisse eingetreten ist.

Der BGH[1377] stellt dies wie folgt dar:                                               3261

»Anderes gilt hingegen, wenn der Unterhaltsschuldner, der einseitig die Jugendamtsurkunde erstellt hat, im Wege der Abänderungsklage eine Herabsetzung seiner Unterhaltsschuld begehrt. Auch dann liegt der Urkunde keine Geschäftsgrundlage zu Grunde, deren Wegfall oder Änderung dargelegt werden müsste. Weil die einseitig erstellte Jugendamtsurkunde regelmäßig zugleich zu einem Schuldanerkenntnis nach § 781 BGB führt, muss eine spätere Herabsetzung der Unterhaltspflicht die Bindungswirkung dieses Schuldanerkenntnisses beachten (…). Der Unterhaltspflichtige kann sich von dem einseitigen Anerkenntnis seiner laufenden Unterhaltspflicht also nur dann lösen, wenn sich eine nachträgliche Änderung der tatsächlichen Umstände, des Gesetzes oder der höchstrichterlichen Rechtsprechung auf die Höhe seiner Unterhaltspflicht auswirken.«

### gg) Ersetzung eines rechtskräftigen Beschlusses durch Jugendamtsurkunde

Der BGH[1378] hat entschieden, dass die Beteiligten einvernehmlich durch eine neue    3262
Jugendamtsurkunde eine frühere Titulierung ersetzen können.

»Indessen steht es dem Unterhaltspflichtigen frei, mit der Erstellung einer (neuen) Jugendamtsurkunde einen weiteren Vollstreckungstitel im gleichen Unterhaltsverhältnis unter Erhöhung oder Herabsetzung der Unterhaltsverpflichtung zu erzeugen, während es dem Unterhaltsberechtigten auf der anderen Seite unbenommen bleibt, auf seine Rechte aus dem ursprünglichen Unterhaltstitel ganz oder teilweise zu verzichten (arg. §§ 238 Abs. 3 Satz 2, 240 Abs. 2 Satz 3 FamFG). Die Beteiligten des Unterhaltsverhältnisses sind deshalb aus Rechtsgründen nicht daran gehindert, im Einvernehmen einen bestehenden (gerichtlichen oder urkundlichen) Unterhaltstitel durch einen neuen Unterhaltstitel zu ersetzen (…).

Unzweifelhaft ist freilich, dass dem Unterhaltsberechtigten eine vom Unterhaltspflichtigen einseitig erstellte (ersetzende) Jugendamtsurkunde nicht aufgedrängt werden kann, so dass an die Feststellungen zum Vorliegen eines Einvernehmens der Beteiligten über die Ersetzung des bisherigen Titels jedenfalls dann strenge Anforderungen zu stellen sind, wenn die Unterhaltsverpflichtung in der neuen Jugendamtsurkunde herabgesetzt worden ist (…).«

---

1375  Ebenso OLG Köln, FamRZ 2016, 1001.
1376  So auch BGH, NJW 2010, 238, 239.
1377  BGH, FamRZ 2011, 1034.
1378  BGH, NZFam 2017, 111 mit Anm. *Graba*.

*hh) Checkliste: Abänderungsantrag nach § 239 FamFG*

▶ **Checkliste: Abänderungsantrag nach § 239 FamFG**

3263   Zulässig ist der Abänderungsantrag nach § 239 Abs. 1 FamFG
☐ bei Vergleichen nach § 794 Abs. 1 Nr. 1 ZPO sowie
☐ vollstreckbaren Urkunden (Jugendamtsurkunde).
☐ Der Antragsteller muss ausreichend Tatsachen vortragen, die eine Abänderung rechtfertigen können (Ergebnisrelevanz ist darzustellen)
  ☐ keine wesentliche Änderung erforderlich (wie bei § 238 Abs. 1 FamFG),
  ☐ **rückwirkende Abänderung** kann beantragt werden (keine Rückwirkungssperre wie bei § 238 Abs. 3 FamFG).
**Materiell begründet ist der Abänderungsantrag nach § 239 Abs. 2 FamFG**
☐ Störung der Geschäftsgrundlage nach § 313 BGB erforderlich
  ☐ Veränderung der Verhältnisse ist eingetreten,
  ☐ Festhalten am unveränderten Titel ist unzumutbar.

*ii) Abgrenzung zum Leistungsantrag nach § 113 Abs. 1 FamFG i.V.m. § 258 ZPO*

3264   Grds. gilt, dass die von § 239 FamFG umfassten Titel einer Abänderung nach dieser Vorschrift bedürfen, wenn sich die Geschäftsgrundlage ändert, sodass in diesen Fällen ein Leistungsverfahren nach § 113 Abs. 1 FamFG i.V.m. § 258 ZPO (vorbehaltlich einer denkbaren Umdeutung) nicht zulässig ist. Mitunter bestehen aber auch Abgrenzungsprobleme:

– Hat ein Unterhaltsschuldner über den geforderten Unterhalt beim Jugendamt einen Titel einseitig errichtet, der aber niedriger ist als der begehrte Unterhalt, ist die Differenz vom Gläubiger durch ein Titelergänzungsverfahren geltend zu machen. Ein dennoch erhobenes Abänderungsverfahren kann in diesen Fällen in ein einfaches Leistungsverfahren umgedeutet werden.[1379] Teilweise wird aber auch in diesem Fall von einem Wahlrecht des Unterhaltsgläubigers ausgegangen, wonach er eine Korrektur der Verpflichtung auch mittels des Abänderungsverfahrens nach § 239 FamFG anstreben kann.[1380] Nur wenn der Titulierung eine Vereinbarung zugrunde liegt, ist ausschließlich das Abänderungsverfahren nach § 239 FamFG zulässig.

– Hat sich der Unterhaltsschuldner in einem gerichtlichen Unterhaltsvergleich oder in einer vollstreckbaren Urkunde zur Zahlung einer Unterhaltsrente über einen freiwillig geleisteten Sockelbetrag hinaus verpflichtet, kann die Herabsetzung der Unterhaltsrente nur dann zum Gegenstand eines Abänderungsverfahrens nach § 239 FamFG gemacht werden, wenn die erstrebte Herabsetzung den freiwillig geleisteten Sockelbetrag übersteigt.

– Vereinbaren Eheleute in einer notariellen Urkunde Unterhalt sowohl für die Trennungszeit als auch für die Zeit nach der Scheidung, kann eine Neufestsetzung der Unterhaltsbeträge nur im Wege des Abänderungsverfahrens erreicht werden.

---

1379  OLG Naumburg, FamRZ 2008, 799.
1380  BGH, FamRZ 2008, 1152.

– Soll bei einem außergerichtlichen (nicht titulierten) Vergleich wegen Veränderung oder Wegfalls der Geschäftsgrundlage eine Korrektur erreicht werden, steht hierfür nicht das Abänderungsverfahren des § 239 FamFG, sondern ein Leistungsantrag bzw. Feststellungsantrag zur Verfügung.

– Ist ein gerichtlicher Unterhaltsvergleich oder eine vollstreckbare Urkunde im Abänderungsverfahren korrigiert worden, tritt an ihre Stelle der Abänderungsbeschluss; bei einer erneuten Abänderung gelten dafür die Regeln des § 238 FamFG ohne jede Einschränkung.

– **Wichtiger Sonderfall:** Ist der durch gerichtlichen Unterhaltsvergleich titulierte Unterhalt nur für einen bestimmten Zeitraum vereinbart worden, weil die Beteiligten davon ausgingen, für die Zeit danach werde der Unterhaltsanspruch mangels Bedürftigkeit entfallen, ist ein für einen späteren Zeitraum behaupteter Unterhaltsanspruch im Wege des Leistungsantrags nach § 113 Abs. 1 FamFG i.V.m. § 258 ZPO geltend zu machen.[1381]

▶ **Anwaltlicher Hinweis:**

Insoweit ist die Verfahrensart titelabhängig, denn im vergleichbaren Fall des Unter-   **3265**
haltsbeschlusses wäre das Abänderungsverfahren nach § 238 FamFG zu erheben (s. Rdn. 3103 ff.). Ausschlaggebend ist, dass nach § 239 Abs. 1 FamFG das Abänderungsverfahren nur anzuwenden ist, soweit in einem Prozessvergleich Unterhaltsleistungen übernommen oder festgesetzt worden sind. § 239 Abs. 1 FamFG erfasst mithin nicht die Fälle, in denen für die Zukunft keine Leistungspflicht festgelegt worden ist. Eine analoge Anwendung über den Wortlaut des Abs. 1 hinaus kommt nicht in Betracht. Die prozessuale Situation nach Erlass eines rechtskräftigen Beschlusses unterscheidet sich von derjenigen nach Abschluss eines Prozessvergleichs. Die Rechtskraft des Beschlusses erstreckt sich nämlich im Fall eines dem Antrag auf Unterhalt nur teilweise stattgebenden Erstbeschlusses auch auf die künftigen (aberkannten) Unterhaltsansprüche, sodass bei einer Veränderung der Verhältnisse das Abänderungsverfahren zu erheben ist. Der Vergleich ist hingegen der Rechtskraft nicht fähig, sodass sich das Problem der Durchbrechung der Rechtskraft nicht stellt.[1382] Auch wenn die Prozessparteien mit der getroffenen Regelung zum Ausdruck bringen wollten, dass für die Zukunft kein Unterhaltsanspruch mehr besteht, beschränkt sich die Vereinbarung nur auf den materiellen Anspruch; sein Nichtbestehen ist nicht durch ein Gericht rechtskräftig festgestellt.

### jj) Abgrenzung zum Vollstreckungsabwehrantrag nach § 767 ZPO

Die Abgrenzung des Abänderungsverfahrens nach § 238 FamFG (Abänderung eines   **3266**
Unterhaltsbeschlusses) zu einem Vollstreckungsabwehrantrag nach § 767 ZPO wurde

---

1381  BGH, NJW 2007, 2249.
1382  Allgemeine Meinung, vgl. z.B. *Götsche* ZFE 2007, 211 f.

bereits behandelt, vgl. Rdn. 3202. Die beschriebenen Kriterien gelten auch für die Abgrenzung zum Abänderungsverfahren nach § 239 FamFG.

**3267**  Das Abänderungsverfahren nach § 239 FamFG bezweckt die Anpassung der titulierten Unterhaltsvereinbarung an die stets wandelbaren tatsächlichen und rechtlichen Verhältnisse.

**3268**  Der **Vollstreckungsgegenantrag** nach § 767 ZPO wendet sich gegen die Zwangsvollstreckung aus der titulierten Unterhaltsvereinbarung. Die Zwangsvollstreckung soll für unzulässig erklärt werden, weil der titulierte Anspruch inzwischen erloschen oder gehemmt ist. In Abgrenzung zu der Vorschrift des § 239 FamFG kommen für den Vollstreckungsgegenantrag nur Einwendungen gegen den Unterhaltstitel infrage, die diesen unwandelbar vermindern.

*kk) Anwaltliche Vorgehensweise*

**3269**  Die anwaltliche Aufgabe besteht auch im Fall der Unterhaltsvereinbarung darin, entweder für den Unterhaltsgläubiger mehr Unterhalt zu fordern, sobald dies möglich ist, oder umgekehrt für den Unterhaltsschuldner darauf hinzuwirken, dass sich dessen Unterhaltspflicht reduziert bzw. am besten gänzlich beendet wird. Insoweit kommen folgende Verfahren in Betracht:

**3270**

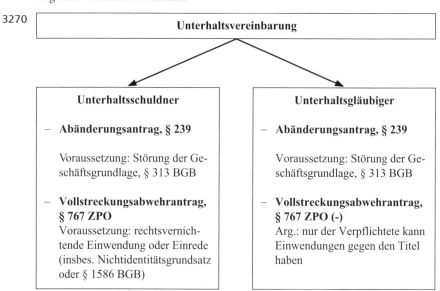

Reaktionsmöglichkeiten auf Unterhaltsvereinbarung

### f) Abänderung nach § 240 FamFG

Die Vorschrift des § 240 FamFG regelt den Sonderfall der Abänderung von Ent-  3271
scheidungen nach den §§ 237 FamFG (Unterhalt bei Feststellung der Vaterschaft)
und 253 FamFG (Unterhaltsfestsetzung im vereinfachten Verfahren). Ziel dieses Verfahrens ist es insb., die im vereinfachten Verfahren nach §§ 249 ff. FamFG bzw. im
Vaterschaftsprozess nach § 237 FamFG erfolgte Unterhaltsfestsetzung mit solchen
Einwendungen anzugreifen, die in diesen Verfahren nicht zulässig waren (vgl. § 252
FamFG). Umgekehrt kann der Unterhaltsberechtigte, der auf einen schnellen Titel
angewiesen war, nunmehr eine genauere, höhere Unterhaltsfestsetzung erreichen.

#### aa) Anwendungsbereich

Die Abänderungsmöglichkeit nach § 240 FamFG bezieht sich auf die im verein-  3272
fachten Verfahren nach §§ 249 ff. FamFG erfolgte Unterhaltsfestsetzung und die
im Zusammenhang mit dem Vaterschaftsverfahren erlangte Unterhaltsregelung nach
§ 237 Abs. 1 und Abs. 3 FamFG.

In den genannten Fällen kann sich der Unterhaltsberechtigte ohne konkrete Kenntnis  3273
der wirtschaftlichen Verhältnisse des Unterhaltspflichtigen einen Unterhaltstitel verschaffen, der nicht ohne weiteres mit dem tatsächlich materiell-rechtlich geschuldeten
Unterhalt nach §§ 1601, 1610 Abs. 1 BGB übereinstimmt. Nach § 237 Abs. 3 FamFG
kann nämlich Unterhalt lediglich i.H.d. Mindestunterhalts gefordert werden, im vereinfachten Verfahren gem. § 249 Abs. 1 FamFG das 1,2-fache des Mindestunterhalts.

Erlangt der Unterhaltsberechtigte später Kenntnis über die wahren Einkommens-  3274
und Vermögensverhältnisse des Unterhaltsschuldners, kann er den Unterhalt nach
den individuellen Verhältnissen mit der Abänderungsklage nach § 240 FamFG fest-
setzen lassen.

Ferner kann der Unterhaltsberechtigte diesen Weg bestreiten, wenn er sich durch  3275
Beschlüsse nach § 237 bzw. § 253 Abs. 1 FamFG einen schnellen Vollstreckungstitel
beschaffen will und erst danach eine den tatsächlichen wirtschaftlichen Verhältnissen
entsprechende Unterhaltsfestsetzung anstrebt.

Umgekehrt hat der Unterhaltspflichtige, der im vereinfachten Verfahren keine Ein-  3276
wendungen erhoben bzw. im Verfahren der Vaterschaftsfeststellung erheben konnte,
die Möglichkeit, materiell-rechtliche Einwendungen gegen den Unterhaltsbeschluss
geltend zu machen.

#### bb) Voraussetzungen der Abänderung nach § 240 FamFG

#### aaa) Vorrang des streitigen Verfahrens nach § 255 FamFG

Enthält eine rechtskräftige Endentscheidung nach § 237 oder § 253 FamFG eine  3277
Verpflichtung zu künftig fällig werdenden wiederkehrenden Leistungen, kann jeder
Beteiligte die Abänderung beantragen, sofern nicht (im Fall des vereinfachten Ver-

fahrens) bereits ein Antrag auf Durchführung des streitigen Verfahrens nach § 255 FamFG gestellt worden ist.

3278 Der Wortlaut des § 240 FamFG macht damit deutlich, dass ein streitiges Verfahren nach § 255 FamFG der Abänderung nach dieser Vorschrift vorgeht.

*bbb) Antrag*

3279 Das Verfahren nach § 240 FamFG setzt zunächst den **Antrag** eines Beteiligten voraus, der von einer zuvor im vereinfachten Verfahren nach §§ 249 ff. FamFG bzw. im Vaterschaftsverfahrens nach § 237 FamFG erfolgten Unterhaltsfestsetzung betroffen war.

3280 Ziel des Antrags nach § 240 FamFG, der vom Unterhaltsschuldner gestellt wird, ist es, die Unterhaltsbestimmung mit Einwendungen anzugreifen, die im früheren Verfahren nach § 237 bzw. §§ 249 ff. FamFG nicht zulässig waren. Umgekehrt kann der Unterhaltsberechtigte, der auf einen schnellen Titel angewiesen war, nunmehr eine genauere, höhere Unterhaltsfestsetzung erreichen, da die Verfahren nach § 237 bzw. §§ 249 ff. FamFG nur der Höhe nach begrenzten Unterhalt zugestehen. Aus diesem Grund wird der Unterhaltsberechtigte das Verfahren nach § 240 FamFG aufgreifen wollen.

*ccc) Allgemeine Verfahrensvoraussetzungen*

3281 Die allgemeinen Verfahrensvoraussetzungen müssen vorliegen. Insb. ist die ordnungsgemäße Vertretung beim Kindesunterhalt zu beachten (vgl. § 1629 BGB).

3282 Das Rechtsschutzbedürfnis für das Abänderungsverfahren nach § 240 FamFG ist regelmäßig gegeben.

3283 Das Verfahren nach § 240 FamFG ist von den Erfordernissen der § 238 FamFG bzw. § 767 ZPO unabhängig; es bestehen daher keine präkludierenden Regelungen, ebenso wenig muss eine wesentliche Änderung der Verhältnisse vorliegen. Eine solche kann aber die Korrektur der im vereinfachten Verfahren erfolgten Unterhaltsfestsetzung bewirken.

▶ **Anwaltlicher Hinweis:**

3284 Die Beschlussformel nach einem Verfahren gem. § 240 FamFG gibt sowohl im Fall einer Erhöhung wie auch einer Herabsetzung des Titels nach §§ 237 bzw. 253 FamFG den Unterhalt in einem Gesamtbetrag wieder.

Der frühere Unterhaltsbeschluss wird aufgehoben, um für spätere Abänderungen nach § 238 FamFG sowie bei einer Vollstreckung einen einheitlichen Titel zur Verfügung zu haben.

*cc) Zeitliche Begrenzung für die Herabsetzung des Unterhalts*

*aaa) Monatsfrist ab Rechtskraft der Entscheidung (§ 240 Abs. 2 Satz 1 FamFG)*

Beabsichtigt der Unterhaltspflichtige mit seinem Antrag eine Herabsetzung für einen  **3285**
bereits abgelaufenen Zeitraum des Unterhaltsbeschlusses, muss das Verfahren nach
§ 240 FamFG innerhalb eines Monats nach Rechtskraft der Unterhaltsfestsetzung
erhoben werden.

Nach Ablauf dieser Frist kann nur noch eine Herabsetzung für die Zeit nach Erhe-  **3286**
bung des Abänderungsverfahrens verlangt werden. Die Frist berechnet sich nach
§ 16 Abs. 2 FamFG i.V.m. § 222 ZPO; bei der Wahrung der Frist ist § 167 ZPO
anwendbar und zu beachten. Es ist natürlich als »nachlässiges Verhalten« i.S.v. § 167
ZPO zu bewerten, wenn der Antragsteller eines Abänderungsverfahrens nach § 240
FamFG es trotz gebotener Zweifel unterlässt, sich rechtzeitig vor Ablauf der Monatsfrist über die zutreffende Anschrift des Kindes zu vergewissern, und es dadurch zu
einem verspäteten Eintritt der Rechtshängigkeit kommt. Die Zustellung ist dann
nicht als »demnächst erfolgt« zu bewerten.[1383]

Die Frist für eine rückwirkende Herabsetzung des Unterhalts bemisst sich ab dem  **3287**
Zeitpunkt der Erhebung des Abänderungsverfahrens, d.h. die Zustellung nur eines
VKH-Antrags für das entsprechende Verfahren ist nicht ausreichend.[1384] Eine Analogie
zu § 204 Abs. 1 Nr. 14 BGB ist mangels Regelungslücke abzulehnen. Der Gesetzgeber kannte die Problematik und hat dennoch die Einreichung eines VKH-Antrags
einer Zustellung des Unterhaltsantrags nicht gleichgestellt.[1385]

Will das unterhaltsberechtigte Kind eine Erhöhung des Festsetzungsbeschlusses errei-  **3288**
chen, unterliegt es nicht der Präklusion; allerdings müssen die materiell-rechtlichen
Voraussetzungen für ein rückwirkendes Erhöhungsverlangen nach § 1613 BGB gegeben sein.

*bbb) Verlängerung der Frist im Fall des Erhöhungsantrags (§ 240 Abs. 2 Satz 2
FamFG)*

Macht das Kind innerhalb der Monatsfrist des § 240 Abs. 2 Satz 1 FamFG ein Erhö-  **3289**
hungsverlangen geltend, verlängert Satz 2 die Frist für den Unterhaltspflichtigen bis
zur Beendigung dieses Verfahrens.

---

1383  OLG Düsseldorf, FamRZ 2008, 1456.
1384  OLG Hamm, FamRZ 2008, 1540.
1385  Der Antragsteller muss daher entweder unverzüglich den Vorschuss nach § 14 Abs. 1
FamGKG einzahlen (bzw. die anwaltliche Vertretung eine Ermächtigung zum Bankeinzug erteilen) oder im Falle von VKH die sofortige Zustellung nach § 15 Nr. 3
FamGKG beantragen.

*ccc) Modifizierte Zeitschranke für auf Herabsetzung gerichtete Abänderungsanträge (§ 240 Abs. 2 Satz 3 FamFG)*

3290   Die in § 240 Abs. 2 Satz 3 FamFG enthaltene modifizierte Zeitschranke für auf Herabsetzung gerichtete Abänderungsanträge entspricht § 238 Abs. 3 Satz 3 FamFG. Danach ist der nach Ablauf der Frist gestellte Antrag auf Herabsetzung auch zulässig für die Zeit ab dem Ersten des auf ein entsprechendes Auskunfts- oder Verzichtsverlangen des Antragstellers folgenden Monats (auf die Erläuterung zu § 238 FamFG wird verwiesen, vgl. Rdn. 3103 ff.).

*ddd) Jahresfrist (§ 240 Abs. 2 Satz 4 FamFG)*

3291   § 240 Abs. 2 Satz 4 FamFG führt eine § 238 Abs. 3 Satz 4 FamFG entsprechende Begrenzung ein. Für eine mehr als ein Jahr vor Rechtshängigkeit liegende Zeit kann danach eine Herabsetzung nicht verlangt werden. Auf die Erläuterungen zu § 238 Abs. 3 Satz 4 FamFG wird verwiesen, vgl. Rdn. 3169 ff.

*eee) Teleologische Reduktion*

3292   Die zeitlichen Einschränkungen des § 240 Abs. 2 FamFG können aufgrund teleologischer Reduktion überwunden werden. Der Abänderungsantrag ist dann auch zulässig für die Zeit, für die die zeitliche Begrenzung insb. im Hinblick auf das Verhalten des Antragsgegners, grob unbillig wäre. Letztlich gelten die Kriterien, die für die Einschränkung des § 238 Abs. 2 FamFG durch die Rechtsprechung entwickelt wurden (vgl. Rdn. 3157 ff.).

## g) Vollstreckungsabwehrantrag (§ 767 ZPO)

▶ **Das Wichtigste in Kürze**

3293   –  Die ausschließliche Zuständigkeit nach § 232 Abs. 1 FamFG geht derjenigen nach §§ 767 Abs. 1, 802 ZPO vor. → Rdn. 3298 f.

     –  Das rechtliche Ziel eines Vollstreckungsabwehrantrags ist die Beseitigung der Vollstreckbarkeit eines Titels aufgrund von **materiell-rechtlichen Einwendungen oder Einreden**. → Rdn. 3296 f.

     –  Der Vollstreckungsabwehrantrag kann insb. im Fall der rechtskräftig abgeschlossenen Scheidung auf den **Nichtidentitätsgrundsatz** gestützt werden, wenn Trennungsunterhalt tituliert wurde. → Rdn. 3306 f.

3294   § 120 Abs. 1 FamFG erklärt die Vorschriften der ZPO über die Zwangsvollstreckung in Ehesachen und Familienstreitsachen für entsprechend anwendbar. Dies bedeutet, dass die Vollstreckungsrechtsbehelfe der Vollstreckungserinnerung nach § 766 ZPO, des Vollstreckungsabwehrantrags nach § 767 ZPO sowie der Drittwiderspruchsantrag nach § 771 ZPO zulässig sind.[1386] Insbesondere der Vollstreckungsabwehrantrag nach

---

1386  Schulte-Bunert/Weinreich/*Schulte-Bunert*, FamFG, § 120 Rn. 1.

§§ 120 Abs. 1 FamFG, 767 ZPO ist in Unterhaltssachen von großer Bedeutung – so etwa, wenn trotz Rechtskraft der Scheidung weiterhin Trennungsunterhalt vollstreckt wird oder nachehelicher Unterhalt trotz Wiederheirat (§ 1586 BGB).[1387]

Der Vollstreckungsabwehrantrag kann sowohl gegen Unterhaltsbeschlüsse, die der   3295
Rechtskraft fähig sind, als auch gegen gerichtliche Unterhaltsvergleiche, einstweilige
Unterhaltsanordnungen sowie vollstreckbare Urkunden (Jugendamtsurkunde, nota-
rielle Urkunde) gerichtet werden.[1388]

### aa) Zielsetzung des Vollstreckungsabwehrantrags

Der Vollstreckungsabwehrantrag nach § 767 ZPO verfolgt die Zielsetzung, einem   3296
titulierten Anspruch die Vollstreckbarkeit zu nehmen.[1389] Es handelt sich nicht um
eine Rechtskraftdurchbrechung, sondern vielmehr um einen Gestaltungsantrag, mit
dem der Vollstreckungsschuldner die Beseitigung der Vollstreckbarkeit eines Titels
aufgrund von **materiell-rechtlichen Einwendungen oder Einreden** gegen den zu
vollstreckenden materiellen Anspruch erstrebt. Damit geht es im Vollstreckungsabwehrverfahren nach § 767 ZPO nicht um die Beseitigung des Titels, sondern nur
um dessen Vollstreckbarkeit.

▶ Anwaltlicher Hinweis:

   Dieser Antrag ist ausnahmsweise auch im Scheidungsverbund zulässig, und zwar   3297
   mit dem Ziel, die Vollstreckung aus einer einstweiligen Anordnung für die Zeit
   nach der Scheidung zu unterbinden.

   Antrag: Die Zwangsvollstreckung aus der einstweiligen Anordnung vom..... ist
   für den Fall der Scheidung für unzulässig zu erklären.[1390]

### bb) Zuständiges Gericht

Nach § 767 Abs. 1 ZPO sind Einwendungen, die den durch das Urteil festgestellten   3298
Anspruch selbst betreffen, von dem Schuldner im Wege der Klage bei dem Prozessgericht des ersten Rechtszugs geltend zu machen.

Das Prozessgericht des ersten Rechtszugs ist damit grds. für die Angelegenheit nach   3299
§§ 767 Abs. 1, 802 ZPO ausschließlich zuständig.

Dies gilt allerdings in Unterhaltssachen nicht (mehr) uneingeschränkt. Nach § 232   3300
Abs. 2 FamFG geht die ausschließliche örtliche Zuständigkeit nach § 232 Abs. 1
FamFG derjenigen nach §§ 767 Abs. 1, 802 ZPO vor.

---

1387  Eingehend dazu *Schulte-Bunert* FuR 2013, 148.
1388  Unterhaltsprozess/*Roßmann*, Kap. 3 Rn. 1837.
1389  BGH, BGHZ 118, 236.
1390  BGH, FamRZ 1981, 242.

▶ Beispiel:

3301     Das AG – FamG Schweinfurt gewährt dem minderjährigen Kind K gegen seinen Vater Unterhalt. Das Kind zieht mit der Mutter nach Würzburg um. Nunmehr geht der Vater mit einem Vollstreckungsabwehrantrag nach § 767 ZPO gegen den Unterhaltsbeschluss vor. K ist immer noch minderjährig.

      Zuständig für den Vollstreckungsabwehrantrag nach § 767 ZPO ist nicht das AG – FamG Schweinfurt nach §§ 767, 802 ZPO, sondern das AG – FamG Würzburg nach § 232 Abs. 1 Nr. 2 FamFG.

### cc) Nachträgliche Einwendungen

3302     Einwendungen gegen den titulierten Anspruch sind nach § 767 Abs. 2 ZPO nur insoweit zulässig, als die Gründe, auf denen sie beruhen, erst nach dem Schluss der mündlichen Verhandlung, in der Einwendungen nach den Vorschriften dieses Gesetzes spätestens hätten geltend gemacht werden müssen, entstanden sind und durch Einspruch nicht mehr geltend gemacht werden können.

### aaa) Nachträglich

3303     **Nachträglich** (§ 767 Abs. 2 ZPO) muss die Einwendung entstanden sein, sodass der Antrag nach § 767 ZPO unzulässig ist, wenn geltend gemacht werden soll, dass ein Beschluss die im Zeitpunkt der letzten mündlichen Verhandlung bereits geleisteten Unterhaltszahlungen in der Beschlussformel nicht berücksichtigt hat. Dieser Fehler ist noch im selben Verfahren (Beschwerde) zu beseitigen.[1391]

3304     Diese zeitliche Einschränkung gem. § 767 Abs. 2 ZPO (Präklusionswirkung) gilt jedoch nicht für Vollstreckungsgegenanträge gegen **gerichtliche Unterhaltsvergleiche**; denn die Einschränkung beruht auf der Rechtskraftwirkung – die Rechtskraft von Beschlüssen soll nicht mithilfe eines Vollstreckungsgegenantrags durchbrochen werden können –, und eine Rechtskraftwirkung kommt Verfahrensvergleichen nicht zu. Deshalb können ggü. dem in einem Verfahrensvergleich titulierten Anspruch materiell-rechtliche Einwendungen ohne zeitliche Einschränkung hinsichtlich ihrer Entstehung geltend gemacht werden (soweit diese Einwendungen nicht gerade durch den Vergleich geregelt worden sind, von dem Vergleich also gerade erfasst werden). Ebenso liegt es, wenn ein Vergleich notariell beurkundet, d.h. nach § 794 Abs. 1 Nr. 5 ZPO tituliert wurde.

### bbb) Einwand der Erfüllung

3305     Besonders bedeutsam ist der **Einwand der Erfüllung**. Mitunter wird der Unterhaltsanspruch komplett beseitigt, wenn der Unterhaltsschuldner einen großen Betrag als Gesamtabfindung zu zahlen imstande ist. Die Folge ist ein Erlassvertrag nach § 397 BGB.

---

1391   BGH, FamRZ 1998, 1165.

### ccc) Relevante Einwendungen

Mit dem Antrag nach § 767 Abs. 1 ZPO können rechtshemmende Einwendungen (z.B. Stundung) oder rechtsvernichtende Einwendungen geltend gemacht werden. **3306**

Der Vollstreckungsabwehrantrag kann insb. im Fall der rechtskräftig abgeschlossenen Scheidung auf den **Nichtidentitätsgrundsatz** gestützt werden, wenn im Beschluss Trennungsunterhalt tituliert wurde.[1392] **3307**

Ein z.Zt. der Minderjährigkeit des Kindes ergangener Unterhaltstitel gilt fort, wenn das Kind volljährig wird. Es besteht **Identität des Unterhaltsanspruchs** volljähriger Kinder mit dem Minderjährigenunterhalt.[1393] Der Unterhaltsschuldner kann deshalb **nicht** mittels eines Vollstreckungsabwehrantrags nach § 767 ZPO gegen den Titel vorgehen (vgl. § 244 FamFG). Die Vorschrift des § 244 FamFG hat die Funktion, Vollstreckungsabwehranträge nach § 767 ZPO gegen Mindestunterhaltstitel mit der Begründung des Eintritts der Volljährigkeit des unterhaltsberechtigten Kindes zu vermeiden, sofern die Unterhaltspflicht auch über die Minderjährigkeit hinaus fortbesteht. **3308**

Ein Kindesunterhaltstitels erlischt bei Heirat der Eltern.[1394] Haben die Eltern vor Eheschließung einen Unterhaltstitel gegen den Vater für den Kindesunterhalt errichtet, so kann aus diesem Titel später nicht mehr vollstreckt werden, wenn sich die Eltern nach mehrjähriger Ehe trennen.[1395] Der unterhaltspflichtige Elternteil kann den Untergang des Titels bedingt durch Heirat und mehrjährigem Zusammenleben der Familie mit dem Vollstreckungsabwehrantrag nach § 767 ZPO geltend machen. **3309**

Ähnlich verhält es sich, wenn bei einem Titel über Trennungsunterhalt die Beteiligten sich versöhnen und wieder zusammenleben.[1396] Wegen der unterschiedlichen rechtlichen Qualität von Trennungsunterhalt einerseits und Familienunterhalt gem. §§ 1360, 1360a BGB andererseits führt das sich über einen längeren Zeitraum erstreckende Zusammenleben zu einem Erlöschen des titulierten Trennungsunterhaltsanspruchs. Nehmen daher getrennt lebende Ehegatten die eheliche Lebensgemeinschaft mit dem Ziel einer Versöhnung wieder auf, erlischt der titulierte Anspruch auf Trennungsunterhalt, wenn die Ehegatten länger als drei Monate wieder zusammenleben.[1397] Der Titel zum Trennungsunterhalt lebt auch durch ein erneutes Getrenntleben nicht wieder auf. Vielmehr muss er neu bemessen und tituliert werden. Wird der Titel dennoch genutzt, so ist ein Vollstreckungsabwehrantrag dagegen zu erheben.[1398] **3310**

---

1392 BGH, FamRZ 1981, 441 f.
1393 OLG Hamm, FamRZ 2008, 291.
1394 OLG Celle, FuR 2014, 727.
1395 Str., vgl. auch BGH, NJW 1997, 735. Nach Auffassung des BGH wird der sich aus § 1601 ff. BGB ergebende, titulierte Unterhaltsanspruch während des Zusammenlebens der Familie durch Gewährung von Familienunterhalt erfüllt und ist daher nicht für die Zukunft weggefallen.
1396 Vgl. dazu *Viefhues* FuR 2014, 728 (Praxishinweis).
1397 OLG Stuttgart, FamRZ 2020, 752.
1398 OLG Stuttgart, FamRZ 2020, 752; OLG Hamm, FamRZ 2011, 202.

3311   Der Vollstreckungsabwehrantrag kann auch auf **Verwirkung** (illoyal verspätete Rechts-
ausübung) gestützt werden.[1399] Dies gilt sowohl für titulierten rückständigen Ehegattenunterhalt als auch Kindesunterhalt.[1400]

3312   Verwirkung setzt voraus, dass der Berechtigte ein Recht längere Zeit nicht geltend
macht, obwohl er dazu in der Lage wäre (sog. Zeitmoment) und der Verpflichtete sich
mit Rücksicht auf das gesamte Verhalten des Berechtigten darauf einrichten durfte
und sich darauf eingerichtet hat, dieser werde sein Recht auch künftig nicht mehr
geltend machen (sog. Umstandsmoment). Gerade bei Unterhaltsrückständen werden
an das sog. Zeitmoment der Verwirkung keine strengen Anforderungen gestellt.[1401]
Das Zeitmoment der Verwirkung ist regelmäßig erfüllt, wenn die Rückstände Zeit-
abschnitte betreffen, die etwas mehr als ein Jahr zurückliegen.[1402]

3313   Allerdings hat der BGH[1403] die Anforderungen an das »Umstandsmoment« verschärft,
d.h. dafür genügt lediglich der Zeitablauf von einem Jahr nicht mehr:

> »Der Vertrauenstatbestand kann nicht durch bloßen Zeitablauf geschaffen werden (…).
> Dementsprechend kann ein bloßes Unterlassen der Geltendmachung des Anspruchs für
> sich genommen kein berechtigtes Vertrauen des Schuldners auslösen. Dies gilt nicht nur
> für eine bloße Untätigkeit des Gläubigers, sondern grundsätzlich auch für die von diesem
> unterlassene Fortsetzung einer bereits begonnenen Geltendmachung. Auch wenn der Gläu-
> biger davon absieht, sein Recht weiter zu verfolgen, kann dies für den Schuldner nur dann
> berechtigterweise Vertrauen auf eine Nichtgeltendmachung hervorrufen, wenn das Verhal-
> ten des Gläubigers Grund zu der Annahme gibt, der Unterhaltsberechtigte werde den
> Unterhaltsanspruch nicht mehr geltend machen, insbesondere weil er seinen Rechtsstand-
> punkt aufgegeben habe.«

▶ Praxishinweis:

3314   Der Unterhaltsberechtigte ist – trotz der gelockerten Rechtsprechung des BGH –
im eigenen Interesse gehalten, dem Unterhaltsschuldner immer wieder deutlich
zu machen, dass die Unterhaltsschuld zu berichten ist. Dies sollte dokumentiert
werden durch entsprechende Anschreiben an den Schuldner oder Vollstreckungs-
versuche.

3315   Ein weiterer Einwand i.S.d. § 767 ZPO ist die **Wiederheirat**.[1404]

3316   Ähnlich liegt es im Fall des **Todes des Unterhaltsberechtigten**.[1405]

3317   Endet die gesetzliche Verfahrensstandschaft nach § 1629 Abs. 3 Satz 1 BGB (z.B.
wegen Volljährigkeit des Kindes, Sorgerechtsentzug, Obhutswechsel), so kann der

---

1399  Vgl. OLG Brandenburg, FuR 2012, 440.
1400  Vgl. dazu FamR-Komm/*Eder*, Vor §§ 1360 bis 1360b BGB Rn. 195.
1401  Ausführlich dazu *Viefhues* FuR 2017, 2 ff.
1402  BGH, FuR 2018, 268 = FamRZ 2018, 589 = NZFam 2018, 263; OLG Brandenburg,
      FuR 2012, 440; vgl. aber auch OLG Stuttgart, FamRZ 2016, 1777 (LS).
1403  BGH, FuR 2018, 268 = FamRZ 2018, 589 = NZFam 2018, 263.
1404  BGH, FamRZ 1988, 46 f.; OLG Naumburg, FamRZ 2006, 1402.
1405  BGH, NJW 2004, 2896.

unterhaltspflichtige Elternteil ebenfalls im Falle der Vollstreckung einen Vollstreckungsabwehrantrag gem. §§ 120 Abs. 1 FamFG, 767 ZPO erheben.[1406] Der bisherige Vollstreckungsgläubiger ist in diesem Fall auch für Unterhaltsrückstände nicht mehr aktivlegitimiert.

Das OLG Thüringen stellt dies wie folgt dar:      **3318**

»Gegen die Zulässigkeit der gewählten Klageart bestehen keine Bedenken. Einwendungen des Schuldners (hier des Antragstellers) gegen festgestellte materielle Leistungsansprüche sind mit der sogenannten Vollstreckungsabwehr- (oder Vollstreckungsgegen-) klage des § 767 ZPO geltend zu machen, gleichgültig, ob diese Einwendungen rechtsvernichtend (wie die Erfüllung) oder nur rechtshemmend sind. ... § 767 ZPO ist gem. § 120 Abs. 1 FamFG auf die Vollstreckung in Familienstreitsachen anwendbar (...). Der Wegfall der Prozessstandschaft stellt eine Einwendung i.S.d. § 767 ZPO dar. Die Kindesmutter und Antragsgegnerin hat den der Vollstreckung zugrunde liegenden Titel in Prozessstandschaft gem. § 1629 Abs. 3 BGB erwirkt. Die Prozessführungsbefugnis der Kindesmutter ist während der Zwangsvollstreckung erloschen, nachdem ihr das Sorgerecht entzogen wurde (...).

Da die – inzwischen ... rechtskräftig – geschiedene Ehefrau Titelinhaberin ist, kann sie zwar aus diesem Titel weiterhin formell vollstrecken.

Die Antragsgegnerin kann nunmehr nach dem Entzug von wesentlichen Teilen des elterlichen Sorgerechts – wie das Amtsgericht in dem angefochtenen Beschluss ausgeführt hat, – weder in gesetzlicher Prozessstandschaft noch in gesetzlicher Vertretungsmacht Unterhaltsansprüche des Kindes – auch für Rückstände aus der Vergangenheit – geltend machen kann. Sie ist nicht mehr legitimiert aus dem gerichtlichen Beschluss ... zu vollstrecken (...).

Der Titelschuldner kann die Beendigung der gesetzlichen Prozessstandschaft nur gemäß § 767 ZPO geltend machen, wenn die Zwangsvollstreckung betrieben wird, d.h. die Vollstreckungsgegenklage gegen den ursprünglichen Titelgläubiger (Prozessstandschafter) wird nicht als unzulässig angesehen, um den Titelschuldner nicht rechtlos zu stellen (....).«

Weitere Einwendungen i.S.d. § 767 Abs. 1 ZPO sind bspw. Verzicht, Stundung oder  **3319**
Aufrechnung.

### dd) Allgemeine Zulässigkeitsvoraussetzungen

### aaa) Antrag

Der Vollstreckungsgegenantrag richtet sich gegen die Vollstreckbarkeit des Schuldtitels  **3320**
und die Zulässigkeit der Vollstreckung aus dem Titel schlechthin, nicht nur – wie die Erinnerung (§ 766 ZPO) oder die Drittwiderspruchsklage (§ 771 ZPO) – gegen die Zulässigkeit einzelner Vollstreckungsmaßnahmen.

Der Verfahrensantrag muss daher dahin gehend gestellt werden, dass die Vollstre-  **3321**
ckung aus dem Titel schlechthin – nicht nur eine einzelne konkrete Vollstreckungsmaßnahme – für unzulässig erklärt wird.

---

1406 OLG Jena, FamRZ 2014, 867 = FuR 2013, 665.

3322   Der angegriffene Vollstreckungstitel ist im Antrag konkret zu benennen.

▶ Formulierungsbeispiel:

3323   **Die Zwangsvollstreckung aus dem Beschluss des AG – FamG –..... vom.....**
      **(Az.:.....) wird ab..... für unzulässig erklärt.**

3324   Der Antragsteller kann ergänzend noch den Antrag auf Herausgabe des Unterhaltstitels stellen. Dies ist auch als Hilfsantrag für den Fall des Erfolgs des Hauptantrags
möglich, sodass ein Kostenrisiko vermieden wird. Die Herausgabepflicht ergibt sich
aus § 371 BGB analog.[1407]

▶ Taktischer Hinweis:

3325   Der Vollstreckungsabwehrantrag nach § 767 ZPO ist unbedingt mit einem Antrag
auf einstweilige Einstellung der Vollstreckung, vgl. § 769 ZPO, zu ergänzen.

*bbb) Beteiligte*

3326   Beteiligte des Vollstreckungsgegenverfahrens sind der Vollstreckungsschuldner als
Antragsteller und der Vollstreckungsgläubiger als Antragsgegner. Ist ein Unterhalts-
titel auf ein inzwischen volljährig gewordenes Kind umgeschrieben worden, ist der
Antrag gegen das nunmehr volljährige Kind zu richten.

*ccc) Ordnungsgemäße Zustellung des Antrags*

3327   Das Unterhaltsverfahren setzt eine anwaltliche Vertretung voraus, vgl. § 114 Abs. 1
FamFG. Die Vollmacht des Verfahrensbevollmächtigten umfasst gem. § 81 ZPO
auch die Möglichkeit, aus diesem Unterhaltsverfahren entstehende Zwangsvollstre-
ckungsanträge und damit auch einen Vollstreckungsgegenantrag gem. § 767 ZPO
zu stellen. Gem. § 172 ZPO muss der Vollstreckungsgegenantrag daher dem Verfahrensbevollmächtigten des Antragsgegners aus dem Vorverfahren zugestellt werden.

3328   Eine fehlerhafte Zustellung wird jedoch nach § 189 ZPO geheilt, falls demjenigen,
an den die Zustellung zu erfolgen hatte, das zuzustellende Schriftstück tatsächlich
zugeht; dies ist auch dann der Fall, wenn das dem Verfahrensbevollmächtigten zuzustellende Schriftstück dem Beteiligten persönlich zugestellt und von diesem dem
Anwalt ausgehändigt wird.

3329   Auch können Zustellungsmängel gem. § 295 ZPO dadurch geheilt werden, dass sie
nicht gerügt werden; § 295 ZPO bezieht sich auch auf Fehler bei der Antragszustellung, da auch dies verzichtbare Mängel i.S.d. Vorschrift sind.

---

1407 BGH, FamRZ 2008, 2196.

*ddd) Rechtsschutzbedürfnis*

Das Rechtsschutzbedürfnis für einen Vollstreckungsgegenantrag besteht grds., sobald   **3330**
ein Vollstreckungstitel vorliegt. Die Erteilung der Vollstreckungsklausel ist nicht erforderlich.

Das Rechtsschutzbedürfnis entfällt, sobald die Vollstreckung als Ganzes beendet ist.   **3331**
Wurde Unterhalt in einem gerichtlichen Unterhaltsvergleich befristet, d.h. sollten
Unterhaltszahlungen lediglich bis Ende des Jahres 2023 erfolgen, besteht ab 2024
kein Rechtsschutzbedürfnis für einen Vollstreckungsabwehrantrag mehr, da eine Vollstreckung nicht mehr möglich ist.[1408]

Die Nichtherausgabe eines Unterhaltstitels begründet das Rechtsschutzbedürfnis trotz   **3332**
monatlicher Erfüllung des Unterhaltsschuldners jedoch zunächst nicht, da der Titel
noch für die künftig fällig werdenden Unterhaltsansprüche benötigt wird.

Anders ist es, wenn der titulierte Unterhaltsanspruch dauerhaft erloschen ist (z.B.   **3333**
infolge einer Wiederheirat) und der Titelgläubiger den Titel trotz Aufforderung nicht
herausgibt.

Die bloße Erklärung des Titelgläubigers, er verzichte auf seine Rechte ist nicht aus-   **3334**
reichend; das Rechtsschutzbedürfnis für einen Vollstreckungsabwehrantrag entfällt
erst mit Herausgabe des (entwerteten) Unterhaltstitels.[1409]

Zumindest ist der Verzicht auf die Rechte aus dem Titel zu erklären.   **3335**

Das OLG Karlsruhe[1410] begründet dies wie folgt:   **3336**

> »Ein lediglich erklärter »Vollstreckungsverzicht« beseitigt weder dauerhaft die Vollstreckbarkeit des Titels, noch macht er es diesen für die Zukunft wirkungslos. Vielmehr kann der
> erklärte Verzicht in der Zukunft jederzeit widerrufen werden. Ein Verzicht auf die Rechte
> aus dem Titel wurde nicht erklärt. Der Antragsteller hat, nachdem er den titulierten Unterhalt seit 01.07.2016 nicht mehr schuldet, einen uneingeschränkten Anspruch, dauerhaft
> und verlässlich vor einer künftigen Vollstreckung geschützt und nicht nach Belieben des
> Titelinhabers später erneut einer Vollstreckung ausgesetzt zu sein.«

*ee) Abgrenzung zu den Abänderungsverfahren*

Das Verhältnis der Abänderungsverfahren nach §§ 238, 239 FamFG zu einem Voll-   **3337**
streckungsabwehrantrag nach § 767 ZPO ist problematisch und immer wieder Gegenstand grundlegender Entscheidungen.[1411]

---

1408  A.A. Koch/*Kamm*, Rn. 7085.
1409  Vgl. dazu *Romeyko* FamRZ 2007, 1217.
1410  OLG Karlsruhe, FamRZ 2017, 1575; ebenso OLG Celle, FuR 2014, 727.
1411  Die Thematik wurde auch in Zusammenhang mit dem Abänderungsverfahren nach
      § 238 FamFG angesprochen, vgl. Rdn. 3202 ff. und 3266 ff.

3338   Grundlage der Abgrenzung ist, dass sich die Abänderungsverfahren und der Vollstreckungsgegenantrag gegenseitig ausschließen, denn sie verfolgen mit unterschiedlichen Mitteln unterschiedliche Ziele.[1412]

3339   So bezwecken die Abänderungsverfahren nach §§ 238, 239 FamFG die Anpassung des Unterhaltstitels. Der Grund ist die Änderung variabler Bemessungsfaktoren für den Unterhalt (z.B. Leistungsfähigkeit, Bedürftigkeit).

▶ Anwaltlicher Hinweis:

3340   Änderungen der wirtschaftlichen Verhältnisse der Beteiligten sind mit den Abänderungsverfahren nach §§ 238, 239 FamFG geltend zu machen.

3341   Der Vollstreckungsgegenantrag wendet sich gegen die Zwangsvollstreckung aus dem Unterhaltstitel. Die Zwangsvollstreckung soll für unzulässig erklärt werden, weil der titulierte Anspruch inzwischen erloschen oder gehemmt ist. In Abgrenzung zu den Vorschriften der §§ 238, 239 FamFG kommen für einen Vollstreckungsgegenantrag nur Gegengründe gegen den Unterhaltstitel infrage, die diesen unwandelbar vermindern.

▶ Anwaltlicher Hinweis:

3342   Der Vollstreckungsabwehrantrag betrifft punktuell eintretende Ereignisse, Einwendungen und Einreden.

Dies sind neben der Tilgung vergangener und gegenwärtiger Ansprüche nur solche Einwendungen, die den Unterhaltsanspruch gänzlich und für immer gesetzlich beendet haben (z.B. Wiederheirat, vgl. § 1586 BGB).

3343   Alle anderen Gründe, gegen den Titel vorzugehen, sind Abänderungsgründe nach §§ 238, 239 FamFG (z.B. Änderung der wirtschaftlichen Verhältnisse, Stundung etc.).

3344   Der BGH[1413] fasst die genannten Kriterien wie folgt zusammen:

»Die Abänderungsklage ist eine Gestaltungsklage, die sowohl vom Unterhaltsschuldner als auch vom Unterhaltsgläubiger erhoben werden kann und den Unterhaltstitel selbst – unter Durchbrechung seiner materiellen Rechtskraft – an die stets wandelbaren wirtschaftlichen Verhältnisse anpassen soll. Demgegenüber beschränkt sich der Streitgegenstand einer Vollstreckungsgegenklage auf die Beseitigung der Vollstreckbarkeit eines früheren Titels. Dabei geht es nicht um die Anpassung des Unterhaltstitels an geänderte wirtschaftliche Verhältnisse, sondern allein um die Frage, ob die Zwangsvollstreckung aus dem Titel wegen der nunmehr vorgebrachten materiell-rechtlichen Einwendungen unzulässig (geworden) ist. Wegen dieser unterschiedlichen Zielrichtung schließen sich die Vollstreckungsgegenklage und die Abänderungsklage für den gleichen Streitgegenstand grundsätzlich gegenseitig aus. Deswegen hat der Unterhaltsschuldner hinsichtlich konkreter Unterhaltsforderungen keine Wahlmöglichkeit zwischen der Vollstreckungsgegen- und der Abänderungsklage, sondern muss sein Rechtsschutzbegehren auf die Klageart stützen, die

---

1412 BGH, FamRZ 2005, 1479.
1413 BGH, NJW 2005, 2313.

dem Ziel seines Begehrens für den entsprechenden Unterhaltszeitraum am besten entspricht.«

▶ **Taktischer Hinweis:**

I.R.d. **Anwaltsberatung** sollte beachtet werden, dass der Vollstreckungsabwehrantrag den Vorteil hat, dass für ihn nicht die Rückwirkungssperre des § 238 Abs. 3 FamFG gilt.   **3345**

Die unterschiedliche gerichtliche Zuständigkeit für die beiden Verfahren spielt nur noch eine Rolle, wenn nicht die vorrangige Zuständigkeit des § 232 Abs. 1 FamFG eingreift, vgl. § 232 Abs. 2 FamFG.

Die Umdeutung eines Abänderungsantrags in einen Vollstreckungsgegenantrag ist möglich, wenn ein entsprechender Wille des Antragstellers erkennbar ist und kein schutzwürdiges Interesse des Gegners entgegensteht.[1414]

Andererseits ist auch die Umdeutung eines Vollstreckungsgegenantrags in einen Abänderungsantrag möglich.[1415]

## 6. Vereinfachtes Unterhaltsverfahren

▶ **Das Wichtigste in Kürze**

- Der im vereinfachten Verfahren festzusetzende Unterhalt ist auf max. das **1,2-fache des Mindestunterhalts** nach § 1612a Abs. 1 BGB begrenzt. → Rdn. 3348 ff.   **3346**
- Das vereinfachte Verfahren betrifft nur die **Erstfestsetzung** von Minderjährigenunterhalt. → Rdn. 3347
- Der Minderjährigenunterhalt kann auch dann noch im vereinfachten Verfahren festgesetzt werden, wenn das Kind nach der Antragstellung volljährig geworden ist.
- Der Unterhaltsberechtigte hat ein Wahlrecht zwischen dem vereinfachten Verfahren und dem allgemeinen Unterhaltsverfahren. → Rdn. 3354 ff.

Das sog. vereinfachte Verfahren zur Unterhaltsfestsetzung ist in den §§ 249 bis 260 FamFG geregelt.[1416] Der Unterhaltsanspruch minderjähriger Kinder kann in diesem Verfahren schnell und kostengünstig ggü. dem Unterhaltsverpflichteten tituliert werden. Der Unterhaltsfestsetzungsbeschluss wird nach § 253 FamFG i.V.m. § 25 Nr. 2c RPflG vom Rechtspfleger erlassen. Das Verfahren betrifft nur die Erstfestsetzung von Kindesunterhalt.[1417]   **3347**

---

1414 BGH, FamRZ 1997, 281.
1415 OLG Bamberg, FamRZ 1999, 942.
1416 Ausführlich dazu Unterhaltsprozess/*Roßmann*, Kap. 3 Rn. 1353–1494.
1417 OLG Naumburg, FamRZ 2002, 1045.

3348   Der im vereinfachten Verfahren festzusetzende Unterhalt ist begrenzt auf max. das 1,2-fache des Mindestunterhalts nach § 1612a Abs. 1 BGB. Bei der Feststellung, ob diese Begrenzung eingehalten ist, ist auf den Betrag des Unterhalts abzustellen, der vor Anrechnung der in §§ 1612b, 1612c BGB bestimmten Leistungen verlangt wird.

3349   Der Antragsteller hat bis zu dieser Höhe keine Darlegungslast und kann diesen Betrag ohne Begründung verlangen; es obliegt dem Unterhaltspflichtigen, nach § 252 Abs. 4 FamFG seine mangelnde Leistungsfähigkeit vorzubringen.

▶ Praxishinweis:

3350   Der Einwand eingeschränkter oder fehlender Leistungsfähigkeit ist jedoch nur beachtlich, wenn der Antragsgegner zugleich Auskunft über seine Einkünfte und sein Vermögen erteilt und für die letzten zwölf Monate seine Einkünfte belegt.

Allein durch die kommentarlose Übersendung von Leistungsbescheiden des Job-centers kann im vereinfachten Unterhaltsverfahren der Einwand eingeschränkter oder fehlender Leistungsfähigkeit nicht wirksam erhoben werden. Erforderlich ist, dass der Antragsgegner zusätzlich Auskunft über seine Einkünfte und sein Vermögen erteilt und dass er erklärt, inwieweit er zur Unterhaltsleistung bereit ist und dass er sich insoweit zur Erfüllung des Unterhaltsanspruchs verpflichtet ist (§ 252 Abs. 2 FamFG).[1418] Diese Pflicht bewirkt, dass sich der Antragsgegner nicht einer schnellen Unterhaltsfestsetzung im vereinfachten Verfahren entziehen kann.

3351   Unerheblich ist, ob der Unterhalt in dynamisierter Form oder statisch verlangt wird. Wird statischer Unterhalt gefordert, kann höchstens das 1,2-fache des Mindestunter-halts abzgl. des anzurechnenden hälftigen Kindergeldes gefordert werden.

▶ Anwaltlicher Hinweis:

3352   Das Verfahren ist für erledigt zu erklären, wenn der Antragsgegner nach Antrags-zugang eine titulierte Urkunde zum Kindesunterhalt vorlegt. Handelt es sich aber nur um eine Teiltitulierung, kann im vereinfachten Verfahren der noch streitige Spitzenbetrag gefordert werden.

3353   Nach § 249 Abs. 2 FamFG findet das vereinfachte Verfahren nicht statt, wenn zum Zeitpunkt der Zustellung des Antrags oder einer Mitteilung über seinen Inhalt an den Antragsgegner ein Gericht über den Unterhalt entschieden hat, ein solches Verfahren anhängig oder auf andere Weise ein zur Zwangsvollstreckung geeigneter Unterhalts-titel errichtet worden ist (Unterhaltsvergleich nach § 794 Abs. 1 Nr. 1 ZPO; nota-rielle Urkunde i.S.d. § 794 Abs. 1 Nr. 5 ZPO). Hieraus folgt, dass das vereinfachte Verfahren nur für die erstmalige Festsetzung des Mindestunterhalts infrage kommt.

---

1418  KG, NZFam 2019, 1108.

Das vereinfachte Verfahren ist ggü. dem allgemeinen Unterhaltsverfahren nicht vor- **3354**
rangig. Der Unterhaltsberechtigte hat daher ein Wahlrecht, in welchem Verfahren
die Unterhaltstitulierung erfolgen soll.

Das Verfahren nach den §§ 249 ff. FamFG kann insb. dann nicht als das »einfachere« **3355**
Verfahren angesehen werden, wenn der Schuldner bereits außergerichtliche Einwände
erhoben hat, die den Grund oder die Höhe des Anspruchs betreffen. Dann ist mit
diesen Einwänden auch im vereinfachten Verfahren zu rechnen, sodass ein Übergang
in das streitige Verfahren ohnehin zu erwarten ist.

Für diesen Fall besteht weitestgehend auch Einigkeit in der Rechtsprechung, dass für **3356**
das reguläre Unterhaltsverfahren bei Vorliegen der weiteren Voraussetzungen **VKH**
zu bewilligen ist.[1419] Nur ausnahmsweise kann ein allgemeines Unterhaltsverfahren
als **mutwillig** i.S.d. VKH einzuordnen sein, wenn das vereinfachte Verfahren zulässig
ist, mit einem Übergang ins streitige Verfahren nicht zu rechnen ist und die Angelegenheit rechtlich und tatsächlich einfach gelagert ist.[1420]

▶ **Taktischer Hinweis:**

Im Hinblick auf die immer wieder auftauchende Diskussion, ob nicht das Ver- **3357**
fahren nach den §§ 249 ff. FamFG das »einfachere« Verfahren ist, sollte bei
Beschreitung des Antragsverfahrens nach §§ 253, 258 ZPO, verbunden mit dem
Antrag auf VKH, ausdrücklich auch vorgetragen werden, dass der Schuldner
außergerichtliche Einwände erhoben hat, die den Grund oder die Höhe des
Anspruchs betreffen und dass deshalb mit diesen Einwänden auch im vereinfachten Verfahren gerechnet werden muss und ein Übergang in das streitige Verfahren
wohl zu erwarten ist. Für diesen Fall besteht Einigkeit, dass für das reguläre
Antragsverfahren nach §§ 253, 258 ZPO bei Vorliegen der weiteren Voraussetzungen VKH zu bewilligen ist.

I.Ü. ist aber auch die Erforderlichkeit der Beiordnung eines Anwalts im vereinfachten Verfahren umstritten. Teilweise wird die Beiordnung mit dem Argument
abgelehnt, dass die betreffenden Formulare ausreichend erläutert seien;[1421] nach
a.A. seien gerade diese Formulare für Laien schwierig zu verstehen.[1422] Aufgrund
der Komplexität des Unterhaltsrechts und auch der Grundsatzentscheidung des
Gesetzgebers, den Anwaltszwang nunmehr auf das Unterhaltsrecht auszudehnen,
vgl. § 114 Abs. 1 FamFG, sollte die anwaltliche Beiordnung erfolgen.[1423]

Das vereinfachte Verfahren hat sich in der anwaltlichen Praxis (bislang) nicht durch- **3358**
gesetzt. Jugendämter machen hingegen davon erheblichen Gebrauch. Der Gesetzgeber

---

1419  Vgl. OLG Rostock, FamRZ 2006, 1394.
1420  OLG Hamburg, FamRZ 2019, 1879; OLG Nürnberg, FamRZ 2002, 891; ausführlich
      Thomas/Putzo/*Hüßtege*, ZPO, Vorb. § 249 FamFG Rn. 9.
1421  KG, FamRZ 2000, 762.
1422  OLG Zweibrücken, FamRZ 2006, 577; OLG München, FamRZ 2002, 1199.
1423  So auch OLG Hamburg, FamRZ 2019, 1879.

hat reagiert und mit Wirkung zum 01.01.2017 zahlreiche Änderungen kodifiziert und insbesondere neue Formulare eingeführt. Es bleibt abzuwarten, ob diese Änderungen dem vereinfachten Verfahren auch in der anwaltlichen Praxis einen höheren Stellenwert verschaffen.

### 7. Einstweilige Anordnung in Unterhaltssachen

▶ **Das Wichtigste in Kürze**

3359
- Die einstweilige Unterhaltsanordnung ergeht in einem selbstständigen Verfahren (§ 51 Abs. 3 Satz 1 FamFG) und ist hauptsacheunabhängig. → Rdn. 3360 ff. und Rdn. 3373
- Der Erlass einer einstweiligen Unterhaltsanordnung setzt entgegen § 49 FamFG weder ein dringendes Bedürfnis voraus noch ist die einstweilige Unterhaltsanordnung auf eine vorläufige Maßnahme begrenzt. → Rdn. 3375 ff.
- Der Antragsgegner kann gegen die einstweilige Unterhaltsanordnung mit einem negativen Feststellungsantrag vorgehen. → Rdn. 3420 ff.

3360 Die einstweilige Anordnung nach §§ 49 ff. FamFG wurde bereits behandelt, vgl. Rdn. 103 ff. Besonders hervorzuheben ist erneut, dass die einstweilige Anordnung hauptsacheunabhängig konzipiert wurde. Der einstweiligen Unterhaltsanordnung kommt erhebliche Bedeutung zu, weil Unterhalt für das tägliche Leben benötigt wird und damit nicht »auf die lange Bahn« geschoben werden kann.[1424]

▶ **Praxishinweis:**

3361 Das Risiko eines einstweiligen Anordnungsverfahrens in Unterhaltssachen liegt darin, dass die Entscheidungen der FamG nicht rechtsmittelfähig sind, vgl. § 57 FamFG. Dies kann zur Folge haben, dass zum einen Unterhalt verlustig geht, zum anderen Kosten entstehen, die endgültig sind. Deshalb ist nach wie vor gut zu überlegen, ob nicht doch ein Hauptsacheverfahren sinnvoller ist oder zumindest zusätzlich mit eingeleitet werden sollte. Ein Rechtsschutzbedürfnis für ein einstweiliges Unterhaltsverfahren entfällt jedenfalls nicht dadurch, dass auch ein Hauptsacheverfahren geführt wird oder geführt werden könnte.[1425]

3362 Das FamFG regelt die einstweilige Anordnung grundlegend in den §§ 49 bis 57 FamFG.[1426] § 119 Abs. 1 Satz 1 FamFG stellt klar, dass die einstweilige Anordnung in **Familienstreitsachen**, und somit auch in Unterhaltssachen statthaft ist. Dies bestätigt auch die Vorschrift des § 246 FamFG, die i.Ü. als **lex specialis** die allgemeinen Anordnungsvoraussetzungen der §§ 49 bis 57 FamFG teilweise verdrängt.[1427]

---

1424 Die Evaluierung des FamFG im Jahre 2016/2017 hat ergeben, dass 43,6 % der Unterhaltssachen über ein eA Verfahren zum endgültigen Abschluss kommen, vgl. NZFam 2018, 534.
1425 *Götz* NJW 2010, 901.
1426 Ausführlich zur einstweiligen Anordnung *Götsche/Viefhues* ZFE 2009, 124 ff.
1427 *Schürmann* FamRB 2008, 375, 376.

Die einstweilige Unterhaltsanordnung kann von dem Unterhaltsberechtigten ohne    3363
anwaltliche Mitwirkung beantragt und erwirkt werden, obwohl nach § 114 Abs. 1
Nr. 1 FamFG sämtliche Familienstreitsachen dem **Anwaltszwang** unterliegen. Diese
Ausnahme vom Anwaltszwang nach § 114 Abs. 4 Nr. 1 FamFG ist nicht gerechtfer-
tigt; einstweilige Anordnungen haben **große Bedeutung in Unterhaltsstreitigkeiten.**
Aufgrund des summarischen Verfahrens ist eine schnelle Einschätzung der rechtlichen
Möglichkeiten erforderlich, die von den Beteiligten kaum geleistet werden kann.[1428]

### a) Streitgegenstand

**Streitgegenstand** eines einstweiligen Unterhaltsanordnungsverfahrens ist nicht der    3364
geltend gemachte Unterhaltsanspruch, sondern die Zulässigkeit seiner vorläufigen
Durchsetzung. Der Antrag auf Erlass einer einstweiligen Anordnung führt daher nicht
zur Rechtshängigkeit des Anspruchs selbst und Entscheidungen in diesem Zusammenhang führen nicht zu einer Rechtskraftwirkung bzgl. des Unterhaltsanspruchs
im Hauptsacheverfahren. Allerdings stellt der Unterhaltsanspruch die Grundlage für
die einstweilige Anordnung dar.

Die einstweilige Unterhaltsanordnung ist damit **rein prozessualer Natur** und schafft    3365
lediglich eine Vollstreckungsmöglichkeit wegen eines vorläufig als bestehend angenommenen materiell-rechtlichen Anspruchs.

▶ **Anwaltlicher Hinweis zum Streitwert:**

Wurde im einstweiligen Anordnungsverfahren der volle Kindesunterhalt geltend    3366
gemacht, kann der Regelstreitwert (halber Wert des Hauptsacheverfahrens) bis
zur Höhe des für die Hauptsache bestimmten Werts nach Auffassung des OLG Düsseldorf[1429] angehoben werden.

Grds. ist im Verfahren der einstweiligen Anordnung von der Hälfte des für die
Hauptsache bestimmten Hauptsachewerts auszugehen, mithin vom 6-fachen
Wert des Unterhaltsantrags, vgl. § 41 Satz 2 FamGKG.

Allerdings kann der Streitwert bis zur Höhe des für die Hauptsache bestimmten
Werts angehoben werden kann, wenn die einstweilige Anordnung die Hauptsache
vorwegnimmt oder ersetzt.[1430]

Jedenfalls der Verfahrenswert eines abschließenden Vergleichs im einstweiligen
Anordnungsverfahren entspricht dem Wert der Hauptsache.[1431]

---

1428 Vgl. dazu auch Unterhaltsprozess/*Roßmann*, Kap. 3 Rn. 1202; Horndasch/Viefhues/
     *Roßmann*, FamFG, § 114 Rn. 19.
1429 OLG Düsseldorf, NJW 2010, 1385.
1430 Vgl. Schulte-Bunert/Weinreich/*Keske*, FamFG, § 41 FamGKG Rn. 2.
1431 OLG Jena, FamRZ 2012, 737; *Fölsch* FamRZ 2012, 738.

## b) Anordnungsvoraussetzungen

### aa) Antrag (§ 51 Abs. 1 FamFG)

3367 Der Erlass einer einstweiligen Unterhaltsanordnung setzt einen bestimmten vollstreckungsfähigen Antrag voraus.

▶ Formulierungsvorschlag: Antrag auf Erlass einer einstweiligen Unterhaltsanordnung (§ 51 Abs. 1 FamFG):

3368 **Der Antragsgegner wird verpflichtet, an die Antragstellerin ab dem....., jeweils monatlich im Voraus, spätestens bis zum dritten Werktag des jeweiligen Monats, einen monatlichen Unterhalt i.H.v. 350 € zu zahlen.**

3369 Der Antragsteller hat den gestellten Antrag zu begründen. Die **Begründung** muss die wesentlichen verfahrensrechtlichen und tatsächlichen Voraussetzungen enthalten. Die Voraussetzungen für die Anordnung sind nach § 51 Abs. 1 Satz 2 FamFG **glaubhaft** zu machen.

3370 Die Glaubhaftmachung bestimmt sich in Unterhaltssachen nach § 113 Abs. 1 FamFG i.V.m. § 294 ZPO.[1432] Probate Möglichkeit der Glaubhaftmachung ist danach insb. die Versicherung an Eides statt.

▶ Praxishinweis:

3371 Es genügt im AO-Verfahren nicht, einfach nur Zeugen zu benennen. Die Beweisaufnahme ist auf präsente Beweismittel beschränkt, vgl. §§ 294 Abs. 2, 31 Abs. 2 FamFG. Das Gericht ist auch zu einer Ladung nicht verpflichtet. Zumindest ist daher deren eidesstattliche Aussage vorzulegen; besser ist mitunter sogar, die Zeugen zum Termin mitzubringen.

3372 Die Anhängigkeit einer Ehesache, eines isolierten Unterhaltsverfahrens oder die Einreichung eines entsprechenden Antrags auf Bewilligung von VKH ist nicht (mehr) Voraussetzung für das einstweilige Anordnungsverfahren nach § 246 FamFG.

▶ Anwaltlicher Hinweis:

3373 Der größte Unterschied im Bereich der einstweiligen Unterhaltsanordnung im Vergleich zur früheren Rechtslage ist die **Unabhängigkeit** von einem Hauptsacheverfahren. Die frühere Abhängigkeit des Verfahrens der einstweiligen Anordnung vom Hauptsacheverfahren hat sich nach Auffassung des Gesetzgebers als nicht ökonomisch erwiesen und wird deshalb im FamFG nicht mehr praktiziert. Sind alle Beteiligten mit der einstweiligen Regelung zufrieden, ist ein Hauptsacheverfahren in aller Regel überflüssig. Das Gesetz muss die Durchführung eines Hauptsacheverfahrens nur in den Fällen sicherstellen, in denen derjenige, der durch die einstweilige Anordnung in seinen Rechten beeinträchtigt ist, dies wünscht, etwa um eine streitige Tatsache mit besseren Erkenntnismöglichkeiten und höherem richterlichen Überzeugungsgrad abschließend zu klären.

---

1432 Horndasch/Viefhues/*Viefhues*, FamFG, § 51 Rn. 10.

Damit ist die einstweilige Anordnung rechtstechnisch kaum noch von der einstweiligen Verfügung zu unterscheiden. Der Unterschied zwischen einstweiliger Anordnung und einstweiliger Verfügung war nämlich insb., dass letztere von einem Hauptsacheverfahren unabhängig ist.

### bb) Zuständiges Gericht

Die Zuständigkeit für den Erlass einer einstweiligen Unterhaltsanordnung ist der   **3374**
Vorschrift des § 50 FamFG i.V.m. §§ 231, 232 FamFG zu entnehmen. Danach ist wie folgt zu unterscheiden:[1433]

– **§ 50 Abs. 1 Satz 1 FamFG:** Ist eine **Unterhaltshauptsache** nicht anhängig, ist das FamG zuständig, das für die Hauptsache im ersten Rechtszug zuständig wäre. Die örtliche Zuständigkeit ist daher § 232 FamFG zu entnehmen. So ist z.B. für eine einstweilige Unterhaltsanordnung, die die gesetzliche Unterhaltspflicht des Vaters ggü. einem minderjährigen Kind betrifft, das FamG nach § 232 Abs. 1 Nr. 2 FamFG örtlich zuständig, bei dem das Kind oder der Elternteil, der aufseiten des Kindes zu handeln befugt ist, seinen gewöhnlichen Aufenthalt hat.

– **§ 50 Abs. 1 Satz 2 FamFG:** Ist hingegen eine **Unterhaltshauptsache** erstinstanzlich anhängig, ist das Gericht des ersten Rechtszuges zuständig. Möglich ist auch, dass die **Unterhaltshauptsache** bereits zweitinstanzlich beim Beschwerdegericht anhängig ist. Dies begründet dann die Zuständigkeit des Beschwerdegerichts. Soweit die **Unterhaltshauptsache** schon beim Rechtsbeschwerdegericht anhängig ist, ergibt sich erneut die Zuständigkeit des FamG des ersten Rechtszuges.

– **Unterhaltshauptsache wird nachträglich anhängig:** Die örtliche Zuständigkeit einer später eingeleiteten **Unterhaltshauptsache** ist nach allgemeinen Kriterien zu bestimmen, richtet sich also nicht nach einem bereits anhängigen einstweiligen Anordnungsverfahren. Ändern sich die für die Zuständigkeit maßgeblichen Kriterien (z.B. aufgrund eines Umzugs der Beteiligten), kann dies zu unterschiedlichen Zuständigkeiten führen.[1434] Möglich ist in solchen Fällen allerdings eine Abgabe des einstweiligen Anordnungsverfahrens an das Hauptsachegericht gem. § 4 FamFG.[1435]

– **§ 50 Abs. 2 FamFG:** Die Vorschrift des § 50 Abs. 2 FamFG regelt besondere Eilfälle; damit ist sie insb. für die einstweilige Unterhaltsanordnung nur von untergeordneter Bedeutung. Nach § 246 Abs. 2 FamFG ist nämlich regelmäßig eine mündliche Verhandlung erforderlich. Liegt aber ein besonders dringender Fall vor, ist auch das FamG örtlich zuständig, in dessen Bezirk das Bedürfnis für ein gerichtliches Tätigwerden bekannt wird oder sich die Person oder die Sache befindet, auf die sich die einstweilige Anordnung bezieht. Das aufgrund von § 50 Abs. 2 FamFG angerufene Gericht hat das Verfahren unverzüglich von Amts wegen an das nach § 50 Abs. 1 FamFG zuständige Gericht abzugeben.

---

1433 Vgl. dazu *Götsche/Viefhues* ZFE 2009, 125.
1434 *Schürmann* FamRB 2008, 375, 376.
1435 *Schürmann* FamRB 2008, 375, 376.

### cc) Anordnungsgrund

3375 Erforderlich ist nach § 49 Abs. 1 FamFG ein **dringendes Bedürfnis für ein sofortiges Tätigwerden**. Diese Voraussetzung entspricht in ihrer Funktion etwa dem Verfügungsgrund für den Erlass einer einstweiligen Verfügung.[1436] Ob ein dringendes Bedürfnis anzunehmen ist, ist eine Frage des Einzelfalls. Es wird regelmäßig zu bejahen sein, wenn ein Zuwarten bis zur Entscheidung in einer etwaigen Hauptsache nicht ohne Eintritt erheblicher Nachteile möglich wäre.[1437]

3376 In **Unterhaltssachen** weicht § 246 FamFG (als lex specialis) von § 49 FamFG ab, d.h. das FamG kann durch einstweilige Anordnung auf Antrag die Verpflichtung zur Zahlung von Unterhalt oder die Zahlung eines Kostenvorschusses für ein gerichtliches Verfahren regeln. Ein dringendes Regelungsbedürfnis ist nicht erforderlich, weil Unterhalt lebensnotwendig ist und sich damit die Eilbedürftigkeit von selbst versteht.

3377 Damit genügt als Anordnungsgrund ein »**einfaches« Regelungsbedürfnis**;[1438] selbst daran fehlt es in folgenden Fällen:
- Ein Unterhaltstitel liegt bereits vor;
- Eine vorherige außergerichtliche Zahlungsaufforderung fehlt;
- Unterhalt für die Vergangenheit wird verlangt, dieser kann durch einstweilige Anordnung nur für die Zeit ab Antragseingang geregelt werden;[1439]
- Die Antragstellerin bezieht Einkünfte, die ausreichen, um den dringenden Unterhalt zu befriedigen (liegen über dem Ehegattenselbstbehalt);[1440]
- Der Unterhaltsschuldner zahlt den Unterhalt freiwillig und es kann angenommen werden, dass er dies auch weiterhin tun wird (ein Titulierungsinteresse genügt nicht!).[1441]

3378 Die Bewilligung von Sozialleistungen nimmt dem Antragsteller hingegen nicht das Regelungsbedürfnis.

▶ **Anwaltlicher Hinweis:**

3379 Klarstellend ist darauf hinzuweisen, dass der Erlass einer einstweiligen Unterhaltsanordnung dem Unterhaltsgläubiger nicht das Rechtsschutzbedürfnis für ein Hauptsacheverfahren nimmt.[1442] Dieses wird bei Unterhaltsrückständen regelmäßig schon deshalb erforderlich sein, weil im Verfahren der einstweiligen Unterhaltsanordnung kein rückständiger Unterhalt tituliert wird. Aber auch unabhängig davon ist die einstweilige Unterhaltsanordnung nur das Ergebnis einer summarischen Prüfung, sodass die Beteiligten ein Rechtsschutzbedürfnis für eine der Rechtskraft zugängliche endgültige Hauptsacheentscheidung haben.

---

1436 Vgl. Thomas/Putzo/*Seiler*, ZPO, § 935 Rn. 6.
1437 OLG Köln, FamRZ 2007, 658.
1438 Vgl. Thomas/Putzo/*Seiler*, ZPO, § 246 FamFG Rn. 4.
1439 *Klein* FuR 2009, 241, 244.
1440 AG Gemünden am Main, FuR 2017, 523.
1441 Vgl. *Schürmann* FamRB 2008, 375, 377.
1442 Vgl. auch *Götz* NJW 2010, 901.

Umgekehrt liegt der Fall allerdings anders, d.h. ist bereits im Rahmen eines Hauptsacheverfahrens Unterhalt tituliert worden, besteht kein Regelungsbedürfnis für eine einstweilige Unterhaltsanordnung (s. Rdn. 3377 f.).

### dd) Anordnungsanspruch

Die einstweilige Anordnung muss gem. § 49 Abs. 1 FamFG »**nach den für das**    3380 **Rechtsverhältnis maßgebenden Vorschriften gerechtfertigt**« sein. Diese Voraussetzung entspricht strukturell dem Erfordernis eines Verfügungsanspruchs im Recht der einstweiligen Verfügung nach der ZPO.[1443] Die Formulierung des § 49 Abs. 1 FamFG macht deutlich, dass das FamG auch im summarischen Verfahren die einschlägigen – materiell-rechtlichen – Vorschriften zu prüfen bzw. sich zumindest daran zu orientieren hat. Es muss natürlich nicht jede Bedarfsposition konkret bestimmt werden.[1444] Auch bestehen geringere Beweisanforderungen, insb. ist die Beweiserhebung gem. § 113 Abs. 1 FamFG i.V.m. § 294 Abs. 2 ZPO auf präsente Beweismittel beschränkt.[1445]

▶ **Taktischer Hinweis:**

Eine wichtige Besonderheit des Anordnungsverfahrens, die anwaltlich unbedingt    3381 beachtet werden sollte, ist die (**vorbeugende**) **Entkräftung von Einwendungen** (in Unterhaltssachen z.B. die mangelnde Leistungsfähigkeit), für die im ordentlichen Verfahren der Antragsgegner darlegungs- und beweisverpflichtet wäre. Dies gilt jedenfalls dann, wenn eine einstweilige Anordnung ohne vorherige Anhörung des Antragsgegners angestrebt wird. Im Einzelfall kann eine eidesstattliche Versicherung ausreichen.

### c) Entscheidung über den Antrag

### aa) Regelungsumfang

§ 49 Abs. 1 FamFG macht deutlich, dass für eine einstweilige Anordnung nur **vor-**    3382 **läufige Maßnahmen** in Betracht kommen.[1446] Es gilt daher, wie im Recht der einstweiligen Verfügung, der **Grundsatz des Verbots der Vorwegnahme der Hauptsache.** Auch insoweit gilt für die einstweilige Anordnung in **Unterhaltssachen** allerdings eine wichtige Besonderheit. Auf der Rechtsfolgenseite besteht nämlich die in § 49 FamFG vorgesehene Begrenzung auf vorläufige Maßnahmen nicht, vgl. § 246 Abs. 1 FamFG. Durch eine einstweilige Anordnung kann der volle laufende Unterhalt ohne zeitliche Begrenzung zuerkannt werden, soweit die Voraussetzungen dafür glaubhaft gemacht worden sind.[1447]

---

1443   Vgl. Thomas/Putzo/*Seiler*, ZPO, § 935 Rn. 5.
1444   Musielak/Borth, FamFG, § 246 Rn. 15.
1445   *Giers* FGPrax 2009, 47, 49.
1446   *Löhnig/Heiß* FamRZ 2009, 1101.
1447   Vgl. *Klein* FuR 2009, 321, 327.

3383  Vereinzelt wird sogar vertreten, dass der Unterhalt unbegrenzt zuzusprechen sei.[1448] Dies lässt sich aus § 246 FamFG allerdings nicht entnehmen. Die Regelung soll zwar möglichst umfassend sein, um zusätzliche Auseinandersetzungen in einem gerichtlichen Verfahren tunlichst zu vermeiden. Das Gericht kann aber auch anderweitig verfahren und zwar insb. dann, wenn nur eine überwiegende Wahrscheinlichkeit für die Richtigkeit des Titels bestand. Dann kommt sowohl eine Begrenzung der Höhe als auch der Zeit nach infrage.[1449]

### bb) Entscheidung durch Beschluss

3384  Das Gericht entscheidet über den Unterhaltsanordnungsantrag durch **Beschluss**, vgl. §§ 51 Abs. 2 Satz 1, 38 Abs. 1 Satz 1 FamFG.

3385  § 246 Abs. 2 FamFG bestimmt, dass die Entscheidung aufgrund **mündlicher Verhandlung** ergeht, wenn dies zur Aufklärung des Sachverhalts oder für eine gütliche Streitbeilegung geboten erscheint. Die Vorschrift betont die Bedeutung der mündlichen Verhandlung im Verfahren der einstweiligen Anordnung in Unterhaltssachen und trägt damit dem Umstand Rechnung, dass das Ziel einer Verfahrensbeschleunigung in Unterhaltssachen nicht in der Weise im Vordergrund steht, wie in anderen Bereichen des einstweiligen Rechtsschutzes. In der mündlichen Verhandlung können offen gebliebene Gesichtspunkte geklärt und die in Unterhaltssachen nicht selten vorkommenden Rechts- und Einschätzungsfragen erörtert werden. Die Verhandlungssituation erleichtert zudem das Zustandekommen von Vereinbarungen. Damit ist die mündliche Verhandlung vom Gesetzgeber als **Regelfall** gewollt, bevor eine einstweilige Anordnung in Unterhaltssachen ergeht. Nur in einfach gelagerten oder besonders eilbedürftigen Fällen kann die Entscheidung ausnahmsweise ohne mündliche Verhandlung erfolgen.

3386  Eine **Versäumnisentscheidung** ist auch in Unterhaltssachen, die eine Familienstreitsache nach § 112 Nr. 1 FamFG darstellen, ausgeschlossen, vgl. § 51 Abs. 2 Satz 3 FamFG. Der Antragsgegner kann aber die Anordnung nicht durch Säumnis verhindern. Das FamG erlässt die Anordnung in diesem Fall nach »Aktenlage«.

3387  Die einstweilige Unterhaltsanordnung wird in einem **selbstständigen Verfahren** erwirkt, vgl. § 51 Abs. 3 Satz 1 FamFG. Der Anordnungsbeschluss enthält daher nach §§ 51 Abs. 4, 82, 243 FamFG auch eine **Kostenentscheidung**.[1450]

3388  Der Unterhaltsanordnungsbeschluss ist nach §§ 704 ff. ZPO (vgl. § 120 Abs. 1 FamFG) vollstreckbar; es bedarf allerdings nach § 53 Abs. 1 FamFG grds. keiner Vollstreckungsklausel.

---

1448  *Borth* FamRZ 2009, 157, 161.
1449  *Götsche/Viefhues* ZFE 2009, 126.
1450  *Schürmann* FamRB 2008, 375, 379.

▶ **Anwaltlicher Hinweis:**

Der Unterhaltsanordnungsbeschluss ist materieller **Rechtskraft** nicht fähig; er   3389
stellt nur klar, dass ein Bedürfnis für eine vorläufige Regelung besteht. Deshalb
kann die Anordnung auch **rückwirkend** wieder aufgehoben werden. Da die Unterhaltsanordnung auch kein Rechtsgrund für Unterhaltszahlungen i.S.v. § 812 BGB
ist, kommen in diesem Fall grds. (d.h. vorbehaltlich des Entreicherungseinwands
nach § 818 Abs. 3 BGB) Rückzahlungsansprüche in Betracht.

### d) Außerkrafttreten der einstweiligen Unterhaltsanordnung

Das Außerkrafttreten der einstweiligen Anordnung ist in § 56 FamFG geregelt.   3390

Erforderlich ist die **Rechtskraft** einer anderweitigen Regelung in der betreffenden   3391
Unterhaltssache. Dies hat der Gesetzgeber nunmehr in § 56 Abs. 1 Satz 1 FamFG
eindeutig angeordnet, um einen regellosen Zustand für den schutzbedürftigen Unterhaltsgläubiger zu vermeiden.

Umstritten ist, ob eine einstweilige Anordnung zum Trennungsunterhalt per se mit   3392
Rechtskraft der Ehescheidung außer Kraft tritt oder nicht.[1451]

Insoweit ist maßgeblich, ob der Grundsatz der Nichtidentität für den Titel der einst-   3393
weiligen Anordnung von Bedeutung ist.

▶ **Anwaltlicher Hinweis:**

Der **Grundsatz der Nichtidentität** besagt, dass Trennungs- (§ 1361 BGB) und   3394
Scheidungsunterhalt (§§ 1569 ff. BGB) streng zu unterscheiden sind, denn es
handelt sich um verschiedene Streitgegenstände. Beiden Regelungskomplexen
liegen unterschiedliche Rechtsgedanken zugrunde: Während beim Trennungsunterhalt wegen Nochbestehens der Ehe das Prinzip der ehelichen Solidargemeinschaft fast uneingeschränkt gilt, steht bei den §§ 1569 ff. BGB das Prinzip der
Eigenverantwortlichkeit im Vordergrund; nach der gesetzlichen Konzeption soll
hier die Unterhaltspflicht der Ausnahmefall sein, der nur in genau beschriebenen
Fällen eingreift. Diesem Grundsatz legt die Rechtsprechung nicht nur materiell-rechtliche Bedeutung bei, sondern auch prozessuale: Nicht nur der Anspruch
als solcher ist nun ein anderer; auch eine Vollstreckung des Scheidungsunterhalts
aus einem Beschluss auf Trennungsunterhalt ist nicht zulässig.

Teilweise wird argumentiert, die Wirkung der einstweiligen Unterhaltsanordnung   3395
könne nicht weitergehen wie die Hauptsache, sodass mit Rechtskraft der Scheidung
Rechte aus der eA zum Trennungsunterhalt nicht mehr hergeleitet werden können.[1452]

---

1451  Ausführlich dazu *Langheim* FamRZ 2014, 1415.
1452  AG Rosenheim, FamRZ 2012, 1823.

3396    Nach vielfach vertretener Auffassung tritt die eA zwar mit der Rechtskraft der Schei-
        dung nicht automatisch außer Kraft, soll aber zumindest auf Antrag nach § 54 Abs. 1
        FamFG aufgrund der Nichtidentität aufzuheben sein.[1453]

3397    Nach wohl überwiegend vertretener Auffassung ist der Grundsatz der Nichtidentität
        für den (nur summarischen und hauptsacheunabhängigen) Titel der einstweiligen
        Anordnung ohne Bedeutung.[1454]

3398    Auch wenn nach § 49 Abs. 1 FamFG die einstweilige Anordnung »nach den für das
        Rechtsverhältnis maßgebenden Vorschriften gerechtfertigt« sein muss, tritt keine derart
        enge Bindung an den Trennungsunterhalt nach § 1361 BGB ein, dass mit Rechtskraft
        der Scheidung die einstweilige Unterhaltsanordnung allein dadurch ihre Wirkung
        einbüßt. Der Gesetzgeber hat diese Bindung (entsprechend den früheren §§ 620 ff.
        ZPO) nicht gewollt und bewusst aufgegeben; bezweckt wird, dass Hauptsacheve-
        fahren aufgrund einstweiliger Anordnungen entbehrlich werden. Ist der Unterhalts-
        berechtigte daher mit der einstweiligen Unterhaltsanordnung einverstanden, muss
        nach Rechtskraft der Scheidung keine »nacheheliche« Unterhaltsanordnung beantragt
        werden, vielmehr gilt die bisherige fort.

▶ Praxishinweis:

3399    Natürlich kann ein Abänderungsantrag nach § 54 Abs. 1 FamFG gestellt werden,
        da Unterhaltsansprüche nach Rechtskraft der Scheidung einer anderen Berech-
        nung unterliegen. Dies kann sich unter Umständen auf die einstweilige Anord-
        nung auswirken. Allerdings – und dies soll nochmal hervorgehoben werden – ist
        allein die Rechtskraft der Scheidung für sich betrachtet kein Abänderungs- oder
        Aufhebungsgrund.

        Unabhängig davon hat der Anwalt im Interesse seines Mandanten den sichersten
        Weg zu wählen.[1455] Der o.a. Meinungsstreit zur Fortwirkung der eA über die
        Scheidung hinaus, der in der Rechtsprechung noch nicht eindeutig entschieden
        ist, hat zur Folge, dass Anwälte gezwungen sind, im Scheidungsverfahren den
        nachehelichen Unterhalt als Folgesache geltend zu machen oder jedenfalls recht-
        zeitig eine neue Unterhaltsanordnung auf der Grundlage der §§ 1569 ff. BGB
        zu beantragen haben, da die Mandantschaft ansonsten Unterhaltsansprüche ein-
        büßen könnte. Da es sich insoweit um neue Verfahren handelt, werden dadurch
        Gebühren realisiert.

---

1453  Thomas/Putzo/*Seiler*, ZPO, § 246 Rn. 3.
1454  Vgl. Hdb-FamR/Kintzel, Kap. 6, Rn. 1120 f.; Keidel/*Giers*, FamFG, § 56 Rn. 4;
      OLG Hamm, Beschl. vom 02.10.2012, 3 WF 215/12.
1455  Vgl. dazu Grüneberg/*Grüneberg*, BGB, § 280 Rn. 69.

### e) Rechtsschutz ggü. einer einstweiligen Unterhaltsanordnung

*aa) Änderung und Aufhebung der einstweiligen Unterhaltsanordnung nach*
*§ 54 FamFG*

Die Änderung[1456] oder Aufhebung einer einstweiligen Unterhaltsanordnung erfolgt **3400** nur auf Antrag, vgl. § 54 Abs. 1 Satz 2 FamFG. Die Befugnis zur Antragstellung haben alle Beteiligten, die durch die einstweilige Anordnung beschwert, d.h. durch den Beschluss in ihren Rechten beeinträchtigt sind.[1457] Der Antrag nach § 54 Abs. 1 FamFG kann auch auf eine rückwirkende Änderung oder Aufhebung gerichtet werden, weil die einstweilige Unterhaltsanordnung der Rechtskraft nicht fähig ist.

Die Änderungsmöglichkeit des § 54 Abs. 1 FamFG ist **subsidiär** ggü. dem Antrag **3401** nach § 54 Abs. 2 FamFG, wenn keine mündliche Verhandlung stattgefunden hat, was aber in Unterhaltssachen wegen § 246 Abs. 2 FamFG eher selten ist.[1458]

Allerdings kann der Antragsteller **neben** dem Änderungsantrag nach § 54 Abs. 1 **3402** FamFG **oder stattdessen** auch das Verfahren zur Hauptsache einleiten, vgl. § 52 Abs. 2 FamFG.

▶ **Taktischer Hinweis:**

Die Änderung der einstweiligen Unterhaltsanordnung nach § 54 Abs. 1 FamFG **3403** erfolgt nur aufgrund **neuer Tatsachen**, die der Antragsteller vortragen muss. Der Änderungsantrag ist also unzulässig, wenn der Antragsteller allein die Änderung der getroffenen Entscheidung fordert, ohne neue Tatsachen vorzubringen; es fehlt in diesem Fall das **Rechtsschutzbedürfnis**.[1459]

Will der Antragsteller eine **Reduzierung** der Unterhaltsanordnung erreichen, ist unbedingt der Antrag auf Aussetzung der Vollstreckung nach § 55 FamFG zu stellen.

Der betreffende Antrag kann wie folgt formuliert werden:

»Die Vollstreckung aus dem Beschluss v. … (Az.: …) wird nach § 55 FamFG bis zum Erlass des Beschlusses in diesem Verfahren ohne Sicherheitsleistung einstweilen ausgesetzt.« Gebühren werden im Änderungsverfahren nach § 54 Abs. 1 FamFG i.d.R. nicht realisiert, vgl. § 16 Nr. 5 RVG.[1460]

Ein weiteres aktuelles Problem ist, ob im Falle eines vom Unterhaltsschuldner erfolg- **3404** reich geführten Abänderungsverfahrens nach § 54 Abs. 1 FamFG der während des Verfahrens entrichtete Unterhalt bereicherungsrechtlich zurückgefordert werden kann

---

1456 Ausführlich dazu *Viefhues* FuR 2015, 632.
1457 *Götsche/Viefhues* ZFE 2009, 130.
1458 *Götsche/Viefhues* ZFE 2009, 130.
1459 *Schürmann* FamRB 2008, 375, 380.
1460 OLG Frankfurt, FuR 2015, 419.

bzw. ob einem solchen Bereicherungsanspruch der Entreicherungseinwand nach 818 Abs. 3 BGB entgegengehalten werden kann. Maßgeblich insoweit ist, ob die Vorschrift des § 241 FamFG analog anwendbar ist.[1461]

**3405** Das OLG Karlsruhe[1462] hat dies nach Auseinandersetzung mit dem Meinungsstand der Literatur abgelehnt.

**3406** Das OLG Karlsruhe argumentiert wie folgt:

»Sinn und Zweck einer einstweiligen Anordnung in Unterhaltssachen ist es, dem Unterhaltsgläubiger in einem summarischen Verfahren zur Sicherung seines Lebensbedarfs rasch zu Unterhaltszahlungen zu verhelfen, welche zumeist sowieso knapp kalkuliert sind. Müsste der Unterhaltsgläubiger eines solchen Eilverfahrens bereits ab Rechtshängigkeit eines Antrags auf Abänderung gem. § 54 Absatz 1 FamFG bzw. ab Durchführung einer mündlichen Verhandlung gemäß § 54 Absatz 2 FamFG damit rechnen, Unterhaltsbeträge wieder zurückzahlen zu müssen, würde sich für den Unterhaltsgläubiger die Frage stellen, ob sich für ihn der Aufwand einer einstweiligen Anordnung überhaupt lohnt. Der vom Gesetzgeber vorgesehene Schutz der einstweiligen Anordnung würde dadurch verwässert werden.«

**3407** Die Auffassung des OLG Karlsruhe ist abzulehnen. Zwar spricht für das OLG Karlsruhe die systematische Stellung des § 241 FamFG in unmittelbarem Anschluss an die Abänderungsregelungen der §§ 238 bis 240 FamFG.

**3408** Dennoch ist eine analoge Anwendung des § 241 FamFG bei einem Abänderungsverfahren des Unterhaltsschuldners nach § 54 FamFG[1463] geboten.

**3409** Dies ergibt sich daraus, dass auch ein solches Verfahren entsprechend dem Wortlaut des § 241 FamFG – wie bei einem Abänderungsantrag nach §§ 238 ff. FamFG – auf Herabsetzung des titulierten Unterhalts gerichtet ist. Auch muss der Unterhaltsberechtigte aufgrund des Abänderungsantrags mit einer Rückzahlungspflicht rechnen, d.h. ein Vertrauensschutz ist entgegen der Auffassung des OLG Karlsruhe nach Einleitung eines solchen Verfahrens nicht zu rechtfertigen.

**3410** Der Unterhaltpflichtige wäre in den Fällen des § 54 FamFG zur Herbeiführung der verschärften Haftung des § 818 Abs. 4 BGB gezwungen, einen isolierten Rückzahlungsantrag mit einem weiteren Kostenrisiko zu stellen; gerade dies wollte der Gesetzgeber mittels § 241 FamFG vermeiden.

**3411** Auch ist zu berücksichtigen, dass Unterhalt im summarischen Verfahren mitunter vorschnell zugestanden wird und nicht immer – wie das OLG Karlsruhe meint – »knapp kalkuliert« ist.

**3412** Damit die Risikoverteilung nicht zu sehr aus dem Gleichgewicht gerät, sollte der Schutz des zu Unrecht in Anspruch genommenen Unterhaltschuldner bei Abänderungsanträgen nach § 54 Abs. 1 FamFG (und ebenso bei negativen Feststellungsan-

---

1461 Vgl. dazu Horndasch/Viefhues/*Roßmann*, FamFG, § 241 Rn. 7.
1462 OLG Karlsruhe, FamRZ 2014, 1387.
1463 Dies gilt natürlich ebenso bei einem negativen Feststellungsantrag gegen die eA.

trägen) zumindest durch analoge Anwendung der §§ 241, 242 FamFG (teilweise) sichergestellt werden.[1464]

### bb) Einleitung der Unterhaltshauptsache nach § 52 Abs. 2 FamFG

Das Gericht hat auf Antrag nach § 52 Abs. 2 FamFG anzuordnen, dass der Betei- **3413** ligte, der die einstweilige Anordnung erwirkt hat, binnen einer zu bestimmenden Frist Antrag auf Einleitung des Hauptsacheverfahrens oder Antrag auf Bewilligung von VKH für das Hauptsacheverfahren stellt, vgl. § 52 Abs. 2 Satz 1 FamFG.[1465]

▶ **Anwaltlicher Hinweis:**

§ 52 Abs. 1 FamFG regelt den Antrag auf Einleitung des Hauptsacheverfahrens **3414** in den **Amtsverfahren**, § 52 Abs. 2 FamFG hingegen in den **Antragsverfahren**. Damit ist § 52 Abs. 2 FamFG im Fall der Unterhaltsanordnung maßgeblich.

**Antragsbefugt** sind alle Beteiligten, die durch die einstweilige Anordnung beschwert **3415** sind.

Der Antragsteller, der die einstweilige Anordnung erwirkt hat, hat kein gegen sich **3416** selbst wirkendes Antragsrecht; er kann das Hauptsacheverfahren einfach einleiten, indem er einen Unterhaltsantrag nach §§ 253, 258 ZPO stellt.

Die für die Einleitung des Hauptsacheverfahrens gesetzte Frist darf nach § 52 Abs. 2 **3417** Satz 2 FamFG 3 Monate nicht überschreiten. Wird dieser Anordnung nicht Folge geleistet, ist die einstweilige Anordnung aufzuheben, vgl. § 52 Abs. 2 Satz 3 FamFG.[1466]

### cc) Beschwerde (§ 57 FamFG)

Die **Beschwerde** gegen die einstweilige Anordnung ist in § 57 **FamFG** geregelt. Danach **3418** ist die einstweilige Unterhaltsanordnung nicht anfechtbar. Dem beschwerten Betei- ligten bleibt insb. die Möglichkeit der Abänderung aufgrund neuer Tatsachen (§ 54 Abs. 1 FamFG) oder der Einleitung des Hauptsacheverfahrens (§ 52 Abs. 2 FamFG).

### dd) Abänderungsverfahren nach § 238 Abs. 1 FamFG

Ein **Abänderungsverfahren nach § 238 Abs. 1 FamFG** ist nicht zulässig, da diese **3419** Vorschrift nur eine Abänderung von »Endentscheidungen« erlaubt. Die einstweilige Unterhaltsanordnung ist hingegen nur eine vorläufige Regelung, vgl. §§ 49 Abs. 1, 246 Abs. 1 FamFG.

---

1464 So auch *Langheim* FamRZ 2014, 1424.
1465 Ausführlich dazu *Viefhues* FuR 2015, 632.
1466 Nach OLG Frankfurt, Beschl. vom 12.12.2017, 3 UF 253/17 = FamRZ 2018, 519 ist kein Rechtsmittel gegen die Ablehnung eines Antrags auf Fristsetzung statthaft; vgl auch OLG Brandenburg, FamRZ 2017, 1248.

*ee) Negativer Feststellungsantrag (§ 256 ZPO)*

3420    Lange Zeit wurde die Meinung[1467] vertreten, der negative Feststellungsantrag sei unzulässig. Der Unterhaltsschuldner könne ein Hauptsacheverfahren nach § 52 Abs. 2 FamFG erzwingen; damit werde auf einfachere Art und Weise dasselbe erreicht wie mit einem Feststellungsbeschluss, dass kein Unterhalt geschuldet werde.

3421    Nach nunmehr wohl h. M. ist ein negativer Feststellungsantrag des Unterhaltsschuldners nach § 256 ZPO zulässig.[1468] Der Unterhaltsschuldner hat ein **Wahlrecht**, ob er den Weg des § 52 Abs. 2 FamFG beschreitet oder einen negativen Feststellungsantrag erhebt.[1469] Der Unterhaltsschuldner ist nämlich bei einem Vorgehen gem. § 52 Abs. 2 FamFG dem Risiko von Fristverlängerungsanträgen ausgesetzt, vgl. § 224 Abs. 2 ZPO. Mit diesen kann die Einleitung eines Hauptsacheverfahrens herausgezögert werden, ohne dass der Unterhaltsschuldner immer entscheidenden Einfluss darauf nehmen kann.

3422    Auch wird bei einem negativen Feststellungsantrag überwiegend dem Unterhaltsschuldner die analoge Anwendung von § 241 FamFG mit der Folge der verschärften Haftung gem. § 818 Abs. 4 BGB für überzahlten Unterhalt zugestanden.[1470]

*aaa) Verhältnis zum Abänderungsantrag nach § 54 FamFG*

3423    Der Unterhaltsschuldner kann, wenn er sich durch eine einstweilige Unterhaltsanordnung ungerechtfertigt verpflichtet ansieht, einen Aufhebungs- oder zumindest Abänderungsantrag nach § 54 Abs. 1 FamFG stellen. Allerdings handelt es sich bei diesem Verfahren erneut um einen **summarischen Vorgang**, der niemals Vorrang ggü. einem negativen Feststellungsbeschluss beanspruchen kann. Der Unterhaltsschuldner hat ein Recht auf eine **rechtskräftige Entscheidung**. Der Aufhebungs- oder Abänderungsantrag nach § 54 Abs. 1 FamFG schließt ein Rechtsschutzbedürfnis für einen negativen Feststellungsantrag nach § 256 ZPO also nicht aus.

▶ Praxishinweis:

3424    In Betracht kommt, einen Abänderungsantrag nach § 54 FamFG zu stellen und zugleich den negativen Feststellungsantrag. Dies hat eine Absicherung zur Folge, d.h. wenn das Verfahren nach § 54 FamFG scheitern sollte, was nicht rechtsmittelfähig ist, kann über den negativen Feststellungsantrag im Hauptverfahren das gewünschte Ziel uneingeschränkt erreicht werden, wenn auch mit zeitlicher Verzögerung. Sollte das Verfahren nach § 54 FamFG bereits Erfolg haben, wäre das negative Feststellungsverfahren für erledigt zu erklären.

---

1467  Gerhardt/v. Heintschel-Heinegg/Klein/*Gerhardt*, 9. Aufl. 2013, 6. Kap., Rn. 864 und 896; Thomas/Putzo/*Hüßtege*, ZPO, 35. Aufl. 2014, § 246 Rn. 9. **Hinweis:** Diese Mindermeinungen wurden in Neuauflagen aufgegeben: Hdb. FamR/*Kintzel*, Kap. 6 Rn. 1149; Thomas/Putzo/*Hüßtege*, ZPO, § 246 Rn. 9.
1468  OLG Hamm, FamRZ 2017, 724; OLG Thüringen, FamRZ 2012, 54 = FuR 2012, 48.
1469  BGH, FamRZ 2018, 1343, 1344 (Tz 16) = NZFam 2018, 840.
1470  OLG Hamm, FamRZ 2017, 724.

*bbb) Verhältnis zu einem Leistungsantrag gerichtet auf Rückzahlung*

Die **Möglichkeit eines Leistungsantrags**, gerichtet auf Rückzahlung von nicht geschul-    3425
detem Unterhalt, ist ggü. einem negativen Feststellungsantrag vorrangig.

▶ Beispiel:

Der Unterhaltsschuldner wurde durch eine einstweilige Unterhaltsanordnung    3426
verpflichtet, mtl. 400 € Ehegattenunterhalt zu bezahlen. Grundlage der Verpflichtung war, dass die frühere Partnerin erwerbslos und insoweit auch bedürftig war.
Nunmehr hat der Unterhaltsschuldner erfahren, dass die frühere Partnerin bereits
seit einem halben Jahr wieder arbeitet und ausreichend Einkünfte erwirtschaftet,
sodass eine Unterhaltsschuld seit dieser Arbeitsaufnahme nicht mehr gegeben ist.

Der Unterhaltsschuldner kann ausschließlich einen Leistungsantrag auf Rückgewähr    3427
der nicht geschuldeten Unterhaltsbeträge erheben. Dies ist durch die Subsidiarität
des negativen Feststellungsantrags ggü. einem möglichen Leistungsantrag, der den
Streitgegenstand des Feststellungsantrags (Unterhaltsanspruch) mit umfasst, bedingt.
Würde man einen negativen Feststellungsantrag zulassen, müsste das FamG feststellen, dass der Unterhaltsschuldner für das zurückliegende halbe Jahr und weiter für
die Zeit bis zur mündlichen Verhandlung beim FamG zu Unterhaltszahlungen nicht
verpflichtet gewesen ist. Diese Feststellung ist für den Unterhaltsschuldner nur von
rechtlicher Bedeutung, wenn er nun die betroffenen, nicht geschuldeten Beträge
zurückfordert. Dies könnte er – da der Feststellungsbeschluss keinen »Leistungsbefehl« einschließt – nur durch einen nachgeschalteten Leistungsantrag erzwingen.
Damit ist der Unterhaltsschuldner in solchen Fällen gezwungen, den Leistungsantrag
sofort zu erheben, damit eine doppelte Verfahrensführung nicht erforderlich wird.
Der Unterhaltsschuldner beantragt im Beispielsfall zunächst die Rückzahlung der
Unterhaltsleistungen der zurückliegenden 6 Monate und erweitert den Antrag in
der mündlichen Verhandlung um diejenigen Zahlungen, die er bis zur mündlichen
Verhandlung noch tätigen musste. Der erfolgreiche Leistungsantrag führt nach § 56
FamFG zum Außerkrafttreten der einstweiligen Unterhaltsanordnung.[1471]

▶ Anwaltlicher Hinweis:

Möglich ist die rückwirkende Überprüfung einer solchen einstweiligen Anord-    3428
nung, da sie nicht der Rechtskraft fähig ist. Der durch die einstweilige Unterhaltsanordnung Verpflichtete muss einen Rückzahlungsanspruch geltend machen.
Die einstweilige Unterhaltsanordnung ist kein Rechtsgrund für Unterhaltszahlungen, sodass bei fehlender materiell-rechtlicher Unterhaltsberechtigung der
Bereicherungsanspruch nach § 812 Abs. 1 Satz 1 (1. Alt.) BGB eingreift. Allerdings wird der Rückzahlungsanspruch häufig am Entreicherungseinwand nach
§ 818 Abs. 3 BGB scheitern. Allerdings sollte mit Rechtshängigkeit des Leistungsantrags § 241 **FamFG analog** anwendbar sein, sodass zumindest diejenigen
Zahlungen, die nach Rechtshängigkeit des Leistungsantrags vorgenommen wer-

---

1471 Vgl. BGH, NJW 1984, 2095 = FamRZ 1984, 767.

den mussten, vom Entreicherungseinwand nicht erfasst werden können. Auch für die früheren Zahlungen ist zu erwägen, ob nicht Bösgläubigkeit nach § 819 Abs. 1 BGB die Berufung auf den Entreicherungseinwand ausschließt.

§ 945 ZPO ist in diesen Fällen weder direkt noch analog anwendbar, vgl. § 119 Abs. 1 Satz 2 FamFG.

*ccc) Verhältnis zur Einleitung des Hauptsacheverfahrens (§ 52 Abs. 2 FamFG)*

▶ Beispiel:

3429   Der Unterhaltsschuldner wurde durch eine einstweilige Unterhaltsanordnung verpflichtet, mtl. 400 € Ehegattenunterhalt zu bezahlen. Nunmehr wird dem Unterhaltsschuldner der Arbeitsplatz gekündigt, sodass er nach Ablauf der Kündigungsfrist nicht mehr leistungsfähig sein wird. Der Unterhaltsschuldner beauftragt seinen anwaltlichen Vertreter, umgehend gegen die einstweilige Unterhaltsanordnung vorzugehen, sodass er mit Eintritt der Arbeitslosigkeit nicht mehr zu Unterhaltszahlungen verpflichtet ist.

Der negative Feststellungsantrag ist in diesem Fall zulässig.

3430   Es geht vorliegend um die Feststellung eines **Rechtsverhältnisses**. Ein Rechtsverhältnis ist eine aus dem vorgetragenen Sachverhalt abgeleitete rechtliche Beziehung von Personen untereinander oder zu einem Gegenstand.[1472] Rechtsverhältnis in diesem Sinn ist das Unterhaltsschuldverhältnis, welches aufgrund der Titulierung der Klärung im Hinblick auf den Arbeitsplatzverlust bedarf.

3431   Der Unterhaltsschuldner hat ein **rechtliches Interesse** an der Feststellung.[1473] Dies folgt aus § 56 FamFG, wonach die einstweilige Anordnung außer Kraft tritt, wenn und soweit der Antragsteller mit dem negativen Feststellungsantrag obsiegt.

3432   Der Unterhaltsschuldner kann sein rechtliches Ziel auch nicht durch einen **einfacheren Weg** erreichen.[1474]

3433   Der grds. vorrangige Leistungsantrag (s. Rdn. 3425 ff.) kann im Beispielsfall nicht gestellt werden, da es keine Unterhaltszahlungen gibt, deren Rückzahlung der Unterhaltsschuldner beantragen könnte. Die bisherigen Leistungen sind gerechtfertigt und werden nicht beanstandet; es geht allein um Unterhaltsleistungen für die Zukunft.

3434   Der Nachteil des Verfahrens nach § 52 Abs. 2 FamFG, d.h. der Einleitung des Hauptsacheverfahrens, ist die **zeitliche Verzögerung**. Der Unterhaltsberechtigte bekommt für die Verfahrenseinleitung eine Frist gesetzt, die aber bis zu 3 Monate dauern kann. Dies bedeutet, dass der Unterhaltsschuldner gezwungen ist, für diese Zeit Leistungen

1472  Thomas/Putzo/*Reichold*, ZPO, § 256 Rn. 5.
1473  Thomas/Putzo/*Reichold*, ZPO, § 256 Rn. 13 ff.
1474  Thomas/Putzo/*Reichold*, ZPO, § 256 Rn. 18.

zu erbringen, ohne dass mit diesen – wie im Beispielsfall – eine materiell-rechtliche Verpflichtung korrespondiert. Die Möglichkeit, diese Zahlungen durch einen (späteren) Leistungsantrag zurückzufordern, dürfte zum einen sehr oft am Entreicherungseinwand scheitern, zum anderen aber – selbst beim Erfolg solcher Rückzahlungsanträge – an fehlenden Vollstreckungsmöglichkeiten. Unterhalt, der aber erst gar nicht gezahlt wird, muss später nicht umständlich zurückgefordert werden.

Die Verfahrensverzögerung von 3 Monaten als unerheblich darzustellen (im Beispiels- 3435 fall würde es um 1.200 € Unterhalt gehen) und deshalb das Rechtsschutzbedürfnis für einen negativen Feststellungsantrag abzulehnen, erscheint nicht vertretbar.

Es gibt daher keine einfachere Verfahrenslösung, sodass der negative Feststellungs- 3436 antrag zulässig ist.

Konsequenz dieses Ansatzes ist, dass der Möglichkeit der Einleitung des Hauptsa- 3437 cheverfahrens nach § 52 Abs. 2 FamFG wenig praktische Bedeutung zukommt. Der Unterhaltsschuldner wird den effektiveren Weg des negativen Feststellungsantrags wählen, insb., um die zeitliche Verzögerung von 3 Monaten zu vermeiden.

▶ Taktischer Hinweis:

Die anwaltliche Vertretung sollte im Zusammenhang mit dem negativen Fest- 3438 stellungsantrag noch auf Folgendes achten:
– Der negative Feststellungsantrag nach § 256 ZPO ist mit einem Antrag auf einstweilige Einstellung der Vollstreckung zu ergänzen. Insoweit ist § 242 **FamFG**, der auf die entsprechende Anwendung des § 769 ZPO verweist, **analog** anzuwenden.[1475]
– Soweit diesem Einstellungsantrag nach § 242 FamFG analog nicht stattgegeben wird, ist zumindest **§ 241 FamFG analog** anzuwenden, sodass die Rückzahlung von Unterhaltsleistungen, die nach Rechtshängigkeit des negativen Feststellungsantrags erbracht werden, nicht am Entreicherungseinwand scheitern würde.
– Leitet der Unterhaltsberechtigte nunmehr das Hauptsacheverfahren – entweder als Reaktion auf den negativen Feststellungsantrag oder weil er nach § 52 Abs. 2 FamFG dazu aufgefordert wurde – ein, hat der Unterhaltsschuldner den negativen Feststellungsantrag, soweit dieser sich mit dem Leistungsantrag überschneidet, **für erledigt zu erklären.**

▶ Anwaltlicher Hinweis:

Die Formulierung des negativen Feststellungsantrags erfolgt in der Weise, dass 3439 nicht die verbleibende Unterhaltspflicht positiv zu beantragen ist, sondern negativ festzustellen ist, in welcher Höhe kein Unterhaltsanspruch (mehr) besteht.

---

1475 So auch *Langheim* FamRZ 2014, 1421.

▶ **Beispiel:**

3440    Wenn der Unterhaltsberechtigte aus einer einstweiligen Unterhaltsanordnung über 600 € mtl. vollstreckt, und der Antragsteller »Herabsetzung« auf 300 € beansprucht, lautet der Feststellungsantrag:

»… festzustellen, dass der Antragsteller nicht verpflichtet ist, mehr als mtl. 300 € zu zahlen«
(also nicht »… festzustellen, dass der Antragsteller [nur noch] 300 € mtl. zu zahlen hat«).

*ff) Vollstreckungsabwehrantrag nach §§ 113 Abs. 5 Nr. 2, 120 Abs. 1 FamFG; 767 ZPO*

3441    Der **Vollstreckungsabwehrantrag nach § 767 ZPO** gegen die einstweilige Unterhaltsanordnung ist zulässig und begründet, wenn der Unterhaltsschuldner relevante Einwendungen gegen den Titel vorbringen kann. Solche Einwendungen sind neben der Tilgung vergangener und gegenwärtiger Ansprüche noch solche Einwendungen, die den Unterhaltsanspruch gänzlich und für immer gesetzlich beendet hatten (z.B. Wiederheirat, vgl. § 1586 BGB).

3442    Die entsprechende Anwendung des § 767 ZPO ist aufgrund der Verweisungsvorschrift des § 120 Abs. 1 FamFG möglich.[1476]

3443    Die Vollstreckung der einstweiligen Unterhaltsanordnung (Beschluss) richtet sich nämlich nach §§ 704 ff. ZPO entsprechend, wobei nach § 53 Abs. 1 FamFG die Vollstreckungsklausel grds. entbehrlich ist.

---

1476   Schulte-Bunert/Weinreich/*Schulte-Bunert*, FamFG, § 120 Rn. 1.

## f) Übersicht zum Rechtsschutz

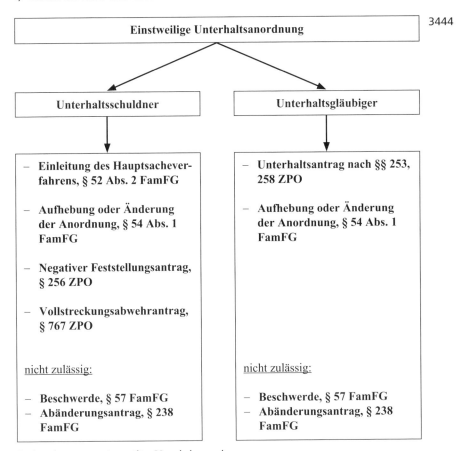

**3444**

Rechtsschutz gegen einstweilige Unterhaltsanordnung

## g) Vergleich im einstweiligen Anordnungsverfahren

Häufig wird im einstweiligen Anordnungsverfahren (AO-Verfahren) ein Vergleich **3445** geschlossen. Dies ist auch vom Gesetzgeber gewollt. § 246 Abs. 2 FamFG bestimmt nämlich, dass die Entscheidung aufgrund mündlicher Verhandlung ergeht, wenn dies zur Aufklärung des Sachverhalts oder für eine gütliche Streitbeilegung geboten erscheint. Die Verhandlungssituation erleichtert das Zustandekommen von Unterhaltsvereinbarungen.

Die herrschende Meinung differenziert nun, ob der Vergleich nur eine vorläufige **3446** Wirkung haben soll oder als endgültige Lösung der Unterhaltsangelegenheit gewollt ist. Letzteres sei die Ausnahme, sodass für eine endgültige Wirkung deutliche Anhaltspunkte vorliegen müssten.

3447 Eine nur vorläufige vergleichsweise Regelung des Unterhalts im einstweiligen Anordnungsverfahren kann nicht Gegenstand eines Abänderungsantrags nach § 239 FamFG sein.[1477]

3448 Die vorläufige Vergleichsregelung ist im Hinblick auf Abänderung und Aufhebung daher wie ein Beschluss zu behandeln.

3449 Das OLG Jena[1478] führt dazu wie folgt aus:

> »Dem Abänderungsantrag kann das Rechtsschutzbedürfnis fehlen, wenn der Ast. die Abänderung eines in einem einstweiligen Anordnungsverfahren geschlossenen Unterhaltsvergleichs begehrt. Abgrenzungsprobleme entstehen, wenn im Rahmen eines einstweiligen Verfahrens – wie vorliegend – ein Vergleich geschlossen wird. Soweit der Vergleich nur die vorläufige Regelung der einstweiligen Anordnung übernimmt und den Unterhalt nicht endgültig regeln soll, hat er keine über die einstweilige Anordnung hinausgehende Wirkung und kann daher nicht als Titel i.S.d. § 239 FamFG gelten (…). Die Bet. können jedoch dem im einstweiligen Anordnungsverfahren geschlossenen Vergleich eine weitergehende Wirkung beilegen, wofür allerdings sichere Anhaltspunkte gegeben sein müssen. Ist der Vergleich – wenn auch nur zeitlich für die Dauer des Anordnungsverfahrens befristet – als endgültige Regelung gedacht, dann ist er nur den Regeln über den Wegfall der Geschäftsgrundlage unterworfen und gem. § 239 FamFG abänderbar (…).«

3450 Diese Betrachtungsweise ist abzulehnen; es gibt keinen Vergleich »zweiter« Klasse, der einer Abänderbarkeit nach § 239 FamFG nicht zugänglich wäre. Natürlich können die Beteiligten den Maßstab für eine Abänderung ihrer Vereinbarung privatautonom festlegen.

3451 Die Beteiligten wollen aber regelmäßig nicht nur das einstweilige Unterhaltsanordnungsverfahren, sondern auch den damit verbundenen Unterhaltsstreit endgültig abschließen, wenn sie eine Vereinbarung schließen; die von der herrschenden Meinung angenommene Vermutung für das Gegenteil entspricht nicht der Realität, ist vielmehr eine reine Fiktion. Auch der Gesetzgeber erwartet sich von einem Vergleich im Unterhaltsanordnungsverfahren, dass damit ein Hauptsacheverfahren entbehrlich wird.

3452 Damit ist auch eine Vereinbarung, die im einstweiligen Unterhaltsanordnungsverfahren abgeschlossen wird, nur änderbar, wenn die Voraussetzungen nach § 239 FamFG dafür vorliegen (es sei denn, die Beteiligten haben eine andere Geschäftsgrundlage vereinbart).

▶ **Anwaltlicher Hinweis:**

3453 Im Hinblick auf diese Rechtsprechung ist der anwaltlichen Vertretung insb. im AO-Verfahren zu empfehlen, die Geschäftsgrundlage eindeutig zu machen, d.h. übereinstimmende Erklärungen dazu abzugeben, inwieweit die Unterhaltsregelung endgültig sein soll oder nicht.

---

1477 Vgl. Keidel/*Meyer-Holz*, FamFG, § 239 Rn. 5.
1478 OLG Jena, FamRZ 2012, 54 ff. = FuR 2012, 48.

Eine Umdeutung eines Abänderungsantrags nach § 239 FamFG in einen Antrag  **3454**
nach § 54 Abs. 1 Satz 2 FamFG ist analog § 140 BGB möglich.[1479] Der BGH lässt
die Umdeutung auch bei einem Wechsel in eine andere Verfahrensart zu, wenn ein
entsprechender Beteiligtenwille genügend deutlich erkennbar ist und kein schutzwürdiges Interesse des Gegners entgegensteht.

Abschließend ist noch auf einen gebührenrechtlichen Aspekt hinzuweisen. Schließen  **3455**
die Beteiligten im einstweiligen Anordnungsverfahren einen schriftlichen Vergleich,
so ist das OLG Köln[1480] der Meinung, dass dadurch keine Terminsgebühr ausgelöst
wird. Diese Entscheidung ist allerdings auf heftige Kritik[1481] gestoßen, insbesondere
die Formulierung der zuständigen Erprobungsrichterin vom Amtsgericht: »Es sei
auch nicht ohne weiteres einzusehen, weshalb ein Verfahrensbevollmächtigter, dem
ein Vergleich ohne Durchführung einer mündlichen Verhandlung oder Mitwirkung
an einer solchen Besprechung quasi »in den Schoß fällt«, eine fiktive Terminsgebühr
verdienen solle, die zur angefallenen Einigungsgebühr ohnehin hinzutreten würde.«

Voraussetzung für eine fiktive Terminsgebühr nach Anm. I Nr. 1 zu Nr. 3104 VV  **3456**
RVG ist ein Verfahren mit vorgeschriebener mündlicher Verhandlung. Der BGH[1482]
hat entschieden, dass es sich beim Verfahren auf Erlass einer einstweiligen Anordnung
um ein Verfahren mit vorgeschriebener mündlicher Verhandlung handelt. Zumindest sieht § 246 Abs. 2 FamFG die mündliche Verhandlung als Regelfall an. Auch
können die Beteiligten nach § 54 Abs. 2 FamFG die mündliche Verhandlung beantragen und damit erzwingen. Ein schriftlicher Vergleich im eA-Verfahren löst danach
die Termingebühr aus.[1483]

## h) Muster

### aa) Muster: Antrag auf Erlass einer einstweiligen Unterhaltsanordnung auf Trennungsunterhalt

▶ Muster: Antrag auf Erlass einer einstweiligen Unterhaltsanordnung auf Trennungsunterhalt

An das  **3457**

Amtsgericht.....

– FamG –

.....

---

1479  So BGH, FamRZ 2018, 1343; a.A. OLG Köln, FamRZ 2015, 598.
1480  OLG Köln, NZFam 2017, 129.
1481  *Schneider* NZFam 2017, 129.
1482  BGH, NJW 2012, 459.
1483  OLG Brandenburg, NZFam 2017, 321.

Antrag auf Erlass einer einstweiligen Unterhaltsanordnung nach § 246 FamFG

In der Familiensache

der Frau.....

– Antragstellerin –

Verfahrensbevollmächtigter:.....

gegen

Herrn.....

– Antragsgegner –

zeige ich ausweislich anliegender Verfahrensvollmacht die anwaltliche Vertretung der Antragstellerin an (Anlage A1).

Namens und im Auftrag der Antragstellerin stellt der Unterzeichnende zunächst den Antrag, dieser für die einstweilige Unterhaltsanordnung VKH zu gewähren und den Unterzeichnenden beizuordnen. Die wirtschaftlichen Verhältnisse der Antragstellerin können der beiliegenden Erklärung entnommen werden.

In der Sache stelle ich sodann folgenden Antrag:

Der Antragsgegner wird verpflichtet, an die Antragstellerin, jeweils monatlich im Voraus, einen monatlichen Unterhalt i.H.v. 350 € zu zahlen.

Begründung:

1.

Die Antragstellerin und der Antragsgegner leben seit dem..... getrennt. Der Unterzeichnende hat mit Schriftsatz vom heutigen Tag Scheidungsantrag beim erkennenden Gericht gestellt.

Die Antragstellerin hat monatliche Nettoeinkünfte von 800 €, der Antragsgegner solche i.H.v. mindestens 2.600 € netto.

Die genaue Höhe ist nicht bekannt. Der Unterzeichnende hat den Antragsgegner deshalb mit Einschreiben vom..... aufgefordert, Auskunft über seine Einkünfte zu erteilen und Belege vorzulegen.

Beweis: Schriftsatz vom..... (Anlage A2)

Der Antragsgegner hat auf dieses Schreiben nicht reagiert.

Die Antragstellerin ist nunmehr auf Unterhalt dringend angewiesen. Sie musste infolge der Trennung eine Wohnung in..... anmieten und hat allein dafür monatliche Kosten i.H.v. 675 €.

2.

Der Unterhaltsanspruch berechnet sich vorläufig wie folgt:

Der Antragsgegner verdient, wie die Antragstellerin aus der Ehezeit weiß, mindestens 2.600 € netto monatlich, wahrscheinlich sogar wesentlich mehr.

Aufgrund seiner Einkommensverhältnisse ist der Antragsgegner damit zur Zahlung von Unterhalt i.h.v. 350 € leistungsfähig.

Die Antragstellerin verfügt lediglich über 800 € monatlich (Anlage A3).

Damit ist auch unter Berücksichtigung berufsbedingter Aufwendungen ein Unterhaltsanspruch von 350 € begründet.

Ohne die geltend gemachte Unterhaltszahlung des Antragsgegners ist die Antragstellerin nicht mehr in der Lage, den Lebensunterhalt für sich zu bestreiten.

Der Antragsgegner hat seinen gewöhnlichen Aufenthalt in....., sodass sich die Zuständigkeit des Amtsgerichts – FamG..... aus § 232 Abs. 3 Satz 1 FamFG i.V.m. §§ 12, 13 ZPO ergibt.

.....

Rechtsanwältin/Rechtsanwalt


*bb) Muster: Antrag auf Erlass einer einstweiligen Unterhaltsanordnung auf Kindesunterhalt (Mindestunterhalt)*

▶ Muster: Antrag auf Erlass einer einstweiligen Unterhaltsanordnung auf Kindesunterhalt (Mindestunterhalt)

An das                                                                          3458

Amtsgericht.....

– FamG –

.....

Antrag auf Erlass einer einstweiligen Unterhaltsanordnung nach § 246 FamFG

In der Familiensache

der Frau.....

– Antragstellerin –

Verfahrensbevollmächtigter:.....

gegen

Herrn.....

– Antragsgegner –

Verfahrensbevollmächtigter:.....

zeige ich ausweislich anliegender Verfahrensvollmacht die anwaltliche Vertretung der Antragstellerin an (Anlage A1).

Namens und im Auftrag der Antragstellerin stellt der Unterzeichnende zunächst den Antrag, dieser für die einstweilige Unterhaltsanordnung VKH zu gewähren und den Unterzeichnenden beizuordnen. Die wirtschaftlichen Verhältnisse der Antragstellerin können der beiliegenden Erklärung entnommen werden.

In der Sache stelle ich sodann folgenden Antrag:

1. Der Antragsgegner ist verpflichtet, für das Kind....., geb. am....., zu Händen der Mutter 100 % des Mindestunterhalts i.S.d. § 1612a Abs. 1 BGB der jeweils geltenden Altersstufe abzgl. des auf das Kind entfallenden hälftigen Kindergeldanteils zu bezahlen, zahlbar monatlich im Voraus ab......

2. Der Antragsgegner ist verpflichtet, für das Kind....., geb. am....., zu Händen der Mutter 100 % des Mindestunterhalts i.S.d. § 1612a Abs. 1 BGB der jeweils geltenden Altersstufe abzgl. des auf das Kind entfallenden hälftigen Kindergeldanteils zu bezahlen, zahlbar monatlich im Voraus ab......

Begründung:

1.

Die Eltern der im Antrag genannten Kinder leben seit dem..... getrennt. Mit dem vorliegenden Antrag macht die Antragstellerin, gem. § 1629 Abs. 3 BGB in Verfahrensstandschaft Unterhaltsansprüche der Kinder gegen den Antragsgegner geltend.

2.

Die Antragstellerin hat mit den im Antrag genannten Kindern ihren gewöhnlichen Aufenthalt in....., sodass sich die Zuständigkeit des AG – FamG..... aus § 232 Abs. 1 Nr. 2 FamFG ergibt.

3.

Ausführungen zur Bedürftigkeit.

4.

Ausführungen zur Leistungsfähigkeit.

Rechtlich ist darauf hinzuweisen, dass in diesem Verfahren lediglich der Mindestunterhalt gefordert wird, sodass die Leistungsfähigkeit des Antragsgegners zu vermuten ist. Aufgrund seiner gut gehenden Tankstelle kann daran auch kein Zweifel bestehen.

Dieser Unterhalt ist um das anrechenbare Kindergeld zu vermindern, vgl. § 1612b BGB. Zur Vermeidung von späteren Abänderungsverfahren soll der Unterhalt in dynamisierter Formulierung, entsprechend § 1612a BGB, tenoriert werden.

......

Rechtsanwältin/Rechtsanwalt

*cc) Muster: Antrag auf mündliche Verhandlung nach § 54 Abs. 2 FamFG*

▶ Muster: Antrag auf mündliche Verhandlung nach § 54 Abs. 2 FamFG

An das                                                                    3459

Amtsgericht.....

– FamG –

.....

Antrag auf mündliche Verhandlung nach § 54 Abs. 2 FamFG

In der Familiensache

....../......

wegen einstweiliger Unterhaltsanordnung nach § 246 FamFG

stelle ich namens und mit Vollmacht des Antragsgegners (Anlage A1) den Antrag,

gemäß § 54 Abs. 2 FamFG nach Durchführung der mündlichen Verhandlung in der Angelegenheit erneut zu entscheiden.

Bereits mit diesem Schriftsatz ist dem Gericht zur Kenntnis zu bringen, dass die Angaben in der eidesstattlichen Versicherung der Antragstellerin unrichtig sind.

Richtig ist allein, dass......

Demzufolge ist die einstweilige Unterhaltsanordnung aufzuheben.

.....

Rechtsanwältin/Rechtsanwalt

*dd) Muster: Antrag auf Aufhebung der Entscheidung nach § 54 Abs. 1 FamFG*

▶ Muster: Antrag auf Aufhebung der Entscheidung nach § 54 Abs. 1 FamFG

An das                                                                    3460

Amtsgericht.....

– FamG –

.....

Antrag auf Aufhebung der Entscheidung nach § 54 Abs. 1 FamFG

In der Familiensache

....../......

wegen einstweiliger Unterhaltsanordnung nach § 246 FamFG

stelle ich namens und mit Vollmacht des Antragsgegners (Anlage A1) den Antrag,

gemäß § 54 Abs. 1 FamFG die Unterhaltsanordnung aufzuheben.

Die tatsächlichen Verhältnisse, die dem Erlass der einstweiligen Unterhaltsanordnung zugrunde lagen, haben sich maßgeblich geändert.

Wird ausgeführt......

Demzufolge ist die einstweilige Unterhaltsanordnung aufzuheben.

.....

Rechtsanwältin/Rechtsanwalt

*ee) Muster: Negativer Feststellungsantrag gegen die einstweilige Unterhaltsanordnung*

▶ Muster: Negativer Feststellungsantrag gegen die einstweilige Unterhaltsanordnung

3461 An das

Amtsgericht.....

– FamG –

.....

Negativer Feststellungsantrag

In der Familiensache

des Herrn.....

– Antragsteller –

Verfahrensbevollmächtigter:.....

gegen

Frau.....

– Antragsgegnerin –

Verfahrensbevollmächtigter:.....

zeige ich ausweislich anliegender Verfahrensvollmacht die anwaltliche Vertretung des Antragstellers an (Anlage A1).

Im Termin zur mündlichen Verhandlung werde ich beantragen:

Es wird festgestellt, dass der Antragsgegnerin gegen den Antragsteller seit..... ein Unterhaltsanspruch nicht mehr zusteht.

Zur Begründung trage ich Folgendes vor:

Die Beteiligten waren seit..... verheiratet. Aus ihrer Ehe sind die Kinder....., geb......, sowie....., geb......, hervorgegangen. Die Beteiligten hatten sich im..... getrennt; der Antragsteller ist damals aus der Ehewohnung ausgezogen. Ihre Ehe wurde mit Scheidungsverbundbeschluss des Amtsgerichts..... vom..... geschieden; der Beschluss wurde sofort rechtskräftig. Die elterliche Sorge wurde der Antragsgegnerin übertragen.

Bereits vor dem Scheidungsverfahren wurde der Antragsteller (damaliger Antragsgegner) auf Antrag der Antragsgegnerin (damalige Antragstellerin) durch einstweilige Anordnung des Amtsgerichts..... vom..... (Az.:.....) zur Zahlung einer monatlichen Unterhaltsrente von..... € ab..... verpflichtet, die er seither regelmäßig bezahlt hat. Eine Abschrift dieses Beschlusses liegt als Anlage A2 bei.

Grundlage der Unterhaltspflicht war insb., dass..... aus gesundheitlichen Gründen einer verstärkten Betreuung durch die Antragsgegnerin bedurfte.

Der Antragsteller hat sich nun entschlossen, seine Unterhaltspflicht in einem Hauptsacheverfahren überprüfen zu lassen. Er hält die Unterhaltsberechnung, auf der die einstweilige Anordnung beruht, für unrichtig. Außerdem ist zu berücksichtigen, dass die Antragsgegnerin entsprechend dem ehelichen Lebensplan zum..... eine Vollzeittätigkeit ausüben wird, wodurch höhere Einkünfte auf ihrer Seite anzurechnen sind. Darüber hinaus wird die Antragsgegnerin in Kürze als Erlösanteil aus der Veräußerung der ehemals gemeinschaftlichen Ehewohnung einen Betrag von..... erhalten. Der Antragsteller ist zu Recht der Ansicht, dass die Antragsgegnerin zusammen mit ihren eigenen Einkünften gut hiervon leben kann. Vorsorglich hat der Antragsteller die Antragsgegnerin mit Anwaltsschreiben vom..... aufgefordert, ab..... auf ihre Rechte aus der einstweiligen Anordnung zu verzichten. Da die Antragsgegnerin dem nicht nachgekommen ist, ist dieser Antrag geboten.

Im Hinblick auf die einstweilige Anordnung vom....., die als Unterhaltstitel nach wie vor besteht, beantragt der Antragsteller abschließend die einstweilige Einstellung der Zwangsvollstreckung ohne mündliche Verhandlung.

.....

Rechtsanwalt/Rechtsanwältin


## i) Checkliste: Antrag auf einstweilige Unterhaltsanordnung

▶ Checkliste: Antrag auf einstweilige Unterhaltsanordnung

I. Zuständiges FamG                                3462
   → Hauptsachegericht nach § 50 Abs. 1 FamFG, d.h. bei fehlender Anhängigkeit einer Hauptsache:
     ☐ sachlich, §§ 23a Abs. 1 Nr. 1 GVG i.V.m. § 111 Nr. 8 FamFG,
     ☐ örtlich, § 232 FamFG.

II. Antrag
   → Unterhalt kann in voller Höhe verlangt werden.

▶ Beispiel:

Der Antragsgegner wird verpflichtet, an das Kind ..., geb. am ..., zu Händen der Mutter 115 % des Mindestunterhalts i.S.d. § 1612a Abs. 1 BGB der jeweils geltenden Altersstufe abzgl. des auf das Kind entfallenden hälftigen Kindergeldanteils zu bezahlen, zahlbar monatlich im Voraus ab …

III. Beteiligte, § 7 FamFG
☐ Antragsteller,
☐ Antragsgegner.
IV. Anwaltszwang (-), vgl. § 114 Abs. 4 Nr. 1 FamFG
V. Rechtsschutzbedürfnis
☐ Regelungsbedürfnis wird unterstellt.
☐ Fehlt insb., wenn ein Titel in der Unterhaltssache bereits besteht.
VI. Rechtsmittel (-), aber
☐ Aufhebungs- oder Änderungsantrag nach § 54 FamFG,
☐ Einleitung des Hauptsacheverfahrens, § 52 Abs. 2 FamFG,
☐ Negativer Feststellungsantrag, § 256 ZPO,
☐ Vollstreckungsabwehrantrag, § 767 ZPO.

### j) Einstweilige Anordnung vor Geburt des Kindes nach § 247 FamFG

3463    Nach § 247 FamFG kann im Wege der einstweiligen Anordnung bereits vor der Geburt des Kindes die Verpflichtung zur Zahlung des für die ersten 3 Monate dem Kind zu gewährenden Unterhalts sowie des der Mutter nach § 1615l Abs. 1 BGB zustehenden Betrags geregelt werden.

3464    § 247 FamFG stellt eine Sondervorschrift dar, die ausschließlich für das Kind und seine nicht miteinander verheirateten Eltern gilt. Die Norm ermöglicht mittels des vorläufigen Rechtsschutzes eine schnelle und formlose Sicherstellung des Unterhalts für das Kind und die Mutter. Dies gilt jedenfalls für einen eng begrenzten Zeitraum, in dem sie besonders schutzbedürftig sind. § 247 FamFG beinhaltet zwei Besonderheiten: Zum einen genügt die Vermutung der Vaterschaft nach § 1600d Abs. 2, 3 BGB, um Ansprüche gegen den Antragsgegner zu rechtfertigen, zum anderen muss entgegen § 49 FamFG eine Gefährdung des Anspruchs nicht glaubhaft gemacht werden.

3465    Soweit im Folgenden keine Abweichungen beschrieben werden, gelten auch für diese einstweilige Unterhaltsanordnung die §§ 49 ff. FamFG und damit die in diesem Abschnitt bereits gemachten Ausführungen, vgl. Rdn. 3359 ff.

### *aa) Antrag*

3466    Der Antrag auf Erlass einer einstweiligen Anordnung kann bereits vor der Geburt des Kindes durch die Mutter, einen nach § 1912 BGB für die Leibesfrucht bestellten Pfleger oder durch das Jugendamt als Beistand nach §§ 1712 Abs. 1, 1713 Abs. 2 Satz 1, 1714 Satz 2 BGB gestellt werden. Möglich ist neben der Titulierung des Kindesunterhalts auch die des Unterhalts nach § 1615l BGB.

### bb) Kindesunterhalt

§ 247 FamFG erlaubt die Sicherstellung des Unterhalts durch einstweilige Anordnung   3467
für die ersten 3 Monate nach der Geburt des nichtehelichen Kindes. Voraussetzung
ist lediglich, dass der in Anspruch Genommene die Vaterschaft nach §§ 1592 Nr. 2,
1594 BGB anerkannt hat oder er nach § 1600d Abs. 2, 3 BGB als Vater vermutet
wird, weil er der Mutter während der Empfängniszeit beigewohnt hat. § 247 Abs. 2
Satz 2 FamFG ordnet die Geltung der abstammungsrechtlichen Vaterschaftsvermutung nämlich auch für die Unterhaltssache an. Dies ist von Bedeutung, wenn die
Vaterschaft des in Anspruch genommenen Mannes nicht feststeht.

§ 247 Abs. 2 Satz 1 FamFG, wonach der Antrag hinsichtlich des Kindesunterhalts   3468
auch durch die Mutter gestellt werden kann, **erweitert deren Handlungsbefugnis** für
das einstweilige Anordnungsverfahren auf den Zeitraum vor der Geburt des Kindes.
Da die elterliche Sorge erst mit der Geburt beginnt, wäre für den vorliegenden Zeitraum ohne diese Regelung die Bestellung eines Pflegers erforderlich.

Eine Gefährdung des Unterhaltsanspruchs muss nicht glaubhaft gemacht werden.   3469

Es kann aufgrund des Regelungszwecks, der eine schnelle Abwicklung voraussetzt,   3470
**nur der Mindestunterhalt nach § 1612a Abs. 1 BGB** gefordert werden.

Dass das unterhaltsberechtigte Kind noch nicht geboren ist, kann von dem in Anspruch   3471
genommenen Mann im Verfahren nach § 247 FamFG nicht eingewandt werden.

### cc) Unterhalt nach § 1615l Abs. 1 BGB

Auch der Unterhalt der nicht verheirateten Mutter nach § 1615l BGB kann durch   3472
einstweilige Anordnung nach § 247 FamFG geregelt werden.

Danach muss der Mann, der die Vaterschaft anerkannt hat oder der nach § 1600d   3473
Abs. 2, 3 BGB als Vater vermutet wird, die nach § 1615l Abs. 1 BGB voraussichtlich
zu leistenden Beträge an die Mutter zahlen.

Die einstweilige Anordnung sichert damit den Unterhalt der Mutter nach § 1615l   3474
Abs. 1 BGB für die Dauer von 6 Wochen vor und 8 Wochen nach der Geburt.

Die einstweilige Anordnung umfasst darüber hinaus den Erstattungsanspruch nach   3475
§ 1615l Abs. 1 Satz 2 BGB (Kosten der Schwangerschaft und Entbindung).

### dd) Glaubhaftmachung

Die Beteiligten müssen im Anordnungsverfahren nach § 247 FamFG die maßgebli-   3476
chen Tatsachen nur glaubhaft machen, vgl. § 294 ZPO. Dies gilt insb. für die Tatsachen, welche die Vermutung der Vaterschaft des in Anspruch genommenen Mannes
nach § 1600d Abs. 2 BGB wahrscheinlich machen.

Die Mutter hat über die Vaterschaft des in Anspruch genommenen Mannes hinaus   3477
die den Anspruch nach § 1615l Abs. 1 Satz 1 und Satz 2 BGB tragenden Tatsachen

glaubhaft zu machen. Dies gilt für den Anspruchsgrund wie für den Umfang ihrer Bedürftigkeit.

3478 Das Rechtsschutzbedürfnis für die einstweilige Anordnung fehlt, wenn der Unterhalt bereits hinterlegt ist oder freiwillig gezahlt wird.

### ee) Hinterlegung

3479 § 247 Abs. 2 Satz 3 FamFG ermöglicht dem Gericht die Anordnung, dass der Betrag zu einem bestimmten Zeitpunkt vor der Geburt des Kindes zu hinterlegen ist. Angesichts des dargestellten Regelungszwecks ist die Hinterlegung vom Gesetzgeber als die Ausnahme und die Anordnung der Zahlung als Regelfall gewollt.

### ff) Verhältnis zu § 248 FamFG

3480 Nach § 248 FamFG besteht weiterhin die Möglichkeit, den Unterhalt der Mutter bzw. auch den des Kindes **zeitlich ohne Beschränkung** durch einstweilige Anordnung zu regeln, sobald ein Rechtsstreit auf Feststellung des Bestehens der Vaterschaft nach § 1600d Abs. 1 BGB anhängig ist. § 248 FamFG und damit auch dessen Abs. 3 greift jedoch erst ein, wenn das betreffende Kind geboren ist, da vorher das von § 248 FamFG vorausgesetzte Vaterschaftsfeststellungsverfahren noch nicht in Betracht kommt.

3481 Die einstweilige Anordnung nach § 248 FamFG ist, sobald sie anwendbar ist, ggü. der einstweiligen Anordnung nach § 247 FamFG lex specialis.[1484]

### gg) Rechtsmittel

3482 Ein Rechtsmittel ist ggü. der einstweiligen Unterhaltsanordnung nach § 247 FamFG nicht vorgesehen, vgl. § 57 FamFG.

3483 Die Beteiligten können aber nach § 54 FamFG eine Änderung bzw. Aufhebung erreichen. Auch i.Ü. gelten insoweit die Ausführungen zur einstweiligen Unterhaltsanordnung nach § 246 FamFG entsprechend, vgl. Rdn. 3359 ff.

### hh) Schadensersatz (§ 248 Abs. 5 Satz 2 FamFG analog)

3484 Ein Anspruch auf Schadensersatz ist – im Unterschied zu § 248 Abs. 5 Satz 2 FamFG – gesetzlich nicht vorgesehen.

3485 Wird die Vaterschaft des nach § 247 FamFG zu Unterhaltszahlungen verpflichteten Antragsgegners später nicht festgestellt, ist jedoch ein Schadensersatzanspruch nach § 248 Abs. 5 Satz 2 FamFG analog zu rechtfertigen.[1485] Der Rückgriff des Antragsgegners gegen den tatsächlichen Erzeuger des Kindes nach § 1607 Abs. 3 BGB ist daneben auch gegeben. Das Kind, welches die einstweilige Anordnung erwirkt hat,

---

1484 Vgl. dazu auch Schulte-Bunert/Weinreich/*Schwonberg*, FamFG, § 247 Rn. 5.
1485 Str., a.A. Musielak/Borth, FamFG, § 247 Rn. 6; Keidel/*Giers*, FamFG, § 247 Rn. 10.

kann aber eine Abtretung dieses Anspruchs im Wege des Vorteilsausgleichs verlangen, wenn es dem Antragsgegner Schadensersatz geleistet hat.

### k) Einstweilige Anordnung bei Anhängigkeit eines Vaterschaftsfeststellungsverfahrens (§ 248 FamFG)

Nach § 248 Abs. 1 FamFG ist ein Antrag auf Erlass einer einstweiligen Anordnung, durch die ein Mann auf Zahlung von Unterhalt für ein Kind oder dessen Mutter in Anspruch genommen wird, wenn die Vaterschaft des Mannes nach § 1592 Nr. 1 und 2 BGB oder nach § 1593 BGB nicht besteht, nur zulässig, wenn ein gerichtliches Verfahren auf Feststellung der Vaterschaft nach § 1600d BGB anhängig ist. 3486

Soweit im Folgenden keine Abweichungen beschrieben werden, gelten auch für diese einstweilige Unterhaltsanordnung die §§ 49 ff. FamFG und damit die in diesem Abschnitt bereits gemachten Ausführungen, vgl. Rdn. 3359 ff. 3487

#### aa) Anhängigkeit eines Vaterschaftsfeststellungsverfahrens

Die einstweilige Unterhaltsanordnung, durch die ein Mann auf Zahlung von Unterhalt für ein Kind oder dessen Mutter in Anspruch genommen wird, wird nach § 248 Abs. 1 FamFG von einer besonderen Zulässigkeitsvoraussetzung abhängig gemacht. Steht die Vaterschaft des im einstweiligen Anordnungsverfahren auf Unterhaltszahlung in Anspruch genommenen Mannes nicht bereits aufgrund anderer Vorschriften fest, ist der einstweilige Anordnungsantrag nämlich nur zulässig, wenn ein Verfahren auf Feststellung der Vaterschaft nach § 1600d BGB anhängig ist. Die Vorschrift durchbricht die **Sperrwirkung des § 1600d Abs. 5 BGB**, wonach die Rechtswirkungen der Vaterschaft grds. erst vom Zeitpunkt der rechtskräftigen Feststellung an geltend gemacht werden können. 3488

Die Regelung des § 248 Abs. 1 FamFG ändert nichts an der **Selbstständigkeit beider Verfahren**, d.h. der Vaterschaftsfeststellung auf der einen und der Unterhaltssache auf der anderen Seite.[1486] 3489

#### bb) Antrag (§ 248 Abs. 1 FamFG)

Der Antrag auf Erlass einer einstweiligen Unterhaltsanordnung nach § 248 Abs. 1 FamFG kann sowohl vom Kind als auch von der Mutter **unabhängig von der Beteiligtenstellung** im Abstammungsverfahren gestellt werden. 3490

Da die Mutter im Verfahren ihres Kindes ein eigenes Antragsrecht besitzt, macht sie im Feststellungsverfahren zunächst als gesetzliche Vertreterin des Kindes (§ 1626a Abs. 3 BGB) dessen Unterhalt sowie in eigenem Namen ihren Unterhalt geltend. Die umfassende Abwicklung in einem Verfahren ist aufgrund der gegenseitigen Abhängigkeit beider Unterhaltsansprüche sinnvoll. 3491

---

1486 *Klein* FuR 2009, 321, 329.

3492 Der Antrag ist zu begründen und **glaubhaft** zu machen, vgl. § 49 FamFG. Die Glaubhaftmachung ist v.a. hinsichtlich der den Unterhaltsanspruch auslösenden Vaterschaft
(§§ 1601, 1615a BGB) erforderlich. Hierzu gehört in erster Linie die Behauptung,
dass der Antragsgegner mit der Mutter des Kindes während der Empfängniszeit den
Geschlechtsverkehr ausgeübt hat, weil hierauf die Vermutung der §§ 1600c, 1600d
BGB aufbaut. Zur Glaubhaftmachung der Bedürftigkeit des Kindes reicht es aus,
wenn dargelegt wird, dass nicht über eigenes Einkommen verfügt wird.

*cc) Zuständigkeit (§ 248 Abs. 2 FamFG)*

3493 § 248 Abs. 2 FamFG enthält besondere Vorschriften im Hinblick auf die sachliche
und örtliche Zuständigkeit für das einstweilige Anordnungsverfahren in den Fällen des Abs. 1. Zuständig ist das Gericht, bei dem das Verfahren auf Feststellung
der Vaterschaft anhängig ist. Während der Anhängigkeit beim Beschwerdegericht ist
dieses zuständig. Die Zusammenlegung der Zuständigkeiten ist aus verfahrensökonomischen Gründen sinnvoll.

*dd) Anwendung der Vaterschaftsvermutung (§ 248 Abs. 3 FamFG)*

3494 Die Anordnung der entsprechenden Geltung der Vorschriften des § 1600d Abs. 2
und 3 BGB in Abs. 3 ist erforderlich, da die Vaterschaftsvermutung ausdrücklich nur
im Verfahren auf gerichtliche Feststellung der Vaterschaft, also im Abstammungsverfahren anwendbar ist.

*ee) Sicherheitsleistung (§ 248 Abs. 4 FamFG)*

3495 Ist die Vaterschaft wenig glaubhaft, kann regelmäßig nur die Leistung einer Sicherheit angeordnet werden.[1487] Angesichts des dargestellten Regelungszwecks und des
Ausnahmecharakters ist die Sicherheitsleistung vom Gesetzgeber als die Ausnahme
und die Anordnung der Zahlung als Regelfall gewollt.

3496 Die Anordnung der Sicherheitsleistung ist regelmäßig dann sinnvoll, wenn zu besorgen ist, dass ohne sie die Erfüllung sämtlicher Unterhaltsrückstände vereitelt oder
wesentlich erschwert werden würde.[1488] Die Umstände, aus denen sich eine solche
Gefahr ergibt, müssen vom Antragsteller glaubhaft gemacht werden.

3497 Die Beschlussformel kann wie folgt lauten:
> **Der Antragsgegner wird verpflichtet, bis zum Eintritt der formellen Rechtskraft
> der Endentscheidung in der Hauptsache eine monatlich im Voraus zahlbare
> Unterhaltsrente in Höhe von … Euro bei dem Jugendamt der Stadtverwaltung
> … zu hinterlegen.**[1489]

---

1487 A.A. Keidel/*Giers*, FamFG, § 248 Rn. 7 (Antragsabweisung erforderlich).
1488 OLG Zweibrücken, FamRZ 1981, 391.
1489 So Haußleiter/*Eickelmann*, FamFG, § 248 Rn. 20.

*ff) Außerkrafttreten der einstweiligen Anordnung (§ 248 Abs. 5 Satz 1 FamFG)*

§ 248 Abs. 5 Satz 1 FamFG ergänzt § 56 FamFG und enthält zwei zusätzliche Fälle    **3498**
des Außerkrafttretens der einstweiligen Anordnung in Unterhaltssachen, nämlich die
Rücknahme des Antrags auf Feststellung der Vaterschaft bzw. dessen rechtskräftige
Abweisung. Beide Konstellationen haben ihren Grund in der Koppelung der einstweiligen Anordnung an das Abstammungsverfahren. Das Erfordernis der Rechtskraft
einer abweisenden Entscheidung über den Antrag auf Vaterschaftsfeststellung ist sachgerecht, da es sich bei der Verknüpfung des einstweiligen Anordnungsverfahrens mit
dem Abstammungsverfahren in erster Linie um einen formalen Gesichtspunkt handelt. Die Frage, ob das Bestehen der Vaterschaft auch nach Erlass einer abweisenden
Entscheidung in der Abstammungssache noch als hinreichend wahrscheinlich angesehen werden kann, ist im einstweiligen Anordnungsverfahren eigenständig auf der
Grundlage des dort maßgeblichen Verfahrensstoffs zu beurteilen.

*gg) Schadensersatz (§ 248 Abs. 5 Satz 2 FamFG)*

Bei Rücknahme des Antrags auf Feststellung des Bestehens der Vaterschaft oder dessen    **3499**
rechtskräftiger Abweisung hat das Kind (ähnlich wie nach §§ 717 Abs. 2, 945 ZPO)
dem Mann **verschuldensunabhängig** den Schaden zu ersetzen, der diesem aus der
Vollziehung der einstweiligen Anordnung oder einer Sicherheitsleistung entstanden ist.

Dieser Schadensersatzanspruch nach § 248 Abs. 5 Satz 2 FamFG wird nicht durch die    **3500**
Möglichkeit des Rückgriffs des Mannes gegen den tatsächlichen Erzeuger des Kindes
nach § 1607 Abs. 3 BGB begrenzt. Das Kind, welches die einstweilige Anordnung
erwirkt hat, kann aber eine Abtretung dieses Anspruchs im Wege des Vorteilsausgleichs verlangen.

*hh) Rechtsmittel*

Ein Rechtsmittel ist ggü. der einstweiligen Unterhaltsanordnung nach § 248 FamFG    **3501**
nicht vorgesehen, vgl. § 57 FamFG.

Die Beteiligten können aber nach § 54 FamFG eine Änderung bzw. Aufhebung    **3502**
erreichen. Auch i.Ü. gelten insoweit die Ausführungen zur einstweiligen Unterhaltsanordnung nach § 246 FamFG entsprechend.

## l) Anhang: Arrest in Unterhaltssachen

§ 119 Abs. 2 Satz 1 FamFG sieht vor, dass in **Familienstreitsachen** (vgl. § 112 FamFG)    **3503**
neben der einstweiligen Anordnung auch der persönliche oder der dingliche Arrest
des Schuldners möglich ist.[1490] § 119 Abs. 1 Satz 2 FamFG ordnet die Geltung der
diesbezüglichen Vorschriften der ZPO ausdrücklich an. Ob über den Arrest münd-

---

1490 Der Arrest wurde unter Rdn. 173 ff. bereits dargestellt; im Folgenden werden Besonderheiten für Unterhaltsforderungen behandelt.

lich verhandelt wird, steht im pflichtgemäßen Ermessen des Gerichts, vgl. § 922 Abs. 1 ZPO.

**3504**  Der Arrest dient gem. § 916 Abs. 1 ZPO der **Sicherung der Zwangsvollstreckung** in das bewegliche oder unbewegliche Vermögen wegen einer Geldforderung.

**3505**  I.d.R. ist der Arrest im Fall des Unterhalts »unpraktisch«, weil er nur der Sicherung des Anspruchs dient, nicht aber zur regelmäßig notwendigen Befriedigung führt. Ein Beispiel für eine sinnvolle Anordnung des dinglichen Arrestes in Unterhaltsfragen ist aber etwa der Fall, dass der Unterhaltsschuldner beabsichtigt, sich mit seinem Vermögen ins Ausland »abzusetzen«. Dies kann die zukünftigen Unterhaltsansprüche des Unterhaltsgläubigers gefährden.

### aa) Streitgegenstand

**3506**  Streitgegenstand des Arrestverfahrens ist nicht die zu sichernde Geldforderung (der Unterhaltsanspruch) selbst, sondern der Anspruch des Unterhaltsgläubigers auf zwangsweise Sicherung gegen den Schuldner.

### bb) Zuständigkeit (§ 919 ZPO)

**3507**  Der Arrest wird vom Gericht der Hauptsache angeordnet; dies ist das für die Unterhaltssache zuständige FamG nach § 232 FamFG. Wahlweise kann sich der Antragsteller aber auch an das AG wenden, in dessen Bezirk sich der mit dem Arrest zu belegende Gegenstand oder die in ihrer persönlichen Freiheit zu beschränkende Person befindet.

### cc) Arrestgesuch (§ 920 ZPO)

**3508**  Das Arrestgesuch (der Antrag) muss Tatsachen benennen, aus denen sich der zu sichernde Unterhaltsanspruch (vgl. § 916 ZPO) sowie der Arrestgrund (vgl. §§ 917, 918 ZPO) ergeben. Der Unterhaltsanspruch und der Arrestgrund sind nach § 920 Abs. 2 ZPO glaubhaft zu machen. Im Hinblick auf die Abwendungsbefugnis des § 923 ZPO ist die Angabe der zu sichernden Geldforderung erforderlich.

**3509**  Durch Arrest können insb. **zukünftige Unterhaltsansprüche** gesichert werden. Das sind Ansprüche auf Kindesunterhalt sowie auf Getrenntlebensunterhalt und – nach Rechtshängigkeit des Scheidungsantrags – auch auf künftigen Geschiedenenunterhalt.

**3510**  Der Unterhaltsanspruch ist nur für die voraussichtliche Dauer der Inanspruchnahme des Unterhaltspflichtigen sicherbar, also bei Kindesunterhalt bis zur Volljährigkeit, bei Getrenntlebensunterhalt bis zur Rechtskraft der Scheidung und bei nachehelichem Unterhalt z.B. bis zum Ende der Betreuungsbedürftigkeit der Kinder. Da die Prognosen schwer zu treffen sind, ist der Sicherungszeitraum aus Gründen des Schuldnerschutzes grds. auf höchstens **5 Jahre** zu begrenzen.[1491]

---

1491  OLG Düsseldorf, NJW-RR 1994, 452 ff.; OLG Hamm, FamRZ 1995, 1427, 1428.

Unterhaltsrückstände können gesichert werden, solange noch kein Titel vorliegt; **3511**
ansonsten ist eine schlichte Vollstreckung möglich.[1492]

Das Arrestbedürfnis entfällt nicht deshalb, weil bereits ein Titel – bzw. ggf. (nur) eine **3512**
einstweilige Anordnung – vorliegt, da aus den Titeln nur wegen fälligen Unterhalts
vollstreckt werden kann, während der Arrest die Zukunft betrifft.

### dd) Arrestarten und Arrestgrund

Der dingliche Arrest und der persönliche Arrest sind anhand der Art des Arrestgrun- **3513**
des voneinander abzugrenzen.

Der **dingliche Arrest** (§ 917 ZPO) ist ggü. dem persönlichen Arrest die primäre **3514**
Maßnahme. Sie findet statt, wenn zu besorgen ist, dass ohne Arrestverhängung die
(künftige) Vollstreckung eines Beschlusses vereitelt oder wesentlich erschwert werden
würde. Eine solche Erschwerung ist nach dem Gesetz ohne weiteres anzunehmen,
wenn der Beschluss im Ausland vollstreckt werden müsste und die Gegenseitigkeit
nicht verbürgt ist (§ 917 Abs. 2 ZPO). Ein Arrestgrund wird weiterhin bejaht, wenn
der Schuldner sich z.B. verschwenderisch verhält oder wesentliche Vermögensstücke
verschiebt oder verschleudert.

Der **persönliche Arrest** (§ 918 ZPO) ist ein hilfsweiser Rechtsbehelf. Er ist nur dann **3515**
zulässig, wenn der Schuldner überhaupt noch pfändbares Vermögen hat. Sein Zweck
besteht darin, eine Verschiebung derjenigen Vermögensstücke zu verhindern, deren
Pfändung im Wege des dinglichen Arrestes ermöglicht werden soll.

### ee) Muster: Antragstellung

### aaa) Formulierungsvorschlag: Antrag auf dinglichen Arrest

… beantrage ich, ohne mündliche Verhandlung den folgenden Arrestbefehl zu erlassen: **3516**
1. Zur Sicherung der Zwangsvollstreckung wegen nachehelichen Unterhalts der
   Antragstellerin von monatlich 500 € ab dem..... wird der dingliche Arrest in das
   Vermögen des Antragsgegners angeordnet.
2. Der Antragsgegner hat die Kosten des Arrestverfahrens zu tragen.
3. Die Vollziehung des Arrests wird durch Hinterlegung eines Betrages von … €
   durch den Antragsgegner gehemmt.[1493]
4. In Vollziehung des Arrests wird die Forderung des Antragsgegners gegen die
   A-Bank in D auf Auszahlung seines Guthabens auf dem Konto-Nr. … bis zu
   einem Höchstbetrag von..... gepfändet. Dem Antragsgegner wird untersagt, über
   die Forderung zu verfügen. Die A-Bank darf an den Antragsgegner nicht mehr
   leisten.

---

1492  Vgl. dazu *Menne* FamRZ 2004, 6 ff.
1493  Vgl. § 923 ZPO.

*bbb) Formulierungsvorschlag: Antrag auf persönlichen Arrest*

**3517**  Wegen einer Unterhaltsforderung von..... € sowie einer Kostenpauschale von..... € wird der persönliche Sicherheitsarrest gegen den Antragsgegner angeordnet.

**3518**  Persönlicher Arrest ist die ultima ratio. Deshalb kommt diese Entscheidung nur in Betracht, wenn die gefährdete Zwangsvollstreckung in das Vermögen des Schuldners anders nicht gewährleistet werden kann, vgl. § 918 ZPO.

## 8. Rückforderung von zu viel gezahltem Unterhalt

▶ **Das Wichtigste in Kürze**

**3519**  – Verschärfte Rückzahlungshaftung ab Rechtshängigkeit eines auf Herabsetzung gerichteten Abänderungsantrags (§ 241 FamFG). → Rdn. 3535 ff.
– Die einstweilige Anordnung ist kein Rechtsgrund für Unterhaltszahlungen, sodass Überzahlungen direkt nach § 812 Abs. 1 Satz 1 (1. Alt.) BGB kondizierbar sind. → Rdn. 3528 f.
– Der Unterhaltsgläubiger kann sich ggü. dem Bereicherungsanspruch auf Entreicherung nach § 818 Abs. 3 BGB berufen; insoweit besteht die Vermutung, dass die Überzahlung nach der Lebenserfahrung regelmäßig zur Verbesserung des Lebensstandards und nicht zur Vermögensbildung ausgegeben wird. → Rdn. 3530 ff.

### a) Problematik

**3520**  Die Überzahlung von Unterhalt kann zur Folge haben, dass der Unterhaltsschuldner einen gerichtlichen **Rückforderungsantrag** stellt. Die Überzahlung kann dadurch bedingt sein, dass der Unterhalt i.R.d. vorläufigen Rechtsschutzes (einstweilige Anordnung) nur summarisch und dadurch in zu großer Höhe tituliert wurde oder sich später die der Unterhaltsberechnung zugrunde gelegten Verhältnisse zugunsten des Unterhaltsschuldners geändert haben. So ist bspw. der Fall denkbar, dass ein Unterhaltsbeschluss, der auf Erwerbslosenunterhalt basiert, unrichtig wird, weil der Unterhaltsberechtigte plötzlich doch Arbeit gefunden hat, deshalb Geld verdient und nicht mehr bedürftig ist.

**3521**  Jedenfalls wird der Unterhaltsschuldner zu viel gezahlten Unterhalt regelmäßig zurück begehren. Grundlage solcher Rückzahlungsansprüche ist insb. das Bereicherungsrecht, im Einzelfall kommen aber auch Schadensersatzansprüche in Betracht, z.B. weil die gefundene Erwerbstätigkeit dem Unterhaltsschuldner unredlich verschwiegen wird.

### b) Bereicherungsrechtliche Rückforderung von Unterhalt

*aa) Rechtsgrundlose Unterhaltszahlungen*

**3522**  Wichtig ist zunächst, dass Unterhaltsbeschlüsse, aber auch Unterhaltsvereinbarungen, einen Rechtsgrund für Unterhaltszahlungen darstellen. Diesen Rechtsgrund muss der bisherige Unterhaltsschuldner erstmal beseitigen, bevor bereicherungsrechtliche Rückzahlungsansprüche nach § 812 BGB denkbar sind.

Ist dies mittels Abänderungsantrags nach §§ 238, 239 FamFG erfolgreich geschehen, kommt ein Rückzahlungsanspruch wegen späteren Wegfalls des rechtlichen Grundes nach § 812 Abs. 1 Satz 2 (1. Alt.) BGB in Betracht.    3523

*aaa) Unterhaltsbeschluss*

Eine **rückwirkende Abänderung** ist im Fall des **Unterhaltsbeschlusses** allerdings nur eingeschränkt möglich (Grund: Rückwirkungssperre des § 238 Abs. 3 Satz 1 FamFG). Folglich kann der Unterhaltsschuldner in diesem Fall nur entsprechend der Regelung des § 238 Abs. 3 Satz 1 FamFG, d.h. soweit diese eine Rückwirkung zulässt, Bereicherungsansprüche nach § 812 Abs. 1 Satz 2 (1. Alt.) BGB geltend machen. Die Rückwirkung ist danach bedingt durch ein etwaiges Auskunfts- oder Verzichtsverlangen des Unterhaltsschuldners (vgl. § 238 Abs. 3 Satz 3 FamFG) und kann nicht über ein Jahr hinausgehen (§ 238 Abs. 3 Satz 4 FamFG).    3524

*bbb) Gerichtlicher Unterhaltsvergleich*

Die Unterhaltstitel des § 239 FamFG, d.h. insb. die gerichtlichen Unterhaltsvergleiche, sind der Rechtskraft hingegen nicht fähig und daher rückwirkend abänderbar. Die Vorschrift des § 238 Abs. 3 FamFG ist nicht anwendbar. Die Vertragspartner eines Vergleichs können die Kriterien der Abänderbarkeit autonom bestimmen. Einer **rückwirkenden Abänderung** können nur materiell-rechtliche Gründe entgegenstehen.    3525

Der Antrag, die durch Unterhaltsvergleich titulierte Unterhaltspflicht möge rückwirkend ganz entfallen, ist wie folgt zu formulieren:    3526

▶ Formulierungsvorschlag: Gerichtlicher Unterhaltsvergleich

**Der Unterhaltsvergleich der Beteiligten, abgeschlossen am … vor dem AG … (Az.: …), wird dahin abgeändert, dass der Antragsteller ab … keinen Unterhalt mehr an die Antragsgegnerin zu bezahlen hatte.**

Soweit das FamG die rückwirkende Änderung beschließt, können aufgrund der Überzahlung Bereicherungsansprüche nach § 812 Abs. 1 Satz 2 (1. Alt.) BGB geltend gemacht werden.    3527

*ccc) Unterhaltsanordnungen*

Nur die einstweilige Anordnung ist insoweit eine Ausnahme, d.h. sie stellt keinen Rechtsgrund für Unterhaltszahlungen dar, sodass Überzahlungen direkt nach § 812 Abs. 1 Satz 1 (1. Alt.) BGB kondizierbar sind.[1494]    3528

Die **Möglichkeit der Stellung dieses Leistungsantrags**, gerichtet auf Rückzahlung von nicht geschuldetem Unterhalt, ist ggü. einem negativen Feststellungsantrag vorrangig,    3529

---

1494 Vgl. dazu *Viefhues* FuR 2015, 631.

d.h. der Unterhaltsschuldner kann ausschließlich einen Leistungsantrag auf Rückgewähr der nicht geschuldeten Unterhaltsbeträge erheben. Dies ist bedingt durch die Subsidiarität des negativen Feststellungsantrags ggü. einem möglichen Leistungsantrag, der den Streitgegenstand des Feststellungsantrags (Unterhaltsanspruch) mitumfasst. Würde man einen negativen Feststellungsantrag zulassen, müsste das FamG feststellen, dass der Unterhaltsschuldner für die Vergangenheit und weiter für die Zeit bis zur mündlichen Verhandlung zu Unterhaltszahlungen nicht verpflichtet war. Diese Feststellung ist für den Unterhaltsschuldner nur von rechtlicher Bedeutung, wenn er nun die betroffenen nicht geschuldeten Beträge zurückfordert. Dies könnte er – da der Feststellungsbeschluss keinen »Leistungsbefehl« einschließt – nur durch einen nachgeschalteten Leistungsantrag erzwingen. Damit ist der Unterhaltsschuldner in solchen Fällen gezwungen, den Leistungsantrag sofort zu erheben, damit eine doppelte Verfahrensführung nicht erforderlich wird. Der Unterhaltsschuldner beantragt die Rückzahlung der titulierten Unterhaltsleistungen der Vergangenheit und erweitert den Antrag in der mündlichen Verhandlung um diejenigen Zahlungen, die er bis zur mündlichen Verhandlung noch tätigen musste. Der erfolgreiche Leistungsantrag führt nach § 56 FamFG zum Außerkrafttreten der einstweiligen Unterhaltsanordnung.[1495]

### bb) Entreicherungseinwand nach § 818 Abs. 3 BGB

3530    Soweit rechtsgrundlose Unterhaltszahlungen in der Vergangenheit oder nach Rechtshängigkeit eines etwaigen Abänderungsantrags gegeben sind, beruft sich der Unterhaltsgläubiger demgegenüber regelmäßig auf Entreicherung nach § 818 Abs. 3 BGB.

3531    Der Einwand der Entreicherung kann dem Anspruch vom Unterhaltsgläubiger häufig erfolgreich als **rechtsvernichtende Einwendung** entgegengehalten werden.[1496]

3532    Der Unterhaltsgläubiger muss nur darlegen, das erlangte Geld restlos verbraucht zu haben. Wird dagegen in dem betreffenden Zeitraum gleichzeitig Vermögen gebildet, weil wegen der Überzahlung vom laufenden – an sich zur Bestreitung des Lebensunterhalts zur Verfügung stehenden – Einkommen außerplanmäßige Anschaffungen getätigt oder Schulden getilgt werden konnten, greift der Einwand der Entreicherung nicht durch.

3533    Die Rechtsprechung[1497] geht zugunsten des Unterhaltsgläubigers von der **Vermutung** aus, dass die Überzahlung nach der Lebenserfahrung regelmäßig zur Verbesserung des Lebensstandards und nicht zur Vermögensbildung ausgegeben wird.

3534    Der Entreicherungseinwand nach § 818 Abs. 3 BGB wird allerdings nur dem gutgläubigen Bereicherungsschuldner zugestanden, d.h. sobald die Voraussetzungen der verschärften Bereicherungshaftung vorliegen, sind Bereicherungsansprüche umsetzbar (s. Rdn. 3535 ff.).

---

1495 Vgl. BGH, NJW 1984, 2095 = FamRZ 1984, 767.
1496 BGH, FamRZ 2008, 968, 974.
1497 BGH, FamRZ 1998, 951, 953; OLG Brandenburg, FamRZ 2007, 44.

### cc) Verschärfte Bereicherungshaftung

### aaa) Verschärfte Haftung nach § 241 FamFG

§ 241 FamFG trifft folgende Anordnung: Die Rechtshängigkeit eines auf Herab- 3535
setzung gerichteten Abänderungsantrags steht bei der Anwendung des § 818 Abs. 4
BGB der Rechtshängigkeit einer Klage auf Rückzahlung der geleisteten Beträge gleich.

Die Vorschrift des § 241 FamFG stellt eine **Erweiterung der Vorschrift des § 818** 3536
**Abs. 4 BGB** dar, indem die **Rechtshängigkeit eines auf Herabsetzung gerichteten**
**Abänderungsantrags** (bei der Anwendung des § 818 Abs. 4 BGB) der Rechtshängigkeit einer Klage auf Rückzahlung der geleisteten Beträge gleichsteht. Die Rechtshängigkeit des Abänderungsverfahrens nach §§ 238, 239, 240 FamFG löst damit automatisch die verschärfte Bereicherungshaftung im Fall der späteren Herabsetzung des
Unterhaltsanspruchs aus und sichert dadurch Unterhaltsrückzahlungsansprüche ab.

Das **Rechtsschutzziel** des die Herabsetzung beantragenden Unterhaltsschuldners geht 3537
im Fall bereits bezahlter Beträge regelmäßig dahin, diese auch zurückzuerlangen. Der
Unterhaltsgläubiger ist durch das Abänderungsverfahren ausreichend gewarnt und
muss das erhaltene Geld für eine etwaige Rückzahlung bereithalten.

▶ **Anwaltlicher Hinweis:**

§ 241 FamFG bezieht sich aber allein auf die Abänderungsverfahren nach §§ 238, 3538
239, 240 FamFG. Die bereicherungsrechtliche Rückforderung von zu viel gezahltem Unterhalt kann aber auch gewollt sein, wenn die Herabsetzung von Unterhalt
gefordert wird, der mittels einer einstweiligen Anordnung tituliert ist. Da ein
Abänderungsverfahren nach § 238 FamFG dafür nicht vorgesehen ist, ist entweder ein Abänderungs- bzw. Aufhebungsantrag nach § 54 FamFG zu stellen, ein
Antrag auf Einleitung des Hauptsacheverfahrens nach § 52 FamFG oder ein
negativer Feststellungsantrag gem. § 256 ZPO. Aufgrund der vergleichbaren
Rechtslage ist es vertretbar, § 241 FamFG auf diese Konstellation analog anzuwenden.[1498] Darauf sollte sich der für den Unterhaltsschuldner tätige Anwalt aber
nicht verlassen, d.h. er sollte absichernd auch den Rückzahlungsantrag stellen.
Die Problematik wird hoffentlich alsbald gerichtlich geklärt.

### bbb) Rechtshängigkeit eines Abänderungsantrags

Voraussetzung der verschärften Bereicherungshaftung ist, dass ein erfolgreicher Abän- 3539
derungsantrag nach §§ 238, 239 oder 240 FamFG vom Unterhaltsschuldner gestellt
wurde. Unterhaltszahlungen, die danach erfolgen, etwa um der Zwangsvollstreckung
wegen des Unterhalts zu entgehen, kann der Unterhaltsschuldner mit einem Rückzahlungsantrag zurückfordern. Der Entreicherungseinwand nach § 818 Abs. 3 BGB

---

1498 So auch Musielak/Borth, FamFG, § 241 Rn. 4; vgl. auch Schulte-Bunert/Weinreich/
*Schwonberg*, FamFG, § 241 Rn. 4; *Götz* NJW 2010, 900; a.A. OLG Karlsruhe, FamRZ
2014, 1387.

etwa wegen Verbrauchs des Geldes ist dabei aufgrund der verschärften Haftung gem. §§ 241 FamFG i.V.m. 818 Abs. 4 BGB ausgeschlossen.

3540 Analog § 241 FamFG sollte die verschärfte Bereicherungshaftung auch für Unterhaltszahlungen gelten, die nach Rechtshängigkeit eines negativen Feststellungsantrags gegen eine Unterhaltsanordnung zwecks Abwendung der Zwangsvollstreckung erbracht werden (soweit in diesem Fall nicht ohnehin ein Leistungsantrag vorrangig wäre).[1499]

*ccc) Bereicherungsansprüche vor Rechtshängigkeit des Abänderungsantrags*

3541 Bereicherungsansprüche vor Rechtshängigkeit eines Abänderungsverfahrens setzen die Möglichkeit der rückwirkenden Abänderung voraus (s. Rdn. 3522 ff.). Eine **rückwirkende Abänderung** ist im Fall des **Unterhaltsbeschlusses** eingeschränkt möglich (Grund: Rückwirkungssperre des § 238 Abs. 3 Satz 1 FamFG), uneingeschränkt hingegen im Fall der gerichtlichen oder notariellen **Unterhaltsvereinbarung.**

3542 Wurde der Unterhalt durch **einstweilige Anordnung** tituliert, ist ein Abänderungsverfahren nicht erforderlich. Die einstweilige Anordnung ist kein Rechtsgrund für Unterhaltszahlungen, sodass der Rückzahlungsanspruch unmittelbar im Wege des Leistungsantrags geltend gemacht werden kann. Inzident wird in diesem Verfahren die materielle Unterhaltsschuld geprüft; kommt das FamG dabei zu dem Ergebnis, dass eine Unterhaltsschuld nicht bestand, tritt dadurch die einstweilige Anordnung nach § 56 Abs. 1 FamFG außer Kraft. Diese Entscheidung ist – ihre Rechtskraft unterstellt – eine anderweitige Regelung.[1500]

3543 Auch wenn das FamG die Unrichtigkeit der einstweiligen Anordnung feststellt bzw. eine rückwirkende Abänderung im Verfahren nach §§ 238, 239 FamFG vornimmt, ist der Rückzahlungsanspruch noch abhängig vom Entreicherungseinwand (s. Rdn. 3530 ff.).

▶ Beispiel:

3544 Wird z.B. durch ein Abänderungsverfahren nach § 239 FamFG ein gerichtlicher Unterhaltsvergleich rückwirkend dahin geändert, dass der Unterhaltsschuldner mtl. 100 € weniger zahlen muss, kann er die Zuvielzahlung ab Rechtshängigkeit des Abänderungsverfahrens aufgrund von § 241 FamFG mit dem Bereicherungsanspruch erfolgreich geltend machen. Allerdings gilt § 241 FamFG nicht für den Zeitraum vor Rechtshängigkeit. Der Bereicherungsanspruch sieht sich hier mit dem Entreicherungseinwand des § 818 Abs. 3 BGB konfrontiert.

3545 Jedoch kann sich der Empfänger bei verschärfter Haftung nach §§ 818 Abs. 4, 819 Abs. 1 oder 820 Abs. 1 BGB nicht mehr auf Entreicherung berufen, sondern haftet

---

1499 S. Rdn. 3529; s.a. Rdn. 3542.
1500 BGH, FamRZ 1984, 767, 768.

nunmehr nach den allgemeinen Vorschriften. Die Voraussetzungen der verschärften Bereicherungshaftung sind in Unterhaltssachen selten gegeben:
- **§§ 818 Abs. 4 BGB; 241 FamFG**
  Eine Haftungsverschärfung nach diesen Vorschriften setzt die Rechtshängigkeit des Abänderungsverfahrens voraus, ist daher für zurückliegende, also vor Rechtshängigkeit liegende Zeiträume, bedeutungslos.
- **§ 819 Abs. 1 i.V.m. § 818 Abs. 4 BGB**
  Eine verschärfte Haftung kann sich auch aus § 819 Abs. 1 i.V.m. § 818 Abs. 4 BGB ergeben. Maßgeblich ist, dass der Bereicherungsschuldner das Fehlen des rechtlichen Grundes selbst und die sich daraus ergebenden Rechtsfolgen (positiv) kennt. Die Voraussetzungen des § 819 Abs. 1 BGB sind kaum beweisbar; der Unterhaltsgläubiger wird sich auf die Ungewissheit der Unterhaltsproblematik berufen, die selbst nach Rechtshängigkeit des Abänderungsverfahrens noch besteht.
- **§ 820 Abs. 1 Satz 2 BGB**
  Eine verschärfte Bereicherungshaftung kommt des Weiteren auch nicht nach § 820 Abs. 1 Satz 2 BGB in Betracht. Erforderlich ist, dass die Leistung aus einem Rechtsgrund erfolgt sein muss, dessen Wegfall nach dem Inhalt des Rechtsgeschäfts als möglich angesehen wurde und der später auch tatsächlich wegfällt.
  Der BGH[1501] hat eindeutig klargestellt, dass § 820 Abs. 1 Satz 2 BGB auch im Fall eines gerichtlichen Unterhaltsvergleichs weder unmittelbar noch entsprechend anwendbar ist.
  Rechtsgrund für gezahlten Unterhalt sei in solchen Fällen nicht der Unterhaltsvergleich, sondern die gesetzliche Unterhaltspflicht (z.B. nach §§ 1569 ff. BGB). Dieser Rechtsgrund werde durch den Vergleich nicht ausgewechselt, sondern nur auf eine weitere schuldrechtliche Grundlage gestellt und mit einem vollstreckungsfähigen Titel (§ 794 Abs. 1 Nr. 1 ZPO) versehen. Der gerichtliche Unterhaltsvergleich modifiziert damit allenfalls die gesetzlichen Voraussetzungen der Unterhaltspflicht, etwa in zeitlicher Hinsicht oder der Höhe nach. Eine solche, lediglich vertraglich modifizierte Unterhaltspflicht ist aber mit den Fällen des § 820 Abs. 1 Satz 2 BGB nicht vergleichbar, in denen die Beteiligten die Vermögensverschiebung aufgrund einer rechtsgeschäftlichen Vereinbarung vornehmen.
- **Fazit:**
  Der Rechtsprechung ist mehrfach vorgeworfen worden, sie benachteilige den Unterhaltsschuldner, da es aussichtslos sei, in der Vergangenheit zu viel gezahlten Unterhalt zurückzubekommen. Dies gipfelte im Hinblick auf § 818 Abs. 3 BGB in der ironischen Aussage »Nur ausgegebenes Geld ist im Unterhaltsrecht gutes Geld«.[1502] Zwar hat sich das Problem der bereicherungsrechtlichen Rückforderung von Unterhalt durch § 241 FamFG etwas entspannt, dennoch dürfte es nach wie vor mehr oder weniger aussichtslos sein, Unterhalt, der vor Rechtshängigkeit eines Abänderungsverfahrens zu viel gezahlt wurde, mittels eines Bereicherungsanspruchs zurückzubekommen. Möglichkeiten ergeben sich daher nur, wenn ein deliktischer Rückzahlungsanspruch besteht (s. Rdn. 3548 ff.).

---

1501 BGH, FamRZ 1998, 953.
1502 *Kohler* FamRZ 1988, 1005.

### dd) Rückforderungsantrag

3546    Sollte insb. aufgrund der Vorschrift des § 241 FamFG ein Rückforderungsantrag erfolgreich gestellt werden können, ist dieser wie folgt zu formulieren:

▶ **Formulierungsvorschlag: Rückforderungsantrag**

**Der Antragsgegner wird verpflichtet, den während des Abänderungsverfahrens zu viel gezahlten Unterhalt i.H.v. monatlich..... €, insgesamt i.H.v. ... €, nebst Zinsen von 5 % Prozentpunkten über dem Basiszinssatz ab..... an den Antragsteller zu zahlen.**

3547    Der Antrag kann zur Vermeidung eines Kostenrisikos auch hilfsweise gestellt werden, d.h. er kann vom Erfolg des Abänderungsverfahrens abhängig gemacht werden.

## c) Schadensersatzansprüche wegen überhöhter Unterhaltszahlungen

3548    Der Unterhaltsschuldner kann überhöhte Unterhaltszahlungen nach § 826 BGB zurückverlangen, wenn er insb. aufgrund falscher Angaben des Unterhaltsgläubigers zu diesen veranlasst wurde. Diese Ansprüche sind allerdings in der Praxis äußerst selten. Zudem besteht die Gefahr, dass ein titulierter Schadensersatzanspruch mangels finanzieller Masse beim Schuldner nicht durchgesetzt werden kann.

### aa) Schadensersatz nach § 826 BGB

3549    Nach gefestigter höchstrichterlicher Rechtsprechung[1503] kann in schwerwiegenden Ausnahmefällen mit einem auf § 826 BGB gestützten Antrag die materielle Rechtskraft durchbrochen werden, und zwar als Anspruch auf Unterlassen der Zwangsvollstreckung und Herausgabe des Titels, ansonsten als Schadensersatzanspruch in Geld, wenn bereits vollstreckt worden ist.[1504] Denn die Rechtskraft muss zurücktreten, wenn es mit dem Gerechtigkeitsgedanken schlechthin unvereinbar wäre, dass der Titelgläubiger seine formale Rechtsstellung zulasten des Schuldners ausnutzt.

3550    Der Anspruch aus § 826 BGB setzt zunächst die materielle Unrichtigkeit des Titels voraus. Maßgeblich ist insoweit die Auffassung des über den Schadensersatzanspruch erkennenden Gerichts.[1505] Hinzukommen müssen des Weiteren besondere Umstände, die das Verhalten des Schädigers als sittenwidrig erscheinen lassen.[1506] Letzteres ist anzunehmen, wenn der Titelgläubiger Kenntnis davon hat, dass die titulierte Forderung in Wahrheit nicht besteht und dass sein Vorgehen das Rechtsgefühl in schlechthin unerträglicher Weise verletzt.[1507]

---

1503   Vgl. OLG Brandenburg, Beschl. vom 26.03.2020, 15 UF 164/18 = FuR 2021, 38; BGH, NJW 1983, 2317; BGH, NJW 1996, 658 ff. m. Anm. *Schmidt* JuS 1996, 651 f.; BVerfG, NJW-RR 1993, 232 m.w.N.

1504   Thomas/Putzo/*Seiler*, ZPO, § 322 Rn. 50 ff.

1505   BGH, NJW 1987, 3256 f.

1506   Grüneberg/*Sprau*, BGB, § 826 Rn. 46.

1507   Thomas/Putzo/*Seiler*, ZPO, § 322 Rn. 50 ff.

▶ **Anwaltlicher Hinweis:**

Der Erfolg des Antrags hängt also davon ab, dass                               3551
– der betroffene Titel materiell unrichtig ist,
– der Titelgläubiger die Unrichtigkeit des Titels kennt,
– besondere Umstände noch hinzutreten, aufgrund derer es dem Gläubiger zuzumuten ist, die ihm unverdient zugefallene Rechtsposition aufzugeben.

Auch die Voraussetzungen des Schadensersatzes nach § 823 Abs. 2 BGB i.V.m. § 263  3552
StGB sind bei betrügerischem Verhalten des Unterhaltsgläubigers gegeben.

*bb) Offenbarungspflicht des Unterhaltsberechtigten*

Bei falschen Angaben des Unterhaltsberechtigten über seine Einkommens- und Ver-  3553
mögensverhältnisse ist zwischen entsprechenden Angaben vor und nach Titelschaffung zu unterscheiden.

*aaa) Falsche Angaben vor Titelschaffung*

Wer einen Unterhaltsanspruch geltend macht, hat die zur Begründung des Anspruchs  3554
dienenden tatsächlichen Umstände wahrheitsgemäß anzugeben und darf nichts verschweigen, was seine Unterhaltsbedürftigkeit infrage stellen könnte. Das gilt mit
Rücksicht auf die nach § 138 Abs. 1 ZPO bestehende prozessuale Wahrheitspflicht
erst recht während eines laufenden Rechtsstreits (z.B. Nichtoffenbarung einer freiwilligen Zuwendung der Mutter des Unterhaltsberechtigten i.H.v. 125.000 €, die evtl.
über § 1577 Abs. 3 BGB hätte berücksichtigt werden müssen).[1508]

Das Verschweigen unterhaltsrelevanter Tatsachen ist eine Täuschung durch positives  3555
Tun, nämlich durch Entstellen des zur Beurteilung der Unterhaltsbedürftigkeit maßgebenden Gesamtsachverhalts.

Kommt es aufgrund der Täuschung zu einem für den Unterhaltspflichtigen ungünsti-  3556
gen Vergleich, kann der Unterhaltsschuldner diesen anfechten. Liegen die Voraussetzungen für eine arglistige Täuschung vor, kommt eine Anfechtung des Vergleichs gem.
§ 123 BGB in Betracht. Prozessual ist das Ursprungsverfahren, in dem der Vergleich
geschlossen worden ist, auf Antrag des Anfechtenden zur Prüfung der Unwirksamkeit
des Vergleichs fortzusetzen.[1509]

Ein Schadensersatzanspruch wegen Betrugs (§ 823 Abs. 2 BGB, § 263 StGB) kommt  3557
in Betracht, wenn der Unterhaltsberechtigte bewusst falsche Angaben zu seinen Ein-
kommens- und Vermögensverhältnissen gemacht, dadurch einen (falschen) Titel herbeigeführt und der Unterhaltspflichtige aufgrund dieses Titels (zu viel) gezahlt hat
(sog. Prozessbetrug). Dieses arglistige Verhalten begründet ebenfalls den Schadensersatzanspruch nach § 826 BGB.

---

1508  BGH, FamRZ 2000, 153.
1509  BGH, FamRZ 2008, 153 f.

3558 Schwierigkeiten bereitet allerdings die subjektive Seite. Denn angesichts der Kompliziertheit des Unterhaltsrechts kann ein juristischer Laie nicht immer übersehen, welche unterhaltsrechtliche Relevanz bestimmte Einzelfaktoren haben.

### bbb) Fehlverhalten des Unterhaltsberechtigten nach Titelschaffung

3559 Eine generelle Verpflichtung zur Offenlegung von (ungünstigen) Einkommensänderungen und dergleichen besteht nach Auffassung der Rechtsprechung nicht; der Unterhaltsschuldner ist gehalten, seine Auskunftsrechte wahrzunehmen.[1510]

Eine ausdrückliche Verpflichtung zur ungefragten Information ist nämlich bislang nicht kodifiziert.

3560 Nur ausnahmsweise wird eine **Offenbarungspflicht aus § 242 BGB** hergeleitet, falls das Schweigen evident unredlich ist.

3561 Dies betrifft etwa den Fall, dass die Bedürftigkeit infolge einer **unerwarteten Arbeitsaufnahme** entfällt.[1511]

3562 Ebenfalls kommt eine Informationspflicht in Betracht, wenn der Unterhaltsberechtigte seit mehreren Jahren in einer **eheersetzenden Partnerschaft** lebt, ohne dies zu erklären.[1512] Hingegen sind Nebeneinkünfte eines Studierenden nicht mitteilungspflichtig.[1513]

3563 Teilt der Unterhaltsberechtigte diesen neuen Umstand nicht mit, liegt ein Betrug vor, sodass Schadensersatz wegen des zu viel gezahlten Unterhalts nach § 823 Abs. 2 BGB i.V.m. § 263 StGB verlangt werden kann.

3564 Eine verstärkte Verpflichtung zur Mitteilung wesentlicher Einkommensänderungen nimmt die Rechtsprechung nur im Fall der **Unterhaltsvereinbarung** mittels gerichtlichen Vergleichs an.[1514]

3565 Nur dann unterliege der Unterhaltsgläubiger einer **gesteigerten Rücksichtnahmepflicht** bzgl. der Vermögensinteressen des Unterhaltsschuldners, d.h. er muss auch ungefragt Veränderungen der für die Unterhaltsbemessung maßgeblichen Faktoren mitteilen.[1515]

3566 Die Offenbarungspflicht im Fall vorausgegangener Unterhaltsvereinbarungen wird aus §§ 242, 1618a BGB abgeleitet.[1516]

3567 Letztlich ist die Rechtsprechung unverständlich. Wesentliche Einkommensänderungen sind unabhängig von der jeweiligen Titulierung immer mitzuteilen.

---

1510 Hdb.-FamR/*Kintzel*, 6. Kap., Rn. 1100.
1511 BGH, FamRZ 1988, 270.
1512 OLG Koblenz, FamRZ 1987, 1156.
1513 OLG Brandenburg, Beschl. vom 26.03.2020, 15 UF 164/18 = FuR 2021, 38.
1514 OLG Brandenburg, Beschl. vom 26.03.2020, 15 UF 164/18 = FuR 2021, 38.
1515 BGH, FamRZ 2008, 1325.
1516 Vgl. dazu BGH, FamRZ 2008, 1325 m. Anm. *Borth*.

Die Unterhaltsverpflichtung hat Dauerschuldcharakter und begründet ein unterhalts-   3568
rechtliches Treueverhältnis. Dies ist nicht von der jeweiligen Unterhaltstitulierung
abhängig.[1517]

▶ **Taktischer Hinweis:**

Ein Hinweis, dass der Gesetzgeber diese ungefragte Auskunftspflicht, die Grund-   3569
lage von Schadensersatzansprüchen wäre, weiter entwickeln will, kann § 235
Abs. 3 FamFG entnommen werden. Nach § 235 Abs. 1 Satz 1 FamFG kann das
FamG anordnen, dass der Antragsteller und der Antragsgegner Auskunft über
ihre Einkünfte, ihr Vermögen und ihre persönlichen und wirtschaftlichen Verhältnisse erteilen sowie bestimmte Belege vorlegen, soweit dies für die Bemessung
des Unterhalts von Bedeutung ist.

§ 235 Abs. 3 FamFG sieht daran anknüpfend eine Verpflichtung des Adressaten
einer Auflage nach § 235 Abs. 1 FamFG vor, das Gericht über wesentliche Veränderungen derjenigen Umstände unaufgefordert zu informieren, die Gegenstand
der Auflage waren.

Die Vorschrift des § 235 Abs. 3 FamFG sollte es zulassen, die Pflicht zur ungefragten Information der Beteiligten über die maßgeblichen wirtschaftlichen Verhältnisse, die der Unterhaltsbemessung zugrunde liegen, auf alle
Unterhaltsschuldverhältnisse – unabhängig von der jeweiligen Titulierung – auszudehnen und daher weiterzuentwickeln. Grundlage dieser Pflicht ist bereits das
Unterhaltsschuldverhältnis, das einen Dauerschuldcharakter hat. Für Dauerschuldverhältnisse ist aber anerkannt, dass wechselseitige Rücksichtnahmepflichten und Offenbarungspflichten bestehen.

**Taktisch** ist es empfehlenswert, in Unterhaltsvereinbarungen ausdrückliche Mit-
teilungspflichten mitaufzunehmen.

### cc) Antragstellung

Der Schadensersatzanspruch nach § 826 BGB erlaubt die Durchbrechung der mate-   3570
riellen Rechtskraft. Der Antrag umfasst daher das Unterlassen der Zwangsvollstreckung und die Herausgabe des Titels, i.Ü. Schadensersatzanspruch in Geld, wenn
bereits vollstreckt worden ist:[1518]

▶ **Formulierungsvorschlag: Schadensersatzanspruch**

**Der Antragsgegner wird verpflichtet,**
1. **die Vollstreckung aus dem Unterhaltsbeschluss des AG – FamG..... vom.....
   (Az.:.....) zu unterlassen und die vollstreckbare Ausfertigung des Beschlusses an
   den Antragsteller herauszugeben.**

---

1517 Vgl. auch *Büttner* FF 2008, 15.
1518 Thomas/Putzo/*Seiler*, ZPO, § 322 Rn. 50 ff.

2.  an den Antragsteller Schadensersatz i.H.v.…… € nebst Zinsen von 5 Prozentpunkten über dem Basiszinssatz ab Rechtshängigkeit zu zahlen.

### d) Anwaltliche Strategie

**3571**  Die Anforderungen an Schadensersatzansprüche in Bezug auf die Rückforderung von Unterhalt sind sehr hoch.

**3572**  Der bereicherungsrechtliche Anspruch ist aufgrund des Entreicherungseinwands nach § 818 Abs. 3 BGB regelmäßig wenig Erfolg versprechend. Deshalb stellt sich die Frage, wie der Anwalt seinen Mandanten schützen kann:
–  Wichtig ist es, möglichst schnell einen Abänderungsantrag zu stellen, um die Unterhaltsschuld zu reduzieren bzw. gänzlich auszuräumen.
–  Ab Rechtshängigkeit des Abänderungsantrags greift dann für künftige Zahlungen die verschärfte Bereicherungshaftung aufgrund der Vorschrift des § 241 FamFG ein.
–  Um die Zustellung zu erreichen, sollte sofort für den Kostenvorschuss eine Bankeinzugsermächtigung erteilt werden. Anderenfalls drohen Verzögerungen wegen der Wertfestsetzung durch das Gericht und der anschließenden Anforderung des Vorschusses.
–  Weiterhin sollte der anwaltliche Vertreter unbedingt die einstweilige Einstellung der Zwangsvollstreckung nach § 242 FamFG i.V.m. § 769 ZPO beantragen.
–  Ist der Unterhalt durch einstweilige Anordnung tituliert, wäre möglichst schnell ein Rückzahlungsantrag zu erheben. Daneben kommt eine Aussetzung der Vollstreckung nach § 55 FamFG in Betracht.
–  Eine letzte Möglichkeit, den Entreicherungseinwand nach § 818 Abs. 3 BGB auszuschließen, besteht darin, dem Unterhaltsgläubiger (möglichst frühzeitig) die Überzahlung als zins- und tilgungsfreies Darlehen zu überlassen, verbunden mit der Verpflichtung, im Fall der Abweisung eines Abänderungs- oder Aufhebungsverfahrens auf die Rückzahlung zu verzichten.[1519] Der Unterhaltsberechtigte soll nach Treu und Glauben verpflichtet sein, ein solches Angebot anzunehmen. Der Erfolg der genannten Verfahren führt dann zu einem Rückzahlungsanspruch des Unterhaltsschuldners nach § 488 Abs. 1 BGB.[1520] Mitunter wird gegen diesen Vorschlag eingewandt, der Antragsteller wolle mit dem Darlehensangebot lediglich die Vollstreckbarkeit des Titels unterlaufen. Der Antragsteller will nach Auffassung der Rechtsprechung mit dem Darlehensangebot jedoch v.a. dem ggü. einem Unterhaltsrückforderungsanspruch möglichen Entreicherungseinwand begegnen.[1521]

---

1519  Vgl. dazu *Christl* NZFam 2017, 791; *Heiter* FamRZ 2015, 1353.
1520  BGH, NJW 1992, 2417; BGH, FamRZ 1998, 951, 952; BGH, NJW 2000, 742.
1521  BGH, NJW 2000, 740, 742; BGH, BGHZ 118, 383 = FamRZ 1992, 1152, 1155 = NJW 1992, 2415.

## e) Übersicht: Rückzahlung Unterhalt

| Titel: | Beschluss | Vergleich | Einstweilige Anordnung | Notarielle Urkunde | 3573 |
|---|---|---|---|---|---|
| Rechtsgrundlage: | §§ 253, 258 ZPO | § 794 Abs. 1 Nr. 1 ZPO | §§ 49 f., 246 FamFG | § 794 Abs. 1 Nr. 5 ZPO | |
| Bereicherungsanspruch | § 812 Abs. 1 Satz 2 (1) | § 812 Abs. 1 Satz 2 (1) | § 812 Abs. 1 Satz 1 (1) | § 812 Abs. 1 Satz 2 (1) | |
| Besonderheiten des Bereicherungsanspruchs | § 818 Abs. 3: Verbrauch für laufenden Lebensbedarf  § 818 Abs. 4: ab Rechtshändigkeit eines Abänderungsantrags, vgl. § 241 FamFG; analog § 241 ab Rechtshändigkeit eines neg. Feststellungsantrags gg. eine einstweilige Unterhaltanordnung  § 819: Bereicherungsschuldner darf auf günstigen Verfahrensausgang und Richtigkeit des Titels hoffen  § 820: nicht anwendbar bei einem Unterhaltstitel | | | | |
| Schadensersatzanspruch | §§ 823 Abs. 2 i.V.m. 263 StGB: Wahrheitspflicht im Verfahren  §§ 823 Abs. 2 i.V.m. 263 StGB: im Falle der Unterhaltsvereinbarung Informationspflicht, wenn für die Unterhaltsbemessung maßgebliche Umstände sich verändern  § 826: Ausnutzung des Unterhaltstitels evident unredlich | | | | |
| Verfahrensrechtl. Schadensersatzanspruch | § 717 Abs. 2 ZPO: Anwendbar bei Unterhaltsbeschlüssen  § 945 ZPO: auch bei einstweiliger Anordnung nicht anwendbar (vgl. § 119 Abs. 1 Satz 2 FamFG) | | | | |

Rückzahlung Unterhalt

## 9. Muster: Unterhaltsanträge

## a) Muster: Kindesunterhalt – Unterhaltsantrag, dynamisch

▶ Muster: Kindesunterhalt – Unterhaltsantrag, dynamisch

An das                                                                 3574

Amtsgericht.....

– Familiengericht –

.....

Unterhaltsantrag

In der Familiensache

der....., gesetzlich vertreten durch die Mutter.....

– Antragstellerin –

Verfahrensbevollmächtigte:

gegen

Herrn.....

– Antragsgegner –

Verfahrensbevollmächtigte:

wegen Kindesunterhalt

vorläufiger Streitwert:

vertrete ich die Antragstellerin.

Namens und im Auftrag der Antragstellerin stelle ich den Antrag:

1. Der Antragsgegner ist verpflichtet, an das Kind, geb. am....., zu Händen der Mutter 115 % des Mindestunterhalts im Sinne des § 1612a Abs. 1 BGB der jeweils geltenden Altersstufe abzüglich des auf das Kind entfallenden hälftigen Kindergeldanteils zu bezahlen, zahlbar monatlich im Voraus ab dem......
2. Der Antragsgegner ist weiter verpflichtet, an die Antragstellerin Zinsen in Höhe von 5 % über dem jeweiligen Basiszinssatz nach § 247 BGB von folgenden monatlichen Unterhaltsrückstandsbeträgen zu zahlen:
   a. von..... € seit dem.....,
   b. von..... € seit dem.....,
   c. von..... € seit dem......
3. Für den Fall des schriftlichen Vorverfahrens wird bei nicht rechtzeitiger Anzeige der Verteidigungsabsicht beantragt, ohne mündliche Verhandlung durch Versäumnisbeschluss zu entscheiden.
4. Die sofortige Wirksamkeit der Entscheidung wird angeordnet.

Begründung:

1.

Die Eltern des im Antrag genannten Kindes sind rechtskräftig geschieden seit dem...... Mit dem vorliegenden Antrag macht die Antragstellerin, gem. § 1629 Abs. 2 BGB vertreten durch die Mutter, Unterhaltsansprüche gegen den Antragsgegner geltend.

Die Antragstellerin hat ihren gewöhnlichen Aufenthalt bei ihrer Mutter in....., sodass sich die Zuständigkeit des Amtsgerichts – Familiengerichts..... aus § 232 Abs. 1 Nr. 2 FamFG ergibt.

Das Kind....., geb. am....., ist ohne Einkommen und ohne Vermögen.

Der Antragsgegner ist dem Kind gegenüber nach §§ 1601 ff. BGB barunterhaltspflichtig. Ein Unterhaltstitel zugunsten des Kindes besteht bisher nicht. Das Kind bezieht keinen Unterhaltsvorschuss und keine Leistungen nach dem SGB II.

Die Mutter der Antragstellerin erhält das Kindergeld von monatlich..... €. Das Kind..... lebt in ihrem Haushalt. Die Mutter erfüllt ihre Unterhaltsverpflichtung durch die Pflege und die Erziehung des minderjährigen unverheirateten Kindes (§ 1606 Abs. 3 Satz 2 BGB).

Der Antragsgegner ist gelernter...... Er wurde von der Antragstellerin mit Schreiben des Unterzeichnenden vom..... außergerichtlich aufgefordert, über seine Einkünfte und sein Vermögen für die Geltendmachung des Unterhaltsanspruchs Auskunft zu erteilen.

Beweis: Vorlage des Aufforderungsschreibens vom....., Anlage K....., in Kopie anbei

Mit dem Schreiben vom..... hat der Antragsgegner die Auskunft erteilt.

Beweis: Vorlage der Auskunft des Antragsgegners vom....., Anlage K....., in Kopie anbei

Die vorgelegten Gehaltsbescheinigungen weisen ein um die berufsbedingten Aufwendungen bereinigtes monatliches Nettoeinkommen von..... € aus.

Der Antragsgegner wurde mit Schreiben des Unterzeichnenden vom..... zur Zahlung von Unterhalt in Höhe von..... sowie Übergabe eines entsprechenden Titels aufgefordert.

Beweis: Vorlage des Aufforderungsschreibens vom....., Anlage K....., in Kopie anbei

Bislang hat der Antragsgegner jedoch keinen Unterhalt gezahlt und auch keinen vollstreckbaren Unterhaltstitel übergeben, sodass nunmehr dieser Antrag geboten ist.

Nach § 1613 Abs. 1 BGB wird Unterhalt ab dem Ersten des Monats verlangt, in dem der Antragsgegner das Aufforderungsschreiben erhalten hat.

2.

Die Verzugszinsen auf die im Antrag bezeichneten Unterhaltsrückstände ergeben sich aus §§ 288 Abs. 1, 286 Abs. 1 Satz 1 BGB. Durch das o.a. Auskunftsschreiben vom..... ist der Antragsgegner gem. § 1613 Abs. 1 BGB in Verzug gesetzt worden.

3.

Das für die Berechnung des Unterhalts maßgebliche Nettoeinkommen des Antragsgegners fällt in Gruppe..... der Düsseldorfer Tabelle (Stand 01.01.....). Dies führt nach der Altersstufe..... des Kindes laut Tabelle zu einem Bedarfsbetrag (ohne Kindergeldabzug) von monatlich..... €.

Dieser Unterhalt ist um das anrechenbare Kindergeld für ein erstes Kind zu vermindern, § 1612b BGB. Zur Vermeidung von späteren Abänderungsverfahren soll der Unterhalt in dynamisierter Formulierung entsprechend § 1612a BGB tenoriert werden.

4.

Die sofortige Wirksamkeit der Entscheidung ist nach § 116 Abs. 3 FamFG anzuordnen.

.....

Rechtsanwältin/Rechtsanwalt

▶ **Hinweise zum Muster:**

**Bestimmung des Prozentsatzes**
Der für das jeweilige Kind zu ermittelnde Prozentsatz ist mithilfe des Düsseldorfer Tabelle wie folgt zu bestimmen:
1. Feststellung des maßgeblichen Einkommens des Pflichtigen,
2. Ermittlung des Individualunterhalts anhand der Düsseldorfer Tabelle,
3. Bestimmung des Prozentsatzes, in dem der Individualunterhalt ins Verhältnis zum Mindestunterhalt gesetzt wird.

Der Prozentsatz ist nach § 1612a Abs. 2 BGB auf eine Dezimalstelle zu begrenzen.

Der Unterhalt ist auf volle Euro aufzurunden.

**Antragstellung**
Kindergeld und ähnliche Leistungen nach §§ 1612b bzw. 1612c BGB sind in den Titel aufzunehmen.

Wichtig ist, dass Kindergeld und ähnliche Leistungen nach §§ 1612b bzw. 1612c BGB nicht vom Mindestunterhalt abgezogen werden, bevor der Prozentsatz ermittelt wurde.

## b) Muster: Kindesunterhalt – Unterhaltsantrag, volljähriges Kind

▶ Muster: Kindesunterhalt – Unterhaltsantrag, volljähriges Kind

3575 An das

Amtsgericht.....

– Familiengericht –

.....

Unterhaltsantrag

In der Familiensache

des....,

– Antragstellerin –

Verfahrensbevollmächtigte:

gegen

Herrn.....

– Antragsgegner –

Verfahrensbevollmächtigte:

wegen Kindesunterhalt

vorläufiger Streitwert:

vertrete ich den Antragsteller.

Namens und im Auftrag des Antragstellers stelle ich den Antrag:

1. Der Antragsgegner ist verpflichtet, an den Antragsteller, geb. am....., einen Verwandtenunterhalt in Höhe von..... zu bezahlen, zahlbar monatlich im Voraus ab dem......
2. Der Antragsgegner ist weiter verpflichtet, an den Antragsteller Zinsen in Höhe von 5 % über dem jeweiligen Basiszinssatz nach § 247 BGB von folgenden monatlichen Unterhaltsrückstandsbeträgen zu zahlen:
   a. von..... € seit dem.....,
   b. von..... € seit dem.....,
   c. von..... € seit dem......
3. Die sofortige Wirksamkeit der Entscheidung wird angeordnet.
4. Für den Fall des schriftlichen Vorverfahrens wird bei nicht rechtzeitiger Anzeige der Verteidigungsabsicht beantragt, ohne mündliche Verhandlung durch Versäumnisbeschluss zu entscheiden.

Begründung:

Der Antragsgegner ist der Vater des im Antrag genannten Kindes. Die Eltern sind rechtskräftig geschieden seit dem...... Mit dem vorliegenden Antrag macht der volljährige Antragsteller Unterhaltsansprüche gegen den Antragsgegner geltend.

Der Antragsteller hat seinen gewöhnlichen Aufenthalt in....., sodass sich die Zuständigkeit des Amtsgerichts – Familiengerichts..... aus § 232 Abs. 1 Nr. 2 FamFG ergibt.

1.

Das Kind....., geb. am....., ist ohne Einkommen und ohne Vermögen.

Der Antragsgegner ist diesem Kind gegenüber nach §§ 1601 ff. BGB barunterhaltspflichtig. Ein Unterhaltstitel zugunsten des Antragstellers besteht bisher nicht. Das Kind bezieht keinen Unterhaltsvorschuss und keine Leistungen nach dem SGB II. Der Antragsteller..... lebt im Haushalt seiner Mutter; er befindet sich noch in der Schulausbildung.

2.

Die Mutter des Antragstellers hat nach den Verdienstabrechnungen der letzten zwölf Monate ein um die berufsbedingten Aufwendungen bereinigtes monatliches Nettoeinkommen in Höhe von..... €.

Beweis: Vorlage der Verdienstabrechnungen der Kindesmutter

Diese Einkünfte liegen unter dem Selbstbehalt der Düsseldorfer Tabelle und können daher für den Unterhalt des Antragstellers nicht herangezogen werden.

3.

Der Antragsgegner ist gelernter...... Er wurde von dem Antragsteller mit dem Schreiben des Unterzeichnenden vom..... außergerichtlich aufgefordert, über seine Einkünfte und sein Vermögen für die Geltendmachung des Unterhaltsanspruchs Auskunft zu erteilen.

Beweis: Vorlage des Aufforderungsschreibens vom....., Anlage A....., in Kopie anbei

Mit dem Schreiben vom..... hat der Antragsgegner die Auskunft erteilt.

Beweis: Vorlage der Auskunft des Antragsgegners vom....., Anlage A....., in Kopie anbei

Die vorgelegten Gehaltsbescheinigungen weisen ein um die berufsbedingten Aufwendungen bereinigtes monatliches Nettoeinkommen von..... € aus.

Der Antragsgegner wurde mit Schreiben des Unterzeichnenden vom ... zur Zahlung von Unterhalt in Höhe von..... sowie Übergabe eines entsprechenden Titels aufgefordert.

Beweis: Vorlage des Aufforderungsschreibens vom....., Anlage A....., in Kopie anbei

Bislang hat der Antragsgegner jedoch keinen Unterhalt gezahlt und auch keinen vollstreckbaren Unterhaltstitel übergeben, sodass nunmehr dieser Antrag geboten ist.

Nach § 1613 Abs. 1 BGB wird Unterhalt ab dem Ersten des Monats verlangt, in dem der Antragsgegner das Mahnschreiben erhalten hat.

4.

Die Verzugszinsen auf die im Antrag bezeichneten Unterhaltsrückstände ergeben sich aus §§ 288 Abs. 1, 286 Abs. 1 Satz 1 BGB. Durch das o.g. Auskunftsschreiben vom..... ist der Antragsgegner gem. § 1613 Abs. 1 BGB in Verzug gesetzt worden.

5.

Das für die Berechnung des Unterhalts maßgebliche Nettoeinkommen des Antragsgegners fällt in Gruppe..... der Düsseldorfer Tabelle (Stand 01.01....). Dies führt nach der Altersstufe..... des Kindes laut Tabelle zu einem Bedarfsbetrag (ohne Kindergeldabzug) von monatlich..... €.

Damit ist zur Bedarfsdeckung allein das Kindergeld in Höhe von..... zu berücksichtigen.

Der Antragsgegner schuldet danach einen Kindesunterhalt in Höhe von......

6.

Die sofortige Wirksamkeit der Entscheidung ist nach § 116 Abs. 3 FamFG anzuordnen.

.....

Rechtsanwältin/Rechtsanwalt

## c) Muster: Kindesunterhalt – Unterhaltsabweisungsantrag

▶ Muster: Kindesunterhalt – Unterhaltsabweisungsantrag

An das                                                                                          3576

Amtsgericht.....

– Familiengericht –

.....

Unterhaltsabweisungsantrag

In der Familiensache

des....., gesetzlich vertreten durch die Mutter.....

– Antragsteller –

Verfahrensbevollmächtigte:

gegen

Herrn.....

– Antragsgegner –

Verfahrensbevollmächtigte:

wegen Kindesunterhalt

vertrete ich den Antragsgegner.

Namens und im Auftrag des Antragsgegners stelle ich den Antrag:

Der Antrag auf Zahlung von Kindesunterhalt vom..... wird kostenpflichtig abgewiesen.

Begründung:

Der Antragsgegner räumt zunächst ein, dass er der Vater des minderjährigen Antragstellers ist. Der Antragsteller lebt im Haushalt seiner Mutter, die das Kindergeld für den Antragsteller bezieht.

Der Antrag ist jedoch deshalb abzuweisen, weil der Antragsgegner nicht leistungsfähig ist.

Er ist – wie auch der Gegenseite bereits mitgeteilt wurde – seit..... arbeitslos und erhält eine Arbeitslosenunterstützung von lediglich..... € monatlich.

Beweis: Vorlage des Bescheides.....

Dieser Betrag erreicht nicht den Selbstbehalt der Düsseldorfer Tabelle von monatlich..... €.

Sein erspartes Vermögen hat der Antragsteller aufgebraucht.

Er bemüht sich selbstverständlich, wieder Arbeit zu finden. Aufgrund der wirtschaftlichen Lage ist es für ihn jedoch schwierig, in der Gastronomie eine Tätigkeit wieder zu erlangen. Erschwerend hinzu kommt auch sein Lebensalter von..... Jahren.

Beweis: Vorlage der Bewerbungsschreiben nebst den Absagen

Somit ist der Antrag abzuweisen.

.....

Rechtsanwältin/Rechtsanwalt

### d) Muster: Abänderungsantrag des minderjährigen Kindes gegen den Vater

▶ Muster: Abänderungsantrag des minderjährigen Kindes gegen den Vater

3577 An das

Amtsgericht.....

– Familiengericht –

.....

Abänderungsantrag

In der Familiensache

der....., gesetzlich vertreten durch die Mutter.....

– Antragstellerin –

Verfahrensbevollmächtigte:

gegen

Herrn.....

– Antragsgegner –

Verfahrensbevollmächtigte:

wegen Kindesunterhalt

vorläufiger Streitwert:

vertrete ich die Antragstellerin.

Namens und im Auftrag der Antragstellerin stelle ich den Antrag:

1. Der Antragsgegner wird verpflichtet, an das Kind, geb. am ...., zu Händen der Mutter 115 % des Mindestunterhalts im Sinne des § 1612a Abs. 1 BGB der jeweils geltenden Altersstufe abzüglich des auf das Kind entfallenden hälftigen Kindergeldanteils zu bezahlen, zahlbar monatlich im Voraus ab dem......

2. Für den Fall des schriftlichen Vorverfahrens wird bei nicht rechtzeitiger Anzeige der Verteidigungsabsicht beantragt, ohne mündliche Verhandlung durch Versäumnisbeschluss zu entscheiden.

Begründung:

1.

Der Antragsteller lebt im Haushalt seiner Mutter, die vom Antragsgegner rechtskräftig am..... geschieden wurde. Er wird von dieser in der Unterhaltssache nach § 1629 Abs. 2 Satz 2 BGB gesetzlich vertreten.

Die Mutter erfüllt ihre Unterhaltsverpflichtung durch die Pflege und die Erziehung, § 1606 Abs. 3 Satz 2 BGB.

Der Antragsgegner ist der Vater des Antragstellers und diesem gegenüber aufgrund des Beschlusses des Amtsgerichts..... in Höhe von monatlich..... € unterhaltspflichtig.

Beweis: Vorlage des Beschlusses des Amtsgerichts..... vom....., Anlage A....., in Kopie anbei

Die Antragstellerin hat ihren gewöhnlichen Aufenthalt bei ihrer Mutter in....., sodass sich die Zuständigkeit des Amtsgerichts – Familiengerichts..... aus § 232 Abs. 1 Nr. 2 FamFG ergibt.

2.

Mit vorprozessualem Schreiben vom..... hat der Antragsteller den Antragsgegner aufgefordert, für die Geltendmachung eines etwaigen höheren Unterhaltsanspruchs über seine Einkünfte und sein Vermögen eine aktuelle Auskunft zu erteilen und dafür Belege vorzulegen.

Beweis: Vorlage des Schreibens des Antragstellers vom....., Anlage A....., in Kopie anbei

Der Antragsgegner hat daraufhin Auskunft erteilt und Belege vorgelegt.

Beweis: Vorlage des Schreibens des Antragsgegners vom....., Anlage A....., in Kopie anbei

Der Unterzeichnende hat den Unterhalt daraufhin wie folgt berechnet:

......

3.

Mit Schreiben vom..... wurde der Antragsgegner aufgefordert, den geänderten Unterhalt zu entrichten.

Beweis: Vorlage des Schreibens des Antragstellers vom....., Anlage A....., in Kopie anbei

Der Antragsgegner ist jedoch der Ansicht, die geänderte Unterhaltsberechnung sei unzutreffend und verweigert die Bezahlung in der geforderten Höhe. Deshalb ist nunmehr dieses Verfahren unvermeidbar.

4.

Der Abänderungsantrag ist begründet, da die Voraussetzungen des § 238 FamFG gegeben sind. Es liegt eine wesentliche Änderung der Verhältnisse vor, weil......

Die Abänderung kann aufgrund der §§ 238 Abs. 3 Satz 2 FamFG i.V.m. § 1613 Abs. 1 BGB mit Wirkung zum..... geltend gemacht werden.

Damit ist antragsgemäß zu erkennen.

Es wird um die baldige Anberaumung eines Termins gebeten.

.....

Rechtsanwältin/Rechtsanwalt


e) Muster: Abänderungsstufenantrag des minderjährigen Kindes gegen den Vater

▶ Muster: Abänderungsstufenantrag des minderjährigen Kindes gegen den Vater

3578 An das

Amtsgericht.....

– Familiengericht –

.....

Abänderungsstufenantrag

In der Familiensache

des....., gesetzlich vertreten durch die Mutter.....

– Antragsteller –

Verfahrensbevollmächtigte:

gegen

Herrn.....

– Antragsgegner –

Verfahrensbevollmächtigte:

wegen Kindesunterhalt

vorläufiger Streitwert:

vertrete ich den Antragsteller.

Namens und im Auftrag des Antragstellers stelle ich den Antrag:

1. Dem Antragsgegner wird aufgegeben, dem Antragsteller Auskunft zu erteilen durch Vorlage einer systematischen Aufstellung über
   a. sein Vermögen am.....;
   b. seine sämtlichen Brutto- und Nettoeinkünfte einschließlich aller Nebeneinkünfte aus nicht selbstständiger Tätigkeit sowie aus anderer Herkunft in der Zeit vom..... bis..... und die erteilte Auskunft zu belegen durch Vorlage einer Kopie der elektronischen Lohnsteuerkarte für das Jahr..... und der

Gehaltsabrechnungen des Arbeitgebers für die Monate..... bis..... sowie der Bescheide über im vorgenannten Zeitraum etwa bezogenes Krankengeld und etwa bezogene Arbeitslosenunterstützung;

c. seine sämtlichen Einnahmen und Aufwendungen aus selbstständiger Arbeit, aus Kapitalvermögen, aus Vermietung und Verpachtung sowie aus anderer Herkunft unter Angabe der Privatentnahmen in der Zeit vom..... bis..... und die erteilte Auskunft zu belegen durch Vorlage der Einkommensteuererklärungen sowie der etwaigen Bilanzen nebst den Gewinn- und Verlustrechnungen bzw. der etwaigen Einnahmenüberschussrechnungen für die Jahre..... bis..... sowie der Einkommensteuerbescheide für die Jahre..... bis......

2. Dem Antragsgegner wird aufgegeben, an Eides Statt zu versichern, dass er die Auskunft über seine Einkünfte nach bestem Wissen so vollständig abgegeben habe, als er dazu imstande sei.

3. Der Antragsgegner wird unter Abänderung des Beschlusses vom..... verpflichtet, an den Antragsteller ab..... den nach Erfüllung der Auskunftsverpflichtung noch zu beziffernden angemessenen Unterhalt zu zahlen.

4. Für den Fall des schriftlichen Vorverfahrens wird bei nicht rechtzeitiger Anzeige der Verteidigungsabsicht beantragt, ohne mündliche Verhandlung durch Versäumnisbeschluss zu entscheiden.

Begründung:

1.

Der Antragsteller lebt im Haushalt seiner Mutter, die vom Antragsgegner rechtskräftig am..... geschieden wurde. Er wird von dieser in der Unterhaltssache nach § 1629 Abs. 2 Satz 2 BGB gesetzlich vertreten.

Die Mutter erfüllt ihre Unterhaltsverpflichtung durch die Pflege und die Erziehung, § 1606 Abs. 3 Satz 2 BGB.

Der Antragsgegner ist der Vater des Antragstellers und diesem gegenüber aufgrund des Beschlusses des Amtsgerichts..... in Höhe von monatlich..... € unterhaltspflichtig.

Beweis: Vorlage des Beschlusses des Amtsgerichts..... vom....., Anlage A....., in Kopie anbei

Der Antragsteller hat seinen gewöhnlichen Aufenthalt bei seiner Mutter in....., sodass sich die Zuständigkeit des Amtsgerichts – Familiengerichts..... aus § 232 Abs. 1 Nr. 2 FamFG ergibt.

2.

Gegenüber dem Antragsteller hat der Antragsgegner zuletzt am..... Auskunft über seine Einkünfte und sein Vermögen erteilt. Die geltende Frist von zwei Jahren nach § 1605 Abs. 2 BGB ist abgelaufen.

Mit vorprozessualem Schreiben vom..... hat der Antragsteller den Antragsgegner aufgefordert, für die Geltendmachung eines etwaigen höheren Unterhaltsanspruchs über seine Einkünfte und sein Vermögen eine aktuelle Auskunft zu erteilen und dafür Belege vorzulegen.

Beweis: Vorlage des Schreibens des Antragstellers vom....., Anlage A....., in Kopie anbei

Da der Antragsgegner darauf nicht reagiert hat, ist ein Abänderungsstufenantrag geboten. Mit dem Verfahrensantrag zu 1. wird zunächst Auskunft verlangt.

3.

Der Verfahrensantrag zu 2. wird für den Fall gestellt werden, dass Grund zu der Annahme besteht, der Antragsgegner habe die Auskunft nicht mit der erforderlichen Sorgfalt erteilt.

4.

Nach Erteilung der Auskunft wird der Antragsteller den Abänderungszahlungsantrag der Höhe nach beziffern.

.....

Rechtsanwältin/Rechtsanwalt

## f) Muster: Ehegattenunterhalt – Unterhaltsantrag, Trennung

▶ Muster: Ehegattenunterhalt – Unterhaltsantrag, Trennung

3579 An das

Amtsgericht.....

– Familiengericht –

.....

Unterhaltsantrag

In der Familiensache

der Frau.....

– Antragstellerin –

Verfahrensbevollmächtigte:

gegen

Herrn.....

– Antragsgegner –

Verfahrensbevollmächtigte:

wegen Ehegattenunterhalt

vorläufiger Streitwert:

vertrete ich die Antragstellerin.

Namens und im Auftrag der Antragstellerin stelle ich den Antrag:

1. Der Antragsgegner ist verpflichtet, an die Antragstellerin ab....., jeweils monatlich im Voraus, Trennungsunterhalt in Höhe von..... € zu zahlen.
2. Der Antragsgegner ist weiter verpflichtet, an die Antragstellerin Zinsen in Höhe von 5 % über dem jeweiligen Basiszinssatz nach § 247 BGB von folgenden monatlichen Unterhaltsrückstandsbeträgen zu zahlen:
   a. von..... € seit dem.....,
   b. von..... € seit dem.....,
   c. von..... € seit dem......
3. Die sofortige Wirksamkeit der Entscheidung wird angeordnet.
4. Für den Fall des schriftlichen Vorverfahrens wird bei nicht rechtzeitiger Anzeige der Verteidigungsabsicht beantragt, ohne mündliche Verhandlung durch Versäumnisbeschluss zu entscheiden.

Begründung:

1.

Die Beteiligten haben am..... die Ehe miteinander geschlossen.

Seit dem..... leben sie getrennt; die Antragstellerin ist an diesem Tag aus der gemeinsamen Wohnung in..... ausgezogen und wohnt nun zusammen mit dem Kind..... in......

Einen Unterhaltstitel zugunsten der Antragstellerin gibt es bislang nicht.

Der Antragsgegner hat seinen gewöhnlichen Aufenthalt in....., sodass sich die Zuständigkeit des Amtsgerichts – Familiengerichts..... aus §§ 232 Abs. 3 Satz 1 FamFG i.V.m. 12, 13 ZPO ergibt.

2.

Das gemeinsame, am..... geborene Kind..... der Beteiligten lebt bei der Antragstellerin. Die Antragstellerin geht aus Gründen der Betreuung des Kindes keiner Erwerbstätigkeit nach; sie bezieht weder Sozialhilfe noch Arbeitslosengeld.

Der Antragsgegner zahlt an dieses Kind zu Händen der Antragstellerin einen monatlichen Unterhalt in Höhe von..... € (Zahlbetrag). Unter Berücksichtigung des anteiligen Kindergeldes beträgt die Unterhaltspflicht......

Trennungsunterhalt wird hingegen vom Antragsgegner nicht an die Antragstellerin gezahlt, obwohl er hierzu außergerichtlich vom Unterzeichnenden aufgefordert worden war.

Beweis: Schreiben vom des Unterzeichnenden vom..... (Anlage A......, in Kopie anbei)

Der Antragstellerin steht der geltend gemachte Trennungsunterhalt ab dem Zeitpunkt der ersten Geltendmachung von Unterhalt zu (§§ 1361 Abs. 4 Satz 4, 1360a Abs. 3, 1613 BGB).

3.

Der Antragsgegner befindet sich ausweislich der ersten Unterhaltsforderung vom..... (s. Anlage K1) seit dem..... mit der Zahlung des Unterhaltsbetrags in Verzug, sodass auch die Forderung von Verzugszinsen ab dem..... aus § 288 Abs. 1 BGB begründet ist.

4.

Der Antragsgegner ist beschäftigt bei der Firma.......

Nach Abzug eines Pauschbetrags für berufsbedingte Aufwendungen verfügt der Antragsgegner über ein bereinigtes monatliches Nettoeinkommen in Höhe von..... €.

Beweis: Gehaltsabrechnungen für die Monate....., Anlage A....., in Kopie anbei

Der der Antragstellerin zustehende Unterhaltsbetrag errechnet sich danach wie folgt:

......

Die Antragstellerin kann somit vom Antragsgegner einen monatlichen Unterhaltsbetrag in Höhe von..... € beanspruchen.

5.

Die Anordnung der sofortigen Wirksamkeit der Entscheidung ergibt sich aus § 116 Abs. 3 FamFG.

.....

Rechtsanwältin/Rechtsanwalt


## g) Muster: Ehegattenunterhalt – Abänderungsstufenantrag der Ehefrau

▶ Muster: Ehegattenunterhalt – Abänderungsstufenantrag der Ehefrau

3580  An das

Amtsgericht.....

– Familiengericht –

.....

Abänderungsstufenantrag

In der Familiensache

der Frau.....

– Antragstellerin –

Verfahrensbevollmächtigte:

gegen

Herrn.....

– Antragsgegner –

Verfahrensbevollmächtigte:

wegen Ehegattenunterhalt

vorläufiger Streitwert:

vertrete ich die Antragstellerin.

Namens und im Auftrag der Antragstellerin stelle ich den Antrag:

1. Der Antragsgegner wird verpflichtet, der Antragstellerin Auskunft zu erteilen durch Vorlage einer systematischen Aufstellung über
   a. seine sämtlichen Brutto- und Nettoeinkünfte einschließlich aller Nebeneinkünfte aus nicht selbstständiger Tätigkeit sowie aus anderer Herkunft in der Zeit vom..... bis..... und die erteilte Auskunft zu belegen durch Vorlage einer Kopie der elektronischen Lohnsteuerbescheinigung für das Jahr..... und der Gehaltsabrechnungen des Arbeitgebers für die Monate..... bis..... sowie der Bescheide über im vorgenannten Zeitraum etwa bezogenes Krankengeld und etwa bezogene Arbeitslosenunterstützung;
   b. seine sämtlichen Einnahmen und Aufwendungen aus selbstständiger Arbeit, aus Kapitalvermögen, aus Vermietung und Verpachtung sowie aus anderer Herkunft unter Angabe der Privatentnahmen in der Zeit vom..... bis..... und die erteilte Auskunft zu belegen durch Vorlage der Einkommensteuererklärungen sowie der etwaigen Bilanzen nebst den Gewinn- und Verlustrechnungen bzw. der etwaigen Einnahmenüberschussrechnungen für die Jahre..... bis..... sowie der Einkommensteuerbescheide für die Jahre..... bis......

2. Der Antragsgegner wird aufgefordert, an Eides Statt zu versichern, dass er die Auskunft über seine Einkünfte nach bestem Wissen so vollständig abgegeben habe, als er dazu imstande sei.

3. Der Antragsgegner wird unter Abänderung des Beschlusses vom..... verpflichtet, an die Antragstellerin ab..... den nach Erfüllung der Auskunftsverpflichtung noch zu beziffernden angemessenen Unterhalt zu zahlen.

4. Für den Fall des schriftlichen Vorverfahrens wird bei nicht rechtzeitiger Anzeige der Verteidigungsabsicht beantragt, ohne mündliche Verhandlung durch Versäumnisbeschluss zu entscheiden.

Begründung:

1.

Die Ehe der Beteiligten wurde durch Beschluss des Amtsgerichts..... vom..... geschieden. Der Beschluss ist seit dem..... rechtskräftig.

Beweis: Vorlage des Beschlusses des Amtsgerichts..... vom....., Anlage A....., in Kopie anbei

Im Rahmen des Scheidungsverfahrens wurde der Antragsgegner durch Beschluss verpflichtet, der Antragstellerin einen nachehelichen Unterhalt in Höhe von monatlich..... € zu zahlen.

Beweis: wie vorstehend

Der Antragsgegner hat seinen gewöhnlichen Aufenthalt in....., sodass sich die Zuständigkeit des Amtsgerichts – Familiengerichts..... aus §§ 232 Abs. 3 Satz 1 FamFG i.V.m. 12, 13 ZPO ergibt.

Der bislang titulierte Unterhaltsanspruch wurde wie folgt errechnet:......

2.

Bei dieser Berechnung wurde zulasten der Antragstellerin ein erheblicher Wohnvorteil berücksichtigt.

Die Rechtsprechung berücksichtigt nunmehr neben den Kreditzinsen auch die Kredittilgung bis zur Höhe des Wohnvorteils, wodurch dieser nunmehr komplett entfällt.

Die geänderte Rechtsprechung zum Wohnvorteil stellt einen Abänderungsgrund dar.

3.

Die Antragstellerin arbeitet ganztags als..... bei der Firma...... In den letzten zwölf Monaten hatte die Antragstellerin ein durchschnittliches monatliches Nettoeinkommen von..... €.

Beweis: Vorlage der Gehaltsabrechnungen der Monate..... bis....., Anlage A....., in Kopie anbei.

4.

Der Antragstellerin sind die jetzigen Einkünfte des Antragsgegners nicht genau bekannt. Mit Schreiben des Unterzeichnenden vom..... wurde der Antragsgegner außergerichtlich aufgefordert, über seine Einkünfte und sein Vermögen eine aktuelle Auskunft zu erteilen.

Beweis: Vorlage des Schreibens vom....., Anlage A....., in Kopie anbei.

Der Antragsgegner hat jedoch entgegen seiner Verpflichtung nach §§ 1580, 1605 BGB keine Auskunft erteilt.

Aus diesen Gründen ist ein Abänderungsstufenantrag geboten, mit dem gemäß dem Antrag zu 1. zunächst Auskunft verlangt wird.

5.

Der Antrag zu 2. wird für den Fall gestellt werden, dass Grund zu der Annahme besteht, der Antragsgegner habe die Auskunft nicht mit der erforderlichen Sorgfalt erteilt.

6.

Nach der Erteilung der Auskunft wird die Antragstellerin den Abänderungsantrag der Höhe nach beziffern.

.....

Rechtsanwältin/Rechtsanwalt

## h) Muster: Ehegattenunterhalt – Abänderungsantrag wegen Änderung der Geschäftsgrundlage

▶ Muster: Ehegattenunterhalt – Abänderungsantrag wegen Änderung der Geschäftsgrundlage

An das                                                                                     3581

Amtsgericht.....

– Familiengericht –

.....

Abänderungsantrag nach § 239 FamFG

In der Familiensache

des Herrn.....

– Antragsteller –

Verfahrensbevollmächtigte:

gegen

die Frau.....

– Antragsgegnerin –

Verfahrensbevollmächtigte:

wegen Ehegattenunterhalt

vorläufiger Streitwert:

vertrete ich den Antragsteller.

Namens und im Auftrag des Antragstellers stelle ich den Antrag:

1. Der prozessuale Unterhaltsvergleich vom..... (Az......) wird dahin abgeändert, dass der Antragsteller an die Antragsgegnerin ab..... einen Scheidungsunterhalt in Höhe von nur noch..... zu zahlen hat.
2. Die Zwangsvollstreckung aus dem Vergleich vom..... (Az......) wird nach § 242 FamFG i.V.m. § 769 ZPO bis zum Erlass des Beschlusses in diesem Verfahren ohne Sicherheitsleistung einstweilen eingestellt.
3. Für den Fall des schriftlichen Vorverfahrens wird bei nicht rechtzeitiger Anzeige der Verteidigungsabsicht beantragt, ohne mündliche Verhandlung durch Versäumnisbeschluss zu entscheiden.

Begründung:

1.

Die Ehe der Beteiligten wurde durch Beschluss des Amtsgerichts..... vom..... geschieden. Der Beschluss ist seit dem..... rechtskräftig.

Beweis: Vorlage des Beschlusses des Amtsgerichts..... vom....., Anlage A....., in Kopie anbei

Im Rahmen des Scheidungsverfahrens einigten sich die Beteiligten dahin, dass der Antragsteller einen nachehelichen Unterhalt in Höhe von monatlich..... € an die Antragsgegnerin zu zahlen hat.

Beweis: Vorlage des Unterhaltsvergleichs, geschlossen beim Amtsgericht – Familiengericht..... am....., Anlage A....., in Kopie anbei.

Die Antragsgegnerin hat ihren gewöhnlichen Aufenthalt in....., sodass sich die Zuständigkeit des Amtsgerichts – Familiengerichts..... aus §§ 232 Abs. 3 Satz 1 FamFG i.V.m. 12, 13 ZPO ergibt.

Der Unterhaltsanspruch wurde wie folgt errechnet:......

2.

Bei dieser Berechnung wurden Einkünfte des Antragstellers in Höhe von..... zur Geschäftsgrundlage gemacht. Diese Geschäftsgrundlage ist nunmehr gestört (vgl. §§ 239 Abs. 2 FamFG, 313 BGB), weil der Antragsteller seine Arbeitsstelle eingebüßt hat. Er wurde von seinem früheren Arbeitgeber betriebsbedingt gekündigt. Zwar hat er unmittelbar daran im Anschluss eine neue Arbeit aufgenommen, doch verdient er jetzt nur noch..... €.

Beweis: Vorlage der Gehaltsabrechnung vom..... sowie des Arbeitsvertrags vom....., Anlage A....., in Kopie anbei

3.

Damit ist der titulierte Unterhaltsvergleich nunmehr an die geänderten Einkünfte des Antragstellers anzupassen.

Entsprechend der vereinbarten Berechnung des Unterhalts reduziert sich die Verpflichtung des Antragsstellers auf monatlich..... €.

Vorsorglich wird erklärt, dass mit Ausnahme der verringerten Einkünfte keine unterhaltsrelevanten Veränderungen eingetreten sind, insbesondere der Antragsteller nach wie vor Unterhalt an das Kind ... i.H.v. zahlt.

4.

Die Einstellung der Zwangsvollstreckung ist nach § 242 FamFG i.V.m. § 769 ZPO im Wege der einstweiligen Anordnung erforderlich. Der Abänderungsantrag hat überwiegende Aussicht auf Erfolg (wird glaubhaft gemacht durch.....). Ansonsten steht zu befürchten, dass ein etwaiger Rückzahlungsanspruch nicht vollstreckt werden kann.

.....

Rechtsanwältin/Rechtsanwalt

## IX. Güterrechtssachen

3582   Güterrechtssachen sind Verfahren, die Ansprüche aus dem ehelichen Güterrecht betreffen, auch wenn Dritte an dem Verfahren beteiligt sind.

Die größte Bedeutung kommt dem Zugewinnausgleich nach §§ 1373 ff. BGB nach   3583
Scheidung einer Ehe zu.

▶ **Das Wichtigste in Kürze**

–   Berücksichtigung von negativem Anfangsvermögen im Zugewinnausgleich.   3584
    → Rdn. 3621 f.
–   Auskunftspflicht zum Trennungsvermögen, § 1379 Abs. 1 BGB.
    → Rdn. 3652 ff.
–   Sowohl für die Berechnung des Zugewinns als auch für die Höhe der Aus-
    gleichsforderung ist der Zeitpunkt der Rechtshängigkeit des Scheidungsan-
    trags maßgeblich, § 1384 BGB. → Rdn. 3613 ff.
–   Der Zugewinnausgleichsanspruch kann ab Rechtshängigkeit des Antrags auf
    vorzeitigen Ausgleich des Zugewinns (§§ 1385, 1386 BGB) oder des Antrags
    auf Scheidung durch Arrest gesichert werden. → Rdn. 3741 ff.

## 1. Verfahren in Güterrechtssachen

### a) Güterrechtssachen (§ 261 FamFG)

Die Vorschrift des § 261 FamFG definiert den Gesetzesbegriff der Güterrechtssache.[1522]   3585

*aa) Familienstreitsachen*

Güterrechtssachen umfassen nach § 261 Abs. 1 FamFG Verfahren, die Ansprüche aus   3586
dem ehelichen Güterrecht betreffen, auch wenn Dritte an dem Verfahren beteiligt sind.

Güterrechtssachen nach § 261 Abs. 1 FamFG gehören zur Kategorie der **Famili-**   3587
**enstreitsachen** (§ 112 Nr. 2 FamFG). In diesen Verfahren sind grds. die Vorschriften
der ZPO anzuwenden, vgl. § 113 Abs. 1 FamFG.

*bb) Familiensachen*

Güterrechtssachen sind nach § 261 Abs. 2 FamFG auch Verfahren nach §§ 1365   3588
Abs. 2, 1369 Abs. 2 BGB, §§ 1382, 1383, 1426, 1430 und 1452 BGB. Diese
Güterrechtssachen sind keine Familienstreitsachen, sondern Verfahren der freiwilli-
gen Gerichtsbarkeit.
–   Nach §§ 1365 Abs. 2, 1369 Abs. 2 BGB kann das FamG die Zustimmung des
    anderen Ehegatten bei Gesamtvermögensgeschäften im gesetzlichen Güterstand
    ersetzen.
–   Weiterhin sind die Verfahren nach §§ 1382, 1383 BGB einbezogen. Diese betref-
    fen die etwaige Stundung der Ausgleichsforderung (§ 1382 BGB) bzw. die Über-
    tragung von Vermögensgegenständen unter Anrechnung auf die Ausgleichsforde-
    rung (§ 1383 BGB).

---

1522 Vgl. dazu auch *Büte* FuR 2010, 65.

–  Schließlich sind Güterrechtssachen auch Verfahren nach §§ 1426, 1430 und 1452 BGB. Es handelt sich hierbei um Verwaltungsmaßnahmen im Rahmen der Gütergemeinschaft, bei welchen die Zustimmung anderer Beteiligter erforderlich ist, aber im Verweigerungsfalle auf Antrag vom FamG ersetzt werden kann.[1523]

### b) Zuständigkeit in Güterrechtssachen

*aa) Sachliche Zuständigkeit*

3589  Die ausschließliche **sachliche** Zuständigkeit in Güterrechtssachen ergibt sich aus §§ 23a Abs. 1 Satz 2, Satz 1 Nr. 1 GVG i.V.m. § 111 Nr. 9 FamFG.

*bb) Örtliche Zuständigkeit*

3590  Die Zuständigkeitsvorschriften des § 262 FamFG gelten sowohl für Güterrechtssachen (Familienstreitsachen) nach § 261 Abs. 1 FamFG als auch für solche nach § 261 Abs. 2 FamFG (Familiensachen).

*aaa) Anhängigkeit einer Ehesache*

3591  **Örtlich** ist nach § 262 Abs. 1 FamFG während der **Anhängigkeit einer Ehesache** das Gericht ausschließlich zuständig, bei dem die Ehesache im ersten Rechtszug anhängig ist oder war. Diese Zuständigkeit geht der ausschließlichen Zuständigkeit eines anderen Gerichts vor.

3592  Die **Anhängigkeit der Ehesache** richtet sich nach den allgemeinen Grundsätzen, d.h. beginnt mit Einreichung des Antrags zu einer Ehesache (vgl. § 124 FamFG) und endet mit rechtskräftigem Verfahrensabschluss, der Rücknahme eines solchen Verfahrens (§ 141 FamFG) bzw. der übereinstimmenden Erledigungserklärung der Beteiligten.

3593  Zweck des § 262 Abs. 1 FamFG ist die Zuständigkeitskonzentration beim Gericht der Ehesache.

3594  Die ausschließliche örtliche Zuständigkeit nach § 262 Abs. 1 Satz 1 FamFG geht anderen ausschließlichen Gerichtsständen vor. Dies ist insb. im Hinblick auf einen Vollstreckungsgegenantrag von Bedeutung (§§ 767 Abs. 1, 802 ZPO).

*bbb) Isolierte Güterrechtsverfahren*

3595  Ist hingegen keine Ehesache anhängig, bestimmt sich nach § 262 Abs. 2 FamFG die Zuständigkeit nach der ZPO mit der Maßgabe, dass in den Vorschriften über den allgemeinen Gerichtsstand an die Stelle des Wohnsitzes der gewöhnliche Aufenthalt tritt.

3596  Dies bedeutet, dass sich die örtliche Zuständigkeit in selbstständigen Güterrechtssachen nach §§ 12, 13 ZPO richtet. Danach ist das FamG örtlich zuständig, bei dem der Antragsgegner seinen gewöhnlichen Aufenthalt hat.

---

1523  Vgl. dazu Hdb.-FamR/*Roßmann*, Kap. 9 Rn. 520 und 523.

### cc) Abgabe an das Gericht der Ehesache (§ 263 FamFG)

Die Vorschrift verwirklicht die Zuständigkeitskonzentration beim Gericht der Ehesache. 3597

### aaa) Rechtshängigkeit der Ehesache

Die Abgabe einer Güterrechtssache kommt nur in Betracht, wenn die Antragsschrift 3598
der Ehesache rechtshängig geworden ist. Eine Abgabe ist also (noch) nicht möglich,
wenn im Rahmen eines Verfahrenskostenhilfe-Verfahrens lediglich ein Entwurf für
einen Antrag zu einer Ehesache zum FamG eingereicht wurde, weil hierdurch kein
Antrag rechtshängig wird.

Für die überzuleitende Güterrechtssache reicht es dagegen aus, wenn diese anhän- 3599
gig ist. Die Abgabe bezieht sich nur auf Güterrechtssachen, die **in erster Instanz
anhängig** sind.

Unerheblich ist dagegen, ob die Instanz – durch Eintritt der Rechtskraft oder Ein- 3600
legung eines Rechtsmittels – formell beendet ist, weil nach der verfahrensabschließenden Entscheidung in der Güterrechtssache der Zweck des § 263 FamFG nicht
mehr erreicht werden kann.

Ist eine Güterrechtssache in der Rechtsmittelinstanz anhängig, scheidet eine Abgabe 3601
nach § 263 FamFG aus. Lediglich bei einer Rückverweisung des Verfahrens an das
FamG hat das Beschwerdegericht das Verfahren gleichzeitig zu dem Gericht der Ehesache überzuleiten.

### bbb) Abgabe von Amts wegen

§ 263 FamFG ordnet an, dass die Abgabe an das Gericht der Ehesache **von Amts** 3602
**wegen** zu erfolgen hat. Die Überleitung kann ohne mündliche Verhandlung erfolgen,
jedoch ist den Beteiligten zuvor rechtliches Gehör zu gewähren. Damit das Gericht
der Ehesache von der Güterrechtssache Kenntnis erlangt, ordnet § 133 Abs. 1 Nr. 3
FamFG an, dass der Scheidungsantrag Angaben zu anderweitig anhängigen Familiensachen, d.h. auch Güterrechtssachen, enthalten muss.

### ccc) Bindungswirkung

Die Entscheidung ist nach § 263 Satz 2 FamFG i.V.m. § 281 Abs. 2 Satz 2 ZPO 3603
**unanfechtbar** und für das Gericht der Ehesache auch gem. § 263 Satz 2 FamFG
i.V.m. § 281 Abs. 2 Satz 4 ZPO **bindend**.

Hinsichtlich der bis zur Überleitung angefallenen Kosten gilt § 263 Satz 2 FamFG 3604
i.V.m. § 281 Abs. 3 Satz 1 ZPO; danach gelten die bis zur Abgabe angefallenen Kosten als Teil der Kosten des Gerichts der Ehesache.

*ddd) Folgesache*

**3605**  Die Abgabe macht die Güterrechtssache automatisch zur Folgesache i.S.d. § 137 FamFG, soweit es sich bei der Ehesache um eine Scheidungssache handelt und auch die Voraussetzungen des § 137 Abs. 2 FamFG erfüllt sind, vgl. § 137 Abs. 4 FamFG.

▶ **Praxishinweis:**

**3606**  Der Anspruch auf Zugewinnausgleich kann grundsätzlich auch im isolierten Verfahren, also unabhängig vom Verbund geltend gemacht werden. Wird der isolierte Antrag freilich zu einer Zeit gestellt, zu welcher ein Ende des Scheidungsverfahrens noch nicht abzusehen ist, befindet sich der Antrag kraft Gesetzes im Verbund.[1524] Vor Rechtskraft der Scheidung ist der Anspruch auf Zugewinnausgleich nämlich noch nicht entstanden, vgl. § 1378 Abs. 3 Satz 1 BGB. Nur im Verbund kann der Antrag als Folgesache während des noch laufenden Scheidungsverfahrens gestellt werden.[1525] Die »isolierte« Antragstellung ist daher erst nach Rechtskraft der Scheidung zulässig; dies muss unbedingt beachtet werden, denn ansonsten könnte ein Zinsschaden eintreten.[1526]

### c) Verfahren nach §§ 1382 und 1383 BGB

**3607**  Nach § 264 Abs. 1 FamFG wird in den Verfahren nach den §§ 1382 und 1383 BGB, d.h. Stundung der Ausgleichsforderung (§ 1382 BGB) bzw. Übertragung von Vermögensgegenständen unter Anrechnung auf die Ausgleichsforderung (§ 1383 BGB),[1527] die Entscheidung des Gerichts erst mit der **Rechtskraft** wirksam.

**3608**  Eine Abänderung oder Wiederaufnahme ist ausgeschlossen; maßgeblich für die Aufhebung oder Änderung einer rechtskräftigen Entscheidung ist allein die spezielle Regelung des **§ 1382 Abs. 6 BGB**. Danach kann das FamG rechtskräftige Entscheidungen zur Stundung aufheben oder ändern, wenn sich die Verhältnisse nach der Scheidung wesentlich geändert haben.

**3609**  Nach § 264 Abs. 2 FamFG kann das Gericht in dem Beschluss, in dem über den Antrag auf Stundung der Ausgleichsforderung entschieden wird, auf Antrag des Gläubigers auch die Verpflichtung des Schuldners zur Zahlung der Ausgleichsforderung aussprechen.

**3610**  Die Vorschrift des § 265 FamFG ordnet eine **einheitliche Entscheidung** durch Beschluss an, wenn in einem Verfahren über eine güterrechtliche Ausgleichsforderung ein Antrag nach § 1382 Abs. 5 BGB (Stundungsantrag) oder § 1383 Abs. 3 BGB (Antrag auf Übertragung von Vermögensgegenständen) gestellt wird.

1524 BGH, FamRZ 2021, 1521; vgl. auch OLG München, FuR 2017, 402 = NZFam 2017, 424.
1525 Vgl. dazu Rdn. 1300.
1526 Ausführlich dazu Rdn. 1381 ff.
1527 KG, Beschl. vom 28.05.2020, 19 WF 40/20 = NZFam 2021, 178 (zum Streitwert).

## 2. Überblick über den materiellen Zugewinnausgleich

Praktisch kommt der Güterrechtssache des Zugewinnausgleichs die größte Bedeu-   3611
tung zu. Insoweit soll im Folgenden ein kurzer Überblick gegeben werden, bevor die
anwaltlichen Strategiehinweise erfolgen.

Bei Beendigung des gesetzlichen Güterstands der Zugewinngemeinschaft findet ein   3612
Zugewinnausgleich statt. Der Güterstand der Zugewinngemeinschaft ist maßgeblich,
sofern die Eheleute durch Ehevertrag nicht etwas anderes vereinbart haben. Der bei
Beendigung dieses Güterstands erforderliche Zugewinnausgleich soll sicherstellen,
dass beide Ehegatten an dem, was sie während der Ehe erworben haben, je zur Hälfte
beteiligt sind. Die Zugewinngemeinschaft ist aber keine Vermögensgemeinschaft, d.h.
die Eigentumsverhältnisse während des ehelichen Zusammenlebens werden nicht
verändert und jeder verwaltet sein Vermögen selbstständig.[1528]

### a) Beendigung des Güterstands bei Scheidung

Wird eine im gesetzlichen Güterstand geführte Ehe geschieden, endet mit der Rechts-   3613
kraft des Scheidungsbeschlusses die Zugewinngemeinschaft. Als Stichtag für die Berechnung des Zugewinns ist gem. § 1384 BGB der Zeitpunkt der Rechtshängigkeit des
Scheidungsantrags maßgeblich.

▶ **Anwaltlicher Hinweis:**

> Bis zum 01.09.2009 war die Zugewinnausgleichsforderung durch den Wert des   3614
> Vermögens bei Rechtskraft der Scheidung begrenzt. Vermögensveränderungen
> zwischen Rechtshängigkeit des Scheidungsantrags und Rechtskraft der Eheschei-
> dung führten zu einem reduzierten Anspruch. Nach §§ 1378 Abs. 2, 1384 BGB
> kommt es nunmehr für die Berechnung des Zugewinns **und für die Höhe der
> Ausgleichsforderung** nur noch auf die **Vermögensverhältnisse bei Rechtshän-
> gigkeit des Scheidungsantrags** an.
>
> »Fällig« ist der Zugewinnausgleichsanspruch aber erst mit Rechtskraft der Schei-
> dung, § 1378 Abs. 3 BGB.[1529] Damit kann auch erst ab Rechtskraft der Scheidung
> eine Verzinsung der Zugewinnausgleichsforderung beantragt werden.

▶ **Taktischer Hinweis:**

> Die Vorschrift des § 1378 Abs. 2 BGB bzw. die Maßgeblichkeit des Zeitpunkts   3615
> der Rechtshängigkeit des Scheidungsantrags für den Zugewinnausgleichsanspruch
> soll Manipulationsversuche des Ausgleichspflichtigen zwischen Rechtshängigkeit
> des Scheidungsantrags und Rechtskraft der Scheidung unterbinden.

---

1528  Vgl. dazu auch *Weinreich* FuR 2009, 497.
1529  *Krause* ZFE 2010, 217.

## b) Zugewinnausgleich nach §§ 1372 ff. BGB

3616 Der Zugewinnausgleich zu Lebzeiten beider Ehegatten erfolgt durch Einräumung einer schuldrechtlichen Ausgleichsforderung des einen gegen den anderen Ehegatten (§ 1378 Abs. 1 BGB).

3617 Die Ausgleichsforderung beträgt, soweit der Zugewinn des einen Ehegatten den Zugewinn des anderen Ehegatten übersteigt, die Hälfte dieses Überschusses, vgl. § 1378 Abs. 1 BGB.[1530]

3618 Voraussetzungen:
 – Die Anwendung der §§ 1373 ff. BGB setzt zunächst eine wirksame Ehe, die im Güterstand der Zugewinngemeinschaft geführt wurde, voraus.
 – Diese Ehe wird durch Scheidung oder Ehevertrag zu Lebzeiten beider Ehegatten (§ 1372 BGB) beendet.
 – Der Zugewinn des Antragsgegners muss den Zugewinn des Antragstellers übersteigen (§ 1378 Abs. 1 BGB).

3619 Zugewinn ist der Betrag, um den das Endvermögen eines Ehegatten sein Anfangsvermögen übersteigt (§ 1373 BGB).

### aa) Anfangsvermögen (§ 1374 BGB)

3620 Das Anfangsvermögen soll jenes Vermögen aus dem ausgleichspflichtigen Zugewinn nehmen, das selbst bei typisierender Betrachtung nicht auf das gemeinsame Wirtschaften zurückführbar ist.

### aaa) Originäres Anfangsvermögen (§ 1374 Abs. 1 BGB)

3621 Zum Anfangsvermögen eines Ehegatten gehören alle rechtlich geschützten Positionen mit wirtschaftlichem Wert, die ihm vor dem Eintritt des Güterstands, i.d.R. also im Zeitpunkt der Eheschließung, gehörten.

3622 Ist ein Steuererstattungsanspruch beim Eintritt des Güterstandes noch nicht entstanden, ist er auch nicht im Anfangsvermögen zu berücksichtigen. Wird die Ehe etwa am 31. Dezember eines Jahres geschlossen, kann zwar rückwirkend für das gesamte Jahr eine gemeinsame Veranlagung erfolgen; der sich daraus ergebende Erstattungsanspruch entsteht aber erst nach Abschluss des Veranlagungszeitraums, also im Folgejahr, sodass er im Anfangsvermögen nicht geltend gemacht werden kann.[1531]

3623 Die Berechnung erfolgt durch Summierung aller Aktiva und Abzug aller Verbindlichkeiten.

▶ Anwaltlicher Hinweis:

3624 Das Anfangsvermögen ist negativ, wenn ein Ehegatte bei Heirat verschuldet ist.

---

1530 Horndasch, Rn. 1182 ff.
1531 BGH, Beschl. vom 08.12.2021, XII ZB 402/20 = FamRZ 2022, 425.

Nach § 1374 Abs. 3 BGB sind nämlich Verbindlichkeiten über die Höhe des Vermögens hinaus abzuziehen.

Die bei Heirat vorhandenen Schulden werden im Anfangsvermögen nur dann nicht berücksichtigt, wenn sie während der Ehe durch eine erfolgreiche Privatinsolvenz beseitigt wurden.[1532]

Auch ein negatives Anfangsvermögen ist zu indexieren.[1533]

Da jeder Ehegatte durch ein möglichst hohes Anfangsvermögen seinen Zugewinn **3625** mindert, ist jeder Ehegatte mit dem Nachweis seines Anfangsvermögens belastet. Ein gemeinsam erstelltes Verzeichnis des Anfangsvermögens begründet die Vermutung der Richtigkeit, vgl. § 1377 Abs. 1 BGB. Wenn kein Verzeichnis aufgenommen worden ist, wird – solange der Gegenbeweis nicht geführt ist – vermutet, dass ein Anfangsvermögen nicht vorhanden war, das gesamte Vermögen eines Ehegatten also sein Zugewinn ist, vgl. § 1377 Abs. 3 BGB.

▶ Anwaltlicher Hinweis:

Wichtig ist die **Beweislast** im Hinblick auf ein negatives Anfangsvermögen.[1534]  **3626**

Nach allgemeinen Beweislastgrundsätzen ist es Sache des Auskunftspflichtigen, sein positives Vermögen darzutun und zu beweisen, während der Auskunftsberechtigte die Darlegungs- und Beweislast in Bezug auf ein negatives Anfangsvermögen trägt.[1535]

Allerdings ist der Auskunftsberechtigte ungleich schwerer in der Lage, die Situation des Auskunftspflichtigen darzulegen und zu belegen. Deshalb genügt er den Anforderungen, wenn er die Belastungen des Auskunftspflichtigen substanziiert vorträgt und die dafür sprechenden Tatsachen und Umstände darlegt; am Auskunftspflichtigen liegt es dann, sich ggf. zu entlasten (sekundäre Darlegungs- und Beweislast).[1536]

### bbb) Privilegiertes Anfangsvermögen (§ 1374 Abs. 2 BGB)

Zum Anfangsvermögen gehören auch diejenigen Vermögenswerte, die ein Beteilig- **3627** ter während der Ehe durch Erbgang oder andere in § 1374 Abs. 2 BGB genannte Erwerbsvorgänge erhalten hat.

---

1532 Str., vgl. dazu Kogel, Strategien beim Zugewinnausgleich, Rn. 174.
1533 H.M., Grüneberg/*Siede*, BGB, § 1376 Rn. 39; Schulz/Hauß, Rn. 22 und 58; vgl. dazu auch *Klein* FuR 2010, 122; *Götsche* ZFE 2009, 404.
1534 Ausführlich zur Beweislast beim Zugewinnausgleich *Jüdt* FuR 2020, 412 ff.
1535 Grüneberg/*Siede*, BGB, § 1376 Rn. 19; Schulz/Hauß, Rn. 71.
1536 PWW/*Weinreich*, BGB, § 1377 Rn. 6; *Krause* ZFE 2009, 55, 56; a.A. Kogel, Strategien beim Zugewinnausgleich, Rn. 186 (volle Beweislast).

3628   Mit dem Zugewinnausgleich sollen grds. nur solche Vermögenswerte ausgeglichen werden, die während der Ehe durch Arbeit, gewinnbringende Vermögensverwendung usw. entstanden sind. Dagegen soll Vermögen, das ein Ehegatte von einem Dritten unentgeltlich oder aufgrund besonderer persönlicher Beziehungen erhalten hat, nicht ausgleichspflichtig sein. Das wird dadurch erreicht, dass solche Zuwendungen dem Anfangsvermögen zugerechnet werden, vgl. § 1374 Abs. 2 BGB (sog. privilegierter Erwerb).

3629   Zum privilegierten Erwerb, welcher gem. § 1374 Abs. 2 BGB dem Anfangsvermögen zuzurechnen ist, gehören z.B.
- Schenkungen von dritter Seite, da diese auf eheneutralen Außenbeziehungen beruhen,
- der Erwerb von Todes wegen,

Pflichtteilsansprüche und Vermächtnisansprüche (selbst wenn sie nicht geltend gemacht wurden und beim Endvermögen bereits Verjährung eingetreten ist),[1537]
- der Erwerb mit Rücksicht auf ein künftiges Erbrecht (»vorweggenommene Erbfolge«),
- Ausstattungen aus dem Elternvermögen (§ 1624 BGB) sowie
- eine Lebensversicherung, die ein Ehegatte als Bezugsberechtigter aus der Versicherung eines ihm nahe stehenden Dritten erhält.

3630   Kein privilegierter Erwerb i.S.d. § 1374 Abs. 2 BGB sind nach herrschender Meinung Schenkungen unter Ehegatten sowie unbenannte Zuwendungen unter Ehegatten.

3631   Eine an sich privilegierte Schenkung ist dem Anfangsvermögen nach § 1374 Abs. 2 BGB nicht hinzuzurechnen, **soweit sie den Umständen nach zu den Einkünften zu rechnen ist.**

3632   Mit der Zielsetzung, die der Zugewinnausgleich verfolgt, sollen nur Vermögenszuwächse ausgeglichen werden. Wenn dabei auch solche unentgeltlichen Zuwendungen nach § 1374 Abs. 2 BGB privilegiert wären, die nicht der Vermögensbildung, sondern von vornherein nur dem Verbrauch dienen, würde dies – zum Nachteil des anderen Ehegatten – zu einer ständigen Vergrößerung des Anfangsvermögens führen, ohne dass diese Zuwendungen im Endvermögen noch in nennenswertem Umfang in Erscheinung treten würden. Es würde dann nicht nur eine Nichtbeteiligung des anderen Ehegatten an diesen Zuwendungen, sondern unter Umständen sogar dessen Benachteiligung erreicht. Bei unentgeltlichen Zuwendungen i.S.d. § 1374 Abs. 2 BGB ist deshalb in erster Linie danach zu unterscheiden, ob sie zur Deckung des laufenden Lebensbedarfes dienen oder die Vermögensbildung fördern sollen. Das wird im Einzelfall unter Berücksichtigung des Anlasses der Zuwendung, der Willensrichtung des Zuwendenden und der wirtschaftlichen Verhältnisse des Zuwendungsempfängers zu beurteilen sein. Dabei werden sich bei größeren Sachzuwendungen brauchbare Anhaltspunkte für die Beurteilung, ob es sich um Einkünfte handelt, vor allem aus

---

1537  BFH, Urt. vom 22.07.2020, II R 42/18 = FamRZ 2021, 349; kritisch dazu *Kogel* FamRZ 2021, 1856.

der Prognose gewinnen lassen, mit welcher Wahrscheinlichkeit der Zuwendungsgegenstand, wäre die Ehe in einem überschaubaren Zeitraum nach der Zuwendung gescheitert, noch mit einem nennenswerten Vermögenswert im Endvermögen des begünstigten Ehegatten vorhanden gewesen wäre.[1538]

▶ **Praxishinweis:**

Häufig finden sich in güterrechtlichen Verfahren lange Aufstellungen über Zuwendungen der eigenen Eltern oder Großeltern, die auch geringste Beträge enthalten. Dass es sich dabei nicht um privilegierte Erwerbsvorgänge handelt, liegt auf der Hand. Mitunter geben daher die FamG rechtliche Hinweise, dass erst Schenkungen ab einem bestimmten Geldbetrag, z.B. 1.000 € oder 3.000 €, Berücksichtigung finden. Damit kann das Verfahren häufig erheblich vereinfacht werden.   **3633**

Ein **Vermögenserwerb von Todes wegen** wird in den meisten Fällen nicht zu den Einkünften zu rechnen sein, da eine solche Zuwendung in der Regel unabhängig von einem konkreten Lebensbedarf des Zuwendungsempfängers erfolgt.[1539]

Nach herrschender Meinung[1540] enthält § 1374 Abs. 2 BGB eine **abschließende Aufzählung** der privilegierten Erwerbsvorgänge. Die Vorschrift ist einer ausdehnenden Anwendung im Wege der Analogie nicht zugänglich. Die herrschende Meinung zählt daher Lottogewinne, Schmerzensgeld oder auch eine Verdienstausfallentschädigung nach einem Verkehrsunfall nicht zum privilegierten, sondern zum ausgleichspflichtigen Vermögen.   **3634**

▶ **Anwaltlicher Hinweis:**

Nach früherem Recht wurde der privilegierte Erwerb nach § 1374 Abs. 2 BGB nicht mit einem defizitären Anfangsvermögen verrechnet. Die Rechtsprechung hielt eine solche Verrechnung für weder mit dem Wortlaut noch mit dem Sinn der Regelung des § 1374 BGB vereinbar.[1541]   **3635**

▶ **Beispiel:**

Ehegatte M hat negatives Anfangsvermögen i.H.v. 10.000 €. Nach § 1374 Abs. 1 BGB wurde es nach früherer Rechtslage mit 0 € angesetzt und eine etwaige Erbschaft i.H.v. 20.000 € wird nach § 1374 Abs. 2 BGB dann hinzugerechnet. Das Anfangsvermögen beträgt daher 20.000 €. Nunmehr ist negatives Angangsvermögen und positives privilegiertes Anfangsvermögen zu verrechnen, d.h. im Beispiel ergibt sich ein Anfangsvermögen nur noch i.H.v. 10.000 €.   **3636**

---

1538 So BGH, FamRZ 2017, 191.
1539 BGH, FamRZ 2014, 98.
1540 Vgl. etwa Grüneberg/*Siede*, BGB, § 1376 Rn. 18.
1541 BGH, NJW 1995, 2165.

### bb) Endvermögen (§ 1375 BGB)

3637   Endvermögen i.S.v. § 1375 Abs. 1 BGB ist das Vermögen jedes Ehegatten bei Beendigung des Güterstands (Rechtshängigkeit des Scheidungsantrags, vgl. § 1384 BGB).

3638   Die Vorschrift des § 1375 Abs. 1 Satz 2 BGB ordnet an, dass Verbindlichkeiten über die Höhe des Vermögens hinaus abzuziehen sind

▶ **Anwaltlicher Hinweis:**

3639   Damit kann auch das Endvermögen negativ sein. Allerdings gibt es keinen negativen Zugewinn.

3640   Hat ein Ehegatte während der Ehe seine in die Ehe eingebrachten Verbindlichkeiten verringert, bei Ende der Ehe jedoch gleichwohl kein positives Endvermögen, wird diese Schuldenminderung als Zugewinn gewertet, wenn der verschuldete Ehegatte der Ausgleichsberechtigte ist. Dadurch wird die ehezeitliche Schuldenminderung dem Zugewinn des anderen gegenübergestellt und mindert so den Zugewinnausgleichsanspruch um die Hälfte der effektiven Schuldenminderung. Ein Anspruch gegen den nach wie vor verschuldeten Ehegatten ist allerdings aufgrund von § 1378 Abs. 2 BGB nicht möglich, da die Höhe der Ausgleichsforderung durch den Wert des Vermögens des ausgleichspflichtigen Ehegatten begrenzt wird, das nach Abzug der Verbindlichkeiten bei Beendigung des Güterstands vorhanden ist.

3641   Bei illoyalen Vermögensminderungen nach § 1375 Abs. 2 BGB[1542] (z.B. Übertragung eines Teils des Vermögens auf den neuen Partner zwecks Benachteiligung des anderen Ehegatten) erhöht sich nach § 1378 Abs. 2 Satz 2 BGB der Ausgleichsbetrag um den dem Endvermögen hinzuzurechnenden Betrag. Auf diese Art und Weise kann der Ausgleichspflichtige gezwungen sein, das Ganze noch vorhandene Vermögen zur Erfüllung der Ausgleichspflicht einzusetzen.

3642   Nach § 1390 BGB besteht gegen den »illoyalen Dritten« nicht nur ein Herausgabeanspruch, sondern er kann direkt auf Zahlung verklagt werden (»Der ausgleichsberechtigte Ehegatte kann von einem Dritten Ersatz des Wertes einer unentgeltlichen Zuwendung des ausgleichspflichtigen Ehegatten an den Dritten verlangen, wenn …«).

3643   Dem Dritten wird lediglich eine Abwendungsbefugnis durch Herausgabe des Erlangten eingeräumt. Der Dritte kann auf Zahlung des gesamten erlangten Betrages verklagt werden. Es kommt nicht darauf an, in welcher Höhe der rechnerische Zugewinnausgleichsanspruch das bei Rechtshängigkeit vorhandene Vermögen übersteigt. Der Ausgleichspflichtige und der Dritte haften gesamtschuldnerisch.

3644   § 1390 ist analog anwendbar auf Zuwendungen nach Rechtshängigkeit des Scheidungsverfahrens.[1543]

---

1542  Vgl. dazu *Finger* FuR 2015, 704.
1543  OLG Brandenburg, NZFam 2019, 127 mit Anm. *Braeuer* – Rechtsbeschwerde wurde zugelassen, aber (leider) nicht eingelegt.

▶ Beispiel:

Das Scheidungsverfahren dauert 9 Jahre bis zum rechtskräftigen Abschluss. 5 Jah-   **3645**
re nach Einleitung des Scheidungsverfahrens überträgt der zugewinnausgleichspflichtige Ehemann eine Immobilie schenkweise seiner neuen Lebensgefährtin.
Diese verkauft die Immobilie einige Zeit später für rund 500.000 €. Der Ehemann
wird in Zusammenhang mit der Scheidung verpflichtet, der Ehefrau 230.000 €
Zugewinnausgleich zu zahlen. Im Rahmen der Vollstreckung gibt er die eidesstattliche Versicherung ab, ein weiteres Jahr später verstirbt er. Die geschiedene
Ehefrau geht gegen die Lebensgefährtin nach § 1390 BGB vor und fordert den
Betrag von 230.000 €.

Die Zuwendung hat also bei der Berechnung des Zugewinnausgleichsanspruchs
noch keine Rolle gespielt. Sie wirkt sich faktisch erst bei Vollstreckung des Zuge-
winnausgleichsbeschlusses aus, wenn das Vermögen zu dessen Erfüllung nicht
mehr ausreicht. Ob § 1390 BGB auch einen derartigen Fall umfasst, ist umstritten. Letztlich ergänzt § 1390 die Vorschriften über illoyale Verfügungen in § 1375
Abs. 2 BGB. Vermögen, das ein Ehegatte durch illoyale Verfügungen hergegeben
hat, wird zur Berechnung des Endvermögens wieder hinzugerechnet, obwohl es
tatsächlich nicht mehr vorhanden ist. Durch diese Hinzurechnung kann eine
Zugewinnausgleichsverpflichtung entstehen, die aus dem tatsächlich verbliebenen
Vermögen nicht mehr gedeckt werden kann. In diesem Fall kann der Empfänger
der unentgeltlichen Verfügung unmittelbar für die Restforderung herangezogen
werden. Wenn der Ehegatte erst nach Rechtshängigwerden des Scheidungsverfahrens Vermögen überträgt, hat das auf die Berechnung des Zugewinnausgleichsanspruchs keinen Einfluss mehr; dessen Erfüllung kann jedoch dadurch infrage
gestellt werden.[1544]

▶ Praxishinweis:

Das OLG Brandenburg wendet meines Erachtens zu Recht die Vorschrift des   **3646**
§ 1390 BGB analog an. Ansonsten würde eine rechtspolitisch bedenkliche Lücke
entstehen; der ausgleichspflichtige Ehegatte könnte Vermögen übertragen, ohne
dass dies vom Berechtigten unterbunden werden kann. Der Schutz über das
Anfechtungsgesetz ist begrenzt; eine Hilfe wäre allenfalls ein Arrestantrag, wenn
man von einer solchen Übertragung rechtzeitig Kenntnis erlangt.

*cc) Vorausempfänge (§ 1380 BGB)*

Schenkungen unter Ehegatten sind nicht unter § 1374 BGB subsumierbar, sondern   **3647**
können die Anwendung von § 1380 BGB begründen.[1545] Unterstellt man, dass der
ausgleichspflichtige Ehegatte dem anderen eine Schenkung i.H.v. 100.000 € gemacht

---

1544 *Braeuer* NZFam 2019, 131.
1545 Ausführlich zu § 1380 BGB *Jüdt* FuR 2021, 25 ff.

hat, dann erfolgt die Anrechnung nach § 1380 Abs. 2 BGB dadurch, dass der Wert der Zuwendung zunächst dem Zugewinn des zuwendenden Ehegatten hinzugerechnet, entsprechend beim beschenkten Ehegatten wieder abgezogen und sodann die Ausgleichsforderung neu berechnet wird.[1546]

3648    Die Regelung des § 1380 BGB will sicherstellen, dass Zuwendungen, die ein Ehegatte zur Absicherung des Partners während der Ehe erbracht hat, beim Zugewinnausgleich berücksichtigt werden. Berücksichtigung kann allerdings nur ein Vorausempfang finden, der vom Ausgleichspflichtigen Ehegatten erbracht wurde, d.h. umgekehrt, ein Vorausempfang, den der ausgleichsberechtigte Ehegatte getätigt hat, bleibt unberücksichtigt.[1547]

3649    Letztlich ändert der Vorausempfang nach § 1380 BGB an der Berechnung nur dann etwas, wenn der Vorausempfang beim Berechtigten nicht mehr oder nicht mehr in voller Höhe vorhanden ist und insoweit beim Endvermögen nicht mehr in der zugewendeten Weise angesetzt werden könnte.

▶ Beispiel:

3650    M schenkt der F während der Ehe ein Auto im Wert von 20.000 €. Dieses Auto wird von F noch vor der Scheidung zerstört. Rechnerisch ergibt sich bei Scheidung ein Zugewinn des M i.H.v. 100.000 €, während die F keinen Zugewinn erzielt hat (Ausgleich wäre daher i.H.v. 50.000 € geschuldet). Nunmehr ist dem Zugewinn der Wert der Zuwendung hinzuzurechnen, sodass sich ein Wert von 120.000 € ergibt. Die Ausgleichspflicht beträgt daher 60.000 € abzgl. dem anzurechnenden Vorausempfang nach § 1380 BGB, sodass letztlich nur ein Anspruch i.H.v. 40.000 € besteht.

## c) Stundung (§ 1382 BGB)

3651    In vielen Verfahren bietet es sich an, für den ausgleichspflichtigen Ehegatten einen Antrag auf Stundung zu stellen.[1548] Dies ist insbesondere dann erfolgversprechend, wenn der Zugewinnausgleichsanspruch auf der Zurechnung eines Vermögenswertes beruht (meistens eine Immobilie), dessen Verwertung erforderlich ist, um den Zugewinnausgleichsanspruch zu erfüllen. Umgekehrt gibt es Konstellationen, in denen der Ausgleichspflichtige einen solchen Verkauf vermeiden möchte, aber erst mit zeitlicher Verzögerung den Anspruch der Gegenseite erfüllen kann, z.B. wegen einer in absehbarer Zeit zu erwartenden Auszahlung einer Lebensversicherung. Der Antrag kann im streitigen Verfahren bis zur letzten mündlichen Verhandlung gestellt werden.[1549]

---

1546 Vgl. dazu Grüneberg/*Siede*, BGB, § 1380 Rn. 9 ff.
1547 OLG Frankfurt, NJW 2006, 520.
1548 Musterantrag abgedruckt unter Rdn. 3764.
1549 Vgl. dazu *Krumm* NZFam 2016, 776.

## d) Auskunftspflicht (§ 1379 BGB)

Nach der Beendigung des Güterstands kann jeder Ehegatte von dem anderen Ehe- 3652
gatten Auskunft über dessen Vermögen verlangen, soweit es für die Berechnung des
Anfangs- und Endvermögens maßgeblich ist, vgl. § 1379 BGB; auf Anforderung
müssen Belege – soweit vorhanden – vorgelegt werden. Nach § 1379 Abs. 2 BGB
schulden die Ehegatten einander diese Auskunft auch bezogen auf den Stichtag der
Trennung.[1550]

▶ **Taktischer Hinweis:**

Die Auskunft zum Trennungsvermögen kann mit der späteren Auskunft nach 3653
§ 1379 Abs. 1 BGB zum Endvermögen, für die der Stichtag der Rechtshängigkeit
des Scheidungsantrags maßgeblich ist, verglichen werden; Diskrepanzen bedürfen
dann einer Klärung. Fehlt nämlich ein größerer Geldbetrag im Endvermögen, so
ist dessen Verbleib vom betreffenden Ehegatten zu erläutern. Er ist insoweit beweispflichtig, d.h. er hat darzulegen und zu beweisen, dass die Vermögensminderung
nicht auf einer illoyalen Vermögensverschiebung beruht, vgl. § 1375 Abs. 2 Satz 2
BGB.[1551]

Der Auskunftsanspruch nach § 1379 Abs. 1 Satz 1 BGB kann auch zum Zwecke der 3654
Abwehr eines Anspruchs auf Zugewinnausgleich erhoben werden.[1552] Dies bedeutet,
dass ausnahmsweise auch im Verbund ein isolierter Antrag auf Auskunft zulässig
ist, nämlich als Auskunftswiderantrag gegenüber dem Stufenantrag der Gegenseite.

Die Verjährung der wechselseitigen Auskunftsansprüche aus § 1379 BGB beginnt 3655
gleichzeitig mit der Verjährung des Zahlungsanspruchs auf Zugewinnausgleich, zu
dessen Berechnung sie dienen sollen. Durch die Stellung des Leistungsantrags im
Zugewinnausgleichsverfahren wird nicht nur die Verjährung des Zahlungsanspruchs,
sondern auch der wechselseitigen Auskunftsansprüche gemäß § 1379 BGB gehemmt.[1553]

Bei § 1379 BGB handelt es sich nicht um einen einheitlichen Anspruch. Vielmehr 3656
regelt diese Vorschrift drei verschiedene Arten von Informationsansprüchen, nämlich
in Abs. 1 Satz 1 denjenigen auf Auskunft i.S.v. § 260 Abs. 1 BGB, in Abs. 1 Satz 2
jenen auf Belegvorlage und schließlich in Abs. 1 Satz 3, 2. Alt. denjenigen auf Wertermittlung. Alle diese Informationsansprüche sind rechtlich strikt voneinander zu
trennen und jeweils selbstständig geltend zu machen.[1554]

Eine Auskunftspflicht besteht dann nicht, wenn der Auskunftsberechtigte sich die 3657
benötigten Informationen leicht und problemlos selbst beschaffen kann. Der Auskunftspflichtige muss seine Vermögenswerte angeben und die wertbildenden Faktoren

---

1550 Vgl. dazu OLG Braunschweig, NZFam 2017, 177; *Braeuer* FamRZ 2010, 773; *Wein-*
*reich* FuR 2009, 504.
1551 Ähnlich OLG Frankfurt, FamRZ 2006, 416; vgl. auch *Kogel* FamRZ 2008, 1297, 1300 f.
1552 BGH, FamRZ 2018, 581.
1553 BGH, FamRZ 2018, 581.
1554 OLG Koblenz, FamRZ 2018, 1573.

mitteilen. Eine Wertangabe ist nicht geschuldet. Diese kann der Auskunftsberechtigte aber dadurch erhalten, dass er nach § 1379 Abs. 1 Satz 3 BGB den Wertermittlungsanspruch geltend macht. Der Auskunftspflichtige muss auch keine Vollständigkeits- und Richtigkeitserklärung abgeben; seine Auflistung des Vermögens impliziert diese Erklärung.

3658    Soweit Belege nach § 1379 Abs. 1 Satz 2 BGB verlangt werden, kann der Anspruch durch Vorlage einer Kopie erfüllt werden. Allerdings sind nur positive Auskünfte zu Vermögenswerten zu belegen, d.h. die Erklärung, über keine weiteren relevanten Vermögenswerte zu verfügen (Negativverklärung), ist nicht weiter zu belegen.[1555] Die Verpflichtung zur Belegvorlage beschränkt sich auf die Vorlage vorhandener Nachweise. Eine Pflicht zur Erstellung von Belegen, die über die bloße Reproduktion bereits existierender Unterlagen – etwa durch Ausdruck – hinausgeht und eine eigene schöpferische Leistung erfordert, besteht nicht.[1556]

▶ **Anwaltlicher Hinweis:**

3659    Die Entscheidung des BGH, dass nur vorhanden Belege z.B. mittels Kopie herausgegeben werden müssen, überrascht. Dies bedeutet, dass die Einholung von Kontoauszügen, Angaben von Versicherungsgesellschaften zu einer Kapitallebensversicherung und ähnliches, die in der Praxis leicht zu bekommen sind, nicht geschuldet ist. Gelöst werden kann dies nur, indem in der Praxis verstärkt der Wertermittlungsanspruch dafür bemüht wird.

Mitunter wird in der Praxis der Antrag gestellt, der Antragsgegner möge zur Vorlage von geeigneten Belegen verpflichtet werden. Ein solcher Antrag ist mangels Bestimmtheit unzulässig.[1557] Der Antragsteller muss die vorzulegenden Belege konkret benennen.[1558]

Im Übrigen ist nur die Vorlage von Kopien geschuldet. »In der Sache hat die Beschwerde keinen Erfolg, soweit die Antragstellerin die Vorlage der Versicherungsscheine in Form einer beglaubigten Kopie verlangt. Denn der Anspruch auf Belegvorlage nach § 1379 Abs. 1 Satz 2 BGB geht regelmäßig nur auf die Vorlage einer einfachen Kopie.«[1559]

3660    Die Auskunftsverpflichtung bezieht sich auf alle erforderlichen Informationen, welche für die Berechnung des Zugewinnausgleichs erforderlich sind, d.h. nunmehr auch auf das Anfangsvermögen einschließlich der Passiva und der privilegierten Zuwendungen i.S.v. § 1374 Abs. 2 BGB. Ebenso erfasst werden Vorgänge, die Zurechnungen wegen illoyaler Vermögensverschiebungen nach § 1375 Abs. 2 BGB auslösen.

1555  OLG Köln, FamRZ 2019, 1046.
1556  BGH, Beschl. vom 08.12.2021, XII ZB 472/20 = FamRZ 2022, 429.
1557  Vgl. *Büte* FF 2009, 350, 354; *Braeuer* FamRZ 2010, 777.
1558  BGH, Beschl. vom 12.01.2022, XII ZB 418/21, NZFam 2022, 314; OLG Brandenburg, FamRZ 2021, 367.
1559  OLG Koblenz, FamRZ 2018, 1573.

▶ **Taktischer Hinweis:**

Der Anspruch nach § 1379 Abs. 1 Nr. 2 BGB umfasst auch die Auskunft über    3661
den Verbleib von Beträgen oder Wertgegenstände, die dem Endvermögen wegen
illoyaler Vermögensverfügungen (§ 1375 Abs. 2 Nr. 1–3 BGB) zuzurechnen sind.
Wer eine solche Auskunft verlangt, muss aber konkrete Anhaltspunkte dafür vortragen, dass eine solche Hinzurechnung in Betracht kommt.[1560]

Der Anspruch auf Wertermittlung findet sich in § 1379 Abs. 1 Satz 3 (2. Halbs.) BGB.    3662
Dieser Anspruch muss selbstständig geltend gemacht werden; da die BGH-Rechtsprechung nur die Herausgabe vorhandener Belege nach § 1379 Abs. 1 Satz 2 BGB
zulässt, muss über die Wertermittlung die Einholung von Kontoauszügen und ähn-
lichen Dokumenten eingefordert werden.

### e) Vorzeitiger Zugewinnausgleich (§§ 1385, 1386 BGB)

Jeder Ehegatte kann ein Verfahren auf vorzeitigen Zugewinnausgleich erheben (§§ 1385,    3663
1386 BGB).[1561] In diesem Fall wird der Zeitpunkt für die Berechnung des Zugewinns
vorgezogen, d.h. maßgeblich ist der Zeitpunkt der Erhebung des Antrags auf vorzeitigen Zugewinnausgleich (§ 1387 BGB).

▶ **Taktischer Hinweis:**

Die Möglichkeiten des vorzeitigen Zugewinnausgleichs werden in der Praxis nur    3664
selten genutzt. Dabei handelt es sich um ein probates Mittel, um den für den
Zugewinnausgleich maßgeblichen Berechnungsstichtag nach vorne zu verlegen.
Dies ist insb. von Bedeutung, wenn die Befürchtung besteht, der ausgleichspflich-
tige Ehegatte werde alles tun, um seine Ausgleichspflicht in der Zeit bis zur
Rechtshängigkeit des Scheidungsantrags (Trennungsjahr!) zu reduzieren.[1562] Die
Berechnung des Ausgleichsanspruchs richtet sich dann gem. § 1387 BGB nach
dem Zeitpunkt der Erhebung des Antrags auf vorzeitigen Zugewinnausgleich.

*aa) Voraussetzungen für den vorzeitigen Zugewinnausgleich*

Ein Verfahren auf vorzeitigen Zugewinnausgleich ist möglich, wenn    3665
– die Ehegatten seit mindestens **3 Jahren getrennt leben** (§ 1385 Nr. 1 BGB),
– Handlungen der in § 1365 BGB oder § 1375 Abs. 2 BGB bezeichneten Art zu
  befürchten sind und dadurch eine erhebliche Gefährdung der Erfüllung der Ausgleichsforderung zu besorgen ist (**§ 1385 Nr. 2 BGB**),

---

1560 OLG Zweibrücken, NZFam 2016, 945.
1561 Dazu ausführlich *Jüdt* FuR 2022, 83; *Büte* FuR 2018, 172; *Kohlenberg* NZFam 2018, 356.
1562 *Kogel* FamRZ 2008, 1297, 1298 f.

▶ **Anwaltlicher Hinweis:**

Es genügt, dass eine Handlung nach § 1375 BGB **zu befürchten** ist.[1563] Der Gesetzgeber nennt folgende **Beispiele** für die Anwendung der Norm:

Der Mann löst seine Aktien- und Festgeldkonten auf und transferiert das Geld auf sein Girokonto, ohne einen wirtschaftlichen Grund dafür zu haben.

Eine Immobilie wird nach Trennung inseriert, obgleich es keinen wirtschaftlichen Grund für eine Veräußerung gibt.

Nach einer Ehe in einfachen wirtschaftlichen Verhältnissen bucht ein Ehegatte in der Folge der Trennung für sich und seine Freundin eine luxuriöse Kreuzfahrt.

– der andere Ehegatte längere Zeit hindurch die wirtschaftlichen Verpflichtungen, die sich aus dem ehelichen Verhältnis ergeben, schuldhaft nicht erfüllt hat und anzunehmen ist, dass er sie auch in Zukunft nicht erfüllen wird (**§ 1385 Nr. 3 BGB**), oder
– der andere Ehegatte sich ohne ausreichenden Grund beharrlich weigert oder sich ohne ausreichenden Grund bis zur Erhebung des Antrags auf Auskunft beharrlich geweigert hat, über den Bestand seines Vermögens Auskunft zu erteilen (**§ 1385 Nr. 4 BGB**).

▶ **Taktischer Hinweis:**

3666 Auch die Möglichkeiten des § 1385 Nr. 4 BGB werden in der Praxis unterschätzt.[1564] Wie schon erwähnt wurde, ist eine Vorverlagerung des maßgeblichen Zeitpunkts für den ausgleichsberechtigten Ehegatten oftmals von größter Bedeutung. Nach § 1387 BGB ist der Tag der Rechtshängigkeit eines Antrags auf vorzeitigen Zugewinnausgleich oder auf vorzeitige Aufhebung der Zugewinngemeinschaft maßgeblich für die Berechnung des Zugewinnausgleichs und für eine etwaige Begrenzung der Höhe der Ausgleichsforderung. Der anwaltliche Vertreter sollte mitunter auch versuchen, den Antrag auf vorzeitigen Zugewinnausgleich mittels einer beharrlichen Auskunftsverweigerung gem. § 1385 Nr. 4 BGB zu begründen.

**Wichtig:** Die Auskunftsverweigerung nach § 1384 Nr. 4 BGB knüpft nicht an die Regelung des § 1379 BGB an. Es geht vielmehr um die allgemeine Pflicht, den Ehepartner über den Bestand des Vermögens zu unterrichten, welche aus §§ 242, 1353 BGB abgeleitet wird. Der Anspruch auf Unterrichtung ist nur auf einen Überblick in groben Zügen gerichtet, d.h. es muss kein Vermögensverzeichnis entsprechend §§ 1379, 260 BGB vorgelegt werden. Der Anwendungsbereich des § 1385 Nr. 4 setzt lediglich die Verletzung der Informationspflicht nach §§ 242, 1353 BGB voraus, nicht aber die Verletzung der Auskunftspflicht

---

1563 Vgl. dazu *Kohlenberg* NZFam 2018, 357.
1564 Vgl. dazu Kogel, Strategien beim Zugewinnausgleich, Rn. 383.

gemäß § 1379 Abs. 2 BGB, sodass deren Verletzung keine vorzeitige Aufhebung der Zugewinngemeinschaft ermöglicht.[1565]

**Zeitlich** betrachtet besteht die Unterrichtungspflicht aus §§ 242, 1353 BGB zum Stand des Vermögens bis zum **endgültigen Scheitern der Ehe**.[1566] Der Unterrichtungsanspruch soll dem Ehegatten, der die eheliche Gemeinschaft erhalten will oder deren Wiederherstellung nicht ablehnt, die notwendigen Informationen über die wirtschaftlichen Grundlagen der Ehe verschaffen. Er bezweckt, den gerade aufgrund der fehlenden Unterrichtung über die familiären Vermögensverhältnisse herrschenden Unfrieden in der Ehe zu beseitigen. Deshalb endet der eherechtliche Anspruch auf Unterrichtung über vermögensrechtliche Belange entsprechend § 1353 Abs. 2 BGB mit dem Scheitern der Ehe. Dies kommt regelmäßig spätestens dadurch zum Ausdruck, dass der Scheidungsantrag gestellt wird. Ob die Ehe i.S.d. §§ 1353 Abs. 2, 1565 Abs. 1 Satz 2 BGB bereits vor dem Ablauf des Trennungsjahres gescheitert ist, muss – wenn nicht die gesetzlichen Zerrüttungsvermutungen des § 1566 BGB eingreifen – als tatrichterliche Prognose unter Würdigung aller Umstände entschieden werden. Leben die Ehegatten getrennt, rechtfertigt der Nichtablauf des Trennungsjahres für sich genommen jedenfalls noch nicht den Schluss, dass die Ehe noch nicht endgültig gescheitert ist und der Unterrichtungsanspruch weiterhin geltend gemacht werden kann. Der Schuldner des Unterrichtungsanspruchs ist für die Umstände, aus denen auf das Scheitern der Ehe geschlossen werden soll, darlegungs- und beweispflichtig.[1567]

Sobald allerdings ein Antrag auf Auskunft nach § 1379 BGB gestellt wird, können die Voraussetzungen des § 1385 Nr. 4 BGB nicht mehr herbeigeführt werden, falls sie bis dahin noch nicht vorliegen.

Notwendig ist eine **beharrliche Auskunftsverweigerung**. Damit ist eine wiederholte Ablehnung der Auskunft durch den anderen Ehegatten erforderlich.

**Taktisch** ist es sicher nicht leicht, den anderen Ehegatten dazu zu bringen, die Voraussetzungen für eine Inanspruchnahme über § 1385 Nr. 4 BGB zu schaffen.[1568] Dennoch sollte man es versuchen. Der andere Ehegatte ist daher anzuschreiben und aufzufordern, über sein Vermögen Mitteilung zu machen. Dies ist dann mit Fristsetzung zumindest einmal zu wiederholen, falls der Verpflichtete

---

1565  BGH, FamRZ 2015, 32.
1566  BGH, FamRZ 2015, 32 (35).
1567  BGH, Beschl. vom 24.11.2021, XII ZB 253/20, FamRZ 2022, 593.
1568  Nach Kogel, Strategien beim Zugewinnausgleich, Rn. 383, 387 kann ein vorzeitiger Zugewinnausgleich mittels § 1385 Nr. 4 BGB »geradezu provoziert« werden; aufgrund der erwähnten Entscheidung des BGH (BGH, Beschl. vom 24.11.2021, XII ZB 253/20, FamRZ 2022, 593) sollte im Hinblick auf die Möglichkeit, dass die Ehe bereits gescheitert ist, dies nunmehr allerdings zu relativieren sein; so nun auch *Kogel* FamRZ 2022, 1089 (»Plädoyer für gesetzliche Neuregelung«).

nicht oder zumindest nicht ausreichend reagiert. Danach kann der Antrag auf vorzeitigen Zugewinnausgleich erhoben werden.[1569]

### bb) Verfahrensmöglichkeiten

**3667** Nach § 1385 BGB kann der ausgleichsberechtigte Ehegatte einen **Leistungsantrag** (in Form eines Stufenantrags) auf vorzeitigen Ausgleich des Zugewinns erheben. Die Rechtskraft des Beschlusses begründet die Gütertrennung.

**3668** Der (isolierte) Antrag nach § 1386 BGB führt zur Aufhebung der Zugewinngemeinschaft, ohne dass damit ein Zahlungsanspruch geklärt wäre. Dabei handelt es sich um einen **reinen Gestaltungsantrag** und damit eine Art »weniger« ggü. dem Leistungsantrag nach § 1385 BGB.

**3669** Der Antrag nach § 1386 BGB hat folgenden Wortlaut: »Die Zugewinngemeinschaft wird vorzeitig aufgehoben.«[1570]

**3670** Der Leistungsantrag nach § 1385 BGB und der Gestaltungsantrag nach § 1386 BGB stehen sich **gleichwertig** ggü., d.h. wer **ausgleichsberechtigt** ist, hat die Wahl, ob er den Zugewinnausgleich geltend macht oder nur die Aufhebung der Zugewinngemeinschaft herbeiführen möchte.[1571]

**3671** Der Ehegatte, der **keinen Zugewinnausgleichsanspruch** geltend machen kann, kann naturgemäß nur den Gestaltungsantrag nach § 1386 BGB erheben.

▶ **Taktischer Hinweis:**

**3672** Wird der Antrag nach § 1386 BGB gestellt (also die reine Gestaltung des Güterstands begehrt), kann der ausgleichsberechtigte Ehegatte mit einem **Widerantrag** den vorzeitigen Ausgleich des Zugewinns fordern. Der Widerantrag sollte auch in diesem Fall den Gestaltungsantrag mit umfassen. Die Problematik ist vergleichbar dem »zweiten Scheidungsantrag«.[1572] Der für den vorzeitigen Zugewinnausgleich **maßgebliche Stichtag** wird nach § 1387 BGB in solchen Fällen durch den Eintritt der Rechtshängigkeit des Gestaltungsantrags bestimmt, der das Verfahren ausgelöst hat.

Der »Gestaltungswiderantrag« setzt kein neues Verfahren in Gang, sondern wird im Rahmen des früher rechtshängig gewordenen Verfahrens gestellt.

Ein solcher zweiter Antrag begründet also kein weiteres Verfahren, denn dann müsste der Antrag wegen der Rechtshängigkeit desselben Streitgegenstandes durch

---

1569 *Kohlenberg* NZFam 2018, 358.
1570 Schulz/Hauß, Rn. 922; Grüneberg/*Siede*, BGB, § 1386 Rn. 10; problematisch Kogel, Strategien beim Zugewinnausgleich, Rn. 390, der einen Feststellungsantrag formuliert: Es wird festgestellt, dass die Zugewinngemeinschaft der Parteien vorzeitig beendet wird.
1571 *Krause* ZFE 2008, 406, 410.
1572 Vgl. dazu Rdn. 1034.

Verfahrensbeschluss als unzulässig abgewiesen werden (§ 261 Abs. 1 und Abs. 3 ZPO). Daher ist ein späterer Gestaltungsantrag nur als weiterer Antrag in dem schon anhängigen Verfahren auf Aufhebung der Zugewinngemeinschaft aufzufassen.

Der maßgebliche Stichtag für den Zugewinnausgleich wird nur dann auf der Grundlage des späteren Gestaltungsantrags bestimmt, wenn die Rechtshängigkeit des früheren Antrags, etwa durch Rücknahme, beendet worden ist (§ 269 Abs. 1 ZPO), bevor der gegnerische Gestaltungsantrag zugestellt und seinerseits rechtshängig wurde. Dann würde es an einem einheitlichen Verfahren fehlen, und die Aufhebung der Zugewinngemeinschaft wäre nicht mehr in dem Rechtsstreit erfolgt, der durch den früheren Gestaltungsantrag ausgelöst wurde.[1573]

### 3. Anwaltliche Strategie

Zunächst wird die anwaltliche Vertretung in Zugewinnausgleichsverfahren darauf hinwirken, Auskunft über die maßgeblichen Vermögensverhältnisse zu erhalten, um einen etwaigen Anspruch berechnen zu können. **3673**

Wird umfassend außergerichtlich Auskunft erteilt, ist eine Berechnung möglich, sodass sich allenfalls das Problem ergeben kann, den Anspruch durchzusetzen. Dies ist möglich mithilfe eines bezifferten Leistungsantrags; der entsprechende Titel wäre dann später zu vollstrecken. **3674**

▶ Taktischer Hinweis:

Die anwaltliche Vertretung, die zur Abwehr eines güterrechtlichen Auskunftsersuchens mandatiert worden ist, kann sich schadensersatzpflichtig machen, wenn der Mandant nicht zu unverjährter Zeit auf die offensichtlich bestehende erfolgversprechende Möglichkeit der Geltendmachung eines eigenen Zugewinnausgleichsanspruches hingewiesen wird.[1574] Auch bei einem derart begrenzten Mandat besteht zumindest die Nebenpflicht, auf den vorhandenen Anspruch hinzuweisen. **3675**

Die anwaltliche Vertretung kann in solchen Fällen versuchen, Verhandlungen über den Anspruch nach § 203 BGB nachzuweisen, um damit eine zeitweise Hemmung der Verjährung zu begründen. Verhandlungen finden allerdings definitiv dann nicht mehr statt, wenn eine Seite erklärt, nur noch nach einem Richterspruch zu einer Zahlung bereit zu sein.[1575]

Gibt der Anspruchsgegner allerdings bereits keine korrekte Auskunft ab, stellt sich die Frage, wie am effektivsten vorgegangen werden kann. **3676**

---

1573 Vgl. dazu BGH, FamRZ 2006, 260.
1574 OLG Zweibrücken, FuR 2022, 45.
1575 OLG Celle, FamRZ 2021, 1874.

### a) Isolierter Antrag auf Auskunft

3677    Das Auskunftsbegehren nach § 1379 BGB kann sowohl im Rahmen eines Stufenantrags als auch isoliert erhoben werden.

▶ **Anwaltlicher Hinweis:**

3678    Auskunft über Vorgänge, die Zurechnungen wegen illoyaler Vermögensverschiebungen nach § 1375 Abs. 2 BGB auslösen, ist nach § 1379 BGB zu erteilen; ein
Rückgriff dafür auf § 242 BGB ist nicht erforderlich.[1576]

Auch die **Vorlage von Belegen** ist geschuldet, worauf der anwaltliche Vertreter
bestehen sollte. Die Richtigkeit der Auskunft kann dadurch nämlich leichter
nachgeprüft werden.

Allerdings umfasst der stichtagsbezogene Auskunftsanspruch des § 1379 BGB
nach wie vor nicht die Entwicklung des Vermögens in der Ehe. Auch der Verbleib
früher vorhandener Vermögensgegenstände kann mit § 1379 BGB nicht überprüft werden. **Ausnahmen vom strengen Stichtagsprinzip** kommen allerdings
dann in Betracht, wenn konkrete Anhaltspunkte für ein Handeln nach § 1375
Abs. 2 BGB vorgetragen werden können; der Schuldner ist dann aber auch nicht
generell auskunftspflichtig, sondern immer nur bezogen auf einen konkreten
Vorgang bzw. konkreten Vermögenswert (z.B. Immobilien, Wertpapierdepots,
Girokonten, Kapitallebensversicherungen, usw.). Die Auskunft umfasst in solchen
Fällen die Darstellung der finanziellen Entwicklung des betreffenden Vermögens-
werts über einen bestimmten Zeitraum. So kommt etwa in Betracht, dass für ein
Girokonto z.B. für einen Zeitraum von einem halben Jahr, durchgängig die Kon-
toauszüge vorzulegen sind. Dieser Anspruch ist auf § 242 oder § 1379 BGB zu
stützen.[1577]

§ 1379 BGB regelt drei verschiedene Arten von Informationsansprüchen, nämlich in Abs. 1 Satz 1 denjenigen auf Auskunft i.S.v. § 260 Abs. 1 BGB, in Abs. 1
Satz 2 jenen auf Belegvorlage und schließlich in Abs. 1 Satz 3, 2. Alt. denjenigen
auf Wertermittlung. Alle diese Informationsansprüche sind rechtlich strikt voneinander zu trennen und jeweils **selbstständig geltend zu machen.**[1578]

3679    Gehört zum Endvermögen ein **Unternehmen**, wird dessen innerer Wert maßgeblich
durch die Ertragslage bestimmt.[1579] Es besteht daher in solchen Fällen die Pflicht,
dem auskunftsberechtigten Ehegatten Bilanzen nebst Gewinn- und Verlustrechnungen vorzulegen, damit er die Ertragslage beurteilen kann.

---

1576  BGH, FamRZ 2018, 331; Grüneberg/*Siede*, BGB, § 1379 Rn. 2.
1577  Vgl. dazu BGH, FamRZ 2012, 1785; Kogel, Strategien beim Zugewinnausgleich,
      Rn. 458 f.
1578  OLG Koblenz, FamRZ 2018, 1573.
1579  Vgl. dazu *Ballhorn/König* FF 2019, 235.

Der auskunftsberechtigte Ehegatte kann die angesprochenen Unterlagen – abweichend 3680
zu der unterhaltsrechtlichen Beurteilung, bei der i.d.R. ein Zeitraum von 3 Jahren
zugrunde gelegt wird – für einen Zeitraum von 5 Jahren verlangen.[1580]

Die Bewertung freiberuflicher Praxen im Rahmen des Zugewinnausgleichs erfolgt nach 3681
dem sog. **modifizierten Ertragswertverfahren**. Dabei wird zur Ermittlung des Vermö-
genswerts einer freiberuflichen Praxis über den Substanzwert am Stichtag hinaus auch
der übertragbare Teil des ideellen Werts (Goodwill) am Stichtag berücksichtigt.[1581]

Die Bewertung von Immobilien hängt damit zusammen, in welcher Weise sie genutzt 3682
werden. Ein vermietetes oder verpachtetes Objekt wird daher mit der Ertragswert-
methode bewertet, während bei einem eigengenutzten Objekt der Substanzwert zu
ermitteln ist.

▶ Taktischer Hinweis:

Sind sich Beteiligte im Wesentlichen über den Zugewinnausgleich einig, d. h. es 3683
gibt nur Meinungsverschiedenheiten betreffend den Wert einer Immobilie, kann
es ökonomisch sein, die Angelegenheit mit einem Beweissicherungsverfahren
voranzubringen. Das Beweissicherungsverfahren hemmt auch gegebenenfalls eine
drohende Verjährung.

§ 485 Abs. 2 ZPO lautet:

»Ist ein Rechtsstreit noch nicht anhängig, kann eine Partei die schriftliche Begutachtung durch einen Sachverständigen beantragen, wenn sie ein rechtliches Interesse daran hat, dass

1. der Zustand einer Person oder der Zustand oder Wert einer Sache, […] festgestellt wird. Ein rechtliches Interesse ist anzunehmen, wenn die Feststellung der
Vermeidung eines Rechtsstreits dienen kann.«

Allerdings kommt eine Beweissicherungsverfahren dann nicht mehr in Betracht,
wenn bereits ein gerichtliches Verfahren, und sei es nur wegen Auskunft, zum
Zugewinnausgleich betrieben wird.

Nach ständiger Rechtsprechung des BGH sind latente Steuern zu berücksichtigen.[1582] 3684
Der BGH unterstellt, dass Vermögenswerte am Stichtag veräußert werden müssen,
um den Zugewinnausgleich befriedigen zu können. Ergibt sich für diesen Fall eine
Steuerpflicht, z.B. bei Aktiengewinnen Abgeltungssteuer oder bei Immobilien Spe-
kulationsteuer, ist dies vom Wert abzuziehen.

---

1580 Vgl. BGH, FamRZ 2018, 174.
1581 BGH, FamRZ 2018, 94; FamRZ 2018, 174; vgl. auch Hdb. FamR/*Hammermann*,
      Kap. 9, Rn. 216.
1582 BGH, Beschl. vom 08.12.2021, XII ZB 402/20, FamRZ 2022, 425.

Ist eine Immobilie kreditfinanziert, wird jedoch eine nach dem Endstichtag anfallende Vorfälligkeitsentschädigung nicht berücksichtigt. Die Vorfälligkeitsentschädigung ist ein Surrogat der Zinsbelastungen, die bei einer Darlehensvaluta erst nach dem Stichtag eintreten und daher mit dem Stichtagsprinzip nicht zu vereinbaren.[1583]

3685    Ein isolierter Auskunftsantrag ist allerdings nicht im Verbundverfahren möglich. Der Scheidungsverbund ist auf die Regelung der Scheidungsfolgen bezogen, nicht aber auf Entscheidungen, die diese erst vorbereiten. Wird gleichwohl im Verbund ein reiner Auskunftsantrag erhoben, ist dieser als unzulässig abzuweisen.

3686    Wird hingegen eine Entscheidung zugleich mit der Scheidung angestrebt, kann der Weg des Stufenantrags beschritten werden.

▶ **Taktischer Hinweis:**

3687    Grds. hat der Antragsteller ein Wahlrecht, ob er den Zugewinnausgleichsanspruch in einem selbstständigen Verfahren geltend macht oder in den Scheidungsverbund einbezieht.[1584] Dies gilt auch, wenn für das Verfahren VKH gewährt werden soll.[1585] Grds. aber gilt für die anwaltliche Vertretung des ausgleichsberechtigten Ehegatten, dass die Einbeziehung der Ansprüche in den Verbund, der sich insb. durch die Güterrechtssache hinziehen kann, erheblichen Bedenken begegnet. Dies liegt insb. daran, dass eine Kostenerstattung grds. nicht in Betracht kommt, vgl. § 150 FamFG, und insb. ein erheblicher »Zinsschaden« droht, weil Zinsansprüche erst mit Beendigung des Güterstands (Rechtskraft der Scheidung) einsetzen (§ 1378 Abs. 3 Satz 1 BGB).[1586]

Verzögert sich die Rechtskraft der Scheidung durch die Folgesache Güterrecht etwa um zwei Jahre gegenüber einer isolierten Verfahrensführung, so entsteht bei unterstellten Zinsen von 5 % bei einem Anspruch in Höhe von 500.000,00 € ein Zinsschaden von rund 50.000,00 €!

*Kogel*[1587] hat deshalb die These formuliert: »Zugewinn im Verbund – im Zweifel ein Anwaltsregress«.

Der in einer solchen Sache tätige Anwalt muss jedenfalls die Mandantschaft über die verschiedenen rechtlichen Möglichkeiten der Durchsetzung des Zugewinnausgleichs aufklären, da er sich widrigenfalls haftbar macht.[1588]

Teilweise wird gefordert, den Stichtag für die Berechnung des Endvermögens weiter nach vorne zu verlagern, also auf den Zeitpunkt der Trennung abzustellen,

---

1583 BGH, Beschl. vom 08.12.2021, XII ZB 402/20, FamRZ 2022, 425.
1584 Ausführlich dazu Rdn. 1278.
1585 BGH, FamRZ 2005, 786, 788 m. Anm. *Viefhues*; FamRZ 2005, 881.
1586 Die Fälligkeit des Anspruchs setzt die Rechtskraft der Scheidung voraus, vgl. § 1378 Abs. 3 Satz 1 BGB.
1587 *Kogel* FamRZ 2008, 1297, 1302; bekräftigt in NZFam 2019, 335, 340.
1588 OLG Rostock, FuR 2020, 664.

um Manipulationen, die sich auf die Zeit zwischen Trennung und Rechtshängigkeit des Scheidungsantrags konzentrieren, noch mehr zu erschweren. Dieser Forderung ist der Gesetzgeber aber bislang nicht nachgekommen.[1589]

Ist der Zugewinnausgleich einmal in den Verbund gelangt, sollte der anwaltliche Vertreter alle rechtlichen Möglichkeiten nutzen, um eine Abtrennung zu erreichen.[1590]

Der Auskunftsanspruch aus § 1379 BGB ist klagbar und nach § 888 ZPO auch vollstreckbar.[1591]  **3688**

Der Zwangsvollstreckungsauftrag gemäß § 888 ZPO kann wie folgt formuliert werden:  **3689**

▶ **Zwangsvollstreckungsauftrag, § 888 ZPO**

Namens und im Auftrag der Antragstellerin beantrage ich, dem Antragsgegner Zwangsgeld und für den Fall der Nichtbeitreibung desselben, Zwangshaft aufzuerlegen mit der Aufforderung, die ihm durch Teil-Anerkenntnisbeschluss des Familiengerichts …, Aktenzeichen … auferlegte Verpflichtung zur Auskunft gemäß Z. 1–4 vollständig zu erfüllen.

Begründung:

Der Antragsgegner wurde mit Teil-Anerkenntnisbeschluss des Familiengerichts … verpflichtet, Auskunft entsprechend der Z. 1–4 des Beschlusses zu erteilen.

Mit Schreiben vom … wurde der Antragsgegner aufgefordert, die Auskünfte zu erteilen und die erforderlichen Belege vorzulegen. Der Antragsgegner ist dieser Verpflichtung bis heute nicht nachgekommen, sodass Zwangsmaßnahmen gemäß 888 ZPO erforderlich sind.

Besteht der Verdacht, dass das Verzeichnis nicht sorgfältig erstellt wurde, kann der Gläubiger gem. § 260 Abs. 2 BGB eine eidesstattliche Versicherung verlangen, wonach der Schuldner den Bestand nach bestem Wissen und vollständig wiedergegeben hat.  **3690**

▶ **Taktischer Hinweis:**

Regelmäßig dürfte ein Stufenantrag nach § 254 ZPO gegenüber einem isolierten Auskunftsantrag effektiver sein (s. Rdn. 3692 ff.). Der Anspruch auf Auskunft kann im Wege des Stufenantrags zusammen mit dem noch unbezifferten Zahlungsanspruch aus § 1378 BGB rechtshängig gemacht werden. Da der isolierte Antrag auf Auskunft die Verjährung nicht hemmt, ist die Verbindung angezeigt, um den Gläubiger vor der Verjährung seiner Ausgleichsforderung zu bewahren.  **3691**

Ein **isolierter Antrag** ist aber unabdingbar, wenn die Auskunft ausschließlich das Vermögen zum Zeitpunkt der Trennung betrifft. Diese Möglichkeit wird in der

---

1589  Vgl. dazu *Hoppenz* FamRZ 2008, 1889, 1892.
1590  Vgl. dazu Rdn. 1278.
1591  Grüneberg/*Siede*, BGB, § 1379 Rn. 19.

Praxis noch viel zu wenig genutzt; ein weiterer Vorteil dieser Auskunft ist, dass sie dem Antragsteller Informationen verschafft, die ggf. auch für eine Unterhaltssache interessant sind.

Das Risiko eines solchen Antrags besteht darin, den Trennungszeitpunkt nicht nachweisen zu können. Die Trennung ist nämlich oftmals ein schleichender Prozess, der diesbezüglich Unsicherheiten zur Folge hat.

Der BGH[1592] hat bislang die Feststellung des Trennungszeitpunkt als zwischenfeststellungsfähiges Rechtsverhältnis im Sinne von § 256 ZPO zumindest nicht deutlich beanstandet.

*Bergschneider*[1593] hat sich dazu wie folgt geäußert:

»Der Zweck der Zwischenfeststellungsklage besteht darin, die Rechtskraft auf das bedingende Rechtsverhältnis und die tragenden Entscheidungsgründe auszudehnen, weil sich sonst die Rechtskraftwirkung des Urteils nur auf die Entscheidung über den prozessualen Anspruch selbst bezieht (…). Mit dem erfolgreichen Auskunftsanspruch zum Zeitpunkt der Trennung erwächst aber nur dieser Anspruch in Rechtskraft; der Zeitpunkt der Trennung ist dagegen nur ein bedingendes Rechtsverhältnis, das über das Bestehen oder Nichtbestehen des Auskunftsanspruchs entscheidet, selbst aber nicht in Rechtskraft erwächst. Soll dieser Zeitpunkt aber in Rechtskraft erwachsen, ist dies nur im Wege einer Zwischenfeststellungsklage möglich. Für eine solche Klage kann ein Rechtsschutzbedürfnis in der Vorgreiflichkeit des Trennungstermins bestehen, wenn das incidenter zu klärende Rechtsverhältnis noch über den Streitgegenstand hinaus Bedeutung gewinnt, nämlich hinsichtlich der Umkehrung der Darlegungs- und Beweislast gemäß § 1375 Abs. 2 S. 2 BGB, unter Umständen auch im Zusammenhang mit einem Gesamtschuldnerausgleich unter Ehegatten oder einem Freistellungsanspruch bei Übernahme einer persönlichen Haftung und Einräumung dinglicher Sicherheiten (….).«

Auch das OLG Brandenburg[1594] ist der Auffassung, dass die Frage des Zeitpunkts der Herbeiführung der Trennung im Rechtssinne einer Zwischenfeststellung zugänglich ist. Nach anderer Meinung ist dagegen der Trennungszeitpunkt als solcher ein bloßer tatsächlicher Vorgang, der zwar Vorfrage für sich aufgrund der Trennung ergebende Rechtspositionen sein kann, wie zum Beispiel dem Beginn der Verpflichtung zur Zahlung von Trennungsunterhalt gemäß § 1361 BGB, aber kein Rechtsverhältnis darstellt.[1595]

---

1592 BGH, FamRZ 2019, 818.
1593 *Bergschneider* FamRZ 2019, 819 f.
1594 OLG Brandenburg, Beschl. vom 10.08.2020, 13 UF 122/17, FamRZ 2021, 367.
1595 Vgl. etwa *Kintzel* FamRZ 2021, 371.

**Taktik:** Der Zwischenfeststellungsantrag zum Stichtag der Trennung ist gerade zu Beginn der familienrechtlichen Auseinandersetzung von großer Bedeutung. Steht dieser Stichtag fest, kann etwa ohne Risiko Auskunft zum Vermögen bei Trennung (§ 1379 Abs. 2 BGB) gefordert werden, gegebenenfalls darauf aufbauend ein vorzeitiger Zugewinnausgleich und auch im Rahmen des Scheidungsverfahrens besteht diesbezüglich Klarheit. Eine klarstellende Entscheidung des BGH zu dieser Rechtsfrage wäre wünschenswert.

### b) Stufenantrag (§ 254 ZPO)

Der Stufenantrag (§ 254 ZPO) ist ein Fall der objektiven Antragshäufung (§ 260 ZPO), nämlich dem gestaffelten Verlangen nach     **3692**
– Auskunft (Vollstreckung nach § 888 ZPO),
– eidesstattlicher Versicherung (Vollstreckung nach § 889 ZPO) und
– Zahlung von Zugewinnausgleich

mit der Besonderheit, dass abweichend von § 253 Abs. 2 Nr. 2 ZPO die letzte Stufe (Zahlungsstufe) nicht beziffert werden muss.

▶ **Anwaltlicher Hinweis:**

Wird der Antrag auf Erfüllung der Ausgleichsforderung gem. § 137 Abs. 2 Nr. 4     **3693**
FamFG Folgesache eines Scheidungsantrags, ist der gesamte Stufenantrag als Folgesache zu behandeln. Über den Auskunftsanspruch ist vorab durch **Teilbeschluss**, über Scheidung und Ausgleichsforderung im Endbeschluss zu befinden.

Über die einzelnen prozessualen Ansprüche ist Stufe für Stufe durch Teilbeschluss zu     **3694**
entscheiden, über die Leistungsstufe durch Endbeschluss. Eine sachliche Entscheidung über eine spätere Stufe setzt die Erledigung der vorherigen Stufe voraus.

Gelegentlich geht es auch in die andere Richtung, wenn nach Erreichen der Zah-     **3695**
lungsstufe ein Antrag auf ergänzende Auskunft gestellt wird.

Der Stufenantrag ist ebenfalls zulässig     **3696**
– im Verbund, jedoch ist über den vorbereitenden Auskunftsantrag vorab durch Teilbeschluss zu entscheiden,[1596]
– i.V.m. einem bezifferten Leistungsantrag (z.B. wird der Stufenantrag gestellt mit nach erteilter Auskunft zu beziffernder Zahlung, jedoch mindestens i.H.v....... €).[1597]

Mit Zustellung des Stufenantrags werden von Anfang an alle Stufen – also auch die     **3697**
Leistungsstufe – rechtshängig, und zwar in der Höhe, in der sie später beziffert wird.[1598]

---

1596  BGH, NJW 1997, 2176.
1597  BGH, FamRZ 2003, 31.
1598  OLG Brandenburg, FamRZ 2007, 55; BGH, FamRZ 1995, 797.

3698    Dementsprechend ist VKH nicht Stufe für Stufe, sondern von Anfang an für alle Stufen zu bewilligen.[1599] Uneinigkeit besteht allerdings darüber, wie hinsichtlich der VKH zu verfahren ist, wenn (später) die Leistungsstufe beziffert wird.

3699    Die Frage, die sich stellt, ist nämlich, ob jeder auch noch so hohe Zahlungsantrag durch die ursprüngliche Verfahrenskostenhilfe-Bewilligung gedeckt ist.

3700    Nach überwiegend vertretener Auffassung ist die ursprüngliche Bewilligung für den Stufenantrag bzgl. der unbezifferten Zahlungsstufe nur vorläufiger Art, sodass das FamG die Möglichkeit hat, die Erfolgsaussicht der Leistungsstufe nach deren Bezifferung erneut zu prüfen und – auch ohne dass die Voraussetzungen des § 124 ZPO vorliegen – die VKH einzuschränken, soweit der Zahlungsantrag nicht hinreichend erfolgversprechend ist.[1600]

3701    Ein Stufenantrag reicht zum Eintritt der Verjährungshemmung nach § 204 Abs. 1 Nr. 1 BGB.[1601]

### aa) Erste Stufe

3702    Der Antragsgegner wird in der ersten Stufe zur ordnungsgemäßen Auskunft verpflichtet. Die Auskunftspflicht ist der Vorschrift des § 1379 BGB zu entnehmen und erstreckt sich auf alle erforderlichen Informationen, welche für die Berechnung des Zugewinnausgleichs erforderlich sind, d.h. auch auf das Anfangsvermögen einschließlich der Passiva und der privilegierten Zuwendungen i.S.v. § 1374 Abs. 2 BGB.

### bb) Zweite Stufe

3703    Hat der Antragsgegner aufgrund eines Teilbeschlusses (Auskunftsbeschluss) Auskünfte erteilt, entsteht oft Unklarheit über das weitere Verfahren, wenn der Antragsteller beanstandet, die Auskunft sei unvollständig oder unrichtig.

### aaa) Ergänzende Auskunft

3704    Beruht die mangelhafte Auskunft auf unverschuldeter Unkenntnis oder entschuldbarem Irrtum des Antragsgegners, besteht ein Anspruch auf ergänzende Auskunft.[1602]

### bbb) Eidesstattliche Versicherung

3705    Hätte der Antragsgegner dagegen die Unrichtigkeit der Auskunft (der Verdacht derselben genügt) bei gehöriger Sorgfalt vermeiden können (vgl. §§ 259, 260 BGB), d.h. hat er die Auskunft nicht mit der erforderlichen Sorgfalt gemacht, kann die

---

1599 OLG Saarbrücken, Beschl. vom 06.09.2019, 5 W 45/19, NZFam 2019, 1114.
1600 OLG Hamm, FamRZ 1994, 312.
1601 BGH, FamRZ 2018, 581; OLG Brandenburg, NJW-RR 2005, 871.
1602 BGH, FamRZ 1984, 144.

eidesstattliche Versicherung klageweise nach §§ 259, 261 BGB verlangt werden, es sei denn, es handelt sich um »Peanuts« (§§ 259 Abs. 3, 260 Abs. 3 BGB).

Nicht mit der erforderlichen Sorgfalt erteilt ist die Auskunft, wenn sich die Unvoll- **3706** ständigkeit bzw. Unrichtigkeit bei gehöriger Sorgfalt hätte vermeiden lassen. Indiz für eine fehlende Sorgfalt können widersprüchliche Angaben, mehrfache Berichtigungen, der beharrliche Versuch der Verhinderung der Auskunft etc. sein.[1603]

Es ist Voraussetzung für das Verlangen der eidesstattlichen Versicherung, dass die **3707** Auskunft (= 1. Stufe) nach dem übereinstimmenden Verständnis der Beteiligten voll-ständig erteilt ist.

Der Antragsgegner kann allerdings einer Verpflichtung zuvorkommen, indem er frei- **3708** willig die Versicherung abgibt.

Das Rechtsschutzinteresse für einen Antrag auf Abgabe der eidesstattlichen Versiche- **3709** rung kann fehlen, wenn etwa ein vertragliches Einsichtsrecht besteht, das voraussicht-lich schneller, besser und ohne Inanspruchnahme gerichtlicher Hilfe zum Ziel führt.

### cc) Dritte Stufe

Die dritte Stufe ist der Bezifferung des Anspruchs vorbehalten. Dies setzt voraus, dass **3710** die vorangegangenen Stufen abgeschlossen sind. Dann hat der Antragsteller seinen Anspruch zu berechnen und bestimmt zu stellen.

### aaa) Fehlender Anspruch

Wenn die Auskunft ergibt, dass kein Zahlungsanspruch besteht, tritt aufgrund der **3711** einseitigen Erledigungserklärung des Stufenantragstellers keine Erledigung der Haupt-sache ein, sodass § 91a ZPO nicht zur Anwendung kommt.[1604]

Der Antragsteller muss deshalb den Antrag zurücknehmen (steckengebliebener Stu- **3712** fenantrag).

Die **Rücknahme des Antrags** rechtfertigt im Unterschied zu § 269 Abs. 3 Satz 2 ZPO **3713** nicht zwingend die Auferlegung der Kosten.

Hat der Antragsgegner außergerichtlich trotz Aufforderung und Fristsetzung keine **3714** Auskunft erteilt, so ergibt sich seine Kostenpflicht aus Verzug. Dieser Verzugsschaden (= Verfahrenskosten) kann zum einen im laufenden Verfahren durch Antragsänderung geltend gemacht werden, im Übrigen ist es aber auch möglich, nach Antragsrück-nahme im Zugewinnausgleichsverfahren den Verzugsschaden durch ein selbständiges Verfahren geltend zu machen.

---

1603 BGH, FamRZ 1978, 677; vgl. dazu auch Kogel, Strategien beim Zugewinnausgleich, Rn. 515.
1604 BGH, FamRZ 1995, 348.

3715  Der Verfahrenswert eines Stufenantrags ist auch dann nach dem Wert des Leistungsantrags zu bemessen, wenn sich das Verfahren erledigt hat, ohne dass es zu einer
Bezifferung des Leistungsantrags gekommen ist. Der Verfahrenswert richtet sich dann
nach den Erwartungen des Antragstellers bei Einreichung des Stufenantrags. Fehlen hierfür jegliche Anhaltspunkte, ist vom Regelwert des § 42 Abs. 3 FamGKG
i.H.v. 5.000 € auszugehen.[1605]

*bbb) Bezifferter Stufenantrag*

3716  Die FamG tun sich schwer mit bezifferten Stufenanträgen, deren Zulässigkeit jedoch
unumstritten ist.

3717  Macht der Antragsteller im Rahmen eines Stufenantrags einen Mindestbetrag geltend,
weil er die Forderung insofern beziffern und begründen zu können meint, ohne auf
eine Auskunft des Antragsgegners angewiesen zu sein, liegt nur wegen des darüber hinausgehenden Antragsbegehrens ein Stufenantrag, i.Ü. ein bezifferter Teilantrag, vor.[1606]

3718  Auch ein solcher Stufenantrag ist sukzessive, d.h. Stufe für Stufe abzuwickeln.

3719  Der BGH[1607] führt dazu aus:

> »Es ist zulässig, bei der Erhebung einer Stufenklage den Leistungsantrag (die dritte Stufe)
> von vornherein zu beziffern. Das kann z.B. geschehen, weil nach der Vorstellung des Klä-
> gers ein Mindestbetrag von vornherein feststeht und die beiden ersten Stufen der Stufen-
> klage lediglich der Aufstockung dieses Mindestbetrages dienen sollen, oder weil der Aus-
> kunftsanspruch und der Anspruch auf Abgabe einer eidesstattlichen Versicherung eine
> fundierte Begründung des der Höhe nach bereits feststehenden Anspruchs ermöglichen
> sollen (BGH, BB 1972, 1245; Lüke, in: MünchKomm-ZPO, § 254 Rn. 16; vgl. auch
> Senat, BGHZ 107, 236 [239] = NJW 1989, 2821 = LM § 301 ZPO Nr. 37). In einem
> solchen Falle ist trotz der (teilweisen) Bezifferung des Leistungsantrages eine Entscheidung
> über die dritte Stufe erst zulässig, wenn die beiden ersten Stufen erledigt sind (BGH, BB
> 1972, 1245).«

3720  Der Antragsteller kann natürlich den angekündigten Antrag in der 2. Stufe fallen
lassen und nach Auskunft sofort den Zahlungsantrag stellen.[1608]

3721  Mitunter erklären die Gerichte, der Antrag sei nicht schlüssig, weil der geforderte
Mindestbetrag nicht ausreichend begründet würde. Eine solche Berechnung bzw.
Bezifferung ist aber erst nach Abschluss der ersten beiden Stufen erforderlich; bis
dahin reicht es, dass für die jeweilige Stufe ausreichender Vortrag angeboten wird.

3722  I.Ü. ist es nach der BGH-Rechtsprechung möglich – solange die dritte Stufe noch
nicht verhandelt wird –, einen bereits geforderten Mindestbetrag umzuwandeln, d.h.
zu einem unbezifferten Leistungsantrag überzugehen.

---

1605  OLG Frankfurt, FamRZ 2016, 2149.
1606  BGH, NJW-RR 2003, 68.
1607  BGH, NJW-RR 1996, 833, 835.
1608  BGH, NJW 2001, 833.

BGH:[1609]                                                                 **3723**

»Es gibt im Zivilverfahrensrecht keine Regelung, die es dem Kläger einer Stufenklage verwehrt, die vorläufige Bezifferung des Leistungsantrages mit einem Mindestbetrag rückgängig zu machen und anschließend die Stufenklage (wieder) mit einem unbezifferten Leistungsantrag weiterzuverfolgen.«

▶ Taktischer Hinweis:

Diese Entscheidung ist »kostenrechtlich« missverständlich. Sollte der anwaltliche   **3724**
Vertreter sich in einer vergleichbaren Situation befinden, kann versucht werden,
auf der Grundlage der Entscheidung die Bezifferung (ohne Kostenlast) rückgängig zu machen. Richtigerweise ist die Reduzierung des Antrags eine teilweise
Antragsrücknahme, die insoweit eine nachteilige Kostenentscheidung auslöst.
Dies ist dann letztlich der »Preis« dafür, dass mit der Bezifferung nicht abgewartet wurde, bis die Auskunft vollständig vorlag.

## c) Teilantragserhebung

Oftmals werden sehr hohe Zugewinnausgleichsansprüche gefordert. Dies begründet  **3725**
aufgrund des hohen Verfahrenswerts ein beträchtliches **Kostenrisiko**. Deshalb ist die
Versuchung groß, den Verfahrenswert durch einen Teilantrag zu begrenzen.

▶ Beispiel:

Der Antragsteller ist der Meinung, er habe einen Zugewinnausgleichsanspruch   **3726**
i.H.v. 200.000 €. Er beantragt zunächst mit seinem – auch so überschriebenen –
Teilantrag aber nur 100.000 €, wobei er für das Gericht und auch die Gegenseite bereits offen legt, dass er rechnerisch 200.000 € ermittelt hat. Letztlich ist – was
für alle Beteiligten deutlich wird – die Zahlung vollständiger 200.000 € auch
sein Verfahrensziel.

### aa) Begriff des Teilantrags

Mit dem Antrag bestimmt der Antragsteller Gegenstand, Inhalt und Umfang des   **3727**
Verfahrens. Wird von einer einheitlichen Forderung lediglich ein Teilbetrag beantragt, spricht man von einem »Teilantrag«. Zu einer »Teilklage« bzw. einem Teilantrag
kommt es ganz überwiegend aus Gründen der Kostenersparnis: Da der Antragsteller
den Ausgang des Verfahrens – insb. bei schwierigen Rechtsfragen – nicht sicher vor-
hersehen kann, macht er nicht seinen gesamten Anspruch geltend, sondern zunächst
nur einen Teilbetrag. Ein anderer Grund ist, dass der Antragsteller erst nach Erhebung
des Antrags den Umfang seiner Forderung bestimmen kann. In Bezug auf Teilanträge
wird herkömmlich zwischen **offenen und verdeckten Teilanträgen** unterschieden.
Macht der Antragsteller mit der Antragsbegründung deutlich, nur einen Teil seines
Anspruchs einzufordern, spricht man von einem **offenen Teilantrag**. Ist hingegen

---

1609  BGH, NJW-RR 1996, 833 ff.

weder für den Gegner noch für das Gericht erkennbar, dass nur eine Teilforderung geltend gemacht wird, spricht man von einem **verdeckten Teilantrag**. Ein verdeckter Teilantrag spielt im Güterrecht keine Rolle, weil die Ansprüche nach Auskunft »offen« liegen, sodass im Folgenden allein auf den offenen Teilantrag eingegangen wird.

### bb) Allgemeine Zulässigkeit

3728   Aus §§ 253 Abs. 1, 2 Satz 2, 261 Abs. 1, 308 Abs. 1 Satz 1, 322 Abs. 1 ZPO ergibt sich, dass Teilanträge grds. zulässig sind. Nach diesen Bestimmungen ist es dem Antragsteller weder verwehrt, zunächst nur einen Teil seines (behaupteten) Anspruchs einzufordern, noch ist er gezwungen, seinen diesbezüglichen Willen zu offenbaren. Unzulässig ist ein Teilantrag allerdings dort, wo ein rechtsschutzwürdiges Interesse des Antragstellers nicht mehr anzuerkennen ist oder wo der Gebrauch des Teilantrags gegen zwingende Regeln des Verfahrensrechts verstößt. So darf ein Teilantrag nicht dazu missbraucht werden, die Zuständigkeitsordnung der ZPO zu umgehen (was aber im Familienrecht ohnehin nicht zu befürchten ist) und sich die Zuständigkeit des AG zu »erschleichen«. Auch sind die Prinzipien der Prozessökonomie zu beachten. So kann der Antragsteller einen einheitlichen Anspruch nicht in drei verschiedenen Verfahren geltend machen, wenn dafür nachvollziehbare Gründe nicht erkennbar sind. Der Antragsteller ist nämlich verpflichtet, ein Verfahren möglichst zweckmäßig und billig zu gestalten.[1610]

### cc) Rechtskraft der Entscheidung

3729   Hat der Antragsteller einen offenen Teilantrag erhoben und voll obsiegt, so erwächst die Entscheidung des Gerichts nach einhelliger Meinung auch nur insoweit in materieller Rechtskraft. Einer Geltendmachung weiterer Teile steht die Rechtskraft des Vorverfahrens nicht entgegen.[1611] Der Antragsgegner muss mit einem Nachforderungsantrag von vornherein rechnen und kann sich mit einem negativen Feststellungswiderantrag nach § 256 Abs. 1 ZPO gegen künftige weitere Anträge angemessen schützen.

3730   Der BGH[1612] hat deutlich gemacht, dass der Anspruch auf Ausgleich des Zugewinns gemäß § 1378 BGB als Teilantrag erhoben werden kann. Die Zulässigkeit eines solchen Teilantrags hängt auch nicht davon ab, dass der – teilweise – geltend gemachte Anspruch bereits aus unstreitigen Vermögenspositionen folgt:

> »Im Zugewinnausgleichsverfahren ist ein Teilantrag … zulässig. Entscheidend ist insoweit allein, dass der Anspruch auf Ausgleich des Zugewinns gemäß § 1378 BGB auf Zahlung einer Geldsumme gerichtet und daher teilbar ist (…). Die weiteren Kriterien, wonach die Ausgleichsrichtung zweifelsfrei feststehen und der geltend gemachte Anspruch bereits aus unstreitigen Vermögenspositionen folgen müsse, sind allein für die Frage der Zulässigkeit einer Teilentscheidung von Bedeutung; denn es soll verhindert werden, dass in ein und demselben Verfahren widersprüchliche Entscheidungen getroffen werden. Demgegenüber

---

1610  AG Frankfurt am Main, NJW 2004, 1605.
1611  Thomas/Putzo/*Reichold*, ZPO, § 322 Rn. 26.
1612  BGH, FamRZ 2016, 1044 = NZFam 2016, 561 mit Anm. *Kuckenburg* = FuR 2016, 467.

wird über den Antrag, mit dem nur ein Teil des Anspruchs geltend gemacht wird, regelmäßig durch eine Schlussentscheidung befunden. Weil nur über den konkreten Antrag verbunden mit dem ihm zugrundeliegenden Sachverhalt entschieden wird, steht die Rechtskraft einer solchen Erstentscheidung einem etwaigen Nachforderungsantrag nicht entgegen. Schließlich ist zu beachten, dass dem Interesse des Zugewinnausgleichsgläubigers, die tatsächliche Durchsetzbarkeit dieses Teilanspruchs nicht durch zunehmenden Zeitablauf gefährdet zu sehen und über die ihm insoweit – möglicherweise für seinen eigenen Unterhalt – zukommenden Mittel möglichst bald verfügen zu können, keine schutzwürdigen Interessen des Ausgleichspflichtigen entgegenstehen (…).«

▶ Praxishinweis:

Allerdings darf die Zulässigkeit des Teilantrags nicht mit dem **Problem der unzu-**    3731
**lässigen Teilentscheidung** verwechselt werden.

Beispiel: Der Antragsteller begehrt einen Zugewinnausgleich teilweise mit einem beziffterten Zahlungsantrag sowie teilweise mit einem Stufenantrag. Das FamG entscheidet im Rahmen einer Teilentscheidung, dass der Antragsgegner verpflichtet wird, 50.000 € zu zahlen.

Nach Auffassung des BGH ist eine Teilentscheidung über einen beziffterten Zugewin-    3732
nausgleichsanspruch unzulässig, wenn der Anspruch auf Zugewinnausgleich teilweise mit einem beziffterten Zahlungsantrag sowie teilweise mit einem Stufenantrag geltend gemacht wird und nicht auszuschließen ist, dass das Anfangs- und Endvermögen in der Schlussentscheidung anders bewertet wird als im vorangegangenen Teilbeschluss:

»Eine Entscheidung über den beziffterten Zahlungsanspruch stellt in der Sache einen Teilbeschluss dar, weil sie über den durch Stufenantrag und beziffterten Zahlungsantrag insgesamt rechtshängig gemachten Anspruch auf Zugewinnausgleich nur teilweise befindet. Insoweit bleibt der über den mit dem beziffterten Zahlungsantrag verlangten Betrag hinausgehende Teil des Anspruchs, der mit dem noch unbeziffterten Hauptantrag der Stufenklage verfolgt wird, offen (…).

Eine Teilentscheidung darf indessen nur erlassen werden, wenn sie von der Entscheidung über den Rest des Anspruchs unabhängig ist, wenn also die Gefahr widersprechender Entscheidungen auch infolge einer abweichenden Beurteilung durch das Rechtsmittelgericht ausgeschlossen ist.

Eine Gefahr sich widersprechender Entscheidungen ist dann gegeben, wenn in einer Teilentscheidung eine Vorfrage entschieden wird, die sich dem Gericht im weiteren Verfahren über andere Ansprüche oder Anspruchsteile noch einmal stellt oder stellen kann. Das gilt auch insoweit, als es um die Möglichkeit einer unterschiedlichen Beurteilung von bloßen Entscheidungselementen geht, die weder in Rechtskraft erwachsen noch das Gericht nach § 113 Abs. 1 S. 2 FamFG i.V.m. § 318 ZPO für das weitere Verfahren binden (…). Hierunter fällt auch die Bewertung des Anfangs- und des Endvermögens. Es lässt sich nicht ausschließen, dass dieses in der abschließenden Entscheidung anders bewertet wird, als in dem Teilurteil bzw. Teilbeschluss geschehen.«

### dd) Taktische Hinweise für den Antragsteller

3733   Die Aufspaltung des Streitgegenstands und seine Geltendmachung in zwei selbstständigen Verfahren bringt für den Antragsteller auch Nachteile mit sich. So sieht sich der Antragsteller, der mit seinem Teilantrag obsiegt hat, etwa der Gefahr einander widersprechender Entscheidungen ggü. Außerdem wird der Lauf der Verjährung bei einem Teilantrag nur bzgl. des beantragten Teils und nicht hinsichtlich der weiter gehenden Forderung unterbrochen. Mit diesen Nachteilen muss sich der Antragsteller die von ihm begehrte Risikominimierung durch den Teilantrag gleichsam erkaufen; sie stellen einen gerechten Ausgleich für die mit einem Teilantrag erlangten Vorteile i.S.v. Fairness und Waffengleichheit dar.

### ee) Taktische Hinweise für den Antragsgegner

3734   Der Antragsgegner muss mit einem **Nachforderungsantrag** rechnen; er sollte versuchen – wenn der Teilantrag Erfolg verspricht ist – sich mit dem Antragsteller zu einigen, um die Kosten des Nachforderungsantrags zu vermeiden.

3735   Ergibt sich im Verfahren jedoch, dass selbst der eingeschränkte Teilantrag kaum durchzusetzen ist, muss der anwaltliche Vertreter seinen Mandanten durch **Erhebung eines negativen Feststellungswiderantrags nach § 256 Abs. 1 ZPO** gegen künftige weitere Anträge angemessen schützen, da nur so ein endgültiges Verfahrensende sichergestellt werden kann.

3736   Der Antragsgegner könnte auf der Grundlage des o.a. Beispiels seinen Antrag wie folgt stellen:

▶ Formulierungsvorschlag: Negativer Feststellungswiderantrag

1. Der Teilantrag der Antragstellerin auf Zahlung eines Zugewinnausgleichs i.H.v. 100.000 € wird abgewiesen.
2. Darüber hinaus wird beantragt festzustellen, dass der Antragstellerin auch über den beantragten Betrag von 100.000 € hinaus keine weiteren Zugewinnausgleichsansprüche zustehen.
3. Die Antragstellerin trägt die Kosten des Verfahrens.

3737   Der **BGH**[1613] umschreibt die Problematik wie folgt:

»Eine negative Feststellungswiderklage ist zulässig, wenn ein rechtliches Interesse an der baldigen Feststellung des Nichtbestehens eines Rechtsverhältnisses besteht, weil die Rechtsposition des Widerklägers an einer gegenwärtigen Ungewissheit leidet, die durch das Feststellungsurteil beseitigt werden kann. Diese Ungewissheit entsteht regelmäßig, wenn sich die Gegenseite **eines über die Klageforderung hinausgehenden Anspruchs berühmt** (....). Wer eine zulässige negative Feststellungswiderklage erhoben hat, hat grundsätzlich ein berechtigtes Interesse an einer der Rechtskraft fähigen Entscheidung, durch die festgestellt wird, dass die Forderung, deren sich die Gegenseite berühmt, nicht besteht. Damit wird ausgeschlossen, dass diese Forderung zum Gegenstand eines neuerlichen Rechtsstreits

1613  BGH, NJW 2006, 2780 ff.

gemacht wird (…). Nur so wird dem Schuldner der behaupteten Forderung ein Mittel an die Hand gegeben, um schnell Klarheit über die zu erwartenden wirtschaftlichen Lasten zu erhalten und um im Falle günstiger Entscheidung den Forderungsprätendenten wie auch etwaige Rechtsnachfolger dauerhaft an der Durchsetzung der behaupteten Restforderung zu hindern, ohne sich auf einen neuen Rechtsstreit in der Sache einlassen zu müssen.«

### ff) Fazit

Die Strategie, mit einem offenen Teilantrag Kosten zu sparen, geht selten auf. Das Verfahren macht regelmäßig deutlich, in welcher Höhe eine Forderung begründet ist. Ergibt sich, dass der Antragsteller seine vollständige Forderung durchsetzen kann, wird der anwaltliche Vertreter sinnvollerweise den Antrag **erweitern**, sodass dann das Verfahren mit dem Streitwert der vollständigen Zugewinnausgleichsforderung auch abgeschlossen wird. **3738**

Tritt hingegen der umgekehrte Fall ein, nämlich dass keinesfalls mehr als der geforderte Betrag begründet ist, ist die Erhebung eines **negativen Feststellungswiderantrags** nach § 256 Abs. 1 ZPO für den Antragsgegner zwingend. Auch hier entscheidet das Gericht dann über den gesamten Streitwert. **3739**

Die Erhebung des negativen Feststellungswiderantrags nach § 256 Abs. 1 ZPO hat in diesen Fällen auch einen **Kostenvorteil**: Ist nämlich nur der geforderte Teilbetrag von 100.000 € begründet, würde ohne negativen Feststellungswiderantrag der Antragsgegner alle Kosten des Verfahrens tragen müssen. Beträgt der Verfahrenswert hingegen 200.000 €, kommt es zur Kostenteilung; der Antragsgegner steht trotz des höheren Verfahrenswerts aufgrund der Gebührendegression wirtschaftlich erheblich besser. Dieses Verhältnis wird noch günstiger, wenn selbst der geforderte Teilbetrag nicht vollständig zugesprochen wird. **3740**

## d) Arrest zur Sicherung des Ausgleichsanspruchs

Wenn die Eheleute sich auseinander leben, sich trennen und scheiden lassen wollen, ist die Versuchung nahe, dass der vermögendere Ehegatte Manipulationen unternimmt, um sein ausgleichspflichtiges Vermögen zu schmälern.[1614] Für den ausgleichsberechtigten Ehegatten stellt sich dann die Frage, wie er seinen Zugewinnausgleichsanspruch (§ 1378 BGB) sichern kann, insb. ob dies im Arrestwege möglich ist. Auch das BGB sieht Möglichkeiten zum Schutz des Ausgleichsberechtigten vor Vermögensmanipulationen des Ausgleichspflichtigen vor. **3741**

### aa) §§ 1385, 1386 BGB

Jeder Ehegatte, insb. aber der Ausgleichsberechtigte, der Manipulationen befürchtet, kann ein **Verfahren auf vorzeitige Aufhebung der Zugewinngemeinschaft und** **3742**

---

1614 Vgl. dazu auch *Jüdt* FuR 2022, 195; *Krause* ZFE 2010, 216.

Zahlung eines vorzeitigen Zugewinnausgleichs erheben (§§ 1385, 1386 BGB).[1615] In diesem Fall wird der Zeitpunkt für die Berechnung des Zugewinns vorgezogen, d.h. maßgeblich ist der Zeitpunkt der Rechtshängigkeit des Antrags auf **vorzeitige Aufhebung der Zugewinngemeinschaft und Zahlung eines vorzeitigen Zugewinnausgleichs** (§ 1387 BGB).

3743    Voraussetzung ist allerdings ein zumindest 3-jähriges Getrenntleben der Eheleute (§ 1385 Nr. 1 BGB) oder die Befürchtung bestimmter, in § 1385 Nr. 2 und Nr. 3 BGB aufgeführter Verhaltensweisen, insb. wenn durch Manipulationshandlungen i.S.v. § 1375 Abs. 2 BGB eine erhebliche Gefährdung der künftigen Ausgleichsforderung zu besorgen ist. Ausreichend ist bereits, dass der andere Ehegatte sich ohne ausreichenden Grund beharrlich weigert oder sich ohne ausreichenden Grund bis zur Erhebung des Antrags auf Auskunft beharrlich geweigert hat, den Antragsteller über den Bestand seines Vermögens zu unterrichten, vgl. § 1385 Nr. 4 BGB.[1616]

*bb) § 1375 Abs. 2 BGB*

3744    Hat der Ausgleichspflichtige sein Endvermögen durch Manipulationen (illoyale Vermögensverschiebungen) vermindert, ist der Wert dieser Verminderung seinem Endvermögen hinzuzurechnen (§ 1375 Abs. 2 BGB).

*cc) Sicherungsmittel durch einstweiligen Rechtsschutz*

3745    Beim einstweiligen Rechtsschutz durch Arrest ist in zeitlicher Hinsicht wie folgt zu unterscheiden.

*aaa) Zeitraum bis zur Rechtshängigkeit des Scheidungsantrags bzw. des Antrags auf vorzeitige Aufhebung der Zugewinngemeinschaft*

3746    Die Zugewinnausgleichsforderung aus § 1378 BGB entsteht nach § 1378 Abs. 3 Satz 1 BGB erst mit der Rechtskraft des Scheidungsbeschlusses. Jedenfalls vor Rechtshängigkeit des Scheidungsantrags (bzw. eines Antrags auf vorzeitige Aufhebung der Zugewinngemeinschaft (§ 1386 BGB)) hat die Zugewinngemeinschaft unangefochten Bestand und es gibt keine Möglichkeit des Arrestes.

3747    Künftige Ansprüche sind nur mittels Arrest sicherbar, wenn sie klagbar sind, vgl. § 926 ZPO. Klagbarkeit setzt die Rechtshändigkeit des Scheidungsantrags bzw. des Antrags auf vorzeitige Aufhebung der Zugewinngemeinschaft voraus, woran es in diesem Verfahrensstadium aber häufig fehlt. Das Endvermögen kann nämlich nur berechnet werden, wenn diesbezüglich der Stichtag feststeht. Solange die Stichtage sich nicht fixieren lassen, ist ein Zugewinnausgleichsanspruch schlichtweg nicht vorhanden und daher auch nicht sicherbar.

---

1615  S. dazu Rdn. 3663 ff.
1616  S. dazu Rdn. 3666.

Der Gesetzgeber sieht für diesen Zeitraum i.Ü. den betreffenden Ehegatten als ausrei-    3748
chend gesichert an: zum einen durch die gesetzlichen Verfügungsverbote der §§ 1365
bis 1369 BGB, zum anderen durch die Möglichkeit der fiktiven Zurechnung von
Vermögensgegenständen zum Endvermögen gem. § 1375 Abs. 2 BGB (vgl. dazu auch
die Beweislastregel des § 1375 Abs. 2 Satz 2 BGB).

*bbb) Zeitraum ab Rechtshängigkeit des Scheidungsantrags bzw. des Antrags*
*auf vorzeitige Aufhebung der Zugewinngemeinschaft*

Der einstweilige Rechtsschutz ist in diesem Zeitraum durch Arrest umsetzbar.          3749

Zugewinnausgleichsansprüche können **ab Rechtshängigkeit des Scheidungsantrags**    3750
berechnet werden und sind ab diesem Zeitpunkt »einklagbar«. Damit ist der Ausgleichsanspruch durch Arrest sicherbar.[1617]

Allerdings können zuvor in der kritischen Zeitphase zwischen Trennung und Rechts-    3751
hängigkeit des Scheidungsantrags etliche Monate vergehen (Trennungsjahr!), sodass
erheblichen Vermögensminderungen, die in diesem Zeitraum zu erwarten sein könnten, nur mit einem Antrag auf vorzeitige Aufhebung der Zugewinngemeinschaft nach
§§ 1386, 1385 BGB (Gestaltungsantrag) beizukommen ist.

Wer eine frühzeitige vorläufige Sicherung des Zugewinnausgleichs erreichen will, hat    3752
also den Antrag auf vorzeitige Aufhebung der Zugewinngemeinschaft und vorzeitigen
Zugewinnausgleich nach §§ 1386, 1385 BGB zu stellen. Dabei handelt es sich um die
Kombination eines Gestaltungsantrags (§ 1386 BGB) mit einen Leistungsantrag, da
§ 1385 BGB einen unmittelbaren **Leistungsanspruch** auf den Zugewinn kodifiziert.

Der auf §§ 1386, 1385 BGB aufbauende Stufenantrag kann wie folgt formuliert     3753
werden:[1618]

▶ Formulierungsvorschlag: Antrag auf vorzeitige Aufhebung der Zugewinngemeinschaft mit Stufenausgleichsantrag

1. Die Zugewinngemeinschaft wird vorzeitig aufgehoben.
2. Der Antragsgegner wird verpflichtet,
    a. Auskunft zu erteilen über die Höhe seines Vermögens am … (Tag der Ehe-
       schließung), am … (Tag der Trennung) und am Tag der Rechtshängigkeit
       dieses Antrags;
    b. die Richtigkeit der zu a) erteilten Auskünfte zu belegen durch Vorlage von
       ….;
    c. vorsorglich: Die Richtigkeit der zu a) gemachten Angaben an Eides statt zu
       versichern.
3. an die Antragstellerin einen noch zu bestimmenden Zugewinnausgleichsbetrag
   nebst Zinsen i.H.v. fünf Prozentpunkten über dem Basiszinssatz seit Rechtshängigkeit zu bezahlen, dessen Höhe nach Beendigung der ersten Stufe noch benannt
   wird.

---

1617 Die Arrestvoraussetzungen wurden dargestellt unter Rdn. 173 ff.
1618 Vgl. dazu *Kohlenberg* NZFam 2018, 359.

**3754** Die Rechtshängigkeit des Scheidungsantrags (oder des Antrags auf vorzeitige Aufhebung der Zugewinngemeinschaft nach § 1386 BGB) eröffnet die Möglichkeit, vorläufigen Rechtsschutz mittels Arrest nach §§ 916 ff. ZPO zu beantragen. Der Arrest kann sogar beantragt werden, noch **bevor** der Leistungsantrag (z.b. im Verbund oder isoliert) gestellt ist, vgl. § 926 ZPO. Das FamG ordnet dann an, binnen einer gerichtlich bestimmten Frist das Hauptsacheverfahren einzuleiten. Hält der Antragsteller die Frist nicht ein, wird der Arrest durch Endbeschluss aufgehoben, vgl. § 926 Abs. 2 ZPO.

▶ **Taktischer Hinweis:**

**3755** Arrest ist – sobald der Scheidungsantrag oder der Antrag auf vorzeitige Aufhebung der Zugewinngemeinschaft gestellt wurde – anwaltlich zu beantragen, wenn der ausgleichspflichtige Ehegatte Äußerungen tätigt, die eine spätere Vollstreckung der Ausgleichsforderung gefährdet erscheinen lassen (z.b.: »Lieber verspiele oder versaufe ich mein Geld, als es dir zu geben«). Ein **Arrestgrund** ist immer gegeben, wenn damit gedroht wird, in andere Länder auszuwandern, in welchen bereits ein neuer Partner lebt (vgl. § 917 Abs. 2 ZPO).

Der Anwalt muss in solchen Fällen handeln (Regressgefahr)![1619]

Die Rechtsprechung kommt dem Arrestantrag in derartigen Fällen nach, es sei denn, der Arrestgrund (vgl. § 917 ZPO) ist nicht plausibel.[1620] Dies ist etwa der Fall, wenn der Schuldner offen anspricht, ein Grundstück verkaufen zu wollen. Die offene Ansprache der Veräußerungsthematik zu einem Grundstück entspricht einer in Vergleichsverhandlungen vielfach wünschenswerten Transparenz und steht jedenfalls einer Vereitelungsabsicht, die typischerweise einhergeht mit Heimlichkeit gegenüber dem Gläubiger und Erfüllungsverweigerung des Schuldners, diametral entgegen.[1621]

Die Wiederholung eines abgewiesenen Arrestgesuchs ist nur dann zulässig, wenn die Abweisung des ersten Gesuchs auf dem Fehlen eines Arrestgrundes beruhte, der Antragsteller insoweit mit dem zweiten Antrag neue Tatsachen oder Mittel der Glaubhaftmachung vorbringt und das Gesuch nur auf solche neuen Tatsachen und Mittel der Glaubhaftmachung gestützt wird, die der Antragsteller im ersten Verfahren noch nicht vorbringen konnte.[1622]

Der Verfahrenswert für den Arrest ist gemäß § 42 Abs. 1 FamGKG nach billigem Ermessen zu bestimmen, wobei unter Berücksichtigung der Wertung von § 41 FamFG davon auszugehen ist, dass dieser im Regelfall unter 50 % liegen wird. Überwiegend wird davon ausgegangen, dass bei Fehlen von besonderen Umstän-

---

1619 Vgl. *Kogel* FamRZ 2008, 1297, 1299; OLG Hamm, FamRZ 1992, 430.
1620 Vgl. OLG Brandenburg, FamRZ 2020, 1665; OLG Hamburg, FamRZ 2003, 238; OLG Karlsruhe, FamRZ 2007, 208.
1621 OLG Brandenburg, FamRZ 2020, 1665.
1622 OLG Koblenz, Beschl. vom 22.06.2020, 9 WF 389/20.

den des Einzelfalls ein Wert von 1/3 der zu sichernden Hauptforderung angemessen erscheint.[1623]

### ccc) Zeitraum ab Rechtskraft des Scheidungsbeschlusses bzw. der Aufhebung der Zugewinngemeinschaft

Nach Beendigung des Güterstands der Zugewinngemeinschaft ist der nunmehr ent-  3756
standene Ausgleichsanspruch aus § 1378 BGB ohne weiteres durch Arrest sicherbar.
Diese Situation kann natürlich auch vor Scheidung herbeigeführt werden, wenn
die Ehegatten den Güterstand durch Ehevertrag beendet haben (§§ 1408 ff. BGB).

Soweit mit der Scheidung der Zugewinnausgleichsanspruch bereits als Folgesache mit  3757
tituliert wurde, ist ein Arrest nicht mehr erforderlich (kein Rechtsschutzbedürfnis);
der Berechtigte soll einfach vollstrecken.

### dd) Formulierungsbeispiele für die Antragstellung

### aaa) Dinglicher Arrest

▶ Formulierungsvorschlag: Dinglicher Arrest

… beantrage ich, ohne mündliche Verhandlung den folgenden Arrestbefehl zu  3758
erlassen:

1. Zur Sicherung der Zwangsvollstreckung wegen einer Forderung auf Zugewinnausgleich der Antragstellerin von ca. … nebst Zinsen i.H.v. … € wird der dingliche Arrest in das gesamte Vermögen des Antragsgegners angeordnet.
2. Der Antragsgegner hat die Kosten des Arrestverfahrens zu tragen.
3. Die Vollziehung des Arrests wird durch Hinterlegung eines Betrages von … € durch den Antragsgegner gehemmt.[1624]

### bbb) Persönlicher Arrest

▶ Formulierungsvorschlag: Persönlicher Arrest

Wegen einer Forderung von..... € sowie einer Kostenpauschale von..... € wird der  3759
persönliche Sicherheitsarrest gegen den Antragsgegner angeordnet.

Persönlicher Arrest ist ultima ratio. Deshalb kommt diese Entscheidung nur in Betracht,  3760
wenn die gefährdete Zwangsvollstreckung in das Vermögen des Schuldners anders
nicht gewährleistet werden kann, vgl. § 918 ZPO.

---

1623 OLG Frankfurt, FamRZ 2018, 1172.
1624 Vgl. § 923 ZPO.

## 4. Muster: Zugewinnausgleichsverfahren

### a) Muster: Antrag auf Zahlung des Zugewinnausgleichs

▶ Muster: Antrag auf Zahlung des Zugewinnausgleichs

3761    An das

Amtsgericht.....

– Familiengericht –

.....

Antrag auf Zugewinnausgleich

In der Familiensache

der Frau.....

– Antragstellerin –

Verfahrensbevollmächtigte:

gegen

Herrn.....

– Antragsgegner –

Verfahrensbevollmächtigte:

wegen Zugewinnausgleich

vorläufiger Streitwert:

zeige ich ausweislich anliegender Verfahrensvollmacht die anwaltliche Vertretung der Antragstellerin an.

Namens und im Auftrag der Antragstellerin stelle ich in der Sache den Antrag:

Der Antragsgegner wird verpflichtet, an die Antragstellerin..... € nebst 5 Prozentpunkten Zinsen über dem Basiszinssatz seit Rechtshängigkeit zu zahlen.

Begründung:

Die Antragstellerin fordert vom Antragsgegner Zugewinnausgleich nach § 1378 Abs. 1 BGB. Der Zugewinn des Antragsgegners übersteigt den Zugewinn der Antragstellerin um..... €. Damit steht der Antragstellerin eine Ausgleichsforderung in Höhe der Hälfte zu.

Die Beteiligten hatten am..... die Ehe geschlossen. Mangels eines abweichenden Ehevertrags bestand der gesetzliche Güterstand der Zugewinngemeinschaft.

Am..... ist dem Antragsgegner der Scheidungsantrag der Antragstellerin zugestellt worden.

Damit ist der..... als Stichtag für das Endvermögen i.S.d. §§ 1384, 1375 BGB anzunehmen; der Stichtag für das Anfangsvermögen i.S.d. § 1374 Abs. 1 BGB ist der......

Der Scheidungsbeschluss des Amtsgerichts..... ist seit dem..... rechtskräftig.

Beweis: Beiziehung der Verfahrensakten des Amtsgerichts....., Az......

Die Beteiligten haben einander über ihre maßgeblichen Vermögensverhältnisse Auskunft gegeben, dennoch will der Antragsgegner den Zugewinnausgleichsanspruch nicht erfüllen, obwohl er durch Anwaltsschreiben vom..... mit Fristsetzung zum..... dazu aufgefordert wurde.

Beweis: Anwaltsschreiben vom....., Anlage A....., in Kopie anbei

Der beiderseitige Zugewinn wird im Folgenden dargestellt.

I. Antragstellerin

1. Endvermögen

Das Endvermögen der Antragstellerin i.S.d. § 1375 Abs. 1 BGB bestimmt sich wie folgt:

Aktiva:

Passiva:

Damit beträgt das Endvermögen der Antragstellerin insgesamt..... €.

2. Anfangsvermögen

Das Anfangsvermögen der Antragstellerin gem. § 1374 BGB berechnet sich wie folgt:

Aktiva:

Passiva:

Das Anfangsvermögen der Antragstellerin i.S.d. § 1374 Abs. 1 BGB beträgt danach insgesamt..... €,

indexiert..... €.

3. Zugewinn

Reduziert man das Endvermögen um das indexierte Anfangsvermögen, ergibt sich ein Zugewinn der Antragstellerin in Höhe von..... €.

II. Antragsgegner

1. Endvermögen

Das Endvermögen des Antragsgegners i.S.d. § 1375 Abs. 1 BGB bestimmt sich wie folgt:

Aktiva:

Passiva:

Damit beträgt das Endvermögen des Antragsgegners insgesamt..... €.

2. Anfangsvermögen

Das Anfangsvermögen des Antragsgegners gem. § 1374 BGB berechnet sich wie folgt:

Aktiva:

Passiva:

Das Anfangsvermögen des Antragsgegners i.S.d. § 1374 Abs. 1 BGB beträgt danach insgesamt..... €,

indexiert..... €.

3. Zugewinn

Reduziert man das Endvermögen um das indexierte Anfangsvermögen, ergibt sich ein Zugewinn des Antragsgegners in Höhe von..... €.

Die Zugewinnausgleichsforderung beträgt die Hälfte des um..... € höheren Zugewinns des Antragsgegners, d.h. besteht in Höhe von konkret..... €.

Diese Zugewinnausgleichsforderung macht die Antragstellerin hiermit geltend.

.....

Rechtsanwältin/Rechtsanwalt


b) Muster: Gegenantrag zum Zugewinnausgleich

▶ Muster: Gegenantrag zum Zugewinnausgleich

3762  An das

Amtsgericht.....

– Familiengericht –

.....

Widerantrag zum Zugewinnausgleich

Aktenzeichen.....

In der Familiensache

der Frau.....

– Antragstellerin –

Verfahrensbevollmächtigte:

gegen

Herrn.....

– Antragsgegner –

Verfahrensbevollmächtigte:

wegen Zugewinnausgleich

vorläufiger Streitwert:

zeige ich ausweislich anliegender Verfahrensvollmacht die anwaltliche Vertretung des Antragsgegners an.

Namens und im Auftrag des Antragsgegners stelle ich in der Sache den Antrag:

Der Antrag der Antragstellerin auf Zahlung eines Zugewinnausgleichs in Höhe von..... € wird abgewiesen.

Namens und in Vollmacht des Antragsgegners stelle ich hiermit den Widerantrag:

Die Antragstellerin wird verpflichtet, an den Antragsgegner..... € nebst 5 Prozentpunkten Zinsen über dem Basiszinssatz seit Rechtshängigkeit zu zahlen.

Begründung:

Die von der Antragstellerin vorgelegte Berechnung ist in wesentlichen Positionen zu korrigieren.

Die richtige Berechnung hat eine Zugewinnausgleichsforderung in Höhe von..... € des Antragsgegners zur Folge und wird mit dem Gegenantrag geltend gemacht.

Umgekehrt ist deshalb der Antrag der Antragstellerin abzuweisen.

Nicht bestritten werden soll der Vortrag der Antragstellerin zu..... und......

Ansonsten wird für den Antragsgegner wie folgt vorgetragen:

......

Übersehen hat die Antragstellerin, dass der Antragsgegner die Immobilie in..... von seinen Eltern am..... übertragen bekommen hat. Es handelt sich daher um privilegiertes Anfangsvermögen nach § 1374 Abs. 2 BGB.

Weiterhin hatte die Antragstellerin ein negatives Anfangsvermögen, das zum Ehebeginn zunächst abgetragen wurde.

Berücksichtigt man diese Korrekturen, stellt sich die Zugewinnausgleichsbilanz wie folgt dar:

......

Daraus ergibt sich der mit dem Gegenantrag geltend gemachte Zugewinnausgleich.

.....

Rechtsanwältin/Rechtsanwalt

c) Muster: Stufenantrag auf Zugewinnausgleich

▶ Muster: Stufenantrag auf Zugewinnausgleich

3763 An das

Amtsgericht.....

– Familiengericht –

.....

Stufenantrag auf Zugewinnausgleich

In der Familiensache

der Frau.....

– Antragstellerin –

Verfahrensbevollmächtigte:

gegen

Herrn.....

– Antragsgegner –

Verfahrensbevollmächtigte:

wegen Zugewinnausgleich

vorläufiger Streitwert:

zeige ich ausweislich anliegender Verfahrensvollmacht die anwaltliche Vertretung der Antragstellerin an.

Namens und im Auftrag der Antragstellerin stelle ich in der Sache den Antrag:

Der Antragsgegner wird verpflichtet,

1. der Antragstellerin Auskunft über sein Anfangsvermögen zum....., sein Vermögen am..... (Tag der Trennung) und Endvermögen zum..... durch Vorlage eines schriftlichen, nach Aktiva und Passiva gegliederten und von ihm persönlich unterzeichneten Bestandsverzeichnisses zu erteilen sowie
2. den Wert aller Vermögensgegenstände und Verbindlichkeiten mitzuteilen,
3. Belege zu etwaigen Verbindlichkeiten, insb. aber auch zu..... vorzulegen,
4. die eidesstattliche Versicherung abzugeben, dass er das Anfangsvermögen, dass Vermögen bei Trennung und Endvermögen vollständig und richtig angegeben hat,
5. an die Antragstellerin Zugewinnausgleich in einer nach Auskunftserteilung und eidesstattlicher Versicherung noch zu beziffernden Höhe nebst fünf Prozentpunkten Zinsen über dem Basiszinssatz seit..... zu zahlen.

Begründung:

Die Antragstellerin fordert im Wege des Stufenantrags vom Antragsgegner Zugewinnausgleich nach § 1378 Abs. 1 BGB.

Die Beteiligten hatten am..... die Ehe geschlossen. Mangels eines abweichenden Ehevertrags bestand der gesetzliche Güterstand der Zugewinngemeinschaft.

Am..... ist dem Antragsgegner der Scheidungsantrag der Antragstellerin zugestellt worden.

Damit ist der..... als Stichtag für das Endvermögen i.S.d. §§ 1384, 1375 BGB anzunehmen, der Stichtag für das Anfangsvermögen i.S.d. § 1374 Abs. 1 BGB ist der......

Der Scheidungsbeschluss des Amtsgerichts..... ist seit dem..... rechtskräftig.

Beweis: Beiziehung der Verfahrensakten des Amtsgerichts....., Az......

Der Antragsgegner ist mit Schriftsatz vom..... unter Fristsetzung bis zum..... zur Auskunftserteilung entsprechend § 1379 BGB und Zahlung der sich aus einer ordnungsgemäßen Auskunft ergebenden Zugewinnausgleichsforderung aufgefordert worden.

Beweis: Anwaltsschreiben vom....., Anlage A....., in Kopie anbei

Er hat auf diese Aufforderung nicht reagiert, sodass nunmehr dieser Antrag geboten ist.

Die Antragstellerin macht nunmehr ihre Auskunfts- und Wertermittlungsansprüche sowie den Anspruch auf Abgabe einer eidesstattlichen Versicherung in einer ersten bzw. zweiten Stufe geltend, während der Zahlungsanspruch erst nach der erfolgten Auskunftserteilung beziffert und somit in der dritten Stufe geltend gemacht wird.

Der Auskunfts-, Wertermittlungs- und Beleganspruch ergibt sich aus §§ 1379, 1384 BGB, der Anspruch auf Abgabe der eidesstattlichen Versicherung aus §§ 1379, 260 Abs. 3 BGB und der Zahlungsanspruch aus § 1378 BGB.

.....

Rechtsanwältin/Rechtsanwalt


## d) Muster: Antrag auf Stundung nach § 1382 BGB

▶ Muster: Antrag auf Stundung nach § 1382 BGB

An das                                                                                    3764

Amtsgericht.....

– Familiengericht –

.....

Stundungsantrag nach § 1382 BGB

In der Familiensache

Aktenzeichen:.....

der Frau.....

– Antragstellerin –

Verfahrensbevollmächtigte:

gegen

Herrn.....

– Antragsgegner –

Verfahrensbevollmächtigte:

wegen Zugewinnausgleich

vorläufiger Streitwert:

vertrete ich den Antragsgegner.

Namens und im Auftrag des Antragsgegners stelle ich den Antrag:

Die Zugewinnausgleichsforderung der Antragstellerin gegen den Antragsgegner in Höhe von..... € bis zum..... zu stunden.

Begründung:

Die Antragstellerin fordert mit Antrag vom..... vom Antragsgegner Zugewinnausgleich nach § 1378 Abs. 1 BGB. Der Zugewinn des Antragsgegners übersteigt den Zugewinn der Antragstellerin um..... €. Damit steht der Antragstellerin eine Ausgleichsforderung in Höhe der Hälfte zu.

Dieser Berechnung tritt der Antragsgegner nicht entgegen.

Der Antragsgegner beantragt jedoch unter Hinweis auf § 1382 BGB Stundung.

Die sofortige Zahlung der Ausgleichsforderung durch den Antragsgegner würde auch unter Berücksichtigung der Interessen der Antragstellerin zur Unzeit erfolgen.

Die Zugewinnausgleichsforderung basiert auf dem Erwerb einer Immobilie durch den Antragsgegner. Der Antragsgegner müsste die Immobilie verkaufen, um der Ausgleichsforderung nachkommen zu können.

Dies wäre eine unzumutbare Härte, zumal der Antragsgegner nächstes Jahr im April eine Kapitallebensversicherung ausgezahlt bekommt. Dadurch erhält er einen Betrag von..... €, womit er unverzüglich seine o.g. Verpflichtung erfüllen würde.

Der Antragsgegner ist auch bereit, für die Dauer der Stundung Zinsen zu zahlen.

Die Antragstellerin hätte insoweit keine Nachteile, zumal der Antragsgegner auch auf Verlangen Sicherheit stellen würde.

Damit liegen die Voraussetzungen für die Stundung nach § 1382 BGB vor.

.....

Rechtsanwältin/Rechtsanwalt

e) Muster: Antrag auf vorzeitigen Zugewinnausgleich

▶ Muster: Antrag auf vorzeitigen Zugewinnausgleich

An das                                                                                    3765

Amtsgericht.....

– Familiengericht –

.....

Antrag auf vorzeitigen Zugewinnausgleich

In der Familiensache

der Frau.....

– Antragstellerin –

Verfahrensbevollmächtigte:

gegen

Herrn.....

– Antragsgegner –

Verfahrensbevollmächtigte:

wegen vorzeitigem Zugewinnausgleich

vorläufiger Streitwert:

vertrete ich die Antragstellerin.

Namens und im Auftrag der Antragstellerin stelle ich den Antrag:

1. Die Zugewinngemeinschaft wird vorzeitig aufgehoben.
2. Der Antragsgegner wird verpflichtet,
   a. der Antragstellerin Auskunft über sein Anfangsvermögen zum....., sein Vermögen am..... (Tag der Trennung) und Endvermögen zum Tag der Rechtshängigkeit dieses Antrags durch Vorlage eines schriftlichen, nach Aktiva und Passiva gegliederten und von ihm persönlich unterzeichneten Bestandsverzeichnisses zu erteilen,
   b. den Wert aller Vermögensgegenstände und Verbindlichkeiten mitzuteilen,
   c. Belege vorzulegen, d. h.......
   d. die eidesstattliche Versicherung abzugeben, dass er das Anfangs-, Trennungs- und Endvermögen vollständig und richtig angegeben hat,
   e. an die Antragstellerin Zugewinnausgleich in einer nach Auskunftserteilung und eidesstattlicher Versicherung noch zu beziffernden Höhe nebst fünf Prozentpunkten Zinsen über dem Basiszinssatz seit..... zu zahlen.

Begründung:

Die Antragstellerin macht mit dem vorliegenden Antrag ihren Anspruch auf vorzeitige Aufhebung der Zugewinngemeinschaft und vorzeitigen Zugewinnausgleich nach §§ 1386, 1385 BGB geltend.

Der vorzeitige Zugewinnausgleich ist nach § 1385 Nr. 1 BGB durchzuführen, weil die Beteiligten bereits drei Jahre getrennt leben. Die Beteiligten sind nämlich seit dem..... verheiratet, leben im Güterstand der Zugewinngemeinschaft und haben am..... die Trennung vollzogen.

Ein Scheidungsantrag wurde mit Rücksicht auf die gemeinsamen Kinder bisher nicht gestellt.

Es wird angeregt, über Antrag 1) in einem Teilbeschluss vorweg zu entscheiden.

Ansonsten stellt die Antragstellerin einen Stufenantrag zum Zugewinnausgleich.

Die Antragstellerin macht nunmehr ihre Auskunfts- und Wertermittlungsansprüche sowie den Anspruch auf Abgabe einer eidesstattlichen Versicherung in der ersten bzw. zweiten Stufe geltend, während der Zahlungsanspruch erst nach der erfolgten Auskunftserteilung beziffert und somit in der dritten Stufe geltend gemacht wird.

Der Auskunfts-, Wertermittlungs- und Beleganspruch ergibt sich aus §§ 1379, 1387 BGB, der Anspruch auf Abgabe der eidesstattlichen Versicherung aus §§ 1379, 260 Abs. 3 BGB und der Zahlungsanspruch aus § 1378 BGB.

.....

Rechtsanwältin/Rechtsanwalt


### f) Muster: Antrag auf Arrest

▶ Muster: Antrag auf Arrest

3766 An das

Amtsgericht.....

– Familiengericht –

.....

Antrag auf Arrest

In der Familiensache

der Frau.....

– Antragstellerin –

Verfahrensbevollmächtigte:

gegen

Herrn.....

– Antragsgegner –

Verfahrensbevollmächtigte:

vorläufiger Streitwert:

vertrete ich die Antragstellerin.

Namens und im Auftrag der Antragstellerin stelle ich den Antrag:

Zur Sicherung der Zwangsvollstreckung wegen einer Forderung auf Zugewinnausgleich der Antragstellerin in Höhe von ca...... wird der dingliche Arrest in das gesamte Vermögen des Antragsgegners angeordnet.

Der Antragsgegner kann die Vollziehung des Arrestes durch Hinterlegung von..... € hemmen. Nach Hinterlegung dieses Betrags ist der Antragsgegner berechtigt, die Aufhebung des vollzogenen Arrestes zu beantragen.

Begründung:

Die Beteiligten hatten am..... die Ehe geschlossen. Mangels eines abweichenden Ehevertrags bestand der gesetzliche Güterstand der Zugewinngemeinschaft.

Am..... ist dem Antragsgegner der Scheidungsantrag der Antragstellerin zugestellt worden.

Glaubhaftmachung: Beiziehung der Gerichtsakten des Scheidungsverfahrens.....

Die Antragstellerin macht im Scheidungsverbundverfahren als Folgesache einen Zugewinnausgleichsanspruch im Wege des Stufenantrags geltend.

Gegenwärtig befindet sich das Verfahren noch in der Auskunftsstufe. Die Antragstellerin errechnet für sich für den Zugewinnausgleich einen Betrag in Höhe von mindestens..... €.

Die Vermögensverhältnisse sind so beschaffen, dass die Antragstellerin während der Ehe ihr Vermögen komplett eingebüßt hat. Sie hatte ein Anfangsvermögen von..... € bei Eheschließung. Dieses Vermögen hat sie während der Ehe ihrem Mann übertragen, weil dieser ein Unternehmen gründete, welches mittlerweile guten Ertrag leistet. Nunmehr hat die Antragstellerin allerdings kein Vermögen mehr, d.h. ihr Endvermögen beträgt gerade mal..... €.

Der Antragsgegner hat bislang keine Auskunft gegeben, die den Anforderungen des § 1379 BGB entspricht. Aus den bereits vorgelegten Unterlagen errechnet sich aber ein Zugewinn von mindestens..... €.

Daraus ergibt sich eine Zugewinnausgleichsforderung von ca...... €.

Glaubhaftmachung: Zugewinnausgleichsbilanz des Antragsgegners

Nunmehr besteht auch die Gefahr, dass die Durchsetzung des künftigen Zugewinnausgleichsanspruchs durch den Antragsgegner vereitelt wird.

Der Antragstellerin ist bekannt geworden, dass der Antragsgegner eine Japanerin kennengelernt hat. Er will sein Unternehmen verkaufen und nach Japan ziehen. Das Unternehmen hat er Herrn....., der der Antragstellerin bekannt ist, zum Kauf angeboten.

Glaubhaftmachung: Eidesstattliche Versicherung des Herrn..... vom.....

Weiterhin hat er mehrfach – auch gegenüber Dritten geäußert – die Antragstellerin werde von ihm keinen Euro sehen.

Glaubhaftmachung: Eidesstattliche Versicherung der Antragstellerin vom.....

Damit besteht die Gefahr, dass die Durchsetzung des künftigen Zugewinnausgleichsanspruchs vereitelt wird, sodass dem Antrag stattzugeben ist.

.....

Rechtsanwältin/Rechtsanwalt

## X. Sonstige Familiensachen, § 266 FamFG

▶ **Das Wichtigste in Kürze**

**3767**     Das sog. Nebengüterrecht (z.B. Gesamtschuldnerausgleich, Ehegatteninnengesellschaft, Rückgewähr von Zuwendungen) ist nunmehr Familiensache, sodass die Zuständigkeit des FamG begründet ist. → Rdn. 3775.

**3768**   Der Gesetzgeber erstreckt die Zuständigkeit der FamG mittels § 266 FamFG auf bestimmte Verfahren, die früher vor den Zivilgerichten geführt wurden. Diese sog. sonstigen Familiensachen sind bestimmte allgemeine Zivilverfahren, die sich durch eine besondere Sachnähe zu Regelungsgegenständen des Familienrechts auszeichnen.[1625]

**3769**   Das sog. »**Große Familiengericht**« wird insb. durch diese Zuständigkeiterweiterung verwirklicht.

▶ **Praxishinweis:**

**3770**   Unklarheiten hatten zur Folge, dass seit dem 29.01.2019 **Art. 25 Abs. 1 EuGüVo** gilt, der folgenden Wortlaut hat:

»Die Vereinbarung über den ehelichen Güterstand bedarf der Schriftform, ist zu datieren und von beiden Ehegatten zu unterzeichnen. Elektronische Übermittlungen, die eine dauerhafte Aufzeichnung der Vereinbarung ermöglichen, sind der Schriftform gleichgestellt.«

Die wohl überwiegende Meinung geht davon aus, dass der Begriff »ehelicher Güterstand« auch das Nebengüterrecht erfasst.[1626] Damit wäre sozusagen im Handstreich das Nebengüterrecht abgeschafft worden, falls dieses Verständnis der Vorschrift sich durchsetzt. Es mehren sich allerdings die Stimmen, die zum einen Art. 25 EuGüVo einschränkend dahin verstehen, dass die Vorschrift nur auf grenzüberschreitende Fälle zu beziehen ist, da Ziel der Verordnung die Regelung der internationalen Zuständigkeit, des anwendbaren Rechts sowie die Anerkennung und Vollstreckung ausländischer Entscheidungen in Güterrechtssachen war. Ansonsten wäre wohl auch davon auszugehen, dass der EU-Gesetzgeber mit einer faktischen Abschaffung des nationalen Nebengüterrechts seine Gesetzgebungskompetenz überschritten hätte.

---

1625   Dazu *Roßmann* FuR 2011, 498 ff.
1626   *Kemper* FamRB 2019, 32 (35); *Sanders* FamRZ 2018, 978 ff.

Klarheit besteht zumindest dahingehend, dass die Vorschrift des Art. 25 Abs. 1 EuGüVo nur auf Ehen anwendbar ist, die nach dem 29.01.2019 eingegangen wurden.[1627]

## 1. Verfahren in sonstigen Familiensachen

### a) Sonstige Familiensachen

Eine wichtige Unterscheidung ergibt sich vorneweg aus § 112 Nr. 3 FamFG, d.h. **3771** die sonstigen Familiensachen nach § 266 Abs. 1 FamFG sind Familienstreitsachen, die weitestgehend nach den Vorschriften der ZPO abgewickelt werden (vgl. § 113 FamFG), während der Antrag, die Wirkung der Vorschrift des § 1357 BGB (Geschäfte zur Deckung des Lebensbedarfs) aufzuheben, nach § 266 Abs. 2 FamFG eine allgemeine Familiensache ist, die sich ausschließlich nach den Verfahrensvorschriften des FamFG beurteilt.

### aa) Verlöbnis (§ 266 Abs. 1 Nr. 1 FamFG)

Sonstige Familiensachen sind nach § 266 Abs. 1 Nr. 1 FamFG zunächst Verfahren, **3772** die Ansprüche zwischen miteinander verlobten oder ehemals verlobten Personen im Zusammenhang mit der Beendigung des Verlöbnisses sowie in den Fällen der §§ 1298 und 1299 BGB zwischen einer solchen und einer dritten Person betreffen. Die Streitigkeiten müssen damit mit einem Verlöbnis in Zusammenhang stehen. Grund wird regelmäßig ein Rücktritt vom Verlöbnis sein, der Ersatzpflichten bzw. Schadensersatzpflichten oder auch die Rückgabe von Geschenken zur Folge haben kann (vgl. dazu §§ 1298, 1299, 1301 BGB). Streitigkeiten der genannten Art sind praktisch eher selten und ähnlich wie bei Ehegatten, in erster Linie durch einen persönlichen Grundkonflikt der beteiligten Personen geprägt.

### bb) Aus der Ehe herrührende Ansprüche (§ 266 Abs. 1 Nr. 2 FamFG)

Sonstige Familiensachen sind nach § 266 Abs. 1 Nr. 2 FamFG weiterhin aus der Ehe **3773** herrührende Ansprüche, wobei es nicht darauf ankommt, gegen wen sie sich richten.

Erfasst werden durch § 266 Abs. 1 Nr. 2 FamFG in erster Linie die aus § 1353 BGB **3774** herzuleitenden Ansprüche, etwa auf Mitwirkung bei der gemeinsamen steuerlichen Veranlagung. Weiter gehören dazu Ansprüche, die das absolute Recht (§ 823 Abs. 1 BGB) zur ehelichen Lebensgemeinschaft verwirklichen, wie etwa Abwehr- und Unterlassungsansprüche gegen Störungen des räumlich-gegenständlichen Bereichs der Ehe ggü. dem anderen Ehegatten oder einem Dritten (sog. Ehestörungsanträge). Auch diesbezügliche Schadensersatzansprüche fallen darunter.

---

1627 *Wever* FamRZ 2019, 1293 f.

*cc) Ehebezogene Ansprüche (§ 266 Abs. 1 Nr. 3 FamFG)*

3775  Nach § 266 Abs. 1 Nr. 3 FamFG sind »sonstige Familiensachen« Ansprüche zwischen miteinander verheirateten oder ehemals miteinander verheirateten Personen oder zwischen einer solchen und einem Elternteil im Zusammenhang mit Trennung oder Scheidung oder Aufhebung der Ehe.[1628] Die Vorschrift hat einen relativ großen Anwendungsbereich, denn sie stellt sicher, dass das sog. Nebengüterrecht, d.h. die vermögensrechtliche Auseinandersetzung zwischen den Ehegatten außerhalb des Güterrechts, sachlich vor den FamG abgewickelt wird.

3776  Ein Zusammenhang mit Trennung, Scheidung oder Aufhebung der Ehe ist Grundvoraussetzung, damit die Zuständigkeit des FamG zu rechtfertigen ist. Der Begriff »Zusammenhang« umfasst nach der Vorstellung des Gesetzgebers eine inhaltliche und eine zeitliche Komponente.[1629]

3777  Das Erfordernis eines »zeitlichen Zusammenhangs« wurde bislang als nicht bedeutsam angesehen, weil dies erhebliche Unsicherheit betreffend der Bestimmung des maßgeblichen Zeitraums zur Folge hätte.

3778  Der BGH[1630] vertritt nunmehr den Standpunkt, im Rahmen einer gebotenen Gesamtbetrachtung sei auch der zeitliche Ablauf zu berücksichtigen. Allerdings gebe es keine feste zeitliche Grenze, von der an ein Zusammenhang der geltend gemachten Ansprüche mit Trennung oder Scheidung generell verneint werden könne. Ein enger zeitlicher Zusammenhang sei jedenfalls nicht erforderlich. Entscheidend sei, ob angesichts des Zeitabstands zwischen Scheidung oder Trennung und der Entstehung des Streits bei einer Gesamtwürdigung der familienrechtliche Bezug völlig untergeordnet sei, sodass eine Entscheidung durch das FamG sachfremd erscheine.

3779  Das OLG Koblenz[1631] äußert sich zur inhaltlichen Komponente, die vom BGH[1632] bislang weit ausgelegt wird, und schränkt dahingehend ein, dass Trennung, Scheidung oder Aufhebung der Ehe in tatsächlicher oder rechtlicher Hinsicht für die geltend gemachte Rechtsfolge ursächlich sein müssen:

> »Ein inhaltlicher Zusammenhang liegt vor, wenn das Verfahren vor allem die wirtschaftliche Entflechtung der vormaligen Ehegatten betrifft. Bei der gebotenen großzügigen Betrachtungsweise ist § 266 Abs. 1 S. 3 FamFG anwendbar, wenn der Rechtsstreit durch die familienrechtlichen Verhältnisse nicht unwesentlich mitgeprägt ist. Auszuscheiden sind die Fälle, in denen der familienrechtliche Bezug völlig untergeordnet ist. Ein inhaltlicher Bezug ist vor allem bei naheliegenden und häufig vorkommenden Folgen oder Begleiterscheinungen der Beendigung einer Ehe gegeben. Der erforderliche Zusammenhang kann rechtlicher oder wirtschaftlicher Art sein. Trennung, Scheidung oder Aufhebung der Ehe müssen jedenfalls in tatsächlicher oder rechtlicher Hinsicht für die geltend gemachte Rechtsfolge ursächlich sein (vgl. BGH, FamRZ 2013, S. 281, 282).«

---

1628  Ausführlich dazu *Giers* NZFam 2018, 794.
1629  BT-Drucks. 16/6308, S. 262.
1630  BGH, FamRZ 2017, 1602.
1631  OLG Koblenz, FamRZ 2016, 323.
1632  BGH, FamRZ 2013, 281.

Der BGH[1633] geht in Bezug auf das Merkmal »im Zusammenhang mit Trennung oder    3780
Scheidung« in § 266 Abs. 1 Nr. 3 FamFG von einem nebengüterrechtlichen Verfah-
ren aus, wenn die Antragstellerin das Ziel verfolgt, eine in der Ehezeit begründete
Mitgläubigerschaft (§ 432 BGB) betreffend eine Darlehensforderung zu klären. Die
bereits geschiedenen Ehegatten hatten dem damals im wirtschaftlichen Eigentum des
Antragsgegners stehenden Unternehmen gemeinsam ein Darlehen gewährt. Nach dem
Scheitern der Ehe musste diese nach wie vor bestehende wirtschaftliche Verflechtung
der beiden Ehegatten gelöst werden.

▶ Praxishinweis:

Insgesamt betrachtet ist zu beobachten, dass die Geltendmachung nebengüter-    3781
rechtliche Ansprüche stark zunimmt. Materiellrechtlich werden die von den (ehemaligen) Ehegatten erhobenen Ansprüche schwerpunktmäßig auf
Gesamtschuldnerausgleich,[1634] auf eine etwaige Ehegatteninnengesellschaft[1635]
oder schlichte Eigentumsherausgabe[1636] gestützt.

Die gesteigerte Bedeutung des Nebengüterrecht zeigt aber auch dessen Unzu-
länglichkeiten auf. In der Literatur wird insbes. darauf hingewiesen, dass die
Ehegatteninnengesellschaft, die ehebezogene Zuwendung und der Kooperationsvertrag teilweise nicht scharf voneinander abgegrenzt werden können, jedenfalls
aber derart ähnlich sind, dass dies einheitliche Rechtsfolgen nach sich ziehen
sollte. Vorgeschlagen wird eine einheitliche Lösung über das Institut des Fehlens
bzw. des Wegfalls der Geschäftsgrundlage nach § 313 BGB.[1637]

Kritisch dazu ist anzumerken, dass dabei häufig übersehen wird, dass die Ehegatteninnengesellschaft (im Unterschied zur ehebezogenen Zuwendung und zum
Kooperationsvertrag) nicht von etwaigen Zumutbarkeitsabwägungen abhängig
ist. Damit können Ansprüche insbesondere auch dann geltend gemacht werden,
wenn die Beteiligten im gesetzlichen Güterstand gelebt haben, d.h. neben dem
Zugewinnausgleich. Ansprüche aus Wegfall der Geschäftsgrundlage wegen ehe-
bezogener Zuwendungen oder einem Kooperationsvertrag kommen hingegen nur
in Betracht, wenn das güterrechtliche Ergebnis ohne schuldrechtliche Korrektur
schlechthin unangemessen und untragbar ist.

Die Korrekturvorschläge hätten daher einen erheblichen Bedeutungsverlust der
Ehegatteninnengesellschaft zur Folge. Die Ehegatteninnengesellschaft ist zudem
in der Rechtsprechung seit Jahren fest verankert, hat über die Jahre klare Struk-

---

1633  BGH, FamRZ 2018, 1853.
1634  OLG Bremen, NZFam 2016, 569; OLG Brandenburg, FamRZ 2016, 232.
1635  BGH, FamRZ 2016, 965 mit Anm. *Wever.*
1636  BGH, Beschl. vom 10.03.2021, XII ZB 243/20 = FamRZ 2021, 834 (Herausgabe der
      Ehewohnung nach Scheidung); OLG Schleswig, FamRZ 2015, 1519 (vier Sommer-
      komplettträder); OLG Frankfurt, Beschl. vom 25.02.2015, 2 UF 356/14, NJW 2015,
      2346 = NZFam 2015, 876 (Herausgabe Auto).
1637  *Herr* FamRB 2019, 116 ff.; *Wever* FamRZ 2021, 329 ff.; *ders.* FamRZ 2019, 1289 ff.

turen gewonnen und ist für die Rechtsanwendung dadurch berechenbar geworden.

Schließlich wird gefordert, dass Nebengüterrecht im 4. Buch des BGB zu kodifizieren.[1638]

▶ Praxishinweis:

**3782**   Der Anwendungsbereich der Vorschrift des § 266 Abs. 1 Nr. 3 FamFG ist sehr weit.[1639] Die für die anwaltliche Praxis wichtigsten Fälle sollen nochmals hervorgehoben werden:
- **Miteigentum an einer Immobilie**[1640]
Sehr oft haben Eheleute gemeinsames Eigentum an einer Immobilie. Die Trennung und Scheidung führt regelmäßig dazu, dass dieses Eigentum veräußert und das spätere Guthaben geteilt werden muss. Neuerdings werden auch verstärkt Verfahren gerichtet auf Entschädigung wegen Nutzung einer im gemeinsamen Eigentum stehenden Wohnung gerichtlich verfolgt.[1641] Eine solche Nutzungsentschädigung kann allerdings erst nach Rechtskraft der Scheidung für eine im Miteigentum stehende Wohnung nach § 745 Abs. 2 BGB und mithin als sonstige Familiensache geltend gemacht werden.[1642] Vor Rechtskraft der Scheidung ist der Anspruch auf § 1361b Abs. 3 Satz 2 BGB zu stützen und stellt ein Verfahren in Ehewohnungs- und Haushaltssachen nach 200 ff. FamFG dar.[1643]
- **Ehegatteninnengesellschaft**
Haben die Eheleute ein gemeinsames Unternehmen geführt oder in Immobilien investiert, kommt die Auseinandersetzung einer Ehegatteninnengesellschaft als sonstige Familiensache nach § 266 Abs. 1 Nr. 3 FamFG in Betracht.[1644]
- **Verbindlichkeiten**[1645]
Haben die Eheleute gesamtschuldnerische Verbindlichkeiten etwa ggü. einer Bank, die nach der Trennung nur von einem Partner getilgt werden, muss ein Gesamtschuldnerausgleich durchgeführt werden. Auch hier handelt es sich um eine sonstige Familiensache nach § 266 Abs. 1 Nr. 3 FamFG.[1646]
- **Ausgleich von Steuerschulden bzw. Steuerrückerstattungen**[1647]

---

1638 FamRZ 2021, 255 ff.
1639 Die Entwicklung des Nebengüterrechts wird dargestellt von *Roßmann* in FuR 2017, 13 ff. sowie FuR 2016, 680 ff.
1640 OLG Stuttgart, FamRZ 2016, 1160; BGH, FamRZ 2014, 285.
1641 Vgl. dazu auch BGH, Beschl. vom 11.07.2018, XII ZR 108/17.
1642 OLG Brandenburg, Beschl. vom 08.11.2017, 13 WF 257/17.
1643 Vgl. dazu OLG Zweibrücken, FamRZ 2022, 19; vgl. auch OLG Koblenz, FamRZ 2020, 239.
1644 BGH, FamRZ 2016, 965; NJW 2006, 1268 ff.
1645 Ausführlich dazu *Wever* FamRZ 2008, 1485, 1488 ff.
1646 Grüneberg/*Siede*, BGB, § 1372 Rn. 7.
1647 Ausführlich zu den steuerlichen Auswirkungen der Trennung Viefhues, Rn. 2295 ff.

Müssen Eheleute Steuern nachzahlen bzw. erhalten sie eine Erstattung, ist eine Verteilung notwendig, die sich nach einer fiktiven Einzelveranlagung richtet. Grds. muss ein Ehegatte auch nach der Trennung der gemeinsamen steuerlichen Veranlagung zustimmen.[1648]

Auch der Anspruch auf Zustimmung zum Realsplitting stellt eine sonstige Familiensache dar.[1649]

– **Unberechtigte Kontoabhebung**[1650]

Vereinnahmt ein Ehegatte nach der Trennung das gesamte auf einem gemeinsamen Konto befindliche Geld, hat der andere Ehegatte im Zweifel Anspruch auf hälftigen Ausgleich. Dies kommt ausnahmsweise auch in Betracht, wenn ein Ehegatte kurz vor der Trennung, aber bereits in Trennungsabsicht, ein gemeinsames Oder-Konto »plündert«.[1651]

Weiterhin umfasst die Vorschrift auch die Auseinandersetzung zwischen einem Ehegatten und den Eltern des anderen Ehegatten (Schwiegereltern) aus Anlass der Trennung, Scheidung oder Aufhebung der Ehe. **3783**

Hinsichtlich der **Zuwendungen** der Schwiegereltern an die Ehegatten etwa zum **Erwerb eines Eigenheims** zu einem Zeitpunkt, als die Ehe noch intakt war, hat die Rechtsprechung durch eine Entscheidung des BGH vom 03.02.2010[1652] einen grundlegenden Wandel vollzogen. Während bis dahin regelmäßig dahin gehend differenziert wurde, dass die Zuwendung an das eigene Kind eine das Anfangsvermögen erhöhende Schenkung war, die an das Schwiegerkind dagegen ihren Rechtsgrund in einem familienrechtlichen Rechtsgeschäft besonderer Art hatte, der im Fall des Scheiterns der Ehe entfallen war, was eine Rückabwicklung oder Anpassung über die Grundsätze des Wegfalls der Geschäftsgrundlage erlaubte (§ 313),[1653] sieht der BGH nunmehr auch in der Zuwendung an das Schwiegerkind eine Schenkung. **3784**

In der Tat erfüllen schwiegerelterliche Zuwendungen die tatbestandlichen Voraussetzungen des § 516 Abs. 1 BGB, auch wenn sie um der Ehe des eigenen Kindes Willen erfolgen. Insb. fehlt es im Fall schwiegerelterlicher Zuwendungen nicht an einer mit der Zuwendung einhergehenden dauerhaften Vermögensminderung beim Zuwendenden, wie sie § 516 Abs. 1 BGB voraussetzt. Damit unterscheidet sich die Situation von der Vermögenslage, die durch ehebezogene Zuwendungen unter Ehegatten entsteht, grundlegend. Dort ist eine Schenkung regelmäßig deshalb zu verneinen, weil der zuwendende Ehegatte die Vorstellung hat, der zugewendete Gegenstand werde ihm letztlich nicht verloren gehen, sondern der ehelichen Lebensgemeinschaft und **3785**

---

1648 BGH, FamRZ 2007, 1229, 1230; OLG Karlsruhe, FamRZ 2021, 19.
1649 Vgl. dazu *Langheim* FamRZ 2021, 157.
1650 Dazu *Büte* FuR 2007, 397 ff. und 455 ff.
1651 OLG Brandenburg, FamRZ 2020, 912; OLG Hamm, NZFam 2017, 1109.
1652 BGH, FuR 2010, 467 ff. = FamRZ 2010, 958; FamRZ 2010, 1626.
1653 BGH, FamRZ 1995, 2060; FamRZ 2006, 394; OLG Celle, FamRZ 2003, 1657; OLG Brandenburg, FamRZ 2009, 117.

damit auch ihm selbst zugutekommen. Demgegenüber übertragen Schwiegereltern den zuzuwendenden Gegenstand regelmäßig in dem Bewusstsein auf das Schwiegerkind, künftig an dem Gegenstand nicht mehr selbst zu partizipieren. Die Zuwendung aus ihrem Vermögen hat also eine dauerhafte Verminderung desselben zur Folge.[1654]

3786   Aber auch Schenkungen unterliegen den Grundsätzen über den Wegfall der Geschäftsgrundlage.[1655] Geschäftsgrundlage i.S.d. § 313 BGB sind die nicht zum eigentlichen Vertragsinhalt erhobenen, bei Vertragsschluss aber zutage getretenen gemeinsamen Vorstellungen beider Vertragsparteien sowie die der einen Vertragspartei erkennbaren und von ihr nicht beanstandeten Vorstellungen der anderen vom Vorhandensein oder dem künftigen Eintritt gewisser Umstände, sofern der Geschäftswille der Parteien auf diesen Vorstellungen aufbaut.[1656] Ist dies hinsichtlich der Vorstellung der Eltern, die eheliche Lebensgemeinschaft des von ihnen beschenkten Schwiegerkindes mit ihrem Kind werde Bestand haben und ihre Schenkung demgemäß dem eigenen Kind dauerhaft zugutekommen, der Fall, so bestimmt sich bei Scheitern der Ehe eine Rückabwicklung der Schenkung nach den Grundsätzen über den Wegfall der Geschäftsgrundlage.[1657]

3787   Es kommt allerdings nach Auffassung des OLG Frankfurt zu keinem Wegfall der Geschäftsgrundlage für eine Immobilienschenkung bei Scheidung der Ehegatten, wenn den Schwiegereltern ein dinglich gesichertes lebenslanges Wohnrecht und ein Widerrufsrecht mit Rückauflassungsvormerkung im Fall der Veräußerung, Belastung oder Vermietung ohne ihre Zustimmung zusteht.[1658]

3788   Bei einer Schenkung einer Eigentumswohnung an das leibliche Kind und deren Ehemann als **Anlage- und Renditeobjekt** besteht kein Gemeinschafts- oder Paarbezug, da der Schenker nicht davon ausgehen kann, dass die Wohnung zur langfristigen Lebens- und Beziehungsgestaltung der Ehegatten genutzt wird.[1659]

3789   In der Regel wird der Zuwendung von Grundeigentum, das vom Beschenkten bewohnt werden soll, die Vorstellung des Schenkers zugrunde liegen, die Wohnnutzung des Grundstücks werde jedenfalls von einiger Dauer sein. Insbesondere wird eine solche Zuwendung an ein Kind des Schenkers und dessen Partner, die anlässlich der Eheschließung oder sonstigen dauerhaften Verbindung oder in deren Erwartung erfolgt, regelmäßig mit der Vorstellung verbunden sein, das Hausgrundstück werde jedenfalls für einige Dauer von den beschenkten Partnern und gegebenenfalls deren Kindern als gemeinsame Familienwohnung genutzt werden. Denn typischerweise ist die beabsichtigte Langfristigkeit der Nutzung ein wesentlicher Beweggrund für die Zuwendung privaten Grundeigentums, und regelmäßig ist ohne weiteres die Annahme gerechtfertigt, der Schenker hätte den Geschäftswillen zur Zuwendung nicht entwickelt,

1654 BGH, FamRZ 2012, 273 = FuR 2012, 260.
1655 BGH, FamRZ 2010, 958.
1656 BGH, NJW 2010, 522.
1657 BGH, FamRZ 2012, 273 = FuR 2012, 260.
1658 OLG Frankfurt, Beschl. vom 27.08.2021, 6 UF 67/20, NZFam 2022, 379.
1659 OLG Oldenburg, Beschl. vom 14.10.2020, 11 UF 100/20, NZFam 2021, 236.

wenn er gewusst hätte, dass die (gemeinsame) Nutzung der Immobilie durch die Beschenkten nur kurzfristig sein werde.[1660]

Damit wird die Möglichkeit eröffnet, im Wege richterlicher Vertragsanpassung zu einer zumindest teilweisen Rückabwicklung zu gelangen. Das gilt im Gegensatz zu der bisherigen Rechtsprechung auch dann, wenn die Ehegatten im gesetzlichen Güterstand der Zugewinngemeinschaft gelebt haben. Denn die Rückabwicklung hat grds. unabhängig von güterrechtlichen Erwägungen zu erfolgen, was deshalb zutreffend ist, weil kein Anlass besteht, die Interessen der Eltern und ihrer Kinder gleichzustellen.[1661] **3790**

Die **Höhe des Rückforderungsanspruchs** ist unter Abwägung sämtlicher Umstände des Einzelfalls zu ermitteln.[1662] Ist die Geschäftsgrundlage einer schwiegerelterlichen Schenkung die Erwartung, dass die Zuwendung dem eigenen Kind auf Dauer zugutekommt, so wird diese Erwartung jedenfalls dann nicht verwirklicht, wenn das eigene Kind nicht angemessen von der Schenkung profitiert. Falls dies Folge der Scheidung der Zuwendungsempfänger ist, ist die Geschäftsgrundlage dementsprechend insoweit entfallen, als die Begünstigung des eigenen Kindes entgegen der Erwartung seiner Eltern vorzeitig endet.[1663] **3791**

Der 10. Senat des BGH[1664] ist allerdings dem Rückforderungsanspruch gegenüber restriktiv eingestellt. Grundsätzlich trage nämlich der Zuwender das **Schenkungsrisiko** und damit auch das Risiko, dass es zur Trennung der Begünstigten kommt. Nur wenn die Beziehung **sehr kurze Zeit** nach Übertragung des Vermögenswertes beendet wird, kann eine Rückgabe gefordert werden und zwar in voller Höhe. **3792**

▶ Praxishinweis:

Diese Entscheidung des 10. Senats des BGH entspricht jedoch nicht der Rechtsprechung des 12. Senats. Dieser hat nunmehr nach der Geschäftsordnung über diese Thematik auch dann zu entscheiden, wenn es sich um nichteheliche Lebensgemeinschaften handelt. Es wird mit Spannung erwartet, wie der 12. Senat sich zukünftig positioniert. **3793**

Der Rückforderungsanspruch, der den Schwiegereltern im Fall einer Schwiegerelternschenkung nach Scheitern der Ehe ggü. dem Schwiegerkind wegen Störung der Geschäftsgrundlage zustehen kann, unterliegt der dreijährigen Verjährungsfrist des § 195 BGB, es sei denn, der Anspruch ist auf Vertragsanpassung nach einer Grundstücksschenkung gerichtet, für den die Verjährungsfrist nach § 196 BGB gilt. **3794**

Da das Scheitern der Ehe regelmäßig **spätestens mit der Zustellung des Scheidungsantrags** zum Ausdruck kommt, liegt die für den Beginn der regelmäßigen Verjährungsfrist erforderliche Kenntnis der Schwiegereltern vom Scheitern der Ehe ihres Kindes **3795**

---

1660 BGH, Beschl. vom 18.06.2019, X ZR 107/16, FamRZ 2019, 1595.
1661 BGH, FamRZ 2012, 273 = FuR 2012, 260.
1662 BGH, FamRZ 2015, 493.
1663 OLG Bremen, NJW 2016, 83; BGH, FamRZ 2012, 273 = FuR 2012, 260.
1664 BGH, Beschl. vom 18.06.2019, X ZR 107/16, FamRZ 2019, 1595.

jedenfalls dann vor, wenn sie von der Zustellung des Scheidungsantrags Kenntnis erlangt haben oder ohne grobe Fahrlässigkeit hätten erlangen müssen.[1665]

### dd) Ansprüche aus dem Eltern-Kind-Verhältnis (§ 266 Abs. 1 Nr. 4 FamFG)

3796   Sonstige Familiensachen sind nach § 266 Abs. 1 Nr. 4 FamFG auch aus dem Eltern-Kind-Verhältnis herrührende Ansprüche. Da es dabei um eindeutig familienrechtliche Rechtsverhältnisse geht, ist quasi als Ergänzung zur Zuständigkeit für Kindschaftssachen das FamG auch für sonstige zivilrechtliche Ansprüche aus dem Eltern-Kind-Verhältnis zuständig.

3797   § 266 Abs. 1 Nr. 4 FamFG erfasst etwa Streitigkeiten wegen der Verwaltung des Kindesvermögens, auch soweit es sich um Schadensersatzansprüche handelt. Der Anspruch muss aber im Eltern-Kind-Verhältnis selbst seine Grundlage haben, ein bloßer Zusammenhang hierzu genügt nicht.

▶ Praxishinweis:

3798   Der Anspruch des Kindes auf Herausgabe seiner persönlichen Unterlagen (z.B. Impfpass und Untersuchungsheft, Zeugnisse, Reisepass, usw.) gegen einen Elternteil beruht auf §§ 1632 Abs. 1, 1684 Abs. 2 BGB analog.[1666] Verfahrensrechtlich ist der Anspruch auf Herausgabe von Kindersachen als **Kindschaftssache nach § 151 Nr. 3 FamFG**, d.h. nicht als Familienstreitsache nach §§ 266 Abs. 1 Nr. 4, 112 Nr. 3 FamFG einzuordnen.[1667]

### ee) Ansprüche aus dem Umgangsrecht (§ 266 Abs. 1 Nr. 5 FamFG)

3799   Sonstige Familiensachen sind nach § 266 Abs. 1 Nr. 5 FamFG schließlich auch aus dem Umgangsrecht herrührende Ansprüche.

3800   Verfahren wegen des Umgangsrechts selbst, die als Kindschaftssachen anzusehen sind, erfasst die Vorschrift nicht. Es geht auch hier nur darum, die früheren zivilgerichtlichen Streitigkeiten in Zusammenhang mit dem Umgangsrecht den FamG zuzuweisen.[1668] Einen großen Anwendungsbereich hat die Vorschrift letztlich nicht.

3801   Der Gesetzgeber selbst erwähnt nur Schadensersatzansprüche wegen Nichteinhaltung der Umgangsregelung. Solche Ansprüche wurden bislang nicht als Familiensache angesehen.[1669]

---

1665  BGH, NJW 2016, 629.
1666  BGH, FamRZ 2019, 1056.
1667  S. Rdn. 2005; vgl. auch *Rake* FamRZ 2019, 1058; *Götz* FamRZ 2016, 519, 521.
1668  Die Zuständigkeit war früher umstritten, vgl. dazu *Weychardt* FamRZ 2007, 952 ff.
1669  BGH, NJW 2002, 2566 ff.

▶ Praxishinweis:

Das OLG Hamburg[1670] hat entschieden, dass die Mutter dem Vater wegen Umgangs-   **3802**
vereitelung vergebliche Aufwendungen für Flug, Unterkunft und Mietwagen
i.H.v. 905 € zu erstatten hat. Der Vater war zum Umgang nach Mallorca gereist,
hatte das Kind aber nicht zu sehen bekommen. Die betreuende Mutter hatte
geltend gemacht, das Kind habe sich geweigert, allein beim Vater zu bleiben. Das
OLG Hamburg leitet aus §§ 280 Abs. 1, 1684 BGB die Pflicht des zur Gewährung des Umgangs verpflichteten Elternteils ab, auf die Vermögensbelange des
Umgangsberechtigten Rücksicht zu nehmen und diesem die Wahrnehmung des
Umgangsrechts nicht durch die Auferlegung unnötiger Vermögensopfer zu erschweren. Das OLG Hamburg geht davon aus, dass die Mutter ihre Verpflichtung zur
Förderung des angeordneten Umgangs schuldhaft verletzt hat. Diesbezüglich
wendet das Gericht § 89 Abs. 4 FamFG entsprechend an.

Ähnlich entscheidet das KG (Thailand-Reise).[1671] Danach stellt es eine zum Schadensersatz verpflichtende, vorsätzliche sittenwidrige Schädigung dar, wenn der
Obhutselternteil, der seine ursprünglich erteilte Zustimmung zu einer Ferienreise des gemeinsamen Kindes mit den umgangsberechtigten Elternteil widerrufen
hat und der von der zuständigen Familienrichterin über die Unrichtigkeit der
eigenen Rechtsauffassung und darüber belehrt wurde, dass die unmittelbar bevor-
stehende Abreise des Kindes in den Urlaub familiengerichtlich nicht untersagt
werden könne, sich gleichwohl, ohne die erlangte richterliche Belehrung zu erwähnen, an die Bundespolizei am Flughafen wendet und unter Beharrung auf die
eigene, unzutreffende Rechtsauffassung erreicht, dass die Polizei den Abflug des
Kindes in die Ferien unterbindet. Selbst in Eilfällen ist eine von der Rechtsauffassung des FamG abweichende Beurteilung des Kindeswohls durch den Obhutselternteil nicht geeignet, eine einseitige Abkehr von der familiengerichtlichen
Umgangsregelung zu rechtfertigen, sondern es ist Sache des Obhutselternteils,
gegebenenfalls eine familiengerichtliche Eilentscheidung herbeizuführen, wenn
er der Meinung sein sollte, aufgrund von neu eingetretenen Entwicklungen sei
die getroffene Umgangsregelung abzuändern.

Nur mit Einschränkungen zu ersetzende »frustrierte« oder fehlgeschlagene Aufwendungen für einen vom umgangsberechtigten Elternteil für seine Umgangszeit
gebuchten Flug mit dem gemeinsamen Kind in ein Ferienressort, der durch das
Handeln des Obhutselternteils vereitelt wird, liegen nicht vor, wenn der umgangsberechtigte Elternteil nach dem Pflichtverstoß des Obhutselternteils für den
ursprünglich von ihm gebuchten Flug einen Ersatzflug bucht; bei den Kosten für
den Ersatzflug handelt es sich vielmehr um eine kausale Folge des Pflichtversto-
ßes. Wenn der Obhutselternteil, der durch sein Tun den Antritt des vom umgangsberechtigten Elternteil gebuchten Fluges mit dem gemeinsamen Kind in den
Urlaub vereitelt, wusste, dass der umgangsberechtigte Elternteil die Ferienreise

---

1670 OLG Hamburg, FamRZ 2018, 599.
1671 KG, Beschl. vom 18.05.2020, 13 UF 88/18, FuR 2020, 586 = FamRZ 2020, 1731.

als »Familienurlaub« mit dem gemeinsamen Kind und seiner Ehefrau und deren Kind geplant hat, dann umfasst der vom Obhutselternteil geschuldete Schadensersatz nicht nur die Kosten für den für das gemeinsame Kind gebuchten Ersatzflug, sondern auch die Kosten für die Ersatzflüge des umgangsberechtigten Elternteil und dessen Ehefrau sowie deren Kind, soweit diese den ursprünglichen Flug im Hinblick auf die dem gemeinsamen Kind verwehrte Ausreise nicht angetreten haben.

*ff) Anträge nach § 1357 Abs. 2 Satz 1 BGB (§ 266 Abs. 2 FamFG)*

3803    Sonstige Familiensachen sind nach § 266 Abs. 2 FamFG auch Verfahren über einen Antrag nach § 1357 Abs. 2 Satz 1 BGB. Solche Anträge bezwecken, die Wirkung der Vorschrift des § 1357 BGB (Geschäfte zur Deckung des Lebensbedarfs) aufzuheben.

3804    Die Regelung des § 1357 BGB behandelt eine allgemeine Ehewirkung und ist somit güterstandsunabhängig, weshalb eine Zuordnung diesbezüglicher Verfahren zu den Güterrechtssachen der §§ 261 ff. FamFG ausscheidet.

3805    Das Verfahren nach §§ 1357 Abs. 2 Satz 1 BGB ist eine Familiensache, d.h. es gehört nicht zur Kategorie der Familienstreitsachen.

▶ **Taktische Hinweise:**

3806    –   **Spezialität**
In den in § 266 Abs. 1 Nr. 1 bis 5 FamFG genannten Fällen ist eine sonstige Familiensache und damit die Zuständigkeit des FamG nicht gegeben, sofern die ArbG zuständig sind oder das Verfahren eines der in § 348 Abs. 1 Satz 2, Nr. 2a bis k ZPO genannten Sachgebiete, das Wohnungseigentumsrecht oder das Erbrecht betrifft.

Der Gesichtspunkt der Spezialität setzt sich hier ggü. den für die Zuständigkeit des FamG maßgeblichen Kriterien durch.

Eine sonstige Familiensache ist nach § 266 Abs. 1 FamFG a.E. auch dann nicht gegeben, wenn es sich bei dem Verfahren bereits nach anderen Vorschriften um eine Familiensache handelt.

–   **Auffangtatbestand**
§ 266 FamFG kommt die Funktion eines Auffangtatbestands zu, d.h. er zählt nicht enumerativ Verfahren auf, die als sonstige Familiensache behandelt werden können. Insoweit ist es wichtig, sich im (vielleicht unklaren) Einzelfall an der Grundkonzeption der Vorschrift zu orientieren.

§ 266 FamFG unterscheidet zwei Gruppen von Verfahren, nämlich:

Verfahren, die Ansprüche betreffen, die ihren Grund unmittelbar in einem familienrechtlich geregelten Rechtsverhältnis haben, wie etwa dem Verlöbnis, der Ehe, dem Eltern-Kind-Verhältnis oder dem Umgangsrechtsverhältnis, bzw. Verfahren, die einen **Zusammenhang** mit der Beendigung eines familienrechtlich geregelten

Rechtsverhältnisses aufweisen, wie etwa dem Verlöbnis oder der Ehe. Nicht entscheidend ist dabei, ob die Streitigkeit vermögensrechtlicher oder nichtvermögensrechtlicher Natur ist; insb. können gerade auch nichtvermögensrechtliche Auseinandersetzungen, wie etwa Streitigkeiten wegen privater Beleidigungen zwischen Ehegatten oder ein Verfahren wegen der Herausgabe von privatem Bildmaterial oder eines Tagebuches wegen des höchstpersönlichen Charakters der Streitigkeit sinnvollerweise dem FamG zuzuordnen sein.

Es ist nicht entscheidend, wer die Beteiligten des konkreten Streitverfahrens sind, vielmehr kommt es auf die Rechtsnatur des Anspruchs bei seiner Entstehung an. Soweit er nachträglich, etwa im Wege der Rechtsnachfolge, auf einen Dritten übergegangen ist, ist dies unschädlich und ändert nichts an der Einordnung als sonstige Familiensache.

## b) Zuständigkeit in sonstigen Familiensachen

### aa) Funktionelle Zuständigkeit

Mitunter wird in nebengüterrechtlichen Verfahren (z.B. beim Gesamtschuldnerausgleich, Ansprüchen aus Gesellschaften der Eheleute usw.) darüber gestritten, ob die **funktionelle Zuständigkeit** des FamG gegeben ist. Die Vorschrift des § 281 ZPO gilt für diese Fälle nicht; das Verhältnis zwischen Zivilgericht, FamG und freiwilliger Gerichtsbarkeit wird (ebenso wie die Rechtswegproblematik) von § 17a GVG geregelt, vgl. § 17a Abs. 6 GVG. Wird in 1. Instanz gerügt, dass eine funktionelle Unzuständigkeit vorliegt, so hat das entscheidende Gericht darüber vorab nach §§ 17a Abs. 6, Abs. 3 Satz 2 GVG zu entscheiden. Gegen diese Entscheidung besteht die Möglichkeit der sofortigen Beschwerde, § 17a Abs. 4 Satz 2 GVG. Andere Gerichte sind an die rechtskräftige Entscheidung gebunden, § 17a Abs. 1 GVG. **3807**

Das OLG (bzw. KG) ist in Beschwerdeverfahren gem. § 17a Abs. 6 i.V.m. § 17a Abs. 5 GVG an die vom AG vorgenommene Qualifikation als Zivil-, Familien- oder sonstiges FamFG-Verfahren ebenfalls gebunden, sodass etwa bei einer Entscheidung des FamG der Familiensenat seine Zuständigkeit nicht mehr mit der Begründung infrage stellen kann, dass eine Familiensache tatsächlich nicht gegeben sei. Das Beschwerdegericht bzw. der Familiensenat hat in einem solchen Fall damit unter Umständen auch eine Nichtfamiliensache zu entscheiden. **3808**

Nach § 65 Abs. 4 FamFG kann die Beschwerde konsequenterweise nicht darauf gestützt werden, dass das Gericht des 1. Rechtszugs seine Zuständigkeit zu Unrecht angenommen hat. Eine Ausnahme wird nur dann gemacht, wenn diese Frage in der 1. Instanz ausdrücklich streitig war, aber das Verfahren der Vorabentscheidung nach § 17a Abs. 3 GVG vom Gericht nicht eingehalten wurde. Soweit das Beschwerdegericht in einem solchen Fall die Zuständigkeit des angerufenen Gerichts verneint, muss es die entsprechende Vorabentscheidung selbst nachholen. **3809**

▶ **Praxishinweis:**

3810   Die Möglichkeit, die funktionelle Zuständigkeit des Gerichts zu rügen, ist von erheblicher strategischer Bedeutung im Rechtsstreit. Sollte ein Beteiligter mit den bisherigen Entscheidungen des FamG unzufrieden sein, sollte alles unternommen werden, um eine »nebengüterrechtliche« Problematik dem allgemeinen Zivilgericht, insbesondere dem LG, zu unterbreiten. Gerade im Hinblick auf etwaige zu klärende gesellschaftsrechtliche Verbindungen der Eheleute wird es häufig Argumente geben, die zum einen für die Zuständigkeit der Zivilgerichte, zum anderen aber auch für die Zuständigkeit der FamG verwertbar sind.

Umgekehrt kann es sinnvoll sein, die Streitigkeiten beim FamG zu belassen, wenn ein Beteiligter dort bislang gute Erfahrungen gemacht hat.

### bb) Sachliche Zuständigkeit

3811   Die ausschließliche **sachliche** Zuständigkeit in sonstigen Familiensachen ergibt sich aus §§ 23a Abs. 1 Satz 2, Satz 1 Nr. 1 GVG i.V.m. § 111 Nr. 10 FamFG.

### cc) Örtliche Zuständigkeit

3812   Die Zuständigkeitsvorschrift des § 267 FamFG gilt sowohl für sonstige Familiensachen (Familienstreitsachen) nach § 266 Abs. 1 FamFG als auch für diejenigen nach § 266 Abs. 2 FamFG (Familiensachen).

### aaa) Anhängigkeit einer Ehesache

3813   **Örtlich** ist nach § 267 Abs. 1 FamFG während der **Anhängigkeit einer Ehesache** das Gericht ausschließlich zuständig, bei dem die Ehesache im ersten Rechtszug anhängig ist oder war. Diese Zuständigkeit geht der ausschließlichen Zuständigkeit eines anderen Gerichts vor, vgl. § 267 Abs. 1 Satz 2 FamFG.

3814   Die **Anhängigkeit der Ehesache** richtet sich nach den allgemeinen Grundsätzen, d.h. beginnt mit Einreichung des Antrags zu einer Ehesache (vgl. § 124 FamFG) und endet mit rechtskräftigem Verfahrensabschluss, der Rücknahme eines solchen Verfahrens (§ 141 FamFG) bzw. der übereinstimmenden Erledigungserklärung der Beteiligten.

3815   Zweck des § 267 Abs. 1 FamFG ist die Zuständigkeitskonzentration beim Gericht der Ehesache. Die sonstigen Familiensachen sind allerdings nicht verbundfähig (vgl. § 137 Abs. 2 FamFG), d. h. sie werden gesondert vom Scheidungsverfahren beim betreffenden FamG verhandelt.

### bbb) Keine Ehesache anhängig, § 267 Abs. 2 FamFG

3816   Ist hingegen keine Ehesache anhängig, bestimmt sich nach § 267 Abs. 2 FamFG die örtliche Zuständigkeit nach der ZPO mit der Maßgabe, dass in den Vorschriften über den allgemeinen Gerichtsstand an die Stelle des Wohnsitzes der gewöhnliche Aufenthalt tritt.

Dies bedeutet, dass sich die örtliche Zuständigkeit in sonstigen selbstständigen Fami-   3817
liensachen nach §§ 12, 13 ZPO richtet. Danach ist das FamG örtlich zuständig, bei
dem der Antragsgegner seinen gewöhnlichen Aufenthalt hat.

### dd)  Abgabe an das Gericht der Ehesache (§ 268 FamFG)

Die Vorschrift verwirklicht die Zuständigkeitskonzentration beim Gericht der Ehesache.   3818

### aaa)  Rechtshängigkeit der Ehesache

Die Abgabe einer sonstigen Familiensache kommt nur in Betracht, wenn die Antrags-   3819
schrift der Ehesache rechtshängig geworden ist. Eine Abgabe ist also (noch) nicht
möglich, wenn im Rahmen eines Verfahrenskostenhilfe-Verfahrens lediglich ein Entwurf für einen Antrag zu einer Ehesache zum FamG eingereicht wurde, weil hierdurch
ein Antrag nicht rechtshängig wird.

Für die überzuleitende sonstige Familiensache reicht es dagegen aus, wenn diese   3820
anhängig ist. Die Abgabe bezieht sich nur auf sonstige Familiensachen, die **in erster
Instanz anhängig** sind.

Unerheblich ist dagegen, ob die Instanz – durch Eintritt der Rechtskraft oder Ein-   3821
legung eines Rechtsmittels – formell beendet ist, weil nach der verfahrensabschließenden Entscheidung in der sonstigen Familiensache der Zweck des § 268 FamFG
nicht mehr erreicht werden kann.

Ist eine sonstige Familiensache in der Rechtsmittelinstanz anhängig, scheidet eine   3822
Abgabe ebenfalls aus. Lediglich bei einer Rückverweisung des Verfahrens an das FamG
hat das Beschwerdegericht das Verfahren gleichzeitig zu dem Gericht der Ehesache überzuleiten. Verbundfähig sind sonstige Familiensachen nicht, vgl. § 137 Abs. 2 FamFG.

### bbb)  Abgabe von Amts wegen

§ 268 FamFG ordnet an, dass die Abgabe an das Gericht der Ehesache **von Amts**   3823
**wegen** zu erfolgen hat. Die Überleitung kann ohne mündliche Verhandlung erfolgen,
jedoch ist den Beteiligten zuvor rechtliches Gehör zu gewähren. Damit das Gericht
der Ehesache von der sonstigen Familiensache Kenntnis erlangt, ordnet § 133 Abs. 1
Nr. 3 FamFG an, dass der Scheidungsantrag Angaben zu anderweitig anhängigen
Familiensachen, d.h. auch sonstigen Familiensachen enthalten muss.

### ccc)  Bindungswirkung

Die Entscheidung ist nach § 268 Satz 2 FamFG i.V.m. § 281 Abs. 2 Satz 2 ZPO   3824
**unanfechtbar** und für das Gericht der Ehesache auch gem. § 268 Satz 2 FamFG
i.V.m. § 281 Abs. 2 Satz 4 ZPO **bindend.**

Hinsichtlich der bis zur Überleitung angefallenen Kosten gilt § 268 Satz 2 FamFG   3825
i.V.m. § 281 Abs. 3 Satz 1 ZPO; danach gelten die bis zur Abgabe angefallenen Kosten als Teil der Kosten des Gerichts der Ehesache.

### c) Anwendung der Vorschriften der ZPO

3826   Das Verfahren in sonstigen Familiensachen richtet sich – jedenfalls für die Familienstreitsachen des § 266 Abs. 1 FamFG, die aber im Vordergrund stehen, da § 266 Abs. 2 FamFG praktisch nur untergeordnete Bedeutung hat – gem. § 113 Abs. 1 FamFG im Wesentlichen nach den Verfahrensvorschriften der ZPO.

▶ **Taktischer Hinweis:**

3827   Damit ist die anwaltliche Tätigkeit in diesen Angelegenheiten unverändert. Zu beachten ist lediglich, dass das Verfahren vor dem FamG (mit dem entsprechenden Instanzenzug) stattfindet und dass die Verfahrens- und Parteibezeichnungen § 113 Abs. 5 FamFG entsprechen müssen.

### 2. Wideranträge im nebengüterrechtlichen Verfahren

3828   Häufig ist zu beobachten, dass bei Einleitung eines nebengüterrechtlichen Verfahrens die Gegenseite geneigt ist, mit einem Widerantrag zu »kontern«. Es stellt sich die Frage, ob dies zulässig ist, insbesondere wenn der Widerantrag eine andere Familien(streit)sache betrifft.

### a) Familienstreitsache als Widerantrag

3829   Das OLG Schleswig[1672] ist der Auffassung, dass in einem Verfahren betreffend eine Familienstreitsache eine andere Familienstreitsache grundsätzlich im Wege des Widerantrags geltend gemacht werden kann.

3830   Die Entscheidung betraf den Fall, dass die Antragstellerin nach rechtskräftiger Scheidung insbesondere die Herausgabe von 4 Sommerkompletträdern verlangte, während der Antragsgegner mittels eines Widerantrags (Stufenantrag) Auskunft und Zahlung von Zugewinnausgleich begehrte.

3831   Nach (zutreffender) Auffassung des OLG Schleswig kann der Antragsteller seinen Widerantrag gemäß § 113 Abs. 1 Satz 2 FamFG i.V.m. § 33 ZPO in dem beim FamG rechtshängigen Verfahren geltend machen. Bei dem bei dem FamG rechtshängigen Ausgangsverfahren (Herausgabe von 4 Sommerkompletträdern) handelt es sich um eine sonstige Familienstreitsache i.S.d. § 266 Abs. 1 Nr. 3 FamFG.

#### aa) Sachliche Zuständigkeit

3832   Voraussetzung für die Geltendmachung eines Anspruches im Wege des Widerantrages gemäß § 113 Abs. 1 Satz 2 FamFG i.V.m. § 33 ZPO ist zunächst die sachliche Zuständigkeit des Gerichts für den Widerantrag. Das FamG ist gemäß § 23a Abs. 1 Satz 1 Nr. 1 GVG für den Widerantrag des Antragstellers sachlich zuständig, da es

---

1672  OLG Schleswig, FamRZ 2015, 1519.

sich bei dem Antrag auf Auskunft und Zahlung von Zugewinn um eine Güterrechtssache und damit um eine Familiensache (§ 111 Nr. 9 FamFG) handelt.

### bb) Zusammenhang

Weiterhin muss ein Zusammenhang mit dem antragsweise geltend gemachten Anspruch   3833
bestehen. Ein solcher ist vorhanden, wenn die geltend gemachten Forderungen auf
ein gemeinsames Rechtsverhältnis zurückzuführen sind, ohne dass die völlige Identität
des unmittelbaren Rechtsgrundes vorhanden sein muss. Ein natürlicher wirtschaftlicher Zusammenhang genügt. Weiterhin ist auch ein im weiten Sinne zu verstehender
rechtlicher Zusammenhang ausreichend.

### cc) Dieselbe Verfahrensart

Der Widerantrag muss in derselben Verfahrensart wie der Hauptantrag erhoben werden. Insoweit ist es erforderlich, aber auch ausreichend, wenn der Widerantrag ebenfalls eine Familienstreitsache ist.   3834

OLG Schleswig:[1673]   3835

> »Voraussetzung für einen zulässigen Widerantrag ist vielmehr, dass zum einen eine Familiensache i. S. d. § 111 FamFG im Wege des Widerantrages geltend gemacht wird (…)
> und zum anderen, dass es sich beim Widerantrag um eine Familienstreitsache handelt.
> Denn für die Familienstreitsachen i. S. d. § 112 FamFG bestimmt sich das anwendbare
> Verfahren im Wesentlichen nicht nach dem FamFG, sondern gemäß § 113 Abs. 1 S. 2
> ZPO im Wesentlichen nach der ZPO. Lediglich vereinzelt enthält das FamFG für Unterhaltssachen, Güterrechtssachen und sonstige Familienstreitsachen Sondervorschriften. Die
> grundlegende Verfahrensausgestaltung, insbesondere der Beibringungsgrundsatz und die
> Dispositionsmaxime gelten für sämtliche Familienstreitsachen (…). Neben den allgemeinen Voraussetzungen für einen Widerantrag ist hinsichtlich der Verfahrensart ausreichend,
> dass es sich beim Haupt- und Widerantrag um Familienstreitsachen im Sinne des § 112
> FamFG handelt (…).«

### dd) Keine vorrangige ausschließliche Zuständigkeit

Eine vorrangige ausschließliche Zuständigkeit kommt während der Rechtshängigkeit   3836
einer Ehesache in Betracht (betreffend güterrechtliche Ansprüche nach § 262 Abs. 1
FamFG). Ist das Scheidungsverfahren allerdings bereits rechtskräftig abgeschlossen, so
kann auch über die Vorschrift des § 33 ZPO die gerichtliche Zuständigkeit begründet werden.

## b) Familiensache als Widerantrag

Fraglich ist, ob auch ein Widerantrag gestützt auf eine Familiensache (also keine   3837
Familienstreitsache) zulässig ist.

---

1673 OLG Schleswig, FamRZ 2015, 1519.

3838 Das OLG Frankfurt[1674] musste sich im Rahmen eines Beschwerdeverfahrens dazu äußern, ob gegenüber einem Herausgabeanspruch nach § 985 BGB betreffend ein Auto eine korrespondierende Haushaltszuweisung dieses Autos als Widerantrag zulässig ist.

3839 Dies ist aber abzulehnen, da eine Verbindung von Familienstreitsachen mit Familiensachen der freiwilligen Gerichtsbarkeit wegen der unterschiedlichen Verfahrensmaximen nicht möglich ist.

3840 Das OLG Frankfurt führt aus:

>»Damit hat das Amtsgericht ein Verfahren, das gemäß §§ 266, 113 Abs. 1 FamFG nach den allgemeinen Vorschriften der Zivilprozeßordnung zu behandeln war, mit einem Verfahren, das den speziellen Vorschriften der freiwilligen Gerichtsbarkeit (§§ 200 ff FamFG) unterlag, gemeinsam behandelt, obwohl eine Abtrennung geboten gewesen wäre. Eine Verbindung von Familienstreitsachen mit Familiensachen der freiwilligen Gerichtsbarkeit kommt wegen der unterschiedlichen Verfahrensmaximen nicht in Betracht (…).
>
>Die in der Literatur gerade für Haushaltssachen als mißglückt angesehene Regelung, wonach hier eine Aufspaltung zweier Lebenssachverhalte in zwei Verfahren je nach Ergebnis einer Beweisaufnahme erfolgt (vgl. Götz/Brudermüller, aaO), hat das Amtsgericht mit einigem Recht als unökonomische Verfahrensweise angesehen, die für die Beteiligten auch zu Mehrkosten führt. Der Antragsteller beanstandet diese Handhabung zwar zu Recht, denn das Gesetz schreibt eine Verfahrensaufspaltung ohne Zweifel vor. In der Beschwerdeinstanz führt dieser Verfahrensfehler indes nicht zu einem Erfolg der Beschwerde, wenn sich der Verfahrensfehler nicht negativ auf das – nach materiellem Recht zu bewertende – Verfahrensergebnis ausgewirkt hat.«

▶ Praxishinweis:

3841 Zusammengefasst ist der Rechtsprechung zunächst dahingehend zuzustimmen, dass Familienstreitsachen wechselseitig im Wege von Antrag und Widerantrag verbunden werden können. Ein Widerantrag in einer Familiensache gegenüber einem Hauptantrag in einer Familienstreitsache ist wegen der unterschiedlichen Verfahrensarten hingegen nicht zulässig. Beachtet ein FamG dies nicht, so wird dies im Beschwerdeverfahren allerdings nur dann korrigiert, wenn auch das materiellrechtliche Verfahrensergebnis nicht korrekt ist.

---

1674 OLG Frankfurt, Beschl. vom 25.02.2015, 2 UF 356/14, NJW 2015, 2346 = NZFam 2015, 876 = NJW-Spezial 2015, 517.

### 3. Muster: sonstige Familiensachen

### a) Muster: Zustimmung zur gemeinsamen Veranlagung

▶ Muster: Zustimmung zur gemeinsamen Veranlagung

An das                                                                                          3842

Amtsgericht.....

– Familiengericht –

.....

Antrag auf Zustimmung zur gemeinsamen Veranlagung[1675]

In der Familiensache

des Herrn.....

– Antragsteller –

Verfahrensbevollmächtigte:

gegen

Frau.....

– Antragsgegnerin –

Verfahrensbevollmächtigte:

wegen Zustimmung zur gemeinsamen Veranlagung

vorläufiger Streitwert:

vertrete ich den Antragsteller.

Namens und im Auftrag des Antragstellers stelle ich den Antrag:

Die Antragsgegnerin wird verpflichtet, der gemeinsamen steuerlichen Veranlagung für das Jahr..... zuzustimmen.

Begründung:

Die Beteiligten sind getrennt lebende Eheleute; ein Scheidungsverfahren beim erkennenden Gericht ist anhängig unter dem Az.......

Aus der Ehe der Beteiligten sind zwei minderjährige Kinder hervorgegangen, nämlich....., geb. am....., und....., geb. am......

Der Unterzeichnende hat am..... unter Fristsetzung zum..... in o.g. Angelegenheit die Antragsgegnerin aufgefordert, die Zustimmung zur steuerlichen Zusammenveranlagung nach § 26 Abs. 1 EStG i.V.m. § 26b EStG für das Jahr..... zu erklären.

Beweis: Schreiben des Unterzeichnenden vom....., Anlage A....., in Kopie anbei

Die Antragsgegnerin hat auf dieses Schreiben nicht reagiert.

---

1675 Vgl. dazu OLG Karlsruhe, FamRZ 2021, 19.

Die Beteiligten haben im Veranlagungszeitraum..... nicht ständig getrennt gelebt, sodass eine Ehegattenveranlagung in Form der Zusammenveranlagung zulässig ist.

Dies ist auch die vom gemeinsamen Steueraufkommen her günstigste Veranlagungsform, die auch der früheren Handhabung der Beteiligten entspricht.

Im o.a. Anwaltsschreiben erklärte der Antragsteller verbindlich, dass er für etwaige Nachteile der Antragsgegnerin, falls sich deren Steuerschuld in Folge der Zusammenveranlagung im Vergleich zur getrennten Veranlagung erhöhen sollte, aufkommen wird.

Dass die Antragsgegnerin zur Abgabe der gewünschten Erklärung verpflichtet ist, ist in Rechtsprechung und Literatur allgemein anerkannt (vgl. BGH, FamRZ 2002, 1024 ff.).

Nach Abgabe der streitgegenständlichen Erklärung wird die vollständige Einkommensteuererklärung vom Antragsteller übermittelt.

.....

Rechtsanwältin/Rechtsanwalt

## b) Muster: Zustimmung zum Realsplitting

▶ Muster: Zustimmung zum Realsplitting

3843 An das

Amtsgericht.....

– Familiengericht –

.....

Antrag auf Zustimmung zum Realsplitting[1676]

In der Familiensache

des Herrn.....

– Antragsteller –

Verfahrensbevollmächtigte:

gegen

Frau.....

– Antragsgegnerin –

Verfahrensbevollmächtigte:

wegen Zustimmung zur Durchführung des begrenzten Realsplittings

---

1676  Vgl. zum Realsplitting *Langheim* FamRZ 2021, 157.

vorläufiger Streitwert:

vertrete ich den Antragsteller.

Namens und im Auftrag des Antragstellers stelle ich den Antrag:

Die Antragsgegnerin wird verpflichtet, der Durchführung des begrenzten Realsplittings für das Jahr..... zuzustimmen.

Begründung:

Die Beteiligten sind geschiedene Eheleute; ein Scheidungsverfahren war beim erkennenden Gericht anhängig unter dem Aktenzeichen..... und ist rechtskräftig abgeschlossen seit dem......

Aus der Ehe der Beteiligten sind zwei minderjährige Kinder hervorgegangen, nämlich....., geb. am....., und....., geb. am......

Der Antragsteller hat an die Antragsgegnerin im Jahr..... insgesamt Unterhalt in Höhe von..... gezahlt.

Beweis: Vorlage der Überweisungsbelege

Die Antragsgegnerin selbst ist nicht erwerbstätig, da sie die beiden Kinder betreut.

Der Antragsteller will den gezahlten Unterhalt mit dem begrenzten Realsplitting gem. § 10 Abs. 1a Nr. 1 EStG für das Jahr..... steuerlich geltend machen. Der Unterzeichnende hat die Antragsgegnerin mittels Schreiben vom..... aufgefordert, die »Anlage U« zur Einkommensteuererklärung zu unterzeichnen. Eine Frist dafür wurde gesetzt bis zum....., die allerdings erfolglos verstrichen ist.

Im o.a. Anwaltsschreiben erklärte der Antragsteller verbindlich, dass er für etwaige Nachteile der Antragsgegnerin infolge des Realsplittings (etwa nach § 22 Nr. 1a EStG) aufkommen wird.

Beweis: Schreiben des Unterzeichnenden vom....., Anlage A....., in Kopie anbei

Die Antragsgegnerin ist familienrechtlich verpflichtet, an der Realisierung der wirtschaftlich günstigsten Besteuerung mitzuwirken.

Wird das begrenzte Realsplitting durchgeführt, wird der Antragsteller voraussichtlich eine Steuerersparnis in Höhe von..... € haben. Nachteile der Antragsgegnerin sind nicht zu erwarten, weil sie über keine Einkünfte verfügt, d.h. allein von den Unterhaltszahlungen lebt.

.....

Rechtsanwältin/Rechtsanwalt

c) Muster: Unberechtigte Kontoabhebung

▶ Muster: Unberechtigte Kontoabhebung

3844   An das

Amtsgericht.....

– Familiengericht –

.....

    Antrag auf Zahlung eines Ausgleichs wegen unberechtigter Kontoabhebung

In der Familiensache

des Herrn.....

– Antragsteller –

Verfahrensbevollmächtigte:

gegen

Frau.....

– Antragsgegnerin –

Verfahrensbevollmächtigte:

wegen unberechtigter Kontoabhebung

vorläufiger Streitwert:

vertrete ich den Antragsteller.

Namens und im Auftrag des Antragstellers stelle ich den Antrag:

Die Antragsgegnerin wird verpflichtet, an den Antragsteller..... € nebst 5 Prozentpunkten Zinsen über dem Basiszinssatz seit Rechtshängigkeit zu zahlen.

Begründung:

Die Beteiligten sind getrennt lebende Eheleute; ein Scheidungsverfahren beim erkennenden Gericht ist anhängig unter dem Az.......

Die Zuständigkeit des Familiengerichts..... ergibt sich daher aus § 267 Abs. 1 FamFG.

Aus der Ehe der Beteiligten sind zwei minderjährige Kinder hervorgegangen, nämlich....., geb. am....., und....., geb. am......

Der Antragsteller macht mit dem vorliegenden Antrag einen Ausgleichsanspruch geltend, der auf eine unberechtigte Abhebung der Antragsgegnerin vom gemeinsamen Girokonto zurückzuführen ist.

Die Beteiligten unterhielten während der Ehe ein gemeinsames Konto bei der.....; beide Beteiligte waren berechtigt, über dieses Konto zu verfügen.

Obwohl die Beteiligten bereits getrennt lebten, hat die Antragsgegnerin am..... das gesamte Kontoguthaben von..... € von diesem Konto abgehoben.

Der Antragsteller hatte zuvor der Antragsgegnerin angeboten, das Guthaben gemeinsam abzuheben und zu teilen.

Beweis: Schreiben des Antragstellers vom....., Anlage A....., in Kopie anbei

Der Unterzeichnende hat die Antragsgegnerin daraufhin unter Fristsetzung aufgefordert, einen Ausgleichsbetrag in Höhe von..... € zu zahlen.

Beweis: Vorlage des Aufforderungsschreibens des Unterzeichnenden vom.....

Die Antragsgegnerin war nicht berechtigt, ohne Rücksprache mit dem Antragsteller irgendwelche Beträge abzuheben.

Der Antragsteller hat einen Anspruch auf Ausgleich in Höhe der Hälfte des abgehobenen Betrags. Die abgehobene Summe beträgt......

.....

Rechtsanwältin/Rechtsanwalt


## d) Muster: Ausgleich wegen Ehegatteninnengesellschaft

▶ Muster: Ausgleich wegen Ehegatteninnengesellschaft

An das                                                                    3845

Amtsgericht.....

– Familiengericht –

.....

Ausgleichsanspruch aus Ehegatteninnengesellschaft

In der Familiensache

des Herrn.....

– Antragsteller –

Verfahrensbevollmächtigte:

gegen

Frau.....

– Antragsgegnerin –

Verfahrensbevollmächtigte:

wegen Ausgleich aufgrund Ehegatteninnengesellschaft

vorläufiger Streitwert:

vertrete ich den Antragsteller.

Namens und im Auftrag des Antragstellers stelle ich den Antrag:

Die Antragsgegnerin wird verpflichtet, an den Antragsteller..... € nebst 5 Prozentpunkten Zinsen über dem Basiszinssatz seit Rechtshängigkeit zu zahlen.

Begründung:

Die Beteiligten sind geschiedene Eheleute; ein Scheidungsverfahren beim erkennenden Gericht war anhängig unter dem Aktenzeichen..... und ist mittlerweile rechtskräftig abgeschlossen.

Die Zuständigkeit des Familiengerichts..... ergibt sich daher aus § 267 Abs. 2 FamFG i.V.m. §§ 12, 13 ZPO, da sich der gewöhnliche Aufenthalt der Antragsgegnerin in..... befindet.

Geheiratet haben die Beteiligten am.....; zuvor hatten sie in einem notariellen Vertrag Gütertrennung vereinbart.

Mit dem vorliegenden Antrag macht der Antragsteller Ausgleichsansprüche für seine Mitarbeit an dem Aufbau des gemeinsamen Unternehmens geltend, das allein im Eigentum der Antragsgegnerin steht.

Es handelt sich dabei um ein Bauunternehmen, welches insbesondere in der Region..... tätig ist.

Da der Antragsteller vor der Ehe die eidesstattliche Versicherung abgelegt hatte, wurde er am Unternehmen formal nicht beteiligt; man schloss vielmehr aus steuerlichen Gründen einen Arbeitsvertrag ab, der aber auch nur pfändungsfreie Einkünfte in Höhe von..... vorsah.

Der Antragsteller führte tatsächlich dieses Unternehmen allein, weil die Antragsgegnerin als Architektin in Vollzeittätigkeit bei der..... GmbH angestellt war.

Nach der Scheidung wurde der o.a. Arbeitsvertrag einvernehmlich aufgehoben; die Antragsgegnerin kündigte ihre Stellung bei der..... GmbH und betreibt nunmehr das Bauunternehmen.

Die nach dem Antrag geltend gemachte Forderung richtet sich nach der Höhe des hälftigen Unternehmenswerts zum Zeitpunkt der Trennung. Dieser Wert berechnet sich......

Die Antragsgegnerin wurde durch anwaltliches Schreiben vom..... mit Fristsetzung bis zum..... aufgefordert, den mit dem Antrag geltend gemachten Betrag zu zahlen.

Beweis: Vorlage des Aufforderungsschreibens des Unterzeichnenden vom....., Anlage A....., in Kopie anbei

Der Anspruch ist deshalb begründet, weil zwischen den Beteiligten eine sog. »Ehegatteninnengesellschaft« bestand.

Nach der Rechtsprechung des BGH besteht ein Anspruch auf Auseinandersetzung einer zwischen den Ehegatten begründeten sog. Innengesellschaft nach den gesellschaftsrechtlichen Regelungen der §§ 722, 730 ff. BGB (BGH, FamRZ 2016, 965 ff.).

Ein konkludent geschlossener Gesellschaftsvertrag liegt nämlich vor. Die Beteiligten haben gemeinsam ein Unternehmen betrieben. Dass der Antragsteller formal am Unternehmen nicht beteiligt war, ist durch die frühere Überschuldung bedingt gewesen. Auch der abgeschlossene Arbeitsvertrag steht dazu nicht in Widerspruch.

Denn er sieht für den Antragsteller ein Entgelt von..... € monatlich vor, das für eine Tätigkeit als Bauarbeiter vereinbart worden ist, für die tatsächlich ausgeübte Geschäftsführungstätigkeit aber keine adäquate Vergütung darstellt.

Somit hat zwischen den Eheleuten eine Ehegatteninnengesellschaft nach § 705 BGB bestanden.

Die Beendigung der Innengesellschaft begründet einen Ausgleichsanspruch in Form eines schuldrechtlichen Anspruchs auf Zahlung des Auseinandersetzungsguthabens, der sich nach den §§ 738 ff. BGB sowie einzelnen Vorschriften der §§ 730 ff. BGB bestimmt.

Maßgebender Stichtag für die Auseinandersetzung ist nicht ohne Weiteres der Tag, an dem die Ehegatten sich getrennt haben, sondern der Zeitpunkt, zu dem sie ihre Zusammenarbeit tatsächlich beendet haben und die Antragsgegnerin das Unternehmen allein weitergeführt hat.

Damit ist für die Auseinandersetzung der Ehegatteninnengesellschaft auf den..... abzustellen (einvernehmliche Aufhebung des »Arbeitsvertrags«).

Der Anteil des Antragstellers am Unternehmen wurde vertraglich nicht festgelegt. Deshalb greift ergänzend die Regelung des § 722 Abs. 1 BGB ein, wonach jeder Gesellschafter ohne Rücksicht auf Art und Größe seines Beitrags einen gleich hohen Anteil hat (BGH, FamRZ 1999, 1580 ff.).

Damit ergibt sich ein Ausgleichsanspruch in Höhe des hälftigen Unternehmenswerts.

.....

Rechtsanwältin/Rechtsanwalt


## e) Muster: Zuwendungen von Schwiegereltern

▶ Muster: Zuwendungen von Schwiegereltern

An das                                                                    3846

Amtsgericht.....

– Familiengericht –

.....

           Ausgleich wegen Zuwendungen von Schwiegereltern

In der Familiensache

der Eheleute.....

– Antragsteller –

Verfahrensbevollmächtigte:

gegen

Frau.....

– Antragsgegnerin –

Verfahrensbevollmächtigte:

wegen Ausgleich von Zuwendungen

vorläufiger Streitwert:

vertrete ich die Antragsteller.

Namens und im Auftrag der Antragsteller stelle ich den Antrag:

Die Antragsgegnerin wird verpflichtet, an die Antragsteller..... € nebst 5 Prozentpunkten Zinsen über dem Basiszinssatz seit Rechtshängigkeit zu zahlen.

Begründung:

Die Antragsteller sind die früheren Schwiegereltern der Antragsgegnerin.

Der Sohn der Antragsteller und die Antragsgegnerin sind rechtskräftig seit dem..... geschiedene Eheleute.

Die Zuständigkeit des Familiengerichts..... ergibt sich daher aus § 267 Abs. 2 FamFG i.V.m. §§ 12, 13 ZPO, da der gewöhnliche Aufenthalt der Antragsgegnerin sich in..... befindet.

Die Antragsgegnerin hatte vor der Heirat ein Einfamilienhaus erworben, das der Familie später als Wohnung diente.

Nach der Heirat haben die Antragsteller am..... dem Sohn und der Beklagten als Schwiegertochter einen Betrag in Höhe von..... € geschenkt, um die finanzielle Situation der jungen Familie deutlich zu verbessern. Dieses Geld wurde dafür verwendet, den für das Haus von der Antragsgegnerin aufgenommenen Kredit zu reduzieren.

Beweis: Vorlage des Kontoauszugs vom.....

Nach der Trennung der Eheleute ist der Sohn am..... aus dem der Antragsgegnerin gehörenden Haus gezogen.

Ein Zugewinnausgleich wurde anlässlich der Scheidung nicht durchgeführt, da die Beteiligten vor der Ehe notariell Gütertrennung vereinbart hatten.

Die Antragsteller verlangen von der Antragsgegnerin den damals erhaltenen Betrag zurück. Die Zahlungen wurden in Erwartung des Bestehens der Ehe erbracht. Nachdem die Eheleute geschieden sind, ist dieser Zweck weggefallen und es besteht kein Grund für einen Verbleib des Geldes bei der ehemaligen Schwiegertochter.

Es besteht mithin nach § 313 BGB ein Zahlungsanspruch wegen Störung der Geschäftsgrundlage.

Zweck der seinerzeitigen Zuwendung war die Ausgestaltung der Lebensgemeinschaft des Sohnes mit seiner Ehefrau.

Die Trennung der Antragsgegnerin vom Sohn der Antragsteller wurde bereits 4 Monate nach Überweisung der Zuwendung vollzogen; in diesem Fall können die Antragsteller die vollständige Rückgabe der Zuwendung verlangen (BGH, Beschl. v. 18.06.2019 – X ZR 107/16)

Die Antragsgegnerin wurde durch anwaltliches Schreiben vom..... mit Fristsetzung bis zum..... aufgefordert, den mit dem Antrag geltend gemachten Betrag zu zahlen.

Beweis: Vorlage des Aufforderungsschreibens des Unterzeichnenden vom....., Anlage A....., in Kopie anbei

.....

Rechtsanwältin/Rechtsanwalt

## f) Muster: Schadensersatz wegen Vereitelung des Umgangs

▶ Muster: Schadensersatz wegen Vereitelung des Umgangs

An das                                                                            3847

Amtsgericht.....

– Familiengericht –

.....

    Antrag auf Zahlung von Schadensersatz wegen Vereitelung des Umgangs

In der Familiensache

des Herrn.....

– Antragsteller –

Verfahrensbevollmächtigte:

gegen

Frau.....

– Antragsgegnerin –

Verfahrensbevollmächtigte:

wegen Schadensersatz aus Umgangsvereitelung

vorläufiger Streitwert:

vertrete ich den Antragsteller.

Namens und im Auftrag des Antragstellers stelle ich den Antrag:

Die Antragsgegnerin wird verpflichtet, an den Antragsteller..... € nebst 5 Prozentpunkten Zinsen über dem Basiszinssatz seit Rechtshängigkeit zu zahlen.

Begründung:

Der Antragsteller fordert mit dem Antrag Schadensersatz wegen eines ausgefallenen Mallorca-Urlaubs.

Die Beteiligten sind geschiedene Eheleute; ein Scheidungsverfahren beim erkennenden Gericht war anhängig unter dem Aktenzeichen..... und ist mittlerweile rechtskräftig abgeschlossen.

Aus der Ehe ist die gemeinsame Tochter....., geb. am....., hervorgegangen. Die Antragsgegnerin hat für die Tochter das Sorgerecht. Jedoch hat der Antragsteller ein Umgangsrecht. Dies umfasst auch zwei Wochen in den Sommerferien. Für diese Zeit hatte der Antragsteller für sich und die Tochter Urlaub auf Mallorca gebucht. Als er die Tochter am..... abholen wollte, wurde ihm ohne Angabe von Gründen die Herausgabe der Tochter verweigert. Der Antragsteller versuchte, das Jugendamt einzuschalten. Dies war aber auch erfolglos, da sich die Antragsgegnerin mit der Tochter an einem unbekannten Ort aufhielt.

Der Urlaub wurde daher nicht durchgeführt, wodurch ein Schaden von..... € entstand, welcher mit diesem Antrag gefordert wird.

Die Rechtsprechung gewährt in solchen Fällen Schadensersatz (vgl. BGH, FamRZ 2002, 1099; OLG Frankfurt am Main, NJW-RR 2005, 1339; OLG Hamburg, FamRZ 2018, 599; KG, FamRZ 2020, 1731).

Es handelt sich vorliegend um eine sonstige Familiensache nach § 266 Abs. 1 Nr. 5 FamFG. Die Zuständigkeit des Familiengerichts..... ergibt sich daher aus § 267 Abs. 2 FamFG i.V.m. §§ 12, 13 ZPO, da sich der gewöhnliche Aufenthalt der Antragsgegnerin in..... befindet.

Die Antragsgegnerin wurde erfolglos unter Fristsetzung zum..... zum Ersatz des Schadens aufgefordert.

Beweis: Vorlage des Aufforderungsschreibens des Unterzeichnenden vom....., Anlage A....., in Kopie anbei

Deshalb ist dieser Antrag geboten.

.....

Rechtsanwältin/Rechtsanwalt

## XI. Lebenspartnerschaftssachen

3848 Das Verfahren in Lebenspartnerschaftssachen ist in §§ 269, 270 FamFG geregelt. Verfahrensrechtlich werden die Lebenspartnerschaftssachen nach § 270 FamFG wie die ihnen jeweils entsprechenden Familiensachen im Fall der Ehe behandelt. Die Verweisung des § 270 FamFG bezieht sich auf sämtliche in den entsprechenden Familiensachen anwendbaren Vorschriften, d.h. auch auf solche aus dem ersten Buch des FamFG oder anderen Gesetzen.

▶ Praxishinweis:

3849 Die »Ehe für alle« wurde am 30.06.2017 vom Bundestag beschlossen. Am 07.07.2017 gab der Bundesrat seine Zustimmung. Geändert wurde die Vorschrift des § 1353 BGB, d.h. die betreffende Vorschrift wurde um sieben Wörter ergänzt und lautet nunmehr: »Die Ehe wird von zwei Personen verschiedenen oder gleichen Geschlechts auf Lebenszeit geschlossen.« Seit dem 01.10.2017 sind Eheschließungen für alle bei jedem Standesamt in Deutschland möglich.

Bisherige Lebenspartnerschaften müssen diesen Schritt allerdings vollziehen, d.h. die Lebenspartnerschaft wird nicht automatisch zur Ehe, vgl. § 20a LPartG.[1677]

Wenn die Lebenspartner davon absehen, ihre Partnerschaft in eine Ehe umzuwandeln, so gilt für sie weiter das Recht der eingetragenen Lebenspartnerschaft.[1678] Das Lebenspartnerschaftsgesetz wird deshalb wohl noch lange bestehen.

Seit dem 01.10.2017 ist die Begründung neuer Lebenspartnerschaften nicht mehr erlaubt (Art. 3 Abs. 3 des Gesetzes vom 20.07.2017); insoweit wird im Folgenden auf die Begründung einer Lebenspartnerschaft nicht mehr eingegangen.

## 1. Aufhebung der Lebenspartnerschaft (§ 269 Abs. 1 Nr. 1 FamFG)

Lebenspartnerschaftssachen sind nach § 269 Abs. 1 Nr. 1 FamFG Verfahren, welche die Aufhebung der Lebenspartnerschaft aufgrund des Lebenspartnerschaftsgesetzes (LPartG) zum Gegenstand haben. Aufgrund der umfassenden Verweisung des § 270 FamFG ist insgesamt auf die Ausführungen zum Verfahren auf Scheidung einer Ehe hinzuweisen, vgl. Rdn. 1000 ff.   **3850**

### a) Aufhebungsvoraussetzungen nach § 15 LPartG

Die Lebenspartnerschaft wird gem. § 15 Abs. 1 LPartG auf Antrag eines oder beider Lebenspartner durch gerichtlichen Beschluss aufgehoben.   **3851**

Das Gericht hebt die Lebenspartnerschaft nach § 15 Abs. 2 LPartG auf, wenn   **3852**
– beide Lebenspartner erklärt haben, die Lebenspartnerschaft nicht fortsetzen zu wollen bzw. der andere Lebenspartner der Aufhebung zustimmt und die Beteiligten seit einem Jahr getrennt leben oder
– nicht erwartet werden kann, dass eine partnerschaftliche Lebensgemeinschaft wiederhergestellt werden kann und die Beteiligten seit einem Jahr getrennt leben;
– ein Lebenspartner erklärt hat, die Lebenspartnerschaft nicht fortsetzen zu wollen, und die Beteiligten seit 3 Jahren getrennt leben;
– die Fortsetzung der Lebenspartnerschaft für den Antragsteller aus Gründen, die in der Person des anderen Lebenspartners liegen, eine unzumutbare Härte wäre;
– bei einem Lebenspartner ein Willensmangel i.S.d. § 1314 Abs. 2 Nr. 1 bis 4 BGB vorlag.

---

1677 *Schwab* FamRZ 2017, 1287.
1678 Im Jahr 2020 lebten 163.000 Paare in einer gleichgeschlechtlichen Ehe, weitere 34.000 in einer eingetragenen Lebenspartnerschaft. Laut den Zahlen des Statistischen Bundesamtes zur Eheschließung sind es annähernd gleich viel Männerpaare bzw. Frauenpaare, die heiraten. Ende 2020 haben seit der Eheöffnung danach 28.244 Männerpaare und 28.620 Frauenpaare geheiratet.

3853 Dies entspricht weitestgehend den Anforderungen, die auch an die Scheidung einer Ehe gestellt werden.

### b) Zuständiges Gericht

*aa) Sachliche Zuständigkeit*

3854 Die ausschließliche **sachliche Zuständigkeit** der AG in Lebenspartnerschaftssachen ergibt sich aus §§ 23a Abs. 1 Satz 2, Satz 1 Nr. 1 GVG i.V.m. § 111 Nr. 11 FamFG.

*bb) Örtliche Zuständigkeit*

3855 Die **örtliche Zuständigkeit** ist § 122 FamFG zu entnehmen, auf dessen entsprechende Anwendung § 270 Abs. 1 Satz 1 FamFG verweist.

3856 Danach ist die örtliche Zuständigkeit insb. aus § 122 Nr. 3 FamFG herzuleiten.

3857 Ist eine Zuständigkeit aufgrund von § 122 Nr. 1 bzw. Nr. 2 FamFG nicht festzustellen, richtet sich der Gerichtsstand nach dem letzten gemeinsamen gewöhnlichen Aufenthalt der Lebenspartner, wenn ein Lebenspartner seinen gewöhnlichen Aufenthalt im Bezirk dieses FamG hat. Nach dem Wortlaut kommt es nicht darauf an, ob dieser Lebenspartner zwischenzeitlich seinen Wohnsitz in einem anderen Bezirk hatte; es muss also kein durchgehender Aufenthalt gegeben sein.

### c) Aufhebungsantrag

3858 §§ 270 Abs. 1, 124 Satz 1 FamFG ordnen an, dass Verfahren zur Aufhebung der Lebenspartnerschaft durch Einreichung einer Antragsschrift **anhängig** werden; **rechtshängig** wird das Verfahren durch Zustellung beim Antragsgegner, vgl. §§ 261 Abs. 1, 253 Abs. 1 ZPO. Der Antrag bedarf nach § 124 FamFG der Schriftform.

3859 § 124 Satz 2 FamFG verweist i.Ü. auf § 253 ZPO. Für das Bestimmtheitserfordernis ist es ausreichend, dass die Aufhebung der Lebenspartnerschaft beantragt wird. Ferner sind nach § 253 Abs. 2 Nr. 2 ZPO die Aufhebungsvoraussetzungen nach § 15 LPartG darzulegen. Ein mangelhafter Antrag kann bis zum Schluss der mündlichen Verhandlung korrigiert werden; ansonsten ist er als unzulässig abzuweisen. Zuvor ist ein richterlicher Hinweis nach § 139 ZPO zu erteilen.

3860 Die Antragsschrift muss auch in Lebenspartnerschaftssachen den Anforderungen des § 133 FamFG gerecht werden. Nach § 133 Abs. 1 FamFG muss die Antragsschrift enthalten:
- Namen und Geburtsdaten der gemeinschaftlichen minderjährigen Kinder sowie die Mitteilung ihres gewöhnlichen Aufenthalts,
- die Erklärung, ob die Lebenspartner eine Regelung über die elterliche Sorge, den Umgang und die Unterhaltspflicht ggü. den gemeinschaftlichen minderjährigen Kindern sowie die durch die Lebenspartner begründete gesetzliche Unterhaltspflicht, die Rechtsverhältnisse an der Lebenspartnerschaftswohnung und am Hausrat getroffen haben, und

– die Angabe, ob Lebenspartnerschaftssachen, an denen beide Lebenspartner beteiligt sind, anderweitig anhängig sind.

### d) Muster: Aufhebungsantrag

▶ Muster: Aufhebungsantrag

An das                                                                                                    3861

Amtsgericht.....

– Familiengericht –

.....

Antrag auf Aufhebung der Lebenspartnerschaft

In der Familiensache

des Herrn.....

– Antragsteller –

Verfahrensbevollmächtigte:

gegen

Herrn.....

– Antragsgegner –

Verfahrensbevollmächtigte:

zeige ich ausweislich anliegender Verfahrensvollmacht i.S.d. §§ 270 Abs. 1, 114 Abs. 5 FamFG die anwaltliche Vertretung des Antragstellers an.

Namens und im Auftrag des Antragstellers stelle ich in der Sache folgenden Antrag:

Die am..... vor dem Standesbeamten des Standesamts....., Register-Nr.:..... geschlossene Lebenspartnerschaft der Beteiligten wird aufgehoben.

Begründung:

I. Persönliche Verhältnisse der Beteiligten

Der Antragsteller, geb. am....., und der Antragsgegner, geb. am....., haben – wie im Antrag bezeichnet – die Lebenspartnerschaft geschlossen.

Beweis:.....

Die Beteiligten sind deutsche Staatsangehörige.

Die örtliche Zuständigkeit des angerufenen Gerichts ergibt sich aus § 122 Nr. 3 FamFG. Die Beteiligten hatten ihren gemeinsamen gewöhnlichen Aufenthalt zuletzt in.....; dort wohnt der Antragsteller nach wie vor.

Regelungen im Sinne von § 133 Abs. 1 Nr. 2 FamFG wurden bislang nicht getroffen.

Anderweitige Familiensachen sind zwischen den Beteiligten nicht anhängig.

## II. Aufhebung der Lebenspartnerschaft

Die Voraussetzungen für eine Aufhebung der Lebenspartnerschaft nach § 15 Abs. 2 Nr. 1b LPartG sind gegeben.

Die Lebensgemeinschaft der Beteiligten besteht nicht mehr, da diese seit dem am..... erfolgten Auszug des Antragsgegners aus der früheren gemeinsamen Wohnung getrennt i.S.d. § 15 Abs. 5 LPartG leben.

Es bestehen auch keine realistischen Chancen für eine Wiederaufnahme der Lebenspartnerschaft. Der frühere Lebenspartner..... lebt seit Längerem in einer neuen und mittlerweile nunmehr auch gefestigten Beziehung.

Beweis: Anhörung der Beteiligten im Termin

## III. Versorgungsausgleich

Der Versorgungsausgleich soll durchgeführt werden. Es wird um Übersendung der entsprechenden Muster gebeten.

## IV. Verfahrenswert

Der Antragsteller verdient durchschnittlich 3.000 € netto monatlich, die Einkünfte des Antragsgegners sind unbekannt.

Der Versorgungsausgleich wird vorläufig mit 1.000 € bewertet.

Somit wird der vorläufige Verfahrenswert mit..... € angegeben.

.....

Rechtsanwältin/Rechtsanwalt

### 2. Unterhalt aufgrund Lebenspartnerschaft

3862 Nach § 269 Abs. 1 Nr. 9 FamFG ist auch die durch die Lebenspartnerschaft begründete gesetzliche Unterhaltspflicht eine Lebenspartnerschaftssache.

#### a) Unterhaltsverfahren

3863 **Der Unterhalt bei Getrenntleben** ist in § 12 LPartG geregelt. Die Vorschrift des § 1361 BGB gilt entsprechend.[1679]

3864 Der **nachpartnerschaftliche Unterhalt** ist in § 16 LPartG geregelt. Diese Vorschrift verdeutlicht, dass auch die Lebenspartnerschaft »auf Lebenszeit« (vgl. § 1 Abs. 1 LPartG) angelegt ist. Der nachpartnerschaftliche Unterhalt setzt aber – ebenso wie die nacheheliche Unterhaltspflicht gem. §§ 1569 ff. BGB – nicht nur Bedürftigkeit

---

1679 Ausführlich zum Trennungsunterhalt eingetragener Lebenspartner *Roßmann* in Familienrechtliches Mandat: Unterhaltsrecht, § 7 Rn. 24 ff.

voraus, sondern auch, dass die Bedürftigkeit wegen Alters (wie § 1571 BGB), Krankheit oder Gebrechlichkeit (wie § 1572 BGB) eingetreten ist.

Durch die entsprechende Anwendung der genannten Vorschriften des BGB wird 3865 auch i.Ü. weitgehend eine Annäherung an den nachehelichen Unterhalt erreicht.[1680]

Das Unterhaltsverfahren richtet sich gem. § 270 FamFG nach den §§ 231 ff. FamFG 3866 entsprechend. Die Ausführungen zu den Unterhaltssachen gelten daher entsprechend, vgl. Rdn. 2526 ff.).

### b) Muster

*aa) Muster: Folgesachenantrag zum Unterhalt*

▶ Muster: Folgesachenantrag zum Unterhalt

An das                                                                                    3867

Amtsgericht.....

– Familiengericht –

.....

Folgesachenantrag wegen Lebenspartnerschaftsunterhalt

In der Familiensache

des Herrn.....

– Antragsteller –

Verfahrensbevollmächtigte:

gegen

Herrn.....

– Antragsgegner –

Verfahrensbevollmächtigte:

mache ich in der Lebenspartnerschaftssache zum Aktenzeichen..... namens und in Vollmacht des Antragstellers die Folgesache Lebenspartnerschaftsunterhalt anhängig und beantrage:

1. Dem Antragsgegner wird aufgegeben, dem Antragsteller Auskunft zu erteilen durch Vorlage einer systematischen Aufstellung über
   a. seine sämtlichen Brutto- und Nettoeinkünfte einschließlich aller Nebeneinkünfte aus nichtselbstständiger Tätigkeit sowie aus anderer Herkunft in der Zeit vom..... bis..... und die erteilte Auskunft zu belegen durch Vorlage einer Kopie der Lohnsteuerkarte nebst Lohnsteuerbescheinigung für das Jahr.....

---

1680 Ausführlich zum nachpartnerschaftlichen Unterhalt eingetragener Lebenspartner *Roßmann* in Familienrechtliches Mandat: Unterhaltsrecht, § 7 Rn. 42 ff.

und von Kopien der Lohnabrechnungen des Arbeitgebers für die Monate.....
bis..... sowie der Bescheide über im vorgenannten Zeitraum etwa bezogenes Krankengeld und etwa bezogene Arbeitslosenunterstützung;

    b. seine sämtlichen Einnahmen und Aufwendungen aus selbstständiger Arbeit,
aus Kapitalvermögen, aus Vermietung und Verpachtung sowie aus anderer
Herkunft unter Angabe der Privatentnahmen in der Zeit vom..... bis..... und
die erteilte Auskunft zu belegen durch Vorlage der Einkommensteuererklärungen sowie der etwaigen Bilanzen nebst den Gewinn- und Verlustrechnungen bzw. der etwaigen Einnahmenüberschussrechnungen für die Jahre.....
bis..... sowie der Einkommensteuerbescheide für die Jahre..... bis......

2. Dem Antragsgegner wird aufgegeben, an Eides Statt zu versichern, dass er die
Auskunft über seine Einkünfte nach bestem Wissen so vollständig abgegeben
habe, als er dazu imstande sei.

3. Dem Antragsgegner wird aufgegeben, von der Rechtskraft des Aufhebungsbeschlusses an eine monatlich im Voraus fällige Unterhaltsrente in der nach Erfüllung der Auskunftspflicht noch zu beziffernden Höhe zu zahlen.

Begründung:

Die Beteiligten sind getrennt lebende Lebenspartner. Das Aufhebungsverfahren ist
unter dem bereits genannten Aktenzeichen beim erkennenden Gericht rechtshängig.

Nunmehr macht der Antragsteller gegen den Antragsgegner seinen Unterhaltsanspruch wegen Krankheit nach § 16 LPartG i.V.m. § 1572 Nr. 1 BGB geltend.

Die Zuständigkeit des Amtsgerichts – Familiengerichts..... ergibt sich aus §§ 270,
232 Abs. 1 Nr. 1 FamFG, da bei diesem Gericht bereits das Lebenspartnerschaftsaufhebungsverfahren der Beteiligten anhängig ist.

Der Antragsgegner war trotz Aufforderung durch den Antragsteller nicht bereit,
einen Unterhaltstitel den nachehelichen Unterhalt betreffend zu errichten.

Beweis:.....

Der Antragsteller führte während der Lebenspartnerschaft den Haushalt; er ist ohne
Einkommen und Vermögen.

Vor der Lebenspartnerschaft war er als..... tätig. Diesen Beruf kann er jedoch nicht
mehr ausüben. Im Jahre..... musste er sich einer schweren Operation unterziehen.
Er kann seither nicht mehr schwer heben und ist körperlich nicht mehr belastbar.

Beweis: Ärztliches Attest des Chefarztes Dr......, Anlage A1....., in Kopie anbei

Er ist aufgrund dieser Erkrankung auch nicht imstande, eine andere Tätigkeit auszuüben.

Beweis: Ärztliches Attest des Chefarztes Dr......, Anlage A2....., in Kopie anbei

Der Antragsgegner ist bei der Firma..... als..... beschäftigt. Er erzielte während der
Lebenspartnerschaft ein monatliches Nettoeinkommen in Höhe von.....

Beweis:.....

Seine jetzigen Einkommens- und Vermögensverhältnisse sind dem Antragsteller
allerdings nicht genau bekannt.

Mit Schreiben vom Unterzeichnenden wurde der Antragsgegner vorprozessual mit Schreiben vom....., zugegangen beim Antragsgegner am....., aufgefordert, zum Zweck der Geltendmachung des Unterhaltsanspruchs über seine Einkünfte und sein Vermögen Auskunft zu erteilen.

Beweis: Vorlage des Schreibens vom....., Anlage A3....., in Kopie anbei

Da der Antragsgegner auf dieses Schreiben nicht reagierte, hat er diesen Stufenantrag veranlasst. Mit dem Antrag zu 1) wird zunächst Auskunft verlangt.

Der Antrag zu 2. wird für den Fall gestellt werden, dass Grund zu der Annahme besteht, der Antragsgegner habe die Auskunft nicht mit der erforderlichen Sorgfalt erteilt.

Erst nach Erteilung der Auskunft durch den Antragsgegner wird der Antragsteller seinen Anspruch auf nachpartnerschaftlichen Krankheitsunterhalt entsprechend der Quote beziffern können.

.....

Rechtsanwältin/Rechtsanwalt

### bb) Muster: Trennungsunterhalt der Lebenspartner

▶ Muster: Trennungsunterhalt der Lebenspartner

An das 3868

Amtsgericht.....

– Familiengericht –

.....

Antrag auf Lebenspartnerschaftsunterhalt

In der Familiensache

des Herrn.....

– Antragsteller –

Verfahrensbevollmächtigte:

gegen

Herrn.....

– Antragsgegner –

Verfahrensbevollmächtigte:

wegen Lebenspartnerschaftstrennungsunterhalt

zeige ich die Vertretung des Antragstellers an und beantrage:

Der Antragsgegner wird verpflichtet, an den Antragsteller ab dem..... jeweils monatlich im Voraus eine Unterhaltsrente von..... € zu zahlen.

Begründung:

Der Antragsteller macht mit dem vorliegenden Antrag gegen den Antragsgegner seinen Anspruch auf Unterhalt bei Getrenntleben nach § 12 LPartG geltend.

Die Beteiligten sind seit dem..... getrennt lebende Lebenspartner. Am..... hatten die Beteiligten gem. § 1 LPartG eine Lebenspartnerschaft begründet.

Der Antragsteller hat während der Lebenspartnerschaft den Haushalt geführt, ist also keinem Erwerb nachgegangen. Eine Erwerbstätigkeit kann von dem Antragsteller nach seinen persönlichen Verhältnissen unter Berücksichtigung der Dauer der Lebenspartnerschaft und nach den wirtschaftlichen Verhältnissen der Beteiligten auch nicht mehr erwartet werden.

Er ist bereits..... Jahre alt. Ursprünglich war er tätig als.....; diesen Beruf hat er bis zum..... ausgeübt.

Mittlerweile ist dieser Beruf aufgrund des technischen Fortschritts nicht mehr ausübbar. Eine andere Tätigkeit ist dem Antragsteller aber nicht möglich bzw. zumutbar.

Der Antragsgegner ist hingegen leistungsfähig. Er ist als..... bei der Firma..... beschäftigt und hat mindestens ein um die berufsbedingten Aufwendungen bereinigtes monatliches Nettoeinkommen in Höhe von..... €.

Beweis:.....

Damit berechnet sich ein Unterhaltsanspruch des Antragstellers in Höhe von..... €.

Der Antragsgegner wurde außergerichtlich erfolglos durch das Schreiben vom..... zur Zahlung von Unterhalt bei Getrenntleben an den Antragsteller aufgefordert.

Beweis: Vorlage des Schreibens vom....., Anlage A....., in Kopie anbei

Somit ist dieses Verfahren erforderlich.

.....

Rechtsanwältin/Rechtsanwalt


### 3. Zugewinnausgleich aufgrund Lebenspartnerschaft

3869    Nach § 269 Abs. 1 Nr. 10 FamFG ist auch die durch die Lebenspartnerschaft begründete Zugewinnausgleichspflicht eine Lebenspartnerschaftssache.

### a) Zugewinnausgleich

3870    Die Zugewinngemeinschaft ist der im Eherecht geltende gesetzliche Güterstand. Dieser gilt nunmehr automatisch auch für die Lebenspartnerschaft, es sei denn, es ist durch Lebenspartnerschaftsvertrag nach § 7 LPartG etwas anderes vereinbart. Der Überschuss, den die Lebenspartner während der Dauer des Vermögensstands erzielt haben, wird – wie beim Zugewinnausgleich unter Ehegatten – ausgeglichen. Dies ergibt sich aus der Verweisung des § 6 LPartG auf die §§ 1364 bis 1390 BGB.

Das Güterrechtsverfahren richtet sich gem. § 270 FamFG nach den §§ 261 ff. FamFG    3871
entsprechend. Die Ausführungen zu den Güterrechtssachen gelten daher entsprechend, vgl. Rdn. 3582 ff.

## b) Muster: Zugewinnausgleich bei Lebenspartnerschaft

▶ Muster: Zugewinnausgleich bei Lebenspartnerschaft

An das                                                                               3872

Amtsgericht.....

– Familiengericht –

.....

Folgesachenantrag wegen Zugewinnausgleich

In der Familiensache

des Herrn.....

– Antragsteller –

Verfahrensbevollmächtigte:

gegen

Herrn.....

– Antragsgegner –

Verfahrensbevollmächtigte:

mache ich in der Lebenspartnerschaftssache zum Aktenzeichen..... namens und in
Vollmacht des Antragstellers die Folgesache Zugewinnausgleich anhängig und beantrage:

Der Antragsgegner wird verpflichtet,

1. dem Antragsteller Auskunft über sein Anfangsvermögen zum....., sein Vermögen am..... (Tag der Trennung) und das Endvermögen zum..... durch Vorlage
   eines schriftlichen, nach Aktiva und Passiva gegliederten und von ihm persönlich unterzeichneten Bestandsverzeichnisses zu erteilen sowie
2. den Wert aller Vermögensgegenstände und Verbindlichkeiten mitzuteilen,
3. Belege zu etwaigen Verbindlichkeiten, insb. aber auch zu..... vorzulegen,
4. die eidesstattliche Versicherung abzugeben, dass er das Anfangsvermögen,
   dass Vermögen bei Trennung und das Endvermögen vollständig und richtig
   angegeben hat,
5. an den Antragsteller Zugewinnausgleich in einer nach Auskunftserteilung und
   eidesstattlicher Versicherung noch zu beziffernden Höhe zu bezahlen.

Begründung:

Die Beteiligten sind getrennt lebende Lebenspartner. Das Aufhebungsverfahren ist unter dem bereits genannten Aktenzeichen beim erkennenden Gericht seit dem..... rechtshängig.

Mangels eines abweichenden Lebenspartnerschaftsvertrags leben die Beteiligten nach § 6 LPartG im Güterstand der Zugewinngemeinschaft.

Die Zuständigkeit des Amtsgerichts – Familiengerichts..... ergibt sich aus §§ 270, 262 Abs. 1 Satz 1 FamFG, da bei diesem Gericht bereits das Lebenspartnerschaftsaufhebungsverfahren der Beteiligten anhängig ist.

Der Antragsteller verfolgt die ihm zustehenden güterrechtlichen Ansprüche im Wege des Stufenantrags. So verlangt er in der ersten Stufe Auskunft sowie Wertermittlung; in der zweiten Stufe ggf. die eidesstattliche Versicherung, während der Zahlungsanspruch erst nach der erfolgten Auskunftserteilung beziffert und somit in der dritten Stufe geltend gemacht wird.

Der Antragsgegner ist mit Schriftsatz vom..... unter Fristsetzung bis zum..... zur Auskunftserteilung und Zahlung der sich aus einer ordnungsgemäßen Auskunft ergebenden Zugewinnausgleichsforderung aufgefordert worden.

Beweis: Schreiben vom..... in Kopie, Anlage A....., in Kopie anbei.

Weder hat der Antragsgegner die erbetenen Auskünfte erteilt noch einen Zugewinnausgleich geleistet.

Damit ist nunmehr dieses Verfahren unumgänglich geworden.

Der Auskunfts- und Wertermittlungsanspruch wird auf §§ 1379, 1384 BGB, der Anspruch auf Abgabe der eidesstattlichen Versicherung auf §§ 1379, 260 Abs. 3 BGB und der Zahlungsanspruch auf § 1378 BGB gestützt. Der Zinsanspruch ergibt sich aus §§ 286 Abs. 1, Abs. 2 Nr. 1, 288 BGB.

.....

Rechtsanwältin/Rechtsanwalt

# Stichwortverzeichnis

Die mageren Ziffern beziehen sich auf die dazugehörigen Randnummern.